Uni-Taschenbücher 802

UTB
FÜR WISSEN
SCHAFT

Eine Arbeitsgemeinschaft der Verlage

Wilhelm Fink Verlag München
Gustav Fischer Verlag Stuttgart
Francke Verlag Tübingen
Harper & Row New York
Paul Haupt Verlag Bern und Stuttgart
Dr. Alfred Hüthig Verlag Heidelberg
Leske Verlag + Budrich GmbH Opladen
J. C. B. Mohr (Paul Siebeck) Tübingen
R. v. Decker & C. F. Müller Verlagsgesellschaft m. b. H. Heidelberg
Quelle & Meyer Heidelberg · Wiesbaden
Ernst Reinhardt Verlag München und Basel
K. G. Saur München · New York · London · Paris
F. K. Schattauer Verlag Stuttgart · New York
Ferdinand Schöningh Verlag Paderborn · München · Wien · Zürich
Eugen Ulmer Verlag Stuttgart
Vandenhoeck & Ruprecht in Göttingen und Zürich

Grundwissen der Ökonomik

Betriebswirtschaftslehre

Herausgegeben von

F. X. Bea, Tübingen
E. Dichtl, Mannheim
M. Schweitzer, Tübingen

Wirtschaftsinformatik I

Einführung in die betriebliche Datenverarbeitung

Hans Robert Hansen

351 Abbildungen

5., neubearbeitete und stark erweiterte Auflage

Gustav Fischer Verlag · Stuttgart

Anschrift des Verfassers:

Professor Dr. Hans Robert Hansen
Wirtschaftsuniversität Wien
Abteilung Wirtschaftsinformatik
Augasse 2–6
A-1090 Wien

1. Auflage 1978
2. Auflage 1980
3. Auflage 1981
4. Auflage 1983

CIP-Kurztitelaufnahme der Deutschen Bibliothek

Wirtschaftsinformatik. - Stuttgart : Fischer
(Grundwissen der Ökonomik : Betriebswirtschaftslehre)

1. Einführung in die betriebliche Datenverarbeitung /
Hans Robert Hansen.
[Hauptbd.]. - 5., neubearb. u. erw. Aufl. - 1986
(UTB für Wissenschaft : Uni-Taschenbücher ; 802)
ISBN 3-437-40172-6

NE: Hansen, Hans Robert [Mitverf.];
UTB für Wissenschaft / Uni-Taschenbücher

Wollgrasweg 49 · D-7000 Stuttgart 70 (Hohenheim)

Satz: Typobauer Filmsatz GmbH, Ostfildern
Druck und Einband: Clausen & Bosse, Leck
Umschlagentwurf: Alfred Krugmann, Stuttgart
Printed in Germany
ISBN 3-437-40172-6

Vorwort der Herausgeber

Für die Studierenden im Anfänger- wie im Fortgeschrittenenstadium ist es erfahrungsgemäß eine große Hilfe, wenn ihnen der Stoff eines Teilgebietes eines Faches in einer knappen, systematisch aufbereiteten und leicht faßlichen Form dargeboten wird. Gleichzeitig müssen sie die Gewißheit haben, daß die wichtigsten Inhalte in einer Weise abgedeckt sind, die den jeweiligen Prüfungserfordernissen Rechnung trägt.

Diesem Ziel dienen die Uni-Taschenbücher (UTB), die wir in der Reihe «Grundwissen der Ökonomik: Betriebswirtschaftslehre» beim Gustav Fischer Verlag herausgeben. Die Themen der einzelnen Bände sind so gewählt, daß davon der Wissensbereich der modernen Betriebswirtschaftslehre erfaßt wird. Welche Werke bereits erschienen sind, geht aus einer Übersicht am Ende dieses Buches hervor. Die Liste zeigt, daß der Plan, der für die Reihe Pate gestanden hat, in seinen wesentlichen Elementen in die Tat umgesetzt werden konnte.

Als Autoren konnten Hochschullehrer gewonnen werden, die dank der Verschiedenheit von Alter, Herkunft und Wissenschaftsauffassung die Gewähr dafür bieten, daß der Charakter der Reihe von keiner bestimmten Schulrichtung geprägt, sondern ein getreues Abbild der Wissenschaftsvielfalt in der Betriebswirtschaftslehre geboten wird.

Eine Besonderheit der Reihe besteht im übrigen darin, daß Bände, bei denen es sich vom Gegenstand her anbietet, durch Arbeitsbücher ergänzt werden. Diese Studienhilfen dienen vor allem der Vertiefung theoretischer Erörterungen, der Einübung von Wissen und der Anwendung des Erlernten auf praktische Fälle. Außerdem sind sie ein nützliches Instrument für eine wirksame Lernkontrolle. Mit diesem Konzept ist zugleich die Chance verbunden, die Tätigkeit von Dozenten didaktisch zu unterstützen und sie von Arbeiten zu befreien, deren Erledigung zwangsläufig zu Lasten vordringlicher Aufgaben ginge.

Abschließend sei noch darauf hingewiesen, daß Teil der Reihe eine «Allgemeine Betriebswirtschaftslehre» in drei Bänden ist, die, von einem Expertenteam verfaßt, die Klammer um die einzelnen Titel bildet. Die positive Aufnahme, die diese am Markt gefunden hat, führte bereits nach kurzer Zeit zu Neuauflagen, eine Gelegenheit, die von Autoren und Herausgebern zu beträchtlichen Erweiterungen und Verbesserungen genutzt wurde.

Mannheim und Tübingen, Mai 1986

F.X. Bea
E. Dichtl
M. Schweitzer

Vorwort des Verfassers zur 5. Auflage

Diese Einführung in die betriebliche Datenverarbeitung ist vor einem Jahrzehnt als Selbststudienkurs für die Fernuniversität Hagen entstanden (UTB-Taschenbuchversion 1978). Seitdem wurde in zwei- bis dreijährigen Abständen der Text im Rahmen von Neuauflagen aktualisiert, stellenweise umgeschrieben und um einzelne Abschnitte ergänzt. Diese schrittweise Anpassung an die informationstechnologische Entwicklung hat im Lauf der Zeit fast zwangsläufig zu inhaltlichen Ungleichgewichten, teilweise mangelhafter Abstimmung alter und neuer Passagen, Unübersichtlichkeit und zu einem immer höheren Aufwand für die Durcharbeitung (aber auch für die «Wartung») des Buches geführt – eben so wie bei einem großen Programmsystem, das «in die Jahre kommt». Deshalb wurde der Band für die vorliegende 5. Auflage vollständig überarbeitet und zum größten Teil neu gefaßt.

Dieses Buch richtet sich an drei Zielgruppen:

1. Studenten der Wirtschaftswissenschaften und EDV-Laien in der Praxis erhalten das nötige Rüstzeug, um selbständig den «Computer am Arbeitsplatz» zur Lösung betrieblicher Aufgaben verwenden zu können. Das Kernwissen für solche Leser ist in einem «Stoff- bzw. Leseplan für Endbenutzer» (auf den Seiten 6 und 7) gekennzeichnet, der weniger als die Hälfte des Gesamtinhalts umfaßt.
2. Studenten, die Informatik oder Wirtschaftsinformatik als Haupt- oder Nebenfach studieren, wird ein breit angelegtes, fundiertes Grundlagenwissen über die Komponenten und Funktionen rechnergestützter Informationssysteme als Basis für ein weiterführendes Spezialstudium vermittelt. Für diese Leser ist der Gesamtinhalt relevant.
3. Datenverarbeitungsfachkräfte in Wirtschaft und Verwaltung können das Buch zur Wissensauffrischung und als Nachschlagewerk benutzen. Für sie sind vor allem die Ausführungen über «Markt und Entwicklungstendenzen . . .» interessant, welche (fast) alle Hauptabschnitte abschließen. Darin werden die aktuelle Angebots- und Nachfragesituation auf den diversen EDV-Teilmärkten, typische bzw. besonders bemerkenswerte Produkte, Beurteilungskriterien und Zukunftstrends beschrieben.

Auf die Stoffauswahl und -aufbereitung hatten die derzeitigen bzw. die absehbaren EDV-Anwenderprobleme starken Einfluß. Im Vordergrund stehen Werkzeuge und Methoden der «individuellen Datenverarbeitung» mit Mikrorechnern, die Kommunikation und Integration dezentraler und zentraler Systeme sowie sonstige Aufgaben des Informationsmanagements.

Gegenüber der 4. Auflage wurden einige Defizite beseitigt, die von Hochschullehrerkollegen bemängelt worden sind. Dazu gehören zum Beispiel grundlegende Ausführungen über

- Bauelemente (Chips),
- rechnerinterne Verbindungseinrichtungen (Busse),
- Softwareauswahl,
- Benutzeroberfläche von Programmen,
- Entwicklung von Anwendungssystemen, insbesondere unter ökonomischen und sozialen Aspekten,
- Aufgaben von zentralen EDV-Abteilungen,
- Erkenntnisobjekt der Wirtschaftsinformatik.

Das Ziel, durch Streichungen weniger bedeutsamer Abschnitte den Textumfang nicht auszuweiten, wurde leider verfehlt. Zwar wurden die hardware- und systemsoftwarebezogenen Ausführungen an vielen Stellen gestrafft und die Darstellung des Kernwissens wurde von technischen Details, Produktkenndaten, Preisen u.ä. entlastet (solche Angaben finden sich nur noch in den erwähnten Abschnitten «Markt und Entwicklungstendenzen . . .»). Die Dynamik des informationstechnologischen Fortschritts und die daraus resultierende Fülle an innovatorischem Potential hat jedoch alle Einsparungsbemühungen vereitelt.

In jüngster Zeit marktrelevant gewordene Produkte und Dienste, die einfach nicht übergangen werden konnten, sind u.a.: Chipkarten, optische Speicherplatten und -karten, Zusatz- und Parallelprozessoren, RISC-Architektur, fehlertolerante Rechner, flache Bildschirme, Laser- und thermografische Drucker, UNIX, integrierte Anwendungspakete, Sprachen der 4. und 5. Generation, Expertensysteme, digitale Nebenstellenanlagen, ISDN, elektronische Mitteilungsübermittlung (Teleboxdienst), Breitbandkommunikation (über Glasfaserkabel und Satellitenfunk).

Wichtig erschien in diesem Zusammenhang auch, daß die bisherigen, von vielen Seiten genannten Stärken des Buches,

- die Praxisnähe,
- die didaktisch gute Aufbereitung sowie
- das günstige Preis-/Leistungsverhältnis

keinesfalls gefährdet werden durften.

In didaktischer Hinsicht war vor allem die Neufassung der Abschnitte über «Datenbanksysteme» und «Datenübertragung» überfällig. Zahlreiche zusätzliche Abbildungen dienen überall im Lehrtext zur Veranschaulichung oder Zusammenfassung der schriftlichen Ausführungen; insgesamt machen diese etwa ein Viertel des Gesamtumfangs aus. Bei der erstmaligen Verwendung von Begriffen werden nunmehr durchgängig auch die englischen Bezeichnungen angegeben.

Allen Hochschullehrern, Praktikern und Studenten, die mich auf Schwachpunkte der 4. Auflage hingewiesen haben, möchte ich an dieser Stelle herzlich danken. Vor allem danke ich Herrn Kollegen Peter Mertens, Universität Erlangen-Nürnberg, für seine präzise, konstruktive Kritik. Auch viele Mitarbeiter der Abteilung Wirtschaftsinformatik und des EDV-Zentrums der Wirtschaftsuniversität Wien haben mir wertvolle Hinweise und Anregungen gegeben. Inhaltliche Vorarbeiten, zum Teil bis hin zum ersten Textentwurf, haben folgende Assistenten und Lektoren geleistet (relevante Abschnittsnummern in Klammern): Wolfgang Amsüss (2.4.4), Norbert Frömmer (2.4.3.2), Hans Rudolf Göpfrich (4.2.5), Gustaf Neumann (2.1.1, 2.1.2), Andreas Pinzenöhler (2.4.1, 2.4.3.3, 3.3.1.5), Johann Steszgal (2.1.1, 2.1.2, 3.2.2), Richard Vogel (1.2.3) und Leopold Weninger (3.3.3.2). Besonders möchte ich die Unterstützung durch die Herren Pinzenöhler, Steszgal und Vogel hervorheben, die auch zu anderen Abschnitten detaillierte Verbesserungsvorschläge unterbreitet haben. Den Herren Dieter Bohnemann (Fernmeldetechnisches Zentralamt, Darmstadt), Hans-Joachim Grobe (Diebold Deutschland, Frankfurt/M.), Günter Müller (IBM Europäisches Netzwerkforschungszentrum, Heidelberg) und Klaus Theo Schröder (Fraunhofer-Institut für Systemtechnik und Innovationsforschung, Karlsruhe) danke ich für Basismaterial und die kritische Durchsicht von Manuskriptteilen. Für das meist in Abendstunden und an Wochenenden erfolgte Schreiben des Gesamtmanuskripts und für das sorgfältige Korrekturlesen – sowohl in bezug auf leichte Verständlichkeit als auch in bezug auf korrekte Rechtschreibung – bin ich Frau Heli Sereinig zu größtem Dank verpflichtet. Meine Sekretärin Elvira Riedl und Herr Göpfrich haben Grafiken und Fotos angefertigt, Frau Riedl hat ebenfalls Korrekturarbeiten übernommen. Ohne die skizzierte, weitreichende Hilfe aller Beteiligten wäre diese 5. Auflage kaum realisierbar gewesen.

Wien, im Juni 1986 Hans Robert Hansen

Inhalt

Einführung und Gebrauchsanleitung

Der vorliegende Kurs «Wirtschaftsinformatik» soll den Aufbau und die Arbeitsweise von Computern in den Grundzügen kennzeichnen und den Einsatz dieser Maschinen in der Wirtschaft umreißen.

Die ersten Computer wurden in der deutschen Wirtschaft Ende der 50er Jahre eingeführt. 30 Jahre später beträgt der Gesamtwert von etwa einer viertel Million mittlerer und größerer Anlagen und rund 2,5 Millionen Mikrorechnern über 60 Mrd. DM. Abgesehen von den Heimcomputern (für Spiel- und Hobbyzwecke) werden die meisten dieser Systeme für kommerzielle Zwecke genutzt. Etwa 2% der Beschäftigten sind derzeit in der Bundesrepublik Deutschland in Datenverarbeitungsberufen tätig. Aus einzelwirtschaftlicher wie aus gesamtwirtschaftlicher Sicht ist deshalb die gedankliche Durchdringung und kritische Analyse der mit dem Einsatz der elektronischen Datenverarbeitung (EDV) verbundenen Möglichkeiten und Probleme von erheblicher Bedeutung.

Nahezu jeder Absolvent eines wirtschaftswissenschaftlichen Hochschulstudiums kommt in seinem späteren Beruf in der einen oder anderen Form mit der EDV in Kontakt – sei es als Endbenutzer des «Computers am Arbeitsplatz» zur Lösung fachlicher Aufgabenstellungen oder als Gestalter automatisierter Systeme (Informationssysteme). Betriebe, die Akademiker im kaufmännischen Bereich einstellen, nutzen durchweg die Vorteile der EDV und verlangen von ihren Mitarbeitern entsprechende Vorkenntnisse.

Der in dem Kurs vermittelte Stoff entspricht in dem vorliegenden Band *«Wirtschaftsinformatik I: Einführung in die betriebliche Datenverarbeitung»* und dem Band *«Wirtschaftsinformatik II: Strukturierte Programmierung in COBOL»*[1] im wesentlichen den Inhalten, die an den meisten Hochschulen im Rahmen der Einführungsveranstaltungen in die EDV angeboten werden. Didaktisch ist der Kurs so gestaltet, daß er Ihnen ein selbständiges Studium ohne begleitende Vorlesungen und Übungen ermöglicht. Er ist im Studienbetrieb der Wirtschaftsuniversität Wien sowie zahlreicher anderer Hochschulen seit mehreren Jahren ein-

---

1 *Hansen, H.R. und Göpfrich, H.R.:* Wirtschaftsinformatik II: Strukturierte Programmierung in COBOL, UTB 803 – Gustav Fischer Verlag, 3. Auflage, Stuttgart – New York 1987 (im Druck).

gesetzt und aufgrund der bei der begleitenden wissenschaftlichen Erprobung gewonnenen Erkenntnisse umgestaltet, ergänzt und verbessert worden.

In dem Band *«Wirtschaftsinformatik I»* sind vier Kapitel enthalten. Im ersten Kapitel erhalten Sie einen grundlegenden Überblick über das gesamte Stoffgebiet. Im zweiten Kapitel werden die Bestandteile von Informationssystemen, d.h. Daten, Datenträger, Hardware, Software und Menschen, analysiert. Das Folgekapitel vertieft diese Untersuchung durch die Kennzeichnung der Beziehungen zwischen diesen Komponenten und damit der Datenverarbeitungsfunktionen in Informationssystemen. Dabei unterscheiden wir die Datenerfassung, die Datenspeicherung und die Datenübertragung. Das vierte Kapitel befaßt sich mit Büroinformationssystemen, insbesondere der automatisierten Textverarbeitung und elektronischen Textkommunikationsdiensten.

In den vier Kapiteln des Bandes *«Wirtschaftsinformatik II»* werden Sie lernen, wie sich die EDV zur Lösung kommerzieller Aufgaben einsetzen läßt, d.h. wie man einem Rechner Anweisungen in einer der Maschine verständlichen Sprache erteilt. Dabei wird besonders Wert auf eine systematische Vorgehensweise beim Entwurf der Aufgabenlösung gelegt. Die von Ihnen allerdings nur in den Grundzügen zu erlernende Programmiersprache COBOL wird in der Wirtschaftspraxis am häufigsten verwendet und ist für Anlagen aller Hersteller gleichermaßen brauchbar.

Für das Verständnis der Lehrinhalte benötigen Sie *keine Vorkenntnisse.* An vielen Hochschulen wird der Kurs während der ersten Wochen des 1. Studienjahres des wirtschaftswissenschaftlichen Studiums absolviert.

Zur Ergänzung der Bände *«Wirtschaftsinformatik I und II»* liegen zwei *Arbeitsbücher*[2] vor. Das für diesen Band vorgesehene *«Arbeitsbuch Wirtschaftsinformatik I»* enthält ein Glossar, in dem die wichtigsten in dem Kurs vorkommenden Begriffe in alphabetischer Reihenfolge erläutert werden. Ferner sind darin 250 Übungsaufgaben mit Musterlösungen aufgeführt, die zur Selbstkontrolle Ihrer Lernfortschritte dienen können. Durch Hinweise im vorliegenden Lehrtext werden Sie jeweils darauf aufmerksam gemacht, an welcher Stelle diese Aufgaben zu lösen sind. Sie finden in diesem Arbeitsbuch ferner vier zweistündige Klausurarbeiten mit je rund 50 Prüfungsfragen, bei denen Auswahlantworten vorgegeben sind. Mit Hilfe der angegebenen Bewertungsmaßstäbe und

---

2 *Hansen, H.R.:* Arbeitsbuch Wirtschaftsinformatik I, UTB 1281 – Gustav Fischer Verlag, 3. Auflage, Stuttgart – New York 1987 (im Druck).
Göpfrich, H.R.: Arbeitsbuch Wirtschaftsinformatik II, UTB 1283 - Gustav Fischer Verlag, 3. Auflage, Stuttgart – New York 1987 (im Druck).

Lösungen, die den Klausuraufgaben folgen, können Sie diese selbst korrigieren und benoten.

Wenn Sie die Bände *«Wirtschaftsinformatik I und II»* durchgearbeitet und auch die jeweiligen Aufgaben gelöst haben, dann können Sie z.B.

- erklären, wie Rechner funktionieren und welche Arten von Rechnern es gibt,
- beschreiben, was Informationssysteme sind und wozu sie gebraucht werden,
- über den gegenwärtigen Stand und Trends der Datenverarbeitung berichten,
- darlegen, welche Datenverarbeitungsberufe es gibt und abschätzen, was man in diesem Tätigkeitsfeld verdienen kann,
- kennzeichnen, worin die Eigenarten bei der Erfassung, Speicherung, Übertragung und Verknüpfung von Daten in automatisierten Systemen liegen,
- angeben, wie einzelne betriebliche Aufgabenstellungen automatisiert werden,
- in einer maschinenverständlichen Sprache Arbeitsanweisungen für einen Rechner zur Lösung einfacher kommerzieller Probleme formulieren,
- verstehen, welche ökonomischen und gesellschaftlichen Probleme mit der Datenverarbeitung verbunden sind.

Ihre Arbeit mit dem vorliegenden Kursmaterial wird erleichtert, wenn Sie folgende *Hinweise und Anregungen* beachten:

1. Am Ende jedes Bandes finden Sie eine *Aufstellung ausgewählter Literatur*. Zur Lektüre dieser Veröffentlichungen wird geraten, wenn beim Textstudium Unklarheiten auftauchen. Eine Anschaffung ist dann empfehlenswert, wenn Sie Ihr Wissen vertiefen oder ergänzen wollen.
2. Versuchen Sie *nicht auswendig* zu *lernen*, sondern zu verstehen! Dies gilt insbesondere für die Kapitel 2 und 3 dieses Bandes, in denen allgemeine Kenntnisse über die Einheiten und die Funktionen von Rechnern vermittelt werden. Sie sollen hier nur maschinelle Arbeitsweisen begreifen und nachvollziehen können, müssen aber diese niemals während des Studiums oder in Ihrem späteren Berufsleben selbst ausüben. Typenbezeichnungen, Leistungskenndaten und sonstige Zahlen dienen nur zur Verdeutlichung von Sachverhalten. Sie brauchen sich diese nicht zu merken.
3. Für jedes Kapitel des vorliegenden Kurses existieren besondere *Lehrziele*, die zu Beginn der Kapitel aufgeführt werden. Diese sollen Ihnen die Orientierung beim Durcharbeiten des Lehrtextes erleichtern und Ihnen eine Beurteilung erlauben, ob der angestrebte Lernprozeß stattgefunden hat oder nicht.

4. Eine weitere Orientierungshilfe sind die *Rasterbalken* am Seitenrand. Diese dienen zur Veranschaulichung vorher erläuterter Sachverhalte durch praktische Beispiele. Auch diese müssen Sie selbstverständlich nicht «lernen» (im Sinne von im Gedächtnis behalten).
5. Wie bereits erwähnt, sind in den Lehrtext Hinweise auf *Übungsaufgaben* eingestreut. Sie sollten diese im Arbeitsbuch enthaltenen Aufgaben zur Selbstkontrolle jeweils sofort bearbeiten, ehe Sie mit dem Textstudium fortfahren. Diese sind dem behandelten Stoff angepaßt und sollen Ihr ständiges Mitdenken sichern. Für den Fall, daß Ihre Lösung einer Aufgabe nicht mit der vorgegebenen Musterlösung im Arbeitsbuch übereinstimmt, ergeben sich folgende Möglichkeiten:
   - Ihre Lösung ist ähnlich der vorgegebenen und damit sinngemäß richtig. – Setzen Sie Ihr Textstudium fort bzw. beginnen Sie mit der Bearbeitung der nächsten Aufgabe.
   - Sie bemerken aufgrund der vorgegebenen Lösung Fehler bzw. Verständnismängel. – Lesen Sie den der Übungsaufgabe vorangegangenen Abschnitt nochmals sorgfältig durch und setzen Sie Ihr Textstudium danach fort bzw. gehen Sie zur Bearbeitung der nächsten Aufgabe über, wenn Sie die vorgegebene Lösung verstanden haben.
   - Sie können sich nicht erklären, warum die vorgegebene Lösung anders ist als die Ihrige. – Lesen Sie den entsprechenden Abschnitt (eventuell auch die vorhergehenden Abschnitte) des vorangegangenen Lehrtextes nochmals gründlich durch. Werden dadurch die Unklarheiten nicht beseitigt, so wenden Sie sich bitte an den Verfasser (Anschrift auf der Rückseite des inneren Titelblatts).
6. Sie fördern Ihr Problembewußtsein und erreichen eine größere Sicherheit beim Abschätzen Ihrer Lernleistung, wenn Sie Wiederholungen und die Lösung der Aufgaben zur Selbstkontrolle nicht allein, sondern in einer kleinen *Lerngruppe* von drei bis fünf Mitgliedern durchführen.

Der *Arbeitsaufwand* für die Durcharbeitung der Bände I und II ist von Ihrem bereits vorhandenen Wissen und Ihrem individuellen Lerntempo abhängig. Studienanfängern kann der Gesamtstoff des vorliegenden Bandes *«Wirtschaftsinformatik I»* ohne weiteres in einer vierstündigen einsemestrigen Vorlesung vermittelt werden. Im reinen Selbststudium sollten Sie ca. vier Wochen intensive Lernzeit ansetzen.

Für den Fall, daß nur zwei Vorlesungsstunden oder nur ca. zwei Wochen Selbststudienzeit zur Verfügung stehen, empfehlen wir Ihnen den auf den Seiten 6 und 7 gekennzeichneten **Stoff- bzw. Leseplan für EDV-Endbenutzer**,[3] der 365 Seiten umfaßt.

Dieser Stoff- bzw. Leseplan ist so aufgebaut, daß Sie durch das Überspringen der nicht angegebenen Seiten keine Verständnisschwierigkeiten befürchten müssen. Sie erhalten durch die Lektüre ein fundiertes, aber relativ eng begrenztes, vorwiegend technisches Wissen darüber, wie ein Rechner funktioniert und wie Sie sich der EDV zur Lösung kommerzieller Aufgaben an Ihrem (späteren) Arbeitsplatz bedienen können. Dabei lernen Sie nur fertig eingekaufte oder durch Datenverarbeitungsfachkräfte für Sie entwickelte Werkzeuge kennen, zu beurteilen und zu gebrauchen. Das «Drumherum» der Organisation und Entwicklung automatisierter Systeme, EDV-Auswirkungen auf den einzelnen, den Betrieb oder die Volkswirtschaft als Ganzes sowie EDV-Markttrends bleiben hingegen ausgeklammert. Ebenso bleibt die Thematik der Datenerfassung und Datenübertragung weitgehend unberücksichtigt. Im Rahmen von Folgeveranstaltungen, aufgrund persönlicher oder betrieblicher Interessen können Sie diese überschlagenen Abschnitte später jederzeit nachholen. Nichtsdestoweniger empfehlen wir Ihnen auch im Minimalfall der zwei Vorlesungsstunden zur Abrundung Ihres Kernwissens die Durcharbeitung des Gesamtstoffs. Sie können es bei den ergänzenden, in der nachstehenden Übersicht nicht genannten Abschnitten ja zunächst bei einer oberflächlichen Lektüre belassen.

Viel Erfolg beim Lernen!

---

3 Zu den Benutzern von EDVA gehören sowohl Datenverarbeitungsfachkräfte, die rechnergestützte Informationssysteme entwickeln und betreiben, als auch Mitarbeiter in Fachabteilungen (Rechnungswesen, Einkauf, Fertigung, Vertrieb usw.), deren Aufgabenerfüllung durch die Informationssysteme ergänzt und unterstützt wird. Können letztere durch Bildschirmgeräte oder Mikrorechner am Arbeitsplatz direkt – ohne Einschaltung von EDV-Personal – im Dialogbetrieb arbeiten, so werden sie als Endbenutzer bezeichnet. Der hier zur Erstausbildung vorgeschlagene eingeschränkte Stoffplan ist am Lehrprogramm der Wirtschaftsuniversität Wien orientiert und wird an verschiedenen Hochschulen mit anderen Schwerpunkten unterrichtet.

Stoff- bzw. Leseplan für Endbenutzer

Kapitel und Hauptabschnitte	Für Endbenutzer besonders wichtige Seiten
1. Grundlegender Überblick	9–12
1.1 Begriff und Wesen der elektronischen Datenverarbeitung	13–24
1.2 Aufbau elektronischer Datenverarbeitungsanlagen	25–61
1.3 Elektronische Datenverarbeitung im ökonomischen und gesellschaftlichen Gesamtzusammenhang	62–77
2. Komponenten von Informationssystemen	91–92
2.1 Daten	93–115, 122–129
2.2 Datenträger und externe Speicher	146–150, 165–183
2.3 Baueinheiten von EDV-Anlagen	214–233, 244–256, 266–296
2.4 Software	323–333, 358–385
2.5 Menschen	408–409, 417–422
3. Datenverarbeitungsfunktionen in Informationssystemen	431–432
3.1 Datenerfassung	433–435
3.2 Datenspeicherung	471–479, 493–510, 514–518
3.3 Datenübertragung	529–558, 627–629

Stoff- bzw. Leseplan für Endbenutzer

Kapitel und Hauptabschnitte	Für Endbenutzer besonders wichtige Seiten
4. Büroinformationssysteme	659
4.1 Textverarbeitung	660–677
4.2 Textkommunikation	679–711
4.3 Informationsdienste (externe Datenbanken)	712–717

1. Grundlegender Überblick

Lehrziele

Nach der Durcharbeitung dieses Kapitels sollten Sie
- die Grundbegriffe der Datenverarbeitung kennen und gebrauchen können,
- die Unterschiede zwischen Information und Daten sowie zwischen digitalen und analogen Daten aufzeigen können,
- die Parallelen zwischen der Informationsverarbeitung von Hand und der elektronischen Datenverarbeitung beschreiben können,
- die Funktionseinheiten eines Rechners nennen und in groben Zügen erklären können, wie diese arbeiten,
- ein Beispiel für eine umfassende Anwendung eines Rechners in einem Handelsbetrieb darstellen können,
- die Vorteile dieser Anwendung der elektronischen Datenverarbeitung aufzählen können,
- die Gründe für den zunehmenden Rechnereinsatz und die Zwecke der elektronischen Datenverarbeitung in der Wirtschaft erläutern können,
- angeben können, welche Arten von Rechnern es gibt, aus welchen Bauelementen sie bestehen und durch welche Merkmale sich diese voneinander unterscheiden,
- darlegen können, was ein Informationssystem ist und welche Arten von Informationssystemen in einem Betrieb vorliegen können,
- die Gestaltungsprobleme aufzählen können, die sich beim Aufbau betrieblicher Informationssysteme stellen,
- die wirtschaftliche Schlüsselstellung und die gesellschaftspolitische Bedeutung der elektronischen Datenverarbeitung begründen können,
- die Erkenntnisziele und -gegenstände der Wirtschaftsinformatik skizzieren können.

Abb. 1/1: Großrechner in einem Rechenzentrum

Überlegen Sie einmal, was Sie jetzt schon – zu Beginn dieses einführenden Kapitels – über die elektronische Datenverarbeitung wissen! Aus Presse, Hörfunk und Fernsehen kennen Sie schachspielende, Ehen vermittelnde, Raumschiffe steuernde, Wahlergebnisse vorhersagende Rechner. In Ihrem Alltag sind Sie längst an von Rechnern gedruckte Briefe, Steuerbescheide und Kontoauszüge gewöhnt. Sie ärgern sich über teilweise kaum noch verständliche, maschinell verschlüsselte Strom-, Wasser- oder Gasrechnungen, Sie finden überpünktliche, unpersönlich gehaltene Mahnungen höchst verdrießlich oder Sie mühen sich bei der Immatrikulation damit ab, auf die Bedürfnisse der elektronischen Verarbeitung zugeschnittene Belege auszufüllen.

Sicherlich haben Sie auch schon oft Rechner gesehen. Der Wunderapparat, der der Menschheit erst Leistungen wie die Kopplung von Raumfahrzeugen oder die Landung auf dem Mond ermöglichte, wirkt äußerlich recht unscheinbar. Der Großrechner im Maschinenraum eines Rechenzentrums, der vielen hundert Benutzern angeschlossener Bildschirme dient, besteht aus einer Ansammlung von nichtssagenden Kästen, die scheinbar beziehungslos zusammenstehen (vgl. Abb. 1/1). Der Mikrorechner, oft auch als «Personal-Computer» (abgekürzt: PC) für den persönlichen Gebrauch einzelner im Büro oder Haushalt verkauft, unterscheidet sich bis auf die zusätzliche Tastatur auf den ersten Blick kaum von einem Fernsehempfänger (vgl. Abb. 1/2). Öffnet man ein Gerät, so blickt man auf Einschubplatinen mit aufgesteckten Bausteinen, die so aussehen wie die Luftaufnahme einer amerikanischen Stadt – künstlich, wohlgeordnet, einfach und zugleich kompliziert (vgl. Abb. 1/3). Die Konstruktion und Arbeitsweise erscheinen zunächst

Abb. 1/2: Mikrorechner für den kommerziellen Einsatz

ebenso unerklärlich wie die Tatsache, daß für Großrechner Kaufpreise von vielen Millionen Mark verlangt und bezahlt werden, während Mikrorechner «für den Hausgebrauch» schon ab 150,– Mark zu haben sind.

Was ist das eigentlich genau, ein Rechner? Wie funktioniert er? Ist er sein Geld wert?

Abb. 1/3: «Innenleben» eines Mikrorechners

1.1 Begriff und Wesen der elektronischen Datenverarbeitung

In der DIN-Norm 44 300 wird ein **Datenverarbeitungssystem** definiert als eine Funktionseinheit zur Verarbeitung von Daten, nämlich zur Durchführung mathematischer, umformender, übertragender und speichernder Operationen.

Als *Synonyme* sind die Benennungen *Rechner, Rechensystem, Rechenanlage und Datenverarbeitungsanlage* sowie die englischen Bezeichnungen *Computer* und *Data Processing System* genannt. Der Gebrauch des Wortes *Computer* (engl.: to compute = rechnen) hat sich auch im deutschen Sprachraum durchgesetzt. Ähnliches gilt für zahlreiche weitere angloamerikanische Datenverarbeitungsbegriffe, die bei uns unübersetzt oder nur notdürftig eingedeutscht Verwendung finden (z. B. Compiler = Kompilierer).

Auf das Wort *‹elektronisch›* (engl.: electronic) wird vom Deutschen Normenausschuß zur Begriffsbestimmung ganz verzichtet, da elektronische Bauelemente mittlerweile in allen möglichen Geräten (vom Radio bis zur PKW-Einspritzpumpe) die früher mechanischen Teile ersetzt haben. Die im heutigen Sprachgebrauch häufig benutzten Bezeichnungen *elektronische Datenverarbeitung (EDV), elektronische Datenverarbeitungsanlage (EDVA), Elektronenrechner* oder gar *Elektronengehirn* erklären sich aus der historischen Entwicklung. Als ab 1946 die vorher mit Relais bestückten Rechenanlagen durch Systeme abgelöst wurden, die mit Elektronenröhren arbeiteten, nannte man diese zur Unterscheidung von den mechanischen Geräten Elektronenrechner.

Einige Worte der o. g. DIN-Begriffsbestimmung bedürfen einer näheren Erklärung.

1.1.1 Digitale und analoge Daten

Daten (engl.: data) stellen **Information** (d. h. Angaben über Sachverhalte und Vorgänge; engl.: information) aufgrund bekannter oder unterstellter Abmachungen in einer maschinell verarbeitbaren Form dar. Ein Mittel, auf dem Daten aufbewahrt werden können, bezeichnet man als **Datenträger** (engl.: data medium).

Im EDV-Vokabular werden als Daten oft nur jene Angaben bezeichnet, die in einem für die maschinelle Interpretation besonders geeigneten, fest vereinbarten Aufbau aufgezeichnet sind. Solche Daten bezeichnet man präziser als *formatierte Daten*. Schriftliche Information, die nicht derartig strukturiert (d.h. unformatiert) ist, wird hingegen *Text* genannt. Darüber hinaus kann Information noch in sprachlicher und bildlicher Darstellung vorliegen.

In der kommerziellen Datenverarbeitung wurden bisher überwiegend formatierte Daten mit EDVA verarbeitet; hiermit befassen sich im Schwerpunkt die Kapitel 1–3 und der Band «*Wirtschaftsinformatik II*». Der seit Beginn der 80er Jahre stark zunehmenden automatisierten Textverarbeitung und elektronischen Textkommunikation ist das vierte Kapitel dieses Bandes gewidmet.

Digitale Daten (engl.: digital data) werden durch Zeichen repräsentiert. Ein **Zeichen** ist ein Element aus einer zur Darstellung von Information vereinbarten endlichen Menge von verschiedenen Elementen, dem sog. **Zeichenvorrat.**

Beispiele für Zeichen sind Buchstaben, Ziffern, Interpunktionszeichen, Steuerzeichen (etwa für Wagenrücklauf auf der Schreibmaschinentastatur), Farbpunkte von Bildern oder akustische Signale. Zeichen werden üblicherweise bei der maschinellen Verarbeitung durch elektrische Impulsfolgen, magnetisierte Positionen auf Datenträgern und dergleichen technisch verwirklicht.

Analoge Daten (engl.: analog data) werden hingegen nur durch kontinuierliche Funktionen repräsentiert. Die analoge Darstellung erfolgt durch eine physikalische Größe, die sich entsprechend den abzubildenden Sachverhalten oder Vorgängen stufenlos ändert.

Beispiele hierfür bieten Thermometer, bei denen durch die Höhe der Quecksilbersäule Temperaturwerte gekennzeichnet werden, oder Rechenschieber, bei denen die Zahlendarstellung durch Längen im logarithmischen Maßstab erfolgt. Von Uhren kennen Sie sowohl die analoge (mittels Zeiger) als auch die digitale (mittels Ziffern) Zeitanzeige.

Analoge Daten werden vorwiegend im technisch-naturwissenschaftlichen Bereich verwendet und bei der elektronischen Verarbeitung durch elektrische Spannungen dargestellt.

Elektronische *Analogrechner* (engl.: analog computer) werden normalerweise nicht für kommerzielle Zwecke eingesetzt. Die nachfolgenden Ausführungen beziehen sich ausschließlich auf *digitale Rechner* (engl.: digital computer), d.h. solche EDVA, die sich auf die Verarbeitung von Zeichen beschränken.

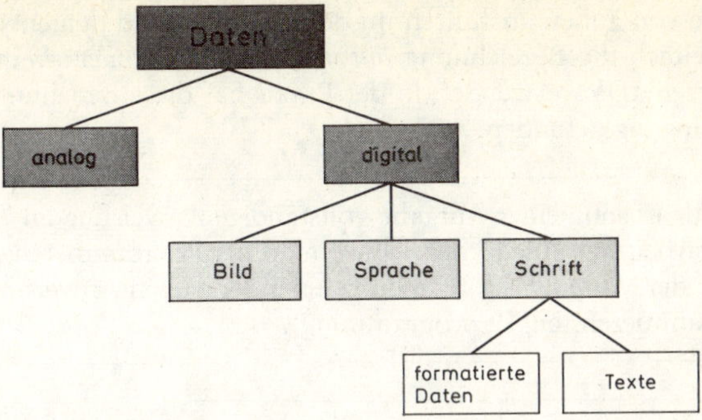

Abb. 1.1.1/1: Gliederung von Daten

Übungsaufgabe Nr. I-1 im Arbeitsbuch ←

1.1.2 Verarbeitung von Daten

Grundsätzlich zählt zur **Datenverarbeitung** (engl.: data processing) jeder Vorgang, der sich auf die Erfassung, Speicherung, Übertragung oder Transformation von Daten bezieht. Hierzu gehören eine Vielzahl von Verrichtungen. Zum *Beispiel* können im Rahmen der *Datentransformation* Daten identifizierende, reproduzierende, vergleichende, sortierende, komprimierende, umformende und rechnende Tätigkeiten stattfinden.

Welche *Hilfsmittel* jeweils zweckmäßigerweise zur Verarbeitung von Information herangezogen werden, hängt von der Art der Aufgabe ab. Die Palette der Möglichkeiten reicht vom Kopfrechnen und der Zuhilfenahme von Papier und Bleistift über die Verwendung von mechanischen Hilfsmitteln und elektronischen Taschenrechnern bis hin zu den Großanlagen der EDV, die Millionen von Rechenvorgängen (Additionen, Subtraktionen usw.) in der Sekunde ausführen und Milliarden von Zeichen speichern können.

Die *Grundfunktionen* der Informationsverarbeitung sind – unabhängig von den im Einzelfall eingesetzten Hilfsmitteln und ihrem technisch-physikalischen Aufbau – prinzipiell stets die gleichen. Ein wesentliches Kennzeichen der elektronischen Verarbeitung ist jedoch die *Automatisierung*, d.h. daß die Anlagen entsprechend vorgegebenen Anweisungen Datenverarbeitungsaufgaben weitgehend selbsttätig und ohne weitere

Eingriffe von außen ausführen. In der Literatur wird dementsprechend auch vielfach die Bezeichnung *automatisierte Datenverarbeitung* bzw. das Kürzel *ADV* verwendet; in der Praxis hat diese Benennung jedoch kaum Eingang gefunden.

Eine zur Lösung einer Aufgabe vollständige Anweisung an eine Datenverarbeitungsanlage bezeichnet man als **Programm** (engl.: program); der Vorgang der Erstellung einer derartigen Anweisung heißt **Programmieren** (engl.: programming).

Die Arbeitsanweisungen an eine EDVA müssen in einer von der Maschine interpretierbaren Sprache formuliert werden. Eine derartige zum Abfassen von Programmen geschaffene Sprache bezeichnet man als **Programmiersprache** (engl.: programming language).

Ein wichtiges Merkmal der EDV ist die *Speicherprogrammierung*. Darunter versteht man die Möglichkeit, Programme in einer Funktionseinheit (Speicher) innerhalb einer Rechenanlage aufzubewahren. Der Rechner bekommt bei der Bearbeitung einer Aufgabe Arbeitsvorschriften in einer Folge von Befehlen mitgeteilt, die das Programm im Speicher liefert.

Mittels der Programmsteuerung wird aus einem universell konzipierten Rechner eine Spezialanlage. Durch die Austauschbarkeit der Programme im Speicher kann der Rechner jederzeit eine fast beliebige Anwendungsspezialisierung erfahren, d.h. er läßt sich z.B. in Minutenschnelle von einem Spezialautomaten für Buchhaltungszwecke in einen Spezialautomaten für die Abrechnung von Löhnen und Gehältern umwandeln. Größere EDVA bieten durchweg die Möglichkeit, mehrere Programme nebeneinander zu speichern und zu verarbeiten *(Mehrprogrammbetrieb)*, wodurch sich ihre vielseitige Verwendbarkeit noch erhöht.

→ Übungsaufgabe Nr. I-2 im Arbeitsbuch

1.1.3 Vergleich manuelle – elektronische Informationsverarbeitung

Wir haben weiter oben festgestellt, daß die funktionalen Vorgänge der Informationsverarbeitung im Prinzip von den jeweils eingesetzten Hilfsmitteln unabhängig sind. Um dieses Prinzip deutlich zu machen, sei hier die sich wandelnde Situation im Lebensmitteleinzelhandel beschrieben. Einmal die leider schon fast der Vergangenheit angehörende Tante Emma, die noch mit Papier und Bleistift in ihrer «Kolonialwarenhandlung» mit Kunden und Lieferanten abrechnet, quasi die «manuelle Datenverarbeitung». Und einmal, wie der Rechner das in modernen Supermärkten erledigt.

Beispiel: Verkaufsabrechnung und Warendisposition im Lebensmitteleinzelhandel

Tante Emma benutzt zur Abrechnung der in ihrem kleinen Selbstbedienungsladen verkauften Waren einen Rechnungsblock, auf dem sie die Preise der einzelnen Posten notiert und im Kopf aufaddiert. Als Beleg erhält der Kunde den Rechnungszettel. Weil Tante Emma in Stoßzeiten kaum noch mit dem Kassieren nachkommt, die Kunden über zu lange Wartezeiten murren, sich infolge der hohen Belastungen in den Abendstunden immer häufiger Rechenfehler einschleichen und die Kunden nicht nur reklamieren, sondern zum Teil auch schon ausbleiben, überlegt Tante Emma die Anschaffung einer Registrierkasse. Ein Registrierkassenvertreter hat sie deshalb schon mehrfach besucht. Er argumentiert, daß sich durch dieses Hilfsmittel der Abrechnungsvorgang wesentlich beschleunigen lasse und daß die Kunden dadurch eine sauber gedruckte Rechnung erhielten, die neben den Preisen auch die jeweiligen Warengruppennummern ausweise.

Zweimal wöchentlich geht Tante Emma abends von Regal zu Regal und notiert sich, welche Waren nachzubestellen sind. Diese Arbeit wird ihr durch einige Formulare sehr erleichtert, die ihr der Großhändler zur Verfügung stellt. Darauf sind alle von diesem lieferbaren Artikel aufgedruckt und Tante Emma muß nur noch eintragen, welche Mengen sie jeweils bestellen möchte. Noch am gleichen Abend bringt Tante Emma diese Bestellformulare zur Post, um sicherzustellen, daß der Verkaufsfahrer des Großhändlers bei seiner nächsten Tour die von ihr gewünschten Waren mitbringt. Eine Kopie des Ordersatzes verwendet Tante Emma, um zu kontrollieren, ob die gelieferten Waren vollständig sind und ob Lieferschein und Rechnung des Großhändlers ihrer Bestellung entsprechen. Wenn niemand im Laden ist, meist erst nach Ladenschluß, zeichnet Tante Emma die Preise der einzelnen Artikel aus. Soweit möglich hält sie sich dabei an die auf den Packungen aufgedruckten Preisempfehlungen der Hersteller; bei allen anderen Waren schlägt sie einheitlich 20% auf die Großhandelspreise auf.

Der moderne Lebensmittelsupermarkt verfügt über 1 000 m^2 Verkaufsfläche und erzielt einen Monatsumsatz von mehr als einer Mio. Mark für ein Filialunternehmen mit etwa 70 ähnlichen Verkaufsstätten. Die Verkaufsabrechnung ist ein tägliches Massenproblem, das reibungslos mit nur acht Registrierkassen gelöst wird. Dies geschieht auf folgende Weise:

4 022000 150013

Abb. 1.1.3/1: EAN – europaeinheitliche Artikelnummer für den Lebensmittelhandel

Abb. 1.1.3/2: Elektronische Datenkassen für den Lebensmittelhandel

Alle Packungen sind bereits von den Herstellern mit einer maschinenlesbaren, überall in Europa einheitlichen Artikelnummer bedruckt (vgl. Abb. 1.1.3/1). Die elektronischen Kassen des Supermarktes sind mit einer Leseeinrichtung versehen. Beim Kassiervorgang werden die Artikelnummern automatisch erfaßt, indem die Waren an der Leseeinrichtung vorbeigeführt und auf fotoelektrischem Wege gelesen werden (vgl. Abb. 1.1.3/2). Jede Kasse ist über eine Leitung mit dem in der Zentrale stehenden Rechner verbunden. Mittels eines im Speicher stehenden Fakturierungsprogramms werden dort anhand der übermittelten Artikelnummern die ebenfalls gespeicherten Bezeichnungen und Preise der Artikel abgerufen, übertragen und mittels des Druckwerks der Kasse auf das Rechnungsformular geschrieben. Parallel zu den Vorgängen, die zum Druck der einzelnen Artikelzeilen führen, wird eine zentrale Bestandsfortschreibung durchgeführt. Dabei wird vom Rechner für jeden betroffenen Artikel die abgehende Menge vom gespeicherten Lagerbestand abgebucht. Sind alle von einem Kunden gekauften

Artikel abgerechnet, so werden die Einzelwerte aufsummiert und die Summenzeile wird gedruckt (vgl. Abb. 1.1.3/3).

	SUPERMARKT MAIER & CO	
	TAFELOEL	1,18
	WASCHMITTEL	6,48
	CAMEMBERT	0,98
	KAFFEE	8,95
	FR.WEINBRAND	7,98
	MILCH	0,69
0,20P	TRAUBENSAFT	2,15
1,000	SCHWEINEHALS	11,60
0,750	KALBSSTEAK	12,75
6	DOSENMILCH	3,30
	ERBSEN F1/1	1,10
	ERBSEN F1/1	1,10
	ERBSEN F1/1	1,05
	ZUCKER	1,26
	NUDELN	1,10
	MEHL	1,23
	SALZ	0,42
	SUMME	63,32
	GEGEBEN	70,00
	RUECKGELD	6,68
23/08 10:31	11/04	
	-VIELEN DANK-	

Abb. 1.1.3/3: Kassenbon einer Datenkasse

Die bei der Fakturierung anfallenden Zwischen- und Endergebnisse sind die Grundlage für eine Vielzahl automatisch erzeugter Auswertungen und Berichte. So erhält der Geschäftsführer des Supermarktes täglich Verkaufsstatistiken, die den realisierten Bruttogewinn, den Umsatz und die Umschlagshäufigkeit der einzelnen Warengruppen und/oder Artikel ausweisen. Damit kann dieser seine Verkaufsförderungsmaßnahmen gezielt auf ‹kritische› bzw. besonders gewinnbringende Artikel ausrichten.

Auch das Bestellwesen ist weitgehend automatisiert. Wie bereits erwähnt, werden die Lagerbestände der einzelnen Artikel von der EDV laufend fortgeschrieben, indem bei der Fakturierung die verkauften Warenmengen vom Lagerbestand subtrahiert werden. Täglich werden die Warenabgänge für die einzelnen Verkaufsstätten aufgelistet und aufgrund dieser Listen werden im

Zentrallager die Nachlieferungen zusammengestellt. Der einzelne SB-Markt ist damit von der Warendisposition völlig entlastet.

Warenzugänge im Zentrallager werden nach der Wareneingangskontrolle umgehend für die EDV erfaßt, damit die gespeicherten Bestandsdaten berichtigt werden können. Die Liefermenge wird dabei zur Bestandsmenge im Speicher addiert, um den neuen Lagerbestand zu erhalten. Das Ergebnis der Multiplikation ‹Liefermenge × Einkaufspreis je Einheit› wird zum Lagerwert addiert und eventuelle Differenzen zwischen bestellter und gelieferter Menge werden ausgewiesen. Dazu ist es allerdings nötig, daß für jeden bestellten Artikel die Artikelnummer, die Auftragsnummer, das Auftragsdatum, bestellte Menge, Liefertermin, Lieferantennummer und Einkaufspreis gespeichert werden, wenn eine Bestellung erfolgt. Die EDVA kann dadurch auch Preisunterschiede registrieren und bei Lieferverzögerungen automatisch Hinweise ausdrucken und Mahnungen erstellen.

Aufgrund der bei der Lagerbestandsführung für den einzelnen Artikel gespeicherten Daten lassen sich jederzeit Lagerbestandslisten ausdrucken. Diese stellen für die Einkäufer in der Hauptverwaltung durch den Ausweis der Lagerbewegungen eine wertvolle Dispositionsunterlage dar. Artikel, bei denen der Lagerabgang eine Neubestellung erforderlich macht, werden durch besondere Bestellhinweise gekennzeichnet, und es werden maschinell errechnete Bestellvorschläge gedruckt, die empfehlen, welche Mengen bei welchen Lieferanten zu beschaffen sind. Hierzu müssen für jeden Artikel zusätzliche Daten wie z.B. die Lieferzeit, der voraussichtliche Absatz, der Mindestbestand usw. gespeichert werden.

Die gespeicherten Daten bilden die Ausgangsbasis für zahlreiche weitere Datenverarbeitungsanwendungen. So lassen sich z.B. warengruppenabhängige oder sogar artikelindividuelle Kalkulationszuschläge maschinell ermitteln, wodurch eine flexible Preispolitik ermöglicht wird. Die Ausnutzung der Lieferantenskonti wird durch eine laufende Kontrolle der Verbindlichkeiten und durch den Druck von Zahlungsanweisungen bei fälligen Rechnungen gesichert. Es lassen sich Preisschilder für die Regalauszeichnung der Artikel im Verkaufsraum mittels EDV erstellen; die Auszeichnung der einzelnen Artikel entfällt ja durch den Aufdruck der maschinenlesbaren Artikelnummer – und so weiter, und so weiter – die Aufzählung, für welche vielfältigen Zwecke sich die einmal erfaßten Daten mittels EDV auswerten lassen, ließe sich noch erheblich verlängern.

→ Übungsaufgabe Nr. I-3 im Arbeitsbuch

Parallelen und Unterschiede

Trotz dieser beeindruckenden Schilderung, was die EDV alles zu leisten vermag, zeigt der Vergleich der Abläufe doch eines: Der Rechner tut grundsätzlich auch nichts anderes als Tante Emma. Beide haben dieselben Aufgaben und beide lösen diese nach bestimmten Regeln,

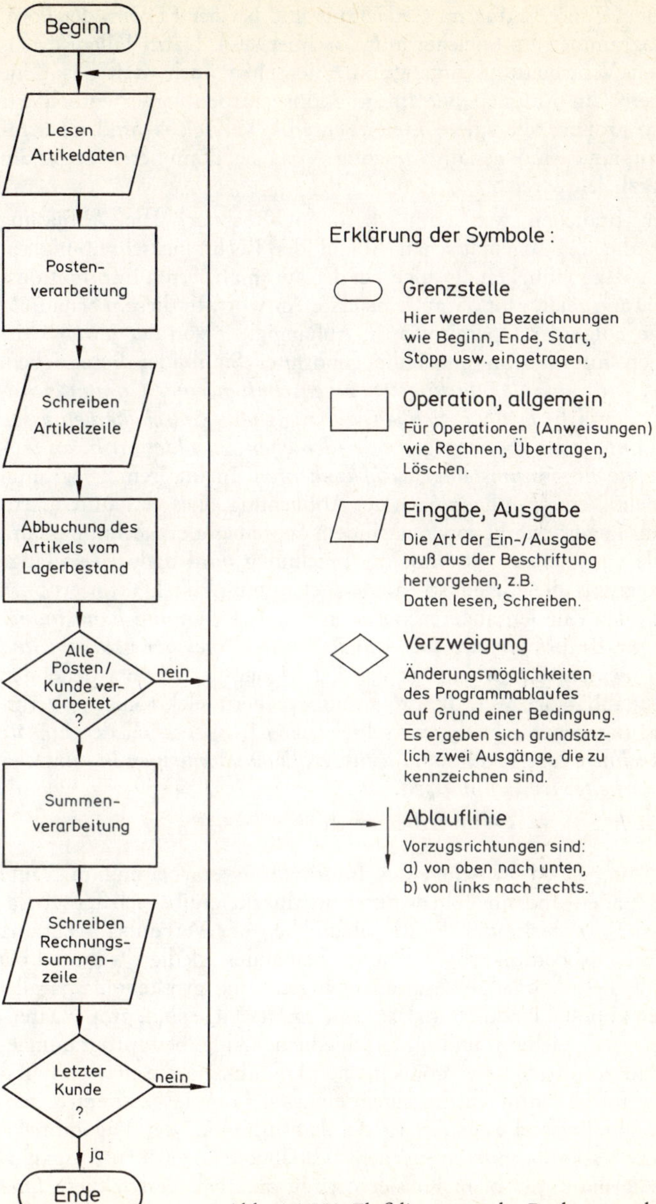

Abb. 1.1.3/4: Flußdiagramm der Rechnungsschreibung

welche bei Tante Emma im Gedächtnis und bei der EDV in der Form von Programmen im Speicher aufgezeichnet sind. Dabei fallen jeweils dieselben Verarbeitungsvorgänge an. Sie sehen auch, daß das reine «Rechnen» im Rahmen der Informationsverarbeitung eigentlich gar keine so große Rolle spielt. Lese-, Schreib-, Vergleichs- und Übertragungsvorgänge sind genauso wichtig – ja, sie dominieren sogar im kommerziellen Bereich.

Wozu brauchen wir dann überhaupt Rechner? Die Abbildung 1.1.3/4, die den schematischen Ablauf der Rechnungsschreibung sowohl bei der manuellen als auch bei der automatisierten Informationsverarbeitung zeigt, gibt darauf eine erste Antwort. In diesem Schaubild wird die Folge der Operationen in Abhängigkeit von der jeweils vorhandenen Information mit Hilfe genormter Sinnbilder beschrieben. Hieraus wird *eine der wichtigsten Eigenschaften eines Computerprogramms* deutlich: *Die Möglichkeit, abhängig von Zwischenergebnissen Programmteile zu überspringen oder Schleifen zu bilden, d.h. an vorhergehende Programmstellen zurückzukehren.* In unserem Diagramm sind solche Verzweigungen nach der Abbuchung eines verkauften Artikels vom Lagerbestand sowie nach dem Schreiben der Rechnungssummenzeile vorgesehen. Die Verkaufsabrechnung wird dadurch so lange fortgesetzt, bis alle von einem Kunden gekauften Artikel fakturiert bzw. bis mit allen Kunden abgerechnet wurde. *Das Programm kann immer wieder bei Bedarf für dieselbe Aufgabe in den Speicher gebracht und benutzt werden.* Der Ablauf ist von der Menge der zu verarbeitenden Daten unabhängig. Weil die programmgesteuerte elektronische Verarbeitung ungeheuer schnell und sehr sicher ist, bietet sich der *Einsatz eines Rechners immer dann* an, *wenn große Datenmengen in kürzester Zeit verarbeitet werden müssen.*

→ Übungsaufgabe Nr. I-4 im Arbeitsbuch

Ein Unterschied zwischen der Informationsverarbeitung in Tante Emmas Laden und im Lebensmittelsupermarkt ergibt sich ferner dadurch, daß Tante Emma die Einzelaufgaben der Verkaufsabrechnung und Warendisposition separat und nacheinander erledigt, während bei der EDV diese Vorgänge zusammenhängend und größtenteils parallel ablaufen können. Dadurch, daß Rechner in der Lage sind, große Datenmengen zu speichern und unterschiedliche Aufgaben programmgesteuert auszuführen, ist es möglich, alle Maßnahmen, die ein Geschäftsvorfall erforderlich macht, in einem einzigen Komplex zu verarbeiten. In unserem Beispiel liegen etwa der Fakturierung, der Lagerabrechnung, der Verkaufsstatistik und dem Bestellwesen dieselben Ausgangsdaten zugrunde, die beim Kassiervorgang anfallen. Durch diese *integrierte Datenverarbeitung* erübrigen sich die wiederholten Datenerfassungsvorgänge und die Aufbewahrung von Zwischenergebnissen für Folgearbeiten, die bei einer getrennten Verrichtung einzelner Aufgaben jeweils unumgänglich sind.

Übungsaufgabe Nr. I-5 im Arbeitsbuch ←

1.1.4 Zwecke der elektronischen Datenverarbeitung

Die enorme Arbeitsgeschwindigkeit und Speicherkapazität von Rechnern ermöglichen die *Bearbeitung großer Datenmengen*, die ohne Einsatz der EDV überhaupt nicht oder nicht rasch genug zu bewältigen wären. Denken Sie z.B. an die Auftragserledigung in einem Großversandhaus, wo täglich über hunderttausend Kundenbestellungen nach dem immer gleichen Schema abzuwickeln sind und Millionen von Anschriften aufbewahrt werden müssen. Oder an die monatliche Abrechnung der Löhne und Gehälter für Tausende von Mitarbeitern in der Wirtschaft und in der öffentlichen Verwaltung, an die Milliarden jährlicher Kontenbewegungen in Banken oder an die sich immer wiederholenden Platzbuchungen in Reisebüros. In der Praxis lassen sich solche wiederkehrenden Massenarbeiten – die durch den laufenden Zuwachs anfallender Geschäftsvorfälle an Umfang immer mehr zunehmen – schon längst nicht mehr mit den früheren bürotechnischen Hilfsmitteln in befriedigender Weise erledigen. Mit ihrer Automatisierung durch den Einsatz der EDV sind in der Regel eine *Beseitigung monotoner Routinetätigkeiten für die Mitarbeiter, die Ausschaltung zahlreicher, auf der menschlichen Unzulänglichkeit beruhender Fehlerquellen und eine straffere Abwicklung der Arbeitsvorgänge* verbunden.

Ein weiteres Ziel der Automatisierung der Datenverarbeitung ist die *Beschaffung qualifizierter Unterlagen für unternehmerische Entscheidungen*. Da eine Analyse der anfallenden Daten durch die EDV wesentlich schneller und umfassender als mit konventionellen Methoden durchgeführt werden kann, ist es den Mitarbeitern möglich, ihre Entscheidungen schneller und besser auf die sich immer rascher wandelnde Bedingungslage auszurichten. So lassen sich z.B. Markttrends früher als bisher erkennen, Planabweichungen umgehend korrigieren oder Maßnahmen bei sich ändernden Kundengewohnheiten rechtzeitig einleiten.

Insbesondere, wenn *umfangreiche und komplizierte Berechnungen in einem möglichst kurzen Zeitraum* auszuführen sind, ist der Rechner ein sehr hilfreiches (und oft das einzig mögliche) Werkzeug. Derartige Anwendungen finden sich vor allem im technisch-naturwissenschaftlichen Bereich (wie etwa die Kurskorrekturen bei der Raumfahrt), aber auch in der Wirtschaft wird die EDV vielfach zur Lösung mathematisch formulierbarer Aufgabenstellungen eingesetzt. Denken Sie etwa an die Prognosen der Wirtschaftsforschungsinstitute, die die Entwicklung gesamtwirtschaftlicher Größen (Wirtschaftswachstum, Preisentwicklung, Arbeitslosenquote usw.) beinhalten. Sicherlich können Sie sich auch vorstellen, welcher enorme Rechenaufwand im einzelnen Unternehmen zu leisten ist, wenn laufend für u.U. Hunderte von Produkten Absatzvorhersagen durchgeführt werden, wenn die Wirtschaftlichkeit alternativer Investitionsvorhaben verglichen wird oder wenn die kostengünstigsten Transportmittel und -wege für die Warenverteilung im Markt gesucht werden. Zwar wären derartige Aufgaben prinzipiell auch manuell bzw. mit konventionellen Hilfsmitteln lösbar, nur würde eine solche Arbeit Monate statt Stunden oder Minuten dauern, und die Ergebnisse wären dann oft überholt und damit nicht mehr brauchbar.

Durch die Übertragung aller generell zu regelnden Routinearbeiten auf Rechner und durch die umfassendere Information kann sich die Unternehmensführung auf die Bearbeitung und Entscheidung von Ausnahmefällen konzentrieren. Bei diesem *‹Management by Exception›* erfordern nur noch Abweichungen und Störungen nicht planmäßig verlaufender Vorgänge das Eingreifen der Führungskräfte, wodurch diese Zeit für die Planung und die Entwicklung neuer Ideen gewinnen.

Ein wichtiger Grund für die Automatisierung von Datenverarbeitungsaufgaben ist schließlich das *Rationalisierungsstreben.* Man erhofft sich gegenüber anderen möglichen Formen der Informationsverarbeitung vor allem durch die Einsparung von Personal *Kostenvorteile.* In welchem Umfang sich derartige Einsparungen tatsächlich realisieren lassen, ist allerdings oft schwer nachweisbar, in Theorie und Praxis umstritten und sicherlich von Fall zu Fall verschieden. Nur eine sorgfältige Analyse und Wirtschaftlichkeitsrechnung können hier Aufschluß bringen. Aus gesamtwirtschaftlicher Sicht und aus der Sicht der Betroffenen ist eine Vernichtung von Arbeitsplätzen natürlich höchst problematisch. Mit möglichen negativen Auswirkungen der EDV befaßt sich u.a. der Abschnitt 1.3.3.

→ Übungsaufgabe Nr. I-6 im Arbeitsbuch

1.2 Aufbau elektronischer Datenverarbeitungsanlagen

Im folgenden wird Ihnen der *grundlegende Aufbau von EDVA* erklärt. Zunächst erfahren Sie, aus welchen *Hauptfunktionseinheiten* ein Rechner besteht. Nach dieser relativ oberflächlichen Darstellung (die im Abschnitt 2.3 vertieft wird) werden die *Bauelemente (Chips)* von Rechnern behandelt. Weil hierauf später nicht mehr näher eingegangen wird, gehen diese Ausführungen etwas mehr in die Tiefe. Im Abschnitt 1.2.3 wird erläutert, wodurch die *Leistung eines Rechners* bestimmt wird und welche *Rechnergruppen* üblicherweise in der Praxis unterschieden werden.

1.2.1 Hauptfunktionseinheiten

Ein *Datenverarbeitungssystem* ist ein Gebilde zur Verarbeitung von Daten, das aus einer Anzahl von Funktionseinheiten besteht, die bezüglich ihrer Aufgaben gegeneinander abgegrenzt werden können und die untereinander gekoppelt sind. Prinzipiell muß ein Datenverarbeitungssystem über *Einheiten* verfügen,

1. durch die Daten von außen aufgenommen werden können *(Eingabeeinheit)*,
2. durch die diese Daten interpretiert, umgesetzt und aufbewahrt werden können *(Zentraleinheit und externe Speicher)* und

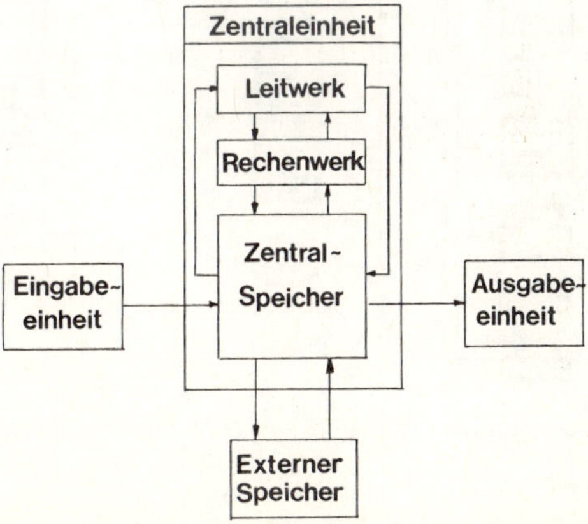

Abb. 1.2.1/1: Funktionaler Aufbau einer EDVA (Prinzipdarstellung)

3. durch die die verarbeiteten Daten wieder nach außen abgegeben werden können *(Ausgabeeinheit)*.

Der grundlegende Aufbau einer EDVA entspricht diesem Funktionsschema (vgl. Abb. 1.2.1/1). *Jeder der genannten Funktionseinheiten können in der Realität eine oder mehrere Baueinheiten entsprechen.* Zum Beispiel kommen – wie sich aus der Abb. 1.2.1/2 ergibt – als eine Eingabeeinheit u.a. folgende Geräte in Betracht: Loch- oder Magnetkartenleser, Lochstreifenleser, Markierungsleser, Klarschriftleser, Handschriftleser, Meßgeräte, Signalgeber, Bildschirmgeräte mit Lichtgriffel und Tastatur, Tastenwahlapparate, Ausweisleser. Alle diese Geräte lassen sich einzeln oder zu mehreren in fast beliebiger Kombination für die Eingabe von Daten in eine EDVA verwenden. Wie diese und andere Eingabegeräte (z.B. die früher erwähnten elektronischen Kassen) funktionieren, wird in einem der Folgekapitel noch ausführlich erläutert.

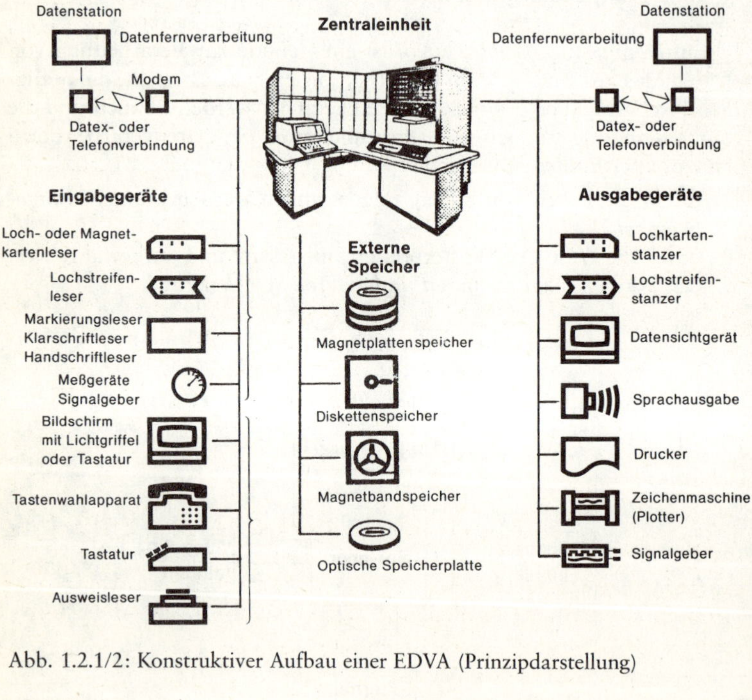

Abb. 1.2.1/2: Konstruktiver Aufbau einer EDVA (Prinzipdarstellung)

Solche ausführlichen Funktionsbeschreibungen folgen später ebenfalls für die wichtigsten, in der Abb. 1.2.1/2 dargestellten Geräte, durch die Daten aus einer Rechenanlage ausgegeben werden können (Ausgabegeräte). Auch die externen Speicher und die Baugruppen der Zentraleinheit werden an dieser Stelle nur in Grundzügen skizziert.

> Die **Zentraleinheit** (engl.: central processing unit, abgekürzt: CPU) ist eine Funktionseinheit innerhalb einer EDVA, die Leitwerk(e), Rechenwerk(e) und Zentralspeicher umfaßt.

Diese *Komponenten sind durch Leitungen miteinander verbunden*, über die Daten sowie Adreß- und Kontrollangaben über die Daten mittels elektrischer oder optischer Signale übertragen werden. Dabei kann es sich um *spezielle Leitungen* zwischen und innerhalb der genannten Funktionseinheiten handeln, oder es können *Verbindungssysteme* vorhanden sein, *die von vielen Einheiten gemeinsam genutzt werden (sog. Busse).*

> Ein **Bus** (engl.: bus) ist ein Verbindungssystem, das von allen angeschlossenen Einheiten (Teilnehmern) gemeinsam genutzt wird.

Eine Zentraleinheit kann außer den oben genannten noch weitere Bestandteile enthalten, z.B. gesonderte Funktionseinheiten zur Steuerung des Datenverkehrs von den Eingabe- und zu den Ausgabeeinheiten.

> Ein **Leitwerk** (engl.: control unit), das auch häufig als **Steuerwerk** bezeichnet wird, sorgt für die Durchführung der einzelnen Befehle eines Programmes.

Es holt Befehle und Daten, entschlüsselt die Befehle in eine der Maschine verständliche Darstellungsform, gibt die für ihre Ausführung erforderlichen digitalen Signale ab, übernimmt Verarbeitungsergebnisse und leitet diese gegebenenfalls an andere Funktionseinheiten weiter.

Die vom Leitwerk abgegebenen Signale lösen die im Rechner fest vorgesehenen *Maschinenoperationen* aus, deren eigentliche Ausführung im Rechenwerk erfolgt. Je nach Bauart wird ein Rechner durch etwa 50 bis ca. 250 verschiedene *Maschinenbefehle* (engl.: instruction) gesteuert. Diese lassen sich einteilen in

1. *arithmetische Befehle*
   (z.B. Addieren, Subtrahieren, Multiplizieren usw.),
2. *logische Befehle*
   (z.B. Vergleichen, Verknüpfen usw.),
3. *Transportbefehle*
   (z.B. Übertragen, Verschieben usw.) sowie
4. *Ein- und Ausgabebefehle*
   (z.B. Lesen, Schreiben usw.).

Der *Ablauf einer Maschinenoperation* (engl.: computer operation) erfolgt in der Regel in einer Folge von Schritten, in denen die vom Leitwerk abgegebenen Signale in einem elektrischen Schaltnetz logisch miteinander verknüpft werden, um bestimmte Strompfade zu aktivieren. Den zeitlichen Ablauf steuert ein *Taktgeber* (engl.: clock); das ist ein Pulsgenerator zur Synchronisierung von Operationen.

Ein **Rechenwerk** (engl.: arithmetical logical unit, abgekürzt: ALU) ist eine Funktionseinheit, die Rechenoperationen ausführt.

Hierzu gehören neben den arithmetischen Operationen auch Verknüpfungen nach den Regeln der Booleschen Algebra, Vergleiche, Umformungs-, Verschiebe- und Rundungsoperationen u.ä.m.

Leitwerk und Rechenwerk sind als materielle Gebilde (Baueinheiten) kaum gegeneinander abgrenzbar. Deshalb werden sie zusammengefaßt als *Prozessor* bezeichnet.

Ein **Prozessor** (engl.: processor) ist eine Funktionseinheit, die Leitwerk und Rechenwerk umfaßt.

Ein **Speicher** (engl.: storage; memory) ist eine Funktionseinheit innerhalb einer EDVA, die Daten aufnimmt, aufbewahrt und abgibt.

Ein in der Zentraleinheit enthaltener Speicher wird als *Zentralspeicher* bezeichnet; weitere gängige Benennungen sind: *Speicherwerk, interner Speicher, Kernspeicher*. Die Bezeichnung *Kernspeicher* rührt daher, daß Zentralspeicher früher zumeist aus Magnetkernen aufgebaut waren. Inzwischen werden jedoch ausschließlich Zentralspeicher verwendet, die aus integrierten Halbleiterschaltungen (Chips) aufgebaut sind, so daß diese Bezeichnung veraltet ist und nicht mehr benutzt werden sollte.

Bei der Verarbeitung müssen sowohl das Programm als auch die dafür notwendigen Daten im Zentralspeicher verfügbar sein. Während des Programmablaufes werden die Befehle und die Daten durch den Prozessor schrittweise geholt, interpretiert und verarbeitet. Die Ergebnisse dieser Verarbeitung werden wiederum vom Zentralspeicher (vorübergehend) aufgenommen.

Der Zentralspeicher arbeitet mit einem außerordentlich schnellen Zugriff zu den Daten. Sein Fassungsvermögen ist jedoch aus technischen und Kostengründen begrenzt. Er dient während der Programmausführung zur Speicherung und wird i.a. nicht für eine dauerhafte Aufbewahrung von Daten herangezogen. Diese Funktion übernimmt der *externe Speicher*.

> Ein **Zentralspeicher** (engl.: central storage, memory) ist ein Speicher innerhalb der Zentraleinheit. Typische Merkmale sind der unmittelbare Zugang durch den Prozessor, die vorübergehende Speicherung und der schnelle Zugriff. Jeder Speicher, der nicht Zentralspeicher ist, wird als **externer Speicher** (engl.: external storage) bezeichnet.

Externe Speicher sind langsamer (Zugriffsgeschwindigkeit), aber dafür billiger als Zentralspeicher, und sie verfügen über sehr große Speicherkapazitäten. Nicht unmittelbar benötigte Daten und Programme, die aus Platzgründen nicht ständig im Zentralspeicher stehen, werden extern gespeichert und können bei Bedarf mit großer Geschwindigkeit in den internen Speicher übertragen werden. Externe Speichereinheiten dienen nicht nur zur Aufbewahrung großer Datenmengen über längere Zeit hinweg, sondern sie werden gleichzeitig auch als Eingabe- und Ausgabegeräte verwendet. Die wichtigsten externen Speichermedien (Datenträger) sind Disketten und Magnetplatten, deren Arbeitsweise im Abschnitt 2.2 erläutert wird.

> Eine Funktionseinheit innerhalb einer EDVA, die nicht zur Zentraleinheit gehört, wird **periphere Einheit** (engl.: peripheral unit) genannt.

Dementsprechend werden externe Speicher auch als *periphere Speicher* (engl.: peripheral storage) bezeichnet.

Übungsaufgabe Nr. I-7 im Arbeitsbuch ←

Der Verkehr mit den peripheren Geräten zur Eingabe (engl.: input) und Ausgabe (engl.: output) von Programmen und Daten wird in größeren EDVA oft durch eine selbständige Funktionseinheit gesteuert, die als *Ein-Ausgabewerk* (engl.: input/output unit, abgekürzt I/O unit; deutsche Abkürzung: *EA-Werk*) oder – wenn ein EA-Werk mit einem eigenen Rechenwerk und Leitwerk versehen ist – als *Ein-Ausgabeprozessor* bezeichnet wird.

> Ein **Ein-Ausgabeprozessor** (engl.: input/output processor) ist eine Funktionseinheit innerhalb einer EDVA, die das Übertragen von Daten zwischen peripheren Einheiten und dem Zentralspeicher selbständig steuert und dabei die Daten gegebenenfalls modifiziert.

Ein-Ausgabeprozessoren bewirken einen Ausgleich zwischen der extrem hohen internen Rechengeschwindigkeit der Zentraleinheit und den wesentlich langsameren Ein- bzw. Ausgabegeschwindigkeiten der (noch teilweise mechanisch arbeitenden) peripheren Geräte. Nachdem sie vom Leitwerk des Zentralprozessors durch Signale zur Eingabe oder Ausgabe aufgefordert wurden, sorgen sie für die Inbetriebsetzung der entsprechenden Ein- oder Ausgabeeinheiten und die Abwicklung des Datenverkehrs. Währenddessen kann der Zentralprozessor mit seinem Programm fortfahren.

> Der Anschluß von peripheren Einheiten erfolgt über sog. **Ein-Ausgabekanäle** (synonyme Kurzbezeichnung: **Kanäle**; engl.: channel) des Ein-Ausgabeprozessors. Sämtliche Kanäle eines Ein-Ausgabeprozessors arbeiten parallel zueinander.

Wir haben bereits erwähnt, daß jeder der hier beschriebenen Funktionseinheiten in der Realität eine oder mehrere Baueinheiten entsprechen können. Zum Beispiel verfügen moderne, große EDVA zum Teil über mehrere Zentralprozessoren, die zu einer Einheit zusammengeschlossen sind. Die Prozessoren arbeiten entweder gleichberechtigt nebeneinander, oder einer übernimmt die Führung (deshalb auch «Master» genannt) und steuert die Arbeit der anderen (die auch als «Slaves» bezeichnet werden). Derartige EDVA nennt man *Mehrprozessorsysteme.*

Ein **Mehrprozessorsystem** (engl.: multiprocessor system) ist ein Rechner, bei dem ein Zentralspeicher ganz oder teilweise von zwei oder mehr Prozessoren gemeinsam benutzt wird.

Es können ferner mehrere Zentraleinheiten über Kanäle unmittelbar miteinander gekoppelt oder über sonstige Datenübertragungswege – auch über große Entfernungen hinweg – zu *Rechnernetzen* (engl.: computer network) zusammengeschlossen werden.

Von einem **Mehrrechnersystem** (engl.: multicomputer system) spricht man dann, wenn eine gemeinsame Funktionseinheit (Programm) zwei oder mehr Zentraleinheiten steuert, deren jede über mindestens einen Prozessor allein verfügt.

Aus welchen Baueinheiten eine EDVA bei der Installation tatsächlich zusammengesetzt wird, hängt von den jeweiligen Einsatzbedingungen ab. Hierfür sind neben den geplanten Anwendungen vor allem Kostenüberlegungen maßgebend. Die Zusammenschaltung von mindestens einer Zentraleinheit mit den an diese angeschlossenen peripheren Geräten wird *Konfiguration* (engl.: configuration) genannt.

Als Sammelbegriff für die Geräte von EDVA hat sich bei uns das englische Wort **Hardware** durchgesetzt. Die Programme zur Steuerung von EDVA werden als **Software** bezeichnet.

Wichtige Bestandteile der Software werden von den Herstellern der maschinellen Baueinheiten von EDVA vorgefertigt und bei der Anschaffung mitgeliefert. *Standardprogramme*, die für einen größeren Kreis von Benutzern verwendbar sind, werden ferner von speziellen Software-Produzenten auf dem Markt angeboten. Ein großer Teil der Programme wird darüber hinaus von den EDV-Anwendern selbst erstellt, um die betriebsindividuelle Situation durch spezifische Problemlösungen optimal berücksichtigen zu können.

Die Wissenschaft, die sich mit dem Aufbau von EDVA und ihrer Programmierung befaßt, heißt **Informatik** (engl.: computer science; informatics).

Übungsaufgaben Nr. I-8 bis 11 im Arbeitsbuch ←

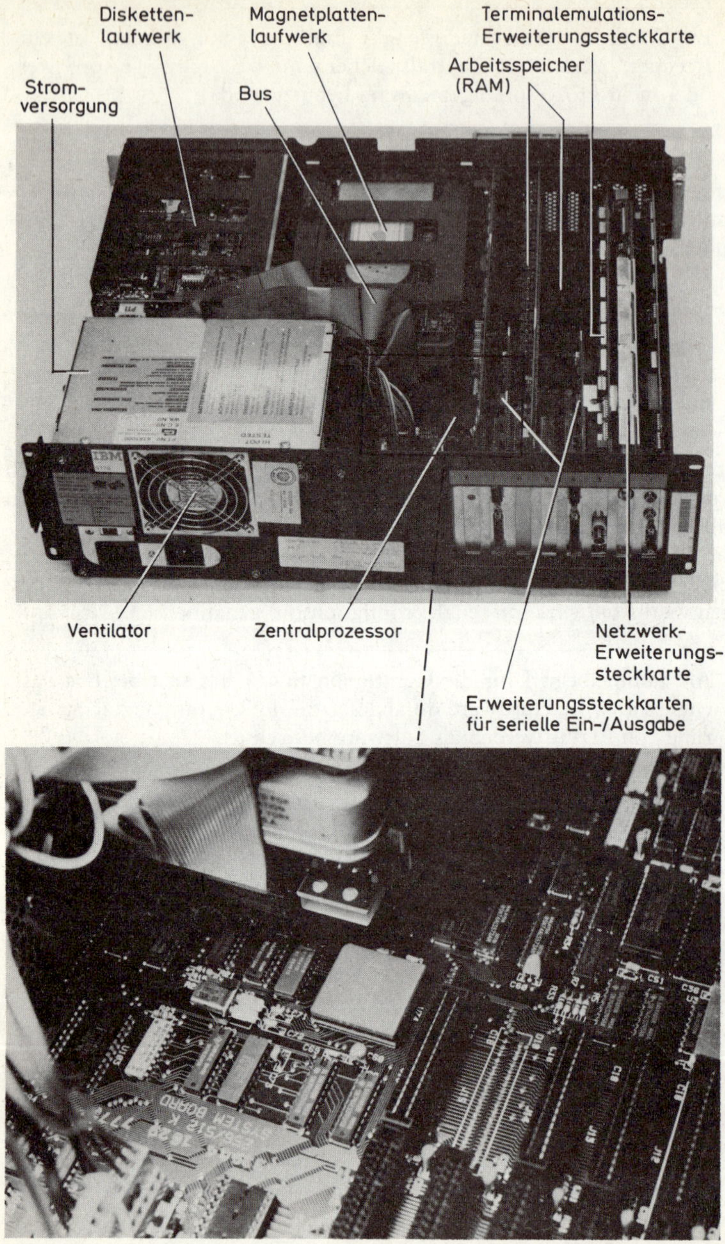
Disketten-
laufwerk
Magnetplatten-
laufwerk
Terminalemulations-
Erweiterungssteckkarte
Arbeitsspeicher
(RAM)
Strom-
versorgung
Bus
Ventilator
Zentralprozessor
Netzwerk-
Erweiterungs-
steckkarte
Erweiterungssteckkarten
für serielle Ein-/Ausgabe

1.2.2 Bauelemente (Chips)

Werfen Sie nochmals einen Blick auf die «Innereien» eines Mikrorechners. Das Bild, das Sie schon kennen (vgl. Abb. 1/3), haben wir diesmal mit einigen Bezeichnungen versehen, die in der Folge erläutert werden.

Die auf die Grundplatine und die Einschubplatinen aufgesteckten kleinen viereckigen Gehäuse enthalten jeweils ein Siliziumplättchen, ein sog. *Chip*, von nur wenigen Millimetern Kantenlänge. Das Chip ist durch hauchdünne Golddrähte an die nach außen führenden Leitungen (die «Beinchen») angeschlossen. Durch die Rückwandverdrahtung der Platinen sind die Baugruppen miteinander verbunden.

> Ein **Chip** (engl.: chip) ist ein Halbleiterplättchen (meist aus Silizium) von 10 bis 100 mm² Fläche und wenigen Zehntel mm Dicke, das Tausende bis Hunderttausende von elektronischen Bauelementen (Widerstände, Dioden und Transistoren) für Logik- (Verknüpfungs-) und/oder Speicherfunktionen enthält.

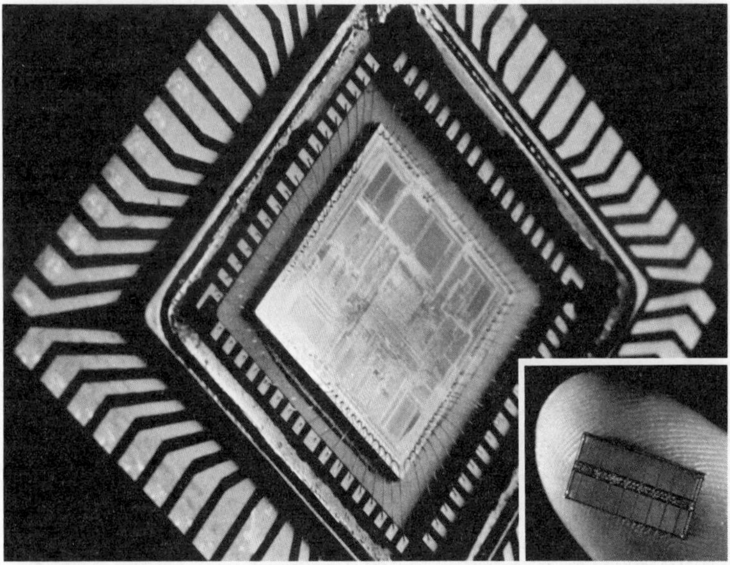

Abb. 1.2.2/2: Mikrofotografie eines Chips und Chip in Originalgröße (oben links)

Abb. 1.2.2/1: «Innereien» und vergrößerter Ausschnitt der Grundplatine eines Mikrorechners

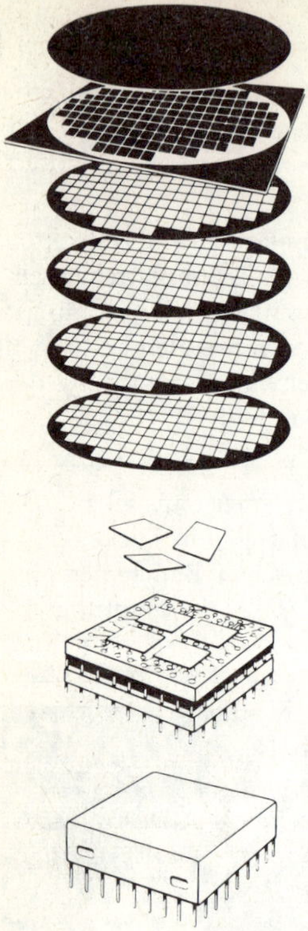

Oxidation: Der reine Silizium-Wafer erhält einen glasähnlichen Schutzbelag aus Siliziumoxid.
Fotolithografie: Ein fotolithografischer Prozeß bildet die erforderliche Oberfläche für das Ätzen von Löchern in das Oxid mit Hilfe von Säure.
Diffusion: Die Wafer werden in einen Hochtemperaturofen gebracht, wo das Silizium durch die Öffnungen im Oxid mit Bor- und Phosphoratomen versetzt wird. Hierbei verändern sie dessen elektrische Eigenschaften, um Transistoren und andere Schaltungselemente zu bilden.
Metallisierung: Ein dünner Aluminiumbelag wird auf die Waferoberfläche aufgedampft und anschließend mit Hilfe von Fotolithografie selektiv entfernt. Es ist möglich, ein Leitungsnetz von ca. 8 m Länge auf einem Chip unterzubringen, der 4 × 6 mm mißt.
Abdichtung: Der gesamte Wafer wird zur Sicherung des Schaltkreises mit einer Schutzschicht aus Quarz und Polyamiden umgeben.
Metall-Endstücke: Durch den Glasmantel werden winzige Löcher geätzt, in denen dann eine Chrom/Kupfer/Gold-Legierung mit Lötaugen aufgedampft wird.
Teilung: Der Wafer wird mit einer Diamantsäge in mehrere Hundert einzelne Chips zerschnitten.
Chip-Plazierung: Jeder Chip wird durch Anlötung der entsprechenden Anschlüsse an einem keramischen Substrat befestigt.
Modulverkapselung: Ein fertiges elektronisches Modul wird gebildet, indem jedes Substrat mit einer Aluminiumschutzschicht ummantelt wird.

Abb. 1.2.2/3: Stufen bei der Herstellung von Rechnerbauelementen

Die *Herstellung der Chips* erfolgt in einem vielstufigen Prozeß: Zunächst wird das gereinigte Silizium (Quarzsand) auf Temperaturen von über 1 400° C erhitzt, um es zu verflüssigen. In das geschmolzene Silizium taucht man einen bleistiftgroßen Kristallisationskern aus Silizium. Beim Herausziehen bleibt daran eine Flüssigkeitsschicht haften, die sich erhärtet und einen Kristallstab bildet. Der Durchmesser (bis zu 20 cm) dieses ca. 2 Meter langen Stabes hängt von der Temperatur des Siliziums und der Geschwindigkeit ab, mit der der «Kern» herausgezogen wird. Nach dem Abkühlen wird dieser superreine monokristalline Siliziumstab in dünne Scheiben, die sog. *Wafer* (engl.: wafer), zersägt. Ein polierter Wafer ist nur noch einige Zehntel Millimeter dick und bietet Platz für mehrere hundert Chips (je nach Abmessungen des Wafers und der Chips bis zu mehr als 2 000 Chips beim heutigen Technologiestand). Das Aufbringen der Chips auf der Oberfläche der Wafer geschieht in rund einem Dutzend weiterer Herstellungsstufen: Durch gezielte Oxidations-, Diffusions- und Implantationsschritte sowie durch Aufdampfen metallischer Verbindungen und mikroskopisch präzise

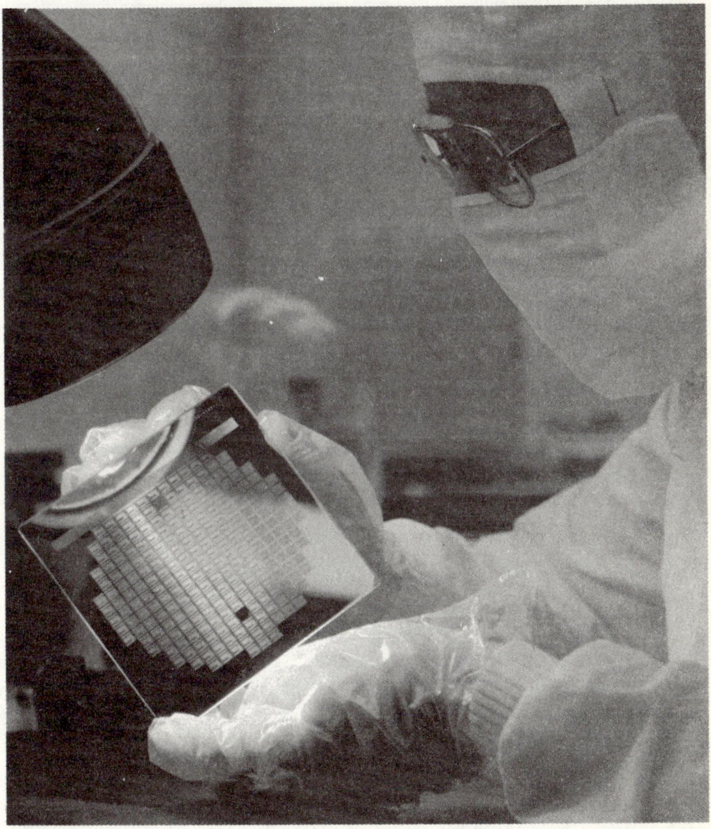

Abb. 1.2.2/4: Wafer, auf dem mit fotolithografischen Verfahren Hunderte von Chips aufgebracht worden sind

Ätzverfahren werden Transistoren, Widerstände und Leitungsverbindungen mit Linienbreiten von bis zu weniger als einem Mikrometer erzeugt. (Ein Mikrometer ist 1/1000 mm, das entspricht ungefähr einem Hundertstel der Dicke einer Seite dieses Buches.)

Für die Herstellung der integrierten Schaltungen (engl.: integrated circuits, abgekürzt: IC) gibt es zahlreiche hier nicht näher behandelte *Techniken* (z.B. NMOS, CMOS, ECL), deren Eignung vor allem auch durch den vorgesehenen Einsatz der Chips bestimmt ist.

Die Transistoren auf den Chips dienen zum Aufbau von Schaltern, die durch elektrische Impulse aus- oder eingeschaltet werden. Normalerweise hat ein *Transistor* drei Elektroden, die Basis, Emitter und Kollektor genannt werden. Durch entsprechende Spannung an der Basis des Transistors ist es möglich, den Widerstand zwischen Emitter und Kollektor sehr groß oder verschwindend klein werden zu lassen, was den temporären Schalterstellungen offen oder geschlossen entspricht. Sog. *Flipflops*, die meistgebrauchten Speicherelemente für Chips, stabilisieren diesen Zustand durch die Kopplung von zwei Transistoren über Widerstände. Ihre wesentliche Aufgabe ist die Wandlung von elektrischen Impulsen in Dauersignale. Das heißt, ein Flipflop kann zwei stabile Zustände annehmen, die nur durch äußere Einflüsse (Setz- bzw. Rücksetzimpulse) änderbar sind. Der gespeicherte Wert ist am Ausgang des Flipflops abfragbar.

Dementsprechend kann ein Flipflop jeweils einen von zwei möglichen Werten speichern, die wir durch die Binärzeichen L (Schalter offen) und 0 (Schalter geschlossen) kennzeichnen.

> Ein **Binärzeichen** oder **Bit** (Synonyme; engl.: binary digit; bit) ist jedes der Zeichen aus einem Zeichenvorrat von zwei Zeichen. Zur *Darstellung der Bits* können *beliebige Zeichen* benutzt werden; wir verwenden die Zeichen 0 (binäre Null) und L (binäre Eins).

Sämtliche Daten und Programme werden bei der rechnerinternen Verarbeitung durch Folgen solcher Bits repräsentiert. In der kommerziellen Datenverarbeitung ist es üblich, einzelne Buchstaben durch Gruppen von acht Bits, sog. *Bytes* (engl.: byte), darzustellen. In einem verbreiteten Rechnercode entspricht z.B. dem Buchstaben «m» die Bitfolge L00L0L00. Näheres hierüber erfahren Sie im Abschnitt 2.1.3.

→ Übungsaufgabe Nr. I-12 im Arbeitsbuch

Die Abb. 1.2.2/5 zeigt einen mit dem Rasterelektronenmikroskop aufgenommenen Chipausschnitt. Aus derartigen Chips ist i.a. der größte Teil des Zentralspeichers aufgebaut.

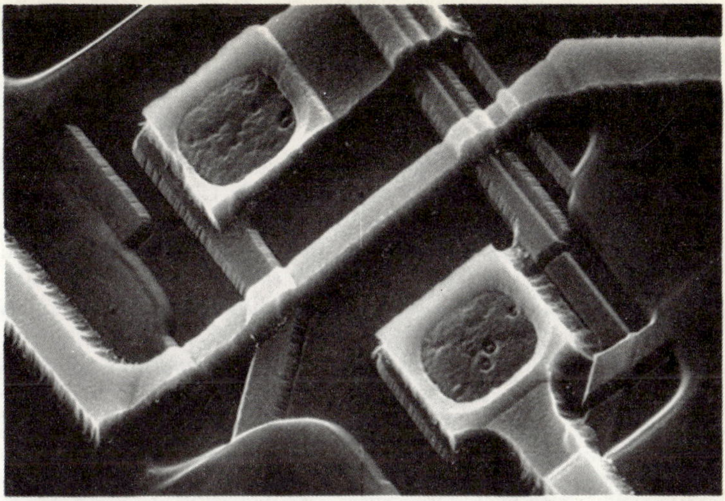

Abb. 1.2.2/5: Mit dem Rasterelektronenmikroskop aufgenommener Chipausschnitt

Ganz grob kann man folgende *Verwendungszwecke von Halbleiterbausteinen* unterscheiden:

1. Standard- und kundenspezifische Chips;
2. Speicher- und Prozessorchips.

Standardchips (engl.: standard chip) werden für einen breiten Markt produziert und beinhalten integrierte Schaltungen für häufig vorkommende, von vielen Geräteherstellern bzw. -verwendern gleichermaßen benötigte Funktionen. **Kundenspezifische Chips** (engl.: custom chip) werden auf die speziellen Bedürfnisse einzelner Kunden(gruppen) bzw. Anwendungen ausgelegt.

Die *Entwicklung kundenspezifischer Chips* ist aufwendig und i.a. erst ab einer gewissen Stückzahl wirtschaftlich. Die Kunden für solche Chips können aus den verschiedensten Bereichen, von der Unterhaltungs- und Haushaltselektronik bis hin zur Nachrichtentechnik und dem Verkehrswesen, kommen. Etwa die Hälfte der Chipproduktion wird für Datenverarbeitungsgeräte verwendet.

Während bei individuell entworfenen *kundenspezifischen (engl.: full custom) Chips* die Schaltungen auf niedrigstem Niveau, auf Transistorebene, entworfen werden, greift man bei den sog. *teilkundenspezifi-*

schen (engl.: semi custom) Chips auf vorgefertigte bzw. vorentwickelte Schaltungsteile zurück. Dadurch können Chips auch in kleinen Auflagen rasch und kostengünstig für spezielle Einsatzzwecke produziert werden.

→ Übungsaufgabe Nr. I-13 im Arbeitsbuch

Das bekannteste Verfahren für den Entwurf von teilkundenspezifischen Schaltungen ist die *Gate-Array-Technik*. Dabei werden Wafer verwendet, auf denen bereits unverbundene Transistorstrukturen (sog. *Gatter*) in regelmäßiger fester Anordnung in Form einer Matrix und eine feste Anzahl von Anschlüssen aufgebracht worden sind. Der Schaltungsentwickler individualisiert die *Gatter-Matrix* (engl.: gate array) zu einer anwendungsbezogenen Schaltung, indem durch Aufruf vorentworfener Logikzellen die Transistorstrukturen zu logischen Funktionen verschaltet und dann zu einer vollständigen Schaltung verbunden werden.

Das Aufbringen der für den konkreten Anwendungsfall passenden «Verdrahtung» geschieht mit Hilfe eines *CAD-Systems*.

Abb. 1.2.2/6: CAD-System für den Entwurf integrierter Schaltungen

Das ist ein Datenverarbeitungssystem zur Unterstützung von Entwurfs- und Konstruktionsprozessen (CAD ist die Abkürzung für engl.: computer aided design). Schon seit langem wird für den Entwurf integrierter Schaltungen (auch der Standardbausteine) der Rechner als Werkzeug eingesetzt. Die mit CAD-Systemen mögliche Verkürzung der Entwicklungszeit, Erhöhung der Entwurfssicherheit und Anpassung an spezifische Bedingungslagen machen sich Unternehmen vieler Branchen zunutze (z.B. Fertigungsindustrie, Bauwirtschaft u.v.a.m.).

Ein *Gatter* (Synonym: Schaltglied; engl.: gate) ist eine im gegebenen Zusammenhang nicht weiter teilbare Funktionseinheit zur Verarbeitung (Speicherung und/oder Verknüpfung) von Bits. Aus solchen elementaren Funktionseinheiten, wie z.B. Zählern oder Addierwerken (Näheres folgt im Abschnitt 2.3.1), sind die Hauptfunktionseinheiten eines Rechners aufgebaut, die Sie im Abschnitt 1.2.1 kennengelernt haben.

Je nach Anzahl der Gatter (= *Integrationsstufe*) auf einem Chip spricht man von
- *SSI* (engl.: small scale integration, 2 bis etwa 15 Gatter),
- *MSI* (engl.: medium scale integration, etwa 15 bis 100 Gatter),
- *LSI* (engl.: large scale integration, etwa 100 bis 500 Gatter),
- *VLSI* (engl.: very large scale integration, über 500 Gatter).

Speicherchips (engl.: storage chip; memory chip) kann man grob einteilen in Bausteine für
- **Schreib-/Lesespeicher**, sog. **RAM** (Abkürzung für engl.: random access memory),
- **Nur-Lesespeicher** bzw. **Fest(wert)speicher**, sog. **ROM** (Abkürzung für engl.: read only memory), bei denen man einige Varianten (FROM, PROM, EPROM, EEPROM) danach unterscheidet, ob der beliebig oft lesbare Inhalt irreversibel oder reversibel eingeschrieben wird und auf welche Weise dies geschieht.

Ein **Schreib-/Lesespeicher** oder **RAM** ist ein Speicher, bei dem jede einzelne Speicherstelle über ihre fest zugeordnete Adresse beliebig oft gelesen oder beschrieben (und damit auch gelöscht) werden kann. Er heißt deshalb auch Speicher mit wahlfreiem Zugriff. Die Zugriffszeit ist für alle Speicherstellen in etwa gleich lang.

Schreib-/Lesespeicher, die aus Chips aufgebaut sind, verlieren i.d.R. bei Ausfall der Betriebsspannung die gespeicherte Information (flüch-

tige Speicher). Bei jedem Einschaltvorgang muß der Inhalt neu geladen werden. Der größte Teil des Zentralspeichers einer EDVA, der sog. *Arbeitsspeicher* (engl.: working storage; main memory), in dem die aktuell bearbeiteten Daten und Programme stehen, besteht aus derartigen Chips.[1]

Durch die heutige VLSI-Technik sind zum *Beispiel* bereits Chips entwikkelt worden, die auf 5,5 × 10,5 mm *ein Megabit* (= ca. eine Mio. Bits, genau 1 048 576 oder 2^{20} Bits) speichern. Das entspricht einem Schreibmaschinentext von etwa 131 000 Anschlägen bzw. rund 65 Seiten. Die Abmessungen der Speicherzellen, die jeweils ein Bit aufnehmen, betragen bei diesem Chip 4,1 × 8,8 Mikrometer. Die Daten können in Gruppen von 1, 2 oder 4 Bits mit einer Zugriffsgeschwindigkeit von 80 Nanosekunden gelesen bzw. geschrieben werden. (Eine Nanosekunde, abgekürzt ns, ist eine Milliardstel Sekunde.)

Derzeit in Rechnern verbreitet zum Einsatz kommende Speicherchips fassen allerdings nur 64 bis 256 Kilobits, d.h. rund ein Sechzehntel bis ein Viertel der Speicherkapazität des 1-Megabit-Chips.

Zum *Beispiel* werden in dem, in den Abb. 1/2 und 1/3 bzw. 1.2.2/1 gezeigten, für den derzeitigen Technologiestand auf dem Markt typischen, Mikrorechner 128-Kilobit-Chips für den Arbeitsspeicher verwendet. Dieser kann je nach Anwenderwunsch mit Kapazitäten von 256 Kilobytes (abgekürzt: KB) bis 3 Megabytes (abgekürzt: MB) geliefert werden.[2] Dementsprechend werden bei der Minimalausbaustufe 16 RAM-Chips verwendet. Ein derartiger Chip ist in Abb. 1.2.2/2 in Originalgröße wiedergegeben.

Ein **Festwertspeicher** (Synonym: **Festspeicher**) ist ein Speicher, der während des normalen Speicherbetriebs nur gelesen werden kann. Man unterscheidet *irreversible und reversible Festwertspeicher*.

Bei einem *irreversiblen Festwertspeicher*, dem sog. ROM, wird der Inhalt einmalig für immer fixiert und kann danach nur noch belie-

---

1 Bitte beachten Sie, daß es auch nichtflüchtige Schreib-/Lesespeicher gibt, z.B. Disketten oder Magnetplatten. Bei diesen sind die Zugriffszeiten jedoch um mehrere Zehnerpotenzen höher.

2 KB = Abkürzung für Kilobyte. Im EDV-Sprachgebrauch hat es sich eingebürgert, Kapazitätswerte durch Einheiten von 1 000 Bytes (abgekürzt kB) oder 2^{10} = 1 024 Bytes (abgekürzt KB) auszudrücken. Zum Beispiel entsprechen 256 KB einer Kapazität von 262 144 Bytes bzw. 262 kB. Kapazitätswerte im Bereich von Millionen bzw. Milliarden Speicherstellen werden durch MB bzw. GB gekennzeichnet.

MB = Abkürzung für Megabyte; 1 MB = ca. 1 Million Bytes (genau: 1024 KB = 2^{20} Bytes = 1048576 Bytes).

GB = Abkürzung für Gigabyte; 1 GB = ca. 1 Milliarde Bytes (genau: 1024 MB = 2^{30} Bytes = 1073741824 Bytes).

big oft) ausgelesen werden. Dies geschieht im Herstellerwerk nach den Kundenwünschen durch eine sog. *Maskenprogrammierung* (engl.: *factory ROM, FROM*) oder beim Anwender mit Hilfe spezieller Programmiergeräte (engl.: *programmable ROM, PROM*) durch «Einbrennen» der Schaltwege mit kurzen, kräftigen Stromstößen. Bei einem *reversiblen Festwertspeicher* kann der Inhalt beim Anwender gelöscht und einige Male neu programmiert werden (engl.: *erasable PROM, EPROM*). Der Löschvorgang erfolgt üblicherweise durch eine etwa halbstündige Bestrahlung mit ultraviolettem Licht. Für das Löschen und das erneute Programmieren eines EPROM ist meistens eine Demontage des Gerätes unumgänglich. Letzerer Nachteil entfällt, wenn nicht nur die Programmierung, sondern auch das Löschen durch elektrische Impulse erfolgen (*EEPROM oder E^2PROM*).[3] Änderungen sind dann sogar über Telefonleitungen möglich. Die genannten *ROM-Halbleiterspeicher sind sämtlich nichtflüchtige Speicher*, d.h. ihr Inhalt bleibt auch bei Stromausfall bzw. -abschaltung erhalten.

Festwertspeicher dienen vorzugsweise zur Speicherung der Steuerinformation für elementare Maschinenoperationen, von häufig benutzten mathematischen Funktionen und von festen Daten, die sich über lange Zeiträume nicht ändern (z.B. Benutzungsanleitung bzw. Benutzerführung für ein Gerät). Die Kapazitäten von handelsüblichen Festwertspeicherchips liegen derzeit zwischen 16 und 256 Kilobits (meist byteweise organisiert).

Bei unserem *«Beispiel-Mikrorechner»* (Abb. 1/2, 1/3, 1.2.2/1ff.) ist ein ROM mit einer Gesamtkapazität von 64 KB eingebaut, der aus 16- oder 32-Kilobit-Chips besteht.

Übungsaufgabe Nr. I-14 im Arbeitsbuch ←

Prozessorchips (engl.: processor chip) realisieren logische Funktionen – von untergeordneten Einheiten (wie im Abschnitt 1.2.1 beschrieben) bis hin zu kompletten Prozessoren für Zentraleinheiten und zur Steuerung peripherer Geräte. Ein vollständiger Prozessor, der auf einem Chip untergebracht ist, heißt **Mikroprozessor.**

Bei den *peripheren Bausteinen* gibt es *eine kaum noch überschaubare Vielfalt*, auf die hier nicht näher eingegangen werden kann.

Durch eingebaute Prozessorchips (und Speicherchips) werden die Peripheriegeräte *«intelligent»*. Das heißt im EDV-Jargon, daß sie über

3 Der Unterschied zu RAM-Chips besteht darin, daß bei diesen die gespeicherte Information beliebig oft (EEPROM-Chips nur einige Male), in einzelnen Speicherstellen (EEPROM-Chip nur insgesamt) und wesentlich schneller gelöscht werden kann.

Eigensteuerungsvermögen verfügen und damit im Betrieb nicht auf die ständige Fremdsteuerung durch eine Zentraleinheit angewiesen sind. Bei Bedarf werden sie vom Prozessor der Zentraleinheit «angestoßen» und wickeln dann die gerätespezifischen Aufgaben weitgehend selbständig ab. Auf diese Weise übernehmen z.B. Magnetplattensteuereinheiten (engl.: disk controller) die Initiative und Ablaufsteuerung bei Plattenzugriffen, Zeichengeräte (Plotter; engl.: plotter) fertigen farbige Grafiken an usw. Die Zentraleinheit wird damit wesentlich entlastet, und die Parallelarbeit erhöht die Gesamtleistung der EDVA. Ferner ist durch die peripheren Prozessorchips eine nahezu unbegrenzte *Anwendungsspezialisierung* und zugleich eine weitreichende *Multifunktionalität der Geräte* möglich.

Mit letzterem ist zum *Beispiel* gemeint, daß ein *Drucker* (engl.: printer) in verschiedenen Schriftqualitäten (abhängig von der Geschwindigkeit), Formaten, Farben sowie Zeichensätzen drucken und zugleich Grafiken zeichnen kann (Näheres im Abschnitt 2.3.2.6), daß ein *Bildschirmgerät* (engl.: display terminal) gleichermaßen als Abfragestation für Datenbestände, als Textautomat, als Bürofernschreiber, als Bildschirmtextgerät und eventuell sogar noch als Telefon verwendet werden kann (Näheres im Kapitel 4) usw.

Mikroprozessoren (engl.: microprocessor) werden gewöhnlich anhand der Verarbeitungsbreite in **8-Bit-, 16-Bit- und 32-Bit-Prozessoren** eingeteilt.

Ein 8-Bit-Prozessor hat einen acht Bits breiten Datenbus (engl.: data bus), d.h. auf acht parallelen Datenleitungen können während einer (Takt-)Zeiteinheit acht Bits (= ein Byte) übertragen und verarbeitet werden. Ein *16-Bit-Prozessor* kann über den *16 Bits breiten Datenbus* die doppelte Informationsmenge (= zwei Bytes) transferieren. Und ein *32-Bit-Prozessor verarbeitet 32 Bits pro Takt*; d.h. der rechnerinterne Datentransfer erfolgt viermal so schnell wie bei einem 8-Bit-Prozessor. Auch die sonstigen Funktionseinheiten innerhalb des Prozessors, z.B. die Einheiten zur Zwischenspeicherung der transferierten Daten, sog. *Register* (engl.: register), sind auf diese Informationsbreite abgestimmt.

Die *Verarbeitungsbreite* ist also ein wesentliches Kriterium für das *Leistungsvermögen eines Mikroprozessors*. Eine weitere Leistungsdeterminante ist die *Taktzeit* (= Zykluszeit; engl.: cycle time), d.h. die immer gleich lange, zyklisch aufeinanderfolgende Zeitspanne, die für die Abarbeitung der Befehle zur Verfügung steht. Die *Taktfrequenz* (engl.: clock pulse) wird in *Megahertz* (abgekürzt: MHz; 1 MHz = 1 Million Zyklen pro Sekunde) gemessen. Für einen Maschinenbefehl benötigt der Prozessor bei kommerziellen Rechnern je nach Ausführungsaufwand zwischen drei und über tausend Taktzyklen, wobei der Durchschnitt i.d.R. zwischen 10 und 20 liegt. Ein 16-Bit-Mikroprozessor mit einer Taktrate von sechs Megahertz könnte z.B. 500 000 Befehle pro Sekunde verarbeiten, wenn durchschnittlich 12 Zyklen für einen Befehl benötigt werden. Der *Befehlsvorrat* (Menge und Mächtigkeit an fest vorgesehenen Maschinenbefehlen) ist damit ebenfalls leistungsbestimmend.

Der in unserem *«Beispiel-Mikrorechner»* (Abb. 1/2, 1/3, 1.2.2/1ff.) verwendete *16-Bit-Mikroprozessor* heißt *80286* (das ist eine Produktbezeichnung des US-Herstellers Intel). Er arbeitet mit einer Taktfrequenz von 6 MHz. Der Befehlsvorrat umfaßt 120 Befehle, die ein bis sechs Bytes lang sein können. Dieser Mikroprozessor ist in der Abb. 1.2.2/2 dargestellt (vergrößert).

Die Fortschritte der Mikroelektronik haben es möglich gemacht, zunehmend mehr Rechnerfunktionen – und zwar sowohl Speicher- als auch Prozessorfunktionen – zu miniaturisieren und auf einem einzigen Chip zusammenzufassen.

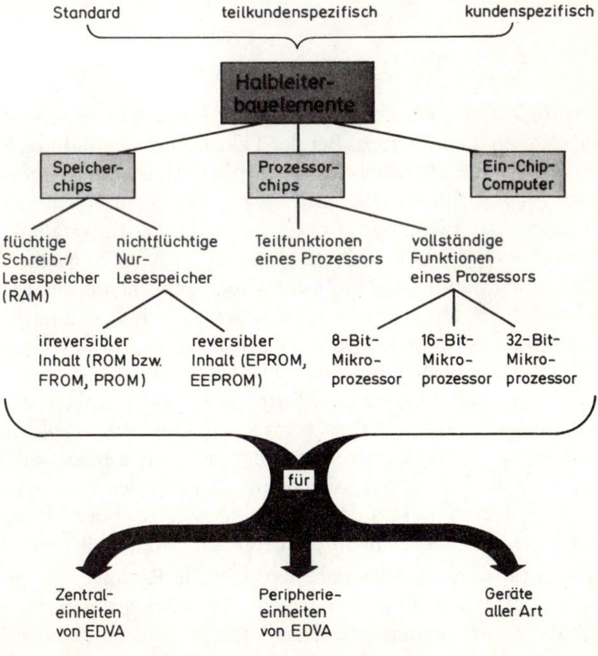

Abb. 1.2.2/7: Übersicht über Halbleiterbauelemente

Bei einem **Ein-Chip-Computer** (MCU; Abkürzung für engl.: micro computer unit) ist eine vollständige Zentraleinheit auf einem einzigen Chip integriert.

Solche «Miniaturcomputer» kommen *in allen möglichen Geräten*, wie z.B. Kameras, Stereoanlagen, Waschmaschinen, Autos, zum Einsatz. Ihre Festwertspeicher, die Kapazitäten von mehreren KB erreichen, dienen zur Aufnahme der speziellen Gerätesteuerungsprogramme. Die Schreib-/Lesespeicher sind hingegen in ihrer Kapazität i.a. auf wenige hundert Bytes beschränkt. Als Prozessoren findet man primär 8-Bit-, aber auch 16-Bit-Versionen. Im Abschnitt 2.2.4.1 werden Sie *Datenträger (Plastikkarten)* kennenlernen, die durch implantierte MCUs als «Rechner in der Hosentasche» dienen.

Die Abb. 1.2.2/7 zeigt Ihnen die wichtigsten Arten von Halbleiterbauelementen nochmals in einer zusammenfassenden Übersicht.

→ Übungsaufgabe Nr. I-15 im Arbeitsbuch

1.2.3 Rechnergruppen

Es ist möglich, Rechnerkategorien nach Preisspannen oder technischen Kenndaten abzugrenzen. Bei der Lektüre unseres dahingehenden Versuchs sollten Sie allerdings daran denken, daß *solche Größen im Zeitablauf großen Änderungen unterliegen.* Schon die kleinsten kommerziell eingesetzten Rechner besitzen heute die Leistungsfähigkeit der Großrechner der 50er Jahre. Durch die Integration der Prozessorfunktionen auf einem Chip werden Minirechner «von heute auf morgen» zum Mikrorechner. Die Bezeichnung *«Supermini»* hält sich hartnäckig, die Leistungsfähigkeit solcher Anlagen reicht jedoch regelmäßig weit in den Großrechnerbereich hinein. Ob ein Hersteller einen Rechner als Tischrechner, Personal-Computer, Bürorechner oder Anlage der mittleren Datentechnik ankündigt, ist primär ein *Marketing-Problem*, d.h. davon abhängig, welche Zielgruppen angesprochen werden sollen, wie werbewirksam die Bezeichnung erscheint usw. Auf den Preis, die Technik oder die Frage, ob es sich dabei um einen Mikro- oder Minirechner handelt, können Sie daraus nicht oder nur sehr vage schließen.

Bevor es Mikroprozessoren gab, wurden alle Rechner, die preislich unter etwa 150 000,– DM rangierten, *Minirechner* genannt, ganz gleich, ob die Zentraleinheit eine Verarbeitungsbreite von 8 oder 16 Bits hatte. Teurere EDVA mit einer Verarbeitungsbreite von meist 32 Bits hießen *Groß-, Universal- oder Standardrechner*. Die rapide Entwicklung der Mikroprozessoren ließ die Abgrenzung schwierig, teilweise sogar unmöglich werden. Enthalten doch moderne *Mikrorechner* all das, was sie anfangs von Mini- und Großrechnern zu trennen schien.

Wir gehen von den folgenden **Rechnergruppen** aus:
1. Mikrorechner (engl.: micro computer),
2. Minirechner (engl.: mini computer),
3. Großrechner (engl.: mainframe computer),
4. Superrechner (engl.: super computer).

Die Klassifizierung erfolgt primär nach der Leistung; hiervon sind i.a. die Bedienungserfordernisse, der Preis und damit die Anzahl der Installationen abhängig. Nach einer groben Erläuterung dieser Einteilung im Abschnitt 1.2.3.1 erhalten Sie im Abschnitt 1.2.3.2 einen Überblick über die Faktoren, welche im einzelnen die Leistung einer EDVA bestimmen. Anhand dieser Kriterien werden im Abschnitt 1.2.3.3 die von uns unterschiedenen Rechnergruppen im Detail gekennzeichnet und damit gegeneinander abgegrenzt.

1.2.3.1 Basisgliederung

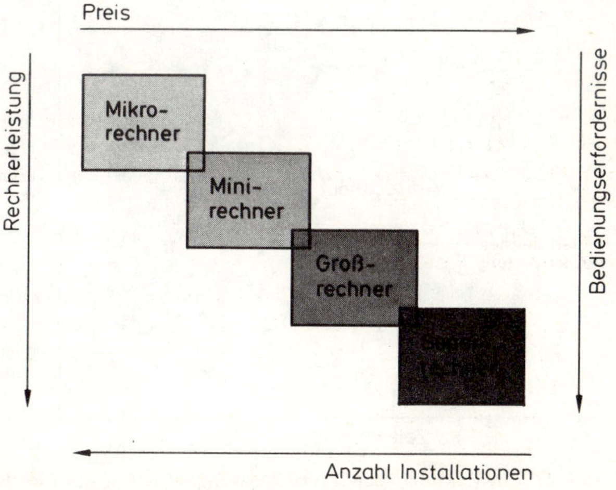

Abb. 1.2.3.1/1: Basisgliederung der Rechnergruppen

Die *Anzahl der weltweiten Installationen* (engl.: installation) reicht von einigen hundert Superrechnern (Bestand) bis zu vielen Millionen Mikrorechnern, die jedes Jahr verkauft werden. Die deutschen Installationszahlen sind im Abschnitt 2.3.3 wiedergegeben.

Bedienungserfordernisse ergeben sich in menschlicher und technischer Hinsicht. Mikrorechner benötigen zum Betrieb kein Hilfspersonal. Anders verhält es sich bereits bei einer Reihe von Minirechnern. Für Großrechner sind typischerweise Maschinenbediener (Operatoren; engl.: operator), Systemprogrammierer (engl.: system programmer) und andere EDV-Spezialisten (z.B. Telekommunikationsfachleute o.ä.) erforderlich. Extrem wird der Unterstützungsaufwand bei Superrechnern. Sie verlangen nicht nur besonders qualifizierte Fachkräfte für Installation und Betrieb, sondern regelmäßig auch einen sog. Vorrechner in der Leistungsklasse von Groß-EDVA, der Daten und Programme für den Superrechner aufbereitet. Kommen Mikrorechner ausschließlich ohne Klimatisierung (abgesehen von Lüftungseinrichtungen) aus, so verlangt die weit in den Kilowatt-Bereich reichende Anschlußleistung

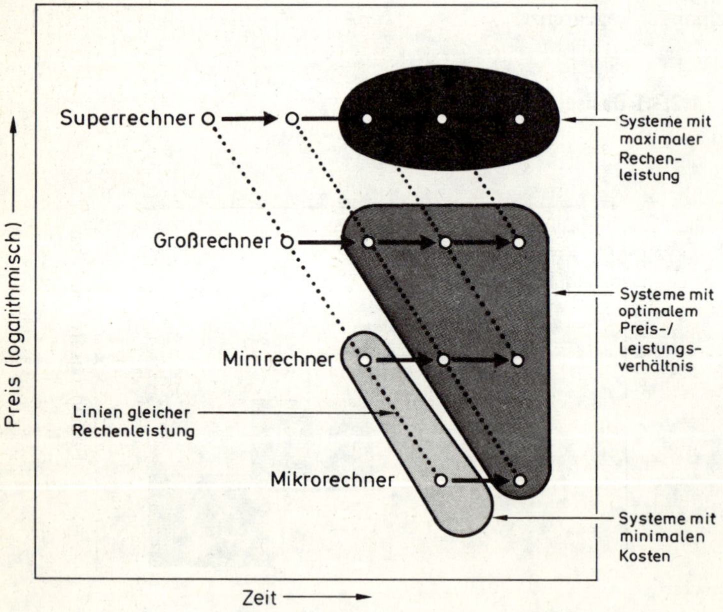

Abb. 1.2.3.1/2: Entwicklung der Preis-/Leistungsverhältnisse von Rechnergruppen

der größeren Kategorien nach teilweise ausgeklügelten Kühlverfahren, vor allem im Groß- und Superrechnerbereich.

Der *Preis* eines Rechners ist einerseits eine Folge seiner technischen Auslegung und somit seiner Gruppenzugehörigkeit, andererseits auch ein Spiegelbild der Marktakzeptanz der jeweiligen Rechnerkategorie. Der Rechnermarkt ist seit jeher von einem durch den technischen Fortschritt bestimmten Preisverfall gekennzeichnet. Die schwersten «Preiskämpfe» finden im Mikro- und Minirechnermarkt statt. Einen Überblick bietet die Abb. 1.2.3.1/2, die den Zusammenhang zwischen Rechnergruppe, Leistung, Preis und Zeitablauf verdeutlicht. Ein typischer kommerziell einsatzfähiger Mikrorechner mit Magnetplatte kostet derzeit etwa 10 000,– DM. Minirechner kosten 10–20mal so viel, vereinzelt auch bis 500 000,– DM (Superminis). Großrechner haben Preise zwischen 500 000,– DM und 30 Mio. DM, Superrechner kosten bis zu 50 Mio. DM.

Abb. 1.2.3.1/3: Tragbarer Mikrorechner

Mit dem Anschaffungspreis mittelbar zusammenhängende Größen sind die *Wartungskosten* und die bereits erwähnte *elektrische Anschlußleistung* der Zentraleinheit. Mikrorechner haben eine typische Anschlußleistung von 250 Watt, Großrechner mehr als das vierzigfache.

Auch die *Tragbarkeit* (*Portabilität*; engl.: portability[4]) oder *Beweglichkeit* kann als Merkmal für die Kennzeichnung der Rechnergruppen herangezogen werden. Eine zunehmende Zahl von Mikrorechnern paßt bereits in einen Aktenkoffer, viele sind mit Griffen tragbar (siehe Abb. 1.2.3.1/3), die meisten wiegen weniger als 20 kg. Nicht nur die derzeit größten, sondern auch die schwersten Zentraleinheiten besitzen Großrechner, sie wiegen von einer halben Tonne bis einige Tonnen. Nur Superrechner tanzen aus der Reihe, sie werden zunehmend kompakter. Warum dies so ist, erfahren Sie später.

1.2.3.2 Einflußfaktoren auf die Rechnerleistung

Die *Verarbeitungsleistung* (engl.: performance) einer EDVA im engeren Sinn wird üblicherweise in *Mips* gemessen. Dies ist die Abkürzung für «Millionen Instruktionen (Prozessorbefehle) pro Sekunde» und stellt einen praxisüblichen gewichteten Mittelwert dar. Die Messung erfolgt in der Regel mit einer Reihe von COBOL-Programmen, die den Prozessor im Mittel mit 80% primitiven und 20% komplexeren Befehlen belasten.[5] Dies entspricht etwa der Belastung im normalen Rechenbetrieb.

In zunehmendem Maße findet auch die Bezeichnung *Flops* (engl.: floating point operations per second = Gleitkommaoperationen/Sekunde) Verwendung.[6] Diese Kennzahl ist für Leistungsmessungen bei Vektorrechnern (davon später) zutreffender.

Erwähnt werden sollte auch die noch kaum gebräuchliche, jedoch an Bedeutung gewinnende *Lips-Rate* (engl.: logical inferences per second; logische Schlußfolgerungen pro Sekunde), die im Zusammenhang mit

---

4 Das Wort «Portabilität» hat noch eine andere Bedeutung. Man bezeichnet damit auch den Grad der Anpassungsfähigkeit eines Programms an verschiedene EDVA (im Sinne von Übertragbarkeit).

5 Ein typischer «einfacher» Prozessorbefehl ist ein Ladebefehl von einem Prozessorregister in ein anderes ohne weiteren Rechenvorgang. Mächtige Befehle dienen z.B. Gleitkommaoperationen (z.B. Quadratwurzelberechnung oder Bewegen bzw. Vergleichen ganzer Datenblöcke).

6 Die Gleitkommadarstellung ist eine besonders kompakte Form der Zahlendarstellung, bei der jeder Wert durch zwei Zahlen repräsentiert wird. Die erste ist ein Koeffizient für eine gleichbleibende, positive, ganzzahlige Basis des durch die zweite Zahl dargestellten Exponenten (z.B. $0{,}0148 = 148 \times 10^{-4}$).

den in Entwicklung befindlichen Rechnern der 5. Generation (auch hiervon später) eine Rolle spielt.

> Die **Rechnerleistung im engeren Sinn** ist eine durch *Mips* oder *Flops* konkretisierte Maßzahl der «Geschwindigkeit» eines Rechners, welche durch die Hardware der Zentraleinheit bestimmt wird.

> Die **Rechnerleistung im weiteren Sinn** ist jene Leistung eines Rechners, die er im praktischen Einsatz tatsächlich erbringt. Sie wird durch alle Komponenten (d.h. durch die Zentraleinheit, die Peripherie, das Betriebssystem und die Anwendungsprogramme) beeinflußt. Maßgrößen für die Verarbeitungsgeschwindigkeit sind der *Durchsatz*, d.h. die pro Zeiteinheit abgearbeiteten Aufträge (engl.: job), und die *Antwortzeit* (engl.: response time), d.h. die Reaktionszeit der EDVA auf Eingaben des Benutzers im interaktiven Betrieb.

Die *Leistung des Prozessors* wird – das wissen Sie bereits aus dem Abschnitt 1.2.2 – in erster Linie von der *Verarbeitungsbreite* und der *Taktrate* bestimmt. Zwischen einem Mikroprozessor und einem aus vielen Chips aufgebauten Prozessor gibt es diesbezüglich keinen Unterschied. Zur Erinnerung: Mit *Verarbeitungsbreite* ist die gleichzeitig übertragbare Anzahl von Bits über die internen Datenübertragungswege gemeint (8, 16, 24, 32, 64). Die *Taktrate* ist eine üblicherweise in MHz angegebene Maßgröße für die Verarbeitungsgeschwindigkeit eines Prozessors. Der *Taktzyklus* ist der Kehrwert der Taktrate und wird dementsprechend vorwiegend in Nanosekunden (ns) angegeben. Prozessorbefehle benötigen je nach ihrer Mächtigkeit (Komplexität) eine bestimmte Anzahl von Taktzyklen. Ein Befehl, dessen Ausführung vier Taktzyklen erfordert, wird bei einer Taktrate von 4 MHz in einer millionstel Sekunde abgearbeitet. Weiters sind *die Anzahl und die Mächtigkeit der Prozessorbefehle und die Anzahl und Breite der Register* im Prozessor rechenleistungsbestimmend.

Register (engl.: register) sind prozessorinterne Zwischenspeicher, auf die Leit- und Rechenwerk unmittelbaren und extrem schnellen Zugriff besitzen. Die Mehrzahl der Prozessorbefehle arbeitet mit Registern. Register besitzen regelmäßig die Verarbeitungsbreite der internen Datenübertragungswege (Datenbus). Manche Prozessoren (vorwiegend solche mit einer inneren Struktur von 8 oder 16 Bits) besitzen jedoch Register, deren Breite ein Vielfaches (meist das Doppelte) der Datenwegbreite beträgt.

Mehrere Prozessoren können die Rechnerleistung wesentlich erhöhen. Sei es, daß *Hilfsprozessoren* den Hauptprozessor (Zentralprozessor) entlasten, oder daß mehrere prinzipiell gleichwertige Prozessoren *(Parallelprozessoren)* Teile von Aufgaben abarbeiten. Zu den Hilfsprozessoren zählen *Ein-Ausgabeprozessoren* (EA-Prozessoren), die den Hauptprozessor bei der Zentralspeicher- und Peripherieverwaltung unterstützen, sowie *Gleitkommaprozessoren* und *Vektorprozessoren*, falls sie als Zusatzprozessoren bei einem Skalarrechner zum Einsatz kommen. Eine weitere Möglichkeit zur Vervielfachung der Rechnerleistung stellt die sog. *Fließbandverarbeitung* (engl.: pipelining) dar. Alle oben genannten, Ihnen noch nicht geläufigen Begriffe werden später in diesem Abschnitt erklärt.

Es ist für die effektive Rechnerleistung entscheidend, daß die Zugriffsgeschwindigkeit des Zentralspeichers (RAM, ROM usw.) möglichst mit der Prozessorgeschwindigkeit korrespondiert. Aus technischen und vor allem Kostengründen (je schneller die Chips, desto teurer) ist jedoch regelmäßig die Zugriffsgeschwindigkeit des Arbeitsspeichers wesentlich geringer als die Verarbeitungsgeschwindigkeit des Prozessors.

Um diesem Problem beizukommen, wurde die sog. *Pufferspeicherverwaltung* entwickelt. Pufferspeicher (engl.: cache) in der Zentraleinheit sind sehr schnelle, teure RAM-Speicher, die auf die Prozessorgeschwindigkeit abgestimmt sind. Das Verhältnis ihres Speichervolumens zur Kapazität des übrigen Zentralspeichers liegt aus Kostengründen regelmäßig unter 1%. Im Pufferspeicher werden die jeweils relevanten Bereiche des Arbeitsspeichers abgebildet, d.h. benötigte Speicherblöcke werden in den Pufferspeicher kopiert und später wieder in den Arbeitsspeicher zurückgeladen. Eine ausgeklügelte Steuerungslogik sorgt dafür, daß je nach Größe des Pufferspeichers im Mittel zwischen 90 und 98% aller Speicherzugriffe direkt über ihn abgewickelt werden können. Man sollte solche «Cache»-Speicher jedoch nicht mit sonstigen Pufferspeichern verwechseln, die lediglich dem zeitlichen Ausgleich zwischen Funktionseinheiten unterschiedlicher Geschwindigkeit dienen.

Selbstverständlich übt auch die *Kapazität des Arbeitsspeichers* maßgeblichen Einfluß auf die Leistung einer EDVA aus. Je mehr Programme (scheinbar) parallel ablaufen und je mehr Speichervolumen diese benötigen, desto bedeutsamer wird der Umfang des Arbeitsspeichers. Je größer dieser ist, um so weniger häufig sind zeitaufwendige Ein-/Ausgabevorgänge zum Transfer von Daten und Programmen (bzw. Programmteilen) nötig. Um so mehr Prozessorzeit steht dann auch für die Abarbeitung der Programme zur Verfügung.

Mit der sog. *virtuellen Speichertechnik* (engl.: paging) wird der direkt adressierbare Adreßraum über die reale Arbeitsspeicherkapazität hinaus auf schnelle externe Speicher (Magnetplatten) ausgeweitet. Ähnlich wie bei der Pufferspeicherverwaltung werden nur die aktuell benötigten Teile von Programmen und Datenbeständen im realen Arbeitsspeicher gehalten und bei Bedarf werden größere Blöcke (sog. Seiten; engl.: page) vom bzw. zum langsameren Hintergrundspeicher automatisch nachgeladen bzw. ausgelagert. Der virtuelle (= scheinbare) Speicher (engl.: virtual storage; virtual memory), dessen Speicherstellen bei der Programmausführung direkt angesprochen werden können, ist um ein Vielfaches größer als der reale. Für den Programmierer fallen damit bei der Programmerstellung wesentliche Beschränkungen weg; um den Seitenwechsel braucht er sich nicht zu kümmern.

Der *Grad der Hardware-Spezialisierung* ist ebenfalls leistungsbestimmend. Je spezifischer eine EDVA auf einen bestimmten Anwendungsbereich zugeschnitten ist, desto höher wird ihre Leistung auf diesem Gebiet sein. Mit zunehmender Spezialisierung sinkt regelmäßig die Rechnerleistung in anderen Bereichen.

Die Spezialisierung beginnt bei kunden- bzw. anwendungsspezifischen ROM-Halbleiterspeichern, die zwar nicht veränderbar, jedoch typischerweise schneller als Schreib-/Lesespeicher (RAM) im Zugriff sind und keiner Programmladezeiten bedürfen.

Beispiele für Spezialrechner sind Textautomaten, Datenbankrechner, Kommunikationsrechner in Netzwerken, CAD-Anlagen sowie Prozeßrechner, Hybridrechner und Vektorrechner. Auf die drei erstgenannten Spezialrechner kommen wir in den Kapiteln 3 und 4 zurück. Die drei zuletzt genannten Rechnerkategorien werden in dem nachfolgenden Exkurs beschrieben.

Übungsaufgabe Nr. I-16 im Arbeitsbuch ←

Exkurs

Vektorrechner

Ein *Vektor* ist eine Reihe von Daten mit fixer Länge. Typische *Beispiele für Datenvektoren* sind Zeilen oder Spalten von Tabellen mit Meßdaten. *Die Notwendigkeit zur Verarbeitung von großen Vektoren findet man vor allem im technisch-naturwissenschaftlichen Bereich.*

Ein **Vektorrechner** (engl.: vector processor; array processor) ist ein Rechner, der über einen speziellen Satz von Befehlen verfügt, die mit Vektoren operieren.

Wenn die Anzahl der Vektorelemente zu einem degeneriert ist, erhält man einen *Skalar*. Demgemäß werden den Vektorrechnern oft die «normalen» als *Skalarrechner* gegenübergestellt. Skalarrechner können Vektoren nur elementweise bearbeiten, *Vektorrechner hingegen bearbeiten mehrere Elemente, manchmal ganze Vektoren mit Hilfe mehrerer Rechenwerke parallel.*

Eine wesentliche Voraussetzung für einen effizienten Vektorrechner ist die *Fließbandverarbeitung* (engl.: pipelining). Dies ist ein Prozeß, bei dem die Abarbeitungszyklen einzelner Befehle einander überlappen. Eine vereinfachte schematische Darstellung der Fließbandverarbeitung zeigt Abb. 1.2.3.2/1. Hierbei sind die einzelnen überlappenden Phasen in Laden/Decodieren, Ausführen und Verfügbarhalten bzw. Speichern der Ergebnisse gegliedert. Im gezeigten Fall gibt es lediglich drei Phasen, die jeweils einen Taktzyklus benötigen. In Wirklichkeit können es mehr Phasen sein, und diese können auch jeweils mehr Taktzyklen in Anspruch nehmen. Wenn in jedem Zyklus ein Befehl begonnen wird, steht ab dem dritten Zyklus auch jeweils ein Ergebnis vorangegangener Befehle zur Verfügung. Dies gilt jedoch nur unter der Maßgabe, daß ständig neue Befehle begonnen werden. Die Befehlsabarbeitung dauert somit in unserem Fall bei einer Taktrate von 80 ns 240 ns, jedoch liegen

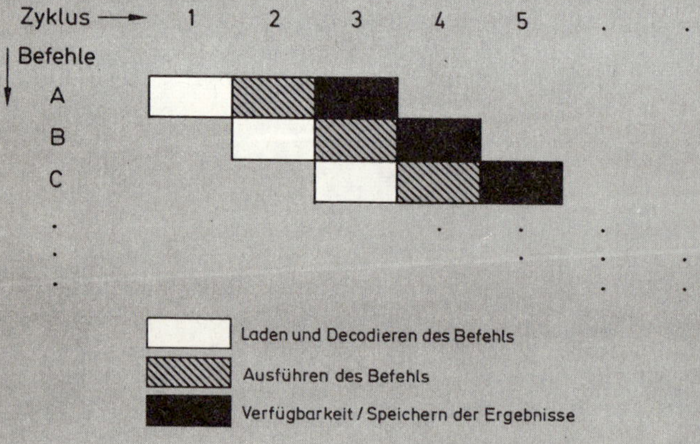

Abb. 1.2.3.2/1: Fließbandverarbeitung

jeweils nach 80 ns Befehlsergebnisse vor. Durch Einbindung mehrerer Prozessoren kann die Rechenleistung bei konstanter Taktrate unter vorgenannter Bedingung noch vervielfacht werden.

Je mehr Vektoren ein Programm bearbeitet und je größer diese sind, desto effizienter arbeitet ein Vektorrechner.

Diese spezialisierte Architektur hat jedoch auch *Nachteile*. Bei nichtrechenintensiven kommerziellen Anwendungen, bei einer höheren Quote an Bedingungen und Verzweigungen in einem Programm sind Skalarrechner effizienter.

Aus diesem Grund kombinieren moderne Superrechner die Vorteile beider Systeme, um die Rechnerleistung auch bei nicht spezialisierten Prozessen zu optimieren.

Hybridrechner

Ein **Hybridrechner** (engl.: hybrid computer) ist ein Rechner, der sowohl über eine digitale als auch über eine analoge Recheneinheit verfügt, mit dem Ziel, die Vorteile beider Typen zu nutzen. Die beiden Einheiten sind über eine sog. *Kopplungselektronik* miteinander verbunden.

Die wichtigsten Bestandteile der *Kopplungselektronik* sind die A/D- und D/A-Wandler, die Signale von analog nach digital und umgekehrt konvertieren, ferner eine Einrichtung, welche die einzelnen Ausgabekanäle des Analogrechners periodisch abfragt (z.B. in Millisekunden- (ms), d.h. 1/1000-Sekunden-Intervallen) und die Signale in weiterer Folge dem Analog/Digital-Wandler zuführt.

Typische Verwendungszwecke des Hybridrechners sind Rand- und Eigenwertprobleme, Optimierungen und Simulationen komplexer dynamischer Systeme.

Prozeßrechner

Ein **Prozeßrechner** (engl.: process computer) ist eine EDVA zur automatischen Überwachung, Steuerung und/oder Regelung von industriellen oder anderen physikalischen Prozessen. Die bevorzugte Betriebsart ist typischerweise Echtzeitbetrieb. Prozeßrechner verfügen meist über Analog-Digital/Digital-Analog-Umsetzer, um Meßdaten aufnehmen und Lenkungsprozesse einleiten zu können. Oft werden Hybridrechner als Prozeßrechner eingesetzt.

Echtzeitbetrieb (Realzeitbetrieb; engl.: real time processing) ist eine Betriebsart der Datenverarbeitung, bei der der Verarbeitungszeitpunkt von der Aufgabe selbst bestimmt wird. Im Gegensatz zur sog. *Stapelverarbeitung* (engl.: batch processing; Näheres hierzu später) erfolgt keine Sammlung von Bearbeitungsfällen, und es existiert keine Bindung an Bearbeitungstermine. Jeder Fall wird unmittelbar nach seinem Auftreten bearbeitet und zwar in einer von der Aufgabe bestimmten, verhältnismäßig kurzen Zeit (Antwortzeit).

Prozeßrechner werden zum Beispiel zur Überwachung chemischer Fertigungsprozesse, zur Auswertung medizinischer Meßdaten, zur Steuerung von Großanlagen (wie Walzstraßen, Hochöfen, Kraftwerke), zur Regelung des Straßenverkehrs (Schalten von Ampeln) oder zur Lenkung von Flugzeugen und Raumfahrzeugen (auch als «Bordrechner») eingesetzt.

Auch die *Peripheriegeräte* sind für den Rechnerdurchsatz bzw. die Antwortzeiten wichtig. Vor allem die Kapazität, Zugriffszeit, Datentransferrate und Fehlerrate von externen Speichern sind bedeutsam. Wesentlich wirkt sich auch die Peripherieintelligenz auf die Rechnerleistung aus, weil dadurch der (oder die) Prozessor(en) der Zentraleinheit von vielen Aufgaben entlastet werden kann (können).

Die Mächtigkeit des *Betriebssystems* (engl.: operating system) ist ebenfalls ein entscheidender Bestimmungsfaktor der Rechnerleistung. Das Betriebssystem ist eine Menge von anwendungsneutralen Programmen zur Steuerung und Verwaltung der Hardware. Zum Beispiel wird die Ihnen bereits bekannte Verwaltung des zentralen Pufferspeichers und des virtuellen Speichers vom Betriebssystem völlig selbständig organisiert. Regelmäßig verfügen Betriebssysteme auch über einen mehr oder weniger umfangreichen Befehlssatz, dessen man sich bedient, um Anwendungsprogramme zu erstellen, zu testen und ablaufen zu lassen.

Je umfangreicher, flexibler (d.h. an sich wandelnde Erfordernisse anpaßbar) und benutzerfreundlicher das Betriebssystem ist, je eleganter die Teilprogramme des Betriebssystems die Möglichkeiten der Hardware (Zentraleinheit, Peripherie) nutzen, desto höher wird das Leistungsvermögen des EDV-Systems sein.

Vor allem im kommerziellen Bereich ist die *Mehrplatzfähigkeit* ein signifikantes Merkmal der Leistungsfähigkeit einer EDVA. Es ist damit die Möglichkeit des Betreibens mehrerer Bildschirmarbeitsplätze bzw. sonstiger Benutzerstationen an einer Zentraleinheit gemeint, welche die betriebssystemunterstützte Regelung des gleichartigen Zugriffs mehrerer Benutzer auf dieselben Betriebsmittel (Prozessor[en], Arbeitsspeicher, Peripherie) und Datenbestände bedingt (Mehrprogrammbetrieb; engl.: multiprogramming).

Ein mächtiges Betriebssystem kann ein breites Spektrum und eine große Zahl von Peripheriegeräten betreiben, verfügt über mehrere mögliche Betriebsarten und besitzt einen umfangreichen Befehlsvorrat, der sowohl benutzerfreundlich als auch optimal an die Hardware angepaßt ist.

Sinngemäß gilt auch für alle *Anwendungsprogramme* das für das Betriebssystem Gesagte. Entscheidend sind ihre Güte (maschinen- und aufgabenbezogene Optimierung), weitgehende Fehlerfreiheit («Absturz-Sicherheit») und ihre Benutzerfreundlichkeit (Benutzerführung, Hilfefunktionen, Parametrisierbarkeit[7] u.a.m.).

Mittelbar haben auch die *Zuverlässigkeit* und damit zusammenhängend die *Instandhaltung* von Hardware und Software, die *fachgemäße Verwendung* und *zweckmäßige Konfiguration*, der *Ausbildungsstand* der Operatoren, Programmierer und sonstigen Benutzer (engl: user), *Umwelteinflüsse* (z.B. Stabilität der Stromversorgung und Klimatisierung) sowie *organisatorisch-infrastrukturelle* Gegebenheiten Einfluß auf die Rechnerleistung.

1.2.3.3 Typische Merkmale von Mikro-, Mini-, Groß- und Superrechnern

Mikrorechner

Diese auch oft als *Personal-Computer* (von engl.: personal computer = «persönlicher» Computer) bzw. abgekürzt als PC bezeichneten Geräte sind vorwiegend – soweit in Wirtschaft und Verwaltung eingesetzt – am Arbeitsplatz der Benutzer in Fachabteilungen aufgestellt. Es gibt sie in zahllosen Varianten, millionenfach, wobei der typische Preis für kommerziell einsatzfähige Systeme bei etwa 10 000,– DM liegt. Ein Großteil der Geräte besitzt bereits 16-Bit-Mikroprozessoren unter dem «de facto»-Standardbetriebssystem für Mikrorechner MS-DOS. Ältere Modelle und im Hobbybereich weitverbreitete sog. «Home-Computer» verfügen noch regelmäßig über 8-Bit-Prozessoren. Von Taschenrechnern sind sie aufgrund der Möglichkeit zur Verwendung höherer Programmiersprachen (z.B. BASIC, PASCAL) und ihren wesentlich größeren Arbeitsspeicher (von 16 KB bis einige MB) abgrenzbar. Mikrorechner sind selten mehrplatzfähig und fast nie hardwaremäßig spezialisiert (z.B. Vektorrechner, Hybridrechner). Sie verfügen manchmal über Hilfsprozessoren, die die Ein-Ausgabe oder Gleitkommaarithmetik unterstützen. Die Mips-Leistung bewegt sich zwischen 0,2 und 2, der

7 Parameterisierte Programme lassen sich schnell und einfach durch Parameterangaben an spezifische Hardware- und (eingeschränkt) Aufgabenerfordernisse anpassen.

typische Wert liegt heute unter 0,5 Mips. Im Gegensatz zu Minirechnern der oberen Leistungsklasse und Großrechnern besitzen Mikrorechner regelmäßig keine Parallelprozessorstrukturen mit mehreren voneinander unabhängigen Verbindungssystemen (d.h. mehrere Daten-, Adreß- oder Steuerbusse; Näheres hierzu im Abschnitt 2.3.1.3).

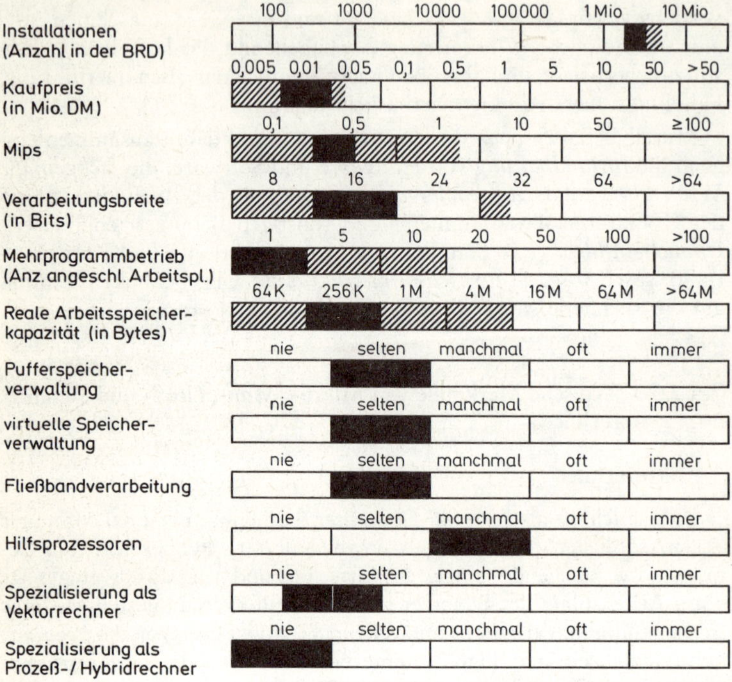

Abb. 1.2.3.3/1: Typische Merkmale von Mikrorechnern

Minirechner

Minirechner besitzen heute eine Verarbeitungsbreite (Datenbus) zwischen 16 und 48 Bits, der typische Wert bewegt sich von 16 auf 32 Bits. Ihre Mips-Rate liegt zwischen 1 und etwa 10, wobei der Wert aufgrund der teilweise sehr spezialisierten Hardwarearchitektur stark schwankt. Der typische Preis liegt bei etwa 100 000,– DM, gängige Arbeitsspeicherausstattungen bewegen sich um 1 MB. Minirechner werden sehr oft als Prozeß- oder/und als Hybridrechner verwendet, besitzen häufig zentrale Pufferspeicher und Fließbandstruktur. Sie erlauben auch regelmä-

Abb. 1.2.3.3/2: «Supermini»

ßig den Anschluß mehrerer Arbeitsplätze. Weit verbreitet ist die Bezeichnung «Supermini» für Minirechner der oberen Leistungsklasse, deren Leistung die vieler Großrechner übersteigt. Preislich sind sie zwischen einer halben Mio. und einer Mio. DM plaziert. Der Arbeitsspeicherausbau kann bis zu 32 MB reichen. Ihr typischer Anwendungsbereich ist neben der Prozeßsteuerung der kommerzielle Einsatz als *Bürocomputer* in kleinen und mittleren Betrieben.

Großrechner

Großrechner haben Kaufpreise von ca. 500 000,– bis 30 Mio. DM, wobei die Prozessorleistung die der «Superminis» oft nicht übersteigt.

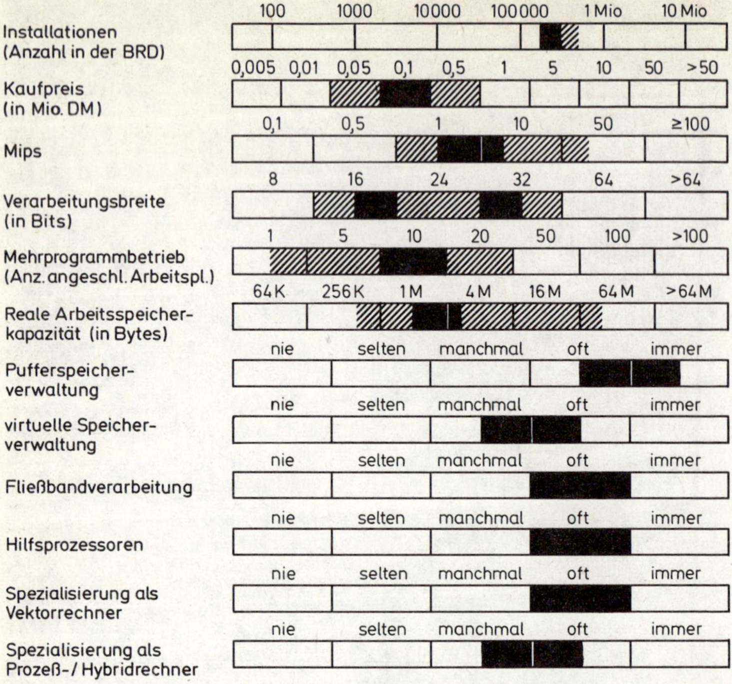

Abb. 1.2.3.3/3: Typische Merkmale von Minirechnern

Typisch sind Mips-Raten von 2 bis 20, die leistungsfähigsten Systeme erreichen jedoch bis zu 70 Mips. Die typische Verarbeitungsbreite ist 32 Bits, die durchschnittliche Arbeitsspeicherausstattung bewegt sich um 8 MB, wobei Ausbaustufen von über 32 MB keine Seltenheit darstellen. Großrechner verfügen fast immer über zentrale Pufferspeicher, Fließbandverarbeitung, Hilfsprozessoren, benötigen Klimaanlagen sowie spezielles Bedienungspersonal und bieten die Möglichkeit, eine große Anzahl von Bildschirmarbeitsplätzen und sonstigen Peripheriegeräten zu betreiben. Mehrprogrammbetrieb ist also bei ihnen die Regel. Das Gewicht der Zentraleinheit beträgt zwischen einer halben Tonne und einer Tonne. Sie werden oft traditionsbedingt auch als *«Universalrechner»* bezeichnet, obwohl diese Bezeichnung auch den meisten Mikro- und Minirechnern zustehen würde (aufgrund der universellen Verwendbarkeit).

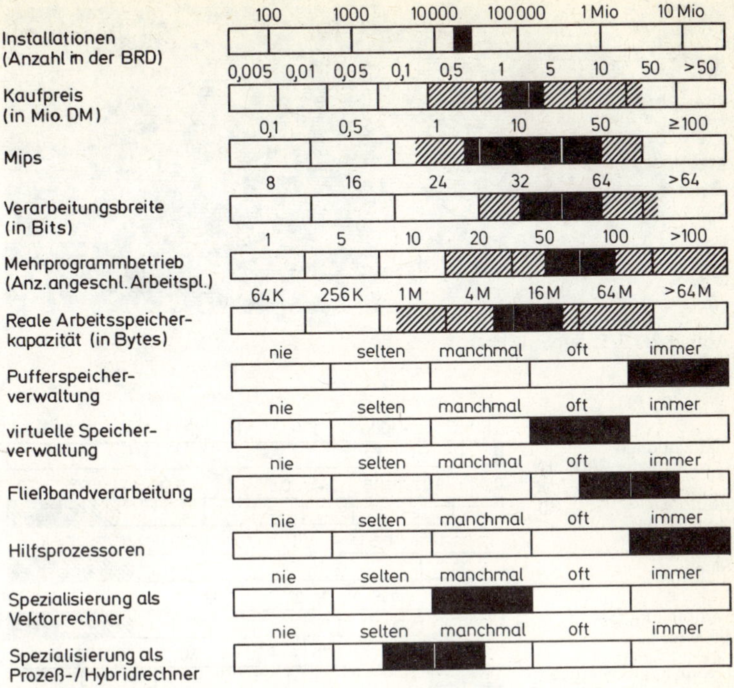

Abb. 1.2.3.3/4: Typische Merkmale von Großrechnern

Superrechner

Superrechner, von denen es weltweit weniger als 200 Installationen gibt, sind alles andere als Universalrechner. Diese Rechenanlagen, die über 50 Mio. DM kosten und mit Taktzyklen bis herab zu 2 Nanosekunden arbeiten, regelmäßig über eine Arbeitsspeicherausstattung von mehr als 16 MB (bis zu 2 GB) verfügen, sind ausschließlich Vektorrechner.

Seit einiger Zeit werden Superrechner auch als kombinierte Skalar-Vektorrechner produziert, was ihre Vielfältigkeit und Einsatzbandbreite bei generellen Anwendungen erhöht. Die Zentraleinheiten sind aufgrund der erforderlichen Verarbeitungsgeschwindigkeit kompakt, kleiner als so mancher Minirechner. Sie benötigen zur Aufbereitung von Daten und Programmen einen Vorrechner der Leistungsklasse von Groß-EDVA, da sie weder Fehlerbehandlungen durchführen können, noch für nicht-rechenzeitintensive Aufgaben wie Programmerstellung,

Abb. 1.2.3.3/5: Superrechner

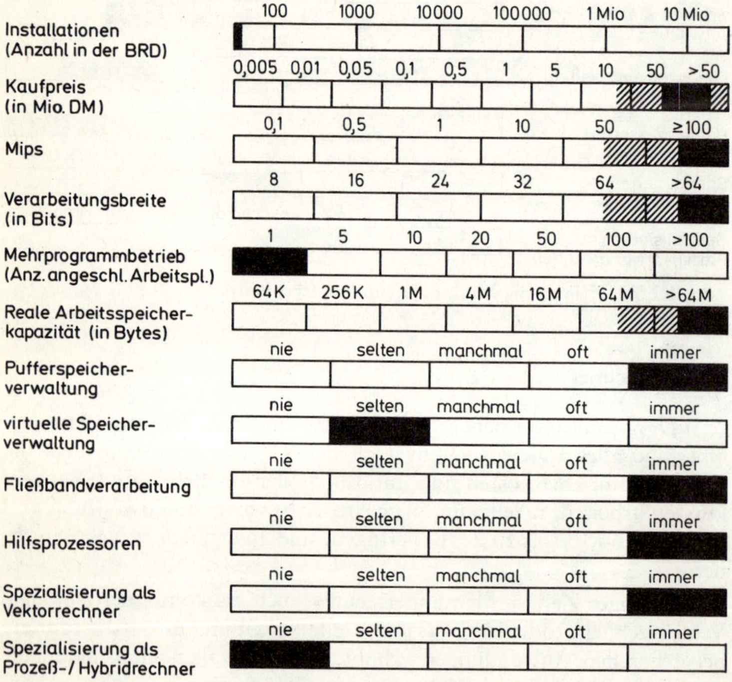

Abb. 1.2.3.3/6: Typische Merkmale von Superrechnern

Testen und Umwandlung der Quellprogramme (meist FORTRAN) geeignet sind.

Durch Einsatz aller Möglichkeiten der Mehrprozessortechnik und der Fließbandverarbeitung können diese Anlagen gigantische, früher wegen ihres Umfangs oft nicht lösbare Rechenprobleme bewältigen, etwa in der Astronomie, Meteorologie und Kernphysik. Weitere Anwendungen sind z.B. komplexe technische Simulationen in der Wirtschaft, der Raumfahrt und im militärischen Bereich.

Übungsaufgabe Nr. I-17 im Arbeitsbuch ←

1.3 Elektronische Datenverarbeitung im ökonomischen und gesellschaftlichen Gesamtzusammenhang

Die Brauchbarkeit eines Werkzeuges ergibt sich nicht aus sich selbst, sondern wird allein dadurch begründet, daß jemand aus der Anwendung Nutzen zieht. Diese Aussage trifft auch für die EDV in vollem Umfang zu. *Die Erklärung und ökonomische Rechtfertigung des Einsatzes der EDV ist jedoch aus zwei Gründen ungleich schwieriger als bei konventionellen Werkzeugen:*

1. Bei der EDV steht erstmals nicht die Übernahme körperlicher, sondern *geistiger Arbeit* im Vordergrund,
2. EDVA sind *Universalmaschinen*, die durch eine entsprechende Speicherprogrammierung nicht nur eine bestimmte, sondern unbestimmt viele Datenverarbeitungsaufgaben lösen können.

Während durch die Maschinisierung körperlicher Arbeit vorwiegend die Arbeitsplätze im Bereich der Produktion betroffen werden und sich die Wirkung einer Anlage i.d.R. auf einen begrenzten Aufgabenbereich erstreckt, hat der Einsatz der EDV sehr viel weitreichendere Konsequenzen. *Durch die Automatisierung intellektueller Tätigkeiten können sich Aufgaben und Abläufe in allen Stellen einer Wirtschaftseinheit verändern, wodurch sich tiefgreifende organisatorische Wandlungen ergeben können und Anpassungsreaktionen der Mitarbeiter erforderlich werden.*

EDVA werden bezüglich ihrer Hardware- und Softwarekomponenten entsprechend den jeweiligen Anwendungsbereichen und Benutzern *verschieden ausgelegt.* Auch die *Organisationsformen* des EDV-Einsatzes *unterscheiden sich von Fall zu Fall.* Dabei werden *integrierte Konzepte* für umfassende (teil-)automatisierte Systeme (Informationssysteme) zur Unterstützung der Aufgabenerfüllung in großen betrieblichen Funktionsbereichen zunehmend wichtiger.

Die *gesamtwirtschaftliche Bedeutung der Datenverarbeitung* manifestiert sich schon darin, daß jährlich in der Bundesrepublik Deutschland Hardware und Software im Wert von über 30 Mrd. DM produziert wird (bei Zuwachsraten von 20–25% pro Jahr). Allein bei den Herstellern sind derzeit rund 300 000 EDV-Fachkräfte beschäftigt. EDVA tragen im einzelnen Betrieb wie in der Volkswirtschaft als Ganzes zur Produktivitätssteigerung bei, sichern die Wettbewerbsfähigkeit und damit auch Arbeitsplätze. Andererseits ist die *Skepsis gegenüber dem Computer*, der Arbeitsplätze vernichtet («Job-Killer»), menschliche Beziehungen und Qualifikationen entwertet und «gläserne Menschen» schafft, weit verbreitet.

Wegen der Wechselbeziehungen zwischen Mensch und Computer sowie den möglichen Auswirkungen auf den einzelnen, den Betrieb und die Volkswirtschaft als Ganzes, ist es nötig, die EDV nicht isoliert, sondern in ihrem ökonomischen und gesellschaftlichen Gesamtzusammenhang zu sehen.

Das Verstehen der technischen und wirtschaftswissenschaftlichen Grundlagen ist eine wichtige Voraussetzung für ein vorurteilsfreies Verhältnis gegenüber der EDV. Zur technischen Seite versucht dieser Band seinen Beitrag zu leisten. Vielleicht sollten Sie deshalb den Abschnitt 1.3.3, wo es um die gesellschaftliche Problematik des EDV-Einsatzes geht, nach der Absolvierung des Gesamtkurses nochmals wiederholen bzw. die Lektüre bis dahin zurückstellen.

1.3.1 Aufbau betrieblicher Informationssysteme

Ein **Informationssystem** (abgekürzt: IS; engl.: information system) besteht aus Menschen und Maschinen, die Information erzeugen und/oder benutzen und die durch Kommunikationsbeziehungen miteinander verbunden sind.

Wir halten es hier für zweckmäßig, von den *Systemelementen Mensch und Maschine* auszugehen. Andere Definitionen legen je nach Untersuchungszweck verschiedenartige Elemente zugrunde, zum Beispiel die Informationsverarbeitungsaufgaben. Die Strömungsgrößen bleiben allerdings bei diesen Begriffsbestimmungen meist dieselben: Die fließende Information, welche die Zusammenhänge zwischen den Systemelementen konstituiert. *«Information»* wird im Sinne der Umgangssprache als Kenntnis über Sachverhalte und Vorgänge verstanden.

Ein **betriebliches Informationssystem** dient zur Abbildung der Leistungsprozesse und Austauschbeziehungen im Betrieb und zwischen dem Betrieb und seiner Umwelt.

Der Vollkommenheitsgrad dieser Abbildung von Güter- und Geldströmen ist von Betrieb zu Betrieb sehr unterschiedlich.

Übungsaufgabe Nr. I-18 im Arbeitsbuch ←

In unserem *Beispiel* im Abschnitt 1.1.3 hat Tante Emma das Informationssystem ihrer Kolonialwarenhandlung im wesentlichen im Kopf und verwendet zur Dokumentation außer Papier und Bleistift nur Ordersätze, Lieferscheine und Rechnungen des Großhändlers. Anders der Lebensmittelsupermarkt und seine Zentrale. Hier wird zur Erfassung, Speicherung,

Übertragung und Transformation von Information die EDV eingesetzt, wodurch sich im Warengeschäft und in der Verwaltung zahlreiche Routinetätigkeiten teilweise oder ganz automatisieren lassen und die Informationsbasis für die Geschäftsleitung wesentlich erweitert wird. Zusätzliche maschinelle Hilfsmittel der Informationsverarbeitung sind Telefone, Schreibmaschinen, Diktiergeräte, Kopierer usw. Trotz des hohen Automatisierungsgrades sind jedoch auch in dem beschriebenen Lebensmittelfilialunternehmen Menschen in starkem Maße in die Informationsverarbeitung einbezogen. Zum Beispiel muß der Warendisponent die maschinell erstellten Bestellvorgänge kritisch prüfen, die Kassiererin muß bei der Erfassung der Verkaufsdaten mitwirken und der Filialleiter hat zu entscheiden, was er bei Inventurunstimmigkeiten zu tun gedenkt. In weitere Kommunikationsbeziehungen sind informationsverarbeitende Maschinen nicht eingeschaltet und auch nicht einschaltbar. Denken Sie z.B. an den Fall, daß im Supermarkt ein Kunde einen Verkäufer um Beratung bittet oder der Filialleiter mit einem Mitarbeiter ein Beurteilungsgespräch führt.

Das Informationssystem der Kolonialwarenhandlung ist ein manuelles System, dessen Elemente ausschließlich durch Personen (Tante Emma, ihre Kunden und ihr Lieferant) repräsentiert werden *(Mensch-Mensch-System)*. In dem Informationssystem des Lebensmittelfilialunternehmens sind einzelne Abläufe völlig automatisiert, andere teilautomatisiert, da bei der Informationsverarbeitung Menschen und Maschinen zusammenwirken. Wieder andere Abläufe funktionieren rein manuell *(Mensch-Maschine-System)*. Ein total automatisiertes gesamtbetriebliches Informationssystem *(Maschine-Maschine-System)* ist nicht realisierbar, da nicht alle Informationsverarbeitungsprozesse eines Betriebes programmierbar und damit automatisierbar sind.

Wir beschäftigen uns in der Folge ausschließlich mit rechnergestützten betrieblichen Informationssystemen. Auch wenn wir nur die Benennung Informationssystem verwenden, meinen wir damit stets ein Mensch-Maschine-System, das in die Informationsverarbeitung EDVA einbezieht.

> Ein **rechnergestütztes Informationssystem** (engl.: computer based information system) ist ein System, bei dem die Erfassung, Speicherung, Übertragung und/oder Transformation von Information durch den Einsatz der EDV teilweise automatisiert ist.

Da auch beim Einsatz eines Rechners in einem Betrieb weiterhin viele Informationsverarbeitungsaufgaben allein von Menschen erfüllt werden, umfaßt ein *rechnergestütztes Informationssystem nur Teile des gesamtbetrieblichen Informationssystems.*

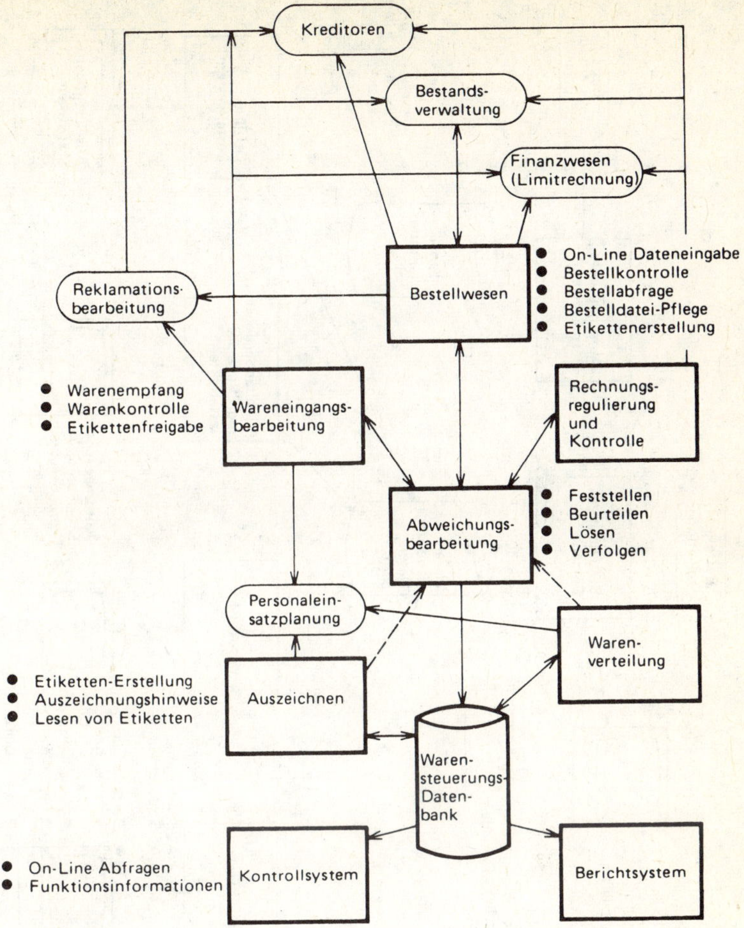

Abb. 1.3.1/1: Informationssysteme in einem Lebensmittelfilialbetrieb[8]

8 Die Abb. 1.3.1/1 und 2 wurden der von IBM herausgegebenen Broschüre «Kommunikations- und Servicesystem IBM 3650 für den Einzelhandel: Konzept eines Warensteuerungssystems» (IBM Form GE 12-1313-0) entnommen und geringfügig verändert. Ähnliche Konzepte liegen auch von zahlreichen anderen EDVA-Herstellern vor. Der hier erstmals verwendete Begriff ‹on-line› besagt, daß die Verrichtung der betreffenden Systemfunktion eine direkte Verbindung des peripheren Gerätes mit der Zentraleinheit voraussetzt. ‹Off-line› heißt, daß ein Gerät getrennt von der Zentraleinheit betrieben wird.

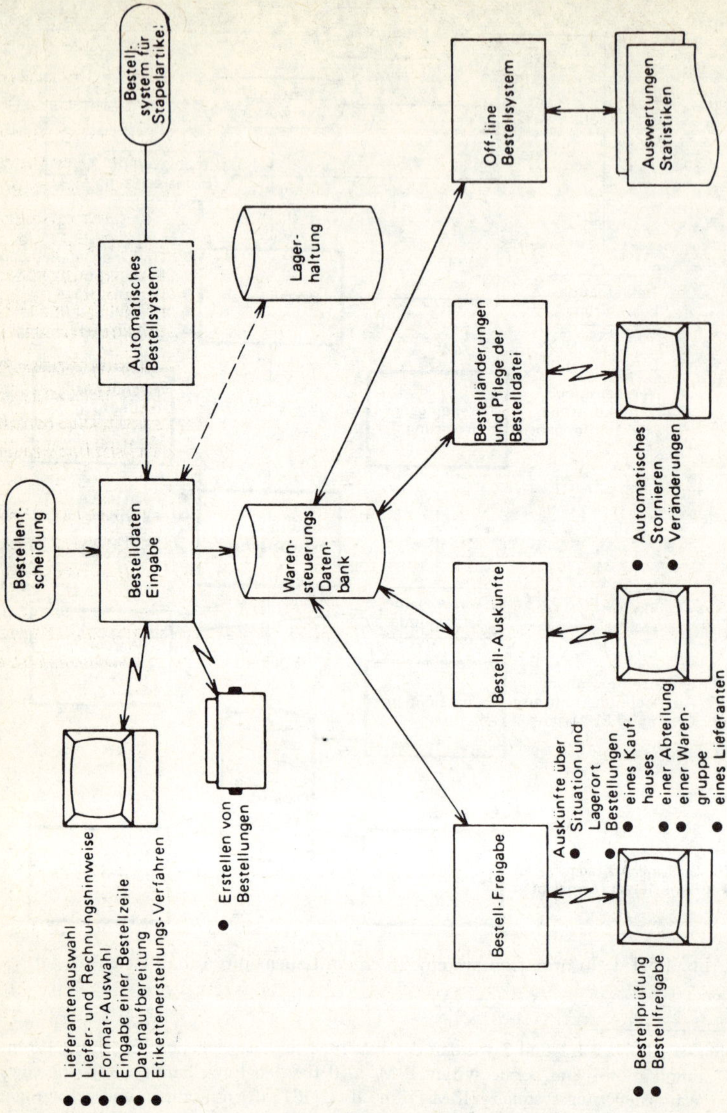

Abb. 1.3.1/2: Systemfunktionen des Bestellwesens in einem Lebensmittelfilialbetrieb

Der allgemeine Zweck von Informationssystemen ist die Bereitstellung von Information für die Systembenutzer. Die Inhalte, Form, Orte und Zeitpunkte der Informationsbereitstellung sind dementsprechend von den Aufgaben der Benutzer abhängig.

In der Praxis existieren keine umfassenden monolithischen rechnergestützten Informationssysteme für gesamte Betriebe. Solche Totalinformationssysteme aus einem Guß sind gar nicht möglich. Vielmehr gibt man *modularen Systemen*, die aus integrationsfähigen Teilsystemen bestehen, den Vorzug.

Übungsaufgabe Nr. I-19 im Arbeitsbuch ←

Als *Beispiel* haben Sie im Abschnitt 1.1.3 ein durch Standardsoftware unterstütztes, modular aufgebautes Informationssystem für den Warenwirtschaftsbereich in Lebensmittelfilialbetrieben kennengelernt. Die Abb. 1.3.1/1 zeigt dieses System in einer umfassenderen Systemumgebung (insbesondere in Beziehung zum Rechnungswesen) in der beschriebenen Unternehmung. Die Funktionen der Untersysteme werden exemplarisch anhand des Bestellwesens in der Abb. 1.3.1/2 veranschaulicht.

Entsprechende mehr oder weniger umfassende Konzepte, deren Realisierung durch das Angebot von Standardprogrammen und teilweise auch von speziellen Geräten erleichtert wird, gibt es in vielen Varianten für alle betrieblichen Hauptfunktionsbereiche:

- Forschung und Entwicklung,
- Vertrieb,
- Beschaffung und Lagerhaltung,
- Fertigung,
- Finanz- und Rechnungswesen,
- Personalwesen und
- Verwaltung.

Entwickelt wurden solche Sollkonzepte in allgemeiner Form von Wissenschaftlern, Rechnerherstellern und Softwarehäusern bzw. in spezieller Form von einzelnen fortschrittlichen EDV-Anwendern (für den eigenen Betrieb).[9] Wir bezeichnen sie als *integriert*, wenn

- die einzelnen Datenverarbeitungsaufgaben umfassend aufeinander abgestimmt sind,
- die Verbindungen zwischen den einzelnen Programmen weitestgehend automatisiert, d.h. frei von menschlichen Eingriffen gestaltet sind,
- die Daten frühzeitig, möglichst bei ihrem erstmaligen Anfall im Be-

---

9 Vgl. hierzu z.B. die im Literaturverzeichnis genannten Titel von *Mertens, Mertens/Griese* und *Scheer*.

trieb, erfaßt und für alle Programme in einem großen gemeinsamen Datenbestand (Datenbank) gespeichert werden.

Zur Zeit viel diskutierte Schlagworte wie *«Büro der Zukunft»* (engl.: office of the future) oder *«Fabrik der Zukunft»* (engl.: factory of the future) *beinhalten diese Forderungen nach einer möglichst weitgehenden Integration und Rechnerunterstützung* von Verwaltungs- bzw. Fertigungstätigkeiten.

Im *«Büro der Zukunft»* wird eine integrierte Verarbeitung (vor allem auch die elektronische Übertragung) von formatierten Daten, Texten, Sprache und Bildern angestrebt. Multifunktionale Endgeräte mit einer einheitlichen Bedienung (sog. Benutzerschnittstelle oder -oberfläche) für alle Funktionen, die über interne und externe Netze miteinander kommunizieren und Dienste (z.B. Datenbanken) in Anspruch nehmen können, sollen dies ermöglichen.

In der *«Fabrik der Zukunft»* sollen primär betriebswirtschaftliche Datenverarbeitungsaufgaben (Produktionsplanungs- und -steuerungssysteme; abgekürzt: PPS) mit technischen Datenverarbeitungsaufgaben über gemeinsam benutzte Grunddatenbestände für Stücklisten, Arbeitspläne und Betriebsmittel integriert werden. Zu den technischen

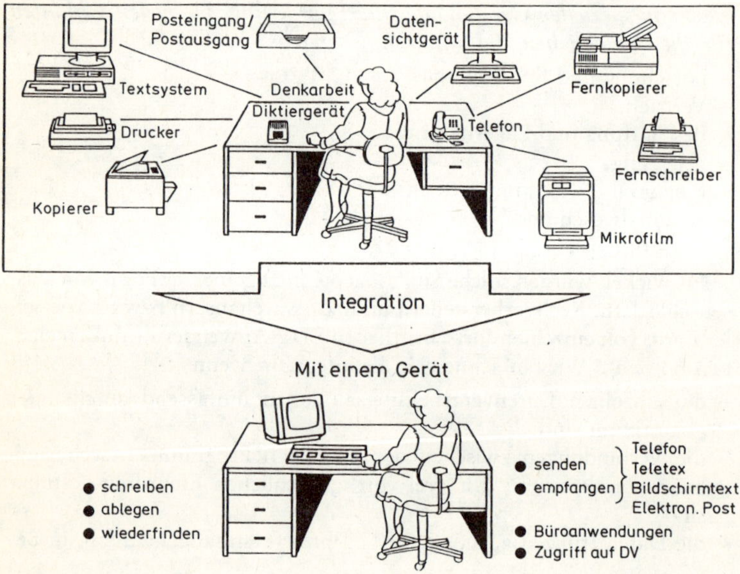

Abb. 1.3.1/3: Multifunktionales Endgerät für das «Büro der Zukunft» (Quelle: Siemens)

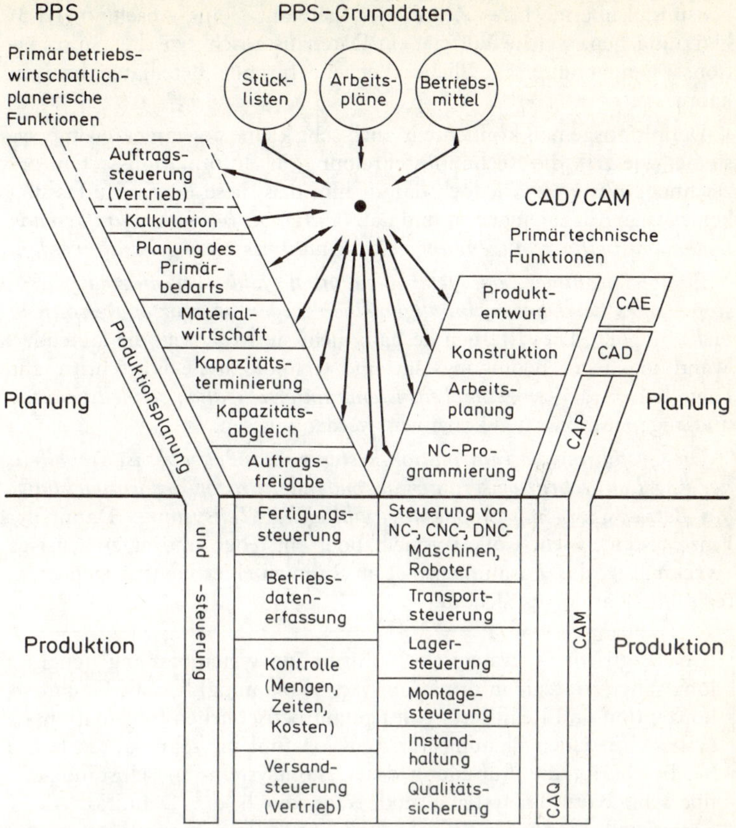

Abb. 1.3.1/4: Datenverarbeitung in der «Fabrik der Zukunft» (Quelle: A.-W. Scheer)

Teilsystemen gehören die rechnergestützte Konstruktion (CAD), Überwachung und Steuerung der Fertigung (engl.: computer aided manufacturing; abgekürzt: CAM), Arbeitsplanung (engl.: computer aided planning; abgekürzt: CAP), Produktentwurf (engl.: computer aided engineering; abgekürzt: CAE) und Qualitätssicherung (engl.: computer aided quality assurance; abgekürzt: CAQ).

So wie innerhalb dieser Hauptfunktionsbereiche ist eine *Integration der Datenverarbeitungsaufgaben* zwischen diesen *auf gesamtbetrieblicher Ebene* möglich und wirtschaftlich sinnvoll. Diese kann zu einer *zwischenbetrieblichen Integration* ausgebaut werden. Versuchen Sie sich selbst an den Beispielen «Tante Emma – Großhändler» bzw. «Lebensmittelsupermarkt – Zentrale – Lieferant» (aus Abschnitt 1.1.3) klarzumachen, welche Vorteile ein Datenaustausch zwischen Informationssystemen unterschiedlicher Betriebe für alle Beteiligten bringen kann.

Definitionsgemäß können wir auch sehr kleine abgegrenzte Untersysteme, wie z.B. die Rechnungsschreibung, als Informationssystem bezeichnen. Wir weisen jedoch darauf hin, daß diese Begriffsauffassung keineswegs Allgemeingut ist und daß *häufig nur besonders umfassende Datenverarbeitungsanwendungen Informationssystem genannt werden.*

Ein gleichzeitiger, paralleler Neuaufbau aller Teilinformationssysteme eines Betriebes ist im allgemeinen wegen begrenzter Ressourcen nicht möglich. Dies ist auch deshalb nicht sinnvoll, weil die laufenden Wandlungen der Bedingungslage und technologische Fortschritte zur Folge haben, daß *einzelne Teilsysteme unterschiedlich schnell veralten* und angepaßt bzw. neu konzipiert werden müssen.

Die Gestaltung der Informationssysteme eines Betriebes ist deshalb in der Regel ein schrittweiser, niemals endender Prozeß der Entwicklung, des Betriebs und der Anpassung zahlreicher Teilsysteme. Damit die Einzelsysteme nicht isoliert voneinander entstehen und agieren, ist es zweckmäßig, das Zusammenspiel im Rahmen einer langfristigen, strategischen Planung zu sichern.

Die **langfristige, strategische Informationssystemplanung** (engl.: long-range strategic information systems planning) legt die Gesamtkonzeption und Realisierung des gesamtbetrieblichen Informationssystems für einen Planungshorizont von fünf bis zehn Jahren fest. Sie beschreibt die Aufteilung des Gesamtsystems in selbständige, überschaubare Teilsysteme und trägt durch die Definition der Schnittstellen und die Vorgabe von Entwicklungsprioritäten dazu bei, daß die Teilsysteme stufenweise entwickelt und integriert werden können.

Diese Rahmenplanung sollte *gegenüber der verfügbaren Hardware und Software möglichst neutral* sein, da sich durch den raschen technischen Fortschritt häufig sehr kurzfristig leistungsfähigere oder kostengünstigere Realisierungsmöglichkeiten ergeben.

Bei der Entwicklung einzelner Teilsysteme stellen sich folgende *Gestaltungsprobleme*:

1. *Wer* (Sender) soll *wen* (Empfänger) über *was* (Inhalt, Genauigkeit) informieren?
2. *Wann* (Termine) soll informiert werden?
3. *Wie* (Art, Form, Methode, Weg) soll informiert werden?

Ausgangspunkt für die Lösung dieser Grundsatzprobleme ist die Frage «*Wozu?*», also die Frage nach dem jeweiligen Auswertungszweck der Information.

> Die Wissenschaft, die sich mit der Gestaltung rechnergestützter Informationssysteme in der Wirtschaft befaßt, heißt **Wirtschaftsinformatik** (Synonym: **Betriebsinformatik**; engl.: business informatics).

Übungsaufgabe Nr. I-20 im Arbeitsbuch ←

1.3.2 Grundfragen der Wirtschaftsinformatik

Womit beschäftigt sich nun die Wirtschaftsinformatik im einzelnen? Lassen wir doch einmal ein Mitglied der IS-Entwicklungsgruppe unseres «Beispiel-Lebensmittelfilialbetriebs» berichten, welche *Probleme bei der Einführung des rechnergestützten Warenwirtschaftssystems* zu lösen waren.

«*Gründe dafür, daß uns die Geschäftsleitung mit dem Projekt beauftragt hat*, waren

- sich häufende Reklamationen von Kunden, weil oft vor Sonn- und Feiertagen Waren nicht mehr vorrätig waren und bei den Kassen lange Warteschlangen entstanden,
- der hohe, nicht erklärbare Warenschwund (Verderb, Kunden- oder Mitarbeiterdiebstahl?),
- der von den Filialen beklagte unzureichende Servicegrad (Lieferbereitschaft) des Zentrallagers – trotz tendenziell steigender Lagerbestände und der damit verbundenen immer höher werdenden Kapitalbindung,
- zeitliche Abstimmungsschwierigkeiten bei den Warenlieferungen von den Lieferanten und vom Zentrallager an die Filialen,
- Kostensteigerungen, insbesondere beim Verkaufspersonal, und ein wachsender Konkurrenzdruck,
- mangelhafte Information über realisierte Verkäufe und die Beiträge der einzelnen Artikel zum Unternehmenserfolg mit daraus folgenden Dispositionsfehlern im zentralen Einkauf und in den Filialen.

Ausgangspunkt und Grundlage unserer Arbeit war eine sorgfältige *Istaufnahme*. Das heißt, wir haben zunächst einmal analysiert, wie der Warenfluß bisher im einzelnen funktioniert hat:

- Wieviele und welche Kunden von den verschiedenen Filialen zu betreuen waren und wie hoch die Umsätze in den einzelnen Warengruppen waren,
- welche Lieferanten wie oft an das Zentrallager bzw. direkt an einzelne Filialen geliefert haben,

- wieviele Mitarbeiter mit welcher Qualifikation und Entlohnung in unseren Filialen und der Hauptverwaltung mit warenbezogenen Aufgaben befaßt waren,
- aus welchen Arbeitsgängen sich die Aufgabenerfüllung zusammensetzte,
- wodurch die Arbeitsgänge ausgelöst und wie sie im einzelnen abgewickelt wurden,
- wie die Zusammenarbeit zwischen den Filialen, dem Vertrieb, Lager und Einkauf in der Zentrale sowie unseren Lieferanten klappte,
- welche Waren- und Belegmengen in welcher zeitlichen Verteilung angefallen sind,
- welche Informationsquellen und Hilfsmittel für die einzelnen Arbeitsgänge genutzt wurden und an welche Empfänger Berichte gesandt wurden (Informationsfluß),
- wie Mitarbeiter und Betriebsmittel durch die einzelnen Arbeitsgänge zeitlich beansprucht wurden und
- mit welchen Kosten die Aufgabenerfüllung jeweils verbunden war.

Dadurch haben wir einen guten Überblick über das Istsystem, seine Stärken und Schwächen sowie die durch eine Neuentwicklung lösbaren Probleme und erzielbaren Nutzeffekte erhalten.

Darauf aufbauend haben wir in der Folge ein *Sollkonzept* erstellt. Durch die Befragung der Geschäftsleitung, der Leiter und einiger Mitarbeiter der Zentralabteilungen und Filialen, aber auch von ausgewählten Kunden und Lieferanten haben wir die Anforderungen bestimmt, denen ein optimales Warenwirtschaftssystem in unserem Hause entsprechen sollte. Diese zunächst noch relativ groben Systemspezifikationen haben wir im Laufe dieser Phase zunehmend detailliert. Dokumentierte Arbeitsergebnisse waren

- ein Grobkonzept (Übersichtsdarstellung), in dem die Teilsysteme des vorgesehenen Warenwirtschaftssystems und ihre Verknüpfungen gekennzeichnet wurden und in der Folge
- ein Detailkonzept, in dem für die Teilsysteme die Daten (Ein- und Ausgabe), die Verarbeitungsregeln und der Datenfluß sowie sonstige wichtige Umgebungsbedingungen beschrieben wurden.

Bei dieser *Zielanalyse* haben wir uns viel Arbeit dadurch erspart, daß wir die konzeptionellen Vorstellungen in der Literatur und die Herstellerschriften über die angebotenen Softwareprodukte für den Warenwirtschaftsbereich zu Rate gezogen haben.

Vor allem war auch die Diskussion der tatsächlich realisierten Kosten, Nutzen und Probleme von modernen Warenwirtschaftssystemen bei mehreren Pilotanwendern äußerst hilfreich. Da wurden doch einige Angaben der Hersteller von Standardsoftware und Datenkassen stark relativiert.

Die Kunden in den SB-Märkten beklagten sich, daß sie durch die alleinige Regalauszeichnung der Preise beim Gang durch den Verkaufsraum bald nicht mehr wüßten, für wieviel Geld sie Einkäufe getätigt hätten. Auch an der Kasse könnten sie die angezeigten Preise nicht mit den längst vergessenen Regalpreisen vergleichen. Inwiefern solche Klagen dazu führen können, daß Kunden ausbleiben, blieb aber leider völlig offen. Monate vor und nach der Umstellung kam es auch bei den Kassiererinnen verschiedentlich zu Schwierigkeiten. Die Abrechnungsvorgänge wurden zunächst verlängert anstatt beschleunigt – was mit der unzureichenden Einschulung erklärt wurde. Die Kassen eines Herstellers hatten eine extrem hohe Ausfallhäufigkeit. Überall hatte man aber die Anfangsprobleme nach einiger Zeit in den Griff bekommen.

Ein befreundeter Unternehmer faßte die Vorteile für die Beteiligten wie folgt zusammen:

- Der Kunde erhält aufgrund der Auswertungen das richtige Sortiment zur rechten Zeit zum richtigen Preis angeboten.
- Der Verkäufer erhält durch die zentrale Speicherung aktueller Preise mehr Sicherheit im schnellen Verkauf und lernt die Rendite der einzelnen Artikel kennen.
- Der Einkäufer und der Filialleiter erlangen größere Sicherheit in der Sortimentsauswahl, d.h. sie können «Renner» und «Penner» besser unterscheiden. Außerdem lernen sie den erforderlichen Bestellrhythmus genauer kennen und gewinnen größere Sicherheit bei der Kalkulation.
- Der Chef erhält eine verbesserte Kosten- und Ertragsrechnung.

So hatten wir von diesen Besichtigungen eigentlich einen recht positiven Gesamteindruck.

Bei den folgenden *Durchführbarkeitsstudien* ging es dann um die Fragen,

- ob, wann und wie die bei der Zielanalyse ermittelten Spezifikationen in unserem Warenwirtschaftssystem realisiert werden könnten,
- welche Ressourcen (Software, Hardware, Personal usw.) hierzu in welchen Stellen benötigt würden und
- ob das ganze Vorhaben ökonomisch zu rechtfertigen wäre bzw. welche Realisierungsvorschläge das beste Verhältnis zwischen Aufwand und Ertrag versprächen.

Nach detaillierten *Wirtschaftlichkeitsrechnungen* haben wir uns entschieden, für das geplante System nach Möglichkeit Standardsoftwareprodukte einzusetzen. Dabei bedurfte es viel Überredungskunst, um unsere Programmierergruppe zu überzeugen, daß die Zeit- und Kostenvorteile einer solchen Lösung höher zu bewerten sind als die optimale Anpassung an betriebliche Gegebenheiten durch eine Eigenprogrammierung.

Mit der *Auswahl des Pakets* bzw. der für uns bestgeeigneten (alternativ angebotenen) Module haben wir uns viel Mühe gegeben. Von vornherein hätten wir gerne «alles aus einer Hand» gehabt, d.h. die Software von unserem Rechnerlieferanten genommen. Bei der Durchsicht eines Softwarekatalogs und Gesprächen mit unserer Verbandsberatung sind wir aber auf einige interessante Alternativen gestoßen. Nachdem wir die von uns angeforderten Produktbeschreibungen gelesen hatten und auch einige Programmsysteme in Form sog. Anwendungssimulationen im «Sandkastenbetrieb» vorgeführt bekommen hatten, haben wir eine Nutzwertanalyse durchgeführt. Darin wurden die drei in die engste Wahl gezogenen Systeme in bezug auf unseren Anforderungskatalog mit über 200 gewichteten Einzelkriterien beurteilt. Als bestes Angebot hat sich dabei dann doch unser ursprünglicher Favorit herausgestellt. (Sie wissen ja, wie subjektiv und fragwürdig manchmal «Benotungen» sind – vielleicht haben unsere bisherigen guten Erfahrungen mit dem Hersteller sowie ein gewisses Sicherheitsbedürfnis bei der Kriteriengewichtung und der Angebotsbeurteilung eine nicht unbedeutende Rolle gespielt!) Eine mehrmonatige Probeinstallation dieses Systems bei uns im Hause und Tests in einer Filiale haben uns dann schließlich vollends überzeugt, zumal wir in den Vertragsverhandlungen noch einiges an kostenloser Unterstützung beim Hersteller herausholen konnten.

Bei der *Auswahl der Datenkassen* sind wir ähnlich vorgegangen. In diesem Fall haben wir jedoch einem anderen Hersteller den Vorzug gegeben. Seine im Markt bewährten Geräte waren um ca. 15% billiger als jene unseres Rechnerlieferanten. Auch diese Entscheidung war gar nicht so einfach, weil sich die angebotenen Kassen nicht nur in bezug auf den Preis, sondern auch in bezug auf den Funktionsumfang stark unterscheiden.

Umfangreiche technische und betriebswirtschaftliche Untersuchungen haben wir ferner wegen der *Verkabelung* der Kassen in den Filialen und der EDV-Geräte in unserer Hauptverwaltung angestellt. Auch der *Datenaustausch* hat uns einiges Kopfzerbrechen bereitet. Eine ständige On-line-Verbindung der Zentrale mit den Filialen erschien zunächst viel zu teuer. Wir haben uns dann aber doch aus Marketinggründen dazu entschlossen, zumal die Posttarife bei dem von uns verwendeten DATEX-P-Dienst bei unserem Datenübertragungsvolumen gerade noch einigermaßen tragbar erschienen.

Bei unseren Auswahlüberlegungen, aber auch bei unseren vorangehenden Tätigkeiten im Rahmen der Istaufnahme und Sollkonzeption hat uns die *Einbeziehung der späteren Systembenutzer* viele wichtige Anregungen gegeben und uns vor manchem Fehler bewahrt. Die enge Zusammenarbeit hat sich vor allem bei der leider unumgänglichen Anpassung bzw. Ergänzung einiger Softwaremodule bewährt. Auch bei der Umstellung unseres Artikelnumerierungssystems auf die EAN sowie bei der betriebsindividuellen Gestaltung der Bildschirmmasken und Berichte hat uns das gute Verhältnis zu unseren Kollegen hier in der Zentrale und draußen in den Filialen sehr geholfen. Durch ihre Mitwirkung kamen sonst vielfach zu beobachtende, in unserem Fall aber nicht gerechtfertigte Ängste vor Entlassungen, Versetzungen, Entwertung von Qualifikationen oder nicht zu bewältigenden Systemanforderungen erst gar nicht auf. Nach einer Intervention des Betriebsrats, der stärkere Kontrollen der Mitarbeiter befürchtete, haben wir die softwaremäßig vorgesehene Protokollierung der Kassierleistungen unterbunden.

Mit der *Benutzer- und Bedienerschulung* wurde schon Monate vor der Aufnahme des Echtbetriebs unseres Warenwirtschaftssystems begonnen. Zum Beispiel wurden die Kassiererinnen stundenweise in einem separaten

Raum im Gebrauch der neuen Kassen trainiert. Und die Filialleiter und Einkäufer wurden in einem betriebswirtschaftlichen «Schnellsiedekurs» über Deckungsbeiträge, optimale Bestellmengen und -termine sowie sonstige Kennzahlen unterrichtet, die vom neuen System zur Verfügung gestellt werden.

Die *Umstellung* auf das rechnergestützte Warenwirtschaftssystem begann schrittweise in den umsatzschwachen Sommermonaten. Zuerst wurden in einer Filiale zwei Datenkassen, dann weitere zwei Kassen usw. installiert, bis schließlich alle Kassiererinnen mit dem neuen System arbeiteten. In der Folge wurden alle großen Filialen (mit mehr als 8 Mio. DM Jahresumsatz) nacheinander auf diese Weise umgestellt, was über drei Jahre in Anspruch genommen hat.»

Übungsaufgabe Nr. I-21 im Arbeitsbuch ←

Die vorstehende Schilderung hat Ihnen einige *typische Tätigkeiten eines Wirtschaftsinformatikers bei der Entwicklung von betrieblichen Informationssystemen* vor Augen geführt. Sie ist «geschönt», weil von den vielen fachlichen, technischen und personenbezogenen Problemen kaum die Rede war, die bei innovativen Systementwicklungen «dazugehören»: *«If anything can go wrong, it will»* (sog. Murphy-Gesetz).

Diese exemplarische Darstellung gibt das Tätigkeitsfeld auch nur zum Teil wieder. So fehlen etwa *organisatorische und planerische Aktivitäten mit übergreifendem Charakter*, die sich nicht auf die Entwicklung einzelner Informationssysteme beziehen. Auch die Aufgaben bei der *Eigenprogrammierung bzw. Programmanpassung* fertig bezogener Systeme wurden nicht näher behandelt. Schließlich blieben die Tätigkeiten im Rahmen des *Systembetriebs* sowie der *Benutzerberatung und -betreuung* unerwähnt. Gerade letztere werden immer wichtiger: Nicht nur um den Endbenutzern in den Fachabteilungen beim Gebrauch der großen integrierten Anwendungssysteme behilflich zu sein, sondern auch, um sie bei ihrer «individuellen» Verarbeitung lokaler Probleme mit einem Arbeitsplatzrechner zu unterstützen und zu koordinieren.

Voraussetzung für alle diese Tätigkeiten ist ein solides Wissen über Daten, Datenträger, Hardware, Software und Menschen als den Komponenten von Informationssystemen sowie über die Funktionen der Datenerfassung, Datenspeicherung und Datenübertragung im Rahmen derartiger Systeme.

Nur hiermit und den Besonderheiten der Textverarbeitung und -kommunikation befaßt sich der vorliegende Band. *Dieses EDV-Grundwissen ist auch für die Endbenutzer in den Fachabteilungen wichtig und im allgemeinen ausreichend. Für Wirtschaftsinformatiker bzw. Informatiker aller Art ist es der «Einstieg» in ein weiterführendes Studium.*

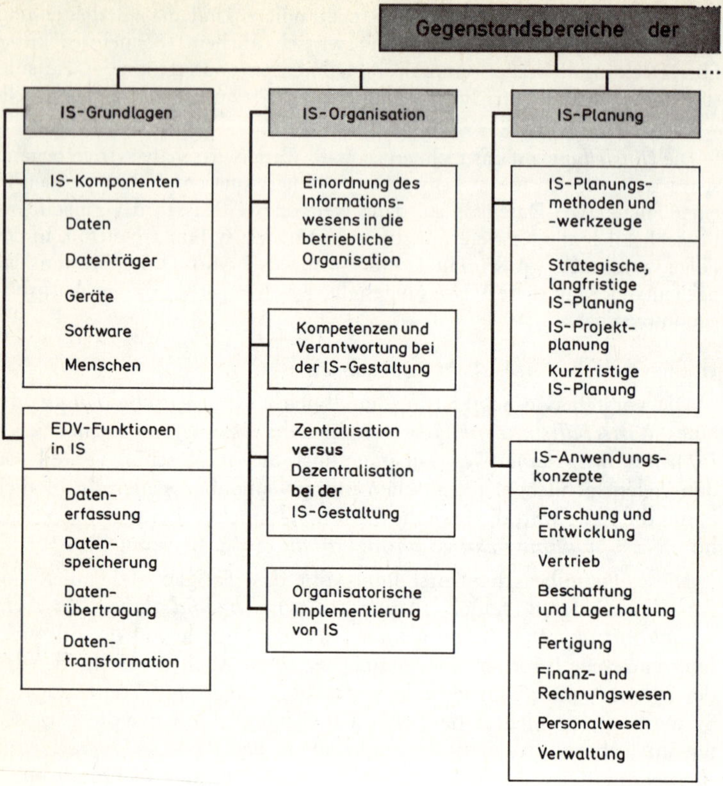

Abb. 1.3.2/1: Gegenstandsbereiche der Wirtschaftsinformatik

Die Abb. 1.3.2/1 enthält eine *Gesamtübersicht über die wichtigsten Gegenstandsbereiche der Wirtschaftsinformatik.* Viele der genannten Tätigkeitsschwerpunkte überlappen sich bzw. befassen sich mit denselben Gegenständen aus unterschiedlicher Sicht. Die Klassifikation enthält keine Reihung der Gegenstände nach Wichtigkeit oder zeitlicher Abfolge.

→ Übungsaufgabe Nr. I-22 im Arbeitsbuch

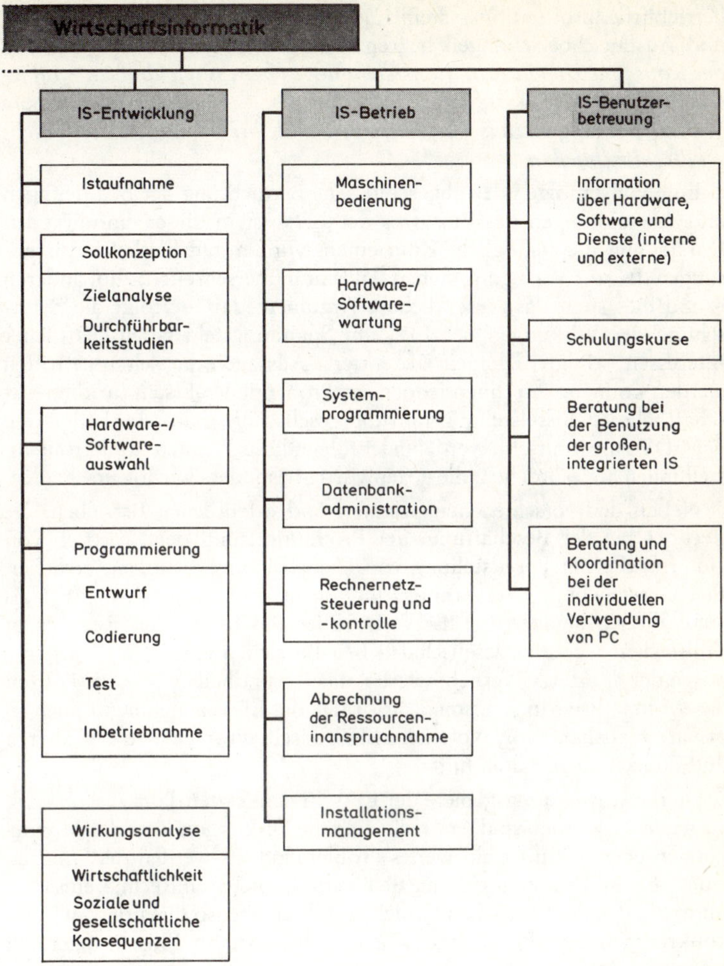

1.3.3 Auswirkungen der elektronischen Datenverarbeitung auf die Gesellschaft

In den vorstehenden Abschnitten haben wir uns mit dem Aufbau und der Arbeitsweise von EDVA sowie ihren Möglichkeiten für die Gestaltung des betrieblichen Informationswesens auseinandergesetzt. Dabei haben wir unsere Problemsicht auf den einzelnen Betrieb bzw. das betriebliche Informationssystem zur Abbildung von Leistungsprozessen und Austauschbeziehungen begrenzt. *Eine umfassende Untersuchung der Konsequenzen informationstechnologischer Entwicklungen muß jedoch notwendigerweise auch ökonomische, politische und soziale Wechselwirkungen zwischen Betrieben und ihrer Umwelt, der Gesellschaft, einschließen.*

Eine vollständige oder abgeschlossene Betrachtung der Bedingungen und Auswirkungen des Einsatzes der EDV ist in dieser einführenden Darstellung nicht möglich. Zum einen würden ganzheitliche Ausführungen den zur Verfügung stehenden Raum überschreiten; zum anderen – und dies stellt das wesentlichere Argument dar – erfolgt die Erforschung der Wirkungen der EDV im Spannungsfeld gesellschaftlicher Interessen, so daß allgemein akzeptierte Aussagen nur selten getroffen werden können. Um Ihnen jedoch ein Problembewußtsein für die wirtschaftliche Schlüsselstellung und die gesellschaftspolitische Bedeutung der EDV zu vermitteln, werden nachfolgend die Themen- und Problemstellungen angesprochen, die gegenwärtig besonders wichtig erscheinen.

Neben den verschiedenen privaten und öffentlichen Betrieben, die Rechner bei der Beschaffung, der Produktion und dem Vertrieb von Gütern oder der Bereitstellung von Dienstleistungen nutzen, bedienen sich Gesetzgebung, Verwaltung und Rechtssprechung bei der Erledigung ihrer Aufgaben der EDV. Darüber hinaus werden Rechner in zahlreichen weiteren gesellschaftlichen Bereichen eingesetzt. Dazu gehören der Sport, das Verkehrswesen, das Gesundheitswesen, die Polizei, das Militär usw. In jüngster Zeit dringt die EDV zunehmend auch in private Haushalte vor, wo sie haushälterische Probleme zu bewältigen und Freizeit zu gestalten hilft.

Da die Anwendungsgebiete der EDV in den letzten Jahren sehr stark ausgeweitet worden sind, erstreckt sich die Diskussion über die Auswirkungen ebenfalls über ein weites Problemfeld. Es werden die Grenzen eines persönlich und gesellschaftlich verantwortbaren Rechnereinsatzes unter allgemeinen ethischen Gesichtspunkten ebenso diskutiert, wie die konkret meßbaren Belastungen, die bei der Arbeit an Bildschirmgeräten entstehen.

Die Kontroverse über die EDV-Auswirkungen konzentriert sich vor allem auf

- *die Wirtschaftspolitik,*
- *die Arbeits- und Lebenswelt und*
- *das Zusammenwirken der staatlichen Institutionen.*

In den folgenden Ausführungen wird davon ausgegangen, daß die marktwirtschaftliche Ordnung in eine parlamentarische Demokratie eingebunden ist. Die staatliche Autorität legt die wettbewerbspolitischen Spielregeln fest und interveniert auf den Güter- und Faktormärkten nur bei drohenden oder aktuellen Marktungleichgewichten; ansonsten handeln die einzelnen Wirtschaftssubjekte autonom. Erst seit Mitte der 60er Jahre greift der Staat verstärkt in den Ablauf des Wirtschaftsgeschehens durch Konjunktur- und Wachstumspolitik ein. Die staatliche Beeinflussung der Wirtschaftsstruktur kommt erst Ende der 70er Jahre in bemerkenswertem Umfang zum Tragen. *Für den Wirkungszusammenhang von staatlicher Wirtschaftspolitik und EDV haben Wettbewerbs- und Strukturpolitik besondere Bedeutung.*

Der *Wettbewerb* hat nach weitgehend übereinstimmender Auffassung vor allem

1. eine marktgerechte Einkommensverteilung zu sichern,
2. die Vorstellungen der Käufer nach einem umfassenden Güter- und Dienstleistungsangebot durchzusetzen,
3. den Produktionsfaktoren zum produktivsten Einsatz zu verhelfen,
4. Produktion – qualitativ und quantitativ – an Nachfrage und neue Produktionstechniken anzupassen und
5. technische Innovationen sowohl in der Produktion als auch bei den Produkten zu ermöglichen.

Auf diese Weise soll der Wettbewerbsmechanismus einen ständig rationelleren Wirtschaftsprozeß in Gang halten. *Die EDV beeinflußt besonders die letzten drei Wettbewerbsfunktionen auf der Hersteller- und Anbieter-, aber auch auf der Anwenderseite.*

Bei den großen Rechnerherstellern werden zunehmend vertikale Konzentrationen festgestellt, da sie die gesamte Fertigung von den elektronischen Bauelementen bis zu den schlüsselfertigen Systemen integrieren. Diese Form der Unternehmenskonzentration wird durch die Marktstellung weltweit agierender Anbieter noch gefördert. Sie ist aber auch durch die hohen Kosten für Forschung und Entwicklung bei der EDV-Technologie bedingt. *Konzentrationstendenzen über ein gewisses Maß hinaus wirken jedoch schädlich, da sie den Wettbewerbsprozeß außer Kraft setzen.*

In der *Softwareproduktion* zeigt sich ein anderes Bild. Da für die Entwicklung von Software weniger Kapital benötigt wird, sind die *Eintrittsschranken auf diesem Markt relativ niedrig.* So haben sich in den letzten Jahren eine *große Zahl junger Unternehmen* auf diesem Markt entfaltet. *Eine Vielzahl von Softwarehäusern bietet inzwischen eine bemerkenswerte Produktvielfalt an.* Die Heterogenität auf der Anbieterseite fördert zwar einerseits die *Wettbewerbsintensität* unter den Herstellern von Software, sie *behindert auf der anderen Seite aber auch die Markttransparenz für die Nachfrager und eine kostengünstige Standardisierung der Softwareprodukte.*

Vor allem *kleinere Nachfrager nach EDVA* und anderen EDV-Leistungen (Software und Orgware[10]) stehen oft in der *Abhängigkeit von Herstellern*, da sie nicht über genügend Know-how verfügen. *Darüber hinaus konnten sie bisher kaum an kapitalintensiven großen Informationssystemen partizipieren.* Die Entwicklung von Datenbanksystemen, umfassender Prozeßsteuerung oder von Rechnernetzen ging an ihnen häufig ohne die Chance zur Einflußnahme vorüber. Beispiele hierfür lassen sich im Bankgewerbe, in der Versicherungsbranche, im Handel und im Reisegewerbe finden. *EDV-Großsysteme stärken die Marktstellung der an sich schon leistungsfähigen Betriebe und benachteiligen den kleineren Anwender, so daß auch die Endverbraucher von Gütern und Dienstleistungen – vor allem in strukturschwachen Gebieten – beeinträchtigt werden.* Inwieweit die erst in den letzten Jahren auf den Markt gekommenen, preisgünstigen Mikrorechner sowie billige Telekommunikationsdienste (wie etwa Bildschirmtext)[11] Abhilfe schaffen können, ist noch nicht auszumachen.

→ Übungsaufgabe Nr. I-23 im Arbeitsbuch

Im Rahmen der *Strukturpolitik* sind vor allem die strukturellen Wandlungen auf dem *Arbeitsmarkt* und die staatliche *Technologiepolitik* von Bedeutung. Die EDV bedingt Änderungen bei der Beschaffung, Produktion und Verteilung von Waren und Dienstleistungen. Da Rechner gleiche Mengen von Daten in wesentlich kürzerer Zeit verarbeiten können als dies manuell möglich ist, stellt sich die Umstellung auf EDV häufig mehr als Rationalisierungs- und weniger als Erweiterungsinvestition dar. Zum einen werden dadurch *in vielen Bereichen Arbeitsplätze eingespart*, deren Verlust nicht immer vollständig durch neu geschaffene Arbeitsplätze in der elektronischen Industrie oder in anderen Wirtschaftseinheiten kompensiert wird. Zum anderen *verändert sich die internationale Arbeitsteilung* dahingehend, daß in hochindustrialisierten Ländern fast nur noch kapitalintensiv produziert wird, während in den Entwicklungsländern die arbeitsintensive Produktion stattfindet. Über den Verlust an Arbeitsplätzen in einzelnen Branchen und Sektoren der Volkswirtschaft läßt sich heute noch nichts Abschließendes sagen. Zahlen, die zur Beurteilung der Situation herangezogen werden, sind nicht ausreichend empirisch gesichert und stellen häufig nur eine selektive Momentaufnahme dar. *Aus diesem Grund kann eine präzise Einschätzung des Saldos auf dem Gesamtarbeitsmarkt nicht erfolgen.*

Die internationale Konkurrenzfähigkeit der deutschen und auch anderer europäischer EDV-Hersteller und Anbieter von EDV-Leistungen

---

10 «Orgware» ist ein Sammelbegriff für die organisatorischen Konzepte, Methoden und Werkzeuge zur Gestaltung rechnergestützter Informationssysteme.

11 Näheres hierzu folgt im Abschnitt 4.2.5.

scheint ohne staatliche Subventionierung in vielen Fällen ungewiß. In den letzten Jahren tauchte der Begriff von der ‹Modernisierung der Volkswirtschaft› auf. Nach diesem Verständnis staatlicher Strukturpolitik soll die *Technologiepolitik* dazu beitragen, *zukunftsträchtige Schlüsselindustrien zu fördern und heimische EDV-Hersteller international konkurrenzfähiger zu machen.* Die deutsche Bundesregierung ist seit nunmehr zwei Jahrzehnten bemüht, die technologische Lücke, die zwischen Westeuropa und damit auch der Bundesrepublik Deutschland auf der einen Seite sowie den Vereinigten Staaten von Amerika und Japan auf der anderen Seite besteht, zu schließen. Die *Förderungen* richteten sich dabei zunächst allein auf die Erforschung und Entwicklung neuer

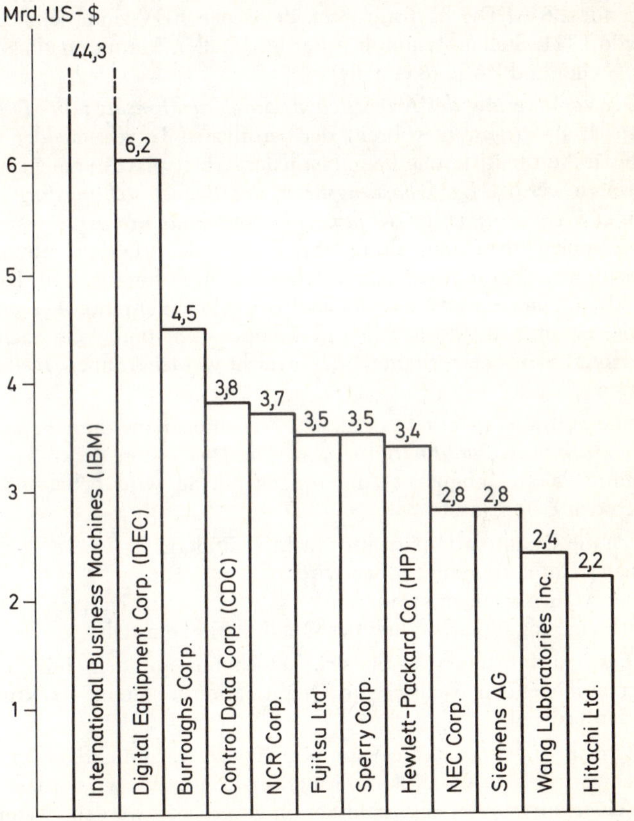

Abb. 1.3.3/1: Die größten EDV-Hersteller und ihre weltweiten EDV-Umsätze im Jahre 1984 (Quelle: Datamation)

leistungsfähiger Technologien; anschließend bemühten sich die staatlichen Instanzen darum, auch die Lösung von EDV-Anwendungsproblemen zu fördern. In den letzten Jahren konzentriert sich die Technologieförderung in der Bundesrepublik Deutschland besonders auf die Schlüsselbereiche: Elektronische Bauelemente, elektronische Geräte (Hardware) und industrielle Automation.

Es muß jedoch als sehr fraglich angesehen werden, ob die staatliche Förderungspolitik das Ziel einer wettbewerbsfähigen heimischen EDV-Industrie auch nur annähernd erreicht hat. Die Abb. 1.3.3/1 zeigt die Dominanz der US-amerikanischen Unternehmen auf dem Weltmarkt; der größte deutsche Rechnerhersteller Siemens rangierte 1984 an zehnter Stelle mit einem Anteil am weltweiten Datenverarbeitungsumsatz von nur 2,6 %! Die nächstgrößten deutschen EDV-Unternehmen sind Nixdorf (21. Stelle), Triumph-Adler (42. Stelle), Mannesmann Kienzle (60. Stelle) und BASF (63. Stelle).

Die *Veränderung des Arbeitslebens durch den Einsatz von EDV* spiegelt sich in der gesamten Breite der beruflichen Tätigkeitsfelder wider. Von der Automatisierung kann fast jeder Arbeitsplatz in einem Betrieb betroffen werden. *Die Belastungsarten und Beanspruchungsformen ändern sich ebenso wie das Kommunikations- und Kooperationsgefüge.* Im allgemeinen nehmen durch den Einsatz der EDV die physischen Belastungen ab, die psychischen Belastungsarten hingegen zu. Es wird auch befürchtet, daß die Arbeitsinhalte zunehmend monotoner werden. Inwieweit umfassende Facharbeiterkompetenzen und volle Sachbearbeiterqualifikationen erhalten oder erreicht werden können, bleibt umstritten.

Eine zentrale Frage stellt in diesem Zusammenhang die *Veränderung der beruflichen Qualifikationen* dar. Die Diskussion deckt dabei die gesamte Palette möglicher Änderungen ab. So wird behauptet, daß durch den EDV-Einsatz

- sich die Qualifikationsstruktur nicht verändert,
- die Qualifikation angehoben wird,
- die Qualifikation sinkt oder
- sich eine sog. Polarisierung der Qualifikation einstellt.

Diese Auffassungen lassen sich jedoch nur auf dem Hintergrund einer umfassenden Analyse von Qualifikationsinhalten, -struktur und -niveau beurteilen.

Wird unterstellt, daß die Verminderung der Fachqualifikation durch gleichwertige EDV-Qualifikationsmerkmale ausgeglichen wird, so kann von einer unveränderten Qualifikation gesprochen werden. Wenn man davon ausgeht, daß durch den EDV-Einsatz neue Qualifikationsmerkmale in einem Tätigkeitsbereich auftreten, dann kann man sagen, daß damit eine Zunahme der Qualifikation verbunden ist. Wenn jedoch die Fachqualifikationen zum großen Teil überflüssig werden, dafür aber nur marginale EDV-Qualifikationen hinzutreten, dann kann man behaupten, daß das Qualifikationsniveau sinkt. Beurteilt man die Situation schließlich so, daß nur ein kleiner Teil der Belegschaft eines Betriebes höher qualifizierte Arbeit erhält und der Großteil weniger qualifizierte Arbeit zu verrichten hat, so bedeutet dies, daß sich die Qualifikation polarisiert. Welche Entwicklung in der Zukunft auch immer überwiegen wird, man wird davon ausgehen dürfen, daß gerade die Frage der Qualifikation für die Mitarbeiter eines Betriebes von entscheidender Bedeutung ist. Die Qualifikation des einzelnen Arbeitnehmers ist ein wesentlicher Faktor zur Erhaltung des Arbeitsplatzes und zur Sicherung des Einkommens. Darüber hinaus stellt die Qualifikation des einzelnen die wesentliche Basis für seinen beruflichen Aufstieg dar und bildet weiterhin die Grundlage für seine berufliche Mobilität und die Weiterbildungsanforderungen in einer modernen Industriegesellschaft. Ferner ist die Qualifikation der Ausgangspunkt zur Erlangung von Entscheidungskompetenz. Derjenige, der hoch qualifiziert ist und sich der EDV bedienen kann, besitzt sicherlich Vorteile gegenüber dem Mitarbeiter, der diese duale Qualifikation nicht aufweist.

Die *Lebenswelt des einzelnen* wird – wie oben bereits angedeutet – zunehmend durch die EDV beeinflußt. In einer liberalen Demokratie wird man zu Recht davon ausgehen können, daß die Unversehrtheit der Person zu gewährleisten, die Chancengleichheit aller zu fördern und die Freizügigkeit insgesamt auszubauen ist. In diesem Zusammenhang geht es einmal um den *Schutz der Privatsphäre* vor den Eingriffen des Staates. Zusätzlich sollten durch eine *freizügige Kommunikation* aber auch die sozialen Kontakte des einzelnen mit seiner gesellschaftlichen Umwelt gewährleistet werden. Wenn Informationssysteme als Machtinstrument für den Staat eingesetzt werden, dann kann der einzelne mehr Schwierigkeiten haben, seine berechtigten Ansprüche und Rechte gegenüber den Behörden durchzusetzen. Die Sicherung der Privatsphäre stellt somit eine wichtige Forderung der Bürger an den demokratischen Rechtsstaat dar. Es muß festgestellt werden, daß sich das *Informationsgleichgewicht zwischen dem Bürger und dem Staat* tendenziell zu ungunsten des einzelnen verschiebt.

Die privaten Kontakte sowie das Kommunikations- und Interaktionsverhalten sollten durch den Einsatz der EDV nicht eingeschränkt werden. Wenn die Spontaneität in den zwischenmenschlichen Beziehungen durch hochstrukturierte rechnergestützte Abläufe gefährdet wird, droht die Wechselseitigkeit und Kreativität im menschlichen Verhalten verloren zu gehen. Für EDV-Anwendungen im privaten Bereich erscheint es geboten, Lösungen zu entwickeln, die die Menschen zu aktivem Handeln anhalten und nicht in die Rolle des nur passiven Konsumenten drängen. Bei der Weiterentwicklung von großflächigen Informationssystemen, die auch von Privaten genutzt werden können, ist hierauf besonders Bedacht zu nehmen.

Wenn man das *Zusammenwirken der politischen Institutionen* betrachtet, dann wird man feststellen, daß die *Exekutive gegenüber der Legislative einen Informationsvorsprung* bekommt. Der Aufbau großer Datenbanksysteme beim Bundeskabinett und den Länderregierungen führt dazu, daß die *Parlamente ihren Aufsichtspflichten und Kontrollrechten nicht mehr wie bisher genügen* können. Die Massierung von Information auf seiten der Regierungen und Verwaltungen führt zunehmend zu Informationsdefiziten der gesetzgebenden Gewalt. Gerade für die komplizierter werdenden Gesetzgebungsverfahren bedürfen jedoch die Parlamente einer besseren Informationsbasis, um ihren Aufgaben gerecht zu werden.

→ Übungsaufgabe Nr. I-24 im Arbeitsbuch

Bei der Lektüre der vorstehenden Ausführungen sollte Ihnen bewußt geworden sein, daß die einzelnen *Teilsysteme der Gesellschaft stark miteinander verknüpft* sind. Der Wandel des ökonomischen Systems läßt sich nicht ohne Berücksichtigung der Arbeits- und Lebenswelt beurteilen. Änderungen in der Arbeits- und Lebenswelt lassen sich wiederum nur im Zusammenhang mit den Veränderungen der Beziehungen der staatlichen Instanzen zueinander diskutieren. Es ist also notwendig, die von der EDV ausgehenden oder die durch die EDV bewirkten Veränderungen des gesellschaftlichen Lebens insgesamt zu betrachten.

Eine erste umfassende Reaktion auf die durch die Nutzung der EDV veränderten gesellschaftlichen Bedingungen stellen die *Datenschutzgesetze* in den verschiedenen Staaten dar. Angesichts der Fähigkeit von EDV-Systemen, große Datenmengen schnell zu verarbeiten und zu übermitteln, besteht die Gefahr, daß z.B. so sensible Information wie Gesundheitsdaten oder Angaben über die Einkommens- und Vermögensverhältnisse Unbefugten überlassen werden. Geschieht dies, dann sind Selbstbestimmungsrecht und persönliche Integrität angetastet. *Datenschutzgesetze haben vordringlich die Aufgabe, die Privatsphäre vor dem Datenmißbrauch durch Dritte zu schützen. Der Schutz erstreckt sich auf die Speicherung, Übermittlung, Veränderung und Löschung von personenbezogenen Daten und normiert besondere Rechte des einzelnen gegenüber Eingriffen in seine Privatsphäre. Hierzu gehören die Rechte auf Auskunftserteilung, Berichtigung und Löschung falscher oder unberechtigt verarbeiteter Daten.* Der Schutz personenbezogener Daten geht dabei stets mit Maßnahmen einher, die zur Sicherung der Datenbestände und der Programme (Datensicherheit) zu ergreifen sind. Über die ursprünglichen Intentionen des Datenschutzes hinaus gilt es auch den Informationsverkehr zwischen gesellschaftlichen Institutionen zu regeln. Damit haben wir nicht mehr nur Schutzgesetze vor uns, sondern auch Bestimmungen zur zweckadäquaten Regelung der informationellen Infrastruktur in und zwischen hochentwickelten und komplizierten Leistungs- und Versorgungsgesellschaften.

Wie Sie aus Abb. 1.3.3/2 entnehmen können, besteht das *politisch-wirtschaftliche Kräftefeld, das die EDV-Entwicklung und -Anwendung beeinflußt*, im wesentlichen aus *sechs großen Faktorgruppen.* Den bedeutendsten Faktor stellen dabei die staatlichen Instanzen (Parlament,

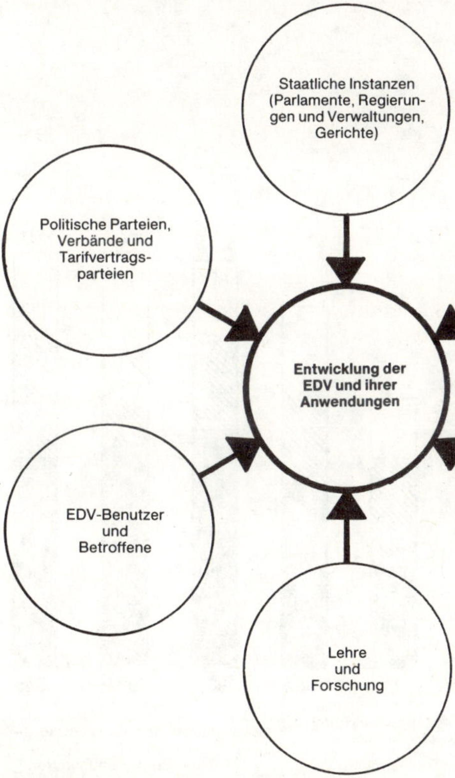

Abb. 1.3.3/2: Das politisch-wirtschaftliche Kräftefeld der EDV-Entwicklung und -Anwendung

Regierung und Verwaltung sowie Gerichte) dar. Darüber hinaus nehmen politische Parteien und Verbände Einfluß auf die Entwicklung der Datenverarbeitung; hervorzuheben sind hierbei ferner die Tarifvertragsparteien. Weiterhin wirken sowohl die EDV-Hersteller und -Anbieter als auch die Nachfrager von EDVA und EDV-Leistungen auf die Entwicklung ein. Benutzer und Betroffene, also in erster Linie die Mitarbeiter in den Betrieben, haben in der letzten Zeit verstärkt versucht, auch ihre Ansprüche geltend zu machen. Lehre und Forschung leisten ihren Beitrag durch Ausbildung, Grundlagenforschung, aber auch durch die Entwicklung von EDV-Anwendungen und beeinflussen auf diese Weise den Rechnereinsatz.

Zur *Einflußnahme* werden unterschiedliche *Instrumente* herangezogen. Geordnet nach aufsteigender Wirksamkeit handelt es sich um

- Stellungnahmen,
- Beratungen,
- Kompensationen,

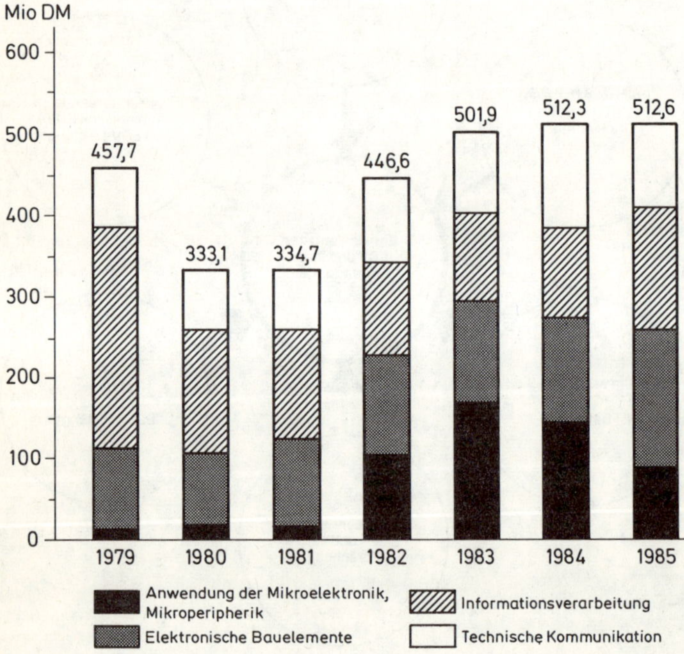

Abb. 1.3.3/3: Förderung der Datenverarbeitung durch die deutsche Bundesregierung

- Förderungen und
- Festlegungen.

In einer pluralistischen Demokratie haben sowohl der einzelne als auch gesellschaftliche Gruppen das Recht, ihre Forderungen in bezug auf alle gesellschaftlichen Entwicklungen vorzubringen. Die staatlichen Instanzen sind gerade bei einer so komplizierten Materie wie der EDV-Entwicklung und ihren Konsequenzen auf *Stellungnahmen* ebenso angewiesen wie auf *Beratungsleistungen.* Dieser Vorgang ist vor allem dadurch begründet, daß die staatlichen Instanzen nicht immer über ein ausreichendes Fachwissen zur Lösung der auftretenden Probleme verfügen. *Kompensatorische Maßnahmen, Förderungen,* aber vor allen Dingen *Festlegungen* bleiben jedoch dem Staat im wesentlichen selbst vorbehalten. Zur Kompensation der u.a. durch die Rationalisierungseffekte der EDV bedingten Arbeitsplatzverluste fordern die Gewerkschaften die Herabsetzung der Arbeitszeit. Dabei steht die Senkung der Lebensarbeitszeit (frühere Pensionierung) ebenso auf dem Programm wie die Verkürzung der Jahres- oder Wochenarbeitszeit durch eine Verlängerung des Erholungsurlaubs oder die Einführung der 35-Stunden-Woche.

Die Förderung der Datenverarbeitung durch die deutsche Bundesregierung ist in Abb. 1.3.3/3 dargestellt.

Übungsaufgabe Nr. I-25 im Arbeitsbuch ←

Beispiele für Festlegungen stellen die oben angesprochenen Datenschutzgesetze aber auch die steuerrechtlichen Vorschriften über die rechnergestützte Buchhaltung und das Belegwesen dar. Daneben sind höchstrichterliche Urteile, wie die Entscheidung des Bundesverfassungsgerichts in der Bundesrepublik Deutschland zum ‹informationellen Selbstbestimmungsrecht›, zu nennen.

Die Beurteilung der EDV-Auswirkungen wird vor allem durch den Tatbestand erschwert, daß die «konventionelle» Datenverarbeitung zunehmend mit anderen Informations- und Kommunikationstechniken verschmolzen wird. Hierzu gehören z.B. die automatisierte Textverarbeitung, die grafische Datenverarbeitung, die Telekommunikationsdienste wie Teletex, Telefax, Bildschirmtext, Bildschirmtelefon, elektronische Zahlungsverkehrsysteme, Datenbankdienste usw.[12] Die Komplexität der EDV an sich, der Verbund mit solchen Diensten, die Wandlungen der Betriebsarten, der Mikrorechner-Boom u.a.m. verkomplizieren die Ursache-Wirkungs-Ketten. Für die Erforschung und Beurteilung der gesellschaftlichen Auswirkungen ergibt sich das Problem, daß die von der jeweiligen Technik bzw. Nutzungsform ausge-

12 Näheres hierzu folgt im Kapitel 4.

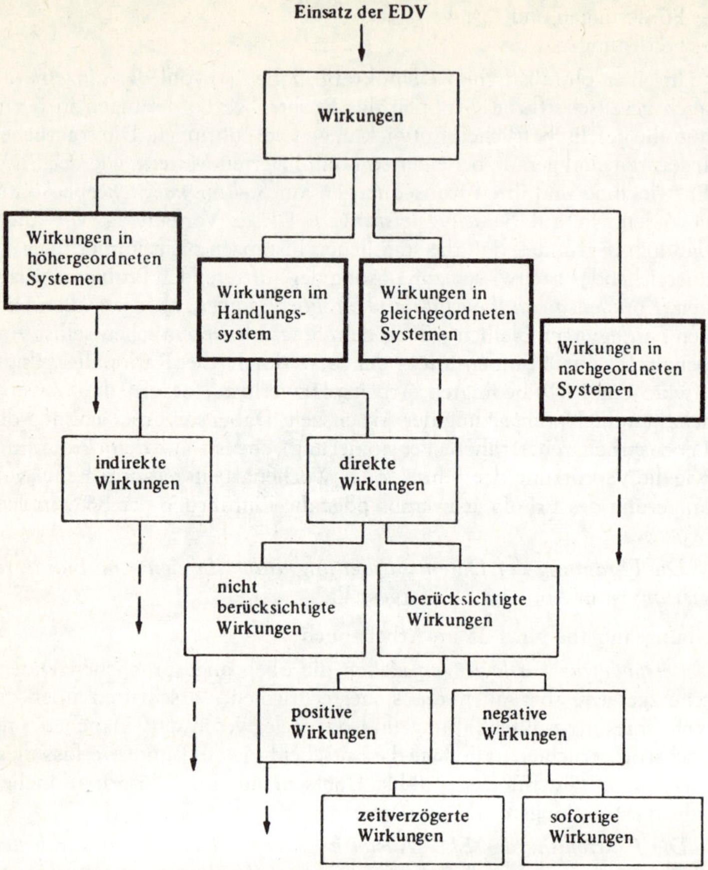

Abb. 1.3.3/4: Systematik der Wirkungen des EDV-Einsatzes

henden Einflüsse nur schlecht zu isolieren und daher weniger gezielt zu behandeln sind.

Die Abb. 1.3.3/4 gibt Ihnen einen *Überblick über die möglichen Wirkungen der EDV*. Der Forschungszweig, der sich mit der Untersuchung der Einsatzbedingungen der EDV befaßt, wird heute allgemein «*EDV-Wirkungsforschung*» genannt. Er wendet sich meist den nicht berücksichtigten sowie den berücksichtigten negativen Wirkungen zu. Hier wird sicher auch in Zukunft ein Schwerpunkt liegen, geht es doch darum, die unerwünschten EDV-Folgen, wenn möglich, zu minimieren oder gar vollständig zu vermeiden. Negative Wirkungen lassen sich jedoch gegenüber positiven nur dadurch abgrenzen, daß letztere der Zielsetzung des Handlungssystems entsprechen. Damit taucht aber die Frage auf, wer Ziele formuliert und auf welchem sozial-ökonomisch bedingten Macht- und Wertesystem die Zielsetzung beruht. Positive Wirkungen sollten somit nicht – wie dies häufig geschieht – von vornherein aus der wissenschaftlichen Forschung ausgeklammert werden; sie müssen ähnlich wie die negativen Folgen des EDV-Einsatzes einbezogen werden.

Die *zeitlichen Verzögerungen von Wirkungen* stellen insofern einen besonders wichtigen Teil der Forschung dar, weil sich die von der EDV ausgehenden Änderungen häufig erst relativ spät zeigen. Kompensation im nachhinein ist dann schwierig. Es sollte eine wesentliche Aufgabe sowohl der staatlichen Politik als auch des wissenschaftlichen Bemühens sein, die Konsequenzen, die sich beim Einsatz der modernen Informationstechnologie ergeben, a priori zu berücksichtigen. Dies bedeutet jedoch, daß man sich vor allein technisch orientierten Vorstellungen in bezug auf die EDV hüten muß und daß man auch sozialökonomisch ausgerichtete Betrachtungsweisen anwenden sollte.

Übungsaufgaben Nr. I-26 bis 27 im Arbeitsbuch ←

2. Komponenten von Informationssystemen

Lehrziele

Nach der Durcharbeitung dieses Kapitels sollten Sie

- angeben können, wie Information im Hinblick auf die maschinelle Verarbeitung strukturiert und beschrieben wird,
- erläutern können, welche Arten von Daten unterschieden werden,
- die generellen Möglichkeiten und Grenzen einer rechnergestützten Verarbeitung von Schrift, Bild und Sprache skizzieren können,
- die Vorschriften für die interne Darstellung von Daten in der Zentraleinheit erklären können,
- maschinenintern gespeicherte Daten unter Zuhilfenahme einer Codetabelle interpretieren können,
- die Merkmale der wichtigsten externen Datenträger kennzeichnen können,
- die Darstellung von Daten auf diesen Datenträgern erläutern können,
- die Aufgaben, Kapazitäten und Zugriffszeiten der Zentralspeicher einer EDVA angeben können,
- die Funktionsweise des Zentralprozessors einer EDVA beschreiben können,
- erläutern können, welche Arten von internen Verbindungswegen und Ein-Ausgabe-Kanälen es in einer Zentraleinheit gibt und wie sich diese hinsichtlich der Arbeitsweise unterscheiden,
- die Notwendigkeit der Ein-Ausgabe-Steuerung (EA-Steuerung) einer EDVA durch eine selbständige Funktionseinheit, den EA-Prozessor, begründen können,
- die wichtigsten peripheren Geräte einer EDVA nennen und in groben Zügen erklären können, wie diese funktionieren,
- die Vorteile und Nachteile von verbreiteten Programmiersprachen aufzählen können,
- die Umwandlungsschritte von einem in einer höheren Programmiersprache geschriebenen Ursprungsprogramm bis zum lauffähigen Maschinenprogramm schildern können,
- die Zielsetzungen eines Betriebssystems und ihre Realisierung durch Systemprogramme kennzeichnen können,

- die Betriebsarten von EDVA in konkreten Anwendungsfällen angeben können,
- Argumente für und gegen den Einsatz von extern bezogenen, fertigen Programmpaketen (Standardsoftware) nennen können,
- Kriterien für die Beurteilung und Auswahl eines Softwarepakets aufzählen können,
- einen «Softwarewerkzeugkasten» zur Lösung einfacher kommerzieller Probleme (Datenverwaltung, Tabellenkalkulation, Grafik) verwenden können,
- die Tätigkeiten von Datenverarbeitungsfachkräften beschreiben können,
- berichten können, welche Interessen die Benutzer rechnergestützter Informationssysteme haben und wie sich diese bei der Systemgestaltung berücksichtigen lassen,
- über die Angebots- und Nachfragesituation auf den verschiedenen EDV-Teilmärkten sowie über Zukunftstrends Bescheid wissen (bzw. wissen, wo Sie bei Interesse nachschlagen können).

Ein *Informationssystem* besteht aus Menschen und Maschinen, die Information erzeugen und/oder benutzen und die durch Kommunikationsbeziehungen miteinander verbunden sind. Nachfolgend beschäftigen wir uns mit den *Komponenten rechnergestützter Informationssysteme*:

- Daten als «Rohstoffe» und Ergebnisse von Datenverarbeitungsprozessen, deren Fluß die Zusammenhänge zwischen den Systemelementen Mensch und Maschine sichert,
- Datenträger, welche die Daten materiell verkörpern oder aufnehmen,
- Geräte, die zu einer EDVA gehören,
- Software, d.h. die Programme zur Steuerung dieser Maschinen entsprechend den jeweiligen Aufgaben, und
- Menschen als Gestalter und Benutzer von Informationssystemen.

2.1 Daten

Bei den meisten kommerziellen EDV-Anwendungen ist die *Hauptanforderung an den Rechner, große Mengen von Information zu speichern, auf die der Benutzer später selektiv zugreifen kann.* In vielen Fällen ist die Fähigkeit der EDVA, ähnlich einem Taschenrechner mathematische Operationen durchzuführen, eher belanglos.

So ist zum *Beispiel* bei einem *Bibliotheksverwaltungssystem* eine Hauptanforderung die Buchrecherche, die nur auf Vergleichsoperationen basiert. Um solche Aufgaben erfüllen zu können, benötigt der Rechner Information in maschinell verarbeitbarer Form. In unserem Beispiel also Information über Bücher. Ein Buch muß irgendwie im Rechner abgebildet werden. Ausgehend von Büchern, wie sie Abb. 2.1/1 zeigt, muß eine Form gefunden werden, wie sie Abb. 2.1/2 darstellt. Diesen Prozeß der Abbildung, man nennt ihn Abstraktion, wollen wir näher analysieren.

2.1.1 Abstraktion und Repräsentation von Objekten

Abstraktion (engl.: abstraction) entsteht durch das Erkennen von Ähnlichkeiten zwischen einzelnen Objekten (engl.: object) der Realwelt, der Entscheidung zur ausschließlichen Betrachtung dieser Ähnlichkeiten und der Ignorierung der Unterschiede.

Auch Sie stehen im täglichen Leben laufend vor der Aufgabe, die wesentliche Information aus der Unzahl von Sinneseindrücken herauszuarbeiten. Denken Sie zum Beispiel daran, worauf Sie achten, wenn Sie auf einer Treppe ins Stolpern kommen. Die Farbe des Geländers ist wohl nicht interessant. So ist auch für einen Lebensmittelfilialbetrieb oder für eine Bibliothek nur bestimmte Information relevant.

Wenn Sie die Abb. 2.1/2 betrachten, bemerken Sie, daß bei unserem *Beispiel* nur der Titel, die Inventarnummer usw. zur Darstellung eines Buches verwendet werden. Die Farbe des Buches, die Art des Einbandes, die Seitenzahl und die äußere Form (Höhe, Breite, Länge) bleiben unberücksichtigt.

Dies bedeutet, daß ein *abstraktes Modell der Realität* geschaffen wird. Symbole repräsentieren dabei die Abstraktion der korrespondierenden Objekte. Zum Beispiel repräsentiert eine Zeile in der Tabelle von Abb. 2.1/2 ein bestimmtes Buch, ein Objekt der Realwelt. *Mit den Symbolen können Situationen der Realwelt nachgebildet oder simuliert*

Abb. 2.1/1: Realweltobjekte

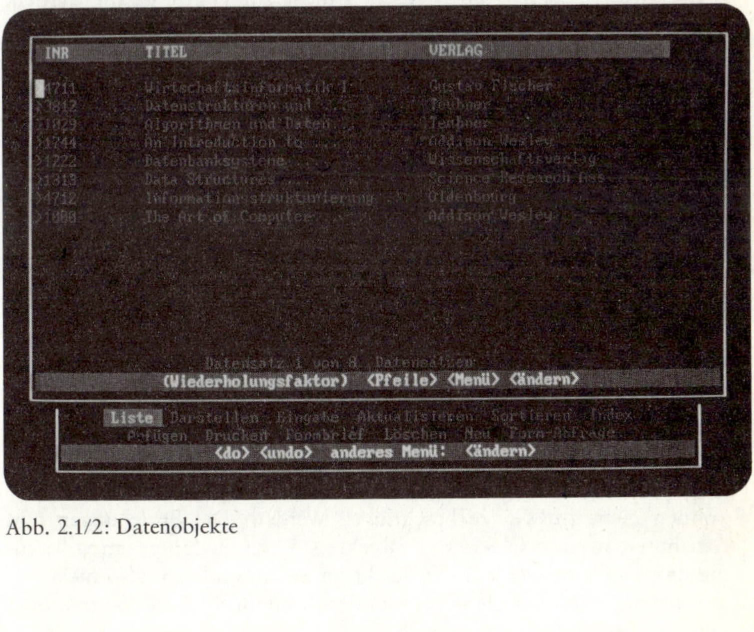

Abb. 2.1/2: Datenobjekte

werden. Der Kauf des Buches wird durch einen Eintrag, der Verlust wird durch das Löschen einer Zeile vermerkt.

Der *Grund für die Abstraktion*, die Verwendung von Symbolen liegt darin, daß die *symbolische Behandlung weniger Aufwand* als die Manipulation der Objekte der Realwelt verursacht. (Es ist zum Beispiel billiger, Autounfälle durch einen Rechner zu simulieren, als neue PKW zu verwenden!) Bei der Definition von Regeln über Abstraktionen (z.B. physikalische Gesetze oder Marktgesetze) wird die stillschweigende Annahme getroffen, daß auch in der Realwelt diese Regeln herrschen. (Man schließt zum Beispiel aus den Crash-Simulationen auf Verletzungsgefahren der PKW-Insassen usw.)

→ Übungsaufgabe Nr. I-28 im Arbeitsbuch

Konzeptionelles Modell

Die Objekte der realen Welt werden bei der Entwicklung von Computerprogrammen auf maschinell verarbeitbare Information abgebildet. Diese ist stets eine Abstraktion der Realität. Zunächst einige *Einschränkungen des Realitätsbegriffes*:

- Die Realität kann vom Menschen nicht zur Gänze erfaßt werden, sondern nur jener Bestandteil, der durch Sinnesorgane oder durch Meßgeräte wahrgenommen werden kann (= *perzepierbare Realität*).
- Nicht die gesamte wahrnehmbare Realität wird für jedes Problem betrachtet, sondern *nur ein als relevant erachteter Ausschnitt* von dieser.
- Man nimmt an, daß die *Realität durch Objekte mit Attributen* (engl.: attribute) und *Beziehungen* (engl.: relationship) *zwischen den Objekten erfaßbar* ist.

Schritte des Abstraktionsprozesses

Der Abbildungsprozeß der realen Welt in ein maschinell verarbeitbares Modell vollzieht sich in drei Schritten.

1. *Auswahl (Selektion):*

Das Ziel dieses Schrittes ist, die Vielfalt von Objekten der Realwelt auf eine als relevant erachtete, leichter überschaubare Menge von Objekten des Modells zu reduzieren. Auch die interessierenden Objekte können nicht zur Gänze beschrieben werden: Die Beziehungen und Attribute einzelner selektierter Objekte sind zu vielfältig, um vollständig dargestellt zu werden. Die Selektion beschränkt sich also nicht nur auf die *Auswahl von Objekten*, sondern umfaßt auch die *Bestimmung von Attributen und Beziehungen.*

2. *Benennung:*

Jedem Objekt der Realität, jeder Beziehung und Eigenschaft wird ein *eindeutiger Name* zugeordnet.

3. *Klassifikation:*

Die inhomogene Menge der Objekte und Beziehungen wird weiter in *homogene Klassen von Objekttypen* unterteilt. Kriterien der Klassifikation sind entweder sachbezogener oder verarbeitungstechnischer Natur. Der Grad der Klassifikation, d.h. wie detailliert die Strukturierung vorgenommen wird, ist von Fall zu Fall verschieden.

Das Ergebnis dieses Modellierungsvorganges nennt man **konzeptionelles Modell** (engl.: conceptual model).

Das konzeptionelle Modell ist in jedem Fall eine Vereinfachung der beobachtbaren Wirklichkeit. Durch den ersten Schritt, die Auswahl (Selektion), wird die Vielfalt von Objekten und Attributen der Realwelt reduziert. So kann etwa unser «*Beispiel-Lebensmittelfilialbetrieb*» (aus Kapitel 1) auf viele konzeptionelle Modelle abgebildet werden. Denken Sie dabei z.B. daran, was bei so einem Betrieb von den Eigentümern, Führungskräften, Arbeitern, Kunden, Lieferanten, Steuerprüfern oder Anrainern als relevant erachtet wird. Ein und dasselbe reale System kann also durch *nahezu beliebig viele konzeptionelle Modelle* beschrieben werden.

Schichtenmodell der Abstraktion

Die bis jetzt behandelte Klassifikation von Daten orientiert sich ausschließlich an der Realwelt. *Der Weg vom konzeptionellen Modell zur internen Darstellung im Rechner* kann durch folgendes Schichtenmodell verdeutlicht werden:

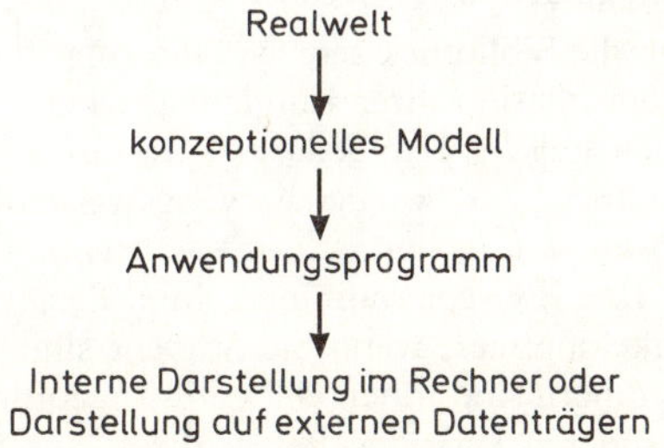

Abb. 2.1.1/1: Schichtenmodell der Abstraktion

Die Anzahl dieser Schichten ist willkürlich; je nach Betrachtungspunkt und Detaillierungsgrad werden die Schichten noch weiter zerteilt bzw. zusammengefaßt.

Schlüssel

Beachten Sie, daß die Realweltobjekte in einem konzeptionellen Modell nie vollständig mit all ihren Eigenschaften beschrieben werden, sondern daß nur jene Informationsmenge berücksichtigt wird, die man zur Erzielung der gewünschten Resultate als ausreichend ansieht. Belanglose Eigenschaften bleiben unberücksichtigt.

Diese «belanglosen Eigenschaften» dienen aber oft dazu, die Unterscheidbarkeit von Objekten zu gewährleisten. Stellen Sie sich vor, Daten über Ihre Person sollen mit Hilfe der EDV verarbeitet werden. Dies ist der Fall, wenn Sie zum Beispiel Kunde einer großen Bibliothek sind, die das Entlehnwesen rechnergestützt organisiert hat. Für die Bibliothek sind nur Ihr Vor- und Zuname und die von Ihnen ausgeliehenen Bücher mit den entsprechenden Entlehn- bzw. Rückgabedaten bedeutsam. Ihre körperlichen Eigenschaften, wie Größe, Haarfarbe, Taillenumfang oder Ihre berufliche, politische bzw. soziale Stellung sind für das Entlehnwesen einer Bibliothek uninteressant.

Gibt es eine zweite Person, die den gleichen Namen wie Sie besitzt, so ist die Unterscheidbarkeit alleine aufgrund des Namens zwischen Ihnen und dieser Person nicht mehr gegeben. Welches Buch an wen verliehen wurde, ist dann nicht mehr festzustellen. Zwei verschiedene Realweltobjekte werden hier durch die Abstraktion auf wenige Attribute ununterscheidbar.

Dieser Zustand ist unbefriedigend; deshalb liegt es nahe, die Adresse der Bibliothekskunden als weiteres Attribut hinzuzunehmen. Damit sind aber die Probleme nicht gelöst. Oft sind in Familien die Namen (z.B. Mutter und Tochter oder Vater und Sohn) und die Adressen gleich. Wieder ist die Unterscheidbarkeit nicht gewährleistet. Glaubt man durch die Speicherung des Geburtsdatums letzlich erfolgreich zu sein, hat man nicht mit Zwillingen oder anderen Sonderfällen gerechnet.

Sie sehen, daß die Bibliothek sehr viel Information ausschließlich für die korrekte Identifikation ihrer Kunden speichern müßte. Abgesehen von dem enormen Speicherplatzbedarf ist aus Gründen des Datenschutzes (vgl. Abschnitt 3.2.2.6) so eine Vorgangsweise oft gar nicht durchführbar. *Die Lösung bilden «künstliche» Attribute.* Ihre Sozialversicherungsnummer, Ihre Reisepaßnummer, Ihre Personalausweisnummer und Ihre Matrikelnummer, wenn Sie Student sind, sind solche Attribute. Diese Nummern sind Ihnen eindeutig zugeordnet. Das heißt, nur Sie und keine anderen Personen haben diese Nummern zugeteilt bekommen. *Diese Attribute identifizieren Sie eindeutig.*

Ein **Schlüssel** (engl.: key) ist ein Attribut oder eine Kombination mehrerer Attribute eines Objekts, die besonders ausgezeichnet sind. Bei **Primärschlüsseln** (engl.: primary key) ist diese Auszeichnung die identifizierende Eigenschaft.

Das Attribut «Sozialversicherungsnummer» oder die Attributkombination «Zuname, Vorname und Geburtsdatum» (von den seltenen Sonderfällen abgesehen) sind also Primärschlüssel.

Übungsaufgabe Nr. I-29 im Arbeitsbuch ←

Später (im Abschnitt 3.2.1) werden Sie eine andere mögliche Auszeichnung eines Attributs kennenlernen und zwar die des *direkten Zugriffs*. Beim Telefonbuch ist der Nachname ein so ausgezeichnetes Attribut. Vergleichen Sie z.B. den Aufwand bei der Suche nach dem Namen «Farkas» und der Suche nach der Telefonnummer «3754129». *Bei Attributen mit direktem Zugriff ist es also möglich, sehr schnell auf die restliche Information des Objekts zuzugreifen. Auch hier hat es sich eingebürgert, den Begriff Schlüssel zu verwenden.*

Da über den Primärschlüssel meistens auch direkt auf die Daten eines Objekts zugegriffen werden kann, bezeichnet man alle anderen Attribute, die durch eine Möglichkeit des direkten Zugriffs ausgezeichnet werden, als **Sekundärschlüssel** (engl.: secondary key).

Näheres hierzu folgt im Abschnitt 3.2.1.

Beispiel: Bibliotheksverwaltungssystem

Zur Verdeutlichung der Vorgehensweise und der verwendeten Begriffe ein *Beispiel: Das Objektsystem «Realweltbibliothek» wird auf ein konzeptionelles Modell eines Bibliotheksverwaltungssystems abgebildet*. Durch das zu schaffende rechnergestützte System soll es möglich sein, einerseits im Dialog den Rechner nach dem Vorhandensein verschiedener Bücher zu fragen, andererseits Kataloge sortiert nach Autoren, Titel und Thematik auszudrucken. Ferner sollen mit diesem System das Entlehnwesen und die Budgetverwaltung der Bibliothek automatisiert werden.

Die im Rechner abzubildenden Objekte sind
- Bücher (gehören zum Objekttyp Buch),
- Personen, die Bücher schreiben (Objekttyp Autor), und
- Personen, die Bücher ausleihen (Objekttyp Kunde).

Objekttypen (engl.: object type) ordnen die inhomogene Menge von Attributen. Zusammengehörige Attribute werden zu Klassen zusammengefaßt, das sind die Objekttypen.

Das Buch mit der Gesamtheit seiner Beziehungen und Attribute, seiner Geschichte und Stellung in unserer kulturellen Gesellschaft, kurz – was ein Buch ist und was ein Buch soll, ist dem Rechner schwer begreiflich zu machen. Für unser Bibliotheksverwaltungssystem ist das auch nicht notwendig. Wir beschränken uns vielmehr darauf, Bücher nach folgenden perzepierbaren Kriterien zu beschreiben: Jedes Buch hat einen Titel, einen Verlag, Erscheinungsdatum und -ort, Preis und eine Thematik, ausgedrückt durch zwei Stichwörter. Eine andere Formulierung wäre, daß jede Ausprägung des Objekttyps Buch obige Attribute hat. Zur eindeutigen Identifizierung werden wir als zusätzliches Attribut die Inventarnummer einführen. Sie soll im folgenden der Primärschlüssel des Objekttyps Buch sein. Zur Beschreibung der Autoren genügen uns deren Vor- und Zunamen. Primärschlüssel sei eine eindeutig vergebene Autorennummer. Eine derartige eindeutige Nummernvergabe kann in der Praxis durchaus zu Problemen führen. Denken Sie etwa an die Schwierigkeiten bei der Identifizierung eines bestimmten Autors (z.B. «Müller»).

Für das Entlehnwesen spielen die Personen, die Bücher ausleihen, eine entscheidende Rolle: Sie werden durch ihren Vor- und Zunamen sowie durch ihre Adressen beschrieben. Eine Kundennummer, die wie die Autorennummer eindeutig ist, dient hier als Primärschlüssel.

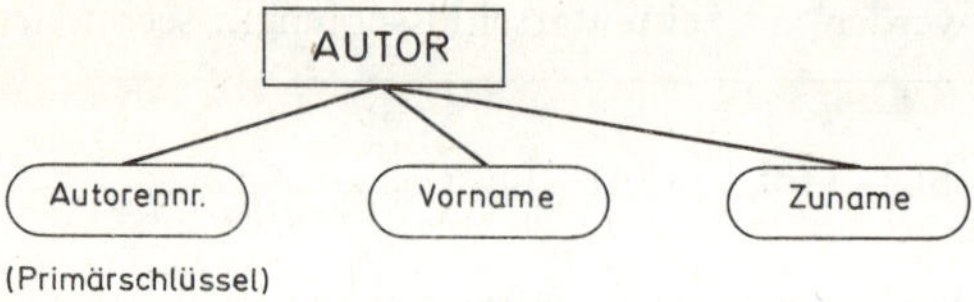

Anmerkung: Die Objekttypen sind durch Kästchen und die Attribute durch Ovale dargestellt.

Abb. 2.1.1/2. Objekttyp AUTOR mit Attributen

Die Ausprägungen (engl.: instance) des Objekttyps sind die Objekte. Die Abb. 2.1.1/3 zeigt Ihnen zwei Ausprägungen des Objekttyps BUCH.

Inv.-Nr.	Titel	Verlag	...
4711	Wirtschaftsinformatik I	Fischer	...
4712	Datenmodellierung...	Physica	...

Abb. 2.1.1/3: Objekte des Objekttyps BUCH

Nun zur Feststellung der *Beziehungen zwischen den Objekttypen.* Das ist genauso wichtig wie die Bestimmung der relevanten Attribute. Die Beziehung zwischen der Person des Autors und dem Buch liegt darin, daß dieser das Buch geschrieben hat. Umgekehrt kann ein Buch mehrere Autoren haben.

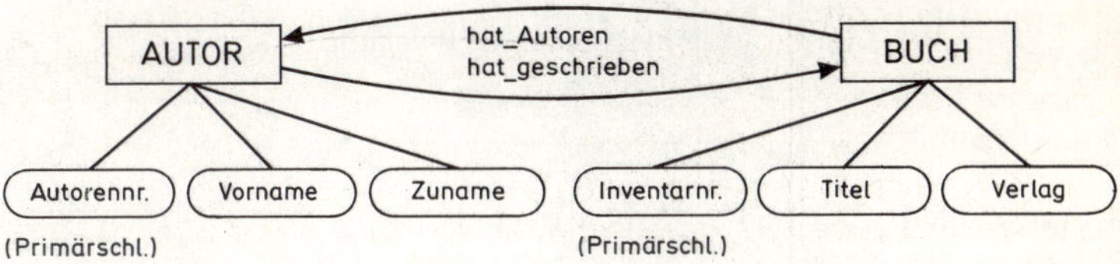

Anmerkung: Die Objekttypen sind durch Kästchen, die Attribute durch Ovale und die Beziehungen durch Pfeile dargestellt.

Abb. 2.1.1/4: Objekttypen AUTOR und BUCH mit Attributen und Beziehung

Diesen Typ von Beziehung nennt man *viele-zu-viele-* oder *n : m-Beziehung*. Bei unserem Beispiel ist eine weitere problemrelevante n : m-Beziehung die zwischen dem Entlehner und dem entliehenen Buch.

Eine *eins-zu-viele-* oder *1 : n-Beziehung* stellt die Beziehung der Kunden zu ihren Adressen dar, vorausgesetzt zwei Kunden haben nie die gleiche Adresse.

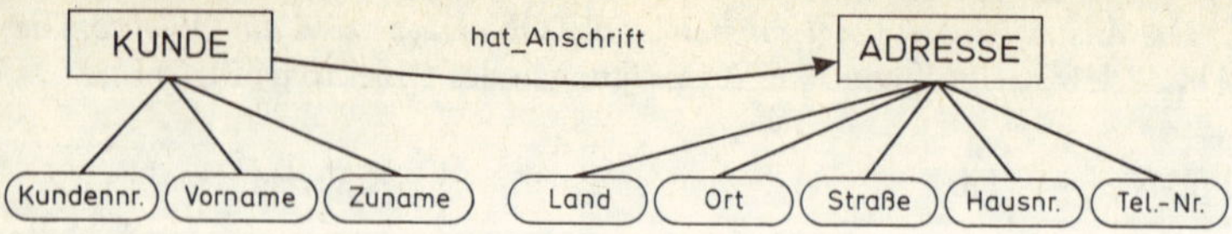

Anmerkung: Die Objekttypen sind durch Kästchen, die Attribute durch Ovale und die Beziehung ist durch einen Pfeil dargestellt.

Abb. 2.1.1/5: Objekttypen KUNDE und ADRESSE mit Attributen und Beziehung

Eins-zu-eins- oder *1 : 1-Beziehungen* sind für unsere Betrachtungen von untergeordneter Bedeutung. Zur Verdeutlichung der Beziehungsarten soll Abb. 2.1.1/6 dienen.

Beziehungsart	Beispiel
1 : 1	Einehe
1 : n bzw. n : 1	Polygamie bzw. Polyandrie
n : m	Chaos?

Abb. 2.1.1/6: Beziehungsarten zwischen verheirateten Männern und Frauen

→ Übungsaufgabe Nr. I-30 im Arbeitsbuch

2.1.2 Datendarstellung auf konzeptioneller und Anwendungsprogrammebene

In der Folge werden Sie *zwei Klassifikationsschemata von Daten* kennenlernen:

1. Klassifizierung nach der *Aufgabe im Verarbeitungsprozeß* (Nutzdaten und Steuerdaten) und
2. Klassifizierung nach der *Erscheinungsform* (Schrift, Bild und Sprache).

2.1.2.1 Nutzdaten und Steuerdaten

Nutzdaten (engl.: user data) sind die maschinell zu verarbeitende Information über die Objekte der realen Welt. **Steuerdaten** (engl.: control data) beinhalten die Information, welche den Ablauf der Datenverarbeitungsvorgänge in den EDVA bestimmt.

Bei einem Bibliotheksverwaltungssystem sind die Angaben über Bücher, Kunden, Entlehnvorgänge usw. Nutzdaten; Steuerdaten sind z.B. Befehle eines Programms für Literaturrecherchen.

Kommerzielle Nutzdaten werden häufig *nach ihrer Veränderbarkeit* in *Stammdaten und Änderungsdaten* bzw. *Bestandsdaten und Bewegungsdaten* unterschieden.

Übungsaufgabe Nr. I-31 im Arbeitsbuch ←

Stammdaten (engl.: master data) sind zustandsorientierte Daten, die der Identifizierung, Klassifizierung und Charakterisierung von Sachverhalten dienen und die unverändert über einen längeren Zeitraum hinweg zur Verfügung stehen. Sie werden auch als *feste Daten* bezeichnet. **Änderungsdaten** (engl.: change data) sind abwicklungsorientierte Daten, die fallweise eine Änderung von Stammdaten auslösen. Das Berichtigen, Ergänzen und Löschen von Stammdaten in Datenbeständen wird als **Änderungsdienst** (engl.: updating) bezeichnet.

Bestandsdaten (engl.: inventory data) sind zustandsorientierte Daten, welche die betriebliche Mengen- und Wertestruktur kennzeichnen. Sie unterliegen durch das Betriebsgeschehen einer systematischen Änderung, welche durch die Verarbeitung von Bewegungsdaten bewirkt wird. **Bewegungsdaten** (engl.: transaction data) sind abwicklungsorientierte Daten, die immer wieder neu durch die betrieblichen Leistungsprozesse entstehen, die laufend in die Vorgänge der Datenverarbeitung einfließen und dabei eine Veränderung von Bestandsdaten bewirken. Die Bewegungsvorgänge werden als **Transaktionen** (engl.: transaction) bezeichnet. Bestandsdaten und Bewegungsdaten gehören zu der Gruppe der *variablen Daten*, die auch *fließende Daten* genannt werden.

Zum *Beispiel* sind bei unserem *Bibliotheksverwaltungssystem* u.a. die gespeicherten Kundennummern, -namen und -adressen sowie die Inventarnummern, Titel und Verlagsbezeichnungen der inventarisierten Bücher Stammdaten. Änderungsdaten sind etwa die Angaben, welche die Inventarisierung bzw. das Ausbuchen abhanden gekommener Bücher, die Neuaufnahme, Änderung oder Löschung von Kundenadressen usw. bewirken. Bestandsdaten kennzeichnen die Anzahl und Verfügbarkeit der Bücher oder die Kontensalden in der Finanzbuchhaltung. Bewegungsdaten entstehen durch die Entlehnvorgänge oder Zahlungsausgänge bei Buchbeschaffungen.

Übungsaufgabe Nr. I-32 im Arbeitsbuch ←

2.1.2.2 Schriftliche, bildliche und sprachliche Daten

Je nach dem Zweck und den zur Verfügung stehenden Mitteln wird *Information* im Betrieb *in schriftlicher, bildlicher oder akustischer Form* verwendet. Rechner können hierbei durch die Speicherung, Übertragung (Verteilung) und Aufbereitung der Information Unterstützung bieten – egal, in welcher Erscheinungsform die Information vorliegt. Es gibt jedoch *Wirkzusammenhänge zwischen dieser Erscheinungsform und den Fähigkeiten eines Rechners zur inhaltlichen Interpretation* und damit Transformation der Information. Am weitesten sind diese Fähigkeiten bei den schriftlichen, formatierten Daten entwickelt.

Rechnerintern (vgl. Abschnitt 2.1.3) wird die Information – gleichermaßen schriftliche, bildliche und sprachliche Daten – durch *Bitfolgen* repräsentiert. Ob ein bestimmtes Bitmuster den Buchstaben P, einen gelben Farbpunkt oder Tarzans Urschrei ausdrückt, ergibt sich aus dem Kontext, d.h. der Interpretation durch die Programme.

Ferner sei darauf hingewiesen, daß die genannten *Darstellungsformen in Informationssystemen oft gemischt* auftreten und daß Daten je nach Bestimmungszweck von einer in eine andere Erscheinungsform übergeführt werden können (z.B. können Zahlen in tabellarischer und/oder grafischer Form präsentiert werden).

→ Übungsaufgabe Nr. I-33 im Arbeitsbuch

Schriftliche Daten

Im EDV-Vokabular werden als *«Daten»* oft nur jene schriftlichen Angaben bezeichnet, die einen fest vereinbarten Aufbau aufweisen. Unformatierte schriftliche Daten sind nicht derartig strukturiert; sie werden *Text(e)* genannt. Der Textverarbeitung ist ein eigenes Kapitel (4.1) gewidmet. Wir gehen deshalb hier nicht darauf ein.

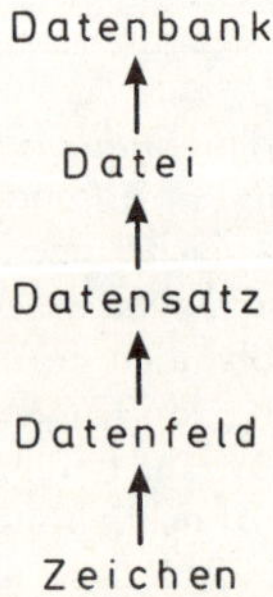

Abb. 2.1.2.2/1: Aufbau schriftlicher, formatierter Daten

Formatierte Daten haben eine hierarchische Struktur: Von unten nach oben betrachtet werden die Daten stufenweise zu Einheiten, sog. **Datenobjekten** (engl.: data object), zusammengefaßt. Elemente eines Datenobjekts sind also jeweils die Datenobjekte der darunterliegenden Ebene.

Ein **Zeichen** (engl.: character) ist ein Buchstabe, eine Ziffer, ein Sonderzeichen oder das Leerzeichen. Unter *Sonderzeichen* versteht man allgemein gebräuchliche Zeichen, die nicht Buchstaben oder Ziffern sind, wie z.B. + – * / = · , ; : ? ! ( ) $ % & usw.

Das *Zeichen* ist üblicherweise bei kommerziellen EDV-Anwendungen *das kleinste Datenelement, auf das bei der Programmausführung zugegriffen werden kann.* Bei speziellen Anwendungen, wenn zum Beispiel im technischen Bereich die Programmausführungszeit besonders schnell, die Speicherung möglichst kompakt oder elektrische Signale verarbeitet werden sollen, ist es auch möglich, auf die Zeichenbestandteile zuzugreifen.

Der Zeichenvorrat unserer Schrift ist sehr gering. Andere Schriften (wie japanische, mongolische, chinesische Schriften) bzw. Schriftrichtungen haben wesentlich größere Zeichenvorräte. Sie können entweder nur im beschränkten Umfang oder überhaupt nicht verarbeitet werden, weil es z.B. keine Tastaturen, keine Ausgabegeräte oder keine geeigneten Programme gibt. Die Folge eines geringen Zeichenvorrats ist die sehr beschränkte Anzahl der Objekte, die durch ein einziges Schriftzeichen gekennzeichnet werden können. *Da also nicht alle Objekte durch nur ein Zeichen repräsentiert werden können, werden die Namen durch Aneinanderreihungen von Zeichen (= Worte) gebildet.*

Ein **Datenfeld** oder **Feld** (engl.: data field; field) ist ein Datenobjekt, dessen Inhalt ein Zeichen oder eine Folge von Zeichen ist. Datenfelder, deren Wert durch Operationen verändert werden kann, bezeichnet man als **Variablen** (engl.: variable). **Konstanten** (engl.: constant) sind Datenfelder, die nicht verändert werden können.

Beispiel für die Verwendung von Konstanten:

In einem Programm für Kreisberechnungen wird häufig die Zahl 3,1415926535 als Näherungswert für pi verwendet. Der numerische Wert dieser Konstante kann nun jedesmal, wenn er benötigt wird, ins Programm geschrieben werden. Kann jedoch mit Hilfe einer Konstantenvereinbarung der Wert 3,1415926535 durch den Namen pi repräsentiert werden, so wird das Programm übersichtlicher, weniger schreibaufwendig und änderungsfreundlicher. (Eine Änderung der Genauigkeit des verwendeten Wertes von pi braucht nur einmal in der Konstantenvereinbarung berücksichtigt werden und nicht an allen Stellen im Programm, wo die Konstante auftritt.)

Jede Variable hat einen Namen, einen Inhalt und einen Typ.

Bei dem *Beispiel der Bibliothek* (vgl. Abb. 2.1.1/3) ist das Datenfeld «Titel» eine Variable, da es Platzhalter für die verschiedensten Titel von Büchern ist. Der Name der Variablen ist der Name des Datenfeldes, also die Zeichenfolge «Titel»; der aktuelle Inhalt dieser Variablen ist «Wirtschaftsinformatik I» und der Typ ist die «alphanumerische Zeichenkette».

Was man unter einem *Datentyp* versteht und wozu man das Konzept der Datentypen verwendet, wird im folgenden genauer behandelt.

> Der **Typ** (engl.: type) (oder die Eigenschaften) legt (legen) fest, welche Operationen mit Objekten dieses Typs durchgeführt werden können.

Wenn Sie zum Beispiel folgenden Programmteil vor sich haben:

$E = H \cdot L$

dann wird dieser i.a. wie folgt verstanden:

Eine Variable mit dem Namen H wird mit einer Variablen mit dem Namen L multipliziert, und das Ergebnis der Multiplikation wird in der Variablen E abgespeichert.

Die Multiplikation im obigen *Beispiel* ist nur dann sinnvoll, wenn die Variablen H und L Zahlen (Variablen numerischen Typs) enthalten. Enthält die Variable H z.B. den Namen eines Professors für Wirtschaftsinformatik, die Variable L den Namen eines Formel-I-Weltmeisters, so führt obiger Programmteil zu einem Fehler, da diese Operation üblicherweise nicht definiert ist. Enthalten H und L Zahlen, so ist das Ergebnis der Multiplikation wiederum eine Zahl, und es folgt daraus, daß auch die Variable E eine Variable numerischen Typs sein muß.

Der *Grad der Typisierung* von Datenelementen, d.h. wie differenziert die Typenbildung getroffen werden kann, hängt von der verwendeten Programmiersprache ab. Bei der in der Wirtschaftspraxis verbreitetsten Sprache COBOL, die Sie im Band «Wirtschaftsinformatik II» in den Grundzügen erlernen werden, werden folgende Datentypen unterschieden:

1. Alphabetische Daten,
2. numerische Daten,
3. alphanumerische Daten.

Von **alphabetischen Daten** (engl.: alphabetic data) spricht man dann, wenn sich diese ausschließlich aus Zeichen des Buchstabenalphabets zusammensetzen. **Numerische Daten** (engl.: numeric data) sind Zahlenwerte, mit denen man mathematische Rechenoperationen ausführen kann. **Alphanumerische Daten** (engl.: alphanumeric data) setzen sich aus Buchstaben, Ziffern und Sonderzeichen zusammen.

Beispiele für	
alphabetische Daten:	Wirtschaftsuniversität Wien
numerische Daten:	12345 10^{-6} 3,14 1/2
alphanumerische Daten:	Konto-Nr. 4097395 1. April 1987 A-1090 Wien, Augasse 2-6

Modernere Programmiersprachen unterscheiden Datentypen nicht ausschließlich de dictio, sondern ebenfalls nach semantischen Kriterien (lat.: de res, nach der Sache).

Diese Unterscheidung ist eine viel genauere; so kann man z.B. eine Variable des Typs «Wochentag» definieren, die nur die Werte «Montag», «Dienstag», «Mittwoch», «Donnerstag», «Freitag», «Samstag» und «Sonntag» annehmen kann. Der Wert «Banane» ist für diese Variable ein ungültiger Wert, obwohl er de dictio annehmbar wäre.

Übungsaufgabe Nr. I-34 im Arbeitsbuch ←

Ein für die kommerzielle Datenverarbeitung besonders wichtiger Datentyp ist die **alphanumerische Zeichenkette** (engl.: string). Die Ausprägungen Variabler dieses Typs bestehen aus ein oder mehreren alphanumerischen Zeichen.

Viele Programmiersprachen (wie z.B. COBOL) kennen in ihren Standardversionen nur *Zeichenketten mit konstanter Länge*. Bei der Programmentwicklung wird festgelegt, wieviele Zeichen z.B. die Zeichenkette «Adresse» umfassen soll, und von da an wird mit dieser konstanten Länge für diese Zeichenkette weitergearbeitet. Wird diese Länge zu kurz gewählt, dann sind u.U. zu unlesbaren Buchstabenkombinationen entstellte und verkrüppelte Bezeichner die Folge, da der Benutzer gezwungen ist, mit der vordefinierten Länge auszukommen.

Ist zum *Beispiel* das Namensfeld einer Adresse mit vierzig Zeichen festgelegt und der Adressat das «Institut für Unternehmensführung / Abteilung Wirtschaftsinformatik», so hat der Benutzer nur die Möglichkeit, entweder die Anschrift abzukürzen (die resultierende verkrüppelte Anschrift lautet vielfach ähnlich «Inst.f.Untern.-f. / Abt. Wirtschaftsinf.») oder abzuschneiden «Institut für Unternehmensführung / Wirts».

Ist der Bezeichner kürzer als die vordefinierte Länge, so wird er mit Leerzeichen aufgefüllt. Wird also die Feldlänge zu lang gewählt, wird durch unnötige Leerstellen Speicherplatz verschwendet.

Der daraus entstehenden *Forderung nach Feldern variabler Länge* (keine vordefinierte Datenfeldlänge) werden nahezu alle neueren Entwicklungen von Programmiersprachen gerecht.

→ Übungsaufgabe Nr. I-35 im Arbeitsbuch

> Ein **Datensatz** oder **Satz** (engl.: data record; record) ist ein Datenobjekt, das aus einem oder mehreren Datenfeldern besteht.

Beim *Beispiel der Bibliothek* wurden die Ausprägungen einzelner Objekte eines Objekttyps jeweils in eine Zeile geschrieben (vgl. Abb. 2.1/2). Jede dieser Zeilen entspricht in diesem Fall einem Datensatz.

Ein Datensatz kann viele verschiedenartige Datenfelder enthalten, die wiederum aus weiteren Datenfeldern zusammengesetzt sein können. So besteht das Erscheinungsdatum (ein Datenfeld unseres Beispieldatensatzes) wiederum aus den numerischen Datenfeldern Jahr, Monat und Tag.

> Eine **Datei** (engl.: data file; file) ist ein Datenobjekt, das aus ein oder mehreren Datensätzen besteht.

Typische *Beispiele für eine Datei* sind:
- Die Bücherdaten einer Bibliothek mit der Inventarnummer, dem Titel, dem Verlag und anderen Attributen.
- Die Artikeldatei eines Großkaufhauses mit den Attributen Artikelnummer, Artikelbezeichnung, Einkaufspreis, Lagerort usw.
- Die Kundendatei einer Bankfiliale mit den Attributen Kundenvor- und -zuname, Titel, Kundenadresse usw.

> Eine **Datenbank** (engl.: data base) ist eine i.a. große Anzahl von Daten, die in Dateien aufbewahrt und von einem Datenbankverwaltungssystem (= spezielles Programmsystem) gemeinsam verwaltet werden.

Eine Datenbank ist zum *Beispiel* die Gesamtheit aller Daten einer Bibliothek, also die Daten über Bücher, Kunden, Entlehnungen, Autoren, Bibliotheksangestellte usw., die zentral von einem Datenbankverwaltungssystem verwaltet werden.

Näheres über die Datenspeicherung in Dateien und Datenbanken erfahren Sie im Abschnitt 3.2.

> Die Bauart von Datenobjekten, d.h. ihre Komponenten und die zwischen diesen bestehenden Beziehungen, nennt man **Datenstruktur** (engl.: data structure).

Im Rechner lassen sich schriftliche Daten äußerst kompakt darstellen. Zur Repräsentation eines Schriftzeichens werden i.a. acht Bits ver-

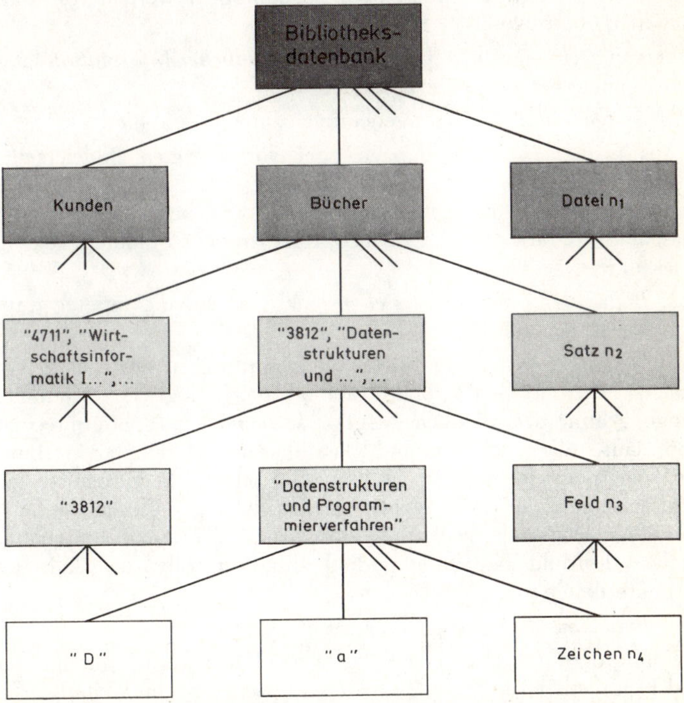

Abb. 2.1.2.2/2: Aufbau formatierter Daten, dargestellt am Beispiel eines Bibliotheksverwaltungssystems

wendet; eine vollgeschriebene DIN-A4-Seite mit 2 000 Zeichen benötigt dementsprechend nur eine Speicherkapazität von 16 000 Bits bzw. 2 000 Bytes.

Bildliche Daten

> **Bilder** (engl.: picture, image) sind optische Darstellungen von Sachverhalten oder Vorgängen auf einer Fläche. Wir unterscheiden *unbunte* und *bunte* sowie *feststehende* und *bewegte* Bilder.

Bilder werden zum Visualisieren von abstrakten Sachverhalten oder Objekten verwendet. Zum Beispiel sind in diesem Lehrtext alle Grafiken schwarzweiße Festbilder, bewegte Buntbilder werden vom Farbfernsehen übertragen.

Bei der *rechnergestützten Verarbeitung bildlicher Information* lassen sich folgende *Bereiche* unterscheiden:

1. *Bildgenerierung* (engl.: generative computer graphics)

Aus formalen Beschreibungen oder vorgefertigten Bildelementen werden grafische Darstellungen (Symbole, Linien, Flächen, Körper) erstellt, manipuliert und gezeichnet. Anwendungsbeispiele sind CAD, Präsentationsgrafik, freies Zeichnen, Kartografie, Computerspiele und Trickfilme.

2. *Bildanalyse und Bildverstehen* (engl.: cognitive computer graphics, scene analysis)

Aus computergenerierten oder von fotografischen Vorlagen gewonnenen Bildern werden Grundmuster und deren logische Zusammenhänge erkannt (deshalb auch: *Mustererkennung*, engl.: pattern recognition). Durch die Extraktion und Klassifikation signifikanter Merkmale erhält man eine formale Beschreibung der Bilder. Hierzu bedient man sich Techniken der «Künstlichen Intelligenz» (vgl. Abschnitte 2.4.1.5 und 2.4.5). Anwendungsbeispiele sind Druckschriftlesen, Röntgenbildanalyse, Luftbildauswertung und Qualitätskontrolle von Halb- und Fertigfabrikaten.

3. *Bildverarbeitung* (engl.: image processing)

Von fotografischen Vorlagen abgetastete Bilder werden durch Filtern und Kontrastieren in ihrer Qualität verbessert, um die Weiterbearbeitung der Bilder durch den Menschen oder den Rechner zu vereinfachen. Anwendungsbeispiele sind die schon bei Punkt 2 genannten Gebiete.

Zusammengefaßt werden alle Techniken und Anwendungen der EDV, bei denen Bilder eingegeben oder ausgegeben werden, als **grafische Datenverarbeitung** (engl.: computer graphics) bezeichnet. Vielfach wird diese Bezeichnung aber auch auf die generative grafische Datenverarbeitung (Bildgenerierung) beschränkt.

Im betriebswirtschaftlichen Bereich ist vor allem die *Präsentationsgrafik* bedeutsam: Die bildliche Präsentation numerischer Daten soll quantitative Aspekte des Betriebsgeschehens veranschaulichen. Durch übersichtliche und komprimierte Darstellungen können komplexe Sachverhalte vereinfacht, Größenordnungen bzw. Abweichungen «auf einen Blick» verdeutlicht sowie Interpretationen erleichtert und beschleunigt werden. Dazu gibt es eine Vielzahl von Möglichkeiten (jeweils zwei- oder dreidimensional), von denen nachstehend nur die verbreitetsten genannt werden:

- Linien- bzw. Kurvendiagramme,
- Flächendiagramme (Liniendiagramme mit ausgefüllten Flächen unter den Linien),
- Balken- bzw. Stabdiagramme,
- Kreis- bzw. Tortendiagramme und
- Mischformen in zahlreichen Varianten.

Im Abschnitt 2.4.3.3 wird gezeigt, wie einfach Sie mit Hilfe grafischer Software solche Darstellungen, auch vielfarbig und dreidimensional, erstellen und variieren können. Sie finden dort in den Abb. 2.4.3.3/9 bis 12 auch *Beispiele* für die vorstehend genannten, verbreitetsten *Präsentationsgrafiken*. Sehen Sie doch eben auf den Seiten 377 ff. nach!

Die bildliche Darstellung von betriebswirtschaftlichem Zahlenmaterial durch Präsentationsgrafiken bezeichnet man als **Geschäftsgrafik** (engl.: business graphics).

Zunehmend wird auch die *Benutzeroberfläche* von bildschirmorientierten Systemen *grafisch gestaltet*.

Als **Benutzeroberfläche** (weniger treffend: **Benutzerschnittstelle**; engl.: user interface) werden jene Teile eines Hardware- oder Softwaresystems bezeichnet, mit denen der Mensch beim Gebrauch in Kontakt kommt.

Durch Bildsymbole, sog. *Piktogramme* (engl.: icon), werden die zu manipulierenden Realweltobjekte und die auf sie zulässigen Operationen gekennzeichnet.

Bei dem *Beispiel* unseres *Bibliotheksverwaltungssystems* könnte etwa die Buchdatei durch einen symbolischen Bücherschrank und der einzelne Buchsatz durch ein symbolisches Buch auf dem Bildschirm repräsentiert werden. Die jeweiligen Inhalte könnten schriftlich in den Piktogrammen vermerkt sein. Als ebenfalls durch Bildsymbole dargestellte Operationen der Bibliothekskunden könnten vorgesehen sein:

- «Öffnen» und «Schließen» des Bücherschranks und der Bücher, um die Inhalte – Kataloge und Buchdaten – anzusehen (etwa durch eine «Tür»);
- «Durchsuchen» des Bücherschranks nach Titeln bestimmter Sachgebiete (etwa durch ein «?»);
- «Ausdrucken» der Attribute eines oder mehrerer Bücher (etwa durch einen «Drucker»);
- «Entlehnen» eines Buches (etwa durch ein «Abholfach») usw.

Durch Hindeuten auf ein Piktogramm und einen Knopfdruck wird die jeweils gewünschte Operation ausgelöst. Dadurch kann der für viele Menschen mühsame Tastaturgebrauch eliminiert oder zumindest stark eingeschränkt werden. Der Benutzer hantiert nur mit den ihm aus der realen Welt bekannten Objekten und wird nicht mit EDV-technischen Bezeichnungen konfrontiert, die für die Lösung seiner fachlichen Probleme irrelevant sind. Im Abschnitt 2.4.4 werden Sie ein Bürosystem kennenlernen, das mit einer solchen grafischen Benutzeroberfläche ausgerüstet ist.

Dieses System enthält auch Funktionen, die den Benutzer beim *freien Zeichnen* unterstützen. Er kann auf bei Skizzen und Plänen häufig vorkommende Elemente – wie Striche, Rechtecke, Kreise, Ovale usw. – zurückgreifen und diese beliebig vergrößern, verkleinern, verbinden, ineinander verschachteln, invers darstellen, mit Mustern oder Texten unterschiedlicher Schriftarten füllen usw. Der Benutzer kann auch selbst Bildsymbole definieren, die in seinem Fachgebiet häufig vorkommen, diese abspeichern und bei Bedarf damit ebenso manipulieren.

In unserer *Bibliothek* könnten damit Organigramme, Lagepläne, Übersichten über die vorhandene Rechnerkonfiguration oder Strukturen des Bibliotheksverwaltungssystems in höchster Qualität gezeichnet und bei Bedarf sehr rasch und einfach verändert werden.

Zur Erzeugung von Geschäftsgrafiken, grafischen Benutzeroberflächen für vorhandene oder neu zu schreibende Programme sowie zur Unterstützung des freien Zeichnens wird eine breite Palette leistungsfähiger *Software* auf dem Markt angeboten – und zwar für Rechner aller Größenklassen. Neben integrierten Systemen, welche die Grafikfunk-

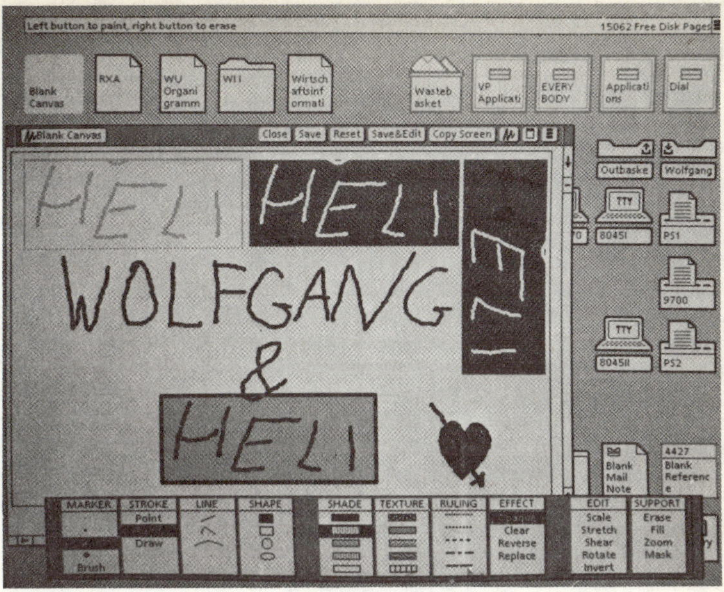

Abb. 2.1.2.2/3: Freies Zeichnen auf dem Bildschirm

tionen zusammen mit anderen Anwendungsfunktionen enthalten (wie z.B. das erwähnte Bürosystem), gibt es auch separate Programme.

> Besteht ein Bild aus Strichen (oder Vektoren), so spricht man von einer **Strichgrafik** (oder **Vektorgrafik**). Ist ein Bild aus einem Raster von Bildpunkten (engl.: picture element, abgekürzt: pixel) zusammengesetzt, so handelt es sich um eine sog. **Flächengrafik** (oder **Rastergrafik**). Die **Mosaikgrafik** ist eine besondere Form der Flächengrafik, bei der das Bild aus «Mosaiksteinchen» gebildet wird, die selbst ein Muster tragen.

Die Abb. 2.1.2.2/3 zeigt z.B. eine Rastergrafik. In der Abb. 2.1.2.2/4 ist ein Zeichensatz zur Erzeugung von Mosaikgrafiken (für Bildschirmtext; vgl. hierzu Abschnitt 4.2.5) wiedergegeben.

Bei der Bildverarbeitung sind der Speicherbedarf und die erforderliche Übertragungsrate meist beträchtlich. Um auf einem Rastergerät (z.B. Rasterbildschirm, Laserdrucker, Fernkopierer; vgl. Abschnitte 2.3.2 und 4.2.4) ein gutes Bild zu erhalten, muß die ganze Vorlage in 20 bis 40 Bildpunkte/mm² aufgelöst werden. Dies ergibt mindestens 24

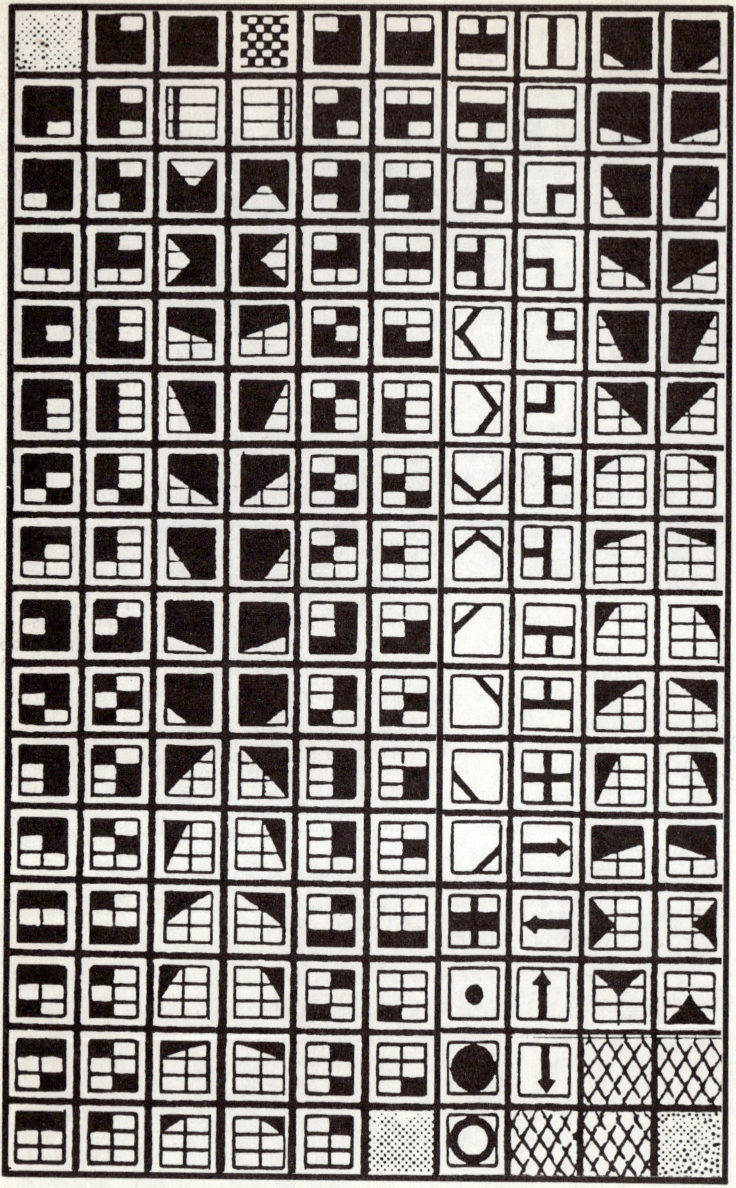

Abb. 2.1.2.2/4: Zeichensatz für Mosaikgrafiken (Bildschirmtext)

Millionen Bildpunkte für eine DIN-A4-Seite. Unter der Annahme, daß 64 bis 256 Grau- bzw. Farbstufen erfaßt werden sollen, wird pro Bildpunkt eine Speicherstelle (ein Byte) benötigt, d.h. der Kapazitätsbedarf für ein DIN-A4-Bild ist rund 12 000mal so hoch wie für eine entsprechende Seite Text.

Um kostspieligen Speicherplatz zu sparen und um die Übertragungszeit zu verkürzen, bedient man sich *Verdichtungstechniken* zur möglichst komprimierten Darstellung bei der Digitalisierung von Bildern. Trotzdem bedingen akzeptable Antwortzeiten[1] im Dialogbetrieb Übertragungsraten, die z.B. bei fotografischen Farbvorlagen einige hundertmal so hoch sein müssen, wie bei der elektronischen Übertragung schriftlicher Information.

Ebenso wie schriftliche Daten lassen sich bildliche Daten in ihrer Struktur beschreiben, in Dateien bzw. Datenbanken abspeichern und

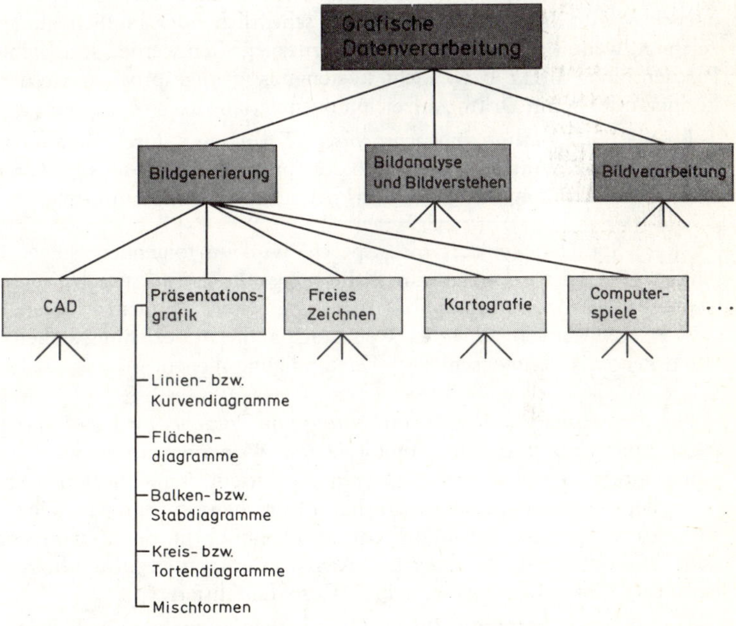

Abb. 2.1.2.2/5: Überblick über die Gebiete der grafischen Datenverarbeitung

1 Das Antwortzeitverhalten der EDVA ist ein wichtiger Faktor für die «Benutzerfreundlichkeit» eines Informationssystems. Näheres hierzu folgt im Abschnitt 2.4.4. Unter Antwortzeit wird die Wartezeit zwischen dem Ende der Eingabe durch den Benutzer und dem Beginn der Ausgabe durch die EDVA verstanden.

wiedergewinnen. Eine *Bilddatenstruktur* (engl.: picture data structure) wird durch die Darstellungselemente eines Bildes (Punkte, Linien, Zeichen) und die Beziehungen zwischen diesen gekennzeichnet.

Ein *Beispiel für eine Bilddatei* ist eine *Bildschirmtextdatei*, die eine oder mehrere Grafikseiten (= Sätze) beinhaltet (Näheres zu Bildschirmtext folgt im Abschnitt 4.2.5). Ein weiteres Beispiel sind die abgespeicherten *Konstruktionszeichnungen eines CAD-Systems*.

Die Abb. 2.1.2.2/5 zeigt die Verarbeitung bildlicher Daten nochmals im Überblick.

→ Übungsaufgaben Nr. I-36 und I-37 im Arbeitsbuch

Sprachliche Daten

Der größte Teil der zwischenmenschlichen Kommunikation erfolgt in sprachlicher Form. Denken Sie nur an Gerichtsverhandlungen, Vorlesungen, Konferenzen, Verkaufsgespräche, Mitarbeiterdiskussionen. Meistens wird Information nur dann schriftlich oder bildlich aufgezeichnet, wenn später wieder darauf zurückgegriffen werden soll, wenn Partner nicht direkt bzw. nicht kostengünstig angesprochen werden können oder wenn Dritte Aufzeichnungen verlangen.

Bei der *Information in gesprochener Form* wird durch Betonung, Satzmelodie, Rhythmus und Tempo des Sprechers ein *weitaus größerer Informationsumfang* übermittelt, als bei der schriftlichen Information.

> Unter «**Sprache**» (engl.: voice, speech) wird im folgenden, soweit nicht gesondert gekennzeichnet, die menschliche Lautsprache verstanden. Sie besteht aus phonetischen Einheiten (Phoneme, Silben, Wörter), welche in sinnvoller Weise zueinander in Beziehung stehen und der zwischenmenschlichen Verständigung dienen.

Für die *rechnergestützte Verarbeitung von Sprache* wird diese *über Mikrofon erfaßt* und einer *Analog-Digital-Wandlung* unterzogen. Es gibt mehrere *Digitalisierungsverfahren*, die auf unterschiedlichem Wege feststellen, wie sich die der Sprache entsprechenden Signale in ihrer Amplitude (Signalstärke) und Frequenz (Tonhöhe) in der Zeit verändern. Die erhaltenen Meßwerte werden von erkannten Störeinflüssen befreit und in verfahrensabhängiger Weise digitalisiert.

Ein einfaches Verfahren ist die *Nulldurchgangsanalyse*, auch *PCM-Technik* genannt (PCM ist die Abkürzung für engl.: pulse code modulation)[2]. Dabei wird gezählt, wie oft die elektrische Spannung, die dem

2 «PCM» dient auch als Abkürzung für eine völlig andere Bezeichnung, nämlich für die Hersteller von EDV-Geräten, die steckerkompatibel zu jenen des Marktführers IBM sind (engl.: plug compatible manufacturers). Näheres folgt im Abschnitt 2.3.3.

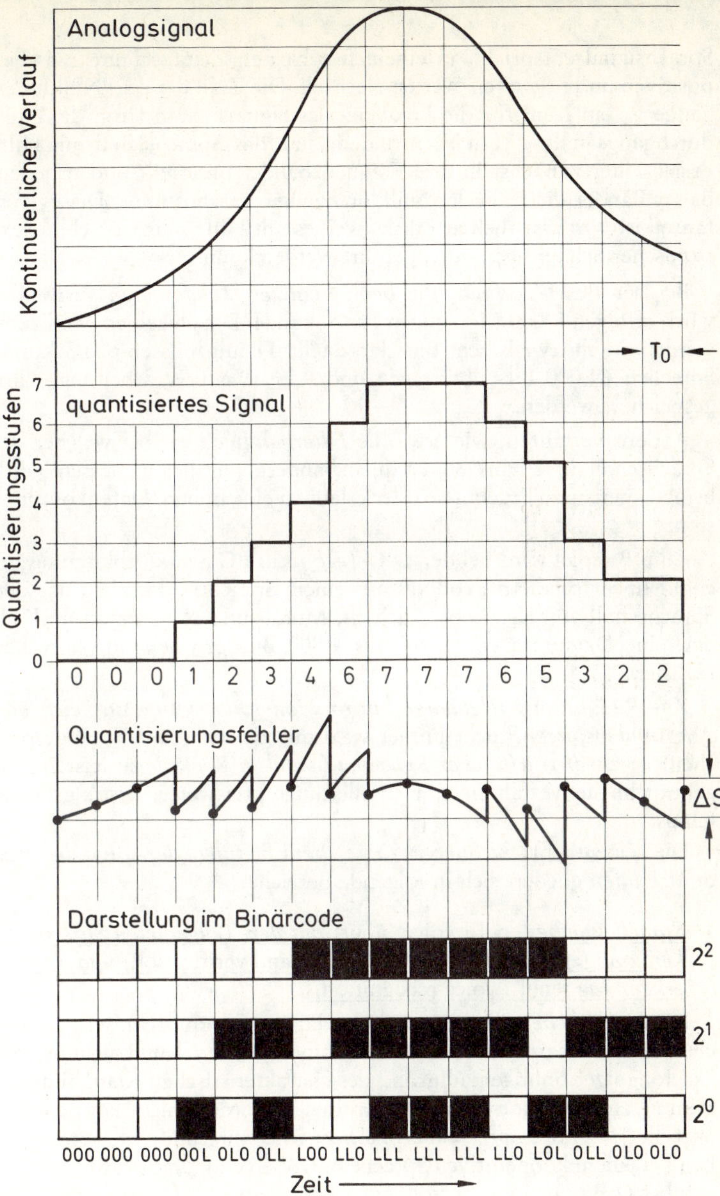

ΔS = mittlerer Quantisierungsfehler, T_0 = Quantisierungsintervalle

Abb. 2.1.2.2/6: PCM-Technik

Sprachsignal entspricht, in einem festgelegten Zeitabschnitt zwischen positiven und negativen Werten wechselt. Die Zahl der sog. Nulldurchgänge ist ein Maß für die Frequenz des Signals. Man kann die Nulldurchgangsanalyse verfeinern, indem man das Sprachsignal mit Hilfe dreier Filter zunächst in drei Frequenzbänder unterteilt und in jedem dieser Bänder die Zahl der Nulldurchgänge getrennt mißt. Dieses Verfahren ist wirtschaftlich attraktiv, weil es mit Hilfe sehr einfacher elektronischer Schaltungen durchgeführt werden kann.

Bei der *PCM-Technik*, die *beim digitalen Telefonieren* verwendet wird, erfolgen 8 000 Messungen pro Sekunde. Die einzelnen Meßwerte werden durch jeweils acht Bits dargestellt. Damit müssen pro Sekunde Sprechen 64 000 Bits übertragen und – bei Weiterverarbeitung – abgespeichert werden.

Andere Verfahren, wie etwa die *Filterbandtechnik*, bei welcher der Sprachschall in 20 bis 30 Frequenzbändern parallel gemessen wird, bringen genauere Ergebnisse oder erlauben eine höhere Datenkompression.

Zum Beispiel wird bei der *LPC-Technik* (LPC ist die Abkürzung für engl.: linear predictive coding) aus einem Sprachtraktmodell, das den Sprachschall von Kehlkopf, Rachen-, Mund- und Nasenraum nachbildet, eine Datenrate von 2 400 bis 4 800 Bits pro Sekunde Sprechen realisiert.

Zur Reduktion irrelevanter Information sowie zum Ausgleich von Amplitudenspitzen (nicht immer wird mit gleicher Lautstärke gesprochen) ist ein *beträchtlicher Rechenaufwand in Realzeit* zu leisten. Für gebräuchliche Verfahren gibt es allerdings preiswerte, leistungsfähige Chips.

Die eigentliche *rechnergestützte Verarbeitung der digitalisierten Sprachdaten* gliedert sich in folgende Bereiche:

1. *Spracheingabe* (engl.: voice input) *mit den Teilgebieten Sprechererkennung* (engl.: speaker identification and verification) *und Spracherkennung* (engl.: voice recognition)

Bei der *Sprechererkennung* geht es darum, zu ermitteln, wer gesprochen hat. So kann z.B. bei der kriminologischen Untersuchung von Telefonaufzeichnungen aufgrund des charakteristischen Klangbilds der Stimme ein anonymer Anrufer identifiziert werden (nicht kooperativer Sprecher). Bei der *Sprecherverifikation* wird aufgrund von Sprachproben bei einem kooperativen Sprecher eine Berechtigungsprüfung durchgeführt (z.B. Zugangskontrolle im Rechenzentrum, Identitätsnachweis in Banken).

Bei der *Spracherkennung* soll festgestellt werden, was gesprochen wurde. Damit lassen sich theoretisch alle Eingaben über Tastaturen ersetzen. Hierzu gibt es Systeme zum *Erkennen isoliert gesprochener Worte* (Einzelworterkennung), zum *Erkennen fließender Rede* sowie zur *Sprachanalyse und zum Sprachverstehen.* Letztere versuchen mit Methoden der «Künstlichen Intelligenz» (Näheres in den Abschnitten 2.4.1.5 und 2.4.5) der Frage nachzugehen, *worüber* gesprochen wurde. Dazu bedienen sie sich sog. «Wissensbanken», die Daten über die Syntax, Bedeutungsstrukturen (Semantik) und Situationszusammenhänge von Sachverhalten (Pragmatik) bestimmter, beschränkter Aufgabengebiete enthalten.

2. *Sprachspeicherung und -übermittlung* (engl.: voice store and forward, speech filing)

Sprachspeicher- und -übermittlungssysteme ermöglichen *«zeitversetztes Telefonieren»*. Die Benutzer können über ihren Telefonapparat gesprochene Nachrichten in einem Rechner abspeichern, anhören und – auf Wunsch zeitverzögert – versenden.

Diese Nachrichten sind in einer *Sprachdatei* abgelegt. Auch hier spricht man also von Dateien.

3. *Sprachausgabe* (engl.: voice output)

Die Sprachausgabe über Lautsprecher kann durch natürliche oder synthetische Sprache erfolgen.

Natürliche Sprachnachrichten bestehen

- aus gesprochenen, abgespeicherten Mitteilungen, die in unveränderter Folge ausgegeben werden (bei Sprachspeicher- und -übermittlungssystemen) oder
- aus «Einzelwortkonserven» (eventuell auch einzelnen Sätzen oder Satzteilen), die in einem Festwertspeicher abgelegt sind. Die Bildung der Ausgabenachricht geschieht, indem die abgespeicherten Worte je nach Zweck über ihre Speicheradressen in der jeweils sinnvollen Reihenfolge aufgerufen werden (*Wortgeneratoren*).

Während bei der Verwendung natürlicher Sprache der Sprachumfang auf die eingegebenen Wörter oder Sätze beschränkt ist, besitzen die sog. *Phonemgeneratoren, die mit synthetischer Sprache arbeiten,* einen praktisch unbegrenzten Wortschatz. Sie erzeugen aus schriftlichen Zeichen beliebige Worte in Lautsprache mit Hilfe von kleinsten phonetischen Einheiten, den sog. Phonemen, und einem umfangreichen Lexikon von mehreren hundert bis tausend Ausspracheregeln.

Die Sprachausgabe mit vorgesprochenen menschlichen Sprachproben klingt noch natürlicher als synthetisch erzeugte Sprachausgabe. Sie hat aber neben dem beschränkten Sprachumfang auf einige hundert Wörter den Nachteil, daß eine bedeutend höhere Datenrate als bei den Pho-

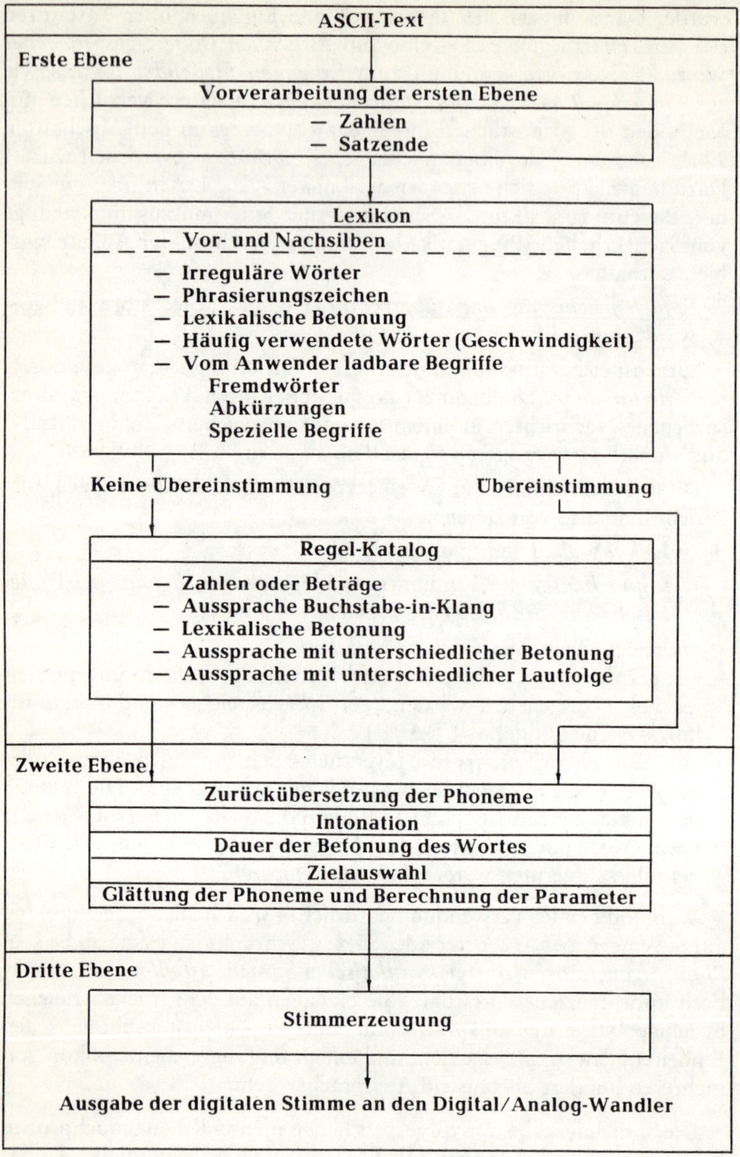

Abb. 2.1.2.2/7: Softwarearchitektur eines Phonemgenerators (Quelle: DEC)

nemgeneratoren zu bewältigen ist. Diese kommen zum Teil mit weniger als 100 Phonemen aus, um z.B. alle deutschen oder englischen Wörter zu synthetisieren und benötigen nur acht Bits pro Laut.

Für die Spracheingabe und -ausgabe werden auf dem Markt leistungsfähige *Chips* angeboten, wobei die LPC-Technik die preiswerteste Möglichkeit bietet. Solche Chips finden Sie heute schon in vielen Geräten – das Einsatzspektrum reicht vom sprechenden Bordcomputer im Cockpit von Flugzeugen und Autos über Warenausgabe- und Spielautomaten bis hin zu Telefonapparaten für das digitale Fernsprechen. *Anwendungsmöglichkeiten für die Sprachausgabe* ergeben sich überall dort, wo vorübergehende Information nur einmal wahrgenommen werden muß, besondere Aufmerksamkeit erregt werden soll und die Geräuschentwicklung nicht stört.

Bekannte größere *Sprachausgabesysteme* sind z.B. «Karlchen», ein Rechner der Deutschen Bundesbahn, der Fahrplanauskünfte erteilt, oder das System des Otto-Versands, bei dem telefonische Bestellungen im Sprachdialog mit dem Rechner durchgeführt werden. Auch Ansagedienste (telefonische Zeitansage, Lautsprecheransage auf Bahnhöfen und Flughäfen) funktionieren vielfach auf diese Weise.

Wir sind deshalb auf die Sprachausgabe näher eingegangen, weil wir später nicht mehr darauf zurückkommen werden. *Die Anwendungsmöglichkeiten in der kommerziellen Datenverarbeitung sind beim der-*

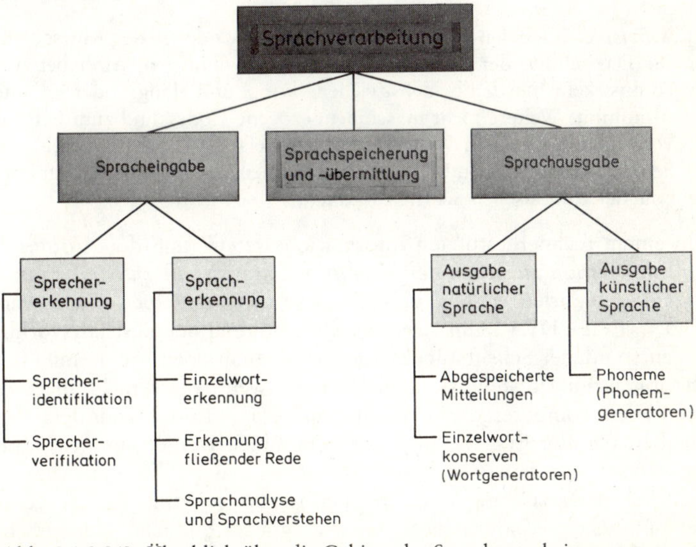

Abb. 2.1.2.2/8: Überblick über die Gebiete der Sprachverarbeitung

zeitigen Entwicklungsstand der Technik noch sehr beschränkt. Aus diesem Grund gehen wir in der Folge auch nicht mehr auf die Sprechererkennung sowie die Sprachanalyse und das Sprachverstehen ein, die sich eher noch im experimentellen Laborstadium befinden. Hingegen werden wir die Spracheingabe nochmals kurz im Rahmen der Datenerfassung (Abschnitt 3.1.4) aufgreifen, und Sie werden auch die Funktionen von Sprachspeicher- und -übermittlungssystemen noch näher kennenlernen (Abschnitt 4.2.2).

Die Abb. 2.1.2.2/8 zeigt die Verarbeitung sprachlicher Daten nochmals im Überblick.

→ Übungsaufgaben Nr. I-38 und I-39 im Arbeitsbuch

2.1.3 Datendarstellung auf rechnerinterner Ebene

Wenn Information in einer EDVA verarbeitet werden soll, muß sie in maschinengerechter Form dargestellt werden. Vorschriften für diese Informationsdarstellung nennt man *Codes*.

> Ein **Code** (engl.: code) ist eine Vorschrift für die eindeutige Zuordnung (Codierung) der Zeichen eines Zeichenvorrats zu denjenigen eines anderen Zeichenvorrats.

Ein *Beispiel* für einen nicht EDV-spezifischen Code ist der Morsecode, der zur Darstellung der Buchstaben unseres gewöhnlichen Alphabets für den Funkverkehr mit den beiden Zeichen «kurz» und «lang» oder «.» und «-» auskommt. Weitere nicht maschinenbezogene Codes sind zum Beispiel die Vorschriften, die den Zeichen der uns geläufigen Schrift bestimmte Zeichen der Blindenschrift, Bilder der ägyptischen Hieroglyphenschrift oder Symbole der chinesischen Schrift zuordnen.

In einem rechnergestützten Informationssystem muß der *Austausch von Information zwischen den Kommunikationspartnern Mensch und Rechner* gewährleistet sein, obwohl diese nicht dieselben Codes verwenden. Eine EDVA kann Urbelege, d.h. original bei Geschäftsvorfällen entstandene Schriftstücke, die handgeschrieben oder mit der Schreibmaschine erstellt sind, nicht lesen, wenn diese nicht in einer besonderen, computergerechten Form aufbereitet sind. Damit derartige Angaben von der Eingabeeinheit aufgenommen werden können, muß eine *Umsetzung* von der handschriftlichen bzw. schreibmaschinenschriftlichen Darstellungsweise in einen für das jeweilige Eingabegerät «verständlichen» Code erfolgen. Gleiches gilt für bildliche oder sprachliche Information der Realwelt. Hierzu werden die Angaben oft auf

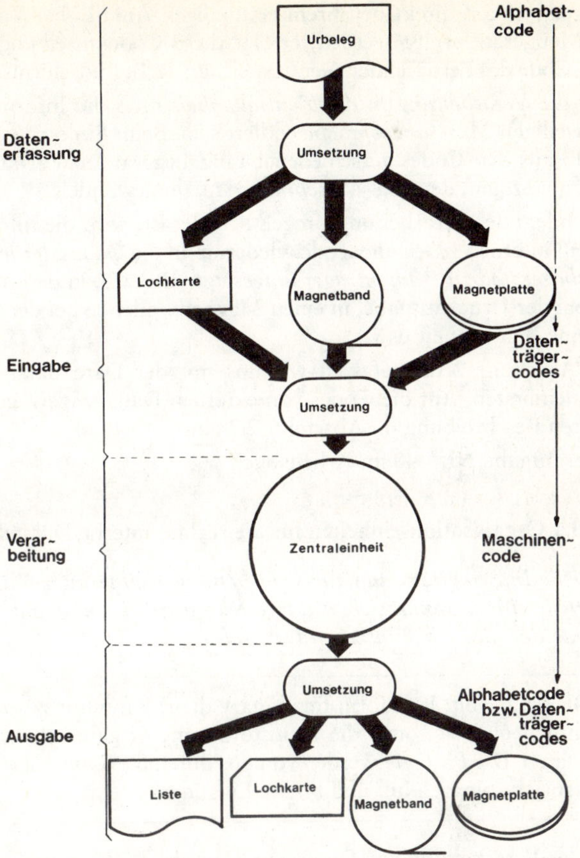

Abb. 2.1.3/1: Umsetzungsvorgänge von Information

Datenträger übertragen, die von dem betreffenden Eingabegerät gelesen werden können. Der Vielzahl von eingabegeeigneten Trägermedien entsprechen eine *Vielzahl unterschiedlicher Codes.* Häufig werden für einen Datenträger, wie zum Beispiel die Diskette (vgl. Abschnitt 2.2.2.3), sogar mehrere unterschiedliche Codes verwendet. Die Umsetzung in diese Codes erfolgt bei der Datenerfassung (vgl. Abschnitt 3.1) maschinell durch die jeweiligen Erfassungsgeräte. Tippt also die Bedienungskraft auf der Tastatur eines mit Disketten ausgerüsteten Datenerfassungsgeräts etwa den Buchstaben A, so wird dieser in magnetisierte Positionen auf der Diskette ohne weiteres Zutun der Bedienungskraft umgesetzt. Auch wenn der «Umweg» über externe Datenträger entfällt, z.B. wenn Daten direkt bei ihrem erstmaligen Anfall über Tastaturen oder Meßgeräte erfaßt werden, erfolgt diese Codeumsetzung – dann in den Code des betreffenden Gerätespeichers (z.B. Bildschirmspeicher).

Für die *Verarbeitung in der Zentraleinheit* muß die Information in der jeweiligen *Maschinensprache* codiert sein. Beim Einlesen wird diese deshalb aus den Codes verschiedener Eingabegeräte bzw. Datenträger in einen einzigen, den sog. *Maschinencode*, umgewandelt.

Nachdem der Verarbeitungsprozeß beendet ist, wird die Information aus dem internen Maschinencode wiederum in die *Codes der jeweiligen Ausgabegeräte bzw. -datenträger umgesetzt* (also z.B. in den Alphabetcode bei der Druckausgabe, in einen Magnetbandcode bei der Ausgabe über eine Bandeinheit usw.).

Im Abschnitt 2.1.3 befassen wir uns mit der Datendarstellung in Zentraleinheiten. Auf die Codes von externen Datenträgern gehen wir bei deren Beschreibung im Abschnitt 2.2 ein.

→ Übungsaufgabe Nr. I-40 im Arbeitsbuch

2.1.3.1 Organisationseinheiten für die rechnerinterne Darstellung

Jegliche Information muß zur Verarbeitung rechnerintern auf unterster Ebene durch Binärzeichen dargestellt werden. Bits sind also die Elemente der maschineninternen Darstellung.

Ein **Bit** (engl.: bit; Kurzform für: binary digit) kann nur zwei Werte annehmen und ist somit die kleinste interne Organisationseinheit von Daten. Die *Bitwerte* werden von uns durch die *Symbole* «0» und «L» (sprich: binäre Null und binäre Eins) dargestellt.

Bei der Verarbeitung von Daten wird von der EDVA *eine bestimmte Folge von Bits als Einheit* betrachtet und interpretiert. Das einzelne Bit ist also normalerweise nicht zugänglich (vgl. zu Sonderfällen den Abschnitt 2.1.2.2 – Schriftliche Daten).

Die Länge und Einteilung der gemeinsam zu speichernden und zu verarbeitenden Bitfolgen ist durch den technischen Aufbau der EDVA bestimmt. Die – insbesondere in der kommerziellen Datenverarbeitung – konstruktionstechnisch am häufigsten vorgesehene *kleinste Bitgruppe zur internen Darstellung* ist das *Byte.*

Ein **Byte** (engl.: byte; Kunstwort, sprich: Bait) ist eine Folge von acht Bits, die gemeinsam in einer EDVA verarbeitet werden.

Die acht Bits ermöglichen die *Darstellung von 256 verschiedenen Zeichen*. Die letzten vier Bits werden als *Ziffernteil* des Bytes oder als *rechtes Halbbyte* bezeichnet. Die vier führenden Bits tragen den Namen *Zonenteil* bzw. *linkes Halbbyte*.

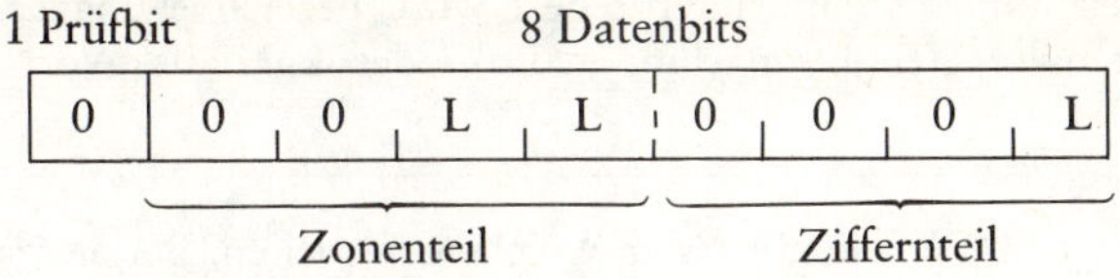

Abb. 2.1.3.1/1: Darstellung eines Zeichens in einem Byte

Meist dient ein zusätzliches, neuntes Bit dazu, bei der Übertragung und Speicherung von Daten auftretende Fehler zu erkennen (*Prüfbit*).[3] In Abhängigkeit von den acht Datenbits eines Bytes wird dieses Bit bei der Datenumsetzung auf 0 oder L gesetzt. Diese Ergänzung geschieht im allgemeinen so, daß die Summe aller L-Bits eines Bytes (einschließlich des Prüfbits) einen ungeraden Wert (Paritätswert) ergibt. Bei der Verarbeitung werden automatisch Paritätskontrollen durchgeführt, d.h. es wird immer wieder der Paritätswert nach dem gleichen Verfahren neu gebildet und mit dem Wert des Prüfbits verglichen. Stimmen die beiden Werte nicht überein, so wurden ein oder mehrere Bits durch Lese- oder Übertragungsfehler verfälscht (Paritätsfehler). In diesem Fall sind Korrekturen erforderlich, zum Beispiel durch die Wiederholung von Operationen.

Ein Byte belegt im Zentralspeicher eine Speicherstelle. Eine *Speicherstelle* (oft auch Speicherzelle genannt) ist die kleinstmögliche Einheit eines Speichers, die durch die Befehle eines Programms angesprochen werden kann. Eine Speicherstelle ist über eine Adresse ansprechbar. Sie kann ein alphanumerisches Zeichen aufnehmen.

EDVA, bei denen das Byte die kleinste ansprechbare Speicherungseinheit darstellt, bezeichnet man als *byteorientierte Rechner* bzw. als *Bytemaschinen*. Das Byte ist bei derartigen EDVA auch die kleinste interne Verarbeitungseinheit, jedoch lassen sich auch mehrere Bytes gemeinsam verarbeiten. Der Umfang der Daten, der von den Befehlen zusammenhängend verarbeitet werden kann, ist in Grenzen variabel. Die Grenzen

3 Wenn von dem Byteformat die Rede ist, so bleibt das Prüfbit im allgemeinen unerwähnt, da es nicht zur primären Informationsdarstellung dient. Man sagt zum Beispiel, ein Halbwort umfaßt 16 Bits und meint damit 16 Datenbits. Wir schließen uns diesem Sprachgebrauch an und vernachlässigen sprachlich in der Folge das Prüfbit. Das heißt, auch für uns gilt: 1 Byte = 8 Bits. Erinnern Sie sich aber bitte stets an diese Anmerkung.

werden durch den technischen Aufbau einer EDVA bestimmt; die möglichen Längen können von Befehl zu Befehl unterschiedlich sein.

> Die Folge von Bits bzw. Bytes, die von den Befehlen einer EDVA als Einheit aufgefaßt und interpretiert wird, bezeichnet man als **Maschinenwort** (engl.: machine word) oder kurz als **Wort** (engl.: word).

Es gibt EDVA, die mit fester Wortlänge arbeiten. Bei diesen ist eine bestimmte, meist größere Bitfolge als kleinste Speicherungs- und Verarbeitungseinheit fest vorgegeben. Derartige *wortorientierte Rechner* bzw. *Wortmaschinen* sind konstruktiv in allen Baueinheiten (z.B. Datenbus, Register[4]) auf diese Länge abgestimmt. Dadurch erreichen sie sehr hohe Rechengeschwindigkeiten. Allerdings sind sie hinsichtlich der Strukturierung von Daten weniger flexibel, so daß sie vor allem dort eingesetzt werden, wo konstante Datenlängen – insbesondere große Zahlenwerte in Gleitkommadarstellung – überwiegen. Dementsprechend finden sich Wortmaschinen vorwiegend im technisch-naturwissenschaftlichen Bereich. Bei häufig unterschiedlichen Längen der Datenfelder – die für kommerzielle EDV-Anwendungen typisch sind – bringt die variable Wortlänge einer EDVA wesentliche programmtechnische Vorteile und eine bessere Speicherausnutzung.[5]

Zum *Beispiel* arbeiten die meisten Minirechner (etwa von DEC, Hewlett-Packard, Prime) mit 16- oder 32-Bit-Worten, Sperry-Großrechner der Serie 1100 verwenden 36-Bit-Worte und CDC-Großrechner haben eine Wortlänge von 64 Bits.

Die nachfolgenden Ausführungen beschränken sich auf die in Wirtschaft und Verwaltung hauptsächlich eingesetzten byteorientierten Rechner.

Im allgemeinen können auch *Bytemaschinen zusätzlich mit festen Wortlängen* arbeiten, die auf die technische Verarbeitungsbreite, d.h. die Breite der internen Datenübertragungswege und Register, abgestimmt sind. Diese Möglichkeit wird jedoch üblicherweise nur für das Rechnen mit Dualzahlen (vgl. den Abschnitt 2.1.3.3) bzw. Gleitkommazahlen benutzt. Dabei stehen *drei verschiedene feste Längen* zur Aus-

---

4 Register sind kleine, sehr schnell arbeitende Speicher innerhalb der Zentraleinheit, in denen bestimmte Angaben während der Verarbeitung zur Verfügung gestellt werden. Die Funktionen dieser Einheiten werden im Abschnitt 2.3.1.1 erklärt.

5 Bei wortorientierten EDVA muß auch dann ein ganzes Wort verarbeitet werden, wenn die zu verarbeitenden Daten weniger Stellen als die Wortlänge umfassen.

wahl, die *Halbwort, Wort und Doppelwort* genannt werden. Die Abb. 2.1.3.1/2 zeigt diese Wortadressierung bei einer Bytemaschine mit einer Verarbeitungsbreite von 32 Bits.

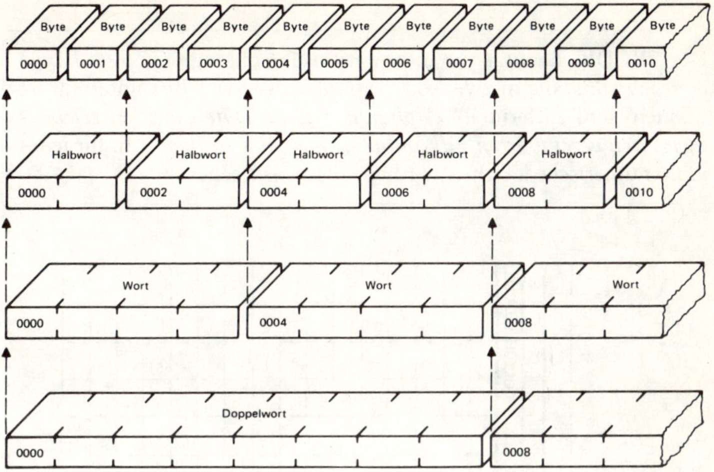

Abb. 2.1.3.1/2: Wortadressierung bei einer Bytemaschine (Zentralspeicherstellen mit vereinfachten Adressen)

Übungsaufgabe Nr. I-41 im Arbeitsbuch ←

2.1.3.2 Codierung von Buchstaben, Ziffern und Sonderzeichen (EBCDI-Code)

Die Annahme, daß ein Rechner intern nur mit Zahlen arbeitet, ist falsch. Eine Folge von 32 Bits muß genau so wenig als eine Zahl aufgefaßt werden, wie ein Mark-Stück als Gegenwert für 50 Gummibärchen. Um den gleichen Preis erhalten Sie zehn Kaugummis, fünf billige Zigaretten oder das Lächeln eines Straßenmusikanten. Analog dazu kann ein und die selbe Bitfolge einmal eine Zahl, einmal eine Buchstabenfolge (z.B. Otto), 32 Punkte auf einem Fernsehschirm oder einen Befehl an den Rechner darstellen.

Die Interpretation der Bitfolge hängt von der Rolle ab, die sie in dem Programm spielt, das sie verwendet, und dem Code, in dem sich die beteiligten Systemkomponenten verständigen.

Zur Darstellung von Buchstaben, Ziffern und Sonderzeichen werden überwiegend der *E*xtended *B*inary-Coded *D*ecimal *I*nterchange Code (Abkürzung: EBCDIC) und der American *S*tandard Code of *I*nformation *I*nterchange (Abkürzung: ASCII) benutzt. Es gibt Rechnerhersteller, die für ihre EDVA nur den EBCDIC vorgesehen haben (wie z.B. IBM), und andere, bei deren Anlagen sowohl der EBCDIC als auch der ASCII verwendet werden kann (wie z.B. Sperry). Hier wird nur der EBCDI-Code dargestellt.

Der **EBCDIC** benutzt zur Informationsdarstellung eine *feste Länge von acht Bits*, die in zwei sog. *Tetraden* zu je vier Bits unterteilt ist (Zonen- und Ziffernteil). *Alphanumerische Daten werden zeichenweise den vereinbarten Bitkombinationen zugeordnet*, d.h. für jedes alphanumerische Zeichen wird ein Byte vorgesehen.

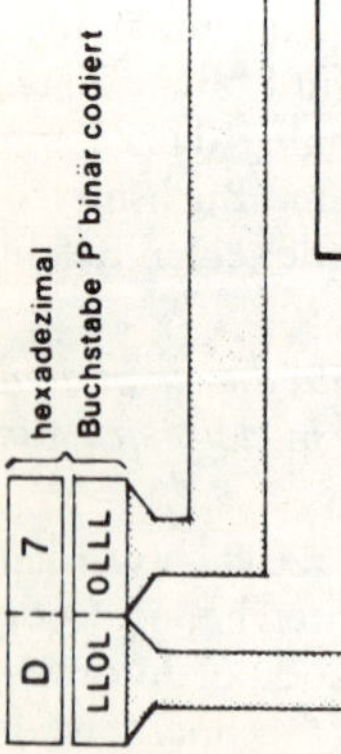

D
7
LLOL
OLLL
hexadezimal
Buchstabe 'P' binär codiert

		rechtes Halbbyte															
	hexa-dezimal →	0	1	2	3	4	5	6	7	8	9	A	B	C	D	E	F
linkes Halbbyte ↓	Bits →	OOOO	OOOL	OOLO	OOLL	OLOO	OLOL	OLLO	OLLL	LOOO	LOOL	LOLO	LOLL	LLOO	LLOL	LLLO	LLLL
0	OOOO																
1	OOOL																
2	OOLO																
3	OOLL																
4	OLOO	blank											.		(	+	
5	OLOL	&										!		*	)	;	
6	OLLO	–	/										,	%			?
7	OLLL											:			'	=	
8	LOOO		a	b	c	d	e	f	g	h	i						
9	LOOL		j	k	l	m	n	o	p	q	r						
A	LOLO			s	t	u	v	w	x	y	z						
B	LOLL																
C	LLOO		A	B	C	D	E	F	G	H	I						
D	LLOL		J	K	L	M	N	O	P	Q	R						
E	LLLO			S	T	U	V	W	X	Y	Z						
F	LLLL	0	1	2	3	4	5	6	7	8	9						

Abb. 2.1.3.2/1: EBCDI-Code

Derartige Bitfolgen dienen zur Darstellung von Großbuchstaben, Kleinbuchstaben[6], Dezimalziffern und Sonderzeichen (vgl. Abb. 2.1.3.2/1). Darüber hinaus sind bestimmte Binärmuster des EBCDIC als Steuerzeichen für Ein- und Ausgabegeräte der EDVA reserviert (wie z.B. Zeilenvorschub beim Drucken von Ausgabedaten), die aber in der Abb. 2.1.3.2/1 nicht aufgeführt sind. Die mögliche *Darstellungskapazität von* 2^8 *= 256* Zeichen wird bei weitem nicht ausgenutzt, d.h. der Code ist erweiterungsfähig.

Anmerkung: Ausführungen zur hexadezimalen Darstellungsform folgen im Abschnitt 2.1.3.3.

Zur Darstellung von Dezimalziffern, Buchstaben und Sonderzeichen wird im Zonen- und im Ziffernteil für jedes Zeichen ein bestimmtes Binärmuster reserviert.

So zum *Beispiel* für den Buchstaben C:

L	L	0	0	0	0	L	L

Zonenteil	Ziffernteil
(konstant für die Zeichen A bis I)	(ändert sich innerhalb der Zeichengruppe A bis I systematisch: 00LL weil C das dritte Zeichen in dieser Gruppe darstellt)

Das Wort HAUS sieht im EBCDI-Code so aus:

H	A	U	S
LL00L000	LL00000L	LLL00L00	LLL000L0

Die Dezimalzahl 333 lautet im EBCDIC:

3	3	3
LLLL00LL	LLLL00LL	LLLL00LL

Übungsaufgabe Nr. I-42 im Arbeitsbuch ←

2.1.3.3 Codierung von Zahlen

Während die Codes zur rechnerinternen Darstellung von einzelnen schriftlichen Zeichen international genormt sind (EBCDIC, ASCII), erfolgt die *Codierung von Zahlen im Speicher nach verschiedenen Verfahren*, die sich von EDVA zu EDVA – teilweise geringfügig – unterscheiden.

6 Anfänglich waren in der EDV die Kleinbuchstaben kaum gebräuchlich, die heute überwiegende Groß- und Kleinschreibung dient der Benutzerfreundlichkeit von EDV-Ausgaben.

Zahlen, mit denen die Adressen im Zentralspeicher durchnumeriert sind oder mit denen bei der Datenverarbeitung gerechnet wird, sind dual codiert. Das heißt, sie werden durch Ziffern des dualen Zahlensystems repräsentiert, nach dessen Regeln auch die Rechenoperationen erfolgen. Deshalb benötigen Sie Grundkenntnisse über dieses Zahlensystem. Es verwendet zur Bildung von Zahlen nur zwei Ziffern (Dualziffern), wodurch einfachste elektronische Grundschaltungen zur Ausführung von Berechnungen verwendet werden können.

«Dual» ist also nicht gleichbedeutend mit «binär», sondern bezieht sich nur auf die Darstellung von Zahlen. Ein Bit ist die Stelle (der Platz), wo eine duale Ziffer dargestellt sein kann. Die duale Zahl 11100101 hat zum Beispiel acht duale Ziffern und benötigt zur Darstellung dementsprechend acht Bits (LLL00L0L).

Die Bildung von Zahlen erfolgt im Dualsystem nach denselben Prinzipien wie im Dezimalsystem. Wir erklären deshalb zunächst die Bauart von Zahlen im allgemeinen und bei der Ihnen wohlvertrauten Dezimalschreibweise.

Umrechnungen von einem Zahlensystem in ein anderes werden vom Rechner automatisch vorgenommen. Die folgenden Ausführungen dienen dazu, Ihnen die dabei ablaufenden Vorgänge sowie die Grundlagen des Computerrechnens zu verdeutlichen.

Stellenwertsysteme

Im Dezimalsystem läßt sich der Wert einer Zahl aus dem Wert und der Stellung der Ziffern ermitteln. So repräsentiert z.B. bei der Dezimalzahl 333 die erste 3 den Wert 300, die zweite den Wert 30 und die dritte den Wert 3.

> Ein Zahlensystem, bei dem der Wert einer Ziffer innerhalb einer Ziffernfolge von ihrer Stellung abhängt, heißt **Stellenwertsystem**.

Nicht jedes Zahlensystem ist ein Stellenwertsystem – denken Sie nur an das römische Zahlensystem.

Bei Stellenwertsystemen nimmt der Wert einer Ziffer von Ziffernposition zu Ziffernposition jeweils um einen bestimmten Faktor, der sog. *Basis* des Systems, zu.

Ein Stellenwertsystem mit der Basis B verfügt über einen Zeichenvorrat von B Ziffern (0, 1,..., B-1). In einem solchen System errechnet sich der Wert W einer positiven ganzen Zahl, die durch n Ziffern dargestellt wird, nach der Formel

$$\underbrace{W}_{\text{Gesamt-wert}} = \sum_{i=0}^{n-1} \underbrace{\underbrace{b_i}_{\text{Nenn-wert}} \cdot \underbrace{B^i}_{\text{Stellen-wert}}}_{\text{Ziffernwert}}$$

Dabei bezeichnet b_i die i-te Ziffer in der Ziffernfolge (von rechts nach links numeriert). Für die Ziffer b_i der Ziffernfolge gilt offenbar $0 \leqq b_i \leqq B-1$.

Den absoluten, d.h. positionsunabhängigen Wert einer Ziffer bezeichnet man als *Nennwert*. Der (positionsunabhängige) Wert, der einer Ziffer innerhalb einer Ziffernfolge zukommt, ergibt sich durch Multiplikation des Nennwerts mit dem sog. *Stellenwert*.

Bei der Dezimalzahl 675 ist z.B. der Nennwert der zweiten Ziffer 7, der Stellenwert dieser Ziffer 10. Der Ziffernwert ist demnach 70.

Auch bei einem beliebigen Stellenwertsystem mit der Basis B ergibt sich, wie aus der genannten Formel ersichtlich, der *Wert einer Ziffer als Produkt aus Nenn- und Stellenwert.*

Aus der Formel ist ebenfalls erkennbar, daß der *Gesamtwert einer Zahl gleich der Summe der Ziffernwerte* ist.

In einem Stellenwertsystem mit der Basis B kann der Nennwert einer Ziffer maximal B-1 sein. Wird zu einer Ziffer, deren Nennwert gerade B-1 ist, noch 1 addiert, so kommt es zu einem *Übertrag* (engl.: carry over).

Wir fassen die Ergebnisse jetzt zusammen. Für alle Stellenwertsysteme gilt:

1. Die Stellenwerte sind ganzzahlige Potenzen von der Basis des Stellenwertsystems.
2. Die Anzahl der verschiedenen Ziffern ist gleich der Basis des Stellenwertsystems.
3. Der größte Nennwert einer Ziffer ist gleich der Basis des Stellenwertsystems minus 1.
4. Der Wert, den eine Ziffer darstellt, ist von ihrer Stellung innerhalb der Zahl abhängig.
5. Der Gesamtwert einer Zahl ergibt sich als Summe der Produkte aus Nennwerten und Stellenwerten der Ziffern (vgl. Abb. 2.1.3.3/1).
6. Wird zu der größten einstelligen Zahl, die es in einem Stellenwertsystem gibt, noch 1 addiert, so erfolgt ein Übertrag.

Was bisher relativ allgemein beschrieben wurde, soll nun am Beispiel des dezimalen (B = 10) und des dualen (B = 2) Zahlensystems verdeutlicht werden.

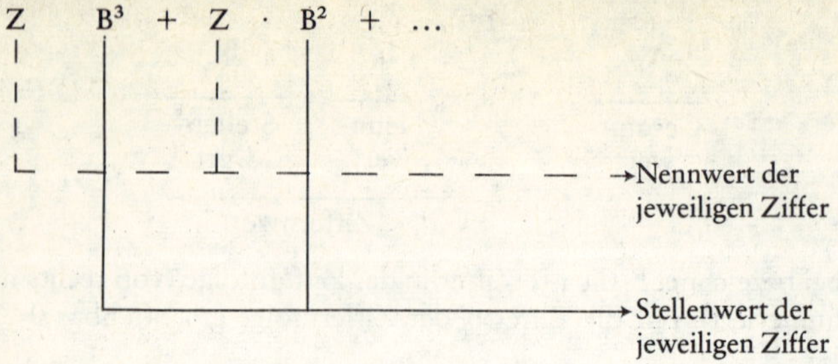

Abb. 2.1.3.3/1: Struktur eines Stellenwertsystems

Dezimalsystem

Das **dezimale Zahlensystem** (engl.: decimal number system) wird von den meisten Menschen der Erde benutzt. Da es die Basis 10 hat, umfaßt der Ziffernvorrat 10 Zeichen (0, 1,..., 9).

Für den Wert W einer ganzen positiven Dezimalzahl, die durch n Ziffern dargestellt wird, gilt:

$$W = \sum_{i=0}^{n-1} b_i \cdot 10^i$$

Die Gleichung wird Ihnen vielleicht noch verständlicher, wenn man das Summationszeichen vermeidet:

$$W = b_{n-1}\, 10^{n-1} + \ldots + b_1\, 10^1 + b_0\, 10^0$$

Der Wert einer Dezimalzahl läßt sich demnach stets als Summe von Zehnerpotenzen multipliziert mit ihren Nennwerten darstellen.

Für die Dezimalzahl 3729 erhält man z.B.:

$3729 = 3 \cdot 10^3 + 7 \cdot 10^2 + 2 \cdot 10^1 + 9 \cdot 10^0$

→ Übungsaufgaben Nr. I-43 und I-44 im Arbeitsbuch

Eine ähnliche Summendarstellung läßt sich auch für beliebige endliche Dezimalbrüche angegeben. Für den Wert W einer Dezimalzahl mit n Stellen vor und m Stellen nach dem Komma gilt entsprechend:

$$W = \sum_{i=-m}^{n-1} b_i \cdot 10^i$$

Wir schreiben auch diese Gleichung ausführlicher:

$$W = b_{n-1}\,10^{n-1} + \ldots + b_0\,10^0 + b_{-1}\,10^{-1} + \ldots + b_{-m}\,10^{-m}$$

Für die Dezimalzahl 333,56 gilt zum Beispiel:

$$333{,}56 = 3 \cdot 10^2 + 3 \cdot 10^1 + 3 \cdot 10^0 + 5 \cdot 10^{-1} + 6 \cdot 10^{-2}$$

Dualsystem

> Das **Dualsystem** (engl.: binary number system) ist ein Stellenwertsystem mit der Basis 2.

Übungsaufgabe Nr. I-45 im Arbeitsbuch ←

Da das duale Zahlensystem nur über *zwei verschiedene Ziffern* verfügt, *nämlich 0 und 1*, werden bereits für Zahlen, die größer als 1 sind, mehrere Stellen benötigt. Die *Stellenwerte* sind dabei nicht mehr – wie beim Dezimalsystem – Potenzen von 10, sondern *Potenzen von 2*.

Der (dezimale) Wert einer positiven ganzen Dualzahl mit n Ziffern ergibt sich aus der Formel

$$W = \sum_{i=0}^{n-1} b_i \cdot 2^i$$

Für endliche Dualbrüche mit n Stellen vor und m Stellen nach dem Komma gilt entsprechend

$$W = \sum_{i=-m}^{n-1} b_i \cdot 2^i$$

n	2^n	n	2^n
0	1	13	8192
1	2	14	16384
2	4	15	32768
3	8	16	65536
4	16	17	131072
5	32	18	262144
6	64	19	524288
7	128	20	1048576
8	256	21	2097152
9	512	22	4194304
10	1024	23	8388608
11	2048	24	16777216
12	4096		

Abb. 2.1.3.3/2: Tabelle der Zweierpotenzen

Unter Verwendung dieser Beziehungen können die dezimalen Äquivalente von Dualzahlen leicht bestimmt werden (vgl. Abb. 2.1.3.3/2).

Um *Dualzahlen* von Dezimalzahlen zu unterscheiden, versehen wir erstere immer dann mit dem *Index 2*, wenn Verwechslungen möglich sind.

Umwandlung von Dual- in Dezimalzahlen

Um die einer Dualzahl entsprechende Dezimalzahl zu erhalten, hat man, wie Sie aus den angeführten Formeln erkennen können, die Dualzahl als Summe von Zweierpotenzen darzustellen, die mit ihren Nennwerten multipliziert werden.

Wir führen zwei *Beispiele* an:

$$1100_2 = 1 \cdot 2^3 + 1 \cdot 2^2 + 0 \cdot 2^1 + 0 \cdot 2^0 = 8 + 4 + 0 + 0 = 12$$

$$0{,}111_2 = 0 \cdot 2^0 + 1 \cdot 2^{-1} + 1 \cdot 2^{-2} + 1 \cdot 2^{-3} = 0 + 0{,}5 + 0{,}25 + 0{,}125 = 0{,}875$$

→ Übungsaufgabe Nr. I-46 im Arbeitsbuch

Die Rechnungen für die Umwandlung der ersten zehn positiven ganzen Dualzahlen in Dezimalzahlen sind in der nachstehenden Tabelle zusammengefaßt:

Dualzahl		Summendarstellung									Dezimalzahl
0_2	=							$0 \cdot 2^0$		=	0
1_2	=							$1 \cdot 2^0$		=	1
10_2	=					$1 \cdot 2^1$	+	$0 \cdot 2^0$		=	2
11_2	=					$1 \cdot 2^1$	+	$1 \cdot 2^0$		=	3
100_2	=			$1 \cdot 2^2$	+	$0 \cdot 2^1$	+	$0 \cdot 2^0$		=	4
101_2	=			$1 \cdot 2^2$	+	$0 \cdot 2^1$	+	$1 \cdot 2^0$		=	5
110_2	=			$1 \cdot 2^2$	+	$1 \cdot 2^1$	+	$0 \cdot 2^0$		=	6
111_2	=			$1 \cdot 2^2$	+	$1 \cdot 2^1$	+	$1 \cdot 2^0$		=	7
1000_2	=	$1 \cdot 2^3$	+	$0 \cdot 2^2$	+	$0 \cdot 2^1$	+	$0 \cdot 2^0$		=	8
1001_2	=	$1 \cdot 2^3$	+	$0 \cdot 2^2$	+	$0 \cdot 2^1$	+	$1 \cdot 2^0$		=	9
1010_2	=	$1 \cdot 2^3$	+	$0 \cdot 2^2$	+	$1 \cdot 2^1$	+	$0 \cdot 2^0$		=	10

Abb. 2.1.3.3/3: Umrechnung von Dual- in Dezimalzahlen

Umwandlung von Dezimal- in Dualzahlen

Die einfachste Methode der Umwandlung von Dezimalzahlen in Dualzahlen ist das *Verfahren der fortgesetzten Division*. Dabei wird in einem ersten Schritt die umzuwandelnde Dezimalzahl durch 2 dividiert und der Rest von 0 oder 1 als Nennwert der niedrigsten Stelle der gesuchten Dualzahl registriert. In einem zweiten Schritt wird der Quotient der ersten Division erneut durch 2 geteilt; der Rest ergibt die zweitniedrigste Stelle der Dualzahl. Dieses Verfahren wird solange fortgesetzt, bis der Quotient 1 ist. Dieser Quotient stellt den Nennwert der Stelle mit dem höchsten Stellenwert der Dualzahl dar.

Beispiel: Die Zahl 333 ist in eine Dualzahl umzuwandeln.

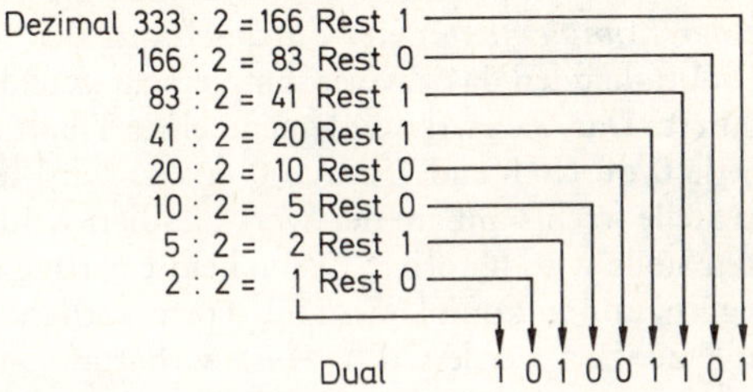

Ergebnis: Die Dezimalzahl 333 entspricht der Dualzahl 101001101.

Übungsaufgaben Nr. I-47 und I-48 im Arbeitsbuch

Grundrechnungsarten

Für die *Addition von Dualzahlen* gelten die gleichen Rechenregeln wie im Dezimalsystem, nur daß anstelle des Zehnerübertrages der Zweierübertrag auftritt.

Rechenvorschriften für die duale Addition:

$0 + 0 = 0$
$1 + 0 = 1$
$0 + 1 = 1$
$1 + 1 = 0$ (0 und Übertrag)

Beispiel:

100100_2	entspricht der	36
$+10110_2$	dezimalen Addition	+22
111010_2		58

Die *Subtraktion von Dualzahlen* kann direkt oder mit Hilfe der Komplementärzahlen erfolgen. Die direkte duale Subtraktion wird nach denselben Rechenvorschriften durchgeführt wie im Dezimalsystem.

Rechenvorschriften für die direkte duale Subtraktion:

$0 - 0 = 0$
$1 - 1 = 0$
$1 - 0 = 1$
$0 - 1 = -1$ (1 und Übertrag)

Beispiel:

10110_2	entspricht der	22
-1010_2	dezimalen Subtraktion	−10
1100_2		12

→ Übungsaufgabe Nr. I-49 im Arbeitsbuch

In den meisten EDVA werden *duale Subtraktionen* nicht direkt, sondern *mit Hilfe der Komplementärzahl* durchgeführt. Bei der Subtraktion wird vom Subtrahenden das Zweierkomplement gebildet und zum Minuenden addiert. Das Zweierkomplement einer Dualzahl entsteht dadurch, daß jede 0 durch 1 und 1 durch 0 ersetzt wird und daß zur wertniedrigsten Stelle (rechts außen) der Wert 1 addiert wird. Der Übertrag der höchsten Stelle wird ignoriert. Wenn kein Übertrag entsteht, ist das Resultat negativ und in komplementärer Form vorhanden. Es muß deshalb rekomplementiert werden, d.h. es ist wiederum jede 1 durch 0 und jede 0 durch 1 zu ersetzen und 1 zu addieren.

Beispiel: Von 100101_2 (Minuend) soll 100001_2 (Subtrahend) subtrahiert werden.

1. Bildung des Zweierkomplements des Subtrahenden:

	1 0 0 0 0 1	(Subtrahend)
a) Umkehren	0 1 1 1 1 0	
b) 1 addieren	+ 1	
Zweierkomplement	0 1 1 1 1 1	

2. Addition des Zweierkomplements:

	1 0 0 1 0 1	(Minuend)
	+ 0 1 1 1 1 1	(Zweierkomplement des Subtrahenden)
Ergebnis	(1) 0 0 0 1 0 0	

Die Rechenvorschriften für die *Multiplikation und die Division von Dualzahlen* entsprechen den Regeln des Dezimalsystems.

Rechenvorschriften für die duale Multiplikation:

$0 \cdot 0 = 0$
$0 \cdot 1 = 0$
$1 \cdot 0 = 0$
$1 \cdot 1 = 1$

Beispiel:

$100100_2 \cdot 10110_2$ entspricht der dezimalen Multiplikation $36 \cdot 22$

```
100100·10110₂
100100
 000000
  100100
   100100
    000000
110001100
```

$$\begin{array}{l} 100100_2 \cdot 10110_2 \\ \hline 100100 \\ \;\;000000 \\ \;\;\;\;100100 \\ \;\;\;\;\;\;100100 \\ \;\;\;\;\;\;\;\;000000 \\ \hline 1100011000_2 \end{array} \qquad \begin{array}{r} 36 \cdot 22 \\ \hline 72\;\; \\ 72 \\ \hline 792\;\; \end{array}$$

Ebenso einfach ist das Dividieren im Dualsystem, da die einzig möglichen Quotienten 0 oder 1 sind.

Beispiel:

$$\begin{array}{l} 100100_2 : 110_2 = 110_2 \\ \;110 \\ \hline \;\;110 \\ \;\;110 \\ \hline \;\;\;\;00 \end{array}$$

entspricht der dezimalen Division $36 : 6 = 6$

Übungsaufgabe Nr. I-50 im Arbeitsbuch ←

Multiplikationen werden in EDVA gewöhnlich unter Zuhilfenahme wiederholter Additionen und Divisionen mit Hilfe wiederholter Subtraktionen (nach der Komplementärzahlmethode) durchgeführt. Dies ist jedoch nicht so zu verstehen, daß der Multiplikator (Divisor) die Anzahl der Additionen (Subtraktionen) bezeichnet. Unter Verwendung effizienterer Algorithmen, die der menschlichen Vorgangsweise beim Rechnen sehr nahe kommen, wird die Anzahl der tatsächlichen Rechenvorgänge wesentlich vermindert.

Vorteile des Dualsystems

Eine maschineninterne Informationsdarstellung in dem bei uns in allgemeinem Gebrauch befindlichen Dezimalsystem wäre technisch wesentlich aufwendiger als die duale Schreibweise. Die Anwendung des dezimalen Systems würde z.B. die Wiedergabe von 10 Ziffern in der Form von Schaltanlagen bedingen, während man bei dem dualen System mit der Darstellung von 0 und 1 auskommt. Die dadurch ermöglichte Anwendung der einfachsten elektronischen Schaltungen führt zu enorm hohen Rechengeschwindigkeiten, so daß es nicht ins Gewicht fällt, daß man zur Bezeichnung großer Zahlen im Dualsystem einen wesentlich längeren Strang von Ziffern benötigt als im Dezimalsystem.

Nachteile des Dualsystems

Dualzahlen haben im Vergleich zu Dezimalzahlen eine rund dreimal so große Stellenzahl. Deshalb und wegen des Vorrats von nur zwei Ziffern sind sie für den Menschen schwer lesbar, und es kommt leicht zu Interpretationsfehlern.

Da es für Datenverarbeitungsfachkräfte jedoch häufig erforderlich ist, maschinell verarbeitete Dualzahlen (und Bitmuster anderer Bedeutung) zu erkennen und zu analysieren, hat sich in der Praxis die *Kontrollumwandlung von Binärzeichen in die kompakteren und leichter lesbaren Hexadezimalzahlen* durchgesetzt. Will man beispielsweise den Inhalt eines Zentralspeichers bzw. eines ausgewählten Speicherbereiches zu einem vorher bestimmten Zeitpunkt untersuchen, so besteht mit Hilfe besonderer Programme die Möglichkeit, diesen sog. *Speicherabzug* (engl.: memory dump) entweder in binärer Darstellungsweise oder zur Abkürzung in hexadezimaler Umwandlung ausgedruckt zu erhalten.

Das **Hexadezimalsystem** (engl.: hexadecimal number system) ist ein Stellenwertsystem mit der Basis 16.

Wir verzichten hier auf eine nähere Erläuterung, weil der Endbenutzer mit dieser Darstellungsform normalerweise nicht in Kontakt kommt und er diese für das Verständnis der rechnerinternen Vorgänge auch nicht kennen muß.[7]

→ Übungsaufgabe Nr. I-51 im Arbeitsbuch

Darstellung von Dezimalzahlen als Ganzes in rein dualer Form («echte» Dualzahlen)

Rechenwerke von EDVA arbeiten entweder mit «echten» Dualzahlen, die den Gesamtwert von Dezimalzahlen als Ganzes repräsentieren, oder mit ziffernweise dual codierten Dezimalzahlen («unechte» Dualzahlen). *Bei Zahlen, die in rein dualer Form vorliegen, entspricht jede Bitstelle in ihrem Stellenwert einer Potenz von 2. Das Vorzeichen belegt gewöhnlich das werthöchste Bit.* Positive Zahlen haben ein 0-Vorzeichenbit, negative haben ein L-Vorzeichenbit. Die Anzahl von Bits, die zur Darstellung einer Dualzahl zur Verfügung steht, wird durch den technischen Aufbau der jeweiligen EDVA bestimmt. Nicht benötigte Bits enthalten den Wert 0.

Sind *beispielsweise* in einem Rechner 16 Bits für die Darstellung vorgesehen, so wird die der Dezimalzahl +333 entsprechende Dualzahl +101001101 wie folgt dargestellt:

7 Bei Interesse können Sie sich hierzu nochmals die EBCDI-Codetabelle in Abb. 2.1.3.2/1 ansehen, aus der die Hexadezimaldarstellung von alphanumerischen Daten ersichtlich ist.

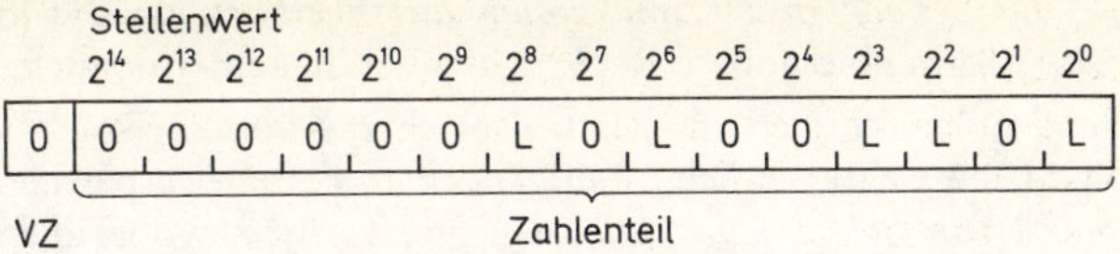

Abb. 2.1.3.3/4: Darstellung der Dualzahl +101001101 im Zentralspeicher

Übungsaufgabe Nr. I-52 im Arbeitsbuch

Der Rechner führt Rechenoperationen mit reinen Dualzahlen vor allem zur Bestimmung von Speicheradressen durch.

Darstellung von Dezimalzahlen durch ziffernweise duale Codierung («unechte» Dualzahlen)

Bei der ziffernweise dualen Darstellung von Dezimalzahlen wird nicht – wie bei den rein dualen Zahlen – der Zahlenwert als Ganzes durch eine entsprechende Dualzahl repräsentiert. Vielmehr wird *jede einzelne Ziffer der Dezimalzahl für sich durch jeweils eine Dualzahl dargestellt, wobei ihr dezimaler Stellenwert erhalten bleibt.* Für jede Dezimalstelle werden so viele Bits reserviert, wie zur dualen Darstellung der höchsten Dezimalziffer notwendig sind, nämlich vier (9 entspricht 1001_2). Die freien Bits links bei den Dezimalziffern 0 bis 7 werden mit Nullen aufgefüllt. Diese Form der Zahlendarstellung wird auch *BCD-Code* genannt (von engl.: binary coded decimal code).

Beispielsweise kann die Dezimalzahl 333 folgendermaßen dargestellt werden:

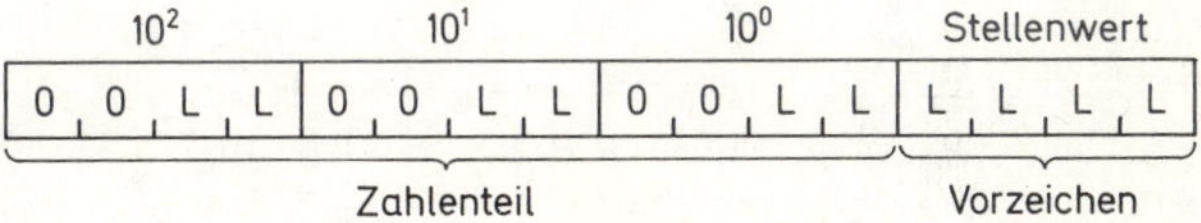

Abb. 2.1.3.3/5: Darstellung der Dezimalzahl 333 im Zentralspeicher

Bei diesem Beispiel belegt das *Vorzeichen* die letzten (wertniedrigsten) vier Bits des Wertes. Diese Darstellungsform ist typisch für byteorientierte EDVA. Bei wortorientierten Rechnern wird das Vorzeichen links von der werthöchsten Stelle abgelegt und benötigt nur ein Bit.

Diese kompakte Speicherung, bei der zwei Tetraden in einem Byte Platz finden, bezeichnet man als *gepacktes Format.* Die Dezimalzahl 46 517 wird also gepackt in drei Bytes gespeichert, wobei im rechten Halbbyte das Vorzeichen und in jedem links folgenden Halbbyte eine Dezimalziffer (0 bis 9) dargestellt ist. *Berechnungen werden grundsätz-*

lich nur mit gepackten Dezimalzahlen durchgeführt, da die kürzere Darstellungsform eine höhere Rechengeschwindigkeit ermöglicht.

Dezimalzahlen können im Zentralspeicher – zum Beispiel bei der Eingabe oder Ausgabe – auch im *ungepackten Format* gespeichert sein. *Bei dieser Form belegt jede Ziffer ein ganzes Byte,* wobei die Ziffer jeweils im rechten Halbbyte steht. Das Vorzeichen einer Zahl ist im linken Halbbyte der Ziffer mit dem niedrigsten Stellenwert dargestellt.

Die *Darstellungsform des Vorzeichens* ist durch den jeweiligen Maschinencode festgelegt. Zum Beispiel wird im EBCDI-Code eine positive Zahl ohne ausdrückliches Vorzeichen in der Vorzeichentetrade durch die Bitfolge LLLL gekennzeichnet. Bei der ausdrücklichen Angabe eines positiven Vorzeichens enthält die Vorzeichentetrade die Bitfolge LL00. Bei der Angabe eines negativen Vorzeichens nimmt die Vorzeichentetrade die Bitfolge LL0L auf.

Packen (engl.: to pack) nennt man den maschinellen Vorgang, bei dem Daten aus der ungepackten in die gepackte Form gebracht werden. Es wird durch einen entsprechenden Programmbefehl bewirkt. Dezimale Rechenergebnisse werden immer in gepackter Form erstellt und vielfach in dieser Form auf periphere Magnetspeicher ausgegeben. Dadurch wird Speicherplatz gespart, und es entfällt das Packen, wenn mit diesen Zahlen wieder gerechnet wird. Vor der Ausgabe auf Liste müssen Dezimalzahlen immer in das ungepackte Format übergeführt werden (*Entpacken*; engl.: to unpack).

Eine gepackte Dezimalzahl ist nicht im EBCDIC interpretierbar. Das Umwandeln einer gepackten Dezimalzahl zu Interpretationszwecken muß durch einen entsprechenden Befehl «Entpacken» durchgeführt werden:

	3 3	3
	00LL00LL	00LLLLLL
3	3	3
LLLL00LL	LLLL00LL	LLLL00LL

Abb. 2.1.3.3/6: Entpacken einer Dezimalzahl (in die EBCDIC-Darstellung; Vorzeichentetrade unterstrichen)

Die Frage, ob ein Speicherinhalt als gepackte Dezimalzahl oder als EBCDIC-Zeichen zu interpretieren ist, kann nur aus dem Programmkontext entschieden werden.

Fassen wir zum Abschluß dieses Abschnitts nochmals die Möglichkeiten zur rechnerinternen Zahlendarstellung zusammen:

1. *Speicherung von Dezimalzahlen als Ganzes in rein dualer Form («echte» Dualzahlen)*

Bei der rein dualen Darstellung wird eine Dezimalzahl als Ganzes durch eine Dualzahl des entsprechenden Werts repräsentiert. Sie ermöglicht die beste Speicherausnutzung.

2. *Speicherung von ziffernweise dual codierten Dezimalzahlen («unechte» Dualzahlen)*

   Ziffernweise dual codierte Dezimalzahlen können in der Weise gespeichert sein, daß jede Dezimalziffer ein ganzes oder ein halbes Byte belegt. Gängige Codes für die ungepackte Darstellung von Ziffern sind der ASCII- und der EBCDI-Code. Die gepackte Darstellung ist nur bei der Verarbeitung rein numerischer Daten möglich.

Übungsaufgabe Nr. I-53 im Arbeitsbuch ←

2.1.3.4 Codierung von Befehlen

Befehle eines Programms werden im Zentralspeicher wie zu verarbeitende (Nutz-)Daten *durch Bitfolgen bestimmter Länge und Gliederung repräsentiert.* Eine Einheit von Bits, die von einem Rechner als Befehl interpretiert wird, heißt *Befehlswort*. Die Größe und Bauart der Befehle bzw. Befehlswörter bezeichnet man als *Befehlsformate*.

> Ein **Befehl** bzw. eine **Instruktion** (engl.: instruction) ist eine Anweisung an den Rechner, die sich in der benutzten Sprache nicht mehr in Teile zerlegen läßt, die selbst Anweisungen sind.

Maschinenbefehle

Später, bei der Behandlung der Software (Abschnitt 2.4.1), werden Sie erfahren, daß zum Schreiben eines Programms (des sog. Quellprogramms) heutzutage ganz überwiegend höhere Programmiersprachen verwendet werden, bei denen eine Anweisung vor der Ausführung im Rechner in mehrere Befehle in der Maschinensprache übersetzt wird. *Wenn die benutzte Sprache nicht näher bezeichnet ist, wird normalerweise angenommen, daß es sich bei einem Befehl um einen Maschinenbefehl handelt, die benutzte Sprache demgemäß die Maschinensprache ist.*

Bei der Programmausführung holt der Prozessor aus dem Arbeitsspeicher Befehl für Befehl und führt ihn aus.

Der gesamte *Arbeitsspeicher* setzt sich aus *Speicherstellen* zusammen, *die jeweils ein Byte aufnehmen* (vgl. hierzu die Abb. 2.1.3.1/2 auf Seite 127). Jede einzelne Speicherstelle kann durch Befehle wahlweise gelesen oder beschrieben werden. Um die Speicherstellen ansprechen zu können, sind sie – mit Null beginnend – in aufsteigender Reihenfolge fortlaufend numeriert. Diese Nummern sind die *Adressen*, d.h. jede Speicherstelle hat bei einer Bytemaschine ihre eigene Adresse. Die Adressen der Speicherstellen stehen nicht im Arbeitsspeicher. Sie sind hardwaremäßig vorgesehen. Dies ist so zu verstehen, daß ein Zentralprozessor die einzelnen Adressen über schaltbare Strompfade direkt ansprechen kann.

In einer EDVA gibt es nur einen Arbeitsspeicher. Die Menge der in dieser Funktionseinheit vorhandenen Speicherstellen, d.h. die *Arbeitsspeicherkapazität*, hängt vom jeweiligen Anlagentyp ab. Sie ist – das wissen Sie bereits aus dem Abschnitt 1.2.3 – im allgemeinen innerhalb gewisser Grenzen variabel.

Befehle können zum *Beispiel* die Übertragung von Daten aus einem Speicherbereich in einen anderen veranlassen. Sie können dafür sorgen, daß ein Ausgabegerät in Betrieb gesetzt wird, oder sie können bewirken, daß aus der vorgegebenen Befehlsfolge herausgesprungen und die Verarbeitung an einem anderen Punkt im Programm fortgesetzt wird. Die Reihenfolge, in der die Befehle ablaufen, läßt sich bei der Programmierung nach Bedarf festlegen.

Ein **Befehlswort** (engl.: instruction word) enthält meist zwei Angaben: Sie bezeichnen den Gegenstand (den oder die Operanden) und die Tätigkeit (die Operation), die mit dem oder den Operanden durchgeführt werden soll. Dementsprechend besteht ein Befehlswort aus einem *Operationsteil* und einem *Operandenteil*.

Die Abb. 2.1.3.4/1 zeigt z.B. die mögliche *Zerlegung einer Addieranweisung* in einer höheren Programmiersprache in einzelne Maschinenbefehle, die jeweils aus einem Operationsteil und einem Operandenteil bestehen. Der Befehl (4) gibt dabei die Fortsetzung des Programms an.

Operationsteil	Operandenteil
Lesen	(1) Worte in Speicherstellen 2 000ff. und 3 000ff.
Addieren	(2) Inhalt der gelesenen Worte
Speichern	(3) Ergebnis auf Speicherstelle 1 000ff.
Springen	(4) Nach Befehl auf Speicherstelle 500

Abb. 2.1.3.4/1: Aufgliederung einer Addieranweisung (vereinfachte Prinzipdarstellung)

Der **Operationsteil** (engl.: operation part) ist der Teil eines Befehlswortes, der die auszuführende Operation angibt.

Jede Operation wird durch einen anlagenspezifischen Operationsschlüssel (engl.: operation code) beschrieben.

Beispielsweise werden von den Rechnern einer weitverbreiteten Großrechnerfamilie die Bitkombinationen

LLLLL0L0 als «Addieren dezimal»,
LLLLLL0L als «Dividieren dezimal»,
LLLL00L0 als «Packen eines Feldes»,
0L00L00L als «Vergleichen Halbwort» oder
LL0L00L0 als «Übertragen»

interpretiert. Andere EDVA verwenden andere Bitfolgen zur Kennzeichnung dieser Operationen. Die Zuordnung wird bei der Schaltungsentwicklung der Rechner durch den jeweiligen Hersteller vorgenommen.

Bei Bytemaschinen ist für den *Operationsschlüssel im allgemeinen ein Byte* mit acht Datenbits vorgesehen, so daß maximal $2^8 = 256$ unterschiedliche Befehle durch Bitkombinationen darstellbar sind. Der *Befehlsvorrat* (= Menge der zulässigen Befehle) ist bei den verschiedenen Anlagentypen (auch eines Herstellers) unterschiedlich.

Der **Operandenteil** (engl.: operand part) ist der Teil eines Befehlswortes, der für Operanden oder Angaben zum Auffinden der Operanden oder Befehlswörter vorgesehen ist.

«Operanden» im hier gebrauchten Sinn sind also nicht nur Nutzdaten, sondern auch z.B. deren Adressen sowie die Adressen von Registern und peripheren Geräten. *In vielen Fällen besteht der Operandenteil nur aus wenigen Bits, er kann aber auch mehrere Bytes umfassen.*

Der **Adreßteil** (engl.: address part) ist ein Operandenteil oder ein Bestandteil eines Operandenteils, der für Adressen von Operanden oder Befehlswörtern vorgesehen ist.

Beispielsweise enthält der *Adreßteil* bei einer Rechenoperation die Speicherplätze der Ausgangswerte. Bei der Steuerung eines Ein- oder Ausgabevorgangs gibt er an, welches Gerät die im Operationsteil definierte Verrichtung ausführen soll.

Die *Adressen*, die durch einen Befehl angesprochen werden, sind im Adreßteil in der Form von *vorzeichenlosen Dualzahlen* dargestellt.

Übungsaufgabe Nr. I-54 im Arbeitsbuch ←

Mikrobefehle

Die Ausführung eines Maschinenbefehls geschieht auf unterster Ebene durch eine Folge elementarer Operationen in der Hardware. Bei den heute üblichen mikroprogrammgesteuerten Rechnern werden die Signale zur Steuerung der elementaren Operationen aus *Mikrobefehlen* abgeleitet, die zuvor aus einem Mikroprogrammspeicher (Näheres im Abschnitt 2.3.1.1) gelesen wurden.

> Ein **Mikrobefehl** (engl.: microinstruction) besteht aus gespeicherten Steuerangaben für die Ausführung einer Elementaroperation in der Hardware. Die aufeinanderfolgenden Mikrobefehle zur Steuerung des Ablaufs eines Maschinenbefehls werden **Mikroprogramm** (engl.: microprogram) genannt. Die Gesamtheit der Mikroprogramme heißt **Firmware** (engl.: firmware).

Ein *Mikrobefehl enthält* wie ein Maschinenbefehl einen *Operationscode* zur Bezeichnung der auszuführenden Elementaroperation, *Adres-*

Die Schaltnetze lassen sich mit drei Typen von Grundbausteinen bilden.

Logische Funktion — und — oder — nicht

Schaltzeichen

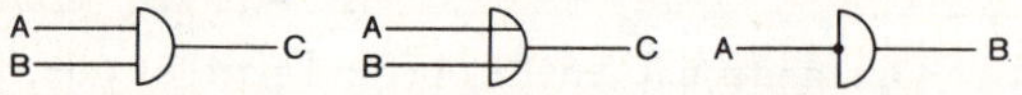

Bedeutung

- und: Wenn die Eingänge A und B gleichzeitig vorhanden sind, ist der Ausgang C vorhanden.
- oder: Wenn A und/oder B vorhanden sind, ist C vorhanden.
- nicht: Am Ausgang B ist jeweils die Umkehrung von A vorhanden.

Dieselbe Aussage in Tabellenform

A	B	C
0	0	0
0	1	0
1	0	0
1	1	1

A	B	C
0	0	0
0	1	1
1	0	1
1	1	1

A	B
0	1
1	0

Beispiel eines Schaltnetzes (Vergleicher)

Die Schaltung soll feststellen, ob 2 Binärziffern A und B gleich oder ungleich sind. Bei Gleichheit erscheint im Ausgang C eine 1, bei Ungleichheit eine 0.

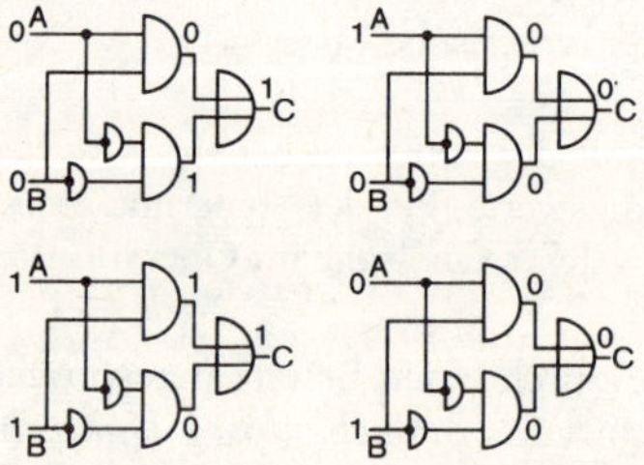

Abb. 2.1.3.4/2: Logische Verknüpfung von Binärsignalen in einem Schaltnetz

sen sowie *eventuell Angaben zur* vielfach bedingungsabhängigen *Auswahl des nächstfolgenden Mikrobefehls*. Er wird i.a. in einem elementaren Taktzyklus von einer oder mehreren Hardware-Funktionseinheiten ausgeführt.

Die Abb. 2.1.3.4/2 zeigt Ihnen als *Beispiel* den Ablauf einer Vergleichsoperation auf der Hardware-Ebene.

Die abschließende Abb. 2.1.3.4/3 gibt einen zusammenfassenden *Überblick über die Repräsentationsformen der Steuerinformation* auf dem Weg vom konzeptionellen Modell bis hin zu den Hardware-Schaltungen im Rechner. In den Hauptabschnitten 2.3 und 2.4 werden die in dieser Abbildung verwendeten Begriffe noch im einzelnen erläutert.

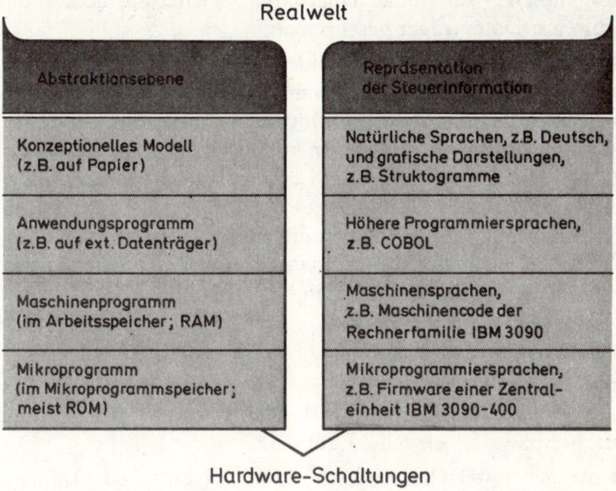

Abb. 2.1.3.4/3: Abstraktionsebenen und mögliche Repräsentationsformen der Steuerinformation

Übungsaufgabe Nr. I-55 im Arbeitsbuch ←

2.2 Datenträger und externe Speicher

Datenträger sind zur materiellen Verkörperung oder dauerhaften Aufnahme von Daten geeignete physikalische Mittel.

Die Information wird von Menschen und/oder Maschinen auf Datenträgern aufgezeichnet (= *Schreiben*). Sie kann automatisch von EDV-Eingabegeräten gelesen (= *Lesen*) und an die Zentraleinheit übertragen werden. Verarbeitungsergebnisse werden von der Zentraleinheit ausgegeben, d.h. an externe Speicher- bzw. Ausgabegeräte übermittelt und von diesen – falls eine dauerhafte Speicherung notwendig ist – wiederum auf Datenträger geschrieben.

Datenträger müssen daher in einem engen Zusammenhang zu den Menschen und Geräten gesehen werden, welche die Information lesen oder schreiben. Das *Leistungsvermögen* wird bestimmt durch

- die *Speicherkapazität* des einzelnen Datenträgers,
- die Zeit für einen Schreib- oder Lesevorgang (= *Zugriffszeit*),
- die Übertragungsgeschwindigkeit zwischen einem Laufwerk, d.h. der Vorrichtung für das Schreiben und/oder Lesen von Datenträgern, und der Zentraleinheit (= *Datentransferrate, Übertragungsrate, Schreib-/Lesegeschwindigkeit*) und
- die mögliche *Zusammenschaltung von Laufwerken* zur Vervielfachung der Speicherkapazität und Datentransferrate.

Wenn wir im folgenden *Leistungsdaten* nennen, so beziehen sich diese – wenn nichts anderes erwähnt wird – stets auf den einzelnen Datenträger bzw. das einzelne Laufwerk.

Datenträger unterscheiden sich durch *weitere bedeutsame Eigenschaften*, von deren Vielfalt Ihnen die Abb. 2.2/1 einen ersten Eindruck vermittelt.

Zahlreiche der denkbaren Attributkombinationen sind in angebotenen Trägermedien realisiert oder befinden sich in der Entwicklung.

Nehmen wir als *Anschauungsbeispiel* einen Datenträger, den Sie sicherlich kennen: Die *Eurocheque-Karte*.

- Aufzeichnungsform: Die Inhaber- und Bankdaten sind gedruckt und magnetisch gespeichert; zusätzlich ist die Inhaberunterschrift handschriftlich aufgebracht.
- Basismaterial: Plastik mit eingeschlossenem Papier und Eisenoxidbeschichtung (Magnetstreifen).
- Gestalt des Mediums: Karte mit Streifen.
- Repräsentationsform der Daten: Schriftzeichen und Punkte (magnetisierte Bitpositionen).

Aufzeichnungsform	handschriftlich	bedruckt	gelocht	magnetisch	optisch	elektrisch
Basismaterial des Speichermediums	Realweltobjekt	Papier	Plastik	Metall	Halbleiter	
Gestalt des Datenträgers	Blatt	Karte	Streifen (Band)	Scheibe (Platte)	Trommel (Zylinder)	
Repräsentationsform der Daten	Löcher	Punkte	Striche	Schriftzeichen	Bilder	Schaltungen
Visuelle Lesbarkeit durch den Menschen	lesbar ohne Lesegerät	lesbar mit Lesegerät	nicht lesbar (ohne Umsetzung)			
Transportierbarkeit	auswechselbar, per Briefpost versendbar	auswechselbar, tragbar bzw. per Paketpost versendbar	nicht auswechselbar, nicht versendbar			
Lagerfähigkeit	hoher Platzbedarf und Empfindlichkeit	geringer Platzbedarf, keine Empfindlichkeit	geringer Platzbedarf, keine Empfindlichkeit			
Aufzeichnungs-häufigkeit	einmalige Aufzeichnung des ganzen Inhalts von Anfang an	einmalige Aufzeichnung des Inhalts in sukzessiver Form	mehrmalige Aufzeichnung des Inhalts	beliebig häufige Aufzeichnung des Inhalts		
Speicherkapazität	bis 100 Bytes	100 Bytes bis 1 KB	1 KB bis 1 MB	1 MB bis 1 GB	mehr als 1 GB	
Zugriffszeit (mittlere) zu den Daten	mehr als 10 Sek. bis Minuten	1 bis 10 s	100 ms bis 1 s	10 bis 100 ms	weniger als 10 ms	
Preis für einen Datenträger	weniger als 10 Pfennig	10 Pfennig bis 1 DM	1 bis 10 DM	10 bis 100 DM	100 bis 1000 DM	mehr als 1000 DM
Preis für ein Aufzeichnungs- und Lesegerät (min.)	weniger als 500 DM	500 bis 1000 DM	1000 bis 5000 DM	5000 bis 10000 DM	10000 bis 100000 DM	mehr als 100000 DM

Abb. 2.2/1: Merkmale von Datenträgern

- Visuelle Lesbarkeit durch den Menschen: Klarschrift ohne Lesegerät lesbar, magnetisch gespeicherte Daten nicht (ohne Umsetzung) lesbar.
- Transportierbarkeit: Datenträger auswechselbar, per Briefpost versendbar.
- Lagerfähigkeit: geringer Platzbedarf, robust, aber empfindlich gegen magnetische Umwelteinflüsse.
- Aufzeichnungshäufigkeit: Klarschrift nicht löschbar (einmalige Verwendbarkeit), magnetisch gespeicherte Daten beliebig oft veränderbar.
- Speicherkapazität: einige hundert Bytes.
- Zugriffszeit (mittlere): weniger als 10 Sekunden auf die magnetisch gespeicherten Daten.
- Preis für einen Datenträger: ca. 1,– DM.
- Preis für ein Aufzeichnungs- und Lesegerät: ca. 1000,– DM.

Plastikkarten gibt es auch mit maschinenlesbaren Strichcodes und implantierten Fotos (z.B. als Mitarbeiterkennkarten, Studentenausweise, Benutzerausweise für Bibliotheken o.ä.).

Im Kreditwesen wird überlegt, längerfristig den Magnetstreifen auf den Eurocheque-Karten durch Chips mit Prozessor- und Speicherfunktionen zu ergänzen oder zu ersetzen – u.a., um damit die Karten fälschungssicher zu machen. Solche Chipkarten werden bereits auf dem Markt angeboten, sie kosten aber noch etwa zehn Mal so viel wie die derzeitigen Magnetstreifenkarten und ihr Speicher ist auf wenige Kilobits beschränkt. In Forschung und Entwicklung wird jedoch schon mit optischen Speichern experimentiert, in denen mittels Laser mehrere Millionen Bytes pro Karte aufgezeichnet werden können.

Sie sehen aus diesem einen Beispiel,
- welche unterschiedlichen Merkmale Datenträger aufweisen können bzw. wieviele Varianten es gibt,
- wie sich die Eigenschaften und damit das mögliche Einsatzspektrum durch technische Fortschritte verändern können,
- in welch hohem Maße die spezifischen Anforderungen des jeweiligen Anwendungsbereichs für die Beurteilung der notwendigen Datenträgereigenschaften maßgeblich sind,
- welche entscheidende Rolle ökonomische Überlegungen spielen, wobei der Preis des einzelnen Datenträgers in vielen Fällen von untergeordneter Bedeutung ist (im Vergleich zu Geräteinvestitionen bzw. zu den Nutzen des Verfahrens).

→ Übungsaufgabe Nr. I-56 im Arbeitsbuch

Internationale und nationale *Normen* bestimmen für fast alle weitverbreiteten Datenträger die zulässigen Ausgangsmaterialien und ihre physikalischen Eigenschaften (z.B. bezüglich Festigkeit, Unbrennbarkeit, Nichtgiftigkeit, Beständigkeit gegen chemische Einflüsse, Hitze, Feuchtigkeit, Licht, Abnutzung), die Abmessungen und die Aufzeichnungsbereiche, die Aufzeichnungsformate (d.h. inhaltliche Strukturierungsmöglichkeiten der einzelnen Spuren) sowie die Aufzeichnungsverfahren und Codes. Solche Normen, die es auch für die meisten anderen EDV-Bereiche (Hardware, Software, Orgware) gibt, sind für den Datenaustausch zwischen den Komponenten von Informationssystemen im Betrieb und zwischen Betrieben äußerst wichtig. Ob solche Normen tatsächlich wirksam sind, hängt stark davon ab, inwieweit die Anbieter von EDV-Produkten ihre Produktgestaltung danach ausrichten. In der Vergangenheit war es in vielen Fällen eher so, daß nicht internationale oder nationale Normungsgremien die faktischen Standards gesetzt haben, sondern der Marktführer IBM. Ebenso haben andere Hersteller bei ihren Produkten in vielen Fällen keine Rücksicht auf vorhandene Normen genommen, sondern eigene Spezifikationen verwendet oder sich an den sog. «Industriestandard» des Marktführers angepaßt. Bei innovativen Entwicklungen kann es auch i.d.R. gar keine Normen geben, d.h. die Normierung «hinkt» zeitlich hinter den raschen informationstechnischen Fortschritten nach. Die langwierigen, meist jahrelangen Abstimmungsprozesse beim Normentwurf führten in einer ganzen Reihe von Fällen dazu, daß Normen bei ihrer Verabschiedung schon veraltet waren – weil sich bereits technisch oder wirtschaftlich günstigere Lösungen auf dem Markt durchgesetzt hatten. Erst seitdem in jüngerer Zeit die externen Kommunikationsbedürfnisse stark angestiegen sind, hat sich der Stellenwert der EDV-Normung im Bewußtsein der EDV-Anwender erhöht. Daraus ist ein wachsender Druck – vor allem seitens mächtiger Anwendergruppen und staatlicher bzw. überstaatlicher Stellen (EG) – entstanden, der zumindest in Teilbereichen «Früchte trägt». Wir werden in der Folge auf vorhandene Normen verweisen, die sich auf dem Markt durchgesetzt haben, ohne jedoch jeweils die genauen Nummern zu zitieren. Sie finden diese sehr leicht in den im Literaturverzeichnis genannten Bänden mit den DIN-Normen der Informationsverarbeitung.

Nachstehend werden nur die wichtigsten Datenträger behandelt, die sich in der Praxis allgemein durchgesetzt haben oder – wie etwa die erwähnten Chipkarten – besonders zukunftsträchtig sind. *Dabei unterscheiden wir nach der Aufzeichnungsform der Daten folgende Gruppen*:

1. *Gelochte, bedruckte und handbeschriftete Datenträger*,
   bei denen die zu speichernden Daten durch mechanisches Heraustrennen der entsprechenden Bitkombinationen (Lochen), durch Drucken oder manuelles Schreiben von Strichmarkierungen oder Schriftzeichen realisiert werden.
2. *Magnetische Datenträger*,
   bei denen die Daten durch die Magnetisierung von Bitpositionen auf

dünnen magnetisierbaren Schichten biegsamer oder starrer Trägermedien gespeichert werden.

3. *Optische Datenträger*,
   bei denen Licht zur Datenaufzeichnung dient und zwar durch Belichten von Filmen mit Mikrobildern oder durch Einbrennen von Bitpositionen mittels scharf gebündelter Laserstrahlen auf diversen Speichermedien.
4. *Elektronische Datenträger*,
   bei denen die Daten elektrisch in die Zellen eines Halbleiterspeichers geschrieben werden.

Wie die Erfassung und Speicherung der Information technisch funktionieren und organisiert werden, wird hier nur insoweit erläutert, als es zum Verständnis der Datenträger und ihrer Codes notwendig ist. Auf die peripheren Geräte zum Lesen und Schreiben der Daten auf den Trägermedien wird ebenfalls nur am Rande eingegangen; einige ausgewählte Systeme werden exemplarisch im Abschnitt 2.3.2 gekennzeichnet; nach der Lektüre dieses Hauptabschnitts 2.2 können Sie ohne weiteres dorthin «verzweigen» und anschließend «zurückspringen». Die Funktionen der Datenerfassung und Datenspeicherung werden detailliert im Kapitel 3 behandelt.

→ Übungsaufgabe Nr. I-57 im Arbeitsbuch

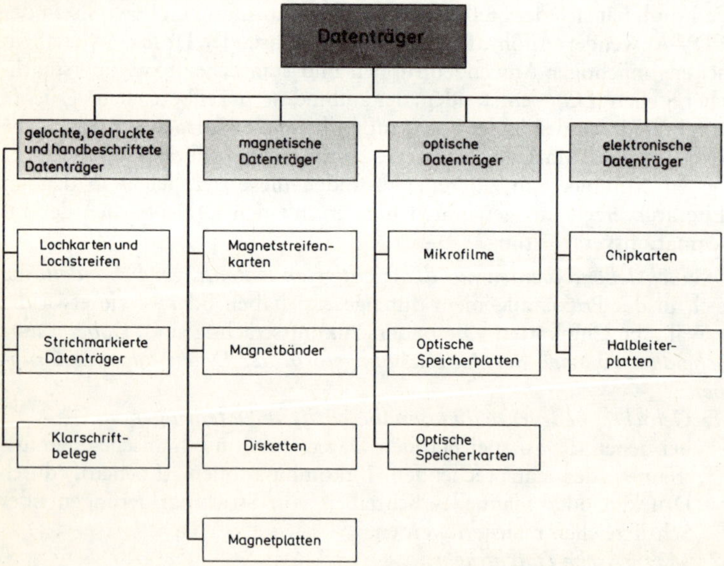

Abb. 2.2/2: Übersicht über die nachfolgend behandelten Datenträger

2.2.1 Gelochte, bedruckte und handbeschriftete Datenträger

Diese Datenträger bestehen meist aus *Papier*. Die *Bitdichte* ist im Vergleich zu den in den Abschnitten 2.2.2 bis 2.2.4 beschriebenen Trägermedien gering. Dementsprechend ist die *Datenkapazität relativ beschränkt und der Platzbedarf sehr hoch*. Solche Datenträger können auch *nur einmalig verwendet* werden. Sie kommen vor allem dort zum Einsatz, wo vom Menschen lesbare und ausfüllbare Belege unmittelbar von EDVA verarbeitet werden sollen. (Das oben Gesagte gilt bezüglich der Datenkapazität und visuellen Lesbarkeit nicht für Lochstreifen, die aus letzterem Grund auch nicht als Belege dienen können.)

2.2.1.1 Lochkarten und Lochstreifen

Lochkarten und Lochstreifen, die *in den Anfängen der EDV die weitaus wichtigsten Datenträger* waren, sind im letzten Jahrzehnt fast völlig durch magnetische Speichermedien bzw. die Tastatureingabe von Daten verdrängt worden. Sie finden gelochte Datenträger *heute nur noch bei einigen wenigen Spezialanwendungen*, z.B. als

- Zahlungsbelege für die Benutzung italienischer Autobahnen oder
- parallel zum maschinellen Buchen gewonnene Streifen mit Buchhaltungsdaten, die anschließend in einem Servicerechenzentrum ausgewertet werden.

Die Tage solcher «museumsreifer» Anwendungsfälle sind gezählt. Wir gehen deshalb im folgenden nur ganz kurz auf Lochkarten und Lochstreifen ein und kommen später bei der Darstellung von Geräten und Verfahren nicht mehr hierauf zurück. Die «Spuren» der Lochkartentechnik finden Sie in vielen Hardware- und Softwarekomponenten. Zum Beispiel haben die heute üblichen Bildschirme Standardlochkartenformat (80 Zeichen pro Zeile), der Aufbau von COBOL-Programmen orientiert sich hieran usw.

Lochkarten (engl.: punched card) sind aus einem geeigneten Papier (Lochkartenkarton) hergestellte Karten (genormte Länge 187,45 mm, Breite 82,73 mm), die zur Verarbeitung mit Informationsaufzeichnungen, insbesondere Lochungen, einem Aufdruck oder auch Kombinationen aus diesen versehen sein können.

Die Lochkarte ist ein *Einzelbeleg*, der seinerzeit üblicherweise *zu Paketen geordnet als Datei verarbeitet* wurde. Um die Kontrolle der richtigen Lage einer Karte in einem Kartenstapel besser durchführen zu können, wurde diese an der linken oberen Ecke mit einem *Eckenschnitt*

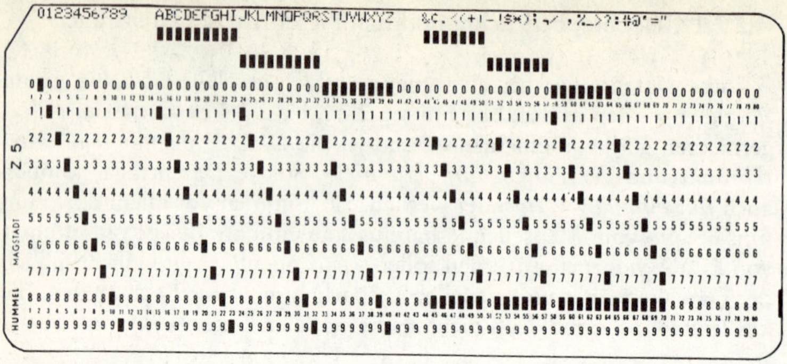

Abb. 2.2.1.1/1: Standardlochkarte

versehen. Um Karten für verschiedene Anwendungen voneinander unterscheiden zu können, war das Kartenmaterial oft verschiedenartig gefärbt. *Standardlochkarten hatten 80 senkrechte Spalten mit je 12 Lochpositionen. Pro Spalte war ein Zeichen durch eine oder mehrere Lochungen darstellbar* (vgl. Abb. 2.2.1.1/1).

Neben der Standardlochkarte und dem in der Abb. 2.2.1.1/1 dargestellten *Hollerithcode* finden sich in der Praxis auch heute noch vereinzelt *Karten mit anderen Maßen und anderen Codes.* Als preiswerte Identifikationsnachweise werden solche Lochkarten z. B. als Hotelzimmerschlüssel und Schipässe eingesetzt.

Vorteile von Lochkarten sind:

1. Einfache Fehlererkennung durch die Beschriftung;
2. leichte Fehlerkorrektur durch das Auswechseln von Karten;
3. Sortierfähigkeit;
4. Brauchbarkeit als Karteikarten oder billige Identifikationskarten;
5. Möglichkeit zur synchronen Datenerfassung durch den Anschluß eines Kartenstanzers an Schreib- und Abrechnungsmaschinen;
6. Kostengünstigkeit bei geringen Datenmengen.

Nachteile von Lochkarten sind:

1. Begrenzte Aufnahmekapazität der einzelnen Karte (i.a. 80 Zeichen pro Karte);
2. niedrige Datenerfassungs-, Eingabe- und Ausgabegeschwindigkeiten aufgrund mechanischer Vorgänge;
3. hoher Platzbedarf bei der Aufbewahrung;
4. nur einmalige Verwendbarkeit als Datenträger.

→ Übungsaufgabe Nr. I-58 im Arbeitsbuch

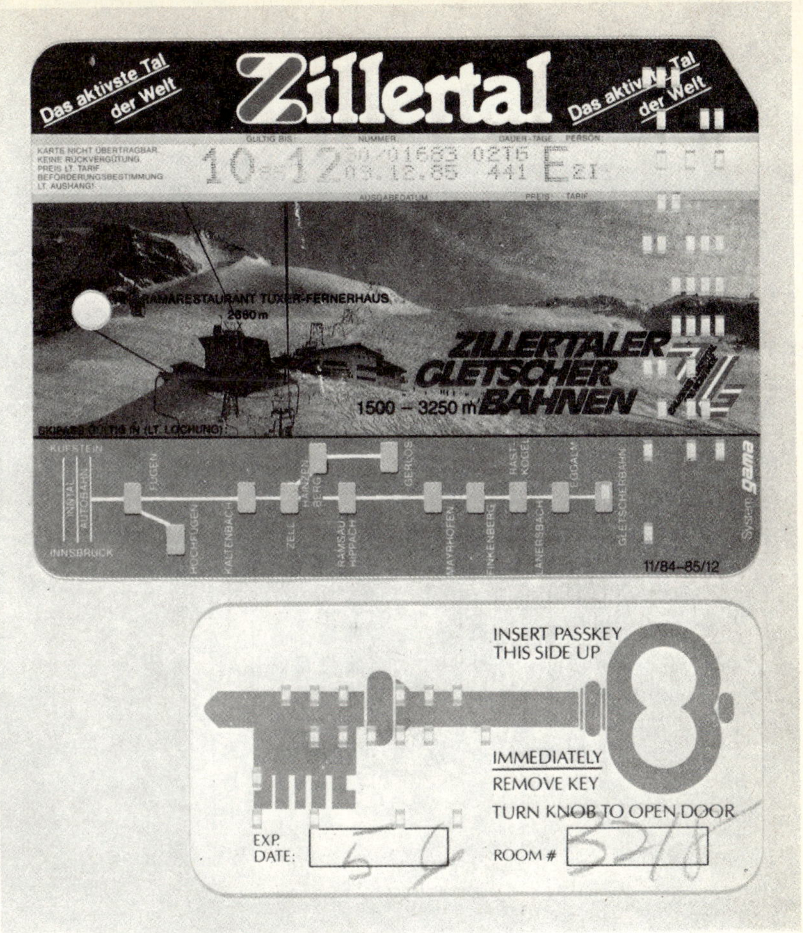

Abb. 2.2.1.1/2: Schipaß- und Hotelzimmerschlüssel-Lochkarte

> Ein **Lochstreifen** (engl.: punched tape) ist ein Datenträger in Form eines Streifens aus pergamentartigem Papier, in dem die Information durch Lochkombinationen dargestellt wird.

Die Aufzeichnung von Information erfolgt in mehreren Spuren. Standardlochstreifen verfügen über eine Taktspur (= Transportspur) und

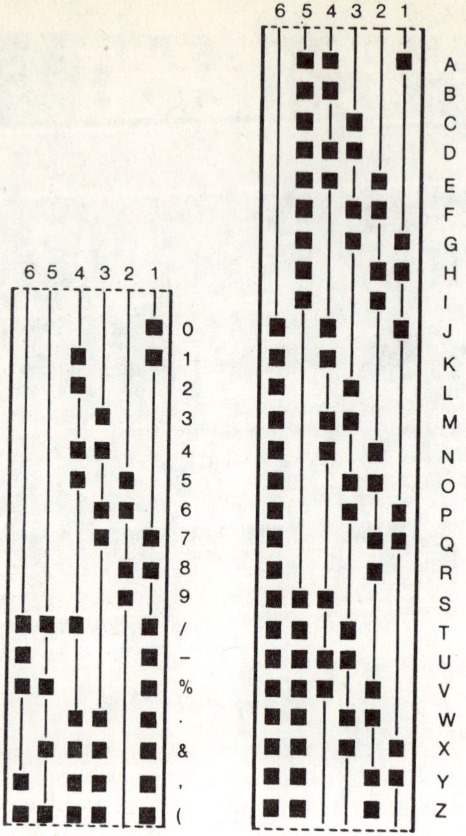

Abb. 2.2.1.1/3: 6-Spur-Lochstreifencode (IBM)

5, 6, 7 oder 8 Informationsspuren, die alle parallel zur Lochstreifenkante verlaufen. Die Zeichen werden unter Ausnutzung aller Informationsspuren durch runde oder durch viereckige Lochungen nebeneinander quer zur Wickelrichtung des Streifens dargestellt.

Ein häufig benutzter *6-Spur-Lochstreifencode* ist in der Abb. 2.2.1.1/3 wiedergegeben.

Eine ganze *Lochstreifenrolle* hat eine *Kapazität von 120 000 bis 130 000 Zeichen*, jedoch werden auch *häufig kleinere Rollenabschnitte* verarbeitet.

Vorteile von Lochstreifen sind:

1. Eignung für variable Feld- und Satzlängen, insbesondere für lange ununterbrochene Zeichenfolgen;
2. Nutzbarkeit der Fernschreibtechnik für eine einfache Fernübertragung von Daten mittels des 5-Spur-Streifens;
3. Möglichkeit zur synchronen Datenerfassung durch den Anschluß eines Streifenstanzers an Schreib- und Abrechnungsmaschinen;
4. Kostengünstigkeit bei geringen Datenmengen.

Nachteile von Lochstreifen sind:

1. Mangelnde Sortierfähigkeit von Datensätzen;
2. niedrige Datenerfassungs-, Eingabe- und Ausgabegeschwindigkeit;
3. mangelnde Lesbarkeit durch den Menschen;
4. aufwendige Korrektur nachträglich erkannter Fehler;
5. nur einmalige Verwendbarkeit als Datenträger;
6. Empfindlichkeit bei Transport und Lagerung.

Übungsaufgabe Nr. I-59 im Arbeitsbuch ←

2.2.1.2 Strichmarkierte Datenträger

Markierungsbelege (engl.: mark read form) sind von Hand auszufüllende, maschinenlesbare Papierbelege unterschiedlicher Formate, die in der Art eines Fragebogens mit vorgesehenen Antwortfeldern gestaltet sind.

Die *Antwortfelder* befinden sich *an den vom jeweiligen EDV-Anwender festgelegten Stellen.* Sie werden in ihrer Bedeutung erläutert und sollen bei der «Beantwortung» – falls zutreffend – *durch Striche oder Kreuze mit einem Bleistift oder einem schwarzschreibenden Faserschreiber markiert* werden. Auch die Markierung durch einen Drucker ist möglich. Bei der Auswertung der Belege durch ein Eingabegerät (Markierungsleser) werden die in der Form von Markierungen dargestellten Zeichen auf fotoelektrischem Wege gelesen. Hierzu müssen die Markierungspositionen und die Belegformate der EDVA bekannt sein. *Erläuterungen und sonstige Angaben werden nicht maschinell interpretiert.* Sie werden bei der Belegerstellung in sog. *Markierungsbeleg-Blindfarben* gedruckt, zum Beispiel grün, blau, braun, rot oder violett.

Wegen der *Flexibilität bei der Beleggestaltung* gibt es keinen allgemein gebräuchlichen Code. Je nach Aufgabenstellung wird dieser vom EDV-Anwender selbst bestimmt. *Beispiele* für die Benutzung von Markierungsbelegen finden sich etwa in Marktforschungsinstituten (Fragebogen), in Großhandelsbetrieben und Filialbetrieben des Einzelhandels

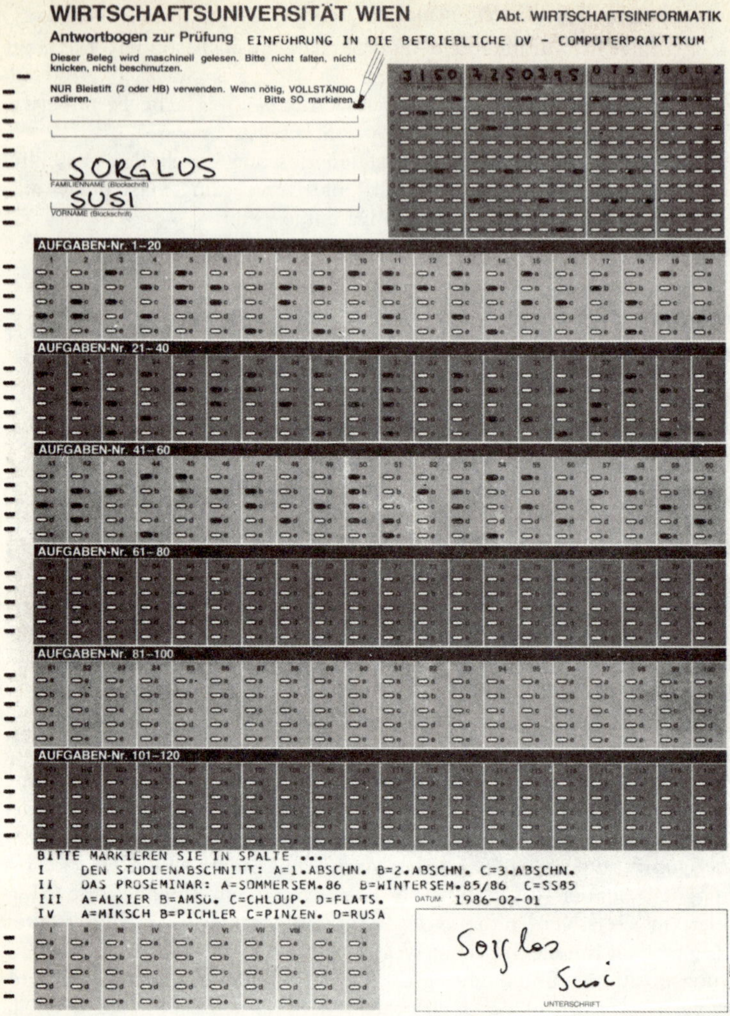

WIRTSCHAFTSUNIVERSITÄT WIEN Abt. WIRTSCHAFTSINFORMATIK

Antwortbogen zur Prüfung EINFÜHRUNG IN DIE BETRIEBLICHE DV - COMPUTERPRAKTIKUM

Dieser Beleg wird maschinell gelesen. Bitte nicht falten, nicht knicken, nicht beschmutzen.

NUR Bleistift (2 oder HB) verwenden. Wenn nötig, VOLLSTÄNDIG radieren. Bitte SO markieren.

SORGLOS

FAMILIENNAME (Blockschrift)

SUSI

VORNAME (Blockschrift)

AUFGABEN-Nr. 1–20

AUFGABEN-Nr. 21–40

AUFGABEN-Nr. 41–60

AUFGABEN-Nr. 61–80

AUFGABEN-Nr. 81–100

AUFGABEN-Nr. 101–120

BITTE MARKIEREN SIE IN SPALTE ...

I DEN STUDIENABSCHNITT: A=1.ABSCHN. B=2.ABSCHN. C=3.ABSCHN.

II DAS PROSEMINAR: A=SOMMERSEM.86 B=WINTERSEM.85/86 C=SS85

III A=ALKIER B=AMSÜ. C=CHLOUP. D=FLATS.

IV A=MIKSCH B=PICHLER C=PINZEN. D=RUSA

DATUM: 1986-02-01

Sorglos Susi

UNTERSCHRIFT

Abb. 2.2.1.2/1: Markierungsbeleg für die automatisierte Auswertung von Mehrfachwahlaufgaben

(Ordersätze) oder in Ausbildungsstätten (z.B. Einsendeaufgaben mit Mehrfachwahlantworten). Die Abb. 2.2.1.2/1 zeigt einen Markierungsbeleg für die automatisierte Auswertung von Mehrfachwahlaufgaben (engl.: multiple choice question).

Vorteile von derartigen Markierungsbelegen sind:

1. Datenerfassung auf dem bzw. vom Urbeleg und damit die Vermeidung kostspieliger, langwieriger, fehleranfälliger Umsetzungsvorgänge;
2. Datenerfassung am Ort des Datenanfalls, d.h. im Betrieb, in den Fachabteilungen;
3. Anpassungsfähigkeit der Formulargestaltung an fachliche Erfordernisse;
4. visuelle und maschinelle Lesbarkeit;
5. Sortierfähigkeit.

Nachteile sind:

1. Zeitraubende Vorbereitungsarbeiten für die Datenerfassung (Formulargestaltung, Auswertungsprogrammierung);
2. keine wirtschaftlich vertretbare Anwendung bei kleinen Datenmengen;
3. hoher Platzbedarf bei der Aufbewahrung der Belege;
4. begrenzte Aufnahmefähigkeit des einzelnen Belegs (ca. 1 500 mögliche Markierungspositionen auf einem DIN-A4-Beleg);
5. nur einmalige Verwendbarkeit als Datenträger;
6. kostspielige Auswertung;
7. mangelnde Eignung für die Erfassung von Daten, welche sich nicht in die Form von Mehrfachwahlantworten bringen lassen.

Übungsaufgabe Nr. I-60 im Arbeitsbuch ←

Datenträger mit vorgedruckten Strichmarkierungen (Balkencode, engl.: bar code) enthalten in genormten oder herstellerspezifischen Strichcodes dargestellte Information, die bei der Eingabe magnetisch oder optisch aufgrund von Hell-Dunkel-Kontrasten erkannt wird. Als Trägermedien werden Papierbelege unterschiedlicher Formate (vor allem Etiketten), aber auch zum Beispiel Verpackungen benutzt.

Ein *Beispiel* hierfür ist der genormte *Strichcode zur Darstellung der 13stelligen europaeinheitlichen Artikelnummer EAN* im Nahrungsmittelbereich, welchen Sie bereits im ersten Kapitel kennengelernt haben. Durch den Aufdruck der EAN werden die Artikel selbst zum Datenträger. Jede handelsübliche Mengen- oder Verpackungseinheit erhält vom Hersteller eine eigene Nummer zugeordnet, die den Artikel bis zum

Endverbraucher begleitet. Sie ermöglicht *auf allen Handelsstufen eine artikelbezogene Datenverarbeitung* und bildet die genormte *Schnittstelle für die Datenübertragung zwischen diesen Stufen.* Die Einführung der EAN wurde 1977 von zwölf Staaten (darunter alle EG-Staaten) vereinbart; mittlerweile haben sich viele weitere Länder dieser Übereinkunft angeschlossen (u. a. auch USA und Japan). Die EAN-Artikelnummer hat folgenden *Aufbau*:

xx xxxxx xxxxx x

- xx → Länderkennzeichen («flag») des Produktionslandes; (Bundesrepublik Deutschland: 40–43)
- xxxxx → Betriebsnummer des Herstellers (Bundesrepublik Deutschland: «bundeseinheitliche Betriebsnummer» bbn: sie wird von der CCG auf Antrag vergeben)
- xxxxx → Artikelnummer je Hersteller (Bundesrepublik Deutschland: in der Verantwortung des Herstellers)
- x → Prüfziffer

Abb. 2.2.1.2/2: Aufbau der EAN-Artikelnummer

Artikel mit kleinem Volumen können mit einer *achtstelligen Kurznummer* versehen werden. Für die maschinelle Erkennung wird die EAN in einem *Strichcode* dargestellt, dessen Symbole und Drucktoleranzen in der DIN-Norm 66236 (*Schrift SC*) festgelegt sind. Sie haben ganz am Anfang im 1. Kapitel ein Beispiel in der Abb. 1.1.3/1 gesehen und können diesen Code mittlerweile tagtäglich auf vielen Lebensmittelpackungen wiederfinden. Die Vergabe der Betriebsnummern wird in den verschiedenen Staaten jeweils zentral von nationalen Gremien koordiniert. In der Bundesrepublik Deutschland übernimmt die «Centrale für Coorganisation Gesellschaft für Rationalisierung des Informationsaustausches zwischen Handel und Industrie mbH (CCG)» diese Aufgabe. Inzwischen sind bereits mehr als 80% der verpackten Artikel im Nahrungsmittelbereich mit der EAN ausgezeichnet, aber erst rund tausend Geschäfte machen im deutschen Handel von der im Abschnitt 1.1.3 beschriebenen Möglichkeit einer automatisierten Verkaufsabrechnung mit Scanner-Kassen Gebrauch.

Das EAN-Symbol besteht aus einer Serie von parallelen dunklen Balken unterschiedlicher Breite auf hellem Grund, das durch eine Klarschriftzeile in OCR-B-Schrift ergänzt wird. Näheres zur OCR-B-Schrift erfahren Sie im Abschnitt 2.2.1.3. Die OCR-B-Schriftzeile ist *nicht* für die maschinelle Lesung vorgesehen. Wenn der EAN-Strichcode von dem Lesesystem abgewiesen wird (z.B. wegen Verschmutzung oder Beschädigung), kann die EAN-Nummer aufgrund dieser visuell lesbaren OCR-B-Zeile manuell in die Kasse eingegeben werden.

4 012345 003154

Abb. 2.2.1.2/3: 13stelliges EAN-Symbol

Das EAN-Symbol besteht aus zwei Hälften mit jeweils 4 (EAN-8) oder 6 (EAN-13) Zeichen sowie je einem Randzeichen und einem Mittezeichen. Die 13. Stelle der EAN-13 ist durch eine zusätzliche Verschlüsselung in der linken Symbolhälfte dargestellt. Die Lesegeräte können beide Symbolhälften getrennt voneinander erkennen, weil für die Darstellung *verschiedene Zeichensätze* verwendet werden. Dies ist nötig, damit sowohl von links nach rechts, als auch von rechts nach links gelesen und interpretiert werden kann. *Jedes Nutzzeichen (Ziffern von 0–9) ist in sieben gleiche Teile eingeteilt, die entweder dunkel (Balken) oder hell (Zwischenräume) sind.* Ein Nutzzeichen enthält zwei Balken und zwei Zwischenräume, die jeweils 1, 2, 3 und 4 Teile breit sind.

Aus der Abb. 2.2.1.2/3 in Verbindung mit der Abb. 2.2.1.2/4 ersehen Sie, daß zum *Beispiel* die Ziffer 0 in der linken Hälfte der dargestellten Artikelnummer durch die Bitfolge 000LL0L gekennzeichnet wird. Ein dunkler Teil symbolisiert dabei ein L-Bit, ein heller Teil ein 0-Bit. In der rechten Hälfte der EAN wird die Ziffer 0 hingegen durch die Bitfolge LLL00L0 repräsentiert – das können Sie nur sehr grob aus der Breite der Balken und Zwischenräume in Abb. 2.2.1.2/3 erkennen.

Tatsächlich ist der EAN-Code sogar noch komplizierter, denn *zur Darstellung der Nutzzeichen in der linken Hälfte dienen zwei verschiedene Zeichensätze (A und B)*, deren Verwendung von der jeweils zu codierenden Stelle abhängt. In unserem Beispiel steht die Ziffer 0 an 12. Stelle und wird im Zeichensatz A wie erwähnt durch die Bitfolge 000LL0L codiert. Stünde sie jedoch z.B. an 11. Stelle, so würde sie durch die Bitfolge 0L00LLL im Zeichensatz B repräsentiert. Aus den beiden Nullen in der rechten Hälfte der EAN in Abb. 2.2.1.2/3 ersehen Sie, daß in beiden Fällen dieselbe Codierung (LLL00L0) verwendet wird. Das ist generell so, d.h. *alle Ziffern der rechten Hälfte werden im Zeichensatz C dargestellt.*

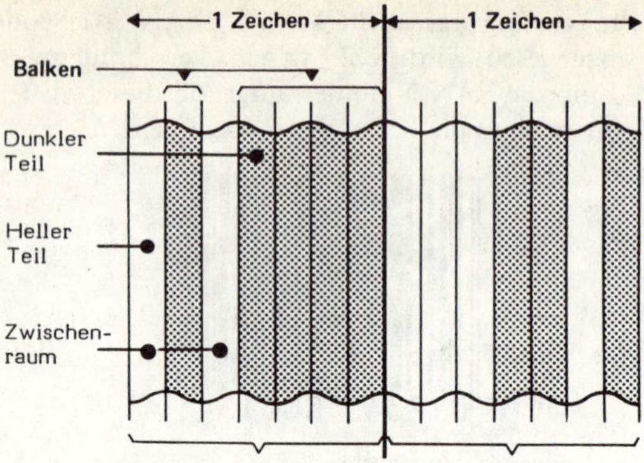

7 Teile
2 Balken/2 Zwischenräume
Das obige Zeichen stellt eine linke «6» dar.

7 Teile
2 Balken/2 Zwischenräume
Das obige Zeichen stellt eine linke «0» dar.

Abb. 2.2.1.2/4: Aufbau von EAN-Nutzzeichen

Wir vertiefen diese beispielhafte Erklärung der EAN nicht und verzichten auch auf eine vollständige Darstellung des Codes. Es genügt, wenn Sie im Prinzip verstehen, wie ein solcher Strichcode aufgebaut ist.

→ Übungsaufgabe Nr. I-61 im Arbeitsbuch

Von insgesamt *etwa 40 unterschiedlichen Strichcodes* haben sich in der Praxis nur relativ wenige durchgesetzt. Neben dem EAN-Code und dem (ähnlichen) amerikanischen Artikelstrichcode UPC sind dies vor allem im industriellen Bereich der ebenfalls rein numerische *Code 2 aus 5* bzw. *2 aus 5 Interleaved* und der alphanumerische *Code 3 aus 9* (Code 39). Im Gegensatz zum EAN-Code, der aus vier verschieden breiten Balken und Zwischenräumen aufgebaut ist, benötigen diese beiden Codes nur zwei Breiten, und sie sind auch nicht auf eine starre Länge (bei der EAN acht oder 13 Stellen) beschränkt. Aus dem erstgenannten Grund stellen diese Codes geringere Anforderungen an die Druckqualität, d.h. hierfür eignen sich auch billigere Drucker (z.B. mechanische Matrixdrucker, Tintenstrahldrucker; Näheres im Abschnitt 2.3.2.6).

Mögliche *Vor- und Nachteile von Datenträgern mit vorgedruckten Strichmarkierungen* sollen ebenfalls *am Beispiel der strichcodierten EAN* veranschaulicht werden.

Vorteile aus der Sicht der Handelsbetriebe sind:

1. Wegfall der zeitaufwendigen und kostspieligen Warenetikettierung (Beschränkung auf die Regalauszeichnung);

2. Zeiteinsparungen und erhöhte Sicherheit beim Kassiervorgang (dadurch Minderung von Inventurdifferenzen);
3. gezielte und flexiblere Marketingpolitik (z.B. Preisänderungen und -differenzierungen, filial- und produktbezogene Werbung, artikelspezifische Verkaufsförderungsmaßnahmen) durch die zentrale Bestands- und Preisführung der Artikel in einem Massenspeicher und umfangreiche Verkaufsauswertungen der Datenkassen.

Der zuletzt genannte Vorteil könnte in absehbarer Zeit auch den *Artikelherstellern* zugute kommen, wenn diesen durch den Zugang zu am Verkaufsort gewonnenen Absatzdaten eine differenziertere Kunden-, Konkurrenz- und Produktpolitik ermöglicht wird. Allerdings werden diese Möglichkeiten derzeit herstellerseitig eher skeptisch beurteilt.

Nachteile der EAN sind

1. aus der Sicht der *Artikelhersteller* vor allem höhere Kosten durch den Aufdruck der EAN, die wegen der erforderlichen Druckqualität gelegentlich notwendigen aufwendigeren Packmittel und die Inanspruchnahme von früher als Werbefläche genutztem Raum;
2. aus der Sicht des *Handels*, daß gleiche Artikel von unterschiedlichen Herstellern auch unterschiedliche Nummern haben; für rechnergestützte Verkaufsauswertungen müssen deshalb intern spezielle Tabellen zur Zusammenfassung dieser Positionen aufgebaut werden, deren Pflege nicht einfach ist;
3. aus der Sicht der *Verbraucher*, daß die Waren nicht mehr einzeln preisausgezeichnet sind und damit eine Preiskontrolle im Einkaufswagen und an der Kasse nicht mehr möglich ist. Die angeblich kürzeren Wartezeiten an den Kassen sind in der Anfangszeit fast stets länger als früher, spürbare Verbesserungen treten – wenn überhaupt – erst nach einigen Wochen ein.

Übungsaufgabe Nr. I-62 im Arbeitsbuch ←

2.2.1.3 Klarschriftbelege

Klarschriftbelege (engl.: optical character reader form; OCR-form) sind visuell und maschinell lesbare Papierbelege unterschiedlicher Formate, bei denen die Schriftzeichen aufgrund ihrer Gestalt optisch erkannt werden.

Bei der *Auswertung der Belege* durch Eingabegeräte (Klarschriftleser) werden die zu lesenden Zeichen *optisch* aufgrund der Kontraste zwischen den Schriftsymbolen und dem Papier gelesen. Die Lesevorrichtung besteht aus einer starken Lichtquelle und einem Linsensystem, das stark und schwach reflektierendes Licht unterscheiden kann. Bei der Abtastung wird ein Feld, auf dem ein Schriftzeichen aufgebracht ist, in Raster aufgeteilt, und die einzelnen Rasterflächen werden auf «hell» oder «dunkel» untersucht. Die Hell-Dunkel-Muster werden in elektronische Muster umgewandelt und mit den gespeicherten Normmustern der Zeichen verglichen. Erkannte Zeichen werden in den Maschinencode umgesetzt und zur Zentraleinheit übertragen bzw. unter Umständen auch in den Code eines externen Magnetspeichers umgesetzt und für eine spätere Verwendung abgespeichert.

Die *Zeichen* können entweder in einer für die maschinelle optische Zeichenerkennung geeigneten *Standardschrift gedruckt* sein oder *in einer bestimmten Form handgeschrieben* sein.

Von den *verschiedenen Schriften*, deren gedruckte Zeichen von einem Klarschriftleser erkannt werden können, sind eine *Schrift A und eine Schrift B* DIN-genormt[8]. Die Schrift A ist besser unter dem Namen *OCR-A* (engl. Abkürzung für: Font A for optical character recognition) bekannt und wird hauptsächlich in den USA benutzt. *OCR-B* (Schrift B) ist hingegen in Europa am verbreitetsten. Im Kreditwesen sind *Eurobank-A und Eurobank-B* gebräuchlich, die beide dasselbe Schriftbild wie OCR-A und -B verwenden, aber zusätzlich noch einige Sonderzeichen beinhalten. Belege mit OCR-Schrift werden entweder in einer Druckerei angefertigt, mit Schreibmaschine beschriftet oder von einer peripheren Einheit bedruckt. Der *Zeichenvorrat der OCR-A-Schrift* ist in der Abb. 2.2.1.3/1 oben wiedergegeben. Ein *Beispiel* für einen optisch lesbaren Beleg ist der *Eurocheque*, auf dem die unterste Zeile in Eurobank-B-Schrift dargestellt ist.

Neben den genormten OCR-Schriften können Klarschriftleser häufig zusätzlich eine Reihe von verbreiteten *«normalen» Schreibmaschinenschriften* erkennen. Die weitreichenden Möglichkeiten eines modernen Geräts werden im Abschnitt 2.3.2.4 beschrieben.

Handgeschriebene Blockschriftzeichen, die optisch gelesen werden können, sind ebenfalls DIN-genormt[9]. Daneben gibt es diverse Herstel-

---

8 Für die Schrift A wurden Zeichenformen festgelegt, die von den konventionellen, im Druckgewerbe üblichen Zeichengestalten mehr oder weniger abweichen. Das trifft besonders für die Untermenge der Ziffern zu, die im Interesse ihrer sicheren maschinellen Unterscheidbarkeit stilisiert sind. Bei der Normung der Schrift B wurde eine gute maschinelle Unterscheidbarkeit bei gleichzeitig möglichst enger Anpassung an konventionelle Zeichenformen angestrebt. Es gelten die DIN-Normen 66008 und 66009.

9 Siehe hierzu die Norm für eine Schrift H zur maschinellen optischen Erkennung von Handschriftzeichen DIN 66225.

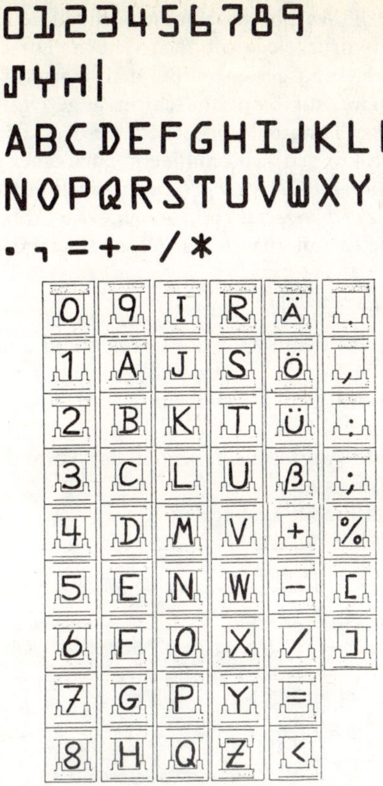

Abb. 2.2.1.3/1: Zeichenvorrat der genormten Schrift A (OCR-A) und Blockschrift (Herstellerstandard; geringe Abweichungen gegenüber der genormten Schrift H) für die maschinelle optische Zeichenerkennung

ler-Standards. Die Daten werden unmittelbar mit Hilfe eines Bleistiftes auf die Belege aufgetragen. Allerdings können hierfür nicht beliebige Stellen des Datenträgers verwendet werden, sondern die Angaben müssen *in vorgesehene Felder* geschrieben werden. Für jedes Zeichen ist – ähnlich wie beim Markierungsbeleg – ein Kästchen bestimmt. Als Hilfe für das handschriftliche Ausfüllen wird oft in den Kästchen der gesamte zulässige Zeichenvorrat in Blindfarbe übereinander vorgedruckt. Beim Beschriften muß man dann nur die stilisierten Linien des jeweils zutreffenden Zeichens mit dem Stift nachfahren. Meist ist auch noch zusätzlich auf dem Beleg eine *Anleitung zum richtigen Ausfüllen der Felder* angebracht. Trotz dieser Maßnahmen und einer unumgänglichen Benutzerschulung ist die Anzahl der beim maschinellen Lesen nicht interpretierbaren Handschriftbelege oft relativ hoch. Diese werden in ein besonderes Ablagefach ausgesteuert. Bei den meisten Geräten können fragliche Schriftbilder auf dem Bildschirm angezeigt und vom Maschinenbediener per Tastatur eingegeben werden. Die Benutzer von Handschriftbelegen können sich häufig erst nach einer gewissen Eingewöhnungszeit an die *äußerst strengen, maschinell bedingten Formvorschriften für die Zeichengestalt* gewöhnen. Die Abb. 2.2.1.3/2 zeigt einen Klarschriftbeleg mit maschinell lesbaren Handschrifteintragungen.

Vorteile von Klarschriftbelegen sind:

1. Datenerfassung auf dem bzw. vom Urbeleg und damit Vermeidung kostspieliger, langwieriger, fehleranfälliger Umsetzungsvorgänge;
2. Datenerfassung am Ort des Datenanfalls, d.h. im Betrieb, in den Fachabteilungen;
3. sehr weitgehende Anpassungsfähigkeit der Formulargestaltung an fachliche Erfordernisse;
4. visuelle und maschinelle Lesbarkeit;

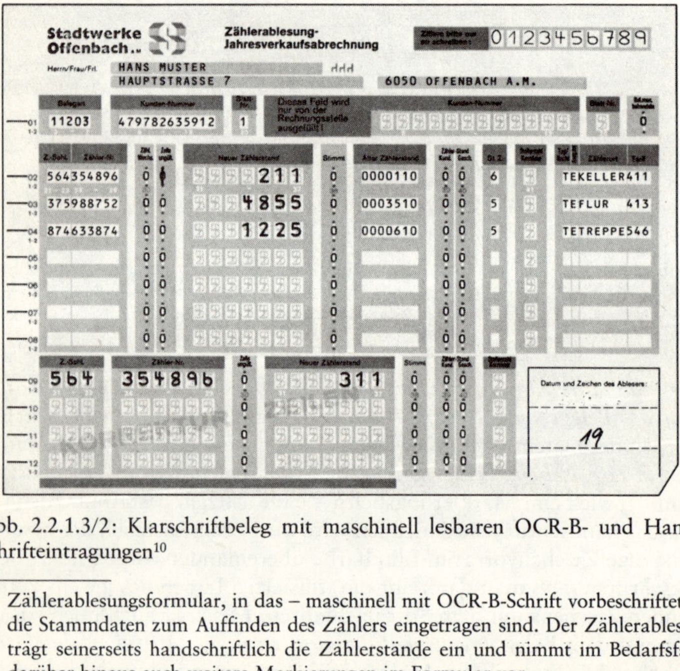

Abb. 2.2.1.3/2: Klarschriftbeleg mit maschinell lesbaren OCR-B- und Handschrifteintragungen[10]

10 Zählerablesungsformular, in das – maschinell mit OCR-B-Schrift vorbeschriftet – die Stammdaten zum Auffinden des Zählers eingetragen sind. Der Zählerableser trägt seinerseits handschriftlich die Zählerstände ein und nimmt im Bedarfsfall darüber hinaus auch weitere Markierungen im Formular vor.

5. Sortierfähigkeit, verbunden mit einer hohen Verarbeitungsgeschwindigkeit;
6. Möglichkeit zur synchronen Datenerfassung durch den Anschluß eines Klarschriftdruckers an Schreib- und Abrechnungsmaschinen.

Nachteile von Klarschriftbelegen sind:

1. Zeitraubende Vorbereitungsarbeiten für die Datenerfassung;
2. keine wirtschaftlich vertretbare Anwendung bei kleinen Datenmengen;
3. hoher Platzbedarf bei der Aufbewahrung von Belegen;
4. begrenzte Aufnahmefähigkeit des einzelnen Belegs;
5. nur einmalige Verwendbarkeit als Datenträger;
6. Empfindlichkeit bei Transport und Lagerung;
7. Fehleranfälligkeit durch Verschmutzungen und – bei Handschrifteintragungen – durch nicht korrekte Zeichengestaltung;
8. kostspielige Auswertung;
9. begrenzter Zeichenvorrat von Klarschriftlesern.

Übungsaufgabe Nr. I-63 im Arbeitsbuch ←

2.2.2 Magnetische Datenträger

Magnetische Datenträger benutzen zur Informationsspeicherung eine dünne magnetische Schicht, die auf flexiblen oder harten Basismaterialien unterschiedlichster Art aufgebracht sein kann. Für die Magnetschicht wurde bisher hauptsächlich *Ferritoxid* verwendet; neuerdings kommen auch *Chromdioxid- und Reineisenbeschichtungen* sowie andere Stoffe zum Einsatz, die *extrem hohe Bitdichten* erlauben. Letztere sind mehrere tausendmal höher als bei den vorstehend beschriebenen Papierdatenträgern, wodurch sich *große Datenkapazitäten bei kurzen Zugriffszeiten* realisieren lassen. Die *Daten werden in fest vorgesehenen Spuren aufgezeichnet*, die bei Magnetstreifen, -bändern und -karten gerade, parallel zur Bewegungsrichtung beim Lesen/Schreiben und bei Magnettrommeln, -platten und Disketten konzentrisch verlaufen. *Die gespeicherte Information wird durch die Richtung des Magnetisierungszustands der Bitpositionen repräsentiert.*

Wir beschränken uns in der folgenden Darstellung auf die *wichtigsten Massendatenträger*

- *Magnetband,*
- *Diskette* und
- *Magnetplatte.*

Zuvor befassen wir uns noch mit den millionenfach verbreiteten *Magnetstreifenkarten.*

2.2.2.1 Magnetstreifenkarten

Eine **Plastikkarte** (engl.: plastic card) ist ein kleinformatiger, viereckiger Datenträger aus Kunststoff, der Angaben über ein individuelles Bezugsobjekt (im allgemeinen eine Person) enthält. Für den Menschen erkennbare Information kann auf Schriftfeldern, Prägebereichen und in Form von Bildern enthalten sein. Zur Speicherung der maschinenlesbaren Information können Lochungen, Strichcodes, Schriften, magnetische, optische und Halbleiterspeicher dienen.

International genormt und weltweit verbreitet sind nur die *Magnetstreifenkarten, die Identifikationszwecken dienen* (engl.: identification card, abgekürzt: ID card).

Eine **Magnetstreifenkarte** (engl.: magnetic stripe card) hat eine Standardgröße von 85,6 × 54 × 0,76 mm. Sie besteht aus Vollplastik oder Kunststoffschichten, in die andere Materialien eingeschlossen sein können. In die Rückseite ist ein meist 0,5 Zoll[11] (= 12,7 mm) breiter Magnetstreifen integriert, auf dem die Daten in drei parallelen, unabhängigen Spuren bit- und byteseriell aufgezeichnet werden.

Letzteres heißt, daß die *Daten durch nacheinander angeordnete Bits (bitseriell) und Bytes (byteseriell) in den einzelnen Spuren repräsentiert werden.*

Solche Magnetstreifenkarten, die personengebundene Daten enthalten, sind etwa Betriebsausweise, Kundenkarten von Handels- und Dienstleistungsbetrieben, Scheck- und Kreditkarten von Banken und Kreditkartenorganisationen. Letztere dienen vor allem der Automatisierung des individuellen Zahlungsverkehrs. Wir zeigen dies bei der Behandlung der Datenerfassung am Beispiel der Eurocheque-Karte, die seit 1980 mit einem Magnetstreifen versehen ist (Abschnitte 3.1.3.1 und 3.1.4). Bei dieser Karte ist zwischen den transparenten Deckfolien Papier eingeschweißt, das der Fälschungssicherung dient.

Die drei Spuren des Magnetstreifens lassen sich in unterschiedlichen Aufzeichnungsdichten codieren. Die Spuren 1 und 3 sind für alphanumerische Daten vorgesehen und fassen maximal je 592 Bits, die numerische Spur 2 kann bis zu 210 Bits enthalten. Die *Speicherkapazität* des Magnetstreifens beträgt damit insgesamt 1394 Bits. Je nach Anzahl der zur Zeichendarstellung verwendeten Bits sind dies bis zu 278 Zeichen

11 In der EDV werden auch im deutschsprachigen Raum die Abmessungen vielfach in Zoll (engl.: inch) ausgedrückt: 1 Zoll = 2,54 cm.

Abb. 2.2.2.1/1: Magnetstreifenkarten

(bei einem 4-Bit-Code unter Berücksichtigung von einem zusätzlichen Prüfbit pro Zeichen). Näheres entnehmen Sie bitte der untenstehenden Tabelle.

Selbstverständlich brauchen Sie sich die Tabellenwerte oder andere technische Kenndaten in ähnlich gelagerten Fällen nicht im einzelnen zu merken.

Spur-Nr.	Datenkapazität (max.)				Aufzeichnungsdichte (Bits/mm)
	Bits	4-Bit-Zeichen	6-Bit-Zeichen	7-Bit-Zeichen	
1	592	118	84	74	8,3
2	210	42	30	26	3,0
3	592	118	84	74	8,3

Anmerkung: Die genannten 4-, 6- und 7-Bit-Codes sind in ISO 3554 bzw. DIN 66003 genormt. Bei der Berechnung der Zeichenzahl wurde je Zeichen ein zusätzliches Paritätsbit berücksichtigt.

Abb. 2.2.2.1/2: Datenkapazität und Aufzeichnungsdichte von Magnetstreifenkarten

Es genügt völlig, wenn Sie z.B. über die Datenspeicherung auf einer Magnetstreifenkarte wissen, daß die Aufzeichnung bit- und byteseriell auf drei Spuren erfolgt und daß die Kapazität auf wenige hundert Zeichen beschränkt ist.

Im normalen Betrieb sind die Spuren 1 und 2 nur für das Lesen aufgezeichneter Daten und die Spur 3 für das Lesen und Schreiben vorgesehen.

Vorteile von Magnetstreifenkarten sind:

1. Kleiner, transportabler, als Urbeleg geeigneter Datenträger;
2. weitgehend sichere, kostengünstige Identifikation und Berechtigungsprüfung des Inhabers;
3. Erleichterung des bargeldlosen Zahlungsverkehrs;
4. visuelle und maschinelle Lesbarkeit;
5. Vertraulichkeit gespeicherter Daten durch Chiffrierung;
6. Datenerfassung an wechselnden Orten des Datenanfalls ohne kostspielige, langwierige und fehleranfällige Umsetzungsvorgänge von Daten.

Nachteile von Magnetstreifenkarten sind:

1. Hoher Entwicklungsaufwand des Datenerfassungssystems und beträchtliche Gerätekosten für Präge- und Codiermaschinen, Kartenleser und Tastaturen;
2. beschränkte Einsatzmöglichkeiten durch die unterschiedlichen Kartensysteme, Kassen, Schalterterminals und EDVA möglicher Partnerbetriebe im Handel und im Kreditwesen sowie durch die noch nicht abgeschlossene Festlegung von Spezifikationen und Standards;
3. keine wirtschaftlich vertretbare Anwendung bei nur wenigen Karteninhabern;
4. geringe Datenkapazität der einzelnen Karte, wodurch neben den Stammdaten nur wenige Bestands- und Bewegungsdaten aufgezeichnet werden können;
5. betrügerische Manipulationen durch Fälschen oder Kopieren von Karten sind nicht auszuschließen;
6. Akzeptanzprobleme und Verlustrisiko bei (potentiellen) Karteninhabern.

Weitere anwendungsspezifische Vorteile und Nachteile für Banken, Handel und ihre Kunden werden bei der Behandlung der Datenerfassung am Beispiel der Eurocheque-Karte diskutiert (Abschnitte 3.1 und 3.1.4).

→ Übungsaufgabe Nr. I-64 im Arbeitsbuch

2.2.2.2 Magnetbänder

Ein **Magnetband** (engl.: magnetic tape) ist ein Datenträger in Form eines Bandes, bei dem eine oder mehrere magnetisierbare Schichten auf einem nichtmagnetisierbaren Kunststoffträger aufgetragen sind und bei dem die Information durch Magnetisierung aufgezeichnet wird.

Magnetbänder gibt es in den *Normbreiten* 0,5 Zoll (12,7 mm), 0,25 Zoll (6,35 mm) und 0,15 Zoll (3,81 mm).

Als *Massenspeicher für Großrechner* haben sich die *0,5-Zoll-Bänder* durchgesetzt, bei denen *mindestens 732 Meter Band auf einen Spulenkörper mit dem Außendurchmesser von 10,5 Zoll* (266,7 mm) gewickelt sind. Auf einem solchen Band werden die *Daten byteseriell bzw. bitparallel in neun Spuren aufgezeichnet*, d.h. ein Byte kann auf einmal gelesen oder geschrieben werden und nimmt die gesamte Bandbreite in Anspruch. Ein Zeichen wird durch die übereinanderstehenden Bits aller

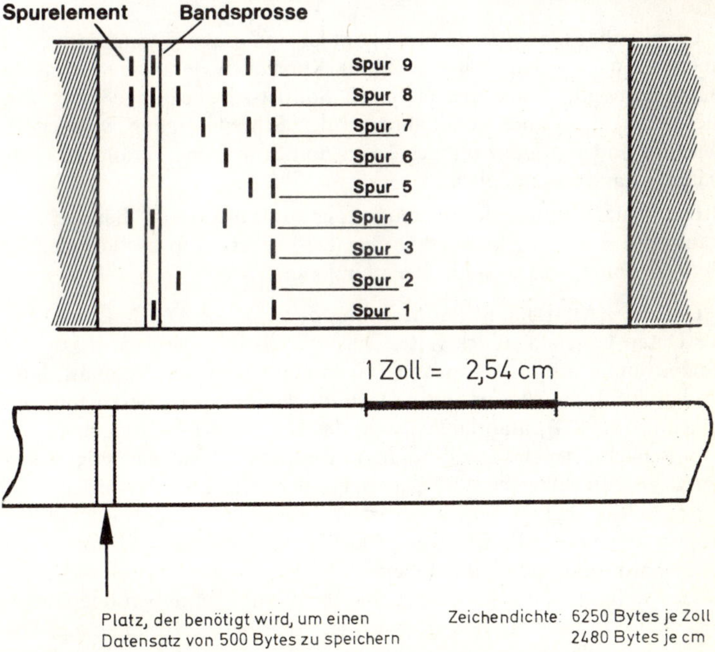

Abb. 2.2.2.2/1: Datendarstellung auf einem 9-Spur-Magnetband

Spuren dargestellt. Der einem Bit zugeordnete Bereich einer Spur wird als *Spurelement* bezeichnet. Die zur Darstellung eines Zeichens dienenden Spurelemente bilden eine sog. *Bandsprosse* (vgl. Abb. 2.2.2.2/1). Bei dem oft verwendeten EBCDI-Code enthält eine Bandsprosse also einen Buchstaben, eine Ziffer oder ein Sonderzeichen (8 Datenbits und 1 Prüfbit). Für die Beschichtung wird üblicherweise *Eisenoxid* verwendet.

Neuerdings werden für Großrechner auch *chromdioxidbeschichtete Magnetbänder* angeboten, die *18 Spuren haben*. Bei diesen können in einer Bandsprosse zwei Bytes aufgezeichnet werden, wodurch die Gesamtkapazität und Schreib-/Leserate beträchtlich gesteigert werden.

Für das Schreiben der Daten auf ein Magnetband gibt es *verschiedene Aufzeichnungsverfahren*, auf die wir nicht näher eingehen. *Einer Spur ist jeweils ein Schreibmagnet zugeordnet.* Zusammen bilden diese den sog. *Schreibkopf.* Jeder Magnet des Schreibkopfes beschreibt eine Spur durch das Anlegen eines bipolaren Steuerstromes, der ein positives oder negatives Magnetfeld erzeugt. So wird eine Bandsprosse gleichzeitig mit binären Nullen und Einsen beschrieben.

Unmittelbar hinter dem Schreibkopf ist ein *Lesekopf* angebracht, der einerseits nach jedem Schreibvorgang Kontrollen der aufgezeichneten Daten ermöglicht und bei etwaigen Soll-Ist-Abweichungen das Zurückspulen des Bands veranlaßt und den Schreibvorgang wiederholt, der zum anderen gleichzeitiges Lesen und Schreiben (Verändern eines Datenbestandes) ermöglicht.

Die Aufzeichnung der Daten erfolgt auf modernen Bandgeräten wahlweise im *Start-Stopp-Verfahren* (engl.: start/stop mode) oder im *Datenstromverfahren* (engl.: streaming mode).

Die ältere Methode ist das *Start-Stopp-Verfahren.* Die Aufzeichnung der Daten geschieht blockweise. Das stillstehende Band wird vor der Aufzeichnung auf eine konstante Geschwindigkeit beschleunigt, dann erfolgt die *Aufzeichnung eines Datenblocks* (Näheres hierzu folgt im Abschnitt 2.2.2.4), und danach wird das Band wieder durch einen Vakuumschacht, der das Band ansaugt, abgebremst. Die Zeit vom Startsignal bis zum Erreichen der zum Schreiben oder Lesen erforderlichen Bandgeschwindigkeit wird als *Startzeit* bezeichnet, jene Zeit zwischen Stoppsignal und Stillstand des Bandes wird *Stoppzeit* genannt. Diese Zeit ist auf modernen Bandeinheiten kleiner als eine Millisekunde. Die Geschwindigkeit, mit der das Magnetband beim Schreiben oder Lesen über die Magnetköpfe bewegt wird, ist vom Gerätetyp abhängig. Die modernsten Bandeinheiten erreichen *Geschwindigkeiten*, bei denen über eine Million Bytes pro Sekunde gelesen oder geschrieben werden.

Abb. 2.2.2.2/2: Führung und Antrieb eines Magnetbandes im Magnetbandgerät

Aus den Bestrebungen, die Kosten für Bandeinheiten zu senken und die aufwendigen Hochgeschwindigkeits-Start-Stopp-Mechanismen zu eliminieren, wurde der *Datenstrommodus* entwickelt. *In dieser Betriebsart läuft das Band ohne Unterbrechung und wird kontinuierlich von der Steuereinheit mit Daten versorgt.* Durch diese Entwicklung wird ein deutlicher Trend in der Bedeutung von Magnetbändern sichtbar: In den 60er und frühen 70er Jahren war das Magnetband der wichtigste und weitverbreitetste Datenträger für Dateien und Programme; *heute liegt die primäre Funktion von Magnetbändern nur noch in der Sicherung* (engl.: backup) *und der Archivierung von Daten.*

Die *Speicherkapazität* eines Bandes wird von der Bandlänge, der Zeichendichte und der Blocklänge, d.h. der Anzahl der Blockzwischenräume, bestimmt. Wenn die Blöcke kürzer sind, entstehen mehr Zwischenräume, und der Kapazitätsausnutzungsgrad wird ungünstiger.

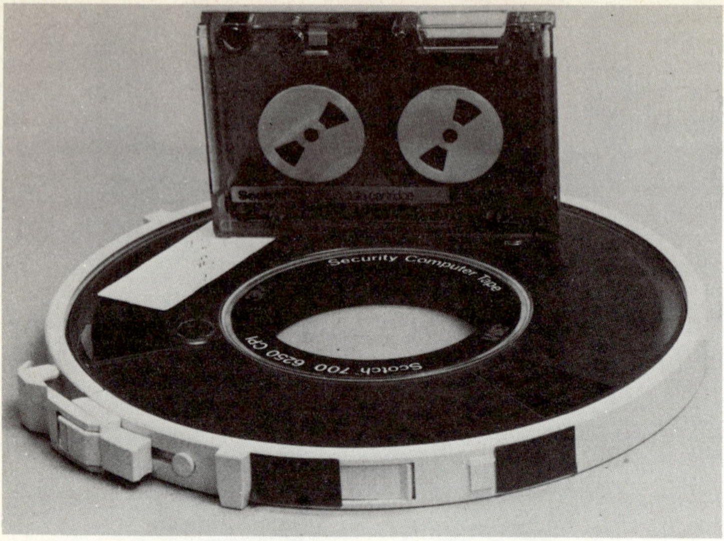

Abb. 2.2.2.2/3: Magnetbandrolle und Magnetbandkassette

Je nach Aufzeichnungsverfahren sind bei 9-Spur-Bändern *Zeichendichten* von 1 600 bpi (d.h. engl.: bytes per inch) bzw. 640 Bytes/cm oder 6 250 bpi (= 2 480 Bytes/cm) üblich. Mit 18-Spur-Bändern werden Zeichendichten von ca. 38 000 bpi erreicht.

Magnetbandkassetten (engl.: tape cartridge) erleichtern den Datenträgerwechsel, schützen das Band und erlauben die Gerätereinigung mittels Reinigungskassetten. *Während Bandspulen* (engl.: tape reel) *durch einen in den Wickelkern eingelegten Schreibring gegen unbeabsichtigtes Schreiben und Löschen geschützt werden, erfolgt bei Kassetten die Schreibsperre durch einen Drehknopf oder Schalter.* Vor allem die *für kleinere Rechner* vorgesehenen *0,25-Zoll-Bänder* und die hauptsächlich *für Belange der Datenerfassung entwickelten 0,15-Zoll-Bänder* sind in solche Kassetten eingeschlossen.

Vorteile von Magnetbändern sind:

1. Billiger Massenspeicher;
2. Wiederverwendbarkeit;
3. Auswechselbarkeit von Bändern im Magnetbandgerät und damit fast unbegrenzte Kapazität;
4. hohe Schreib- und Leseleistung;
5. große Haltbarkeit.

Nachteile von Magnetbändern sind:

1. Lange Zugriffszeit zu den gespeicherten Daten;
2. keine visuelle Lesbarkeit;
3. Sortierfähigkeit nur mit Hilfe der EDVA und weiterer Speichermedien;
4. keine Verwendbarkeit als Urbeleg;
5. Empfindlichkeit gegen Staub, Feuchtigkeit, Wärme und magnetische Umwelteinflüsse.

Übungsaufgabe Nr. I-65 im Arbeitsbuch ←

2.2.2.3 Disketten

Disketten (engl.: diskette; floppy disk) sind flexible, runde Kunststoffplatten, die auf beiden Seiten mit einer magnetisierbaren Schicht bedeckt sind. Die Information wird durch Magnetisierung in konzentrischen Kreisspuren mit Hilfe eines Schreib-/Lesekopfes aufgezeichnet. Zum Schutz ist der eigentliche Datenträger in einer quadratischen, biegsamen Hülle oder einem festen Gehäuse eingeschlossen. Beim Lesen und Schreiben rotiert die Diskette in diesem Behältnis in einem Luftpolster.

Disketten sind die weitaus am häufigsten verwendeten Datenträger. Bei Mikrorechnern sind sie das externe Speichermedium (meistens das einzige). *Es gibt Disketten*

- *in verschiedenen Größen* (Standards sind 8, 5,25 und 3,5 Zoll),
- *für ein- oder doppelseitige Aufzeichnung* (engl.: single sided, double sided),
- *mit unterschiedlichen Zeichendichten* (einfach, doppelt, vierfach und höher; engl.: single, double, quad and high density) und
- *mit mehreren, inkompatiblen*[12] *Aufzeichnungsformaten.*

Die *Verbreitung* der großen, seit 1974 auf dem Markt angebotenen *8-Zoll-Disketten*, der sog. *Standarddisketten*, ist stark rückläufig. Es dominieren die *5,25-Zoll-Disketten*, die auch als *Minidisketten* bezeichnet werden. *Jede 8- oder 5,25-Zoll-Diskette ist in eine nicht entfernbare Vinylhülle gepackt, die sie vor Staub, Fingerabdrücken und anderen Umwelteinflüssen schützt.* Diese Hülle hat einige *Öffnungen* (vgl. Abb. 2.2.2.3/1). Die Öffnung in der Mitte dient dazu, die Diskette in

---

12 Inkompatibel heißt «nicht verträglich» und bedeutet in diesem Fall, daß von einem Gerät beschriebene Disketten von einem anderen Gerät nicht gelesen werden können.

Drehung zu versetzen, die lange und breite Öffnung erlaubt dem *Schreib-/Lesekopf*, Daten von der Diskette zu lesen, und das kleine runde Loch ermöglicht der Diskettenеinheit festzustellen, in welcher Lage sich die Platte befindet. In die Platte selbst ist ein Loch (*Indexloch*) gestanzt, das bei jeder Umdrehung einmal unter dieser Öffnung vorbeikommt. Die *Kerbe* dient zur *Schreibsicherung* (bei einer 5,25-Zoll-Diskette: Kerbe überklebt – nur Lesen möglich; bei 8-Zoll-Disketten ist es genau umgekehrt).

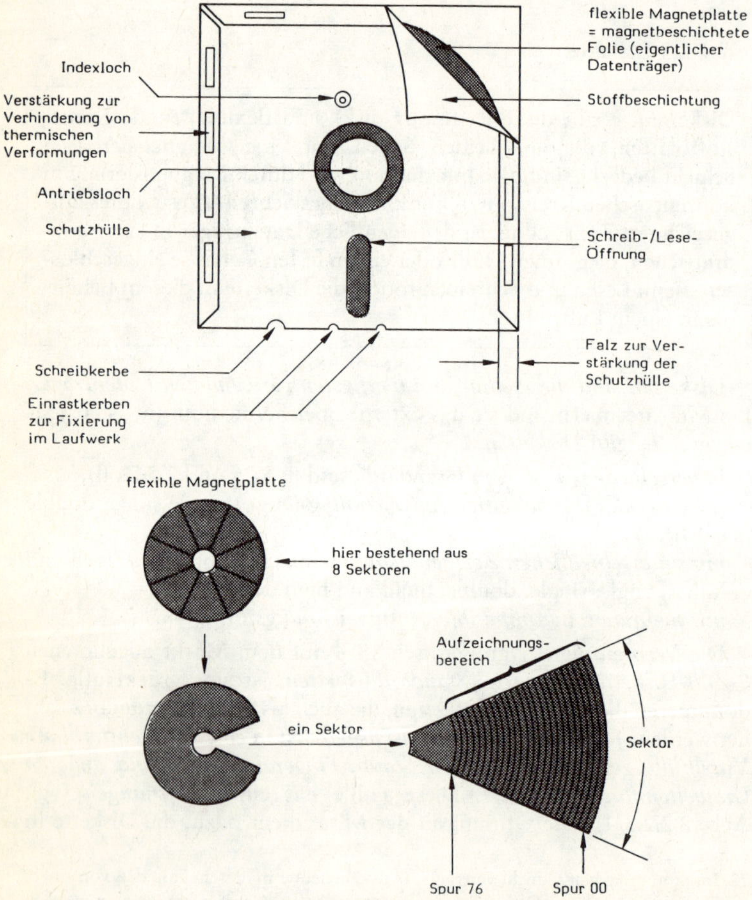

Abb. 2.2.2.3/1: Funktionsdarstellung einer Diskette

Die erst seit 1982 angebotenen *3,5-Zoll-Disketten* (sog. *Mikrodisketten*) sind in einem unempfindlichen *Hartplastikgehäuse* eingeschlossen, das im Gegensatz zur herkömmlichen biegsamen Vinylhülle von 8- und 5,25-Zoll-Disketten nicht geknickt und dadurch nicht beschädigt werden kann. *Ein automatischer Verschluß schützt hier auch die Schreib-/Lesekopföffnung des Mediums.* In das Laufwerk eingelegt, öffnet sich dieser Verschluß selbsttätig, damit Daten gelesen und geschrieben werden können.

Abb. 2.2.2.3/2: Disketten – die Originalmaße betragen bei 8 Zoll: 203 × 203 × 2 mm, bei 5,25 Zoll: 133 × 133 × 2 mm und bei 3,5 Zoll: 94 × 94 × 3 mm

Die Information wird bit- und byteseriell in konzentrischen Spuren aufgezeichnet, die wiederum in Sektoren geteilt sind. Der verschiebbare Schreib-/Lesekopf des Diskettenlaufwerks wird hierzu *auf die gewünschte Spur positioniert und auf die Diskette aufgesetzt.* Ein für 8- und 5,25-Zoll-Disketten häufig verwendetes *Aufzeichnungsformat* (das einzige genormte) sieht pro Diskettenseite 77 Spuren bei einer Spurdichte von 96 tpi (engl.: tracks per inch; Spuren pro Zoll) vor. Es gibt aber auch Disketten mit 35, 40 und 80 Spuren. *Gebräuchliche Sektorlängen* sind 128, 256, 512 oder 1024 Bytes.

Man kann *«softsektorierte» und «hardsektorierte» Disketten* unterscheiden, je nachdem, wie die Disketteneinheit die einzelnen Sektoren auffindet.

Die kaum noch gebräuchlichen *hardsektorierten Disketten* haben zusätzlich zum Indexloch, das ganze Umdrehungen anzeigt, vor jedem Sektor ein Loch, das den Anfang jedes Sektors kennzeichnet. Das bedeutet, daß jede Spur eine fixe Anzahl von Sektoren hat und die Sektoren wiederum eine konstante Größe haben. Solche Disketten sind in der Regel nur für Laufwerke des jeweiligen Herstellers verwendbar und

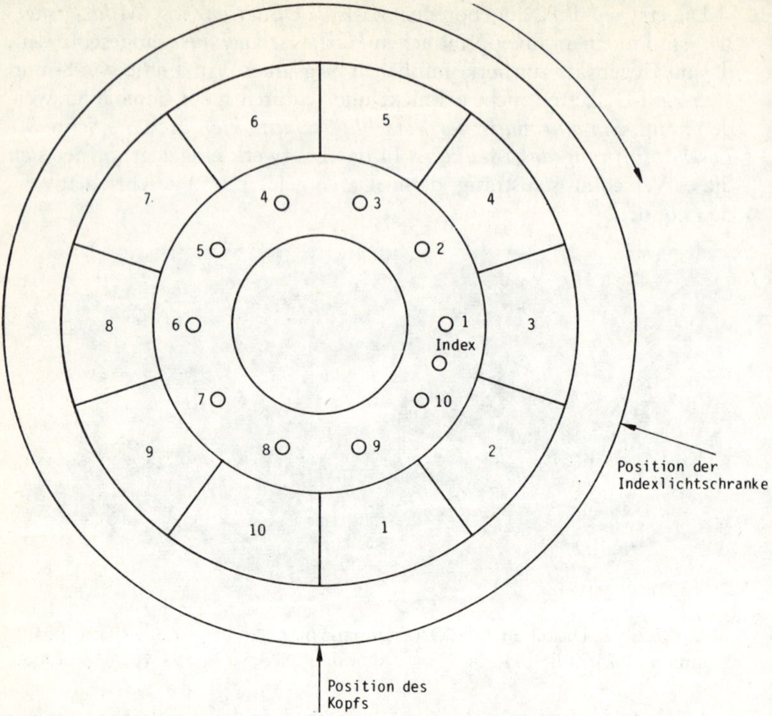

Abb. 2.2.2.3/3: Hardsektorierte Diskette mit zehn Sektoren

können nicht umformatiert (d.h. in ein anderes Format gebracht) werden.

Von größerer Bedeutung sind *softsektorierte Disketten*. Die Positionen der Sektoren werden hier durch die Software der Steuereinheit (engl.: controller) berechnet, wodurch eine höhere Flexibilität erreicht wird. *Vor dem ersten Gebrauch werden die Disketten initialisiert, d.h. es werden Spuren und Sektoren angelegt*. Spuranfang und -ende sowie die einzelnen Sektoren werden durch die Eintragung von *Trennlücken* (engl.: gap) und von *Identifikationsfeldern* gekennzeichnet, in denen die Sektor-, die Spur- und die Seitennummer festgehalten ist. Hierfür wird Platz benötigt, der für die Speicherung von Nutzdaten oder Programmen verlorengeht. Eine *Indexspur* ist für Angaben zur Kennzeichnung der Diskette und der darauf befindlichen Daten reserviert. Weitere Spuren sind als *Ersatzspuren* für den Fall vorgesehen, daß auf Datenspuren Defekte auftreten. Bei der vorstehend erwähnten Normaufzeichnung (vgl. auch Abb. 2.2.2.3/1) sind die Spur 0 eine Indexspur und die Spuren 75 und 76 Ersatzspuren, so daß von 77 Spuren nur 74 verfügbar sind.

Vielfach nennen die Diskettenanbieter *Bruttokapazitäten*, z.B. für derzeit verbreitete 5,25-Zoll-Produkte 360 KB oder 1,6 MB, tatsächlich stehen dem Anwender nach der Formatierung jedoch 10 bis 25 % weniger an tatsächlich nutzbarer *Nettokapazität* zur Verfügung, in unserem Beispiel etwa 320 KB oder 1,2 MB.

Softsektorierte Disketten können jederzeit umformatiert werden, was jedoch zur Folge hat, daß aufgezeichnete Information verlorengeht.

Einseitige Disketten mit einfacher Datendichte haben Bruttokapazitäten von ca. 250 KB (3,5 und 5,25 Zoll) bis 400 KB (8 Zoll). Einseitige Disketten sind etwas billiger als doppelseitige, weil der Hersteller für die zweite Seite keine Qualitätsprüfung vornehmen bzw. Qualitätsgarantie geben muß; auch das Laufwerk ist preisgünstiger, weil es nur mit einem Schreib-/Lesekopf arbeitet. Heute werden fast nur noch die älteren 8-Zoll-Standarddisketten einseitig verwendet, weil bei dieser Nutzungsform die Hälfte der möglichen Speicherkapazität brachliegt und die Preisdifferenzen zwischen ein- und doppelseitigen Disketten und Laufwerken geringfügig sind.

Bei *zweiseitiger Aufzeichnung mit doppelter Datendichte* ist die Kapazität viermal so hoch wie oben für Single-sided-/Single-density-Disketten genannt, also ca. 1 MB (3,5 und 5,25 Zoll) bis 1,6 MB (8 Zoll). Sog. *High-density-Disketten* erreichen noch wesentlich höhere Kapazitätswerte in der Größenordnung von 1,6 bis 5 MB bei 3,5- und 5,25-Zoll-Disketten sowie bis 10 MB bei 8-Zoll-Disketten. Diese Disketten verwenden dichtere, jedoch fehleranfälligere Codes zur Aufzeichnung, die mitunter etwas schlechtere Zugriffszeiten beziehungsweise genauere Positioniermechanismen in der Disketteneinheit bedingen.

Vorteile von Disketten sind:

1. Erheblich größere Speicherkapazität als Datenträger aus Papier;
2. Austauschbarkeit;
3. direkter Zugriff, d.h. auf jeden beliebigen Datensatz kann mit Kenntnis der Adresse sofort zugegriffen werden (Synonym: wahlfreier Zugriff);
4. einfache Handhabung;
5. Versendbarkeit;
6. günstiger Preis;
7. Wiederverwendbarkeit.

Nachteile von Disketten sind:

1. Keine visuelle Lesbarkeit;
2. keine Verwendbarkeit als Urbeleg;

3. Empfindlichkeit gegen magnetische Umwelteinflüsse, Verschmutzung, Knicken und sonstige Beschädigungen (vor allem bei einer offenen Schreib-/Lesezone);
4. fehleranfälliger, geringere Kapazität und langsamerer Zugriff als Magnetplatten.

→ Übungsaufgaben Nr. I-66 und I-67 im Arbeitsbuch

2.2.2.4 Magnetplatten

Ein **Magnetplattenspeicher** (engl.: magnetic disk) ist ein Datenträger in Form einer oder mehrerer auf einer Achse übereinander montierten, mit einer magnetisierbaren Schicht überzogenen runden Aluminiumplatten, auf die Information durch Magnetisierung aufgezeichnet wird. Mehrere Platten, die auf einer Spindel übereinander montiert sind, werden Plattenstapel genannt.

Magnetplatten drehen sich mit konstanter hoher Geschwindigkeit. Auf die Daten wird mit *einem oder mehreren Schreib-/Leseköpfen* (Zugriffskamm) zugegriffen. Diese Schreib-/Leseköpfe «schwimmen» in einem sehr geringen Abstand zur Speicheroberfläche auf einem durch die Drehbewegung gebildeten Luftpolster. *Es wird beidseitig aufgezeichnet;* bei einem Plattenstapel können jedoch oft die oberste und/oder unterste Plattenfläche nicht genutzt werden (Abdeckplatten zu Schutzzwecken).

Die Information wird bit- und byteseriell auf konzentrischen Spuren aufgezeichnet. Die Anzahl der Spuren (bis zu 1 800) ist ebenso wie die Anzahl der Sektoren pro Spur je nach Gerät und Hersteller verschieden.

Die *Zeitsynchronisation* erfolgt bei Magnetplatten *nur durch Softwaresteuerung*, d.h. es gibt kein Indexloch wie bei Disketten. Übereinanderliegende Spuren eines Plattenstapels werden *Zylinder* genannt. Es können so mehrere Spuren innerhalb eines Zylinders ohne Bewegung des Zugriffkammes gelesen werden.

Es gibt Magnetplatten

- *in verschiedenen Größen* (Standards: 14, 8, 5,25 und neuerdings auch 3,5 Zoll),
- *die auswechselbar* (Wechselplatte; engl.: removable disk) *oder fest in das Laufwerk eingebaut* (Festplatte; engl.: fixed disk) sind,
- *mit unbeweglichen* (Festkopfspeicher) *oder verschiebbaren Schreib-/Leseköpfen,*
- *mit unterschiedlichen Aufzeichnungstechniken und -formaten, Kapazitätsstufen und Leistungen* (Zugriffszeit und Datentransferrate).

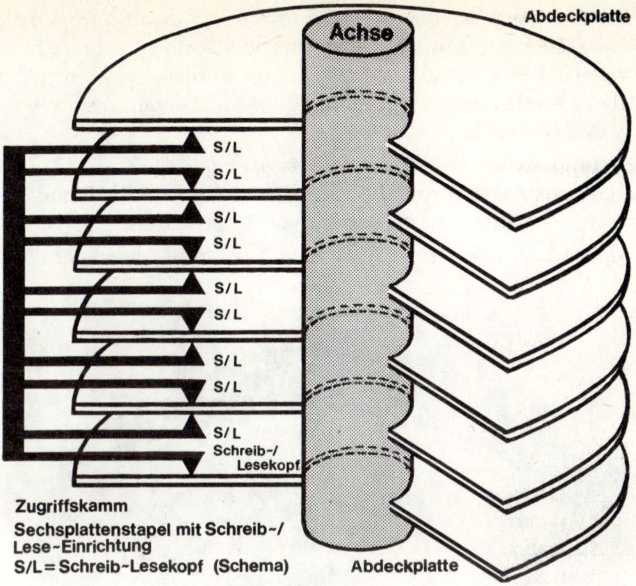

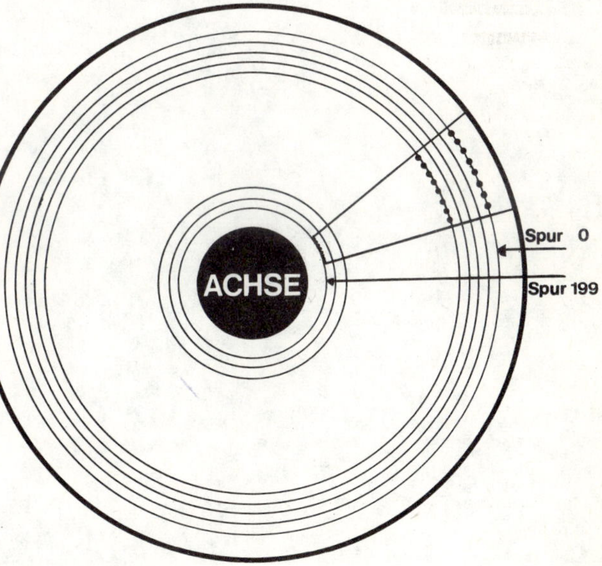

Abb. 2.2.2.4/1: Funktionsdarstellung eines Sechsplattenstapels mit Zugriffseinrichtung

14-Zoll-Magnetplatten sind bei Großrechnern die wichtigsten externen Massenspeicher. Auf einem Plattenstapel können mehrere hundert MB (vereinzelt bis zu 2,5 GB) gespeichert werden; es werden durchschnittliche Zugriffszeiten von 15 bis 20 ms und Datentransferraten von bis zu 3 MB/s erreicht.

Die hauptsächlich *für Minirechner verwendeten 8-Zoll-Magnetplatten* haben Kapazitäten pro Laufwerk von ca. 80 bis 500 MB und durchschnittliche Zugriffszeiten im Bereich von 15 bis 25 ms.

Haupteinsatzbereich der 5,25- und 3,5-Zoll-Magnetplatten sind

Abb. 2.2.2.4/2: 5,25-Zoll-Platte im geöffneten Laufwerk

kommerzielle Mikrorechner sowie zunehmend auch Minirechner. Im derzeit auf dem Markt vorherrschenden unteren Leistungsbereich hat eine solche Platte eine Speicherkapazität von 5 bis 40 MB und eine durchschnittliche Zugriffszeit von 60 ms und mehr. Für den mittleren Leistungsbereich sind 40 bis 100 MB und 40 bis 60 ms durchschnittliche Zugriffszeit typisch. Im oberen Leistungsbereich werden über 100 MB Speicherkapazität auf einem Stapel mit 4 bis 8 Platten erreicht; auf einen Datenblock kann in weniger als 30 ms zugegriffen werden. Die Datentransferrate liegt derzeit bei den meisten 5,25- und 3,5-Zoll-Platten bei ca. 0,5 MB/s, jedoch wird in Kürze eine Verdoppelung oder Verdreifachung dieser Leistung erwartet. Ein 5,25-Zoll-Plattenlaufwerk ist nicht größer als eine Schuhschachtel (das ist ca. 1/30 des Volumens einer 14-Zoll-Einheit) und wiegt nur wenige Kilogramm. Ein 3,25-Zoll-Plattenlaufwerk paßt in eine geöffnete Hand!

Neu angekündigte Magnetplattenspeicher aller Größenklassen sind vielfach in der sog. *Winchester-Technologie* ausgeführt. Wegen der hohen Reinheitsanforderungen und der äußerst geringen zulässigen Toleranzen beim Betrieb sind bei Plattenspeichern dieser Art die Platten und ein oder zwei Zugriffseinrichtungen mit verschiebbaren Schreib-/Leseköpfen in hermetisch abgeschlossene, mit Edelgas gefüllte Gehäuse fest eingebaut. Die Schreib-/Leseköpfe schweben in der Höhe von teilweise weniger als einem Mikrometer (= ein tausendstel Millimeter, das entspricht etwa 1/20 einer Haaresbreite) über der Plattenoberfläche. Sie besitzen eine geringe Masse und ermöglichen extrem hohe Aufzeichnungsdichten (bis zu ca. 40 000 Bits/mm^2). Benannt wurde diese Tech-

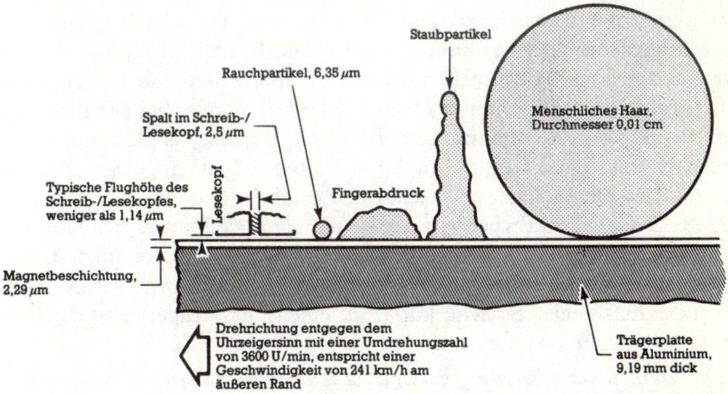

Abb. 2.2.2.4/3: Vergleich des Abstands zwischen Magnetplatte und Schreib-/Lesekopf mit kleinsten Fremdkörpern, deren Vorhandensein zu einem Ausfall des Speichers (engl.: «head-crash») führen kann

nologie nach der Stadt Winchester, wo sie in den 70er Jahren von einem großen Rechnerhersteller entwickelt wurde.

Bei *Plattenspeichern mit feststehenden Schreib-/Leseköpfen* (meist Einzelplatten) ist jeder Spur ein eigener Magnetkopf zugeordnet. Dadurch entfällt die Zeit für die mechanische Bewegung der Zugriffseinrichtung, und es lassen sich extrem kurze Zugriffszeiten (ca. 2–3 ms) erreichen.

Vorteile von Magnetplatten sind:

1. Massenspeicher mit direktem Zugriff;
2. Wiederverwendbarkeit;
3. fast unbegrenzte Kapazität;
4. hohe Schreib- und Leseleistung und damit kurze Zugriffszeit zu den gespeicherten Daten;
5. große Haltbarkeit;
6. geringer Raumbedarf.

Nachteile von Magnetplatten sind:

1. Keine visuelle Lesbarkeit;
2. keine Verwendbarkeit als Urbeleg;
3. relativ hohe Speicherkosten;
4. Empfindlichkeit gegen magnetische und sonstige Umwelteinflüsse.

Disketten und Magnetplatten haben gemeinsam, daß ähnlich wie bei einer Schallplatte jeder beliebige Punkt auf der Plattenoberfläche angesteuert werden kann. Damit entfällt ein oft langwieriges Durchsuchen vom Beginn des Datenbestandes bis zur gewünschten Information. Daraus ergibt sich eine hervorragende Eignung zum Wiederauffinden von Daten in großen Datenbeständen. Vor der ersten Verwendung wird der Datenträger mit einer *Kennung* (Name, engl.: header) ausgestattet. Dadurch ist es in Programmen möglich, zu überprüfen, ob der richtige Datenträger verarbeitet wird. Dazu wird – wie bereits bei der Behandlung der Disketten erwähnt – ein *Inhaltsverzeichnis* (engl. Synonyme: directory, catalogue, volume table of contents, flist) angelegt, in dem alle auf dem Datenträger gespeicherten Bestände (Dateien, Programme) eingetragen werden. Ferner legt das System ein *Belegungsverzeichnis* an, das registriert, welche Sektoren belegt und welche Sektoren noch unbeschrieben bzw. gelöscht sind. Daraus ergibt sich der Unterschied zwischen der maximalen Speicherkapazität eines Datenträgers und der real für den Benutzer verfügbaren.

Die kleinste adressierbare Einheit ist jeweils ein Sektor (128 Bytes bis 4 KB). Informationsbestände (Dateien, Programme) werden in *untereinander verketteten Sektoren* gespeichert, d.h., daß zu jedem Sektor die Adresse (Spur- und Sektornummer, sowie, falls vorhanden, Zylin-

	Diskette	Magnetplatte
Kapazität	250 KB – 10 MB	5 MB – 2,5 GB
Zugriffszeit (mittlere)	150 – 600 ms	15 – 60 ms
Umdrehungsgeschwindigkeit	ca. 300 – 360 upm	ca. 2400 – 3600 upm
Schreib-/Lesekopf	liegt auf Diskette auf	schwebt auf Luftpolster
Duplizieren und Datensicherung	von Diskette auf Diskette unproblematisch	große Datenmenge, Platte oft nicht auswechselbar – Sicherung meist auf Band oder mehrere Disketten
Transportabilität	als Transportmedium für Programme und Daten sehr gut geeignet	Wechselplatte tragbar, Postversand risikobehaftet; Festplatte nicht transportabel
Preis für den Datenträger	ab 5,– DM	bei Festplatte im Preis des Laufwerks enthalten
Preis für ein Laufwerk	ab 500,– DM	ab 2000,– DM

upm = Abkürzung für Umdrehungen pro Minute.

Abb. 2.2.2.4/4: Unterschiede zwischen Disketten- und Magnetplattenspeichern

dernummer) des nächsten zu diesem Informationsbestand gehörenden Sektors bzw. eine Endemarke mitaufbewahrt werden muß.

Auch darauf sind wir bei den Disketten schon eingegangen; bei einer 2,5-GB-Magnetplatte «kostet» diese Steuerinformation 650 MB der Bruttokapazität!

Da ein Sektor die kleinste adressierbare Einheit darstellt, muß bei jedem Zugriff der gesamte Sektor beschrieben oder gelesen werden.

Angenommen, es sollen in 256 Bytes langen Sektoren Datensätze in der Länge von 80 Zeichen gespeichert werden, so wird man bestrebt sein, möglichst viele Datensätze in einen Sektor zu schreiben, um einerseits Speicherplatz zu sparen und um andererseits bei jedem Zugriff möglichst viel Information zu gewinnen. Im vorliegenden Fall können drei logische Sätze (= Datensätze) in einem Sektor zusammengefaßt werden.

Allgemein nennt man die Zusammenfassung mehrerer logischer Sätze **Blocken** (engl.: blocking). Der **Blockungsfaktor** (engl.: blocking factor) ist die Anzahl der logischen Sätze, die zu einem **Block** (engl.: block) zusammengefaßt werden können.

→ Übungsaufgaben Nr. I-68 und I-69 im Arbeitsbuch

2.2.3 Optische Datenträger

Wir bezeichnen als *optische Datenträger* nur solche, *bei denen Licht zum Schreiben und Lesen der Daten verwendet wird.* Diese Begriffsinterpretation ist nicht Allgemeingut; vielmehr werden darunter häufig alle Datenträger verstanden, die Daten in visuell wahrnehmbarer Form speichern (also z.B. auch Belege mit Strichmarkierungen und Klarschrift).

2.2.3.1 Mikrofilme

Der **Mikrofilm** (engl.: microfilm) ist ein Datenträger aus Filmmaterial, auf dem mittels fotografischer Verfahren schriftliche und bildliche Information stark verkleinert aufgezeichnet wird. Die analog gespeicherte Information ist visuell lesbar, wozu jedoch eine optische Vergrößerung (spezielles Lesegerät) nötig ist.

Als *Filmmaterial* werden verwendet:

1. *Rollfilme (meist 16 mm),*
   die mehrere hundert Meter lang sein können und
   - auf *Spulen* aufgewickelt oder zum Schutz und zur leichteren Handhabung in *Kassetten* eingeschlossen sein können (= Mikrofilmkassetten);
   - *zu Abschnitten zerteilt in einer stabilen Halterung aufbewahrt werden können (= Mikrostrips)* – für Schnellkontrollen, z.B. für die Bearbeitung von Kundenaufträgen oder die Unterschriftenkontrolle;
   - *zu Abschnitten zerteilt in Klarsichthüllen eingebracht werden können (= Mikrojackets)* – für Archivierungszwecke mit der Möglichkeit des raschen Austauschs von Streifen in den am Ende offenen Taschen und einem kurzen Zugriff;
   - *zu einzelnen oder mehreren Bildern zerschnitten in andere Datenträger integriert und somit rechnergestützt sortiert und verwaltet*

werden können (z.B. Mikrofilmlochkarten, die in einem Fenster Mikrobilder enthalten – etwa Stücklisten, Arbeitspläne, Adreßverzeichnisse, Patentdokumentationen).

2. *Mikrofiches, im Format A6* (= Postkartengröße = 105 × 148 mm),
   – die je nach Dokumentart, -format, Informationsumfang und Anwendungsfall auf einem Datenträger von *1 bis 3200 und mehr Mikrobilder* bzw. Vorlageneinheiten unterbringen,
   – die eine *konstante oder variable Bildeinteilung* aufweisen können,
   – die üblicherweise *in Klarsichttaschen aufbewahrt* werden und auch *rechnergestützt verwaltet* werden können.

Mikrofiches haben sich weltweit durchgesetzt; die Verkleinerungsfaktoren und Bildfeldeinteilungen sind national und international genormt. *Der Verkleinerungsfaktor liegt heute üblicherweise zwischen 20 : 1 und 48 : 1; von seiner Wahl hängen Fassungsvermögen, Lesbarkeit und Empfindlichkeit des Datenträgers gegen Staub und Kratzer ab.* Bei der 48fachen Verkleinerung lassen sich bis zu 269 EDV-Druckseiten (Originalformat DIN A3) zuzüglich Titel und Index auf einem Mikrofiche unterbringen. Bei 72facher Verkleinerung sind es bis zu 750 DIN-A3-Seiten pro Mikrofiche. Bei Verkleinerungsfaktoren von über 60 spricht man von *Ultrafiches*; diese werden in der betrieblichen Praxis jedoch nur vereinzelt verwendet.

Wenn Dokumente in den üblichen Formaten von DIN A6 bis DIN A3 mikroverfilmt werden, wird eine *konstante Bildfeldeinteilung* gewählt. Die *variable Bildfeldeinteilung* gestattet die Verfilmung unterschiedlicher Formate, z.B. auch großformatiger technischer Zeichnungen, Baupläne, Karten o.ä.

Die *Informationsaufzeichnung* kann durch

– die *konventionelle Verfilmung* vorhandener Schrift- und Bildvorlagen mit speziellen Kameras und
– die *Rechnerausgabe auf Mikrofilm* (COM)

erfolgen.

COM ist die in der deutschen EDV-Fachsprache eingebürgerte englische Abkürzung für die Ausgabe von Daten aus einer EDVA auf Mikrofilm (von engl.: computer output on microfilm). Ein COM-Recorder setzt die in einem Speicher aufgezeichneten digitalen Daten in die zur Ausgabe vorgesehene schriftliche oder bildliche Form um und schreibt sie mit hoher Geschwindigkeit auf den Mikrofilm.

COM-Recorder sind so *schnell* wie die schnellsten Laserdrucker, effektiv 10 000 bis 25 000 Zeichen pro Minute, und sind auch ähnlich *teuer* wie diese. Nur relativ wenige große EDV-Anwender – meist aus dem Banken- und Versicherungsbereich – können die hohe Ausgabeleistung tatsächlich selbst ausnutzen. Oft bieten sie deshalb wie die *COM-Servicebetriebe* die Abwicklung der *Mikroverfilmung als Dienstleistung für Dritte* an – für Kunden nicht selten zu «Dumpingpreisen».

COM-Anlagen müssen dementsprechend i.a. sowohl im On-line- als auch im Off-line-Betrieb arbeiten können. Beim *On-line-Betrieb* werden die Daten vom COM-Recorder unter Steuerung der Zentraleinheit unmittelbar auf den Mikrofilm aufgezeichnet. Beim *Off-line-Betrieb* werden die Daten zunächst auf Magnetband (seltener Wechselplatte) geschrieben und zu einem späteren Zeitpunkt von diesem Medium verfilmt. Hierzu benötigt die COM-Anlage keinen Rechneranschluß, aber eine zusätzliche Magnetbandstation zur Eingabe. Für die *Filmbelichtung bei COM* gibt es verschiedene Verfahren, von denen sich in den letzten Jahren vor allem die «trockene» Aufzeichnung, d.h. ohne Naßchemie mittels Laserstrahl durchgesetzt hat (LBR-Verfahren, von engl.: laser beam recording).

Für COM geeignet sind in erster Linie große, zu archivierende Datenbestände sowie umfangreiche Rechnerausdrucke, die der betriebsinternen Information dienen oder regelmäßig an einen gleichbleibenden Bezieherkreis gerichtet sind. Alle Benutzer müssen über geeignete *Mikrofilmlesegeräte* verfügen. Besonders kostengünstig ist der Mikrofilm, wenn Duplikate in größerer Zahl angefertigt und versandt werden müssen.

CIM ist eine in der deutschen EDV-Fachsprache eingebürgerte englische Abkürzung für die Eingabe von Daten in eine EDVA mittels Mikrofilm (von engl.: computer input by microfilm).[13]

In maschinenlesbaren Schriften (OCR) bedruckter Mikrofilm könnte an sich durch entsprechende Belegleser gelesen werden, wodurch die Schriftzeichen digitalisiert gespeichert, übertragen und z.B. auf herkömmlichen Rechnerbildschirmen angezeigt werden könnten. Der Konvertierungsvorgang über Belegleser ist jedoch zu *kompliziert und zu aufwendig*, um praktische Bedeutung erlangt zu haben. Neuerdings wird die *Datenumsetzung mittels digitaler Videokameras und Laser-Abtastern* (engl.: scanner) versucht, welche die Mikrofilmbilder als Faksimile in Rasterpunkte zerlegt auslesen.

13 Eine andere Bedeutung der Abkürzung «CIM» ist die rechnergestützte integrierte Fertigung in der «Fabrik der Zukunft» (von engl.: computer integrated manufacturing); siehe hierzu Abschnitt 1.3.1.

Vorteile von Mikrofilm sind:

1. Sehr hohe Ausgabegeschwindigkeit;
2. kostengünstig bei großen Datenmengen, die zu archivieren bzw. längere Zeit intern zu verwenden sind, insbesondere bei mehreren Kopien und Postversand;
3. sehr hohe Zeichendichte und hohe Aufnahmefähigkeit des einzelnen Mikrofiches;
4. geringer Raumbedarf und unbeschränkte Haltbarkeit bei der Aufbewahrung;
5. flexible Gestaltung des Mediums, z.B. helle Zeichen auf dunklem Hintergrund oder umgekehrt, ohne Vergrößerung lesbarer Titel, beliebiger Indexaufbau zum schnellen und automatischen Wiederauffinden der Information.

Nachteile von Mikrofilm sind:

1. Nur einmal beschreibbarer Nur-Lesespeicher (Aktualisierung oder Korrektur nur durch erneute Ausgabe);
2. Erstinvestitionen für Ausgabe- und Lesegeräte sind sehr hoch;
3. papiergewohnten Benutzern bereitet der Mikrofilm oft Akzeptanzprobleme (Schwellenangst vor dem nicht vertrauten Medium, relativ umständliche Handhabung).

Übungsaufgabe Nr. I-70 im Arbeitsbuch ←

2.2.3.2 Optische Speicherplatten

Eine **optische Speicherplatte** (engl.: optical disk; laser disk) ist eine feste runde Scheibe, auf deren beschichteter Oberfläche die Information mittels Laser aufgezeichnet und gelesen wird.

Optische Plattenspeicher sind seit Jahren Gegenstand von Forschung und Entwicklung. Es gibt sie in vielen geräte- und verfahrenstechnischen Varianten, oft jedoch nur als *Prototypen.* Diesen neuartigen Datenträgern wird für die Zukunft ein großes Potential für die Massenspeicherung von schriftlichen, bildlichen und sprachlichen Daten vorausgesagt. *Die Markteinführung auf breiterer Basis scheint unmittelbar bevorzustehen.*

Es gibt optische Speicherplatten

- *aus unterschiedlichen Ausgangsmaterialien für Substrat und Beschichtung;*
- *mit analoger und digitaler Darstellung der Information in spiralförmigen oder konzentrischen Kreisspuren;*

- *mit verschiedenen Aufzeichnungstechniken und -formaten;*
- *die nur einseitig oder doppelseitig verwendbar sind;*
- *als Nur-Lesespeicher (irreversibel) oder als Schreib-/Lesespeicher (löschbar);*
- *in vielen Größen* (von 3,5 bis 14 Zoll) *und Speicherkapazitäten* (von 40 MB bis 4 GB pro Platte)*;*
- *als Wechselplatten oder fest in das Laufwerk eingebaute Festplatten.*

Als *Ausgangsmaterialien für die dünne Speicherschicht* werden Tellur-Selen-Legierungen, organische Verbindungen und magneto-optische Stoffe (Eisen-Kobalt-Terbium-Gemische) verwendet bzw. in den Herstellerlabors untersucht. Die *Informationsaufzeichnung* erfolgt, indem ein *Diodenlaser*, der im Infrarotbereich emittiert, auf dieser Schicht *an den vorgesehenen Bitpositionen physikalische Effekte* bewirkt:

- Das Durchbrennen von *Löchern*, die Bildung von *Blasen* oder die *Änderung des Aggregatzustandes* der Metallschicht(en),

Abb. 2.2.3.2/1: Optische Speicherplatte (mit einer Kapazität, die den sichtbaren Papierstapeln entspricht – 1,25 GB)

Abb. 2.2.3.2/2: Mit dem Elektronenstrahlmikroskop aufgenommene Oberfläche einer optischen Speicherplatte, die auf Tellur-Selen-Legierungen beruht. Die horizontalen Rillen sind vorgeprägte Spuren, worauf digitale Daten in Form von ein Mikrometer großen Löchern mittels Laser eingebrannt worden sind

- das Einschmelzen von *Vertiefungen* in der organischen Verbindung oder
- die Bildung von kleinsten *Gebieten (sog. Domänen) mit anderer Magnetisierungsrichtung* in dem magneto-optischen Stoff.

Die vom Laserlicht getroffenen Bereiche haben alle eine *Breite von etwa einem Mikrometer* (= 1/1000 mm = 1μm). Sie werden auf der Platte entlang von vorher aufgebrachten spiralförmigen oder konzentrischen *Kreisspuren* geschrieben. Die Leistung des Lasers ist beim *Schreiben* ungefähr 20 mal so hoch wie beim Lesen der Information. Beim *Lesen* mit dem weniger intensiven Laserstrahl führt das Vorhandensein oder Nichtvorhandensein von Löchern, Blasen, amorph/kristallin-veränderten Bereichen, Vertiefungen oder magnetischen Domänen zu Unterschieden in der Reflexion des Laserlichtes. Diese Reflexionsunterschiede kennzeichnen die Information in codierter Form. Bei *digitaler Aufzeichnung* haben alle vom Laserstrahl getroffenen Bereiche denselben Durchmesser und denselben Abstand; acht mögliche Positionen werden wie üblich zur Darstellung eines Bytes benötigt. Bei *Analogaufnahmen* repräsentieren variable Längen und Abstände der markierten Bereiche die entsprechende Information im proportionalen Verhältnis. Vor Beschädigungen ist die Trägerschicht mittels eines transparenten Kunststoffmaterials geschützt.

Übungsaufgabe Nr. I-71 im Arbeitsbuch ←

Derzeit auf dem Markt verfügbare optische Speicherplatten sind fast ausschließlich Nur-Lesespeicher (Festspeicher),

– die entweder *auf einmal* mit dem gesamten zu speichernden Informationsinhalt (z.B. einem Film, einer Datenbank) *beschrieben* werden müssen, oder
– die *nach und nach* vom Anwender, z.B. im Zuge der Archivierung, *gefüllt* werden können.

Im erstgenannten Fall liegt der Einsatzschwerpunkt in der Vielfachspeicherung und -verbreitung derselben Daten. Beispiele sind etwa «elektronische Veröffentlichungen» (engl.: electronic publishing), an Agenturen verteilte «elektronische Reisekataloge», «elektronische Schulungskurse» für Mitarbeiter, Teilelisten für Händler und Werkstätten oder die Softwaredistribution. Hierfür werden *als Datenträger typischerweise normale Bildplatten* (engl.: video disk) verwendet, wie sie seit über 10 Jahren in der Unterhaltungselektronik gebräuchlich sind. Mittels Formatierung und aufwendigen Fehlererkennungs- und -korrekturcodes wurden der direkte Zugriff möglich und die Datenaufzeichnung sicherer gemacht. Neuerdings werden für solche Zwecke auch *CD-Platten* (engl.: compact disk) angeboten, die von der Musikaufnahme zur Aufzeichnung bzw. Wiedergabe alphanumerischer Daten «umfunktioniert» worden sind.

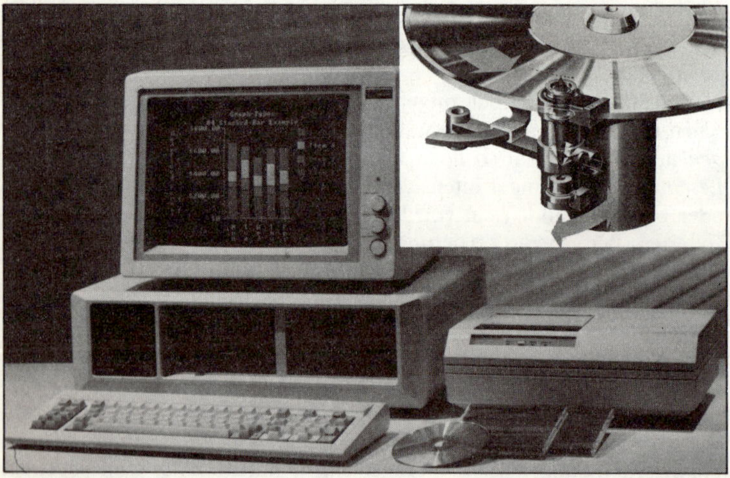

Abb. 2.2.3.2/3: Mechanismus eines CD-ROM-Plattenwiedergabegeräts (600 MB Speicherkapazität)

Gegenüber sonstigen optischen Speicherplatten haben herkömmliche Bild- und CD-ROM-Platten folgende Vorteile:

1. Die langjährig erprobte Technologie,
2. die weltweite Standardisierung,
3. die preisgünstigen Datenträger und Wiedergabegeräte (= modifizierte Bild- bzw. CD-Plattenspieler).

Nachteile sind:

1. die vergleichsweise beschränkte Speicherkapazität und Zugriffsgeschwindigkeit,
2. die Notwendigkeit, den gesamten Platteninhalt von Anfang an aufzuzeichnen (Einmalschreiben).

Übungsaufgabe Nr. I-72 im Arbeitsbuch ←

Für die meisten kommerziellen EDV-Anwendungen werden jedoch externe Speicher benötigt, die beliebig oft gelesen und auch beschrieben werden können.

Die erste *optische Speicherplatte, welche sukzessive gefüllt (aber nicht gelöscht) werden kann*, wurde 1979 von *Philips* als Prototyp vorgestellt und wird seit 1983 bei einigen Pilotanwendern eingesetzt. Diese sog. *«DOR»-Platte* (vgl. Abb. 2.2.3.2/1 und 2; DOR ist die Abkürzung für engl.: digital optical recording) enthält auf einer kreisförmigen Oberfläche von 30 cm Durchmesser 45 000 Spuren mit je 128 Sektoren, also etwa 5 Millionen solcher Sektoren, wobei jeder dieser Sektoren eine Kapazität von 1 000 Bits hat. Dies ist eine Nettokapazität für den Anwender. Formatierung, Adressierung der Sektoren sowie Platz für den Code zur automatischen Fehlererkennung und -korrektur sind bereits berücksichtigt. Jeder dieser 5 Millionen Sektoren kann direkt zum Schreiben oder Lesen angesprochen werden.

Die Platte ist aus einem transparenten Kunststoffträger, der etwa 1 mm stark ist, aufgebaut. Auf diesem Träger ist eine sehr dünne tellurhaltige Schicht aufgebracht. Auf der Oberfläche der Platte sind drei Arten von Informationen enthalten. Zunächst ist zur Aufteilung der Sektoren jeweils am Beginn eines neuen Sektors eine Adreßinformation in Form von Vertiefungen in die Platte eingeprägt. Diese Einprägungen werden beim Herstellen der Platte durchgeführt. Dann steht der Sektorbereich zur Verfügung, in den mit Hilfe des Laserstrahls beim Aufzeichnen von Daten Löcher eingebrannt werden können. Die eingebrannten Löcher haben einen Durchmesser von einem Mikrometer, einen gegenseitigen Abstand von etwa zwei Mikrometern und werden entlang der vorgeprägten Spur aufgezeichnet. Diese bei der Herstellung der Platte in die Oberfläche eingeprägte Spur kann optisch erkannt werden und dient als Führungsinformation längs der Sektoren. Zwei transparente Träger mit der gekennzeichneten Beschichtung sind als eine Doppelplatte so aufgebaut, daß sich die Speicherschicht auf der Innenseite in einem geschützten Raum befindet. Der Abstand der Optik zur Speicherebene beträgt etwa 2 mm. Eine mechanische Gefährdung der Platte

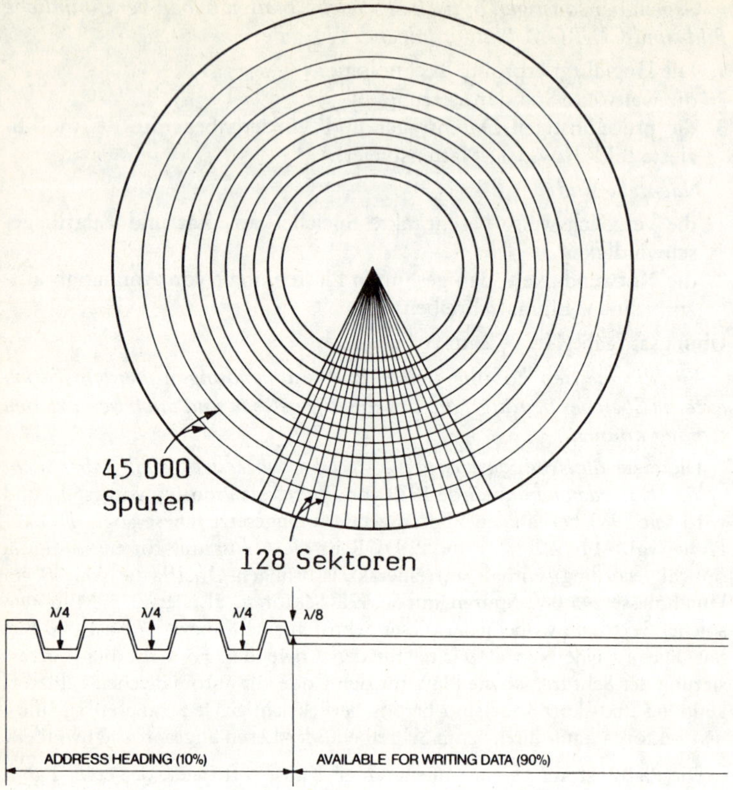

Abb. 2.2.3.2/4: Spur- und Sektoreinteilung auf einer optischen Speicherplatte sowie Längsschnitt durch eine vorgeprägte Spurrille, in die die Daten geschrieben werden

durch die Schreib-/Leseeinrichtung im Betrieb ist damit ausgeschlossen. Der relativ kleine und leichte (40 g) Schreib-/Lesekopf sitzt auf einem Positioniermechanismus, der den wahlfreien Zugriff zu den einzelnen Sektoren ermöglicht. Die Lichtquelle ist ein Halbleiter-Laser, dessen Lichtstrahl in der Ebene der Speicherschicht zu einem Brennpunkt konzentriert wird. Dadurch wird die zum Schreiben nötige Energiedichte sowie die geometrische Dichte der Information erzeugt. Das reflektierte Licht wird zur automatischen Korrektur der Spurverfolgung, zur automatischen Scharfeinstellung und zur Bildung des Lesesignals verwendet.

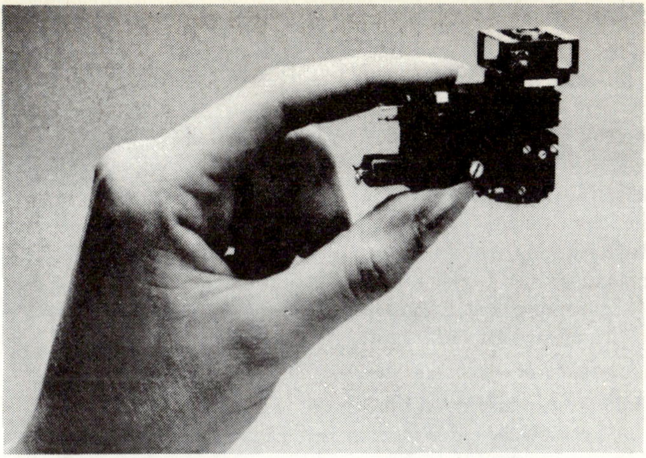

Abb. 2.2.3.2/5: Optischer Schreib-/Lesekopf mit Diodenlaser

Die Gesamtkapazität dieser Platte beträgt bei zwei Nutzflächen mit je etwa fünf Millionen Sektoren von 1000 Bits netto 10 Milliarden Bits für zu speichernde Daten. Je nachdem, ob bildliche Daten im Rasterverfahren aufgezeichnet oder schriftliche Daten zeichenweise erfaßt werden, lassen sich bis zu 40 000 bzw. mehr als eine halbe Million DIN-A4-Dokumente (nur unbunt) abspeichern. Im Einzelplattenlaufwerk beträgt die durchschnittliche Zugriffszeit 150 ms und die Datentransferrate 2 Mbit/s. Zur Kapazitätsausweitung steht ein Magazinspeichersystem zur Verfügung, das bis zu 64 DOR-Platten faßt (= 80 GB). Eine von einem Laufwerk angeforderte Platte kann – ähnlich wie in einer Musikbox – in 20 Sekunden zum Lesen geholt und wieder abgelegt werden.

«Löcherplatten» wie die DOR und auch die anfangs erwähnten *«Blasenplatten»* sind deshalb *nicht löschbar,* weil die bis zum Substrat eingebrannten Löcher bzw. die in der Metallauflage durch Erhitzung erzeugten Blasen nicht rückgängig gemacht werden können.

Übungsaufgabe Nr. I-73 im Arbeitsbuch ←

Es wird jedoch bei vielen Herstellern daran gearbeitet, optische Speicherplatten überschreibbar zu machen.

Als vielversprechendster Weg gilt die *magneto-optische Technologie*: Beim Schreiben schmilzt der Laserstrahl kleinste Gebiete auf der Magnetschicht der Plattenoberfläche, und von unten wird mittels elektromagnetischer Impulse die Polarität dieser Domänen bestimmt. Nach der Abkühlung und Erhärtung bleibt die Magnetisierungsrichtung solange erhalten, bis zum Löschen die entsprechenden Bereiche mit Hilfe des Lasers erneut erhitzt werden und gleichzeitig das äußere magnetische Feld in Richtung der ursprünglichen Magnetisierung angelegt wird. Das Löschen der Daten und das erneute Einschreiben können unbeschränkt wiederholt werden.

Vorteile von optischen Speicherplatten sind:

1. Höchste Zeichendichte und extrem große Speicherkapazität des einzelnen Datenträgers;
2. direkter Zugriff;
3. Aufzeichnung von schriftlichen, sprachlichen und bildlichen Daten, letztere oft wahlweise in analoger oder digitaler Form;
4. Unempfindlichkeit gegen Umwelteinflüsse;
5. niedrige Datenträgerkosten.

Nachteile von optischen Speicherplatten sind:

1. Hohe Erstinvestitionen für Schreib-/Lesegeräte;
2. Nur-Lesespeicher, der in manchen Fällen sogar von Anfang an gefüllt werden muß (fehlende Löschbarkeit marktgängiger Platten);
3. zu langsame Zugriffsgeschwindigkeit und zu geringe Datentransferrate für manche EDV-Anwendungen;
4. Langzeitstabilität (5 bis 10 Jahre) und Zuverlässigkeit sind noch nicht im praktischen Dauerbetrieb nachgewiesen;
5. fehlende Normen, inkompatible Spezifikationen und damit erschwerter bzw. nicht möglicher Datenträgeraustausch.

→ Übungsaufgabe Nr. I-74 im Arbeitsbuch

2.2.3.3 Optische Speicherkarten

Eine **optische Speicherkarte** (engl.: optical card; laser card) ist eine Plastikkarte in der Standardgröße (85,6 × 54 × 0,76 mm) und mit den gleichen physikalischen Eigenschaften wie eine herkömmliche Scheck- oder Kreditkarte. Zur Datenspeicherung dient ein implantierter optischer Speicherbereich (Streifen), der mittels Laser beschriftet und gelesen wird.

Bezüglich der Karteneigenschaften, -einsatzmöglichkeiten und -vorteile bzw. -nachteile gilt generell das bei den Magnetstreifenkarten (Abschnitt 2.2.2.1) *Gesagte.* Es gibt jedoch zwei wesentliche *Unterschiede*:

1. Die *Kapazität* des implantierten optischen Speichers (2 bis 4 MB) ist *mehrere tausendmal so hoch* wie die eines Magnetstreifens.
2. Die *Technologie* befindet sich noch in einem sehr *frühen Entwick-*

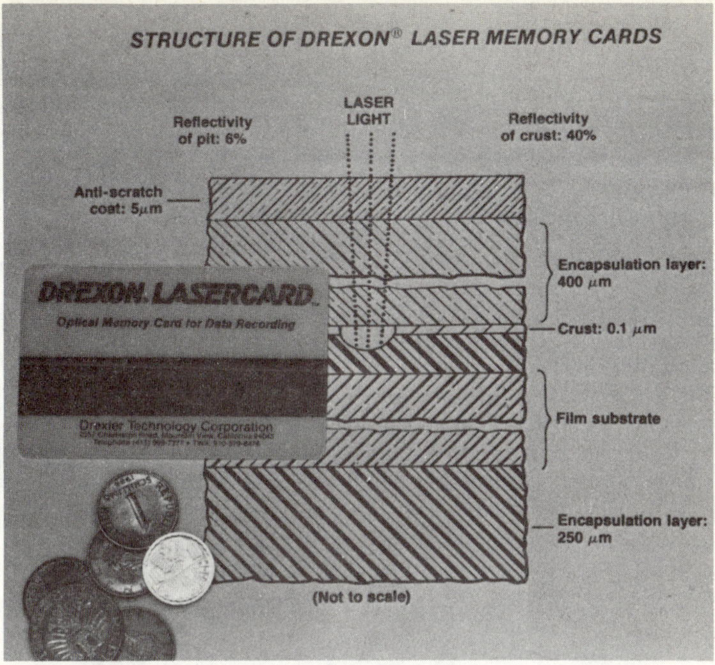

Abb. 2.2.3.3/1: Optische Speicherkarte

lungsstadium, es gibt noch keinerlei Normen oder Anwendungserfahrungen.

Durch die enorm hohe Speicherkapazität werden die möglichen *Anwendungsbereiche stark ausgeweitet*: Aus der «Kreditkarte» kann eine «*Lebenskarte*» werden, welche dokumentationswürdige Daten des Karteninhabers aus allen Lebensbereichen lebenslang aufzeichnen kann.

Die Datenaufzeichnung und das Lesen erfolgen nach den im vorhergehenden Abschnitt 2.2.3.2 beschriebenen Verfahren *mittels Laser*. Auch die allgemeinen *Vorteile und Nachteile der optischen Speicherung* sind dort genannt.

Während optische Speicherplatten derzeit von vielen Herstellern erprobt und im Markt eingeführt werden, dürfte diese Phase bei optischen Speicherkarten *frühestens gegen Ende dieses Jahrzehnts* erreicht werden.

Übungsaufgabe Nr. I-75 im Arbeitsbuch ←

2.2.4 Elektronische Datenträger

Elektronische Datenträger verwenden Halbleiterbauelemente zur Datenspeicherung. Wir behandeln zunächst die zukunftsträchtigen, bereits seit mehreren Jahren in verschiedenen breitangelegten Feldversuchen erprobten *Chipkarten.* Anschließend gehen wir auf *Halbleiterplatten* ein, die eine mögliche Ergänzung bzw. Alternative für Magnetplatten bei zeitkritischen EDV-Anwendungen darstellen.

2.2.4.1 Chipkarten

Eine **Chipkarte** (engl.: chip card; smart card; memory card; microcomputer card) ist eine Plastikkarte in der Standardgröße (85,6 × 54 × 0,76 mm) und mit den gleichen physikalischen Eigenschaften wie eine Magnetstreifenkarte. Zur Datenspeicherung dient als Ergänzung oder Ersatz des Magnetstreifens ein in die Karte implantierter Chip, der zusätzlich einen Mikroprozessor enthalten kann.

Abb. 2.2.4.1/1: Chipkarten; in jede Karte ist ein Chip mit Speicher- und Prozessorfunktionen in der linken oberen Ecke eingebettet (kreisförmige Fläche)

Bei den seit 1982 in Frankreich und neuerdings auch in anderen Ländern laufenden *Feldversuchen*, die mittlerweile z.T. auch schon in den «Normalbetrieb» übergegangen sind, *werden hauptsächlich Plastikkarten verwendet, deren Chip einen 8-Bit-Mikroprozessor und einen Speicher von einigen Kilobits enthält* (Ein-Chip-Rechner).

Über die sog. *Systemschnittstelle* des Chips erfolgt die Energieversorgung und die Kommunikation mit dem Gerät, das die aufzuzeichnenden Daten liefert bzw. die gespeicherten Daten liest. Von acht vergoldeten Kontakten werden derzeit sechs belegt (Initialisierung – Takt – Dateneingabe und -ausgabe – Erde – 5 Volt – 21 Volt).

Der *Mikroprozessor* steuert die Kommunikation über die Systemschnittstelle, führt das Anwendungsprogramm aus, codiert und decodiert dabei Daten und wickelt die Speicherzugriffe ab. Ferner kontrolliert er die Rechtmäßigkeit der vorgenommenen Transaktionen, indem er aufgrund abgespeicherter Information (wie der PIN, d.h. persönliche Identifikationsnummer, und anderen definierten Zugriffsrechten) die Befugnis des Karteninhabers zur Benutzung von Daten und Programmen prüft.

Der *Speicher* besteht aus einem ROM (ca. 1 KBit), RAM (wenige hundert Bits) und einem PROM. Das PROM bildet mit 8 oder 16 KBits den zentralen Teil des Speichers und enthält spezielle Daten der Chipkarte (PIN-Code, Parameter, Identifikation des Inhabers usw.) und alle durchgeführten Transaktionen. Der gesamte Speicher wird entsprechend den Anforderungen der jeweiligen Anwendung in *drei Bereiche* unterteilt:

- geheimer Bereich,
- geschützter Bereich,
- freier Zugriffsbereich.

Auf den *geheimen Bereich* kann nur der Mikroprozessor zugreifen. Über die Systemschnittstelle ist kein Zugriff möglich. Der geheime Bereich enthält (anwendungsabhängig) unter anderem den PIN-Code, Zeiger auf die einzelnen Bereiche, Geheimcode, Kartentyp, Seriennummer und Programme.

In den *geschützten Bereich* werden alle vertraulichen Daten geschrieben. Ein Zugriff ist nur über einen Zugriffsschlüssel möglich. Der geschützte Bereich enthält, je nach Anwendung, die Identität des Karteninhabers, verschiedene Parameter und vor allem den Transaktionsbereich. In den Transaktionsbereich werden die Daten der einzelnen Transaktionen abgelegt. Die Art und das Format der Daten sind von der Anwendung abhängig.

Die Daten in dem *freien Zugriffsbereich* sind frei zugänglich. Der freie Zugriffsbereich enthält je nach Anwendung unter anderem die

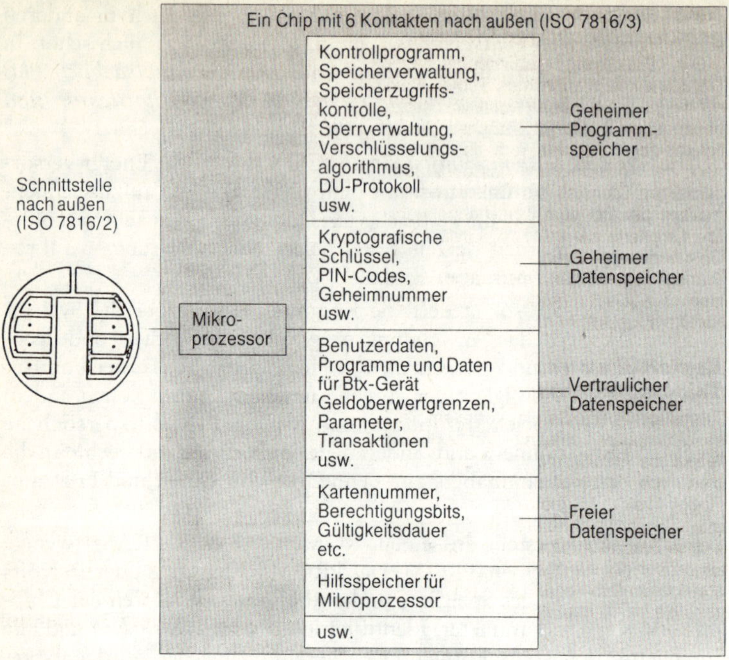

Abb. 2.2.4.1/2: Architektur einer Chipkarte (Quelle: E. Piller)

Gültigkeitsgrenzen der Chipkarte, die Kartennummer, Währung und Kontonummer (bei Geldanwendungen). In diesen Bereich schreibt der Mikroprozessor auch alle Fehler, die durch falsche Zugriffsschlüsselangaben entstehen. Nach einer (vorgegebenen) Anzahl von Fehlern sperrt der Mikroprozessor die Karte.

→ Übungsaufgabe Nr. I-76 im Arbeitsbuch

Die Chipkarte garantiert eine beinahe «absolute» *Sicherheit* aufgrund folgender Eigenschaften:

- Es ist nicht möglich, die Daten im Transaktionsbereich zu ändern oder zu löschen, da diese im PROM abgespeichert werden. Es gibt nur die Möglichkeit, neue Daten hinzuzufügen (falls noch Platz ist und eine Zugriffserlaubnis besteht).
- Der geheime Bereich kann von außen nicht gelesen werden (nur der Mikroprozessor hat einen Zugriff auf diesen Bereich).
- Es besteht keine Möglichkeit, die Programme des Mikroprozessors zu ändern, da diese im geheimen Bereich liegen.

- Die Zugriffskontrolle zu den geschützten Bereichen erfolgt vom Mikroprozessor der Chipkarte.
- Der Inhalt der Chipkarte kann nicht dupliziert werden (nur der freie Bereich ist ohne Zugriffsschlüssel lesbar, der geheime Bereich ist total gesperrt).
- Die Karte sperrt sich selbst nach vorgegebenen Kriterien wie n-maliger Zugriffsversuch auf geschützte Bereiche durch falsche Schlüssel, Überschreitung der maximal erlaubten Zugriffe, Ablauf der Gültigkeitsdauer usw.
- Eine Simulation der Chipkarte ist nicht möglich, da der Informationsaustausch zwischen der Karte und dem Kartenleser in einer unvorhersehbaren und nicht reproduzierbaren Form gestaltet ist. Dabei werden kryptografische Verfahren verwendet (Näheres folgt im Abschnitt 3.2.2.6.2).

Zu Beginn wird die *Karte «konfektioniert»*, worunter man die äußere und innere Kennzeichnung der Karte mit der Information über den ausgebenden Betrieb, die Person des Karteninhabers und die Rechte, die ihm bei Benutzung der Karte eingeräumt werden, versteht. Zunächst werden die unkonfektionierten Karten in eine EDVA eingelesen. Auf einer Magnetplatte werden dabei die Fabrikationsnummer der Karte und die Nummer der Herstellungsserie, aus der die Karte stammt, abgespeichert. Die Konfektionierungsdaten werden dazu (z.B. über ein Bildschirmgerät oder Magnetband) eingegeben und in einer zweiten Plattendatei gespeichert. Anschließend werden die Karten einer Serie nacheinander in einen Chipkartenleser eingelegt, die Konfektionierungsdaten aus den beiden Plattendateien abgerufen und in die Karte eingespeichert. Bestimmte, diesem Speicherinhalt entsprechende Attribute (wie Namen, Karten- und Kontonummern), werden mittels Prägegerät und/oder Drucker visuell lesbar auf die Karte geschrieben. Die Benachrichtigung des Karteninhabers, die u.a. den persönlichen Code enthält, wird automatisch ausgedruckt.

Chipkarten bieten im wesentlichen dasselbe wie Magnetstreifenkarten, haben darüber hinaus aber noch folgende Vorteile:

1. Höhere Speicherkapazität und damit Erweiterung des Einsatzbereiches zur individuellen tragbaren Datei (z.B. Kundenausweis, Gesundheitspaß, Studienbuch usw.);
2. sichere Geheimhaltung der gespeicherten Daten und weitestgehender Schutz vor fälschlichem oder unerlaubtem Überschreiben bzw. Löschen und damit bessere Eignung als Zahlungsmittel (Näheres hierzu folgt in den Abschnitten 3.1.3.1 und 3.1.4);
3. in der Karte gespeicherte, durch den Prozessor ausgeführte Programme können anwendungsspezifische Unterstützung bieten, z.B.

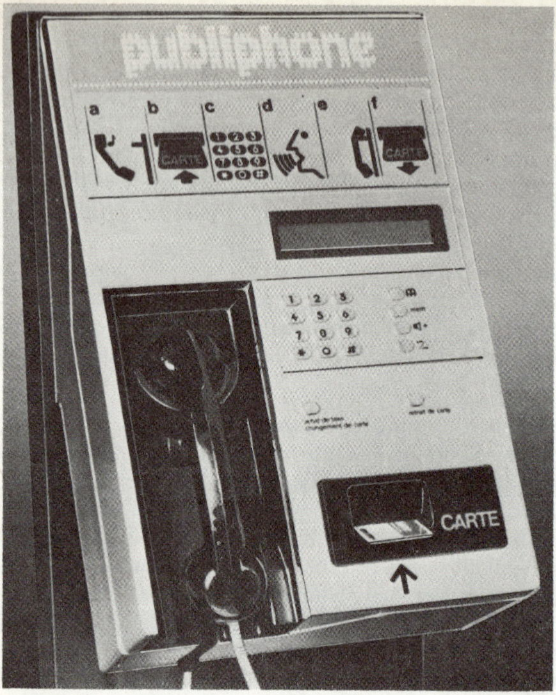

Abb. 2.2.4.1/3: Chipkarten-Telefon für öffentliche Sprechstellen. Die Gebühren werden von dem eingespeicherten, vorher bezahlten Guthaben auf der Karte abgebucht

die Datenerfassung erleichtern (durch Folgen von Bildschirmformularen und maschinelle Prüfungen), Zutritts- und Zugriffskontrollen durchführen, vertrauliche Daten für die Übertragung chiffrieren bzw. dechiffrieren oder Systemaufrufsprozeduren automatisieren.

Auch die Nachteile von Chipkarten entsprechen weitgehend jenen von Magnetstreifenkarten (siehe Abschnitt 2.2.2.1). *Hierzu ist noch zu ergänzen:*

1. Die oben als Vorteil bezeichnete höhere Speicherkapazität ist absolut gesehen immer noch sehr gering, wodurch i.a. nur singuläre Anwendungen in Frage kommen. Dieser Engpaß dürfte jedoch schon bald durch leistungsfähigere Chips behoben werden, die dann auch einen 16-Bit-Mikroprozessor enthalten könnten.
2. Der Speicher einer Chipkarte ist i.a. ein sukzessive zu füllender, nicht löschbarer Festspeicher, der nur einmal beschrieben werden kann

(bis auf einen minimalen RAM-Teil, der nur vorübergehend unter Stromzufuhr Daten aufnimmt). Durch einen EEPROM-Speicher würde die Chipkarte wiederverwendbar gemacht, damit ginge jedoch die «absolute» Sicherheit vor fälschlichem oder unerlaubtem Überschreiben verloren.[14] Eine mögliche Lösung stellt eine Chipkarte mit zwei Chips dar, die über voneinander unabhängige Systemschnittstellen mit der Außenwelt kommunizieren.

3. Magnetstreifenkarten sind zumindest für Identifikations- und Zahlungsverkehrszwecke weltweit genormt – wenn auch vorhandene Kartensysteme der Banken und Kreditorganisationen vielfach diesen Normen nicht entsprechen und damit inkompatibel sind. Von solchen Normen ist man bei Chipkarten noch weit entfernt.
4. Der Preis für eine Chipkarte ist noch mehr als zehnmal so hoch wie für eine Magnetstreifenkarte (bei fallender Tendenz durch die sich abzeichnende Massenanwendung).

Übungsaufgabe Nr. I-77 im Arbeitsbuch ←

2.2.4.2 Halbleiterplatten

Eine **Halbleiterplatte** (engl.: RAM-disk) ist ein extrem schneller, externer Schreib-/Lesespeicher, der aus einer großen Zahl von Speicherchips aufgebaut ist und der einer ständigen Stromzufuhr zur Erhaltung der aufgezeichneten Information bedarf. Der Name hat nichts mit der Gestalt zu tun (keine Scheibe); die Benennung weist vielmehr darauf hin, daß dieser Datenträger von der Zentraleinheit wie eine Magnetplatte genutzt wird.

Es gibt Halbleiterplatten in den verschiedensten Größen- bzw. Preisklassen für Mikrorechner wie für Großrechner mit

- *Speicherkapazitäten von ca. 1 MB bis 150 MB pro Einheit,*
- *mittleren Zugriffszeiten von einigen hundert Mikrosekunden* und
- *Datentransferraten bis zu 3 MB/s* (die durch Zusammenschaltung mehrerer Einheiten vervielfacht werden können).

Halbleiterplatten benötigen *für das Schreiben und Lesen keine zeitaufwendigen mechanischen Bewegungen* einer Zugriffseinrichtung und können deshalb *im Mittel bis zu hundertmal schneller zugreifen als Magnetplattenspeicher. Sie lassen sich wie jede beliebige Magnetplatte oder Diskette organisieren und jederzeit auf ein anderes Plattenmodell*

14 Solche EEPROM-Karten wurden in jüngster Zeit bereits als Prototypen angekündigt.

umformatieren. Datenbestände werden zur schnelleren Verarbeitung von einer Magnetplatte oder einem sonstigen langsameren externen Speicher geladen. Die *ständig notwendige Energieversorgung* wird bei den größeren Einheiten vielfach durch Batterien oder unterbrechungsfreie Stromversorgungsanlagen sichergestellt. Zusätzlich werden die Transaktionen teilweise auf eingebauten Magnetplatten *gesichert* (d.h. sofort automatisch auf die Magnetplatte geschrieben).

Vorteile von Halbleiterplatten sind:

1. Massenspeicher mit direktem Zugriff;
2. Wiederverwendbarkeit;
3. höchste Schreib-/Leseleistung und damit äußerst kurze Zugriffszeit zu den gespeicherten Daten;
4. flexible Formatierung;
5. geringer Raumbedarf.

Nachteile von Halbleiterplatten sind:

1. Keine visuelle Lesbarkeit;
2. keine Verwendbarkeit als Urbeleg;
3. sehr hohe Speicherkosten;
4. Risiko des Datenverlustes bei Unterbrechung der Stromzufuhr bzw. Notwendigkeit von kostspieligen Sicherungsmaßnahmen.

Weil sie *wesentlich teurer als Magnetplatten* sind (der Preis beträgt mindestens das Doppelte), kommen Halbleiterplatten eher selten und fast *nur bei speziellen Anwendungen* zum Einsatz, *bei denen große Datenbestände mit höchster Durchsatzleistung bzw. sehr kurzen Antwortzeiten verarbeitet werden müssen.*

Gelegentlich kann auch *ein Teil des Arbeitsspeichers* eines Rechners *wie eine Magnetplatte organisiert* werden. Funktional besteht kein Unterschied zwischen dieser *internen Halbleiterplatte* und dem vorstehend beschriebenen peripheren Gerät. Der entscheidende *Vorteil* ist in beiden Fällen der wesentlich *beschleunigte Zugriff. Interne «RAM-Disks» werden vor allem für Mikrorechner angeboten,* bei denen dieser Vorteil gegenüber der üblichen Diskettenspeicherung besonders ins Gewicht fällt.

→ Übungsaufgabe Nr. I-78 im Arbeitsbuch

2.2.5 Markt und Entwicklungstendenzen von Datenträgern

Die Abb. 2.2.5/1 zeigt Ihnen die behandelten Datenträger nochmals im *Überblick*, diesmal geordnet nach der Speicherkapazität. Zusätzlich sind in dieser Tabelle die mittlere Zugriffszeit, die Datentransferrate und die Aufzeichnungshäufigkeit wiedergegeben – zu Vergleichszwecken auch für den Arbeitsspeicher in der Zentraleinheit und das menschliche Gedächtnis.

Datenträger	Kapazität ro Einheit in Bytes	Mittlere Zugriffszeit in Sek.	Datentransferrate in Bytes/Sek.	Aufzeichnungshäufigkeit
Strichcode-Feld	20	1	500	L
Lochkarte	80	40	1 K	L
Magnetstreifenkarte	170	1	100	S/L
Markierungsbeleg	1 K	120	4 K	L
Klarschriftbeleg	1 K	1700	300	L
Chipkarte	2 K	1	2 K	L
Lochstreifenrolle	130 K	20	3 K	L
Optische Speicherkarte	4 M	1	10 K	L
Mikrofiche (VHR 90x)	6 M	10	40 K	L
Diskette	10 M	0,1	100 K	S/L
Halbleiterplatte	150 M	0,0003	3 M	S/L
Magnetband	200 M	35	3 M	S/L
Magnetplatte	2 G	0,01	3 M	S/L
Optische Speicherplatte	4 G	0,02	3 M	S(?)/L
Arbeitsspeicher	256 M	0,0000001	250 M	S/L
Menschl. Gehirn	125 G	Langzeitgedächtnis	0,1	S/L
		Kurzzeitgedächtnis	6	S/L

Abkürzungen:
L = Nur-Lesespeicher (einmalige Aufzeichnung)
S/L = Schreib-/Lesespeicher (beliebig häufige Aufzeichnung)
VHR 90x = Very High Reduction – Verkleinerungsfaktor 90

Abb. 2.2.5/1: Vergleich verschiedener Datenträger

Diese *Tabelle* bedarf einiger *Erläuterungen.* Es sind *gerundete Maximalwerte* angegeben, die von derzeit (1986) auf dem Markt erhältlichen Systemen im besten Fall erreicht werden. Die Kenngrößen beziehen sich auf jeweils *eine Einheit (Datenträger/Laufwerk).* Die *Zugriffszeit* bei Strichcodefeldern und Plastikkarten ist vom Menschen bestimmt und wurde mit einer Sekunde angenommen. Bei den sequentiellen Medien, bei denen Daten physikalisch hintereinander aufgezeichnet und nur in der gespeicherten Reihenfolge gelesen werden können, wurde bei der Berechnung der durchschnittlichen Zugriffszeit von einem unsortierten Datenbestand ausgegangen, der 1000 Belege (Lochkarten, Markierungs- und Klarschriftbelege) oder eine volle Spule (Lochstreifen, Magnetband) umfaßt. Diese Annahme ist einigermaßen wirklichkeitsfremd, weil solche Datenbestände normalerweise in der für die Verarbeitung benötigten Sortierung aufgezeichnet werden oder diese für die Anwendung keine Rolle spielt. Werden dieselben Daten für verschiedene Anwendungen in unterschiedlicher Sortierung benötigt oder ist die Reihenfolge ihrer Verarbeitung nicht vorhersehbar, so kommen die genannten sequentiellen Datenträger wegen der sehr langen Zugriffszeiten nicht in Frage. Die *Datentransferrate* kennzeichnet einen möglichen theoretischen Höchstwert, der vielfach real auch nicht annähernd erreicht wird – zum Beispiel dann, wenn der Mensch die Datenträger manuell der Lesevorrichtung zuführt, wenn ein Gerät zum Lesen und Schreiben abstoppen und wieder starten muß (wie das Magnetband beim Start-Stopp-Betrieb) oder wenn, wie normalerweise, die Anwendungen eine geringere Transferrate bedingen. Bezüglich der *Aufzeichnungshäufigkeit* wurde gekennzeichnet, ob die Datenträger nur einmalig beschrieben und wiederholt gelesen (L) oder beliebig oft beschrieben und gelesen (S/L) werden können.

Aus der Abb. 2.2.5/1 wird unmittelbar ersichtlich, welche *Datenträger für die Massenspeicherung* von Daten in Betracht kommen:

1. Die derzeit dominierenden, ausgereiften magnetischen Medien Diskette, Magnetplatte und – mit Einschränkungen – Magnetband;
2. die zukunftsträchtigen, aber bisher kaum auf dem Markt eingeführten Halbleiterplatten und optischen Speicherplatten.

Papierdatenträger

Papierdatenträger haben ständig an Bedeutung verloren und «fristen nur noch in Anwendungsnischen ein Dornröschendasein». *Dies gilt nicht nur für Lochkarten und Lochstreifen, sondern auch für Markierungsbelege und Klarschriftbelege.* Die teuren stationären *Belegleser für eine zentrale Belegverarbeitung* werden von vielen Rechnerherstellern nicht einmal mehr angeboten. Die meisten derartigen Geräte werden im Bankwesen für das Sortieren von Überweisungsbelegen verwendet.

Die *Zukunft der Beleglesung* wird voraussichtlich *Abtastgeräten zur Faksimileeingabe* gehören, die Rasterbilder von Text-/Bilddokumenten aufnehmen, abspeichern, wiedergeben, manipulieren (vergrößern, verkleinern, Ausschnitte kombinieren u.ä.) und übertragen können. Erste auf dem Markt angebotene Geräte sind noch sehr langsam und umständlich in der Handhabung. Unter anderem wegen der fehlenden bzw. erst in den Anfängen steckenden Standardisierung auf diesem Gebiet kann die Information i.a. noch nicht mit Hilfe von Erkennungsprozessen mit nachfolgender Codierung der Bedeutung erfaßt werden, jedoch sind längerfristig durchaus *Fortschritte in der Bildinterpretation* zu erwarten.

Handleser von Klarschriftetiketten kommen häufiger für die dezentrale Datenerfassung im Handel zum Einsatz. Zunehmend wird dort jedoch auf *Strichcodes* zurückgegriffen, die mit einfacheren, fest in den Kassentischen eingebauten Lesern (Scanner) oder Handlesern in Form eines Griffels (Lesestift) bzw. einer Pistole (Lesepistole) optisch abgetastet werden können.

EAN

Als *Vorteile des EAN-Codes gegenüber OCR-Schriften* gelten:
- Niedrigere Codierungskosten,
- geringerer technischer Aufwand und damit billigeres Lesegerät,
- keine Farbkontrastprobleme,
- niedrigerer Preisauszeichnungsaufwand,
- leichtere Erfaßbarkeit (größerer Lesewinkel),
- geringere Verschmutzungs- und Fehldruckempfindlichkeit bzw. Rückweisungs- und Fehlerrate,
- höhere Lesegeschwindigkeit.

Anfang 1986 waren *28 Länder* dem EAN-System angeschlossen, im Jahre 2000 sollen es 60 Länder sein. *In der Bundesrepublik Deutschland* nehmen zur Zeit *rund 6000 Industriebetriebe* an der EAN-Numerierung teil. Die Zahl der *Lebensmittelgeschäfte, die mit Scanner-Kassen arbeiten,* hat sich folgendermaßen entwickelt: 1977... 1; 1978... 7; 1979... 9; 1980... 19; 1981... 43; 1982... 76; 1983... 175; 1984... 550; 1985... ca. 1000. Durchschnittlich werden pro Geschäft acht Kassen eingesetzt. Als *Nutzenschwelle* gilt derzeit ein Jahresbruttoumsatz von 5 Mio. DM und ein Sortiment von 1000 Artikeln, von denen – soweit vorverpackt – mindestens 80% EAN-codiert sein müssen. Wir kommen auf die Datenerfassung mittels der EAN nochmals im Abschnitt 3.1.3.1 zurück.

Plastikkarten

Auch auf die Plastikkarten gehen wir dort nochmals unter Anwendungsaspekten ein. *Magnetstreifenkarten* sind weltweit milliardenfach verbreitet. Zum Beispiel haben allein die Kreditkartenorganisationen *Visa* und *MasterCard* (zu der auch *Eurocard* gehört) jeweils über 100 Mio. Karten ausgegeben, die von über vier Mio. Verkaufsstätten angenommen werden. Die mehr als 20 Mio. *American Express*-Karten werden von über 1,2 Mio. Vertragsunternehmen in 130 Ländern, *Diners Club*-Karten von über 500 000 Betrieben in 150 Ländern akzeptiert. *Eurocheque*kartengarantierte Schecks können bei ca. 200 000 Zahlstellen in 39 Ländern zur Bargeldbeschaffung eingelöst werden. Etwa 4,5 Mio. Einzelhandelsgeschäfte, Hotels, Restaurants, Tankstellen usw. in 23 Ländern akzeptieren heute den Eurocheque als bargeldloses Zahlungsmittel.

Alle diese Organisationen sind dabei, die Funktionen ihrer Kreditkarten auszuweiten. Einerseits soll damit künftig weltweit bzw. in Europa (Eurocheque) *von Geldausgabeautomaten bzw. Bankschaltern Bargeld erhältlich* sein. Derzeit sind in Europa rund 20 000 und in den USA rund 40 000 Automaten in Betrieb. Neue werden laufend aufgestellt. Andererseits soll mit solchen Karten zunehmend die *bargeldlose Zahlung am Verkaufsort* (engl.: point of sales) ermöglicht werden. Solche *POS-Systeme* werden derzeit in vielen Ländern erprobt, Pilotversuche gibt es vor allem in Supermärkten und im Tankstellengewerbe. Wir kommen hierauf nochmals im Abschnitt 3.1.4 zurück.

Hauptprobleme sind in diesem Zusammenhang die zur Zeit verwendeten ca. 200 verschiedenen Kartensysteme, die begrenzte Speicherkapazität und die mangelhafte Fälschungssicherheit der Magnetstreifenkarten. Aus diesen Gründen experimentieren viele Organisationen mit *Chipkarten*. Die ersten großen *Versuchsprojekte* wurden ab 1982 *in Frankreich* von Bull, Flonic Schlumberger und Philips durchgeführt – 1986 waren dort 2,5 Mio. Bankkarten, 1,5 Mio. Multiservicekarten der Post (für Zahlungsverkehr, münzlose Telefone, «Home-Banking» und «Tele-Shopping» via Bildschirmtext) und Hunderttausende von weiteren Chipkarten im Rahmen kleinerer Anwendungen im Einsatz. Beispiele sind etwa Studentenkarten an der Universität Paris VII oder medizinische Identitätskarten in einem Großkrankenhaus in Lille. Bis Ende 1988 wird Bull an ein französisches Bankenkonsortium 12,4 Mio. Chipkarten für den elektronischen Zahlungsverkehr liefern. *In Deutschland* arbeiten Nixdorf und Siemens an Chipkartenentwicklungen; Siemens verwendet die Chipkarte in Nebenstellenanlagen u.a. für die Zuteilung von Fernwahlberechtigungen und als Telefonregister. In vielen *weiteren Ländern* werden ebenfalls derartige Versuche angestellt. So hat die amerikanische *MasterCard*-Organisation 1985 50 000 Chipkarten bestellt. Auch die *VisaCard*-Organisation unternimmt Tests und plant – bei Erfolg – ab 1989 Chipkarten für alle Mitglieder einzuführen. 1987 soll es einen europäischen Chip für die Karten geben, der von Thomson kommt und auf den sich die Schrittmacher Bull und Philips bereits geeinigt haben.

Mitte 1985 wurde von einer Gruppe führender japanischer Elektronikfirmen (bzw. von deren im Bankenbereich tätigen Tochterunternehmen) *die erste optisch mit Laser codierte Kreditkarte* angekündigt, die auf dem Markt käuflich ist. Ein Stück kostet ca. 5,– DM und ist damit noch wesentlich teurer als eine gebräuchliche Magnetstreifenkarte. Sie kann jedoch bis zu sechstausendmal so viel Information aufnehmen (2 MB auf einem 16 mm breiten Streifen) wie diese. Die verwendete Aufzeichnungstechnik stammt von der kalifornischen *Drexler Technology Corporation*. Die Karte kann nach und nach mit Daten gefüllt und nicht gelöscht werden (ROM).

Drexler hat auch eine *Kartenversion mit einem breiteren (35 mm) optischen Speicherstreifen entwickelt, welcher bis zu 4 MB faßt*. Weltweit gibt es derzeit schon mehr als 20 Lizenznehmer, die an die Herstellung oder Verwendung dieses Kartensystems bzw. von Aufzeichnungs-/Lesegeräten denken (davon die Hälfte aus Japan). *Das größte Pilotprojekt* läuft seit Anfang 1986 bei einer US-amerikanischen Krankenversicherung (Health Management Systems, Inc. in Towson, Maryland), die 165 000 «LifeCards» mit 2 MB Speicherkapazität in einem Feldtest erprobt. Die Karten speichern medizinische Daten (inkl. Bilder von EKGs, Röntgenaufnahmen u.ä.) und Versicherungsdaten ausgewählter Mitglieder (auch deren Foto und Unterschrift). Wenn der Test erfolgreich ist, sollen alle 1,6 Mio. Mitglieder der Muttergesellschaft Blue Cross and Blue Shield of Maryland (eventuell sogar die 80 Millionen Mitglieder des Gesamtkonzerns in den USA) optische Speicherkarten erhalten. In der ersten Phase wird die Firma Canon für dieses Vorhaben zwischen 12 000 und 60 000 Aufzeichnungs-/Lesegeräte liefern.

Magnetspeicher

Bei den magnetischen Massenspeichern entfallen ca. 60% der Auslieferungen auf Disketten (hauptsächlich für Mikrorechner), *30% auf Magnetplatten und 10% auf Magnetbänder* (Laufwerke und Datenträger). Der Absatz verdoppelt sich alle drei bis vier Jahre, wobei *Disketten und Festplatten in Winchestertechnologie ein überproportionales Wachstum* aufweisen.

Laufwerke in der BRD	Anzahl Auslieferungen Stückzahl 1985	jährl. Wachstumsrate
Disketten	480 000	25%
Festplatten	200 000	50%
Wechselplatten	15 000	15%
Summe	695 000	

Abb. 2.2.5/2: Auslieferungen von Disketten- und Magnetplattenlaufwerken in der Bundesrepublik Deutschland (Quelle: IDC und eigene Berechnungen)

Es wird geschätzt, daß 1985 in der Bundesrepublik Deutschland ca. 30 Mio. *Disketten* im Wert von ca. 300 Mio. DM verkauft worden sind (Endverkaufspreise der Datenträger). Etwa 60% des Absatzes dürften auf 5,25-Zoll-Disketten und jeweils ca. 20% auf 8-Zoll- und 3,5-Zoll-Disketten entfallen sein. Der Trend geht dabei einerseits zu höheren Speicherkapazitäten (High-density-Disketten unter Verwendung feinster, nadelförmiger Magnetteilchen) und andererseits zum kleineren 3,5-Zoll-Format. Noch kleinere Disketten als 3,5 Zoll sind nicht zu erwarten, da sie schlecht zu handhaben sind und leicht verloren gehen.

Bei den *Magnetplatten* ist das höchste Wachstum einerseits bei den 14-Zoll-Gigabyte-Festplatten für Großrechner der oberen Leistungsklasse und andererseits bei den kompakten 5,25-Zoll-Festplatten für Mini- und Mikrorechner zu verzeichnen. Im unteren Leistungsbereich dominieren Laufwerke in den Kapazitätsklassen von unter 30 MB und zwischen 100 und 300 MB.

Auch bei den *Magnetplatten* ist ein *Trend zu immer höheren Kapazitäten und Schreib-/Leseleistungen* festzustellen, der sich in Zukunft fortsetzen dürfte. Erreicht wird dies durch Erhöhung der linearen Dichte der Bits in einer Spur (Bits/mm), der Spurdichte (Spuren/mm) und bei den kleineren Systemen durch eine größere Zahl von Platten pro Laufwerk.

Zur *Erhöhung der Aufzeichnungsdichte* muß der Abstand zwischen der Oberfläche einer Platte und dem Schreib-/Lesekopf (die «Flughöhe») minimiert werden, um das magnetische Streufeld möglichst klein zu halten. Darauf ist die Länge und Breite des Kopfspalts des Schreib-/Lesekopfs abzustimmen – mit fotolithografischen Prozessen lassen sich inzwischen Spaltlängen in der Dicke einer Filmschicht herstellen (Dünnfilmköpfe). Diese haben eine geringere Ausgangsleistung, so daß die Dicke der magnetisierbaren Schicht ebenfalls reduziert werden muß, um eine Sättigungsmagnetisierung zu erreichen. Eine Faustformel für die beste Schreib-/Lesegenauigkeit ist ein Verhältnis von Flughöhe zu Spaltlänge zu Schichtdicke von ungefähr 1 : 1 : 1. Die Beschichtung der leistungsfähigsten Magnetplatten ist heute schon weniger als ein Mikrometer dick. Die Abb. 2.2.5/3 zeigt die Entwicklung der Magnetplattenspeicher am Beispiel eines Herstellers.

Noch dünnere Schichten auf Magnetplatten sind schwierig herzustellen und liefern nur schwache Lesesignale. Nichtsdestoweniger arbeiten fast alle Hersteller an sog. *Dünnfilmplatten* mit Metallschichten von nur wenigen hundert Nanometern Dicke, die ein ausreichendes magnetisches Moment aufweisen und kostengünstig naßchemisch (ähnlich Elektrolyseverfahren) in Großchargen gefertigt werden können.

Als vielversprechende Alternative zur Dünnfilmtechnik wird die *Vertikalaufzeichnung* gesehen, deren Durchbruch noch vor 1990 erwartet wird.

Sie verspricht eine mindestens zehnfache Steigerung der linearen Bitdichte. Während bei der heutigen Horizontalaufzeichnung die langen, dünnen magnetischen Domänen, welche die Bits repräsentieren, der Länge nach entlang der Spur liegen, wird bei der Vertikalaufzeichnung die Magnetisierung der einzelnen Bits senkrecht zur Schichtebene orientiert (Abb. 2.2.5/4).

Ein weiterer Weg zur Erhöhung der Bitdichte ist die Verwendung von *«komprimierenden» Codierverfahren*, bei denen ein Wechsel des magnetischen Flusses nicht nur – wie bis vor kurzem – ein Bit, sondern mehrere Bits repräsentiert.

Plattenspeicher mit feststehenden Schreib-/Leseköpfen sind wegen des beträchtlichen technischen Aufwands nur sehr teuer herzustellen. Weil Festplattenspeicher mit positionierbaren Köpfen laufend leistungsfähiger und vergleichsweise preisgünstig geworden sind, haben solche Einheiten nie eine große Bedeutung erlangt und sind heute äußerst selten.

Auch die *Verwendung von Wechselplatten geht tendenziell zurück* (relativ gesehen). Ähnlich wie die Magnetbänder werden Wechselplatten häufig nur noch für die Datensicherung genutzt.

Bei *Magnetbändern* ist wegen dieses primären Verwendungszwecks vor allem der *Datenstrommodus* gefragt. Neuangekündigte Magnetbandeinhei-

---

Abb. 2.2.5/3: Entwicklung von Leistung und Preis bei Magnetplatten für Großrechner (oberste Leistungsklasse)

Name des Speichers Erstauslieferung	IBM 350 1957	IBM 1301 1962	IBM 1311 1963	IBM 2314 1966	IBM 3330 1971	IBM 3340 1973	IBM 3350 1976	IBM 3370 1979	IBM 3380 1981	IBM 3380-E 1985
Speicherdichte										
Lineare Bitdichte (Bits/mm)	3,9	20,5	40,4	87	159	222	252	478	600	600
Spurdichte (Spuren/mm)	0,8	2,0	2,0	3,9	7,6	11,8	18,8	25	31,5	63
Flächendichte (Bits/mm²)	3,1	40,3	80,0	341	1200	2620	4760	12090	18600	37800
Plattendaten										
Durchmesser (Zoll)	24	24	14	14	14	14	14	14	14	14
Dicke (mm)	2,5	2,5	1,3	1,3	1,9	1,9	1,9	1,9	3,9	3,9
Umdrehungsgeschwindigkeit (U/min.)	1200	1800	1500	3600	3600	2964	3600	2964	3620	3620
fest (f) oder auswechselbar (w)	f	f	w	w	w	Modul w	f	f	f	f
Datenflächen je Laufwerk	100	100	10	20	19	6	15	12	15	15
Kapazität je Plattenstapel (MB)	5	56	2,68	29	100	35 o. 70	317,5	571	1250	2500
Wichtige geometrische Daten (µm)										
Abstand Kopf-Platte	31,5	9,8	5	3,3	2	0,7	0,7	0,5	0,5	0,5
Länge des Kopfspaltes	39,4	19,7	9,8	4,1	3,9	2,4	2	1	1	1
Dicke der Magnetschicht	47	21,4	9,8	3,3	2	1,6	1,6	1,6	1	1
Schreib-/Lesekopf										
Material des Flugkörpers	Aluminium	Edelstahl	Edelstahl	Keramik	Keramik	Ferrit	Ferrit	Keramik	Keramik	Keramik
Material des Kerns	Mu-Metall	Mu-Metall	Mu-Metall	Ferrit	Ferrit	Ferrit	Ferrit	Film	Film	Film
Zugriffsmechanismus										
Anzahl Zugriffsmechanismen (max.)	3	2	1	1	1	1	1	2	2	2
Durchschnittliche Suchzeit (ms)	600	165	150	60	30	25	25	20	16	17
Datentransferrate (MB/s)	0,88	0,68	0,69	0,312	0,806	0,885	1,198	1,858	3	3
Monatsmiete pro MB (DM)	500	400	300	100	30	20	10	5	3	1,5

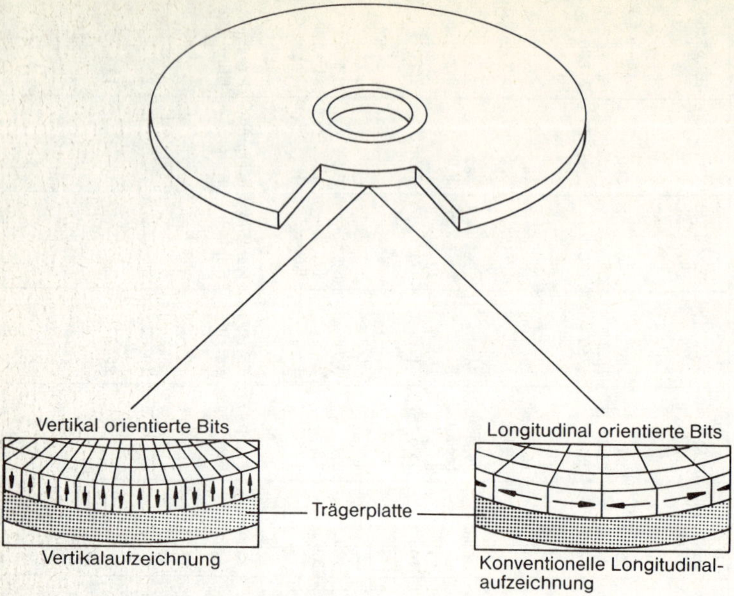

Abb. 2.2.5/4: Vergleich von Vertikal- und Horizontalaufzeichnung (Quelle: BASF)

Kenndaten von Magnetbändern	**IBM 3420-8** 10,5 Zoll Bandspule	**IBM 3480** Kassette
Erstauslieferung	1973	1985
Beschichtung	Eisenoxid	Chromdioxid
Maße (mm)	∅ 400 × 20	100 × 125 × 25
Anzahl Spuren	9	18
Zeichendichte (bpi)	6 250	ca. 38 000
Schreib-/Lesegeschwindigkeit (MB/s)	1,25	3,0
Bandgeschwindigkeit (m/s)	5	2
Blockzwischenraum (mm)	7,6	2
Rückspulen (s)	45	40
Kapazität in MB bei 24 KB Blockgröße	ca. 165	ca. 200
Monatsmiete für ein Laufwerk (DM)	3 600,–	2 640,–

Abb. 2.2.5/5: Entwicklung von Leistung und Preis bei Magnetbandeinheiten für Großrechner (oberste Leistungsklasse)

ten zeichnen sich dementsprechend durch hohe Datentransferraten bei fortlaufender Aufzeichnung, Zuverlässigkeit und einen geringen Raumbedarf der Geräte und der zu archivierenden Datenträger aus.

Auch *Bandeinheiten für Mini- und Mikrorechner* erreichen schon Bitdichten von über 10 000 bpi. Teilweise werden *neuartige Aufzeichnungsverfahren* verwendet: Zum Beispiel wird bei einer kürzlich vorgestellten Einheit eines renommierten Minirechnerherstellers auf ein 0,25-Zoll-Band in 16 Spuren bitseriell und byteseriell aufgezeichnet; eine Spur wird nach der anderen gefüllt, indem von einem Ende zum anderen Ende des Bandes hin und zurück geschrieben wird.

Bedeutende *Anbieter magnetischer Massenspeicher* (Datenträger und/oder Laufwerke) sind neben den Rechnerherstellern die Firmen Athana, BASF, Denison, Dysan, 3M, Fuji, Matsushita, Maxell, Memorex, Nashua, Shugart, Sony, Tandon, Verbatim und Xidex.

COM

Weltweit sind heute mehr als 8 000 COM-Recorder im Einsatz, in der Bundesrepublik Deutschland sind es rund 500 Systeme. Ungefähr die Hälfte aller großen EDV-Anwender setzen COM ein; *die Zahl der Kunden von deutschen COM-Servicebetrieben wird auf ca. 5 000 geschätzt.* Es werden fast ausschließlich *Archivierungsaufgaben* abgewickelt. Marktführer bei COM-Anlagen sind *Datagraphix* und *Kodak*. Es wird erwartet, daß optische Speicherplatten zunehmend zu einer ernsten Konkurrenz der Mikroverfilmung werden und daß COM deshalb Anfang der 90er Jahre vom Markt verdrängt werden könnte.

Optische Speicherplatten

Optische Speicherplatten können wesentlich höhere Speicherkapazitäten erreichen als magnetische Medien: Weil der Laserstrahl äußerst exakt auch bei relativ großem Abstand von der Plattenoberfläche positioniert werden kann, die getroffenen Bereiche (Löcher, Blasen o.a.) viel kleiner als die magnetisierten Bitpositionen sind und die Abstände ohne gegenseitige Beeinflussung extrem dicht gehalten werden können. Für die magneto-optische Aufzeichnung gelten diese Aussagen allerdings nur bedingt.

Den *Vorteilen der höheren Spur- und Bitdichte* und der längeren Haltbarkeit der aufgezeichneten Information stehen entgegen, daß die *Mehrzahl der derzeit verfügbaren optischen Speicherplatten nur einmal beschrieben* werden kann und daß *bisher nur rudimentäre Praxiserfahrungen* existieren. Die ersten einmalig beschreibbaren Nurleseplatten werden seit 1983 auf dem Markt erprobt, inzwischen entwickeln weltweit fast 50 Hersteller in diesem Bereich. *Der erste löschbare 12-Zoll-Prototyp wurde 1984 von Sony angekündigt.* Weitere *japanische Hersteller*, die auf diesem Gebiet arbeiten, sind

Fujitsu, Hitachi, Matsushita, Ricoh, Sharp und Toshiba. Mit Ausnahme von Matsushita haben diese Firmen von vornherein auf die *magneto-optische Methode* gesetzt, die derzeit als erfolgversprechendster Ansatz in Richtung optische Schreib-/Lesespeicher gilt.

Europäischer Schrittmacher ist Philips. Das mit dem Rechnerhersteller Control Data gegründete Gemeinschaftsunternehmen Optical Storage International bereitet ebenfalls eine löschbare Platte vor. Neben dieser Firma bieten derzeit noch folgende *nichtjapanische Hersteller* Nurlese- bzw. Einmalschreibplatten an: Alcatel-Thomson, 3M, Information Storage, Optimem, Optotech, Reference Technology und Storage Technology.

Bei den optischen Speicherplatten gibt es ähnliche *Entwicklungstendenzen* wie bei den magnetischen Massenspeichern in Richtung:

1. Großplatten mit zunehmenden Kapazitäten (mehrere GB) und Leistungen für Großrechner;
2. kleinformatige Platten (5,25 und 3,5 Zoll), die besonders preisgünstig sind, für Mini- und Mikrorechner.

Ein *Beispiel* für den letztgenannten Trend bietet eine 1985 von Verbatim als Prototyp angekündigte löschbare 3,5-Zoll-Platte. Sie kann 40 MB formatierte Daten speichern, hat eine Transferrate von einem Megabit pro Sekunde und arbeitet mit dem magneto-optischen Verfahren. Auf dem Markt soll diese Platte erst Ende 1987 erhältlich sein – dann mit einer Kapazität von 100 MB. Als Wiederverkäuferpreis des Laufwerks werden 1000,– bis 1500,– DM genannt, die einseitig beschreibbare Platte soll 50,– bis 100,– DM kosten.

Optische Gigabyteplatten (Laufwerke und Datenträger) kosten noch mindestens zehnmal so viel.

Mit der zunehmenden Marktverbreitung werden *Preissenkungen* in der Größenordnung von 10 bis 15% pro Jahr erwartet. Optimistische Prognosen gehen davon aus, daß die *Auslieferungen* optischer Speicherplatten bis zum Ende der 80er Jahre etwa 10% des Marktvolumens magnetischer Massenspeicher erreichen können. Absatzhemmende Faktoren sind die fehlende Standardisierung und die noch offene Haltung des Marktführers IBM.

Elektronische Speicher

Elektronische Speicher sind derzeit noch viel zu *teuer*, um auf breiter Basis für die Massenspeicherung von Daten in Frage zu kommen. Ein Megabyte Speicherkapazität kostet bei einer Halbleiterplatte mindestens zehnmal so viel wie bei einem Festplattenspeicher. Dieses Verhältnis verschiebt sich wegen des Preisverfalls von Speicherchips zwar ständig zugunsten der Halbleiterspeicher, jedoch sind *frühestens zu Beginn der 90er Jahre auch vom Preis her konkurrenzfähige Systeme* zu erwarten.

Andere elektronische Speichertechnologien, wie CCD (engl.: charge coupled devices) und EBAM (engl.: electronic beam-addressable memory), die vor Jahren als vielversprechende Alternativen zu herkömmlichen Speichermedien angesehen wurden, sind *aus dem Laborstadium nicht herausgekommen.* Die Fertigung der weiter entwickelten Magnetblasenspeicher bereitete unvorhergesehene Probleme und ist mit hohen Kosten verbunden.

Magnetblasenspeicher

Magnetblasen (engl.: magnetic bubbles) sind zylindrische Phänomene, die durch magnetische Felder auf der Magnetschicht (Nickel-/Eisen-Legierung) eines Plättchens aus künstlichem Granat erzeugt werden. Die Magnetblasen sind stabil, außer sie werden durch die Einwirkung eines magnetischen Feldes auf den eingeätzten Bewegungspfaden bewegt. In kleinsten Intervallen wird durch eine Art Schreib-/Lesekopf geprüft, ob eine Blase vorbeiwandert und dadurch festgestellt, ob Information vorhanden ist (binäre Eins) oder nicht (binäre Null). *Magnetblasenspeicher erfordern keine Mechanik und erhalten auch bei Stromausfall ihren Zustand. Die Zugriffsform ist sequentiell, die Zugriffszeit ist relativ langsam* und liegt – nur wenig besser als bei schnellen Magnetplatten – bestenfalls bei etwa 5 ms.

Auf dem Markt erhältliche Magnetblasenspeicher, die z.B. in tragbaren Peripheriegeräten zum Einsatz kommen, kosten derzeit normalerweise rund zehnmal so viel wie Magnetplattenspeicher entsprechender Kapazität. Der US-amerikanische Halbleiterhersteller *Intel* liefert die am häufigsten verwendeten *1-Megabit-Magnetblasenchips* und hat vor kurzem die Produktion von *4-Megabit-Chips* aufgenommen.

2.3 Baueinheiten von EDV-Anlagen

Eine EDVA ist ein *System von Baueinheiten und Programmen* zur Verarbeitung von Daten. Die Gesamtheit der materiellen Baueinheiten, aus denen eine EDVA aufgebaut ist, bezeichnet man als *Hardware* (= Geräteausstattung). Als Sammelbegriff für die Programme einer EDVA verwendet man die Bezeichnung *Software*. Die *Hardware* einer EDVA besteht aus einer oder mehreren *Zentraleinheiten und peripheren Geräten*. Als *Softwarekomponenten* unterscheiden wir *Systemprogramme*, die zur Steuerung der Baueinheiten einer EDVA unerläßlich sind, die aber nicht auf anwendungsspezifische Probleme eingehen, und *Anwendungsprogramme*. Die Anwendungssoftware ist problemorientiert, d.h. sie enthält Programme für spezielle branchen- oder funktionsbezogene Aufgabenstellungen.

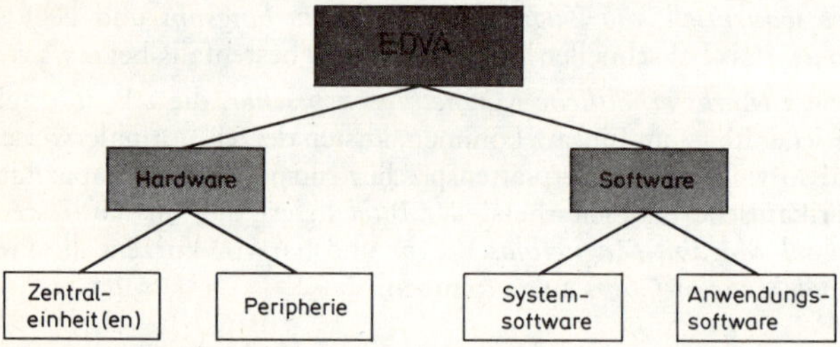

Abb. 2.3/1: EDVA als ein System von Funktionseinheiten

Bei der folgenden näheren Kennzeichnung der Baueinheiten einer EDVA gehen wir nach dem in der Abb. 2.3/2 gezeigten Schema vor. Die Peripheriegeräte bilden die Schnittstellen zwischen den Rechnern und ihren Benutzern. Ihre Funktionsbeschreibung beschränkt sich auf eine

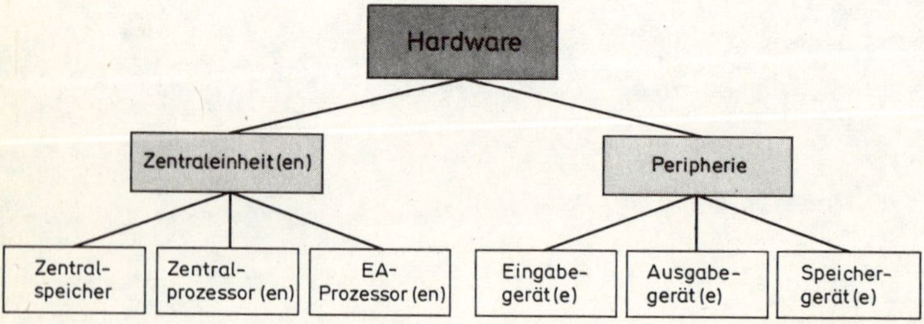

Abb. 2.3/2: Baueinheiten einer EDVA

Übersicht und auf eine exemplarische Detaildarstellung der wichtigsten Ein- und Ausgabegeräte. Die Speichergeräte haben wir bereits im Zusammenhang mit den Datenträgern behandelt.

Diese Baueinheiten von EDVA und ihre Teile sind durch Leitungen miteinander verbunden, über die

- *Daten*, d.h. Befehle, Operanden, Resultate,
- *Adressen* zur Auswahl von Speicherstellen, Registern, peripheren Geräten,
- *Steuersignale* zur Koordination der Arbeit der Systemkomponenten

übertragen werden. Im folgenden erläutern wir nur die Verbindungseinrichtungen in der Zentraleinheit; die Übertragungswege zur Kopplung von Geräten im Nah- und Fernbereich werden im Abschnitt 3.3 beschrieben.

2.3.1 Zentraleinheiten

In der *Zentraleinheit* werden, gesteuert von den Systemprogrammen, die von den Anwendungsprogrammen vorgeschriebenen Elementarfunktionen von dem (oder den) Prozessor(en) verrichtet. Ein *Prozessor* umfaßt, wie im Abschnitt 1.2.1 ausgeführt, Leit- und Rechenwerk. Das *Rechenwerk* führt logische und arithmetische Operationen durch. Das *Leitwerk* sorgt für die zeitlich und funktional aufeinander abgestimmte Zuführung von Befehlen und Daten aus den Speichern in das Rechenwerk. Dabei werden die Befehle und Daten dem *Arbeitsspeicher* entnommen, und die Ergebnisse werden dorthin für die Ausgabe zurückgeschrieben.

Bei *mittleren und großen EDVA* werden viele Operationen gleichzeitig ausgeführt, damit ein hoher Programmdurchsatz erreicht wird. Dies wird durch die *Aufteilung der Elementarfunktionen auf spezialisierte Prozessoren* ermöglicht. Zum Beispiel:

1. Der *Zentralprozessor* (der auch Verarbeitungs-, Rechen-, Befehls- oder Instruktionsprozessor genannt wird) übernimmt
   - die Ausführung von Maschinenbefehlen in der von Anwendungs- und Systemprogrammen bestimmten Folge,
   - die Adreßumsetzung bei der virtuellen Speicherung (Näheres im Abschnitt 2.3.1.1),
   - die Durchführung von Programmunterbrechungen und des Programmwechsels bei Mehrprogrammbetrieb,
   - die Veranlassung automatischer Wiederholungen bei Fehlfunktionen;

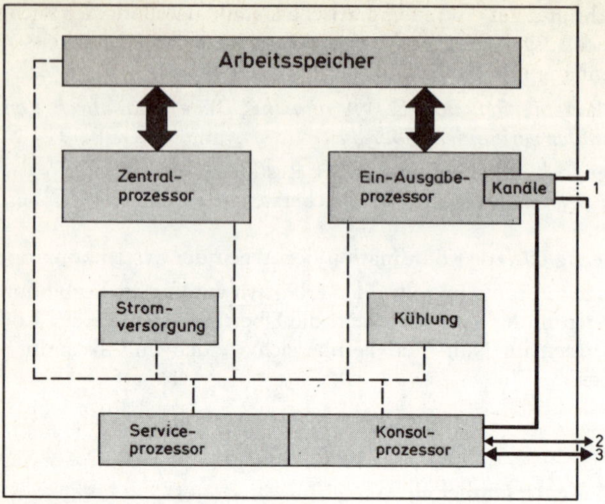

Anmerkungen:
1 = Anschlüsse für Peripheriegeräte
2 = Anschlüsse für Bedienstationen (Bedienungsfeld)
3 = Anschlüsse für Fernwartung

Abb. 2.3.1/1: Grobstruktur der Zentraleinheit

2. der *Ein-Ausgabeprozessor* steuert den Informationsfluß zwischen einer peripheren Einheit und einem Kanal für die Ein- und Ausgabe innerhalb der Zentraleinheit durch die Ausführung von Eingabe- und Ausgabebefehlen;
3. der *Serviceprozessor* (engl.: service processor) überwacht den laufenden Betrieb der übrigen Prozessoren, der Stromversorgung und der Kühlung, führt im Fehlerfall Diagnoseoperationen aus und erleichtert damit Wartungseingriffe;
4. der *Konsolprozessor* (engl.: console processor) unterstützt die Systembedienung und verfügt über Anschlüsse für Bedienstationen und die Fernwartung.

Fernwartung (engl.: remote maintenance) heißt, daß bei Hardware- oder Softwarefehlern der Maschinenbediener eine Verbindung über einen Fernmeldeweg (z.B. Telefonnetz) zur Wartungszentrale des Rechnerlieferanten herstellt, über welchen die Fehlerinformation des Serviceprozessors übertragen werden kann. Von dort können Diagnoseprogramme gestartet, Fehler lokalisiert und bei der Software auch in vielen Fällen aus der Ferne behoben werden. Defekte Hardwareteile können im Normalfall vom Wartungstechniker gleich mitgebracht und ausgetauscht werden. Dadurch wird die Ausfallzeit der EDVA verkürzt bzw. die Verfügbarkeit erhöht.

Die Abb. 2.3.1/1 zeigt schematisch das *Zusammenwirken dieser Prozessoren mit dem Arbeitsspeicher*. Weitere dort gezeigte Funktionseinheiten der Zentraleinheit, auf die wir aber in der Folge nicht eingehen, sind die Einrichtungen zur *Stromversorgung* (engl.: power supply) und *Kühlung* (engl.: cooling unit).

In großen EDVA kommen Zentral- und Ein-Ausgabe-Prozessoren unter Umständen mehrfach vor. Kleinere Rechner verfügen hingegen im allgemeinen nur über einen Zentralprozessor, der insgesamt weniger Funktionen als die Prozessoren in Groß-EDVA, jedoch diese alle selbst zu bewältigen hat.

Charakteristisch für mittlere und große EDVA ist, daß dem Anwender eine ganze *Familie von in der Leistung aufeinander abgestimmten, in ihren Grundfunktionen gleichen, d.h. (aufwärts-)kompatiblen, Zentraleinheiten* angeboten werden. Will der Anwender infolge des wachsenden Aufgabenumfangs auf ein leistungsstärkeres (und damit im allgemeinen teureres) Modell innerhalb einer Systemfamilie umsteigen, so ist keine Umstellung der vorhandenen Anwendungsprogramme notwendig (sofern dieselbe Systemsoftware weiterverwendet wird).

> Eine **Rechnerfamilie** ist eine Menge von Rechnern gleicher Architektur, aber verschiedener Leistung. Software, die für einen Rechner entwickelt wurde, ist auf allen größeren Rechnern der Familie lauffähig.

Beispiele für solche Rechnerfamilien finden Sie im Abschnitt 2.3.3. Wir werden dort auch die nachfolgende Beschreibung der Hardwarekomponenten durch die Wiedergabe der typischen *Kenndaten* verbreiteter Großrechner, Minirechner und kommerzieller Mikrorechner ergänzen.
Übungsaufgabe Nr. I-79 und I-80 im Arbeitsbuch ←

2.3.1.1 Zentralspeicher

> **Zentralspeicher** sind in der Zentraleinheit befindliche Speicher, zu denen der bzw. die zentralen Prozessoren und gegebenenfalls EA-Werke bzw. als EA-Werke dienende Prozessoren unmittelbar Zugang haben.

Bei Zentralspeichern unterscheidet man:

1. Arbeitsspeicher;
2. Pufferspeicher;
3. Registerspeicher;
4. Mikroprogrammspeicher.

Alle diese Speicher sind heutzutage aus *Speicherchips* aufgebaut, die sich – wie im folgenden gezeigt wird – allerdings hinsichtlich ihrer Leistungsfähigkeit unterscheiden.

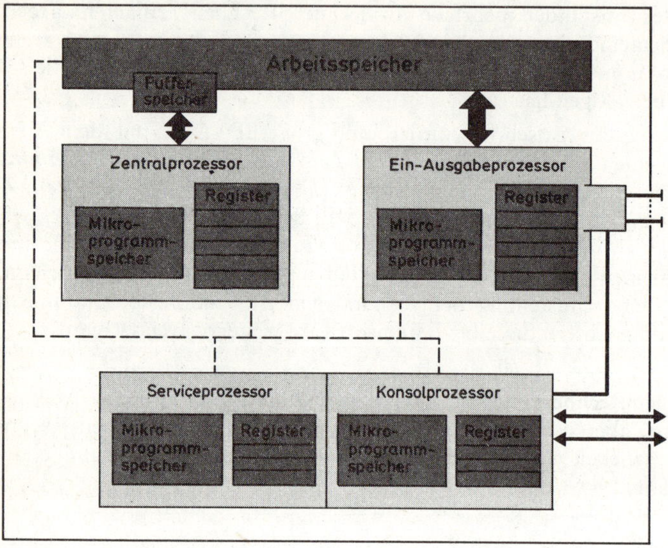

Abb. 2.3.1.1/1: Zentralspeicher

Arbeitsspeicher

> Im **Arbeitsspeicher** werden die laufenden Programme und die von diesen benötigten Daten gehalten. Aus ihm entnimmt der Zentralprozessor beim Programmablauf schrittweise die Befehle und die in den Befehlen adressierten Daten, führt die verlangten Operationen aus und gibt deren Ergebnisse an den Arbeitsspeicher zurück.

Wie erwähnt ist der Arbeitsspeicher *direkt adressierbar*, d.h. jede Speicherstelle, die ein Byte aufnehmen kann, hat eine eigene Adresse. Die Speicherstellen sind von Null an aufsteigend durchnumeriert.

Das *Fassungsvermögen* von Arbeitsspeichern ist unterschiedlich. Mittlerweile verfügen jedoch Kleinstrechner schon über 64 KB Speicherkapazität und mehr. Große Bytemaschinen haben Arbeitsspeicher von 32 bis 512 MB. Bedingt durch den technischen Aufbau, die beschränkten Adressierungsmöglichkeiten gängiger Betriebssysteme und die im Vergleich zu peripheren Speichern sehr hohen Speicherkosten ist die Kapazität von Arbeitsspeichern begrenzt. Durch technologische Fortschritte werden sich jedoch die Arbeitsspeicherkapazitäten – wie bisher schon – ständig weiter erhöhen.

Gelegentlich wird der Arbeitsspeicher in einen Hauptspeicher und einen Ergänzungsspeicher untergliedert. Nach DIN 44300 ist der *Hauptspeicher* der Speicherbereich, dessen einzelne Speicherstellen durch Maschinenadressen angesprochen werden können. Der restliche Bereich wird als *Ergänzungsspeicher* bezeichnet. Bei einer solchen Unterteilung nimmt der Hauptspeicher den arbeitsspeicherresidenten Teil des Betriebssystems sowie die zur Verarbeitung kommenden Programme und Daten auf. Die Speicherstellen des Ergänzungsspeichers können vom Anwendungsprogramm her nicht aufgerufen werden; der belegte Speicherraum steht den Benutzern der EDVA damit nicht zur Verfügung. Der Ergänzungsspeicher *(= Schattenspeicher)* nimmt z.B. Angaben auf, die zur Bedienung der angeschlossenen peripheren Geräte notwendig sind. Ferner dient er zum Speichern von Angaben über Maschinenfehler und deren Vorgeschichte sowie zur Abwicklung von softwareunterstützten Diagnoseroutinen.[15] Die Größe des Ergänzungsspeichers hängt von der jeweiligen Anlagenkonfiguration ab. Die Kapazität beträgt jedoch im allgemeinen nur einen Bruchteil der Hauptspeicherkapazität. Da der Ergänzungsspeicher keinen zusammenhängenden Arbeitsspeicherbereich belegen muß, sind üblicherweise Adreßregister vorhanden, welche die realen Arbeitsspeicheradressen enthalten, an denen die einzelnen Ergänzungsspeicherbereiche beginnen.

Übungsaufgabe Nr. I-81 im Arbeitsbuch ←

Achtung: Die DIN-Begriffsbestimmung entspricht keineswegs immer dem Sprachgebrauch der Praxis. Zutreffend ist die o.g. Definition des Ergänzungsspeichers z.B. für Siemens-EDVA, nicht zutreffend ist sie für Sperry-EDVA. Sperry versteht unter dem Ergänzungsspeicher einen direkt adressierbaren Arbeitsspeicherbereich mit großer Kapazität, der aber im Vergleich zum Hauptspeicher relativ lange Zugriffszeiten aufweist. Der Hauptspeicher umfaßt bei Sperry-Anlagen einen kleineren Bereich des Arbeitsspeichers, dessen Speicherplätze mit sehr kurzen Zugriffszeiten ansprechbar sind.

---

15 Näheres hierzu folgt im Abschnitt 2.4.2.2.

Bei mittleren und größeren Rechnern besteht der Arbeitsspeicher meist zur Gänze aus flüchtigen Speicherchips, d.h. sein Inhalt geht bei der Unterbrechung der Stromversorgung verloren. Dauerhaft zu speichernde Programme und Daten müssen auf externe Speicher ausgegeben und von dort bei Bedarf wieder eingelesen werden.

Mikrorechner verfügen hingegen neben einem flüchtigen Schreib-/Lesespeicher (RAM) über einen nichtflüchtigen Festspeicher (ROM, PROM, EPROM, EEPROM). Dieser dient zur Aufnahme von Programmen, vorwiegend von *Systemsoftware*. Das sog. *Urladeprogramm* (engl.: bootstrap-loader, bootstrap = Stiefelschlaufe) ermöglicht das eigentliche Laden des Betriebssystems von externen Speichern und enthält somit im wesentlichen Treiberroutinen (Steuerprogramme), die das Ansprechen externer Speicher ermöglichen. Ohne Urladeprogramm hat der Rechner beim Einschalten keine Möglichkeit, das Betriebssystem zu laden. Moderne Mikrorechner besitzen manchmal auch größere ROM-Speicher, in denen herstellerseitig bereits *Anwendungsprogramme* eingespeichert worden sind. Diese bedürfen keiner Ladezeiten und belasten nicht den RAM-Bereich (abgesehen von Datenbereichen zur Laufzeit). Wenn Ihnen die Unterschiede der erwähnten Bauelemente des Arbeitsspeichers nicht mehr geläufig sind, so lesen Sie nochmals den Abschnitt 1.2.2 durch.

Die Anzahl der Bytes, die bei einem Zugriff gleichzeitig gelesen bzw. geschrieben werden kann, ist unterschiedlich. Sie kann z.B. 1, 2, 4 oder 8 Bytes betragen und ist auf die Wortlänge der EDVA abgestimmt.

Bei den meisten Großrechnern werden die Befehle und Operanden überwiegend nicht direkt von dem Zentralprozessor aus dem Arbeitsspeicher abgerufen, sondern es findet eine *Zwischenspeicherung in einem Pufferspeicher* statt.

→ Übungsaufgabe Nr. I-82 im Arbeitsbuch

Pufferspeicher

> Ein **Puffer** ist ein Speicher, der Daten vorübergehend aufnimmt, die von einer Funktionseinheit zu einer anderen übertragen werden.

Pufferspeicher werden überall dort in einer EDVA verwendet, wo Einheiten unterschiedlicher Geschwindigkeit zusammenarbeiten. So gibt es in fast allen EDVA Puffer für den Datenverkehr zwischen der schnellen Zentraleinheit und den langsameren Ein- und Ausgabegeräten bzw. Übertragungsleitungen. Auch in den Peripheriegeräten selbst sind Pufferspeicher installiert.

Ein zwischen dem Arbeitsspeicher und dem Zentralprozessor befindlicher Pufferspeicher (engl.: cache memory), der nicht mit sonstigen Puffern zu verwechseln ist (siehe Abschnitt 1.2.3.2), *besteht aus kostspieligen, hochleistungsfähigen Speicherchips mit sehr kurzen Zugriffszeiten.* Er hat eine *begrenzte Kapazität* von nur einigen tausend Bytes und erreicht Zykluszeiten von (oft weit) unter 100 ns. Dagegen werden für den Arbeitsspeicher preisgünstigere Halbleiterbauelemente verwendet, mit denen sehr viel größere Kapazitäten mit Zykluszeiten im Mikrosekundenbereich realisiert werden.[16] *Im Pufferspeicher werden während der Programmverarbeitung die jeweils aktuellen Befehle und Daten rechtzeitig bereitgestellt.* Vom Zentralprozessor aus gesehen entsteht durch diese *Speicherhierarchie* ein Speicher, der fast so schnell wie der Pufferspeicher und so groß wie der Arbeitsspeicher ist.

Voraussetzung für die Geschwindigkeitssteigerung ist eine hohe Wahrscheinlichkeit, daß ein Zugriff vom Pufferspeicher selbst, also ohne Rückgriff auf den Arbeitsspeicher, befriedigt werden kann. Eine hohe *Trefferrate* wird dadurch erreicht, daß beim Ansprechen eines noch nicht im Pufferspeicher vorhandenen Speicherbereichs ein größerer Programm- oder Datenblock in den Pufferspeicher übertragen wird. Die beim Programmablauf aufgerufenen Befehle stehen ganz überwiegend unter fortlaufenden Adressen nacheinander im Arbeitsspeicher, und auch die Datenadressen liegen zumeist in kleineren Adreßbereichen. Nach dem Laden eines Blocks findet der Zentralprozessor deshalb die benötigten Folgebefehle und -daten fast immer im Pufferspeicher vor. Der Verkehr zwischen dem Arbeitsspeicher, dem Pufferspeicher und dem Zentralprozessor wird vom Betriebssystem selbständig organisiert.

Beispiel:

In der Abb. 2.3.1.1/2 wird ein Pufferspeicher mit einer Kapazität von 16 KB gezeigt, der aus acht sog. Pufferbänken zu je 2 KB besteht. Jede Pufferbank ist in 64 Zeilen mit 32 Bytes unterteilt. Bei einer Leseoperation des Zentralprozessors wird zuerst im Pufferspeicher nachgesehen, ob die adressierte Information vorhanden ist. Der Normalfall (engl.: hit), bei dem Speicherzugriffe direkt aus dem Pufferspeicher bedient werden können, ist in der oberen Hälfte der Abbildung gezeigt: Mit einer Zykluszeit von 80 ns werden 8 Bytes übertragen. In weniger als 5% der Fälle muß, weil die benötigte Information nicht im Pufferspeicher enthalten ist (engl.: miss), auf den Arbeitsspeicher zurückgegriffen werden. Wie in der unteren Hälfte der Abbildung veranschaulicht, sendet dieser innerhalb eines Lesezyklus von

16 Zur Erinnerung: 1 Sekunde = 1 Milliarde Nanosekunden (ns) = 1 Million Mikrosekunden (µs) = 1 000 Millisekunden (ms). Bei leistungsschwächeren Großrechnern hat der Puffer eine Zykluszeit von 200–300 ns. Die Zykluszeit des Arbeitsspeichers ist 5–10mal so hoch.

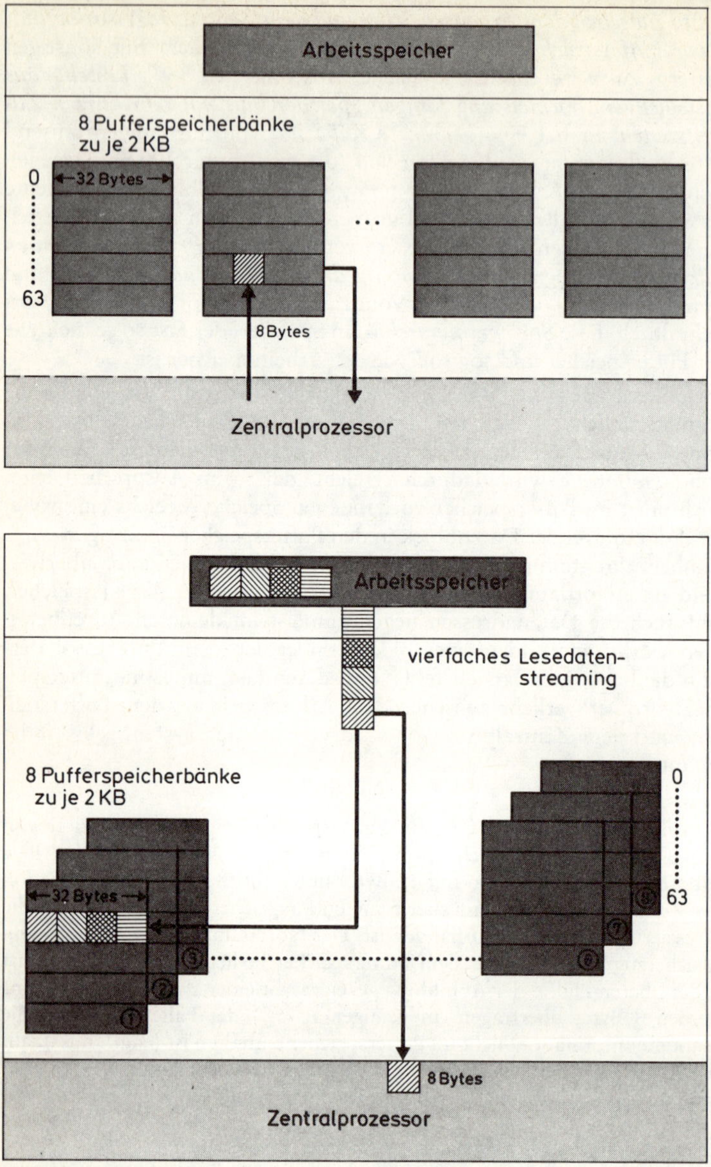

Abb. 2.3.1.1/2: Datenfluß beim Lesen im Pufferspeicher (Hit-Fall = oben) und im Arbeitsspeicher (Miss-Fall = unten)

600 ns einen Block von 4 × 8 Bytes an den Pufferspeicher. Diese 32 Bytes, in denen auch die gesuchte Information enthalten ist, werden in einer Zeile in der Pufferbank eingetragen. Gleichzeitig wird die adressierte Information in der Länge von 8 Bytes zum Zentralprozessor übertragen. In welche der 64 Zeilen einer Pufferbank die aus dem Arbeitsspeicher abgerufenen 32 Bytes kommen, hängt von der Adressierung ab.

Wie erwähnt ist eine *Speicherhierarchie* wie die Kombination von Puffer- und Arbeitsspeicher in fast allen Großrechnern realisiert – weil eine hohe Leistung einen «prozessorschnellen» Direktzugriffsspeicher bedingt, die Kosten von schnellen Speichern derzeit aber noch sehr viel höher sind als bei langsamen. Letzteres kann sich durch technische Fortschritte durchaus ändern. Preisgünstige periphere Speicher ergänzen die Speicherhierarchie nach unten. Sie eignen sich zur Aufnahme sehr großer Datenmengen, sie haben jedoch im Vergleich zu Zentralspeichern lange Zugriffszeiten. Von großen Dateien und Programmen werden nur die bei der Verarbeitung benötigten Teilmengen in den Arbeitsspeicher transportiert. Jeweils aktuelle Befehle und Daten werden sodann im Pufferspeicher bereitgestellt und von dort aus verarbeitet. Das Hin- und Herspeichern von Daten und Programmen bzw. Programmteilen zwischen den einer Hierarchie angehörenden Speichern wird vom Betriebssystem gesteuert.

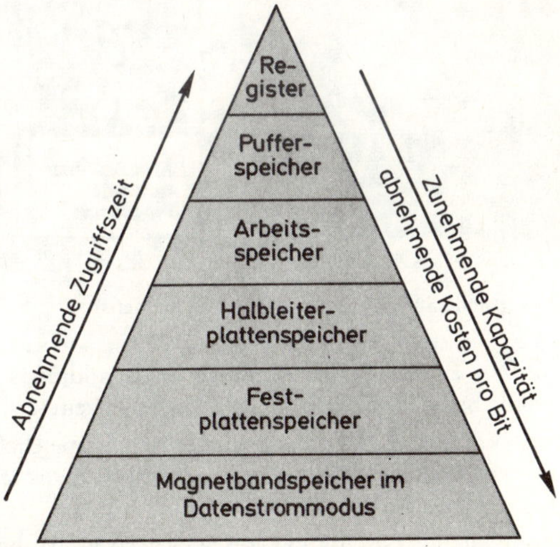

Abb. 2.3.1.1/3: Speicherhierarchie

Bei der sog. *virtuellen Speicheradressierung* (engl.: virtual storage addressing) werden die schnellsten peripheren Direktzugriffsspeicher (vor allem Festplattenspeicher) mit dem Arbeitsspeicher funktional zu einem einzigen homogenen Speicher verschmolzen. Wenn der Platz im Arbeitsspeicher (= *realer Speicher*; engl.: real storage) für Daten und Programme nicht ausreicht, so werden Teile auf die Peripheriespeicher *(= Hintergrundspeicher)* ausgelagert. Diese auswechselbaren Teile (z.B. 2 oder 4 KB) werden als *Seiten* (engl.: page) bezeichnet; der externe Speicher heißt *Seitenspeicher* (engl.: paging device). Die Seiten des *virtuellen Speichers* (engl.: virtual storage) werden, überwacht durch das Betriebssystem, dem realen Speicher während ihrer Abarbeitung zugeordnet. Falls der nächste auszuführende Befehl oder die benötigten Daten nicht in den momentan im realen Speicher stehenden Seiten enthalten sind, wird die benötigte Seite geladen.

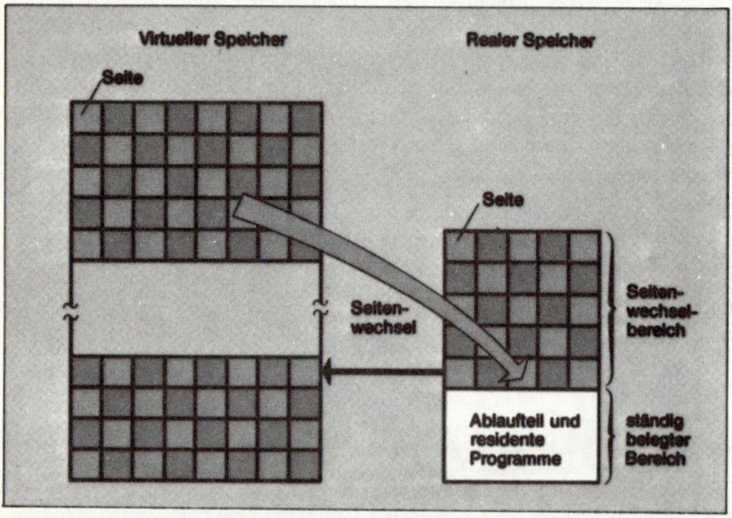

Abb. 2.3.1.1/4: Virtuelle Speichertechnik (Quelle: Siemens)

Der *adressierbare Bereich* (= *Adreßraum*; engl.: address space) wird durch die virtuelle Speichertechnik wesentlich ausgeweitet.

Beispielsweise kann dadurch die maximale Arbeitsspeicherkapazität eines Rechners von vielleicht real 4 oder 8 MB auf virtuell 16 MB Adreßraum *je Benutzer* erhöht werden.

Durch die weitgehende Beseitigung von Speicherbegrenzungen entfallen wesentliche Einschränkungen bei der Programmierung. Allerdings muß ein *ausgewogenes Verhältnis zwischen dem realen und dem virtuellen Speicher* gewährleistet werden, da sonst zuviel Prozessor- und Kanalkapazität durch einen übermäßigen Seitenwechsel in Anspruch genommen wird (die dann für die Verarbeitung von Anwendungsprogrammen fehlt und diese entsprechend verzögert).

Übungsaufgabe Nr. I-83 im Arbeitsbuch ←

Registerspeicher

Register (engl.: register) sind Bestandteile des Prozessors. Sie haben jeweils eine *beschränkte Kapazität von einem Wort* (bei IBM- und Siemens-Großrechnern also z.B. 4 Bytes), in seltenen Fällen auch von einem Byte. Bei Bedarf können zwei Register zur Speicherung eines Doppelwortes gekoppelt werden. Register kommen *an vielen Stellen von EDVA einzeln* vor; insgesamt haben sie eine sehr geringe Kapazität. *Sie dienen zur kurzzeitigen Speicherung von Angaben, die sofort wieder greifbar sein müssen.*

Register sind entweder einer bestimmten Aufgabe fest zugeordnet *(Einzweckregister)* oder für den Einsatz bei verschiedenen Operationen vorgesehen *(Mehrzweck- oder allgemeine Register)*. Die Funktionen sind sehr unterschiedlich. Beispielsweise werden bei der Verarbeitung von Programmen Adressen und Operanden in Mehrzweckregistern gespeichert. Auch Zwischenergebnisse, z.B. bei arithmetischen Operationen, und Angaben über Zustände während des Ablaufs von Maschinenprogrammen werden vorübergehend von Registern aufgenommen. *Schieberegister* enthalten Schalteinrichtungen zum Verschieben der im Register enthaltenen Information.[17] *Zählregister* eignen sich zum Aufwärts- oder Abwärtszählen in vorgegebenen Zähleinheiten (meist 1). Zähloperationen werden zum Beispiel zum Steuern von Befehlsfolgen benötigt.

Register erlauben einen wesentlich schnelleren Zugriff als der Arbeitsspeicher. Bei Großrechnern der oberen Leistungsklasse werden *Zykluszeiten von unter 30 ns* erreicht (bei kleineren Rechnern ca. 100 ns). Ordnet man die Zentralspeicher nach der Zugriffsgeschwindigkeit, so ergibt sich die Reihenfolge: Register- und Mikroprogrammspeicher, Pufferspeicher, Arbeitsspeicher.

Übungsaufgabe Nr. I-84 im Arbeitsbuch ←

17 Verschiebeoperationen erleichtern oft in EDVA Multiplikationen bzw. Divisionen.

Mikroprogrammspeicher

> Die Befehle sind in einem Rechner entweder «fest verdrahtet»[18], oder sie werden aus *Mikroinstruktionen* erzeugt, die im **Mikroprogrammspeicher** (engl.: microprogram storage) zur Verfügung stehen. Die *Zugriffszeit* liegt bei den leistungsstärkeren Großrechnern im Bereich von *unter 30 ns*, bei kleineren Rechnern ist sie bis zehnmal so hoch. Bitte lesen Sie – falls nötig – zur *Firmware* nochmals den Abschnitt 2.1.3.4 durch.

Der Mikroprogrammspeicher, mit dem heute fast alle Zentraleinheiten ausgestattet sind, ist vor allem bei kleineren Rechnern häufig (zumindest teilweise) als *nichtflüchtiger Festspeicher* realisiert.

Handelt es sich um einen *flüchtigen Speicher* (z.B. kann ein Teil des Arbeitsspeichers dafür vorgesehen werden), so werden die Mikroprogramme bei der Einschaltung (= Initialisierung) des Rechners automatisch von einem externen Speicher geladen. *Die Mikroprogramme können bei Bedarf durch den Hersteller erweitert bzw. verändert werden, wodurch sich eine große Flexibilität hinsichtlich der Anlagennutzung ergibt.*

Die *Kapazität* des Mikroprogrammspeichers beträgt i.a. zwischen 32 und 128 KB.

Auch bei sehr großen EDVA wird diese Kapazität selten überschritten. Bei diesen kann jedoch vielfach der Inhalt des Mikroprogrammspeichers mit Hilfe der *virtuellen Speichertechnik* dynamisch gewechselt werden.

→ Übungsaufgabe Nr. I-85 im Arbeitsbuch

---

18 EDVA mit fest verdrahteter Logik (feste Schaltungen auf dem Chip) haben ein ganz bestimmtes Befehlsrepertoire, das bei der Konstruktion festgelegt wurde. Jeder Befehl hat dann einen durch feste Schaltungen vorbestimmten Ablauf, der nur zu diesem Befehl gehört. Diese Form der Ablaufsteuerung ist sehr schnell, aber unflexibel und wird deshalb bei größeren universellen Rechnern zumeist nur für arithmetische Operationen eingesetzt. Üblicherweise sind bei kommerziellen Großrechnern ungefähr 10 bis 20% der Befehle fest verdrahtet. Vgl. Sie hierzu aber auch die Ausführungen über die RISC-Architektur auf Seite 308.

2.3.1.2 Zentralprozessoren

Der **Zentralprozessor** (engl.: central processing unit; Abkürzung: CPU) ist eine Funktionseinheit der Zentraleinheit, die Leitwerk und Rechenwerk umfaßt. Das *Leitwerk* steuert die Reihenfolge, in der Befehle eines Programms ausgeführt werden, es entschlüsselt diese Befehle, modifiziert diese gegebenenfalls und gibt die für die Ausführung erforderlichen digitalen Signale ab. Das *Rechenwerk* führt die Rechenoperationen aus.

Bei einem *Mikrorechner* ist der Zentralprozessor *in einem einzigen Chip* integriert. Bei einem *Minirechner* sind es meist weniger als *ein*

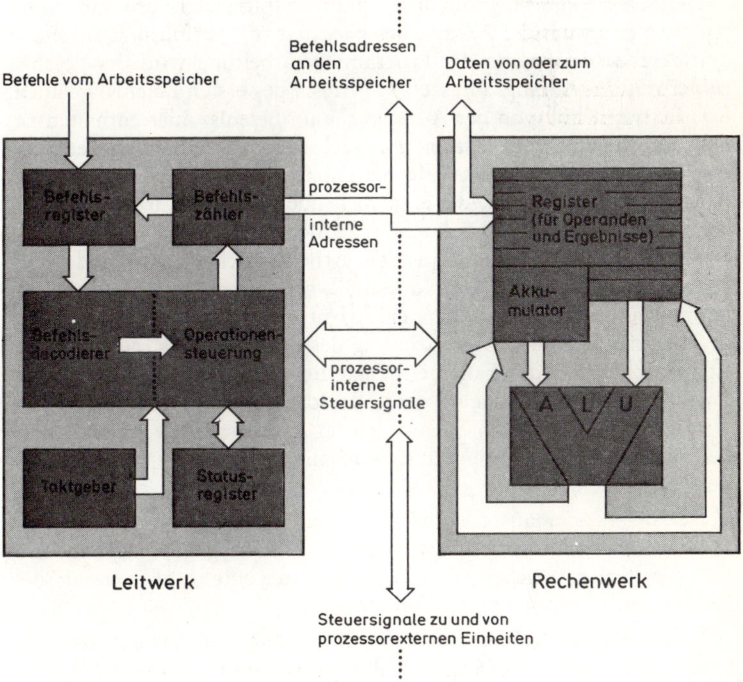

Anmerkung: ALU ist eine gebräuchliche Abkürzung für engl.: arithmetic logic unit, d.h. das Rechenwerk im engeren Sinne.

Abb. 2.3.1.2/1: Aufbau des Zentralprozessors (vereinfachte funktionale Darstellung)

Dutzend Chips, bei einer *Groß-EDVA* i.d.R. weniger als *hundert Chips*. Bei einem *Superrechner* werden zum Aufbau des Zentralprozessors oft *viele hundert oder tausend* Chips verwendet.

Leitwerk

> Das **Leitwerk** nimmt Koordinationsfunktionen für die gesamte EDVA wahr. Es steuert den Ablauf des Befehls- und Datenflusses und bestimmt mit seinem Taktgeber die Programmablaufgeschwindigkeit. Es besteht aus logischen Schaltungen und Registern.

Von den zahlreichen *Registern* einer EDVA gehören folgende zum Leitwerk: Befehlszähler, Befehlsregister, Statusregister.

Der *Befehlszähler* (Synonym: Programmzähler; engl.: program counter) enthält jeweils die Adresse des nächsten zur Ausführung anstehenden Befehls. Zu Beginn der Programmverarbeitung wird der Befehlszähler mit der Anfangsadresse (= Adresse des ersten Befehls) geladen. Das Leitwerk holt von der Adresse, die im Befehlszähler enthalten ist, diesen Befehl zur Verarbeitung ab. Nach vollzogener Befehlsinterpretation wird der Befehlszähler um die Länge des gerade übernommenen Befehls erhöht, d.h. um die entsprechende Zahl von Arbeitsspeicheradressen weitergezählt. Dadurch ergibt sich normalerweise die Adresse des Folgebefehls, der damit aus dem Arbeitsspeicher geholt und verarbeitet werden kann. Ist der Normalfall, bei dem die Befehle eines Programms in aufeinanderfolgenden Arbeitsspeicherstellen stehen, nicht gegeben, so muß eine Modifizierung des Befehlszählers erfolgen. Dies ist bei Schleifen[19] der Fall, bei denen zu bereits vorher verarbeiteten Befehlen zurückgesprungen wird. Bei derartigen Sprungoperationen wird der Befehlszähler nicht auf den im Arbeitsspeicher nächstfolgenden Befehl eingestellt, sondern er wird mit der Zieladresse des Sprungbefehls geladen.

Der Befehl, der aus der durch den Befehlszählerinhalt adressierten Speicherstelle gelesen wurde, wird in dem *Befehlsregister* (engl.: instruction register) gespeichert. Das Befehlsregister enthält also jeweils den Befehl, der im Moment ausgeführt wird.

Eine zugeordnete *Befehlsdecodiereinrichtung* (= Decoder bzw. Decodierlogik; engl.: decoder) entschlüsselt die im Operationsteil angegebene Bitkombination und setzt diese in Steuersignale um. Die erzeugten Signale und die errechneten Operandenadressen werden je nach Befehlstyp an die für die Ausführung des Befehls zuständigen Teile des

19 Vgl. hierzu den Abschnitt 1.1.3.

Rechenwerks, des Leitwerks, den Arbeitsspeicher, den EA-Prozessor usw. weitergeleitet.

Der Status, in dem sich ein Programm befindet, wird in einem *Statusregister* angegeben (Programmstatuswort). Beim Mehrprogrammbetrieb bedient der Prozessor abwechselnd in Zeitabschnitten verzahnt mehrere Programme, so daß bei der Unterbrechung eines ablaufenden Programms vermerkt werden muß, wo nach der Wiederaufnahme fortgefahren werden soll. Zu diesem Zweck wird der erreichte Befehlszählerstand in einem Statusregister sichergestellt. Es gibt noch weitere Unterbrechungsgründe, wie z.B. Hardware- oder Softwarefehler. In Abhängigkeit von dem jeweiligen Unterbrechungsereignis ergreift das Betriebssystem die erforderlichen Maßnahmen.[20]

Das Leitwerk enthält noch eine Reihe weiterer *Spezialregister*, auf die hier aber nicht eingegangen werden soll.

Das Leitwerk liest und interpretiert Befehl für Befehl. Die abgegebenen Steuersignale dienen zur Steuerung der verschiedenen Register und Addierwerke, der peripheren Geräte usw. Abgesehen von einigen wenigen Befehlen, die zum Beispiel die Dateneingabe von Eingabeeinheiten in den Arbeitsspeicher oder die Ausgabe der verarbeiteten Daten aus dem Arbeitsspeicher zu Ausgabeeinheiten veranlassen, findet die *Befehlsausführung im wesentlichen im Zentralprozessor (Rechenwerk)* statt. Während der *Ausführungsphase* werden z.B.

- Operanden aus dem Arbeitsspeicher geholt,
- Daten miteinander verknüpft,
- Ergebnisse in den Arbeitsspeicher geschrieben usw.

Übungsaufgabe Nr. I-86 im Arbeitsbuch ←

Hinsichtlich der *zeitlichen Steuerung der Befehlsverarbeitung* unterscheidet man die synchrone und die asynchrone Arbeitsweise. Bei der *synchronen Arbeitsweise* wird der Start eines Befehls durch einen *Taktgeber* angeregt, der Impulse mit gleichbleibender Impulsfrequenz abgibt. Die einzelnen Teilschritte bei der Interpretation und Ausführung des Befehls laufen in Taktabschnitten ab und werden dadurch zeitlich aufeinander abgestimmt. Aus dem Grundtakt lassen sich durch Frequenzteilung (im Sinne von Herabsetzung) weitere Takte ableiten, die den Anforderungen der einzelnen Funktionseinheiten entsprechen. Häufig werden mehrere Taktsignale gegeneinander phasenverschoben, um eine bessere Ausnutzung der erzeugten Taktzeitintervalle zu ermöglichen. Bei *asynchroner Arbeitsweise* wird der Zeitablauf durch die

---

20 Beispielsweise werden im Zentralprozessor mit Fehlererkennungseinrichtungen ständig Paritätsprüfungen der internen Register und Datenwege durchgeführt. Tritt während der Befehlsausführung ein Fehler auf, so wird dieser Befehl automatisch wiederholt.

einzelnen Befehle selbst bestimmt. Das Ende einer Operation wird durch ein Signal an eine Steuereinrichtung gemeldet, die daraufhin die nächste Operation anregt. Die asynchrone Arbeitsweise erlaubt eine höhere Verarbeitungsgeschwindigkeit, weil für die Operationen keine festen Zeitabschnitte vorgesehen werden müssen. (Dies führt bei der synchronen Arbeitsweise durch die unterschiedlich lange Operationsdauer zu «Totzeiten».) Der Vorteil der schnelleren Befehlsverarbeitung muß allerdings mit einem erheblich höheren technischen Kontrollaufwand erkauft werden. Deshalb werden völlig asynchron gesteuerte EDVA kaum gebaut. Die asynchrone Arbeitsweise ist jedoch in einzelnen Funktionseinheiten einer EDVA, die als Ganzes synchron gesteuert wird, üblich.

Zur Erhöhung der Verarbeitungsgeschwindigkeit erfolgt bei modernen EDVA die *Befehlsverarbeitung überlappend*. Beispielsweise enthält das Leitwerk häufig eine Einrichtung zum Befehlsvorauslesen. Damit werden bereits während des Ablaufs eines Befehls der nächste und eventuell der übernächste auszuführende Befehl aus dem Arbeitsspeicher gelesen und in einem Befehlspuffer gespeichert. Für den Verarbeitungsrhythmus bedeutet dieses Vorgehen, daß Befehlslese- und Ausführungsphasen verschiedener Befehle einander überlappen.

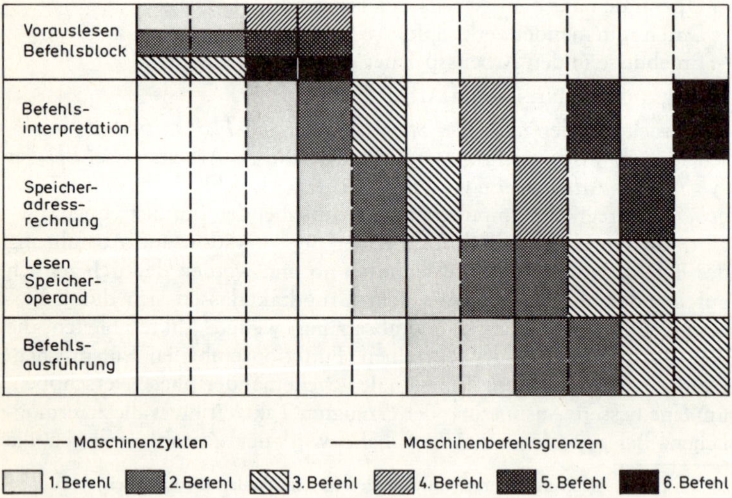

Abb. 2.3.1.2/2: Fünffach überlappte Fließbandverarbeitung der Befehle (Quelle: Siemens)

Das **Rechenwerk**, der andere Teil des Zentralprozessors, verknüpft die vom Leitwerk bezeichneten Daten. Hier werden arithmetische und logische Operationen (Vergleichen, Verschieben, Vorzeichenbestimmung, Umformen, Runden) durchgeführt. Das Rechenwerk arbeitet – das wissen Sie schon aus dem Abschnitt 2.1.3.3 – entweder mit rein dualen Zahlen oder ziffernweise dual codierten Dezimalzahlen. Es ist Ihnen ebenfalls bereits bekannt, daß aus technisch bedingten Vereinfachungsgründen in der Regel Rechenoperationen in elementare Additionen aufgelöst werden.

Ein Rechenwerk ist im wesentlichen aus Registern und binären Schaltnetzwerken aufgebaut. Die binären Schaltnetzwerke dienen hauptsächlich zur Addition der einzelnen Binärstellen, d.h. sie stellen *Addierschaltungen* dar.

Im einfachsten Fall besteht eine *Addierschaltung* aus einem Register, zu dessen Inhalt eine von außen kommende Zahl addiert wird. In der Abb. 2.3.1.2/3 ist eine solche vereinfachte Addierschaltung dargestellt.

Vor der Eingabe eines Wertes kann das Register auf 0 gesetzt werden. Bei I wird die Zahl eingegeben, die zum Inhalt des Registers addiert wird. Bei A kann das Ergebnis der Addition abgelesen werden. Ein solches Register, in dem vor der Operationsausführung ein Operand steht und in dem nach der Operationsausführung das Ergebnis zwischengespeichert wird, bezeichnet man als *Akkumulator*.

Ein einzelnes Register genügt aber nicht für ein Rechenwerk. Beispielsweise muß für den auftretenden Übertrag, der sich manchmal

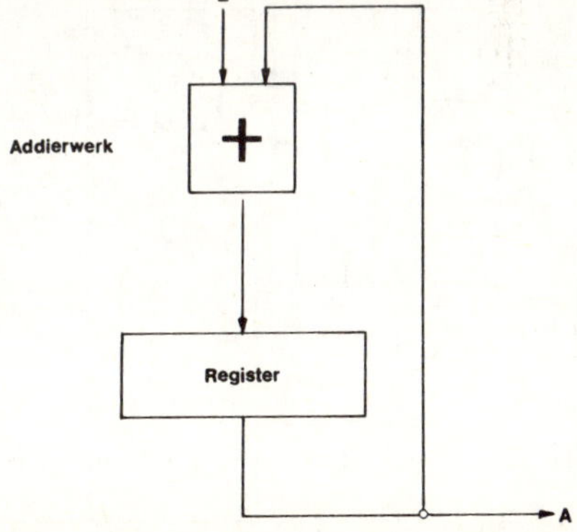

Abb. 2.3.1.2/3: Addierschaltung (vereinfachte Prinzipdarstellung)

durch alle Stellen fortsetzt, bevor die Addition abgeschlossen ist (z.B. 111111 + 1 = 1000000), ein weiteres Register zur Verfügung stehen (vgl. Abb. 2.3.1.2/4). In diesem Register wird der Übertrag jeweils für den nächsten Additionsschritt zwischengespeichert.

Wie Sie von den Zahlensystemen her wissen, müssen bei Subtraktionen und Divisionen Komplemente gebildet werden, was wiederum zusätzliche Logik notwendig macht.

Moderne EDVA haben meistens sowohl Operanden- als auch Ergebnisregister, welche die Länge eines Maschinenwortes haben. Bei einem Additionsschritt können zumeist alle Stellen (d.h. z.B. bei IBM- und Siemens-Groß-EDVA 32 Stellen) eines im Rechenwerk befindlichen Registers parallel verarbeitet werden. Da ein binäres Addierwerk regelmäßig in der Größe der kleinsten im Arbeitsspeicher adressierbaren Einheit, also einem Byte, entspricht, sind umfangreiche, aufwendige Schaltungen, z.B. für die Nebeneinanderschaltung von einzelnen Addierwerkstellen, notwendig.

Der Rechenvorgang soll am *Beispiel der Multiplikation von zwei Dualzahlen nach dem Verfahren der fortgesetzten Addition* erläutert werden. Die Multiplikation wird nach dem Lesen eines entsprechenden Befehls in der Instruktionsphase durch das Leitwerk eingeleitet. Die Befehlsausführung beginnt mit der Abholung der beiden zu multiplizierenden Werte aus dem Puffer- bzw. Arbeitsspeicher. Diese Ausgangswerte werden in zwei Operandenregistern zwischengespeichert. Sodann wird mit Hilfe der Addierschaltungen der Multiplikand so oft zu sich selbst addiert, wie es der Multiplikator angibt. Die Zwischenergebnisse der einzelnen Additionsschritte werden jeweils von einem Ergebnisregister aufgenommen. Sollen etwa die Dualzahlen 100100 (Multiplikand) und 10110 (Multiplikator) multipliziert werden

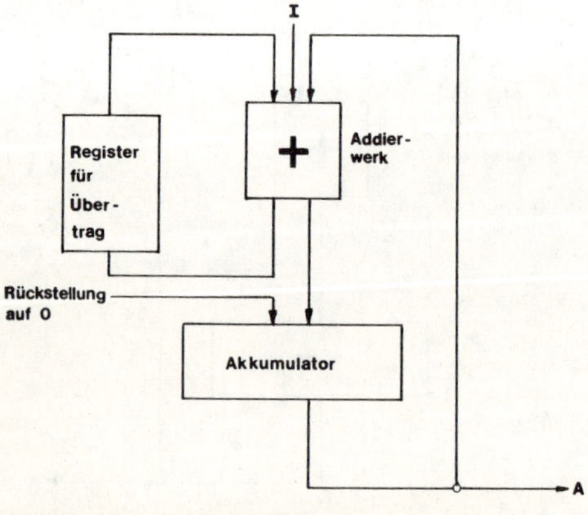

Abb. 2.3.1.2/4: Addierwerk (vereinfachte Prinzipdarstellung)

(entspricht 36 · 22), so steht im Ergebnisregister nach dem 1. Additionsschritt der Wert 1001000_2 (ergibt sich aus 36 + 36 = 72), nach dem 2. Additionsschritt der Wert 1101100_2 (ergibt sich aus 72 + 36 = 108) und nach dem letzten, dem 21. Additionsschritt, das Ergebnis 1100011000_2 (entspricht 792).

Tatsächlich erfolgt eine Multiplikation im Rechner zwar durch fortgesetzte Addition, allerdings nicht so zeitaufwendig wie in unserem Anschauungsbeispiel vereinfacht dargestellt, sondern mit Algorithmen, die wesentlich weniger Rechenschritte benötigen.

Neben den Grundrechnungsarten werden vom Rechenwerk noch eine *Vielzahl weiterer Operationen* ausgeführt. Beispielsweise können binäre Schaltnetzwerke so aufgebaut sein, daß sie Operanden im Register verschieben (z.B. um eine Stelle nach links oder rechts), logisch vergleichen (z.B. auf gleich, kleiner oder größer) oder beim Rechnen mit ziffernweise dual codierten Dezimalzahlen das Bildungsgesetz des Dezimalsystems berücksichtigen (Übertrag dann, wenn die zur Codierung einer Dezimalziffer dienenden Binärstellen den Dezimalwert 9 überschreiten). Zur Erfüllung der verschiedenartigen Aufgaben werden im Rechenwerk sehr *unterschiedlich ausgelegte binäre Schaltnetze* verwendet. *Dementsprechend schwanken die Ausführungszeiten der Operationen erheblich.*

Als *Beispiel* nennen wir Ihnen nachstehend die *Ausführungszeiten einiger Befehle eines verbreiteten Großrechners der untersten Leistungsklasse.* Der angegebene Maximalwert ist atypisch. Die durchschnittliche Ausführungszeit liegt eher in der Nähe der Minimalwerte; sie ist von den Anwendungen abhängig und ist meistens ungefähr drei- bis zehnmal so hoch wie der Minimalwert, der drei Zentralprozessorzyklen benötigt.

Befehl	Dauer in µs
Vergleichen logisch lang (2 048 Bytes)	1 279,450
Vergleichen logisch (10 Bytes)	1,649
Laden Wort (4 Bytes)	0,446
Bedingte Verzweigung	0,687
Dividieren lang	27,979
Dividieren kurz	10,160
Subtrahieren Wort (4 Bytes)	0,446
Dividieren dezimal	11,191
Speichern mehrfach (7 Register)	1,728
Übertragen lang (2 048 Bytes)	876,460

Abb. 2.3.1.2/5: Befehlsausführungszeiten eines Großrechners der untersten Leistungsklasse (0,75 Mips)

Übungsaufgabe Nr. I-87 im Arbeitsbuch ←

Exkurs zur Gleitpunktrechnung

Bei betriebswirtschaftlichen und verwaltungsbezogenen Anwendungen rechnen EDVA normalerweise mit dem sog. *Festkomma oder Festpunkt* (engl.: fixed point). Bei Rechenoperationen wird der Radixpunkt (d.h. die Grenze zwischen dem ganzzahligen und dem gebrochenen Teil) der an der Rechnung beteiligten Zahlen an einem festen Platz relativ zum Zahlenanfang oder Zahlenende unterstellt. Bei Festpunktdarstellung muß bei der Programmierung dafür gesorgt werden, daß die zu verarbeitenden Felder in der Lage des Radixpunktes übereinstimmen. Dies kann z.B. durch Verschiebeoperationen in einem Register erreicht werden, durch welche aber u.U. die niedrigsten Stellen einer Zahl abgeschnitten werden. Häufig genügt bei kommerziellen Problemen die Genauigkeit bis auf zwei Stellen hinter dem Radixpunkt, so daß dadurch die Genauigkeit nicht maßgeblich beeinflußt wird. Vorteile der Festpunktrechnung sind, daß die Operandenlängen variabel gestaltet werden können und daß Festpunktoperationen technisch einfacher zu realisieren sind als Gleitpunktoperationen.

Die *Gleitkomma- oder Gleitpunktrechnung* (engl.: floating-point computation) stellt Zahlen kompakter dar als die Festpunktrechnung und speichert – im Gegensatz zur Festpunktrechnung – die Stellung des Radixpunkts mit. Damit eignet sich diese Rechenart vorwiegend für den technisch-wissenschaftlichen Bereich, wo häufig mit sehr langen Zahlen und nach komplizierten Formeln gerechnet wird und die Anzahl der Stellen hinter dem Radixpunkt oft wechselt.

Bei der *Gleitpunktschreibweise* wird eine Zahl Z durch Zahlenpaare x und y mit der Bedeutung $Z = x \cdot b^y$ dargestellt, wobei b eine natürliche Zahl, die Basis der Gleitpunktschreibweise, ist. Die Zahl x wird Mantisse, die Zahl y Exponent genannt. Der Wert für die Basis b ist fest vereinbart, kann jedoch von Anlagentyp zu Anlagentyp unterschiedlich sein. Gebräuchliche Werte sind zum Beispiel 2, 10 oder 16; der Wert 10 ist jedoch nur bei dezimal arbeitenden EDVA üblich. Die Darstellung dieses Wertes kann, da er unveränderlich ist, entfallen. Es genügt zur Zahlendarstellung, den Exponenten y und die Mantisse x abzuspeichern. Die Mantisse x wird normalerweise so dargestellt, daß der Radixpunkt als vor der höchsten Stelle stehend angenommen wird.

Beispiel: $0{,}72 \cdot 10^9 = 720\,000\,000$

Das Beispiel verdeutlicht, daß – wenn nur der Exponent y (hier: 9) und die Mantisse x (hier: 0,72) gespeichert werden müssen – die absolute Größe der darstellbaren Zahl erheblich wächst. Der darstellbare Zahlenbereich wird bei der Gleitpunktdarstellung gleichermaßen nach unten ausgeweitet.

Beispiel: $0{,}72 \cdot -10^{9} = 0{,}0000000072$

Maschinenintern werden Gleitpunktzahlen durch Bitkombinationen mit fester Länge dargestellt. Die Anzahl der Speicherstellen hängt von der Anlagengröße ab. Zur Erhöhung der Rechengenauigkeit kann bei mittleren und größeren EDVA die Länge der Mantisse um ein Maschinenwort (d.h. zum Beispiel bei IBM- und Siemens-Großrechnern um 32 Bits) verlängert werden. Die Gleitpunktrechnung mit verlängerter Mantisse wird auch als *Rechnen mit doppelter Genauigkeit* bezeichnet. Eine zusätzliche Erweiterung ist möglich.

Bei einer verbreiteten Großrechnerfamilie umfaßt der Befehlsvorrat zum *Beispiel* 169 Befehle. Hiervon sind 51 Gleitpunktbefehle, die einfache, doppelte und erweiterte Genauigkeit beinhalten. Gleitpunktbefehle mit erweiterter Genauigkeit verknüpfen Operanden mit 112 Bit-langen Mantissen (34 Dezimalstellen) gegenüber 56 Bit-langen Mantissen bei Operanden von Gleitpunktbefehlen doppelter Genauigkeit.

In vielen EDVA ist *für Gleitpunktoperationen ein spezieller Zusatzprozessor* vorgesehen bzw. als Erweiterung erhältlich.

In der kommerziellen Datenverarbeitung brauchen Sie normalerweise nicht die Gleitpunktdarstellung. Deshalb beschränken wir uns hier auf diesen kurzen Abriß.

Übungsaufgabe Nr. I-88 im Arbeitsbuch ←

2.3.1.3 Interne Verbindungseinrichtungen

Übertragungseinrichtungen, über die Funktionseinheiten von EDVA miteinander kommunizieren, gibt es auf unterschiedlichen hierarchischen Ebenen:

1. *innerhalb des Prozessors* (Verbindungen zwischen den Registern);
2. *innerhalb der Zentraleinheit* (Verbindungen zwischen Prozessor(en), Arbeitsspeicher, gegebenenfalls Pufferspeicher, Ein-Ausgabe-Schnittstelle);
3. *zwischen der Zentraleinheit und der in unmittelbarer Nähe installierten Peripherie*;
4. *zwischen Rechnern und Peripherie im lokalen Bereich* (in einem Gebäude, auf einem Grundstück) *oder im Fernbereich* (grundstücksüberschreitend bis hin zu weltweiten Verbindungen).

In diesem Abschnitt soll nur das Verbindungssystem innerhalb der Zentraleinheit (Punkte 1 und 2) näher betrachtet werden. Es wird vom

Rechner- bzw. Komponentenhersteller festgelegt und *kann vom Käufer einer EDVA nicht beeinflußt werden.* Hingegen sind die Verbindungen zwischen Zentraleinheit und Peripherie sowie zwischen Rechnern stark anwendungsabhängig. Sie können dementsprechend vom Anwender nach der jeweiligen Bedingungslage konfiguriert werden. Die im Punkt 3 angesprochenen Verbindungseinrichtungen (Kanäle) werden im Abschnitt 2.3.1.4 erläutert. Lokale Netze und Fernnetze (Punkt 4) werden im Abschnitt 3.3 behandelt.

Die **Verbindungssysteme** bestehen aus
- *Übertragungswegen*, das sind elektrische oder seltener Lichtleitungen (Drähte oder gedruckte Schaltkreise), über die «Bit-Impulse» übertragen werden,
- *Vermittlungseinrichtungen* (zentrale, dezentrale oder eventuell auch keine),
- *Treibereinheiten* zur Signalverstärkung und *Puffer* zur Zwischenspeicherung von Bits, die von den angesteuerten Einheiten erst zu einem späteren Zeitpunkt gebraucht werden können.

Bezüglich der *Nutzung* lassen sich *individuelle und gemeinsame Übertragungswege* unterscheiden. Die individuellen Übertragungswege werden nur von je einem Paar von Kommunikationspartnern (Funktionseinheiten) genutzt, während die gemeinsamen Wege von mehreren Teilnehmern verwendet werden.

In den Zentraleinheiten von Groß-EDVA sind die Hauptfunktionseinheiten (vgl. Abb. 2.3.1/1) sowie deren Komponenten (vgl. Abb. 2.3.1.1/1, 2.3.1.1/2 und 2.3.1.2/1) *überwiegend* durch *individuelle Übertragungswege* verbunden. Bei *Minirechnern* sind hingegen *gemeinsam benutzte Wege, sog. Busse, vorherrschend*, die von den angeschlossenen Einheiten abwechselnd verwendet werden. *Bei Mikrorechnern gibt es nur Bussysteme.*

Ein **Bus** (engl.: bus) ist ein Verbindungssystem zwischen digitalen Schaltwerken, das von allen angeschlossenen Einheiten (Teilnehmern) gemeinsam genutzt wird.

Jeder Teilnehmer kann senden oder empfangen, zu jedem Zeitpunkt ist jedoch nur genau eine Verbindung zulässig. Um die Kommunikation zu regeln bzw. um Kollisionen bei der Übertragung zu vermeiden, muß der Zustand des Busses stets bekannt sein und kontrolliert werden. Diese *Verwaltung* kann z.B. «nebenbei» durch einen Prozessor oder durch einen bzw. mehrere gesonderte *Busverwalter* (engl.: arbiter) übernommen werden. Die *Zahl der anschließbaren Teilnehmer* wird durch die Zahl der verfügbaren Adressen, die Leitungslänge, die Übertragungsvolumina, die Transferrate u.ä. begrenzt. Busse werden auch im Rahmen lokaler Netze als Hochleistungsübertragungswege von bis zu mehreren hundert oder tausend Metern Länge zum Rechnerverbund verwendet; hierauf kommen wir im Abschnitt 3.3.3 zurück.

Innerhalb der Zentraleinheit unterscheidet man je nach Art der transportierten Information den **Datenbus** (engl.: data bus), den **Adreßbus** (engl.: address bus) und den **Steuerbus** (engl.: control bus). Ein Bus, der Prozessor(en), Arbeitsspeicher und Ein-Ausgabe-Schnittstelle verbindet, heißt **externer Bus** (engl.: external bus). Ein **interner Bus** (engl.: internal bus) dient zur Kommunikation der internen Einheiten des Prozessors (zwischen Leitwerk, Rechenwerk und deren Registern).

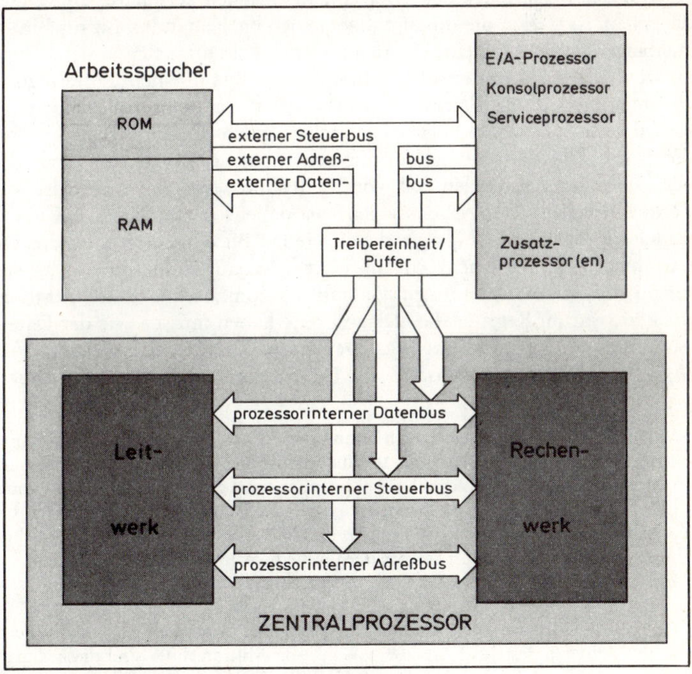

Abb. 2.3.1.3/1: Bussystem eines Mikrorechners

Übungsaufgabe Nr. I-89 im Arbeitsbuch ←

Erinnern Sie sich noch an die Klassifikation der 8-, 16- und 32-Bit-Mikroprozessoren nach der Breite des Datenbusses (im Abschnitt 1.2.2)? Ist hier der interne oder der externe Datenbus gemeint?

Abb. 2.3.1.3/1 entspricht der Ihnen bereits bekannten Struktur des Zentralprozessors aus Abb. 2.3.1.2/1, wobei jedoch die Bussysteme im Vordergrund stehen. *Es ist zwischen den innerhalb des Zentralprozessors befindlichen Bussen und den externen zu unterscheiden. Diese beiden Bussysteme arbeiten regelmäßig mit unterschiedlicher Geschwindigkeit.* Daher bedarf es zur Kopplung einer in der Abbildung als *Treiber/Puffer* bezeichneten Hardwareeinrichtung, die eine Schnittstelle vom und zum Zentralprozessor darstellt.

Bei einem «echten» *16-Bit-Mikrorechner* besteht der Datenbus sowohl intern, d.h. auf dem Prozessorchip, als auch extern, d.h. auf der Platine, aus 16 parallel laufenden Leitungen, über die gleichzeitig 16 Bits von einer zu einer anderen Einheit übertragen werden können.[21]

Werden zum *Beispiel* bei einem solchen 16-Bit-Mikrorechner von der Tastatur, der Disketteneinheit oder einem sonstigen Peripheriegerät Daten eingegeben, so treffen die Bits im allgemeinen nacheinander, Bit für Bit, im Eingabewerk bzw. -chip ein. Um den internen Datentransfer zu beschleunigen, werden jeweils 16 der seriell übertragenen Bits in einem Pufferregister gesammelt und dann gleichzeitig über die 16 Parallelleitungen zu einer anderen Einheit, etwa den Arbeitsspeicher, geschickt. Im Arbeitsspeicher werden die Bits dann so lange gespeichert, bis sie wiederum über den Datenbus abgerufen werden, z.B. vom Zentralprozessor in ein Befehls- oder Operandenregister. Der Arbeitsspeicher ist dabei so organisiert, daß aus 16 parallel angeordneten Chips gleichzeitig je ein Bit entnommen wird.[22] Die Zusammenfügung zu einem «16-Bit-Wort», das auf einmal in ein Register übertragen wird, erfolgt auf dem Datenbus automatisch. Damit wird Ihnen auch klar, warum Register die gleiche Breite haben müssen wie der Datenbus. *Sämtliche Datenübertragungsvorgänge in der Zentraleinheit beziehen sich auf die Inhalte von Registern, die im richtigen Augenblick dem Daten-*

---

21 Vielfach wird herstellerseitig auch dann von einem 16-Bit-Mikrorechner gesprochen, wenn der interne Datenbus 16 Bits breit ist und der externe Datenbus nur 8 Leitungen umfaßt. Ein solches System ist unter sonst gleichen Bedingungen natürlich leistungsschwächer, da prozessorextern die Datentransferrate nur halb so hoch ist wie bei dem «echten» System. Dasselbe gilt für als 32-Bit-Mikrorechner vermarktete Geräte, die prozessorextern mit einem 16-Bit-Datenbus arbeiten.

22 Das bedeutet, daß ein echter 16-Bit-Mikrorechner, dessen Arbeitsspeicher aus 64-KBit-Chips aufgebaut ist, über eine minimale Speicherkapazität von 128 KB (16 Chips à 64 KBit) verfügt. Bei 256-KBit-Chips sind es mindestens 512 KB, bei 1-MBit-Chips mindestens 2 MB. Bei einem 8-Bit-Mikrorechner sind diese Kapazitätswerte halb so groß, bei einem 32-Bit-Mikrorechner sind sie doppelt so groß (also 4 MB Arbeitsspeicher in der geringsten Ausbaustufe bei Verwendung von 1-MBit-Chips).

bus geöffnet werden. Den richtigen Augenblick, genauer den Taktzyklus, während dem der Datentransfer erfolgen soll, bestimmt das Leitwerk durch seine Steuersignale, die aus dem aktuellen Befehl abgeleitet werden. Der Takt wird durch einen an den Prozessorchip angeschlossenen Quarz erzeugt.

Sie wissen, daß bei der Abarbeitung eines Programms der Prozessor Befehl für Befehl aus dem Arbeitsspeicher holt und ausführt. Die Adresse des jeweils nächsten Befehls steht im Befehlszähler und wird von dort zum Arbeitsspeicher gesandt. Als Übertragungsweg für die Adressen wird der *Adreßbus* benutzt. Ist dieser z.B. ebenfalls 16 Bits breit, so können über 16 parallele Leitungen maximal 2^{16}, also 65 536 verschiedene Speicherstellen direkt in einem Übertragungsschritt adressiert werden (= 64 KB). Die *direkt adressierbare maximale Arbeitsspeicherkapazität* wächst z.B. bei 20 Adreßbusleitungen auf 1 MB und bei 24 Adreßbusleitungen auf 16 MB.

Der unter der Adresse gefundene Befehl oder Operand wird über den *Datenbus* zum Befehlsregister oder einem Operandenregister weitergeleitet (vgl. Abb. 2.3.1.2/1 und 2.3.1.3/1). Ebenso werden über denselben Datenbus aus den Operandenregistern Daten in den Arbeitsspeicher zurückgeschrieben. Der Datenbus wird also in beiden Richtungen benutzt *(= bidirektional)*, während der Adreßbus nur in der vom Prozessor wegführenden Richtung Bits transportiert *(= unidirektional)*.

Steuerbusse bilden die *Steuersignal- und Rückmeldekanäle* für gleich- und untergeordnete Funktionseinheiten. Die in diesen Bussen übertragenen Signale dienen Prozessorunterbrechungen (Wartezustände) sowie synchronen (taktgesteuerten) und asynchronen (ereignisgesteuerten) Kommunikationsvorgängen zwischen dem Leitwerk und den ihm untergeordneten Einheiten. Es kommt auch vor, daß Leitungen des Datenbusses für die Übertragung von Steuersignalen verwendet werden.

Die in *Heimcomputern* überwiegend eingesetzten *Standard-8-Bit-Mikroprozessoren* haben einen 8-Bit-Datenbus, einen 16-Bit-Adreßbus, mindestens zwei Anschlüsse zur Stromversorgung und zwei weitere zum Anschluß eines externen Taktgenerators (Quarz). 9 bis 12 Leitungen sind für den Steuerbus vorgesehen. Insgesamt werden somit 40 Anschlüsse benötigt. Die leistungsfähigsten Mikroprozessoren – eine Übersicht finden Sie im Abschnitt 2.3.3 – haben Datenbusse, die 32 Bits breit sind, und Adreßbusse mit 24 parallelen Leitungen. Standardbusse auf der Platine bzw. in der Zentraleinheit von Mikrorechnern haben bis zu 100 Leitungen und mehr, die maximal ca. 0,5 m lang sind. Einige Dutzend Einheiten können angeschlossen werden.

Die Bus-Architektur größerer EDVA unterscheidet sich funktional nicht von jener der Mikrorechner. Tendenziell sind jedoch die *Busse breiter* (32 bis 64 Bits und mehr bei Datenbussen) und die *Übertragungsraten höher* (in Abhängigkeit von der Zykluszeit bis zu mehreren hundert MB/s).

→ Übungsaufgabe Nr. I-90 im Arbeitsbuch

2.3.1.4 Ein-Ausgabe-Prozessoren

In einer «primitiven» EDVA wird der Verkehr mit der Peripherie zur Eingabe und Ausgabe von Daten direkt durch den Zentralprozessor gesteuert. Der Zentralprozessor arbeitet *im einfachsten, heutzutage kaum mehr vorkommenden Fall* mit ungepufferten peripheren Geräten synchron zusammen. Das bedeutet, daß die Ausführung eines Eingabe- oder Ausgabebefehls durch den Zentralprozessor das von dem Befehl angesprochene periphere Gerät in Tätigkeit setzt. Damit wird die Übertragung eines Zeichens zwischen dem Arbeitsspeicher und der peripheren Einheit ausgelöst. Der Zentralprozessor muß nun warten, bis das Zeichen unter einer Arbeitsspeicheradresse abgespeichert ist bzw. bis dessen Verarbeitung durch das periphere Gerät abgeschlossen ist. Erst dann kann er die Bearbeitung der Befehlsfolge mit dem nächsten Maschinenbefehl fortsetzen. Damit dauert die Befehlsausführungszeit des Zentralprozessors etwa so lange wie der Eingabe- bzw. Ausgabevorgang. Da die Geschwindigkeiten der peripheren Geräte um ein Vielfaches niedriger sind als die interne Verarbeitungsgeschwindigkeit des Zentralprozessors, *wird bei dieser Form der Ein-Ausgabe-Steuerung die Kapazität des Zentralprozessors nur zu einem Bruchteil genutzt.*

Um die Leistungsfähigkeit des Zentralprozessors ausnutzen zu können, werden in der Zentraleinheit und in den peripheren Geräten *Puffer* verwendet. Der Verkehr mit den peripheren Geräten wird üblicherweise durch eine selbständige Funktionseinheit gesteuert, die als *Ein-Ausgabe-Werk* (abgekürzt: EA-Werk) bezeichnet wird. *EA-Werk und Zentralprozessor arbeiten unabhängig und asynchron zueinander.* Nachdem der Zentralprozessor einen Eingabe- oder Ausgabevorgang angestoßen hat, setzt er die Bearbeitung eines anderen Programms bzw. einer anderen Befehlsfolge fort. Währenddessen sorgt das EA-Werk für die Durchführung der Ein-Ausgabe-Operation, die sehr viel länger dauert, als die vom Zentralprozessor auszuführenden Befehle. Der Abschluß einer Ein-Ausgabe-Operation wird vom EA-Werk an den Zentralprozessor gemeldet, der daraufhin die geeigneten Maßnahmen trifft (Unterbrechung der laufenden Befehlsfolge und Ausführung einer Befehlsfolge zur Behandlung der Fertigmeldung).[23]

---

23 Es ist auch die Verfahrensweise üblich, daß der Zentralprozessor das Ende des Übertragungsvorgangs mit einem Maschinenbefehl beim EA-Werk abfragt. Die

Bei kleineren EDVA besteht das EA-Werk im wesentlichen aus Pufferregistern. Die Übertragung von Daten erfolgt zeichen- oder wortweise über die Register des Zentralprozessors. Dieser speichert die auszugebenden Daten in den Pufferregistern des EA-Werks bzw. holt Eingabedaten für die Verarbeitung dort ab. Eine Verbindung zwischen dem Arbeitsspeicher und den Pufferregistern des EA-Werks besteht nicht. *In jeden Übertragungsvorgang greift der Zentralprozessor steuernd ein.*

Bei größeren EDVA ist das EA-Werk meist mit einem eigenen Rechenwerk und Leitwerk versehen und wird dann als Ein-Ausgabe-Prozessor bezeichnet.

> Der **Ein-Ausgabe-Prozessor** ist eine Funktionseinheit innerhalb der Zentraleinheit, die das Übertragen von Daten zwischen den peripheren Einheiten und dem Arbeitsspeicher selbständig steuert und dabei die Daten gegebenenfalls modifiziert.

Der EA-Prozessor ist über Steuerleitungen mit dem Zentralprozessor und dem Arbeitsspeicher verbunden. Das Leitwerk des Zentralprozessors startet mit einem Befehl einen Eingabe- oder Ausgabevorgang und erhält nach dem Vollzug der Übertragung vom EA-Prozessor eine Fertigmeldung. *Die Daten werden direkt (d.h. ohne Mitwirkung des Zentralprozessors) über Datenleitungen vom EA-Prozessor übertragen.* Sämtliche von den Eingabegeräten eingelesenen und an die Ausgabegeräte ausgegebenen Daten laufen somit über den EA-Prozessor. Die Steuerleitungen zum Arbeitsspeicher dienen dabei der Zugriffssteuerung. Im allgemeinen wird mit dem Anstoß des EA-Prozessors die Übertragung eines Datenblocks ausgelöst, der je nach Peripheriegerät zwischen ca. 100 und mehreren tausend Zeichen umfassen kann. *Für die Übertragung eines Blocks ist also von seiten des Zentralprozessors nur eine auf die Eingabe oder Ausgabe bezogene Anweisung erforderlich; die Übertragung der einzelnen Zeichen führt der EA-Prozessor autonom nach einem eigenen Programm* (Kanalprogramm; engl.: channel program) *durch.* Für die einzelnen Peripheriegeräte einer EDVA gibt es dazu vorgefertigte Steuerprogramme. Der EA-Prozessor benützt wie der Zentralprozessor den Arbeitsspeicher der EDVA, d.h. er holt wie dieser auch seine eigenen Befehle von den dort gespeicherten Eingabe- und Ausgabeprogrammen ab.

Zeitpunkte für derartige Abfragen sind dann bei der Programmierung zu bestimmen. Näheres zur Behandlung von Unterbrechungen erfahren Sie im Abschnitt 2.4.2.

Große EDVA verfügen oft über *mehrere EA-Prozessoren* zur Steuerung des Informationsflusses zwischen unterschiedlichen peripheren Einheiten und den Ein-Ausgabe-Kanälen in der Zentraleinheit. Die *Kanäle*[24] können wiederum Unterkanäle besitzen. Da die einzelnen *Kanäle und Unterkanäle unabhängig voneinander* arbeiten, können Eingabe- und Ausgabevorgänge mit vielen peripheren Geräten gleichzeitig ablaufen (einer je Unterkanal). Durch die *gerätespezifischen Kanalprogramme* lassen sich die verschiedenartigsten Geräte ohne Hardwareänderungen an die Zentraleinheit anschließen und betreiben.

Großrechner sind meist standardmäßig mit mindestens einem oder zwei integrierten Bytemultiplex- und Blockmultiplexkanälen ausgestattet; weitere Kanäle sind wahlweise (gegen zusätzliches Entgelt) erhältlich.

> Ein **Bytemultiplexkanal** (engl.: byte multiplexer channel) verfügt über einen einzigen Datenpfad, den sich entweder viele langsame Ein-Ausgabe-Geräte bei der byteweisen Übertragung teilen *(Bytemultiplexbetrieb)* oder der von einem peripheren Gerät für sich allein in Anspruch genommen werden kann *(Blockbetrieb)*.

Der *Bytemultiplexbetrieb* (engl.: byte multiplex mode; byte mode) ist eine Betriebsart, bei der der Bytemultiplexkanal nur relativ kurz mit einem Peripheriegerät verbunden ist und zwar gerade lang genug, um ein Byte oder eine kleine Zahl von Bytes zu übertragen. Die angeschlossenen peripheren Geräte werden abwechselnd, jedoch immer nur für diese kurze Zeitspanne vom Prozessor bedient. Die Daten werden also byteweise verzahnt zwischen dem Arbeitsspeicher und den gleichzeitig aktiven Ein-Ausgabe-Geräten übertragen. Nach außen (gegenüber dem Benutzer) entsteht hierdurch der Eindruck, daß jedes periphere Gerät über einen eigenen Übertragungsweg verkehrt. Der Anteil eines Geräts an dem jedoch tatsächlich nur einmal vorhandenen Datenpfad wird als *Unterkanal* bezeichnet. Über die Unterkanäle können bis zu 256 periphere Geräte durch einen Bytemultiplexkanal gleichzeitig bedient werden. Da im Bytemultiplexbetrieb nur vergleichsweise geringe *Datenübertragungsraten* realisierbar sind (maximal etwa 100 KB pro Sekunde), kommen für den Anschluß *nur langsame Ein-Ausgabe-Geräte*

---

24 Bitte beachten Sie: Die Bezeichnung «Kanal» umfaßt hier mehr, als zunächst vom Namen her zu vermuten ist. Mit diesem Begriff ist nicht nur der Weg gemeint, der notwendig ist, um Daten zwischen der Peripherie und dem Arbeitsspeicher zu übertragen (physikalisch: Kabel bis zu mehreren hundert Metern Länge). Ein Kanal enthält Funktionseinheiten zur selbständigen Steuerung und Überwachung von Ein-Ausgabevorgängen.

wie Datensichtstationen, Zeichendrucker, Karten- und Streifenleser usw. in Frage.

Im *Blockbetrieb* (engl.: burst mode) steht hingegen jeweils ein peripheres Gerät eine relativ lange Zeitspanne mit dem Kanal in Verbindung. Die Datenübertragung erfolgt blockweise; die Aufträge des Prozessors zur Ein- oder Ausgabe über verschiedene Geräte werden nacheinander ausgeführt.

> Ein **Blockmultiplexkanal** (engl.: block multiplexer channel) – das ist ein Kanal, der den Blockmultiplexbetrieb zuläßt – kann mit wesentlich schnelleren Ein-Ausgabe-Geräten arbeiten und größere Datenmengen auf einmal übertragen als ein Bytemultiplexkanal.

Bei derzeit gebräuchlichen Großrechnern lassen sich über einen Blockmultiplexkanal bis zu 256 schnelle Peripheriegeräte adressieren, die Datenübertragungsrate beträgt maximal 3 MB pro Sekunde.

Der *Blockmultiplexbetrieb* (engl.: block multiplex mode) ist eine Betriebsart eines Kanals, bei der Daten blockweise verzahnt zwischen dem Arbeitsspeicher und (mehreren gleichzeitig aktiven) peripheren Geräten übertragen werden. Wie beim Bytemultiplexbetrieb werden viele Geräte in Zeitabschnitten verzahnt über Unterkanäle bedient, jedoch werden hier Datenblöcke von bzw. zu Hochgeschwindigkeitseinheiten übertragen.

Wegen der höheren Leistungsfähigkeit von Blockmultiplexkanälen verdrängen diese zunehmend die Bytemultiplexkanäle. Beide Kanaltypen unterscheiden sich hardwareseitig nicht; die *Betriebsart* wird bei der Installation *durch Mikroprogramme festgelegt* und ist dementsprechend änderbar.

Ein *Blockmultiplexkanal* kann im allgemeinen *auch wahlweise im Blockbetrieb* arbeiten. Das heißt, daß – wie weiter oben beschrieben – nur jeweils ein ausgewähltes peripheres Gerät für eine längere Zeitspanne bedient wird. Bei der Ausführung des entsprechenden Kanalprogramms wird der Kanal während der gesamten Ausführungszeit beansprucht, egal ob jeweils Daten übertragen werden oder nicht. *Im Blockmultiplexbetrieb kann sich der Kanal hingegen vorübergehend von einem Kanalprogramm trennen, wenn keine Datenübertragung erfolgt, und zwischenzeitlich andere Geräte bedienen.* Diese zeitweise Trennung tritt zum Beispiel dann ein, wenn eine Magnetplatteneinheit mit Suchvorgängen beschäftigt ist. *Dadurch wird die Übertragung einer größeren Datenmenge während der Kanalbetriebszeit ermöglicht.*

Der Blockbetrieb hat nur noch dort Bedeutung, wo sehr große Datenbestände zu übertragen sind – z.B. bei der Sicherung des Inhalts einer Festplatte auf Band im Datenstrommodus. Sog. *Selektorkanäle* (engl.: selector channel), die nur den Blockbetrieb zulassen, gibt es fast nicht mehr.

Das folgende *Beispiel* soll dazu dienen, Ihnen einen Eindruck von der *Vielfalt der Konfigurierungsmöglichkeiten von Großrechnern* zu vermitteln. Eine der größten für kommerzielle Zwecke vorgesehenen Zentraleinheiten hat einen Arbeitsspeicher von 128 bis 512 MB, leistet 70 Mips und kostet je nach Ausbaustufe zwischen 30 und 40 Mio. DM. Sie kann mit bis zu 128 Kanälen ausgerüstet werden. Auf jedem Kanal können bis zu 256 periphere Einheiten über Subkanäle adressiert werden, d.h. im (theoretischen) Maximalfall lassen sich mehr als 32 000 Ein-Ausgabe-Geräte anschließen. Die Datenübertragungsrate beträgt pro Kanal drei MB/s, insgesamt also 384 MB/s.

→ Übungsaufgabe Nr. I-91 im Arbeitsbuch

2.3.2 Ein- und Ausgabegeräte

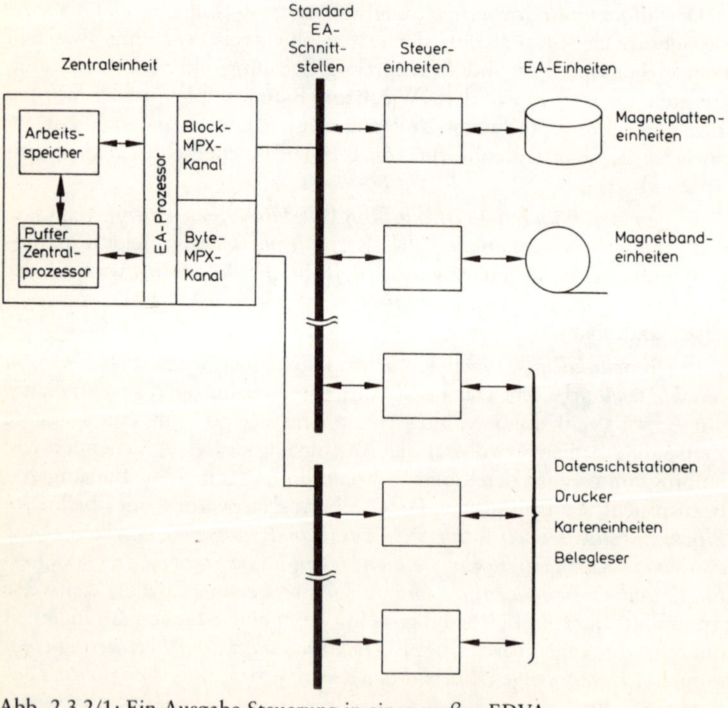

Abb. 2.3.2/1: Ein-Ausgabe-Steuerung in einer großen EDVA

Die Abb. 2.3.2/1 zeigt das *Schema der Ein-Ausgabe-Steuerung in einer großen EDVA*. Die *Peripherie* besteht aus den Ein-Ausgabe-Geräten und den zugehörigen Steuereinheiten. Die *Ein-Ausgabe-Geräte* führen mechanische Eingabe- und/oder Ausgabevorgänge aus, wie zum Beispiel Transport der Datenträger, Positionierung der Magnetköpfe, Drucken der Zeichen usw. Die elektronische Steuerung der Mechanik eines oder mehrerer, meist gleichartiger Ein-Ausgabe-Geräte wird von einer gerätespezifischen *Steuereinheit* durchgeführt. Diese kann zum gleichen Zeitpunkt jedoch nur jeweils ein Gerät bedienen. Die Steuereinheit wird entweder als gesonderte Einheit mit dem (bzw. den) Peripheriegerät(en) gekoppelt, oder sie ist unmittelbar in ein Ein-Ausgabe-Gerät eingebaut.

Die **Steuereinheit** (engl.: control unit; controller) reglementiert und überwacht den Datentransfer, sie schaltet Komponenten ein und aus und übernimmt teilweise Verarbeitungsfunktionen (z.B. Zwischenspeicherung). Hierzu werden heutzutage regelmäßig Mikroprozessoren verwendet, die mit einem Mikroprogrammspeicher arbeiten. Damit ist eine flexible Anpassung an sich wandelnde Gerätespezifikationen und Anwendungsbedingungen möglich.

In den folgenden Ausführungen werden nur die wichtigsten Geräte dargestellt, die entweder Eingabe- oder Ausgabefunktionen wahrnehmen. Die Arbeitsweise der externen Massenspeicher, die sowohl der Eingabe als auch der Ausgabe dienen, haben Sie schon im Abschnitt 2.2 in den Grundzügen kennengelernt. Mehr brauchen Sie über Speichergeräte nicht zu wissen.

Auch die «*Technik*» der nachstehend beschriebenen Nur-Eingabegeräte und Nur-Ausgabegeräte ist für Sie *nicht besonders wichtig*. Es gibt ein *äußerst breites Spektrum* von Kommunikationsmöglichkeiten der EDVA mit dem menschlichen Benutzer. Und es gibt oft eine Vielzahl von Verfahren und Systemen, mit denen sich gewünschte Funktionen hardware- oder softwaretechnisch realisieren lassen. Vor allem durch die Fortschritte der Mikroelektronik ist die *Innovationsrate hoch*. Es kommt zu laufenden Verbesserungen der Preis-Leistungs-Verhältnisse, die Geräte werden kompakter, für spezielle Bedingungslagen ausgelegt und eignen sich aufgrund ihrer Multifunktionalität für verschiedene Einsatzzwecke.

Sie bekommen einen guten Eindruck von der enormen Vielfalt des Marktangebots, wenn Sie eine *EDV-Messe* besuchen (z.B. «CeBIT» in Hannover, «Systems» in München, «ifabo» in Wien). Oder verfolgen

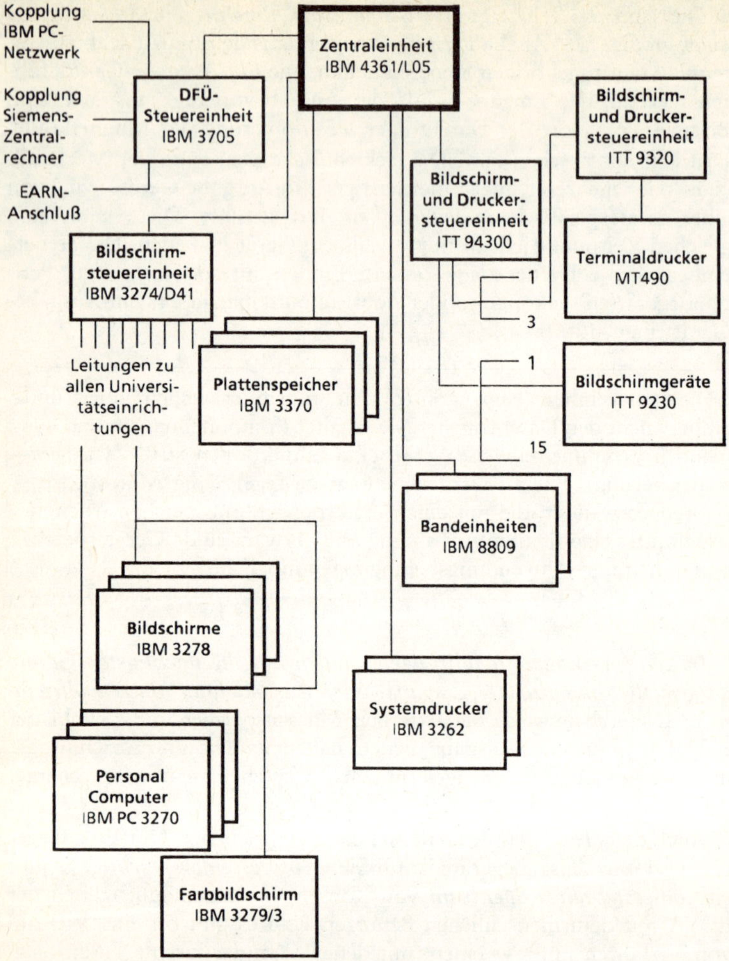

Abb. 2.3.2/2: Mixed-Hardware-Konfiguration

Sie die laufenden Neuankündigungen von EDV-Produkten in der *Fachpresse* (siehe Literaturverzeichnis).

Wir vermitteln Ihnen *in den folgenden Ausführungen* zunächst einen *Überblick* über die angebotenen Ein- und Ausgabegeräte bzw. Geräteklassen und greifen uns dann in den Abschnitten 2.3.2.1 bis 2.3.2.7 einige *Beispiele* heraus, die wir etwas genauer beschreiben. Dabei handelt es sich um Geräte, die – wie z.B. alphanumerische Bildschirme und mechanische Matrixdrucker – besonders weit verbreitet und damit typisch für die derzeitige Anwendungspraxis sind oder die – wie z.B. Rasterbildschirme und Laserdrucker – die «Technologie der Zukunft» darstellen.

Die Auswahl der Gerätetypen nach Herstellern ist zufällig; deshalb wurde auf die jeweilige Typenbezeichnung und die Herstellerangabe verzichtet. Abgesehen von einigen Ausnahmen werden Varianten der abgebildeten Geräte jeweils von sämtlichen größeren Rechnerherstellern angeboten. Ferner treten auf dem Markt noch eine Vielzahl von Firmen auf, die sich auf den Vertrieb von Peripheriegeräten spezialisiert haben und die selbst keine Zentraleinheiten anbieten.

Stellt sich ein Anwender seine EDVA-Konfiguration aus Baueinheiten verschiedener Hersteller zusammen, so spricht man von *«Mixed Hardware»*. Die nach unterschiedlichen Lieferanten gemischte Gerätezusammenstellung gewinnt in der Praxis zunehmend an Bedeutung, da

1. auf einzelne Baueinheiten spezialisierte Hersteller häufig wesentlich preisgünstiger anbieten als die Rechnerhersteller mit einem umfassenden Sortiment (das Zentraleinheiten einschließt) und
2. die Ankopplung von «fremden» Peripheriegeräten an Zentraleinheiten der größeren Rechnerhersteller (insbesondere IBM) heute im allgemeinen problemlos ist und die einzelnen Lieferanten nicht von ihrer Wartungspflicht entbindet.

Auf *Leistungsangaben* wird in der nachfolgenden Darstellung der wichtigsten Ein- und Ausgabegeräte vielfach verzichtet. Diese Kennda-

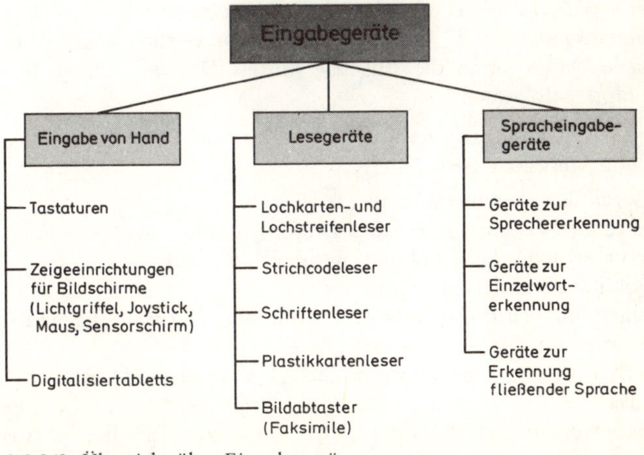

Abb. 2.3.2/3: Übersicht über Eingabegeräte

ten unterscheiden sich von Gerätetyp zu Gerätetyp. An kleine Zentraleinheiten werden wesentlich langsamere Geräte angeschlossen als an große. Je nach Leistung sind auch die Preise der angebotenen Peripheriegeräte sehr unterschiedlich.

→ Übungsaufgabe Nr. I-92 im Arbeitsbuch

Die *Eingabe* von Daten in eine EDVA kann *unmittelbar durch den Menschen manuell* oder – was heute wegen des unzureichenden Entwicklungsstands der Spracherkennung noch selten ist – *mündlich* vorgenommen werden. *Mittelbar*, unter Verwendung von Datenträgern, und weitgehend automatisch erfolgt die Eingabe *mit Lesegeräten.*

Die aus der Sicht des einzelnen Benutzers wichtigsten und verbreitetsten *Eingabegeräte für schriftliche Daten sowie die Ablaufsteuerung des Dialogverkehrs* mit dem Rechner sind *Tastaturen* und *Zeigeeinrichtungen für Bildschirme. Digitalisiertabletts* und *Bildabtastgeräte* sind für die *Eingabe grafischer Darstellungen* am bedeutendsten. Diese Geräte werden im folgenden in gesonderten Abschnitten gekennzeichnet.

Die Vor- und Nachteile von Datenträgern und der entsprechenden *Leser* wurden bereits im Abschnitt 2.2 skizziert. Wir werden *als Beispiel ein stapelorientiertes Gerät* beschreiben, das zur optisch-maschinellen Beleglesung in Rechenzentren von Banken dient. *Als weiteres Beispiel* für diese Geräteklasse kennzeichnen wir ein *Bildabtastgerät*, das zur Erfassung von Text und Grafik in Büros eingesetzt wird. Auf Spracheingabegeräte gehen wir hingegen nicht näher ein (vgl. hierzu die Abschnitte 2.1.2.2 und 3.1.4).

Die *Ausgabe* von Daten aus einer EDVA erreicht den Menschen *in flüchtiger Form* über das Auge *(Datensichtgeräte)* oder das Ohr *(Sprachausgabegeräte). In dauerhafter Form* werden schriftliche und bildliche Daten durch die Ausgabe mittels *Drucker, COM-Recorder oder Plotter* dokumentiert.

Die *Wahl der günstigsten Ausgabegeräte* wird im wesentlichen durch folgende Merkmale bestimmt:

1. Zweck der Ausgabe
   (aktuelle Wissensvermittlung, Dokumentation, maschinelle Weiterverarbeitung oder Kombination dieser Formen);
2. Qualitätsanforderungen an die Ausgabe
   (Darstellungsform, Aktualität, Volumen, Verwendungshäufigkeit, Sicherheit u.a.);
3. vorhandene und zusätzlich mögliche Geräte und Datenträger für die Ausgabe;
4. Bereiche (extern oder intern) bzw. Benutzer, für die die Ausgabe bestimmt ist.

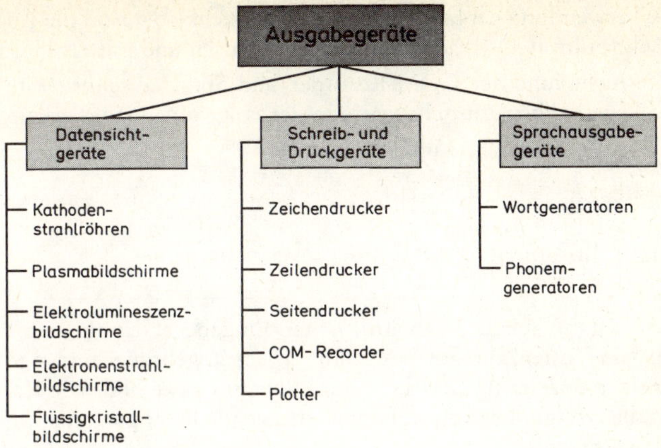

Abb. 2.3.2/4: Übersicht über Ausgabegeräte

Ausgabedaten, die der aktuellen Wissensvermittlung und der maschinellen Weiterverarbeitung dienen, müssen lesbar für Mensch und Maschine sein, und sie müssen mit dem weiterverarbeitenden System hinsichtlich der Datenträger, Codes, Formate, Zeichensätze usw. abgestimmt sein. Hierfür kommen vor allem optisch lesbare Belege, als Ausgabegeräte dementsprechend Drucker mit Zeichensätzen für die optische Beleglesung in Betracht.

Ausgabedaten, die ausschließlich zur maschinellen Weiterverarbeitung vorgesehen sind, haben ebenfalls die gekennzeichneten Anforderungen zu erfüllen, sie müssen jedoch nicht durch den Menschen lesbar sein. Als Datenträger kommen deshalb vor allem Magnetplatten, Disketten und Magnetbänder in Frage. Wie erwähnt gehen wir im folgenden nicht auf externe Speichergeräte ein.

Ausgabedaten, die in der Form von Auskünften jederzeit abrufbar sein sollen, müssen – um kurze Antwortzeiten zu gewährleisten – im direkten Zugriff stehen, sie sollten nur einen geringen Umfang haben und für eine einmalige Verwendung vorgesehen sein. Derartige Ausgaben erfolgen auf Bildschirmen, Listen oder über Sprachausgabe mittels Datensichtstationen, Zeichendruckern oder Sprachausgabegeräten (und evtl. Telefon).

Ausgabedaten zur aktuellen Wissensvermittlung und/oder Dokumentation erfolgen dann sinnvollerweise über Zeilen- oder Seitendrukker auf Vordrucke bzw. Listen, wenn diese ein umfangreiches Volumen haben, wenn längere Antwortzeiten möglich sind und wenn eine mehrfache Verwendung geplant ist. Weitere Möglichkeiten sind die Ausgabe auf Mikrofilm (COM), optische Speicherplatten und mittels Plotter.

Mit Ausnahme der COM-Recorder und Sprachausgabegeräte werden alle genannten Ausgabegeräte in der Folge noch näher erläutert.

→ Übungsaufgabe Nr. I-93 im Arbeitsbuch

2.3.2.1 Tastaturen

> Eine **Tastatur** (engl.: keyboard) ist ein Eingabegerät mit einer Vielzahl von Tasten, die auf bestimmte Weise angeordnet und mit bestimmter Bedeutung (Zeichen, Funktionen) belegt sind. Die Dateneingabe erfolgt durch die aufeinanderfolgende Betätigung der Tasten mit den Fingern.

Nach der Art der einzugebenden Daten unterscheidet man

- *numerische Tastaturen,* die aus einem numerischen Bereich (Ziffern, Sonderzeichen) und einem Funktionstastenbereich (Auslösen von Steuerfunktionen und Befehlen) bestehen,
- *alphanumerische Tastaturen,* die aus einem alphanumerischen Bereich (Buchstaben, Ziffern, Sonderzeichen) und einem Funktionstastenbereich bestehen,
- *kombinierte Tastaturen,* die aus einem numerischen und einem alphanumerischen Bereich sowie mindestens einem Funktionstastenbereich bestehen,
- *überlagerte Tastaturen,* bei welchen der numerische Bereich einen Teil des alphanumerischen Bereichs überlagert.

Numerische Tastaturfelder kennen Sie zum Beispiel von Taschenrechnern (Zehner-Blocktastatur), Tastwahltelefonen oder der Fernbedienung von Fernsehempfängern. *Alphanumerische Tastenfelder* sind Ihnen von Schreibmaschinen vertraut, bei denen es zahlreiche länderspezifische Varianten gibt. Eine *kombinierte deutsche Tastatur zur Dateneingabe* wird weiter unten beschrieben. Bei einer *überlagerten Tastatur* wird die Umschaltfunktion (engl.: shift) zum Wechseln zwischen alphanumerischen und numerischen Zeichen benutzt (so wie bei der Schreibmaschine zwischen Groß- und Kleinbuchstaben), wodurch ein besonders kompaktes Tastenfeld erreicht wird. Die Möglichkeit zur *Zweitbelegung der Tasten* wird auch bei einer Vielzahl von *Spezialtastaturen* genutzt, z.B. um damit die speziellen Zeichen der Programmiersprache APL (vgl. Abschnitt 2.4.1.3) eingeben zu können oder um Mosaikgrafiken erstellen zu können.

Funktionstasten dienen zur Auslösung von folgenden Funktionen:

- *Formatsteuerung,* das sind Funktionen, welche die Anordnung der Daten auf Datenträgern oder an Einrichtungen für die Ein- und Ausgabe (z.B. Bildschirm) bestimmen, wie Rückführen, Rückwärtsschritt, Zeilenschritt, Tabulieren, Formularvorschub, Positionsmarkenbewegung (davon später);
- *Gerätesteuerung,* wie Ein- und Ausschalten, Umschalten (z.B. Groß-/Kleinschreibung, Farbbandzonen), Wahl der Übertragungsgeschwindigkeit, Programmart, Schriftart u. ä.;
- *Verarbeitungsablaufsteuerung,* wie Rechnen (z.B. Addieren, Multiplizieren), Speichern, Korrigieren, Übertragen;
- *Code-Erweiterung,* d.h. Erweitern und/oder Verändern des Zeichenvorrats, und sonstige Funktionen, wie z.B. Leerschritt.

Die Anordnung der Tasten und die Belegung des numerischen und alphanumerischen Tastenfelds mit Zeichen sind für deutsche Tastaturen zur Dateneingabe *genormt* (DIN 2137, 2139). Für die Funktionstasten gibt es Grundsätze für die Anordnung und Zuordnung von Tastenbereichen (DIN 2145), aber keine Belegungsempfehlung einzelner Tasten.

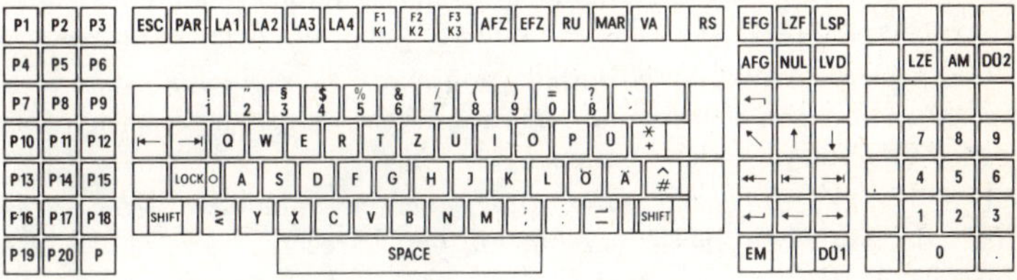

Abb. 2.3.2.1/1: Deutsche Tastatur für die Dateneingabe

Üblicherweise ist an eine Tastatur ein Bildschirm angeschlossen (= Datensichtgerät; Näheres im Abschnitt 2.3.2.5), *auf dem die eingegebenen Daten abgebildet werden.*

Eine **Positionsmarke** (auch **Schreibmarke, Cursor**; engl.: cursor) ist ein bestimmtes, hervorgehobenes Symbol (z.B. invers dargestelltes oder blinkendes Zeichenfeld, Unterstreichung) auf dem Bildschirm und kennzeichnet die aktuelle Zeichenstelle.

Bei der abgebildeten Tastatur sind die *Steuertasten zum Positionieren des Cursors* an die gewünschte Stelle auf dem Bildschirm mit *Pfeilen* versehen. Es gibt Tasten, durch deren kurzes Betätigen der Cursor

– an den Bildanfang (erste Zeichenstelle der ersten Zeile),
– an die nächste Zeichenstelle,
– an die vorhergehende Zeichenstelle,
– an den Zeilenanfang,
– nach oben in die vorherige Zeile,
– nach unten in die nächste Zeile,
– an den Anfang der darüberliegenden Zeile, bei gesetztem Tabulator in das nächste beschreibbare Feld bzw. im formatfreien Betrieb 16 Zeichenstellen nach rechts,
– bei gesetztem Tabulator in das davorliegende Feld bzw. im formatfreien Betrieb 16 Zeichenstellen nach links

springt. Alle Cursortasten wiederholen ihre Funktion bei Dauerbetätigung immer wieder.

→ Übungsaufgabe Nr. I-94 im Arbeitsbuch

Die darüber liegenden Tasten dienen zum *Einfügen oder Löschen* von einzelnen Zeichen und Zeilen oder zum Löschen des gesamten Bildspeichers.

Weitere Funktionstasten befinden sich oberhalb des alphanumerischen Tastenfelds, z.B. um die Ausgabe des Bildschirminhalts auf lokal angeschlossenen Druckern oder die Datenübertragung zum Rechner auszulösen.

Das Tastenfeld links außen enthält *programmierbare Funktionstasten* (P1 bis P20), mit denen Schrift- und Funktionszeichenfolgen abgespeichert und wieder aufgerufen werden können.

Die *Eingabe schriftlicher Daten* erfolgt über das *alphanumerische Tastenfeld* in der Mitte bzw. das *Zehnerblocktastenfeld* rechts außen, so wie Sie es von einer konventionellen Schreibmaschinentastatur bzw. einem Taschenrechner gewöhnt sind. Bei *Dauerbetätigung* einer Schriftzeichentaste wird das entsprechende Zeichen ca. achtmal pro Sekunde abgebildet. Die Schriftzeichentasten der untersten Tastenreihe werden links und rechts durch je eine *Umschalttaste* (SHIFT) begrenzt. Oberhalb der linken SHIFT-Taste befindet sich die *Umschalt-Feststelltaste* (LOCK), die mit der SHIFT-Taste wieder gelöst werden kann. Die *Leertaste* ist mit SPACE bezeichnet.

Es gibt viele unterschiedliche *Techniken für die mechanisch-elektrische Wandlung bei dem Betätigen der Tasten.* In der kommerziellen EDV sind *kontaktlose Tastaturen* vorherrschend. Vielfach übernimmt ein *Mikroprozessor* die Tastenabfrage, die Umsetzung der eingetasteten Zeichen in den ASCII-, EBCDI- oder einen anderen Code und weitere Aufgaben wie Entprellung[25], Betreuung der Wiederholungsfunktion, der

25 Prellen heißt, daß bei einmaligem Betätigen der Taste das Zeichen mehrmals erscheint. Solche Fehler treten vor allem bei älteren und billigen Tastaturen auf.

überlappenden Eingabe mehrerer Tasten oder der Belegung der programmierbaren Funktionstasten.

Aus ergonomischen Gründen sind heute Tastaturen möglichst flach und als getrennte Baueinheiten ausgeführt (Verbindung über ein flexibles Spiralkabel mit dem Bildschirm). Eine Tastatur sollte *leichtgängig* sein, jedoch einen deutlichen *«Druckpunkt»* beim Betätigen der Tasten zur Rückmeldung an den Benutzer aufweisen. Das Schreibtempo eines geübten Benutzers muß problemlos mitgehalten werden können. Die Abmessungen, Anordnung und Belegung der Tasten sollten normgerecht gestaltet sein.

Nachteile von Tastaturen gegenüber den anderen, in der Folge näher gekennzeichneten Eingabegeräten sind

- die zeitaufwendige Dateneingabe durch das Eintippen einzelner Zeichen, insbesondere die sehr langsame Cursorpositionierung,
- die relativ lange Übungszeit bis zum schnellen Tastaturgebrauch bzw. fehlende Schreibmaschinenpraxis bei einem Großteil potentieller EDV-Benutzer,
- die mangelnde Eignung für die Eingabe bildlicher Daten.

Eine Möglichkeit, die den zeitaufwendigen und für viele Menschen ungewohnten bzw. lästigen Gebrauch der Tastatur bei der Eingabe stark beschränkt, ist die sog. *Menütechnik.*

> Ein **Menü** (engl.: menu) ist eine Liste der in einem bestimmten Zusammenhang zulässigen Kommandos bzw. Eingaben an den Rechner, die auf dem Bildschirm angeboten wird. Der Benutzer trifft seine Auswahl durch die Markierung der auszulösenden Aktion (Zeichenstelle).

Die *Menütechnik* ist mit dem manuellen Ausfüllen von Markierungsbelegen vergleichbar (vgl. Abschnitt 2.2.1.2). *Sie vereinfacht vor allem für ungeübte Benutzer die Dateneingabe bzw. Ablaufsteuerung von Anwendungsprogrammen.* Andererseits setzt sie voraus, daß die Eingabeinformation in der Art eines Fragebogens mit vorgesehenen Antwortfeldern gestaltet werden kann. Bei großen Datenbeständen sind hierarchische Menüs mit u.U. vielen Stufen unumgänglich, durch die sich der Benutzer *zeitaufwendig* «hindurchwählen» muß, bis er auf die eigentlich gewünschte Aktion stößt.

Bei der *Auswahl mittels Tastatur* wird i.a. die Nummer der gewünschten Alternative eingetippt bzw. die entsprechende Funktionstaste betätigt. Es ist jedoch auch eine *direkte Ansteuerung einer auf dem*

Bildschirm angezeigten Aktion möglich und zwar *durch eine Cursor-Positionierung*

- mittels der erwähnten Pfeiltasten der Tastatur oder, sehr viel schneller,
- *mittels Sensorfeld, Steuerknüppel, Maus, Lichtgriffel und Berühren der entsprechenden Stelle auf dem Bildschirm.*

→ Übungsaufgabe Nr. I-95 im Arbeitsbuch

2.3.2.2 Zeigeeinrichtungen für Bildschirme (Maus, Lichtgriffel u. ä.)

Ein *Sensorfeld* ist eine gelegentlich bei Textautomaten neben der Tastatur eingebaute, berührungsempfindliche, handtellergroße Fläche. Legt man den Finger unten auf das Feld, so bewegt sich die Positionsmarke auf dem Bildschirm rasch nach unten. Dasselbe gilt für oben, links oder rechts.

Auch bei einem *Steuerknüppel*, bekannt vor allem als *«Joystick»* in Verbindung mit Computerspielen, bewegt sich der Cursor auf dem Bildschirm entsprechend der Handbewegung. Es gibt viele Varianten, die sich in bezug auf die Auslöseknöpfe und -empfindlichkeit, die Exaktheit der Positionierung, die Gestaltung des Handgriffs u.ä.m. unterscheiden.

Eine erst seit wenigen Jahren erhältliche Zusatzeinrichtung zur schnellen Cursorsteuerung, die jedoch rasch die mit Abstand weiteste Verbreitung erfahren hat, ist die sog. *Maus*.

Abb. 2.3.2.2/1: Maus zur Cursorpositionierung und Auslösung von Funktionen

Eine **Maus** (engl.: mouse) ist eine etwa mausgroße Zusatzeinrichtung zu einem Datensichtgerät, deren Bewegung auf einer ebenen Fläche von der Positionsmarke auf dem Bildschirm in Richtung und Geschwindigkeit unmittelbar nachvollzogen wird. Sie verfügt über einen Auslösemechanismus (Funktionstasten), mit dem die vom Cursor gekennzeichneten Felder aktiviert werden.

Viele Hersteller bieten *unterschiedlich gebaute Mäuse* an, die sich vor allem hinsichtlich der Anzahl der Funktionstasten (meistens eine bis drei Tasten), der Erfassung der Bewegungen (mechanisch oder optisch) und der Übertragung der Steuerimpulse (Kabel, Funk oder Infrarotlicht) unterscheiden.

Mechanische Mäuse können auf jeder Schreibtischplatte verwendet werden. Die Bewegung einer kleinen Rollkugel auf der Unterseite der Maus wird in elektronische Signale umgesetzt, durch die von der Steuerungselektronik Richtung und Geschwindigkeit der Maus erkannt und synchron mit dem Cursor nachvollzogen werden kann.

Optische Mäuse benutzen anstelle der abnutzungs- und verschmutzungsempfindlichen Rollkugel optische Sensoren, die auf ein regelmäßiges Gitternetz auf ihrer Lauffläche reagieren und entsprechend die Positionsmarke steuern. Eine solche Maus benötigt also eine spezielle Unterlage.

Vorteile der Maus sind:

1. Vereinfachte, schnellere Kommandoeingabe gegenüber der Tastatur;
2. durch präzise Positionierung lassen sich kleinste Zeichenstellen auf dem Bildschirm ansprechen, woraus sich eine besondere Eignung für Grafikanwendungen ergibt;
3. preisgünstige Angebote mehrerer Hersteller;
4. umfangreiches «mausfähiges» Softwareangebot.

Nachteile der Maus sind:

1. Zumindest anfänglich Koordinationsprobleme zwischen Auge und Hand;
2. nachlässige Schräghaltung der Maus führt zur unerwünschten Fahrrichtung des Cursors;
3. Verschmutzung der Maus durch unsaubere Arbeitsfläche, Abnutzung von Maus und Fläche, lästiges Kabel (bei den meistverbreiteten mechanischen Mäusen).

Schon seit mehr als 20 Jahren sind *Lichtgriffel* erhältlich, die ebenfalls die Möglichkeit bieten, bestimmte Stellen auf dem Bildschirm zu markieren. Sie haben nur im CAD/CAM-Bereich eine größere Verbreitung gefunden.

Ein **Lichtgriffel** (Lichtstift; engl.: light pen) ist ein als Zusatzeinrichtung zu einer Datensichtstation dienender lichtempfindlicher Stift, mit dem von Hand auf dem Bildschirm bestimmte Punkte oder Flächen markiert und Kurven durch ihren Verlauf oder ihre Endpunkte dargestellt werden können.

Der Lichtgriffel nimmt über einen Fototransistor oder eine Fotodiode an der Spitze den Abtaststrahl der Bildröhre auf und liefert damit die Bildschirmposition.

Vorteile des Lichtgriffels sind:

1. Vereinfachte, schnellere Kommandoeingabe gegenüber der Tastatur;
2. während des Gebrauchs zeigt der Benutzer auf dieselbe Fläche (Bildschirm), auf der er arbeitet (keine Koordinationsprobleme zwischen Auge und Hand wie bei der Maus);
3. robuste Konstruktion.

Nachteile des Lichtgriffels sind:

1. Der Arm muß beim Zeigen in alle möglichen Richtungen gedreht werden, die längere Benutzung ist ermüdend;
2. relativ begrenzt in Auflösung und Genauigkeit;
3. beschränktes «lichtgriffelfähiges» Softwareangebot.

→ Übungsaufgabe Nr. I-96 im Arbeitsbuch

2.3.2.3 Digitalisiertabletts

Ein **Digitalisiertablett** (Grafiktablett; Digitalisierer; Kurvenverfolger; engl.: digitizer; graphic data table) besteht aus einem elektronischen «Tablett» (Zeichenbrett) und einem daran gekoppelten frei beweglichen Markierer (Stift oder signalablesende Lupe), dessen Positionen auf der Zeichenfläche punktweise durch Eingabe der Koordinaten abgespeichert werden.

Soll eine *vorhandene Grafik digitalisiert* und damit einer rechnergestützten Weiterverarbeitung (Speicherung, Wiedergabe am Bildschirm, Übertragung) zugeführt werden, so wird die Vorlage auf die meist ebene Zeichenfläche gespannt. *Der Markierer wird von Hand auf die zu erfassenden Punkte positioniert, und auf Knopfdruck bzw. Aufdrücken des Markierers auf das Zeichenbrett wird die ermittelte Koordinateninformation abgerufen.* Attribute der Eingabedaten (Farbe, Füllung, Strichstärke usw.) werden über eine Spezialtastatur festgelegt.

Abb. 2.3.2.2/2: Einsatz eines Lichtgriffels

Für die *Neuzeichnung bzw. Änderung von grafischen Darstellungen* können über diese Tastatur *vorgefertigte geometrische Objekte* (Punkte, Linien, Bögen, Kreise, Segmente, Rechtecke, Vielecke usw.) gewählt und an der durch den Markierer bezeichneten Position eingegeben werden. Ebenso ist der Textmodus für schriftliche Erläuterungen möglich.

Der Markierer und das Zeichenbrett können auf unterschiedliche Weise miteinander gekoppelt sein. Bei billigen, mechanisch arbeitenden Geräten ist das Zeichenbrett meist mit zwei voneinander getrennten, beschichteten *Membranen* überzogen. Bei Andrücken des Markierers auf die obere Membrane kommt es zu einem elektrischen Punktkontakt, der von der angeschlossenen Elektronik in Positionskoordinaten umgesetzt wird. Bei mit *Ultraschall* arbeitenden Geräten sendet der Markierer Schallwellen aus, die von Mikrofonen an den Seiten der Zeichenfläche empfangen werden. Bei *kapazitiv* arbeitenden Digitalisiertabletts sind in die Zeichenfläche feine, parallele Drähte in Längs- und Querrichtung integriert, deren elektrische Signale vom Markierer aufgenommen werden. Digitalisiertabletts mit *magnetischer Kopplung* arbeiten ähnlich; in die Zeichenfläche ist ein Gitter von Drähten bzw. Magnetspulen eingebettet, und der Markierer empfängt bzw. sendet magnetische Signale. Es gibt *noch andere halbautomatische Abtastver-*

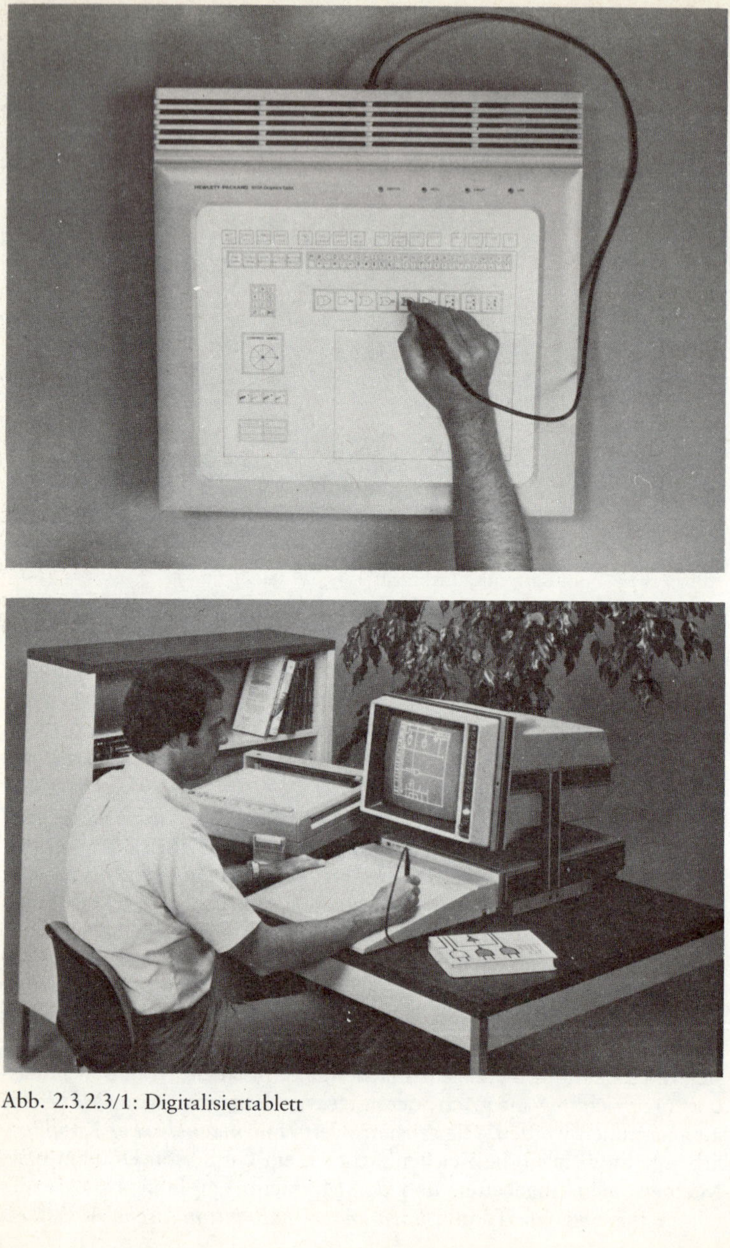

Abb. 2.3.2.3/1: Digitalisiertablett

fahren, auf die wir hier jedoch nicht eingehen können. Eine weitere Möglichkeit ist die *optomechanische Aufnahme der Positionskoordinaten* mit einer *Lupe auf einem Laufwagensystem* (Lineale in X- und Y-Richtung, die mit einem Längenmeßsystem verbunden sind). Der *Genauigkeitsbereich (Auflösungsvermögen)* erstreckt sich von ungefähr ± 1 mm bei Tabletts mit druckempfindlichen Membranen bis zu ± 0,03 mm bei Tabletts mit kapazitiver Kopplung und ± 0,003 mm bei Präzisionstabletts mit Laufwagensystem. Die erstgenannten mechanischen Geräte sind billig, aber nicht zu einer exakten Koordinatenaufnahme geeignet; sie werden vor allem für Hobbyzwecke verwendet. Digitalisiertabletts mit hoher Auflösung sind teuer und kommen vor allem im CAD-Bereich zum Einsatz.

Vorteile von Digitalisiertabletts sind:

1. Größter Funktionsbereich aller Eingabegeräte für die Ersterfassung bildlicher Daten (Grafiken);
2. für einen längeren, ermüdungsfreien Gebrauch geeignet;
3. höchste Genauigkeit von Präzisionstabletts.

Nachteile von Digitalisiertabletts sind:

1. Sehr beschränkte Eignung für die Eingabe schriftlicher Daten (nur über Menüauswahl);
2. Billigtabletts sind für eine exakte Koordinatenaufnahme ungeeignet, Präzisionstabletts sind teuer.

Übungsaufgabe Nr. I-97 im Arbeitsbuch ←

2.3.2.4 Lesegeräte

Spezielle *Lesegeräte* (engl.: reader) zur Erfassung der aufgezeichneten Daten *gibt es für alle Datenträger, die nur einmal beschrieben werden können* (vgl. Abschnitt 2.2). Sie verarbeiten zum Teil – so wie das nachfolgend gekennzeichnete Beispielgerät – weitgehend automatisch Belegstapel *(= Belegleser)* oder – wie etwa Strichcode- und Plastikkartenleser – einzelne Datenträger, die von Hand zugeführt und teilweise auch beim Lesevorgang manuell bewegt werden müssen *(= Handleser)*. Manche Leser sind als *separate Geräte* konstruiert, manche sind *in andere Einheiten eingebaut* (z.B. Bankomaten). Neben *mehreren hundert Kilogramm* schweren Standgeräten (bei unserem Beispielgerät: 310 kg) gibt es Handleser als Zusatzeinrichtung für Datenkassen oder Datensichtstationen, die *weniger als 100 Gramm* wiegen. Entsprechend groß sind auch die *Preisunterschiede*. Ein einfacher Magnet- oder Chipkartenleser ist zum Beispiel schon für weniger als 1000,– DM erhältlich, das nachfolgend an erster Stelle skizzierte, für Rechenzentren von Banken konzipierte Schriftenlesesystem hat einen Kaufpreis von über 350 000,– DM.

Die **Schriftenleser** (engl.: character reader) erkennen optisch oder magnetisch die Bedeutung einzelner, auf den Datenträgern gespeicherter Zeichen und geben diese in maschinell weiterverarbeitbarer Codierung (z.B. ASCII, EBCDI) aus. Hierzu werden vorher definierte Bereiche der Datenträger ausgewertet, in denen die Zeichen in maschinell lesbarer Form aufgezeichnet sind. Das Layout der Datenträger wird nicht miterfaßt.

Soll alle von einer Vorlage zu gewinnende optische Information erfaßt werden, so kann dies nur durch eine punktweise Abtastung durch ein Bildabtastgerät (automatisches Digitalisiergerät) geschehen.

Ein **Abtaster zur Bildeingabe** (engl.: image scanner) setzt selbsttätig für jeden Bildpunkt (Pixel) einer Vorlage den entsprechenden Helligkeits- oder Farbwert sowie die Lageinformation in digitale elektrische Signale um.

Auch ein solches Abtastgerät wird in diesem Abschnitt exemplarisch beschrieben.

Ein **Faksimilegerät** (engl.: facsimile device) ist ein Gerät zur Erfassung, Übertragung und Ausgabe von Text- und unbewegten Bildvorlagen. Die Vorlagen werden in der Eingabeeinheit optoelektrisch zeilen- und punktweise abgetastet. Die übertragenen Bildpunkte werden auf der Empfangsseite entsprechend der Vorlage positions- und helligkeits- bzw. farbgerecht auf Papier oder Mikrofilm ausgegeben.

Faksimilegeräte kommen verbreitet als *Fernkopierer* im Rahmen des Telefax-Dienstes zum Einsatz; Näheres hierzu erfahren Sie im Abschnitt 4.2.4.

Der in Abb. 2.3.2.4/1 gezeigte **Klarschriftleser** (engl.: optical character reader) *liest von definierten Belegen (= Zeichenträger aus Papier) die gebräuchlichsten Schreibmaschinenschriften und EDV-Schnelldrucker-Schriften (alphanumerisch, Groß- und Kleinschreibung) sowie Handblockschrift (Versal).* Das Gerät ist modular aufgebaut und besteht aus folgenden *Einrichtungen*:

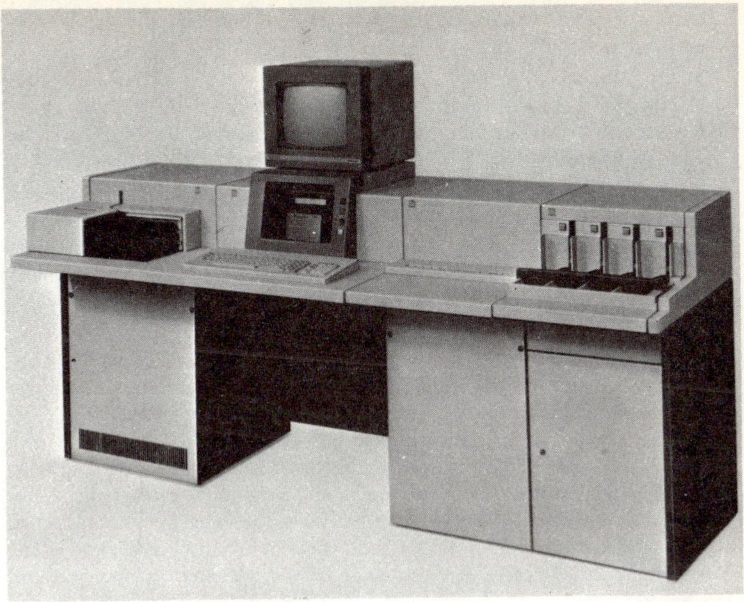

Abb. 2.3.2.4/1: Klarschriftleser für Banken

- *Eingabemodul*
  Das Eingabefach hat ein Fassungsvermögen von ca. 800 Belegen im Format bis zu DIN A5 quer.
- *Mehrzeilen-Lesemodul*
  Es können bis zu acht Lesezeilen bei DIN-A6-Belegen und bis zu 15 Lesezeilen bei DIN-A5-Belegen quer, jeweils max. 12 Zeichen/Zoll, gelesen werden. Die Leseleistung ist primär abhängig von dem Belegformat und der Anzahl der zu lesenden Zeilen; sie beträgt bei mehrzeiligen Belegen des Formates DIN A6 je Stunde max. ca. 900 Belege.
- *Anzeige- und Bedienmodul*
  Das Anzeige- und Bedienmodul besteht aus einer Tastatur, einem Bildschirm und einem Belegsichtfenster. Die Tastatur enthält einen alphanumerischen Block, einen Ziffern- und einen Steuertastenblock. Der Bildschirm hat 24 Zeilen mit je 80 Zeichen. Die Darstellung erfolgt in grünen Zeichen auf dunklem Grund. Am Belegsichtfenster werden die Belege bei Sofortkorrektur parallel zur Bildschirmanzeige in einem ergonomisch richtigen Winkel vorgeklappt.
- *Imagekorrektur-Einrichtung (Option)*
  Es handelt sich um die vergrößerte Darstellung des rückgewiesenen Zei-

chens auf der Anzeigeeinheit des Anzeige- und Bedienmoduls als Rasterbild (Image).

– *Mikrofilmmodul (Option)*
  Das Mikrofilmmodul führt die Vorder- und Rückseitenverfilmung unter Einblendung von Suchnummern und Bildsuchmarken bis zu einer Höhe von 105 mm durch (DIN-A6-Höhe).

– *Ablagemodul*
  Das Ablagemodul umfaßt vier Ablagefächer mit einer Kapazität von ca. 200 Belegen je Fach. Die Belege werden auf der Unterkante stehend gestapelt. Sind die Ablagefächer voll, so wird dies der Steuerung gemeldet und durch Aufleuchten einer Lampe an dem entsprechenden Fach sichtbar gemacht.

Die Bedienung des Schriftenlesers und Informationsanzeigen, wie Hinweise zur Bedienerführung und Fehleranzeigen, erfolgen durch das *Anzeige- und Bedienmodul*. Die Belege werden im *Eingabefach* vorgelegt, nach Belegabzug auf Doppelabzug überprüft und im *Start-Stopp-Betrieb* dem *Mehrzeilen-Lese-Modul* zugeführt. Im *Mehrzeilen-Lese-Modul* wird der Beleg zeilenweise abgetastet. Zur Erhöhung der Lesequalität erfolgt die Abtastung zweimal, wobei der horizontal stillstehende Beleg vertikal mit konstanter Geschwindigkeit am Objektiv vorbeigeführt wird. Der gelesene Beleg wird aus der Lesestation heraus an das Belegfenster transportiert und bei Sofortkorrektur gleichzeitig auf der Anzeigeeinheit angezeigt. Es sind zwei *Betriebsarten* möglich:

– Bedienter Betrieb mit Sofortkorrektur,
– bedienloser Betrieb mit Stapelkorrektur.

Bei angewählter «*Nachbearbeitung*» wird der vom Leser ermittelte Datensatz ohne weitere Behandlung an den Steuerrechner übertragen. Im Falle der «*Sofortkorrektur*» werden vom Leser nicht erkannte Zeichen manuell über das Anzeige- und Bedienmodul korrigiert und anschließend an den Steuerrechner übertragen. Der *Belegtransport* bis zur Fachaussteuerung wird über die gesamte Transportstrecke *elektronisch überwacht*.

Von den in der Bundesrepublik Deutschland vorkommenden etwa 300 verschiedenen *Schreibmaschinenschriften* erkennt der Leser *die gebräuchlichsten (26) Schriften*. Darüber hinaus erkennt der Leser *Handblockschriften*, die weitgehend nach DIN 66225 erstellt sind. Es werden sowohl mit schwarzer als auch blauer Schrift erstellte Zeichen gelesen. Der Beleg ist in feste Lesezonen eingeteilt. Die *Erkennungssicherheit* kann über Parameter der Anwendungssoftware gesteuert werden. Eine *Unterscheidung der Belegarten* erfolgt über Textschlüssel.

Die Belegdaten werden zeilenweise erfaßt und der eigentlichen Leseerkennung zugeführt. In der *Leseerkennung* werden die Worte in Einzelzeichen zerlegt und zu einer bestimmten Zeichenklasse zugeordnet. Diese «Segmentierung» und «Klassifizierung» der Einzelzeichen wird durch eine übergeordnete Steuerung in Elementarentscheidungen zerlegt. Basis für die Erkennung ist das sog. *Winkel-Schnitt-Analyse-Verfahren*. Danach wird die Zeicheninformation in codierter Form dem Steuerrechner zur Weiterverarbeitung zugeleitet.

Der Leser arbeitet im *On-line-Betrieb* mit dem angeschlossenen Steuerrechner. Der Anstoß der jeweiligen Funktionen geschieht über die Anwendungssoftware im Steuerrechner.

Übungsaufgabe Nr. I-98 im Arbeitsbuch ←

Vor allem im Handel sind **Handleser** *für das Lesen einzelner Datenträger mit Strichcodes oder OCR-Schrift* bedeutsam. Der in Abb. 2.3.2.4/2 dargestellte Handleser liest beides mit einer *Geschwindigkeit von bis zu 140 Zeichen pro Sekunde bei beliebiger Leserichtung*. Der optische Lesekopf

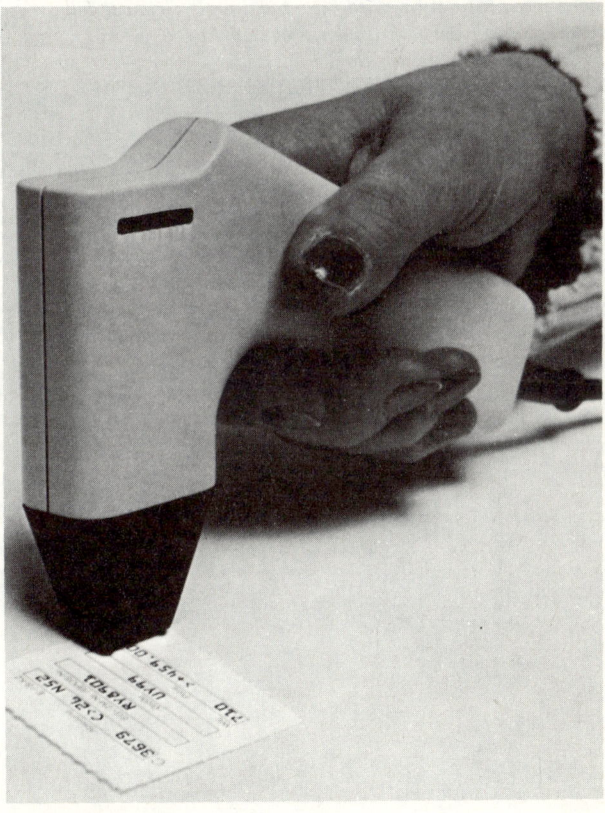

Abb. 2.3.2.4/2: Handleser

(das Gerät in der Hand des Benutzers) ist über ein flexibles Kabel mit der Erkennungseinheit verbunden.

Der Lesekopf wird über die zu lesende Zeile geführt. Die Optik im Lesekopf bildet die Information auf eine Fotodiodenmatrix ab. Hier werden die Helligkeitsunterschiede der abgetasteten Fläche in elektrische Signale umgewandelt. Dabei werden die von der mittleren Helligkeit im abgetasteten Feld abweichenden Signale in ein Schwarz-Weiß-Muster übertragen (digitalisiert).

Nach dem Erkennungsvorgang kann die gelesene Information auf *Einhaltung eines bestimmten Formates* geprüft werden.

Eine grüne *Kontrolleuchte* zeigt dem Benutzer die Bereitschaft des Gerätes zur Datenaufnahme an. Das *Ende eines korrekt durchgeführten Lesevorgangs* wird von einem kurzen akustischen Signal «*quittiert*».

Die gelesene Information wird *bitparallel und zeichenseriell* an die angeschlossene Datenstation *übertragen*. Für den Anschluß an Datenendgeräte hat der Handleser eine *genormte Schnittstelle*.

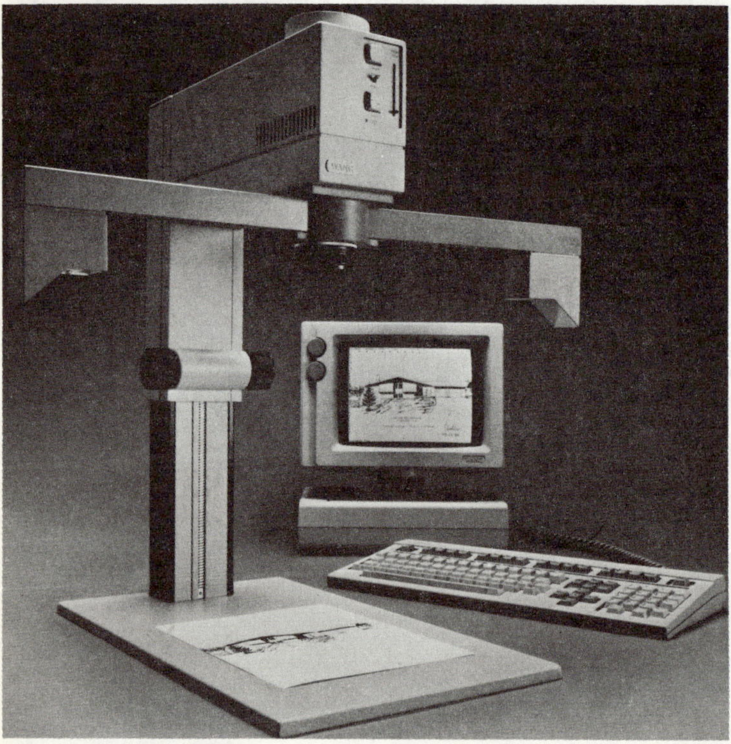

Abb. 2.3.2.4/3: Bildabtaster

Abtaster *erfassen zeilenweise auf fotografischem Wege alle aus einer Bild-Textvorlage zu gewinnende visuelle Information und setzen diese in digitale Form (Bildpunkte) um.* Die Wandlung der optischen Signale in die elektrische Signaldarstellung ist vielfach mit einer *Informationskomprimierung* verbunden. Es werden also nicht wie bei den vorher beschriebenen Schriftenlesern einzelne Zeichen mit gespeicherten Mustern verglichen und dadurch in ihrer Bedeutung erkannt. Vielmehr wird *bei der Erfassung die Vorlage zeilenweise in Bildpunkte zerlegt, und dieses Rasterbild wird abgespeichert.* Für das spätere Wiederauffinden und für die inhaltliche Interpretation muß die abgetastete Vorlage mit einem *Namen* und mit *Deskriptoren* gekennzeichnet werden.

Der in Abb. 2.3.2.4/3 im Vordergrund gezeigte *Abtaster* ist Teil eines integrierten Bild-, Text- und Datenverarbeitungssystems auf der Basis eines 16-Bit-Mikrorechners. *Vorlagen*, die gedruckten Text, handschriftliche Notizen, Grafiken und Fotos enthalten können, *werden auf Knopfdruck sekundenschnell mittels einer Fotohalbleitermatrix abgetastet, im Arbeitsspeicher abgelegt und auf dem Raster-Scan-Bildschirm* (Näheres hierzu im Folgeabschnitt) *angezeigt.* Das Format der Vorlagen kann von der Größe einer Briefmarke bis zu 28 × 35 cm betragen. Die *Auflösungsdichte* beträgt 200 dpi (Abkürzung für engl.: dots per inch; deutsch: Punkte pro Zoll), das sind 1728 × 2200 Punkte pro Abtastvorgang bei einer DIN-A4-Seite. Um den aufzunehmenden *Bildausschnitt* zu justieren, kann die Abtasteinrichtung auf einer Schiene nach oben und unten bewegt werden. Sie enthält eine «Ziellampe», die einen Lichtrahmen zur Definition des Ausschnitts projiziert, und rechts und links außen unter dem «Flügel» zwei weitere Lampen zur Ausleuchtung der Vorlage. Das Gerät ist zwischen 40 und 60 cm hoch (je nach Stellung der Abtasteinrichtung), 30 cm breit und wiegt 11 kg.

Die *Bildverarbeitungssoftware* des Systems ermöglicht es, die erfaßten Dokumente auf dem Bildschirm zu verändern, mit anderen zu kombinieren (auch Ausschnitte), auf Magnetplatte abzuspeichern, unter ihren Namen oder Stichworten wieder aufzurufen und auszudrucken. *Ein im Arbeitsspeicher befindliches Dokument kann auf dem Bildschirm*

- zur Gänze, zur Hälfte oder nur zu einem Viertel angezeigt werden,
- positiv (weißer Hintergrund) oder negativ (schwarzer Hintergrund) dargestellt werden,
- horizontal und vertikal gerollt werden,
- heller oder dunkler gestellt werden,
- perspektivisch verändert werden (von einer Vorderansicht zu einer Seitenansicht abgebildeter Objekte),
- durch Ausschnitte aus anderen Dokumenten an beliebigen Stellen angereichert werden (z.B. eine Druckseite durch Fotos, Planskizzen o.ä.).

Übungsaufgabe Nr. I-99 im Arbeitsbuch ←

2.3.2.5 Sichtgeräte

Ein **Sichtgerät** ist ein Ausgabegerät in der Funktion, dem Benutzer Daten vorübergehend für das Auge erkennbar zu machen. Die weitaus wichtigsten Sichtgeräte sind Bildschirmgeräte, es gibt jedoch auch andere Beispiele, wie etwa Ziffernanzeigen.

Wir gebrauchen – etwas ungenau – in der Folge die Bezeichnungen «Sichtgerät», «Datensichtgerät» und «Bildschirmgerät» (engl.: display device) synonym und verstehen darunter ein peripheres Gerät, das Daten auf einem Bildschirm anzeigt und i.a. über eine Eingabeeinheit (Tastatur und eventuell Zeigeeinrichtungen) verfügt.

Nach den darstellbaren Zeichen unterscheidet man:

1. *Vollgrafische Bildschirme,*
   bei denen jeder einzelne Punkt der Darstellungsfläche angesteuert werden kann und die deshalb die Anzeige beliebiger Muster an beliebigen Stellen des Bildschirms erlauben,
2. *alphanumerische Bildschirme,*
   bei denen die Darstellungsfläche zeilen- und spaltenweise in gleich große Felder formatiert ist, welche jeweils ein alphanumerisches Zeichen aufnehmen (typischerweise 24 oder 25 Zeilen mit je 80 Zeichenstellen),
3. *halbgrafische Bildschirme,*
   bei denen die Darstellungsfläche ebenso in Zeichenstellen unterteilt ist, bei denen jedoch der alphanumerische Zeichensatz um Mosaikgrafik-Zeichen erweitert ist, wodurch sich Präsentationsgrafiken wiedergeben lassen.

Als Anzeigeeinrichtung dient bei Sichtgeräten heutzutage hauptsächlich die **Kathodenstrahlröhre** (engl.: cathode ray tube; abgekürzt: CRT). Sie kennen diese von Fernsehapparaten. In einem luftleeren Glaskolben sendet eine *Kathode* – ein auf Rotglut erhitzter Draht mit dünner Oxidbeschichtung – Elektronen aus, die zu einem scharfen Strahl gebündelt zur gegenüberliegenden *Anodenfläche*, der Stirnfläche des Kolbens, fliegen. Eine *Ablenkeinheit* führt elektromagnetisch oder elektrostatisch den Strahl entsprechend den darzustellenden Zeichen. Beim Auftreffen des Kathodenstrahls leuchtet die Phosphorbeschichtung der Anodenfläche auf, und die Zeichen werden durch die Glasfläche hindurch sichtbar.

Man unterscheidet bei Kathodensichtgeräten nach der Technik der Bilderhaltung Geräte mit Speicherbildröhre und mit Bildwiederholungsröhre.

Wir befassen uns zunächst mit jenen *Kathodensichtgeräten, die eine vollgrafische Darstellung erlauben*: Das sind

1. *Speicher- oder DVST-Bildschirme* (DVST ist die Abkürzung für engl.: direct view bistable storage; deutsch: bistabiler Direktbildspeicher) (= Synonyme);
2. *Random-Scan-* (deutsch: wahlfreies Abtasten) oder DBRT-Bildschirme (DBRT ist die Abkürzung für engl.: directed beam refresh terminal; deutsch: Bildwiederholgerät mit gesteuertem Strahl) (= Synonyme);
3. *Raster-Scan-* (deutsch: Rasterabtastung), *Raster-Refresh-* (deutsch: Rasterauffrischung) oder *Bit-mapped-Bildschirme* (= Synonyme).

Random-Scan- und Raster-Scan-Geräte arbeiten mit einer Bildwiederholungsröhre.

Bei einem **Speicherbildschirm** wird das auszugebende Bild nur einmal aufgebaut und kann in der Phosphorschicht der Stirnfläche mit geringer Energie durch ständig fließende Elektronen für längere Zeit gespeichert werden.

Vorteile von Speicherbildschirmen sind:

1. Sehr hohes Auflösungsvermögen, scharfe Konturen bei vollgrafischen Darstellungen (häufig eingesetzte hochauflösende 19-Zoll-Bildschirme (= Diagonale) können rund 4 000 × 3 000 Punkte adressieren);
2. billiger als alle anderen vollgrafikfähigen Bildschirmtypen;
3. flimmerfreie Bilderhaltung ohne Pufferspeicher und ohne Belastung des Sichtgeräts oder des Rechners.

Nachteile von Speicherbildschirmen sind:

1. Bild kann nur als Ganzes gelöscht werden (keine Änderung einzelner Zeichen, keine dynamischen Bilder);
2. farbige Darstellungen sind nur sehr beschränkt möglich (normale Anzeige: hellgrüne Zeichen auf dunkelgrünem Hintergrund, rote und gelbe Auffrischlinien sind möglich);
3. durch die Vektordarstellung können auszufüllende Flächen nur – rechenzeitintensiv – durch eng aneinanderliegende Linien schraffiert werden;
4. sehr geringe Leuchtstärke und damit für hell erleuchtete Räume nicht empfehlenswert.

Abb. 2.3.2.5/1: «Innereien» eines Kathodensichtgeräts

→ Übungsaufgabe Nr. I-100 im Arbeitsbuch

Wegen der hohen Auflösung und Bildstabilität werden *Sichtgeräte mit Speicherbildröhre vor allem für Grafikzwecke*, z.B. CAD/CAM, jedoch kaum für «normale» kommerzielle Anwendungen, wie z.B. Textverarbeitung, eingesetzt.

Bei der *Bildwiederholungsröhre* wird das auszugebende Bild sequentiell ständig neu aufgebaut. Der gesamte Bildschirminhalt muß in einem Speicher abgelegt sein, aus dem es zyklisch ausgelesen und auf dem Schirm angezeigt wird (Bildwiederholspeicher). Je nach Nachleuchtdauer der verwendeten Phosphorbeschichtung muß die Wiederholfrequenz mindestens zwischen 30 und 40 Hz liegen, um das Flimmern des Bildschirms zu verhindern.

Als *Flimmern* bezeichnet man die Wahrnehmung einer raschen periodischen Schwankung der Leuchtdichte, ohne daß die einzelnen Phasen der Regenerierung des Bildschirminhalts noch erkennbar sind.

Ein **Random-Scan-Sichtgerät** arbeitet mit einer direkten Ansteuerung der einzelnen Bildpunkte auf dem Bildschirm. Der Kathodenstrahl kann zum Bildaufbau also beliebig geführt werden (so wie beim Zeichnen mit Papier und Bleistift).

Diese Technik ist äußerst aufwendig. Der Kathodenstrahl wird meist elektrostatisch auf den jeweiligen Bildpunkt auf dem Schirm fixiert und dann erst eingeschaltet. Bei der Punktdarstellung wird dadurch nur ein Punkt zum Leuchten gebracht, bei der Vektordarstellung wird der Strahl zu einem anderen Punkt gesteuert, wobei er unterwegs eine Leuchtspur hinterläßt. Die benötigte Kapazität im Bildwiederholspeicher sowie der Rechenaufwand beim Bildaufbau für eine kombinierte

Abb. 2.3.2.5/2: Raster-Scan-Bildschirm

Ablenk- und Helligkeitssteuerung mit variablem Zyklus sind beträchtlich.

Vorteile von Random-Scan-Bildschirmen sind:

1. Höchstes Auflösungsvermögen aller Grafikbildschirme;
2. hohe Leuchtstärke;
3. dynamische Bilder, d.h. es können Änderungen einzelner Zeichen bzw. Teile der Anzeigen vorgenommen werden;
4. farbige Darstellungen sind möglich.

Nachteile von Random-Scan-Bildschirmen sind:

1. Höchster Preis im Vergleich zu konkurrierenden Grafikbildschirmen anderer Technologie;
2. starke Rechnerbelastung;
3. eventuell Flimmern durch die fortlaufende Auffrischung und Ermüdung der Augen, auch wenn die Wiederholfrequenz über der Flimmergrenze der Augen des Benutzers liegt.

Bei einem **Raster-Scan-Sichtgerät** wird das auszugebende Bild aus einer Matrix von in Zeilen und Spalten angeordneten Bildpunkten (Pixel) (von links nach rechts und von oben nach unten) in einem festen Zeitzyklus (i.a. 50 bis 60 Hz) aufgebaut bzw. aufgefrischt. Die Intensität des meist elektromagnetisch gesteuerten Kathodenstrahls wird fortlaufend an den Positionen der Pixel auf der Darstellungsfläche entsprechend dem «Abbild» im Wiederholspeicher verändert.

Im Prinzip funktioniert jeder normale Fernsehapparat ähnlich. Die Hauptunterschiede sind, daß

- ein Fernsehempfänger sein Bild fortlaufend – so wie von der Kamera aufgenommen in analoger Form – durch Funk gesendet erhält, während im Raster-Scan-Sichtgerät *das Bild in Rasterpunkte (= digital) zerlegt in einem Bildwiederholspeicher abgelegt und von dort immer wieder ausgelesen wird* (speicherplatzaufwendig und rechenintensiv),
- ein Standard-Fernsehgerät nur 150 Bildpunkte in der Horizontalen bei 500 Zeilen darstellt, während bei einem Raster-Scan-Sichtgerät die *Auflösung ein Vielfaches* beträgt.

Wie beim Fernsehapparat kann auch bei einem Rasterbildschirm immer nur *jede zweite Zeile aufgefrischt* werden (Zeilensprung). Wird jedesmal *jede Zeile aufgefrischt*, so läßt sich das Flimmern wesentlich reduzieren – allerdings muß dann die Elektronik doppelt so schnell arbeiten.

Im Bildwiederholspeicher ist für jedes Pixel auf dem Bildschirm mindestens ein Bit erforderlich. Hochauflösende Raster-Scan-Bildschirme verfügen über ca. 1 000 Zeilen mit 1 000 Bildelementen pro Zeile und mehr. Das entspricht einem *Mindestspeicherbedarf* von 125 KB bei unbunter Darstellung. Bei jedem Bildaufbau müssen eine Million Bildelemente ausgelesen und angezeigt werden, bei einer Wiederholfrequenz von 60 Hz in der Sekunde 60mal. Pro Pixel stehen in diesem Fall nur ca. 30 Nanosekunden (beim Zeilensprungverfahren) zur Verfügung. *Bei farbiger Darstellung vervielfachen sich die notwendige Speicherkapazität und Transferrate.* Weil die Zugriffszeit beim derzeitigen Technologiestand zu akzeptablen Preisen den genannten Wert von ca. 30 Nanosekunden kaum erreichen bzw. keinesfalls unterschreiten kann, läßt sich die Farbdarstellung nur mit einer geringeren Auflösung «erkaufen».

Vorteile von Raster-Scan-Bildschirmen sind:

1. Preisgünstigkeit bei vollgrafischer Darstellung;
2. hervorragende Farbdarstellung bei nur geringen zusätzlichen Kosten;
3. hohe Leuchtstärke;
4. dynamische Bilder (Löschen von Bildteilen).

Nachteile von Raster-Scan-Bildschirmen sind:

1. schlechtere Auflösung als Random-Scan- und Speicherbildröhren;
2. hohe Rechnerbelastung.

Übungsaufgabe Nr. I-101 im Arbeitsbuch ←

Alphanumerische Bildschirme (engl.: alphanumeric display) arbeiten i.a. ebenfalls nach dem «Fernsehprinzip» mit dem von links nach rechts und von oben nach unten gelenkten *Kathodenstrahl*. Allerdings ist bei diesen Geräten der Speicher und Rechenaufwand durch die *Formatierung des Bildschirms in Zeichenstellen* und den *beschränkten Vorrat an alphanumerischen Zeichen* weitaus geringer als bei den vollgrafischen Sichtgeräten. In einem *Positionsspeicher* wird nur registriert, welches der zulässigen Zeichen an die jeweilige Zeichenstelle geschrieben werden soll. Es werden jeweils so viele Punkte der Darstellungsfläche auf einmal adressiert, wie für ein Zeichenfeld vorgesehen sind. Typische Werte für diese *Feldmatrix* sind z.B. 9 × 16 Punkte, von denen 7 × 9 für die Zeichendarstellung Verwendung finden (der Rest für den Zeichen- und Zeilenabstand). Die Darstellung der Zeichen kann dabei im *Punkt- oder Strichrasterverfahren* erfolgen (vgl. Abb. 2.3.2.5/3).

Das *Punktrasterverfahren* (engl.: dot-scanning method) ist ein Verfahren zur Bildung von Zeichen, bei dem jedes Bildelement auf einem Gitterpunkt (Kreuzungspunkt von Koordinatenlinien im Raster) angeordnet ist. Beim *Strichrasterverfahren* werden die Zeichen aus Strichen gebildet, die sich geradlinig zwischen zwei Gitterpunkten des Rasters erstrecken.

Bei Mikrorechnern ist der *Bildwiederholspeicher in vielen Fällen als Teil des normalen Arbeitsspeichers oder als separater Speicher in der Zentraleinheit* ausgelegt, so daß ein handelsüblicher Fernsehapparat oder Monitor ohne Bildspeicher zur Anzeige verwendet werden kann. *Sichtgeräte, die an Mini- oder Großrechnern betrieben werden, haben gewöhnlich einen eigenen Bildspeicher.* Die Kapazität des Bildspeichers ist höher als für die Anzeige eines Bildes erforderlich (= Bildwiederholspeicher), weil neben den reinen Bilddaten auch Steuerdaten vom Rechner übertragen werden und u.U. mehrere Bilder zwischengespeichert werden müssen. Bei dem sog. *Scrolling* (Abrollen) oder «Weiterblättern» des Bildschirminhalts wird gewöhnlich auf diesen lokalen Pufferspeicher zugegriffen.

Im folgenden soll als Beispiel ein alphanumerisches Farbsichtgerät beschrieben werden, wie es für derzeitige Neuinstallationen von «unintelligenten» Bildschirmarbeitsplätzen an Mini- und Großrechnern typisch ist. *«Unintelligent»* soll in diesem Zusammenhang heißen, daß das Gerät nicht – wie etwa ein als Datenstation dienender Mikrorechner – auch autonom im sog. «Stand-alone-Betrieb» arbeiten kann, sondern daß es auf die Steuerung durch einen anderen Rechner angewiesen ist. Das Attribut «unintelligent» wird bei Bildschirmen verbreitet in diesem Sinne verwendet, obwohl moderne Geräte *Mikroprozessoren zur Steuerung des Zeichengenerators und die Erstellung von Geschäftsgrafiken* besitzen. *Farbige Bildschirme* haben sich erst in jüngerer Zeit aufgrund des Preisverfalls solcher Geräte zunehmend durchgesetzt: Volle Bildschirminhalte lassen sich durch Farbe besser strukturieren, schneller erfassen und überschauen.

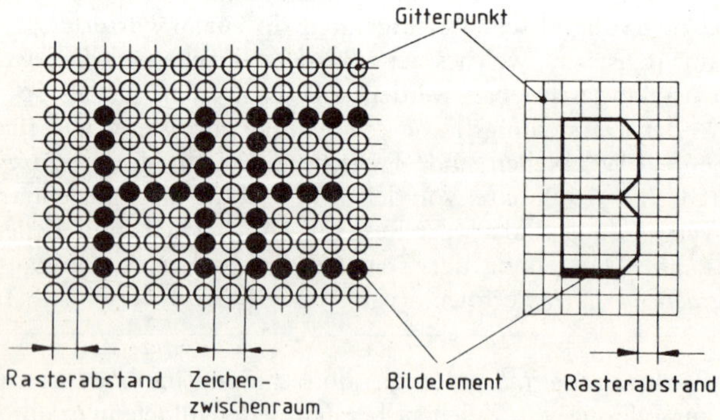

Abb. 2.3.2.5/3: Punktraster- und Strichrasterdarstellung (Quelle: DIN)

Abb. 2.3.2.5/4: Alphanumerisches Farbsichtgerät

Bei dem in Abb. 2.3.2.5/4 als *Beispiel* gezeigten *Farbsichtgerät* ist der Bildschirm auf seinem Untersatz entsprechend den individuellen Benutzerbedürfnissen neig- und schwenkbar. Die Bildschirmoberfläche ist entspiegelt, flimmerfrei und zeigt die Zeichen klar und scharf in normaler Helligkeit oder Intensivdarstellung in vier oder sieben Farben. Die Grundfarben der Zeichen sind grün, blau, rot und weiß, die Hintergrundfarbe ist schwarz. Daten lassen sich durch Unterstreichen, Blinken und Umkehrdarstellung zusätzlich hervorheben. Felder mit persönlichen Daten (z.B. Benutzer-Kennwörter) können in der Anzeige unterdrückt werden. Die Bildwiederholrate beträgt 55,4 Hz. Insgesamt können 1 920 Zeichen (24 Zeilen à 80 Zeichen) dargestellt werden. Das einzelne Zeichen wird durch 7 × 14 Punkte aus einem 9 × 16 Punktraster der Zeichenstelle gebildet. Es ist 3,6 mm hoch und 2 mm breit. Der Zeichenvorrat umfaßt die 94 EBCDIC-Zeichen (wie DIN-genormt) sowie 133 APL-Zeichen (Näheres hierzu im Abschnitt 2.4.1.3) inkl. Groß-/Kleinschreibung mit Umlauten und Sonderzeichen. Der Anzeigebereich der 14-Zoll-Kathodenstrahlröhre hat eine Höhe von 182 mm und eine Breite von 242 mm. Unter der letzten Datenzeile ist eine Zeile für Betriebshinweise und Statusanzeige vorgesehen. Die Positionsmarke (Cursor) kann vom Benutzer als Balken, blinkend oder in

Umkehrdarstellung bestimmt werden. Das Sichtgerät ist voll gepuffert und kann über eine Steuereinheit an allen Großrechnern des Herstellers betrieben werden.

→ Übungsaufgabe Nr. I-102 im Arbeitsbuch

Zukunftsträchtige, aber bisher noch wenig verbreitete bzw. teilweise noch im Entwicklungs- oder im ersten Markterprobungsstadium befindliche *neue Anzeigetechniken* sind

- Sensorbildschirme und
- flache Bildschirme.

> Ein **Sensorbildschirm** (engl.: touch screen), **Kontaktbildschirm** oder **berührungsempfindlicher Bildschirm** (= Synonyme) erlaubt die Auswahl von Kommandos bzw. die Eingabe von sonstigen angezeigten Daten (aus einem Menü) durch Markierung der auszulösenden Aktion mit dem Finger (Zeigen auf ein Eingabefeld).

Ähnlich wie bei Digitalisiertabletts (vgl. Abschnitt 2.3.2.3) gibt es *unterschiedliche Verfahren, um einen Sensorbildschirm zu realisieren*:

- druckempfindliche Membranen;
- Ultraschall;
- Infrarotlicht (wie beim Ultraschallschirm gibt es an zwei Seiten Sender und an den anderen beiden Seiten Empfänger; ein Gegenstand zwischen Sender und Empfänger unterbricht die Strahlen und löst ein Positionssignal aus).

Vorteile von Sensorbildschirmen sind:

1. Vereinfachte, schnellere Kommandoeingabe gegenüber der Tastatur;
2. während des Gebrauchs zeigt der Benutzer auf dieselbe Fläche (Bildschirm), auf der er arbeitet (keine Koordinationsprobleme zwischen Auge und Hand wie z.B. bei der Maus);
3. kein vielfach umständliches (Kabel!), spezielles Zeigeinstrument nötig (wie z.B. Lichtgriffel, Markierer bei Digitalisiertabletts).

Nachteile von Sensorbildschirmen sind:

1. Verunreinigung und dadurch teilweise Unschärfe des Bildschirms (Lichtbrechung durch Fett, Schmutz usw.);
2. ergonomisch ungünstige Arbeitsweise (unruhige Hand, auf die Dauer ermüdend);
3. wenige Hersteller und sehr beschränktes «kontaktfähiges» Softwareangebot;
4. sehr begrenzte Genauigkeit, d.h. kleinste Eingabefelder können nicht exakt angesprochen werden; daher ungeeignet für Grafik.

Abb. 2.3.2.5/5: Mikrorechner mit Sensorbildschirm

Bildschirme mit Kathodenstrahlröhre haben eine *große Bautiefe* (wegen des langen Glaskolbens) und sind dementsprechend *schwer und unhandlich*. Deshalb und wegen der erforderlichen hohen Betriebsspannungen (für die Elektronenstrahlbeschleunigung) sind sie für mobile Datenerfassungsgeräte (vgl. Abschnitt 3.1.3.7) und tragbare Mikrorechner nur schlecht geeignet. Besonders an den Rändern des Anzeigebereichs treten gelegentlich *Verzerrungen* auf. Alle diese Nachteile sollen mit *flachen Bildschirmen* (engl.: flat panel display) behoben werden. *Von den verschiedenen Verfahren zur Realisierung flacher Bildschirme sind folgende am weitesten entwickelt und durch käufliche Geräte realisiert:*

1. Plasmabildschirme,
2. Elektrolumineszenzbildschirme,
3. Elektronenstrahlbildschirme,
4. Flüssigkristallbildschirme.

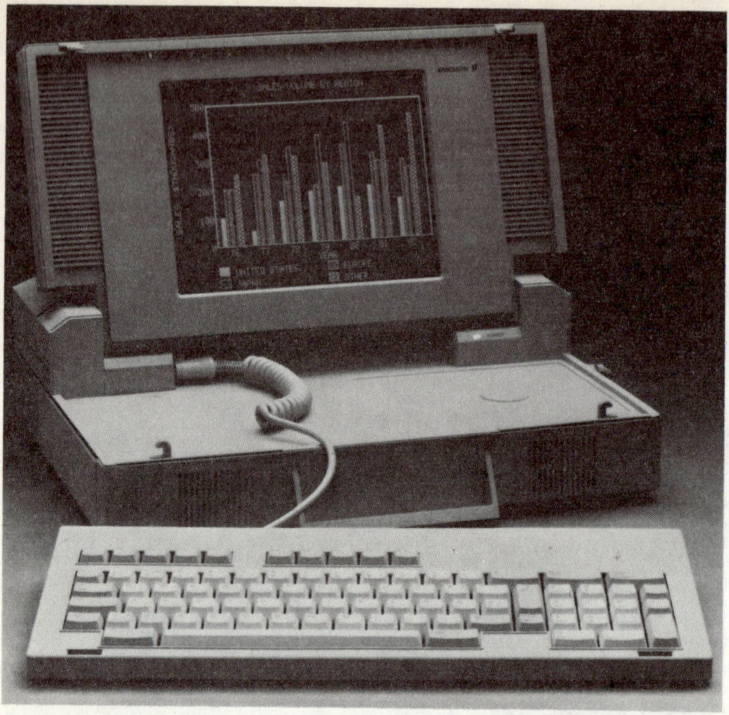

Abb. 2.3.2.5/6: Tragbarer Mikrorechner mit Plasmabildschirm

→ Übungsaufgabe Nr. I-103 im Arbeitsbuch

Ein **Plasmabildschirm** (engl.: plasma display) besteht aus zwei Glasplatten, zwischen denen ein ionisiertes Gas (Plasma) eingeschlossen ist. In einer der beiden Glasplatten befinden sich feine, horizontale Stromleiter, in der anderen Glasplatte vertikale. Erhält die Kreuzung zweier Leiter einen Stromstoß, so fängt ein Bildpunkt zu leuchten an. Eine zusätzliche ständige «Speisespannung» auf allen horizontalen und vertikalen Stromleitern sorgt dafür, daß ein «angezündetes» Rasterbild beliebig lange erhalten bleibt.

Vorteile von Plasmabildschirmen sind:

1. Leuchtstarkes, kontrastreiches, flimmerfreies Bild;
2. dynamische Bilder (Löschen von Bildteilen), vollgrafische Darstellung;

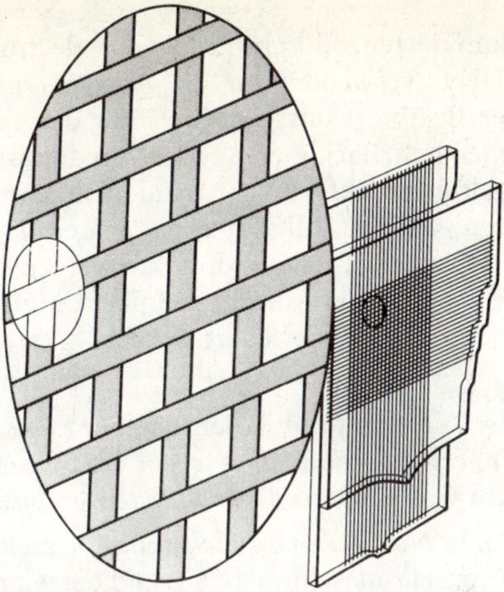

Abb. 2.3.2.5/7: Plasmatechnik (Quelle: IBM)

3. geringe Rechnerbelastung;
4. robuste Konstruktion, d.h. relativ unempfindlich gegen mechanische Beanspruchungen;
5. nur ca. 4 bis 10 Zentimeter dicker Bildschirm;
6. am weitesten entwickelte Technik (neben LCD) und höchste Auflösung von flachen Bildschirmen.

Zum *Beispiel* bietet ein renommierter Rechnerhersteller schon seit vielen Jahren einen *22-Zoll-Großbildschirm* an, auf dessen 34 × 27 cm-Bildfläche 720 000 Rasterpunkte aktiviert werden können. Die Anzeigekapazität bei alphanumerischer Darstellung beträgt 9 920 Zeichen (62 Zeilen à 160 Zeichen). Auf dem *Plasmaschirm* (Breite 14,4 cm, Höhe 19,2 cm) des in Abb. 2.3.2.5/6 gezeigten, nur 11 kg wiegenden *Mikrorechners* werden Daten durch 400 × 640 = 256 000 Bildpunkte dargestellt. Jedes Zeichen wird aus 8 × 16 Punkten aufgebaut. Insgesamt sind 25 Zeilen mit je 80 Zeichen darstellbar. Im Vergleich zu der mit Speicherbildröhren und Random-Scan-Röhren erreichbaren Auflösung ist die Genauigkeit jedoch eher gering.

Nachteile von Plasmabildschirmen sind:

1. Nur monochrome (= einfarbige) Darstellung (orangefarbene Zeichen auf dunklem Hintergrund);
2. hoher Stromverbrauch (für Batteriebetrieb ungeeignet);
3. komplizierte Elektronik;
4. vergleichsweise hoher Preis.

Übungsaufgabe Nr. I-104 im Arbeitsbuch ←

Ein **Elektrolumineszenzbildschirm** (engl.: electroluminescent display; EL display) verwendet für die Anzeige ein Substrat (festes Material oder flexible Kunststoffolie), auf das mit fotolithografischen Methoden ganzflächig eine Folge von dünnsten Schichten mit Halbleiterschaltungen aufgebracht wurde. Die Beschichtung besteht aus Substanzen, die bei Anlegen einer ausreichenden elektrischen Spannung Licht abgeben. Die Bildpunkte werden durch Transistorschaltungen erzeugt, die in Matrixform über die aufgedampften Leiterbahnen (Elektroden) angesteuert werden.

Ein solcher in Dünnfilmtechnik hergestellter *Elektrolumineszenzbildschirm funktioniert also ähnlich wie ein Plasmaschirm*, nur daß *als Leuchtstoff* nicht Gas sondern die *Halbleiterbeschichtung* dient.

Die *Vorteile und Nachteile von Elektrolumineszenzbildschirmen* entsprechen jenen von Plasmaschirmen. Sie sind derzeit noch teurer, jedoch weniger dick als diese (3 – 4 cm).

Ein **Elektronenstrahlbildschirm** (engl.: flat CRT display) arbeitet wie die herkömmliche Kathodenstrahlröhre mit der Vakuumfluoreszenztechnik, wobei anstelle des voluminösen Glaskolbens eine flache Glaswanne verwendet wird.

Die als Anzeige dienende Glasplatte (Anodenfläche) ist vorne völlig eben und innen mit einer Phosphor-Leuchtschicht bedeckt. Der hierzu parallele Wannenboden ist entweder ganzflächig als Kathode ausgebildet und von einer Elektronenblende («Lochplatte») überdeckt, die entsprechend den jeweils adressierten Bildpunkten für die einzelnen Elektronenstrahlen geöffnet oder geschlossen wird. Oder es wird, wie in der

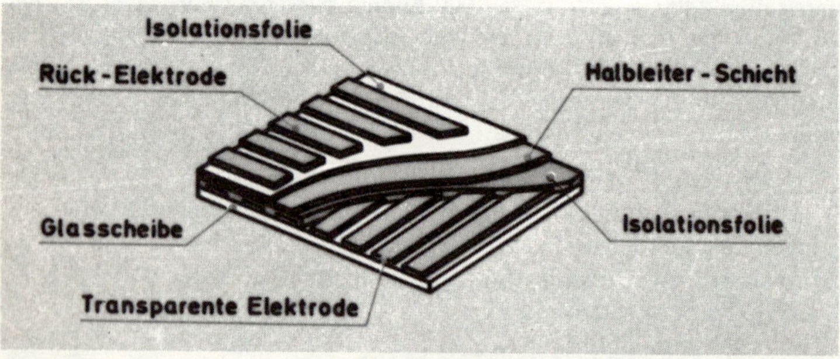

Abb. 2.3.2.5/8: Elektrolumineszenztechnik (Quelle: Sharp/Chip)

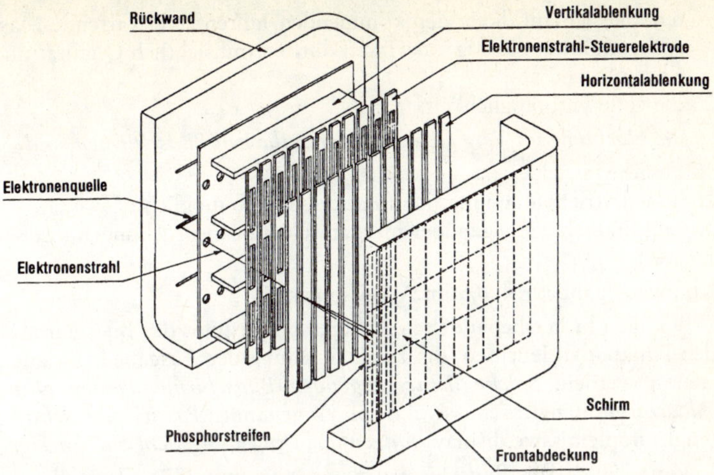

Abb. 2.3.2.5/9: Matrix-Antriebs- und -Ablenkungssystem eines Elektronenstrahlbildschirms (Quelle: Panasonic)

Abb. 2.3.2.5/9 gezeigt, mit einer Matrix aus punkt- oder linienförmigen Kathoden gearbeitet.

Dieser *Farbbildschirm* ist knapp zehn Zentimeter dick und gibt auf einer quadratischen, völlig flachen Darstellungsfläche (10 Zoll Diagonale) verzerrungsfreie Bilder wieder. Die Anzeige besteht aus 3 000 Bildzellen, die in einer Matrix angeordnet sind: 200 Einheiten horizontal und 15 vertikal. Jede Bildzelle wird von einem Elektronenstrahl abgetastet, der Phosphorstreifen aktiviert. Die 3 000 Strahlen werden von einer Matrix aus 15 Fadenkathoden und 200 Elektronenstrahl-Steuerelektroden erzeugt, die die Kathoden im rechten Winkel kreuzen. Jeder Strahl wird horizontal in sechs Stufen und vertikal in 32 Stufen (einschließlich Zeilensprung) abgelenkt, um auf dem Schirm Abbildungen aus 192 000 Bildpunkten zu erzeugen. Diese Ablenkungsmethode reduziert die Zahl der benötigten Elektrodenanschlüsse auf etwa ein Siebtel der bei der konventionellen Matrixmethode notwendigen.

Die *Vorteile von Elektronenstrahlbildschirmen* entsprechen jenen der herkömmlichen Kathodenstrahlröhren, wobei die flache Bauweise (6 bis 10 cm) hinzukommt. Gegenüber anderen Techniken zur Erzeugung flacher Bildschirme sind hervorzuheben:

1. Die jahrzehntelangen Erfahrungen mit dem Vakuumfluoreszenzverfahren in der Fernsehtechnik und der Fertigung von Datensichtgerä-

ten, die sich auf die in den kommenden Jahren zu erwartende Massenproduktion günstig auswirken dürften (hinsichtlich Qualität und Kosten);

2. die volle Farbtauglichkeit.

Die Nachteile im Vergleich zu anderen flachen Bildschirmen sind:

1. Hohes Gewicht;
2. hohe Betriebsspannung (kein Batteriebetrieb möglich);
3. Empfindlichkeit gegenüber mechanischen Beanspruchungen (Stoßen u.ä.).

→ Übungsaufgabe Nr. I-105 im Arbeitsbuch

Bei allen bisher behandelten Sichtgeräten beginnt der Bildschirm an den Punkten zu leuchten, die zur Darstellung der Ausgabedaten angesteuert werden. *Solche lichterzeugenden Bildschirme werden aktive Bildschirme* (engl.: emissive display) genannt. *Passive Bildschirme* (engl.: non-emissive display) *nutzen das Umgebungslicht zur Anzeige.*

Von allen flachen Bildschirmen sind die passiven Flüssigkristallanzeigen am weitesten (neben Plasmaanzeigen) *entwickelt und am weitesten verbreitet* (vor allem bei mobilen Datenerfassungsgeräten und tragbaren Mikrorechnern). Die *LCD-Technik* ist Ihnen sicherlich längst von Uhren und Taschenrechnern vertraut.

Ein **Flüssigkristallbildschirm** (engl.: liquid cristal display; LCD) verwendet zur Anzeige in Glasflächen eingeschlossene organische Substanzen, sog. Flüssigkristalle, deren molekulare Eigenschaften denen fester Kristalle ähneln. Bei Anlegen einer Spannung richten sich die Flüssigkristalle in Richtung des elektrischen Feldes aus und bekommen dadurch andere optische Eigenschaften (Wechsel zwischen Lichtdurchlässigkeit und Lichtundurchlässigkeit, wodurch ein angesteuerter Bildpunkt dem Betrachter hell oder dunkel erscheint).

Ohne Stromzufuhr sind bestimmte Flüssigkristalle durchsichtig; auftreffendes Licht wird relativ ungehindert von einer hinter der Flüssigkri-

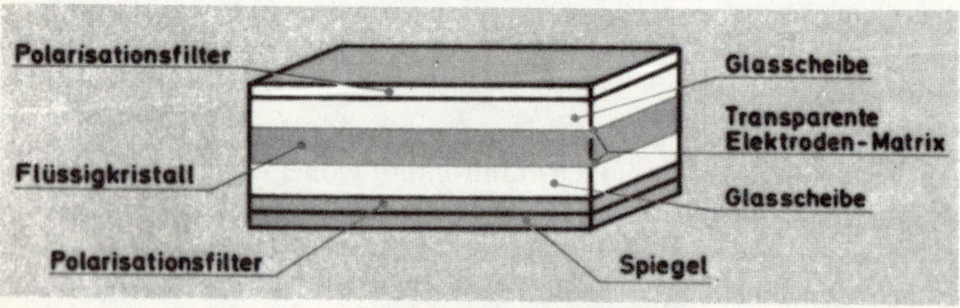

Abb. 2.3.2.5/10: Aufbau einer Flüssigkristallanzeige (Quelle: Sharp/Chip)

Abb. 2.3.2.5/11: Tragbarer Mikrorechner mit Flüssigkristallbildschirm

stallschicht liegenden Spiegelfläche reflektiert, wodurch der Bildschirm weiß erscheint. *Wird an einem Punkt eine Spannung angelegt, so verändern die Flüssigkristalle ihre Ausrichtung und damit die Polarisationsrichtung des auftreffenden Lichts; mit Hilfe entsprechender Filter wird das Licht zurückgehalten, der angesteuerte Punkt erscheint dunkel.*[26] Die *Ansteuerung* erfolgt i.a. mit einer *Elektrodenmatrix*. Neben den beschriebenen elektrisch angesteuerten LCD-Anzeigen gibt es auch vereinzelt Geräte, bei denen mittels *Laserstrahl* die Flüssigkristalle lokal erwärmt und dadurch in ihrem Polarisationsverhalten verändert werden.

26 Ebenso gibt es Flüssigkristallanzeigen, die «umgekehrt» funktionieren, die also im nicht angesteuerten Zustand lichtundurchlässig sind und damit dem Betrachter dunkel erscheinen.

Vorteile von Flüssigkristallbildschirmen sind:

1. Sehr flacher Bildschirm (2–5 cm);
2. Preisgünstigkeit (billiger als alle anderen flachen Schirme);
3. geringes Gewicht, stoßunempfindlich, niedriger Stromverbrauch (Batteriebetrieb möglich) und dadurch gute Eignung für tragbare EDV-Geräte.

Nachteile von Flüssigkristallbildschirmen sind:

1. Nur sehr kleine Anzeigeeinheiten sind derzeit mit Farbdarstellung und ausreichender Leuchtstärke erhältlich;
2. größere, für Datensichtstationen bzw. Mikrorechner geeignete LCD-Bildschirme (24 bzw. 25 Zeilen à 80 Zeichen) bieten nur die monochrome Darstellung (dunkle Zeichen auf grauweißem Hintergrund);
3. bei den größeren LCD-Bildschirmen können die angezeigten Daten nur aus einem relativ engen Betrachtungswinkel erkannt werden, der Kontrast ist gering, und bei sehr heller Umgebung treten Spiegelungen und Interferenzerscheinungen auf;
4. in dunklen Räumen unbrauchbar;
5. für die grafische Datenverarbeitung aufgrund der geringen Leuchtstärke und Ungenauigkeit nicht geeignet.

→ Übungsaufgabe Nr. I-106 im Arbeitsbuch

Abb. 2.3.2.5/12: Bedienungsfeld

Auf die *Benutzung von Sichtgeräten und die hierfür entwickelten Verfahren und Softwarehilfsmittel* sind wir zum Teil bereits eingegangen (z.B. Piktogramme; vgl. Abschnitt 2.1.2.2), zum Teil kommen wir darauf noch später zurück (z.B. Fenstertechnik im Abschnitt 2.4.4). Für die *ergonomische Gestaltung* und die *Sicherheit* von Bildschirmarbeitsplätzen gibt es *Normen* (DIN 66234, Sicherheitsregeln der Verwaltungs-Berufsgenossenschaft ZH1/618), die sich weitgehend durchgesetzt haben. Wir können diese umfangreichen Empfehlungen hier jedoch nicht wiedergeben; das in Abb. 2.3.2.5/4 und in den erläuternden Ausführungen gekennzeichnete Modell ist – wie die meisten neu auf dem Markt angekündigten Geräte – in jeder Hinsicht normgerecht.

Den Abschnitt über Sichtgeräte wollen wir mit einer speziellen Station abschließen, die sich äußerlich kaum von einem «ganz normalen» alphanumerischen Bildschirmgerät unterscheidet, wie es hunderttausendfach in den betrieblichen Fachabteilungen von Sachbearbeitern und Führungskräften verwendet wird. Dieses in der Abb. 2.3.2.5/12 gezeigte *Gerät dient zur Steuerung von Großrechnern*, welche im Mehrprogrammbetrieb die Aufgabenerfüllung von vielen Benutzern unterstützen.

Das **Bedienungsfeld** (engl.: operator control panel), das auch häufig **Bedienungskonsole** oder **Steuerkonsole** genannt wird, gehört funktionell zur Zentraleinheit und befindet sich in unmittelbarer räumlicher Nähe zu dieser. Es handelt sich dabei um eine Baueinheit, die es dem Bedienungspersonal der EDVA erlaubt, den Betrieb zu überwachen und zu beeinflussen. Das Bedienungsfeld ist entweder nur ein Bildschirmgerät oder eine Kombination aus Blattschreiber und Bildschirm.

Der Maschinenbediener benutzt das Bedienungsfeld, um beispielsweise

- die EDVA zu starten bzw. abzuschalten,
- die Prioritäten von Programmen anzugeben,
- den Programmen die erforderlichen peripheren Geräte zuzuordnen,
- Programmabläufe zu starten,
- Fehlerkorrekturen durchzuführen.

Er erhält als Bedienungsfeldausgaben u. a.

- Meldungen über den jeweiligen Betriebszustand der Programme (Auftragsnummer und -name, Übersetzungsphase, Ladephase, Bindephase, Ausführungsphase)[27],

27 Näheres hierzu im Abschnitt 2.4.2.2.

- Hinweise auf Programm-, Daten- und Übertragungsfehler,
- Anforderungen zur Bedienung peripherer Geräte (wie z.B. Papierwechsel im Schnelldrucker, Umspulen von Magnetbändern, Auswechseln von Plattenstapeln),
- Angaben über die Beendigung von Programmläufen,
- Angaben über den Auslastungsgrad der EDVA.

Der *Bedienungsblattschreiber* ist ein Zeichendrucker mit einer alphanumerischen Tastatur und Funktionstasten, mit denen Steueranweisungen gegeben werden können, sowie einigen Kontrolleuchten, die den Betriebszustand der EDVA signalisieren. Für die Protokollierung wird Endlospapier benutzt.

→ Übungsaufgabe Nr. I-107 im Arbeitsbuch

2.3.2.6 Drucker

Drucker (engl.: printer) sind Ausgabegeräte, die nacheinander einzelne Zeichen *(= Zeichendrucker, Schreiber)*, ganze Zeilen *(= Zeilendrucker)* oder ganze Seiten *(= Seitendrucker)* von Ausgabedaten auf Papier drucken, d.h. durch Kontrasterzeugung visuell lesbar machen.

Auf dem Markt wird eine *große Vielfalt von Druckern* angeboten. Zur *Klassifizierung und Beurteilung* können als wichtigste *Merkmale* dienen:

1. *Zeitliche Aufeinanderfolge des Druckvorgangs:*
   Zeichen-, Zeilen- und Seitendrucker;
2. *Drucktechnik*
   mechanische Verfahren: Typendrucker (Typenhebel-, Kugelkopf-, Typenrad-, Trommel-, Ketten- und Banddrucker) und Rasterdrukker (Nadel- bzw. Matrixdrucker),
   nichtmechanische Verfahren: Tintenstrahl-, Thermo-, Thermotransferdrucker, elektrografische, elektrofotografische (xerografische), magnetografische und i.w.S. auch fotografische (COM) Drucker;
3. *Aufzeichnungsträger:* Normalpapier oder Spezialpapier, Einzelblätter oder Endlospapier, Zahl der Durchschläge;
4. *Druckgeschwindigkeit* (in Abhängigkeit von dem Druckformat und der Druckqualität): Zeichen/s (engl.: characters per second; abgekürzt: cps), Zeilen/Min. (engl.: lines per minute; abgekürzt: lpm), Seiten/Min.;
5. *Druckqualität:* Korrespondenzqualität oder sog. EDV-Qualität

(= minderes, nicht für den externen Briefverkehr geeignetes Schriftbild), bestimmt im wesentlichen durch Farbkontrast, Schärfe der Zeichengestalt (bei Rasterdruck: Anzahl Bildpunkte/Zoll) und Positionen der Zeichen und Zeilen zueinander;

6. *Zeichensätze:* Anzahl, Art und Mischbarkeit von Zeichensätzen; alphanumerische, halbgrafische oder vollgrafische Darstellung;
7. *Farbe:* Anzahl, Art und Mischbarkeit von Farben;
8. *Betriebsgeräusch:* gemessen in Dezibel (bei einem dBA-Wert ab ca. 60 ist in einer Büroumgebung eine Schallschluckhaube nötig);
9. *Zuverlässigkeit und Servicefreundlichkeit;*
10. *Schnittstellen* für die Datenübertragung bzw. Anschlußmöglichkeiten an Steuer- und Zentraleinheiten sowie Unterstützung des Druckers durch die darauf installierte *Software*;
11. *Baugröße und Energiebedarf*;
12. *Preise:* Gerät, Druckeinrichtung (Zeichenträger, Farbband, Toner u. ä.), Papier.

Ein **Zeichendrucker** (engl.: character printer) druckt – wie eine Schreibmaschine – Zeichen für Zeichen und wird deshalb auch als *serieller Drucker* (engl.: serial printer) bezeichnet.[28] Er arbeitet relativ langsam und eignet sich deshalb vor allem als Anschlußgerät für Mikrorechner und Datensichtstationen (Hard-Copy-Drucker). Durch einen Tastendruck lassen sich dann Bildschirminhalte, deren Dokumentation gewünscht wird, in Sekundenschnelle auflisten.

Zeichendrucker verwenden für die *Zeichendarstellung* entweder *feste Symbole* auf Typenhebeln, Kugelköpfen oder Typenrädern (= Typendruck), oder die *Symbole werden aus einer Matrix von Punkten aufgebaut* und mit Nadeln oder nichtmechanischen Verfahren auf das Papier gedruckt (= Rasterdruck).

---

28 Ein Zeilendrucker, der im Gegensatz dazu während eines gemeinsamen Druckvorgangs eine ganze Zeile zu Papier bringt, wird dementsprechend auch paralleler Drucker (engl.: parallel printer) genannt. Ebenso werden jedoch die Bezeichnungen «seriell» und «parallel» zur Kennzeichnung der Drucker-Schnittstelle, d.h. eines ganz anderen Sachverhalts, verwendet. Bei serieller Übertragung erhält der Drucker die Ausgabedaten vom Rechner auf einer einzigen Leitung nacheinander Bit für Bit (z.B. bei der weit verbreiteten V.24- bzw. RS 232-Schnittstelle). Bei paralleler Übertragung werden gleichzeitig auf mehreren Leitungen Bits übermittelt – ein weitaus schnelleres Verfahren. Bei der bekanntesten, weltweit verwendeten Centronics-Parallelschnittstelle werden acht Bits auf einmal im sog. «Handshake»-Betrieb zum Drucker gesandt: Jedes Byte wird nach einem präzise festgelegten Verfahren vom Drucker übernommen und quittiert. Die meisten Drucker können wahlweise mit der RS 232- (V.24-), der Centronics- oder herstellerspezifischen Schnittstellen geliefert werden.

Kugelkopfdrucker (engl.: selectric ball printer) sind billig, sie haben eine ausgezeichnete Druckqualität, und der Zeichensatz (bis zu 80 Zeichen) kann durch Auswechseln des Kugelkopfes verändert werden. Nachteilig sind die niedrige Druckgeschwindigkeit (ca. 15 Zeichen/s) und die hohe Geräuschentwicklung beim Drucken.

Typenraddrucker (engl.: daisy wheel printer) sind teurer, aber dafür schneller (bis ca. 60 Zeichen/s), zuverlässiger und liefern ein ähnlich gutes Schriftbild mit auswechselbaren Typenrädern (bis zu 96 Zeichen) bei etwa gleicher Lautstärke. Kugelkopf- und Typenraddrucker kommen vor allem im Rahmen der automatisierten Textverarbeitung zum Einsatz (Näheres hierzu folgt im Kapitel 4; dort wird in Abb. 4.1.2.1/1 auch ein Typenrad gezeigt).

Die bei weitem größte Verbreitung in der Praxis haben die *mechanischen Matrixdrucker* (engl.: wire matrix printer), bei denen die abzubildenden Zeichen jeweils aufgrund gespeicherter Muster vor jedem Anschlag aus einem matrixförmig angeordneten Block kleiner Nadeln gebildet werden, zum Beispiel aus einer 7 × 9- oder 9 × 9-Punktmatrix.

Abb. 2.3.2.6/1: Nadeldrucker

Durch Austausch des Zeichen-Festwertspeicherchips (ROM) lassen sich die Schriftarten problemlos wechseln. Die Druckgeschwindigkeiten betragen 30 bis 300 Zeichen/s, wobei nur wenige Modelle mit hoher Punktdichte die Qualität von Typenraddruckern erreichen.

Der in Abb. 2.3.2.6/1 gezeigte *Matrixdrucker* druckt *bis zu 200 Zeichen/s*. Der gewünschte *Zeichensatz* wird im Herstellerwerk eingebaut und kann vom Anwender bei Bedarf umgestellt werden. Die *Formularlänge* kann über einen Schalter am Drucker zwischen 1 und 99 Zeilen gewählt werden. *Zeichenhervorhebung* ist bei Schnelldruck durch den Druck von doppelt breiten Zeichen möglich. Will man aber Platz sparen, so kann *komprimiert* mit 16,5 Zeichen pro Zoll anstelle des Standards 10 Zeichen pro Zoll gedruckt werden. Es ist möglich, mit der vollen Geschwindigkeit von 200 Zeichen/s *druckzeitoptimiert* zu drucken oder *bei verminderter Geschwindigkeit (50 Zeichen/s) mit Korrespondenzqualität* zu arbeiten. Der Druckkopf füllt dann in einem zweiten Druckvorgang die im ersten Druckvorgang offen gebliebenen Zwischenräume der Matrixschrift aus. Zur *Druckzeitoptimierung* schreibt der Druckkopf die Zeilen abwechselnd vorwärts und rückwärts, was durch einen Pufferspeicher ermöglicht wird, in dem der zu druckende nächstfolgende Textteil bereitgestellt wird. Leerstellen innerhalb einer Zeile werden mit dreifacher Druckkopfgeschwindigkeit übersprungen, und es wird stets der kürzeste Weg zum Beginn einer neuen Zeile angesteuert. Der *Papiervorschub* erfolgt mit ca. 20 cm/s. Es können sowohl *Endlosformulare* als auch mittels eines zusätzlichen automatischen *Einzelblatteinzugs* Formulare und Formularsätze bis zu einer Größe DIN A4 quer oder hoch verarbeitet werden. Der Drucker kann mit verschiedenen *Schnittstellen* für alle gängigen Computersysteme geliefert werden. Der *Zeichenvorrat umfaßt 96 Zeichen* mit Unterlängen; *pro Zeile werden 132 Zeichen* (bei 10 Zeichen pro Zoll) *bzw. 218 Zeichen* (bei 16,5 Zeichen pro Zoll) gedruckt.

> Typenhebel-, Kugelkopf-, Typenrad- und Nadeldrucker sind **mechanische Drucker** (engl.: impact printer), bei denen die Druckfarbe durch einen *Aufschlagmechanismus* auf das Papier aufgebracht wird (üblicherweise Hammer, der ein Farbband gegen das Papier drückt). **Nichtmechanische Drucker** (engl.: non-impact printer) verwenden entweder beschichtetes oder lichtempfindliches *Spezialpapier*, das auf elektrische, magnetische oder wärmetechnische Reize reagiert, oder es wird mit elektrostatischen, magnetografischen, Thermotransfer- oder Tintenstrahlverfahren auf *Normalpapier* gedruckt.

Übungsaufgabe Nr. I-108 im Arbeitsbuch ←

Die gebräuchlichsten nichtmechanischen Zeichendrucker sind die *Thermodrucker* (engl.: thermal printer). Bei diesen wird ein wärmeempfindliches Papier durch in einer Matrix angeordnete Heizstifte des Druckkopfs an den jeweiligen Zeichenstellen im entsprechenden Typenmuster berührt. Im allgemeinen ist der Druckkopf in Halbleitertechnologie ausgeführt und enthält auch die gesamte Ansteuerelektronik. Die Druckgeschwindigkeit dieser sehr billigen und leisen Drucker beträgt zwischen 10 und maximal 100 (meist unter 50) Zeichen/s. Höhere Geschwindigkeiten sind wegen der notwendigen Abkühlzeit der Heizelemente nicht realisierbar. Es sind keine Kopien möglich, und es ist Spezialpapier erforderlich.

Da die *Papierkosten* einen bedeutenden Anteil der gesamten Drukkerbetriebskosten ausmachen und Spezialpapiere mindestens um die Hälfte teurer sind als Normalpapiere, werden bei Zeichendruckern den *Thermotransfer- und Tintendruckverfahren*, die nur Normalpapier benötigen, zukünftig besonders *gute Marktchancen* vorausgesagt. Andere nichtmechanische Drucktechniken spielen in diesem Marktsegment keine Rolle.

1985 wurden die ersten *Thermotransfer-Zeichendrucker* (engl.: thermal transfer character printer) auf dem Markt eingeführt, die als «ernsthafte» Konkurrenz von Typenrad- und Nadeldruckern gelten. Bei diesen nur unwesentlich teureren Geräten erhitzt der Druckkopf im Punktrasterverfahren ein hitzeempfindliches Farbband und überträgt die «geschmolzene Tinte» auf Normalpapier. Die Druckqualität ent-

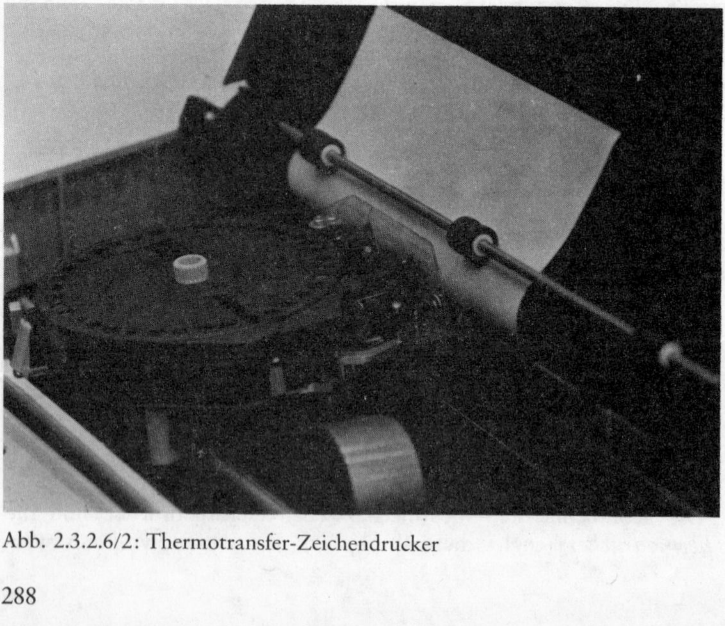

Abb. 2.3.2.6/2: Thermotransfer-Zeichendrucker

spricht aufgrund der hohen Auflösung (bis 360 × 180 dpi) jener von Typenraddruckern, im Gegensatz zu diesen kann jedoch ohne Tausch der Druckeinrichtung in verschiedenen Zeichensätzen, zum Teil vollgrafisch und in Farbe (durch 3-Farben-Band), mit einem wesentlich geringeren Geräuschpegel gedruckt werden. Die erreichbaren Druckgeschwindigkeiten liegen im Bereich von 40 bis 60 Zeichen/s. Nachteilig ist, daß keine Durchschriften möglich sind und daß die Spezialfarbbänder teurer sind als bei mechanischen Zeichendruckern üblich.

Bei einem *Tintenstrahldrucker* (engl.: ink jet printer) werden die Zeichen mittels eines kontrollierten Strahlenbündels von Tintentröpfchen aus einer Matrix erzeugt. Die Tintentröpfchen werden durch elektrische Impulse aus parallelen Düsenkanälen ausgestoßen, die jeweils in der Sekunde mehrere tausend Tröpfchen abgeben können. Die Druckgeschwindigkeiten betragen von ca. 40 (typisch 100–150) Zeichen/s in Korrespondenzqualität bis zu etwa 700 Zeichen/s in relativ schlechter EDV-Qualität. Vorteilhaft sind die fast geräuschlose Arbeitsweise, die verschiedenen Zeichensätze sowie die teilweise realisierte Möglichkeit zur vollgrafischen, farbigen Darstellung in hoher Auflösung. Tintenstrahldrucker benötigen für ein gutes Schriftbild extrem saugfähiges Papier.

Zeilendrucker (engl.: line printer), die auch sehr häufig als *Schnelldrucker* bezeichnet werden, drucken jeweils Zeile für Zeile als Ganzes und erreichen dadurch hohe Druckgeschwindigkeiten. Der Leistungsbereich dieser fast immer mechanisch arbeitenden Geräte reicht von etwa 150 bis 4 000 Zeilen pro Minute.

Nichtmechanische Hochleistungsdrucker sind – von ganz wenigen Ausnahmen abgesehen – Seitendrucker; auf diese Geräte gehen wir später ein.

Die *wichtigsten Zeilendrucker* sind die Impact-Matrixdrucker (150 bis 600 Zeilen pro Minute), die Trommeldrucker (300 bis 2 000 Zeilen pro Minute), die Kettendrucker (300 bis 2 000 Zeilen pro Minute) und die Banddrucker (150 bis 4 000 Zeilen pro Minute). Der bei weitem größte Anteil der derzeit installierten Zeilendrucker entfällt auf den *Geschwindigkeitsbereich* von 300 bis 800 Zeilen pro Minute.

Bei den preisgünstigen *Impact-Matrixdruckern* werden die Matrixpunkte mit anschlagenden Nadeln gleich für eine ganze Zeile erzeugt. Durch ROMs sind die Zeichensätze austauschbar und grafische Darstellungen bei hoher Punktdichte möglich.

Bei *Trommeldruckern* sind auf einer mit hoher Geschwindigkeit rotierenden Trommel für jede Schreibstelle alle Zeichen des Zeichensatzes

Abb. 2.3.2.6/3: Typenbanddrucker (geöffnet; links im Bild befindet sich das Farbtuch)

auf dem Trommelumfang verteilt. Für jede Schreibstelle ist ein Anschlaghammer vorgesehen. Die Papierbahn wird zwischen der Trommel und den auf einer Leiste befestigten Anschlaghämmern hindurchgeführt. Soll an einer bestimmten Schreibstelle ein bestimmtes Zeichen gedruckt werden, dann wird von der Gerätesteuerung in dem Moment der Anschlaghammer ausgelöst, wenn das betreffende Zeichen an der Schreibstelle vorübergleitet. Der Anschlaghammer schlägt das Papier gegen das abzudruckende Zeichen. Die Typentrommel wird ständig durch ein Farbwerk eingefärbt. Im Laufe einer Trommelumdrehung werden sämtliche Zeichen einer Zeile gedruckt. Trommeldrucker sind sehr zuverlässig, jedoch in bezug auf verwendbare Zeichensätze beschränkt.

Bei einem *Typenbanddrucker* sind die Drucktypen auf einem umlaufenden endlosen Metallband aufgeprägt, das horizontal am Papier vorbeigeführt wird. Zwischen dem Typenband und dem Papier ist ein Farbtuch – ähnlich dem Farbband bei der Schreibmaschine – angeordnet. Das Typenband, das alle druckbaren Zeichen in mehreren Typensätzen hintereinander enthält, rotiert mit hoher Geschwindigkeit. Zum Abdruck eines bestimmten Zeichens schlägt ein Anschlaghammer in dem Moment gegen das Papier, in dem das Zeichen an der vorgesehenen Schreibstelle vorübergleitet. Eine Zeile wird also Zeichen für Zeichen von links nach rechts gedruckt.

Ein *Kettendrucker* verwendet anstelle von Typenbändern Druckketten; ansonsten funktioniert er wie ein Typenbanddrucker. Typenbänder lassen sich vom Benutzer leichter auswechseln als Typenketten und sind zudem billiger. Deshalb und wegen des besseren Druckbilds (trotzdem nur EDV-Qualität) sowie der hohen Zuverlässigkeit werden *als Zeilendrucker heute überwiegend Typenbanddrucker* eingesetzt. Eine Zeile kann zwischen 80 bis 170 Schreibstellen umfassen, wobei die Zeilenbreite mit 132 Schreibstellen in der Praxis überwiegt. Die Standard-Zeichensätze umfassen 64 Zeichen (26 Großbuchstaben, 10 Ziffern und 28 Sonderzeichen) oder 96 Zeichen (zusätzlich Kleinbuchstaben), jedoch stehen auch Zeichensätze mit einem geringeren oder größeren Typenvorrat zur Verfügung. Üblicherweise ist die Anordnung der Zeichen auf den Typenbändern nach statistischen Gesichtspunkten (Häufigkeit des Vorkommens) optimiert. Diese Optimierung wirkt sich nicht nur auf die Geschwindigkeit, sondern vor allen Dingen auf die Lebensdauer der Druckbänder positiv aus.

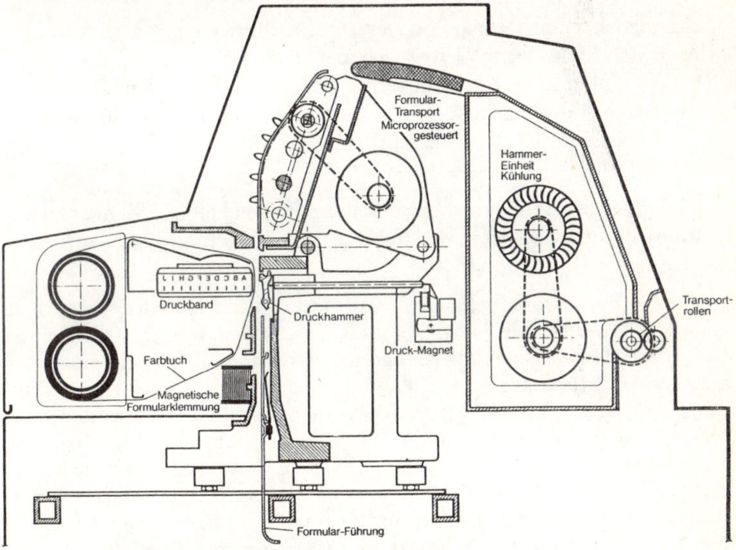

Abb. 2.3.2.6/4: Typenbanddrucker im Querschnitt

Übungsaufgabe Nr. I-109 im Arbeitsbuch

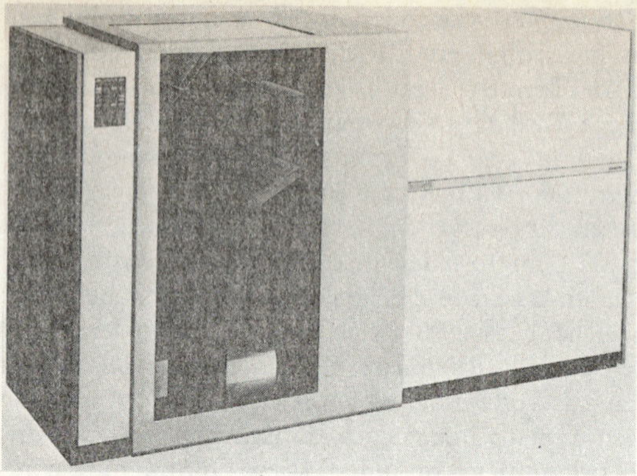

Abb. 2.3.2.6/5: Seitendrucker (Hochleistungslaserdrucker)

Seitendrucker (engl.: page printer) sind nichtmechanische Drucker, die jeweils eine ganze Seite nach der anderen drucken, d.h. der Druckvorgang kann nur zum Seitenende gestoppt werden. Die meisten Seitendrucker arbeiten mit Lasertechnik und elektrofotografischem (xerografischem) Druckprinzip.

Dieses Aufzeichnungsverfahren soll am Beispiel eines Hochleistungsdruckers erläutert werden, der sich (nur) für extrem große Druckmengen eignet.

Der in Abb. 2.3.2.6/5 gezeigte Laserdrucker druckt je nach Seitenformat zwischen 146 und 206 Seiten/Minute. Die Zeichen werden durch einen *Laserstrahl-Zeichengenerator* erzeugt und *elektrofotografisch* auf einlagiges zickzackgefaltetes Endlospapier übertragen. Dem Benutzer stehen *verschiedene Schriftarten und -größen* zur Verfügung. Bis zu vier Schriftarten können gleichzeitig verwendet werden; außerdem besteht die Möglichkeit, *in einem Druckvorgang Formulare und Daten* zu drucken. Hierzu dient eine eingebaute Vordruckstation: Je Formular braucht der Benutzer nur ein Fotonegativ auf einem Rahmen (Vordruckmaske) zu befestigen. Der Drukker druckt dann die Daten sofort in das gewünschte Formular, das im gleichen Druckvorgang erstellt wird. Der Austausch der verschiedenen Vordruckmasken ist einfach, was einen schnellen Formularwechsel erlaubt. Als mögliche Schriftarten stehen u. a. die maschinenlesbaren Schriften OCR-A und OCR-B zur Verfügung. Die *Auflösung* beträgt 240 × 240 Punkte/Zoll (Korrespondenzqualität).

Die Datenübertragung, das Laden des Seitenspeichers und die Funktionen der Druckermechanik werden bei dem abgebildeten Laserdrucker *von einer eingebauten Steuereinheit mit Mikroprozessor gesteuert.* Dabei wird jeweils eine Zeile mit einem Befehl in den Seitenspeicher übertragen und, sobald die Information für eine Seite übertragen ist, der eigentliche Druckvorgang unabhängig von der Zentraleinheit durchgeführt.

Der *Datentransport* von der Zentraleinheit zum Seitenspeicher und von diesem zur Druckermechanik wird laufend überwacht. Papierende, Auftreten eines unerlaubten Zeichens im Seitenspeicher oder andere *Gerätezustandsmeldungen* werden der Zentraleinheit über Status- oder Fehlerbytes gemeldet.

Arbeitsprinzip: Eine rotierende mit einem Fotohalbleiter beschichtete Trommel wird elektrostatisch aufgeladen. Mit einem Laserstrahl und der Formulardruckstation werden die Daten auf die Trommel durch Belichtung in Form von Ladungsbildern aufgebracht. In der Entwicklerstation setzen sich entsprechend den Ladungsbildern die Farbpartikel an den belichteten Stellen fest. Das zu bedruckende Papier wird an die Trommel herangeführt, und in der Umdruckstation werden die Farbpartikel vom Fotoleiter auf das Papier übertragen. In der nachfolgenden Station werden die Farbpartikel mit Hilfe von Wärme und Druck in das Papier eingeschmolzen. Eine automatische Papierstapeleinrichtung sorgt für die Ablage des verarbeiteten Papiers.

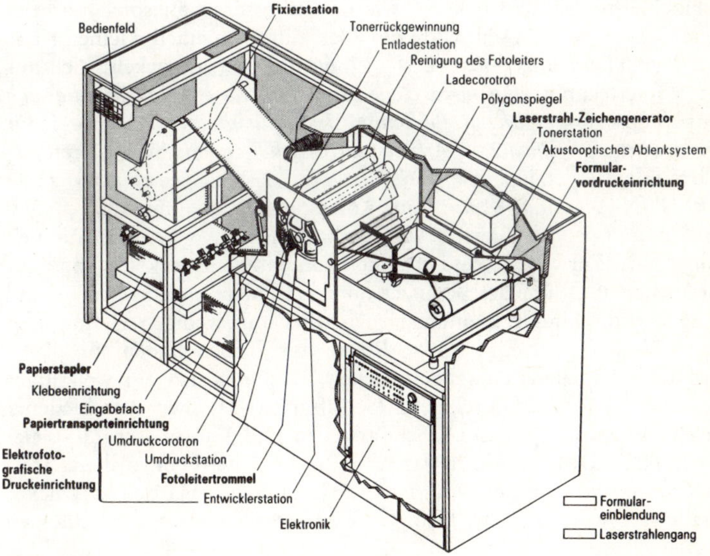

Abb. 2.3.2.6/6: Funktionsdarstellung des in Abb. 2.3.2.6/5 fotografierten Seitendruckers

Übungsaufgabe Nr. I-110 im Arbeitsbuch ←

Damit Sie sich eine Vorstellung machen können, *für welche Zwecke* solche tonnenschweren, mehr als eine halbe Million DM kostenden Hochleistungsdrucker zum Einsatz kommen, beschreiben wir nachfolgend als *Beispiel die Druckausgabe im Nürnberger Datev-Rechenzentrum.* Die Datev – die Datenverarbeitungsorganisation des steuerberatenden Berufes – erledigt Datenverarbeitungsaufgaben für über 26 000 Mitglieder (Steuerberater) und deren Mandanten. Täglich werden dort 25 Tonnen Papier bedruckt; übereinander gestapelt würde der Papierhaufen den Eiffelturm mit dessen 300 Metern überragen. Allein zur Steuerung der Druckausgabe sind derzeit zwei Großrechner IBM 4381 mit zwölf Plattenlaufwerken IBM 3380 und acht Bandstationen eingesetzt. Als Ausgabesysteme stehen zur Verfügung: sechs Mikroverfilmungsanlagen Siemens Hell Dicom, sechs Hewlett-Packard-Plotter, zehn IBM-Kettendrucker 3203-5 und sechs Siemens-Kettendrucker 3340; im Laserdruckbereich sind installiert: ein Hewlett-Packard 2680, acht IBM 3800, 14 Siemens ND2 und fünf Rank Xerox 9700. Nur die IBM- und Xerox-Laserdrucker sind an den Zentraleinheiten 4381 on-line angeschlossen. Alle anderen Drucker, Plotter und COM-Systeme werden mit eigenen kleineren Rechnern und Magnetbandstationen off-line betrieben. Das Druckrechenzentrum liegt etwa fünf Kilometer vom zentralen Rechenzentrum entfernt. Die Druckdaten werden über ein Glasfaserkabel mit einer Leistung von vier Megabit pro Sekunde direkt übertragen.

Hochleistungslaserdrucker – wie das in unserem Beispiel beschriebene Gerät – werden seit Mitte der 70er Jahre von einem kleinen Kreis von Herstellern angeboten. Erst in jüngster Zeit entwickelte sich aus der Kopiertechnik *eine neue Generation von Laserdruckern, die sich hinsichtlich Abmessungen, Bedienungsfreundlichkeit und Kaufpreis für den dezentralen Einsatz als Arbeitsplatzdrucker eignen.* Sie basieren fast alle auf demselben japanischen Grundgerät, das eine *Druckleistung von acht DIN-A4-Seiten/Minute* in Korrespondenzqualität (300 × 300 Punkte Auflösung) bietet. Alle Verbrauchsteile wie Selentrommel, Toner und Entwickler sind in einer kompakten Druckerpatrone zusammengefaßt, die jeder Benutzer ohne besondere Fachkenntnisse und ohne sich die Hände schmutzig zu machen mit wenigen Handgriffen auswechseln kann. Eine ganze Reihe von Firmen haben für dieses Grundgerät Steuereinheiten entwickelt, wodurch sich ein vielfältiges Angebot hinsichtlich Intelligenz (Schriftarten, Mischen verschiedener Zeichensätze, Grafik usw.), Schnittstellen und Kaufpreisen (10 000,– bis 25 000,– DM) ergibt. In der Abb. 2.3.2.6/7 wird ein solcher *Laserdrucker der unteren Leistungsklasse* gezeigt, der als Hardcopy-Drucker an die verbreitetsten Bildschirmgeräte und Mikrorechner angeschlossen werden kann.

Zunehmend werden auch *Laserdrucker* angeboten, deren *Leistung zwischen 20 und 100 Seiten/Min.* beträgt und die preislich im Bereich

Abb. 2.3.2.6/7: Laserdrucker der unteren Leistungsklasse

zwischen 50 000,– und 200 000,– DM liegen. Mit einem solchen Drukker wurde zum *Beispiel die Abb. 2.3.2/2* gedruckt.

Elektrofotografische bzw. *Laser-/elektrofotografische Druckverfahren* (engl.: laser/electrophotographic printing) *verwenden Normalpapier und erlauben* (wie alle nichtmechanischen Drucktechniken) *keine Durchschläge*. Werden Kopien benötigt, so müssen die Seiten mehrfach ausgedruckt werden.

Ein weniger verbreitetes nichtmechanisches Druckverfahren, das bei Seitendruckern hohe Druckleistungen von bis zu 200 Seiten/Min. erlaubt, ist die *Magnetografie* (engl.: magnetography). Dabei wird das gewünschte Druckbild mit einem Magnetkopf (oder einer Matrix von Köpfen) auf eine magnetische Oberfläche (Trommel) geschrieben, durch Aufbringen von magnetisierbarem Farbpulver entwickelt, sodann zu Papier gebracht und dauerhaft fixiert.

Es gibt noch weitere, jedoch *nur in einzelnen Seitendrucker-Modellen realisierte Druckverfahren*, wie z.B. die bereits erwähnte *Thermotransfer-Technik* oder die *Elektroerosionstechnik*, auf die wir jedoch nicht näher eingehen.

Die wichtigsten Vorteile der nichtmechanisch arbeitenden Seitendrucker gegenüber mechanischen Schnelldruckern sind:

1. Sehr gute Druckqualität durch hohe Auflösung;
2. höchste Druckleistungen (der Hochleistungsseitendrucker);
3. geringer Geräuschpegel;

4. Darstellungsvielfalt durch verschiedene Zeichensätze, programmgesteuerte elektronische Formulare und Vollgrafik.

Nachteile sind:

1. Hohe Anschaffungspreise und hohe Betriebskosten (für Toner, Verschleißteile);
2. fragliche Zuverlässigkeit bzw. Verarbeitungssicherheit;
3. keine Kopien möglich.

→ Übungsaufgabe Nr. I-111 im Arbeitsbuch

2.3.2.7 Plotter

Plotter (= Kurvenschreiber; engl.: plotter) zeichnen mit großer Genauigkeit Ausgabedaten in Form von Kurven oder Einzelpunkten auf Papier oder andere Medien visuell lesbar auf.

Typische *Beispiele geplotteter Darstellungen* sind etwa ein- oder mehrdimensionale Konstruktionszeichnungen, Diagramme, Karten, Skizzen, Netzpläne, Regressionslinien usw.

Die sog. **Federplotter** oder **Stiftplotter** (engl.: pen plotter) arbeiten *mechanisch* mit Zeichenstiften. Entsprechend der Bauart des Bewegungssystems, mit dem der Stift auf der Zeichenfläche geführt wird, unterscheidet man im wesentlichen zwei Gruppen: Die *Flachbettplotter* und die *Trommelplotter*. Beide Gruppen haben gemeinsam, daß das Bild strichweise (entsprechend den vorgegebenen Positionen in dem x-y-Koordinatensystem der Zeichenfläche) aufgezeichnet wird; sie heißen deshalb auch *Vektorplotter*.

Bei einem Flachbettplotter ist der Zeichnungsträger (Papier, Folie o.a.) auf einer waagerechten Ebene aufgespannt, und der Stiftschlitten wird in zwei Richtungen bewegt. Bei einem Trommelplotter läuft Papier über eine rotierende Trommel, die sich vor- und rückwärts bewegt. Der Stiftschlitten bewegt sich unabhängig von der Trommel und genau im rechten Winkel zu dieser.

Bei einem *Flachbettplotter* kann der Benutzer die oft langwierige *Erstellung der Zeichnung visuell überwachen* und notfalls eingreifen. Nachteilig ist jedoch die relativ *große Stellfläche* (mindestens so groß wie die größte zu erstellende Grafik) oder die Beschränkung des Ausgabeformats. Ein *Trommelplotter* kann das Papier in der Längsrichtung

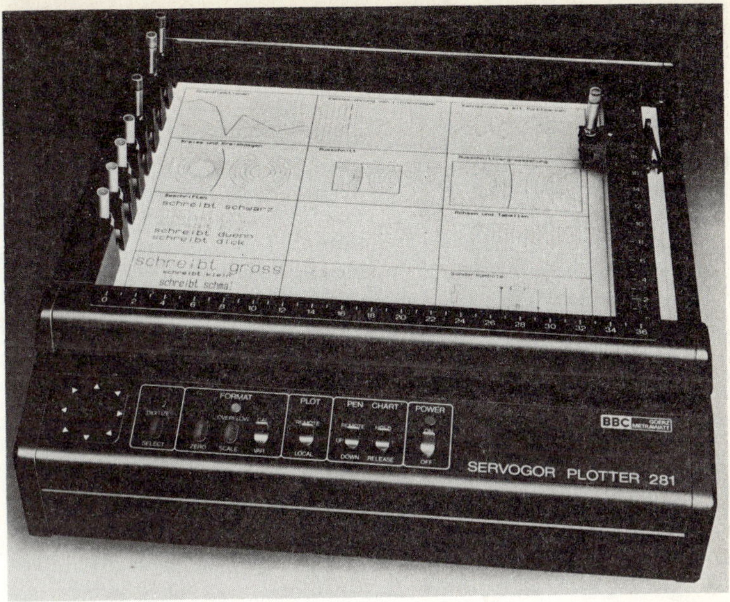

Abb. 2.3.2.7/1: Flachbettplotter

der Aufzeichnung vorbeiziehen und damit *bei klein gehaltener Grundfläche größere Formate* verarbeiten – allerdings *bei mangelhafter Übersichtlichkeit* für den Benutzer, weil das Papier auf beiden Seiten der Trommel herabhängt.

Beide Plottertypen sind *als Stand- und als Tischgeräte* erhältlich. Unterschiede bestehen u.U. bezüglich des Ausgabeformats, jedoch kaum bezüglich der Aufzeichnungsqualität.

Der in Abb. 2.3.2.7/1 gezeigte *Flachbettplotter* ist ein preisgünstiges *Tischgerät mit acht programmierbaren Stiften.* Die Stifte können Tuschefedern, Filzschreiber oder Kugelschreiber in unterschiedlichen Farben und Strichstärken sein. Die *DIN-A4-Zeichenfläche* wird bis auf einen Normabstand von 5 mm an den Randbegrenzungen ausgenützt.

Ein *8-Bit-Mikroprozessor* liefert die Intelligenz für eine Reihe von *Spezialfunktionen*: Vektorgenerierung, Kreise, Bogen, Achsen, Nullpunktverschiebungen usw. Es stehen *sechs Zeichensätze* zu je 96 Zeichen zur Verfügung, die in jeder beliebigen Größe in jeder gewünschten Richtung geschrieben werden können. *Verschiedene Stricharten und speziell zentrierte Symbole* unterstützen die Aussagekraft einer Zeichnung. Ein zusätzlich erhältliches *Geschäftsgrafik-Softwarepaket* erweitert die Möglichkeiten des Plotters. Damit können Balken-, Kreis-, Linien- und Punktdiagramme gezeichnet werden. Die *Plotgeschwindigkeit beträgt 45 cm/s, die Auflösung (minimal mögliche Stiftbewegung = Schrittweite) 0,05 mm.* Der *Pufferspeicher* des Geräts faßt 1 KB, alle gängigen *Schnittstellen* (wie z.B. Centronics, RS 232C, IEEE-488) stehen zur Verfügung.

→ Übungsaufgabe Nr. I-112 im Arbeitsbuch

Die sog. **Druckerplotter** (engl.: printerplotter) zeichnen die Ausgabedaten mit *nichtmechanischen* Aufzeichnungsverfahren (vorzugsweise elektrostatisch) nach dem Punktrasterprinzip auf.

Nichtmechanisch arbeitende Plotter erstellen mit hoher Geschwindigkeit i.a. Schwarzweiß-, vereinzelt aber auch Farbausgaben.

Der in Abb. 2.3.2.7/2 gezeigte *elektrostatische Plotter* arbeitet nach dem folgenden Verfahren: An eine *Reihe von feinen Schreibspitzen*, die dicht nebeneinander in einem *feststehenden Schreibkopf* eingebettet sind, wird eine *statische Spannung* gelegt. Über den Schreibkopf wird *elektrografisches Papier* geführt. Entsprechend den Digitalsignalen werden die einzelnen Schreibspitzen angesteuert und erzeugen *auf dem Papier kleine elektrostatische Punkte.* Anschließend wird das Papier über eine *Tonerflüssigkeit* geführt, wobei die *aufgeladenen Punkte geschwärzt* werden und die Information somit sichtbar wird. Bei diesem Verfahren gibt es mit Ausnahme des Papiertransportes und der Tonerpumpe keine mechanisch bewegten Teile. Durch die Anordnung der Schreibspitzen in zwei versetzten Reihen überlappen sich die einzelnen Punkte und ergeben tiefschwarze und unterbrechungsfreie Linien. *Die Auflösung beträgt 200 Punkte pro Zoll* (= 78,7 Punkte pro cm), *die Plotgeschwindigkeit erreicht 2,54 cm/s.*

Letztere Kennzahl ist im Vergleich zu einem Federplotter mißverständlich. Bei diesem bezieht sich die angegebene *Plotgeschwindigkeit* (bei dem in Abb. 2.3.2.7/1 gezeigten Gerät: 45 cm/s) auf die Bewegung eines Stiftes, der auf der Zeichenfläche hin- und herfährt und die horizontalen Koordinaten i.a. oftmals schneidet. Es dauert normalerweise mehrere Minuten (je nach Zeichnung), um z.B. eine DIN-A4-Seite zu beschreiben. Bei einem elektrostatischen Plotter werden hingegen sämtliche Bildpunkte zeilenweise aufgezeichnet, die Plotgeschwindigkeit entspricht der Transportgeschwindigkeit des Papiers (bei dem in Abb. 2.3.2.7/2 gezeigten Gerät: 2,54 cm/s, d.h. für eine DIN-A4-Seite maximal 12 Sekunden).

Die Vorteile von Federplottern gegenüber elektrostatischen Plottern sind:

1. Kompaktheit und einfache Bedienung;
2. breites Spektrum möglicher Ausgabeformate;

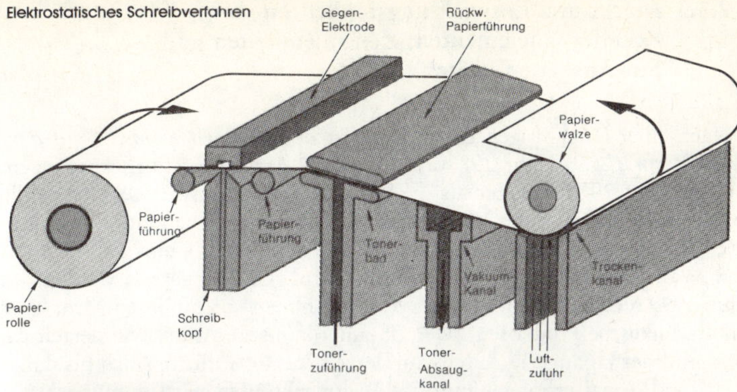

Abb. 2.3.2.7/2: Elektrostatischer Plotter

3. hervorragende Zeichnungsqualität in hoher Auflösung (bis 500 Punkte/Zoll) und Farbdarstellung;
4. beliebige Ausgabemedien (Zeichnungsträger);
5. niedriger Anschaffungspreis und geringe Kosten pro Ausgabeblatt.

Die Vorteile von elektrostatischen Plottern gegenüber Federplottern sind:

1. Hohe Ausgabegeschwindigkeit (bis 1000 Zeichen/Min.);
2. hohe Zuverlässigkeit;
3. Grauabstufungen der Zeichnung möglich.

Übungsaufgabe Nr. I-113 im Arbeitsbuch

2.3.3 Markt und Entwicklungstendenzen von Rechnerbauelementen, Zentraleinheiten und Ein-Ausgabe-Geräten

Nach einer langjährigen Boomphase ist der weltweite *Umsatz auf dem Halbleitermarkt* im Jahr 1985 auf knapp 22 Mrd. US-$ zurückgegangen. Das sind fast 20% weniger als im Vorjahr (1984: 26 Mrd. US-$). Für die kommenden Jahre ist der Verband der US-amerikanischen Halbleiterindustrie (SIA) trotzdem optimistisch: 1986 sollen weltweit Chips im Wert von 25,5 Mrd. US-$, 1988 im Wert von 38,4 Mrd. US-$ abgesetzt werden. Im Jahre 1990 rechnet man mit einem Marktvolumen von 50 bis 65 Mrd. US-$ (unterschiedliche Prognosen). Der US-amerikanische Anteil von derzeit ca. 50% und der japanische Anteil von derzeit ca. 30% dürften sich bis dahin überproportional erhöhen. Europas Weltmarktanteil wird voraussichtlich bis 1990 von derzeit 20% auf 17%, der deutsche von 6% auf 5% zurückgehen.

Die fünf größten US-amerikanischen Halbleiterproduzenten sind (gereiht nach dem Umsatzvolumen 1985): 1. IBM (produziert nur für den Eigenbedarf); 2. Motorola; 3. Texas Instruments; 4. Intel; 5. National Semiconductor. *Die umsatzstärksten japanischen Hersteller sind:* 1. NEC; 2. Hitachi; 3. Toshiba; 4. Fujitsu; 5. Matsushita. *In Europa führen:* 1. Philips (zusammen mit der US-amerikanischen Tochter Signetics Rang 6 auf dem Weltmarkt); 2. Siemens (Rang 15); 3. SGS-ATES (Italien); 4. ITT; 5. Ferranti (Großbritannien).

Etwa *50% der Halbleiterbauelemente* werden *in EDV-Geräten* verwendet. Von den produzierten integrierten Schaltungen (IC) entfallen etwa 30% auf Standardspeicherchips, 15% auf Standardlogikchips, 30% auf Mikroprozessoren, 12% auf anwendungs-, kunden- und halbkundenspezifische Chips und der Rest auf analoge (lineare) Bauelemente.

Der Nachfragerückgang im Jahre 1985 (vor allem wegen Absatzproblemen auf dem US-amerikanischen Heimcomputermarkt) führte zu einem *Preissturz*, insbesondere bei Standardchips. 64-KBit-RAM-Chips, die 1984 pro Stück noch über 10,– DM kosteten, waren ein Jahr später bereits zum Teil für weniger als 3,– DM zu haben. Im gleichen Zeitraum sanken die Stückpreise der 256-KBit-Chips (RAM) von 50,– DM auf 10,– DM. *Der Preis für ein KBit RAM betrug 1985 nur noch vier bis fünf Pfennige.*

Der größte deutsche IC-Hersteller Siemens hat 1985 die Fertigung von 256-KBit-Speicherchips begonnen und plant die Produktionsaufnahme von *1-MBit-Chips* im Jahre 1987 sowie von 4-MBit-Chips im Jahre 1989. Hingegen haben die schon im 256-KBit-Marktsegment führenden japanischen Hersteller (das sind die fünf vorstehend genannten) sowie IBM bereits 1985/86 die Massenproduktion von 1-MBit-Chips eingeleitet, und bei einigen weiteren US-amerikanischen Herstellern (z.B. Texas Instruments, AT&T) scheint der Produktionsbeginn unmittelbar bevorzustehen.

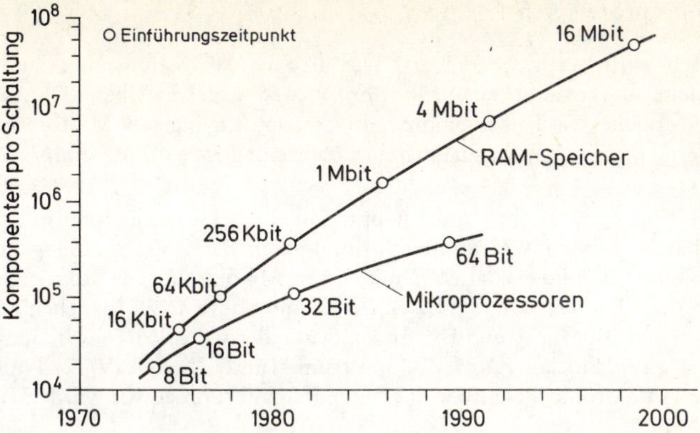

Abb. 2.3.3/1: Entwicklung von RAM-Speicherchips und Mikroprozessoren

Die *«Rechnerbauelemente von morgen und übermorgen»* werden durch *kleinere Strukturen auf dem Chip* und damit *kürzere Signallaufzeiten, größere Chipflächen und kompaktere Verpackung* immer *höhere Speicherkapazitäten und schnellere Rechengeschwindigkeiten* erreichen. Schon heute sind zum Teil die Strukturen im Silizium weniger als zwei Mikrometer breit, und mehrere hunderttausend Transistoren passen auf einen Chip. Mit der herkömmlichen *Fotolithografie* wird man schon in etwa zwei Jahren Strukturen von 0,7 Mikrometer Breite herstellen können. Noch feinere Strukturen bedingen den Übergang zur sog. *Röntgenstrahllithografie*, bei Größenordnungen von unter 0,2 Mikrometern zur *Ionenstrahllithografie.* Unter den in Erprobung befindlichen Halbleitermaterialien, die rascher als Silizium schalten, wird *Galliumarsenid* als am vielversprechendsten angesehen. Es hat eine zehnfach höhere Elektronenbeweglichkeit als Silizium. Derzeit sind die Ausschußquoten in der Galliumarsenid-Waferfertigung aufgrund von Kristallfehlern allerdings noch sehr hoch. Um die Jahrtausendwende könnten Chips die Produktionsreife erlangen, die mit *Lichtimpulsen* tausend- bis zehntausendmal höhere Schaltgeschwindigkeiten erreichen als die schon relativ bald zu erwartenden elektronischen Galliumarsenidchips. Hingegen bleiben die immer wieder erwähnten *«Biochips»* aus biochemischen Molekülen, die noch schneller sein sollen, in der übersehbaren Zukunft wohl eine futurologische Vision von Journalisten der Tagespresse. Auf der ganzen Welt wird unseres Wissens nirgendwo ernsthaft an einer solchen Entwicklung gearbeitet.

Mikroprozessoren

Doch zurück zur Gegenwart. Die größten Wachstumsraten auf dem Halbleitermarkt sind bei den *Mikroprozessoren* gegeben. Über 400 verschiedene Modelle werden angeboten. In den marktgängigen Mikrorechnern werden jedoch nur *relativ wenige verschiedene Typen als Zentralprozessoren* verwendet.

Bei *8-Bit-Mikrorechnern*, die hauptsächlich als Heimcomputer in Privathaushalten zum Einsatz kommen, dominieren der Z80 von Zilog und – heute immer seltener – der 6502 mit seinen Abkömmlingen. Mikrorechner, die den Z80 verwenden, sind z.B. der Commodore C128 (daneben 8502), Enterprise, Osborne 1 und Executive, Schneider CPC 464/664/6128, Sharp MZ 700/800, Sinclair ZX81/ZX Spectrum, Tandy Modell IV/12, Triumph Adler Alphatronic PC u.v.a.m. Der 6502-Mikroprozessor wird z.B. im

Typ	Architektur intern/extern (Bits)	Adreßbereich (Bytes)	Taktfrequenz (MHz)	Anzahl Stammbefehle	Lieferbar seit	Hersteller
Z80	8	64 K	2,5	158	1976	Zilog
6502	8	64 K	1/2	56	1977	MOS-Tech.
8088	16/8	1 M	5/8	134	1979	Intel
8086	16	1 M	5/8/10	134	1978	Intel
80186	16	1 M	8	105	1982	Intel
80286	16	16 M 1 G virt.	5/8/10	120	1982	Intel
MC 68000	32/16	16 M	4/6/8/10/12,5	56	1979	Motorola
NS 32016	32/16	16 M	8/10	86	1984	NatSemi
MC 68020	32	16 M virt. Speicherverw.	8/10/16	65	1984	Motorola
NS 32032	32	16 M virt. Speicherverw.	10	86	1984	NatSemi
80386	32	4 G 64 T virt.	12/16	111	1985	Intel
Z 80000	32	32 M	10/18/25	110	1986	Zilog
NS 32332	32	4 G virt. Speicherverw.	15	86	1986	NatSemi

Anmerkung: 1 TB (Terabyte) = 1 000 GB (Gigabyte) = 1 000 000 MB (Megabyte)

Abb. 2.3.3/2: Merkmale von verbreiteten und zukunftsträchtigen Mikroprozessoren

Acorn Electron/B, Apple III, Atari 800 XL/130 E und Commodore VC20/C64 (6510) eingesetzt.

Im *16-Bit-Bereich* ist der größte Teil der Mikrorechner mit 8086-/8088-Prozessoren sowie den leistungsfähigeren Nachfolgern 80186 und 80286 von Intel ausgestattet; größere Bedeutung hat daneben nur noch der MC 68000 von Motorola.

32-Bit-Mikroprozessoren, mit denen bisher erst weniger als ein Prozent der installierten Mikrorechner ausgerüstet sind, werden von Intel (80386), Motorola (68020), National Semiconductor (32032) und Zilog (Z80000) auf dem Markt angeboten bzw. für die Markteinführung vorbereitet. Diese haben einen Durchsatz von zwei bis vier Mips. 32-Bit-Mikroprozessoren für die eigenen, primär technisch-wissenschaftlichen Rechner stellen u. a. AT&T, Digital Equipment Corp. (abgekürzt: DEC, der zweitgrößte Rechnerhersteller insgesamt), Hewlett-Packard (abgekürzt: HP) und IBM her. Erst gegen Ende der 80er Jahre dürften 32-Bit-Mikrorechner auch im kommerziellen Bereich eine größere Bedeutung erlangen.

Die wichtigsten Merkmale der genannten allgemein erhältlichen Mikroprozessoren sind in der nebenstehenden Tabelle zusammengefaßt. Die Kenndaten beziehen sich auf den Ankündigungszeitpunkt. Diese können sich im Zuge der Weiterentwicklung ändern. Zum Beispiel lief der Z80 anfangs mit maximal 2,5 MHz. Heute ist der Z80A am gebräuchlichsten, der eine Taktfrequenz von 4 MHz aufweist; daneben gibt es aber noch den Z80B mit 6 MHz und den Z80C mit 8 MHz.

In den heutigen kommerziellen *16-Bit-Mikrorechnern* werden *überwiegend Intel-Mikroprozessoren* eingesetzt. Maßgeblich für die Dominanz der Intel-Produkte ist sicherlich, daß sich der Marktführer IBM entschieden hat, bei seinem «ersten» seit 1981 in den USA und seit 1983 in Europa angebotenen «Personal Computer» (PC) Intel-*8088*-Zentralprozessoren zu verwenden. Dieser seit 1979 erhältliche Mikroprozessor besitzt nur einen 8 Bits breiten externen Datenbus, jedoch ist die interne Prozessorarchitektur auf eine Verarbeitungsbreite von 16 Bits ausgelegt. Deshalb wird der 8088 vielfach auch als 8-Bit-Prozessor, «unechter» 16-Bit-Prozessor bzw. 16/8-Bit-Prozessor bezeichnet. Inzwischen werden über 100 verschiedene Mikrorechner mit diesem Mikroprozessor angeboten. Beispiele sind der Burroughs B21, Commodore PC10, Honeywell Bull Micral 30, Ericsson PC, Sirius 1 und Sperry PC. Dies begründet auch das breite Spektrum angebotener Software. Der «Bruder» *8086* besitzt bei gleicher prozessorinterner Struktur einen 16 Bits breiten externen Datenbus und ist dementsprechend etwas leistungsfähiger. Dieser Mikroprozessor wird z.B. im C. Itoh Y-D 8110, ITT 3030, Olivetti M21/M24, Sirius Vicki und Toshiba T350 verwendet.

Eine verbesserte Version des 8086 ist der *80186* (= iAPX 186), bei dem zusätzlich Ein- und Ausgabefunktionen auf dem Chip integriert wurden. Dadurch konnte die Zahl der Bausteine des Prozessorsets von elf (8086) auf drei reduziert und der Preis von ca. 200,– DM (8086) auf etwa 100,– DM

(80186) gesenkt werden. Der 80186 wird z.B. in den 1985 angekündigten Mikrorechnern Philips YES, Siemens PC-D und PC-X verwendet.

Noch leistungsfähiger ist der *80286* (= iAPX 286). Er hat einen größeren Adreßbereich und weitere Register. Befehle werden in vier Stufen überlappend verarbeitet; zahlreiche Funktionen, die beim 8086 noch Teil des Betriebssystems waren, sind in die CPU integriert. Der seit 1985 erhältliche IBM PC-AT ist mit einem 80286-Zentralprozessor ausgestattet, der allerdings nur mit einer Taktfrequenz von 6 MHz arbeitet. Zahlreiche Firmen haben in jüngster Zeit AT-kompatible Mikrorechner mit dem 80286 angekündigt, darunter Commodore (AT), Compaq (Portable 286, Deskpro 286), Hewlett-Packard (Vectra PC), Honeywell Bull (Micral 60), ITT (XTRA XP), NCR (PC8), Olivetti (M28), Philips (P3200), Sperry (PC/IT), Tandon (PCA20), Tandy (3000), TeleVideo (Tele-AT), Toshiba (T3100), Victor (V286) und Wang (APC).

Die Intel-Mikroprozessoren sind aufwärtskompatibel, d.h. ausgehend vom 8086 bis hin zum 80386 kann man sich bei der Programmentwicklung auf den gleichen Grundvorrat an Befehlen stützen. Sämtliche Softwareprodukte sind auf den «Nachfolgern» lauffähig.

Eine gewisse Bedeutung auf dem 16-Bit-Markt hat neben den Intel-Prozessoren auch der *MC 68000* von Motorola. Dieser Mikroprozessor arbeitet intern fast wie eine 32-Bit-CPU (bis auf die ALU), extern aber «nur» auf einem 16 Bits breiten Datenbus. Dieser zum Ankündigungszeitpunkt (1979) leistungsfähigste 16-Bit-Mikroprozessor weist auch heute noch ein ausgezeichnetes Preis-/Leistungsverhältnis auf. Die Softwareentwicklung gilt jedoch wegen der «I/O-Konfusion» sowie des «verfummelten Binärcodes» als schwierig. Vor allem Mikrorechner mit einer hochentwickelten Grafik und großem Bedienungskomfort (Näheres im Abschnitt 2.4.4) verwenden den MC 68000, z.B. der Apple Macintosh, der Atari 520 ST + und der Commodore Amiga.

Bis zum Erscheinungstermin dieses Buches auf dem Markt angebotene *32-Bit-Mikrorechner* arbeiteten mit *herstellereigenen Mikroprozessoren*, wie z.B. die Systeme von Apollo Computer (DN460 und DN 660), AT&T (3B2), DEC (MicroVAX II), Hewlett-Packard (HP9000) und IBM (6150), oder mit dem allgemein erhältlichen Motorola *68020* (weil Intel, National Semiconductor und Zilog bis dahin ihre 32-Bit-Mikroprozessoren nicht in größeren Stückzahlen liefern konnten). Hersteller solcher vorzugsweise als *Mehrplatzsysteme* vorgesehener Rechner mit Motorola-Prozessoren sind z.B. Altos (3086), Charles River Data Systems (Universe 68/35), Convergent Technologies (Mightyframe), NCR (Tower XP und Tower 32) und Triumph-Adler (M32).

In der Bundesrepublik Deutschland waren Anfang 1986 laut Angaben der renommierten EDV-Marktforschungsgesellschaft Diebold etwa 2,5 *Millionen Mikrorechner im Wert von ca. 6. Mrd. DM installiert.* Knapp 800 000 Stück davon wurden allein 1985 abgesetzt.

Die *Heimcomputer* mit einem Kaufpreis von unter 1 500,– DM sind heute noch zum überwiegenden Teil 8-Bit-Rechner. 1985 wurden etwa 460 000 Einheiten abgesetzt (im Vorjahr noch rund 660 000). Künftig wird in diesem Marktsegment ein weiterer Absatzrückgang erwartet. Marktführer ist mit ca. 60% Marktanteil Commodore mit dem C64 und dem C128.

Von den sog. *semiprofessionellen Systemen* (1 500,– bis 5 000,– DM) wurden 1985 in der BRD 130 000 Einheiten verkauft. Führende Anbieter sind Apple, Atari, Epson und Schneider.

Für sog. *professionelle Mikrorechner* in der Preisklasse zwischen 5 000,– und 25 000,– DM werden auch künftig steigende Absatzzahlen prognostiziert. 1985 wurden in der BRD 185 000 derartige Systeme abgesetzt (Wachstum gegenüber 1984: 26%). Marktführer ist IBM (Gesamtabsatzanteil in diesem Marktsegment 1985: 30,3%) vor Commodore (11,8%), Olivetti (10,8%), Siemens (8,0%), Triumph Adler (6,4%), Apple (5,0%), Hewlett-Packard (3,7%), Nixdorf (3,5%), Victor (2,7%) und sonstigen Anbietern (zusammen 17,7%). Mit Ausnahme des Macintosh von Apple sind alle Geräte mit einem nennenswerten Absatz mehr oder weniger IBM-kompatibel.

Die *Zahl der Anbieter* auf dem deutschen Mikrorechnermarkt beträgt etwa 200. Derzeit entfallen jedoch schon mehr als zwei Drittel des Gesamtumsatzes auf relativ wenige Firmen (die alle vorstehend genannt wurden). Aufgrund der Absatzprobleme in den USA, dem daraus resultierenden verschärften Preiswettbewerb und dem prognostizierten Nachfragerückgang bei Heimcomputern dürften in den kommenden Jahren viele kleinere Hersteller aus dem Markt verdrängt werden.

Die nachstehende Tabelle zeigt Ihnen die wichtigsten *Kenndaten einiger verbreiteter Mikrorechner für den «professionellen» Einsatz.* Zu den IBM-Modellen gibt es – wie erwähnt – eine große Zahl kompatibler Alternativen von anderen Herstellern. Die von DEC 1985 angekündigte MicroVAX II mit 32-Bit-Architektur und einem Kaufpreis von ca. 100 000,– DM in der Minimalkonfiguration zeigt Ihnen die derzeitige obere Leistungsgrenze in dieser Rechnergruppe. Die Preise für die Systemeinheiten (Minimalausstattung) des IBM PC, des Siemens PC-D und des Apple Macintosh liegen zwischen 5 000,– und 8 000,– DM, die Systemeinheit des IBM PC-AT kostet ca. 12 000,– DM. Zum IBM PC und zum IBM PC-AT kompatible Rechner kosten bis zu einem Drittel weniger. Wir kommen auf alle Merkmale der Tabelle, die Ihnen bisher nicht geläufig sind, noch später zurück.

Modell	IBM PC	Siemens PC-D	Apple Macintosh	IBM PC-AT	DEC MicroVAX II
Arbeitsplätze (Anzahl)	1	1	1	1	1 - 33
Mikroprozessor Typ/Taktfrequenz (MHz)	8088/4,77	80186/8	68000/8	80286/6	78032/40
maximale Arbeitsspeicherkapazität (KB)	640	1024	512	3000	9000
Diskettenkapazität (KB)/Durchmesser (Zoll)	360/5,25	720/5,25	400/3,5	1200/5,25	800/5,25
Festplattenkapazität (MB)	10	15	20	20/40	33/71/456/2037
Farbbildschirm	optional	opt., angek.	nein	optional	ja
Diagonale (Zoll)	13	k.A.		13	13
Gesamtzahl der Farben	64	k.A.		64	4096
Farben simultan/Auflösung (Hor. x Vert.)	16/640 x 350	k.A.		16/640 x 350	8/800 x 480
Buchstabenmatrix (Hor. x Vert.)	8 x 14	k.A.		8 x 14	8 x 9
Monochrombildschirm					
Diagonale (Zoll)	12	12	9	12	12
Farbe	grün	weiß	weiß	grün	k.A.
Buchstabenmatrix (Hor. x Vert.)	9 x 14	8 x 14	variabel	9 x 14	7 x 9
Grafikauflösung (Hor. x Vert.)	640 x 350	640 x 350 (angek.)	512 x 340	640 x 350	k.A.
Parallele Schnittstellen IEC 488	optional	nein	nein	optional	k.A.
Centronics	optional	nein	nein	optional	ja
Serielle Schnittstellen	1	2	2	1	typ. 20
batteriegepufferte Uhr	optional	ja	ja	ja	ja
Netzwerk	PC-Network u.a.	Ethernet, TTX	angekündigt	PC-Network u.a.	DECnet, SNA, Ethernet u.a.
Teletexanschluß	optional	optional	opt., angek.	optional	optional
Erweiterungsbus: Vorhandene/Freie Steckpl.	5/1	2/2	nein	8/4	ja, konfigurationsabhängig
Einplatz-Betriebssystem (Standard)	PC-DOS	MS-DOS	MAC-OS	PC-DOS	
Mehrplatz-Betriebssysteme		nein	nein	XENIX-286	VMS, ULTRIX, VAXELN

Nur ungefähr 10% der Mikrorechner werden direkt von den Herstellern an die Anwender vertrieben. Fast ein Drittel der Verkäufe entfällt auf den Computerfachhandel. Kauf-, Waren- und Versandhäuser realisieren zusammen ca. ein Viertel des Gesamtabsatzes. Ungefähr ein Sechstel des Absatzes wird vom Büromaschinenfachhandel getätigt. Sonstige Vertriebswege, etwa über die System- und Softwarehäuser, den Radio- und Fernsehfachhandel oder den Computerversandhandel, haben nur untergeordnete Bedeutung (jeweils ca. 6–8% Absatzanteil).

Minirechner

Die Stückzahl der hauptsächlich direkt und über Systemhäuser vertriebenen und der installierten Minirechner beträgt etwa ein Zehntel der Auslieferungen und des Installationsbestands von Mikrorechnern. Der Wert der jährlichen Auslieferungen ist in dieser Rechnergruppe jedoch fast gleich hoch; der Bestandswert von Minirechnern beträgt sogar mehr als das Dreifache des Werts der installierten Mikrorechner.

Die bedeutendsten *Hersteller von Minirechnern*, deren «Tradition» eher in technischen Anwendungsbereichen bzw. der Prozeßrechentechnik liegt, sind Data General, DEC, Hewlett-Packard, Prime Computer und Tandem Computers. Die führenden Hersteller von Minirechnern mit «Bürocomputer-Tradition» sind CTM, IBM, Kienzle, Nixdorf, Olivetti, Philips, Triumph-Adler und Wang.

In der Bundesrepublik Deutschland waren Anfang 1986 etwa 240 000 Minirechner im Wert von ca. 21 Mrd. DM installiert. Zwei Drittel des *Installationsbestands* entfallen auf *Bürocomputer* klassischer Prägung, die überwiegend in Klein- und Mittelbetrieben als zentrale Rechner traditionelle Verarbeitungsaufgaben wie Finanzbuchhaltung, Lohn- und Gehaltsabrechnung, Kalkulation und Kostenrechnung, Material- und Lagerwirtschaft, Auftragsbearbeitung und Verkaufsabrechnung übernehmen. Die verbreitetsten Systeme dieser Kategorie sind die 8870-Rechner von Nixdorf sowie die Systeme /34, /36 und /38 von IBM.

Wachstumsimpulse bekommt der Minirechnermarkt vor allem durch die *Integrationsbestrebungen im Fertigungs- und Bürobereich* (vgl. Abschnitt 1.3.1). Dort werden Minirechner vielfach als «Satelliten» von Großrechnern oder als Minirechner-Verbundsysteme auch von Großbetrieben eingesetzt.

Im unteren Leistungsbereich werden Minirechner zunehmend durch mehrplatzfähige 32-Bit-Mikrorechner verdrängt. Ein Beispiel hierfür ist etwa die vorstehend erwähnte MicroVAX II, bei welcher die Prozessorarchitektur der erfolgreichsten Minirechnerfamilie VAX von DEC in einem Chip «abgebildet» worden ist.

Abb. 2.3.3/3: Kenndaten von Mikrorechnern (Stand: 1986-04-01)

Im obersten Bereich der «Superminis» herrscht hingegen durch das deutlich bessere Preis-/Leistungsverhältnis gegenüber Großrechnern ein *Wachstumsboom.* Seit 1985 erhältliche Zentraleinheiten dieser Leistungsklasse mit 3 bis 4 Mips sind: VAX 8600 (DEC), Prime 9955, Targon/35 (Nixdorf).

Zum *Beispiel* kostet die Grundausstattung des 3,2-Mips-Modells *Targon/35* rund 650 000,– DM: Darin enthalten sind eine Zentraleinheit mit Cache-Speicher, einem Arbeitsspeicher von 4 MB, Zentral-, Terminal- und Serviceprozessor, ein Magnetplattenlaufwerk mit 415 KB, ein «Tape-Streamer» (Magnetbandeinheit mit Datenstrombetrieb), ein Konsol-Bildschirm sowie das Betriebssystem UNIX (Näheres hierzu im Abschnitt 2.4.5).

Die Targon-Serie von Nixdorf zeigt *Ansätze für neue Rechnerarchitekturen*, die auch im Mikro- und Großrechnerbereich zunehmend Bedeutung erlangen. Das «Top-Modell» Targon/35 ist eine sog. *RISC-Maschine*, der nächstgrößere Targon/32-Rechner (früher 8832) kostet in der Minimalkonfiguration ca. 400 000,– DM und ist ein *fehlertolerantes System.*

RISC

Ein Rechner mit **RISC-Architektur** (RISC ist die Abkürzung für engl.: reduced instruction set computer) verwendet einen sehr kleinen Vorrat von einfachen Maschinenbefehlen kurzer Wortlänge, die meist in einem Prozessorzyklus abgearbeitet werden können. Die Befehle sind überwiegend nicht mikroprogrammiert, sondern fest verdrahtet. Durch registerorientierte Verarbeitungskonzepte werden zeitaufwendige Arbeitsspeicherzugriffe minimiert.

Rechenintensive Programme sind bei dieser Architektur sehr schnell ausführbar. Komplexe Operationen werden softwaremäßig durch die Kombination der elementaren Befehle realisiert.

Auf RISC-Rechner spezialisierte US-amerikanische Hersteller sind die Firmen Ridge und Pyramid; von der letztgenannten Firma stammt auch der Targon/35, den Nixdorf vermarktet. Ridge hat den in Europa durch Honeywell Bull vertriebenen SPS9-Rechner entwickelt. Weitere RISC-Minirechner werden von Harris (HCX-7) und Hewlett-Packard (Serie 900 der Rechnerfamilie HP3000) angeboten. Auch die 1986 angekündigten IBM 6150-Mikrorechner für technisch-wissenschaftliche Anwendungen (1,5 bis 2,1 Mips) sind RISC-Maschinen (in den USA werden diese 32-Bit-Mikrorechner «IBM RT PC» genannt, wobei «RT» als Abkürzung für «RISC Technology» steht).

Fehlertoleranz (engl.: fault-tolerance) heißt, daß ein Rechner trotz aufgetretener Fehler seinen Leistungsumfang ganz oder reduziert aufrechterhalten kann. Diese hohe Zuverlässigkeit wird durch Fehlererkennungs- und -eingrenzungsmechanismen sowie mit Hilfe von redundanten, d.h. mehrfach vorhandenen Bauteilen erreicht.

Jedes Bauteil muß mindestens zweimal vorhanden sein, damit bei einem Fehler auf ein Ersatzteil umgeschaltet (bei «mitlaufenden», d.h. ständig parallel arbeitenden Komponenten) oder ein Ersatzteil eingeschaltet (bei passiven, nur bei Ausfall einsetzenden Komponenten) werden kann.

Der auch heute noch führende *Pionierhersteller Tandem* stellte 1975 sein erstes «NonStop»-System vor, in dem bis zu 16 unabhängige Rechner über einen Hochgeschwindigkeitsdoppelbus miteinander verbunden werden können. Jeder Prozeß, der auf einem Rechner abläuft, wird gleichzeitig in einem Reserveprozeß auf einem anderen Rechner abgewickelt. Die Koordination erfolgt mittels Software. Über Kontrollpunkte an bestimmten Stellen des primären Prozesses wird der sekundäre Prozeß über den Ablaufstatus informiert. Bei einem Ausfall kann der Reserveprozeß in Sekundenschnelle ab dem letzten Kontrollpunkt die Programmausführung fortsetzen.

Bei einem anderen Konzept, das z.B. die US-amerikanische Firma *Stratus Computers Inc.* verfolgt, laufen Prozesse synchron in Taktfrequenz auf zwei Paaren von duplizierten Mikroprozessoren parallel. An den Ausgängen jedes einzelnen Mikroprozessors wird kontinuierlich auf Gleichheit geprüft. Stellt eines der Paare Ungleichheit der Ausgänge fest, so koppelt es sich sofort vom Systembus ab, während das andere Doppelpaar weiterarbeitet. Ein Verarbeitungskomplex aus vier Mikroprozessoren erreicht je nach Modell eine Mips-Rate von 0,7 bis 3,0 und kann einen virtuellen Adreßraum von 8 bis 16 MB ansprechen; bis zu 32 Verarbeitungskomplexe können über einen Hochgeschwindigkeitsbus gekoppelt werden. Die Minimalkonfiguration (ein Verarbeitungskomplex) hat einen Kaufpreis von 300 000,– bis 800 000,– DM (drei verschiedene Modelle). Seit 1986 vertreibt auch IBM die Stratus-Systeme unter eigenem Namen (System /88).

Die *Leistungsdaten und Preise* der Systeme von Tandem und von einem guten Dutzend weiterer Hersteller, die sich erst in den letzten Jahren auf dem Markt fehlertoleranter Systeme etabliert haben, bewegen sich – trotz unterschiedlicher Lösungskonzepte – in derselben Größenordnung. Das von Nixdorf gefertigte Modell Targon/32 wurde von der US-amerikanischen Firma Auragen Systems entwickelt. Wie bei vielen anderen fehlertoleranten Systemen werden für die Parallelprozessoren *Motorola-Chips 68000* verwendet. Allen angebotenen Systemen ist gemeinsam, daß sie sukzessiv entsprechend den wachsenden Anwenderbedürfnissen *modular erweitert* werden können.

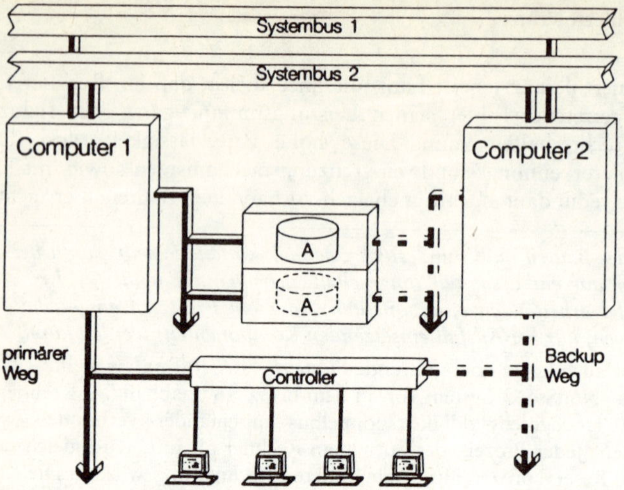

Fehlertolerante Datenwege und fehlertoleranter Plattenspeicher

Abb. 2.3.3/4: Struktur eines fehlertoleranten Systems (Quelle: Nixdorf)

Herkömmliche Rechner erreichen ohne Redundanz von Systemkomponenten heute schon *Zuverlässigkeitswerte von 98% bis 99%* (d.h. die Ausfallzeiten betragen 1% bis 2% der Gesamtzeit). *Spezielle fehlertolerante Systeme sind überall dort sinnvoll, wo die Ausfallkosten hoch sind bzw. wo sich ein Betrieb einen Systemstillstand einfach nicht leisten kann.* Denken Sie z.B. an die rechnergestützte Produktionssteuerung in der chemischen und Kfz-Industrie, Platzbuchungssysteme der Luftfahrtgesellschaften, Vermittlungssysteme in Fernmeldenetzen, den Schalterverkehr in Banken oder POS-Systeme mit Scanner-Kassen.

Großrechner

Der installierte Bestand und die jährlichen Auslieferungen von Großrechnern betragen stückzahlmäßig weniger als ein Zehntel der entsprechenden Zahlen bei Minirechnern bzw. weniger als ein Hundertstel der Zahlen bei Mikrorechnern. Der Wert der installierten und jährlich ausgelieferten Großrechner ist jedoch (noch) höher als der aller anderen Rechnergruppen zusammengenommen.

In der Bundesrepublik Deutschland waren Anfang 1986 21500 Großrechner im Wert von ca. 36,5 Mrd. DM installiert. Schon seit Mitte der 70er Jahre sind die jährlichen *Auslieferungen von Großrechnern rückläufig*, der Installationsbestand wächst nur noch minimal (etwa 3–4% jährlich gegenüber 10–15% bei Minirechnern und 20–30% bei Mikrorechnern). *Ursachen* dafür sind:

1. *Marktsättigung*, d.h. der Penetrationsgrad der EDV in der relativ kleinen Zahl von Großbetrieben, bei denen sich der Einsatz eines eigenen Großrechners lohnt, ist mittlerweile sehr hoch;
2. Trend zur *Dezentralisierung* der EDV, d.h. Übertragung von bisher durch zentrale Großrechner verrichteten Datenverarbeitungsaufgaben auf dezentral in Fachabteilungen, Werken usw. eingesetzte kleinere, immer leistungsfähiger und preisgünstiger werdende Mini- und Mikrorechner.

Die *Auslieferungen betreffen* also im wesentlichen den *Ersatz* vorhandener Großrechner durch leistungsfähigere und damit oft auch teurere Systeme. Zusatzinstallationen sind heutzutage fast nur noch durch den Aufbau von großen Datenbanken und Rechnernetzen begründet (Näheres hierzu im Kapitel 3). Der jährliche Wertzuwachs des Großrechnerbestands beträgt ca. 10%.

Auf dem Großrechnermarkt dominiert IBM mit einem wertmäßigen Marktanteil von etwa 55% weltweit und 45% in der Bundesrepublik Deutschland. Die nächstgrößeren Hersteller Sperry, Burroughs, NCR (alle US-amerikanische Basis) und Fujitsu (Japan) haben jeweils einen Weltmarktanteil von 6–7%. Weitere wichtige Hersteller mit 3–4% Weltmarktanteil sind NEC (Japan), Control Data Corp. (abgekürzt: CDC; USA), Siemens (BRD), Hitachi (Japan) und Honeywell (USA). Bezüglich der Großrechnerumsätze steht der *einzige deutsche Hersteller Siemens* weltweit an 8. Stelle, in der Bundesrepublik Deutschland an 2. Stelle (über 20% Marktanteil). Andere europäische Hersteller wie Bull (Frankreich) oder ICL (GB) erreichen auf ihren Heimatmärkten ähnlich hohe Marktanteile wie Siemens in der Bundesrepublik Deutschland, haben aber auf Auslandsmärkten i.d.R. eher eine untergeordnete Bedeutung.

Üblicherweise wird das *Großrechnerangebot* unterteilt in

1. IBM-Zentraleinheiten,
2. IBM-kompatible Zentraleinheiten, die von den sog. PCM-Herstellern angeboten werden,
3. nicht-IBM-kompatible Zentraleinheiten.

Etwa zwei Drittel aller installierten *IBM-Zentraleinheiten* entfallen auf die Rechnerfamilie 4300. Diese deckt den unteren Leistungsbereich mit mehr als einem Dutzend Modellen bzw. Modellvarianten mit Mips-Raten von 0,24 bis 6 und Arbeitsspeicherkapazitäten von 1 bis 32 MB ab. Im oberen Leistungsbereich reicht der Durchsatz der Rechnerfamilien 308X und 309X derzeit bis zu etwa 50 Mips. Die Architektur dieser heute erhältlichen Rechner entspricht in ihren Grundzügen immer noch der in den 60er Jahren entwickelten IBM 360-Familie bzw. der in den 70er Jahren vorherrschenden IBM 370-Familie. Die Abb. 2.3.3/5 zeigt Ihnen die Entwicklung der Preis-/Leistungsverhältnisse in den letzten 20 Jahren am Beispiel der

Modell	Ankündigung	Erstauslieferung	Mips	Preis in US-$	US-$/Mips
360/50	April 1964	Aug. 1965	0,2	1 200 000	7 018 000
360/65	April 1965	Nov. 1965	0,6	3 000 000	5 282 000
370/155	Juni 1970	Jan. 1971	0,6	1 600 000	2 667 000
370/165	Juni 1970	April 1971	1,9	4 000 000	2 105 000
370/158	Aug. 1972	April 1973	0,9	1 400 000	1 628 000
370/168	Aug. 1972	Mai 1973	2,4	4 200 000	1 750 000
370/158-3	März 1975	Sept. 1976	1,0	1 600 000	1 684 000
370/168-3	März 1975	Juni 1976	2,5	4 514 700	1 806 000
3031	Okt. 1977	März 1978	1,1	1 000 000	909 000
3032	Okt. 1977	März 1978	2,5	1 900 000	760 000
3033	März 1977	März 1978	5,0	3 380 000	676 000
3033S4	Nov. 1980	Jan. 1981	2,4	1 190 000	492 000
3033N4	Nov. 1979	Jan. 1980	4,0	1 800 000	450 000
3081-D	Nov. 1980	Okt. 1981	10,0	4 003 000	400 000
3083-E	März 1982	April 1983	4,0	1 400 000	354 000
3083-B	März 1982	Okt. 1982	5,7	2 100 000	367 000
3083-J	Nov. 1981	Okt. 1982	7,5	2 700 000	360 000
3081-G	Nov. 1981	Sept. 1982	10,5	3 543 000	337 000
3081-K	Nov. 1981	April 1982	13,5	4 603 000	341 000
3084-Q	Nov. 1981	Okt. 1983	25,7	7 982 000	311 000
3083-CXO	Okt. 1984	Juni 1985	3,2	871 000	277 000
3083-EXO	Feb. 1984	Juni 1984	4,2	1 400 000	333 000
3083-BXO	Feb. 1984	Juni 1984	6,1	2 100 000	344 000
3083-JXO	Feb. 1984	Juni 1984	8,0	2 700 000	338 000
3081-GX1	Feb. 1984	Juni 1984	11,4	3 543 000	312 000
3081-KX1	Feb. 1984	Juni 1984	14,9	4 603 000	310 000
3084-QX3	Feb. 1984	Juni 1984	27,8	7 982 000	288 000
3090-150	Feb. 1986	Okt. 1986	9,4	1 750 000	186 000
3090-180	Feb. 1986	April 1986	14,3	2 650 000	185 000
3090-200	Feb. 1985	Aug. 1985	27,2	4 580 000	168 000
3090-400	Feb. 1985	Dez. 1986	49,0	8 670 000	177 000

Abb. 2.3.3/5: Entwicklung der Preis-/Leistungsverhältnisse bei IBM-Großrechnern der oberen Leistungsklasse (Quelle: Arthur D. Little, Inc./Datamation und eigene Ermittlungen)

wichtigsten IBM-Großrechner im oberen Leistungsbereich. Bis spätestens 1990 sind IBM-Rechner mit einem Durchsatz von 90 bis 120 Mips zu erwarten. Aus der Tabelle ist ersichtlich, daß die größten Rechner Mitte der 60er Jahre das Leistungsvermögen der heute marktgängigen 16-Bit-Mikrorechner besaßen – zu einem Preis, der ohne Berücksichtigung der Inflationsrate zweitausend- bis dreitausendmal so hoch war wie jener der Mitte der 80er Jahre verbreitetsten PC.

PCM

PCM-Hersteller (PCM ist die Abkürzung von engl.: plug compatible manufacturer) bieten an die Anlagenspezifikationen anderer Hersteller angepaßte, als Ersatz geeignete Baueinheiten von EDVA an. Dies können ganze Zentraleinheiten und Peripheriegeräte oder einzelne Komponenten (z.B. Arbeitsspeichererweiterungen) sein.

Meistens bieten die PCM-Baueinheiten ein besseres *Preis-/Leistungsverhältnis* als die «Originale», da sonst für den EDV-Anwender kaum ein Beschaffungsanreiz bestünde. An sich ziehen es die Anwender nämlich im allgemeinen vor, alles «aus einer Hand» zu beziehen – aus einem Sicherheits- und Bequemlichkeitsbedürfnis heraus, um bei Zuverlässigkeitsproblemen nicht lange den «Schuldigen» suchen zu müssen, nicht mit unterschiedlichen Lieferanten verhandeln zu müssen und nicht früher oder später (z.B. bei Konfigurationsänderungen aufgrund von Neuankündigungen) doch Verträglichkeitsprobleme zu haben.

Aufgrund der dominierenden Stellung des Marktführers IBM bieten PCM-Hersteller *vorzugsweise Alternativen für IBM-Produkte* an. Es gibt jedoch auch voll kompatible Angebote für Geräte anderer Hersteller mit größeren Marktanteilen, wie z.B. DEC oder Siemens.

Bei *Zentraleinheiten von Großrechnern* gibt es nur IBM-kompatible *PCM-Angebote* (mit einer Ausnahme: NEC bietet EDVA an, die zu Honeywell-Bull-Rechnern kompatibel sind). Für die IBM 4300-Familie bieten in der Bundesrepublik Deutschland BASF (BRD), NAS (USA) und Nixdorf Alternativen, wobei der weitaus größte Anteil auf die kleineren Nixdorf-Rechner 8890 entfällt. Im IBM 308X/309X-Leistungsbereich treten als Anbieter Amdahl (USA), BASF, NAS, Nixdorf und Siemens auf; PCM-Marktführer in der Bundesrepublik Deutschland ist in dieser Leistungsklasse Siemens mit den 7.800-Rechnern. Weltweit führt NAS vor Amdahl, BASF und Siemens.

Mit Ausnahme der kleineren Nixdorf 8890-Rechner (Modelle 32 bis 72), die auf eine israelische Entwicklung zurückgehen, kommen *alle angebotenen PCM-Zentraleinheiten aus Japan.* Hitachi beliefert NAS, BASF und Nixdorf (über BASF nur die 8890-Modelle D13, 18, 23 und 28), von Fujitsu stammen die Siemens 7.800-Rechner sowie die Bauteile der Amdahl-Rechner (die Firma Amdahl, an der Fujitsu zu 49% beteiligt ist, entwickelt und montiert selbst).

Auf allen PCM-Rechnern läuft die Original-IBM-Software (System- und Anwendungsprogramme). Für die 8890-Rechner bietet Nixdorf *alternative Betriebssysteme* an.

Alle PCM-Hersteller zusammen verfügen auf dem deutschen Großrechnermarkt über einen wertmäßigen *Anteil von etwa 5 bis 6%*. Als *typische PCM-Branchen* gelten Banken und Versicherungen. Häufig liefert der PCM-Hersteller die *Zweitmaschine* als Erweiterung einer vorhandenen IBM-Zentraleinheit.

Nicht-IBM-kompatible Großrechner werden in der Bundesrepublik Deutschland von Burroughs, CDC, Honeywell Bull, NCR, Sperry und Siemens angeboten. *Der wertmäßige Marktanteil dieser Gruppe beläuft sich auf knapp 40%*. Etwa die Hälfte davon entfällt auf die älteren 7.700-Rechner und die heute angebotenen, bei den Installationszahlen weitaus *dominierenden 7.500-Rechner von Siemens.*

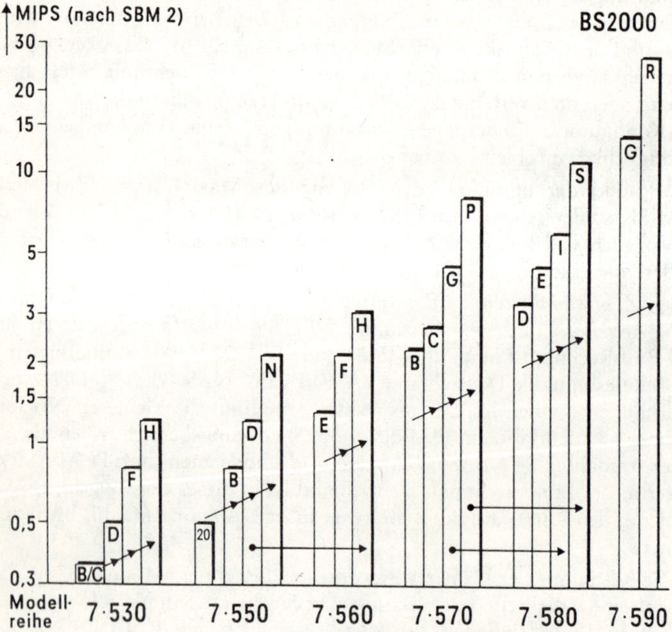

Abb. 2.3.3/6: Zentraleinheiten der Rechnerfamilie Siemens 7.500

Die Abb. 2.3.3/6 zeigt Ihnen das Leistungsspektrum der insgesamt 22 angebotenen Modelle der *Siemens 7.500-Rechnerfamilie* (Stand Mitte 1986), das von 0,2 bis 30 Mips Durchsatz, 2 bis 128 MB Arbeitsspeicherkapazität und 5 bis 144 MB/s Gesamtübertragungsrate des Ein-Ausgabe-Systems reicht. Die aufwärts gerichteten Pfeile kennzeichnen die Möglichkeiten zur *Hochrüstung* (engl.: upgradability) innerhalb der Modellreihen, d.h. *Ausbau im Feld* (ohne Demontage) zu einem leistungsstärkeren Modell durch Komponententausch oder -ergänzung. Die waagrechten Pfeile beschreiben die Umstiegsmöglichkeiten zwischen den Modellreihen. Alle Modelle arbeiten mit demselben Betriebssystem (BS2000; Näheres folgt später), wodurch vorhandene Anwendungsprogramme bei einem Umstieg auf ein größeres Modell ohne Anpassung weiterverarbeitet werden können.

Wie bei fast allen anderen Herstellern nicht-IBM-kompatibler Zentraleinheiten ist auch bei Siemens im Bereich der 7.500-Rechner ein *Trend zu einer begrenzten IBM-Kompatibilität* erkennbar. Der Grund hierfür liegt in der allgemein erwarteten *Verschiebung der Marktnachfrage zugunsten der «IBM-Welt»*.

Erklärtes *Nahziel von Siemens ist die Verwendung des IBM/370-Kanalkonzepts*, wodurch IBM- und IBM-kompatible Peripherie an Siemens-Zentraleinheiten bzw. Siemens-Peripherie an IBM-Zentraleinheiten angeschlossen werden könnte. Wir kommen auf die Kompatibilitätsproblematik nochmals im Zusammenhang mit den Betriebssystemen (Abschnitt 2.4.5) zurück.

Die Tabelle auf Seite 316 zeigt Ihnen die wichtigsten *Kenndaten einiger ausgewählter IBM- und Siemens-Großrechner:*

- Im unteren Leistungsbereich die *IBM 4361-5* (vergleichbar mit der hier nicht gekennzeichneten Siemens 7.560 E);
- im mittleren Leistungsbereich die *Siemens 7.580 E* (vergleichbar mit einer IBM 4381-3);
- im oberen Leistungsbereich die *Siemens 7.590-R* (sie stammt wie die 7.800-Familie von Fujitsu und ist mit einer IBM 3090-200 vergleichbar) sowie die *IBM 3090-400* (bisher kein vergleichbares Siemens-Angebot).[29]

Superrechner

Superrechner erreichen noch höhere Leistungen.

Zum *Beispiel* hat das 1985 auf dem Markt gekommene Multiprozessorsystem *Cray 2* des US-amerikanischen Herstellers Cray Research Inc. eine

29 Noch leistungsstärkere kommerzielle Großrechner werden von BASF, NAS (in beiden Fällen IBM-kompatible Hitachi-Maschinen mit 53 Mips), Burroughs (58,5 Mips) und Amdahl (IBM-kompatible 70 Mips-Maschine mit bis zu 512 MB Arbeitsspeicher und maximal 128 Kanälen) angeboten.

Modell	IBM 4361-5	Siemens 7.580 E	Siemens 7.590 R	IBM 3090-400
Durchsatz (Mips)	1,1	4,5	27	49
Zentralprozessoren (Anzahl)	1	1	2	4
Arbeitsspeicher (MB)	2 – 12	8 – 32	32 – 128	128 und Erweiterung von 256 für Seitenwechsel
Pufferspeicher (Cache in KB)	16	64	2 × 64 und 2 × 512 als Sekundärpufferspeicher	4 × 64
Zykluszeit (ns)	100	52	k.A.	18,5
Kanäle (max. Anzahl)	6	24	48	96
EA-Gesamtübertragungsrate (max. MB/s)	10	32	144	288
Kaufpreis (ca. Mio. DM)	0,8 (mit 12 MB und 6 Kanälen)	3 (mit 32 MB und 24 Kanälen)	17 (mit 128 MB und 48 Kanälen)	23 (mit 128 MB und 64 Kanälen)

Abb. 2.3.3/7: Kenndaten ausgewählter IBM- und Siemens-Großrechner (Stand: 1986-04-01)

Zykluszeit von 4,1 ns und einen Arbeitsspeicher von 2 GB. Der Durchsatz erreicht maximal 2 GFlops. Der Kaufpreis dieses aus 240 000 Chips aufgebauten Rechners beträgt über 50 Mio. DM.

Etwa zwei Drittel der *weltweit installierten ca. 200 Superrechner* stammen von *Cray*; in der Bundesrepublik Deutschland sind nur ca. ein Dutzend derartige Anlagen vorhanden. *Weitere Hersteller* sind CDC, Fujitsu, Hitachi und NEC. Nach eigenen Angaben entwickelt CDC ein Höchstleistungsmodell, das zwölfmal so schnell sein soll wie das heutige CDC-«Topmodell» Cyber 205. Dieser Eta 10 genannte Superrechner soll 1987 verfügbar sein und maximal 10 GFlops leisten.

Ein Prototyp des ersten *deutschen Superrechners «Suprenum»* (Superrechner für numerische Anwendungen) soll bis Ende 1988 fertiggestellt sein. Das deutsche Bundesministerium für Forschung und Technologie fördert massiv dieses Vorhaben, für das ein Volumen von 100 Mio. DM veranschlagt wird. In dem für die Entwicklung gegründeten Firmenkonsortium ist die Krupp Atlas Elektronik GmbH federführend. Die Firma hofft, daß von den 1995 in der westlichen Welt voraussichtlich installierten rund 600 Superrechnern etwa ein Drittel aus deutscher Produktion stammen werden.

Die Abb. 2.3.3/8 zeigt Ihnen die Installationszahlen und -werte der skizzierten Rechnergruppen nochmals in einem zusammenfassenden Überblick.

	Installierte Zentraleinheiten	
Rechnergruppen	**Anzahl**	**Wert in Mrd. DM**
Mikrorechner	ca. 2 500 000	6,0
Minirechner	240 300	21,2
Großrechner	21 500	36,5
Superrechner	10	0,2
Summe	2 761 810	63,9

Abb. 2.3.3/8: Rechnerbestand in der Bundesrepublik Deutschland – Stand: 1986-01-01 (Quelle: Diebold)

«Rechner der 90er Jahre»

Sie haben in den vorangegangenen Ausführungen viele unterschiedliche Entwicklungslinien und -tendenzen kennengelernt. Wir wollen nochmals die wichtigsten *Trends* zusammenfassen und die *«Rechner Anfang der 90er Jahre»* skizzieren:

1. *Mikrorechner* bieten i.a. Verarbeitungsleistungen im Dialogbetrieb zu günstigeren Kosten und mit einer benutzerfreundlicheren Oberfläche (Näheres im Abschnitt 2.4.4) als größere Rechner. Sie erlauben dem Endbenutzer die für ihn wichtige Kontrolle der eigenen Daten, Methoden und Betriebsmittel. Die Tendenzen der Auslagerung von EDV-Aufgaben aus einem zentralen Rechner auf dezentrale, am Arbeitsplatz der Endbenutzer installierte Mikrorechner, sog. Arbeitsstationen (engl.: workstation), werden sich fortsetzen und verstärken.
2. *Großrechner* übernehmen künftig vor allem jene Verarbeitungsaufgaben, für die eine besonders hohe Rechenleistung (Durchsatz), sehr große Zentral- und Externspeicherkapazitäten bzw. eine zentrale Kontrolle über Datenbestände sowie leistungsfähige Spezialprozessoren nötig sind. Neben den speziellen Hochgeschwindigkeits-Logikchips werden auch in Großrechnern überall die immer kostengünstiger werdenden 32-Bit-Mikroprozessoren verwendet werden.
3. Bei Rechnern aller Art gibt es einen starken Trend hin zu *Mehrprozessorarchitekturen.* Multiprozessorsysteme können leistungsfähiger, zuverlässiger und flexibler sein als Einprozessorsysteme.

Der weitaus größte Teil (schätzungsweise über 98%) aller derzeit im kommerziellen Bereich eingesetzten EDVA besitzt nur einen zentralen Verarbeitungsprozessor. Künftig werden je nach Bedarf und Rechnergrößenklasse *zwei, vier, acht, 16 oder noch mehr allgemeine Verarbeitungsprozessoren* und *Ein-Ausgabe-Prozessoren* angeboten. Die Verarbeitungsprozessoren werden zum Teil *auf verschiedene Betriebssysteme oder Programmiersprachen und -systeme ausgelegt* sein. Daneben gibt es *Spezialprozessoren*, z.B. für Vektorverarbeitung, grafische Datenverarbeitung, Datenbankverwaltung, Kommunikation, Expertensysteme (Näheres folgt später). Jeder Mehrzweck- und Spezialprozessor wird über einen eigenen *Pufferspeicher* (engl.: private cache) verfügen, der bei Großrechnern oft eine Kapazität von 1 MB pro Prozessor übersteigen dürfte.

4. Manche *Spezialprozessoren* werden *durch eine optimale fest verdrahtete Logik bzw. durch RISC-Architektur besonders schnell* sein. Andere werden *durch entsprechende Mikroprogramme aus einem Standardprozessor gebildet* und können jederzeit «umfunktioniert» werden.
5. Die Kopplung der Prozessoren wird über *Hochleistungsbusse* erfolgen. Datenbusse in Großrechnern werden z.T. in *Glasfasertechnologie* (Näheres im Abschnitt 3.3.1) Übertragungsraten im Gigabytebereich ermöglichen. Neuangekündigte *Kanalerweiterungen* erlauben es heute schon, durch Glasfaserkabel die Steuereinheiten für die Peripherie mehrere Kilometer von der Zentraleinheit entfernt aufzustellen (vorher nur wenige Meter).
6. Ähnlich wie die Prozessoren in Großrechnern können auch *Minirechner und Mikrorechner über Hochleistungsübertragungswege miteinander verbunden* werden und sich bei Ausfällen gegenseitig sichern. Ebenso wird es in solchen Netzen *allgemeine Verarbeitungs- und Spezialrechner* geben. Die *Kommunikation wird über Nachrichten und Datenblöcke in einer Standardform* erfolgen, egal ob es sich beim Inhalt um ein Programm, formatierte Daten, Text, Bild oder Sprache handelt.
7. *Fehlertoleranz* wird allgemein sowohl auf der Gesamtanlagenebene als auch auf der Geräte- und Komponentenebene (gegen zusätzliche Bezahlung) erhältlich sein, um damit dem Bedürfnis der Anwender nach erhöhter Zuverlässigkeit der EDVA zu entsprechen.
8. Ermöglicht werden die skizzierten Entwicklungen, weil die *Kosten der Bauelemente und damit auch der Baugruppen aufgrund der Fortschritte der Halbleitertechnik in ihrer Bedeutung immer mehr abnehmen.* Dadurch fallen zunehmend ökonomische Grenzen, die technisch optimale Lösungen in der Rechnerarchitektur und -ausstattung bisher in vielen Fällen verhindert bzw. eingeschränkt haben.

Dies und die Meinung, daß die traditionellen sequentiellen Strukturen der sog. von Neumann-Rechner für «intelligente» zukünftige Anwendungen wenig geeignet sind, hat zu *dem 1978 von der japanischen Regierung ins*

Leben gerufenen «Fifth Generation Computer System»-Projekt geführt, das weltweite Beachtung gefunden hat.

Dieses bis Anfang der 90er Jahre geplante Vorhaben zielt auf die *Entwicklung von wissensbasierten Systemen auf der Grundlage von Parallelrechnerarchitekturen.* Weil es dabei vor allem auch um Programmsysteme zum automatisierten Verstehen von Problemen, Erarbeiten und Erklären von Lösungsvorschlägen geht, behandeln wir die «Rechner der fünften Generation» erst im folgenden Hauptabschnitt 2.4 Software.

In den *Forschungslabors der US-amerikanischen und europäischen Rechnerhersteller und an einigen Universitäten* wird an *ähnlichen langfristigen Entwicklungen* gearbeitet. Ein *Beispiel zur Hardware*: Zusammen mit dem Courant Institute of Mathematical Sciences der Universität New York arbeitet das Forschungszentrum der IBM in Yorktown Heights, N.Y., an dem Projekt eines *Parallelrechners* unter dem Namen *«Research Parallel-Processor-Project RB3»*. Die erste Version des RP3 soll 64 Prozessoren umfassen. Durch die Verküpfung von acht solcher 64-Prozessoren-Gruppen kann eine Erweiterung auf 512 Prozessoren erfolgen, die parallel miteinander verbunden sind und auf einen Zentralspeicher von insgesamt zwei GB zugreifen können. Für diese 512-Prozessor-Version erwartet man eine interne Rechenleistung von rund 1000 Mips. Die Software für den RP3 wird vom Courant Institute entwickelt, u. a. auch eine neuartige Synchronisierungstechnik zur Verknüpfung der Prozessoren untereinander.

Ein- und Ausgabegeräte

Auf dem Markt für Ein- und Ausgabegeräte tritt ein sehr großer Kreis von Anbietern auf, der eine kaum noch übersehbare Vielfalt von Maschinen vertreibt. Wir beschränken uns hier auf eine Skizzierung der beiden wichtigsten Teilmärkte: Den Bildschirmterminalmarkt und den Druckermarkt.

Bildschirmterminals

In der Bundesrepublik Deutschland waren Anfang 1986 etwa eine Million universelle Bildschirmgeräte im Wert von über 10 Mrd. DM an Rechner angeschlossen. Weniger als 10% der installierten Geräte sind vollgrafikfähig; solche Bildschirme werden überwiegend für CAD/CAM-Anwendungen eingesetzt. Und weniger als 10% des Installationsbestands entfallen auf Farbdatensichtstationen. Begünstigt durch den anhaltenden Preisverfall und die Expansion des Dialogbetriebs beträgt die Zuwachsrate ca. 15–20% pro Jahr. Der Anteil der als Bildschirmterminals, d.h. im Verbund mit einem größeren Rechner betriebenen Mikrorechner ist bisher minimal. Es wird jedoch erwartet, daß bis Anfang der 90er Jahre 20–30% der installierten Datensichtstationen Mikrorechner sind, die auch wahlweise im autonomen Betrieb arbeiten können.

Der Kaufpreis für einen gebräuchlichen monochromen Monitor (d.h. nur die Anzeigeeinheit) liegt derzeit typischerweise je nach Bildschirmgröße, Auflösung und Ausstattung zwischen 300,– DM und 800,– DM. Ein Farbmonitor kostet etwa zwischen 1 000,– DM und 2 000,– DM. Ein komplettes «normales» monochromes Datensichtgerät (d.h. inklusive Speicher, Tastatur usw.), wie es hunderttausendfach an Groß- und Minirechnern betrieben wird, hat einen Kaufpreis von etwa 6 000,– bis 7 000,– DM. Auch alphanumerische Farbdatensichtstationen, wie z.B. das im Abschnitt 2.3.2.5 beschriebene Modell, sind schon für diesen Preis erhältlich. Die zusätzliche Grafikfähigkeit muß mit ca. 2 500,– DM erkauft werden. Multifunktionale Terminals und Spezialbildschirmgeräte für die grafische Datenverarbeitung können ein Vielfaches kosten (bis 100 000,– DM und mehr).

85% der Bildschirmterminals werden direkt von den Herstellern vertrieben. Etwa 30% des Gesamtbestands an Bildschirmgeräten in der Bundesrepublik Deutschland stammen von IBM, knapp 15% von Siemens, jeweils ca. 6% bis 8% von Bull, DEC, Nixdorf und SEL (ITT). *Insgesamt werden auf dem deutschen Markt etwa 200 verschiedene Modelle von rund 100 Herstellern angeboten.*

Davon liefern ca. ein Viertel mit dem *«Industriestandard» 327X* verträgliche, das sind IBM-kompatible Geräte (ca. 15% Marktanteil). Führende *PCM-Hersteller* sind Telex, SEL, Ericsson und Memorex. Bei *Einzelstationen* ist über die integrierte Steuereinheit unmittelbar eine Kompatibilität mit IBM-Rechnern gegeben. Bei sog. *Clustersystemen*, bei denen eine Steuereinheit eine größere Zahl von Bildschirmgeräten bedient, gibt es zwei Varianten. Bei der einen können die PCM-Datensichtstationen an IBM-Steuereinheiten angeschlossen werden. Bei der anderen, häufigeren Variante besteht eine Steckerkompatibilität nicht direkt mit IBM-Steuereinheiten, sondern ab einer eigenen Steuereinheit des PCM-Herstellers gegenüber den IBM-Zentraleinheiten. Der interessierte Anwender muß also sowohl die Steuereinheit als auch die Sichtgeräte vom PCM-Hersteller «im Paket» beziehen. Nur vereinzelt gibt es vergleichbare PCM-Angebote für EDVA anderer Hersteller, wie z.B. Siemens.

Die gegenwärtige und zukünftige Entwicklung bei Bildschirmgeräten ist durch folgende Trends geprägt:

1. Mehrfarbendarstellung, Grafikfähigkeit und höhere Auflösung auch bei Standardgeräten;
2. zunehmendes Eigensteuerungsvermögen, größere Speicherkapazitäten und höhere Bildwiederholfrequenz;
3. Multifunktionalität (z.B. neben dem «konventionellen» Einsatzspektrum grafische Anwendungen, Teletex, Bildschirmtext u.ä.m. – Näheres hierzu im Kapitel 4);
4. weitere Verbesserungen des Preis-/Leistungsverhältnisses;
5. zunehmender Ersatz «dummer» Terminals durch netzfähige Mikrorechner;

6. überproportionales Wachstum der heute noch kaum marktrelevanten flachen Bildschirme (Weltumsatz 1985 ca. 600 Mio. DM, jährlicher Zuwachs ca. 25%, wobei auf Flüssigkristallanzeigen ca. 50% und Plasmaanzeigen ca. 20% des Absatzes entfallen).

Neben den universellen Terminals gewinnen *Datenstationen für dedizierte Anwendungen* (engl.: application unique terminals) laufend an Bedeutung. Jährliche Wachstumsraten von über 20% erreichen hier elektronische Datenkassen für Warenhäuser und Lebensmittelsupermärkte, Schalterterminals und Geldausgabeautomaten für Banken, Betriebsdatenerfassungsgeräte und mobile Datenerfassungsgeräte (Näheres hierzu im Abschnitt 3.1). In hochautomatisierten Betrieben, zum Beispiel in Banken, entfällt heute schon durchschnittlich eine Datenstation auf drei Arbeitsplätze.

Drucker

Auf dem deutschen EDV-Markt wurden 1985 mehr als 500 000 Drucker verkauft. Die jährliche *Zuwachsrate* beträgt ca. 25%, so daß 1990 mit über einer Million Auslieferungen zu rechnen ist. Rund 97% der derzeit ausgelieferten Geräte sind *Zeichendrucker* (1990: knapp 95%). Bei diesen entfallen *ca. 75% auf Nadeldrucker und ca. 15% auf Typenraddrucker.* In den nächsten Jahren wird der Marktanteil dieser Druckerkategorien zugunsten der Non-Impact-Zeichendrucker abnehmen (jedoch absolute Absatzzunahme). Vor allem die *Tintenstrahl- und Thermotransferdrucker*, die nur Normalpapier benötigen, dürften immer beliebter werden.

Die Bedeutung der *Zeilendrucker* wird unter dem Einfluß von schnellen seriellen Druckern auf der einen und Niedrigpreis-Seitendruckern auf der anderen Seite zurückgehen. Bei den derzeitigen Neuauslieferungen von Zeilendruckern sind *nur noch die Typenbanddrucker marktrelevant.* 1985 wurden in der Bundesrepublik Deutschland rund 7 000 Zeilendrucker verkauft, bis 1990 wird eine Absatzverdoppelung erwartet – allerdings dann in zunehmend nichtmechanischer Technologie.

Der Absatz an *Seitendruckern* lag 1985 bei etwa 8 000 Systemen. In den kommenden Jahren wird ein *stürmisches Wachstum vor allem im unteren Leistungsbereich* (bis zu 20 Seiten pro Minute) erwartet. 1990 dürften schon mehr als 50 000 Seitendrucker in der Bundesrepublik Deutschland verkauft werden.

Bekannte *Hersteller von Druckern* sind neben den Rechnerherstellern: Agfa Gevaert, Binder Datentechnik, Brother International, Canon, Centronics, Datagraphix, Dataproducts, Diablo (Xerox), Interkom, Itoh Electronics, Juki, Mannesmann Tally, Memorex, Okidata, Qume, Rank Xerox.

Niedrigpreisdrucker für Mikrorechner und Bildschirmterminals haben *Kaufpreise* ab etwa 400,– DM für einen *Thermodrucker* mit max. 45 Zeichen/s, 800,– DM für einen *Nadeldrucker* mit max. 100 Zeichen/s (jeweils

EDV-Qualität), 1 000,– DM für einen *Typenraddrucker* mit max. 12 Zeichen/s in Korrespondenzqualität. Ein Typenraddrucker mit max. 20 Zeichen/s kostet ungefähr das Doppelte (2 000,– DM), mit max. 30 Zeichen/s das Dreifache usw. bis hin zu 55 Zeichen/s (= ca. 5 500,– DM). Ein doppelt so schneller *Tintenstrahldrucker* kostet auch ungefähr doppelt soviel. Ein *Typenbanddrucker* mit einer Leistung von 2 000 Zeilen/Min. hat einen Kaufpreis von über 100 000,– DM, ein *Laser-Seitendrucker* mit ca. 200 Seiten/Min. sogar von 600 000,– bis 700 000,– DM. Der «kleine Bruder» mit 8 Seiten/Min. im Laserdruckverfahren ist hingegen schon ab ca. 10 000,– DM erhältlich.

Das Angebot und die technische Entwicklung von Druckern werden durch die allgemeinen EDV-Anwendungstrends in Richtung

- Dezentralisierung mit Mikrorechnern oder «dummen» Datensichtstationen und
- Expansion der Büro- und CAD/CAM-Anwendungen

sowie im speziellen durch die «Bildschirmtrends» hin zu

- Farbe,
- höherer Auflösung und
- Grafik

beeinflußt. Dementsprechend sind neuangekündigte bzw. zu erwartende Drucker leiser, sie drucken vielfach in Farbe in hoher Qualität Text und Grafik, sie werden kompakter, einfacher bedienbar, zuverlässiger, preisgünstiger und damit für den Einsatz am Arbeitsplatz der Endbenutzer prädestiniert. Ermöglicht wird dies durch die *zunehmende Verwendung nicht-mechanischer Druckverfahren* sowie durch *lokale «Intelligenz» und Speicherkapazitäten.*

2.4 Software

Ohne Software können die Zentraleinheiten und die Peripheriegeräte von EDVA keine nützliche Arbeit verrichten.

«**Software**» (engl.: software) ist der Sammelbegriff für die Systemprogramme (engl.: system program) und die Anwendungsprogramme (engl.: application program; user program) von Rechnern.

Die auf die Architektur abgestimmten und zum Betrieb einer EDVA unbedingt nötigen Systemprogramme bilden das *Betriebssystem.* Es steuert und überwacht die Abwicklung von Anwendungsprogrammen auf der Maschinenkonfiguration. Bei mittleren und großen Datenverarbeitungssystemen ermöglichen Betriebssysteme vielen Benutzern (bzw. Anwendungsprogrammen) gleichzeitig eine komfortable Verwendung der Hardware. Hierzu bedarf es einer straffen Organisation und Verwaltung von Benutzeraufträgen, Betriebsmitteln (= Prozessor(en), Pufferspeicher, Arbeitsspeicher, Kanäle, periphere Geräte), Prozessen (= Abläufe bei der Auftragsbearbeitung) und Daten.

Betriebssysteme, welche die Leistungsfähigkeit einer EDVA ganz wesentlich mitbestimmen, werden i.a. von den Anlagenherstellern bei der Lieferung zur Verfügung gestellt. Selten ist ihr *Preis* im Hardwarepreis eingeschlossen; normalerweise erfolgt eine getrennte Berechnung mit unterschiedlichen Preisen für die jeweils in Anspruch genommenen Systemprogramme. Einzelne Komponenten, aber auch ganze Betriebssysteme sind darüber hinaus bei *Softwarehäusern* erhältlich.

Sowohl von Rechnerherstellern als auch von Softwarehäusern wird zusätzlich *spezielle, systemnahe Software* angeboten, die das Funktionsspektrum der entsprechenden Betriebssystemkomponenten weit übertrifft. Beispiele hierfür sind etwa *Datenbankverwaltungssysteme* zur Organisation sehr großer Datenbestände (Näheres im Abschnitt 3.2.2), *Datenfernverarbeitungssysteme* zur Steuerung der Kommunikationsvorgänge in Rechnernetzen (Näheres im Abschnitt 3.3) oder *Programmentwicklungssysteme* zur Unterstützung der Arbeit von Programmierern durch den Rechner.

Die *Anwendungsprogramme* bieten dagegen Lösungen für fachliche Probleme. Dazu gehören *technisch-wissenschaftliche Programme* (zum Beispiel für statische Berechnungen), *kommerzielle, auf allgemeine betriebliche Funktionen bezogene Programme* (zum Beispiel für die Finanzbuchhaltung) und Branchenprogramme.

Ein *Beispiel für ein Branchenprogramm* ist etwa das in den Abschnitten 1.1.3 und 1.3.2 skizzierte, umfassende Warenwirtschaftssystem für den Lebensmitteleinzelhandel.

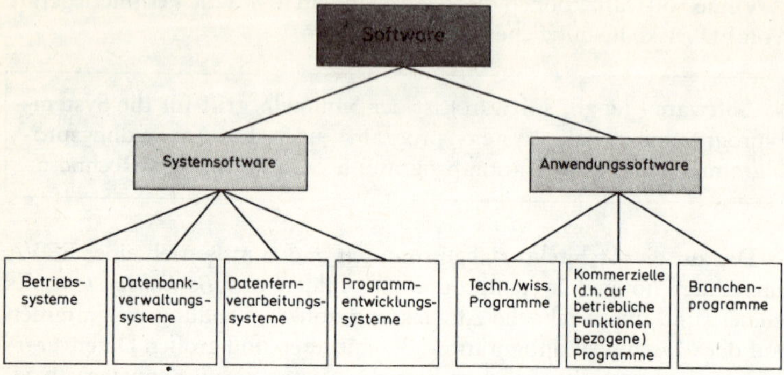

Abb. 2.4/1: Programme von EDVA

In den *Folgeabschnitten* wird zunächst auf die *Programmiersprachen* eingegangen, in denen System- und Anwendungsprogramme geschrieben bzw. Aufträge zur Lösung von Problemstellungen an den Rechner formuliert werden. Anschließend erfolgt eine nähere Kennzeichnung der *Betriebsarten* sowie der *Funktionen von Betriebssystemen*. In bezug auf die *Anwendungssoftware* werden Überlegungen zur *Entscheidung zwischen Eigenentwicklung und Fremdbezug* sowie zur *Auswahl von fertigen Programmen* angestellt. Ferner wird in groben Zügen die *Handhabung eines «Softwarewerkzeugkastens» für Endbenutzer* zur Lösung einfacher, kommerzieller Probleme erläutert. Ein weiterer Abschnitt befaßt sich mit der *Benutzeroberfläche* von Programmen, d.h. der ergonomischen Gestaltung jener Programmfunktionen, mit denen der Mensch unmittelbar bei der Programmbenutzung in Berührung kommt. Abschließend werden die *Angebots- und Nachfragesituation auf dem Softwaremarkt* skizziert.

→ Übungsaufgabe Nr. I-114 im Arbeitsbuch

2.4.1 Programmiersprachen und -systeme

Soll ein Problem mit Hilfe einer EDVA gelöst werden, so muß der Lösungsweg (Algorithmus) in einer der Maschine verständlichen Sprache (Programmiersprache) formuliert sein.

Diese *Sprachen* haben abhängig von den zugrundegelegten Konzepten, Zielen und vorgesehenen Einsatzgebieten *unterschiedliche Eigenschaften*. Daraus läßt sich eine zwar etwas unscharfe, im großen und ganzen jedoch zutreffende Gliederung in *fünf Sprachgenerationen* ableiten. Diese Generationen sind nicht als zeitlich aufeinanderfolgende Entstehungsperioden zu verstehen, sondern als Hinweis auf die *zeitliche Abfolge der Praxisrelevanz von Sprachgruppen*. (So muß zum Beispiel für jede neu entwickelte EDVA eine Maschinensprache, d.h. eine Sprache der ersten Generation, definiert werden, während auf der anderen Seite ein prominenter Vertreter der fünften Generation – LISP – bereits in den 50er Jahren entwickelt wurde.)

2.4.1.1 Maschinensprachen (Sprachen der 1. Generation)

Die interne Darstellung einzelner Befehle haben Sie bereits im Abschnitt 2.1.3.4 kennengelernt. Wird ein Programm als Folge solcher Befehle in binärer Form (als Folge von O- und L-Zeichen) ausgedrückt, so kann es von der EDVA unmittelbar ausgeführt werden – es ist in der entsprechenden *Maschinensprache* formuliert.

Die Addition der Zahlen 3 und 4 hätte zum *Beispiel* für gebräuchliche Großrechner die Form:

000LL0L0 00LL 0L00

(Befehl «Addiere», Operanden 3,4)

Programme in der Maschinensprache sind infolge des extrem beschränkten Zeichenvorrats für die Darstellung von Anweisungen außerordentlich *unübersichtlich* und deswegen auch sehr *fehleranfällig*.

Übungsaufgabe Nr. I-115 im Arbeitsbuch ←

2.4.1.2 Assemblersprachen (Sprachen der 2. Generation)

Eine *Assemblersprache* ist ein Hilfsmittel, um die Programmbefehle (Maschinenbefehle) einprägsamer und besser verständlich darzustellen. Dabei werden die Instruktionen mittels mnemotechnischer, d.h. gedächtnisunterstützender Abkürzungen abgebildet, was die Handhabung wesentlich erleichtert.

So gilt etwa für obiges *Beispiel* der Assemblerbefehl

ADD 3,4

wobei ADD eine symbolische Abkürzung für die Operation «Addieren» ist.

Die **Maschinensprachen** (engl.: machine language; object language), bei denen jeder Befehl nur aus einer Folge der Binärzeichen O und L besteht, entsprechen in ihrer Struktur der jeweiligen Maschinenlogik. Eine Sprache, die den Aufbau der Befehle der Maschinensprache beibehält, die Instruktionsteile jedoch nicht binär verschlüsselt, sondern durch eine Symbolik ausdrückt, wird **Assembler** (engl.: assembler) genannt. Maschinensprachen und Assembler bilden zusammen die *maschinenorientierten Sprachen.*

Bevor ein Assemblerprogramm ausgeführt werden kann, muß es in die Maschinensprache übersetzt werden. Mittels entsprechender Systemprogramme, sog. *Assemblierer* (die auch – wie die zu übersetzende Sprache – *Assembler* genannt werden), wird diese Übersetzung durch den Rechner selbsttätig vorgenommen (Näheres im Abschnitt 2.4.2.2).

Für häufig verwendete Funktionen (z.B. Bildschirmeingabe und -ausgabe) werden die erforderlichen Assemblerbefehle zu sog. *Makros* (engl.: macro) zusammengefaßt und in *Bibliotheken* (= Programmdateien; engl.: program library) abgespeichert. Übersetzungsprogramme, die Makroaufrufe auflösen können (d.h. vor der Übersetzung durch die Routinen aus der Bibliothek ersetzen können), werden *Makroassembler* (engl.: macro assembly program) genannt.

Maschinenorientierte Programmiersprachen bieten relativ wenig Komfort, erlauben aber hinsichtlich Speicherbedarf und Verarbeitungsgeschwindigkeit ein optimales Programmieren. Ihr Hauptanwendungsgebiet liegt daher in der Erstellung zeitkritischer oder häufig benutzter Programmteile. Sie erfordern jedoch bei Herstellerwechsel oder Wechsel der Rechnerfamilie praktisch eine Neuprogrammierung der Problemlösungen.

→ Übungsaufgabe Nr. I-116 im Arbeitsbuch

2.4.1.3 Höhere Programmiersprachen (Sprachen der 3. Generation)

Höhere Programmiersprachen (engl.: high-level language) ermöglichen die Erstellung von Programmen in einer weitgehend maschinenunabhängigen, abstrakten Schreibweise.

Anstoß zur Entwicklung höherer Sprachen gab die mangelhafte Eignung maschinenorientierter Sprachen zur Erstellung komplexer Anwendungsprogramme (hohe Fehleranfälligkeit, schlechte Lesbarkeit und unübersichtliche Struktur der Programme).

Das obige *Beispiel* wäre etwa in einer höheren Programmiersprache wie folgt darstellbar:

SUMME = 3 + 4

Ebenso wie ein Assemblerprogramm muß auch ein in einer höheren Programmiersprache geschriebenes Programm in die Maschinensprache *übersetzt* werden. Während bei Assemblerprogrammen eine Programmanweisung in jeweils einen Maschinenbefehl übersetzt wird (1:1-Übersetzung), entspricht bei Programmen in höheren Sprachen eine Programmanweisung einer Reihe von Instruktionen im Maschinencode *(1:n-Übersetzung).*

Übersetzungsprogramme für in höheren Programmiersprachen formulierte Programme heißen je nach Art des Übersetzungsverfahrens entweder *Kompilierer (Compiler)* oder *Interpretierer (Interpreter).* Näheres hierzu folgt im Abschnitt 2.4.2.2.

Ein Programm, das nicht in der Maschinensprache abgefaßt ist, wird **Quellen- bzw. Quellprogramm** genannt (auch Quell(en)code, Quell(en)text; engl.: source program). Ein in der Maschinensprache vorliegendes Programm (= Zielprogramm des Übersetzungsvorgangs) heißt **Objektprogramm** (Objektcode, Maschinencode; engl.: object program).

Es gibt eine *beträchtliche Zahl von höheren Programmiersprachen*, doch haben sich nur wenige in größerem Umfang durchgesetzt. Anfänglich, gegen Ende der 50er Jahre, wurden zunächst unabhängig voneinander *höhere Programmiersprachen für kommerzielle Anwendungen* einerseits und *für technisch-wissenschaftliche Zwecke* andererseits entwickelt.

Bei EDV-Anwendungen im Bereich von Wirtschaft und Verwaltung liegt das Schwergewicht im allgemeinen auf der Verarbeitung umfangreicher Datenbestände. Dementsprechend erlauben kommerzielle Programmiersprachen eine übersichtliche Beschreibung von Dateien und die einfache Formulierung von Ein- und Ausgabeanweisungen. Dagegen steht *bei wissenschaftlichen und technischen Fragestellungen* mehr die Forderung nach einem *effizienten Programmieren von komplexen mathematischen Algorithmen* im Vordergrund. Die Bewegung von umfangreichen Datenbeständen ist hingegen vergleichsweise gering. *Technisch-wissenschaftliche Programme* sind in der Regel *rechenzeitintensiv*, d.h. sie benutzen die Zentralprozessoren von EDVA wesentlich stärker als die Ein-/Ausgabeeinheiten.

Die gebräuchlichste höhere Programmiersprache für betriebswirtschaftliche Anwendungen ist **COBOL** (COmmon Business Oriented

Language). COBOL wurde sehr früh (1960) normiert und seitdem periodisch entsprechend den Wandlungen der Datenverarbeitungstechnologie angepaßt und erweitert. Der letzte gültige Stand der COBOL-Normen ist ANSI-COBOL-85, das Sie in den Grundzügen im Band *«Wirtschaftsinformatik II»* lernen werden. COBOL ist eine äußerst umfangreiche Programmiersprache, die stark an die natürliche (englische) Sprache angelehnt ist. Die *Vorteile* von COBOL liegen in der guten Lesbarkeit, dem streng hierarchischen Aufbau und den ausgezeichneten Möglichkeiten zur Programmdokumentation. Es eignet sich hervorragend für die Behandlung großer, komplexer Datenmengen; durch die Normung ist die Verwendung von COBOL-Programmen auf EDVA verschiedener Hersteller weitgehend problemlos. *Nachteilig* ist der relativ hohe Schreibaufwand beim Programmieren.

Vor allem auf Bürocomputern ist **RPG** (Report Program Generator) bzw. RPG II und RPG III weit verbreitet. Mit dieser Sprache ist die Erzeugung von Ausgabelisten besonders einfach, und die Programme haben einen geringen Arbeitsspeicherbedarf (was in erster Linie bei kleineren EDV-Systemen wichtig ist). RPG ist jedoch aufgrund der sehr beschränkten Sprachfunktionen vergleichsweise unflexibel.

Die älteste Programmiersprache für technisch-wissenschaftliche Anwendungen ist **FORTRAN** (FORmula TRANslator). Die Stärken von FORTRAN liegen im Bereich numerischer Algorithmen, weniger gut geeignet ist es für die Verarbeitung von Texten und umfangreichen Datenbeständen. FORTRAN wird von allen größeren Rechnerherstellern angeboten.

BASIC (Beginners All-Purpose Symbolic Instruction Code) ist ein stark vereinfachter FORTRAN-«Abkömmling». Diese besonders leicht zu lernende Programmiersprache wurde Anfang der 60er Jahre in den USA für Schüler entwickelt (Dartmouth-BASIC) und existiert mittlerweile in zahlreichen erweiterten Formen. Leider ging fast jeder Hersteller bei der Weiterentwicklung seine eigenen Wege, so daß es zur Zeit fast so viele BASIC-Versionen gibt, wie BASIC-Rechner angeboten werden. Verbreitet wird diese Sprache vor allem auf Mikrorechnern eingesetzt. Für größere Anwendungen ist BASIC weniger geeignet. Die nur in unzureichendem Ausmaß vorhandenen Strukturierungsmöglichkeiten verleiten zur Erstellung von sog. «Spaghetticode», d.h. von Programmen, die durch die häufige Verwendung von unbedingten Sprungbefehlen (GOTO-Befehlen) und fehlenden lokalen Datenbereichen nur sehr schwer nachzuvollziehen und zu warten sind.

Die Programmiersprache **ALGOL** (ALGOrithmic Language) ist ähnlich wie FORTRAN schon sehr früh für mathematisch-statistische Zwecke konzipiert und in mehreren Stufen weiterentwickelt worden, hat aber nur im Bereich von Forschung und Lehre eine größere Bedeutung erlangt. ALGOL wurde wesentlich durch theoretische Erkenntnisse der Informatik beeinflußt und hat seinerseits eine ganze «Sprachfamilie» hervorgerufen. Inzwischen wurde ALGOL weitgehend durch PASCAL abgelöst.

PASCAL ist eine Hochschulentwicklung der 70er Jahre, die nach dem französischen Mathematiker und Philosophen *Blaise Pascal* (1623–1662) benannt wurde. Diese Sprache unterstützt den Top-Down-Entwurf von Programmen sowie die strukturierte Programmierung und erlaubt eine reichhaltige Datenstrukturierung (Näheres hierzu folgt im Band «*Wirtschaftsinformatik II*»). Wegen dieser Vorzüge ist sie an Universitäten schon weit verbreitet; auch im kommerziellen Bereich wird PASCAL zunehmend eingesetzt.

Eine weitere wichtige, zunächst für mathematische Anwendungen konzipierte Programmiersprache ist **APL** (A Programming Language). Diese Sprache ist vor allem für die interaktive Programmentwicklung durch den mit der mathematischen Notation vertrauten Endbenutzer geeignet und zeichnet sich durch eine äußerst kompakte, unkonventionelle Schreibweise aus. Mittlerweile wird APL gleichermaßen zur Programmierung technischer und kommerzieller Aufgabenstellungen (insbesondere für Planungszwecke) verwendet.

Ein Versuch, die Trennung in kommerziell und technisch-wissenschaftlich orientierte Programmiersprachen aufzuheben, führte zur Entwicklung von **PL/1** (Programming Language 1). PL/1 baut auf den Erfahrungen mit FORTRAN, ALGOL und COBOL auf: Man versuchte die Stärken dieser Sprachen in einer Sprache zusammenzufassen. PL/1 hat daher einen großen Sprachumfang, ist naturgemäß aber etwas schwieriger zu erlernen.

Eine Sprache, in die derzeit besonders viele Erwartungen gesetzt werden, ist die im Auftrag des US-Verteidigungsministeriums entwickelte Sprache **ADA**. Für einen breiten Einsatzbereich (System- und Anwendungsprogrammierung) ausgelegt, profitiert diese Sprache, ähnlich wie COBOL, von der Marktmacht des US-Verteidigungsministeriums. Zum einen ist die Verfügbarkeit eines ADA-Übersetzers Bedingung für jeden EDVA-Auftrag des Ministeriums, außerdem sollen neue Anwendungen in der Hauptsache in ADA realisiert werden. Den Namen hat diese Sprache zu Ehren der «ersten Programmiererin der Welt», *Augusta Ada Byron*, erhalten, die Mitte des 19. Jahrhunderts für einen der Pioniere der modernen Datenverarbeitung, *Charles Babbage*, tätig war. Ziel dieser (PASCAL ähnelnden) Sprache ist die Erstellung besonders effizienter Programme für Rechner aller Größenklassen und Hersteller. Die Programme sollen vor allem leicht und zuverlässig zu handhaben sein, der Aufwand für die spätere Programmwartung soll von vornherein minimiert werden. Für die Programmentwicklung stehen leistungsfähige Methoden und Werkzeuge zur Verfügung. Die Sprache ist bereits auf künftige, zu erwartende Hardwareentwicklungen (z.B. Mehrprozessorsysteme) vorbereitet. Als Schwachpunkte von ADA gelten (wie bei PL/1) der große Umfang und die damit verbundene Komplexität der Sprache.

Besonders für die systemnahe Programmierung geeignet ist die Sprache C, die in den USA schon weit verbreitet ist. Anfang der 70er Jahre in den Softwareabteilungen der Bell Laboratories (eine Tochtergesellschaft des amerikanischen Fernmeldegroßkonzerns AT&T) entwickelt und eng mit dem Betriebssystem UNIX (Näheres im Abschnitt 2.4.5) verknüpft, zeichnet sich diese Sprache durch «PASCAL-Ähnlichkeit», jedoch einen geringeren Umfang an Datentypen und ihre damit mögliche Nähe zu den Architekturen heutzutage verwendeter EDVA aus. Das dadurch erreichte besonders effiziente Laufzeitverhalten (= optimale Hardwarenutzung) erlaubt es in weiten Bereichen, auf die Benutzung von Assembler zu verzichten. Das zeigt sich besonders beim Betriebssystem UNIX, das selbst zu 90% in C geschrieben ist. Dadurch ist es kurzzeitig möglich, nach Erstellung eines C-Übersetzers UNIX auf neu entwickelten Rechnern als Betriebssystem zu implementieren und somit bereits existierende Anwendungssoftware verwendbar zu machen. Jedes in C geschriebene Anwendungsprogramm ist mit einem minimalen Anpassungsaufwand auf allen Rechnern lauffähig, die über einen C-Übersetzer verfügen; der notwendige Anpassungsaufwand ist geringer als bei jeder anderen Programmiersprache. Weitere Eigenschaften von C sind die einfache Erweiterbarkeit und Verfügbarkeit von komplexen Kontrollstrukturen, bei gleichzeitig leicht möglicher maschinennaher Programmierung. Für C existieren bisher keine Normen einer öffentlich-rechtlichen Organisation; die Sprachdefinition ist im Lehrbuch von *Kernighan/Ritchie* «The C Programming Language» (1977, Prentice Hall) niedergeschrieben.

Neben diesen generellen höheren Programmiersprachen gibt es *für bestimmte Probleme spezielle Sprachen*, so zum Beispiel für Textverarbeitung, Grafik, Kostenrechnung oder Simulation. Die Zahl derartiger **Problemsprachen** hat in jüngster Zeit rasch zugenommen. Beispielsweise sind mittlerweile schon mehr als 50 verschiedene *Planungssprachen* verfügbar. Auch für die Spezifikation von Anforderungen an Anwendungsprogramme, die Programmierung von Robotern oder von technischen Kommunikationssystemen gibt es derartige Sprachentwicklungen. Im Vergleich zu den generellen höheren Programmiersprachen ist der Kreis der Anwender jedoch nach wie vor sehr beschränkt.

→ Übungsaufgabe Nr. I-117 und I-118 im Arbeitsbuch

2.4.1.4 Sprachen der 4. Generation

Auf Basis der Sprachen der ersten drei Generationen wurden in den 60er und 70er Jahren umfassende Informationssysteme für den operativen Bereich in Betrieben entwickelt, z.B. für das Rechnungswesen (Finanzbuchhaltung, Kostenrechnung), die Warenwirtschaft oder die Kundenbetreuung. *Die Anforderungen der Benutzer hinsichtlich Aktualität, Integration und Verfügbarkeit der Information sowie hinsichtlich der Funktionalität der verwendeten Software stiegen laufend.* Immer neue Anwendungen wurden entwickelt, immer mehr bereits existierende Anwendungen wurden von der reinen Stapelverarbeitung auf Dialogverarbeitung umgestellt (Näheres hierzu im Abschnitt 2.4.2.1). Darüber hinaus erwuchsen *zunehmend Anforderungen aus den dispositiv und strategisch tätigen Stellen* an die Datenverarbeitung.

Für die im Regelfall stark zentralisierten und spezialisierten Datenverarbeitungsabteilungen wurde es immer schwieriger, diese Masse von Anforderungen termingerecht abzudecken. Der *Rückstau bei EDV-Anwendungsentwicklungen* lag und liegt in großen Betrieben vielfach bei etwa zwei bis drei Jahren, es gibt nicht selten Datenverarbeitungsabteilungen, die bis zu 80% mit Wartungsaufgaben an existierender Software beschäftigt sind. Die erfolgreiche Implementierung von entscheidungsunterstützenden Systemen bzw. Managementinformationssystemen bleibt dabei meist auf der Strecke.

Als Lösung für diese Problemstellungen wurden bzw. werden zwei voneinander unabhängige Strategien verfolgt.

Die dafür entwickelten Instrumente sind allerdings alle unter dem Schlagwort «**Sprachen und Systeme der 4. Generation**» (engl.: 4th generation language) bekannt geworden:

1. Programmsysteme, die die Effizienz der Anwendungsentwicklung durch das Datenverarbeitungspersonal erhöhen sollen.
2. Programmsysteme zur sog. *«individuellen Datenverarbeitung»*, das sind Systeme, die es dem Endbenutzer in der Fachabteilung ermöglichen, EDVA selbständig ohne Einbeziehung der zentralen Datenverarbeitungsabteilung zur Problemlösung zu verwenden.

Abgesehen von diesen Zielsetzungen gibt es keine eindeutige Definition, was unter Sprachen der 4. Generation zu verstehen ist. *In der Folge* soll versucht werden, diese Schwierigkeit durch *Aufzählung der wichtigsten Eigenschaften* zu umgehen.

Eine wesentliche Eigenschaft stellt die sog. *«Nichtprozeduralität»* bzw. *«Deskriptivität»* der verwendeten Sprachen dar. Damit ist gemeint, daß der EDVA nicht mehr mitgeteilt werden muß, WIE ein Problem gelöst werden soll, sondern nur mehr in beschreibender (deskriptiver) Form WAS geschehen soll. Die gesamte Beschäftigung mit dem Programmfluß (ein Hauptelement der Ausbildung von traditionellen EDV-Spezialisten) soll vom Menschen an dazu geeignete Software übertragen werden.

Dies wird durch eine große Zahl *vorbereiteter Befehle*, wie zum Beispiel für die Datenmanipulation (Einlesen, Formatieren, Verdichten), für maskengesteuerte Bildschirmeingabe oder zur Informationswiedergewinnung (Datenbankabfragen) erreicht. Diese vorbereiteten Befehle werden entweder in Befehle einer konventionellen Programmiersprache umgewandelt (expandiert), die dann anschließend übersetzt und ausgeführt werden, oder in Form von Unterprogrammaufrufen aus einem Steuerprogramm ausgeführt.

Dadurch wird entsprechend den ersten Praxiserfahrungen die *Produktivität bei der Programmerstellung* im Ausmaß von 5:1 bis in Extremfällen von 300:1 *verbessert*. Dem steht allerdings im Vergleich zu mit konventionellen Mitteln erstellten Anwendungen eine um 50% bis 150% *höhere Inanspruchnahme der Hardwareressourcen* gegenüber.

Eine weitere wichtige Komponente ist die Bereitstellung einer *integrierten, interaktiven Entwicklungsumgebung*. Die Systemanalytiker und Programmierer werden durch menügesteuerte Funktionen bei Programmentwurf, Programmerstellung (Editieren), Programmübersetzung, Testdatenerzeugung, Testläufen und Programmdokumentation unterstützt.

Systeme der 4. Generation erlauben meist die *Verwendung mehrerer unterschiedlicher Dateiverwaltungs- bzw. Datenbanksysteme* und ermöglichen eine *relationale Datenmanipulation* (vgl. dazu Abschnitt 3.2.2.1.3). Hier scheint sich die *Datenbankabfragesprache* **SQL** (Structured Query Language) von IBM zu einem «Marktstandard» zu entwickeln (Näheres hierzu folgt später). Häufig sind auch *Datenfernverarbeitungsfunktionen* (z.B. für verteilte Datenbanken) vorgesehen.

Einige dieser Elemente finden sich auch in *Programmsystemen zur individuellen Datenverarbeitung*. Derartige Produkte bestehen im Regelfall mindestens aus einem relational aufgebauten *Datenbankteil* mit entsprechender Datenbankabfragesprache, aus einem *Tabellenkalkulationsteil* sowie Funktionen zur Erstellung von Präsentationsgraphiken. Darüber hinausgehend werden häufig auch Funktionen zur *Projektplanung und -verfolgung, Terminplanung* sowie *Methodenbanken* mit wichtigen Algorithmen aus Operations Research und Statistik angeboten.

Sehr wichtig ist die *Zugriffsmöglichkeit auf die Grunddaten aus den operativen Betriebsbereichen* und das Vorhandensein von entsprechenden *Verdichtungsfunktionen.* Voraussetzung dafür ist eine Verbindung mit den bereits existierenden kommerziellen Großanwendungen auf den zentralen EDVA.

> Eine interessante organisatorische Entwicklung ist in diesem Zusammenhang das sog. «**Information-Center**»-Konzept. Damit wird die Einrichtung einer Abteilung bezeichnet, die mit den zur Verfügung stehenden Systemen der 4. Generation kurzfristig auftretende Informationsanforderungen entweder selbst erfüllt oder den Endbenutzer in der Fachabteilung bei der Problemlösung berät.

Entsprechend den beiden unterschiedlichen Benutzergruppen gibt es auch bei den derzeit auf dem Markt angebotenen *Softwareprodukten zwei unterschiedliche Kategorien.*

Endbenutzerorientierte Systeme zeichnen sich insbesondere durch ihre einfache Handhabbarkeit aus, während *Werkzeuge für EDV-Spezialisten* durch einen großen Vorrat von Befehlen und die Integration eines leistungsfähigen Datenbankverwaltungssystems gekennzeichnet sind.

Die derzeit vorhandenen *endbenutzerorientierten Werkzeuge* lassen sich wiederum nach dem verwendeten Rechnertyp gliedern. *Speziell für Mikrorechner entwickelte Systeme sind zum Beispiel* **1-2-3**, **Jazz** und **Symphony** von Lotus Inc., **Open Access** von SPI, **CA-Executive** von Computer Associated oder **Framework II/dBase III** von Asthon-Tate. Als *Beispiele für endbenutzerorientierte Systeme auf großen Zentralrechnern* sind **FOCUS** von Information Builders, **RAMIS II** von Martin Marietta, **AS** von IBM, **ES** von Siemens, **SAS** von SAS Institute Inc., **IFPS** von GESMA, **MAPPER** von Sperry oder **CA-Universe** von Computer Associated zu nennen. Diese *Differenzierung* ist nicht so sehr technisch bedingt, als vielmehr *historisch gewachsen* und wird durch die steigende Verfügbarkeit von auf Mikrorechnern lauffähigen Versionen der ursprünglich nur auf Großrechnern eingesetzten Systeme *verwischt.* Beispiele dafür sind AS, FOCUS, SAS u.a.m.

Werkzeuge für EDV-Spezialisten sind zum Beispiel **NATURAL** von Software AG, **MANTIS** von Cincom Systems, **Gener/OL** von Pansophic, **IDEAL** von Applied Data Research, **ADF**, **CSP** und **DMS** von IBM, **SESAM-FS** von Siemens, **DATATRIEVE** von DEC oder **LINC** von Burroughs.

Keines dieser Systeme konnte sich bisher überzeugend durchsetzen und zur «offiziellen Norm» oder zum «Marktstandard» werden. Dies hat zur Folge, daß die *Systemauswahl* wesentlich von der Unsicherheit bezüglich des zukünftigen Erfolges und der Weiterentwicklung des Anbieters und von dessen Produkten geprägt ist.

→ Übungsaufgabe Nr. I-119 und I-120 im Arbeitsbuch

2.4.1.5 Sprachen der 5. Generation

> Ist das bestimmende Kriterium für die Zuordnung einer Sprache zur 4. Generation die Zielsetzung effizienter Anwendungsentwicklung bzw. individueller Datenverarbeitung mit deskriptiven Sprachmitteln, so ist es bei den sog. «**Sprachen der 5. Generation**» (engl.: 5th generation language) der Einsatz im Anwendungsbereich «Künstliche Intelligenz».

Unter «*Künstlicher Intelligenz*» (abgekürzt: KI; engl.: artificial intelligence, AI) versteht man den Versuch, mit EDVA bisher dem Menschen vorbehaltene Intelligenzleistungen nachzubilden. Die Forschungsaktivitäten umfassen Mustererkennung (optisch und akustisch), inhaltsbezogene natürlichsprachige Kommunikation, Entwicklung von Robotern, logische Beweisführung durch Programme und maschinelles Lernen.

Die für den praktischen Einsatz am weitesten fortgeschrittenen Ergebnisse sind im Bereich der *Expertensysteme* zu finden (vgl. dazu Abschnitt 2.4.5).

Die bei diesen Aktivitäten verwendeten *Werkzeuge* kann man nach ihren theoretischen Grundlagen in *drei große Gruppen* gliedern:

- Funktionale Programmiersprachen;
- objektorientierte Programmiersprachen;
- logische Programmiersprachen.

Funktionale Programmiersprachen (engl.: function oriented language) beruhen auf dem Lambdakalkül der Funktionentheorie. Es wird dabei davon ausgegangen, daß mit drei Basisfunktionen (Aneinanderketten, Iterieren und Rekursion) alle anderen theoretisch möglichen Funktionen zusammengestellt werden können. Das klassische Beispiel für eine funktionale Programmiersprache ist **LISP**. LISP wurde bereits in den 50er Jahren entwickelt und gilt seither als die Standardsprache zur Lösung von Aufgabenstellungen der Künstlichen Intelligenz.

Mit *objektorientierten Programmiersprachen* (engl.: object oriented language) wird versucht, die Trennung zwischen Daten und darauf anzuwendenden Prozeduren (d.h. Programme im konventionellen Sinn) traditioneller Softwaresysteme aufzuheben. Es werden nicht mehr gültige Algorithmen für globale und lokale Datenbereiche implementiert, sondern Objekte definiert. Diese Objekte bestehen aus Datenstrukturen und der Beschreibung der darauf anwendbaren Operationen. Jedes Objekt besitzt einen Namen, der benutzt wird, um über Nachrichten (engl.: messages) dieses Objekt zu aktivieren und die dort definierten Operationen ausführen zu lassen. Die bekannteste objektorientierte Sprache ist das von Xerox entwickelte **SMALLTALK 80.** In objektorientierten Sprachen geschriebene Softwaresysteme leiden derzeit noch unter dem im Vergleich zu konventionellen Programmiersprachen verhältnismäßig hohen Arbeitsspeicherbedarf.

Die *logischen Programmiersprachen* (engl.: logic oriented language) beruhen auf der mathematischen Logik und den Arbeiten des Wiener

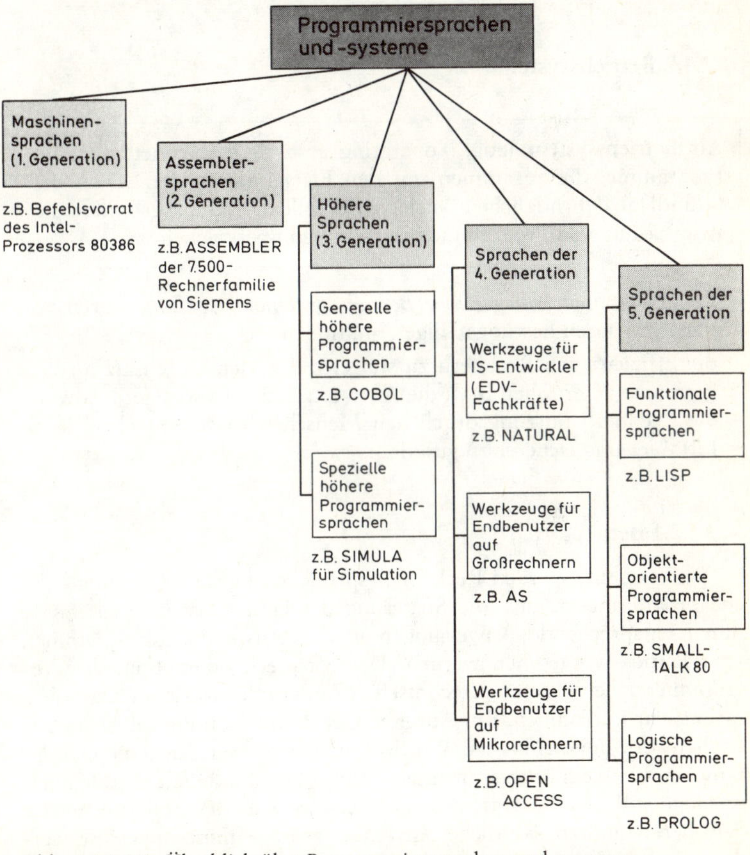

Abb. 2.4.1.5/1: Überblick über Programmiersprachen und -systeme

Kreises (Rousseau, Gödel, Carnap, Horn). Mitte der 70er Jahre wurde der erste Interpreter geschrieben, der imstande ist, sog. Horn-Klauseln (Ausdrücke der Prädikatenlogik erster Ordnung) aufzulösen und automatisch zu beweisen. Das bekannteste Ergebnis dieser Bemühungen ist **PROLOG** (PROgramming in LOGic). Diese Sprache hat insbesondere durch das japanische «Fifth Generation Computer System» Projekt, in dem PROLOG als Basissprache verwendet wird, Aufmerksamkeit und Verbreitung gefunden (Näheres im Abschnitt 2.4.5).

Die Abb. 2.4.1.5/1 zeigt Ihnen die behandelten Programmiersprachen und -systeme nochmals im Überblick.

→ Übungsaufgabe Nr. I-121 im Arbeitsbuch

2.4.2 Betriebssysteme

> Als **Betriebssystem** (engl.: operating system) bezeichnet man die Programme, die zusammen mit den Eigenschaften der EDVA die Grundlage der möglichen Betriebsarten bilden und insbesondere die Abwicklung von Programmen steuern und überwachen.

Beherrschende *Anliegen der Betriebssystementwicklung* waren von Anfang an, durch leistungsfähige Funktionen

- die Effizienz von Rechnern zu steigern, d.h. den Durchsatz an Programmen zu erhöhen bzw. die Antwortzeiten zu verringern, sowie
- die Rechnerbenutzung durch den Menschen zu vereinfachen, komfortabler und sicherer zu gestalten.

2.4.2.1 Betriebsarten

Wie erwähnt, wurden Rechner ursprünglich in der Maschinensprache programmiert, und die Steuerung der Funktionseinheiten mußte durch entsprechende Anweisungen in den Anwendungsprogrammen «per Hand» vorgesehen werden. Dementsprechend mußten die Programmierer den gesamten technischen Aufbau der Maschinenkonfiguration sehr gut kennen. Ein-Ausgabe-Geräte waren unmittelbar an das Rechenwerk angeschlossen. Wurde zum Beispiel ein Kartenleser oder Drucker durch ein Programm angesprochen, so stand die Zentraleinheit so lange still, bis der Datentransfer beendet war. Bei Änderungen der Peripherie mußten sämtliche Anwendungsprogramme angepaßt werden, die auf diese Geräte zurückgriffen.

Die *ersten Betriebssysteme* zielten fast ausschließlich darauf ab, die «Totzeiten» zu beseitigen, die infolge der Geschwindigkeitsdifferenzen zwischen der Zentraleinheit, den Peripheriegeräten und dem Bedienungspersonal auftraten. Hierzu dienten zunächst einmal *standardisierte Systemprogramme*, die unabhängig von den Anwendungsprogrammen die *Ein-/Ausgabe* steuerten und damit einen Ausgleich der unterschiedlichen Leistungsfähigkeit von Peripherie und Zentraleinheit ermöglichten. Sodann bemühte man sich, die zeitaufwendige manuelle Bedienung des Rechners bei der Abwicklung von einzelnen Aufträgen durch *Ablaufsteuerungsprogramme* zu automatisieren.

Unter einem «**Auftrag**» (engl.: job) ist eine bestimmte Aufgabe zu verstehen, die das EDV-System auf Anforderung eines Benutzers übernimmt. Der Benutzer beschreibt den von ihm gewünschten Bearbeitungsablauf, zum Beispiel das Laden und Ausführen eines Programms, in einer **Auftragsnachricht** an das System.

Näheres hierzu folgt im Abschnitt 2.4.2.2.

Übersetzungsprogramme ermöglichten schon in den 50er Jahren die Programmierung in Assembler und bald darauf in höheren Programmiersprachen (FORTRAN, ALGOL, COBOL). Um die Eingabe von der Papierperipherie (Lochkarten- und Lochstreifenleser) zu beschleunigen, wurden die *Aufträge* auf Magnetband *zwischengespeichert*, von wo sie wesentlich schneller in einem «Stapel» der Verarbeitung zugeführt werden konnten. Analog wurde bei der *Ausgabe über Drucker eine Zwischenspeicherung* üblich. Erweiterungen der Steuerprogramme ermöglichten es, die gespeicherten *Aufträge* automatisch *nach Prioritäten auszuwählen* und die entsprechende *Verarbeitung zu veranlassen.*

Bis Mitte der 60er Jahre konnte jedoch *immer nur ein Auftrag nach dem anderen im Stapelbetrieb* verarbeitet werden, wobei die Ein- und Ausgabe von Daten und Programmen im Rechenzentrum bzw. über Peripheriegeräte erfolgen mußte, die in räumlicher Nähe zur Zentraleinheit aufgestellt waren. *Mögliche Betriebsarten* waren somit

- der Einprogrammbetrieb,
- die Stapelverarbeitung und
- die lokale Verarbeitung.

Erst danach bildeten sich weitere Betriebsarten heraus, die heute bei mittleren und großen Datenverarbeitungssystemen vorherrschend sind:

- Der Mehrprogrammbetrieb,
- die interaktive Verarbeitung (Prozeß- und Dialogverarbeitung) sowie
- die Datenfernverarbeitung.

Einprogrammbetrieb und Mehrprogrammbetrieb

Der Einprogrammbetrieb ist derzeit nur noch bei kleineren EDVA anzutreffen; bei 8- und 16-Bit-Mikrorechnern ist er die dominierende Betriebsart.

> Beim **Einprogrammbetrieb** (engl.: single-user mode) werden einzelne Benutzeraufträge von der Zentraleinheit nacheinander bearbeitet. Es befindet sich jeweils nur ein Programm im Arbeitsspeicher, das für seinen gesamten Ablauf alle vorhandenen Betriebsmittel (Prozessor[en], Speicher, Kanäle, periphere Geräte) zugeteilt erhält.

Der *Durchsatz* (= Zeitspanne, die ein EDV-System benötigt, um einen bestimmten Aufgabenumfang vollständig zu verarbeiten; engl.: throughput) und die *Maschinenbelegung* sind *vom Betriebssystem praktisch unabhängig* und werden hauptsächlich durch die Geräteleistungen und die Programmiertechnik des Benutzers bestimmt. Der wesentlichste *Nachteil* des Einprogrammbetriebs ist die *mangelnde Kapazitätsausnutzung des Zentralprozessors*. Da immer nur ein Programm im Arbeitsspeicher zur Verarbeitung ansteht, kann der Prozessor während der zeitaufwendigen Ein-/Ausgabevorgänge nicht ausgelastet werden.

→ Übungsaufgabe Nr. I-122 im Arbeitsbuch

> Beim **Mehrprogrammbetrieb** (engl.: multiprogramming mode) werden mehrere Benutzeraufträge von der Zentraleinheit gemeinsam und zwar abwechselnd in Zeitabschnitten verzahnt bearbeitet *(Zeitmultiplexverfahren)*. Es befinden sich gleichzeitig mehrere Programme ganz oder teilweise im Arbeitsspeicher, denen das Betriebssystem bei der Ausführung die benötigten Betriebsmittel wechselseitig zuteilt.

Wann und wie lange die ablaufenden Programme jeweils Prozessor(en), Speicher, Kanäle oder periphere Geräte zur Verfügung gestellt bekommen, wird bestimmt durch

- vom Benutzer vorgegebene *Prioritäten* und/oder
- im Betriebssystem zur Erzielung einer möglichst hohen Auslastung vorgesehene *Mechanismen für die Abgrenzung von Belegungsintervallen*.

Zum *Beispiel* kann der *Zentralprozessor* einem ablaufenden Programm bei einer Ein-/Ausgabeanforderung entzogen und einem anderen, auf Prozessorzeit wartenden Programm zugeteilt werden. Voraussetzung hierfür ist allerdings, daß die Abwicklung des Datentransfers mit dem peripheren Gerät von einer anderen Funktionseinheit übernommen werden kann, die parallel arbeitet (vgl. hierzu die Ausführungen im Abschnitt 2.3.1.4 über Kanäle bzw. EA-Prozessoren).

Außer solchen «natürlichen» Ereignissen können auch «künstliche» zeitliche Begrenzungen zur Umschaltung des Zentralprozessors führen. Ein Beispiel hierfür ist das *Zeitscheibenverfahren* (engl.: time slicing), bei dem der Prozessor den um ihn konkurrierenden Programmen in einer bestimmten Reihenfolge (nach Prioritäten, zyklisch o.ä.) jeweils für eine feste Zeit zugeteilt wird. Nach Ablauf der zugeteilten Zeitscheibe wird der Prozessor (und unter Umständen sogar der Arbeitsspeicher) dem Programm entzogen. Dieser Entzug erfolgt unabhängig vom Prozeßstatus (vgl. Folgeabschnitt 2.4.2.2) und kann von dem jeweils aktiven Programm nicht beeinflußt werden.

Die Einteilung der Zeitintervalle, die sich in der Regel in der Größenordnung von Millisekunden bewegen, nimmt das Betriebssystem mit Hilfe einer eingebauten Uhr vor. Die Benutzer merken beim Dialogverkehr von diesem Mechanismus infolge der hohen internen Verarbeitungsgeschwindigkeit (und den vergleichsweise langsamen menschlichen Reaktionen) nichts bzw. nur dann etwas, wenn eine wachsende Zahl von Mitbewerbern um den Prozessor die Antwortzeiten verlängert.

Jeder einzelne Benutzer bzw. jedes einzelne zur Ausführung kommende Programm verfügt scheinbar über seinen eigenen Rechner, obwohl für viele Benutzer bzw. Programme in Wirklichkeit nur ein Rechner tatsächlich existiert. Diese «Vorspiegelung» erinnert unmittelbar an den virtuellen Speicher (vgl. Abschnitt 2.3.1.1), der – obzwar real so nicht vorhanden – durch die Erweiterung des Adreßraumes auf externe Direktzugriffsspeicher die vom Programmierer nutzbare Arbeitsspeicherkapazität wesentlich erhöht. Auch die virtuelle Speicherung wird durch Systemprogramme organisiert. Genauso wie dort auf eine gedachte Funktionseinheit der Begriff «virtuell» angewendet wird, können wir die beim Mehrprogrammbetrieb für das einzelne Programm nur scheinbar vorhandenen Betriebsmittel als *«virtuelle Betriebsmittel»* bzw. in ihrer Gesamtheit als *«virtuellen Rechner»* bezeichnen.

Übungsaufgabe Nr. I-123 im Arbeitsbuch ←

Vor allem beim Ein- und Ausschleusen von Daten, dem sog. *Spool* (engl. Abkürzung für: simultaneous peripheral operations on-line), ist dies eine treffende Bezeichnung. Weil beim Mehrprogrammbetrieb in der Regel nicht genügend Peripheriegeräte vorhanden sind, um den Anforderungen der bearbeiteten Benutzeraufträge zu entsprechen, werden die *Ein- und Ausgabedaten in temporären Dateien zwischengespeichert* (meist auf Magnetplatte). Dadurch lassen sich Wartezeiten auf die langsamen Ein-Ausgabe-Geräte vermeiden, der Arbeitsspeicher wird kürzer durch die Programme belegt, mehrfache Kopien von Ausgaben sind billiger, und es wird eine hohe Auslastung der Peripherie ermöglicht. Die Dateien zur Zwischenspeicherung der Ein- und Ausgabedaten stellt das Betriebssystem zur Verfügung. Sie sind bestimmten Typen von Geräten fest zugeordnet und werden mit eindeutigen Namen logisch angesprochen. Der Benutzer realisiert also zum Beispiel die Ausgabe über einen bestimmten Drucker dadurch, daß er in seiner Ausgabeanweisung die entsprechende Druckdatei (= virtueller Drucker) adressiert. Mit der Anforderung und Zuweisung des realen Druckers hat er nichts zu tun. Dies erledigt das Betriebssystem, das die Daten aus den temporären Dateien abruft und an die angesprochenen Geräte weitergibt.

→ Übungsaufgabe Nr. I-124 im Arbeitsbuch

Stapelverarbeitung und interaktive Verarbeitung

Dem einzelnen Benutzer bleibt es an sich verborgen, ob eine EDVA im Ein- oder Mehrprogrammbetrieb arbeitet. Er ist jedoch unmittelbar davon betroffen, ob sein *Auftrag im Stapel oder interaktiv* abgewickelt wird. Im ersten Fall gibt er seinen Auftrag völlig aus der Hand und erhält nach erfolgter Auftragserledigung vom EDV-System die Verarbeitungsergebnisse. Bei der interaktiven Verarbeitung ist er hingegen in die Auftragsbearbeitung eingeschaltet; über Datenstationen findet hierzu ein ständiger Dialog zwischen Benutzer und Betriebssystem statt. Ist der Auftraggeber bei der interaktiven Verarbeitung nicht ein menschlicher Benutzer sondern ein vom Rechner zu lenkender physikalisch-technischer Prozeß, so bezeichnen wir diese Betriebsart als *Prozeßverarbeitung*. Im folgenden werden einige wesentliche Charakteristika dieser Nutzungsformen aufgezeigt, wobei vor allem auf den heute vorherrschenden Dialogbetrieb näher eingegangen wird.

> Bei der **Stapelverarbeitung** (engl.: batch processing) muß ein Auftrag vollständig definiert sein, bevor mit seiner Abwicklung begonnen werden kann. Mehrere Aufträge werden vom Rechner nacheinander oder schubweise abgearbeitet.

Die Warteschlange der zur Verarbeitung anstehenden Stapelaufträge wird automatisch nach einer prioritätsgesteuerten Strategie des Betriebssystems abgearbeitet. Diese wird bestimmt durch

– die vom Benutzer vorgegebenen Prioritäten,
– die geschätzte Rechenzeit und
– die Betriebsmittelanforderungen.

Die *Reihenfolgesteuerung* kann jedoch *ebenso durch den Benutzer im Dialog* vorgenommen werden. *Zwischen Auftragserteilung und dem Vorliegen der Ergebnisse kann er aber nicht mehr gezielt in die Abwicklung eingreifen.*

Da *beim Stapelbetrieb* die Betriebsmittelanforderungen der Aufträge weitgehend im vorhinein bekannt sind, können durch eine gute Maschinenbelegungsplanung sowie die oben erwähnte automatische Prioritätensteuerung *eine optimale Auslastung der EDVA und ein hoher Durchsatz* erzielt werden.

Übungsaufgabe Nr. I-125 im Arbeitsbuch ←

> Bei der **interaktiven Verarbeitung** (engl.: interactive processing) muß ein Auftrag nicht vollständig definiert sein, bevor mit der Abwicklung begonnen werden kann. Er wird dem EDV-System vielmehr in Form von einzelnen Schritten (Teilaufträgen) übergeben, die unmittelbar danach ausgeführt werden. Während der Auftragsbearbeitung findet hierzu ein fortlaufender Informationsaustausch zwischen dem EDV-System und dem Auftraggeber statt.

Je nachdem, ob der *Auftraggeber* bei der interaktiven Verarbeitung *ein menschlicher Benutzer oder ein technisch-physikalischer Prozeß ist*, unterscheidet man die *Dialogverarbeitung* und die *Prozeßverarbeitung*.

> Unter der **Dialogverarbeitung** (engl.: conversational mode) versteht man eine Betriebsart, bei der zur schrittweisen Auftragsabwicklung eine ständige Kommunikation zwischen Benutzer und EDV-System erfolgt.

Die Dialogverarbeitung hat der EDV völlig neue Anwendungsbereiche erschlossen, weil dadurch überall im Betrieb die Mitarbeiter bei der Erfüllung ihrer Aufgaben jederzeit und preisgünstig Rechnerleistungen verwenden können. Durch direkt am Arbeitsplatz installierte Mikrorechner oder durch an entfernte Zentralrechner angeschlossene Dialogstationen (Bildschirmgeräte und Terminaldrucker) ist ein *Sofortzugriff auf vorhandene Anwendungsprogramme und Datenbestände* möglich. Voraussetzung für eine effiziente Nutzung des Rechners im Zuge der betrieblichen Aufgabenerfüllung sind kurze *Antwortzeiten* (im Sekundenbereich).

Wenn *viele Benutzer gleichzeitig* mit einer EDVA *im Dialogbetrieb* arbeiten, so geschieht das entweder *im Teilnehmer- oder im Teilhaberbetrieb.*

Der **Teilnehmerbetrieb** (engl.: time-sharing mode) ist eine Form des Dialogbetriebs, bei der mehrere Benutzer unabhängige, im allgemeinen voneinander verschiedene Aufgaben bearbeiten.

Jeder Benutzer verkehrt beim *Teilnehmerbetrieb* mit dem EDV-System so, als stünde es ihm allein zur Verfügung. Er kann also – soweit er dazu berechtigt ist – im Dialog die gesamte Software (System- und Anwendungsprogramme) in Anspruch nehmen und auch selbst in einer oder mehreren Programmiersprachen Programme erstellen, testen und zum Ablauf bringen. Die Auftragsabwicklung erfolgt dabei stets unter der Kontrolle des Benutzers; dieser muß dementsprechend die Kommandosprache des Betriebssystems kennen (Näheres folgt im Abschnitt 2.4.2.2). Die einzelnen Benutzer werden – wie beim Mehrprogrammbetrieb beschrieben – im Zeitmultiplexverfahren (engl.: time sharing) bedient.

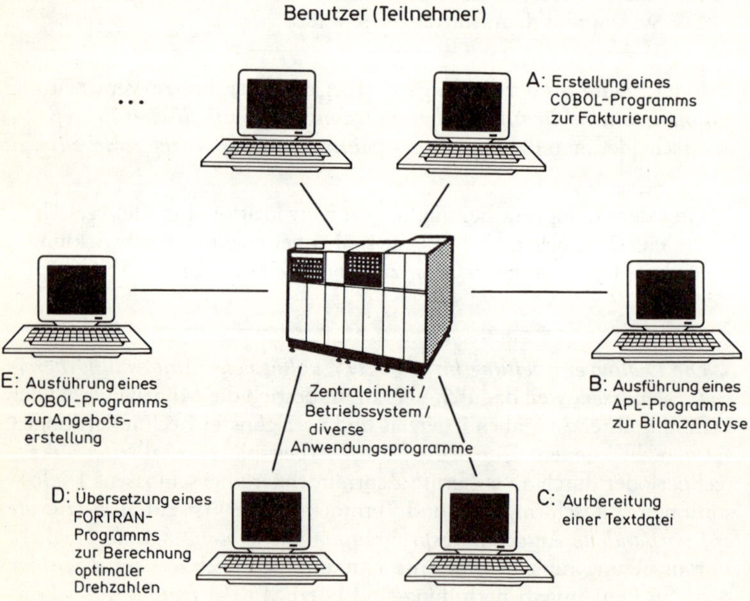

Abb. 2.4.2.1/1: Teilnehmerbetrieb

Der Teilnehmerbetrieb bietet – sofern das Betriebssystem entsprechende Dienstprogramme enthält bzw. mittels eines speziellen Programmentwicklungssystems – den Datenverarbeitungsfachkräften ausgezeichnete Möglichkeiten für die *interaktive Programmierung*. Gegenüber dem früher üblichen Programmieren mit «Papier und Bleistift» (Programmformulierung auf Codierblättern, Ablochen und Stapelverarbeitung) sind die Programmerstellung und das Austesten wesentlich einfacher und komfortabler, wodurch die Produktivität der Programmierer beträchtlich erhöht wurde.

Um auch den Mitarbeitern in Fachabteilungen (wie Buchhaltung, Einkauf, Fertigung, Vertrieb usw.) die Rechnerressourcen vom Arbeitsplatz aus zugänglich zu machen, ist eine *benutzerfreundliche Gestaltung des Dialogverkehrs* unumgänglich. Die EDV-Systemvoraussetzungen und der Umgang mit dem Rechner werden hierzu möglichst vereinfacht. Der Endbenutzer soll bei der Terminalbenutzung nicht von seinen fachlichen Aufgaben abgelenkt werden, sondern sich vielmehr ganz auf die Lösung seiner Anwendungsprobleme konzentrieren können. Wie dies erreicht wird, werden Sie im Abschnitt 2.4.4 (Benutzeroberfläche) erfahren.

Während *beim Teilnehmerbetrieb* die Nutzung einer größeren Anwendungsprogrammbibliothek und erst recht die Entwicklung eigener Programme auch bei sehr benutzerfreundlichen Systemen derzeit im allgemeinen *eine mehrtägige Schulung der Endbenutzer* voraussetzt, ist *beim Teilhaberbetrieb der Lernaufwand* in der Regel *minimal*.

Übungsaufgabe Nr. I-126 im Arbeitsbuch ←

Der **Teilhaberbetrieb** (**Transaktionsbetrieb**; engl.: transaction mode) ist eine Form des Dialogbetriebs, bei der mehrere Benutzer dasselbe Aufgabengebiet mit einem oder mehreren zentral gespeicherten Anwendungsprogrammen (Transaktionsprogrammen) bearbeiten.

Der Benutzer löst wohldefinierte Problemstellungen mit Hilfe eines Kommandovorrats (Transaktionscodes), der die vorgefertigten Anwendungsprogramme anstößt und die gewünschten Antworten liefert. Ein Programm bedient in der Regel eine Vielzahl von Datenstationen «gleichzeitig».

Diese Betriebsart ist vor allem für die Abwicklung einer großen Zahl gleichartiger, bekannter Vorgänge an vielen Datenstationen vorteilhaft. Für den Teilhaberbetrieb typisch ist der sog. *parametrische Benutzer*, der zur Verwendung von Datenbeständen und Anwendungsprogrammen keinerlei Datenverarbeitungskenntnisse benötigt (wenn man von

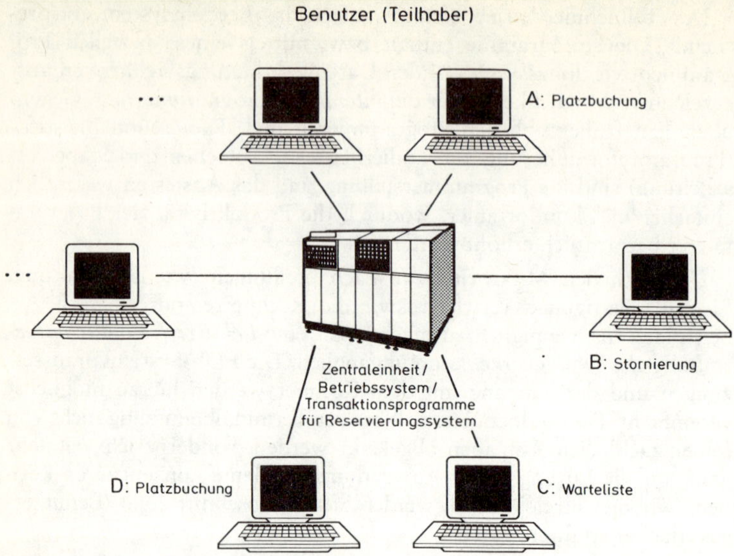

Abb. 2.4.2.1/2: Teilhaberbetrieb

den Transaktionscodes absieht). Weil viele Benutzer auf gemeinsame Datenbestände zugreifen, ist die *Sicherheit der Daten* während der Verarbeitung besonders wichtig. Mit der Rolle der parametrischen Benutzer und den Begriffen «Transaktionscode», «Transaktionsprogramm» sowie den Aspekten der Datensicherheit beschäftigen wir uns im Abschnitt 3.2.2 über Datenbanksysteme noch ausführlicher.

Beispiele für den Teilhaberbetrieb sind Platzbuchungssysteme von Reisebüros und Luftfahrtgesellschaften, Buchungssysteme von Banken, On-line-Datenerfassungssysteme oder Datenbankabfragesysteme (Auskunftssysteme).

→ Übungsaufgabe Nr. I-127 im Arbeitsbuch

> Unter **Prozeßverarbeitung** (engl.: process control) versteht man eine Betriebsart, bei der zwischen dem EDV-System und einem physikalisch-technischen Prozeß ein fortlaufender Informationsaustausch erfolgt, um den Prozeß zu überwachen, zu steuern und/oder zu regeln.

Der Rechner empfängt von Meßgeräten die Prozeßdaten. Diese entstehen oft unaufgefordert, in rascher Folge und nicht reproduzierbar und müssen sofort verarbeitet werden, um notwendige Lenkungsmaßnahmen zeitgerecht einleiten zu können. Dementsprechend muß das EDV-System für die ankommenden Meßwerte ständig aufnahmebereit sein.

Man bezeichnet diese Betriebsart deshalb auch als *Echtzeitbetrieb* oder *Realzeitbetrieb* (engl.: real time processing). Diese beiden Bezeichnungen werden jedoch ebenfalls gelegentlich auf Teilhabersysteme angewendet, die eine ständige Betriebsbereitschaft voraussetzen (wie zum Beispiel Platzbuchungssysteme).

Beispiele für die Prozeßverarbeitung sind etwa die Lenkung von Raffinerien, Kraftwerken, Hochöfen, Ampelanlagen, Transportsystemen, Raumschiffen.

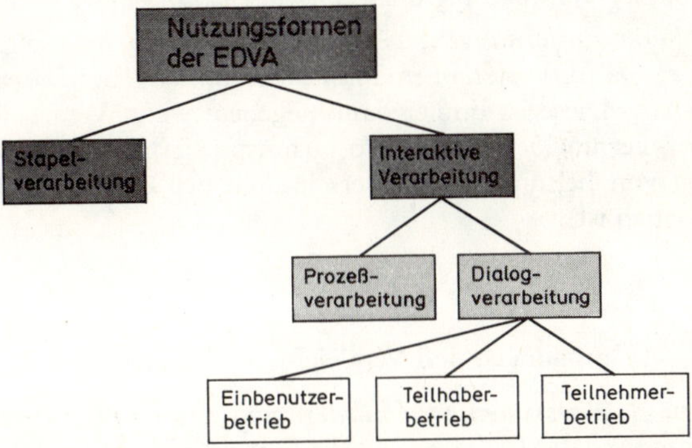

Abb. 2.4.2.1/3: Übersicht über die Nutzungsformen von EDV-Systemen

Übungsaufgabe Nr. I-128 im Arbeitsbuch ←

Lokale Datenverarbeitung und Datenfernverarbeitung

Bei der **lokalen Datenverarbeitung** (engl.: local processing) geschieht die Eingabe eines Benutzerauftrags und die Ausgabe der Verarbeitungsergebnisse in räumlicher Nähe zur Zentraleinheit. Erfolgt hingegen eine (vollständige oder teilweise) Fernübertragung der Auftragsnachricht oder -ergebnisse, so liegt **Datenfernverarbeitung** (engl.: remote processing) vor.

Die *Übertragung von Daten über größere Entfernungen* hinweg erfordert in einem EDV-System *besondere Steuerungs- und Überwachungseinrichtungen.* Systemprogramme sorgen für den Transport der

Daten zwischen Sender und Empfänger, steuern und kontrollieren die Datenübermittlung und bereiten die Daten benutzergerecht auf. Datenübertragungseinrichtungen passen die Datenstationen an die unterschiedlichen Verbindungsarten und Übertragungsgeschwindigkeiten an. Zur *Hardware für Datenfernverarbeitungszwecke* zählen ferner spezielle Steuereinheiten und Kommunikationsrechner für die Überwachung und Koordination des Übertragungsverkehrs. Hierauf wird im Abschnitt 3.3 noch eingegangen.

Im Nahbereich, auf dem eigenen Gelände, können bis zu einer Entfernung von ca. 2 000 m Datenstationen über Leitungen an einen Verarbeitungsrechner angeschlossen werden, *ohne* daß *spezielle Fernübertragungshardware und -software* benötigt wird. In diesem Fall sprechen wir von *lokaler Verarbeitung* oder *Datennahverarbeitung*.

Bei größeren Entfernungen, wenn spezielle Fernübertragungskomponenten in einem EDV-System zum Einsatz kommen, liegt Datenfernverarbeitung vor. Diese ist immer dann gegeben, wenn Verarbeitungsleistung über Fernmeldewege der Post transportiert wird (was für die Benutzung von Leitungen bei Überschreiten der Grundstücksgrenzen vorgeschrieben ist).

Sonstige Ausprägungen und Vergleich von Betriebsarten

Moderne Betriebssysteme für mittlere und große EDVA erlauben im Mehrprogrammbetrieb gleichzeitig die Stapel- und die Dialogverarbeitung (Teilnehmer- und Teilhaberbetrieb). Hunderte von Datenstationen können sowohl lokal als auch über beliebige Entfernungen hinweg von einer einzigen leistungsstarken Zentraleinheit bedient werden. Bei den Betriebsarten sind dabei noch verschiedene *Varianten* möglich.

Zum *Beispiel* umfaßt bei *Stapelverarbeitung* der Benutzerauftrag im Maximalfall die Steueranweisungen an das Betriebssystem, das Anwendungsprogramm und die zu verarbeitenden Daten. Im Minimalfall werden hingegen nur die Steueranweisungen eingegeben, während Programm und Daten bereits gespeichert sind. Die Übergabe der Stapelaufträge erfolgt dabei entweder durch das Einlesen entsprechender Datenträger oder durch den Benutzer im Dialog. Im letztgenannten Fall wird der abgesetzte Stapelauftrag in einer Auftragsdatei hinterlegt. *Stapelfernverarbeitung* wird auch oft als *RJE-Betrieb* bezeichnet (Abkürzung der engl. Bezeichnung: remote job entry) bzw. bei dialogmäßiger Auftragserteilung als *CRJE-Betrieb* (engl.: conversational remote job entry).

→ Übungsaufgabe Nr. I-129 im Arbeitsbuch

Betriebsart	Stapelverarbeitung	Interaktive Verarbeitung		
		Dialogverarbeitung		Prozeßverarbeitung
		Teilnehmerbetrieb	Teilhaberbetrieb	
Auftraggeber	Mensch	Mensch	Mensch	technisch-physikalischer Prozeß
eigenes Programm des Auftraggebers möglich	ja	ja	nein	nein
sinnvolle Beeinflussung der Auftragsabwicklung durch den Auftraggeber möglich	nein	ja	ja	ja
typische Antwortzeit des EDV-Systems	100–10000 s	0,1–10 s	0,1–10 s	0,001–1 s
dominierende Zielsetzung	hoher Durchsatz durch bestmögliche Auslastung der EDVA	komfortabler, sofortiger Service für EDV-Fachkräfte und Endbenutzer in Fachabteilungen bei einem breiten Funktionsangebot	besonders einfacher, sofortiger Endbenutzerservice bei einem beschränkten Funktionsangebot	«echtzeitliche» Überwachung und Lenkung von Prozessen

Abb. 2.4.2.1/4: Vergleich der Betriebsarten Stapelverarbeitung, Teilnehmerbetrieb, Teilhaberbetrieb und Prozeßverarbeitung

Gegenwärtig verfügen die in Wirtschaft und Verwaltung eingesetzten EDVA ganz überwiegend nur über einen einzigen Zentralprozessor. Hiervon sind wir auch bei unseren bisherigen Überlegungen ausgegangen.

Bei Mehrprogrammbetrieb muß die knappe Prozessorkapazität somit durch aufwendige Mechanismen des Betriebssystems den anfordernden Benutzeraufträgen abwechselnd zugeteilt werden. Dieser pseudoparallele Betrieb könnte durch einen *echten Parallelbetrieb* dann abgelöst werden, wenn *mehrere Zentralprozessoren* zur Verfügung stünden. Diese könnten jeweils zur selben Zeit unabhängig voneinander an verschiedenen Benutzeraufträgen oder auch gemeinsam an einem Auftrag arbeiten, wodurch sich der Programmdurchsatz und auch die Ausfallsicherheit wesentlich verbessern ließen.

Wie im Abschnitt 2.3.3 ausgeführt, sind in Zukunft zunehmend derartige *Mehrprozessorsysteme* zu erwarten, bei denen viele Prozessoren auf einem gemeinsamen Arbeitsspeicher arbeiten. Einzelne im kommerziellen Bereich verwendete Großrechner besitzen derzeit schon zwei oder vier Zentralprozessoren, experimentelle Rechner arbeiten sogar mit einer wesentlich höheren Prozessorzahl.

Diese mehrfache Verfügbarkeit wird im übrigen auch bei anderen knappen Betriebsmitteln eines Rechners angestrebt.

Die Nutzungsmöglichkeiten, aber auch die Koordinationsprobleme erweitern sich noch beträchtlich, wenn mehrere autonome Rechner in einem *Rechnerverbundsystem* selbständig Teilaufgaben einer Gesamtaufgabe lösen. Hierauf wird im Abschnitt 3.3 noch näher eingegangen.

Die diesen Abschnitt abschließende Abb. 2.4.2.1/4 zeigt die Betriebsarten Stapelbetrieb, Teilnehmerbetrieb, Teilhaberbetrieb und Prozeßverarbeitung nochmals mit ihren typischen Merkmalen in einer *vergleichenden Übersicht*. Wie erwähnt sind hierbei die Formen Einprogrammbetrieb (nicht bei Teilnehmer- und Teilhabersystemen) und Mehrprogrammbetrieb, Einprozessor- und Mehrprozessorbetrieb, Einrechner- und Mehrrechnerbetrieb sowie lokale und Datenfernverarbeitung möglich.

→ Übungsaufgabe Nr. I-130 im Arbeitsbuch

2.4.2.2 Betriebssystemkomponenten

Die *Größe eines Betriebssystems* schwankt *zwischen einigen tausend und einigen millionen Programmzeilen*. Dementsprechend unterschiedlich sind die angebotenen Funktionen und Leistungen, die Einfachheit

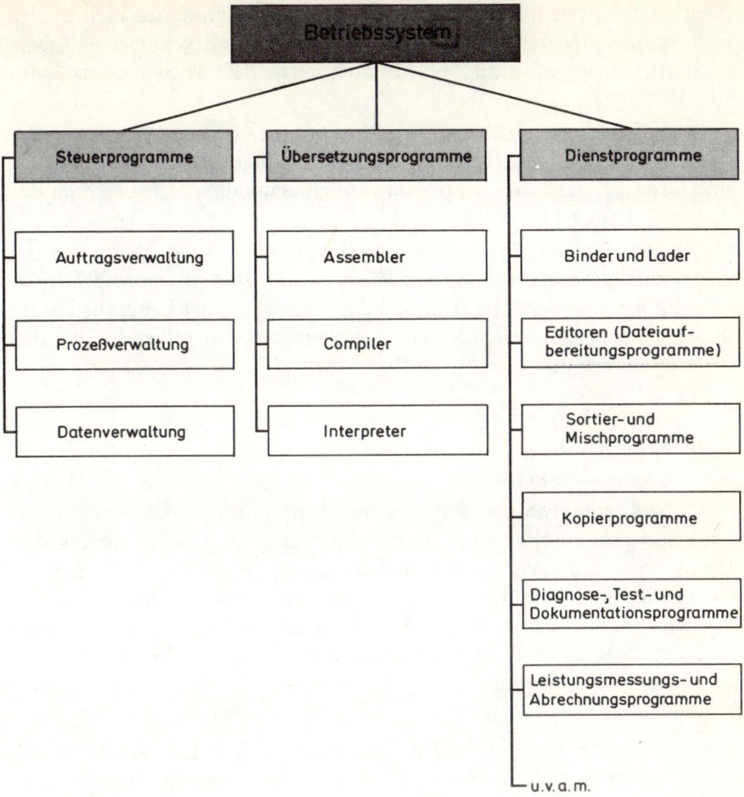

Abb. 2.4.2.2/1: Komponenten eines Betriebssystems

und Sicherheit in der Benutzung aber auch der zusätzliche *Aufwand*, der hierfür in Kauf genommen werden muß.

Letzterer findet seinen Ausdruck

- im *Verwaltungsaufwand* (engl.: overhead), das heißt, der vom Betriebssystem für die Auftrags-, Prozeß- und Datenverwaltung in Anspruch genommenen Zeit sowie
- im *Speicherbedarf* des Betriebssystems; große Teile müssen sich permanent im Arbeitsspeicher befinden, andere werden extern gespeichert und bei Bedarf hineingeholt.

Allein die für die Organisation der virtuellen Speicherung vom Betriebssystem benötigte Zentralprozessorzeit ist oft beträchtlich und kann zu wesentlichen Einbußen in der Effizienz eines Rechners führen (weil diese Zeit den Anwendungsprogrammen vorenthalten bleibt). Der reale Arbeitsspeicherbedarf für Großrechnerbetriebssysteme beträgt je nach Ausbaustufe bis zu 1–2 MB, der virtuelle Speicherbedarf kann 10 MB erreichen.

Die folgende Beschreibung der Komponenten ist an modernen Betriebssystemen für kommerzielle mehrplatzfähige EDVA orientiert, das sind Großrechner, Minirechner und zunehmend auch Mikrorechner der oberen Leistungsklasse.

Die Systemprogramme eines Betriebssystems lassen sich grob in die Gruppen der Steuerprogramme, Übersetzungsprogramme und Dienstprogramme einteilen. Die Abb. 2.4.2.2/1 zeigt in einer Untergliederung dieser Gruppen die wichtigsten *Komponenten*. Im folgenden werden diese näher erläutert.

Steuerprogramme

> Die **Steuerprogramme** (engl.: control program), auch **Organisationsprogramm(e)** genannt, haben die Bearbeitung der Benutzeraufträge in einer EDVA sicherzustellen. Hierzu gehört die *Auftragsverwaltung*, die Steuerung der Verarbeitungsprozesse bei der Auftragsabwicklung, insbesondere die Zuteilung der benötigten Betriebsmittel (= *Prozeßverwaltung*) und die Verwaltung der Benutzerdaten (= *Datenverwaltung*).

Die *Steuerprogramme* sind für den Betrieb einer EDVA von so wesentlicher Bedeutung, daß sie *im privilegierten Zustand ablaufen*. Das heißt, daß diese immer dann die Kontrolle erhalten, wenn Konflikte zu lösen sind, die vom einzelnen Benutzerprogramm nicht bewältigt werden können (zum Beispiel bei konkurrierenden Anforderungen von Betriebsmitteln).

Der Benutzer beschreibt in seinem Auftrag an das EDV-System die zu lösende Aufgabe. Die Formulierung der Auftragsnachricht erfolgt in einer einfachen, betriebssystemspezifischen Programmiersprache, der sog. **Auftragssprache** oder **Kommandosprache** (engl.: job control language, abgekürzt: JCL; command language). Bei der Dialogverarbeitung werden die Kommandos, die der Benutzer eingibt, sofort ausgeführt. Das System reagiert auf ein Kommando, indem es die Auftragsannahme bestätigt und nach Durchführung die Erledigung meldet (bzw. unter Umständen auch die nicht mögliche Erledigung samt Begründung). Oder das System fordert zusätzliche Angaben und Bedienungsmaßnahmen, damit der Auftrag ausgeführt werden kann.

Soll zum *Beispiel* ein namentlich definiertes Programm geladen und ausgeführt werden, so könnte das System fragen, welche Daten verarbeitet werden sollen und es könnte verlangen, daß bestimmte Magnetplatten zu montieren sind oder daß bestimmtes Papier in den Drucker einzulegen ist.

Eine Kommandosprache enthält unter anderem Anweisungen

- zur Anschaltung und Identifizierung der Benutzer,
- zur Kennzeichnung der Aufträge und gegebenenfalls ihrer Merkmale (zum Beispiel Priorität, Verrechnungskostenstelle, benötigte Betriebsmittel oder deren maximal zulässige Inanspruchnahme),
- zum Laden und Ausführen von Programmen,
- zum Austesten von Programmen,
- zum Anfordern von Betriebsmitteln,
- zum Einrichten, Bearbeiten und Löschen von Dateien,
- zur Ausgabe von Dateien und von Statusangaben,
- zur Kommunikation mit dem Maschinenbediener und mit anderen Benutzern.

Ein *Kommando* (engl.: job control statement) besteht aus einem *Schlüsselwort zur Kennzeichnung der Operation und Parameterangaben*, die beschreiben, worauf sich die jeweilige Operation bezieht. Letztere können auch häufig weggelassen werden; in diesem Fall trifft das Betriebssystem Standardannahmen.

Übungsaufgabe Nr. I-131 im Arbeitsbuch ←

In der Abb. 2.4.2.2/2 werden als *Beispiel* die *Benutzerkommandos und die Systemantworten* gezeigt, mit denen beim *Betriebssystem VM/SP* von IBM die Verarbeitung eines vorhandenen COBOL-Programms durchgeführt wird. Sie können dieses Beispiel auch überspringen, ohne dadurch in der Folge mit Verständnisschwierigkeiten rechnen zu müssen.

Beispiel für eine Arbeitssitzung an einem unintelligenten Bildschirmterminal: Ausführen eines COBOL-Programms zur Berechnung von Zinsen auf Spareinlagen

Verwendete Symbole: A = Ausgabe des Systems; E = Eingabe des Benutzers; DF = Datenfreigabetaste.

Zu Beginn der Arbeitssitzung muß die Datenstation eingeschaltet werden. Dazu ist zum Beispiel bei IBM-Terminals ein roter Kippschalter links und bei ITT-Terminals ein grüner Knopf rechts vom Bildschirm zu drücken. Wenige Sekunden später erscheint ein Begrüßungsbild (zum Beispiel hersteller- oder anwenderspezifisches Emblem). In der linken unteren Ecke des Bildschirms blinkt ein kleiner Lichtstrich – der Cursor.

Um nun mit dem System arbeiten zu können, muß die DF-Taste gedrückt werden. Das Begrüßungsemblem verschwindet, der Bildschirm wird gelöscht und rechts am unteren Bildschirmrand erscheint CP READ. Dies ist eine Aufforderung des Steuerprogramms an den Benutzer, eine Eingabe zu machen.

Zuerst muß jeder Benutzer bei der Anschaltung an das System seine Berechtigung nachweisen. Dies geschieht durch den Befehl LOGON, die Eingabe der Benutzeridentifikation (maximal 8 Zeichen) und des Kennworts (engl.: password).

E: LOGON HANSEN	(anschließend DF-Taste)
A: ENTER PASSWORD:	
E:...	(Nun muß das Kennwort eingetippt werden. Die eingetippten Zeichen werden aus Sicherheitsgründen nicht am Bildschirm angezeigt.)

Als Antwort erscheint (zum Beispiel bei der Benutzung des an der Wirtschaftsuniversität Wien installierten IBM 4361-Systems):

A: LOGON AT 17:05:39 WUT THURSDAY 07/03/86
WUW * IBM 4361 VM/SP CMS *

Das bedeutet, daß das EDV-System einen berechtigten Benutzer erkannt hat und nun eine «Verbindung» zwischen dem Terminal und dem Rechner aufbaut.

Am rechten unteren Bildschirmrand wird kurz darauf RUNNING angezeigt. Nun dauert es nur noch wenige Sekunden, bis das gewünschte COBOL-Programm endlich gestartet werden kann. Am Bildschirm erscheinen einige (für das COBOL-Programm unwichtige) Systemmeldungen.

A: DMSACC723I Z (19F) R/O
NO FILES ORDERED
READER IS EMPTY
R; T=0.25/0.67 17:05:44

In der rechten unteren Ecke steht nach wie vor RUNNING. Durch Eingabe von GO und dem Programmnamen wird das entsprechende COBOL-Programm aufgerufen und ausgeführt. Bei dem folgenden Beispiel handelt es sich um eine einfache Berechnung von Zinsen auf Spareinlagen: Anfangskapital (4stellig, numerisch) und Laufzeit in Jahren (2stellig, numerisch) werden über die Terminaltastatur eingegeben. Der Zinssatz ist nach der Laufzeit gestaffelt:

bis 2 Jahre:	2%
2 bis 10 Jahre:	5%
über 10 Jahre:	7%.

Das Endkapital wird auf vier Dezimalstellen gerundet auf dem Bildschirm ausgegeben. Es sollen beliebig viele Berechnungen durchgeführt werden (Abbruchbedingung für die Schleife: Anfangskapital = 0). Die Formel für die Berechnung des Endkapitals lautet:

$$\text{Endkapital} = (\text{Anfangskapital} \cdot (1 + \text{Zinssatz} / 100)^{\text{Laufzeit}}$$

Das Programm ENDWERTE wird wie folgt aufgerufen:

E: GO ENDWERTE (DF-Taste)

Kurz darauf wird der Bildschirm gelöscht. Ab diesem Zeitpunkt kommuniziert der Benutzer mit dem COBOL-Programm. Es erscheint folgendes Bild:

A: DMSLIO740I EXECUTION BEGINS...

ZINSESZINSRECHNUNG – BERECHNUNG VON ENDWERTEN:
****

BITTE ANFANGSKAPITAL EINGEBEN (4-STELLIG, ENDE = 0000)
IKF990D, AWAITING REPLY.

(Das Programm fordert nun dazu auf, einige Angaben zu machen, damit die Berechnung durchgeführt werden kann. Die neben E: stehenden Zahlen werden als Beispiel eingegeben.)

E: 1000 (DF-Taste)
A: BITTE LAUFZEIT EINGEBEN (2-STELLIG):
IKF990D, AWAITING REPLY.
E: 02 (DF-Taste)
A: ENDKAPITAL NACH 2 JAHREN: 1040.4000

BITTE ANFANGSKAPITAL EINGEBEN (4-STELLIG, ENDE = 0000)
IKF990D, AWAITING REPLY.

(Das Programm gibt das berechnete Endkapital am Bildschirm aus und verlangt die Eingabe eines neuen Anfangskapitals. Nun hat man die Möglichkeit, eine neue Berechnung (mit geänderten Werten) durchzuführen oder die Programmausführung durch Eingabe von 0000 zu beenden.)

E: 5000 (DF-Taste)
A: BITTE LAUFZEIT EINGEBEN (2-STELLIG):
IKF990D, AWAITING REPLY.
E: 08 (DF-Taste)
A: ENDKAPITAL NACH 8 JAHREN: 7387.0000
BITTE ANFANGSKAPITAL EINGEBEN (4-STELLIG, ENDE = 0000)
IKF990D, AWAITING REPLY.

(Bei Eingabe eines Anfangskapitals ungleich 0000 wird eine weitere Berechnung durchgeführt.)

E: 3000 (DF-Taste)

A: BITTE LAUFZEIT EINGEBEN (2-STELLIG):
IKF990D, AWAITING REPLY.
E: 10 (DF-Taste)
A: ENDKAPITAL NACH 10 JAHREN: 4886.4000
BITTE ANFANGSKAPITAL EINGEBEN (4-STELLIG, ENDE = 0000)
IKF990D, AWAITING REPLY.
E: 0000 (DF-Taste)
(Durch die Eingabe von 0000 als Anfangskapital teilen wir dem System mit, daß wir keine neue Berechnung durchführen wollen.)
A: PROGRAMMENDE
R; T=0.32/0.85 17:12:05

Damit kehrt der Benutzer in den «Systemmodus» zurück, d.h. er verkehrt nun wieder mit dem Betriebssystem.

Um die Sitzung zu beenden, erteilt man den Befehl:
E: LOGOFF (DF-Taste)
A: CONNECT = 00:06:54 VIRTCPU=000.00.66 TOTCPU=000:02:02
LOGOFF AT 17:12:33 WUT THURSDAY 07/03/86
E: (DF-Taste) (Das Bild WU-IBM erscheint wieder. Nun ist das Terminal nur mehr auszuschalten.)

Abb. 2.4.2.2/2: Systemkommandos zur Anschaltung und Identifizierung eines Benutzers sowie zum Laden und Ausführen eines Programms (COBOL-Programm unter VM/SP)

Die Programme der **Auftragsverwaltung** (engl.: job management; job scheduling; job administration) koordinieren und steuern die Auftragsabwicklung für viele, gleichzeitig zur Verarbeitung anstehende Aufträge. Sie verrichten alle Aufgaben, die bei der Annahme, der Einleitung des Verarbeitungsprozesses und dem Abschluß eines Auftrags bzw. beim Übergang von einem Auftrag zum nächsten anfallen.

Neue Aufträge werden wie vorstehend beschrieben oder – bei nicht im Dialog abgesetzten Stapelaufträgen – auch bei der Eingabe der Datenträger entgegengenommen. Eine wesentliche Mittlerfunktion übernimmt hierbei der *Spoolbetrieb.* Während *Dialogaufträge unmittelbar der Verarbeitung zugeführt* werden, werden *Stapelaufträge in einer Warteschlange zwischengespeichert*. Die *Auftragsverwaltung entscheidet* dann aufgrund der laufenden Überwachung der Systemlast, *wann ein weiterer Auftrag begonnen*, d.h. ein entsprechender Verarbeitungsprozeß aktiviert werden kann. Bei einer positiven Aktivierungsentscheidung kann *unter den wartenden Aufträgen nach unterschiedlichen Strategien gewählt* werden. Zum Beispiel kann der Auftrag ausgewählt werden,

- der am längsten wartet,
- der die kürzeste Rechenzeit benötigt (entsprechend einer geschätzten Angabe in der Auftragsnachricht) oder
- der das höchste Verhältnis zwischen Wartezeit und Rechenzeit aufweist.

Der letztgenannte Auswahlmechanismus erscheint für die Erreichung der kleinsten durchschnittlichen Auftragsdauer am günstigsten. Es können auch *mehrere Auftragswarteschlangen* mit verschiedenen Prioritäten bestehen. Die Abarbeitungsfolge kann, wie bereits bei der Darstellung des Mehrprogrammbetriebs erwähnt wurde, auch durch *Eingriffe von außen* beeinflußt werden (Maschinenbediener ändert die Prioritäten).

Über jeden Auftrag wird von der Auftragsverwaltung Buch geführt. Hierzu werden unter anderem die Benutzerkennung, der Berechtigungsnachweis, die Auftragspriorität, die Auftragstermine (Datum und Uhrzeit der Annahme und Beendigung), eventuelle Grenzwerte für die Inanspruchnahme von Betriebsmitteln (CPU-Zeit oder Speicherplatz) sowie die tatsächliche Belegung der Betriebsmittel überwacht und in einer Datei laufend fortgeschrieben. *Diese Datei dient späteren Kontroll- und Abrechnungszwecken und wird durch entsprechende Dienstprogramme ausgewertet.*

> Den dynamischen Ablauf einer Auftragsbearbeitung bezeichnet man als **Prozeß** (engl: task). Ein Prozeß besteht aus einer endlichen sequentiellen Folge von Verarbeitungsschritten, die unter der Kontrolle des Betriebssystems ablaufen. Die Programme der **Prozeßverwaltung** (engl.: task management; task scheduling; task dispatching) steuern die kurzfristige Zuteilung von Betriebsmitteln durch die Verwaltung der hierauf wartenden Prozesse.

Wie Sie wissen, werden bei Mehrprogrammbetrieb die Benutzeraufträge zeitlich verzahnt bearbeitet, wobei die benötigten Betriebsmittel wechselseitig zugeteilt werden. Wird ein laufender Prozeß unterbrochen, so wird die *Prozeßverwaltung* aktiviert. *Diese analysiert die Unterbrechungsursache und leitet daraus resultierende Maßnahmen ein.*

Wird zum Beispiel von einem Prozeß der Zentralprozessor zeitweise nicht benötigt, weil ein Ein-/Ausgabevorgang abgewartet werden muß, so *wird dies von der Prozeßverwaltung wahrgenommen. Der Zentral-*

prozessor kann dann diesem Prozeß entzogen und einem anderen Prozeß zugeteilt werden. Andere *Gründe, um einem Prozeß den Zentralprozessor zu entziehen*, sind etwa Fehler im Benutzerprogramm, die Anforderung des Zentralprozessors durch einen Prozeß mit höherer Priorität oder der Ablauf eines zugebilligten Belegungsintervalls.

Die Prozeßverwaltung organisiert die *Zuteilung des Zentralprozessors* auf die hierauf wartenden Prozesse nach *Kriterien* wie Prioritäten, Warteschlangenposition, Ein-/Ausgabeintensität oder verbrauchte Prozessorzeit. Eine einfache Methode, bei der die Rechenleistung jedem wartenden Prozeß reihum eine feste Zeit überlassen wird, haben Sie in Form des *Zeitscheibenverfahrens* kennengelernt.

→ Übungsaufgabe Nr. I-132 im Arbeitsbuch

Auch für die sonstigen vorhandenen Betriebsmittel, wie

- Ein-/Ausgabeprozessoren (Kanäle),
- Arbeitsspeicher,
- externe Speicher und andere Peripheriegeräte

werden Wartelisten geführt, aus denen der Zustand für jeden einzelnen Prozeß hervorgeht. Die Zuteilung bzw. der Entzug eines Betriebsmittels kann in Abhängigkeit von den jeweiligen Prozeßzuständen nach unterschiedlichen Strategien organisiert werden. Ähnlich wie beim Zentralprozessor kann die Zuteilung etwa in der Reihenfolge der Anforderung, nach Priorität des Auftrags oder im Zeitmultiplexbetrieb erfolgen. Der Entzug kann zwangsweise bei Ablauf des zugeteilten Zeitintervalls oder bei Anforderung des Betriebsmittels durch einen «wichtigeren» Prozeß geschehen. Ein Betriebsmittel kann aber auch «freiwillig» zurückgegeben werden, wenn der Prozeß abgeschlossen wird oder wenn er das Betriebsmittel nicht mehr benötigt.

Um den vorhandenen *Arbeitsspeicher* bestmöglich auszunutzen, ist es – wie etwa nachfolgend beschrieben – *üblich, die Zeit zu begrenzen, während der ein einzelner Prozeß Speicherplatz belegen kann.*

Zum *Beispiel* verliert in einem der verbreitetsten Großrechnerbetriebssysteme ein Prozeß nach Ablauf des zugewiesenen Zeitintervalls, einer sog. *Makrozeitscheibe*, seine Arbeitserlaubnis und *muß den Speicherplatz für andere Prozesse freigeben.* Wird ein bearbeiteter Prozeß während seiner Makrozeitscheibe unterbrochen, so darf er den belegten Speicherplatz dann behalten, wenn die *Unterbrechungsanalyse* eine relativ kurze Wartezeit ergibt (zum Beispiel bis zur nächsten Zuteilung einer *«Mikrozeitscheibe»* des Zentralprozessors). Muß er hingegen länger auf ein Ereignis warten, so verliert er den belegten Arbeitsspeicherplatz.

Der *Speicherplatz* wird dabei je nach Betriebssystem *in festen Abschnitten* (engl.: partition) *oder in variablen Abschnitten vergeben*, die miteinander verkettet werden können. Über die Belegung dieser Bereiche wird laufend Buch geführt, um *freie Abschnitte dynamisch den Prozessen* zuteilen zu können.

Daneben gehören zur Speicherverwaltung noch der *Seitenwechsel* zwischen Arbeitsspeicher und Hintergrundspeicher (vgl. Abschnitt 2.3.1) sowie der *Speicherschutz*.

Die *Verwaltung von Ein- und Ausgabegeräten* umfaßt die *Gerätezuteilung an aktive Prozesse sowie die Steuerung und Überwachung der Gerätebenutzung*. Die Peripherieansteuerung erfolgt über logische Gerätenamen, die mittels einer gespeicherten Zuordnungstabelle in physikalische Adressen umgesetzt werden. Für die Ein-/Ausgabe werden *Kanalprogramme* zur Steuerung des EA-Prozessors aufgebaut und aktiviert. Weitere Aufgaben sind die *Koordination der simultanen Benutzung gemeinschaftlicher Geräte durch mehrere Prozesse* (etwa Suchbewegungen auf Platteneinheiten), *die Meldung beendeter Ein-/Ausgabeoperationen* durch EA-Unterbrechungen sowie die *Behandlung von Fehlern*.

Die im System ablaufenden *Prozesse* werden periodisch bzw. auf Veranlassung des Maschinenbedieners oder des Prozesses selbst *durch sog. Momentaufnahmen* (engl.: checkpoint) auf externen Speichern *gesichert*. Aufgrund der letzten Zustandsbeschreibung kann nach einer Fehlersituation (z.B. bei Stromausfall) in einem *Wiederanlaufverfahren* (engl.: restart) der Prozeß wiederhergestellt und fortgesetzt werden.

> Die Programme der **Datenverwaltung** (engl.: data management) katalogisieren und verwalten Dateien, steuern den Datentransfer zwischen Arbeitsspeicher und externen Speichern und bieten für die Verarbeitung von Dateien verschiedene Zugriffsmethoden.

Die *Katalogisierung und Verwaltung von Dateien* erfolgt durch Kommandos der Auftragssprache. Mit ihnen kann der Benutzer seine Dateien

- identifizieren,
- speichern,
- wieder auffinden,
- kopieren,
- mit Zugriffsbeschränkungen und Schutzwörtern versehen,
- für andere Benutzer verwendbar erklären und
- löschen.

Die gleichen Aufgaben kann ein Benutzer von einem Programm ausführen lassen, wenn er anstelle der Kommandos funktionsgleiche Makroaufrufe im Programm einbindet.

Alle Dateien werden bei ihrer Einrichtung mit einem *Namen* und einer *Benutzerkennung* (= «Eigentumsnachweis») in den sog. *(System-) Katalog* eingetragen. Im *Katalogeintrag* stehen ferner die für die Verarbeitung wesentlichen Dateimerkmale und Zugriffsbeschränkungen.

Zur Verarbeitung muß eine Datei – oder Teile davon – in den Arbeitsspeicher gebracht und nach der Verarbeitung wieder auf den externen Speicher zurückgeschrieben werden. Die *Zugriffsmethoden* sorgen dabei automatisch für die Zuordnung der logischen Sätze zu physikalischen Blöcken (vgl. Abschnitt 2.2.2.4) und erledigen die Übertragung. Nähere Ausführungen hierzu erfolgen im Abschnitt 3.2, der ausschließlich den Problemen der Datenspeicherung gewidmet ist.

→ Übungsaufgabe Nr. I-133 im Arbeitsbuch

Übersetzungsprogramme

Wie Sie wissen, arbeitet eine EDVA intern nur im Maschinencode. Jedes in einer anderen Programmiersprache geschriebene Programm muß somit in die Maschinensprache übersetzt werden, bevor es zum Ablauf gebracht werden kann. Sie haben bereits Assemblierer als Übersetzer für Assemblersprachen sowie Compiler und Interpreter als Übersetzer für höhere Programmiersprachen kennengelernt.

Unter einem **Übersetzungsprogramm** (Sprachübersetzer; engl.: translator) versteht man ein Programm, das Anweisungen in einer höheren Sprache oder in Assemblersprache liest, analysiert und in bedeutungsgleiche Maschinenbefehle umwandelt.

Die Sprachübersetzer werden im Rahmen eines Auftrags im Dialog- oder Stapelbetrieb *aufgerufen* und laufen wie Anwendungsprogramme (d.h. nicht privilegiert) ab. Neben dem eigentlichen *Übersetzungsvorgang* (= Umformung einer Zeichenreihe in eine andere) werden in bezug auf das Quellenprogramm *Syntaxprüfungen* durchgeführt und, falls notwendig, *Fehlermeldungen* ausgegeben.

Ein **Assemblierer** oder **Assembler** (engl.: assembler) ist ein Übersetzungsprogramm, das in einer Assemblersprache abgefaßte Quellenanweisungen in Zielanweisungen der zugehörigen Maschinensprache umwandelt (assembliert).

Bei der Darstellung der Assemblersprachen (vgl. Abschnitt 2.4.1) wurde bereits erwähnt, daß bei der *Assemblierung* jeweils ein Assemblerbefehl in einen Maschinenbefehl übersetzt wird *(1:1-Übersetzung)*. Der *Übersetzungsaufwand* ist im Vergleich zur Kompilierung *gering* und besteht im wesentlichen darin, symbolische Adressen in numerische umzuwandeln.

> Ein **Kompilierer** oder **Compiler** (engl.: compiler) ist ein Übersetzungsprogramm, das in einer höheren Programmiersprache abgefaßte Quellenanweisungen in Zielanweisungen einer maschinenorientierten Programmiersprache umwandelt (kompiliert).

Im allgemeinen ist die *Zielsprache bei der Kompilierung die Maschinensprache (Objektcode)*, jedoch findet auch gelegentlich eine (vorläufige) Übersetzung in die Assemblersprache eines Rechners statt. Beim Übersetzungsvorgang werden i.d.R. aus einer Quellenanweisung mehrere Befehle in der maschinenorientierten Sprache erzeugt *(1:n-Übersetzung)*.

Das aus der Assemblierung oder Kompilierung eines Quellenprogramms resultierende Objektprogramm in einer speziellen Maschinensprache ist noch nicht ablauffähig. Insbesondere für die Ein- und Ausgabe müssen noch *Hilfsprogramme zur Gerätesteuerung* hinzugefügt werden, und es müssen die (vom Übersetzer offen gelassenen) *Adressen im Anwendungsprogramm festgelegt* werden. Dies geschieht durch Dienstprogramme des Betriebssystems (Binder und Lader), auf die im nächsten Abschnitt eingegangen wird.

Assemblierer und Kompilierer übersetzen ein Quellenprogramm vor seiner Ausführung vollständig in ein Objektprogramm. Der Überset-

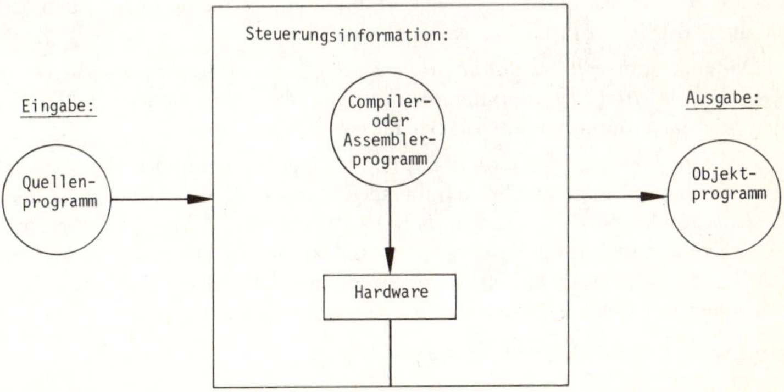

Abb. 2.4.2.2/3: Übersetzung von Programmen in Assembler- oder höheren Programmiersprachen

zungsvorgang kann durch eine entsprechende Auftragsnachricht zwar im Dialog eingeleitet werden, *während der Übersetzungsarbeit kann der Benutzer jedoch nicht eingreifen.* Das erzeugte *Objektprogramm kann für spätere Verarbeitungsläufe in einer Programmbibliothek abgespeichert werden*, so daß vor der Ausführung keine Übersetzung mehr nötig ist.

Ein **Interpretierer** oder **Interpreter** (engl.: interpreter) ist ein Programm, das in eine EDVA eingegebene Quellenanweisungen in einer höheren Programmiersprache jeweils sofort übersetzt und ausführt.

Im Unterschied zum Kompilieren entsteht *kein vollständiges, aufbewahrungsfähiges Objektprogramm.* Beim Interpretieren in den Maschinencode übersetzte Anweisungen werden «vergessen»; Binden und Laden (vgl. Folgeabschnitt) laufen hierbei dynamisch ohne Zutun des Benutzers ab. *Daß jede eingegebene Programmanweisung sofort übersetzt und ausgeführt werden kann, ist vor allem für die interaktive Programmierung vorteilhaft.*

In Betriebssystemen für mittlere und große Rechner gibt es im allgemeinen *einen Assemblierer sowie diverse Kompilierer*, und zwar mindestens für die höheren Programmiersprachen COBOL, FORTRAN, PASCAL und PL/1. Die ebenfalls normalerweise verfügbaren Übersetzungsprogramme für BASIC und APL arbeiten meist interpretativ. Häufig werden für diese Sprachen *Programmiersysteme* angeboten, die neben dem Interpreter noch zusätzliche Kommandos zur Verwaltung und zum Ablauf von Programmen und zur Steuerung von Systemfunktionen kennen (etwa für die Dateibehandlung und Datenausgabe). Dadurch wird der Benutzer von der Kommandosprache des Betriebssystems unabhängig. Es werden aber auch (zusätzlich) BASIC-Compiler verwendet.

Daneben gibt es noch *Sprachübersetzer für die sonstigen, im Abschnitt 2.4.1 behandelten Programmiersprachen*, die üblicherweise jedoch nicht zu den Standardkomponenten von Betriebssystemen zählen.

Mikrorechnerbetriebssysteme enthalten hingegen oft neben dem Assembler nur einen oder zwei Sprachübersetzer (in der Regel BASIC und PASCAL). Auch bei *Minirechnerbetriebssystemen* ist das verwendbare Sprachspektrum häufig beschränkt (z.B. bei Bürocomputern vorwiegend BASIC, RPG oder COBOL). Zunehmend werden jedoch auch für kleine und kleinste EDVA weitere Sprachübersetzer angeboten.

→ Übungsaufgabe Nr. I-134 im Arbeitsbuch

Dienstprogramme (engl.: utility program) sind Hilfsprogramme zur Abwicklung häufig vorkommender, anwendungsneutraler Aufgaben bei der Benutzung des EDV-Systems. Dazu zählen Binder und Lader, Editoren (Dateiaufbereiter), Sortier-, Misch- und Kopierprogramme, Diagnose-, Test- und Dokumentationsprogramme, Abrechnungsprogramme u.v.a.m.

Binder (engl.: linkage editor) und **Lader** (engl.: loader) gehören zu den am häufigsten benutzten Dienstprogrammen. Sie helfen den Benutzern, die übersetzten Programme zum Ablauf zu bringen. Die vom Assemblierer bzw. Kompilierer erzeugten Objektprogramme sind nicht ablauffähig, weil noch im Quellenprogramm verlangte Programmteile, wie zum Beispiel Ein-/Ausgabeprozeduren, hinzugefügt werden müssen. Ferner müssen in verschiedenen Übersetzungsläufen (eventuell mit verschiedenen Sprachübersetzern) erzeugte Objektprogramm-Module «zusammengebunden» werden. Diese Aufgaben übernimmt der *Binder*, der im Anschluß daran auch alle nunmehr befriedigten externen Adressen im Anwendungsprogramm relativ zum Programmanfang ausrichtet. Dadurch entsteht ein ladefähiges Programm, das – wie auch schon die bei der Übersetzung erzeugten Objektmodule – in einer Datei, der sog. *Modulbibliothek*, gespeichert wird.

Der *Lader* hat die Aufgabe, bei Bedarf das ladefähige (d.h. übersetzte und gebundene) Programm zur Ausführung an die von der Auftragsverwaltung zugewiesene Ladeadresse im Arbeitsspeicher (bzw. im virtuellen Adreßraum) zu bringen und alle Adreßpegel des geladenen Programms auf diese auszurichten (d.h. die relativen in absolute virtuelle Adressen umzusetzen).

Die Abb. 2.4.2.2/4 veranschaulicht nochmals den *Ablauf beim Übersetzen, Binden und Laden eines Programms*.

Ein **Editor** (*Dateiaufbereiter*; engl.: editor) ist ein Programm zum Erstellen, Lesen und Ändern von Dateien, die formatierte Daten (Datensätze), aber auch Quellenprogramme, Texte aller Art, bildliche und sprachliche Daten enthalten können. Editoren bieten eine komfortable (die einzige) Möglichkeit, Daten ohne Programmieraufwand in das EDV-System einzubringen und zu verwalten. Sie arbeiten im Dialogbetrieb. Vor allem, wo umfangreiche Textverarbeitungsaufgaben oder grafische Datenverarbeitungsaufgaben gelöst werden sollen, bewährt es sich, wenn ganze Bildschirmseiten einer Datei mit einem Zugriff betrachtet und geändert werden können (direktes ‹Sichtfenster› in die Plattendatei; «full screen editor»). Zu den *Grundfunktionen eines lei-*

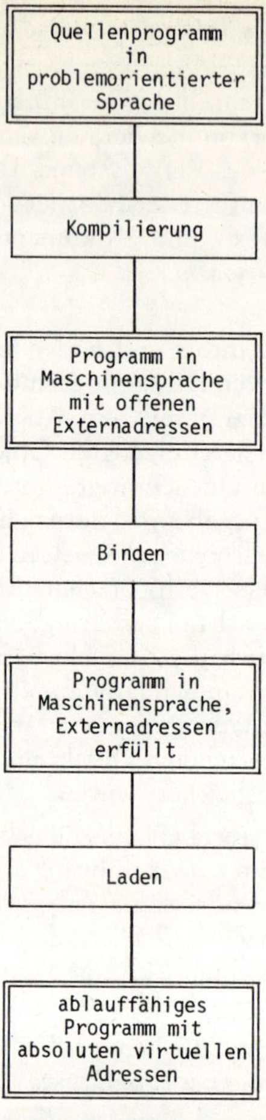

Abb. 2.4.2.2/4: Ablauf von der Kompilierung eines Quellenprogramms bis zur Ausführung

stungsfähigen Texteditors gehören das Anzeigen, Ändern, Ersetzen, Einfügen, Kopieren, Löschen von einzelnen oder mehreren Bildschirmzeilen und -seiten. Vorhandene Dateien bzw. Teile davon können durch einfache Kommandos erweitert, verkleinert und miteinander verglichen werden. Die Bildschirmanzeige kann nach oben, unten, rechts oder links verschoben werden. *Grafikeditoren* bieten ähnliche Unterstützungsfunktionen für das Zeichnen und Ändern von grafischen Darstellungen.

Sortierprogramme (engl.: sort program) sortieren Datensätze nach vom Benutzer festgelegten Kriterien. *Die Sortierung wird bestimmt durch die Angabe*

- *der Ordnungsmerkmale* (= Sortierfelder), nach denen sortiert werden soll, und
- *der Sortierreihenfolge* (aufsteigend, absteigend oder nach eigenen Kriterien).

Folgende drei *Sortierarten* werden von Sortierprogrammen üblicherweise beherrscht:

- *Vollsortieren*, bei dem die Eingabesätze – in voller Länge sortiert – in die Ausgabedatei geschrieben werden;
- *Auswahlsortieren*, bei dem nur die Teile der Eingabesätze als Sortierfelder verwendet werden, die der Benutzer angibt; in der Ausgabedatei stehen die Sätze dann sortiert in der Reihenfolge der angegebenen Sortierfelder;
- *Adreßlistensortieren*, bei dem die «Adressen» der Eingabesätze die Ausgabesätze darstellen.

Mischprogramme (engl.: merge program) mischen Datensätze mehrerer gleichartig sortierter Eingabedateien in eine ebenso sortierte Ausgabedatei. Gegebenenfalls muß ein Sortierprogrammlauf vorgeschaltet werden, um in den zu mischenden Dateien die gleiche Sortierung zu erzielen.

Weitere wichtige Dienstprogramme dienen zur

- Unterstützung der Programmentwicklung im Dialog,
- Verwaltung von Programmbibliotheken,
- Diagnose von Programm- und von EDV-Systemfehlern,
- Umsetzung von Dateien von einem Gerät oder Speichermedium auf ein anderes,
- Datensicherung (Auslagerung von Dateien auf Datenträger, die als Sicherungskopien verwahrt werden),
- Leistungsmessung und Abrechnung (engl.: accounting).

Übungsaufgaben Nr. I-135 und I-136 im Arbeitsbuch ←

2.4.3 Anwendungssoftware

Wie man Anwendungsprogramme konzipiert und in einer höheren Programmiersprache formuliert, werden Sie in dem Band «Wirtschaftsinformatik II» lernen. Dort erhalten Sie eine Einführung in das Strukturierte Programmieren und in die Programmiersprache COBOL.

Auch wenn Sie nicht beabsichtigen, später als Wirtschaftsinformatiker/in an der Entwicklung von großen integrierten Informationssystemen mitzuarbeiten oder in diesem Berufsfeld als Berater/in oder Verkäufer/in tätig zu werden, *schult Sie dieser Programmierkurs in verschiedener Hinsicht*. Einmal werden Sie damit ganz allgemein zu einem *methodischen Vorgehen bei der Lösung von Problemen* aller Art «erzogen». Ferner lernen Sie dadurch das *Aufgabenspektrum von EDV-Fachkräften in der IS-Entwicklung* besser kennen und können dadurch *abschätzen, welche Wünsche nach Rechnerunterstützung Ihrer fachlichen Aufgaben durch die EDV-Abteilung realisierbar* erscheinen, mit welchem Zeit- und Kostenaufwand, mit welchen Nutzen und eventuellen Problemen die Lösung verbunden ist. Durch dieses Know-how werden Sie in vielen Fällen die Neuentwicklung oder Änderung von Programmen durch die hauseigenen EDV-Spezialisten als nicht zweckmäßig erkennen und andere Alternativen vorziehen. Solche *Alternativen* können der *Fremdbezug fertiger Anwendungssoftware*, die durch Sie *selbst durchgeführte Lösung kleinerer Aufgaben mit Endbenutzerwerkzeugen der 4. Generation* oder auch der *Verzicht auf eine z.B. zu teure oder zu umständliche Rechnerunterstützung* sein. Mit diesen Alternativen werden wir uns im folgenden näher beschäftigen.

2.4.3.1 Eigenentwicklung oder Fremdbezug von Programmen

Durch die *individuelle Programmierung* ist eine *optimale Anpassung an die jeweilige betriebliche Bedingungslage* möglich. Mit dem Vordringen der Datenverarbeitung in allen Funktionsbereichen, dem Übergang zur Dialogverarbeitung und der Zunahme von Datenfernverarbeitungsanwendungen waren und sind die Anwender gezwungen, *immer höhere Aufwendungen bei der Eigenentwicklung* der immer komplexer werdenden Problemlösungen in Kauf zu nehmen. Daraus erklärt sich auch die stetige Ausdehnung der Datenverarbeitungsbudgets trotz laufender Verbesserungen des Preis-/Leistungsverhältnisses bei der Hardware. Während in den Anfängen der EDV beim Anwender der größte Teil der Kosten durch die Maschinenkonfiguration verursacht wurde und auf die Software nur ein geringer Teil der EDV-Gesamtkosten entfiel, hat sich inzwischen das Verhältnis der Hardware- zu den Softwarekosten nahezu umgekehrt (wenn man die Kosten des Softwareentwicklungspersonals mit einbezieht).

Es ist deshalb nur folgerichtig, daß *im Softwarebereich die größten Rationalisierungsreserven der Datenverarbeitung* vermutet werden. Die Möglichkeiten der *Softwaretechnologie* (engl.: software technology), das heißt einer methodischen Programmentwicklung mit ingenieurmäßigen Methoden, und der *Standardsoftware* haben dementsprechend in Wissenschaft und Praxis zunehmend an Interesse gewonnen. Offensichtlich sieht man darin geeignete Mittel, den als zu teuer empfundenen Softwareerstellungs- und -wartungsprozeß kostengünstiger zu gestalten sowie die gegenüber den Erwartungen zurückbleibende Qualität der Softwareprodukte zu verbessern.

> Als **Standardsoftware** (engl.: packaged software) haben wir fertige Programme bezeichnet, die auf Allgemeingültigkeit und mehrfache Nutzung hin ausgelegt sind. **Individualsoftware** (engl.: custom software) umfaßt hingegen jene Programme, die für einen Anwendungsfall eigens erstellt worden sind und deren Eigenschaften i.a. einer spezifischen Bedingungslage entsprechen.

Gegenüber der individuellen Programmierung hat der Bezug qualitativ hochwertiger *Standardprogramme* folgende *Vorteile*:

1. Kostengünstigkeit (die Softwareentwicklungskosten «verteilen» sich auf mehrere Verwender des Produkts);
2. Zeitersparnis (die Zeit für die Anpassung eines ausgereiften Standardprogramms ist im allgemeinen wesentlich geringer als die Zeit für eine Neuentwicklung);
3. Kompensierung vorhandener Personalengpässe bzw. eines Mangels an Know-how.

Übungsaufgabe Nr. I-137 im Arbeitsbuch ←

Entscheidende Bestimmungsfaktoren beim Kauf oder der Miete von Softwareprodukten sind

- die Übereinstimmung der angebotenen Softwareprodukte mit den benötigten Systemfunktionen und -leistungen (in der Regel ermöglichen nur Modularprogramme einen individuellen Zuschnitt);
- die Verträglichkeit der Produkte mit vorhandener Hardware und Software;
- das Qualitätsniveau der Produkte hinsichtlich des Entwurfskonzepts (methodische Strukturierung, Durchsichtigkeit der Ablaufsteuerung), der Leistungsfähigkeit, der Sicherheit und der Dokumentation;
- die Betriebsreife der Produkte (Verfügbarkeit, Implementierungszeit, Lebensdauer/Zukunft);
- das Kosten-/Nutzenverhältnis der Produkte (einmalige Kosten wie Kaufpreis, Implementierungskosten, Anpassungskosten der Organisation, Schulungskosten von Mitarbeitern; laufende Kosten für die Wartung, Datenträger, Inanspruchnahme von EDVA-Kapazitäten beim Betrieb; Rationalisierungs- und Informationsnutzen).

Eine detaillierte *Checkliste mit Beurteilungskriterien für Standardanwendungssoftware* ist *im Arbeitsbuch* zu diesem Band enthalten.

Die *Anforderungen erfahrener Anwender konzentrieren sich auf* die beiden konkurrierenden Kriterien *«Preis»* und *«Übereinstimmung mit den individuellen Gegebenheiten»* (branchengerechte bzw. firmengerechte Lösung). Häufige Käufer von Standardanwendungssoftware halten das letztgenannte Kriterium für weitaus wichtiger als den Preis.

Für die *Auswahl von Softwarelieferanten* sind in der Praxis vor allem die räumliche Nähe des Anbieters zum Kunden, die Erfahrungen in der Zusammenarbeit und die Spezialisierung des Softwareanbieters auf das geforderte Anwendungsgebiet entscheidend. Hardwarehersteller profitieren bei dem Angebot von Standardanwendungssoftware von der engen Herstellerbindung der EDV-Anwender und deren vielfach ausgeprägtem Wunsch nach «Unterstützung aus einer Hand». Weitere wichtige Anforderungskriterien sind die *Zusatzleistungen* der Anbieter, insbesondere

- die Anpassung und Installation der angebotenen Programme sowie die organisatorische Implementierung (bzw. eine entsprechende fachmännische Beratung),
- die Übernahme der Programmwartung und Betreuung auch nach der Installation und
- die Mitarbeiterschulung bei der Programmeinführung.

→ Übungsaufgaben Nr. I-138 und I-139 im Arbeitsbuch

Insbesondere in Großbetrieben mit jahrzehntelanger «Universalrechnertradition» herrscht häufig – wenn auch mit abnehmender Tendenz – *Skepsis gegenüber dem Fremdbezug fertiger Programme*. Die Zurückhaltung wird meist mit Vorbehalten gegenüber der Produktgestaltung der Standardanwendungssoftware begründet, vor allem in bezug auf die Problemadäquanz und die technische Problemlösung. Manchmal ist beim Einsatz von Standardprogrammen noch ein außerordentlich hoher Arbeitsaufwand bis zum reibungslosen Funktionieren notwendig; die Kosten für die Anpassung der Software und/oder der Organisation des Anwendungsbereichs sind dementsprechend oft beträchtlich und übersteigen in Einzelfällen sogar die Kosten einer Eigenentwicklung. Ferner bestehen anwenderseitig gelegentlich Zweifel an der Qualifikation und Leistungskraft der Anbieter, insbesondere bezüglich der anwendungsbezogenen und softwaretechnologischen Fachkompetenz sowie des wirtschaftlichen Potentials (Stabilität, Finanzlage). Hinzu kommen die nicht abgeschlossene Konsolidierung und schwere Durchschaubarkeit des Softwaremarktes, die teilweise umstrittene Seriosität und Solidität einzelner Anbieter sowie deren manchmal wenig glaubhafte Informationspolitik.

2.4.3.2 Vorgehensweise bei der Auswahl von Standardprogrammen

Erster wesentlicher Schritt des Auswahlprozesses ist eine *Istaufnahme*. Dabei gilt es, den derzeitigen Zustand des Gebietes, in dem das Softwarepaket eingesetzt werden soll, genauestens zu untersuchen und zu dokumentieren. Wichtige Punkte sind dabei das Mengengerüst, der Datenfluß sowie die Ablauf- und Aufbauorganisation.

Entscheidend für die Qualität einer Istaufnahme ist die Mitwirkung der betroffenen Mitarbeiter. Ohne ihre Kooperation wird eine Erhebung des Istzustandes immer Stückwerk bleiben.

Im Anschluß daran sollte eine *Schwachstellenanalyse* durchgeführt werden. Die derzeitige Istsituation stellt ja in keinem Falle ein Optimum dar, jede historisch gewachsene Organisation enthält eine Reihe von Mängeln. Dadurch bestehen in den meisten Betrieben erhebliche Rationalisierungspotentiale, die im Rahmen einer Softwareauswahl genutzt werden können.

Aufbauend auf der Ist- und Schwachstellenanalyse muß der *Sollzustand* festgelegt werden. Schwerpunkt in dieser Phase ist die Klärung der Frage, welche Anforderungen auf welche Art und Weise durch die Anwendungssoftware abgedeckt werden müssen.

Häufig kommen bei der Erarbeitung eines Sollkonzeptes unterschiedliche Vorstellungen über die Betriebspolitik zum Ausdruck, die erst in einem langwierigen Diskussionsprozeß auf einen gemeinsamen Nenner gebracht werden können.

Weiterhin besteht bei vielen Anwendern die Tendenz, in den Anforderungskatalog eine Vielzahl von betriebsspezifischen Sonderwünschen einzubauen, die bei realistischer Betrachtungsweise von einem Standardprogramm nicht erfüllt werden können und in der Folge einen erheblichen Kostenaufwand durch Individualprogrammierung verursachen. Hier gilt es einen goldenen Mittelweg zwischen Anforderungen, die unbedingt erfüllt werden müssen, und sonstigen wünschenswerten, aber unter Kostengesichtspunkten nicht akzeptablen Anforderungen zu finden.

Als nächster Schritt kann die *Ausschreibung* in Angriff genommen werden. Die Zahl der eingeladenen Anbieter sollte auf höchstens zehn beschränkt werden, da ohne eine solche Beschränkung die detaillierte Analyse der Angebote zu aufwendig wird. Welcher Anbieter zur Teilnahme aufgefordert werden soll, läßt sich anhand der Durchsicht von Softwarekatalogen (z.B. ISIS-Kataloge für den gesamten EDV-Markt, Paperback-Kataloge für den Mikrorechnermarkt) und Verzeichnissen der gewerblichen Interessenvertretungen ermitteln. Weitere Anhaltspunkte bieten Gespräche mit Branchenkollegen, Seminar- und Messebesuche u.a.m.

012 B E S T I M M U N G S F A K T O R E N				ALTERNATIVE :	
Lfd.Nr.	2.2 Einkauf	Ref.Nr.	Gewicht	INTENS:	BEMERKUNG
2.2.1	On-Line-Zugriff auf - Lieferantennachweis ? - Liefersortiment ? - Preis- und Rabattstaffel eines Artikels? - Preisentwicklung eines Artikels ? - Lieferzeit und Lieferbedingungen ? - Zahlungsbedingungen, Rabattstaffel, Bons und Kreditrahmen bei einem Lieferanten ?	4.2.1			
2.2.2	Bestands- und Bewegungsstatistiken sowie sonstige Auswertungen vorgesehen ?	4.2.1			
2.2.3	Unterstützung bei manueller Eingabe und automatisher Erstellung der Bestellanforderungen ?	4.2.2			
2.2.4	Zuordnung der Bestellanforderungen zu Projekt, Produktion oder Kostenstelle vorgesehen ?	4.2.2			
2.2.5	Aufruf von Textverarbeitungsfunktionen beim Schreiben der Bestellanforderungen möglich ?	4.2.2			
2.2.6	Funktionen für das Genehmigungsverfahren von Bestellanforderungen verfügbar ?	4.2.4			
2.2.7	Kontrolle und Weiterleitung genehmigter Bestellanforderungen an den Einkauf automatisiert ?	4.2.4			
2.2.8	Anfrageschreibung unterstützt, insbesondere - Übernahme des Anforderungstextes ? - Aufruf von Textverarbeitungsfunktionen ? - Plazierung bei mehreren Lieferanten ? - Plazierung bei fremden Lieferanten ? - Überwachung von Angebotsterminen ? - Ausdruck des Anfrageschreibens durch Systemdrucker und Terminaldrucker ? - Abfragemöglichkeiten	4.2.5			
2.2.9	Angebotsaufnahme durch - Übernahme der Anfragedaten ? - Verwaltung der Angebote ? - Abfragemöglichkeiten ? - Absageschreiben und Löschung ?	4.2.6			

Abb. 2.4.3.2/1: Anforderungskatalog an ein Standardprogrammpaket für den Einkauf (Auszug)

Die Ausschreibung enthält eine Kurzvorstellung des Betriebes, die Darstellung der Istsituation, den Entwurf des Sollkonzeptes sowie gegebenenfalls Zusatzbedingungen (z.B. bezüglich Hardwarekompatibilität).

Nach *Eingang der Angebote* (ca. vier bis sechs Wochen nach Aussendung der Ausschreibung) wird anhand von sog. K.O.-Kriterien, das sind Anforderungen, deren Erfüllung ein Muß darstellt, eine *Vorselektion* durchgeführt. Im Normalfall sollten für die anschließenden *Detailanalysen und -gespräche* nur zwei bis drei Anbieter im Rennen bleiben. In dieser Endphase erfordert die Angebotsanalyse sehr viel Fingerspitzengefühl. Die Anwendung von Verfahren der *Investitionsrechnung* (auch z.B. der häufig verwendeten Nutzwertanalyse) ist problematisch, da sich

- die exakte Erfüllung einzelner Anforderungen meist nur durch eine Testinstallation beweisen läßt und
- der Erfüllungsgrad unterschiedlicher Anforderungen nur schwer aufrechenbar und vergleichbar ist.

Aus diesem Grunde verbleibt auch in bezug auf den «Sieger» der Angebotsauswertungen eine gewisse Unsicherheit, ob die Installation erfolgreich durchgeführt werden kann.

Ist intern eine Vorentscheidung gefallen, so werden mit dem gewählten Anbieter *Vertragsverhandlungen* begonnen. Dabei muß versucht werden, die Anbieter-Standardverträge, die in den meisten Fällen stark an den Interessen des Anbieters orientiert sind, zu adaptieren und Anwenderinteressen einfließen zu lassen. Inwieweit dies gelingt, ist eine Frage der Marktmacht und der Bedeutung des Anwenders für den Anbieter (z.B. Referenzinstallation).

Nicht vergessen werden sollten bei den Preisverhandlungen die Kosten für Programmanpassungen (des neuen und der vorhandenen Programme) und -installation, die zu erwartenden Organisationskosten und sonstigen Nebenkosten (z.B. Zusatzkosten für Hardwareeinrichtungen).

Werden in einer ersten Installationsphase nicht alle Programmodule eingesetzt, so sollten dennoch jetzt die Konditionen für den Bezug der weiteren Programmteile vereinbart werden. Erfahrungsgemäß können nämlich nach einer Installation Erweiterungsinvestionen nur noch zum Listenpreis durchgeführt werden.

Nach Vertragsabschluß beginnt die *Installationsphase*. Sie zeichnet sich durch eine enge Zusammenarbeit zwischen Anbieter und Anwender aus. Ohne diese werden die Programmanpassungen erfahrungsgemäß kaum jemals den Anforderungen des Anwenders genügen. Aufgrund von Koordinationsproblemen bei den Arbeiten, die von den Vertragspartnern zu leisten sind, und unvorhergesehenen zusätzlichen Anforderungen bzw. Adaptierungsaufgaben kommt es sehr häufig zu einer Überschreitung des vereinbarten Zeitplanes.

Abschließend sei darauf hingewiesen, daß *die Qualität der später installierten Lösung weitgehend durch die Qualität der Istaufnahme, der Schwachstellenanalyse und des Sollkonzeptes bestimmt* wird. Dennoch neigen viele Betriebe dazu, diese Phasen möglichst kurz zu halten und sofort mit einer Ausschreibung zu beginnen. Als Konsequenz ergeben sich unzureichende Entscheidungsgrundlagen, die dann häufig die Durchführung mehrerer modifizierter Ausschreibungen erfordern.

→ Übungsaufgabe Nr. I-140 im Arbeitsbuch

2.4.3.3 Handhabung von Softwarewerkzeugen für Endbenutzer

Unter «**Endbenutzerwerkzeugen**» (engl.: enduser tool) werden Softwaresysteme verstanden, die es einem EDV-Laien erlauben, Problemlösungen ohne Unterstützung durch die EDV-Abteilung und ohne die Aneignung von speziellen EDV-Kenntnissen zu erarbeiten (vgl. dazu auch den Abschnitt 2.4.1.4 Sprachen der 4. Generation).

In diesem Abschnitt sollen der Einsatz eines in der Praxis weitverbreiteten «Endbenutzerwerkzeugkastens» auf einem Arbeitsplatzrechner demonstriert und die dabei verwendeten Funktionen näher beschrieben werden.

Heute auf dem Markt verfügbare *«integrierte» Endbenutzerpakete* enthalten im Regelfall mindestens *Komponenten zur Tabellenkalkulation, Dateiverwaltung mit Abfragesprache und Berichtsgenerator, sowie Grafik und Textverarbeitung*. Darüber hinaus stehen bei manchen Produkten auch ein Terminkalender, ein Tischrechnermodus und Funktionen zur Projektplanung und -kontrolle (Netzplantechnik) zur Verfügung. Neben einem *umfangreichen Befehlsvorrat* zeichnen sich Endbenutzerpakete durch eine *gut gestaltete Bedienerführung* aus, d.h. Verwendung der Fenstertechnik (Näheres folgt im Abschnitt 2.4.4), verständliche Fehlermeldungen und ausreichende Hilfefunktionen.

Die Entwicklung der **Tabellenkalkulationsprogramme** (engl.: spreadsheet program) ist eng mit der Entwicklung und der Erfolgsgeschichte der Mikrorechner verknüpft. Sie wurden anfangs nur mit konventionellen Programmiersprachen (meist BASIC und/oder Assembler) angeboten, was zur Folge hatte, daß nur eine geringe Zahl von Menschen in der Lage oder willens war, diese zu verwenden. Dies änderte sich mit der Einführung von *Visicalc*, dem ersten Tabellenkalkulationsprogramm für Mikrorechner, das es auch EDV-Laien ermöglichte, Mikrorechner effizient zu nutzen. Die Konzeption von *Visicalc* hatte bedeutenden Einfluß auf die Gestaltung aller übrigen Tabellenkalkulationsprogramme.

Die *Grundidee* besteht im Versuch, die Arbeitsweise mit Tabellen auf einem normalen Blatt Papier und mit einem Rechenstift nachzuvollziehen. *Auf dem Bildschirm wird ein in Zellen gegliedertes elektronisches Arbeitsblatt dargestellt. Jede Zelle ist durch die zugehörige Zeilen- und Spaltennummer eindeutig bestimmt. In den verschiedenen Zellen können in beliebiger Abfolge Zahlen, Texte, arithmetische und logische Ausdrücke mit oder ohne Bezugnahme auf andere Zellen eingetragen werden.* Damit ist es dem Benutzer möglich, auf sehr flexible Art und Weise *individuelle Rechenschemata (Rechentabellen) samt erklärendem Text* zu gestalten.

Dies soll am *Beispiel einer einfachen Stückkostenkalkulation* (Vollkostenrechnung) demonstriert werden. Die zu ermittelnden Herstellkosten (HK) bestehen aus Materialkosten (MK) und Fertigungskosten (FK). Die Materialkosten setzen sich aus Materialeinzelkosten (MEK) und Materialgemeinkosten (MGK) zusammen, wobei die Materialgemeinkosten 20% der Einzelkosten betragen. Die Fertigungskosten wiederum setzen sich aus dem Fertigungslohn (FEK) und den Fertigungsgemeinkosten (FGK, 180% der Fertigungseinzelkosten) zusammen.

MEK		FEK	= Arbeitszeit × Stundenlohn
<u>MGK</u>	= 20% der MEK	<u>FGK</u>	= 180% der FEK
MK	= MEK + MGK	FK	= FEK + FGK

HK = FK + MK

Für die Ermittlung der Herstellkosten sind die Zahlenwerte für Materialeinzelkosten, Zuschlagsatz für die Materialgemeinkosten, Arbeitszeit, Stundenlohn und Zuschlagsatz für die Fertigungsgemeinkosten erforderlich; alles andere kann aus diesen Angaben berechnet werden.

In der Tabellenkalkulation mit unserem *Beispielpaket Open Access* wird dieses *Rechenschema (= Modell)* folgendermaßen dargestellt:

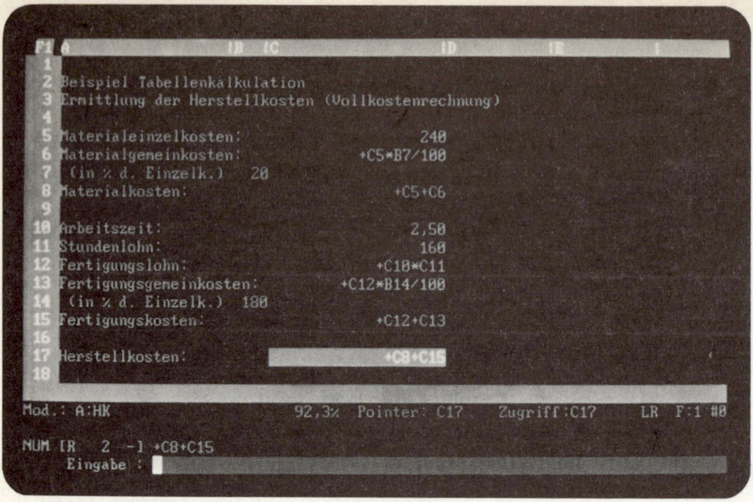

Abb. 2.4.3.3/1: Modell zur Ermittlung der Herstellkosten mit Formelreferenzen (in Open Access)

In den Zellen A2, A3, A5, A6, A7, A8, A10, A11, A12, A13, A14, A15 und A17 befindet sich erklärender Text, in den Zellen B7 und B14 werden die Prozentsätze für die Bestimmung von Material- und Fertigungsgemeinkosten eingetragen (20% bzw. 180%). In Zelle C5 stehen die Materialeinzelkosten (240 Geldeinheiten), in Zelle C10 die zugehörige Arbeitszeit (2,5 Stunden) und in C11 der Stundenlohn (160 Geldeinheiten). Alle anderen Werte werden berechnet, wobei in den jeweiligen Zellen die entsprechenden Formelausdrücke durch Zellenreferenzen ersetzt werden. In Zelle C6 finden Sie die Berechnungsvorschrift für die Materialgemeinkosten im Ausdruck $+C5 \times B7/100$ wieder. Dies weist den Rechner an, den Wert aus der Zelle C5 mit dem Wert aus B7 (Prozentsatz) zu multiplizieren und durch 100 zu dividieren (Prozentrechnung). Der Ausdruck in C8 bewirkt, daß die Werte aus C5 und C6 addiert werden und das Ergebnis in C8 ausgegeben und abgespeichert wird. In den Zellen C12, C13 und C15 finden sich die Rechenvorschriften für die Fertigungskosten, in C17 dann zum Abschluß die Berechnung der Herstellkosten.

Der Benutzer bewegt bei der Modellerstellung und Modellmodifikation den Cursor mit den Pfeiltasten, der Maus o.ä. von einer Zelle zur anderen, die Zelleninhalte (Texte, Zahlen, Formeln) werden in der Eingabezeile eingetragen und dann vom Programm in das Arbeitsblatt übernommen.

Elektronische Tabellen ermöglichen es, *mathematische Beziehungen zwischen den Zellen* herzustellen. Die Erstellung eines Modells wird durch leistungsfähige *Kopier-, Einfüge- und Formatbefehle* unterstützt. Der größte Nutzen bei der Verwendung von Tabellenkalkulationsprogrammen ergibt sich jedoch aus der besonders einfachen Durchführung von *«Was wäre, wenn ...»-Abfragen.* Durch die Veränderung eines oder mehrerer Zellenwerte und die anschließende sofortige Neuberechnung des gesamten Modells durch den Rechner ist es dem Benutzer möglich, schnell und ohne großen Aufwand mehrere Varianten durchzurechnen und diese Ergebnisse seinen Entscheidungen zugrundezulegen.

Die unten dargestellte *Berechnung der Herstellkosten bei unterschiedlichen Stundenlöhnen* kann in wenigen Sekunden durchgeführt und ausgedruckt werden.

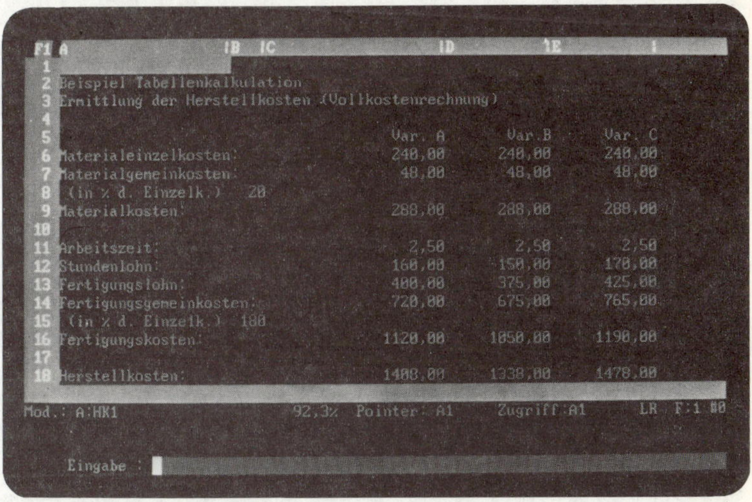

Abb. 2.4.3.3/2: Berechnung mehrerer Varianten mit der Open Access-Tabellenkalkulation

Sehr wichtig für den durch Tabellenkalkulationsprogramme erzielbaren Nutzen sind auch die zur Verfügung stehenden *mathematischen, finanzmathematischen und statistischen Funktionen* wie Summenbildung, Minimum, Maximum, Mittelwert, Standardabweichung, Varianz, Barwert, Interner Zinsfuß oder Bestimmung von Abschreibungsbeträgen.

Abb. 2.4.3.3/3 zeigt ein Hilfsfenster der *Open Access*-Tabellenkalkulation, in dem die vorhandenen Funktionen aufgelistet sind.

Dateiverwaltungssysteme in endbenutzerorientierten Softwarewerk-

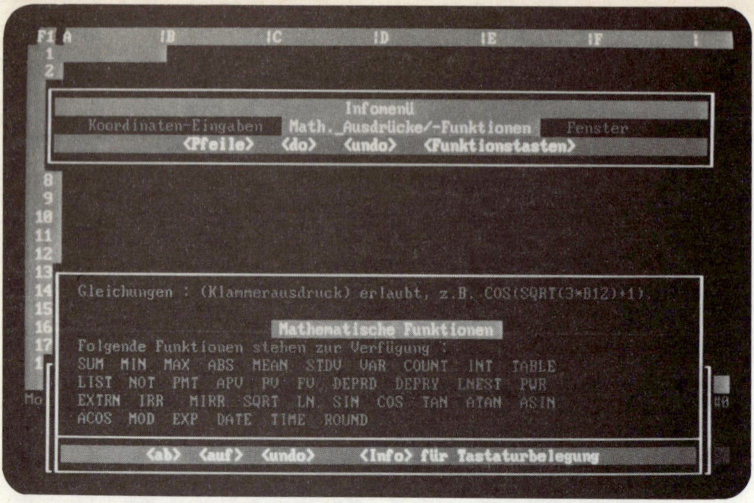

Abb. 2.4.3.3/3: Auflistung der verfügbaren mathematischen, statistischen, logischen und finanzmathematischen Funktionen in Open Access

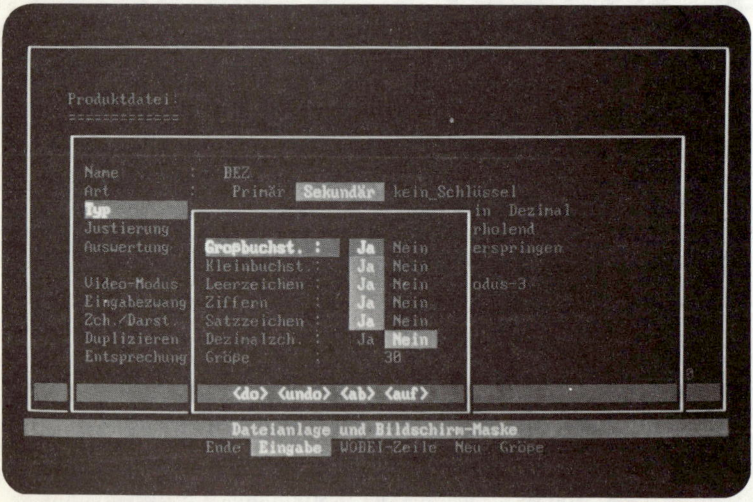

Abb. 2.4.3.3/4: Definition von Feldattributen in der Datenbank von Open Access

zeugen *ermöglichen es dem Benutzer, Dateien selbständig zu definieren und zu verändern, Daten zu erfassen, wiederzufinden, selektiv darauf zuzugreifen, zu verknüpfen und Berichte zu generieren.*

Das hier zur Darstellung verwendete *Open Access* bietet ein *kleines relationales Datenbankverwaltungssystem* (Allgemeines hierzu folgt im Abschnitt 3.2.2). Dieses beinhaltet benutzerfreundliche Funktionen zur bildschirmorientierten Dateidefinition und Dateimodifikation, mit denen es möglich ist, sowohl den Dateiaufbau als auch die Darstellung auf dem Bildschirm interaktiv festzulegen. Es stehen leistungsfähige Datentypen (Text, ganze Zahlen, Gleitkommazahlen, Boolesche Variablen, Datum) zur Verfügung, für die in den Eingabemasken noch zusätzliche Überprüfungen vereinbart werden können (vgl. Abb. 2.4.3.3/4).

Übungsaufgabe Nr. I-141 im Arbeitsbuch ←

Eine weitere wichtige Komponente ist die *Abfragesprache*, mit deren Hilfe gezielt Ausschnitte aus einer oder mehreren Dateien erzeugt werden können. So werden mit dem Ausdruck

VON PRODUKTE
FELDER BEZ, PNR, PREIS
WOBEI PNR > 330 UND PREIS > 400
SORTIERT BEZ

alle jene Datensätze aus der Beispieldatei PRODUKTE ausgewählt, deren Produktnummer (PNR) größer als 330 und deren Preis (PREIS) gleichzeitig

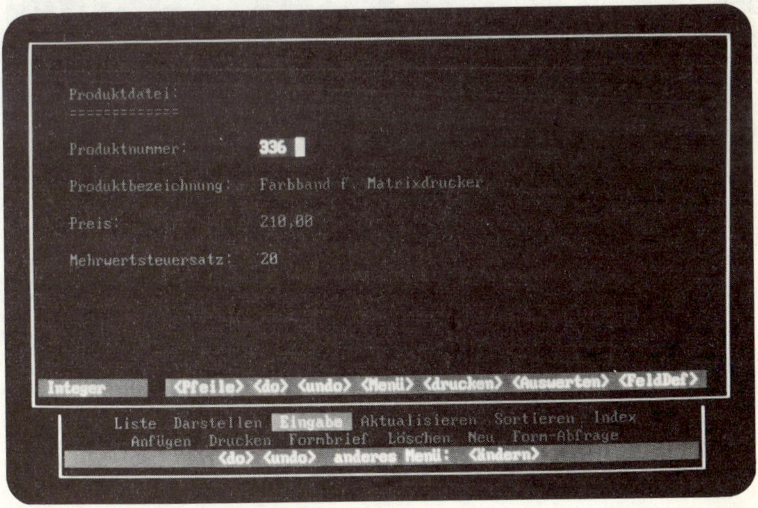

Abb. 2.4.3.3/5: Datenerfassung in Open Access

größer als 400 Geldeinheiten ist. Angezeigt werden Bezeichnung (BEZ), Produktnummer und Preis, wobei die Datensätze nach der Bezeichnung sortiert werden.

Zur *Datenerfassung und -modifikation* gibt es die Funktionen Eingabe, Darstellen, Index und Aktualisieren.

Die Berichtsgestaltung (Listenerzeugung) wird mit sog. Druckmasken vorgenommen, in denen die Anordnung der Felder, erklärender Text, Kopf- und Fußzeilen, Gruppenwechsel mit und ohne Zwischensummen individuell festgelegt werden können.

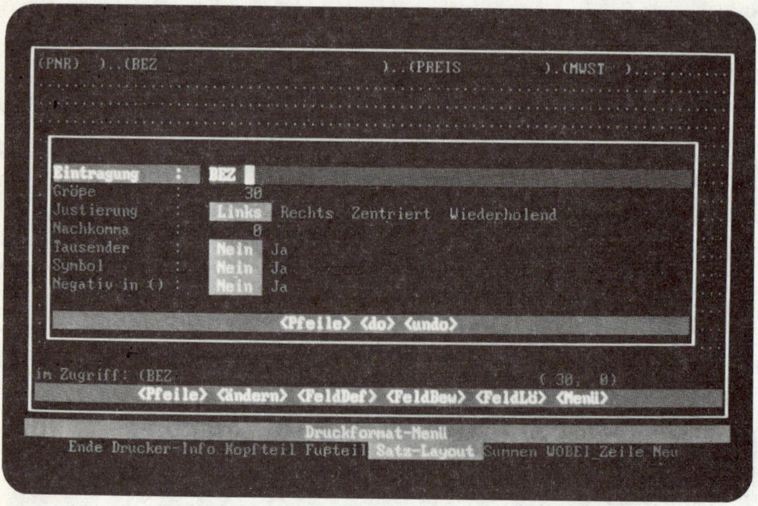

Abb. 2.4.3.3/6: Druckmaske für eine Produktdatei in Open Access

Seite 1 Beispiel Produktdatei

Produkt-nummer	Bezeichnung	Preis	Mehrwert-steuer (%)
330	Typenrad Courier 10	530,00	20
331	Typenrad Courier 12	530,00	20
332	Typenrad Courier 10 Internat.	550,00	20
333	Typenrad Courier 12 Internat.	550,00	20
334	Diskette 5 1/4 Zoll	60,00	20
335	Diskette 8 Zoll	95,00	20
336	Farbband f. Matrixdrucker	210,00	20
337	Multistrike-Ribon	450,00	20
338	Tintendruckerpapier (500 St.)	268,00	20
339	Tintenpatrone f. Inkjetdrucker	1150,00	20

Abb. 2.4.3.3/7: Ausgedruckte Liste aus der Open Access-Datenbank

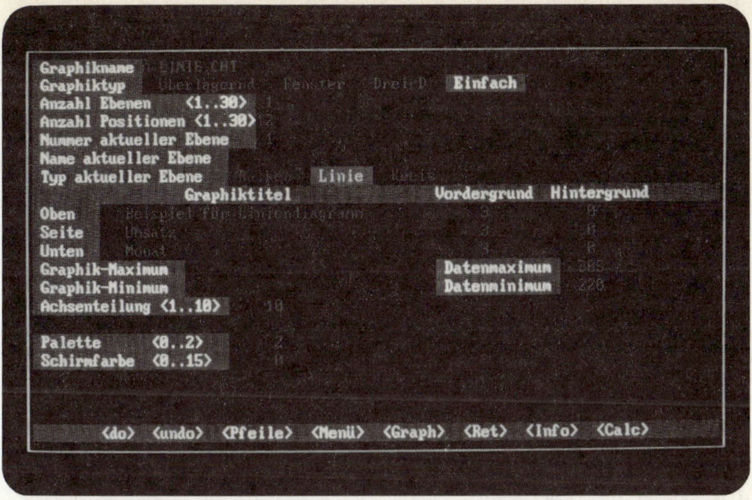

Abb. 2.4.3.3/8: Grafikbeschreibungsfenster in Open Access

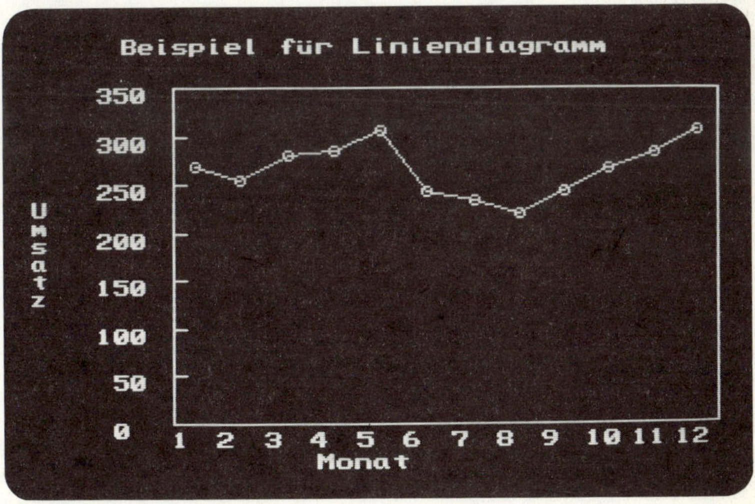

Abb. 2.4.3.3/9: Open Access-Liniendiagramm

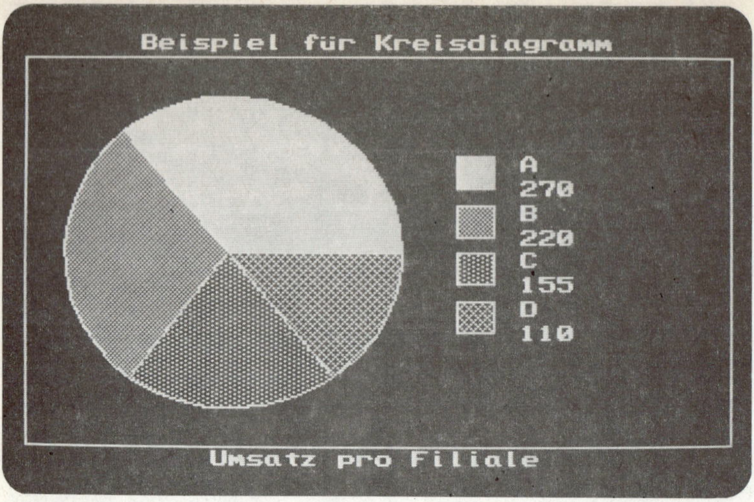

Abb. 2.4.3.3/10: Open Access-Kreisdiagramm

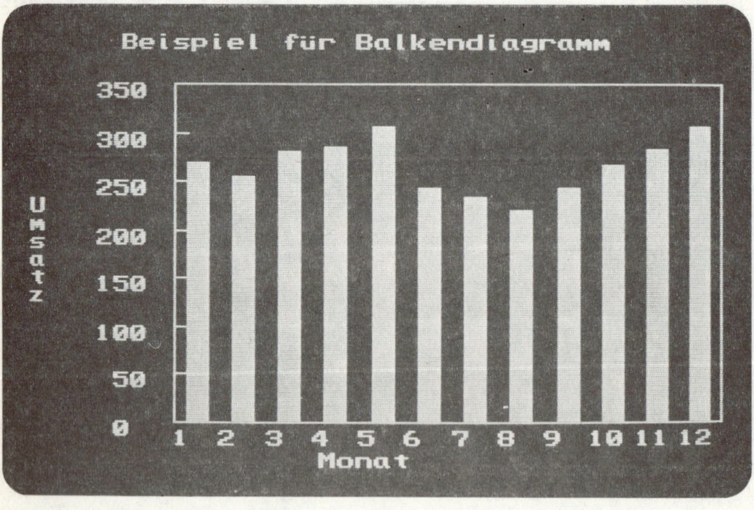

Abb. 2.4.3.3/11: Open Access-Balkendiagramm

Eine wichtige Eigenschaft von integrierten Endbenutzersystemen ist die Möglichkeit des **Datenaustausches** zwischen der Datenbank und den anderen Funktionen wie Tabellenkalkulation, Grafik und Textverarbeitung, sowie mit anderen Programmen.

Bedeutsam ist auch die *grafische Aufbereitung von Zahlenmaterial* («ein Bild sagt mehr als tausend Worte»). Die meisten Pakete bieten standardmäßig **Geschäftsgrafik**-Darstellungen in Form von Balkendiagrammen, Liniendiagrammen und Kreisdiagrammen an. Mehrere Ebenen werden durch Überlagerung, mehrere hintereinander abfolgende einfache Grafiken oder dreidimensionale Diagramme dargestellt. Zur Ausgabe werden grafikfähige Bildschirmgeräte, Drucker und Plotter verwendet.

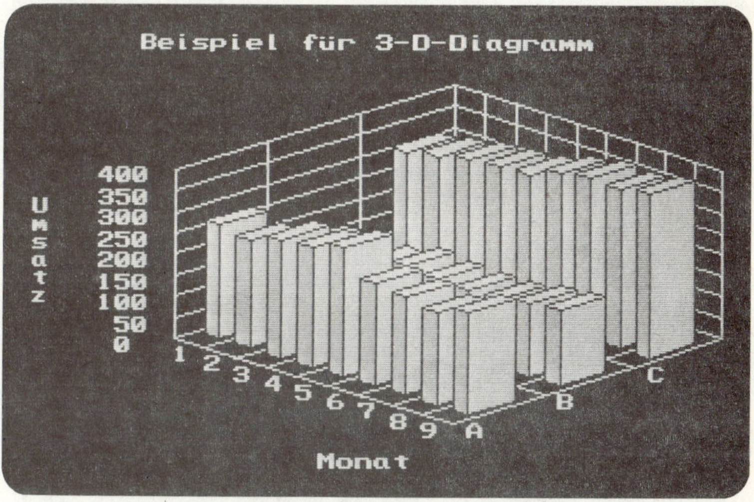

Abb. 2.4.3.3/12: Open Access – dreidimensionale Grafik

Die Ergebnisse aus Tabellenkalkulation, Dateiverarbeitung und Grafik können in *Open Acces* direkt in das **Textverarbeitungmodul** übernommen werden (zu den Funktionen von Textverarbeitungsprogrammen vgl. Abschnitt 4.1). *Anwendungsbeispiele* sind die Erstellung von Serienbriefen mit Adressen aus einer Kundendatei oder die Gestaltung eines Monatsberichtes mit Soll/Istvergleich, erklärenden Tabellen und Grafiken.

Übungsaufgabe Nr. I-142 im Arbeitsbuch ←

2.4.4 Benutzeroberfläche

> Als **Benutzeroberfläche** oder **Benutzerschnittstelle** (engl.: user interface) haben wir im Abschnitt 2.1.2.2 jene Teile eines EDV-Systems bezeichnet, mit denen der Mensch bei der Benutzung in Kontakt kommt.

Durch die Dezentralisierungstendenzen der EDV und die damit verbundene Erschließung neuer, EDV-unkundiger Benutzergruppen in Fachabteilungen, Kleinbetrieben und sogar Privathaushalten kommt der *ergonomischen Gestaltung der Mensch-Maschine-Kommunikation eine immer größere Bedeutung* zu. *Sie ist für die Akzeptanz, die Einschulungszeit und die Effizienz von EDV-Anwendungen äußerst wichtig.* Auf die Hardwareaspekte sind wir bereits bei den Ein-/Ausgabegeräten (vor allem in den Abschnitten 2.3.2.1, 2.3.2.2 und 2.3.2.5) eingegangen.

Wesentlicher als die Hardware kann die *Software* die Gestaltung der Benutzeroberfläche beeinflussen. Funktional gleiche oder ähnliche Programme können mit *verschiedenen Benutzerschnittstellen* ausgestattet werden. *Deshalb gilt als wichtiges Entwurfsziel die Trennung von funk-*

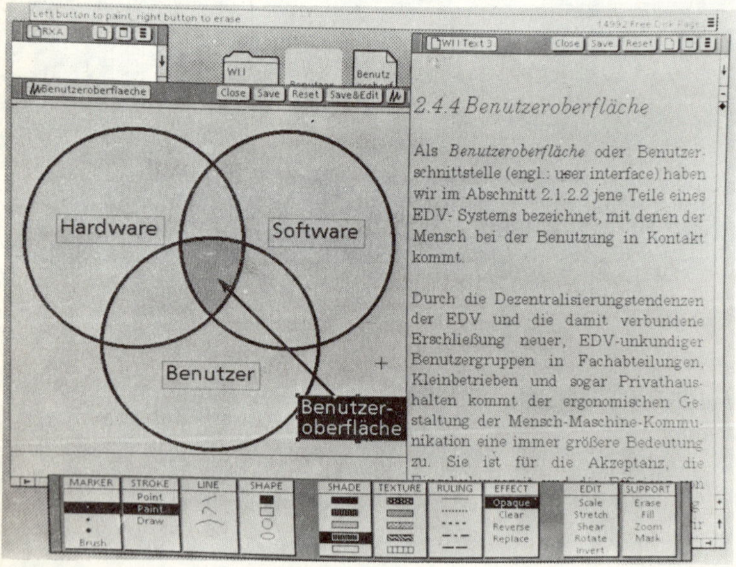

Abb. 2.4.4/1: Benutzerschnittstelle

tionalem Design und Aufbau der Benutzeroberfläche. Im Idealfall verfügt jede spezielle Gruppe oder sogar der einzelne Benutzer über eine optimal an die jeweiligen Aufgaben, Vorkenntnisse, persönlichen Anforderungen und sonstigen Notwendigkeiten angepaßte Benutzeroberfläche. Von diesem Idealfall sind die in der Praxis verwendeten Programme zwar i.d.R. noch weit entfernt, es gibt jedoch starke Tendenzen in diese Richtung (vor allem bei der System- und Anwendungssoftware für Mikrorechner).

Die wichtigsten, durch Software realisierten Gestaltungsprinzipien und -funktionen der Benutzeroberfläche sind:

Hilfe-Funktionen

Vielfach wird der Ablauf von Dialogprogrammen vom Benutzer durch das Eintasten von schriftlichen Kommandos gesteuert. Entweder er kann diese auswendig (– was bei der oft komplizierten Syntax bzw. einer seltenen Verwendung schwierig ist –) oder er muß mühsam in Handbüchern (engl.: manual) nachschlagen. Im System gespeicherte *«Hilfe-Dateien»* (engl.: help file) erleichtern den Kommandogebrauch. Wenn der Benutzer nicht mehr weiter weiß, kann er aus diesen Dateien *Hinweise und Erklärungen* abrufen. Weiterentwicklungen der (passiven, d.h. unveränderlichen) Hilfe-Dateien bestehen aus sog. *aktiven Hilfen*, die für jeden Benutzer die Häufigkeit der benötigten Hilfe in bestimmten Gebieten registrieren und unter Umständen von sich aus gezielte Unterstützung anbieten (besonders bei wissensbasierten Systemen; Näheres folgt im Abschnitt 2.4.5). Bei der Behandlung von Tastaturen haben Sie bereits erfahren, daß bei dieser Art der Kommandoeingabe *Funktionstasten* nützlich sein können. Sie lösen vordefinierte Funktionen aus, sobald sie gedrückt werden. Das Kommando wird also durch einen Tastendruck ersetzt. Bekannte *Beispiele für Funktionstasten* sind: «do» (führe aus), «undo» (mache rückgängig) oder «help» (Hilfe im o.g. Sinn).

Menütechnik

Anstatt Kommandos zu verlangen, kann das Softwaresystem dem Benutzer *Auswahlmöglichkeiten über Menüs* anbieten. Mittels Eingabe entsprechender Buchstaben, Ziffern oder Markieren von Menüabschnitten mittels Zeigeeinrichtungen gibt der Benutzer der Software seine Auswahl bekannt. Ein *Beispiel für die Menüauswahl* ist der bei Bildschirmtext verwendete Suchbaum (vgl. Abb. 4.2.5/2).

Generell wird bei der Menüauswahl wie auch bei der vorher beschriebenen schriftlichen Kommandoeingabe vom Benutzer eine hohe

Abstraktionsfähigkeit gefordert, wobei er durch eine gute Beschreibung der Menüs, Funktionstasten und Hilfe-Funktionen unterstützt werden kann. *Wichtig ist die gleiche Logik der Kommando- bzw. Menütechnik über das gesamte Softwaresystem bzw. die Anwendung(en).* Ein *Beispiel* für eine sehr weitreichende Vereinheitlichung der Benutzeroberfläche über mehrere Softwarewerkzeuge bietet das integrierte Paket *Open Access*, das Sie im Abschnitt 2.4.3.3 kennengelernt haben.

Fenstertechnik

Auch die *Fenstertechnik* (engl.: windowing) ist Ihnen von *Open Access* vertraut. *Dabei läßt sich die Bildschirmfläche in mehrere Bereiche (Fenster; engl.: window) aufteilen, die unabhängig voneinander gleichzeitig unterschiedliche Information (zum Beispiel Daten aus verschiedenen Dateien) wiedergeben können.* Bei Mehrprogrammbetrieb können in den Fenstern *mehrere Programme (quasi) parallel* ablaufen. Die Fenster können vom Benutzer bei Bedarf *geöffnet*, im Dialog *verändert*, d.h. verschoben, vergrößert und verkleinert, sowie *geschlossen*, d.h. zum Verschwinden gebracht werden. Innerhalb eines Fensters kann so gearbeitet werden, wie üblicherweise auf dem ganzen Bildschirm. In oder neben *«Anwendungsfenstern»* können *«Hilfe-Fenster»* (mit hilfreichen Hinweisen wie vorstehend erläutert) und *«Dienst-Fenster»* (zur Inanspruchnahme von Dienstprogrammen, z.B. bei *Open Access* ein «Taschenrechner») eingeblendet werden.

→ Übungsaufgabe Nr. I-143 im Arbeitsbuch

Grafische, objektorientierte Repräsentation der Realwelt auf dem Bildschirm

Auf *grafische Benutzeroberflächen* von Programmen sind wir bereits im Abschnitt 2.1.2.2 eingegangen. Es liegt gerade bei Benutzern, die nicht mit Rechnern vertraut sind, nahe, möglichst weitgehend auf EDV-Vokabular zu verzichten. Diese sollen nicht mit «obskuren» Bezeichnungen einer Vielzahl von Datenobjekten (Feld-, Satz-, Dateinamen), Geräten oder nur schwer zu behaltenden Kommandos für den Aufruf von Funktionen behelligt werden. *Vielmehr werden die für sie relevanten Ausschnitte der Realwelt – die Realweltobjekte, ihre Eigenschaften und ihre Manipulationsmöglichkeiten – möglichst wirklichkeitsgetreu auf dem Bildschirm abgebildet.*

Zum *Beispiel* wird eine Textdatei durch ein gezeichnetes Blatt Papier (unter Umständen mit Eselsohr) dargestellt. Die Möglichkeit zu löschen wird durch einen Papierkorb oder einen Radiergummi angezeigt. Eine Diskettenoperation wird durch das Bild einer Diskette symbolisiert. Die Historie der bisher abgesetzten Kommandos wird durch eine Schriftrolle angezeigt.

Durch solche *Piktogramme* (*Ikonen*; engl.: icon) werden dem Benutzer nahezu *sprachunabhängig Möglichkeiten* geboten, *in seinem Softwaresystem zu navigieren*. Die Auswahl erfolgt durch *Hindeuten* mittels der im Abschnitt 2.3.2.2 beschriebenen Zeigeeinrichtungen für Bildschirme (Maus, Lichtgriffel o.ä.) und einen *Tastendruck*. Sog. *Pull down-* oder *Pop up-Menüs* bieten hierbei (ähnlich wie schon vorstehend bei den Hilfe-Fenstern beschrieben) Unterstützung. Sie geben – oft überlagert – mögliche *Funktionen und Attribute* wieder, die ebenfalls mit der Maus o.ä. markiert und damit aktiviert bzw. festgelegt werden können.

Bürocomputer für Text- und Grafikverarbeitung – wie das nachfolgend als Beispiel beschriebene System – wurden *Anfang der 80er Jahre als erste mit grafischen Benutzeroberflächen* ausgestattet. Inzwischen sind auch *einige universelle Mikrorechner mit sehr ähnlichen Schnittstellen* auf dem Markt. Bei diesen EDVA wird die grafische Benutzer-

Abb. 2.4.4/2: Bürocomputer für Text- und Grafikverarbeitung mit grafischer Benutzeroberfläche

oberfläche durch *Betriebssystemkomponenten* bzw. *integrierte Dienstprogramme* (engl.: window manager) realisiert. Ebenso gibt es *Anwendungsprogrammsysteme, die eine grafische Benutzeroberfläche aufweisen*. Schließlich sind auch *separate Dienstprogramme* erhältlich, die für «konventionelle» Software eine grafische Benutzeroberfläche bieten.

Bei dem in Abb. 2.4.4/2 gezeigten, für *Büroanwendungen im Netzverbund ausgelegten 16-Bit-Mikrorechner* arbeitet ein Benutzer auf einem *«elektronischen Schreibtisch»*. Der vollgrafische 19-Zoll-Bildschirm mit 900 × 1100 Bildpunkten erlaubt die Darstellung von zwei DIN-A4-Seiten bzw. auf dieser Fläche die *Repräsentation einer kompletten Büroumgebung*. Dokumente (Dateien), Mappen (Dateiunterverzeichnisse), Aktenschränke (Dateihauptverzeichnisse), Postkörbe, Drucker usw. werden als kleine *Piktogramme* in vom Benutzer selbst gewählter Ordnung abgebildet. Will der Benutzer *z.B. einen Brief schreiben*, so wählt er mit der Maus ein leeres Dokument, öffnet es durch zwei Tastendrucke auf der Maus und beginnt einfach zu schreiben. Nach der gleichen Logik werden *in einem Dokument Ausschnitte* mit der Maus *selektiert und manipuliert* (z.B. verschoben, kopiert). Texten können mit der Maus *Eigenschaften* wie Schriftgröße, Schrifttyp (Font) und Schriftgestalt (fett, kursiv) *verliehen* werden. *Grafiken* werden nahezu vollkommen frei gemeinsam mit dem Text gestaltet. Diese

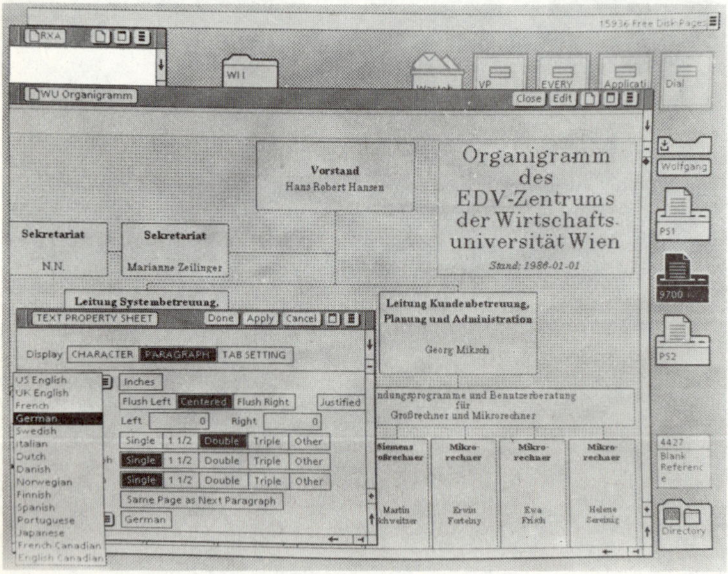

Abb. 2.4.4/3: Repräsentation einer Büroumgebung auf dem Bildschirm

Art der Dokumentenverarbeitung erlaubt es, ein *Dokument genauso auf dem Bildschirm* vorzubereiten, *wie es dann im Ausdruck aussieht* (im englischen Sprachraum ist dafür der Ausdruck WYSIWYG üblich – what you see is what you get).

Eine andere Arbeitsstation desselben Herstellers mit *grafischer Benutzeroberfläche für die Softwareentwicklung im Bereich «Künstliche Intelligenz»* bietet eine interessante Weiterentwicklung. Eine *Funktion DWIM* (Do what I mean) prüft ständig alle Eingaben und übernimmt so die Funktion eines *Experten*: In diesem Fall eines LISP-Programmierers, der dem Benutzer bei seinen Eingaben «über die Schulter schaut» und diesen gegebenenfalls – z.B. bei Schreibfehlern – korrigiert, ohne die Absichten («Logikzusammenhänge») des Benutzers zu kennen.

Übungsaufgabe Nr. I-144 im Arbeitsbuch ←

Innere Logik und Nutzungsflexibilität der Programme

Bisher wurden in erster Linie bedienungstechnische Aspekte der Systemgestaltung behandelt. Ebenso wichtig für die Akzeptanz und Effizienz sind jedoch *die inhaltlichen Funktionen und ihre Erschließung durch eine von der Sachlogik geprägte, benutzerfreundliche Dialoggestaltung*.

Dazu gehören:

- Einfacher *Systemaufbau*, eventuell mit mehreren Komplexitätsebenen,
- gut strukturiertes, übersichtlich präsentiertes, aufgabengerechtes *Angebot an* vom Benutzer nachvollziehbaren *Funktionen*,
- jederzeitige *Selbsterklärungsfähigkeit* des Systems,
- konsistentes, stets durchschaubares *Systemverhalten* auf allen Ebenen,
- größtmögliche *Flexibilität* und Unterstützung hinsichtlich Vor- und Zurückgehen, Unterbrechen und Fortsetzen von Dialogen,
- dynamische *Anpassung der Dialogformen* an die Entwicklung der Benutzerkenntnisse (von system- zu benutzergesteuerten Formen),
- bei fehlerhaften Eingaben verständliche *Fehlermeldungen* im Klartext mit Korrekturhinweisen (auf Anforderung), möglichst geringe Überraschungseffekte und keine fatalen Folgen,
- minimale und für ähnliche Funktionen *vereinheitlichte Benutzereingaben mit sinnvollen Defaultwerten* (= Standardannahmen bei Unterlassungen),
- kurze *Antwortzeiten* (d.h. nicht die Aufgabenerfüllung verzögernd; bei kommerziellen Dialoganwendungen im Mittel unter zwei Sekunden).

Programme, die den skizzierten Anforderungen hinsichtlich Aufgabenangemessenheit, Transparenz, Selbsterklärungsfähigkeit, Konsistenz, Steuerbarkeit, Verläßlichkeit, Fehlertoleranz und Antwortzeitverhalten entsprechen, bezeichnen wir als **benutzerfreundlich** (engl.: user friendly).

→ Übungsaufgabe Nr. I-145 im Arbeitsbuch

2.4.5 Markt und Entwicklungstendenzen von Software

Der Softwaremarkt entwickelt sich in enger Abhängigkeit von dem EDV-Gesamtmarkt. Die Marktsituation wird vor allem durch die Verbreitung von Rechnern bzw. die Marktstellung ihrer Hersteller, Veränderungen in den Betriebsarten und Nutzungsformen sowie die Arbeitsmarktlage für EDV-Fachkräfte bestimmt.

Insgesamt wird im laufenden Jahr in der Bundesrepublik Deutschland Software im Wert von über 10 Mrd. DM «umgesetzt». Etwa 25% davon können für selbst erstellte Programme der Anwender veranschlagt werden. Ein Viertel des Gesamtwerts entfällt auf Systemsoftware, *drei Viertel entfallen auf Anwendungssoftware.* Innerhalb von fünf Jahren hat sich das Marktvolumen mehr als verdreifacht. Für die nähere Zukunft wird eine *Wachstumsrate von 20% bis 25% p.a.* vorhergesagt.

Nachfrage auf dem Softwaremarkt

Die *Nachfrage* der EDV-Anwender auf dem Softwaremarkt *konzentriert sich* auf

- Programmierunterstützung durch externe Mitarbeiter in eigenen Entwicklungsgruppen oder durch individuelle Fremdprogrammierung außer Haus,
- *Standardsoftware*,
- Dienstleistungen zur Verbesserung der internen Programmierkapazität und -qualität (EDV-Schulung, EDV-Beratung).

Wie erwähnt ist sie *in den letzten Jahren erheblich gestiegen*, und zwar weil

- bei *EDV-Großanwendern* die vorhandenen Programmierkapazitäten durch Wartungs- und Umstellungsarbeiten von Programmen so stark in Anspruch genommen werden, daß nur ein geringer Spielraum für eigene Neuentwicklungen bleibt, und
- bei der wachsenden Zahl von *kleinen und mittleren Neuanwendern* der EDV nicht die nötigen Erfahrungen, keine oder nur sehr wenige EDV-

Fachkräfte und nur geringe EDV-Budgets vorhanden sind, so daß die Eigenentwicklung von Programmen nicht in Frage kommt bzw. unwirtschaftlich ist.

Dementsprechend ist die Nachfrage nach externer Softwareunterstützung bei «jüngeren» EDV-Anwendern wesentlich ausgeprägter als bei «älteren» und bei kleinen und mittleren EDV-Anwendern häufiger als bei großen.

Tendenziell ist ein *Rückgang der individuellen Softwareentwicklung* zu erwarten, auf die heute bei EDV-Großanwendern noch etwa 60% bis 70% und bei Kleinanwendern etwa 20% bis 30% der Softwareausgaben entfallen. Der *Umsatz an Standardsoftware* wird derzeit schon auf etwa zwei Drittel des gesamten Marktvolumens geschätzt. Die Abb. 2.4.5/1 zeigt Ihnen den *Umsatz mit Software in der Bundesrepublik Deutschland in den Jahren 1983 und 1989* aufgeteilt nach Anbietergruppen sowie Individual- und Standardsoftware. Die Angaben stammen von der renommierten EDV-Marktforschungsgesellschaft IDC, die den voraussichtlichen Markt für *1986 mit 7,36 Mrd. DM* angibt.

	Umsatz in Mio. DM 1983	1989	Durchschnittl. jährl. Wachstum in %
Hardwarehersteller			
Standardsoftware	1 164	6 492	33
Individualsoftware	327	806	16
Gesamt	1 491	7 298	30
Systemhäuser			
Standardsoftware	238	1 435	35
Individualsoftware	304	926	20
Gesamt	542	2 361	28
Unabhängige Anbieter			
Standardsoftware	652	3 413	32
Individualsoftware	870	2 232	17
Gesamt	1 522	5 645	24
Summe	**3 555**	**15 304**	**23**

Abb. 2.4.5/1: Umsatz auf dem Softwaremarkt der Bundesrepublik Deutschland 1983 – 1989 (Quelle: IDC)

Softwareanbieter

Ein großer, zunehmender Teil der nach außen vergebenen Softwareaufträge wird durch Lieferungen und Leistungen der über 500 *Hardwarehersteller* abgedeckt. Ein etwa gleich großer Marktanteil (über 40%) entfällt auf (von den Rechnerherstellern) *unabhängige Anbieter*. Das sind in der Bundesrepublik Deutschland rund 230 *Softwarehäuser* mit über 1 Mio. DM Jahresumsatz sowie ca. 1 500 kleine und kleinste *Programmierbüros*. Während sich die Hardwarehersteller mehr auf Standardlösungen und deren Anpassung an spezifische Kundenwünsche konzentrieren, realisieren die unabhängigen Anbieter beträchtliche Umsätze durch die Entwicklung von Individualsoftware und die EDV-Beratung. Die ca. 220 *Systemhäuser*, die rund 15% des deutschen Softwareabsatzes tätigen, «veredeln» fremde Hardware und bieten Komplettlösungen (integrierte Hardware-/Softwaresysteme) an. Die in der Abb. 2.4.5/1 genannten Umsätze klammern die durch den Hardwareverkauf erzielten Erlöse aus. Die Abgrenzung zwischen System- und Softwarehäusern ist in vielen Fällen schwierig; viele große Softwarehäuser sind auch im «Systemgeschäft» tätig. Zu den *größten deutschen Software- und/oder Systemhäusern* zählen ADV/ORGA, MBP, Ploenzke, SAP, SCS und Software AG. Die meisten deutschen Softwareanbieter konzentrieren sich auf den nationalen bzw. den deutschsprachigen Markt. Nur wenige der führenden deutschen Softwarehäuser, wie die Software AG, erzielen bedeutende Anteile des Gesamtumsatzes im Ausland.

Das Marktwachstum und der Trend zur Standardsoftware werden maßgeblich durch die starke Verbreitung kleinerer EDVA beeinflußt, auf denen zum überwiegenden Teil fertige Programme implementiert werden.

	1983		1986		1989	
	Mio. DM	%	Mio. DM	%	Mio. DM	%
Einplatz-Mikrorechner	249	12	927	19	2 588	23
Kleine Mehrplatzrechner	608	30	1 482	31	3 656	32
Mittlere Rechner	596	29	1 230	25	2 484	22
Große Rechner	601	29	1 238	25	2 613	23
Summe	**2 054**	**100**	**4 877**	**100**	**11 341**	**100**

Abb. 2.4.5/2: Anteile der einzelnen Rechnergruppen am deutschen Standardsoftwaremarkt (Quelle: IDC)

Überblick über das Standardsoftwareangebot

Auf dem deutschen Standardsoftwaremarkt werden mehr als 7 000 Programme aller Art angeboten, davon rund zwei Drittel für Mini- und Großrechner und ein Drittel (mit stark steigender Tendenz) für Mikrorechner.

Die Abb. 2.4.5/3 zeigt Ihnen die Entwicklung der in den *ISIS-Katalogen* verzeichneten *Programmangebote zwischen 1970 und 1986*. Diese von *Nomina*/München herausgegebenen Softwarekataloge beschreiben nach einem einheitlichen Raster aufgrund von (nicht überprüften) Herstellerangaben das Angebot im deutschsprachigen Raum fast lückenlos.

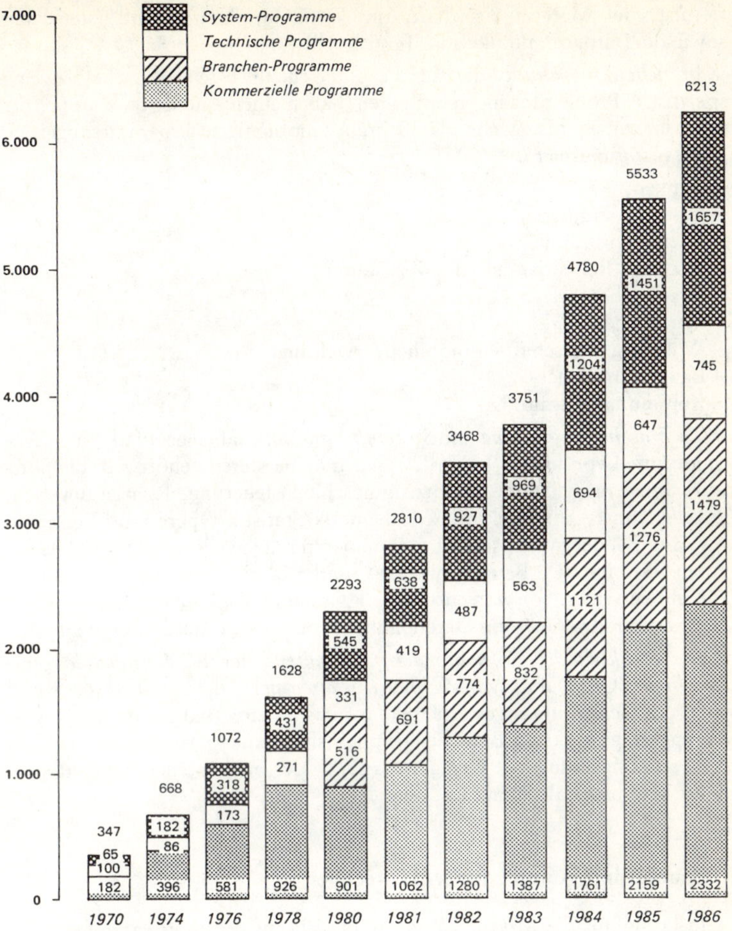

Abb. 2.4.5/3: Entwicklung des Standardsoftwareangebots im deutschsprachigen Raum (Quelle: Nomina)

Standardprogramme für Mini- und Großrechner

Bei *Mini- und Großrechnern* entfallen knapp *40%* des Angebots auf branchenneutrale *«kommerzielle Programme»* für unterschiedliche betriebliche Funktionsbereiche. *Angebotsschwerpunkte* mit jeweils mehr als 100 angebotenen Programmen sind die Finanzbuchhaltung, die Kostenrechnung, die Lohn- und Gehaltsabrechnung, die Auftragsbearbeitung/Fakturierung, die Materialwirtschaft, die Fertigungsplanung und -steuerung sowie die Bürokommunikation/Textverarbeitung.

Branchenprogramme, die für die unterschiedlichsten Wirtschaftszweige spezifische Problemlösungen enthalten, haben einen Anteil von knapp 20% des Marktangebots. Mehr als 30 branchenorientierte Programmangebote gibt es *zum Beispiel für*

- Banken,
- grafische Industrie,
- Energiewirtschaft,
- Kfz- und Reifenhandel/Kfz-Werkstätten,
- Krankenhäuser,
- Speditionen,
- Wohnungswirtschaft/Immobilienverwaltung,
- Baugewerbe oder
- Kommunalverwaltung.

Technische Programme und *Systemprogramme* haben ebenfalls einen Angebotsanteil von jeweils knapp 20%. Zu den ersteren gehört z.B. die Software für Grafik, Statik, Werkzeugmaschinensteuerung, Rohrleitungsbau, Prozeßtechnik, Architektur, Mathematik/Statistik/Operations Research u.v.a.m. Bei der Systemsoftware dominieren mit jeweils mehr als 100 Angeboten komplette Betriebssysteme und Betriebssystemerweiterungen, Sprachübersetzer, Softwareentwicklungssysteme, Datenübertragungs- bzw. Netzwerkprogramme und Datenbanksysteme (inkl. Einzelkomponenten).

Die Struktur der Softwarenachfrage seitens der EDV-Anwender entspricht bei Groß- und Minirechnern in etwa der Angebotsstruktur. Rund 40% des Gesamtumsatzes entfallen auf das Finanz- und Rechnungswesen, die nachfragestärksten Branchengruppen sind Banken/Versicherungen und die Fertigungsindustrie. Weniger als 20% der angebotenen Softwareprodukte sind mehr als 50mal installiert.

Standardprogramme für Mikrorechner

In bezug auf die *Mikrorechner* ergibt sich auf dem Softwaremarkt eine *ähnliche Angebotsstruktur wie bei den mittleren und großen EDVA.* Die *Nachfragestruktur* ist jedoch – zumindest noch derzeit – *eine völlig andere.* Bei den Softwareverkäufen *dominieren als Anwendungen die Textverarbeitung, Datenbanksysteme, Tabellenkalkulation, Grafik sowie diese Funktionen integrierende Systeme.*

US-amerikanische Softwarehäuser erreichen hier mit einer relativ geringen Zahl erfolgreicher Produkte enorm hohe Absatzzahlen.

Bestseller sind (Hersteller in Klammern):

- *Textverarbeitung:* WordStar (Micropro), Multimate (Multimate), Text3 (IBM), Word (Microsoft) und WordPerfect (SSI);

- *Datenbanksysteme:* dBaseIII (Ashton-Tate), Clipper (Nantucket), R:Base Series 5000 (Microrim), Cornerstone (Infocom), PFS:File (Software Publishing);
- *Tabellenkalkulation:* Multiplan (Microsoft);
- *Grafik:* Chart (Microsoft);
- *integrierte Pakete:* Lotus 1-2-3 (Lotus Development), FrameworkII (Ashton-Tate), Symphony (Lotus Development), Open Access (SPI).

Höchstens *ein Drittel* der insgesamt verkauften Pakete entfallen auf *«traditionelle» kommerzielle, technische oder Branchenanwendungen.*

Hier liegt eher die *Stärke deutscher Hersteller* mit allerdings derzeit noch relativ geringen Absatzzahlen. Es ist anzunehmen, daß vor allem kommerzielle Anwendungen, wie z.B. die Finanzbuchhaltung, in Zukunft stark expandieren werden.

Preise und Konditionen für Standardprogramme

Standardprogramme für Mikrorechner können *i.a. nur gekauft* werden. Auch bei der *Anwendungssoftware für Mini- und Großrechner* wird ein großer Teil der Programme nur zum *Kauf* angeboten. Unter *«Kauf»* ist hier die Übertragung eines zeitlich unbegrenzten Nutzungsrechtes auf einer Anlagenkonfiguration zu verstehen. Der «Käufer» wird nicht Eigentümer des Programms.

Bei größeren EDVA ist die *Systemsoftware* wegen der ständigen Weiterentwicklung *üblicherweise gemietet.* Der Anwender zahlt dann *monatliche Mietentgelte und Wartungsgebühren.*

Diese betragen zusammengenommen z.B. für den *Betriebssystemkern eines Großrechners* von 1 000,– DM bis 50 000,– DM, für einen *Sprachübersetzer* 100,– DM bis 800,– DM oder für einen *Texteditor* 100,– DM. Das meistinstallierte *Finanzbuchhaltungspaket für Großrechner* hat z.B. je nach Betriebssystem- und Datei- bzw. Datenbanksystemvoraussetzungen einen Kaufpreis von ca. 160 000,– DM bis 300 000,– DM oder einen monatlichen Mietpreis von ca. 4 000,– DM bis 7 000,– DM. Die *Kaufpreise der Mikrorechnersoftware* betragen bei einem Betriebssystem ca. 200,– DM (Einplatzsystem) bis 1 500,– DM (Mehrplatzsystem), bei einem leistungsfähigen Textverarbeitungs-, Tabellenkalkulations-, Datenbank- oder integrierten Paket ca. 500,– bis 1 500,– DM.

Marktaufteilung nach Maschinenkonfigurationen

Die *Verteilung der Standardprogramme nach Maschinenkonfigurationen* spiegelt die Lage auf dem Hardwaremarkt wider. *Über die Hälfte des Programmangebots für Großrechner ist auf IBM-Anlagen lauffähig, ca. 20% auf Siemens-Rechnern. Bei den professionellen Mikrorechnern sind es an die 90% der Programme, die auf IBM-PC bzw. IBM-kompatiblen Rechnern laufen.* Im *Minirechnerbereich* herrschen hingegen *«marktführer-asynchrone» Entwicklungen* vor, d.h. es gibt eine heterogene, nicht kompatible Angebotsvielfalt. Maßgeblich für diese Situation ist die Verbreitung von Betriebssystemen.

Großrechnerbetriebssysteme

Großrechnerbetriebssysteme mit dem im Abschnitt 2.4.2 gekennzeichneten Funktionsumfang *sind z.B.:* VM/SP, VSE/SP, SSX und MVS bzw. MVS/XA von IBM; BS2000 von Siemens; GCOS von Bull; MCP von Burroughs; OS-1100 von Sperry.

Der *Entwicklungsaufwand* für den Grundausbau solcher großen Betriebssysteme beträgt mehrere hundert Mannjahre. *Jährlich* kommen *bis zu drei neue Versionen* je Betriebssystem auf den Markt. Jede Version unterstützt im allgemeinen neue Peripheriegeräte oder neue Zentraleinheiten, erlaubt eventuell weitere Betriebsarten (wie zum Beispiel in jüngster Zeit Mehrprozessor- und Mehrrechnerbetrieb) und enthält zusätzliche oder verbesserte Systemfunktionen und Fehlerkorrekturen. Während *früher oft im unteren, mittleren und oberen Leistungsbereich von Großrechnern eines Herstellers unterschiedliche, auf die jeweiligen typischen Anforderungen speziell ausgelegte Betriebssysteme* zum Einsatz kamen, werden nun *zunehmend Betriebssysteme* (weiter)entwickelt, *die das gesamte Hardwarespektrum einer Rechnerfamilie (bzw. teilweise sogar mehrerer «Familien») abdecken.* Damit soll der sonst beträchtliche Umstellungsaufwand entfallen, der entsteht, wenn ein EDV-Anwender infolge des zunehmenden Aufgabenumfangs aus einem kleineren System «herauswächst».

Zum *Beispiel* hat *Siemens* früher für kleinere *Großrechner* das Betriebssystem *BS1000* und für größere das Betriebssystem *BS2000* angeboten. BS2000 entstand im Grundausbau 1969 und wurde seither ständig weiterentwickelt. Es ist besonders auf die Funktionen und Eigenschaften des Dialogbetriebs abgestimmt. Bis zu 240 unabhängige Benutzer, jeweils mit einem eigenen virtuellen Adreßraum von sechs bis acht MB, werden von diesem Betriebssystem gleichzeitig bedient.

Anfang der 80er Jahre hat *Siemens* beschlossen, künftig *nur noch BS2000* für eigengefertigte Großrechner anzubieten bzw. weiterzuentwickeln (mit einem Aufwand von 200 bis 300 Mio. DM pro Jahr). Inzwischen haben sich auch fast alle Siemens-Anwender auf BS2000 umgestellt. Dieses mehr als 3 000mal installierte Betriebssystem läuft auf sämtlichen Rechnern der Serie 7.500 und umschließt damit ein *Leistungsspektrum* von 0,35 bis 27 Mips bzw. von 1 : 80. Das «Topmodell» 7.590R stammt – wie Sie bereits wissen – von Fujitsu; damit wurde BS2000 erstmalig auch auf einem fremdbezogenen Rechner installiert. Die Brücke nach unten zu den Mikrorechnern schlägt der ebenfalls 1985 angekündigte PC2000, auf dem der volle Funktionsumfang von BS2000 für maximal sechs unabhängige Benutzer verfügbar ist. Damit wird sogar eine Leistungsbandbreite von 1 : 200 abgedeckt. *Bis Ende 1987 soll BS2000 nach Siemens-Angaben wie folgt weiterentwikkelt werden:*

- Anpassung der Hardware-Schnittstelle am Kanal und dementsprechend des BS2000-Ein-Ausgabe-Teils an den «Industriestandard» (= IBM 370-Kanalkonzept);
- Einführung der 31-Bit-Adressierung (bisher 24-Bit-Adressierung) und damit Erweiterung des Adreßraums auf 2 GB (bisher 16 MB);
- Erhöhung der Prozeßanzahl auf über 4 000;
- Einführung zusätzlicher Befehle zur Unterstützung intelligenter Kanäle.

Damit wächst BS2000 in Leistungsdimensionen, die bei dem mächtigen, aber speicherintensiven *IBM-Großrechnerbetriebssystem MVS* bzw. *MVS/XA* schon seit einigen Jahren realisiert sind. XA steht für «extended architecture», d.h. u. a. die erweiterte 31-Bit-Adressierung (bei MVS: 24-Bit-Adressierung). Früher verwendeten nur Großanwender mit den leistungsstärksten 303X- und 308X-Systemen MVS, in den letzten Jahren wurden jedoch zunehmend auch mittlere Großrechner auf MVS oder MVS/XA umgestellt. Weil eine *Betriebssystemumstellung* durch die notwendige Anpassung der vorhandenen Anwendungsprogramme äußerst aufwendig ist, zögern nach wie vor viele IBM-4300-Anwender, von dem verbreiteten Betriebssystem *VSE/SP (früher DOS/VSE)* auf das leistungsfähigere MVS oder MVS/XA überzugehen. *VSE/SP ist das IBM-«Einstiegssystem» in den Großrechnerbereich und wird in dieser Funktion sowie als «dezentrales Betriebssystem» für Abteilungs- oder Niederlassungsrechner auch in Zukunft weiterentwickelt.* Es deckt in etwa dasselbe Leistungsspektrum ab wie BS2000 von Siemens in seiner bisherigen Form, jedoch dürfte es im Gegensatz zu diesem kaum für sehr große Rechner ausgebaut werden. Es ist auf die IBM-4300-Serie beschränkt, erlaubt nur eine 24-Bit-Adressierung und wird damit bei wachsendem Aufgabenumfang oft zum Engpaß in bezug auf Hardware-Erweiterungen (insbesondere in Richtung von Rechnernetzen). *SSX* ist eine «abgemagerte», standardisierte, billigere Variante von VSE/SP und ebenfalls nur auf IBM-4300-Rechnern lauffähig. Das einzige Betriebssystem, welches das gesamte IBM-Großrechnerspektrum überdeckt, ist VM/SP. *VM/SP* dient als «Dach» für nachgeordnete, d.h. von diesem koordinierte andere Betriebssysteme. Zum Beispiel können unter VM/SP mehrere virtuelle VSE/SP- oder MVS-Maschinen nebeneinander laufen, wodurch eine *Betriebssystemumstellung schrittweise* vorgenommen werden kann. Zusammen mit dem für Dialoganwendungen konzipierten VM-spezifischen «Unterbetriebssystem» *CMS* dient VM/SP häufig auch als Basis für ein betriebliches *«Information Center»* (vgl. Abschnitt 2.4.1.4). IBM vertreibt auch den 16-Bit-Mikrorechner PC-AT in einer VM/SP-CMS-Version. Es ist zu erwarten, daß für VM/SP-CMS in absehbarer Zeit die 31-Bit-Adressierungsmöglichkeit geschaffen wird.

Sieht man von den im Abschnitt 2.3.3 genannten *Ausnahmen* (Nixdorf NIDOS/VSE entspricht IBM VSE/SP und Nixdorf VM/ESX entspricht IBM VM/SP) ab, so sind *die angebotenen Großrechnerbetriebssysteme durchweg nicht kompatibel.* Sie sind «Entwicklungsgeheimnis» der Rechnerhersteller, die damit eine *enge Kundenbindung* erzwingen (wie erwähnt ist ein Betriebssystemwechsel teuer und zeitaufwendig). Es gibt jedoch einige Anzeichen dafür, daß die Hersteller nicht-IBM-kompatibler Großrechner zumindest in Teilbereichen ihre Betriebssysteme *an den «Industriestandard» (IBM) anpassen oder gemeinsam einen neuen, durchgängigen «Marktstandard» als Alternative* bieten werden. Dieser potentielle «Marktstandard» ist das Betriebssystem UNIX, auf das wir bei den Minirechnerbetriebssystemen näher eingehen.

Minirechnerbetriebssysteme

Sieht man von UNIX ab, so herrscht *bei den Betriebssystemen für Minirechner ebensowenig Kompatibilität* wie im Großrechnerbereich. *Wichtige Beispiele herstellerspezifischer Betriebssysteme* sind VMS von DEC, MPE von Hewlett-Packard, MTOS von Kienzle, NIROS von Nixdorf, DINOS von Philips, PRIMOS von Prime und VS von Wang.

Dementsprechend ähnlich liegen die Probleme, wenn sich ein Anwender durch das wachsende Aufgabenvolumen den Leistungsgrenzen eines solchen Betriebssystems nähert. *Die Minirechnerhersteller begegnen der Gefahr von Kundenverlusten, indem sie das unterstützte Rechnerspektrum ihrer Betriebssysteme nach oben und unten erweitern und indem sie den Rechnerverbund betriebssystemseitig unterstützen.*

Ein *Beispiel* hierfür ist das *VMS-Betriebssystem von DEC*, das eine Rechnerpalette vom 32-Bit-Mikrorechner MicroVAX II bis zum 64-Bit-«Supermini» 8600 mit über 4 Mips sowie ein *«Cluster-Konzept»* für die Kopplung von VAX-Systemen und Peripheriegeräten unterstützt. Letzteres erlaubt eine gemeinsame Nutzung von Ressourcen, d.h. von nur einmal vorhandenen Systemprogrammen, Datenbeständen oder kostspieligen Ein-/Ausgabegeräten (z.B. Laserdrucker), einen Kapazitätsausgleich sowie eine gegenseitige Ausfallsicherung der angeschlossenen Rechner. Näheres zu solchen Rechnernetzen erfahren Sie im Abschnitt 3.3.

Für alle Rechner bietet DEC als Betriebssystemalternative die UNIX-Version ULTRIX an.

UNIX wurde ab 1969 in den Bell Laboratories des US-amerikanischen Fernmeldekonzerns AT&T mit dem Ziel entwickelt, für die Softwareerstellung optimale Voraussetzungen (Werkzeuge) zu schaffen. Das ursprünglich in Assembler für den Eigengebrauch auf DEC-Minirechnern PDP-7 in einer Einbenutzerversion geschriebene Betriebssystem wurde unternehmensintern gut aufgenommen. Um UNIX als Mehrbenutzersystem auf die erfolgreiche DEC-Minirechnerfamilie PDP-11 sowie auf einen anderen, in der Architektur verschiedenen 32-Bit-Rechner (Interdata 8/32) zu bringen, wurde das System in der höheren *Programmiersprache* C (zunächst in der Vorgängersprache B) umgeschrieben und dabei *durch seine Schichtenstruktur weitgehend hardwareunabhängig* gemacht.

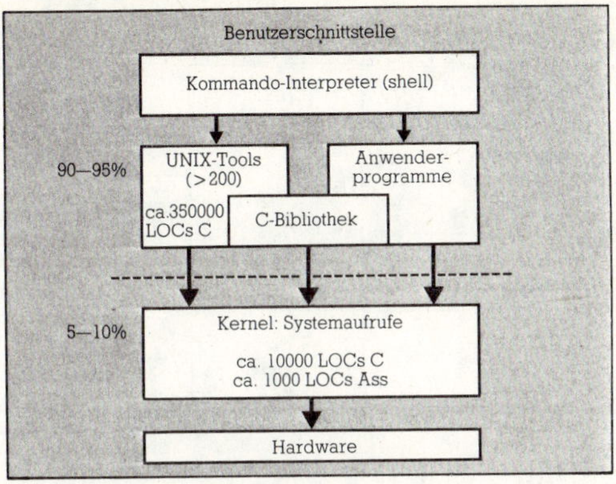

Abkürzungen: Ass = Assembler; LOC = lines of code (Programmzeilen)

Abb. 2.4.5/4: Aufbau des UNIX-Systems (Quelle: Siemens)

Die *unterste UNIX-Schicht*, der sog. *Nucleus* oder Kernel, umfaßt die *Steuerprogramme*. Darüber liegt die Schicht der *Benutzerprozesse*, die einerseits über die Datenstationen mit den Benutzern kommunizieren und andererseits an den Nucleus Aufträge erteilen und von diesem überwacht werden. *Zu den Benutzerprozessen gehören* nicht nur wie üblich die *Anwendungsprogramme*, sondern auch der *UNIX-Kommando-Interpreter (Shell)* und die *Dienstprogramme* (insbesondere Softwareentwicklungswerkzeuge; engl.: software development tool). Die um den Betriebssystemkern implementierte *«Schale» (Shell)* bildet die *Kommandoschnittstelle*, über welche die Benutzer(programme) alle Systemleistungen aufrufen können. *Sie kann entsprechend speziellen Benutzerbedürfnissen gestaltet werden*, z.B. «auf konventionelle Weise» durch Eintasten der Kommandozeilen, menügesteuert oder mit Hilfe der Fenstertechnik. Als besondere *Stärken von UNIX* gelten *die hierarchische Dateiverwaltung, das Prozeßkonzept, das breite, jederzeit vom Benutzer erweiterbare Angebot an Dienstprogrammen sowie – vor allem – die Portabilität* (Hardware- und Herstellerunabhängigkeit). Weil nur die unterste Schicht (Hardware-Schnittstellen, Gerätetreiber) an die jeweilige Maschinenkonfiguration angepaßt werden muß und die UNIX-Lizenz von AT&T seit 1976 zu günstigen Konditionen für jeden Interessenten erhältlich ist, haben sich im vergangenen Jahrzehnt *über 80 Hardwarehersteller* entschieden, UNIX für ihre Rechner anzubieten. Dementsprechend *groß ist die Zahl der auf dem Markt angebotenen* UNIX-

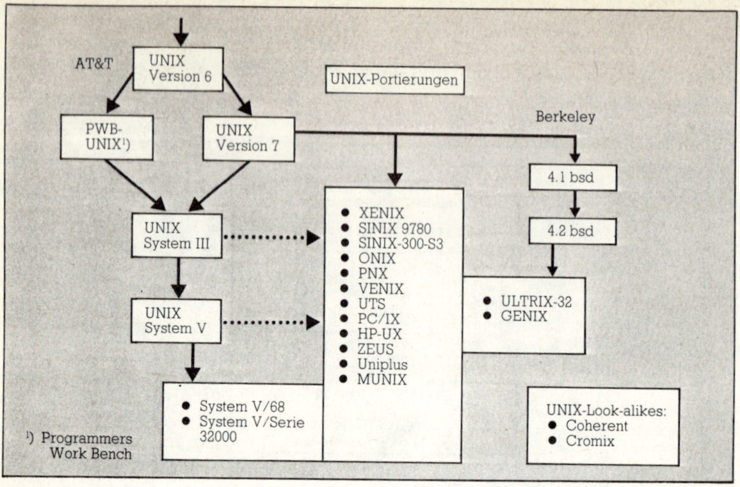

Abb. 2.4.5/5: Auf dem Markt angebotene UNIX-Systeme (Quelle: Siemens)

Varianten (ca. 150), die sich vor allem in ihren benutzernahen Komponenten unterscheiden.

Die Abb. 2.4.5/5 stellt die *Hauptlinien der UNIX-Entwicklung* dar und kennzeichnet *die bekanntesten Systeme*. Version 7 und System III von *AT&T* sind die Basis für die meisten heute vertriebenen UNIX-Varianten. Das *System V* wird seit dem Eintritt von AT&T in den Rechnermarkt (1983) von dieser Firma selbst mit Zielrichtung auf kommerzielle Anwender angeboten. Führende Mikroprozessorhersteller arbeiten aufgrund von Kooperationsvereinbarungen mit AT&T daran, das System V auf ihren 16- und 32-Bit-Standardmikroprozessoren zu implementieren bzw. haben dies schon teilweise realisiert. Die *University of California in Berkeley* ist schon seit langem mit der UNIX-Weiterentwicklung auf Basis der Version 7 befaßt. Ihr aktuelles *UNIX 4.2 bsd* (Berkeley System Distribution) ist vor allem an Technischen Hochschulen sowie in Forschungs- und Entwicklungsabteilungen in den Bereichen CAD/CAM, Softwareentwicklung und «Künstliche Intelligenz» verbreitet. 4.2 bsd, das auch von DEC (ULTRIX-32) und SUN Microsystems weiterentwickelt und vertrieben wird, zeichnet sich durch seine effiziente virtuelle Speicherverwaltung, sowie durch seine guten Netzwerkeigenschaften aus. Dritter Hauptentwickler von UNIX ist das US-amerikanische Softwarehaus *Microsoft*, von dem das auf kommerzielle Mikrorechner abgestimmte, mit System III kompatible *XENIX* stammt. Eine Reihe wichtiger Hersteller, darunter IBM und Siemens, haben sich entschlossen, auf ihren Mikrorechnern XENIX (Siemens den «Abkömmling» SINIX) und darauf basierende Anwendungssoftware anzubieten. Microsoft hat angekündigt, daß die in Vorbereitung befindliche Version XENIX 5.0 quellcodekompatibel mit dem UNIX System V sein wird.

UNIX wird infolge seiner Leistungsfähigkeit, Flexibilität und Portabilität allgemein eine große Zukunft vorausgesagt. Obwohl für Rechner aller Größenklassen verfügbar, werden die besten Verbreitungschancen *vorwiegend im Bereich der Minirechner und Mehrplatzmikrorechner* gesehen.

Als *Schwächen von UNIX* gelten derzeit noch das nach wie vor relativ geringe Angebot an kommerzieller Anwendungssoftware und die Vielfalt der UNIX-Versionen bzw. das Fehlen eines «Marktstandards».

Dabei scheint sich zumindest *im kommerziellen Bereich ein Trend in Richtung System V* abzuzeichnen. *IBM* bietet seit 1985 für ihre Großrechner unter VM/SP eine UNIX System V-Portierung namens IX/370 an, die allerdings eine Reihe zusätzlicher IBM-spezifischer Erweiterungen aufweist. Auch das im selben Jahr für die Minirechner von IBM angekündigte Serie/1 IX-Betriebssystem ist kompatibel zu UNIX V. Wie erwähnt, wurde diese Kompatibilität auch für XENIX in Aussicht gestellt, das IBM für kommerzielle Mehrplatz-PC-Konfigurationen verwendet. Das 1986 angekündigte AIX-Betriebssystem der technisch-wissenschaftlichen IBM 6150-Mikrorechner (RT PC) kombiniert die UNIX-Version V.1 mit 4.2 bsd und Teilen von IX. *Andere Hersteller*, wie z.B. Sperry, bieten bereits durchgängig für ihre Rechner eine UNIX V-Alternative. In der «European Open Unix Group» streben Bull, Ericsson, ICL, Nixdorf, Olivetti, Philips und Siemens an, im europäischen Raum die Portabilität von UNIX-Anwendungssoftware auf Quellcodeebene zu erreichen. *IDC schätzt, daß 1986 weltweit bereits über eine halbe Million UNIX-Systeme installiert waren und über 300 000 zusätzlich ausgeliefert wurden.*

Mikrorechnerbetriebssysteme

Auf *die mächtigsten Mikrorechnerbetriebssysteme* sind wir schon vorstehend eingegangen: Nämlich jene, die – *ursprünglich für Großrechner und Minirechner entwickelt* – infolge des wachsenden Leistungsvermögens der Hardware nunmehr auch auf Mikrorechnern implementiert werden können.

Beispiele sind VM/SP-CMS (IBM), BS2000 (Siemens), VMS (DEC) oder das zuletzt beschriebene UNIX. *Die unterschiedliche Funktions- und Leistungsbreite dieser und der bei den 8- und 16-Bit-Einplatzsystemen dominierenden Betriebssysteme CP/M-80 und MS/DOS zeigt sich im Umfang der Programme und im Preis.*

Zum *Beispiel* hat *das auf dem Siemens PC2000 implementierte BS2000* einen Umfang von über zwei Millionen Programmzeilen (engl.: lines of code; abgekürzt: LOC), belegt 600 KB im Arbeitsspeicher und benötigt zusätzlich 2 MB auf der Festplatte für ausgelagerte Betriebssystemteile. Eine

Einplatzkonfiguration des PC2000 kostet von 45 000,– DM aufwärts (Hardware und Betriebssystem). Die *Siemens-UNIX-Version SINIX* umfaßt rund eine halbe Million Programmzeilen und braucht 280 KB Arbeitsspeicher sowie 1,5 MB auf der Festplatte für die externen Betriebssystemteile. Ein SINIX-System ist bereits ab ca. 15 000,– DM zu haben (Siemens PC-MX2). *MS-DOS 2.1* besteht aus ca. 300 000 Programmzeilen, benötigt nur 32 KB Arbeitsspeicher, im Gegensatz zu UNIX-Systemen ist ein Diskettenspeicher hinreichend (obwohl es auch externe Betriebssystembefehle gibt). Solche Systeme sind bereits ab 5 000,– DM zu haben und kosten auch in höchster Qualität selten mehr als 10 000,– DM (wie z.B. der Siemens PC-D). Das in Heimcomputern verbreitete *CP/M-80* besteht sogar nur aus ca. 70 000 Programmzeilen und benötigt nur 8 – 12 KB Arbeitsspeicher.

Bei den 8-Bit-Betriebssystemen ist CP/M-80, das auf den Mikroprozessoren Zilog Z80 sowie Intel 8080 und 8085 läuft, *marktbeherrschend*. Es ist ein millionenfach installiertes, von dem US-amerikanischen Softwarehaus *Digital Research* entwickeltes *Einbenutzersystem*, für das ein riesiges Angebot an Anwendungsprogrammen existiert. Daneben haben nur noch wenige *herstellerspezifische Betriebssysteme* (z.B. DOS von Apple und Commodore) in diesem Marktsegment eine gewisse Bedeutung.

Neuerdings wird von den japanischen, koreanischen und einigen europäischen (Philips) Herstellern der sog. *MSX-Standard* forciert. Dabei handelt es sich um ein im ROM untergebrachtes *Heimcomputerbetriebssystem (MSX-DOS)*, das die folgende *«Einheitshardware»* optimal nutzen soll:

- 8-Bit-Mikroprozessor Z80A von Zilog;
- Videochip TMS 9918A von Texas Instruments;
- Audiochip AY 3-8910 von General Instruments, der acht Oktaven und drei Stimmen wiedergeben kann;
- 32 KB ROM und 8 KB RAM Arbeitsspeicher;
- BASIC-Interpreter im ROM (von Microsoft);
- Bildschirm mit 40 Zeichen/Zeile und 16-Farben-Darstellung;
- Kassettenspeicher und Erweiterungssteckplätze für Software auf Disketten und Steckmodulen;
- Joystick-Ausgang.

Die *Marktchancen der MSX-Rechner* werden derzeit äußerst widersprüchlich beurteilt.

Bei den *16-Bit-Betriebssystemen* dominiert das von *Microsoft* entwikkelte, in der Ursprungsversion CP/M stark ähnelnde *MS-DOS*. Wie dieses wurde MS-DOS als *Einbenutzer-/Einprozeß-System* (engl.: single-user/single-task system) konzipiert, d.h. also, daß ein Benutzer zu einer Zeit nur ein Programm ablaufen lassen kann. Zum *«Marktstandard»* wurde das zu CP/M inkompatible MS-DOS dadurch, daß sich IBM Anfang der 80er Jahre entschied, dieses Betriebssystem auf den IBM-PC zu verwenden. Es wird von IBM *PC-DOS* genannt und unterscheidet sich von MS-DOS nur in wenigen Befehlen und der auf IBM-Geräte abgestimmten Peripheriesteuerung.[30] *Mit Ausnahme von Apple bieten alle bedeutenden 16-Bit-Mikrorechnerhersteller dieses auf den Intel-Mikroprozessor 8088 abgestimmte und auf allen «Nachfolgern» (8086, 80186, 80286) lauffähige Betriebssystem an. Dementsprechend umfangreich ist das Angebot an Anwendungssoftware.* MS-DOS bzw. PC-DOS sind von Microsoft *ständig weiterentwickelt* worden. Mit der Version 2.0 wurden ein *hierarchisches Dateiverwaltungssystem und andere UNIX-ähnliche Funktionen* angeboten. Die 1985 eingeführte Version 3.1 beherrscht den *Mehrprozeßbetrieb* (engl.: multitasking) und enthält eine Komponente zur *Netzwerksteuerung*. Microsoft hat erklärt, MS-DOS mittelfristig zu einer kompatiblen *Untermenge* (engl.: subset) *von XENIX* machen zu wollen.

Es gibt *noch eine Reihe weiterer 16-Bit-Betriebssysteme* und auch *Mikrorechner, auf denen mehrere dieser Systeme laufen.* Weil diese in der Praxis nur geringe Bedeutung haben, gehen wir hier jedoch nicht näher darauf ein. Rechnerherstellereigene Betriebssysteme, die bei Minirechnern dominieren und die bei Großrechnern stets anzutreffen sind und eine enge Hardware- bzw. Herstellerbindung der Anwender bewirken, spielen bei Mikrorechnern überhaupt keine Rolle.

Expertensysteme

An verschiedenen Stellen dieses Buches haben Sie bereits Hinweise auf die zukunftsträchtigen Anwendungen der *«Künstlichen Intelligenz»* (KI) erhalten. Im Abschnitt 2.4.1.5 haben wir die KI-Teilgebiete skizziert und dabei erwähnt, daß *Expertensysteme am weitesten entwickelt* sind.

> Ein **Expertensystem** (engl.: expert system) ist ein Informationssystem, das fachspezifische Kenntnisse, d.h. das Wissen von Experten, in einem (meist eng) abgegrenzten Anwendungsbereich verfügbar macht. Wesentliche Bestandteile sind eine Wissensbasis (Datenbank mit Expertenwissen) und eine Problemlösungskomponente (Inferenzkomponente).

Die *Wissensbasis* (engl.: knowledge base) wird i.a. von einem Systemanalytiker (Näheres im Abschnitt 2.5.1.1), dem «Wissensingenieur» (engl.: knowledge engineer), durch Befragung von Experten, Analyse von Fachver-

30 Programme, die unter PC-DOS laufen, können deshalb gelegentlich nicht unter MS-DOS verwendet werden, weil sie auf die ROM-residente Betriebssystemerweiterung des IBM-PC zugreifen oder direkt IBM-Peripheriesteuereinheiten ansprechen, d.h. die Betriebssystembefehle für Ein-Ausgabe-Operationen übergehen (und damit maschinenabhängig werden).

öffentlichungen u. ä. auf dem jeweiligen Fachgebiet erarbeitet. Diese «Wissenssammlung» und die Repräsentation dieses Wissens sind sicher die schwierigsten und zeitaufwendigsten Arbeiten bei der Entwicklung eines Expertensystems. Denn es sind nicht nur fachspezifische Fakten und Regeln zu erheben und Sachverhalte zu verknüpfen, sondern es muß auch die Abstraktion zu einem geeigneten konzeptionellen Modell und zur rechnerinternen Darstellung gefunden werden. Die Problematik liegt vor allem darin, daß das fachspezifische Wissen vielfach nicht dokumentiert, d.h. nur im «Kopf» der Experten vorhanden ist – ungeordnet, bloß durch Erfahrung gewonnen (heuristisch), teilweise unbewußt und stark durch die Persönlichkeit und die jeweilige Bedingungslage geprägt.

Der *Problemlösungsteil* (engl.: problem-solving part; inference mechanism) des Expertensystems löst die von den Benutzern gestellten Aufgaben mit Hilfe der Wissensbasis. Die Problemlösung erfolgt durch die Anwendung von Ableitungs- oder Schlußregeln, für die es vielfältige Realisierungsmöglichkeiten gibt. Dazu gehören Produktionsregeln, Horn-Klauseln (in PROLOG), verkettete Netzwerke (semantische Netze) u.a.m., auf die wir hier nicht näher eingehen wollen.

Neben diesen beiden Hauptbestandteilen, die stets vorkommen, sollten in einem Expertensystem noch eine Wissenserwerbskomponente und eine Erklärungskomponente vorhanden sein.

Die *Wissenserwerbskomponente* (engl.: knowledge acquisition component) unterstützt die interaktive Wartung der Wissensbasis, d.h. sie ermöglicht deren benutzerfreundliche Weiterentwicklung (möglichst in einer der Fachsprache des Experten ähnlichen Sprache). So kann z.B. das System bei der Arbeit mit dem Experten den Grund für bestimmte Antworten des Experten erfragen und dessen Antworten in der Wissensbasis speichern (Wissensvergrößerung), oder der Experte kann Antworten des Systems als falsch bezeichnen und die Antwort berichtigen (Aktualisierung).

Die *Erklärungskomponente* (engl.: explanation component) hat die Aufgabe, die Prozeduren des Expertensystems durchschaubar zu machen. So kann z.B. erläutert werden, wie das Expertensystem zu bestimmten Lösungen gekommen ist, oder welchen Sinn bestimmte Anfragen des Systems an den Benutzer haben.

Wesentliche Eigenschaften eines Expertensystems sollten noch die *Lernfähigkeit* (bisher kaum realisiert), das Vorhandensein einer *komfortablen Benutzeroberfläche* (z.B. Eingabe/Ausgabe in natürlicher Sprache, Masken, Grafik, Menüführung; vgl. Abschnitt 2.4.4) und die Möglichkeit der *Ableitung probabilistischer Aussagen* (Arbeit mit Wahrscheinlichkeiten) sein.

Die Abb. 2.4.5/6 faßt die wichtigsten *Unterschiede zwischen der herkömmlichen Datenverarbeitung und der Wissensverarbeitung in Expertensystemen* zusammen.

Herkömmliche Datenverarbeitung	Wissensverarbeitung in Expertensystemen
Inhaltliche Kriterien	
Automatisierung monotoner, klar strukturierter und wohldefinierter Informationsverarbeitungsprozesse	Automatisierung komplexer Informationsverarbeitungsprozesse, die den intelligenten Umgang mit diffusem Wissen erfordern
Zu automatisierende Verarbeitungsabläufe sind aus nichtautomatisierten Informationsverarbeitungsprozessen bekannt	Zu automatisierende Verarbeitungsabläufe sind kognitive Prozesse und daher nicht direkt beobachtbar
Systementwickler schreibt mit Hilfe seines Wissens über den Anwendungsbereich ein Programm	Wissensträger transferiert sein Wissen über den Anwendungsbereich in ein wissensbasiertes System
Nur der Programmierer, nicht das System selbst kann einen ausgeführten Verarbeitungsprozeß erklären und rechtfertigen	Das wissensbasierte System selbst kann prinzipiell einen ausgeführten Verarbeitungsprozeß erklären und rechtfertigen
Hauptsächlich Verarbeitung homogen strukturierter Massendaten	Hauptsächlich Verarbeitung heterogen strukturierter Wisseneinheiten
Bei formaler Ein/Ausgabespezifikation ist prinzipiell die Möglichkeit eines Korrektheitsbeweises gegeben	Da die Verarbeitung durch Heuristiken und diffuses Wissen gesteuert ist, sind Korrektheitsbeweise nicht möglich
Komplexität entsteht hauptsächlich durch den Umfang der Datenmenge	Komplexität entsteht hauptsächlich durch die Reichhaltigkeit der Wissensstrukturen
Formale Kriterien	
Ausgangspunkt: Verarbeitung von Zahlen	Ausgangspunkt: Verarbeitung symbolischer Ausdrücke
Wenige Datentypen, aber viele Instanzen eines Typs	Viele Strukturtypen, oft wenige Instanzen eines Typs
Typische Programmiersprachen: COBOL, PASCAL	Typische Programmiersprachen: LISP, PROLOG
Programmiermethodik: strukturiertes Programmieren	Programmiermethodik: exploratives Programmieren
Verarbeitungsablauf ist explizit festgelegt	Verarbeitungsablauf ist nur implizit oder gar nicht vorgegeben
Unvollständige Eingaben werden zurückgewiesen	Verarbeitung unvollständiger Strukturen ist möglich
Effiziente Verarbeitung mit konventionellen Rechnerarchitekturen möglich	Effiziente Verarbeitung mit konventionellen Rechnerarchitekturen nicht möglich

Abb. 2.4.5/6: Unterschiede zwischen der herkömmlichen Datenverarbeitung und der Wissensverarbeitung in Expertensystemen (Quelle: W. Wahlster)

Beispiel STIPEX: Stipendienberatungsexpertensystem

Dieses *in PROLOG geschriebene Expertensystem* ist an der Wirtschaftsuniversität Wien im Einsatz und verwendet zur Wissensdarstellung *Regeln*. Einen *Ausschnitt der Wissensbasis* zeigt Abb. 2.4.5/7. Sie sehen, daß die Regeln hier in *natürlichsprachlicher Form* gespeichert sind.

```
Der Student erfüllt die Voraussetzungen des Par2-Z1, @ Par2 Z1 Abs1 @
    wenn der Student das Studium innerhalb von 10 Jahren nach Erreichung
             der Hochschulreife begonnen hat,
    wenn der Student das Studium vor Vollendung des 35. Lebensjahres
             begonnen hat,
    wenn der Student noch kein anderes Studium absolviert hat,
    wenn der Student nicht mehr als halbbeschäftigt ist,
    wenn der Student einen günstigen Studienerfolg nachweist und @ Abs3 @
    wenn der Student sozial bedürftig ist. @ Par2 Z1 Abs2 @
   .                          .                             .
   .                          .                             .
   .                          .                             .

Der Student weist einen günstigen Studienerfolg nach,
    wenn der Student im 3. Semester ist und
    wenn der Student Zeugnisse über mindestens 20 Wochenstunden hat.

Der Student weist einen günstigen Studienerfolg nach,
    wenn der Student im 8. Semester ist,
    wenn der Student die erste Diplomprüfung erfolgreich abgelegt hat und
    wenn der Student Zeugnisse aus dem zweiten Studienabschnitt im
             Ausmaß von mindestens 16 Wochenstuden hat.
   .                          .                             .
   .                          .                             .
   .                          .                             .

Einkommen gemäß Par4 Abs4 =
    Einkünfte aus Ferialarbeit +
    Einkünfte als Aushilfsangestellter im Rahmen der Hochschulverwaltung +
    Entschädigungen gemäß Par13 Abs5 des Hochschulgesetzes +
    sonstige Studienbeihilfen und Stipendien, sofern Ihre Gewährung mit
             keiner Verpflichtung zur Gegenleistung verbunden ist +
    Einkünfte als Demonstrator, halbbeschäftigter Studienassistent oder
             Vertragsassistent, dessen Beschäftigungsausmaß höchstens
             die Hälfte des vollen Ausmaßes ausmacht.
   .                          .                             .
   .                          .                             .
   .                          .                             .

Zumutbare Unterhaltsleistung der Eltern bzw. Wahleltern =
    (Bemessungsgrundlage der Eltern bzw. Wahleltern - 44000) x 0,2 + 8800
    wenn die Eltern (Wahleltern) in Wohngemeinschaft leben,
    wenn Bemessungsgrundlage der Eltern bzw. Wahleltern >   88000
    wenn Bemessungsgrundlage der Eltern bzw. Wahleltern <= 115000.
```

Abb. 2.4.5/7: Ausschnitt aus der Wissensbasis eines Expertensystems für die Stipendienberatung

Die hier verwendete *Problemlösungsstrategie* wird als *«backtracking»* bezeichnet. Bei einer Anfrage wird die erste passende Regel angewendet (die Wissensbasis wird von oben nach unten durchsucht). Diese Regel kann wieder durch andere Regeln ausgestaltet bzw. näher definiert werden usw. Führt eine Regel nicht zum Ziel, weil das System auf eine nicht zutreffende Bedingung stößt, so wird versucht, die nächste passende Regel «durchzudenken».

Die *Wissenserwerbskomponente* fällt bei STIPEX weg, da durch einfaches Editieren der Wissensbasis (z.B. bei Änderung der Gesetze) das Verhalten des Systems entsprechend angepaßt werden kann.

Die *Erklärungskomponente* erlaubt dem Benutzer Fragen wie «Warum?» und «Wie?», um diesem den Grund von Rückfragen des Systems (z.B. «Sind Sie verheiratet?») zu erläutern oder um das Ergebnis der Beratung aufzugliedern («Welche Regeln fanden Anwendung?» usw.).

Beispiele für Expertensysteme gibt es u. a. in den folgenden Anwendungsbereichen:

1. *Interpretation:*

Beobachtete Sachverhalte wie Meßdaten, Signale oder subjektive Befunde (von Menschen erstellt) werden durch Aussagen über Systemzustände interpretiert, auf die sie zurückgeführt oder mit denen sie in Zusammenhang gebracht werden können. Spezielle Formen der Interpretation sind:

- Diagnose in biologischen Systemen
  MYCIN (Stanford Univ., 1976): Diagnose und Chemotherapie für einige bakteriogene Infektionskrankheiten; CADUCELUS (Univ. of Pittsburgh, in Entwicklung): Diagnose für die gesamte Innere Medizin.
- Diagnose in technischen Systemen
  MODIS (Univ. Kaiserslautern, 1983): Diagnose von Fehlerquellen in Ottomotoren; DEX.C3 (GMD, 1984): Diagnose von Fehlverhalten in automatischen Getrieben von Ford.
- Interpretation von Meßdaten
  PROSPECTOR (SRI, 1979): Öl-/Minerallagerstättensuche; DIPMETER ADVISOR (Schlumberger-Doll, 1981): Auswertung von Meßwertprotokollen von Bohrproben.

2. *Prognose:*

Ziel der Vorhersage ist es, das Eintreten oder den zeitlichen Verlauf von Ereignissen mit einer größtmöglichen Sicherheit zu ermitteln.

SPERIL (Purdue Univ., 1981): Vorhersage von Beschädigungen an Bauten durch Erdbeben; LOMEX (MIT, 1981): Vorhersage im Rahmen von Beratungen über den Rohstoffmarkt für landwirtschaftliche Produkte.

3. *Konfigurierung/Planung:*

Konfigurieren heißt, vorhandene «Teile» unter Beachtung von Nebenbedingungen so zusammenzusetzen, daß eine geforderte Zielsetzung erreicht wird, wobei «Teile» auch Einzelaktionen sein können.

MOLGEN (Stanford Univ., 1981) plant molekularbiologische Experimente für die Genetik; R1/XCON (Carnegie-Mellon Univ./DEC, 1981) konfiguriert DEC-Rechner; das System befindet sich bei DEC weltweit im routinemäßigen Einsatz; MOPLAN (Univ. Erlangen-Nürnberg, 1985) plant und konfiguriert Montageanlagen in Fabriken; COMPETE! (EFS Wien, 1986) unterstützt die strategische Unternehmensplanung von Großbetrieben.

4. *Prozeßsteuerung:*

Zur Prozeßsteuerung müssen Interpretations-, Vorhersage- und Planfunktionen kombiniert werden, um eine laufende Überwachung, Fehlerquellenbestimmung, Vorhersage kritischer Situationen und vorbeugende Instandhaltung durchführen zu können.

YES/MVS (IBM Yorktown Heights, 1985): Diagnose und sofortige Fehlerbehebung ohne Eingreifen des Operators bei großen MVS-Installationen samt angeschlossener Datenfernverarbeitungsnetze und zugehöriger Peripherie.

5. *«Intelligenter Assistent»:*

Die Aufgabe des Systems ist es, den Benutzer bei einer Aufgabenlösung zu beraten – z.B. durch Lösungsvorschläge zur Methodenauswahl. Ferner kann es helfen, eine «persönliche» Lösung in die Kommandosprache eines Softwarepakets zu übertragen.

ADVISOR (MIT, 1978) unterstützt den Benutzer des mathematisch-statistischen Pakets MACSYMA bei Formelmanipulationen; EPISTLE (IBM Yorktown Heights, 1980) bzw. CRITIQUE (seit 1985) überprüft die Rechtschreibung, die Grammatik und den Stil englischer Texte und bietet Erklärungen und Verbesserungsvorschläge.

6. *Schulung:*

Das Expertensystem soll Wissen im Dialogbetrieb vermitteln, wobei hier eine Diagnosekomponente zur Analyse von Fehlern und Kenntnislücken des Benutzers (Schülers) sowie eine Erklärungskomponente besonders wichtige Teile des Systems sind.

SOPHIE (Volt, Beranek and Newmann, Inc./Xerox Corp., 1981): Unterricht in Fehlerquellensuche in elektronischen Schaltkreisen; ADA * TUTOR (Computer Thought Co., 1983): Unterweisung in ADA im Erstunterricht.

7. *Expertensystementwicklung:*

Ein Expertensystem zur Expertensystementwicklung (= Meta-Expertensystem) bietet die anwendungsunabhängigen Teile von Expertensystemen in fertiger Form sowie Funktionen, um diese zusammenzusetzen, Anpassungen an die jeweilige Bedingungslage vorzunehmen und zusätzliche, anwendungsbezogene Komponenten zu programmieren (= Programmierumgebung für Expertensysteme).

Auf spezielle LISP-Maschinen sind die Pakete ART (Inference Corp.), KEE (IntelliCorp), LOOPS (Xerox Corp.) und SRL-Plus (Carnegie Group

Inc.) ausgelegt. Für universelle 16-Bit-Mikrorechner erhältliche, vergleichsweise leistungsschwache Systeme sind Expert-Ease (Expert Software Int.), Personal Consultant (Texas Instruments) und TIMM (General Research Corp.).

Die vorstehend genannten *Beispiele sind nur eine Auswahl* bekannter Entwicklungen aus der «Frühzeit» der Expertensysteme, ergänzt um einige aktuelle Systeme. In jüngster Zeit gibt es geradezu einen *Boom an Neuankündigungen.* Neben speziellen Expertensystemen werden zunehmend auch *«intelligente» Funktionen in der handelsüblichen Software* angeboten (ähnlich wie die im Abschnitt 2.4.4 als Beispiel genannte DWIM (Do what I mean-) Funktion. Vor allem diese letztgenannte Tendenz dürfte in der Zukunft große Bedeutung erlangen.

«Rechner der fünften Generation»[31]

> Die **«Rechner der fünften Generation»** sollen Wissensverarbeitungsanlagen sein, d.h. durch ihre Hardware- und Softwarearchitektur speziell für Expertensysteme umfangreiche Unterstützung bieten. Über eine natürlichsprachliche Benutzeroberfläche sollen schriftliche, bildliche und gesprochene Problemschilderungen des Benutzers entgegengenommen und automatisch in Programme zur Problemlösung umgesetzt werden können.

Dies sind die bis Anfang der 90er Jahre anvisierten Ziele des von der Regierung massiv geförderten «Fifth Generation Computer Systems»-Gemeinschaftsprojekts der bedeutendsten japanischen Rechnerhersteller.

Die *Hardware* besteht aus den folgenden *Hauptkomponenten:*

1. Einer *Problemlösungsmaschine* (Inferenzmaschine), die mit hoher Geschwindigkeit eine sehr große Zahl von Schlußfolgerungen (Inferenzen) durchführen kann.

   Dabei werden Lips-Raten von 100 Mio. bis 1 Mrd. angestrebt. Ein heute erhältlicher PROLOG-Interpreter auf einem IBM PC-AT bringt es hingegen nur auf ca. 3 500 Lips.

   Die *Lips-Rate* (engl.: logical inferences per second) kennzeichnet die Leistung eines Rechners anhand der pro Sekunde durchgeführten logischen Schlußfolgerungen (Inferenzen). Zugrundegelegte Inferenzen sind z.B. einfache «Wenn, dann...»-Beziehungen oder aus zwei Prämissen

---

31 Die Entwicklung der Rechnertechnologie wird bisher in vier «Generationen» eingeteilt. Bestimmend ist die Technik der jeweils eingesetzten Bauelemente: Röhren (1. Generation), Transistoren (2. Generation), integrierte Schaltungen (3. Generation) und höchstintegrierte (VLSI-)Schaltungen (4. Generation).

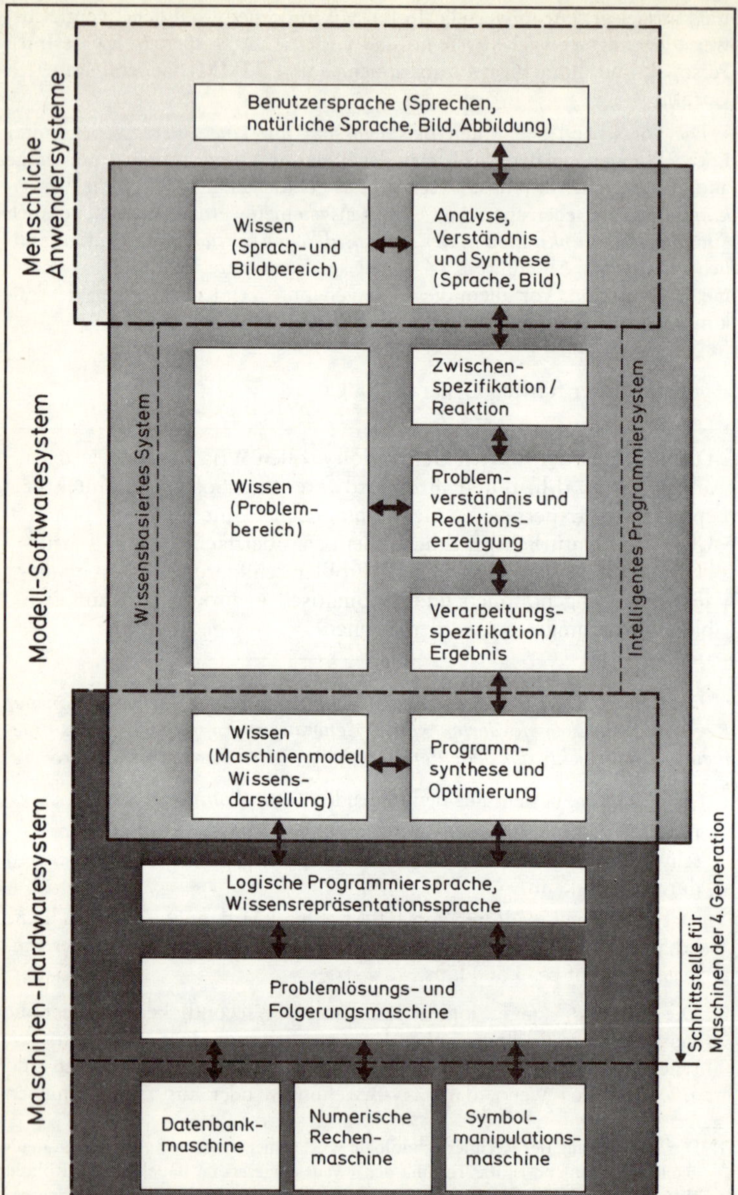
Menschliche Anwendersysteme
Benutzersprache (Sprechen, natürliche Sprache, Bild, Abbildung)
Wissen (Sprach- und Bildbereich)
Analyse, Verständnis und Synthese (Sprache, Bild)
Modell-Softwaresystem
Wissensbasiertes System
Intelligentes Programmiersystem
Zwischen-spezifikation / Reaktion
Wissen (Problem-bereich)
Problem-verständnis und Reaktions-erzeugung
Verarbeitungs-spezifikation / Ergebnis
Wissen (Maschinenmodell Wissens-darstellung)
Programm-synthese und Optimierung
Maschinen-Hardwaresystem
Logische Programmiersprache, Wissensrepräsentationssprache
Problemlösungs- und Folgerungsmaschine
Schnittstelle für Maschinen der 4. Generation
Datenbank-maschine
Numerische Rechen-maschine
Symbol-manipulations-maschine

gezogene Schlußfolgerungen vom Allgemeinen auf das Besondere (d.h. «höhere» Anweisungen im Gegensatz zur Mips-Rate, bei der Maschinenbefehle zur Leistungsmessung dienen).

2. Einer *relationalen Datenbankmaschine* (Näheres hierzu im Abschnitt 3.2.2.1.3) zur Verwaltung der Fakten- und Regelbasen, aus denen sich die Wissensbasis aufbaut.
3. Einer *numerischen Rechenmaschine* höchster Leistung (Vektorrechner).
4. Einer Anzahl von *Spezialprozessoren* für die «intelligente» Verarbeitung, d.h. Analyse, Verstehen und Erzeugung von schriftlichen, bildlichen und sprachlichen Daten (Symbolmanipulationsmaschinen).

Die Realisierung soll durch *Parallelrechnerarchitekturen* auf der Basis höchstintegrierter *VLSI-Chips* erfolgen. Inferenzen, Manipulationen der Wissensbasis, numerische und symbolische Operationen werden in der Hardware unterstützt.

Die aus mehreren Schichten bestehende *Systemsoftware* übernimmt hauptsächlich die folgenden Funktionen:

1. Analyse und *Interpretation der Problemformulierungen* und Anwendungsspezifikationen der Benutzer;
2. automatische *Erzeugung und Verifikation der erforderlichen Programme* in einer logischen Programmiersprache (erweitertes PROLOG);
3. *Auswahl der* für die Problemlösungen in Frage kommenden *Prozeduren und deren Optimierung*;
4. Beschreibung und *Präsentation der Problemlösungen* in der von den Benutzern gewünschten Form (schriftlich, bildlich, akustisch).

Die *Chancen*, dieses anspruchsvolle Projekt in vollem Umfang im angestrebten Zeitraum zu realisieren, werden allgemein *eher skeptisch* beurteilt. Die *weltweite Publizität* dieses Vorhabens und die vorherrschende Meinung von der durch informationstechnologische Fortschritte nunmehr gegebenen prinzipiellen «Machbarkeit» solcher wissensverarbeitenden Systeme haben *in den USA und Europa ähnliche Entwicklungsvorhaben* initiiert.

In der *Bundesrepublik Deutschland* ist *vom BMFT 1985 ein Förderungsschwerpunkt «Wissensverarbeitung»* eingerichtet worden, in dem Rechnerhersteller mit Hochschulen und Großforschungseinrichtungen in Verbundprojekten kooperieren. *Bei München betreibt Siemens seit 1984 zusammen mit Bull und ICL ein «European Computer Research Center» (ECRC)*, das eine ähnliche Orientierung aufweist wie das japanische «Institute for New Generation Computer Technology» (ICOT). Die auf dem KI-Gebiet *führenden deutschen Universitäten sind Karlsruhe, Kaiserslautern und Saarbrücken.*

Abb. 2.4.5/8: Architektur der «Rechner der fünften Generation»

2.5 Menschen

Ein rechnergestütztes Informationssystem besteht aus einer Anzahl von *Menschen* und Maschinen, insbesondere EDVA, die Information erzeugen und/oder benutzen und die durch Kommunikationsbeziehungen miteinander verbunden sind. In den vorstehenden Ausführungen dieses Kapitels haben Sie erfahren, in welcher Form Angaben über Sachverhalte und Vorgänge vorliegen müssen, damit diese maschinell verarbeitet werden können. Ferner haben Sie den Aufbau und die Arbeitsweise der einzelnen Komponenten von EDVA kennengelernt. *In dem folgenden Abschnitt wird nun skizziert, wie Menschen bei der Gestaltung von Informationssystemen mitwirken und wie die Berufsperspektiven in diesem Tätigkeitsfeld aussehen.*

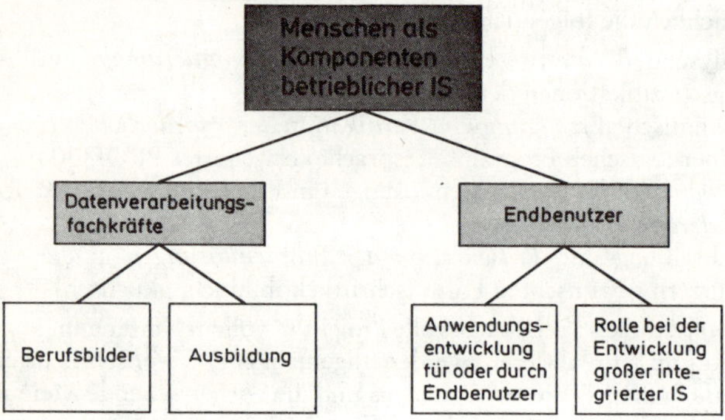

Abb. 2.5/1: Menschen als Komponenten betrieblicher Informationssysteme

2.5.1 Datenverarbeitungsfachkräfte

Wie bei allen übrigen betrieblichen Funktionen sichert auch bei der Gestaltung von Informationssystemen erst das optimale Zusammenwirken der Faktoren Werkstoffe (Daten und Datenträger), Betriebsmittel (Hardware und Software) und menschliche Arbeit den bestmöglichen Erfolg. *Das Ausmaß des Anteils menschlicher Arbeit in der Kernphase des Betriebs von Informationssystemen, d.h. der programmgesteuerten Verarbeitung von Daten, ist zwar relativ gering (Maschinenbedienung). Um so bedeutungsvoller ist die menschliche Arbeitsleistung jedoch in den vorgelagerten Phasen der Entwicklung von*

Informationssystemen und der Datenerfassung. Die Verfügbarkeit von genügend qualifiziertem Personal war in der Vergangenheit stets eines der gravierendsten Engpaßprobleme bei dem Einsatz der EDV.

2.5.1.1 Berufsbilder

Nach der Art der Aufgaben bei der Gestaltung von Informationssystemen lassen sich *entwicklungs-, betriebs-, vertriebs- und ausbildungsorientierte Berufe* der im Bereich der Datenverarbeitung tätigen Mitarbeiter unterscheiden. Die nachfolgende Übersicht kennzeichnet die *Struktur der Tätigkeitsfelder*.

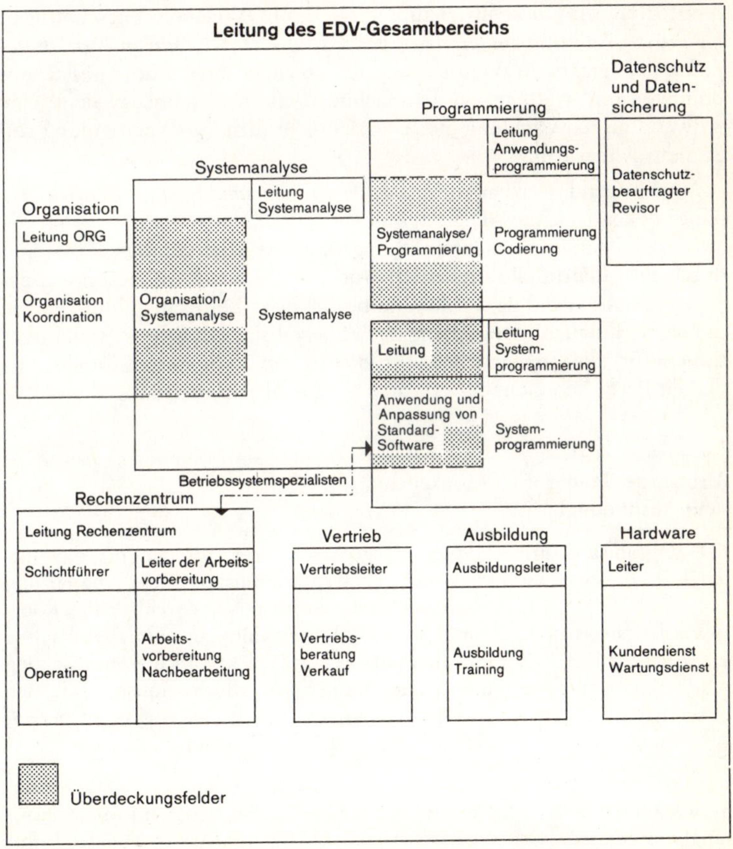

Abb. 2.5.1.1/1: Struktur der EDV-Tätigkeitsfelder (Quelle: IAB)

Sie ersehen daraus, welche *Übergänge* sich zwischen den Tätigkeitsfeldern anbieten und welche *Aufstiegsmöglichkeiten* bestehen. Für die angeführten Tätigkeitsfelder sind *keine bestimmten berufsqualifizierenden Abschlüsse* vorgeschrieben. Es gibt eine *Fülle von meist nicht geschützten Berufsbezeichnungen;* für manche Positionen werden oft mehr als ein halbes Dutzend unterschiedliche Bezeichnungen verwendet.

Die skizzierte *starke Differenzierung* einzelner Berufsgruppen ist *nur in Großbetrieben* üblich. Vielfach werden z.B. die Funktionen der EDV-Organisation, Systemanalyse und Anwendungsprogrammierung von einzelnen Mitarbeitern bzw. Gruppen zusammengefaßt verrichtet. Solche sog. *Organisationsprogrammierer* sind in mittleren Betrieben dann die Regel, wenn diese überhaupt spezielles EDV-Personal beschäftigen. *Kleinbetriebe mit weniger als 50 Beschäftigten haben nur in Ausnahmefällen eine eigene EDV-Abteilung.* Die Rechner stehen dort in Fachabteilungen und werden von den Sachbearbeitern nebenbei bedient; eine Anwendungsentwicklung gibt es meist nicht (d.h. nur Verwendung von Standardsoftware).

Nachfolgend werden die *Tätigkeiten der wichtigsten Berufsbilder* näher gekennzeichnet. Die angegebenen *Berufsbezeichnungen* sind die am häufigsten verwendeten; die genannten *Ausbildungsgänge* sind durch ihre Lehrinhalte für eine berufliche Vorbereitung besonders geeignet. Nicht erwähnt werden die betriebliche Berufsausbildung sowie die Fachschulausbildung, die je nach Spezialisierung Einstiegsqualifikationen für alle angegebenen Tätigkeitsfelder vermitteln können. Die derzeit bezahlten Gehälter erfahren Sie im Abschnitt 2.5.3.

Berufsbezeichnung (und Ausbildung)	**Tätigkeiten**
EDV-Organisator(in) (engl.: EDP organizer) (wirtschaftswissenschaftliches Hochschulstudium mit den Wahlfächern Organisation und Wirtschaftsinformatik)	Planung langfristiger Konzeptionen für die Entwicklung von Informationssystemen; Abgrenzung von Teilinformationssystemen (Architektur); Koordination von Entwicklungsaktivitäten; Analyse und Beurteilung von Projektplänen; Untersuchung und Ausarbeitung neuer Informationstechnologien und Anwendungstechniken; Entwurf und Überwachung von Entwicklungsrichtlinien.
Systemanalytiker(in) (engl.: system analyst)	Ermittlung des Bedarfs nach neuen Informationssystemen oder nach Änderungen bestehender Informationssysteme; Analyse des Istzustandes beste-

Berufsbezeichnung (und Ausbildung)	Tätigkeiten
(wirtschaftswissenschaftliches Hochschulstudium mit dem Schwerpunkt Wirtschaftsinformatik)	hender Systeme; Analyse und Beurteilung von Standardanwendungssoftware; ökonomische und technische Rechtfertigung der Vorschläge; Entwurf der Ausgaben, Eingaben, Dateien und Verarbeitungsalgorithmen für neue Systeme; Einführung von Systemen; Systemkontrollen und -anpassungen an Änderungen der Bedingungslage. *(Vgl. hierzu auch Abschnitt 1.3.2)*
Anwendungsprogrammierer(in) (engl.: application programmer) (je nach Tätigkeitsfeld: wirtschaftswissenschaftliches Hochschulstudium mit dem Schwerpunkt Wirtschaftsinformatik bzw. Erst- oder Zusatzausbildung bei EDV-Herstellern, Gewerkschaften u. ä.)	Analyse zu programmierender, vorgegebener anwendungsbezogener Aufgaben; Entwicklung einer programmiertechnischen Lösung mit Leistungsspezifikationen wie Speicherbedarf, Maschinenzeit, Parametervariationen usw; Programmierung und Test der gewählten Lösung; Dokumentation sämtlicher Erklärungen und Anweisungen, die zum Verständnis und zur Anwendung des Programms notwendig sind; Erprobung und/oder Änderung bereits vorhandener Anwendungsprogramme; Optimierung und Abstimmung von Programmzyklen; Einführung von Anwendungsprogrammen und Überwachung der richtigen Funktionsweise.
Systemprogrammierer(in) (engl.: system programmer) (Hochschulstudium der Informatik oder Hochschulstudium der Mathematik, Physik, Elektrotechnik o.ä. mit Zusatzausbildung bei EDV-Herstellern)	Auswahl, Entwicklung, Programmierung und Test von anwendungsneutralen System-, Datenbankverwaltungs- und Datenfernverarbeitungsprogrammen; Entwurf von Programmier- und Anwendungsrichtlinien für diese; Dokumentation entwickelter Systeme; Beratung und Unterstützung von Anwendungsprogrammierern bei der Verwendung von derartigen Programmen; Weiterentwicklung und Einführung von Betriebssystemen, Datenbank- und Datenfernverarbeitungssystemen; Planung der Größe, Zusammensetzung und Auslegung von zu installierenden Datenverarbeitungssystemen; Überwachung der Funktionsweise von Hardware und Software sowie Leistungsoptimierung.
Datentypist(in) (engl.: punch operator)	Übertragen der Zeichen von Originalbelegen auf maschinenlesbare Datenträger bzw. Direkteingabe aufgrund vorliegender Anleitungen; Prüfen der erfaßten Daten.

Berufsbezeichnung (und Ausbildung)	Tätigkeiten
(Abschluß der Grundschule und eine drei- bis sechsmonatige Anlernzeit)	*(Vgl. hierzu auch den Abschnitt 3.1.)*
Maschinenbediener(in) (engl.: operator) (Synonym: **Operator(in)**) (Schulabschluß der mittleren Reife und abgeschlossene kaufmännische/technische Lehre oder Fachschulabschluß; hinzu kommt jeweils eine drei- bis sechsmonatige Grundausbildung im Rechenzentrum)	Bedienung aller Einheiten eines großen Datenverarbeitungssystems aufgrund vorliegender Bedienungsanweisungen und vorgegebener Arbeitspläne. *(Vgl. hierzu auch die Seiten 283–284)*
EDV-Verkäufer(in) (engl.: EDP salesman) (Synonym: **Vertriebsbeauftragte(r)**) (wirtschaftswissenschaftliches Hochschulstudium mit dem Schwerpunkt Wirtschaftsinformatik)	Erschließung, Ausschöpfung und Sicherung von Datenverarbeitungsteilmärkten; insbesondere Akquisition inklusive Information und Beratung bezüglich Hardware und Software, Ausarbeitung von Problemlösungen und Angeboten und deren Präsentation; Koordination und Überwachung der Vertragsverpflichtungen inklusive Installationsvorbereitung, Auswahl von Schulungsteilnehmern und Ausbildungsplanung, Termin- und Leistungskontrolle; Kundenbetreuung während der Nutzungszeit der vertriebenen Objekte.
Hardwaretechniker (engl.: field engineer) (abgeschlossene technische Lehre mit drei- bis sechsmonatiger Grundausbildung bei EDV-Herstellern; ein	Installation von Datenverarbeitungssystemen; vorbeugende Wartung, Fehlerdiagnose und Reparatur von Datenverarbeitungssystemen; technische Änderungen und Kapazitätsänderung von Datenverarbeitungssystemen; Abbau von Datenverarbeitungssystemen.

Berufsbezeichnung (und Ausbildung)	Tätigkeiten
Fachstudium der Informatik oder verwandter Fachrichtungen erhöht die Berufschancen)	
Lehrer(in) für Datenverarbeitung (engl.: EDP teacher) (wirtschaftswissenschaftliches oder mathematisch-technisches Hochschulstudium, mehrjährige Tätigkeit in einem Datenverarbeitungsberuf und pädagogische Zusatzausbildung)	Ermittlung des EDV-Ausbildungsbedarfs; Aufbereitung der zu lernenden Inhalte nach didaktischen Gesichtspunkten; Erstellung von Stundenplänen und Unterrichtsmaterialien; Durchführung von Lehrveranstaltungen inklusive Kontrolle des Lernerfolges; Beratung der Kursteilnehmer bei der Lösung gestellter Aufgaben sowie bei der Fehlersuche und Fehlerbereinigung; Beurteilung der Kursteilnehmer.

Übungsaufgabe Nr. I-146 im Arbeitsbuch ←

Vorstehend sind nur die Tätigkeitsfelder der wichtigsten Kernberufe in der Datenverarbeitung umrissen worden. Wandlungen der Informationstechnik finden in *neuen Berufsbildern* und der *Spezialisierung der vorhandenen Berufe* ihre Ausprägung. *Beispiele* hierfür sind etwa *Datenbankadministratoren*, welche die zentrale Verantwortung für das Funktionieren von Datenbanksystemen in Betrieben wahrnehmen, *Datenschutz- und Sicherheitsbeauftragte* oder *DFÜ-Programmierer* (DFÜ = Datenfernübertragung), die auf Datenfernverarbeitungsanwendungen spezialisiert sind. Von wesentlicher Bedeutung für die künftige Rolle des EDV-Personals wird vor allem sein, daß durch die Integration der «traditionellen» Datenverarbeitung mit der Textverarbeitung, grafischen Datenverarbeitung und Nachrichtentechnik praktisch alle Beschäftigten eines Betriebes am Arbeitsplatz mit Datenverarbeitungsdiensten umgehen und daß überbetriebliche Anwendungen bis hin zum privaten Haushalt wesentlich zunehmen werden. Hieraus folgt, daß einerseits den *Datenbank- und Telekommunikationsspezialisten eine zentrale Stellung* bei der Gestaltung der notwendigen informationstechnischen Infrastruktur zukommen wird und daß andererseits die *EDV-Ausbildung und -Unterstützung der Mitarbeiter in den Fachabteilungen immer wichtiger* wird. Auf die Möglichkeiten und Konsequenzen von Datenbanksystemen für Datenverarbeitungsfachkräfte und Benutzer in Fachabteilungen wird im Abschnitt 2.2 eingegangen. Benutzerperspektiven der Dezentralisierung von Daten- und Textverarbeitung bilden einen Schwerpunkt des vierten Kapitels.

Aufgaben von zentralen EDV- bzw. IS-Abteilungen und der vorwiegend dort beschäftigten *Datenverarbeitungsfachkräfte* sind dementsprechend vor allem

- die betriebsweite IS-Gesamtplanung und IS-Organisation (vgl. hierzu Abb. 1.3.2/1),
- die Beschaffung und der Betrieb großer, teurer, vielfach verwendeter Zentralrechner, Hochleistungsperipherie, Datenbanksysteme und Anwendungspakete,
- die Koordination dezentraler Hardware- und Softwarebeschaffungen (Arbeitsplatzrechner),
- die Entwicklung und Pflege (Wartung) großer integrierter Anwendungssysteme,
- die Konfigurierung, Steuerung und Kontrolle von Rechnernetzen,
- die Vermittlung von Informationsdiensten (intern und extern),
- die Schulung und Beratung der Endbenutzer in Fachabteilungen,
- das Dienstleistungsmarketing, d.h. das aktive «Verkaufen» der angebotenen EDV-Ressourcen und Dienste.

→ Übungsaufgabe Nr. I-147 im Arbeitsbuch

2.5.1.2 Ausbildung

Die Abb. 2.5.1.2/1 vermittelt Ihnen eine *Übersicht über das derzeitige Ausbildungsangebot*. Im Abschnitt 2.5.3 werden Angaben über die Kapazitäten bzw. Absolventenzahlen jener Ausbildungsgänge gemacht, die eine Vollausbildung bieten. Nähere Angaben zu den existierenden Ausbildungsgängen (Inhalte und Ausbildungsstätten) sind in den von der *Bundesanstalt für Arbeit, Nürnberg*, herausgegebenen *«Blättern zur Berufskunde – Band 2: Datenverarbeitungsberufe»* enthalten (siehe Literaturverzeichnis). Die nachfolgenden Ausführungen befassen sich ausschließlich mit der Hochschulausbildung.

Seit Beginn der siebziger Jahre ist in der Bundesrepublik Deutschland ein *Studium der Informatik* möglich. Die an mittlerweile mehr als 20 deutschen Universitäten und mehreren Fachhochschulen eingerichteten Informatikstudiengänge sind im allgemeinen technisch orientiert und befassen sich im Schwerpunkt mit dem Aufbau und der Arbeitsweise von Hardware und anwendungsneutraler Software (Programmierspra-

Institution	Fachrichtung Technik	Wirtschaft	Informatik
Hochschule	Dipl.-Ingenieur (Fachrichtung Elektrotechnik oder Maschinenbau)	Dipl.-Kaufmann	Dipl.-Informatiker Dipl.-Mathematiker Dipl.-Wirtschaftsinformatiker
	Dipl.-Wirtschaftsingenieur		
Fachhochschule	Dipl.-Ingenieur (FH) (Schwerpunkt Informatik)	Dipl.-Betriebswirt (FH)	Dipl.-Informatiker (FH)
Berufsakademie (BA) (Abiturientenausbildung)		Wirtschaftsassistent Betriebswirt DV (BA)	St. g. Programmierer St. g. Mathematisch-Technischer Assistent (MTA)
Fachschule	St. g. Techniker EDV St. g. Industrie-Informatiker	St. g. Betriebswirt DV	Wirtschaftsinformatiker EDV-Fachwirt, DV-Organisator; Informatiker, Systemanalytiker, Programmierer, Organisations-programmierer
betriebliche Berufsausbildung	Feingeräteelektroniker Informationselektroniker Nachrichtengeräte-Mechaniker	Datenverarbeitungskaufmann	
Volkshochschule			VHS-Zertifikat Informatik
Fernlehrinstitute	Digital-Labor Digital-Elektronik Elektronik	Datenverarbeitungskaufmann Betriebliches Informationswesen und EDV	Programmiersprachen, Programmierer
DV-Hersteller DV-Anwender Softwarehäuser	modular aufgebaute Kurse und Seminare über die ganze Breite des DV-Wissens		

St. g. = staatlich geprüft

Abb. 2.5.1.2/1: Übersicht über die Ausbildungsgänge im Bereich der Datenverarbeitung (Quelle: D. Blume u. a., W. Dostal, IAB)

chen, Betriebssysteme, Datenbankverwaltungssysteme, DFÜ-Software). Anwendungsprobleme der Rechner in den vielfältigen Einsatzbereichen werden eher am Rande, in Nebenfächern, behandelt. Über das Lehrangebot der einzelnen Hochschulen informiert Sie der im Literaturverzeichnis genannte *«Studien- und Forschungsführer Informatik» von Brauer/Haacke/Münch*.

Die EDV-Anwendungen sind Gegenstand der *Angewandten Informatiken*, die an Universitäten und Fachhochschulen in den unterschiedlichsten Fachbereichen angesiedelt sind, so zum Beispiel als

- Wirtschaftsinformatik in wirtschaftswissenschaftlichen Fachbereichen,
- Rechtsinformatik in juristischen Fachbereichen,
- Ingenieurinformatik in technischen Fachbereichen,
- medizinische Informatik in medizinischen Fachbereichen usw.

Schon im ersten Kapitel haben Sie gelernt, daß sich die *Wirtschaftsinformatik* mit der Gestaltung von Informationssystemen in der Wirtschaft befaßt, d.h. mit deren Entwicklung, Betrieb und Nutzung. Vielleicht lesen Sie zur Erinnerung nochmals den Abschnitt 1.3.2 über die einzelnen Gegenstandsbereiche dieses Faches durch. Für das Studium der Wirtschaftsinformatik wurden in der Bundesrepublik Deutschland, in Österreich und in der Schweiz an einem halben Dutzend Universitäten *eigene Diplomstudiengänge* eingerichtet. Ferner ist an zehn deutschen Fachhochschulen ein Wirtschaftsinformatikstudium möglich. Dieser *«großen Lösung»* mit einem hohen Anteil von Informatikveranstaltungen im wirtschaftswissenschaftlichen Grund- und Hauptstudium steht als *«kleine Lösung»* ein traditionelles wirtschaftswissenschaftliches Studium gegenüber, bei dem EDV-Grundkenntnisse nur im Rahmen eines Wahlfachs, Wahlpflichtfachs oder Ergänzungsfachs vermittelt werden. Die an Hochschulen überwiegend angebotene *«mittlere Lösung»* sieht nach einer obligatorischen Grundausbildung in Datenverarbeitung (3–8 Semesterwochenstunden) im wirtschaftswissenschaftlichen Hauptstudium Wirtschaftsinformatik (bzw. Betriebsinformatik, Betriebliche Datenverarbeitung) als Hauptfach oder Spezielle Betriebswirtschaftslehre vor (12–18 Semesterwochenstunden). Die Lehrpläne sind von Hochschule zu Hochschule unterschiedlich. Über die Studienmöglichkeiten an deutschsprachigen Universitäten informiert Sie der im Literaturverzeichnis angegebene *«Studienführer Betriebs- und Wirtschaftsinformatik»* von *Griese/Pape/Schmitz/Seibt/Thome.*

Einen detaillierten Studienplan der an der Wirtschaftsuniversität Wien angebotenen «mittleren Lösung» können Sie beim Verfasser anfordern (Anschrift auf der Rückseite des inneren Titelblatts).

Sämtliche *Vorhersagen über den Bedarf an Wirtschaftswissenschaftlern mit einer fundierten Wirtschaftsinformatikausbildung* signalisieren auch langfristig *gute Berufsaussichten.* Während erwartet wird, daß die Bedeutung des Betriebspersonals in Rechenzentren zurückgeht, sieht man in den Bereichen der EDV-Anwendungsentwicklung und -programmierung sowie des Vertriebs von EDV-Systemkomponenten besonders günstige Perspektiven. Gute Berufschancen und Einkommen werden auch allenthalben den wirtschaftswissenschaftlich vorgebildeten Fachkräften mit zusätzlicher EDV-Ausbildung in den Fachabteilungen in Aussicht gestellt. Im Abschnitt 2.5.3 können Sie hierzu aktuelle Arbeitsmarktdaten-und Prognosen nachlesen.

→ Übungsaufgabe Nr. I-148 im Arbeitsbuch

2.5.2 Endbenutzer

Sie wissen schon längst, was wir unter *«Benutzern»* bzw. *«Endbenutzern»* verstehen. Hier nochmals eine explizite Definition:

Als **Benutzer** (engl.: user) bezeichnen wir alle Menschen, welche die EDVA benutzen, das heißt,
- EDV-Fachkräfte (Systemanalytiker, Programmierer, Maschinenbediener, Datenbankadministratoren usw.) und
- Mitarbeiter in Fachabteilungen, wie zum Beispiel Buchhaltung, Einkauf, Fertigung, Vertrieb usw., deren Arbeit durch den Rechner unterstützt wird. Können diese Mitarbeiter durch Datenstationen oder Mikrorechner am Arbeitsplatz direkt – ohne Einschaltung von EDV-Personal – im Dialogbetrieb arbeiten, so werden sie als **Endbenutzer** (engl.: end user) bezeichnet.

Die nachfolgenden Ausführungen beziehen sich ausschließlich auf die Endbenutzer.

2.5.2.1 Anwendungsentwicklung für oder durch Endbenutzer?

In den Abschnitten 2.4.1.4 und 2.4.3.3 haben Sie Softwarewerkzeuge kennengelernt, mit denen die Endbenutzer in die Lage versetzt werden, selbständig den Rechner zur Aufgabenlösung einzusetzen. *Wofür wird dann überhaupt noch spezielles, teures IS-Entwicklungspersonal benötigt?*

Wenn Sie sich nochmals die Probleme des Aufbaus eines umfassenden rechnergestützten Warenwirtschaftssystems vergegenwärtigen, die wir im Abschnitt 1.3.2 skizziert haben, dürfte Ihnen die Antwort klar sein. *Für die Entwicklung solcher großen Informationssysteme wird datentechnisches und systemanalytisches Spezialwissen verlangt, das der Endbenutzer nicht hat und für seine Aufgabenerfüllung auch nicht braucht.* Die Daten entstehen in verschiedenen Stellen bzw. Teilsystemen und werden in verschiedenen Stellen bzw. Teilsystemen benötigt, so daß umfassende, vielfach *betriebsweite Koordinations- und Optimierungsüberlegungen* notwendig sind. Der *Entwicklungsaufwand* integrierter Systeme beträgt oft mehrere Mannjahre, die Entwicklungsdauer liegt selten unter einem halben Jahr. Ein derartiges Informationssystem ist auch nie «fertig», d.h. es muß *immer wieder* an Wandlungen der betrieblichen Bedingungslage und der Informationstechnologie *angepaßt* werden. *Diesen Anforderungen kann der «normale» Mitarbeiter in irgendeiner Fachabteilung niemals gerecht werden.* Er kommt neben seiner Tagesarbeit oft nicht einmal dazu, sich überhaupt ein halbwegs fundiertes Urteil über die EDV an sich zu bilden, geschweige denn die Nutzungspotentiale für sein eigenes Arbeitsgebiet zu erkennen und zu realisieren. Für Interviews mit den IS-Entwicklungsspezialisten hat er häufig «keine Zeit». Natürlich kann das *für den einzelnen wie für den*

Betrieb als Ganzes fatale Folgen haben – in bezug auf die Arbeitsproduktivität, die Konkurrenzfähigkeit und damit die Beschäftigung!

Um eventuelle negative Auswirkungen rechtzeitig abwenden und die Chancen der EDV nutzen zu können, müssen die Endbenutzer

- eine möglichst vorurteilsfreie, selbstdurchdachte Haltung gegenüber der EDV einnehmen,
- sich über die Bedeutung der EDV für ihr eigenes Tätigkeitsfeld und für ihre Berufsqualifikation im klaren sein,
- «Berührungsängste» überwinden und über breite EDV-Grundkenntnisse (engl.: computer literacy) verfügen,
- ihre Wünsche in bezug auf die Gestaltung von Informationssystemen artikulieren können,
- die Einbettung ihres Arbeitsgebietes bzw. Teilsystems in die Gesamtaufgabe des Betriebes bzw. das gesamtbetriebliche Informationssystem kennen,
- die für sie entwickelten integrierten Informationssysteme verwenden, d.h. Datenstationen und Programme bedienen und aufgabengerecht einsetzen können,
- selbst einfache, nicht vorhersehbare, einmalig oder selten auftretende Probleme, die nur ihr Arbeitsgebiet betreffen, mit einer «Sprache der 4. Generation» lösen können,
- wissen, wann und wie spezielles EDV-Entwicklungs- oder Beratungspersonal in Anspruch genommen werden kann bzw. sollte und in

Kriterien	Anwendungsentwicklung zentral durch EDV-Fachkräfte	dezentral durch Endbenutzer
Bedeutung des IS für den Gesamtbetrieb	hoch	gering
Integrationsgrad des IS	hoch	gering
Datenentstehung für das IS	mehrere Abt.	eine Abt.
Anzahl der IS-Benutzer	mehrere Abt.	eine Person
IS-Entwicklungsdauer	sechs Monate	zwei Wochen
IS-Entwicklungsaufwand	zwei Mannjahre	zwei Mannwochen
Fachl. Komplexität/Anforderungen des IS	gering	hoch
Fachl. Qualifikation in der Fachabteilung	gering	hoch
EDV-Qualifikation in der Fachabteilung	gering	hoch
notwendige Qualität der IS-Software	hoch	gering
Änderungsrate des IS	monatlich	täglich
Lebensdauer des IS	drei Jahre	drei Monate
IS-Verarbeitungszyklen	regelmäßig	spontan

Abb. 2.5.2.1/1: Bestimmungsfaktoren für die Anwendungsentwicklung durch Datenverarbeitungsfachkräfte oder durch Endbenutzer

welchen Fällen sich eine selbständige Lösung mit Endbenutzerwerkzeugen anbietet.

Die vorstehende Übersicht (Abb. 2.5.2.1/1) gibt Ihnen *für die letztgenannte Fragestellung einige Anhaltspunkte.* Die angeführten Ausprägungen der Kriterien kennzeichnen *typische Verhältnisse, bei denen sich eher eine Anwendungsentwicklung durch Datenverarbeitungsfachkräfte oder durch die Endbenutzer selbst empfiehlt.*

Übungsaufgabe Nr. I-149 im Arbeitsbuch ←

2.5.2.2 Rolle der Endbenutzer bei der Entwicklung großer betrieblicher Informationssysteme

Bei der Entwicklung umfangreicher rechnergestützter Informationssysteme sind die EDV-Spezialisten gut beraten, die *Endbenutzer als kompetente Partner* zu betrachten, da *nur durch eine Zusammenarbeit optimal funktionierende und akzeptierte Systeme* entstehen können. Diese Kooperation fällt beiden Seiten oft nicht leicht, da sie sich schon durch ihre jeweiligen Denkweisen unterscheiden. Es gibt jedoch eine ganze Reihe von organisatorischen und methodischen Hilfen, die die Kooperation erleichtern.

Die *Einbeziehung der Endbenutzer in den IS-Entwicklungsprozeß* kann mit Hilfe der folgenden *Strategien* angestrebt werden: *Erstens* kann die Projektgruppe, die ein Informationssystem konzipiert, die *Bedürfnisse* der künftigen Benutzer in Fachabteilungen *erheben* und deren Anforderungen und Wünsche bei der Gestaltung des Systems berücksichtigen. *Zweitens* besteht die Möglichkeit, die Mitarbeiter intensiv zu *schulen* und in diesem Rahmen die Motivation zur Inanspruchnahme

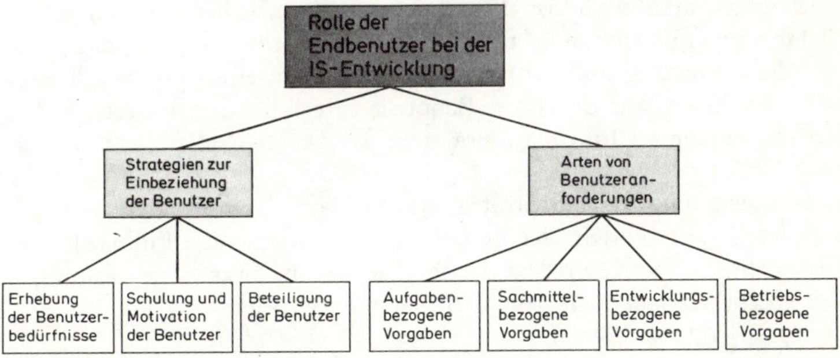

Abb. 2.5.2.2/1: Rolle der Endbenutzer bei der Entwicklung großer integrierter Informationssysteme

des Rechners zu erhöhen. *Drittens* bietet sich die *Beteiligung* der Benutzer als zielführende Strategie an.

1. Erhebung der Benutzerbedürfnisse

Im Rahmen dieser Strategie werden mittels der verschiedenen Methoden der empirischen Sozialforschung (z.B. Interviews, Arbeitsplatzbeobachtung, Gruppengespräche usw.) Anforderungsprofile und benutzerorientierte Gestaltungsprinzipien für die Hardware- und Softwareeinrichtungen herausgearbeitet. Den Benutzern bleibt bei dieser Vorgehensweise nur eine weitgehend passive Rolle. Sie stellen die Quelle für das Wissen über ihr Verhalten, ihre Handlungsweisen und kommunikativen Bedürfnisse dar. Die Ergebnisse der Erhebung werden von Fachleuten ausgewertet und als Gestaltungselemente beim Aufbau der betrieblichen Informationssysteme berücksichtigt. Die Benutzer können also keine Entscheidungen treffen, sondern nur sehr indirekt Entwicklungsentscheidungen beeinflussen.

2. Schulung und Motivation der Benutzer

Wenn in einem Betrieb frühzeitig mit der Schulung der Mitarbeiter auf ein zukünftiges Informationssystem begonnen wird, kann auf die Motivation der Benutzer sehr differenziert eingewirkt werden. Im Rahmen eines umfassenden Schulungskonzeptes erfolgt die Vorbereitung der einzelnen Informationssystembenutzer auf ihre zukünftigen Aufgaben. Dabei werden ihnen sowohl die Zielsetzungen und Systemkomponenten erläutert als auch die notwendigen Qualifikationen vermittelt. Die Schulung kann gleichzeitig dazu dienen, die Benutzer über die Auswirkungen des Systems an ihrem Arbeitsplatz zu informieren, damit sich diese ein besseres Bild von der zukünftigen Gestaltung ihrer Arbeit machen können. Dadurch kann nicht gerechtfertigten Befürchtungen vor Personalfreisetzungen, vor Verdichtungen des Arbeitspensums und der Leistungsanforderungen, vor stärkerer Disziplinierung des Arbeitsverhaltens, aber auch vor der Entwertung beruflicher Kenntnisse und Erfahrungen sowie vor Macht- und Prestigeverlusten entgegengewirkt werden. Schulung und Motivation stellen somit eine gute Möglichkeit dar, die Akzeptanz durch die Benutzer zu erhöhen, d.h. deren Bereitschaft, ein neues Informationssystem zweckentsprechend zu verwenden.

Die beiden umrissenen Strategien gehen von einem weitgehend *passiven Benutzer* aus, dem der Betrieb als aktiv handelnde Einheit gegenübersteht. Sie konzentrieren darüber hinaus die Entscheidungskompetenz beim Management bzw. den Systementwicklern.

3. Beteiligung der Benutzer

Im Rahmen von Beteiligungsstrategien wird die Möglichkeit zur aktiven Beeinflussung des Gesamtsystems durch die Benutzer vergrößert.

Wenn die Mitarbeiter an der Gestaltung eines rechnergestützten Informationssystems *mitwirken* können, dann bedeutet das für sie, daß sie aktiv in einem Informationsaustausch- und Entscheidungsprozeß ihre Wünsche und Vorstellungen einbringen und (zum Teil) durchsetzen können. Bei der Mitwirkung haben die Betroffenen das Recht, zu allen wichtigen Fragen gehört zu werden und Empfehlungen abgeben zu können.

Um die Systemspezifikationen präzise auf die Empfehlungen der Endbenutzer abstimmen zu können, sind in den letzten Jahren verstärkte Bemühungen unternommen worden, dem Benutzer in kürzester Zeit ein Modell des zukünftigen Systems vorzuführen. Auf diese Weise kann der Endbenutzer seine Anregungen nicht nur auf einen Plan, sondern direkt auf realisierte Elemente des Informationssystems (z.B. Bildschirmmasken) beziehen. Dieses Verfahren wird als *«Rapid Prototyping»* bezeichnet. Die endgültige Entscheidung über die Gestaltung eines Informationssystems obliegt allerdings auch bei dieser Strategievariante den EDV-Fachkräften.

Übungsaufgabe Nr. I-150 im Arbeitsbuch ←

Wird hingegen *Mitbestimmung* realisiert, dann dürfen zumindest zentrale Komponenten eines Informationssystems nicht gegen den ausdrücklichen Willen der Beteiligten gestaltet werden. Der Grad der Einflußnahme der Benutzer bei dieser Vorgehensweise ist also erheblich höher als bei der Mitwirkung. Die Palette der Mitbestimmungsintensität reicht vom Vetorecht bis zur vollständigen Festlegung des Systementwurfs. In der letzten Zeit lassen sich zunehmend Anzeichen für eine aktivere Rolle der Benutzer bei der Entwicklung von Informationssystemen erkennen. Insbesondere die Gewerkschaften bemühen sich um eine «Demokratisierung der Systementwicklung». Als geeignete Instrumente werden hierfür die Tarifpolitik (Rahmentarifverträge) und der Abschluß von Betriebsvereinbarungen angesehen. Die Mitbestimmungsstrategie basiert auf der Überzeugung, daß auch bei der Gestaltung von Informationssystemen demokratische Prinzipien durchgesetzt werden sollten und somit ein Beitrag zur Humanisierung des Arbeitslebens geleistet werden kann. Dabei wird auch davon ausgegangen, daß durch Mitbestimmung oder gar Selbstbestimmung die Mensch-Maschine-Systeme letztlich effektiver gestaltet werden können.

Die Bedürfnisse der Endbenutzer bezüglich der Informationssystemgestaltung können aufgabenbezogener, sachmittelbezogener, entwicklungsbezogener und betriebsbezogener Art sein.

Die *aufgabenbezogenen Benutzeranforderungen* finden in der Definition benötigter Systemfunktionen sowie deren Daten und Verarbeitungsalgorithmen ihren Ausdruck. Das heißt, sie erstrecken sich auf die erwartete Unterstützung, die das Informationssystem bei der Aufgabenerfüllung gewährleisten soll. Hierbei lassen sich *qualitative, quantitative und terminliche Vorgaben* unterscheiden.

Qualitative Benutzervorgaben erstrecken sich z.B. auf

1. die Art der gewünschten Systemfunktionen;
2. die gewünschten Ergebnisse der Systemfunktionen hinsichtlich Inhalt, Format, Darstellungsform, Genauigkeit und Richtigkeit der Daten;
3. den einzuhaltenden Arbeitsablauf und zu verwendende Verarbeitungsregeln bei der Datentransformation;
4. das für die Datenerfassung zu verwendende Datenmaterial;
5. zu verwendende Ordnungsbegriffe und Schlüsselsysteme;
6. zu beachtende Datenschutzerfordernisse;
7. notwendige Revisionsmöglichkeiten;
8. erforderliche Flexibilität und Zuverlässigkeit der Systemfunktionen;
9. zu beachtende Schnittstellen zu anderen Arbeitsgebieten, insbesondere bezüglich der Abstimmung von Datenträgern, Datenformaten usw.

Quantitative Benutzervorgaben beziehen sich z.B. auf

1. den Umfang der zu verarbeitenden Daten (gegenwärtig und zukünftig);
2. die Anzahl benötigter Berichte und Kopien von Systemausgaben;
3. die Ansprechhäufigkeit von Systemfunktionen.

Terminliche Benutzervorgaben spezifizieren z.B.

1. die zeitliche Lage und die Periodizität der Realisierung von Systemfunktionen;
2. die zeitliche Abstimmung der Systemfunktionen mit anderen Aufgabengebieten;
3. die gewünschten Antwortzeiten bei Anfragen an das System.

Die *sachmittelbezogenen Benutzeranforderungen* beziehen sich auf die Art und die Eigenschaften der Sachmittel, die bei Verwendung des Informationssystems notwendig sind. Hierzu gehören insbesondere die am Benutzerarbeitsplatz installierten EDV-Geräte und die dem Benutzer dadurch direkt zugänglichen Programme.

Die *entwicklungsbezogenen Benutzervorgaben* beziehen sich z.B. auf Budget- und Zeitvorgaben für den Entwicklungsprozeß, auf die Formulierung des Projektauftrags und der Abnahmebedingungen des Systems, auf die Systemdokumentation, auf die Einbeziehung der Benutzer in die Systementwicklung usw.

Betriebsbezogene Vorgaben richten sich vor allem auf die zulässigen Kosten des Betriebs des Informationssystems sowie auf die Art und Durchführung des laufenden Änderungsdienstes.

Übungsaufgaben Nr. I-151 und I-152 im Arbeitsbuch ←

2.5.3 Arbeitsmarkt und Entwicklungstendenzen von Datenverarbeitungsberufen

Seit 1950 hat sich der *Anteil der Informationsberufe* – dazu zählen nach den internationalen OECD-Richtlinien Produzenten, Verarbeiter sowie Verteiler und Verwalter von Information – nahezu verdoppelt. 1950 betrug er in der Bundesrepublik Deutschland etwa 18%, derzeit liegt er bei *ca.* 35%. Die Zunahme hat sich seit Mitte der 70er Jahre zwar abgeflacht, es ist jedoch immer noch ein ansteigender Trend erkennbar.

Die Abb. 2.5.3/1 kennzeichnet den Anteil der Informationsberufe an der Gesamtbeschäftigung in den vier Hauptbereichen von Wirtschaft und Verwaltung. Sie ersehen daraus, daß der größte Teil (über 70%) der in Informationsberufen Tätigen bei Dienstleistungsunternehmen oder beim Staat beschäftigt ist.

Die *OECD-Definition der Informationsberufe* ist sehr weit gefaßt. Dazu gehören alle Berufe, die überwiegend mit Information zu tun haben, also auch z.B. die Lehrer oder die mit der Herstellung und dem Verkauf von informationsverarbeitenden Maschinen Beschäftigten, seien dies nun Kopierer, Schreibmaschinen oder EDVA.

Anzahl der Beschäftigten in Datenverarbeitungsberufen und Prognosen über den künftigen Arbeitsmarktbedarf

Vom *Institut für Arbeitsmarkt- und Berufsforschung (IAB)* der Bundesanstalt für Arbeit, Nürnberg, wird geschätzt, daß in der *Branche der Büro- und Informationstechnik* mit der *Hardwareproduktion etwa 200 000 Personen* befaßt sind. Im *Vertriebs- und Wartungsbereich sind etwa 100 000 Personen* beschäftigt. In der *Softwareentwicklung* (inkl. EDV-Organisation und Systemanalyse) sind *bei Herstellern und Anwendern ca. 300 000 Mitarbeiter* tätig. Hinzu kommt der Bereich der *Schulung und Beratung*, für den keine Beschäftigtenzahlen vorliegen.

In *EDV-Kernberufen*, das sind die im Abschnitt 2.5.1.1 gekennzeichneten Berufsbilder, dürften derzeit nach IAB-Schätzungen in der Bundesrepublik Deutschland *etwa 200 000 Fachkräfte* beschäftigt sein. *Mischberufe*, bei denen Fachaufgaben und Datenverarbeitungsaufgaben etwa gleichgewichtig gemischt sind, werden von *rund 400 000 Beschäftigten* ausgeübt. *Randberufe* sind Berufe, bei denen nur vereinzelt Datenverarbeitungstätigkeiten

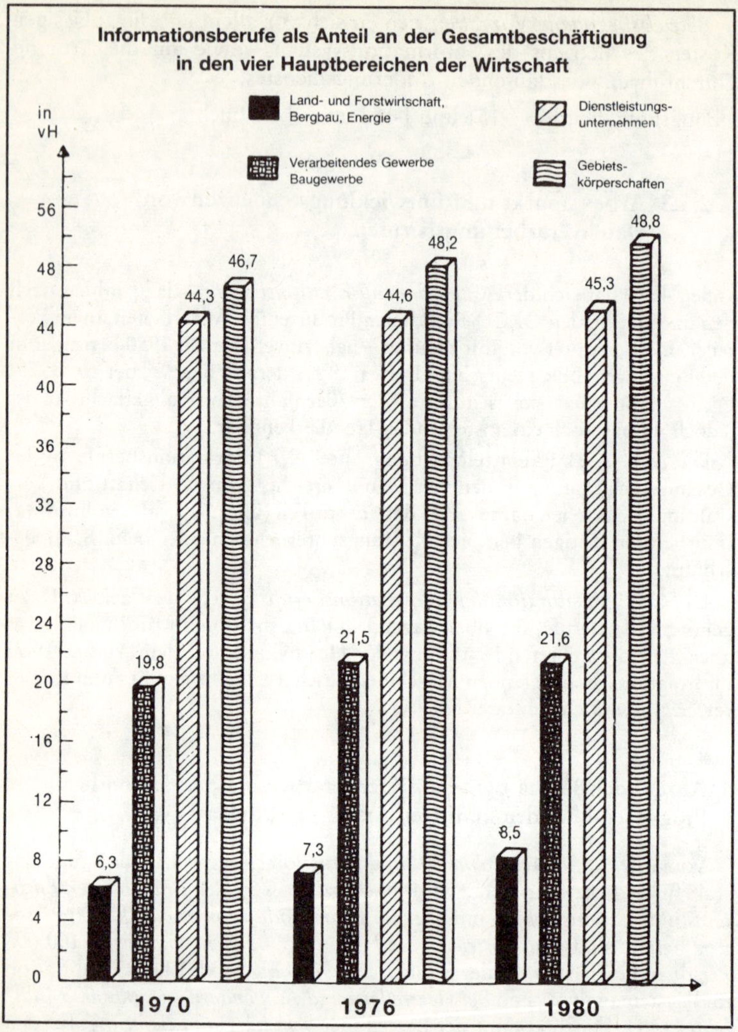

Abb. 2.5.3/1: Anteil der Informationsberufe an der Gesamtbeschäftigung in der Bundesrepublik Deutschland (Quelle: DIW)

vorkommen, die aber eher im Hintergrund bleiben. Es wird erwartet, daß *nahezu alle Beschäftigten* früher oder später derartige EDV-Randtätigkeiten ausüben.

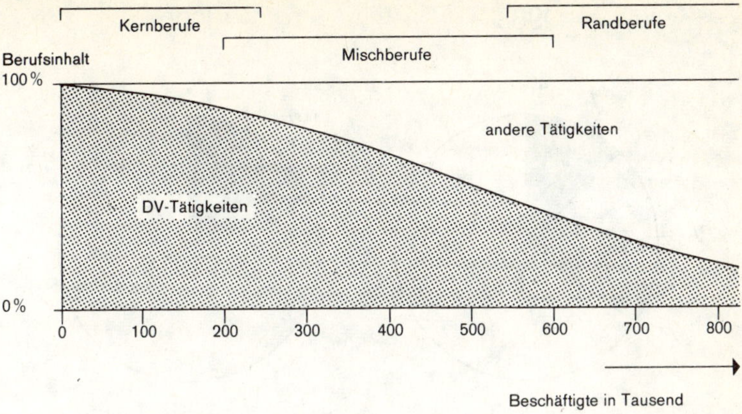

Abb. 2.5.3/2: Beschäftigte in Kern-, Misch- und Randberufen der Datenverarbeitung in der Bundesrepublik Deutschland (Quelle: IAB)

Die *Gesellschaft für Informatik e.V. (GI), Bonn*, mit mehr als 10 000 Mitgliedern die bedeutendste wissenschaftliche Fachvereinigung im deutschsprachigen Raum, schätzt, daß allein *im Bereich der Anwendungen klassischer Großrechner in der Bundesrepublik Deutschland rund 400 000 Datenverarbeitungsfachkräfte* tätig sind. Hinzu kommen die Mitarbeiter, die bei Anwendern an oder mit Mini- und Mikrorechnern arbeiten sowie das Personal der Hardware- und Softwarehersteller.

Nach GI-Meinung müssen, um die internationale Wettbewerbsfähigkeit der Bundesrepublik Deutschland zu sichern, *bis zum Ende dieses Jahrzehnts*

- 4 bis 5% aller Beschäftigten Datenverarbeitungsfachkräfte sein (= bei 23 Mio. abhängig Beschäftigten ca. 1 Mio. in Kernberufen),
- ungefähr 15% aller Beschäftigten gute bis sehr gute EDV-Kenntnisse aufweisen (= ca. 3,4 Mio. in Mischberufen) und
- etwa 50% aller Erwerbstätigen mit Rechnern soweit vertraut sein, daß sie diese als selbstverständliche Werkzeuge an ihrem Arbeitsplatz nutzen (= ca. 11,6 Mio. in Randberufen).

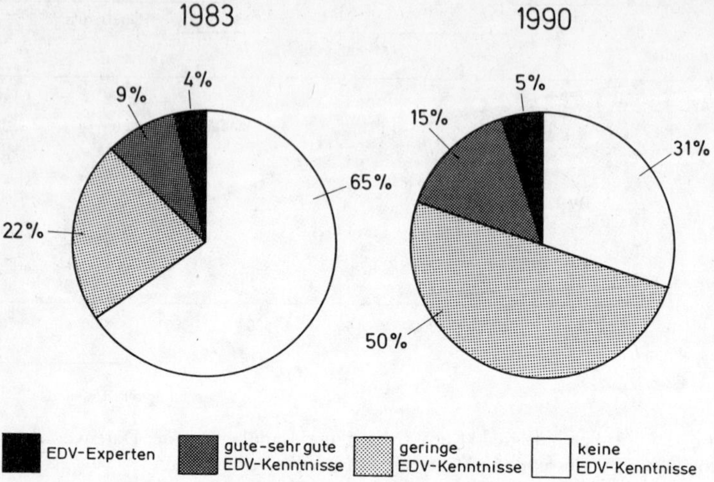

Abb. 2.5.3/3: EDV-Ausbildungserfordernisse bei Beschäftigten in der Bundesrepublik Deutschland im Jahre 1990 (Quelle: GI)

Die Bundesanstalt für Arbeit schätzt den *Mehrbedarf an Datenverarbeitungsfachkräften* zwar wesentlich geringer ein, aber doch im langfristigen Trend auf *etwa 8 000 Personen jährlich*. Um den derzeit offenen Bedarf zu decken, wären zusätzlich ca. 30 000 bis 40 000 EDV-Spezialisten nötig.

Studenten- und Absolventenzahlen verschiedener Ausbildungsbereiche

Tatsächlich stehen pro Jahr derzeit jedoch nur maximal 4 000 Absolventen mit einer Informatikausbildung zusätzlich auf dem Arbeitsmarkt zur Verfügung. Etwa 30% kommen aus der betrieblichen Berufsausbildung (hauptsächlich Datenverarbeitungskaufleute), 50% von den Hochschulen und 20% von sonstigen Ausbildungsstätten (im wesentlichen Fachschulen).

Die Übersicht auf den Seiten 428–429 zeigt Ihnen *die deutschen Hochschulen, welche ein Vollstudium der (Kern)Informatik, der Wirtschaftsinformatik und der technischen Informatik anbieten* sowie die Anzahl der dort im Wintersemester 1984/85 eingeschriebenen Studenten.

Im Vergleich zur Elektrotechnik, wo es etwa 60 000 Studenten gibt, zum Maschinenbau mit etwa 90 000 oder gar zu den Wirtschaftswissenschaften mit etwa 130 000 Studenten sind die Informatikstudenten eine kleine Gruppe. Wieviele Studenten bzw. Absolventen der genannten Studienrichtungen im Rahmen ihres fachbezogenen Studiums als Nebenfach oder im Schwerpunkt Informatik studieren bzw. studiert haben, ist nicht bekannt.

Derzeit schließen etwa 12 000 Wirtschaftswissenschaftler pro Jahr ihre Ausbildung an deutschen Hochschulen erfolgreich ab. Nach Schätzung des Autors dürften *weniger als 5% davon eine so fundierte Wirtschaftsinformatikausbildung* absolviert haben, daß sie *die nötige Qualifikation als EDV-Organisator(in), Systemanalytiker(in), Anwendungsprogrammierer(in) oder EDV-Verkäufer(in)* aufweisen. Höchstens weitere 10% dürften im Rahmen eines Wahlfachs oder einer Speziellen Betriebswirtschaftslehre Wirtschaftsinformatik für einen *Mischberuf als «arrivierter Endbenutzer»* ausgebildet worden sein.

Arbeitsmarkttendenzen

Weil die formalisierten Ausbildungsgänge den Bedarf an Datenverarbeitungsfachkräften und Fachspezialisten mit guten bis sehr guten EDV-Kenntnissen nicht annähernd decken können, ist die *Arbeitsmarktsituation* durch folgende *Tendenzen* geprägt:

- *Keinerlei Einstiegsprobleme* in den Beruf für Absolventen qualifizierter Ausbildungsgänge (ca. 10% der Stellenanzeigen für Führungs- und Fachkräfte entfallen auf den EDV-Bereich);
- *relativ hohe Gehälter* für Könner mit einschlägigen Erfahrungen;
- die berufsspezifische *Arbeitslosigkeit ist gering* (unter 3%) und bezieht sich primär auf Anlernberufe, deren Funktionen ausgelagert oder automatisiert werden (Datentypisten, Maschinenbediener);
- *die Besetzung offener Stellen* kann häufig *nicht oder nur durch Umschulungsmaßnahmen* eigener Mitarbeiter oder arbeitsloser fachfremder Akademiker erfolgen;
- *neue Arbeitsformen*, wie z.B. die elektronische Heimarbeit (Telearbeit), werden erprobt, u. a. um zusätzliche Arbeitskraftpotentiale zu erschließen;
- *Auslagerung von Datenverarbeitungsfunktionen*, z.B. in die Fachabteilungen (Datenerfassung, Problemlösung mit Endbenutzerwerkzeugen), Kunden (Selbstbedienung), Programmierbüros o.ä.;
- *gute Chancen für «Jungunternehmer»*, sich in der EDV-Branche selbständig zu machen;
- *geringe Rezessionsanfälligkeit* der Datenverarbeitungsberufe (weil in konjunkturschwächeren Phasen besonders innovative Sanierer gesucht werden, die intern Kosten sparen helfen – wozu sich der Rechnereinsatz bestens eignet).

Die günstigen Berufsperspektiven (und die schwierige Arbeitsmarktsituation vieler anderer Sektoren) haben in allen Ausbildungsgängen zu einer *großen Nachfrage nach Ausbildungsplätzen* geführt. *Besonders prekär ist*

Informatik-Studenten an Universitäten
Wintersemester 1984/85

Aachen	Hauptfach	979
Berlin	Hauptfach	2 114
Bonn	Hauptfach	975
Braunschweig	Hauptfach	793
Bremen	Hauptfach	400
Clausthal	Hauptfach	69
	Nebenfach	13
Darmstadt	Hauptfach	766
Dortmund	Hauptfach	1 885
Erlangen/Nürnberg	Hauptfach	1 567
Frankfurt	Hauptfach	470
Hagen	Hauptfach	3 055
	Nebenfach	642
Hamburg	Hauptfach	877
Hildesheim	Hauptfach	63
Kaiserslautern	Hauptfach	1 039
	Nebenfach	290
Karlsruhe	Hauptfach	1 791
Kiel	Hauptfach	859
	Nebenfach	248
Koblenz	Hauptfach	400
TU München	Hauptfach	1 814
BW-Hochschule München	Nebenfach	95
Paderborn	Hauptfach	465
	Nebenfach	25
Passau	Hauptfach	116
Saarbrücken	Hauptfach	491
	Nebenfach	22
Stuttgart	Hauptfach	852
	Nebenfach	25
Insgesamt	**Hauptfach**	21 935
	Nebenfach	1 265
Gesamt		23 200

Abb. 2.5.3/4: Informatik-Studenten an deutschen Universitäten und Fachhochschulen im Wintersemester 1984/85 (Quelle: ÖVD/Online 6/85)

Informatik-Studenten an Fachhochschulen
Wintersemester 1984/85

Aachen	allgemeine Informatik	246
	technische Informatik	37
	Wirtschaftsinformatik	45
Darmstadt	allgemeine Informatik	723
Dortmund	allgemeine Informatik	422
	technische Informatik	372
	Wirtschaftsinformatik	37
Esslingen	technische Informatik	277
	Nachrichtentechnik	249
Flensburg	Elektrotechnik	442
Fulda	angewandte Informatik	473
Furtwangen	allgemeine Informatik	222
	Wirtschaftsinformatik	276
	technische Informatik	247
Hamburg	technische Informatik	345
Heidelberg	allgemeine Informatik	60
Karlsruhe	allgemeine Informatik	260
	Wirtschaftsinformatik	318
Konstanz	technische Informatik	254
	Wirtschaftsinformatik	74
Lüneburg	Wirtschaftsinformatik	222
Ludwigshafen/Worms	allgemeine Informatik	300
Mannheim	allgemeine Informatik	300
München	technische und Wirtschaftsinformatik	667
Pforzheim	Wirtschaftsinformatik	247
Regensburg	allgemeine Informatik	364
Ulm	technische Informatik	229
Wedel	technische Informatik	261
	Wirtschaftsinformatik	471
Würzburg	allgemeine Informatik	387
Insgesamt	**allgemeine Informatik**	3 284
	technische Informatik	2 022
	Wirtschaftsinformatik	2 357
	angewandte Informatik	473
	Elektrotechnik	442
	Nachrichtentechnik	249
Gesamt		8 827

die Situation an Hochschulen. Zum Beispiel stehen an deutschen Universitäten *nur ca. 2 600 Plätze für Studienanfänger der (Kern-)Informatik* zur Verfügung, die Zahl der tatsächlich Studierenden ist jedoch in den Anfangssemestern schon fast doppelt so hoch. Der *Mangel an Hochschullehrern, Raum und Computerarbeitsplätzen* führt zu steigenden Wartezeiten auf Praktika, stark eingeschränkten Betreuungsmöglichkeiten (oft weit über 100 Studenten pro Informatik-Professor) und damit zu verlängerten Studienzeiten oder zum vorzeitigen Studienabbruch («Hinausprüfen» der Institute, um im Hauptstudium mit akzeptablen Kapazitäten arbeiten zu können). Ähnliche *Engpässe gibt es bei der Wirtschaftsinformatikausbildung* im Rahmen eines wirtschaftswissenschaftlichen Studiums, wo ein ähnlicher Studentenansturm zu verzeichnen ist. Zwischen Universitäten und Fachhochschulen gibt es bezüglich der skizzierten Belastungssituation kaum Unterschiede.

Einkommen

Das monatliche Anfangsgehalt für einen akademisch ausgebildeten Informatiker oder Wirtschaftswissenschaftler mit Schwerpunkt Wirtschaftsinformatik liegt derzeit bei 4 000,– bis 4 500,– DM (14mal pro Jahr). Ein *Abteilungsleiter* für EDV-Organisation, Systemanalyse, Programmierung oder das Rechenzentrum mit fünf bis sieben hochqualifizierten Mitarbeitern verdient *zwischen 5 000,– und 9 000,– DM.* Ebenso viel kann in besonderen Fällen eine *Fachkraft mit langjähriger Berufserfahrung und Spezialkenntnissen* oder ein(e) besonders tüchtige(r) *EDV-Verkäufer(in)* bekommen. Der *Leiter eines großen EDV- bzw. IS-Gesamtbereichs* (mit mindestens 30 Mitarbeitern) erhält *zwischen 10 000,– und 18 000,– DM* pro Monat (je nach Unternehmensgröße, Lebensalter, Berufserfahrung, Anzahl Mitarbeiter, Rechnergrößenklasse). Dabei gibt es kaum branchentypische Unterschiede.

Eine fundierte Hochschulausbildung macht sich i.a. nicht nur durch ein höheres Gehalt, sondern auch durch die besseren Aufstiegsmöglichkeiten bezahlt. Die *Frauen* verdienen bei gleicher Arbeit dasselbe wie die Männer; der Frauenanteil in Datenverarbeitungsberufen liegt bei ca. 20% (mit steigender Tendenz).

3. Datenverarbeitungsfunktionen in Informationssystemen

Lehrziele

Nach der Durcharbeitung dieses Kapitels sollten Sie
- angeben können, welche Möglichkeiten es gibt, die Engpaßsituation in der Datenerfassung zu überwinden,
- die Aktivitäten bei der Datenermittlung und der Datenumsetzung aufzählen können,
- Angaben über die Gebräuchlichkeit von Sekundär- und Primärdatenträgern in der Datenerfassung machen können,
- die Unterschiede zwischen den einzelnen Datenerfassungsverfahren beschreiben können,
- die relative Bedeutung der Datenerfassungsverfahren in Gegenwart und Zukunft umreißen können,
- Bestimmungsfaktoren für die Auswahl von Datenerfassungsverfahren und -geräten nennen können,
- eine einfache Kostenvergleichsrechnung für verschiedene in Frage kommende Datenerfassungsverfahren durchführen können,
- die Speicherungsformen und Abfrageformen von Dateien beschreiben können,
- die wichtigsten Verfahren nachvollziehen können, die zur Ablage und zum Wiederauffinden von Daten auf Direktzugriffsspeichern dienen,
- die Komponenten von Datenbanksystemen kennzeichnen und erläutern können, welche Vorteile Datenbanksysteme gegenüber der herkömmlichen Dateiorganisation haben,
- die Informationsstrukturierung zur Gestaltung einer Datenbank an einem vorgegebenen Beispiel erklären können,
- die wichtigsten, in Datenbanksystemen realisierten Datenmodelle unterscheiden können,
- die Funktionen eines Datenbankverwaltungssystems beschreiben können,
- die Merkmale einer Datenbankbenutzung durch unterschiedliche Benutzergruppen darstellen können,
- die voraussichtliche Entwicklung der Datenspeicherung aufzeigen können,

- die Möglichkeiten des Datentransports zwischen weit voneinander entfernten Orten nennen können,
- die Betriebsarten bei der elektronischen Datenübertragung unterscheiden können,
- die grundlegenden Verbindungsformen von peripheren Geräten mit einem Rechner und die zwischen Rechnern darstellen können,
- die Gründe für den Aufbau von Rechnernetzen aufzählen können,
- die Leistungsmerkmale der Übertragungswege für die Datenfernübertragung (Fernmeldewege) und die Datenübertragung im Nahbereich (Nebenstellenanlagen und Lokale Netze) kennzeichnen können,
- die Bestimmungsfaktoren für die Auswahl der günstigsten Übertragungswege erläutern können,
- die Trends der Datenübertragung beschreiben können.

Um den Informationsbedarf der Benutzer von Informationssystemen zu decken, sind Daten zu erfassen, zu speichern, zu übertragen und miteinander zu verknüpfen. Nachfolgend wird erläutert, welche Anforderungen durch den Einsatz der EDV an diese Grundfunktionen gestellt werden und welche Verfahren zur maschinellen Verrichtung dieser Grundfunktionen geeignet sind. Anzumerken ist, daß die der Datenerfassung folgenden Funktionsverrichtungen an *keine feste Reihenfolge* gebunden sind und daß sich diese im Laufe eines Verarbeitungsprozesses durchaus (unter Umständen mehrfach) *wiederholen* können.

In diesem Kapitel werden die Datenerfassung, die Speicherung von großen Datenbeständen und die Datenübertragung vertieft behandelt. Hierbei geht es um spezielle Fragestellungen der betrieblichen Datenverarbeitung, von denen auch die Benutzer von Informationssystemen in den Fachabteilungen zunehmend berührt werden. *Auf die Darstellung der Datentransformation*, das heißt die programmgesteuerte maschinelle Verknüpfung von in eine EDVA eingegebenen bzw. dort gespeicherten Daten zu neuen, am Bedarf der Benutzer orientierten Ausgabedaten, *wird hingegen verzichtet.* Diese erfolgt unter «Aufsicht» des Betriebssystems nach den in den Anwendungsprogrammen vorgegebenen Regeln. Auf die *Anwendungsprogrammentwicklung* wird im Band *«Wirtschaftsinformatik II»* eingegangen.

3.1 Datenerfassung

3.1.1 Begriff und Wesen der Datenerfassung

Die *Datenerfassung* ist – verglichen mit den Funktionen der Speicherung, Übertragung und Transformation von Daten – außerordentlich *zeitaufwendig* und wird deshalb häufig als *«Hemmschuh» bzw. als «Flaschenhals» der EDV* bezeichnet. *Schwanenberg*[1] hat z.B. festgestellt, daß im kaufmännischen Rechnungswesen durchschnittlich nur etwa 10% des Zeitaufwandes bei EDV-Anwendungen auf die Verarbeitungsvorgänge im Rechner, aber ca. 90% auf den langen Weg vom Datenursprung zur Dateneingabe entfallen. Im Rahmen der Gesamtkosten für die Datenverarbeitung nehmen die *Kosten* für dieses Vorfeld in vielen Fällen nahezu 50% ein. Wesentliche *Gründe* hierfür sind

- die manuelle Abwicklung zahlreicher Teilfunktionen der Datenerfassung und
- die Leistungsabhängigkeit der zur Unterstützung eingesetzten Erfassungsgeräte von der menschlichen Arbeitsgeschwindigkeit.

Die EDV-Hersteller haben in den letzten Jahren die Rationalisierungsmöglichkeiten durch eine zunehmende Automatisierung in diesem Bereich erkannt. Zur Zeit bieten etwa 200 Hersteller mehrere hundert verschiedene Produkte an, und es vergeht kaum ein Monat, in dem nicht neue Geräte vorgestellt werden, «mit denen der Engpaß Datenerfassung Vergangenheit sein wird». Für den EDV-Anwender, der sich für eine bestimmte Datenerfassungskonzeption entscheiden soll, ist die *Lage unübersichtlich*. Die angebotenen Geräte sind häufig nicht miteinander vergleichbar und die Verkaufsargumente der Hersteller lassen sich nur schwer überprüfen. Auf einzelne Geräte zur Datenerfassung wird nachfolgend nicht eingegangen. Es wird vielmehr eine *Klassifikation von Datenerfassungsverfahren* erläutert, die auf *Heinrich*[2] zurückgeht. Dabei legen wir seine sehr weite Auslegung des *Begriffs «Datenerfassung»* zugrunde, die in den einleitenden Ausführungen des Abschnitts 3.1.3 noch näher erklärt wird.

---

1 Vgl. Schwanenberg, P.: Verfahren und Organisation der Datenerfassung, Lehrgangsunterlage des Informatik-Kollegs der Gesellschaft für Mathematik und Datenverarbeitung mbH, Bonn o.D., S. 1. Wesentliche Teile des Abschnitts 3.1 sind dem vorstehend genannten, unveröffentlichten Manuskript entnommen. Herrn Dr. Peter Schwanenberg sei für die hierzu erteilte Genehmigung an dieser Stelle herzlichst gedankt.

2 Heinrich, L.J.: Planung des Datenerfassungssystems, Köln-Braunsfeld 1975.

Datenerfassung (engl.: data collection) ist die Entnahme von Daten realer Prozesse nach definierten Anforderungen der ihnen zugeordneten Datenverarbeitungsprozesse; diese Anforderungen spezifizieren im einzelnen den Entnahmeprozeß hinsichtlich des materiellen Inhalts der Daten, der Form der Daten und der Zeit.

3.1.2 Datenermittlung und Datenumsetzung

Die *Datenerfassung* umfaßt demnach sämtliche Aktivitäten, die erforderlich sind, um Information in der für die maschinelle Verarbeitung notwendigen Form rechtzeitig zur Verfügung zu stellen. Welche Vorgänge sind dies?

Einmal gehören dazu diejenigen Aktivitäten, die im Hinblick auf die betriebliche Aufgabenerfüllung unabhängig von einem speziellen Datenverarbeitungsverfahren nötig sind – diese sollen im folgenden unter dem Begriff «**Datenermittlung**» (engl.: data acquisition) zusammengefaßt werden. Zum anderen gehören dazu Aktivitäten, welche die jeweilige EDV-Lösung bedingt – diese Klasse von Aktivitäten wird im folgenden «**Datenumsetzung**» (engl.: data conversion; data entry) bezeichnet.

Die Verantwortung für die **Datenermittlung** wird von den Fachabteilungen des Betriebes getragen. Da die Aktivitäten der Datenermittlung von den jeweiligen betrieblichen Aufgabenstellungen abhängen, kann hierfür *nur ein allgemeiner Rahmen* angegeben werden. Ausgehend von einer Analyse des Informationsbedarfs sind die zu erfassenden Daten zu spezifizieren, d.h. es ist zu klären, wo, wann, in welcher Menge welche Daten zur Verarbeitung bereitzustellen sind und in welcher Art und wie häufig die Daten vorkommen. Das *Datenmaterial ist zu beschreiben* hinsichtlich

- Entstehungsart,
- Entstehungsort,
- Struktur,
- Homogenität/Heterogenität,
- Anfallweise,
- Quantität,

und die *Anforderungen an das Datenmaterial* sind zu bestimmen hinsichtlich

- Aktualität,

- Verfügbarkeit,
- Zuverlässigkeit,
- Sicherheit,
- Genauigkeit und
- Verknüpfbarkeit.

Ferner müssen der *Datenfluß* (engl.: data flow) und die *Zugriffsmöglichkeiten* zu den relevanten Daten aufgezeigt werden.

Übungsaufgabe Nr. I-153 im Arbeitsbuch ←

Die **Datenumsetzung**, die im Hinblick auf die nachfolgenden Verarbeitungsvorgänge im Rechner notwendig ist, wird durch eine *Teilmenge der nachfolgend aufgeführten Aktivitäten* charakterisiert:

- Belegerstellung (Eintragung der Daten in Formulare);
- Belegprüfung (Prüfen der Belege auf Richtigkeit, Vollständigkeit und formale Genauigkeit);
- Aufzeichnung der Daten auf maschinell lesbare Datenträger oder direkte Eingabe;
- Anzeige der eingegebenen Daten zu Kontrollzwecken;
- Datenprüfung (Kontrolle auf Übereinstimmung von Erfassungsbeleg und Datenträger);
- Korrektur falsch eingegebener Werte;
- Unterstützung der Eingabe durch Steuerung der Bedienerfolge oder Erfassungsvorschriften;
- Formatsteuerung (Ordnen, d.h. Reihung von Datenaufzeichnungen in eine Folge, die der EDV-Organisation entspricht; Verdichten; Poolen, d.h. Zusammenführen von Daten zu einer kollektiven Aufzeichnung; Sichern, z.B. durch Hinzufügen von Prüfziffern);
- Konvertieren von Daten (Aufzeichnung auf andere Datenträger);
- Plausibilitätsprüfung;
- Erstellung von zusätzlichen Datensätzen durch automatische Aufarbeitung;
- Erstellung von Vorfeldergebnissen mittels Datenvorverarbeitung;
- Zusammenführung von Daten (z.B. von Bewegungs- und Stammdaten).

Für die zuerst genannten Tätigkeiten sind die Fachabteilungen verantwortlich, in denen die zu erfassenden Daten anfallen. Die übrigen vorstehend angeführten Aktivitäten der Datenumsetzung werden in großem Maße durch die technischen Anforderungen der jeweiligen EDV-Lösung bestimmt. Dementsprechend liegt hierfür die Verantwortung in konzeptioneller Hinsicht üblicherweise im EDV-Bereich. Die genannten Aktivitäten der Datenumsetzung werden bei der nun folgenden Darstellung der Erfassungsverfahren noch näher erläutert.

Übungsaufgabe Nr. I-154 im Arbeitsbuch ←

3.1.3 Klassifikation der Datenerfassungsverfahren

In der Literatur werden die Datenerfassungsverfahren nach den unterschiedlichsten Gesichtspunkten systematisiert. Wie erwähnt, legen wir unseren Ausführungen eine Klassifikation zugrunde, die auf *Heinrich*[3] zurückgeht (vgl. Abb. 3.1.3/1). Mit dem in der Abb. 3.1.3/1 verwendeten Begriff *«realer Prozeß»* ist das Betriebsgeschehen gemeint, genauer der Ablauf der Aufgabenerfüllung in den verschiedenen betrieblichen Funktionsbereichen (Einkauf, Fertigung, Verkauf, Personalwesen usw.) bzw. Fachabteilungen. *Die betriebliche Realwelt wird durch das Informationssystem abgebildet.* Für die maschinellen *Datenverarbeitungsprozesse* im Rahmen des betrieblichen Informationssystems sind die Daten über die realen Prozesse form- und zeitgerecht zu erfassen. Wichtige *Unterscheidungsmerkmale von Datenerfassungsverfahren* sind dementsprechend die Art der Beziehungen zwischen den realen Prozessen, den Datenerfassungs- und den Datenverarbeitungsprozessen (Verbindungsgrad, Einfügungsgrad und Integrationsgrad) sowie die Art der zur Datenerfassung verwendeten Geräte (Intelligenzgrad, Abhängigkeitsgrad, Steuerungsgrad, Mobilitätsgrad). Die je nach Ausprägung dieser Kriterien unterschiedenen Datenerfassungsverfahren werden in der Abb. 3.1.3/1 in einer Übersicht gezeigt und in den Folgeabschnitten 3.1.3.1 bis 3.1.3.7 im einzelnen erläutert.

3.1.3.1 Indirekte, halbdirekte und direkte Datenerfassung

Die *Verbindung zwischen dem realen Prozeß und dem Datenverarbeitungsprozeß* wird im einfachsten Fall über maschinell verarbeitbare *Sekundärdatenträger* (engl.: secondary medium) hergestellt, die eigens erstellt werden und die ausschließlich oder vornehmlich der Datenerfassung dienen. Diese **indirekte Verbindung**, die z.B. durch Lochkarten, Lochstreifen, Magnetbandkassetten, Disketten u.ä.m. realisiert werden kann, ist sehr lose. Eine festere Verbindung liegt vor, wenn die *im realen Prozeß verwendeten Belege gleichzeitig als Datenträger* für die maschinelle Verarbeitung dienen können. Für eine derartige **halbdirekte Verbindung** eignen sich etwa Plastikkarten, Markierungsbelege und Klarschriftbelege. Bei der engsten Form der Verbindung zwischen realem Prozeß und Datenverarbeitungs-

3 Heinrich, L.J., a.a.O., S. 75–136. Heinrich nennt als weitere verfahrensbestimmende Kriterien den Formatisierungsgrad und den Sortierungsgrad des Datenerfassungsprozesses, jedoch nicht den von uns zusätzlich eingeführten Mobilitätsgrad der Gerätetechnik zur Datenerfassung.

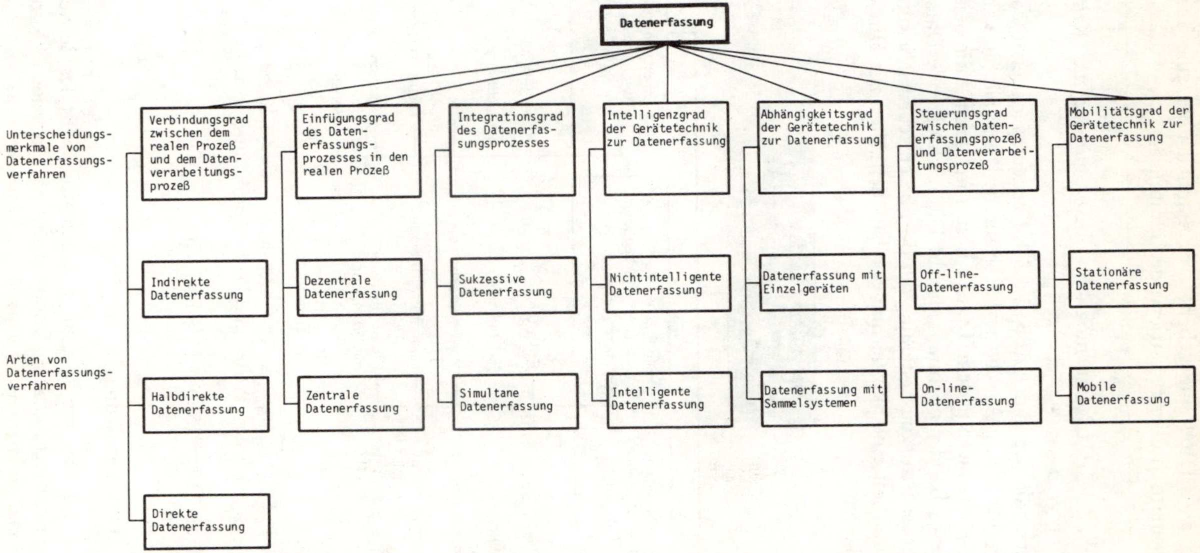

Abb. 3.1.3/1: Klassifikation von Datenerfassungsverfahren

prozeß wird *auf Datenträger ganz verzichtet*, und die Daten werden **direkt** in die EDVA eingegeben (z.B. manuell über eine Tastatur oder automatisch über registrierende Geräte).

Die Abb. 3.1.3.1/1 zeigt mögliche *Ausprägungen des Kriteriums «Verbindungsgrad»*.

Die Merkmale der in der Abb. 3.1.3.1/1 gekennzeichneten Datenträger wurden bereits im Abschnitt 2.2 erläutert. Lesen Sie bitte zur Wiederholung – ehe Sie mit dem Textstudium fortfahren – die Seiten 146 bis 213 dieses Bandes nochmals durch! Die nachfolgende Darstellung konzentriert sich auf die Erstellung der dort beschriebenen Sekundärdatenträger und auf eine Skizzierung der Möglichkeiten zur Direkterfassung von Daten.

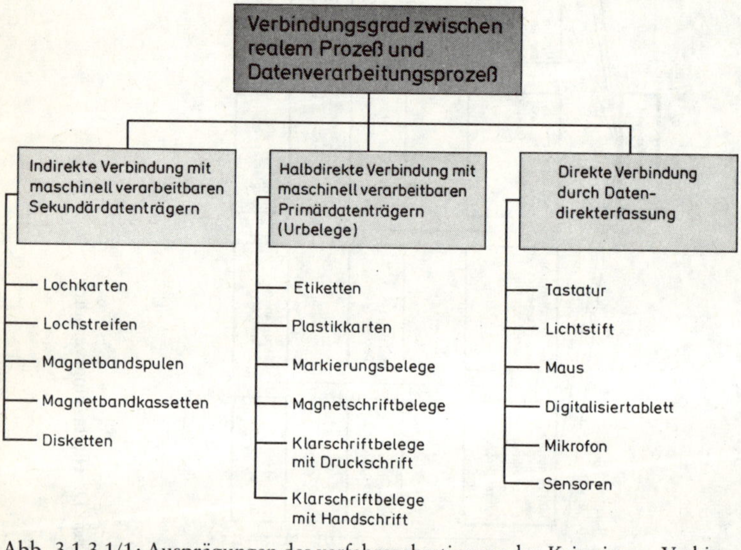

Abb. 3.1.3.1/1: Ausprägungen des verfahrensbestimmenden Kriteriums «Verbindungsgrad zwischen realem Prozeß und Datenverarbeitungsprozeß»

→ Übungsaufgabe Nr. I-155 im Arbeitsbuch

Indirekte Datenerfassung

Urbelege (engl.: source document) fallen außerhalb des Betriebes an (z.B. Lieferantenrechnungen, Kundenaufträge, Anfragen, Kontoauszüge usw.) oder sie dienen zur Aufzeichnung betriebsinterner Vorgänge und Ereignisse. *Auf die Gestaltung der aus der Umwelt kommenden Urbelege läßt sich im allgemeinen kein oder nur geringer Einfluß nehmen.* Die Belege müssen normalerweise so akzeptiert werden, wie sie von Geschäftspartnern eintreffen. *Interne Belege hingegen lassen sich entsprechend den eigenen Bedürfnissen gestalten.* Neben den *fachlichen Gesichtspunkten* können beim Belegentwurf somit die *Anforderungen der Datenverarbeitung* berücksichtigt werden.

Müssen die Inhalte von externen Belegen für die EDV erfaßt werden, so können diese durch *farbiges Unterstreichen* hervorgehoben werden. Für weitere Angaben und Verschlüsselungen werden häufig *Vordrucke* auf die Belege *gestempelt* oder *Zettel* angeheftet, in deren vorgegebene Felder die zusätzliche Information eingetragen wird. Bei unübersichtlichen externen Urbelegen empfiehlt es sich, die zu erfassenden Angaben manuell auf einen speziellen *Datenerfassungsbeleg* (engl.: coding sheet) zu übertragen, der als Eintastvorlage für die Erstellung von Sekundärdatenträgern oder für die Direkteingabe über Tastaturen geeignet ist.

Interne Urbelege, die erwähnten Stempelaufdrucke und anheftbaren Zettel sowie die eigens erstellten Eintastvorlagen sind so zu gestalten, daß sie einerseits einfach, vollständig und richtig auszufüllen sind und daß sie andererseits einwandfrei und mit größtmöglicher Geschwindigkeit bei der Datenumsetzung gelesen werden können. Für den *Belegentwurf* gelten folgende *allgemeine Grundsätze*:

1. Der Informationsfluß ist folgerichtig von links nach rechts oder untereinander zu konzipieren;
2. logisch zusammengehörige Felder sind nebeneinander (oder unmittelbar untereinander) anzulegen;
3. gleichlautende Daten für eine Gruppe von Sätzen (z.B. Datum, Ordnungsbegriffe) sind in zusammenhängender Folge anzuordnen (wegen der Dupliziermöglichkeit);
4. auf gleiche Feldfolge auf dem Beleg und im Aufbau der Eingabesätze ist zu achten (serielles Einlesen);
5. es ist eine sinnvolle Datengruppierung sowohl nach Bearbeitungsgesichtspunkten (der Sachbearbeiter) als auch nach Erfassungsgesichtspunkten (der Datenerfassungskräfte) vorzunehmen;
6. zu erfassende Daten sind auf den Belegen deutlich von den übrigen Belegangaben abzuheben;
7. Datenfelder, Stelleneinteilungen, Kommastellen, Belegart und Satzart sind (soweit möglich) vorzudrucken.

Übungsaufgabe Nr. I-156 im Arbeitsbuch ←

Die *Gestaltung maschinell verarbeitbarer Urbelege* (Markierungs- und Klarschriftbelege) erfolgt fast ausschließlich nach den Gesichtspunkten einer guten Handhabung und leichten Bearbeitung durch die Sachbearbeiter in den Fachabteilungen. Die Interpretation der erfaßten Daten bei der Eingabe dieser Belege wird durch Programme vorgenommen, die eine große Flexibilität im Belegaufbau gestatten.

Die *manuelle Erstellung maschinell lesbarer Sekundärdatenträger* erfolgt i.d.R. mit Hilfe einer an das jeweilige Erfassungsgerät gekoppelten Tastatur durch *Eintasten* (engl.: key-in; type-in) der Daten, die vom Beleg zu übernehmen sind. Ähnlich wie bei einer Schreibmaschine wird bei jedem Anschlag ein Zeichen geschrieben, d.h. z.B. bei einem Disketten-Erfassungsgerät die entsprechende Bitkombination auf der Diskette aufgezeichnet. Sind alle Daten erfaßt oder ist der Datenträger vollgeschrieben, wird dieser dem Erfassungsgerät entnommen. Wenn die erfaßten *Daten weiterverarbeitet* werden sollen, so wird der Datenträger in ein entsprechendes *Lesegerät* eingelegt.

Zur *Prüfung* werden die erfaßten Daten *visuell auf dem Bildschirm* des Erfassungsgeräts kontrolliert. Gelegentlich wird auch der *Eintastvorgang wiederholt*. Dabei werden die ein zweites Mal eingetasteten Daten vom Gerät mit den auf dem Datenträger gespeicherten Daten verglichen. Werden dabei Fehler bemerkt (z.B. durch Sperrung der Tastatur), so werden die fehlerhaften Daten überschrieben bzw. nochmals in korrekter Form aufgezeichnet.

Abb. 3.1.3.1/2: Disketten-Erfassungsplatz

Da ein solcher Prüfvorgang ebensoviel Zeit beansprucht wie die Ersterfassung, wird er i.d.R. auf jene Daten beschränkt, bei denen sich Fehler besonders nachhaltig auswirken können. So werden z.B. alphabetische Angaben (Namen, Artikelbezeichnungen u.ä.) meist nicht geprüft, weil die Verwechslung eines Buchstabens im allgemeinen keine weitreichenden Folgen hat.

In vielen Fällen – vor allem bei der nachfolgend beschriebenen halbdirekten und direkten Datenerfassung – erlauben die verwendeten Erfassungsgeräte und/oder die verfügbare Zeit (z.B. beim Kassieren mit Datenkassen) keinen zusätzlichen Prüfvorgang. Die Erfassung numerischer Daten wird deshalb sehr häufig durch *Prüfziffern* (engl.: self checking number) abgesichert. Das heißt, alle Kontonummern, Artikelnummern usw. werden mit einer zusätzlichen Prüfziffer versehen, die nach einem bestimmten Algorithmus aus der jeweiligen Gesamtziffernfolge ermittelt wird. Die Erfassungsgeräte kontrollieren bei der Eingabe die Prüfziffer und sperren die Tastatur o.ä. (z.B. der Strichcodeleser unterdrückt das bei einer gelungenen Lesung übliche akustische Quittungssignal), wenn die Proberechnung ein falsches Ergebnis ergibt. Normalerweise bildet die Prüfziffer die letzte Ziffer einer Nummer, vereinzelt steht sie aber auch an einer anderen Stelle als «ganz hinten». Es gibt die verschiedensten Prüfziffernalgorithmen, die je nach Komplexität ein unterschiedliches Maß an Erfassungssicherheit bieten.

Zum *Beispiel* basiert die *Prüfziffernrechnung im EAN-System* auf einer Gewichtung der einzelnen Ziffern der zu prüfenden Nummer mit den Faktoren 3 1 3 1 3 von rechts nach links und dem Modul 10.

EAN	4	0	1	2	3	4	5	6	7	8	9	0	1
Gewichtung	1	3	1	3	1	3	1	3	1	3	1	3	
Produkte	4+	0+	1+	6+	3+	12+	5+	18+	7+	24+	9+	0	↑
Produktsum.	89												
Modul	10												
Quotient	8												
Rest	9												
Modul minus Rest = Prüfzif.	1												→ 1

Abb. 3.1.3.1/3: Prüfziffer für die 13stellige EAN (Quelle: CCG)

Die *Erfassungsleistungen* sind stark von der Belegqualität, der Anzahl und Art der zu erfassenden Zeichen pro Beleg sowie der Qualifikation der Erfassungskräfte abhängig.

Als *Beispiel* seien für die *Erfassung numerischer Daten durch Datentypistinnen* folgende ungefähre Durchschnittswerte genannt:

- Lochen (ungepuffert) 9 000 Anschläge/Stunde
- Magnetbanderfassung 13 000 Anschläge/Stunde
- Diskettenerfassung 15 000 Anschläge/Stunde

Halbdirekte Datenerfassung

Auf die halbdirekte Datenerfassung mit maschinenlesbaren Primärdatenträgern und deren Verarbeitung durch stapelorientierte Belegleser wird hier nicht näher eingegangen, da dies bereits im Abschnitt 2.3.2.4 geschehen ist und weitere Ausführungen im Abschnitt 3.1.3.2 folgen. Visuell und maschinell lesbare Belege haben sich vor allem dort bewährt, wo relativ wenige Daten dezentral von zahlreichen Personen, die exakt arbeiten, aufgezeichnet werden müssen.

Strichcode- und OCR-Etiketten werden meist aufgrund von Wareneingängen und/oder von gespeicherten Stammdaten rechnergestützt gedruckt, soweit die Auszeichnung noch nicht vom Lieferanten vorgenommen wurde. Auch die Inanspruchnahme einer Druckerei für die Etikettenherstellung ist möglich. Anwendungsschwerpunkt ist der Handel, wo in automatisierten Kassensystemen die Erfassung der Verkaufs-

Abb. 3.1.3.1/4: Verkaufsdatenerfassung mit einem in den Kassentisch eingebauten Scanner

daten direkt wie für die EAN beschrieben erfolgt, indem die erstellten Etiketten bzw. die EAN der Artikel einzeln an der Kasse gelesen werden.

Dies geschieht entweder durch das Führen der ausgezeichneten Ware über einen fest in den Kassentisch eingebauten optischen Abtaster *(Scanner)* oder durch das Führen eines *Handlesers* über das Etikett. Eine zusätzliche Tastatureingabe ist möglich (z.B. für die Eingabe weiterer Daten oder um auch bei verschmutzten bzw. beschädigten Etiketten die Dateneingabe durchführen zu können).

Bewegliche Handleser werden nicht nur in Verbindung mit Kassen, sondern auch an Datensichtgeräten (z.B. zur Wareneingangskontrolle von bereits etikettierten Waren) und mit tragbaren Datenerfassungsgeräten (vgl. Abschnitt 3.1.3.7) eingesetzt (z.B. im Verkaufsaußendienst oder bei der körperlichen Inventur). Weitere Anwendungsmöglichkeiten sind etwa

- in der Industrie das Lesen von Fertigungspapieren in der Arbeitsfortschrittskontrolle,
- im Gesundheitswesen das Lesen von Versicherten-Ausweisen und deren Ausdrucken oder
- im Kreditwesen das Lesen von Zahlungsverkehrsbelegen in den Schalterräumen.

Abb. 3.1.3.1/5: Geldausgabeautomat

Auch mit den in den Abschnitten 2.2.2.1, 2.2.3.3 und 2.2.4.1 erwähnten *Plastikkarten* ist eine *halbdirekte Datenerfassung* möglich, die zudem meist *durch den Karteninhaber selbst* vorgenommen werden kann.

Beispiele sind etwa Betriebsausweise mit Magnetstreifen, die für die maschinelle Kontrolle der Zugangsberechtigung zu Betriebsstätten und für die Erfassung der Anwesenheitszeiten der Mitarbeiter mit der codierten Personalnummer versehen sind. Auch Terminals sind oft mit Zusatzeinrichtungen für das Lesen von derartigen Plastikkarten ausgerüstet, um die Zugriffsberechtigung der Benutzer automatisch überprüfen zu können.

Bei Barabhebungen in Kundenselbstbedienung an Geldausgabeautomaten innerhalb der Schalterräume oder außerhalb eines Geldinstitutes ermöglichen *Bankkarten* in Verbindung mit dem persönlichen Code die Prüfung der Bezugsberechtigung. Karte und Code ersetzen hier die Unterschriftsprüfung. Auch Aufträge im Rahmen der üblichen Bankdienstleistungen lassen sich durch die Verwendung von kundenindividuellen Plastikkarten in Selbstbedienung automatisieren (zum Beispiel Kontoabfragen, Kontoausdrucke, Bestellungen von Scheckformularen, Überweisungen) oder beschleunigt am Schalter erledigen, weil dadurch die manuelle Dateneingabe reduziert wird.

Die *Abwicklung von unbaren und schecklosen Zahlungen in Handels- und Dienstleistungsbetrieben mit Hilfe von Plastikkarten* wird in unterschiedlichen Formen schon seit einigen Jahren erprobt. Besteht zwischen der Kasse in der Verkaufsstätte und dem Rechner der Bank, bei der der Kunde ein Konto unterhält, eine Verbindung über einen Fernmeldeweg, so ist *im Wege der Datenfernverarbeitung eine Prüfung der Kartenbenutzungsberechtigung sowie der Zahlungsfähigkeit des Kunden möglich, und alle dem Geschäftsvorfall entsprechenden Buchungen, sowohl auf dem Konto des*

Abb. 3.1.3.1/6: Chipkartenleser für ein Kassenterminal

Verkäufers als auch auf dem des Käufers, können sofort veranlaßt werden. Voraussetzung hierfür ist, daß an die Kasse ein Kartenleser und eine zusätzliche Tastatur für den Kunden angeschlossen sind. Der Kunde zieht parallel zum Kassiervorgang seine Karte durch den Leser, wodurch automatisch die Bankleitzahl und die Kontonummer erfaßt werden, und gibt anschließend seine geheime persönliche Identifikationsnummer (PIN) für die Berechtigungsprüfung ein. Infolge der Vielzahl von Banken, Handels- und Dienstleistungsbetrieben und deren unterschiedlicher Geräteausstattung ist für *die geplante allgemeine Verwendung der mit einem Magnetstreifen versehenen Eurocheque-Karte* die Zwischenschaltung einer *Clearingstelle im Bankensystem* unumgänglich.

Eine weitere Möglichkeit ist es, die *Plastikkarte als Kontokarte* zu gestalten, die der Inhaber mit sich führt und *die über sein Guthaben bzw. Kreditlimit Auskunft gibt.* In diesem Fall setzt die Kartenbenutzung *nicht notwendigerweise eine On-line-Verbindung* voraus, da die *Karte ein in sich abgeschlossenes Zahlungsmittel* darstellt. Jede Transaktion wird vom eingespeicherten Betrag sofort abgebucht. Zum *Beispiel* werden von einigen europäischen Postverwaltungen Plastikkarten für die Benutzung öffentlicher Telefonzellen verkauft. Jede Nutzung belastet die Karte mit den Sprechgebühren und verringert damit den Restwert. Auch für Verkehrsbetriebe kann die Ausgabe von entwertbaren Magnetfahrkarten eine interessante Alternative darstellen.

Bitte lesen Sie zu den *erweiterten Nutzungsmöglichkeiten von Chipkarten und optischen Speicherkarten* nochmals die Abschnitte 2.2.3.3, 2.2.4.1 und 2.2.5 durch. Dort wird auch beschrieben, wie solche Karten «konfektioniert» bzw. mit den Ausgangsdaten «geladen» werden.

Übungsaufgabe Nr. I-157 im Arbeitsbuch ←

Direkte Datenerfassung

Bei der *Direkteingabe* (engl.: direct input) werden im Idealfall die Daten am Ort ihrer Entstehung von dem für die fachliche Seite zuständigen Personenkreis direkt über Datenstationen erfaßt und in den Rechner eingegeben, ohne daß überhaupt ein Beleg entsteht. Eingabe und Bearbeitung des die Daten verursachenden Geschäftsvorfalls überlappen sich.

Diese Methode ist *überall dort günstig, wo die Erfassung und Verarbeitung der Daten unter starkem Zeitdruck steht* und nach Wegen gesucht werden muß, um die Dauer von der Erfassung über die Verarbeitung bis zur Ausgabe der Daten abzukürzen.

Die wichtigsten *Erfassungsgeräte zur Direkteingabe* wurden bereits im Abschnitt 2.3.2 behandelt. Die Angebotspalette der Peripheriegerätehersteller reicht vom einfachen Tastenwahltelefonapparat, der – in Verbindung mit

Abb. 3.1.3.1/7: Direktdatenerfassung mit einem Telefonapparat

einer Nebenstellenanlage – z.B. für Meldungen aus dem Produktionsbereich, Anwesenheitszeiterfassung, Aktenanforderungen oder Erfassung von Warenbewegungen und ähnliche Anwendungen verwendet werden kann, bis hin zu branchenspezifischen Dialoggeräten wie den erwähnten elektronischen Warenkassen, Bankenterminals oder Datenstationen für die Kundenabfertigung an den Schaltern der Bundesbahn oder Post. Als universell einsetzbare Datenstationen kommen *am häufigsten Bildschirmgeräte* zum Einsatz, bei denen die Direkteingabe von Daten über eine *Tastatur* und zum Teil auch mit den im Abschnitt 2.3.2.2 gekennzeichneten *Zeigeeinrichtungen* erfolgen kann.

Auch eine *automatische Datendirekterfassung* ist möglich. Diese spielt beispielsweise in Fertigungsbetrieben bei der Betriebsdatenerfassung zunehmend eine wichtige Rolle.

Die rechnerseitige Steuerung der Direkteingabe von Daten lastet in vielen Fällen erhebliche Teile der verfügbaren Rechnerkapazität aus, die damit anderen Programmen verlorengeht. Dementsprechend wird auf die Direkteingabe oft aus Wirtschaftlichkeitsgründen verzichtet, wenn die Ursprungsdaten periodisch anfallen und/oder die Verarbeitungsergebnisse periodisch benötigt werden.

In der Praxis ist die direkte Datenerfassung unumgänglich, wenn von einem Informationssystem eine hohe Auskunftsbereitschaft verlangt werden muß. Das ist z.B. in Dokumentations- und Auskunftssystemen sowie in Platzbuchungssystemen der Fall. *Auch wenn eine EDV-Aufgabe am wirtschaftlichsten zentral zu bewältigen ist, der Anfall der Daten und der Bedarf an Verarbeitungsergebnissen jedoch dezentralisiert sind, so bietet sich diese Lösung an. Schließlich kommt die Direkteingabe vor allem für solche Aufgabengebiete in Betracht, wo ständig mit erheblicher Häufigkeit früher erfaßte Daten durch neue zu ersetzen sind, wobei die Datenbestände dem letzten Entwicklungsstand zu entsprechen haben.* Dies trifft z.B. für die Lagerfortschreibung und -disposition in Industrie und Handel sowie die Kontenführung in Banken zu.

Übungsaufgabe Nr. I-158 im Arbeitsbuch ←

3.1.3.2 Dezentrale und zentrale Datenerfassung

Der *Zentralisationsgrad* der Datenerfassung wird dadurch bestimmt, *in welchem Umfang zwischen den betrieblichen Leistungsprozessen und der Datenerfassung eine personelle und räumliche Identität besteht. Personelle Identität heißt:* Die Datenerfassung wird von denselben Personen durchgeführt, die für die Aufgabenerfüllung in den Fachabteilungen verantwortlich sind, d.h. die auch den zugeordneten realen Prozeß bewältigen. *Räumliche Identität heißt:* Die Datenerfassung wird am Ort der Datenentstehung durchgeführt, also im realen Prozeß.

> Von **dezentraler Datenerfassung** (engl.: decentralized data collection) spricht man, wenn sowohl die personelle als auch die räumliche Identität gegeben ist, d.h. wenn die Datenerfassung vollständig in den realen Aufgabenerfüllungsprozeß der Mitarbeiter in den Fachabteilungen integriert ist. Bei **zentraler Erfassung** (engl.: centralized data collection) besteht weder eine personelle noch eine räumliche Identität zwischen der Datenentstehung und der Datenerfassung. Die Datenerfassung ist aus den Fachabteilungen ausgegliedert und wird von speziellem Personal unter Verantwortung der EDV-Abteilung durchgeführt.

Zwischen diesen beiden Extremen sind eine *Vielzahl unterschiedlicher Ausprägungen des Zentralisationsgrads der Datenerfassung* denkbar, z.B.

- wenn die Datenerfassung am Ort oder in räumlicher Nähe der Fachabteilungen unter der Verantwortung der EDV-Abteilung durchgeführt wird oder

– wenn Teilfunktionen der Datenerfassung in den Fachabteilungen dezentralisiert und andere Teilfunktionen im Rechenzentrum zentral verrichtet werden.

Dies soll am *Beispiel* der *Datenerfassung mit Klarschriftbelegen*, hier von OCR-B-Belegen, verdeutlicht werden. Einmal ist ein OCR-B-Beleg in den Informationskreislauf *als Urbeleg voll integrierbar*, zum anderen lassen sich *Belegumläufe*, die organisatorisch gut überschaubar sind, anstreben:

1. Zentrale Belegerstellung ohne dezentrale Ergänzung

Die zu verarbeitenden Belege durchlaufen einen in sich geschlossenen Bearbeitungsweg, der in der EDVA beginnt und dort wieder endet; unterwegs werden dabei keinerlei Änderungen oder Ergänzungen auf dem Beleg vorgenommen.

Mittels Schnelldrucker wird der Beleg erstellt. Die Belegangaben sind hauptsächlich für den Empfänger bestimmt, nur ein Teil ist zur Weiterverarbeitung erforderlich (man kommt daher meist mit einer Codierzeile aus). Beispiel: Zahlkarten für Monatsbeiträge oder Prämienzahlungen. Der Beleg ist bei Bezahlung abzugeben. Die eingegangenen Belege werden kontrolliert: Beschädigte Belege werden aussortiert. Diese kann man entweder auf Datenzwischenträger manuell codieren oder über Tastatur direkt eingeben. Nicht beschädigte Belege werden off-line oder on-line verarbeitet. Zurückgewiesene Belege werden wie beschädigte Belege behandelt oder on-line korrigiert.

Diese Organisationsform ermöglicht eine sehr gute Kontrolle über die erstellten Belege bezüglich der benutzten Zeichenfonts, der Druck- und Papierqualität, der Belegformate und -gewichte. Dadurch wird eine geringe Rückweisungs- und Fehlerrate ermöglicht.

2. Zentrale Belegerstellung mit dezentraler Ergänzung

Die zu verarbeitenden Belege durchlaufen einen geschlossenen Belegkreislauf, der in der EDVA beginnt und dort wieder endet; unterwegs ist eine dezentrale Ergänzung durch den Empfänger vorgesehen. Die Ergänzungen beziehen sich dabei auf variable Daten (wie z.B. «Betrag» bei Scheckformularen), während die konstanten Daten bereits vorgedruckt sind (z.B. «bezogenes Kreditinstitut» bei Scheckformularen). Durch die Verwendung unterschiedlicher Druckmedien oder Druckgeräte wird eine schlechtere Qualität der zu lesenden Daten hervorgerufen. Es bedarf daher eines leistungsfähigeren Lesers, wenn sich die Rückweisungsrate nicht erhöhen soll.

3. Dezentrale Belegerstellung mit zentraler Verarbeitung

Die zu verarbeitenden Belege werden von beliebig vielen Stellen an die verarbeitende Stelle gesendet; dort werden sie entweder unmittelbar verarbeitet (falls sie vollständig codiert sind) oder zunächst nachcodiert und dann verarbeitet. Der Belegumlauf ist nicht geschlossen. Da bei dieser Organisationsform von der Verarbeitungsstelle keine vollständige Kontrollmöglichkeit der Belegerstellung gegeben ist, ist eine relativ umfassende Belegkontrolle und Nachcodierung erforderlich.

Die *zentrale Datenerfassung* ist durch einen relativ *starren Arbeitsablauf* gekennzeichnet, bietet gegenüber der dezentralisierten Datenerfassung *weniger Sicherheit* und erfordert einen *größeren Zeitaufwand*. Die entscheidenden *Nachteile der zentralen Erfassung* sind:

1. Die räumliche Trennung zwischen Datenentstehung und Datenerfassung erfordert die Bildung relativ großer Belegstapel, den Transport von Belegen und die Anwendung besonderer Organisationsmaßnahmen (z.B. Belegfahrplan).
2. Da die Erfassungskräfte keine Kenntnis von den jeweiligen den Daten zugrundeliegenden realen Prozessen haben, ist eine Plausibilitätsprüfung und damit eine sofortige Korrektur der erfaßten Daten nicht möglich.
3. Die personelle Trennung zwischen Datenentstehung und Datenerfassung macht die Verwendung besonders aufbereiteter Urbelege oder spezieller Erfassungsbelege notwendig, weil
   a) die Urbelege in den Fachabteilungen im Zugriff bleiben müssen und/oder
   b) die Urbelege durch fachunkundiges Personal nicht verarbeitbar sind.
4. Mit dem Transport von Datenträgern, der Aussonderung nicht verarbeitbarer Belege und Rückfragen bzw. Rücksendungen dieser Belege zur Fachabteilung zwecks Klärung ist ein Zeitverzug verbunden.
5. Die mangelnde räumliche, zeitliche und personelle Identität zwischen dem realen Prozeß und dem Datenverarbeitungsprozeß bringt eine erhöhte Anzahl von Fehlerquellen mit sich und bedingt umfassende Datensicherungsmaßnahmen (z.B. zur Vermeidung von Belegverlusten, von Fehlern bei der Erstellung zusätzlicher Erfassungsbelege, von Fehlern bei der Datenumsetzung).

Für die zentrale Datenerfassung sprechen zumeist Kostengründe. Die Entwicklung und Einführung eines dezentralisierten Datenerfassungssystems erfordert in der Regel einen höheren Mitteleinsatz, und auch die Betriebskosten liegen üblicherweise über denen einer zentralen Datenerfassung. *Die höheren Betriebskosten ergeben sich, weil*

1. an die in den Fachabteilungen installierten Erfassungsgeräte höhere Anforderungen gestellt werden, was diese verteuert; die Geräte müssen möglichst kompakt und bedienungsfreundlich sein, geräuscharm arbeiten und möglichst intelligent sein;
2. die Zuordnung der Erfassungsgeräte zum Arbeitsplatz in den Fachabteilungen im allgemeinen eine geringere Geräteauslastung zur Folge hat; bei einem gegebenen Datenanfall ist damit eine größere Geräteanzahl als bei zentraler Erfassung erforderlich;
3. die Bedienung der Erfassungsgeräte durch weniger geschultes Personal erfolgt, das die Datenerfassung neben den Fachaufgaben erledigt;

die auf die Datenerfassung spezialisierten Mitarbeiter in einer zentralen Erfassungsabteilung erbringen höhere Leistungen;

4. die Wartung der Geräte bei dezentraler Erfassung aufwendiger ist und zusätzliche Sicherungen gegen den Ausfall von Geräten notwendig sind.

→ Übungsaufgabe Nr. I-159 im Arbeitsbuch

3.1.3.3 Sukzessive und simultane Datenerfassung

Die Datenerfassung kann logisch in eine geordnete Folge von Einzelaufgaben gegliedert werden (siehe hierzu Abschnitt 3.1.2). Erfolgt die Abwicklung dieser einzelnen Datenerfassungsaufgaben nacheinander Schritt für Schritt, so liegt das Verfahren der **sukzessiven Datenerfassung** (engl.: successive data collection) vor. Wird die Datenerfassung hingegen in einen einzigen geschlossenen Erfassungsschritt integriert, so bezeichnet man dieses Verfahren als **simultane Datenerfassung** (engl.: simultaneous data collection).

Zwischen diesen beiden Grenzfällen sind eine *Vielzahl unterschiedlicher Integrationsgrade* denkbar (je nach Anzahl und Zusammenfassung der Einzelaufgaben des Datenerfassungsprozesses).

Ein typisches *Beispiel für ein sukzessives Datenerfassungsverfahren* ist die im Abschnitt 3.1.3.1 beschriebene *indirekte Datenerfassung auf Disketten.*

Ein *Beispiel für die simultane Datenerfassung* ist die früher häufig praktizierte *Paralleldatenerfassung* (engl.: parallel data collection) *auf Lochstreifen.* Bei diesem Verfahren werden die Lochstreifen synchron zu einer Primäroperation (Erstellung des Urbeleges) erzeugt, so daß für die Datenerfassung keine Mehrarbeit entsteht. Durch den Anschluß eines Streifenlochers an

- Buchungsmaschinen,
- Fakturierautomaten,
- Schreibmaschinen,
- Fernschreiber oder
- Registrierkassen

fallen die Lochstreifen als Nebenprodukt beim Buchen, der Rechnungsschreibung oder sonstigen Bürotätigkeiten an. Natürlich ist diese Kopplung nicht auf Büromaschinen beschränkt. Auch Geräte in der Fertigung oder im Lager, z.B. Meß- und Wiegeautomaten, lassen sich ohne weiteres mit Streifenlochern synchronisieren.

Die Paralleldatenerfassung eignet sich praktisch für alle Datenträger;

vor allem Disketten, Magnetbandkassetten und Etiketten mit Strichcode oder OCR-Schrift werden auf diese Weise beschriftet.

Die wichtigsten *Vorteile der Paralleldatenerfassung* sind:

1. Mit der Erzeugung der Datenträger ist kein zeitlicher Mehraufwand verbunden; damit kann dieses Verfahren zur Überwindung der Engpaßsituation in der Datenerfassung beitragen.
2. Es entstehen keine zusätzlichen Personalkosten; die Bedienung eines Erfassungsgerätes, das an einen Automaten angeschlossen ist, erfordert nur wenige Handgriffe, die sich im wesentlichen auf das Austauschen der Datenträger beschränken.
3. Das Erfassungspersonal muß nicht umgeschult werden; die gewohnten Arbeitsabläufe verändern sich nicht.
4. Zusätzlich zur Datengewinnung erhält man ein aussagefähiges Datenerfassungsprotokoll (wichtig für Kontrollvorgänge) ohne weiteren Mehraufwand.
5. Beim Einsatz von rechnenden Automaten können die erstellten Datenträger bereits vorabgestimmt und mit Abstimmbeleg (= Protokoll) versehen zur weiteren Verarbeitung in die Belegein- und -ausgangskontrolle der EDV-Abteilung angeliefert werden.
6. Die verwendeten Belege müssen für die Datenerfassung nicht umgestaltet oder aufbereitet werden.

Übungsaufgabe Nr. I-160 im Arbeitsbuch ←

3.1.3.4 Nichtintelligente und intelligente Datenerfassung

Mit dem Kriterium *«Intelligenzgrad»* wird der Funktionsumfang der zur Datenerfassung eingesetzten Geräte beschrieben. Die Funktionen **nichtintelligenter Geräte** (engl.: non-intelligent device) beschränken sich auf das reine Umsetzen von Daten auf maschinell verarbeitbare Datenträger. **Intelligente Geräte** (engl.: intelligent device; multifunctional device) sind nicht nur zur Datenumsetzung, sondern darüber hinaus auch zur Durchführung arithmetischer und logischer Operationen befähigt. Im Grenzfall weisen sie alle Leistungsmerkmale eines Rechners auf.

Die *nichtintelligente Datenerfassung* (Beispiel: Ablochen von Karten mit einem mechanischen Locher) setzt im allgemeinen voraus, daß die erfaßten Daten vor ihrer Transformation im Verarbeitungsrechner noch aufbereitet (z.B. geprüft, ergänzt, verdichtet) werden. Werden derartige Funktionen in die Datenerfassung vorverlagert, so bezeichnet man dies als *Datenvorverarbeitung*.

Der Intelligenzgrad der derzeit auf dem Markt angebotenen Datenerfassungsgeräte ist recht unterschiedlich und reicht von den nichtintelligenten über teilintelligente Geräte, die z.B. neben der reinen Datenumsetzung nur eine Prüfziffernrechnung gestatten, bis hin zu kleineren Rechnern, die ausschließlich für die Zwecke der Datenerfassung eingesetzt werden. Die wesentlichen Unterschiede zwischen intelligenten und nichtintelligenten Datenerfassungsgeräten zeigt die folgende Tabelle:

Intelligenz der Geräte / Funktionen der Geräte	Geräte mit Intelligenz	Geräte ohne Intelligenz
Umsetzen von Daten	X	X
logische und arithmetische Operationen	X	
Plausibilitätsprüfung	X	
Formatkontrolle	X	X
Formatsteuerung	X	(X)
– Ordnen	X	(X)
– Verdichten	X	(X)
– Poolen	X	
Bedienerführung	X	
Erstellung von Vorfeldergebnissen mittels Datenvorverarbeitung	X	
Erstellung von zusätzlichen Datensätzen durch automatische Aufbereitung	X	

Abb. 3.1.3.4/1: Unterschiede zwischen intelligenten und nichtintelligenten Datenerfassungsgeräten

Die Datenvorverarbeitung mittels intelligenter Geräte bietet wesentliche Vorteile:

1. Der Hauptrechner wird durch Peripheriegeräte entlastet, die bei dezentraler Datenerfassung in den Fachabteilungen installiert sein können.
2. Bei der Erfassung können bereits am Arbeitsplatz in den Fachabteilungen arbeitsfähige Unterlagen erstellt werden, wie z.B. Bestellungen, Lieferscheine, Rechnungen, Eingangsjournal usw.
3. Sachliche Fehler können durch programmierte Plausibilitätskontrollen erkannt werden (arithmetische Prüfung, Gültigkeitsprüfung, Prüfziffernrechnung, Bildung von Abstimmsummen, Feldverknüpfung).

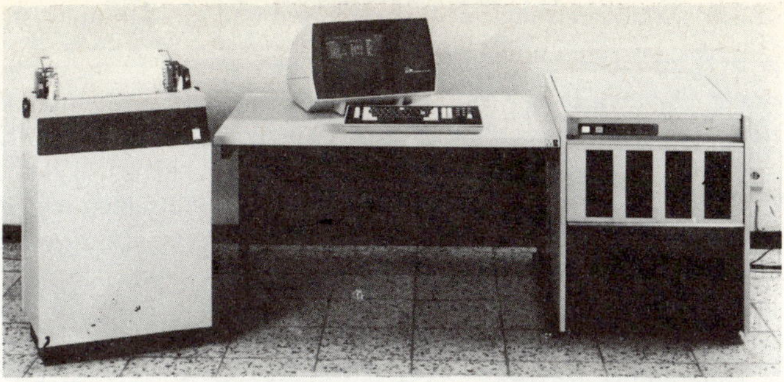

Abb. 3.1.3.4/2: Intelligentes Terminal für formatierte Datenerfassung mit Plausibilitätsprüfung und Statistik sowie Datenfernübertragung, Datenkonvertierung und Drucken

4. Die Verarbeitungsprogramme werden von Prüfungen entlastet und können dadurch übersichtlicher und kostengünstiger gestaltet werden.
5. Die Kapazitätsausnutzung des Hauptrechners wird verbessert durch
   - eine Verkürzung der Durchlaufzeiten der Programme, die von Prüffunktionen entlastet sind, und
   - die formatgerechte Aufbereitung und Fehlerbereinigung der Eingabedaten.

Übungsaufgabe Nr. I-161 im Arbeitsbuch ←

Abb. 3.1.3.5/1: Datensammelsystem mit maximal 32 Erfassungsplätzen

3.1.3.5 Datenerfassung mit Einzelgeräten und mit Sammelsystemen

Bei der **Datenerfassung mit Einzelgeräten** (engl.: single user data entry device) ist der einzelne Erfassungsplatz autonom und funktioniert unabhängig von den übrigen Erfassungsplätzen. Um den Datenerfassungsprozeß zu bewältigen, müssen die einzelnen technisch selbständigen Geräte jeweils über eine eigene Eingabe-, Verarbeitungs- und Ausgabeeinheit verfügen.

Als **Datensammelsystem** (engl.: multiuser data entry system) bezeichnet man eine Funktionseinheit, bei der
- mehrere Erfassungsplätze an eine Leitzentrale angeschlossen sind und
- ein gemeinsamer Datenträger erstellt wird.

Der einzelne Datenerfassungsplatz ist nicht allein funktionsfähig. Der Ausfall der Leitzentrale hat den Ausfall sämtlicher Erfassungsplätze zur Folge.

Die *Leitzentrale* ist meist ein kleinerer Rechner mit Plattenspeicher, der mit einer Magnetbandeinheit verbunden ist. Die an die Leitzentrale angeschlossenen *Erfassungsplätze* bestehen aus einem Eingabeteil (im allgemeinen Tastatur), einem Datenpuffer und einer Kontrollanzeige (im allgemeinen Bildschirm); die Gerätesteuerung wird von der Leitzentrale übernommen. *Bei der Datenerfassung werden die eingetasteten Daten zunächst für Prüfzwecke auf der Magnetplatte zwischengespeichert.* Für eine Kontrolltastung können sie von jedem beliebigen Erfassungsplatz dort abgerufen werden. Als fehlerfrei erkannte Datensätze werden zu einem Magnetbandblock gesammelt. *Wenn ein Magnetbandblock gefüllt ist, so wird das Magnetband beschrieben.* Das Blokken der Magnetbandsätze, das Umcodieren in den Spurmodus und das Beschreiben des Magnetbandes führt die Software der Leitzentrale simultan aus, d.h. während das Magnetband beschrieben wird, kann bereits der Speicher für den nächsten Magnetbandblock gefüllt werden.

Das als *Ausgabedatenträger* erstellte *Magnetband ist rechnerkompatibel*, es kann unmittelbar auf vorhandenen Bandeinheiten gelesen werden. Vor der Verarbeitung werden die gemischt aufgezeichneten Daten in einem Sortierlauf wieder separiert. Bei modernen Datensammelsystemen können die auf Platte erfaßten Daten *auch direkt an den zentralen Rechner* übertragen werden.

An allen Erfassungsplätzen eines Sammelsystems kann *gleichzeitig* gearbeitet werden. Der Erfassungsvorgang wird durch *Eingabepro-*

gramme gesteuert, die auf die unterschiedlichen Belegarten, Satzarten und Aktivitäten (Eintasten, Prüfen, Korrektur) abgestimmt sind.

Die *Vorteile von Datensammelsystemen* im Vergleich zu Einzelgeräten, die allein – ohne Rechneranschluß – betrieben werden, sind:

1. Kostendegression pro Platz bei vielen Erfassungsplätzen: Nach Herstellerangaben können kleine Sammelsysteme bereits ab drei Erfassungsplätzen wirtschaftlich eingesetzt werden, große Systeme bieten Anschlußmöglichkeiten für 60 Erfassungsplätze und mehr.[4]
2. Ausbaufähigkeit: Datensammelsysteme können im Verbund mit einem zentralen Großrechner eingesetzt werden, ferner sind sonstige Peripheriegeräte anschließbar, die das Anwendungsspektrum erweitern.
3. Intelligenz: Infolge ihrer Intelligenz empfehlen sich Datensammelsysteme überall dort, wo große Datenmengen vorverarbeitet werden müssen, wo umfangreiche Satz- und Feldprüfungen erforderlich sind und wo verschiedene Belegarten, Datenstrukturen und Satzarten vorliegen.

Übungsaufgabe Nr. I-162 im Arbeitsbuch ←

3.1.3.6 Off-line- und On-line-Datenerfassung

Bezüglich des *Steuerungsgrades zwischen dem Datenerfassungsprozeß und dem Datenverarbeitungsprozeß* wird zwischen der *Off-line-Datenerfassung* und der *On-line-Datenerfassung* unterschieden.

> Mit **Off-line-Datenerfassung** (engl.: off-line data collection) wird eine gerätetechnische Lösung beschrieben, bei der zwischen den Erfassungsgeräten und dem Verarbeitungsrechner kein Steuerungszusammenhang besteht. Bei der **On-line-Datenerfassung** (engl.: online data entry) ist ein Steuerungszusammenhang zwischen den betrieblichen Erfassungsgeräten und dem Verarbeitungsrechner gegeben.

Für die Datenerfassung bedeutet das: *Off-line-Erfassung ist zwingend eine Datenerfassung unter Verwendung von maschinell lesbaren Sekundärdatenträgern.* Diese ermöglichen (oder verursachen) die *steuerungsmäßige und damit zeitliche Unabhängigkeit des Erfassungssystems vom Verarbeitungssystem.* Off-line-Systeme sind grundsätzlich

4 In der Praxis finden sich allerdings kaum Sammelsysteme mit weniger als vier und mehr als 30 angeschlossenen Erfassungsplätzen.

einfacher zu entwickeln und zu implementieren; die kostenmäßigen Konsequenzen der Entwicklung und Einführung sind verglichen mit On-line-Systemen geringer.

On-line-Erfassungsgeräte arbeiten gleichzeitig mit der EDVA (in Kooperation mit der Zentraleinheit) zur Lösung einer Aufgabe. Hier wird grundsätzlich *kein* Sekundärdatenträger erzeugt.

Bestimmte Erfassungsgeräte erlauben beide Betriebsarten wahlweise. So werden z.B. häufig für die On-line-Erfassung ausgestattete Geräte zusätzlich für Sicherungszwecke (Ausfall der On-line-Verbindung) oder für Dokumentationszwecke mit Off-line-Erfassung ausgelegt.

Der *Trend* in der Datenerfassung (vgl. Folgeabschnitt) geht eindeutig *in Richtung On-line-Erfassung*, insbesondere mittels Bildschirmgeräten. Die Vorteile der dadurch ermöglichten Sofortverarbeitung der erfaßten Daten veranschaulicht das folgende *Beispiel der On-line-Auftragserfassung bei der B. Braun Melsungen AG.*

Die *B. Braun Melsungen AG* bietet etwa 30 000 Artikel an, die von pharmazeutischen Präparaten über chirurgisches Hilfsmaterial bis zu Labor- und Krankenhauseinrichtungen reichen. Mit Niederlassungen und Vertretungen in 81 Ländern, 3 500 Mitarbeitern und einem Jahresumsatz von mehr als 200 Mio. DM ist das Unternehmen das bedeutendste in der Branche.

Im Vertrieb sind für jede Produktsparte Vertreter eingesetzt. Sie nehmen unabhängig voneinander die Kundenbestellungen auf besonderen Formularen entgegen. Darüber hinaus gehen auch Bestellungen auf dem Post- oder Telefonweg ein. Täglich sind etwa 1 200 Aufträge mit durchschnittlich fünf Positionen zu bearbeiten.

Bei der *früher angewandten Lösung – der Sekundärdatenerfassung –* wurden die Auftragsdaten anhand von Ablochbelegen dezentral erfaßt und die Datenträger durch verschiedene Transportmittel zur Verarbeitung in die Zentrale nach Melsungen gebracht. Traten bei der Verarbeitung Fehler auf, mußten die Belege der zuständigen Stelle zum Überprüfen und erneuten Bearbeiten zurückgesandt werden.

Um die Bestelldatenerfassung zu rationalisieren und die Auftragsdurchlaufzeit zu verkürzen, ersetzte *Braun* dieses schwerfällige und zeitaufwendige Verfahren durch die *Direktdatenerfassung*. Die Verbesserung gegenüber dem «alten» Verfahren liegt einerseits in einem schnelleren Erfassungsablauf und andererseits in einer geringeren Fehlerquote bei den verarbeitungsfähigen Eingabedaten.

Aufgrund der weiträumigen Gliederung des Unternehmens entstand ein Erfassungssystem, in dem *viele räumlich weit verstreute Erfassungsplätze über Datenübertragungswege mit einem Zentralrechner mittlerer Größe verbunden* sind.

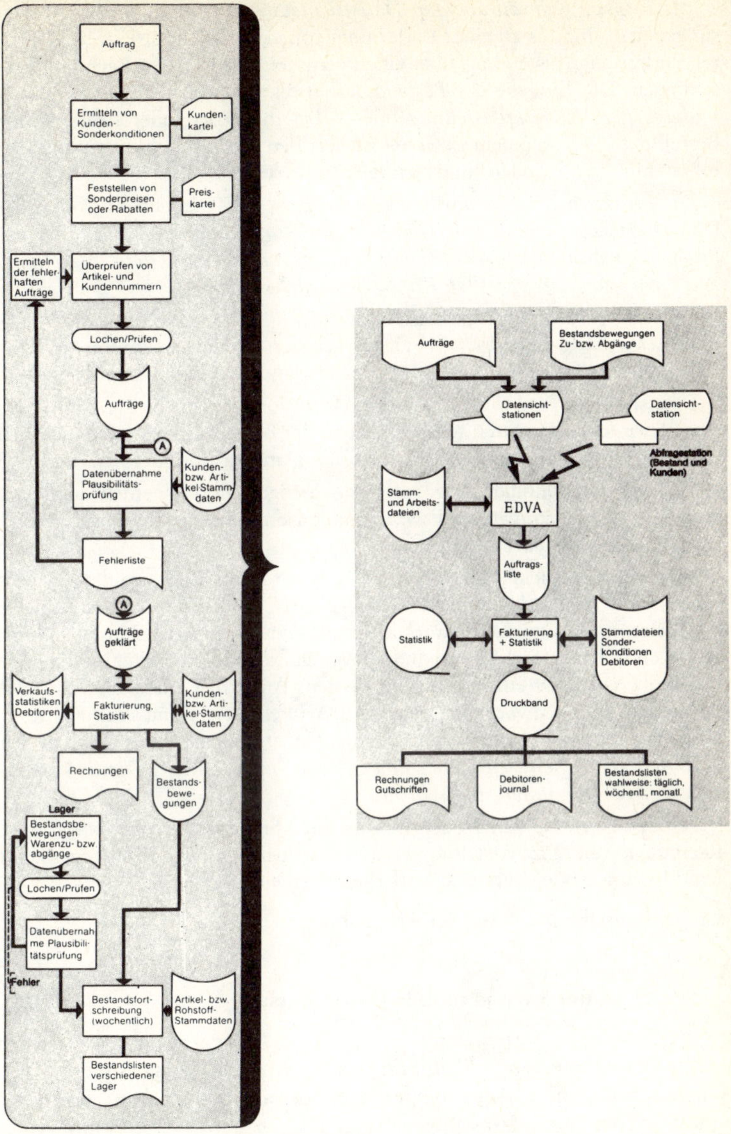

Abb. 3.1.3.6/1: Auftragsdatenerfassung bei der B. Braun Melsungen AG (früheres und gegenwärtiges Verfahren)

Als Erfassungsgeräte werden Datensichtstationen benutzt. Diese Erfassungsplätze sind bis zu einer Entfernung von etwa 200 m direkt, bei größerer Entfernung (bis 30 km) über einen Fernmeldeweg an den Rechner angeschlossen. Die *Eingabe der Bestelldaten* erfolgt entweder *anhand des Formulares der Vertreterbestellung* oder – bei formlosen oder telefonischen Bestellungen – von einem *Erfassungsbeleg*, den eine Schreibkraft unter Zuhilfenahme von Kunden- und Artikelkartei erstellt.

Die Initiative zum *Dialog mit dem Rechner* geht ausschließlich von der Datensichtstation aus. *Nach Eingabe der Kundennummer, die mit einer Prüfziffer versehen ist, werden die kundenspezifischen Daten, wie Name, Anschrift usw., zur visuellen Kontrolle zurückgeblendet.*

Danach werden die weiteren Angaben für die Lieferschein- und Rechnungsschreibung eingegeben. Dazu gehören Lieferscheinnummer, Buchungstexte, Versandort und -art sowie etwaige Bestellerangaben.

Eine spezielle Funktion der Datensichtstation ermöglicht die *Abbildung eines Formulars.* Dadurch wird die Arbeit der Bedienungsperson wesentlich erleichtert – sie hat *nur noch die variablen Daten* einzuschreiben.

Sind alle notwendigen Angaben zusammengestellt, so werden die *Daten zum Rechner übertragen*, und zwar, um die wertvolle Übertragungszeit kurz zu halten, *nur die variablen Daten.*

Mit Hilfe eines leicht erlernbaren Codes wird nun das Formular gewechselt, und die *Artikeldaten werden eingegeben.* Zur visuellen Kontrolle bleibt die Lieferscheinnummer schwach sichtbar. Außer der Artikelnummer können Kennzeichen für Rabatte, Sonderpreise, Chargen-Nr., abweichende Packeinheiten usw. eingeschrieben werden. Auch hier bietet die zu jeder Artikelnummer schwach eingeblendete Artikelbezeichnung eine Kontrollmöglichkeit. *Nach Übertragung der Daten erscheinen noch einmal, zur erhöhten Sicherheit, Artikelnummer, Bezeichnung, Menge und Verpakkungseinheiten auf dem Bildschirm.*

Ferner ist es möglich, an den gewünschten Stellen *Zwischentexte* für die Rechnung, z.B. «Ihre Bestellung vom...», abzuspeichern und *Abfragen* über Lagerbestände oder kundenspezifische Daten einzuholen.

→ Übungsaufgabe Nr. I-163 im Arbeitsbuch

3.1.3.7 Stationäre und mobile Datenerfassung

Mit dem Kriterium *«Mobilitätsgrad»* wird die Ortsgebundenheit der zur Datenerfassung eingesetzten Geräte beschrieben. Bei der **stationären Datenerfassung** werden fest an einem Ort installierte Erfassungsgeräte (engl.: stationary data collection device) eingesetzt. Die **mobile Datenerfassung** wird durch tragbare Erfassungsgeräte (engl.: portable data collection device) vorgenommen.

Sie haben bereits eine *Vielzahl von stationären Datenerfassungsgeräten* kennengelernt, angefangen vom «historischen» Locher über Belegleser bis hin zu Bildschirmgeräten. Tatsächlich sind alle bisher vorgestellten Geräte für die Datenerfassung an die feste Installation gebunden, ein Ortswechsel ist aufgrund der Größe, des Gewichts und/oder bestimmter Installationsvoraussetzungen (z.B. Netzanschluß) nicht bzw. nur mit einem erheblichen Aufwand möglich. Von einer stationären Datenerfassung spricht man auch dann, wenn ein fest installiertes Erfassungsgerät über bewegliche Komponenten verfügt, z.B. die Datensichtstation über einen Lichtstift oder die Datenkasse über einen Handleser.

Das Streben nach einer möglichst quellennahen und aktuellen Erfassung von Daten, die während Außendiensttätigkeiten oder in räumlich entfernten Betriebseinheiten (Verkaufsstätten, Lagern, Werkstätten usw.) anfallen, führte in den letzten Jahren zur Entwicklung *tragbarer Erfassungsgeräte*, die überall verwendet werden können. Eine mobile Datenerfassung am Ursprungsort, also z.B. bei der Inventur im Lager oder bei der Auftragsannahme beim Kunden, setzt *ein geringes Gewicht der Geräte, deren Unabhängigkeit von einer äußeren Stromquelle sowie ausreichende Speicherkapazitäten* für die zu erfassenden Daten und die Erfassungsprogramme voraus. Durch die Fortschritte der Halbleitertechnik ist die Entwicklung von handlichen Geräten möglich geworden, deren Gewicht oft deutlich unter 1000, teilweise sogar unter 500 Gramm liegt. Die Stromversorgung wird durch eingebaute Akkus oder auswechselbare Batterien gewährleistet. Aus der Abb. 3.1.3.7/1 sind die *Grundfunktionen mobiler Erfassungsgeräte* ersichtlich, deren unterschiedliche technische Realisierung zu einer erheblichen *Vielfalt angebotener Gerätetypen* geführt hat.

Für die *Eingabe* der zu erfassenden Daten verfügen alle mobilen Geräte über eine *Tastatur* (numerisch, alphanumerisch, Schreibmaschinen-Volltastatur nach DIN 2137). Vielfach ist zusätzlich für Strichcodes, OCR-Schriften oder Magnetcode ein *Handleser* anschließbar. Dadurch lassen sich feste Daten (z.B. Artikelnummern) automatisch und variable Daten (z.B. Bestellmengen) manuell eingeben.

Zur *Kontrolle* werden die eingegeben Daten vor der endgültigen Speicherung auf einem *Bildschirm* (meist Zeilenbildschirm von bis zu 30 Zeichen) sichtbar oder über einen *Drucker* ausgegeben. Auch *Bedienungshinweise und Fehlermeldungen* werden auf diese Weise angezeigt.

Der *Intelligenzgrad* der angebotenen mobilen Erfassungsgeräte und damit die Möglichkeiten von Eingabeprüfungen, anwendungsspezifischen Programmen und der Datenvorverarbeitung sind sehr unterschiedlich. Die Kapazitäten der *Programmspeicher* erreichen oft meh-

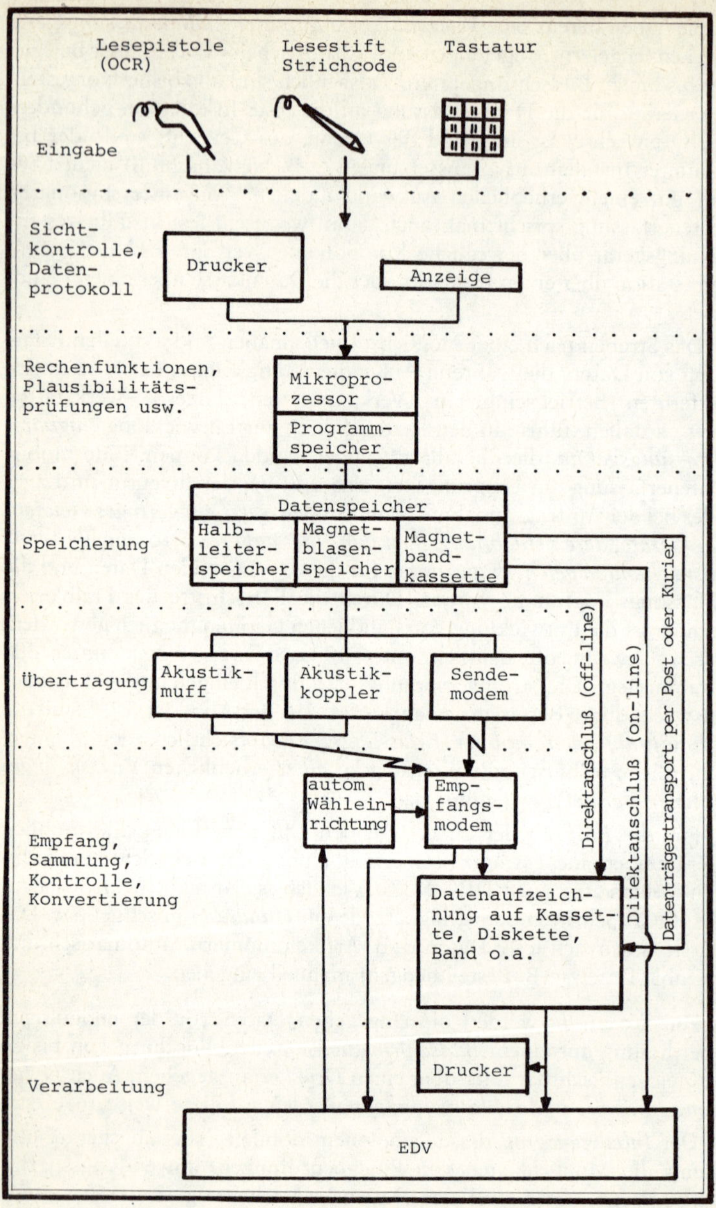

Abb. 3.1.3.7/1: Ablaufschema der mobilen Datenerfassung (Quelle: RGH)

Abb. 3.1.3.7/2: Mobile Datenerfassung im Lager

rere hundert KB. *Es scheint sich abzuzeichnen, daß einerseits billige, einfunktionale Geräte angeboten werden, die ausschließlich zur Eingabe von Daten dienen, und daß andererseits hochwertige, universell einsetzbare mobile Terminals mit beträchtlichen Rechen- und Speicherkapazitäten zunehmend an Bedeutung gewinnen.*

Die *Datenspeicherung* erfolgt auf auswechselbaren Magnetbandkassetten, sowie zunehmend auf Halbleiterspeichern oder Magnetblasenspeichern. Die Kapazitäten betragen zwischen ca. 50 KB (Magnetbandkassette) und mehreren hundert KB. Halbleiterspeicher haben gegenüber Magnetbandkassetten Vorteile bezüglich des Gewichts, der Temperaturunempfindlichkeit und der Zuverlässigkeit, sie sind jedoch im Gegensatz zu diesen auf eine ununterbrochene Stromzufuhr angewiesen. Magnetblasenspeicher, die eher selten angeboten werden, sind hingegen nichtflüchtige Speicher. Wegen des hohen Stromverbrauchs für die Steuerelektronik sind damit ausgerüstete Geräte netzabhängig und zudem mehrere Kilogramm schwer. Ein Gebrauch für Datenerfassungszwecke beim Tragen ist damit ausgeschlossen. Auf die Technik der Magnetblasenspeicherung sind wir im Abschnitt 2.2.5 eingegangen.

Zur *Übertragung* der dezentral erfaßten und im mobilen Gerät gespeicherten Daten an den räumlich entfernten Verarbeitungsort kommt zum einen der *körperliche Transport* in Betracht (z. B. Verkaufsfahrer bringen nach der Belieferung der Abnehmer mit Bestell- oder Abrechnungsdaten beschriebene Magnetbandkassetten zurück in die Zentrale, wo sie neue Ware erhalten). Zum anderen ist eine Datenübertragung über *Fernmeldewege* möglich. Von der Vielzahl der Übertragungsnetze, welche die Post zur Verfügung stellt, wird bisher nur das öffentliche Fernsprechwählnetz in größerem Umfang für die Datenübertragung bei mobiler Datenerfassung benutzt. Im einfachsten Fall wird ein sog. *Akustikmuff* über ein Kabel mit dem Erfassungsgerät verbunden und auf die Sprechmuschel des Telefonhörers eines beliebigen Fernsprechanschlusses gestülpt. Die Verbindung zum Empfangsort der Daten wird wie üblich hergestellt. Dieses Verfahren ist billig auf der Sendeseite, aber relativ aufwendig auf der Empfangsseite, da wegen der hier nicht möglichen Rückmeldung während des Übertragungsvorgangs kostspielige Empfangsstationen notwendig sind, die Übertragungsfehler erkennen und u. U. nachträglich korrigieren. Eine akustische Ankopplung in beiden Übertragungsrichtungen ist durch den etwas teureren *Akustikkoppler* (engl.: acoustic coupler) möglich. Für die Übertragung wird dieser ebenfalls auf die Sprechmuschel des Telefons gestülpt, für die Rückübertragung auf die Hörmuschel. Eine dritte Möglichkeit, die eine höhere Übertragungsgeschwindigkeit und -sicherheit erlaubt, ist die Ankopplung über ein posteigenes *Modem* (engl.: modem), das allerdings fest installiert sein muß (z. B. in einer Außenstelle). Nachteilig ist hier die Ortsgebundenheit der Datenübertragung. Die genannten Geräte ermöglichen die Umwandlung von digitalen in analoge Daten (Frequenzen), die wie das gesprochene Wort über die Telefonverbindungen übertragen werden. Auf der Empfangsseite ist für die Rückumsetzung in digitale Daten in jedem Fall ein Modem erforderlich. Auf die Geräte und Wege der Datenfernübertragung wird im Abschnitt 3.3.2 noch ausführlich eingegangen. Für kürzere Entfernungen innerhalb eines Betriebes werden vereinzelt tragbare Erfassungsgeräte angeboten, welche die erfaßten Daten drahtlos über Funkverbindungen (störanfällig!) oder mit Infrarotlicht (Reichweite maximal 20 Meter!) übermitteln.

Die Übergänge zwischen größeren mobilen Datenerfassungsgeräten und *tragbaren Mikrorechnern* sind fließend. Bei letzteren handelt es sich von der technischen Seite her um ganz «normale» Mikrorechner (meist 8-, zunehmend aber auch 16-Bit-Architektur), bei denen Zentraleinheit, Tastatur, Bildschirm, Peripheriespeicher und manchmal sogar Drucker in einem Gehäuse integriert sind. Die sog. *Portables* sind kof-

Abb. 3.1.3.7/3: Tragbares Billiggerät für die Datenerfassung

fergroß und normalerweise im Betrieb netzabhängig. Die sog. *Handheld Computer* passen hingegen in die Aktentasche und können unabhängig vom Stromnetz mit Batterie oder Akku betrieben werden. Üblicherweise sind sie mit einer Flüssigkeitskristallanzeige ausgestattet. Solche tragbaren Mikrorechner sind universell einsetzbar, d.h. ebenfalls für Datenerfassungszwecke (wenn auch nicht wie die kleinen mobilen speziellen Datenerfassungsgeräte im Stehen bzw. beim Herumlaufen).

Übungsaufgabe Nr. I-164 im Arbeitsbuch ←

3.1.4 Markt und Entwicklungstendenzen der Datenerfassung

Zu *Beginn der 70er Jahre* wurden in der Bundesrepublik Deutschland noch ungefähr *60% aller zu erfassenden Daten auf Lochkarten* abgelocht. Jeweils etwas mehr als 10% des gesamten Erfassungsvolumens wurden durch Lochstreifen- und sonstige Paralleldatenerfassungsgeräte, durch Magnetbandbeschriftungseinheiten und durch stapelorientierte Belegleser bewältigt. Die übrigen Datenerfassungsverfahren waren zu diesem Zeitpunkt noch bedeutungslos (zusammen 4% des Gesamtvolumens).[5]

Seither hat sich bezüglich der installierten Geräte und angewandten Verfahren ein *erheblicher Wandel* vollzogen:

Die Verwendung der Sekundärdatenträger Lochkarte und Lochstreifen ist stetig zurückgegangen. Derzeit sind in der Bundesrepublik Deutschland nur noch ganz wenige Locher installiert.

Die Bedeutung der magnetischen Sekundärdatenträger, vor allem von Disketten, ist gewachsen; die früher vorwiegend praktizierte Erfassung an Off-line-Einzelgeräten durch manuelles Eintasten hat sich seit etwa 1975 in ihrem Umfang jedoch nicht mehr wesentlich erhöht. Die Zahl der Diskettenerfassungsplätze und Magnetplattenerfassungsplätze beträgt derzeit jeweils rund 20 000 bis 30 000, die der Magnetbanderfassungseinzelgeräte nur ca. 1 000.

Die Anzahl der installierten *Paralleldatenerfassungsgeräte* hat bis 1975 mit abnehmenden Raten zugenommen und geht seit dem Ende der 70er Jahre zurück.

Der Bestand an *Datensammelsystemen* hat sich bis 1980 wesentlich erhöht und stagniert seitdem (Zahl der Erfassungsplätze in der Bundesrepublik Deutschland: 1970 = 0; 1972 = 1 000; 1975 = 14 000; 1980 = 40 000; 1983 = 45 000; 1986 = 50 000).

Die Verfahren der halbdirekten Datenerfassung setzen sich zunehmend durch. Die Anzahl der installierten *stapelorientierten Belegleser* steigt zwar kaum (ca. 2 000 installierte Einheiten). In wachsender Zahl werden jedoch optische *Handleser* für Strichcodes und für OCR-Schrift benutzt. Die Gesamtzahl der in der Bundesrepublik Deutschland in Umlauf befindlichen *Plastikkarten mit Magnetstreifen* wird derzeit auf über 30 Mio. geschätzt. Hiervon entfallen 80–90% auf die von Banken ausgegebenen Scheck- und Kreditkarten, knapp 20 Mio. allein auf die Eurocheque-Karten. Die jährliche Zuwachsrate des Absatzes an Plastikkarten und zugehörigen Gerätesystemen (Kartenstanzmaschinen und -leser) beträgt etwa 10%.

Die *GZS Gesellschaft für Zahlungssysteme, Frankfurt/M.*, wird vom deutschen Kreditgewerbe als gemeinsame Entwicklungs- und Clearinggesellschaft für elektronische Zahlungsverkehrssysteme betrieben. In Pilotprojekten in München, Frankfurt und Berlin wird die Eignung der weiterentwickelten *Eurocheque-Karte für bargeldlose Zahlungen im Rahmen von POS-Systemen* getestet. Dabei übernimmt das Kreditgewerbe die Zahlungsgarantie für die Transaktionen an der Ladenkasse. Zu Beginn der Pilotphase besteht für die zugelassenen Eurocheque-Karten ein wöchentliches Limit von 2 000,– DM. Für den überwiegenden Teil der Kunden können damit die Einkäufe des täglichen Bedarfs (und auch mehr) abgedeckt wer-

5 Vgl. DFP-Arbeitsgruppenbericht Nr. 1, Diebold Deutschland GmbH, Frankfurt/M. 1972.

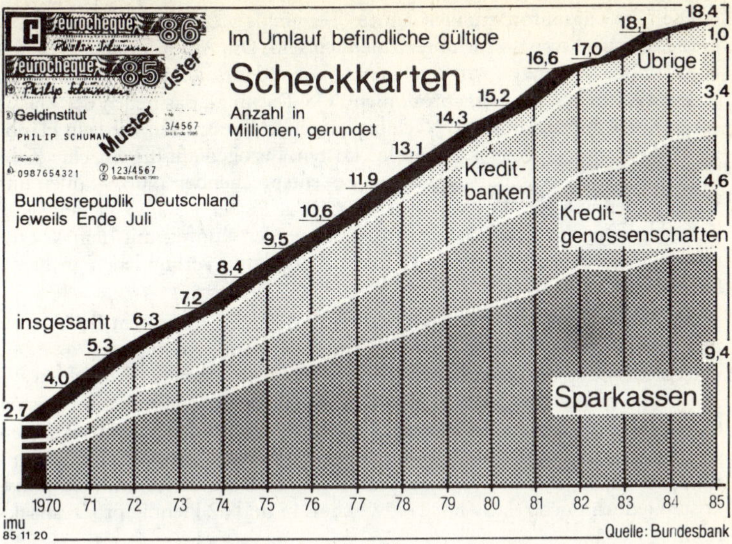

Abb. 3.1.4/1: In der Bundesrepublik Deutschland in Umlauf befindliche Eurocheque-Karten (Quelle: imu)

den. Möglichst bald soll dieses Verfahren modifiziert werden, so daß der Kunde dann ganz nach individuellem Bedürfnis auch über höhere Beträge per elektronischer Zahlung verfügen kann.

Die elektronischen POS-Zahlungen sind grundsätzlich überall möglich. Voraussetzung ist nur, daß die Handels- und Dienstleistungsunternehmen ihre Kassen als automatisierte «Eurocheque-Kassen» mit Anschluß an das elektronische Autorisierungs- und Verrechnungssystem betreiben. Die Partner im Handel müssen also entsprechende Terminals aufstellen.

Die Kreditwirtschaft rechnet damit, daß im Jahr 1990 bundesweit rund 50 000 derartige Terminals installiert sein werden. Über diese Terminals könnten dann bei entsprechender Kundenakzeptanz pro Jahr rund zwei Milliarden Geschäftsvorfälle mit einem Umsatzvolumen von 80 Milliarden DM abgewickelt werden, wobei von einem Durchschnittsbetrag von 40,– DM pro Geschäftsvorfall ausgegangen wird. Damit würden 1990, auf heutiger Basis gerechnet, rund ein Sechstel aller Transaktionen im Einzelhandel elektronisch bezahlt werden. Da für alle Handels- und Dienstleistungsunternehmen, die POS-Partner werden, dieselben Preise und Bedingungen gelten, garantiert das Angebot des Kreditgewerbes eine Gleichbehandlung größerer und kleinerer Geschäfte. Eine Preisdifferenzierung nach Zahl der Transaktionen unterbleibt.

Die Leistungsanforderungen an die Terminals werden je nach Betriebsgröße und Umsatzstruktur unterschiedlich sein. Die Anforderungen reichen vom bloßen Zusatzteil für ein bereits vorhandenes warenwirtschaftliches Kassensystem bis hin zum autonomen POS-Terminal, das neben der klassischen Kasse aufgestellt wird. Nach bisherigen Erkenntnissen wird ein Händler-POS-Terminal bis zu 3 000,– DM kosten. Bezogen auf die einzelne Zahlung machen die Anschaffungskosten bei entsprechenden Nutzerzahlen nur wenige Pfennige pro Transaktion aus (z.B. 4 Pf bei 1 500, 3 Pf bei 2 000 Transaktionen im Monat). Diese Kosten werden künftig mit dem Voranschreiten des neuen Zahlungssystems und der damit verbundenen größeren Serienfertigung von Terminals weiter sinken.

Für Westeuropa wird in den nächsten fünf Jahren mit einem Bedarf von mehreren 100 000 Terminals gerechnet. Die Bundespost bietet zur Zeit verschiedene für die Datenübertragung in Frage kommende Fernmeldewege an (Näheres im Abschnitt 3.3.2). Die jeweiligen Kommunikationskosten können abhängig von der Anzahl der Terminals und der Transaktionen sehr niedrig sein – bis zu einem Pfennig pro Transaktion. Für Händler mit wenigen Terminals und wenigen Transaktionen sind die Kommunikationskosten jedoch noch relativ hoch – zwischen 15 und 32 Pfennig pro Transaktion.

An die vom Kreditgewerbe beauftragte GZS soll der Handel eine Gebühr für die technische Abwicklung und Risikoübernahme zahlen. Das Gebührenmodell kommt den Wünschen des Handels entgegen, auch kleinere Rechnungsbeträge über POS kostengünstig abwickeln zu können. So ergibt sich bei durchschnittlichen Einkaufsbeträgen von 40,– DM eine GZS-Gebühr von 15 Pfennigen je Transaktion; bei 30,– DM errechnen sich entsprechend 13 Pfennige.

(Quelle: NCR/Computerzeitung vom 1985-10-16)

Der *Sparkassenverband* hat mit der 1985 angekündigten roten *S-Card* ähnliche Pläne. Diese von vornherein als elektronische Zahlungskarte und als elektronischer Schlüssel von Selbstbedienungseinrichtungen konzipierte Karte soll bis auf weiteres keine Scheckkartengarantiefunktion bekommen und auf die Bundesrepublik Deutschland beschränkt bleiben. 500 000 S-Cards sind bereits ausgegeben, innerhalb der nächsten beiden Jahre soll die S-Card alle individuellen Karten der 591 deutschen Sparkassen ersetzen. Die fortgeschrittene Computerisierung und in den letzten Jahren realisierte Online-Verbindung aller Verbandsrechenzentren bilden die Grundlage dafür, daß künftig potentiell 40 Mio. Sparkassenkunden die Geldausgabeautomaten und sonstigen «Banking-POS»-Dienste in 17 600 deutschen Sparkassenfilialen nutzen können oder an elektronischen Kassen angeschlossener Handelsbetriebe bargeldlos zahlen können.

Auch die *Deutsche Bundespost* schafft durch die Ausrüstung der Postämter mit Terminals sowie den Rechnerverbund zwischen Postgiro- und Sparkassenämtern derzeit für ihre Kunden die Voraussetzungen für den elektronischen Zahlungsverkehr.

Der Einsatz von Plastikkarten für die Geldausgabe an Bankomaten und für bargeldlose elektronische POS-Zahlungen ist eine Mischform zwischen halbdirekter und direkter Datenerfassung.

Im vergangenen Jahrzehnt hat die Direkteingabe von Daten außerordentlich stark zugenommen. Anfang 1986 wurde über die Hälfte von etwa einer Mio. installierten Bildschirmgeräten vorwiegend für die On-line-Datenerfassung verwendet. Bei Mikrorechnern, die autonom im sog. Stand-alone-Betrieb arbeiten, werden Nutzdaten ebenfalls fast ausschließlich direkt über die Tastatur (erst)erfaßt.

Wesentliche Impulse für die Direkteingabe von Daten werden langfristig durch die Anwendung der *automatischen Spracherkennung* erwartet. Zu

Abb. 3.1.4/2: Spracheingabe in der Lagerwirtschaft

erfassende Daten werden dabei durch Sprechen in ein Mikrofon eingegeben. Es sind schon Geräte auf dem Markt, die bis zu 1 000 isoliert gesprochene Worte (keine flüssige Rede) bestimmter Sprecher durch den Vergleich mit gespeicherten Mustern erkennen können. Spracheingabegeräte kommen dort zum Einsatz, wo eine direkte Eingabe sinnvoll, aber Tastaturen bzw. Zeigeeinrichtungen nicht verwendet werden können, weil z.B. die Hände beschäftigt sind, der Benutzer mobil sein muß oder die Umweltbedingungen für Tastaturen nicht geeignet sind. Anwendungsbeispiele sind die Inventuraufnahme, die Qualitätskontrolle, die Auftragsannahme oder die Paketsortierung.

Die zentrale Datenerfassung gehört allmählich in immer mehr Betrieben der Vergangenheit an. Maßgeblich hierfür ist vor allem die wachsende Ausstattung der Fachabteilungen mit Datensichtstationen und Mikrorechnern. *Zunehmend wichtiger wird auch die dezentrale Datenerfassung am Ursprungsort durch tragbare Geräte.* Anfang 1986 wurden in der Bundesrepublik Deutschland etwa 100 000 «einfache» mobile Datenerfassungsgeräte

Abb. 3.1.4/3: Betriebsdatenerfassungssystem

im Gesamtwert von ca. 200 Mio. DM eingesetzt. Dazu kommen noch etwa 60 000 tragbare Mikrorechner.

Für zahlreiche Wirtschaftsbereiche stehen *branchenspezifische Erfassungsgeräte* zur Verfügung, die für alle möglichen Datenerfassungsverfahren, hauptsächlich jedoch für die dezentrale On-line-Erfassung, eingesetzt werden. Einsatzschwerpunkte sind derzeit der *Handel* (Datenkassen – wie bereits erwähnt sollen bis 1990 in der Bundesrepublik Deutschland rund 50 000 Einheiten eingesetzt werden, optische Handleser, Wareneingangserfassungssysteme mit Etikettendrucker), *Kreditinstitute* (Schalterquittungs- und Belegsicherungsmaschinen, Geldausgabeautomaten und Kontoauszugsdrucker mit Scheck-/Kreditkartenleser und Tastatur – bis 1990 werden ca. 20 000 Einheiten erwartet, OCR-Lese-, Codier- und Sortiersysteme) und die *Fertigungsindustrie* (Zeiterfassungs- und Betriebsdatenerfassungssysteme). Auch *universelle intelligente Terminals* werden häufig für die spezifischen Datenerfassungsbelange bestimmter Branchen durch spezielle Software ausgerüstet.

Die *Anpassungsfähigkeit* der angebotenen Erfassungsgeräte an besondere Anforderungen wird durch eingebaute *Mikroprozessoren* ermöglicht. Damit sind vielfach auch erhebliche Rechenleistungen verfügbar. Durch die verstärkte Anwendung der Mikroprozessortechnik ist künftig mit einer *weiteren Gerätevielfalt und -spezialisierung* zu rechnen.

Durch *dezentrale Mikro- und Minirechner*, die entweder unabhängig oder in Verbindung mit einem zentralen Großrechner arbeiten, wird eine umfassende *Datenvorverarbeitung* in den Fachabteilungen üblich.

Im Zuge der Integration von Informationssystemen ist zukünftig ferner mit einem *Abbau der Mehrfacherfassung* von Daten zu rechnen (maschinell lesbare Ausgabedaten eines Systems werden zu Eingabedaten eines anderen; von verschiedenen Anwendungsprogrammen gemeinsam benötigte Daten werden nur noch einmal in einer Datenbank gespeichert und stehen dort für alle Programme gleichermaßen zur Verfügung).

Eine weitere zukunftsträchtige Rationalisierungsmöglichkeit ist schließlich der *zwischenbetriebliche Datenaustausch* durch den Versand von Datenträgern bzw. Datenfernübertragung, der den empfangenden Betrieb von der Datenerfassung völlig befreit. Anhand von POS-Systemen haben Sie die Vorteile für alle Beteiligten kennengelernt. Die hierfür notwendigen Normenvereinbarungen (z.B. bezüglich Datenträger, Aufbau und Inhalt der Datensätze, Verschlüsselung von Daten) konnten allerdings erst für einzelne Aufgabengebiete in wenigen Wirtschaftszweigen getroffen werden.

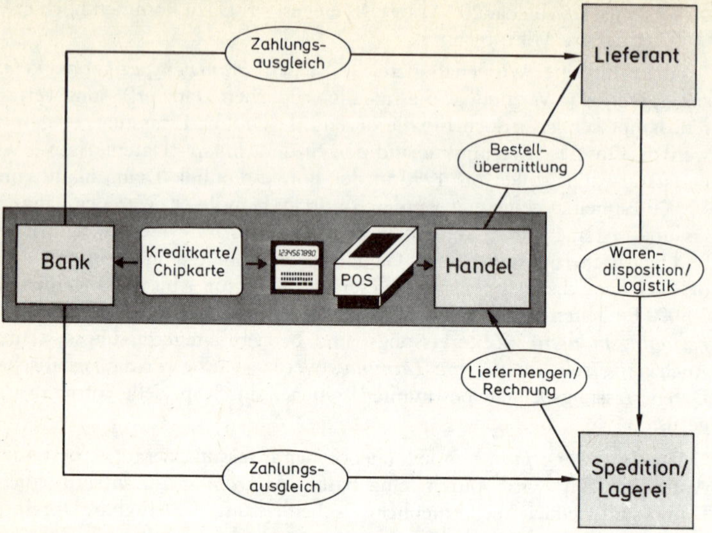

Abb. 3.1.4/4: Zwischenbetrieblicher Datenaustausch

Beispiele sind neben den bereits erwähnten POS-Systemen, die Handel und Banken einbeziehen,

- die Abwicklung des Zahlungsverkehrs zwischen Banken,
- die Übersendung von Erhebungsergebnissen durch Marktforschungsinstitute an Kunden,
- die Abrechnung von Lieferungen zwischen Lebensmittelindustrie und Großhandel,
- der Austausch von Bestell-/Lieferinformation zwischen Automobilindustrie und Zulieferern.

3.2 Datenspeicherung

In den vorhergehenden Ausführungen ist beschrieben worden, was Daten sind, wo sie anfallen, wie sie erfaßt werden, auf welchen Medien sie aufbewahrt werden u.ä.m. *In diesem Abschnitt werden Sie nun die Grundkonzepte der Datenorganisation kennenlernen: Wie Daten gespeichert werden, um sie später je nach Bedarf möglichst schnell und einfach wieder aufzufinden.*

Die Datenorganisation bei Programmen wird durch die Datenstruktur (vgl. Abschnitt 2.1.2.2) festgelegt.

Bei *Assemblerprogrammen* geschieht das durch die Bestimmung der Speicheradressen und die Anzahl der Bytes, die die verwendeten Variablen und Konstanten benötigen. Die Zusammengehörigkeit von Datenfeldern wird durch die physische Hintereinanderreihung ausgedrückt. Die Namen, die dabei vergeben werden, sind nichts anderes als symbolische Adressen.

So werden zum *Beispiel* durch den *Assemblerbefehl* «TAG DS 2» für die Variable mit dem Namen «TAG», der bei diesem Beispiel für die Adresse «23 644» stehen soll, zwei Bytes mit den Adressen «23 644» und «23 645» reserviert.

23 643
23 644 … TAG
23 645
23 646 … MONAT
23 647

Abb. 3.2/1: Variablen bei einem Assemblerprogramm

Durch die *Verwendung von Namen* wird einerseits die *Programmierung erleichtert* (die Namen merkt man sich besser als große Zahlen) und andererseits das *Programm etwas portabler*. Letzteres heißt, daß bei der Verlegung des Programms in einen anderen Speicherbereich weniger Programmänderungen nötig sind. Bei einer Änderung einer Adresse muß sie so oft geändert werden, wie sie im Programm vorkommt. Bei der Verwendung von Namen ist das für jede Variable und Konstante nur einmal der Fall, was aber *dennoch oft einen enormen Aufwand* darstellt.

Außerdem wird weder festgelegt, wie die adressierten Bytes interpretiert werden sollen (als Zahlen, Alphabetzeichen usw.), noch ist gewährleistet, daß die Speicherplätze, die für Variablen oder Konstanten wie oben reserviert wurden, nicht fehlerhaft, z.B. durch eine falsche Adreßberechnung, verwendet werden.

Diese Schwachpunkte werden mit der Verwendung höherer Programmiersprachen behoben:

- Durch die Kompilierung und das Binden werden erst zu diesem Zeitpunkt den Konstanten und Variablen (z.B.: TAG) die entsprechenden Adressen (z.B.: 23 644) zugewiesen. Diese dynamische Zuweisung hängt von dem Adreßbereich des verwendeten Rechners und dem gewählten Zeitpunkt ab. Den Benutzern einer EDVA wird ja nicht ein fester, sondern der jeweils freie Arbeitsspeicherbereich zugeordnet.
- Die Datenstruktur bestimmt den logischen Zusammenhang einzelner Elemente, die physische Reihenfolge im Arbeitsspeicher ist belanglos.
- Die zugewiesenen Speicherbereiche werden vor unerlaubtem Zugriff geschützt. So ist es während des gesamten Programmablaufes nur möglich, über den Variablennamen auf die ihm zugewiesenen Bytes zuzugreifen. Außerdem wird durch die Verwendung von Typen die Interpretation der Speicherinhalte fixiert. Damit wird verhindert, daß z.B. eine logische Und-Verknüpfung mit einer numerischen Variablen durchgeführt wird oder deren Inhalt nicht als Zahl, sondern als eine aus Ziffern bestehende Zeichenkette interpretiert wird.

Die Probleme der physischen Organisation sind dem Benutzer damit abgenommen. Welche Probleme ferner zu bewältigen sind, soll Ihnen eine Gegenüberstellung zweier Datenstrukturen am Beispiel einer Bibliotheksverwaltung verdeutlichen.

Feldbez.	**Länge**	**Typ**	**Feldbez.**	**Länge**	**Typ**
Inv.-Nr.:	6	numerisch	Inv.-Nr.:	6	numerisch
Titel:	30	alphanumerisch	Titel:	30	alphanumerisch
Autoren			Autor:	20	alphanumerisch
Autor 1:	20	alphanumerisch	Datum		
Autor 2:	20	alphanumerisch	Tag:	2	numerisch
Autor 3:	20	alphanumerisch	Monat:	2	numerisch
Datum:	8	numerisch	Jahr:	4	numerisch

Abb. 3.2/2: Vergleich zweier Datenstrukturen (vereinfachtes Anschauungsbeispiel)

Betrachten Sie die *Unterschiede*:

1. *Datum*

Bei der einen Variante ist es möglich, direkt durch die Angabe «Datum. Jahr» auf das Erscheinungsjahr zuzugreifen. Dadurch lassen sich besonders rasch alle in einem bestimmten Jahr erschienenen Titel auflisten. Bei der anderen Variante muß dieser Zugriff erst durch ein «Zusammensuchen» der Zeichen, die das Jahr bestimmen, erreicht werden.

2. *Autor*
   Die eine Variante läßt überhaupt nur einen Autor zu, die andere drei. Bei einem Buch mit nur einem Autor wird dann allerdings Speicherplatz verschwendet.

Dieser Vergleich zeigt folgendes:

- Programme mit denselben Dateninhalten, aber verschiedenen Datenstrukturen sind nur schwer zu kombinieren.
- Die Datenstruktur bestimmt die Attribute eines Objekts, die in der EDVA berücksichtigt werden.
- Speicherplatzverschwendung und auch meistens lange Zugriffszeiten haben ihre Ursachen in einer schlechten Datenstrukturierung.

Das verdeutlicht Ihnen, welche *wichtige Rolle die Datenstruktur* in einem Programm spielt. Daher sollen *anhand des Bibliotheksbeispiels weitere Begriffe und Verfahrensweisen* erläutert werden, die *für die Datenstrukturierung* von Bedeutung sind.

Übungsaufgabe Nr. I-165 im Arbeitsbuch ←

3.2.1 Aufbau und Verarbeitung von Dateien

Für die folgenden Überlegungen ist es unerläßlich, den *Einfluß der Datenträger auf die Dateiorganisation* zu betrachten. Es können *zwei grundlegende Speicherformen* unterschieden werden:

1. Sequentielle Speicher und
2. direkt adressierbare Speicher.

Bei **sequentiellen Speichern** (wie z.B. Magnetband) werden die Datensätze unmittelbar nacheinander abgespeichert und können nur in der gespeicherten Folge verarbeitet werden.

Es ist zum Beispiel nicht möglich, Datensätze zu überspringen oder einmal den nächsten und dann wieder den vorhergehenden Satz zu lesen oder zu schreiben.

Diese Beschränkungen führten zu einer weitgehenden Verdrängung der sequentiellen Speichermedien zugunsten der direkt adressierbaren. Die früher wichtigen Lochkarten und Lochstreifen spielen heute in der EDV keine Rolle mehr. Magnetbänder werden i.a. zur längfristigen Aufbewahrung großer Datenmengen verwendet, für die Archivierung und Datensicherung (vgl. Abschnitt 3.2.2.5), aber nur noch äußerst selten zur Speicherung häufig verarbeiteter Daten.

Bei **direkt adressierbaren Speichern** (wie z.B. Zentralspeicher, Magnetplatte, Diskette, optische Speicherplatte) kann jeder beliebige Datensatz mit Kenntnis der Adresse sofort gelesen, geändert, gelöscht oder eingefügt werden.

→ Übungsaufgabe Nr. I-166 im Arbeitsbuch

Aufbauend auf diese Speicherformen können Sie *zwei Grundtypen der Dateiorganisation* unterscheiden:

1. Sequentiell gespeicherte Datenbestände und
2. direkt adressierbar gespeicherte Datenbestände.

Sequentiell gespeicherte Datenbestände: Sie erlauben nur ein systematisches Durcharbeiten einer Datei von Beginn an. Diese Organisationsform kann auf sequentiellen oder direkt adressierbaren Speichern angewendet werden.

Die einzige mögliche Suchstrategie ist hier das sequentielle Suchen. Die Datei kann also nur Satz für Satz durchsucht werden, bis die gewünschte Information gefunden wird.

Auf unser *Bibliotheksbeispiel* angewandt sind bei 1 000 Büchern im Durchschnitt 500 Suchschritte durchzuführen, bis das gewünschte Buch gefunden ist.

Direkt adressierbar gespeicherte Datenbestände: Sie erlauben einen schnellen Zugriff bei Kenntnis der Adresse. Voraussetzung ist ein direkt adressierbares Speichermedium.

Der direkte Zugriff ist an eine wesentliche Voraussetzung gebunden: Die genaue Adresse des Datensatzes muß bekannt sein. Wir wollen dieses Problem anhand von zwei Beispielen genauer untersuchen.

1. Beispiel:

In einer *Bibliothek* werden laufend Bücher inventarisiert. Der Bibliothekar legt für jedes Exemplar ein eigenes Karteikärtchen an, auf das er die Inventarnummer, Titel, Autoren, Verlag, Eingangsdatum, Standortnummer und ähnliches mehr einträgt.

Soll das System auf einem Rechner implementiert werden, so ist das ganz einfach. *Für jedes Karteikärtchen wird ein Datensatz angelegt, dessen relative Adresse der Inventarnummer entspricht* (siehe Abb. 3.2.1/1). Der Bibliothekar kann jederzeit leicht über diesen rein numerischen Schlüssel direkt auf jeden Datensatz (= Karteikärtchen) zugreifen. Die Datenstruktur wird in der Abb. 3.2.1/2 gezeigt.

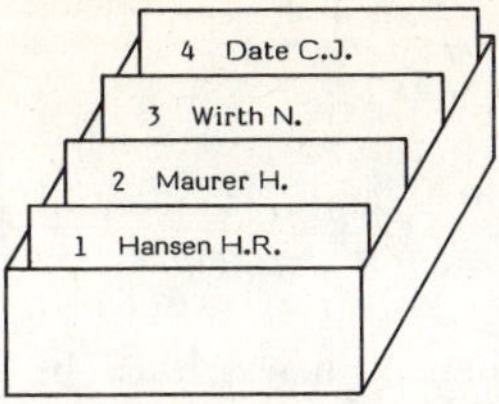

DATEI

RA	Autor	Titel
1	Hansen H.R.	Wirtschaftsinformatik I ...
2	Maurer H.	Datenstrukturen und Programmierverfahren ...
3	Wirth N.	Algorithmen und Datenstrukturen ...
4	Date C.J.	An Introduction to Database Systems ...
5	Wedekind H.	Datenbanksysteme ...
6	Elson M.	Data Structures ...
7	Müller G.	Informationsstrukturierung in ...

Abkürzung: RA = relative Adresse.

Abb. 3.2.1/1: Karteikärtchen – relativ adressierbare Datei

Feldbezeichnung	**Länge**	**Typ**
Titel:	30	alphanumerisch
Autor:	20	alphanumerisch
Verlag:	30	alphanumerisch
Eingangsdatum:	8	numerisch
Standort-Nr.:	6	numerisch

Abb. 3.2.1/2: Datenstruktur eines Datensatzes in der Bibliotheksverwaltung mit einer relativen Datei (vereinfachtes Anschauungsbeispiel)

Bei der relativ adressierten Datei ist der Primärschlüssel (die Inventarnummer) nicht in der Datenstruktur und daher nicht in den Datensätzen enthalten. Es kann ausschließlich über den numerischen Primärschlüssel auf einen Datensatz direkt zugegriffen werden. Der Satz wird durch folgende Berechnung gefunden:

Anfangsadresse des gesuchten Datensatzes = Anfangsadresse der Datei + (relative Adresse – 1) · Länge des Datensatzes

Voraussetzung ist in diesem Fall, daß alle Datensätze gleich lang sind.

Zum *Beispiel* kann durch die Eingabe des Wertes «7» direkt auf den Datensatz «Müller G. Informationsstrukturierung in...» zugegriffen werden. «7» ist hier die relative Adresse dieses Datensatzes. Gehen wir von den Werten der Abb. 3.2.1/1 und 2 sowie davon aus, daß die Datei bei der Adresse «23 642» beginnt, so wird der siebte Datensatz unter der Adresse «24 206» gefunden (= 23 642 + (7–1) · (30 + 20 + 30 + 8 + 6)).

Übungsaufgabe Nr. I-167 im Arbeitsbuch ←

2. *Beispiel*:

Der Bibliothekar steigert seine Ansprüche. Er will nun ebenfalls über Autoren, Titel, Schlagwörter und noch vieles mehr zugreifen.

Wie kann dem Bibliothekar geholfen werden? Aus der Anfrage nach einem numerischen Schlüssel ist nun die Anfrage nach einem alphanumerischen Schlüssel (Autor, Titel...) geworden. Die Adresse jedes Datensatzes der Datei ist jedoch zwingend rein numerisch.

Neben dem «primitiven» **sequentiellen Suchen** (engl.: sequential search), das auch hier angewendet werden kann, gibt es *zwei weitere mögliche Suchstrategien*:
1. Es kann ein **Index** angelegt werden, der neben allen Schlüsseln noch die Adressen der zugehörigen Datensätze anführt (**indizierte Organisation, indexsequentielle Organisation**; engl.: indexed organization), oder
2. es kann aus dem Schlüssel die Adresse des Datensatzes berechnet werden (**gestreute Organisation, Hash-Verfahren**; engl.: hash organization).

Wodurch unterscheiden sich die beiden Beispiele?

Im ersten Fall sucht der Bibliothekar nach einer Karteikarte über einen *numerischen Schlüssel*. Dieser numerische Schlüssel *entspricht der relativen Adresse* des gesuchten Datensatzes. Dieser Datensatz kann also ohne weiteres Suchverfahren sofort gelesen oder geschrieben werden.

Im zweiten Fall ist die *Adresse* des Datensatzes *nicht bekannt*; der Datensatz *muß gesucht werden.*

Der *Zugriff über einen numerischen Schlüssel* auf relative Dateien ist in der Praxis *eher selten* und soll nicht weiter behandelt werden. In der betrieblichen Datenverarbeitung ist der *Zugriff über alphanumerische Schlüssel von weitaus größerer Bedeutung*. Dieser (sowie selbstverständlich auch der Zugriff über rein numerische Schlüssel) wird durch die nachfolgend behandelten Verfahren der indizierten und gestreuten Organisation ermöglicht.

Wie schon im Abschnitt 2.1.1 erwähnt, werden die Attribute als *Schlüssel* bezeichnet, die dadurch ausgezeichnet sind, daß über sie *direkt zugegriffen* werden kann. Bei gleichzeitig identifizierenden Attributen spricht man von *«Primärschlüsseln»*. Bei Attributen, die keine identifizierende Eigenschaft haben, aber einen direkten Zugriff erlauben, verwendet man den Begriff *«Sekundärschlüssel»*.

An dieser Stelle muß darauf hingewiesen werden, daß die Verwaltung der Daten, also auch der Zugriff über Schlüssel auf einen Datensatz, Funktionen beinhaltet, die von der *Systemsoftware* übernommen werden (vgl. hierzu Abschnitt 2.4.2.2). Jedoch ist es für jeden, der sich auch nur entfernt mit Programmierung beschäftigt, unumgänglich, sich mit dieser Problematik auseinanderzusetzen.

Übungsaufgabe Nr. I-168 im Arbeitsbuch ←

a) Indizierte Organisation

INDEXDATEI

Schlüssel	AV
Date C.J.	4
Elson M.	6
Hansen H.R.	1
Maurer H.	2
Müller G.	7
Wedekind H.	5
Wirth N.	3

HAUPTDATEI

RA	INR	Autor	Titel
1	4711	Hansen H.R.	Wirtschaftsinformatik I ...
2	3812	Maurer H.	Datenstrukturen und ...
3	1029	Wirth N.	Algorithmen und Datenstrukturen ...
4	1744	Date C.J.	An Introduction to Database Systems ...
5	1222	Wedekind H.	Datenbanksysteme ...
6	1313	Elson M.	Data Structures ...
7	4712	Müller G.	Informationsstrukturierung in ...

b) Gestreute Organisation

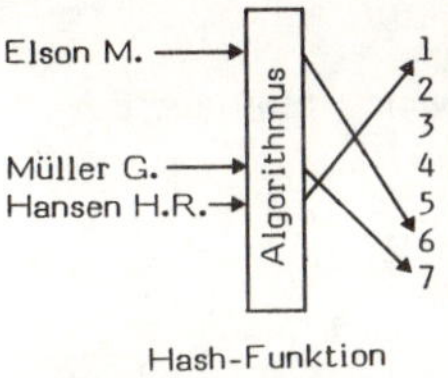

HAUPTDATEI

RA	INR	Autor	Titel
1	4711	Hansen H.R.	Wirtschaftsinformatik I ...
2	3812	Maurer H.	Datenstrukturen und ...
3	1029	Wirth N.	Algorithmen und Datenstrukturen ...
4	1744	Date C.J.	An Introduction to Database Systems ...
5	1222	Wedekind H.	Datenbanksysteme ...
6	1313	Elson M.	Data Structures ...
7	4712	Müller G.	Informationsstrukturierung in ...

Abkürzungen: AV = Adreßverweis; INR = Inventarnummer; RA = relative Adresse.

Anmerkungen:

Bei beiden Strategien ist die Inventarnummer (z.B. 4711, 3812...) im Gegensatz zur relativ adressierten Datei Bestandteil der Datenstruktur und daher der Datensätze. Sie muß hier keinesfalls der relativen Adresse entsprechen. Somit muß diese auch nicht fortlaufend vergeben werden. So ist es möglich, z.B. den Aufbewahrungsort des Buches in der Inventarnummer genauer zu spezifizieren (1xxx könnte für die erste Buchstellage stehen, 2xxx für die zweite und so fort).

zu a) Der Adreßverweis stellt die Verbindung zwischen Indexdatei und Hauptdatei dar. Wird im Index ein Schlüssel gefunden, kann über diesen Adreßverweis auf den zugehörigen Satz der Hauptdatei zugegriffen werden.

zu b) Bei der gestreuten Organisation wird der Suchschlüssel als Eingabeparameter für den Algorithmus der Hash-Funktion verwendet, der die relative Adresse des zu diesem Schlüssel gehörenden Datensatzes liefert.

Abb. 3.2.1/3: Gegenüberstellung (a) der Organisation mit Index und (b) der gestreuten Organisation

3.2.1.1 Indizierte Organisation

Unter einem **Index** (engl.: index) versteht man in der Datenverarbeitung eine Hilfsdatei, deren Datensätze neben den Schlüsseln der Hauptdatei die Adressen der zu diesen Schlüsseln gehörenden Datensätze beinhalten (= Adreßverweise).

INDEXDATEI			HAUPTDATEI		
Schlüssel	**AV**	**RA**	**INR**	**Autor**	**Titel**
Date C.J.	4	1	4711	Hansen H.R.	Wirtschaftsinformatik I ...
Elson M.	6	2	3812	Maurer H.	Datenstrukturen und ...
Hansen H.R.	1	3	1029	Wirth N.	Algorithmen und Datenstrukturen ...
Maurer H.	2	4	1744	Date C.J.	An Introduction to Database Systems ...
Müller G.	7	5	1222	Wedekind H.	Datenbanksysteme ...
Wedekind H.	5	6	1313	Elson M.	Data Structures ...
Wirth N.	3	7	4712	Müller G.	Informationsstrukturierung in ...

Abkürzungen: AV = Adreßverweis; INR = Inventarnummer; RA = relative Adresse.

Abb. 3.2.1.1/1: Index- und Hauptdatei

Der *einfachste Fall der Dateiorganisation mit einem Index* ist der, daß die *Schlüssel in der Reihenfolge, in der sie erfaßt werden, in den Index eingetragen* werden.

Das Ergebnis ist ein *unsortierter Index*. Bei jedem Suchvorgang muß der gesamte Index durchgelesen werden, da das System nicht «wissen» kann, an welcher Stelle in der Indexdatei der gesuchte Schlüssel aufzufinden ist.

Das Ziel jeder Dateiorganisation ist – wie schon weiter oben erwähnt – ein möglichst schneller Zugriff mit möglichst wenig Aufwand. Daher werden Sie jetzt vielleicht fragen: «Warum überhaupt ein Index?». Sie wissen bereits, daß bei jedem Schreib- und Lesezugriff ein konstant großer Datenteil gelesen oder geschrieben werden kann. Wenn die Schlüssel einer Datei in einen Index auslagert werden, können *bei jedem Zugriff mehrere Schlüssel eingelesen* werden, und die Dauer des Suchprozesses wird dadurch verkürzt.

Beispiel:

Auf einer Diskette hat ein Datensatz genau die Länge eines Sektors von 256 Zeichen. Der alphanumerische Schlüssel ist fünf Zeichen lang. Für den Index benötigt man:

Schlüssel	5 Zeichen
Adresse	4 Zeichen
Summe	9 Zeichen

Die Zugriffszeit auf einen Sektor der Diskette beträgt 0,3 Sekunden. Zugriffszeiten im Arbeitsspeicher liegen um ca. 0,000001 Sekunden und sind damit für dieses Beispiel vernachlässigbar. Die Datei umfaßt 1 000 Datensätze und soll sequentiell durchsucht werden. Datei und Index sind unsortiert. Wie lange dauert das Auffinden eines Datensatzes,

a) wenn in der Hauptdatei gesucht wird?

b) wenn in der Indexdatei gesucht wird?

Die Dauer des Zugriffes entspricht der Anzahl der Diskettenzugriffe mal Zugriffszeit.

Lösung:

a) 1 000 · 0,3 Sekunden = 300 Sekunden bzw. 5 Minuten
In jeden Sektor paßt genau ein Datensatz.

b) $256/9 = 28\,^{4}/_{9}$
In jeden Sektor passen 28 Indexeintragungen.
Anzahl der Zugriffe = Anzahl der Datensätze / Anzahl der Indexeintragungen pro Block + 1
Dauer des Zugriffs = Anzahl der Zugriffe · Zugriffszeit =
(1 000 / 28 + 1) · 0,3 =
(35,71 + 1) · 0,3 =
11 Sekunden

Obiges *Beispiel* soll nur die *Grundidee der indizierten Organisation* beschreiben. Es muß aber darauf hingewiesen werden, daß dies eine *triviale Form ist, die in der Praxis nirgendwo angewendet wird*. Es gibt wesentlich schnellere Zugriffsverfahren über einen Index. Diese *Verbesserung* kann dadurch bewirkt werden, daß die *Indexeintragungen* nicht einfach in der Reihenfolge ihrer Erfassung, sondern *in einer bestimmten Sortierung* eingetragen werden. Wie diese Indexorganisation aussehen kann, wird in den nächsten Abschnitten gezeigt.

Übungsaufgabe Nr. I-169 im Arbeitsbuch ←

3.2.1.1.1 Indizierte Organisation mit physisch sortiertem Index

In einem *physisch sortierten Datenbestand* entspricht die Reihenfolge der Speicherung der Sortierreihenfolge.

In diesem Abschnitt werden die *Suchverfahren in solchen physisch sortierten Datenbeständen* erklärt. Auf die Prinzipien der wichtigsten

Sortierverfahren, also der Verfahren, die notwendig sind, um einen sortierten Index zu erzeugen, soll hier nicht näher eingegangen werden.

Auch in einem physisch sortierten Index kann *sequentiell gesucht* werden. Da dadurch aber keine Verbesserung gegenüber der unsortierten Indexorganisation erreicht werden kann, wird dieses Verfahren nur dann angewendet, wenn die Anzahl der zu durchsuchenden Datensätze gering ist.

Binäres Suchen

Ein Ihnen vielleicht schon bekanntes *Ratespiel soll das binäre Suchverfahren näher erläutern*:

Person A denkt sich eine Zahl zwischen 1 und 1023 aus, Person B muß diese Zahl erraten. Bei einem Rateversuch muß A bekanntgeben, ob die Zahl erraten wurde. Ist das der Fall, ist das Spiel zu Ende, ist die Zahl nicht die gemerkte, muß A sagen, ob die gemerkte Zahl kleiner oder größer ist. Ein *Beispiel*:

Person A	*Person B*
merkt sich 297	Ist die Zahl 512?
nein, kleiner	Ist die Zahl 512 – 256 = 256?
nein, größer	Ist die Zahl 256 + 128 = 384?
nein, kleiner	Ist die Zahl 384 – 64 = 320?
nein, kleiner	Ist die Zahl 320 – 32 = 288?
nein, größer	Ist die Zahl 288 + 16 = 304?
nein, kleiner	Ist die Zahl 304 – 8 = 296?
nein, größer	Ist die Zahl 296 + 4 = 300?
nein, kleiner	Ist die Zahl 300 – 2 = 298?
nein, kleiner	Die Zahl ist 297!
stimmt!	

Spieler B hat hier die Strategie gewählt, die am schnellsten zum Erfolg führt. Bei dieser *Strategie der Halbierung des durchzusuchenden Abschnittes* ist bei 1023 Zahlen ($1023 + 1 = 1024 = 2^{10}$) dieses Spiel sicher nach zehn Fragen erfolgreich beendet.

Diese Vorgehensweise kann man leicht auf das **binäre Suchen** (engl.: binary search) im sortierten Index übertragen. Wir vermuten, daß das gesuchte Element in der Mitte des Indexbereiches liegt und vergleichen das gesuchte Element mit dem Element in der Mitte. Ist dieses Element kleiner (größer) als das gesuchte Element, wird die Suche nach dem gleichen Verfahren in der Hälfte nach (vor) dem gefundenen Element fortgesetzt. Ist das gefundene Element das gesuchte, wird die Suche erfolgreich abgebrochen. Wenn durch das fortgesetzte Halbieren die Länge des Suchbereiches eins wird, kann die Suche erfolglos beendet werden, der gesuchte Datensatz ist nicht vorhanden.

Mit diesem Verfahren kann ein Datenbestand von n Elementen in $_2\log (n+1)$ Vergleichen durchsucht werden.

Beim *Bibliotheksbeispiel* sind also bei z.B. 65 535 Büchern ($65\,536 = 2^{16}$) nur sechzehn Suchschritte zu bewältigen.

Übungsaufgabe Nr. I-170 im Arbeitsbuch ←

m-Wege-Suchen

Das **m-Wege-Suchen** (engl.: m-way-search) stellt eine Alternative zum binären Suchen dar. Der sortierte Datenbestand wird in Blöcke mit – der Einfachheit halber – konstanter Länge eingeteilt. Der Suchschlüssel wird zuerst mit dem letzten Element des ersten Blokkes verglichen. Ist der Suchschlüssel größer, wird zum nächsten Block, falls dieser vorhanden ist, übergegangen. Ist der Suchschlüssel kleiner, wird im so ermittelten Block durch eines der beschriebenen Suchverfahren weitergesucht.

INDEXDATEI – erste Hierarchiestufe

Schlüssel	AV
Knuth D.E.	1
Wirth N.	5

INDEXDATEI – zweite Hierarchiestufe

RA	Schlüssel	AV
1	Date C.J.	4
2	Elson M.	6
3	Hansen H.R.	1
4	Knuth D.E.	8
5	Maurer H.	2
6	Müller G.	7
7	Wedekind H.	5
8	Wirth N.	3

HAUPTDATEI

RA	INR	Autor	Titel
1	4711	Hansen H.R.	Wirtschaftsinformatik I ...
2	3812	Maurer H.	Datenstrukturen und Pro ...
3	1029	Wirth N.	Algorithmen und Daten ...
4	1744	Date C.J.	An Introduction to Data ...
5	1222	Wedekind H.	Datenbanksysteme ...
6	1313	Elson M.	Data Structures ...
7	4712	Müller G.	Informationsstrukturierung ...
8	1000	Knuth D.E.	The Art of Computer ...

Abkürzungen: AV = Adreßverweis; INR = Inventarnummer; RA = relative Adresse.

Abb. 3.2.1.1.1/1: Zweistufiger hierarchischer Index

Dieses Verfahren findet bei einem hierarchischen Index Anwendung. In diesem Fall werden *zwei oder mehr Indexdateien übereinander* angelegt. Die Schlüsseleintragungen der obersten Hierarchieebene beinhalten den Schlüssel des größten Elementes und die relative Adresse des kleinsten Blockes der darunterliegenden Ebene.

In der Abb. 3.2.1.1.1/1 besteht zum *Beispiel* die erste Eintragung auf höchster Hierarchieebene aus dem Schlüssel «Knuth D.E.» (das ist der größte Schlüssel des ersten Blockes) und «1» (das ist die relative Adresse des kleinsten Schlüssels des ersten Blockes).

Nehmen wir als anderes *Beispiel* das *Telefonteilnehmerverzeichnis*. In größeren Städten werden mehrere Telefonbücher geführt. So wird etwa in Wien für die Buchstaben A bis H, I bis Q und R bis Z jeweils ein Teilband verwendet. Man könnte nun den Suchvorgang in den drei Teilbänden als *3-Wege-Suchen* betrachten; jeder beginnt in jenem Telefonbuch zu suchen, das den gesuchten Namen und die gesuchte Telefonnummer beinhaltet.

Die *Qualität des m-Wege-Suchens* ist stark von der gewählten Blockgröße abhängig. Im Grenzfall, bei Blockgröße 1, entspricht das m-Wege-Suchen dem sequentiellen Verfahren.

Allgemein kann gesagt werden, daß mit der Hilfe des *binären Suchens* in größeren Datenbeständen nach den wenigsten Vergleichen das gesuchte Element aufgefunden wird.

Wie erwähnt sind obige Suchverfahren nur dann anzuwenden, wenn der Datenbestand physisch sortiert ist, d.h. wenn die Schlüssel der Datensätze in der Indexdatei eine auf- oder absteigende Folge bilden.

Was passiert, wenn ein neuer Datensatz in eine Datei aufgenommen wird? In der Regel wird für diesen Fall auf dem Speichermedium *für den Index ein Überlaufbereich* angelegt, in den die Indexeintragungen der hinzukommenden Sätze in der Reihenfolge ihrer Erfassung eingetragen werden. *Wird der gesuchte Schlüssel im sortierten Bereich nicht gefunden, so wird im unsortierten Überlaufbereich sequentiell weitergesucht.* Die Dauer des gesamten Suchvorganges wird somit von der Größe des Überlaufbereiches wesentlich beeinflußt. Es ist unumgänglich, daß der *Index von Zeit zu Zeit reorganisiert* wird, d.h. daß der Indexdatenbestand neu sortiert wird, daß ein neuer Überlaufbereich angelegt wird u.ä.m.

→ Übungsaufgabe Nr. I-171 im Arbeitsbuch

3.2.1.1.2 Indizierte Organisation mit logisch sortiertem Index

Wir haben festgestellt, daß das Einfügen in physisch sortierte Datenbestände mit dem Problem des Reorganisierens verbunden ist. Wird selten reorganisiert, verlängern sich die Zugriffszeiten durch das langsame Suchen im Überlaufbereich. Wird oft reorganisiert, benötigen die Reorganisationsläufe erhebliche Rechenzeiten. Es gibt aber auch *Orga-*

nisationsformen, bei denen Reorganisationen nicht mehr notwendig sind.

Ketten

> Bei einer **Kette** (engl.: chain) ist in jedem Datensatz die Adresse (*Zeiger*; engl.: pointer) des in der Sortierreihenfolge nachfolgenden Satzes gespeichert. In diesem Fall entspricht der physische Nachfolger normalerweise nicht dem logisch nachfolgenden Element.

Der Zeiger, der auf den ersten Datensatz zeigt, wird *Anker* genannt. Der Zeiger des letzten Datenelementes, also jenes Datensatzes, der keinen logischen Nachfolger hat, ist eine *Endemarke*.

INDEXDATEI			HAUPTDATEI		
RA	**Schlüssel**	**KF**	**INR**	**Autor**	**Titel**
1	Hansen H.R.	2	4711	Hansen H.R.	Wirtschaftsinformatik I ...
2	Maurer H.	7	3812	Maurer H.	Datenstrukturen und ...
3	Wirth N.	-	1029	Wirth N.	Algorithmen und Datenstrukturen ...
4	Date C.J.	6	1744	Date C.J.	An Introduction to Database Systems ...
5	Wedekind H.	3	1222	Wedekind H.	Datenbanksysteme ...
6	Elson M.	1	1313	Elson M.	Data Structures ...
7	Müller G.	5	4712	Müller G.	Informationsstrukturierung in ...

physische Reihenfolge

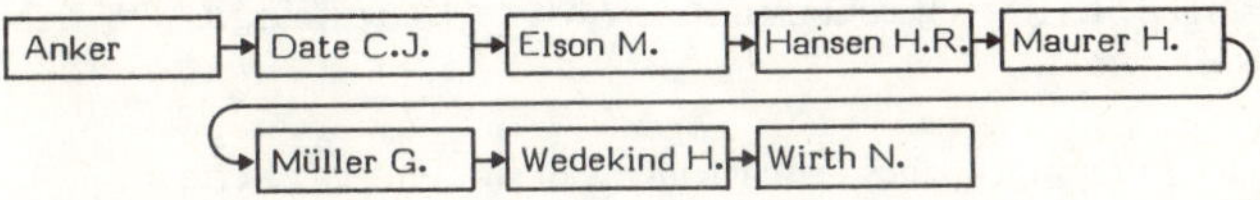

logische Reihenfolge

Abkürzungen: INR = Inventarnummer; KF = Kettenfeld; RA = relative Adresse.

Anmerkung:

Bei dieser Lösung entspricht die relative Adresse (RA) jeder Indexeintragung der relativen Adresse des dazugehörigen Datensatzes der Hauptdatei. Die Zahl im Kettenfeld (KF) ist die relative Adresse der logisch nachfolgenden Indexeintragung, der Strich («-») ist eine Endemarke.

Der Anker würde in diesem Fall durch ein Feld mit dem Inhalt «4» (= relative Adresse der alphabetisch kleinsten Indexeintragung) realisiert werden.

Abb. 3.2.1.1.2/1: Einfache Kette

Wird ein *neues Element hinzugefügt*, so wird es physisch an das Ende des Datenbestandes geschrieben. Der Zeiger des nächstkleineren Elementes (Vorgänger; engl.: predecessor) wird auf das neu eingefügte gerichtet, das neue Element erhält als Zeiger die Adresse des nächstgrößeren Elementes (Nachfolger; engl.: successor).

Wird ein *Datensatz gelöscht*, so wird nur der Zeiger des Vorgängerdatensatzes verändert, und der Speicherplatz des gelöschten Datensatzes wird überschreibbar gemacht.

INDEXDATEI			HAUPTDATEI		
RA	**Schlüssel**	**KF**	**INR**	**Autor**	**Titel**
1	Hansen H.R.	8	4711	Hansen H.R.	Wirtschaftsinformatik I ...
2	Maurer H.	7	3812	Maurer H.	Datenstrukturen und ...
3	Wirth N.	-	1029	Wirth N.	Algorithmen und Datenstrukturen ...
4	Date C.J.	6	1744	Date C.J.	An Introduction to Database Systems ...
5	Wedekind H.	3	1222	Wedekind H.	Datenbanksysteme ...
6	Elson M.	1	1313	Elson M.	Data Structures ...
7	Müller G.	5	4712	Müller G.	Informationsstrukturierung in ...
8	Knuth D.E.	2	1000	Knuth D.E.	The Art of Computer Programming ...

physische Reihenfolge

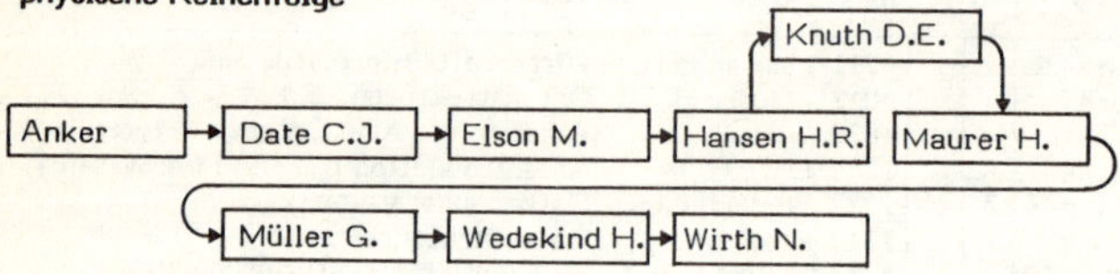

logische Reihenfolge

Abkürzungen: INR = Inventarnummer; KF = Kettenfeld; RA = relative Adresse.

Abb. 3.2.1.1.2/2: Einfügen eines Datenelements in eine einfache Kette

→ Übungsaufgabe Nr. I-172 im Arbeitsbuch

Der wesentliche *Vorteil von Ketten* liegt im einfachen Änderungsdienst. Dem steht jedoch der *Nachteil* gegenüber, daß bei dieser Organisationsform auch auf direkt adressierbaren Speichermedien nur sequentielles Suchen möglich ist. Die gekettete Organisationsform findet *vor allem im Arbeitsspeicher* Anwendung, wo infolge der hohen Zugriffsgeschwindigkeit die Nachteile des sequentiellen Suchens weniger ins Gewicht fallen. Bei externen Speichern muß damit gerechnet werden, daß jedes Kettungselement in einem anderen Sektor bzw. Block liegen kann; die Folge ist ein entsprechend langsamer Suchvorgang.

Baumstrukturen

Baumstrukturierte Dateiorganisationsformen gewinnen immer mehr an Bedeutung. Die in der Literatur vorgeschlagenen Verfahren sind überaus zahlreich. Es können hier in der Folge *nur die wichtigsten grundlegenden Konzepte* dargelegt werden.

Eine **Baumstruktur** (engl.: tree) besteht aus einer Menge von Knoten (engl.: vertices) (= eigentliche Information) und Kanten (engl.: edges) (= Adreßinformation). Jede Kante zeigt auf einen Knoten. Die Baumstruktur weist drei *Eigenschaften* auf:

1. Es gibt genau einen Knoten, der keinen Vorgänger hat; dieser Knoten ist die Wurzel (engl.: root) dieser Struktur.
2. Jeder Knoten, außer der Wurzel, hat genau einen unmittelbaren Vorgänger.
3. Zu jedem Nichtwurzelknoten gibt es genau einen Weg von der Wurzel zu diesem Knoten.

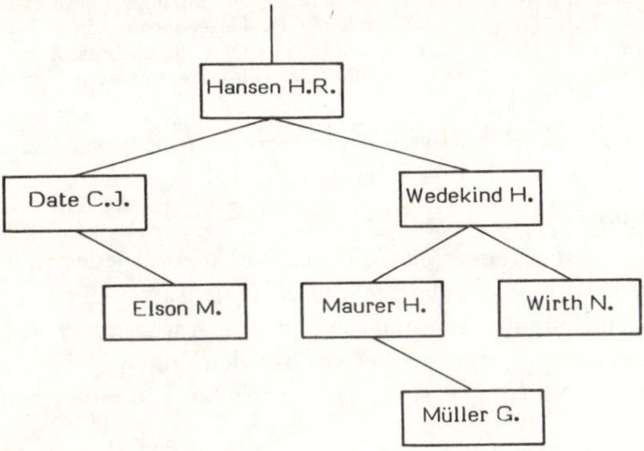

Abb. 3.2.1.1.2/3: Baumstruktur

Wie Sie aus Abb. 3.2.1.1.2/3 entnehmen können, werden Baumstrukturen gewöhnlich verkehrt herum gezeichnet. Wenn Sie diese Seite um 180 Grad drehen, dann zeigt die Wurzel wirklich nach unten. Ehe wir auf Baumorganisationen näher eingehen, sind noch einige *Begriffe* zu erklären.

Mit **Ordnung** (**Grad**) wird die maximale Anzahl der unmittelbaren Nachfolger eines Knotens bezeichnet. Ein *Baum der Ordnung zwei* (= ein Baum vom Grad zwei) heißt **binärer Baum**. Eine *Kette* läßt sich als *Baum der Ordnung eins* darstellen.

In der Folge werden wir uns ausschließlich mit binären Bäumen, der wichtigsten Kategorie, beschäftigen. Realisiert werden binäre Bäume mit einem *Index, der aus dem Schlüssel und zwei Kettenfelder besteht.* Ein Kettenfeld steht für den linken Nachfolger, das andere für den rechten Nachfolger. Abb. 3.2.1.1.2/4 zeigt die zu Abb. 3.2.1.1.2/3 gehörende Darstellung.

INDEXDATEI

RA	Schlüssel	KF li	KF re
1	Hansen H.R.	4	5
2	Maurer H.	-	7
3	Wirth N.	-	-
4	Date C.J.	-	6
5	Wedekind H.	2	3
6	Elson M.	-	-
7	Müller G.	-	-

HAUPTDATEI

INR	Autor	Titel
4711	Hansen H.R.	Wirtschaftsinformatik I ...
3812	Maurer H.	Datenstrukturen und ...
1029	Wirth N.	Algorithmen und Datenstrukturen ...
1744	Date C.J.	An Introduction to Database Systems ...
1222	Wedekind H.	Datenbanksysteme ...
1313	Elson M.	Data Structures ...
4712	Müller G.	Informationsstrukturierung in ...

Abkürzungen: INR = Inventarnummer; KF li = linkes Kettenfeld; KF re = rechtes Kettenfeld; RA = relative Adresse.

Anmerkung:

Bei dieser Lösung entspricht die relative Adresse jeder Indexeintragung der relativen Adresse des dazugehörigen Datensatzes der Hauptdatei. Die Zahlen in den Kettenfeldern sind die relativen Adressen der logisch nachfolgenden Indexeintragungen, wobei «li» für den linken Nachfolger und «re» für den rechten Nachfolger steht. Der Strich («-») ist eine Endemarke.

Abb. 3.2.1.1.2/4: Realisierung eines binären Baumes durch einen Index mit zwei Kettenfeldern

Ein Baum heißt *sortiert*, wenn alle Knoten im linken Teilbaum kleiner und alle Knoten im rechten Teilbaum größer als ihre unmittelbaren Vorgängerknoten sind. Der Baum in Abb. 3.2.1.1.2/3 ist demnach sortiert.

Das *Suchen und Einfügen in sortierten binären Bäumen* sind überaus einfache Operationen. Beginnen wir mit dem *Suchen*. Wir suchen im auf der Folgeseite abgebildeten Baum den Knoten mit dem Schlüssel «Knuth D.E.». Zuerst vergleichen wir den Suchschlüssel mit der Wurzel. Es können vier verschiedene Situationen auftreten:

Situation	Aktion
* Der gesuchte Schlüssel ist kleiner:	Suche im linken Teilbaum.
* Der gesuchte Schlüssel ist größer:	Suche im rechten Teilbaum.
* Der gesuchte Schlüssel wird gefunden:	Beende Suchprozeß.
* Der gesuchte Schlüssel ist nicht vorhanden:	Beende Suchprozeß.

Die letztgenannte Situation kann nur dann auftreten, wenn der gesuchte Schlüssel kleiner oder größer ist und der Zeiger auf die Endemarke weist.

Bei der Operation *Einfügen* wird so die logische Position des Knotens ermittelt, und der Knoten wird an dieser Stelle eingefügt.

In Abb. 3.2.1.1.2/5 wird nach dem Knoten «Knuth D.E.» gesucht. Der erste verglichene Knoten (Wurzel «Hansen H.R.») ist kleiner als das gesuchte Element; infolgedessen wird im rechten Teilbaum weitergesucht. Die nächsten beiden verglichenen Knoten («Wedekind H.» und «Maurer H.») sind beide größer; es wird in den linken Teilbäumen (in den Teilbäumen mit den kleineren Knoten) weitergesucht. «Maurer H.» hat keinen linken Nachfolger, der gesuchte Knoten ist nicht im Baum; «Knuth D.E.» wird als linker Nachfolger dieses Knotens eingetragen (siehe Abb. 3.2.1.1.2/6).

Physisch wird der neue Knoten am Ende des Datenbereiches hinzugefügt, seine logische Position im Baum wird durch Zeiger (Kettenfelder) realisiert.

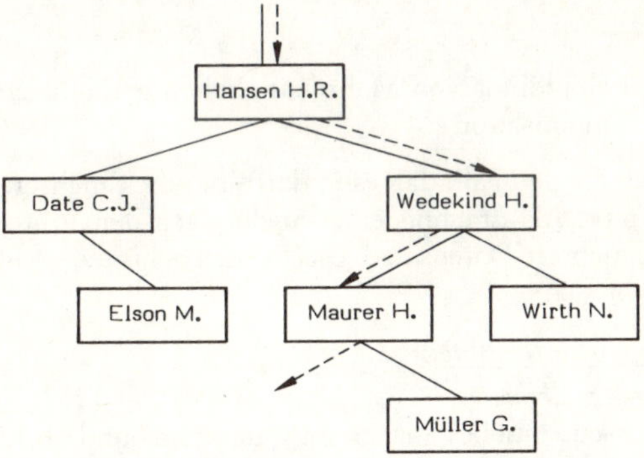

Abb. 3.2.1.1.2/5: Suchen in binären Bäumen (Autor «Knuth D.E.»)

Das *Löschen* in binären Bäumen ist dann einfach, wenn der zu löschende Knoten keinen oder nur einen unmittelbaren Nachfolger hat. In diesen Fällen kann der Knoten einfach eliminiert werden, indem im ersten Fall in das Kettenfeld eine Endemarke, im zweiten Fall der Zeiger

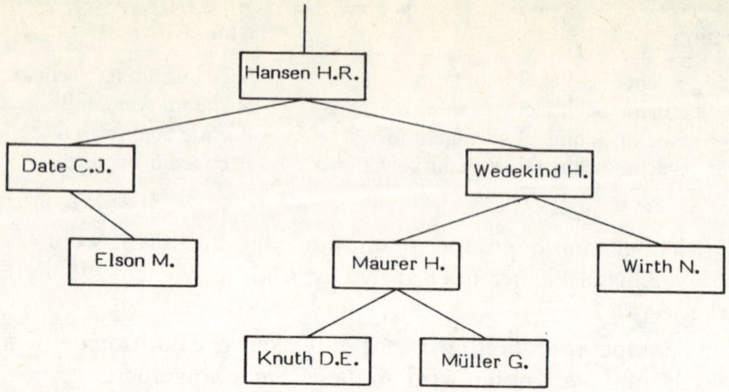

Abb. 3.2.1.1.2/6: Einfügen in binären Bäumen (Autor «Knuth D.E.»)

auf den unmittelbaren Nachfolger gesetzt wird. Hat der Knoten zwei Nachfolger, kann die gleiche Situation durch eine einfache Vertauschoperation erreicht werden: Der zu löschende Knoten wird durch den nächstkleineren oder nächstgrößeren Knoten ersetzt, der an seiner alten Position gelöscht wird. Sowohl der nächstkleinere als auch der nächstgrößere Knoten eines inneren Knotens haben maximal einen unmittelbaren Nachfolger und können einfach gelöscht werden.

→ Übungsaufgabe Nr. I-173 im Arbeitsbuch

3.2.1.1.3 Behandlung von Mehrdeutigkeiten bei indizierter Organisation

Betrachten Sie den Fall, daß es in der Bibliothek mehrere Bücher von «Dijkstra» gibt. Als Ergebnis einer Suche nach dem Autor «Dijkstra» erhalten Sie mehrere Datensätze. Das Suchen geht in diesem Fall folgendermaßen vor sich:

1. *Physisch sortierter Index*

   a) *Binäres Suchen*:
   Durch sequentielles Suchen im Index (auf- und abwärts) ab dem ersten zutreffenden Index und im Überlaufbereich findet man alle entsprechenden Datensätze. Die Größe des Überlaufbereichs muß hier besonders klein gehalten werden, da bei jedem Zugriff der ganze Überlaufbereich durchsucht werden muß. Reorganisationen in kurzen Zeitabständen sind daher unvermeidbar.

   b) *m-Wege-Suchen*:
   Hier werden sinnvollerweise zusammengehörige Indexeintragun-

gen in denselben Blöcken liegen. Sonst gilt das gleiche wie im Fall 1. a).

2. *Logisch sortierter Index*

   a) *Ketten*:
   Bei Ketten kann nur sequentiell gesucht werden. Sobald der erste zutreffende Datensatz gefunden ist, wird sequentiell weitergearbeitet, bis sich der Schlüssel ändert.

   b) *Bäume*:
   Bei Bäumen sind gleiche Schlüsseleinträge erlaubt. Es muß nur sichergestellt werden, daß eventuell gleiche Schlüssel in benachbarten Knoten liegen. Der Suchvorgang kann, sobald der erste zutreffende Knoten gefunden wurde, in den darunterliegenden, benachbarten Knoten fortgesetzt werden.

Übungsaufgabe Nr. I-174 im Arbeitsbuch ←

3.2.1.2 Gestreute Organisation

Bis jetzt wurde beschrieben, wie man in physisch oder logisch sortierten Datenbeständen Datensätze möglichst effizient, d.h. mit möglichst wenigen Zugriffen, finden und Datenstände gegebenenfalls verändern kann.

Eine Alternative zu diesen Verfahren stellt die **gestreute Organisation** (Synonyme: **Schlüsseltransformation, Hash-Verfahren**; engl.: hash organization) dar, bei der direkt aus dem jeweiligen Schlüssel die Adresse des zugehörigen Datensatzes errechnet wird.

Es treten hier *zwei Probleme* auf:

1. *Welche Funktion* soll für diese Berechnung verwendet werden?
2. Da die Anzahl der verfügbaren Speicherplätze in der Regel geringer ist als die der möglichen Schlüssel, muß eine Funktion gewählt werden, die eine *Doppelbelegung* (Kollision; engl.: collision) einer Adresse zuläßt. Die Art der *Behandlung derartiger Kollisionen* beeinflußt die Zugriffsdauer wesentlich.

Durch die **Schlüsseltransformationsfunktion** (Synonym: **Hash-Algorithmus**; engl.: hash algorithm, hash code) wird aus alphabetischen, numerischen oder alphanumerischen Schlüsseln eine Menge von Adressen berechnet.

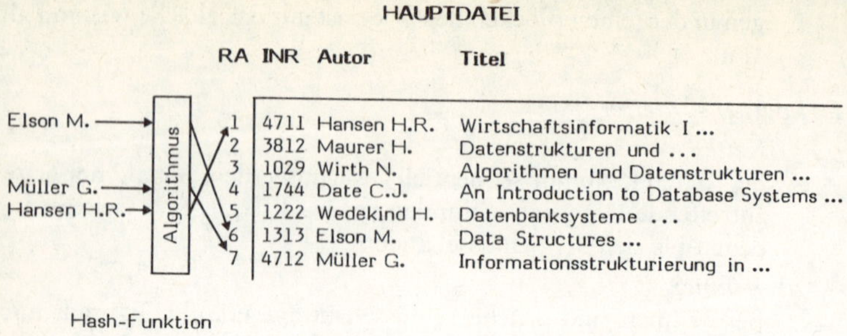

Abkürzungen: INR = Inventarnummer; RA = relative Adresse.

Abb. 3.2.1.2/1: Gestreute Organisation

Bei nahezu allen Programmiersprachen ist es möglich, den internen Code (EBCDIC, ASCII...; vgl. Abschnitt 2.1.3.2) jedes einzelnen Zeichens abzufragen. *Versuchen wir aus dem Schlüssel einen eineindeutigen (= umkehrbar eindeutigen) dezimalen Wert zu errechnen*, also einen Wert, aus dem wiederum der Schlüssel berechnet werden kann.

Da die Zeichen im allgemeinen im 8-Bit-Code dargestellt werden, können sie 256 verschiedene Werte (die Werte 0 bis 255) annehmen. Man kann also einen alphanumerischen Schlüssel direkt in ein Zahlensystem (vgl. Abschnitt 2.1.3.3) mit der Basis 256 übertragen.

Beispiel:
10stelliges alphabetisches Schlüsselfeld mit dem Inhalt |HANSEN |:

Buchstabe	|H|	|A|	|N|	|S|	|E|	|N|	| |	| |	| |	| |
EBCDIC-Wert	200	193	213	226	197	213	64	64	64	64

Wert
$$= 200 \cdot 256^9 + 193 \cdot 256^8 + 213 \cdot 256^7 + 226 \cdot 256^6 + 197 \cdot 256^5 + 213 \cdot 256^4 + 64 \cdot 256^3 + 64 \cdot 256^2 + 64 \cdot 256^1 + 64 \cdot 256^0 =$$
$$= 948048930278549498118208$$

Der errechnete Wert 9480489... entspricht dem Schlüssel |HANSEN |. Die Anzahl der möglichen Schlüssel kann berechnet werden, indem man für jeden Buchstaben den höchsten Wert einsetzt, den dieser annehmen kann (255). Bei der Schlüssellänge von zehn ist das $255^{10}-1$. Sie sehen, daß die Anzahl der möglichen Schlüssel weit größer ist als die Anzahl der in der Regel zur Verfügung stehenden Speicherplätze. Man braucht also eine Funktion (= Schlüsseltransformationsfunktion), welche die riesige Anzahl von möglichen Schlüsseln auf eine akzeptable Menge von Adressen abbildet.

Hierfür werden in der Literatur eine *Vielzahl von Hash-Algorithmen* (u.a. Faltung, Abschneiden, Extrahieren) vorgeschlagen. Eine der bekanntesten Funktionen ist das *Divisionsrestverfahren.*

Beim *Divisionsrestverfahren* wird der (etwa auf obige Weise) errechnete, dem jeweiligen Schlüssel entsprechende numerische Wert durch die Anzahl der für die betreffende Datei reservierten Speicherplätze (n) dividiert. Der Rest dieser Division liegt zwischen null und n - 1 und wird als Speicheradresse verwendet. Es hat sich als empfehlenswert erwiesen, für n eine Primzahl zu wählen.

Nehmen wir zum *Beispiel* n = 1117. Dann wird dem Schlüssel |HANSEN | eine Adresse zwischen 0 und 1116 zugeordnet. Diese Adresse ist der Rest der Division von dem oben berechnetem Wert (9480489...) durch 1117, das ist die Zahl 403.

Da durch die Verwendung einer Hash-Funktion die Anzahl der errechneten Adressen geringer ist als die der möglichen Schlüssel (diese Reduzierung ist Sinn und Zweck dieser Funktion), kann es vorkommen, daß mehreren verschiedenen Schlüsseln ein und dieselbe Adresse zugewiesen wird. Die *Behandlung solcher Kollisionen* kann auf verschiedenste Art und Weise geregelt werden.

Eine Möglichkeit der Kollisionsbehandlung ist die sog. *direkte Verkettung* (engl.: chaining), bei der die kollidierenden Datensätze in einen Überlaufbereich der Datei geschrieben und dort untereinander verkettet werden. Der Nachteil dieser Methode ist, daß eine zusätzliche Kette zu führen ist, deren Durchsuchung zeitaufwendig werden kann.

Eine andere Lösung, die auf solche Verkettungen verzichtet, heißt *offene Adressierung* (engl.: open addressing). Hier wird im Kollisionsfall im Adreßbereich entweder in konstanten (lineares Sondieren) oder in quadratisch ansteigenden (quadratisches Sondieren) Abständen nach freien Speicherplätzen gesucht.

Beim *Hash-hash-Verfahren* (engl.: double hashing) wird im Kollisionsfall zur Suche eines freien Speicherplatzes wieder eine Hash-Funktion verwendet. Diese zweite Hash-Funktion muß sich von der ersten unterscheiden, da sonst eine neuerliche Kollision auftreten würde. Ansonsten ist dieses Verfahren das geeignetste, um die Anzahl der Kollisionen gering zu halten.

Übungsaufgabe Nr. I-175 im Arbeitsbuch ←

Dem *Vorteil des schnellen Zugriffs* (meist schneller als die «besten» Baumstrukturen) stehen *folgende Nachteile der gestreuten Organisation* gegenüber:

1. *Sie ist fast ausschließlich auf Attribute mit Primärschlüsseleigenschaft anzuwenden.* Die Anzahl der Kollisionen würde bei Mehrdeu-

tigkeiten (wie bei Sekundärschlüsseln möglich) so enorm steigen (die Adreßberechnung von «|HANSEN |» durch die Hash-Funktion bringt immer den gleichen Wert), daß die Suche unvertretbar lange dauern würde.

Deshalb ist zum *Beispiel* die gestreute Organisation in unserem *Bibliotheksverwaltungssystem* für die Realisierung eines direkten Zugriffs über das Attribut «Autor» nicht geeignet.

2. *Die Größe der Hashtabelle, das ist der für die Datensätze reservierte Speicherbereich, kann nur mit erheblichem Aufwand geändert werden. Deshalb ist es notwendig, die Anzahl der zu erwartenden Datensätze relativ genau zu kennen.* Bei einer schlecht gewählten Größe ist die Folge entweder eine Speicherplatzverschwendung, die Hash-Tabelle ist nur sehr dünn besetzt, oder eine schlechte Zugriffszeit, da um so öfter Kollisionen auftreten, je dichter die Datensätze in der Tabelle liegen.
3. *Die Datensätze können nur nach einem zeitaufwendigen Sortiervorgang sortiert ausgegeben werden*; bei einer Baumorganisation ist hingegen jederzeit die Ausgabe der Datensätze in auf- oder absteigender Folge der Schlüssel möglich.
4. Bei allen Formen der sortierten Speicherung (physisch oder logisch sortiert) ist auch ein *«teilqualifizierter» Zugriff* möglich, d.h. es kann auf einen Datensatz, von dessen Schlüssel nur ein Teil bekannt ist, zugegriffen werden. Es können zum Beispiel alle Datensätze, deren Schlüssel mit ‹A› beginnt, aufgelistet werden. *Diese vor allem bei sehr langen Schlüsseln vorteilhafte Möglichkeit ist bei gestreuter Organisation nicht gegeben.*

Beispiel:

Betrachten Sie wieder das *Bibliotheksverwaltungssystem*, bei dem über den Titel der Publikation zugegriffen werden soll. Für den Titel müssen mindestens hundert Zeichen reserviert werden. Bei Hash-Verfahren müssen immer diese hundert Zeichen eingegeben werden; bei jedem Tippfehler oder bei jedem fehlenden Leerzeichen wird kein Datensatz, kein Buch mit diesem Titel, gefunden. Bei sortierten Speicherverfahren genügen u.U. die ersten fünf oder zehn signifikanten Buchstaben, um die richtige Eintragung zu finden.

→ Übungsaufgabe Nr. I-176 im Arbeitsbuch

3.2.1.3 Vergleich der beschriebenen Dateiorganisationsmethoden

In der folgenden *Übersicht* (Abb. 3.2.1.3/1) werden die *wichtigsten Merkmale der verschiedenen Dateiorganisationsmethoden* nochmals zusammenfassend dargestellt.

Datei-organisations-methoden	SEQUENTIELL	INDIZIERT			GESTREUT
		relativ	log. sort. Index	phys. sort. Index	
Charakteristische Merkmale	Es gibt nur die Hauptdatei.	Auf die Hauptdatei kann mittels eines numerischen Wertes direkt zugegriffen werden.	Es gibt neben der Hauptdatei immer eine vorgelagerte Zugriffsdatei (Indexdatei).		Die Adressen der Datensätze der Hauptdatei werden über einen speziellen Algorithmus aus dem Schlüssel berechnet.
Mögliche Speichermedien	sequentiell oder direkt adressierbar	direkt adressierbar			direkt adressierbar
Suchstrategien	sequentiell	Ermittlung des numerischen Wertes	Ketten: sequentiell Bäume: ähnlich binärem Suchen	sequentiell, binär, m-Wege	Suche nur bei Kollision notwendig
Reorganisation notwendig?	nein	nein	nein	ja	nein
Für Primär- und/oder Sekundärschlüssel verwendbar?	kein Schlüsselzugriff möglich	Primärschlüssel	Primärschlüssel und/oder Sekundärschlüssel		Primärschlüssel

Abb. 3.2.1.3/1: Gegenüberstellung der wichtigsten Merkmale der beschriebenen Dateiorganisationsmethoden

3.2.2 Datenbanksysteme

Betrachten wir wieder unser *Beispiel einer Bibliotheksverwaltung*. Die Buchrecherche, das Entlehnwesen und die Budgetverwaltung der Bibliothek sollen automatisiert werden. Werden nun diese drei Aufgabenstellungen unabhängig voneinander entwickelt, passiert folgendes:

1. Die Datenstrukturen der Programme sind verschieden, da sie optimal an die einzelnen Problemstellungen angepaßt wurden. Auch die Zugriffspfade unterscheiden sich. So wird bei der Buchrecherche sinnvollerweise die Möglichkeit bestehen, über den Autor direkt zuzugreifen. Realisiert werden kann dieser direkte Zugriff durch die im vorigen Abschnitt (3.2.1) erläuterten Methoden. Das Budgetprogramm benötigt diesen direkten Zugriff nicht, und deswegen wird diese Möglichkeit nicht vorgesehen. Daraus folgt, daß die Programme die Daten der Bibliothek nicht gemeinsam verwenden können. Jedes für sich muß somit alle relevanten Daten beinhalten. Das vorliegende Buch wäre also z.B. in folgenden Darstellungen in ein und derselben EDVA abgespeichert:
   a) Titel: Wirtschaftsinformatik I, Auflage: 5, Autor: Hansen, Stichwort1: EDV, Stichwort2: Einführung. Direkter Zugriff auf Titel, Autor, Stichwort1 und Stichwort2 möglich.
   b) Titel: Wirtschaftsinformatik I, Auflage: 5, Autor: Hansen, Aufbewahrungsort: xxx, Entlehner: yyy, Entlehndatum: zzz. Direkter Zugriff auf Titel, Entlehner und Entlehndatum möglich.

c) Titel: Wirtschaftsinformatik I, Auflage: 5, Autor: Hansen, Kaufpreis: sss, Kaufdatum: ttt, Kaufstelle: aaa. Direkter Zugriff auf Titel und Kaufstelle möglich.

Redundanz (engl.: redundancy) ergibt sich durch die mehrfache Speicherung derselben Datenwerte. Das passiert, wenn diese nicht einheitlich verwaltet werden. Eine mögliche Folge der Redundanz ist die **Dateninkonsistenz** (engl.: inconsistent data). Diese ist dann gegeben, wenn für dieselben Daten unterschiedliche Werte existieren.

Zum *Beispiel* kann bei dem Ersetzen der 5. Auflage des Buches «Wirtschaftsinformatik I» durch die 6. Auflage *Dateninkonsistenz* entstehen. Nehmen Sie an, in der Datei der Buchrecherche wird vergessen, die Änderung durchzuführen. Dann erhalten Sie bei der Suche nach EDV-Einführungsbüchern als Ergebnis auch das Buch «Wirtschaftsinformatik I», 5. Auflage, obwohl Sie dieses Buch nicht entlehnen können, da es ja real durch die 6. Auflage ersetzt wurde.

2. Jedes Programm hat nur die für sich relevanten Attribute eines Buches im Zugriff. Übergreifende Abfragen sind daher nicht möglich. Außerdem gibt es keine einheitliche, globale Bestimmung, welche Attribute für die Bibliothek von Bedeutung sind und welche nicht.

Eine Lösung der angesprochenen Probleme bieten *Datenbanksysteme:*

Das wesentliche bei einem **Datenbanksystem** (engl.: data base system) ist die Ausübung einer zentralen Kontrolle über eine von vielen Benutzern bzw. Programmen verwendete Datenmenge. Es wird ein globales Modell festgelegt, das den für den Betrieb interessanten Realitätsausschnitt widerspiegelt (= konzeptionelles Modell). Die Probleme der Datenspeicherung und -organisation werden zentral gelöst und von den speziellen Auswertungen der Daten für die verschiedenen fachlichen Aufgabenstellungen abgekoppelt.

Zum *Beispiel* können bei der Verwendung eines Datenbanksystems bei dem *Bibliotheksverwaltungssystem* mehrere Programme (z.B. zur Budgetabrechnung, zur Buchinventarisierung u. ä.) fast unabhängig von der Organisation der Daten entworfen werden. Die Problematiken der fachlichen Aufgabenstellungen werden von der Problematik der Datenorganisation getrennt.

→ Übungsaufgabe Nr. I-177 im Arbeitsbuch

Die Bestandteile eines Datenbanksystems sind die **Datenbank** (engl.: data base), das sind die eigentlichen Daten, und das **Datenbankverwaltungssystem** (engl.: data base management system). Das Datenbankverwaltungssystem ist ein Programmsystem zum Aufbau, zur Kontrolle und zur Manipulation der Datenbank.

Teile des Datenbankverwaltungssystems sind die Methoden und Werkzeuge zur Erstellung des konzeptionellen Modells (Abschnitt 3.2.2.1), der externen und internen Schemata (Abschnitte 3.2.2.2 und 3.2.2.3), die Sprachen zur Definition und Manipulation der gespeicherten Daten (Abschnitt 3.2.2.4) und die Hilfsmittel zur Gewährleistung von Datensicherheit (Abschnitt 3.2.2.5) und Datenschutz (Abschnitt 3.2.2.6). Weitere Funktionen können zur Abrechnung der Leistungsinanspruchnahme durch die Benutzer (engl.: job accounting), dem Laden des Datenbanksystems u.ä.m. dienen.

3.2.2.1 Konzeptionelles Modell

Für die *Erstellung des konzeptionellen Modells* bedient man sich der bereits in Abschnitt 2.1.1 beschriebenen Schritte der *Abstraktion.* Gehen wir diese noch einmal mit unserem *Beispiel eines Bibliotheksverwaltungssystems* durch:

1. *Auswahl (Selektion):*

Bei diesem Beispiel interessieren uns als Realweltobjekte wie in Abschnitt 2.1.1 Bücher, Autoren und Kunden der Bibliothek. Ein Buch soll durch die Attribute Inventarnummer, Titel, Verlag, Erscheinungsdatum und -ort, Preis und zwei Stichwörter, ein Autor durch die Attribute Autorennummer, Vor- und Zuname und ein Kunde durch die Attribute Kundennummer, Vor- und Zuname und Adresse beschrieben werden. Die Beziehungen übernehmen wir ebenfalls direkt aus dem Beispiel von Abschnitt 2.1.1.

2. *Benennung:*

Jedem Objekt der Realität, jeder Beziehung und Eigenschaft wird ein eindeutiger Name, ein Bezeichner, zugeordnet. Das Ergebnis ist eine *Informationsstruktur*, wie sie in Abb. 3.2.2.1/1 graphisch dargestellt ist.

3. *Klassifikation:*

Durch die Systematisierung der Attribute durch Objekttypen wurde bereits ein Teil der Klassifikation vorweggenommen. Nun muß noch ein geeignetes *Datenmodell* für die Repräsentation der Daten bestimmt werden. Das ist notwendig, da die Struktur in Abb. 3.2.2.1/1 noch nicht genügend «computergerecht» ist. Sie muß weiter aufbereitet werden. Tabellen, Netze, hierarchische Graphen (= Baumstrukturen) oder ähnliches sind wesentlich besser im Rechner abzubilden.

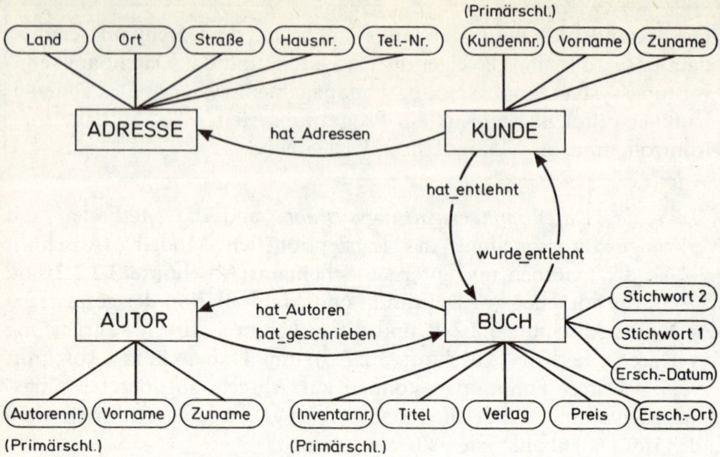

Abb. 3.2.2.1/1: Informationsstruktur

Welches Grundelement, eine Tabelle, ein Netz, ein hierarchischer Graph oder etwas anderes schließlich verwendet wird, *bestimmt das Datenbankverwaltungssystem*. Entscheiden Sie sich für eines, ist damit das für Sie *relevante Datenmodell* vorgegeben, da ein Datenbankverwaltungssystem im allgemeinen nur ein Datenmodell zuläßt. Dieses hat sehr *großen Einfluß auf alle Komponenten des Datenbanksystems*. Die Benutzungsfreundlichkeit, die Zugriffsgeschwindigkeit usw. werden dadurch wesentlich beeinflußt. Das verwendete Datenmodell klassifiziert somit das Datenbanksystem. Man spricht deswegen z.B. auch häufig von *«Netzwerkdatenbanken»* oder *«relationalen Datenbanken»* (Tabelle = Relation).

→ Übungsaufgabe Nr. I-178 im Arbeitsbuch

> Das **Datenmodell** (engl.: data model) dient also dazu, die Informationsstruktur auf ein bestimmtes Datenbanksystem zugeschnitten zu beschreiben.

Die folgenden drei Datenmodelle sind durch ihre Verbreitung am bedeutendsten:

- Hierarchisches Datenmodell,
- Netzwerkmodell und
- Relationenmodell.

3.2.2.1.1 Hierarchisches Datenmodell

Auf dem **hierarchischen Datenmodell** (engl.: hierarchical data model) basierende Datenbanksysteme verwenden als Darstellungsform Baumstrukturen. Die hierarchischen Graphen bestehen aus einem Wurzelobjekttyp, von dem Pfeile nur zu untergeordneten Objekttypen ausgehen können. Es bestehen eindeutige Beziehungen zwischen den Objekttypen. Dies hat eine effiziente «computergerechte» Datenorganisation zur Folge, allerdings leiden darunter die Änderungs- und Benutzerfreundlichkeit. Abfragen müssen sich an der gegebenen Baumstruktur orientieren.

Die Abb. 3.2.2.1.1/1 zeigt Ihnen die auf diese Weise repräsentierte *Informationsstruktur unseres Bibliotheksverwaltungssystems* aus Abb. 3.2.2.1/1.

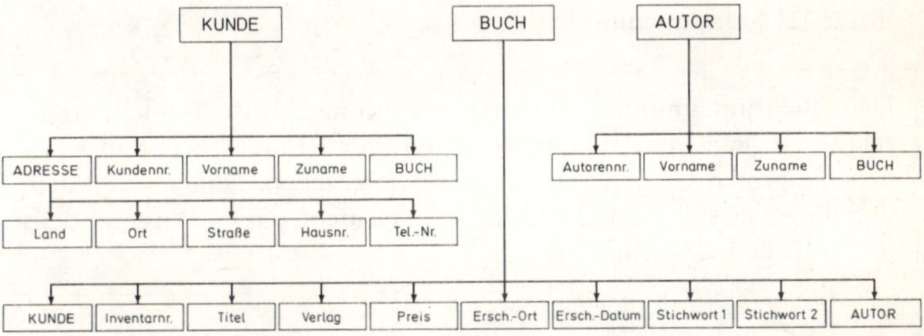

Anmerkung: Objekttypen und Attribute sind durch Kästchen, Beziehungen durch Pfeile dargestellt.

Abb. 3.2.2.1.1/1: Datenbank nach dem hierarchischen Datenmodell

3.2.2.1.2 Netzwerkmodell

Datenbanksysteme nach dem **Netzwerkmodell** (engl.: network data model) stellen die Informationsstruktur mittels Netzwerken dar. Es existieren keine Wurzelobjekte, und ein Objekttyp kann mehrere Ein- und Ausgabepfeile haben. Beziehungen müssen daher gekennzeichnet werden.

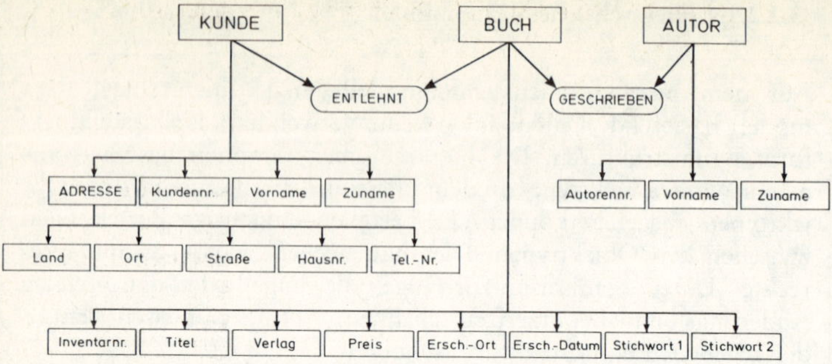

Anmerkung: Objekttypen und Attribute sind durch Kästchen, Beziehungen durch Pfeile und Ovale dargestellt.

Abb. 3.2.2.1.2/1: Datenbank nach dem Netzwerkmodell

3.2.2.1.3 Relationenmodell

Dem **Relationenmodell** (Synonym: relationaes Datenmodell; engl.: relational data model) werden wegen seiner Einfachheit und Klarheit die besten Chancen in der Zukunft gegeben. Daher behandeln wir dieses etwas genauer. Das Grundelement dieses Datenmodells ist die Tabelle (= Relation).

KUNDE	Kundennr.	Vorname	Zuname

BUCH	Inventarnr.	Titel	Verlag	Preis	Ersch.-Ort	Ersch.-Datum	Stichwort 1	Stichwort 2

AUTOR	Autorennr.	Vorname	Zuname

GESCHRIEBEN	Inventarnr.	Autorennr.

ADRESSE	Kundennr.	Land	Ort	Straße	Hausnr.	Tel.-Nr.

ENTLEHNT	Kundennr.	Inventarnr.	Entlehndatum	Rückgabedatum

Abb. 3.2.2.1.3/1: Datenbank nach dem Relationenmodell

Die in der Abb. 3.2.2.1/1 gezeigte *Informationsstruktur* sieht bei einer *Darstellung mittels Relationen* folgendermaßen aus:

Die Vorgehensweise, die zu diesen Tabellen führt, nennt man *Normalisierung* (engl.: normalization). Sie läßt sich formal relativ leicht beschreiben und soll im folgenden behandelt werden.

Die *erste Normalform* soll verhindern, daß die Informationsstruktur in eine Tabelle wie in Abb. 3.2.2.1.3/2 übergeführt wird.

KUNDE			BUCH								BUCH								
K-Nr	VN	ZN	INR	Titel	VL	Preis	EO	ED	ST1	ST2	INR	Titel	VL	Preis	EO	ED	ST1	ST2	...
1112	Heli	Schmidt	4711	WI I	...						4712	WI II	...						

Abkürzungen:

ED = Erscheinungsdatum; EO = Erscheinungsort; INR = Inventarnummer; K-Nr = Kundennummer; ST1 = Stichwort 1; ST2 = Stichwort 2; VL = Verlag; VN = Vorname; WI I = Wirtschaftsinformatik I; WI II = Wirtschaftsinformatik II; ZN = Zuname.

Abb. 3.2.2.1.3/2: Erster, unstrukturierter Lösungsansatz zur Datenmodellierung

Die Länge der Datensätze ist nicht vorhersagbar. Die Verarbeitung von Datensätzen mit unterschiedlicher Länge ist nur bei sequentiellen Speichermedien unproblematisch und erfordert bei direkt adressierbaren Speichermedien erheblichen Verwaltungsaufwand.

Ebenso problematisch ist der Änderungsdienst. Soll z.B. beim Buch mit der Inventarnummer «4712» das «Schlagwort 1» geändert werden, muß der gesamte Datenbestand gelesen werden. Das ist notwendig, weil nicht vorhersehbar ist, im wievielten Feld vom Beginn des Datensatzes das zu verändernde Datenelement liegt.

K-Nr	VN	ZN	INR	Titel	VL	Preis	EO	ED	ST1	ST2
1112	Heli	Schmidt	4711	WI I	...					
1112	Heli	Schmidt	4712	WI II	...					

Abkürzungen:

ED = Erscheinungsdatum; EO = Erscheinungsort; INR = Inventarnummer; K-Nr = Kundennummer; ST1 = Stichwort 1; ST2 = Stichwort 2; VL = Verlag; VN = Vorname; WI I = Wirtschaftsinformatik I; WI II = Wirtschaftsinformatik II; ZN = Zuname.

Abb. 3.2.2.1.3/3: Zweiter Lösungsansatz zur Datenmodellierung

Der *zweite Lösungsansatz* ist schon etwas besser. Die Sätze haben eine feste Länge, jedes gleichartige Feld steht in jedem Datensatz an der gleichen Stelle. Ferner sind die Attribute einfach, das heißt nicht weiter zerlegbar. (Das Attribut «Adresse» mit einer weiteren Unterteilung in

«Land», «Ort», «Straße» und «Hausnummer» wäre ein zusammengesetztes und kein einfaches Attribut.)

> Eine Tabelle ist in **erster Normalform**, wenn sie eine feste Breite hat und nur aus einfachen Attributen besteht.

→ Übungsaufgabe Nr. I-179 im Arbeitsbuch

Angenommen die *Kundin Schmidt heiratet*, nimmt den Namen ihres Ehemanns an und übersiedelt zu diesem. In diesem Fall zeigt sich, daß *die in der ersten Normalform erzeugte Redundanz Nachteile* hat. Es müssen alle Datensätze der Kundin verändert werden. Bei etwas Unachtsamkeit kann hier leicht eine *Dateninkonsistenz* entstehen. Werden zum *Beispiel* Name und Adresse einmal nicht geändert, so werden in Zukunft über die Kundennummer 1112 zwei Namen aufzufinden sein.

Um die Redundanz zu vermeiden und somit den Änderungsaufwand zu vermindern, wird die Tabelle in mehrere zerlegt. *Jedem Objekttyp wird eine Tabelle zugeordnet, in der die dazugehörigen Attribute enthalten sind.*

Damit sind etwa in der Tabelle KUNDE *nur mehr jene Attribute enthalten, die in direkter Abhängigkeit* zu der Person des Kunden stehen. Das sind in unserem Beispiel dessen Kundennummer, Vor- und Zuname.

Zwischen dem Attribut «Vorname» des Objekttyps KUNDE und den Attributen der Tabelle BUCH besteht kein funktionaler Zusammenhang. Der Zusammenhang zwischen den beiden Tabellen beruht lediglich auf der Tatsache, daß der Kunde das spezifizierte Buch entlehnt hat. Der Vorname des Kunden hat für diesen Tatbestand keinerlei Bedeutung.

Die Zusammenhänge der Tabellen sind die Beziehungen zwischen den Objekttypen. Auch diese werden durch Tabellen dargestellt.

Zum *Beispiel* wird die oben angesprochene Beziehung zwischen KUNDE und BUCH durch die Tabelle ENTLEHNT mit den Attributen «Inventarnummer», «Kundennummer», «Entlehndatum» und «Rückgabedatum» in Tabellenform gebracht.

Beim relationalen Datenmodell besteht somit *formal kein Unterschied zwischen Objekttypen und Beziehungen. Beide werden durch Tabellen dargestellt.*

An obigem Beispiel können Sie sehen, daß die *Primärschlüssel zur Verbindung von Tabellen* herangezogen werden. Nur bei diesen ist die korrekte Verknüpfung der Tabellen gewährleistet. Zum Beispiel würde eine Verknüpfung über den Namen des Kunden wegen des möglichen mehrfachen Auftretens eines Namens falsche Verbindungen schaffen.

Die Tabelle ENTLEHNT hat ihrerseits einen *Primärschlüssel*. Er ist die Attributkombination, bestehend aus der Inventarnummer und der Kundennummer. Weder die Kundennummer noch die Inventarnummer alleine bestimmen eindeutig eine Zeile dieser Tabelle. Nur die Kombination beider ist für jede Zeile eindeutig. Damit hat diese Kombination identifizierende Eigenschaft und ist somit Primärschlüssel.

Die *Tabellen in Abb. 3.2.2.1.3/1* sind das *Ergebnis der Normalisierung in die zweite Normalform*. Alle Attribute, die nicht voll funktional abhängig vom jeweiligen Primärschlüssel waren, wurden ausgelagert. Mit dem Begriff *«voll funktional abhängig»* wird die vollkommene Zugehörigkeit eines Attributes zu einem Primärschlüssel umschrieben. Die exakte, aus der Sicht der Relationenalgebra vollständige und korrekte Definition dieses Begriffes würde hier zu weit führen. *Für Sie ist es ausreichend, unter der zweiten Normalform das Ergebnis der Bemühungen zu verstehen, den Zusammenhang von Attributen (wie bei den Attributen eines Objekttyps oder den Attributen einer Beziehung) durch Tabellen darzustellen.*

> Eine Tabelle ist in **zweiter Normalform**, wenn sie in der ersten Normalform ist und wenn jedes Attribut vom Primärschlüssel voll funktional abhängig ist.

Übungsaufgabe Nr. I-180 im Arbeitsbuch ←

Die *dritte Normalform* verbietet transitive Abhängigkeiten.

Ein *Beispiel* soll den *Begriff «transitive Abhängigkeit»* erörtern. Nehmen Sie an, der Erscheinungsort ist durch den Verlag eindeutig bestimmt. Der Erscheinungsort des Verlags «Gustav Fischer» sei immer Stuttgart-Hohenheim. Diese Tatsache geht aus den Tabellen in Abb. 3.2.2.1.3/1 nicht hervor. Eventuelle Eingabefehler (z.B. «Gustav Fischer Verlag» mit Erscheinungsort «München») würden nicht als solche erkannt werden. Außerdem geht beim Entfernen des letzen Buches des Verlags «Gustav Fischer» diese Information sogar vollständig verloren. Die Lösung des Problems bei diesen Voraussetzungen ist eine weitere Aufteilung der Tabelle BUCH in die Tabellen BUCH und ERSCHEINT, wie sie in Abb. 3.2.2.1.3/4 dargestellt ist.

BUCH (<u>Inventarnummer</u>, Titel, Verlag, Erscheinungsdatum, Preis, Stichwort1, Stichwort2)

ERSCHEINT (<u>Verlag</u>, Erscheinungsort)

Anmerkung: Die Primärschlüssel sind unterstrichen.

Abb. 3.2.2.1.3/4: Tabellen BUCH und ERSCHEINT in dritter Normalform

Transitiv abhängig ist bei diesen Annahmen das Attribut «Erscheinungsort» von dem Attribut «Inventarnummer». Das Attribut «Verlag» ist vom Primärschlüssel «Inventarnummer» und das Attribut «Erscheinungsort» ist vom Attribut «Verlag» abhängig.

Eine Tabelle ist in **dritter Normalform**, wenn sie in zweiter Normalform ist und wenn jedes Attribut nicht transitiv vom Primärschlüssel abhängig ist.

Weitere Normalformen (vierte Normalform, Boyce-Codd-Normalform usw.) dienen der Eliminierung noch bestehender Abhängigkeiten außer Primärschlüsselabhängigkeiten innerhalb einer Tabelle. Ihre Behandlung würde aber hier zu weit führen.

→ Übungsaufgabe Nr. I-181 im Arbeitsbuch

3.2.2.1.4 Stellung des konzeptionellen Modells im Datenbanksystem

Das Ergebnis des dreistufigen Modellierungsvorganges nennt man *konzeptionelles Modell* oder *konzeptionelles Schema* (engl.: conceptual schema). Wie Sie aus Abb. 3.2.2.1.4/1 entnehmen können, ist es der Kern in der Architektur eines Datenbanksystems.

Bei dem Einsatz eines Datenbanksystems im Betrieb ist der *Entwurf des konzeptionellen Modells* vor allen anderen Maßnahmen durchzuführen. Diese Aufgabe wird bei großen Informationssystemen bzw. großen Datenbanksystemen[6] i.a. *von der verantwortlichen IS-Entwicklungsgruppe (EDV-Abteilung) in Zusammenarbeit mit der Geschäftsleitung und anderen betroffenen Abteilungen* durchgeführt.

Erst danach richtet der **Datenbankadministrator** (engl.: data base administrator) das *Datenbanksystem auf dem Rechner* ein. Dazu benutzt er Hilfsmittel und Methoden, die ihm das Datenbankverwaltungssystem zur Verfügung stellt.

Das *konzeptionelle Modell* wird mit der *Datendefinitionssprache* (ausführlicher beschrieben in Abschnitt 3.2.2.4) definiert. Anschließend erfolgt ebenfalls durch den Datenbankadministrator die *Definition der*

---

6 In den Ausführungen des Hauptabschnitts 3.2.2 beziehen wir uns primär auf Datenbanksysteme für Großrechner und besonders leistungsfähige Minirechner. Datenbanksysteme für Mikrorechner sind noch größtenteils Einbenutzersysteme. Bei diesen treten viele der nachfolgend behandelten Probleme nicht oder nur in degenerierter Form auf (z.B. gleichzeitiger Zugriff auf Datenbestände). Wir kommen jedoch auf solche «Schmalspur-Datenbanksysteme» im Abschnitt 3.3 zurück.

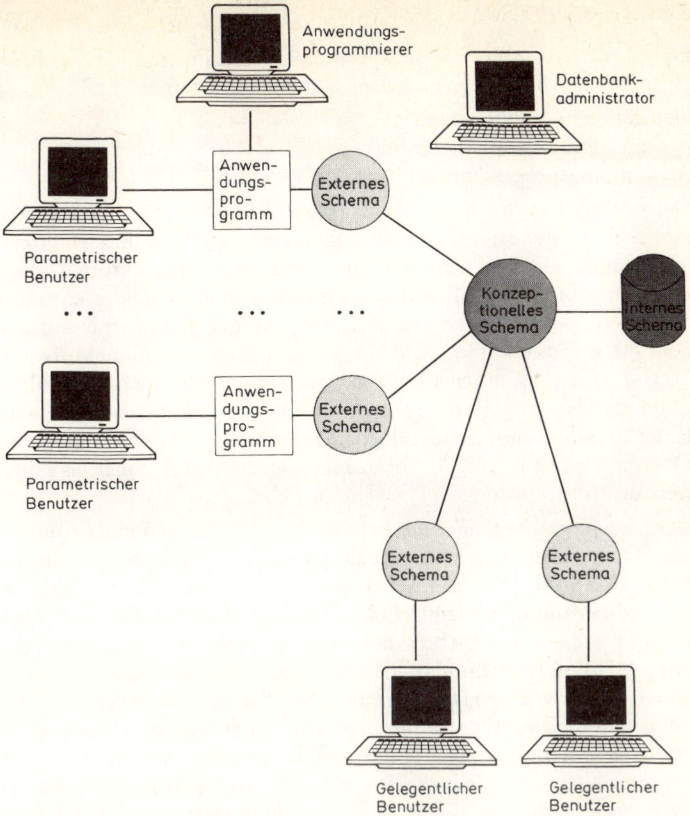

Abb. 3.2.2.1.4/1: Architektur eines Datenbanksystems

externen Schemata und des *internen Schemas*. Danach können eventuell schon bestehende *Daten in die Datenbank* aufgenommen werden. In der Folge hat der Datenbankadministrator die *Verantwortung für das Funktionieren* des Datenbanksystems.

Welche Daten und Anwendungsprogramme verwendet werden, wird im sog. *Data-Dictionary* dokumentiert.

Ein **Data-Dictionary** (unübliche deutsche Übersetzung: Daten-Wörterbuch) dient zur Dokumentation von Datenfeldern und Datenbankstrukturen sowie zur Beschreibung von Anwendungen, Programmen, Transaktionen und deren Verknüpfungen.

3.2.2.2 Externe Schemata

Neben dem oben erwähnten Datenbankadministrator verwenden noch folgende *Mitarbeiter(gruppen)* Datenbanksysteme:

- Gelegentliche Endbenutzer,
- parametrische Endbenutzer und
- Anwendungsprogrammierer.

Gelegentliche Endbenutzer sind «Problemlöser» in Fachabteilungen, die Entscheidungen zu treffen oder vorzubereiten haben. Ihr charakteristisches Aufgabengebiet sind einmalig auftretende, unstrukturierte Probleme. Oft kann erst während des Problemlösungsprozesses entschieden werden, welche Daten noch benötigt werden. Die Benutzung geschieht meist spontan und sollte mit wenigen Tagen Schulungsaufwand ohne Unterstützung durch EDV-Experten erfolgen können. Für solche Endbenutzer ist der jederzeitige und vor allem leichte Zugang zu einem Rechner und die benutzerfreundliche Kommunikation mit einer Datenbank (vgl. Abschnitt 3.2.2.4) Voraussetzung, um den Rechner als Hilfsmittel zur Problemlösung in Betracht zu ziehen.

Der *parametrische Endbenutzer* muß ebenfalls leichten und benutzerfreundlichen Zugang zu den gespeicherten Daten erhalten. Er unterscheidet sich vom gelegentlichen Benutzer dadurch, daß er wohldefinierte und bekannte Problemstellungen zu lösen hat. Aus diesem Grund braucht er keine flexible Abfragesprache, sondern kann sich mit einem relativ beschränkten Kommandovorrat begnügen. Mit diesem kann er vorgefertigte Anwendungsprogramme anstoßen, die die jeweiligen Antworten liefern. Diese Programme werden durch die *Anwendungsprogrammierer* entwickelt. Der parametrische Benutzer kennt also seine Problemstellung, nicht jedoch die Zeit, zu der er sein Problem zu bearbeiten hat. Zum Beispiel sind Platzbuchungssysteme durch solche Benutzer charakterisiert. Vergleichen Sie dazu die Ausführungen über den *Teilhaberbetrieb* im Abschnitt 2.2.2.1.

> Die gelegentlichen Benutzer und die parametrischen Benutzer (und damit auch die Anwendungsprogrammierer) sollen durch die **externen Schemata** (engl.: external schema) nur den für sie relevanten Ausschnitt des konzeptionellen Schemas zu Gesicht bekommen: Einerseits, weil sie nicht benötigte Mehrinformation nur stören würde und andererseits, weil viele Daten nur gewissen Benutzern zugänglich sein sollen (vgl. hierzu den Abschnitt 3.2.2.6 über den Datenschutz).

Ein externes Schema dient also dazu, beim Betrieb einer Datenbank einem parametrischen Benutzer über den Weg von fertigen Anwendungsprogrammen *oder einem gelegentlichen Benutzer* bei eventuell auch selbst erstellten Auswertungen *eine ihm gefällige und abgegrenzte Sicht der Daten zu vermitteln.* Unter *«gefällig»* versteht man dabei einen benutzerfreundlichen Aufbau der Daten (z.B. gut strukturierte Ein- und Ausgabemasken [= «Bildschirmformulare»] u.a.m., das wir im Abschnitt 2.4.4 im Zusammenhang mit der Benutzeroberfläche von Programmen beschrieben haben). Redundanzen in einigen Tabellen können hier durchaus in Kauf genommen werden, falls sie das Verständnis fördern. Unter einer *abgegrenzten Sicht* für einzelne oder Mitarbeitergruppen versteht man den beschränkten Zugriff auf eine eingegrenzte Menge von Attributen. Dabei wird meist noch zwischen Lesen und Ändern oder Löschen der Daten unterschieden.

Übungsaufgabe Nr. I-182 im Arbeitsbuch ←

3.2.2.3 Internes Schema

Bei der Festlegung des **internen Schemas** (engl.: internal schema) eines Datenbanksystems geht es um die physische Datenorganisation (= physische Anordnung der Daten auf den peripheren Speichern) und die Zugriffspfadgestaltung. Die Zielsetzung ist eine minimale Zugriffsgeschwindigkeit bei bester Speicherplatzausnutzung. Dabei ist ein globales Optimum anzustreben; das heißt: sehr oft auftretende Abfragen oder Änderungen in der Datenbank sollen besonders schnell durchgeführt werden können.

Dies erreicht man einerseits durch eine *Wahl geeigneter Größen und Anordnungen der physischen Datenblöcke* und andererseits durch die *Auszeichnung einzelner Attribute.* Diese Auszeichnung besteht in der Möglichkeit, direkt über die Inhalte der betreffenden Attribute zugreifen zu können. Derartige Attribute werden, wie Sie bereits wissen, als *Schlüssel* bezeichnet. Zur Realisierung dieser schnellen Zugriffe werden Verfahren verwendet, die im Abschnitt 3.2.1 erörtert wurden; also etwa binäre Bäume oder Hash-Funktionen.

Sind zum *Beispiel* bei unserem *Bibliotheksverwaltungssystem* sehr viele Abfragen über die Zunamen der Autoren zu erwarten, wird man einen direkten Zugriff über dieses Attribut des Objekttyps AUTOR vorsehen. Hier eignet sich ein binärer Baum (vgl. dazu die Abb. 3.2.1.1.2/3 bis 3.2.1.1.2/5). Für die ENTLEHNT-Tabelle mit der Attributkombination «Inventarnummer» und «Kundennummer» als Primärschlüssel könnte eine Hash-Tabelle geeignet sein. Die letztliche Entscheidung trägt der Datenbankadministrator.

Die Anordnung und die Größe der physischen Datenblöcke ist von der verfügbaren Hardware und dem gewählten Betriebssystem abhängig.

Das interne Schema enthält also Information über die physische Datenorganisation und die Zugriffspfade.

Eine *Änderung des internen Schemas* wird notwendig, wenn sich das Zugriffsverhalten oder die Hardwarekonfiguration ändern. Damit diese Änderungen keine Umstellungen im konzeptionellen Schema und in den externen Schemata verursachen, ist eine *strikte Trennung und Aufgabenteilung der verschiedenen Schemata notwendig*. Eine Nichtbeachtung dieses Gebots, die in der Praxis leider oft anzutreffen ist, kann dazu führen, daß Anpassungen der Datenbank an Änderungen der Umwelt nur schwer durchführbar und damit oft unterlassen werden. Dadurch verliert das ganze Datenbanksystem an Wirkungsgrad.

→ Übungsaufgabe Nr. I-183 im Arbeitsbuch

3.2.2.4 Sprachen des Datenbanksystems

Neben den *Programmiersprachen zur Definition der externen Schemata und zur Festlegung des internen Schemas*, die sinnvollerweise nur vom Datenbankadministrator verwendet werden, bieten die Datenbankverwaltungssysteme Sprachen an, die *zur Definition des konzeptionellen Modells und zur Manipulation der Daten* dienen. Alle diese Aspekte können auch durch <u>eine</u> Programmiersprache verwirklicht werden. Dies ist allerdings seltener der Fall als die *Zusammenfassung der Datendefinitions- und der Datenmanipulationsfunktionen in einer speziellen Sprache*.

Dazu verwenden wir **SQL**, die Programmiersprache des relationalen Datenbankverwaltungssystems DB2 von IBM. Diese Sprache wird auch in einer ganzen Reihe anderer relationaler Datenbankverwaltungssysteme (vgl. Abschnitt 3.2.3) angeboten. Von der Verbreitung her stellt sie den «De-facto-Marktstandard» dar; die Normung ist in Vorbereitung (ANSI-X3HZ-Empfehlung).

Dabei handelt es sich um eine Programmiersprache der 4. Generation. Eine solche Sprache unterscheidet sich – das wissen Sie bereits aus dem Abschnitt 2.4.1.4 – in zwei wesentlichen Aspekten von den höheren Sprachen der 3. Generation: Sie ist erstens *mengenorientiert* und zweitens *deskriptiv*.

Mengenorientiertheit bedeutet, daß bei einer Abfrage das Ergebnis nicht Satz für Satz zur Verfügung gestellt wird, sondern daß alle gefundenen Lösungen als Ergebnis geliefert werden können. Sofern vom

Benutzer nichts anderes bestimmt wird (z.B. durch einen Sortierbefehl), ist die Reihenfolge der Lösungen unerheblich.

Der wesentlich wichtigere Unterschied ist der *deskriptive Programmierstil*, den eine solche Programmiersprache erlaubt. Es muß nicht mehr – wie bei den prozeduralen Sprachen – genau beschrieben werden, WIE ein Problem durch die Zerlegung in viele kleine Einzelschritte gelöst wird, sondern nur mehr, WAS für eine Problemlösung notwendig ist.

So kann zum *Beispiel* die *prozedurale Anweisungsfolge auf der linken Seite* in Abb. 3.2.2.4/1 durch das *SQL-Kommando daneben* gleichwertig ersetzt werden. Das *Problem* besteht hier darin, *alle Kunden (Nachnamen und Vornamen) zu finden, die im ersten Wiener Gemeindebezirk (PLZ: A-1010) wohnen.*

Öffne die Kundendatei
Lies den ersten Satz
Solange die Datei nicht zu Ende ist,
mache folgendes:
  Wenn die Postleitzahl = A-1010 ist,
  dann gib die Vor- und
  Zunamen aus.
  Lies den nächsten Satz
Schließe die Kundendatei
	SELECT VORNAME, ZUNAME
	FROM KUNDE
	WHERE PLZ = 'A-1010';

Abb. 3.2.2.4/1: Vergleich einer prozeduralen mit einer deskriptiven Programmiersprache

Dieser Vergleich macht den Unterschied augenfällig, obwohl auf der linken Seite der Abb. 3.2.2.4/1 eine sehr vereinfachte Darstellung gewählt wurde. In COBOL, PASCAL oder ähnlichen prozeduralen Sprachen kann das endgültige Programm, das der gezeigten SQL-Anweisung entspricht, durchaus einige Dutzend oder mehr Einzelanweisungen enthalten.

> **Datendefinitionssprachen** (engl.: data definition language, abgekürzt: DDL) dienen zur Festlegung des konzeptionellen Modells von Datenbanksystemen.

Bei einer relationalen Datenbank werden damit die Tabellen des konzeptionellen Modells definiert. Die Anzahl der Attribute sowie deren Namen und Wertebereiche werden festgelegt.

In *SQL* hätte zum *Beispiel* die *Definition der KUNDE-Tabelle* (vgl. Abb. 3.2.2.1.3/1) folgendes Aussehen:

```
CREATE TABLE KUNDE FIELDS (KUNDENNUMMER INTEGER,
                           VORNAME CHARACTER(20),
                           NACHNAME CHARACTER(30));
```

Abb. 3.2.2.4/2: Datendefinition in einer relationalen Datenbank (mit SQL)

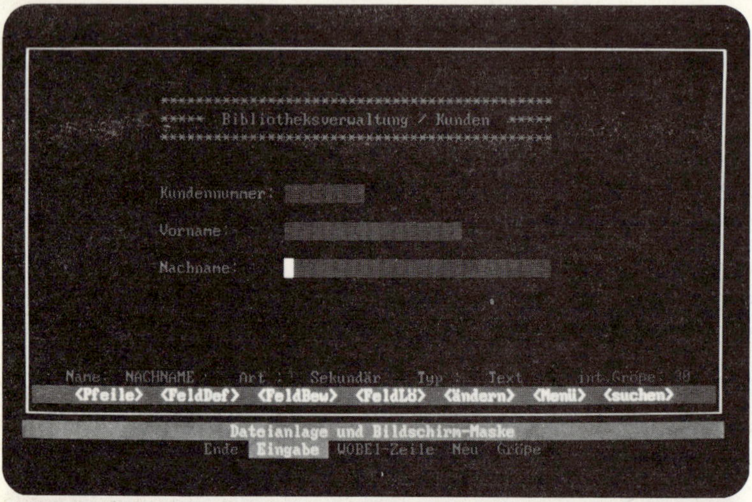

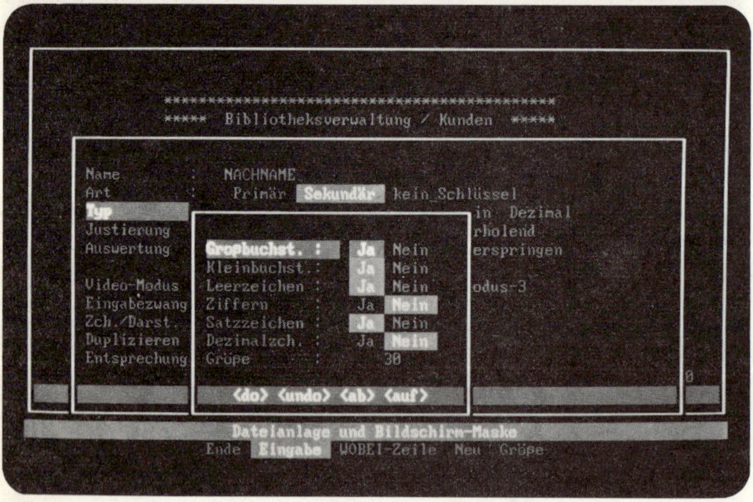

Abb. 3.2.2.4/3: Datendefinition in einer relationalen Datenbank (mit Open Access)

Bei größeren Datenbanken ist es dem *Datenbankadministrator* vorbehalten, die Tabellen des konzeptionellen Modells zu erstellen. Die *sonstigen Benutzer* können diese Befehle höchstens zur Erzeugung privater, nicht mit anderen Benutzern gemeinsam verwalteter Tabellen verwenden.

Ein *Beispiel* für *ein kleines relationales Datenbankverwaltungssystem für Mikrorechner* ist der Datenbankteil des integrierten Softwarepakets *Open Access*, das Sie im Abschnitt 2.4.3.3 kennengelernt haben. Eine der obigen *Definition der Tabelle KUNDE* gleichwertige *Open Access-Definition* zeigt die Abb. 3.2.2.4/3. Auf der ersten Bildschirmmaske wird dabei gleichzeitig eine Eingabemaske für diese Tabelle erzeugt. Die zweite Maske, mit näheren Bestimmungen für ein Datenfeld, muß für jedes Attribut ausgefüllt werden.

Die **Datenmanipulationssprachen** (engl.: data manipulation language, abgekürzt: DML) dienen zur Manipulation der Daten, das heißt zum Abfragen, Einfügen, Ändern und Löschen der Daten in Datenbanksystemen.

Abb. 3.2.2.4/1 zeigt rechts eine in *SQL* formulierte einfache Abfrage an eine Datenbank, Abb. 3.2.2.4/4 zeigt diese Abfrage mit *Open Access* formuliert.

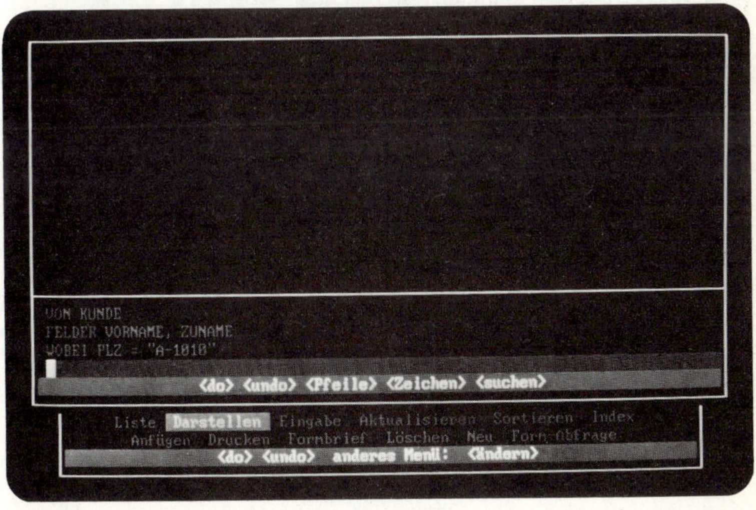

Abb. 3.2.2.4/4: Abfrage an ein relationales Datenbanksystem (mit Open Access)

Übungsaufgabe Nr. I-184 im Arbeitsbuch ←

Durch die zunehmende Bedeutung der interaktiven und spontanen Verwendung von Datenbanken vom Arbeitsplatz aus werden *benutzerfreundliche, leicht erlernbare Datenmanipulationssprachen immer wichtiger.* Neben der funktionalen Gestaltung ist vor allem die Art der Präsentation von Daten und die Leichtigkeit der Verwendung wesentlich. Hierzu haben Sie in den Abschnitten 2.4.1.4 und 2.4.4 ergonomische Überlegungen und Gestaltungskonzepte kennengelernt.

3.2.2.5 Datensicherheit

> Maßnahmen zur **Datensicherheit** (engl.: data security) sollen die jederzeitige Vollständigkeit und Korrektheit der Daten in der EDVA gewährleisten.

3.2.2.5.1 Sicherungsmaßnahmen

Die Vollständigkeit und Korrektheit der Daten kann etwa durch den Ausfall von Teilen der Hardware, durch Software- oder durch Bedienungsfehler gefährdet werden. Zum *Beispiel* können bei einem *«headcrash»* (vgl. Abb. 2.2.2.4/3) in einer Magnetplatteneinheit Daten verlorengehen. Oder ein unerfahrener *Benutzer löscht aus Versehen* den Inhalt einer Diskette (durch ein falsches Systemkommando bzw. durch Einlegen eines falschen (beschriebenen) Datenträgers in das Laufwerk). *In solchen Fällen müssen die Daten so gut wie möglich rekonstruiert werden.* Voraussetzung dafür ist eine *Aufbewahrung (Sichern) alter Datenbestände.* Dementsprechend sollte regelmäßig der komplette Datenbestand einer EDVA auf permanente Speichermedien (meistens Magnetbänder) kopiert werden. Die Zeitpunkte dieser Sicherung nennt man *Kontrollpunkte* (engl.: checkpoint), da es ganz bestimmte Punkte auf der Zeitachse eines Tages sind. *Die Datenträger mit den gesicherten Daten werden unter Umständen an einem anderen Ort, oft in einem feuersicherem Safe, aufbewahrt, um auch gegen Katastrophen und gegen mutwillige Zerstörung gerüstet zu sein.*

Im *Rechenzentrum der Wirtschaftsuniversität Wien* findet z.B. *an jedem Werktag abends* dieser Vorgang der *Sicherung* statt. Gesichert wird auf Magnetbänder. Bei einem schwerwiegendem Hardwarefehler ist somit maximal die Arbeit eines Tages verloren. *Für eine Bank oder Versicherung wären derartige Sicherungsabstände aber nicht tragbar*; deshalb wird dort i.a. *jede auf die Datenbestände durchgeführte Aktion mitprotokolliert.* So kann bei einem Ausfall durch die Wiederholung aller Aktionen, die seit der letzten Sicherung durchgeführt wurden, das heißt von einem Kontrollpunkt an, der aktuelle Datenbestand wiederhergestellt werden. Diesen *Wiederanlauf* (engl.: restart) nach einem Systemzusammenbruch bezeichnet man im Englischen mit *«emergency restart»*.

3.2.2.5.2 Transaktionen

Die Notwendigkeit der Einführung des Begriffs *«Transaktion»* soll folgendes *Beispiel* illustrieren: Ein Kunde einer Bank überweist von seinem Girokonto 10 000,– DM auf sein Sparbuch. In der EDVA der Bank wird dieser Vorgang durch die Durchführung der in Abb. 3.2.2.5.2/1 gezeigten Aktionen abgebildet.

Vermindere den Girokontostand des Kunden um 10 000,– DM (Aktion A1)
Erhöhe das Sparbuchguthaben des Kunden um 10 000,– DM (Aktion A2)

Abb. 3.2.2.5.2/1: Aktionen bei der Umbuchung eines Geldbetrages

Nehmen wir an, daß A1 ordnungsgemäß durchgeführt und auch mitprotokolliert wird und daß, bevor A2 durchgeführt werden kann, ein Hardwarefehler auftritt, der die Rekonstruktion der Daten notwendig macht. Diese endet mit der Ausführung von A1. Die Folge davon ist: Der Kunde ist um 10 000,– DM ärmer geworden, da die Abbuchung, aber nicht die Gegenbuchung durchgeführt wurde. Die Daten sind durch den Ausfall inkorrekt geworden.

Diese mögliche Bildung inkorrekter Daten wird durch die logische Zusammenfassung von Aktionen zu *Transaktionen* verhindert.

Abb. 3.2.2.5.2/2 zeigt Ihnen die Zusammenfassung von A1 und A2 zu T1.

Transaktion T1:
Vermindere den Kontostand des Girokontos des Kunden um 10 000,– DM (Aktion A1)
Erhöhe das Guthaben des Sparbuchs des Kunden um 10 000,– DM (Aktion A2)
Ende der Transaktion T1.

Abb. 3.2.2.5.2/2: Transaktion bei der Umbuchung eines Geldbetrages

Eine **Transaktion** (engl.: transaction) ist eine Folge logisch zusammengehörender Aktionen, die Operationen auf die gemeinsam gespeicherten Daten ausführen.

Kann nun eine Transaktion nicht vollständig ausgeführt werden, werden die bereits durchgeführten Aktionen dieser Transaktion zurückgenommen. Damit wird ein gültiger Zustand der Daten, nämlich der Zustand vor Beginn der Transaktion, erreicht. Diesen Vorgang bezeichnet man im Englischen mit *«undo»*.

Auf unser *Beispiel* angewendet heißt das, daß die 10 000,– DM dem Girokonto wieder gutgeschrieben werden. Damit ist der Ausgangszustand erreicht, es kann jetzt versucht werden, die Transaktion erneut durchzuführen.

Ein **Transaktionsprogramm** (engl.: transaction program) ist ein Anwendungsprogramm, das i.a. mehrere Transaktionen abhängig vom Transaktionscode durchführt. *Es kann von mehreren Benutzern gleichzeitig verwendet werden.*

Unter einem **Monitor** (auch **TP-Monitor** von engl.: teleprocessing monitor) versteht man in diesem Zusammenhang das Systemprogramm, das Transaktionsprogramme oder Teile von diesen steuert und koordiniert.

Jedem Transaktionsprogramm werden ein oder mehrere *Transaktionscodes* zugeordnet. In Abhängigkeit des gewählten Transaktionscodes werden nur bestimmte Teile des Transaktionsprogramms durchlaufen.

Mittels eines **Transaktionscodes** (engl.: transaction code) wird also ein Transaktionsprogramm gestartet und der Ablauf des Transaktionsprogramms gesteuert.

Zum *Beispiel* können in einer *Bankfiliale* die Mitarbeiter am Schalter durch die Eingabe folgender *Transaktionscodes* die daneben gelisteten Aufgaben bewältigen.

Transaktionsprogramm zur Verwaltung von Kontoinhabern:

Transaktionscode	Wirkung
TKDANF in Verbindung mit der Kontonummer und dem Code «84»	Kundendatenanzeige/-änderung
TKDANF in Verbindung mit der Kontonummer und dem Code «85»	Postfensteranzeige/-änderung

TKDANF in Verbindung mit der Kontonummer und dem Code «83»	Spezialdatenanzeige/-änderung
TKDANF in Verbindung mit der Kontonummer und dem Code «90»	Beteiligungenanzeige

Anmerkung: TKDANF ist eine Funktionstaste.

Abb. 3.2.2.5.2/3: Transaktionscodes für das Schalterpersonal in einer Bank

Alle Mitarbeiter in den vielen Filialen der Bank haben die Möglichkeit, durch die Eingabe der entsprechenden Transaktionscodes gleichzeitig ihre Aufgaben durchzuführen.

Übungsaufgabe Nr. I-185 im Arbeitsbuch ←

3.2.2.5.3 Gleichzeitiger Zugriff auf Datenbestände

Die Korrektheit der Daten kann durch einen ungeregelten Zugriff auf gemeinsame Datenbestände gefährdet werden.

Wird etwa bei unserem *Beispiel* der Umbuchung von 10 000,– DM der Zugriff auf die Guthaben der Kunden für die Zinsberechnung zwischen A1 und A2 durchgeführt, entstehen falsche Ergebnisse.

Das Ausschalten dieser Fehlerquelle wird durch die *«Reservierung» von Daten für die Dauer ihrer Bearbeitung* erreicht.

Unsere *Beispiel-Transaktion* hat dann die in Abb. 3.2.2.5.3/1 gezeigte Form.

> Transaktion T1:
> Warte auf die Freigabe des Girokontostandes des Kunden und sperre ihn
> Warte auf die Freigabe des Sparbuchguthabens des Kunden und sperre es
> Vermindere den Girokontostand um 10 000,– DM (Aktion A1)
> Erhöhe das Sparbuchguthaben des Kunden um 10 000,– DM (Aktion A2)
> Gebe den Girokontostand frei
> Gebe das Sparbuchguthaben frei
> Ende der Transaktion T1

Abb. 3.2.2.5.3/1: Transaktion mit exklusivem Datenzugriff bei der Umbuchung eines Geldbetrages

Bei der Verwendung von solchen Mechanismen (Sperren und Freigeben) kann es jedoch zu sog. *Verklemmungen* (engl.: deadlock) kommen.

Die Transaktionen in Abb. 3.2.2.5.3/2 sind ein *Beispiel* dafür. Werden T1 und T2 zur gleichen Zeit gestartet, warten beide Transaktionen auf Daten, die von der anderen Transaktion blockiert werden.

T1:	T2:
Warte auf A,	Warte auf B,
sperre A,	sperre B,
warte auf B,	**warte auf A,**
sperre B,	sperre A,
gebe A frei,	gebe A frei,
gebe B frei.	gebe B frei.

Abb. 3.2.2.5.3/2: Beispiel einer Verklemmung

Bei dieser Verklemmung würden die Transaktionen T1 und T2 ohne Eingriff von außen nie vollständig durchgeführt werden. Ein Stillstand des ganzen Systems kann die Folge sein, da andere Transaktionen, die entweder A oder B benötigen, ebenfalls zum Stillstand kommen. Nur durch den künstlichen, eigentlich irregulären Abbruch einer der beiden Transaktionen kann diese Situation beendet werden.

Deshalb muß im vorhinein die *Verhinderung von Verklemmungen* gewährleistet werden. *Eine Möglichkeit ist die Reservierung aller nötigen Daten am Anfang einer Transaktion.* Die Abb. 3.2.2.5.3/1 bietet hierfür ein Beispiel. Der Nachteil dabei ist das mitunter lange Warten einer Aktion auf eine Freigabe von Daten, die für die Bearbeitung dieser Aktion gar nicht notwendig sind. Daher wurden *effizientere Verfahren* entwickelt, deren Beschreibung aber den Umfang dieser Einführung sprengen würde.

→ Übungsaufgabe Nr. I-186 im Arbeitsbuch

3.2.2.6 Datenschutz

Der **Datenschutz** (engl.: data protection) soll den unbefugten Gebrauch von Daten verhindern. Zu schützen sind dabei die davon Betroffenen.

Bei Datenbanken tritt die Notwendigkeit des Datenschutzes besonders hervor, deswegen wird dieser auch in diesem Abschnitt behandelt. Die *Maßnahmen zum Datenschutz betreffen* aber *das gesamte organisatorische, rechtliche, wirtschaftliche und technische Umfeld der EDV.*

Anhand unseres *Bibliotheksverwaltungssystems* soll Ihnen die *Bedeutung des Datenschutzes* bewußt gemacht werden. Stellen Sie sich vor, daß Sie regelmäßig in die Bibliothek gehen, um Zeitung zu lesen und um sich Bücher für Ihre Weiterbildung oder zur Unterhaltung auszuborgen. Auch für berufliche Zwecke nützen Sie das reichhaltige Angebot der Bibliothek. Im Laufe der Jahre sammelt sich daher eine beträchtliche Menge von Daten über Ihre Person in der Datenbank des Bibliotheksverwaltungssystems an.

Ihre Pünklichkeit oder Unpünktlichkeit beim Zurückgeben von Büchern könnte auf Ihre Zuverlässigkeit, die Auswahl der Zeitungen, Berichte und Bücher über politische Probleme auf Ihre politische Einstellung, Ihre Freizeitliteratur auf Ihre Hobbies und Ihre Bildungsliteratur auf Ihr berufliches Engagement schließen lassen. Alle Daten zusammen könnten ein relativ genaues Persönlichkeitsprofil abgeben. Dieses Persönlichkeitsprofil kann jedoch sehr verzerrt sein, z.B. wenn Sie diese eine Bibliothek nur für ganz bestimmte Literaturrecherchen verwenden und sonst aus einer anderen Bibliothek Ihre Literatur beziehen.

Auf die Interpretation der Daten haben Sie aber im allgemeinen keinen Einfluß. So kann Ihnen durch eine Indiskretion eines Bibliotheksangestellten durchaus Schaden erwachsen, dessen Ursache für Sie rätselhaft ist.

Ein geschäftlicher Konkurrent könnte aus dem Wissen über Ihre laufende Lektüre Kapital zu Ihren Ungunsten schlagen. Denken Sie dabei nur an die Vorbereitungen von Geschäftskontakten mit dem Ausland und Ihre entsprechende Lesetätigkeit in dieser Richtung.

Oder wenn Sie sich z.B. im Rahmen einer wissenschaftlichen Arbeit sehr viel mit Anarchismus beschäftigt haben und einem Freund Bücher über die verschiedensten Waffengattungen besorgt haben, kann ein völlig falsches Bild von Ihnen in dieser Datenbank entstehen.

Wenn Sie unselbständig erwerbstätig sind, können Sie sicher auch einige Fakten aufzählen, die Sie nicht oder nur ungern Ihrem Vorgesetzten oder Ihren Arbeitskolleginnen und -kollegen mitteilen würden, die sich aber aus den Datenbankinhalten ergeben könnten.

Information bedeutet oft schnellere Reaktion, besseren Überblick, stärkere Kontrollmöglichkeit – schlichtweg Macht.

Übungsaufgabe Nr. I-187 im Arbeitsbuch ←

Maßnahmen zum Datenschutz wurden schon bisher getroffen und sind weiterhin *in zwei Richtungen* zu forcieren:

1. *politisch, rechtlich und organisatorisch:* Schutz der personenbezogenen Daten durch Gesetze, Betriebsvereinbarungen, organisatorische Maßnahmen u. ä.
2. *technisch:* Entwicklung «einbruchsicherer» EDV-Systeme.

3.2.2.6.1 Politisch-rechtlich-organisatorische Maßnahmen

Mit der Erlassung eigener *Datenschutzgesetze* wurde in den westlichen Demokratien begonnen, die Verrechtlichung auch der Informationsverarbeitung in die Wege zu leiten. Im deutschsprachigen Raum traten bundeseinheitliche Regelungen in der *Bundesrepublik Deutschland* am 1.1.1978 (Bundesdatenschutzgesetz BDSG) und in *Österreich* am 1.1.1980 (Datenschutzgesetz DSG) in Kraft. Mit der Regelung dieser vollkommen neuen Rechtsmaterie begann aber auch eine *heftige Diskussion bezüglich der weiteren Zielrichtungen des Datenschutzes.* Einerseits wurde die Gefahr gesehen, daß durch die Datenschutzgesetzgebung eine automationsbehindernde und damit innovationsfeindliche Richtung eingeleitet wird. Andererseits waren aber die Intentionen aller Datenschutzregelungen weniger auf die Verhinderung einer Verarbeitung, sondern vielmehr auf eine Kontrolle der Datenverwendung gerichtet.

Zur Sicherstellung des Schutzes der Privatsphäre haben sich in der Vergangenheit eine Reihe von *Grundsätzen* herauskristallisiert, die mehr oder weniger deutlich in allen Datenschutzgesetzen zum Ausdruck kommen:

- *Publizität*
  Als individuelle Publizität wurde überall das *Auskunftsrecht des Betroffenen über seine Daten* verankert. Ergänzend dazu wurde z.B. in Österreich im Sinne einer generelleren Publizität eine zentrale Melde- und Auskunftsstelle in Form eines Registers geschaffen.
- *Richtigkeit*
  Diesem Grundsatz entsprechend hat *der Betroffene ein Recht darauf, falsche Daten richtigstellen zu lassen und unzulässigerweise ermittelte Daten löschen zu lassen.*
- *Weitergabebeschränkung*
  Als zentraler Teil einer Datenverwendungskontrolle geht es hier um *Einschränkungen der Übermittlung* sowie um Regelungen, *unter welchen Voraussetzungen Datenbanken verknüpft werden dürfen.*
- *Trennung der Funktionen*
  Die EDV-mäßige Durchführung – etwa auch in einem Servicerechenzentrum – wird *getrennt von der Funktion des Auftraggebers, der die rechtliche Verantwortung für die Anwendungen trägt.*
- *Verpflichtung zu Datensicherungsmaßnahmen.*
- *Statuierung einer eigenen Geheimhaltungspflicht (Datengeheimnis).*
- *Schaffung eigener Kontrollorgane.*

International ist als übereinstimmende *Tendenz* auf diesem Gebiet festzustellen, daß die *Betroffenen von ihren Kontrollrechten kaum Ge-*

brauch machen. Als *stärkste Kontrollorgane* haben sich Bundes- und Landesdatenschutzbeauftragte in der Bundesrepublik Deutschland und die Datenschutzkommission in Österreich herausgestellt. Die Ereignisse um die letzte Volkszählung und die Einführung eines maschinenlesbaren Personalausweises in der Bundesrepublik Deutschland haben jedoch gezeigt, daß die *Sensibilität der Staatsbürger gegen Eingriffe in ihre Privatsphäre gewachsen* ist. Ebenso deuten die anhaltenden Diskussionen um die Novellierung von Datenschutzgesetzen darauf hin, daß sich das Datenschutzbewußtsein in der Bevölkerung verstärkt hat.

Datenschutz impliziert auch *Beteiligungsrechte der Endbenutzer und Betroffenen an der Gestaltung betrieblicher Informationssysteme.* Gewerkschaftliche Forderungen zielen hier vor allem auf mehr *Mitbestimmung der Arbeitnehmer bei der Verwendung personenbezogener Daten.*

Anhand einiger *Beispiele* sollen *Problemfelder* skizziert werden:

- Die Mitbestimmung bei der Einführung von *Personalinformationssystemen* umfaßt nicht nur die Absprache, welche Daten erfaßt werden sollen, sondern wer welche Verknüpfungsergebnisse erhält.
- Im Zusammenhang mit der Einführung der *Textverarbeitung* wird manchmal Zusatzsoftware angeboten, die eine Kontrolle der Anzahl der Anschläge und damit «auf stillem Weg» eine vollständige Überwachung aller Schreibtätigkeiten erlaubt.
- Durch den Einsatz digitaler *Nebenstellenanlagen* besteht die Möglichkeit, alle jene Gespräche, die von einer Nebenstelle geführt wurden, nach Anzahl, Dauer und Telefonnummer zu speichern. Damit läßt sich das Kommunikationsverhalten des einzelnen Mitarbeiters über das Telefon erfassen.
- *Zutrittskontrollsysteme*, die aus Sicherheitsgründen eingeführt werden, können auch zur Arbeitszeitüberwachung dienen.

Mit der Weiterentwicklung und Verbreitung der Informationstechnologie in ihren unterschiedlichsten Ausprägungen (wie z.B. Bildschirmtext u.v.a.m.) werden die Kontrollmöglichkeiten immer umfassender. Das hat zur Folge, daß der gesellschaftspolitische Stellenwert des Datenschutzes weiterhin an Bedeutung gewinnen wird.

Übungsaufgabe Nr. I-188 im Arbeitsbuch ←

3.2.2.6.2 Technische Maßnahmen

Neben *baulichen bzw. Werkschutzeinrichtungen* (Zutrittsbeschränkungen und -kontrollen bei Terminal- bzw. Maschinenräumen) können folgende technische Maßnahmen dem Datenschutz dienen:

- *Zugriffsschutz,*
- *Kryptographie.*

Zugriffsschutz

Bei EDVA, die durch mehrere Personen benutzt werden, ist es notwendig, gegenseitige Störungen zu verhindern. Diese Störungen können ihre Ursachen in einer Verwendung oder Änderung von Daten und Programmen anderer Benutzer haben oder durch den fehlerhaften Gebrauch von Systemkommandos entstehen. *Daher wird jedem Benutzer ein eigener Speicherbereich und eine Benutzerklasse zugeordnet.* Jeder Bereich wird durch eine *Benutzerkennung* identifiziert und durch ein *Paßwort* geschützt.

Das *Beispiel* im Abschnitt 2.4.2.2 über die Betriebssystemkomponenten (COBOL-Programm) zeigt, wie z.B. die Identifikation und die Eingabe des Paßworts bei einem Zentralrechner der Wirtschaftsuniversität Wien erfolgt.

Ein *Paßwort* allein bietet allerdings *nur dann halbwegs wirksamen Schutz, wenn es eine lange, sinnlose Zeichenkette ist und regelmäßig geändert wird.*

Benutzerklassen geben den Benutzern die Erlaubnis, bestimmte Systemkommandos abzusetzen. Dem gelegentlichen Benutzer wird dabei sicher eine kleinere Menge an Systembefehlen zur Verfügung stehen als dem Systemverwalter oder einem Datenbankadministrator. Die *Priorität*, die den einzelnen Benutzern bei der Erledigung ihrer Aufträge zugeordnet ist, um aus gesamtbetrieblicher Sicht eine optimale Aufgabenerfüllung und eine bestmögliche Maschinenauslastung zu gewährleisten, sollte sinnvollerweise nicht durch den «einfachen» Benutzer geändert werden können. Hingegen wird z.B. das Abfragen der Systemzeit jeder Benutzerklasse erlaubt sein.

Die *Kombination und Verfeinerung* (z.B. wahlweiser Schreib-/Lese-/Verarbeitungsschutz für jeden Satz) *dieser beiden Konzepte (Kennungen mit Paßwörtern und Benutzerklassen)* führt zu einem *detaillierten Berechtigungsprofil jedes Benutzers.* In diesem wird genau festgelegt, welche Daten er lesen und/oder ändern bzw. welche Programme er ausführen darf. Der Lese- und Schreibschutz kann sogar oft *bis auf die Feldebene* herunterreichen. Dann kann für jedes Feld einer Datei ein unterschiedliches Zugriffsrecht gelten.

Kryptographie

Noch stärkeren Schutz von besonders sensiblen Daten (z.B. für die strategische Verteidigung) bietet nur eine *Kryptographierung* der Daten. Ein *einfaches Verfahren* ist die Zuordnung von allen Zeichen zu anderen Zeichen eines Zeichenvorrats. Zum Beispiel A :- Z, B:- Y usw. *Die Zuordnung verwendet der Sender zum Verschlüsseln und der Empfän-*

ger zum Entschlüsseln. Dieses Verfahren ist aber relativ leicht zu «knakken». Daher wurden unter großem Aufwand *raffinierte Verfahren* entwickelt, *deren Aufdeckungsaufwand so groß ist (z.B. Rechenzeit: 10^3 Jahre), daß sie als weitgehend sicher erscheinen.*

Beispiel:

Eines dieser Verfahren ist das *RSA-System*, ein sog. *Public-Key-System*, das auf großen Primzahlen basiert. Hier ist der Verschlüsselungsmechanismus (key) öffentlich bekannt (public), der Entschlüsselungsmechanismus aber geheim.

Das Wort «WIRTSCHAFTSINFORMATIK» soll verschlüsselt werden. Zuerst werden den Buchstaben Zahlen zugeordnet: 01 für A, 02 für B,...und 26 für Z. Damit ergibt sich für das genannte Wort die folgende Darstellung:

W	I	R	T	S	C	H	A	F	T	S	I	N	F	O	R	M	A	T	I	K
23	09	18	20	19	03	08	01	06	20	19	09	14	06	15	18	13	01	20	09	11

Verschlüsselt wird nun durch eine i.a. große Zahl, die das Produkt zweier Primzahlen (p und q) ist. Für das Beispiel reicht n = 2773 (2773 = 47 · 59). Ferner brauchen wir noch eine Primzahl e, die sich aus n, p, q und d berechnet. Wir bestimmen d mit 157 und berechnen e durch das Finden einer Primzahl, die folgende Gleichung löst: 1 = d · e mod (p-1) · (q-1). In unserem Fall ist e = 17.

Da zwei Buchstaben höchstens die Zahl 2626 (Z = 26) erzeugen können und 2626 kleiner als 2773 ist, fassen wir je zwei Buchstaben als Block zusammen: 2309, 1820,..., 1100.

Diese Blöcke werden jetzt folgendermaßen verschlüsselt: Block–neu = Block–alt hoch e modulo n. Die Verschlüsselung von 2309 ist 1717 = 2309^{17} mod 2773. Das Ergebnis sind also folgende Blöcke: 1717, 2648, 1628,..., 0778.

Entschlüsselt wird folgendermaßen: Block–alt = Block–neu hoch d modulo n. Auf 2309 kommt man also durch die Rechnung 1717^{157} mod 2773.

Die Zahlen p, q und d sind geheim und lassen sich nur mit sehr hohem Aufwand aus n und e berechnen. Dazu eine Tabelle:

Stellen von n	Rechen-operationen	Rechenzeit (1 Operation = 10^{-6} Sekunden)
50	$1{,}4 \cdot 10^{10}$	3,9 Stunden
70	$9{,}0 \cdot 10^{12}$	104 Tage
100	$2{,}3 \cdot 10^{15}$	74 Jahre
200	$1{,}2 \cdot 10^{23}$	$3{,}8 \cdot 10^9$ Jahre

Übungsaufgabe Nr. I-189 im Arbeitsbuch ←

3.2.3 Markt und Entwicklungstendenzen der Datenspeicherung

In vielen Betrieben sind noch keine großen, übergreifenden Datenbanksysteme installiert. Obwohl die Nachteile einfacher Dateiverwaltungssysteme offenkundig sind, vollzieht sich der Schritt zur Integration aller Daten langsam.

Datenbankverwaltungssysteme für Groß- und Minirechner

Während auf den *leistungsstärksten Großrechnern* (wie z.B. IBM 308X-, 309X- und vergleichbaren EDVA) fast durchweg Datenbankverwaltungssysteme installiert sind, liegt der Anteil bei den *kleineren Großrechnern* (wie z.B. IBM 4300-, Siemens 7.500- und vergleichbaren EDVA) erst bei etwa 50%. Bei den *Minirechnern* ist er sogar noch wesentlich geringer. Für diese Rechnerklassen werden seit nunmehr zwei Jahrzehnten inzwischen *über 50 verschiedene Datenbankverwaltungssysteme* angeboten, von denen sich jedoch nur *relativ wenige auf breiter Basis durchgesetzt* haben.

Hiervon entfallen weltweit etwa *die Hälfte der Installationen auf die IBM-Produkte* DL/1 (ca. 35%) und IMS (ca. 15%). Diese seit langem erhältlichen, immer weiter entwickelten Pakete basieren auf dem *hierarchischen Datenmodell. DL/1* ist ein für kleinere Großrechner (Serie 4300) konzipiertes System, das die Zugriffsmethoden, aber keinen Telekommunikationsteil und Wiederanlauf- und Wiederherstellungsverfahren nur für den Stapelbetrieb beinhaltet. Deshalb wird zusätzlich der TP-Monitor CICS benötigt. *IMS* läuft vorwiegend auf 308X- und 309X-Rechnern und enthält neben dem Datenbankteil einen umfassenden Datenfernverarbeitungsteil zur Transaktionssteuerung. Beiden Systemen werden aufgrund der bejahrten Technologie Schwächen in den meisten Datenbankverwaltungsfunktionen nachgesagt. Sie haben in der jüngsten Vergangenheit erhebliche Marktanteile an die Datenbankprodukte unabhängiger Anbieter verloren.

Führende, von den Rechnerherstellern *unabhängige Anbieter* sind (Produktnamen in Klammern): Cullinet (IDMS/R), Cincom Systems (TOTAL), ADR (DATACOM D/B), Software AG (ADABAS), CCA (MODEL 204) und Intel (SYSTEM 2000). Die Reihung entspricht dem derzeitigen Installationsbestand; der Weltmarktanteil des einzigen unabhängigen deutschen Anbieters von Datenbankverwaltungssoftware für Großrechner, der Software AG, dürfte bei knapp 10% liegen. Alle genannten Pakete laufen auf IBM-EDVA (primär unter MVS bzw. MVS/XA) und zum Teil noch zusätzlich auf den Rechnern anderer Hersteller. Zum Beispiel kann ADABAS auch auf BS2000-Systemen von Siemens installiert werden. IDMS/R läuft ebenfalls auf Siemens-EDVA und darüber hinaus u.a. auf DEC-, ICL- und Sperry-Rechnern. Es verwendet wie viele andere Datenbankverwaltungssysteme unabhängiger Anbieter das genormte *Codasyl-Netzwerkmodell* (Näheres in der einschlägigen Datenbankliteratur; vgl. Literaturverzeichnis) und ist im Lauf der Zeit um relationale Funktionen ergänzt worden. Das seit 1971 angebotene ADABAS stellt eine eigenständige Entwicklung dar, die auf binären Relationen basiert.

Auch *die von den Herstellern nicht-IBM-kompatibler Groß- und Minirechner selbst entwickelten Datenbankverwaltungssysteme* sind meist nach den Codasyl-Richtlinien gestaltet. Alle Rechnerhersteller bieten hier spezifische, nur auf den eigenen EDVA lauffähige Varianten. Ein Beispiel für ein im deutschen Sprachraum weit verbreitetes Netzwerk-Datenbankverwaltungssystem ist UDS von Siemens.

Relationale Datenbankverwaltungssysteme sind erst seit Anfang der 80er Jahre auf dem Markt erhältlich. Bei der Entwicklung derartiger Systeme war *IBM* Schrittmacher; seit 1982 wird SQL/DS und seit 1985 wird DB2 angeboten. *SQL/DS* ist auf kleineren Großrechnern (Serie 4300) mit den Betriebssystemen VM/SP und VSE/SP installiert und verwendet den TP-Monitor CICS. *DB2* ist auf das Betriebssystem MVS/XA ausgelegt und verfügt über Schnittstellen zu den Transaktionsmonitoren IMS/DC, TSO und CICS. SQL/DS und DB2 beinhalten beide die Datenmanipulationssprache SQL und unterscheiden sich bezüglich des für Endbenutzer verfügbaren Funktionsspektrums nicht wesentlich. DB2 ist jedoch im Gegensatz zu SQL/DS für den 24-Stunden-Betrieb in Großrechenzentren geeignet, weil es gelegentlich notwendige Eingriffe der Systemprogrammierer, welche die Deaktivierung von Teilen des Datenbanksystems bedingen, auch während des laufenden Betriebs zuläßt. Bekannte *relationale Datenbankverwaltungssysteme unabhängiger Anbieter* sind ferner TIS-XA von Cincom Systems und ORACLE der gleichnamigen Firma.

Als *Haupteinsatzgebiet relationaler Systeme* gilt die «individuelle Datenverarbeitung» durch einzelne Endbenutzer bzw. das «Information-Center» (vgl. Abschnitt 2.4.1.4). Für die Massenanwendungen auf operativer Ebene scheinen relationale Systeme hingegen bisher nur bedingt geeignet, weil die Benutzerfreundlichkeit vergleichsweise viel Rechenzeit kostet.

Während zum *Beispiel* die IBM-Anwender mit dem hierarchischen IMS durchschnittlich ca. 30 Transaktionen pro Sekunde (engl.: transactions per second; abgekürzt: tps) erreichen (mit der Fastpath-Option sogar bis zu 80 tps), können sie mit DB2 im Produktionsbetrieb derzeit höchstens 10–15 tps realisieren. Deshalb rät IBM vielfach den Anwendern, beide genannten Datenbankverwaltungssysteme zu installieren: IMS für die Anwendungen im «Alltagsbetrieb», bei denen viele Terminals mit kurzen Antwortzeiten eine hohe Transaktionsrate bedingen, und DB2 für eine sorgfältig abgegrenzte Datenbank, mit der eine begrenzte Zahl von Endbenutzern arbeitet. Zum Datenextrakt aus IMS-Datenbanken für die DB2-Datenbank bietet IBM Standardprogramme an. Um noch effektiver zu sein, wird manchmal auch zusätzlich der Einsatz verschiedener Großrechner und der XA-Betriebssystemversionen empfohlen. Bei monatlichen Lizenzgebühren von jeweils mehreren tausend DM allein für IMS und DB2 ist das allerdings ein ziemlich kostspieliger Ratschlag!

Datenbankverwaltungssysteme für Mikrorechner

Während bei den Groß- und Minirechnern hierarchische und Netzwerk-Datenbankverwaltungssysteme den Markt dominieren und sich die relationalen Systeme erst allmählich – mit zunehmender Leistungsfähigkeit – durchsetzen, kommen *bei den Mikrorechnern fast ausschließlich relationale Datenbankverwaltungssysteme* zum Einsatz. Vergleiche des Entwicklungsaufwands sowie der Laufzeiteffizienz bei betrieblichen Anwendungen haben gezeigt, daß solche Systeme für 16-Bit-Mikrorechner i.a. benutzerfreundlicher sind und einen geringeren Programmieraufwand voraussetzen als relationale Systeme für Groß- und Minirechner, daß aufgrund des schlechten Durchsatzes ihr Einsatz allerdings nur bei geringem Datenvolumen empfohlen werden kann. Die Abb. 3.2.3/1 zeigt Ihnen eine Auswahl aus der großen Zahl von Datenbankverwaltungssystemen für Mikrorechner, klassifiziert einerseits nach der Leistungsfähigkeit bzw. Funktionalität und andererseits nach der Benutzerfreundlichkeit.

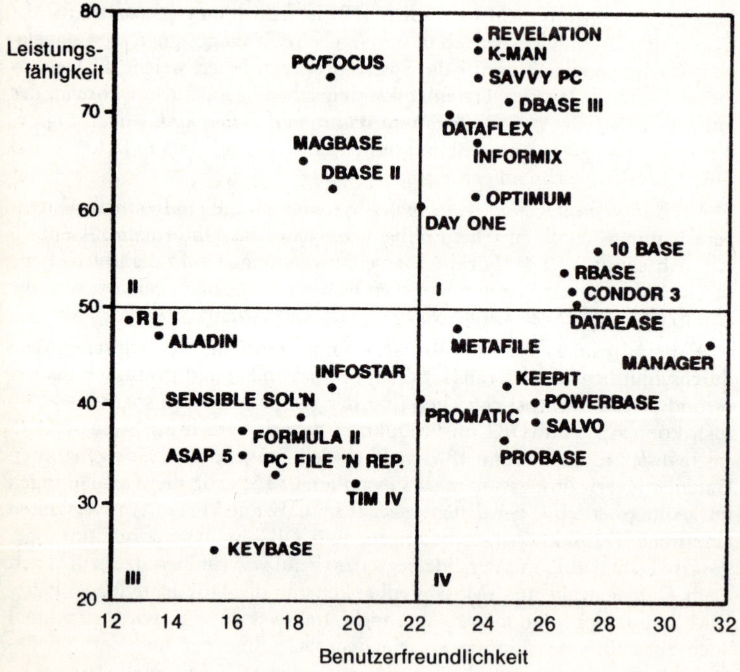

Abb. 3.2.3/1: Datenbankverwaltungssysteme für Mikrorechner (Quelle: Datamation)

Die meistverkauften Pakete sind *dBase II und III* von der Firma Ashton Tate, deren Kaufpreise derzeit bei etwa 1 000,– DM und 2 000,– DM liegen. Der Vergleich in Abb. 3.2.3/2 zwischen dem älteren, ursprünglich für 8-Bit-Mikrorechner entwickelten und später für 16-Bit-Mikrorechner adaptierten dBase II mit dem 1984 als Nachfolger angekündigten «echten» 16-Bit-Mikrorechner-Datenbankverwaltungssystem dBase III zeigt eine erhebliche Leistungssteigerung. Zudem ist die Benutzerfreundlichkeit verbessert worden. Eine «Help»-Funktion stellt über Menüs anwählbare Hilfstexte zur Verfügung, die alle Systemfunktionen erklären und die richtige Schreibweise der Kommandos darstellen. Die vor allem für Anfänger nützliche Funktion «Assist» führt den Benutzer auf Wunsch vollständig durch das System: Von dem Aufbau der Datenbank über die Programmierung von Auswertungen bis hin zur Berichtserstellung.

Vergleich:	**dBase II**	**dBase III**
Max. Anzahl der Datensätze pro Datenbank	65 535	1 000 000 000
Max. Anzahl der Felder pro Datensatz	32	128
Max. Anzahl der Zeichen pro Datensatz	1 000	4 000
Max. Anzahl der offenen Dateien	2	10
Max. Anzahl der Sortierschlüssel	1	32
Numerische Rechengenauigkeit	10	16

Abb. 3.2.3/2: Gegenüberstellung der Datenbankverwaltungssysteme dBase II und dBase III

Der größte Teil der angebotenen Pakete sind wie dBase II und III *Einbenutzersysteme* auf der Basis von MS-DOS bzw. PC-DOS. Es gibt jedoch auch schon einige *relationale Datenbankverwaltungssysteme für UNIX-Mehrplatzrechner*. Beispiele für solche leistungsfähigen Pakete sind INFORMIX (Relational Data Systems) oder ORACLE (Oracle Corp.), die beide ebenfalls in einer Einbenutzerversion unter MS-DOS bzw. PC-DOS erhältlich sind. Letzteres unterscheidet sich im Funktionsspektrum für den Benutzer nicht von der ORACLE-Version für Großrechner.

Neben den spezialisierten Paketen bieten auch *integrierte Programmsysteme*, wie das Ihnen hinlänglich bekannte *Open Access*, Datenbankverwaltungsfunktionen. Allerdings ist der Datenbankteil normalerweise längst nicht so leistungsfähig wie bei den Spezialpaketen.

Datenbanksprachen

Als gleichermaßen

- für relationale Datenbanksysteme auf Groß-, Mini- und Mikrorechnern sowie
- für Datenverarbeitungsfachkräfte und Endbenutzer

geeignete Datenmanipulationssprache setzt sich *SQL* zunehmend durch. Zum Beispiel hat IBM angekündigt, SQL auf sämtlichen angebotenen Rechnern verfügbar machen zu wollen.

In der Praxis hat sich gezeigt, daß manche Abfragen in SQL nur schwierig formulierbar sind. Ferner verfügt diese Sprache über keine Funktionen zur Berichtsgenerierung, d.h. zur Darstellung der abgefragten Daten in bestimmter Gliederung und äußerer Form. Schließlich ist es auch oft notwendig, mehrere SQL-Anweisungen zusammenzufassen, abzuspeichern und solche vordefinierten Funktionen über einen Makrobefehl wieder aufrufen zu können. Diese für die Verwendung einer Datenbank im kommerziellen Einsatz nicht akzeptablen Mängel bzw. unbedingt notwendigen Komponenten werden durch zusätzliche Programme (Berichtsgeneratoren u.a.m.) abgedeckt, die üblicherweise Teil eines Datenbankverwaltungssystems sind.

Zunehmend sind dies **formularorientierte Abfragesysteme** (engl.: query-by-forms system), bei denen der Endbenutzer seine Informationswünsche nur noch in einem vorgegebenen Raster auf dem Bildschirm «ankreuzen» muß. Die Umsetzung in eine Datenbankabfrage (über SQL o.ä.) erfolgt dann automatisch.

Dazu gehört zum *Beispiel QMF* (Query Management Facility), das vom IBM-Datenbankverwaltungssystem DB2 verwendet wird. Es bietet u.a. die Möglichkeit, die externen Schemata in Tabellenform auf dem Bildschirm darzustellen. Der Endbenutzer bestimmt Inhalt und Format der jeweils benötigten Ausgabedaten, indem er in die Leertabellen beispielhaft die Abfragebedingungen einträgt (siehe Abb. 3.2.3/3).

ADRESSEN	Kundennr.	Land	PLZ	Ort	Straße	Hausnr.
	P.A.O.	P.	P.	Aigen	P.	P.

Anmerkung: In der obigen Tabelle werden die gesuchten Daten definiert. Der Name der vorliegenden Tabelle ist «ADRESSEN». «P.» (present) ohne Zusatz bedeutet, daß die jeweilige Spalte ausgegeben werden soll, daß aber keine nähere Spezifikation bzw. Einschränkung erfolgt. Der Zusatz «A.O.» (ascending order) gibt an, daß die Tabellenwerte in aufsteigender Reihenfolge ausgegeben werden sollen. Das Wort «Aigen» in der Ortsspalte definiert im vorliegenden Fall, daß für alle in Orten namens Aigen wohnhaften Kunden die Kundennummer, das Bundesland, die Postleitzahl, die Straße und die Hausnummer ausgegeben werden sollen. Die untere Tabelle zeigt das Ergebnis der oben definierten Abfrage. (Sie ersehen aus der Postleitzahl, daß es in Österreich vier verschiedene Orte namens Aigen gibt.)

ADRESSEN	Kundennr.	Land	PLZ	Straße	Hausnr.
	18 245 171	NÖ	3814	Quellenhofstraße	9
	25 481 294	NÖ	3814	Bierbachstraße	33
	28 275 273	NÖ	3814	Billrothstraße	17
	33 285 297	OÖ	8943	Kronhobelberg	14
	56 874 338	OÖ	4160	Allhartsplatz	136
	64 269 123	S	5351	Salzburgerstraße	49
	78 399 645	S	5351	Schmiedbauerweg	12

Abb. 3.2.3/3: QMF-Abfrage («Query by Example»)

Ähnliche Funktionen bieten ASF von Cullinet, INGRES von Relational Technology Inc. und ORACLE.

Schon in wenigen Jahren dürften auch **natürlichsprachliche Abfragesysteme** (engl.: natural language inquiry system) in der Praxis zum Einsatz kommen. Sie sollen es mit Hilfe von KI-Methoden möglich machen, in natürlicher Sprache Abfragen an Datenbanken zu formulieren.

Wie zum *Beispiel* die folgende *Abfrage an eine Wissensbank:*

«Suche mir alle Bücher der Autoren Wirth und Dijkstra aus dem Wissensgebiet Datenstrukturen und präsentiere diese in der Reihenfolge ihrer wissenschaftlichen Bedeutung.»

Das erste derartige auf dem Markt angebotene Produkt ist das INTELLECT SYSTEM der Artificial Intelligence Corp. Von künftigen ähnlichen Systemen ist eine engere Integration mit verbreiteten Datenbankverwaltungssystemen zu erwarten.

Datenmodelle

Existierende Datenbankverwaltungssysteme erfüllen in Teilbereichen, vor allem aber im Hinblick auf eine künftige Wissensverarbeitung (vgl. Abschnitt 2.4.5) die Anforderungen nicht oder nur sehr unzureichend. Deshalb wird an der *Erweiterung der bisherigen Datenmodelle*, insbesondere des Relationenmodells, in bezug auf folgende Punkte gearbeitet:

- Bereitstellung neuer Datentypen,
- Handhabung sog. langer Felder, die umfangreiche unformatierte Datenbestände enthalten können (um z.B. Texte oder Bilder als Ganzes mitverwalten zu können),
- Modellierung von komplex strukturierten Objekten und Beziehungen sowie
- Verwaltung von verschiedenen Repräsentationsformen, Varianten oder Zuständen in der Entwicklung von Objekten.

In den frühen 90er Jahren dürften Datenbankverwaltungssysteme sowohl für das interne Schema als auch für die externen Schemata eine *größere Vielfalt von Verfahren* bieten. Der Endbenutzer wird je nach Anwendungsfall zwischen tabellarischen, hierarchischen, netzwerkartigen und anderen Darstellungsformen wählen können. Neue, stärker auf die Anwendungen bezogene Modelle (sog. *semantische Modelle*) werden *als Grundlage für das konzeptionelle Schema* erwartet.

Verteilte Datenbanksysteme

> Wenn die logisch zusammengehörenden, gemeinsam verwalteten Daten einer Datenbank physisch auf mehrere, in einem Netz verbundene Rechner verteilt sind, spricht man von einer **verteilten Datenbank** (engl.: distributed database).

Im Hauptabschnitt 3.3 werden Sie die Unterschiede zwischen geographisch verteilten Systemen, die über Fernnetze kommunizieren, und lokal verteilten Systemen (z.B. in einem Gebäude) kennenlernen.

Seit Mitte der 70er Jahre wird an der Entwicklung von Verwaltungssoftware für verteilte Datenbanken gearbeitet. Hierfür maßgebend sind folgende Motive bzw. *Vorteile verteilter Datenbanksysteme:*

- *Zuverlässigkeit*
  Da viele Anlagen in einem Rechnernetz vorhanden sind, schadet der Ausfall eines Rechners nur marginal.
- *Verfügbarkeit*
  Die Daten können an den Stellen gespeichert und gewartet werden, an denen sie gebraucht werden. Dies führt zu einer Verminderung der Kommunikationsaufwendungen und zu einem schnelleren Zugriff.
- *Kapazitätsanpassung*
  Durch Hinzufügen neuer Rechnerknoten im Netz kann die Speicherkapazität einfach und flexibel erhöht werden, ohne Effizienznachteile erleiden zu müssen.

– *Effizienzsteigerung*
  Die Effizienz bei Abfragen und Änderungen kann dadurch gesteigert werden, daß man in fortgeschritteneren Versionen verteilter Systeme vorsehen kann, mehrere Rechner an verschiedenen Stellen parallel an Transaktionen arbeiten zu lassen.

Bei unserem *Beispiel* der *Bibliothek* würde ein Verbundsystem mehrerer Bibliotheken umfassendere Buchrecherchen erlauben, da für jeden Teilnehmer Information über Bücher aller angeschlossenen Bibliotheken erhältlich wäre. Bei der Buchbestellung könnte vorher überprüft werden, ob ein Titel schon in einer nahegelegenen anderen Bibliothek vorhanden ist. Bei der Inventarisierung könnte u.U. auf die Daten anderswo bereits inventarisierter Titel zurückgegriffen und damit der Datenerfassungsaufwand reduziert werden.

Die komplizierten Koordinationsprobleme bezüglich Datenverteilung, Transaktionssteuerung und Fehlerbehandlung sowie die Leistungs- und Zuverlässigkeitsprobleme verteilter Datenbanksysteme konnten bisher nicht in allgemeingültiger Form gelöst werden. Verschiedentlich wird auch der Bedarf für solche Systeme als eher gering angesehen. Für beschränkte verteilte Funktionen, wie den automatischen Änderungsdienst dezentraler Datenextrakte (z.B. Preislisten auf Mikrorechnern in den Filialen) aus den zentralen Datenbanken (auf Großrechnern in der Hauptverwaltung), wird zunehmend Software angeboten. *Umfassende Verwaltungssysteme für verteilte Datenbanken*, die den Anforderungen des kommerziellen Produktionsbetriebs genügen, dürften hingegen *bis zum Ende dieses Jahrzehnts kaum verfügbar sein.*

Datenbankrechner

Im Abschnitt 2.3.3 haben Sie erfahren, daß als «Rechner der 90er Jahre» Mehrprozessorsysteme mit *Spezialprozessoren, u.a. auch für die Datenbankverwaltung*, zu erwarten sind. Schon heute wird – um die übrigen Anwendungen nicht durch die starke Belastung eines Datenbankbetriebs zu beeinträchtigen – in vielen Fällen das *Datenbanksystem in einen eigenen, nachgeordneten Rechner ausgelagert*. Dies bringt nicht nur unter Leistungsaspekten, sondern auch hinsichtlich der Datensicherheit und des Datenschutzes Vorteile. Anstelle eines universellen Rechners und der softwaremäßigen Realisierung der Datenbankverwaltung durch ein (eingangs genanntes oder ähnliches) Programmsystem kann hierfür auch eine sog. *Datenbankmaschine* eingesetzt werden.

> Eine **Datenbankmaschine** (engl.: database machine) ist ein Rechner mit einer speziell für die Datenbankverwaltung ausgelegten Architektur (Hardware und Software).

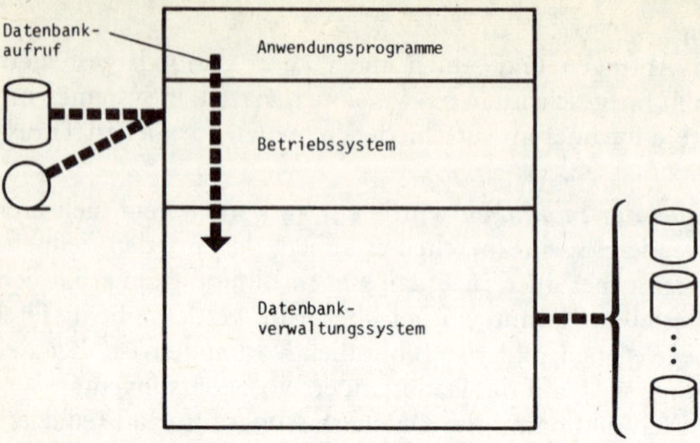

a) EDVA mit Programmsystem für die Datenbankverwaltung

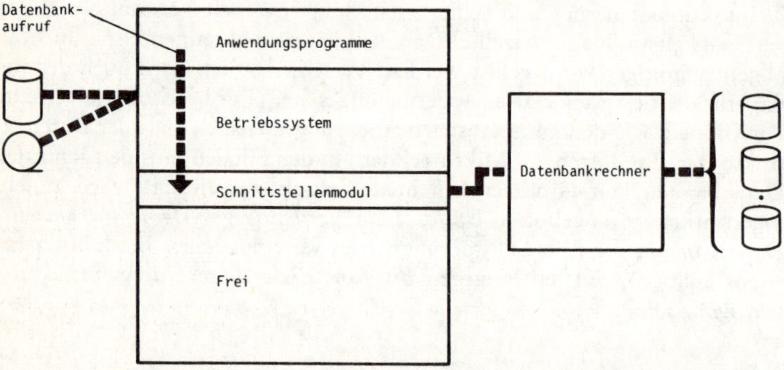

b) Arbeitsteiliges System, bestehend aus Zentralrechner und spezialisiertem Datenbankrechner

Abb. 3.2.3/4: Datenbankverwaltung (a) durch ein Programmsystem auf einem universellen Rechner und (b) durch einen spezialisierten Datenbankrechner

Erste, *auf dem Markt angebotene Datenbankmaschinen* verwenden durchweg das Relationenmodell und sind mit mehreren parallel und asynchron arbeitenden Prozessoren ausgestattet. Adressierungs- und Suchfunktionen sind teilweise in der Hardware fest verdrahtet und teilweise durch Mikroprogramme realisiert. Dadurch werden bei der Datenbankverwaltung hohe Durchsatzraten erzielt. *Beispiele* für Datenbankmaschinen sind die Rechner IDM von Britton Lee, iDBP von Intel, CAFS von ICL und die Teradata-Rechner.

Bei dem «Elektronischen Telefonbuch» der Deutschen Postreklame kommen IDM-Anlagen zum Einsatz. Dabei handelt es sich um ein Informationssystem, bei dem rund um die Uhr die Telefonnummern von nahezu 30 Mio. deutschen Fernsprechteilnehmern über Bildschirmtext abrufbar sind.

3.3 Datenübertragung

Im Abschnitt 3.3 wird *nicht* auf die Übertragungsoperationen innerhalb der Zentraleinheit eingegangen (z.B. Datenaustausch zwischen Registern, Arbeitsspeicher und Pufferspeicher). Diese wurden bereits im Abschnitt 2.3.1.3 ausführlich erläutert. Hier wird vielmehr dargestellt, wie Daten transportiert werden können, wenn die Orte ihrer Erfassung, Transformation, Speicherung und/oder Verwendung räumlich voneinander entfernt sind. Dabei kann es sich um Entfernungen von nur wenigen Metern, z.B. innerhalb eines Gebäudes, oder von vielen hundert oder tausend Kilometern handeln.

3.3.1 Übersicht und Grundbegriffe

3.3.1.1 Datentransport bei der DATEV eG – eine exemplarische Darstellung

Die *Möglichkeiten des Datentransports* zwischen weit voneinander entfernten Orten werden am *Beispiel eines Servicerechenzentrums* beschrieben, das Sie bereits früher kennengelernt haben: Der DATEV eG, d.h. der Datenverarbeitungsorganisation des steuerberatenden Berufes in der Bundesre-

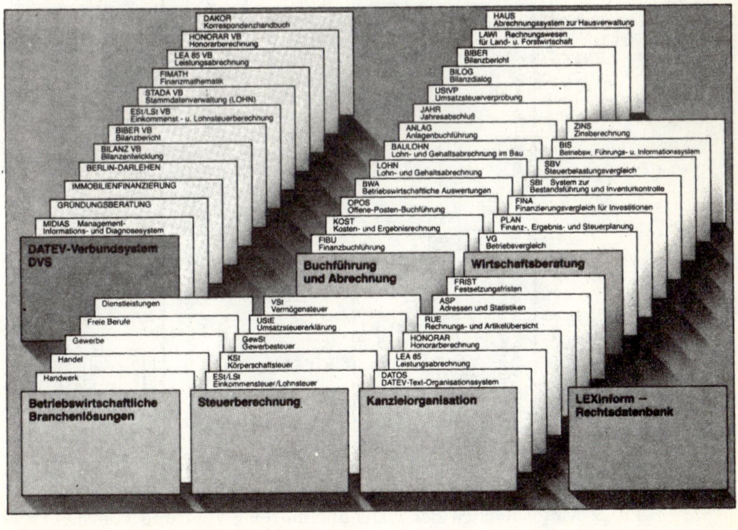

Abb. 3.3.1.1/1: DATEV-Programme

publik Deutschland. Dieses 1966 in Nürnberg gegründete Unternehmen mit über 2 000 Beschäftigten versorgt ausschließlich den steuerberatenden Beruf mit *EDV-Dienstleistungen*, die in Abb. 3.3.1.1/1 genannt werden (Programmnamen).

In dem Nürnberger DATEV-*Rechenzentrum* sind

- *3 Großrechner der höchsten Leistungsklasse mit insgesamt 77 Mips, 144 MB Zentralspeicherkapazität, 309 GB Magnetplattenspeicher, 43 Magnetbandeinheiten,*

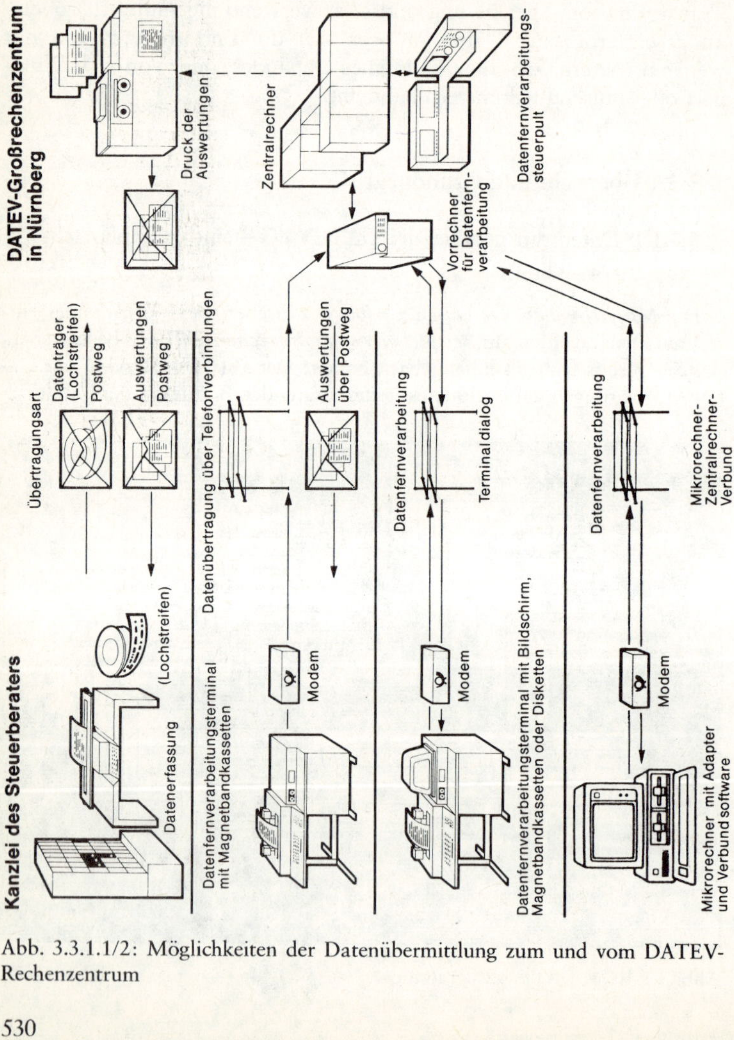

Abb. 3.3.1.1/2: Möglichkeiten der Datenübermittlung zum und vom DATEV-Rechenzentrum

- 1 Telefonvermittlungssystem und
- 1 Prozeßrechner mit 512 KB Speicherkapazität für Gleitzeit und Zutrittskontrollen

installiert (Stand: Anfang 1986).

Zusätzliche Rechner – darunter ein Großsystem mit 22 Mips – dienen ausschließlich zur Steuerung der *Datenausgabe*. Diese sowie die angeschlossene Drucker-, Plotter- und COM-Peripherie haben wir im Abschnitt 2.3.2.6 bereits erwähnt.

Zur *Vorverarbeitung der Eingabedaten* stehen

- 1 Rechner mit 1 MB Zentralspeicherkapazität,
- 9 Konvertiersysteme,
- 16 Kassettenleser,
- 1 Diskettenleser,
- 1 Klarschriftbelegleser und
- 1 Klarschriftstreifenleser

zur Verfügung.

Das Rechenzentrum versorgt über 26 000 Mitglieder (Steuerberater), die dort für mehr als eine Million Mandanten (im Regelfall kleine und mittlere Betriebe) Abrechnungsarbeiten in Auftrag geben. Wie erfolgt nun die *Datenübermittlung zwischen dem DATEV-Rechenzentrum in Nürnberg und der Kanzlei eines Steuerberaters*, die irgendwo in Deutschland ihren Sitz hat?

Hierfür stehen diesem wahlweise die in Abb. 3.3.1.1/2 gezeigten *Möglichkeiten* zur Verfügung.

Übungsaufgabe Nr. I-190 im Arbeitsbuch ←

1. Datenerfassung auf Lochstreifen, Klarschriftbelegen, Kassetten oder Disketten und Postversand

In der Kanzlei werden bei Abrechnungsarbeiten die Daten (z.B. Buchungssätze) maschinell auf Erfassungsbelege (Primanota) geschrieben und gleichzeitig in Lochstreifen abgelocht bzw. auf Klarschriftbelegen oder -streifen in OCR-A-Schrift, auf Magnetbandkassetten oder auf Disketten aufgezeichnet. Während die Erfassungsbelege bzw. Kopien der Klarschriftbelege in der Kanzlei verbleiben, werden die *Datenträger per Post* an das DATEV-Rechenzentrum zur Auswertung gesandt. In der Leseabteilung werden die Daten zum Zwecke der schnelleren Verarbeitung auf Magnetband umgesetzt. Die vom Steuerberater übersandten Sekundärdatenträger werden nach dem Lesevorgang nicht sofort vernichtet, sondern aus Sicherheitsgründen noch vier Wochen aufbewahrt. Sie stehen für Rückfragen in diesem Zeitraum zur Verfügung.

Die Verarbeitung der Daten und die Rücksendung der Auswertungen erfolgt normalerweise noch am Tag des Posteingangs, so daß Datentransport und -verarbeitung nur wenige Tage dauern.

Trotz eines ständigen Rückgangs werden pro Monat auf diese Weise noch über 200 eingehende Postsäcke mit Datenträgern verarbeitet. 20% des gesamten Verarbeitungsvolumens erreichen die DATEV heute noch per Post. Davon entfallen 15% auf Lochstreifen, 80% auf magnetische Datenträger und 5% auf Klarschriftbelege und -streifen. 80% des Verarbeitungsvolumens werden der DATEV bereits per Datenübertragung über Fernmeldewege überspielt.

2. Datenerfassung auf Magnetbandkassetten oder Disketten, Datenabruf und Rückübertragung über Telefon oder Rücksendung per Post

Bei diesem 1974 eingeführten Konzept erfolgt die Datenerfassung mit (speziell für die DATEV-Mitglieder von Peripheriegeräteherstellern entwikkelten) intelligenten, on-line-fähigen Geräten (Terminals). Genauso wie bei dem vorstehend skizzierten Verfahren wird eine Paralleldatenerfassung bei Abrechnungsarbeiten vorgenommen, wobei die Daten hier auf Magnetbandkassetten oder Disketten gespeichert werden. Während der Datenerfassung übernimmt das Gerät Fehlerprüfungen. So wird die Bedienungskraft z.B. auf Stellenüberschreitungen und gewisse logische Erfassungsfehler hingewiesen.

Wenn die Erfassung abgeschlossen ist, kann das Gerät, das über einen Modem an einen Telefonanschluß des öffentlichen Selbstwählnetzes angekoppelt ist, auf *Datenabruf* gestellt werden. Die Übertragung der Daten vom Datenträger an das Rechenzentrum ist am Tag und in der Nacht möglich. Während beim Tagabruf die Telefonverbindung von der Kanzlei aus hergestellt wird (Wählen einer Nummer wie beim üblichen Telefonieren), ruft beim Nachtabruf die DATEV das Erfassungsterminal an. Die Anschaltung des Geräts und die Datenübertragung geschehen dann automatisch – in der Kanzlei braucht dementsprechend kein Mitarbeiter in dieser Zeit anwesend sein. Um die Daten vor mißbräuchlichem Abruf zu schützen, muß ein persönliches Kennwort, das nur dem Anwender und der DATEV bekannt ist, ins Terminal eingegeben werden.

Die abgerufenen Daten werden noch am gleichen Tag im Rechenzentrum der DATEV verarbeitet. In den Mandantenstammdaten der Programme wird von der jeweiligen Kanzlei festgelegt, *welche Auswertungen rückübertragen* werden sollen. Diese bestimmt auch, wann die Verarbeitungsergebnisse rückübertragen werden. Wird die *Tagübertragung* bevorzugt, so stellt wiederum die Kanzlei die Verbindung mit dem Rechenzentrum her. Bei der *Nachtübertragung* hingegen wählt die DATEV automatisch das Terminal an. Nach erfolgter Rückübertragung ist es dem Steuerberater freigestellt, wann und wie oft er die Ausgabedaten ausdrucken läßt. Der Ausdruck erfolgt auf Original-DATEV-Formularen, die der Steuerberater bei der DATEV bestellen kann. Die nicht für die Rückübertragung über Telefon-

Abb. 3.3.1.1/3: DATEV-Erfassungsterminal mit Bildschirm und Magnetbandkassettenspeicher

verbindungen vorgesehenen (weniger zeitkritischen) Auswertungen werden auf dem Postweg an die Kanzlei zurückgesandt.

3. Datenfernverarbeitung im Terminaldialog

Eine dritte Möglichkeit zur Benutzung des DATEV-Rechenzentrums bietet die *Datenfernverarbeitung im Dialog*. Zu den Dialoganwendungen zählt z.B. die Steuerrechtsdatenbank, welche dem Steuerberater den unmittelbaren Zugriff zur Rechtssprechung des Bundesfinanzhofes, der übrigen Finanzgerichte und zu den Erlassen der Finanzverwaltung gestattet. Ständig aktualisiert stehen zu allen Dokumenten umfassende bibliographische Angaben, wie Autor, Datum und Fundstelle, ferner amtliche Leitsätze oder Zusammenfassungen sowie auch die vollen Texte aller höchstrichterlichen Entscheidungen und Verwaltungserlasse zur Verfügung. Eine weitere Dialoganwendung ist etwa ein Bilanz-Dialogprogramm, das eine kontinuierliche Erstellung der Abschlußbilanzen von Mandanten bis zur Ermittlung der endgültigen Abschlußbuchungen ermöglicht, ferner beispielsweise die Investitions- und Planungsrechnungsprogramme und die Dialogprogramme zur Einkommensteuer, zur Körperschaftssteuer und zur Gewerbesteuer. Zur Aufgabenabwicklung finden bei diesen Anwendungen ständig Datenübertragungsvorgänge zwischen dem Terminal des Benutzers und dem im Nürnberger Rechenzentrum stehenden Rechner statt, so daß *während des Dialogs die Telefonverbindung aufrechterhalten werden muß.*

4. **Mikrorechner-Zentralrechner-Verbundsystem**

1984 hat die DATEV das Konzept eines *Anwendungsverbundes* zwischen den Großrechnern im DATEV-Rechenzentrum und Mikrorechnern in den Kanzleien der Mitglieder und deren Mandanten vorgestellt. Hierfür werden einerseits dem «Marktstandard» entsprechende, mit besonderen Zusatzeinrichtungen ausgestattete *16-Bit-Mikrorechner* (MS-DOS, 256-KB-Arbeitsspeicher) angeboten. Diese genügen speziellen DATEV-Spezifikationen werden jedoch direkt von den Rechnerherstellern vertrieben. Andererseits verkauft die DATEV *Verbundsoftware*, die für diverse Anwendungen eine sinnvolle funktionale Verteilung der Verarbeitung zwischen einem solchen Mikrorechner und dem Nürnberger Rechenzentrum beinhaltet. *Mikrorechner-Verbundprogramme* stehen für eine Reihe von Wirtschaftsberatungsproblemen und für betriebsindividuelle, häufig zeitkritische Aufgaben in den Kanzleien zur Verfügung, wie die Textverarbeitung, finanzmathematische Berechnungen, Auftrags- und Leistungserfassung, Stammdatenverwaltung oder Honorarabrechnung. Die Programme sehen teils einen autonomen Betrieb mit lokalen Daten vor, teils arbeiten sie mit im DATEV-Rechenzentrum gehaltenen Daten, die im Bedarfsfall über die Telefonverbindung in den Mikrorechner «herausgeladen» werden. Ergebnisdaten können auf demselben Weg zurückübertragen werden.

Nachgeordnete Auswertungen sowie eher schematisierbare, von rechtlichen Normen geprägte Aufgaben (z.B. Finanzbuchhaltung, Lohnabrechnung) können hingegen oft effizienter und kostengünstiger außer Haus in einem großen Dienstleistungsrechenzentrum erledigt werden. Dementsprechend sieht das DATEV-Verbundkonzept vor allem diese, bzw. alle speicher- und rechenintensiven Anwendungen im Stapelbetrieb, Datenbanken, komplexe und aufwendige Druck- und COM-Ausgaben, sowie die Datensicherung als *zentrale Aufgaben* vor. Der Datenaustausch kann, wie vorstehend beschrieben, über Telefonverbindungen stattfinden. Wenn ein Steuerberater seinen Mikrorechner mit einem entsprechenden Zusatz ausrüstet, kann er sich hierzu teilweise, z.B. beim Zugriff auf die Steuerrechtsdatenbank oder bei der Anmeldung zu DATEV-Schulungskursen, auch des Bildschirmtextdienstes (Näheres im Abschnitt 4.2.6) bedienen.

Dieselben Übertragungswege kann er nutzen, wenn seine *Mandanten* ebenfalls Mikrorechner einsetzen und *in den Verbund einbezogen* werden. Diese können ihm natürlich auch im Wege der Paralleldatenerfassung, z.B. bei der Fakturierung auf dem eigenen Mikrorechner, gewonnene Disketten für die Weiterverarbeitung senden. Diese Weiterverarbeitung kann wiederum je nach Aufgabenstellung durch DATEV-Verbundprogramme autonom auf dem Mikrorechner des Steuerberaters oder unter Inanspruchnahme des Nürnberger Großrechenzentrums erfolgen.

→ Übungsaufgabe Nr. I-191 im Arbeitsbuch

Aus dem vorstehend skizzierten Datenverarbeitungskonzept der DATEV lassen sich *allgemeine Merkmale des Datentransports über größere Entfernungen* ableiten. Grundsätzlich gibt es für den Datentransport *zwei Möglichkeiten:*

1. *Datenträgertransport* durch Boten, Kurierdienste und Postversand;
2. *Datenübertragung über Fernmeldewege.*

Die *Auswahl des Transportverfahrens* erfolgt in erster Linie nach den Kriterien

- *Kosten* und
- *Zeitanforderung.*

Weitere wichtige Kriterien können die *Datensicherheit* und der *Datenschutz* darstellen.

Die *Kosten* des Datenträgertransports werden im überregionalen Bereich im wesentlichen durch die Postgebühren für Drucksachen und Pakete bestimmt. Bei Datenübertragung über Fernmeldewege ergeben sich die Kosten durch die Fernmeldegebühren des jeweiligen Übertragungsweges und die dafür benötigte Hardware und Software. Die *Zeitanforderungen* hängen von den jeweiligen EDV-Anwendungen ab. Dort, wo der Dialogbetrieb nicht zwingend ist und zeitliche Verzögerungen keine Rolle spielen, kann man sich eventuell kostengünstigerer Wege bedienen, zum Beispiel des geschilderten Anforderungsbetriebs oder Abrufbetriebs mit anschließender Stapelverarbeitung (DATEV-Alternative 2) oder des Postversands der Datenträger. Die beiden letztgenannten Alternativen bieten sich vor allem dann an, wenn große Datenmengen zu übertragen sind. Wie Sie im nächsten Abschnitt sehen werden, kann jedoch durchaus auch in einem solchen Fall die Inanspruchnahme von Fernmeldediensten der Post am kostengünstigsten sein.

Auf den Datenträgertransport wird in der Folge nicht näher eingegangen. Die Ausführungen konzentrieren sich vielmehr nach einer grundlegenden Darstellung auf die elektronische Kommunikation im Fernbereich (Fernmeldedienste) und im innerbetrieblichen Bereich (Inhouse-Systeme).

Übungsaufgabe Nr. I-192 im Arbeitsbuch ←

3.3.1.2 Bestandteile eines Datenübertragungssystems

> Ein **Datenübertragungssystem** (engl.: data transmission system; data communication system) besteht aus zwei oder mehr Datenstationen, die zum Zwecke des Datenaustausches miteinander verbunden sind.

Im einfachsten Fall, der in der Abb. 3.3.1.2/1 veranschaulicht wird, umfaßt ein Datenübertragungssystem zwei *Datenstationen*, zwischen denen Nachrichten über einen *Übertragungsweg* ausgetauscht werden. Die in dieser Abbildung verwendeten Begriffe werden anschließend erklärt.

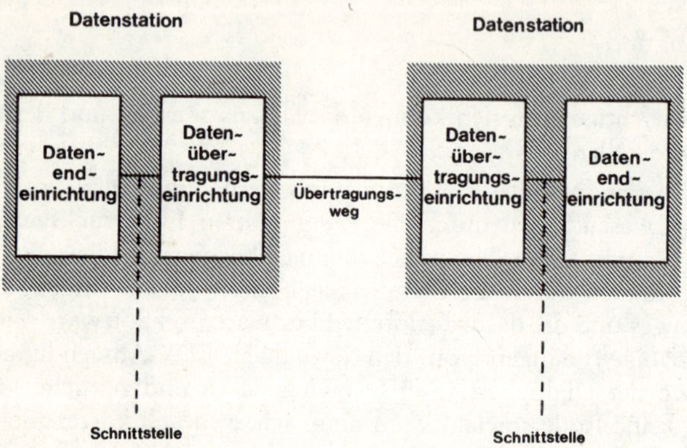

Abb. 3.3.1.2/1: Datenübertragungssystem

> Als **Datenstation** (engl.: data station) bezeichnet man die Gesamtheit der Dateneinrichtungen (= Datenendeinrichtung und Datenübertragungseinrichtung) bei der Endstelle eines Übertragungsweges.

Die *Datenendeinrichtung* dient dem Senden und dem Empfang der Daten in der Datenstation. Sie kann darüber hinaus noch andere Aufgaben übernehmen, wie zum Beispiel den Fehlerschutz oder die Umwandlung von Code und Geschwindigkeit.

Als Datenendeinrichtung können, sofern sie mit einer Fernbetriebseinheit ausgestattet sind, fast alle *peripheren Geräte*, wie zum Beispiel
- Bildschirmgeräte,
- Belegleser,
- Magnetbandgeräte,
- Magnetplattengeräte,
- Drucker usw., oder auch

Zentraleinheiten von EDVA aller Größenklassen verwendet werden.

Eine **Datenendeinrichtung** (abgekürzt: DEE; engl.: data terminal equipment, abgekürzt: DTE) ist jede Einrichtung, die aus einer Fernbetriebseinheit und einer oder mehreren der folgenden Einheiten besteht: Eingabewerk, Ausgabewerk, Rechenwerk, Leitwerk, Speicher und gegebenenfalls Fehlerschutzeinheit, Synchronisiereinheit. Eine periphere Datenendeinrichtung wird **Datenendgerät** oder **Terminal** (von engl.: terminal) genannt.

Die *Fernbetriebseinheit* (engl.: link control unit) steuert den Betriebsablauf der Datenübertragung. Sie kann umfassen: Datenaufbereitungsteil, Überwachungsteil, Stationskennungsteil. Jeder dieser Teile kann einen Sendeteil und einen Empfangsteil besitzen.

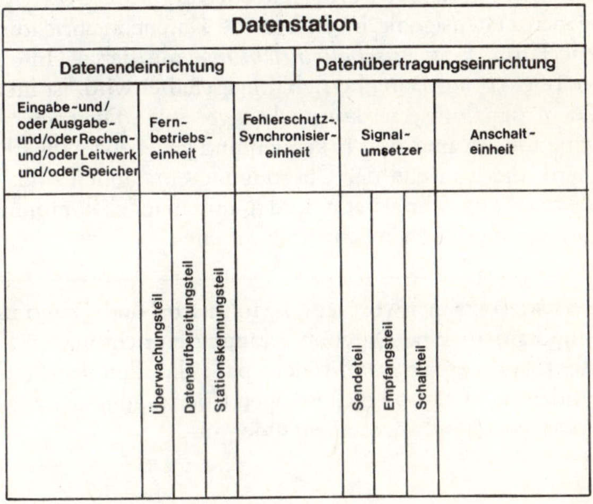

Abb. 3.3.1.2/2: Schematischer Aufbau einer Datenstation

Die *Aufgabe der Datenübertragungseinrichtung* ist es, die von einer Datenendeinrichtung abgegebenen Signale in eine für den Übertragungsweg geeignete Form umzuwandeln bzw. diese nach einer Übertragung derart zurückzuverwandeln, daß sie von einer Datenendeinrichtung aufgenommen werden können. Einer Datenübertragungseinrichtung können außerdem noch Kontroll- und Steuerfunktionen zukommen.

Eine **Datenübertragungseinrichtung** (abgekürzt: DÜE; engl.: data communication equipment, abgekürzt: DCE) ist eine Einrichtung zur Anpassung der Datensignale zwischen Datenendeinrichtung und Übertragungsweg. Sie kann aus folgenden Einheiten bestehen: Signalumsetzer, Anschalteinheit und gegebenenfalls Fehlerschutzeinheit, Synchronisiereinheit. Jede dieser Einheiten kann mit einem Sendeteil, Empfangsteil und Schaltteil ausgestattet sein. Ist zum Verbindungsaufbau eine automatische Wähleinrichtung vorhanden, so ist diese Teil der Datenübertragungseinrichtung.

Der *Signalumsetzer* vollzieht – wie der Name schon sagt – die Umsetzung der von der Datenendeinrichtung angelieferten Signale in eine für die Übertragung geeignete Form und/oder der vom Übertragungsweg empfangenen Datensignale in die für die Datenendeinrichtung vorgeschriebene Form. Eine *Anschalteinrichtung*, mit deren Hilfe zum Beispiel von Telefon- auf Datenbetrieb umgeschaltet wird, ist im allgemeinen mit dem Signalumsetzer konstruktiv vereinigt. Die *Fehlerschutzeinheit* ist eine Einrichtung zum Erkennen und gegebenenfalls Eliminieren von Fehlern, die während der Übertragung entstanden sind. Die *Synchronisiereinheit* gewährleistet u.a., daß miteinander kommunizierende Datenstationen im gleichen Schrittakt arbeiten.

Ein **Modem** (= Kunstwort aus «Modulator und Demodulator»; engl.: modem) ist eine Datenübertragungseinrichtung an Telefon- oder Breitbandwegen.[7] *Der* Modem paßt die digitalen Signale der Datenendeinrichtung und die analogen Übertragungssignale des Telefon- oder Breitbandweges aneinander an.

Ein **akustischer Koppler** (engl.: acoustic coupler) ist ebenfalls eine Datenübertragungseinrichtung für Telefonwege. Der Akustikkoppler benutzt den Handapparat eines Telefons, um die Verbindung zum Übertragungsweg mittels akustischer Schwingungen herzustellen.

Solche Geräte kommen vor allem für die Datenübertragung im mobilen Einsatz (tragbare Erfassungsgeräte und Mikrorechner; vgl. Abschnitt 3.1.3.7) in Frage. Die erreichbare Übertragungsqualität ist bei

7 Näheres hierzu im Abschnitt 3.3.1.6 Übertragungsmedien.

Abb. 3.3.1.2/3: Modem (links oben), Modemsteckkarte (rechts oben) und Akustikkoppler (unten)

elektroakustischer Ankopplung niedriger als bei Verwendung der elektrisch angeschlossenen Modems.

Weitere Datenübertragungseinrichtungen sind die *Fernschaltgeräte* bei Telex- und Datexverbindungen (Näheres hierzu im Abschnitt 3.3.2).

Übungsaufgabe Nr. I-193 im Arbeitsbuch

Früher waren *Datenübertragungseinrichtungen* nur als *separate Geräte* erhältlich. Durch die Entwicklung der Mikroelektronik wurden sie immer kleiner. Seit Anfang bzw. Mitte der 80er Jahre gibt es Fernschaltgeräte bzw. Modems nun auch in Form von *Steckkarten*, die in das Gehäuse der Datenendeinrichtungen integriert werden können.

Datenstationen können – wie Sie bereits bei der Lektüre des einführenden DATEV-Beispiels erfahren haben – *manuell (M) oder automa-*

tisch (A) bedient werden. Rufende (1) und gerufene Stationen (2) können in folgenden *Varianten* zusammenarbeiten:

(1)M – (2)M   (1)A – (2)M   (1)M – (2)A   (1)A – (2)A

Dabei werden *Punkt-zu-Punkt- oder Mehrpunktverbindungen* verwendet (vgl. Abb. 3.3.1.2/4).

> Eine **Punkt-zu-Punkt-Verbindung** (engl.: point-to-point connection) ist eine Verbindung zwischen genau zwei Datenstationen. Eine **Mehrpunktverbindung** (engl.: multipoint connection) ist eine Verbindung zwischen mehr als zwei Datenstationen. Die Verbindung kann jeweils festgeschaltet oder über Vermittlungsstellen geführt werden.

Durch eine *Punkt-zu-Punkt-Verbindung* zwischen einem Peripheriegerät und einem Rechner wird die Kapazität eines Übertragungsweges häufig nur zu einem geringen Teil ausgenutzt, zum Beispiel, wenn selten Transaktionen stattfinden und dabei relativ wenige Daten auszutauschen sind oder wenn ein festgeschalteter Übertragungsweg nur einige Stunden am Tag in Anspruch genommen wird. Sofern Daten von einem Ort oder regionalen Bereich aus über mehrere Datenstationen zu einer entfernten anderen Datenstation, zum Beispiel der für die Verarbeitung vorgesehenen EDVA, übermittelt werden müssen, ist meist eine *Mehrpunktverbindung* über einen Fernmeldeweg wirtschaftlicher als eine entsprechende Anzahl von Einzelverbindungen. Ebenso bieten sich Mehrpunktverbindungen an, wenn auf einem Betriebsgelände viele räumlich verteilte Rechner miteinander kommunizieren oder Terminalcluster in verschiedenen Gebäuden, Stockwerken oder Abteilungen an Großrechner im hauseigenen Rechenzentrum angeschlossen werden sollen.

Zum *Beispiel* gibt es an der Wirtschaftsuniversität Wien fünf größere Computerarbeitsräume für Studenten, davon zwei im 3. Stock mit 15 und 25 Datensichtstationen, einen im 1. Stock mit 35 Mikrorechnern und zwei im 1. Untergeschoß mit je 48 Mikrorechnern. Wären diese Geräte jeweils über separate Punkt-zu-Punkt-Verbindungen mit den Zentralrechnern im Erdgeschoß verbunden worden, so wären hierfür insgesamt 171 Kabel sowie zentralrechnerseitig eine gleich große Zahl von Anschlüssen (d.h. 171 sog. Ports der Steuereinheiten) nötig gewesen. Diese Art der Verkabelung wäre nicht nur teuer, sondern auch zeitaufwendig und unübersichtlich in bezug auf die Montage geworden und hätte die Kabeltrassen in erheblichem Maße belastet. Durch Mehrpunktverbindungen unter Einsatz von *Vermittlungsknoten* konnte in diesem Fall die Zahl der Kabel zwischen dem Ma-

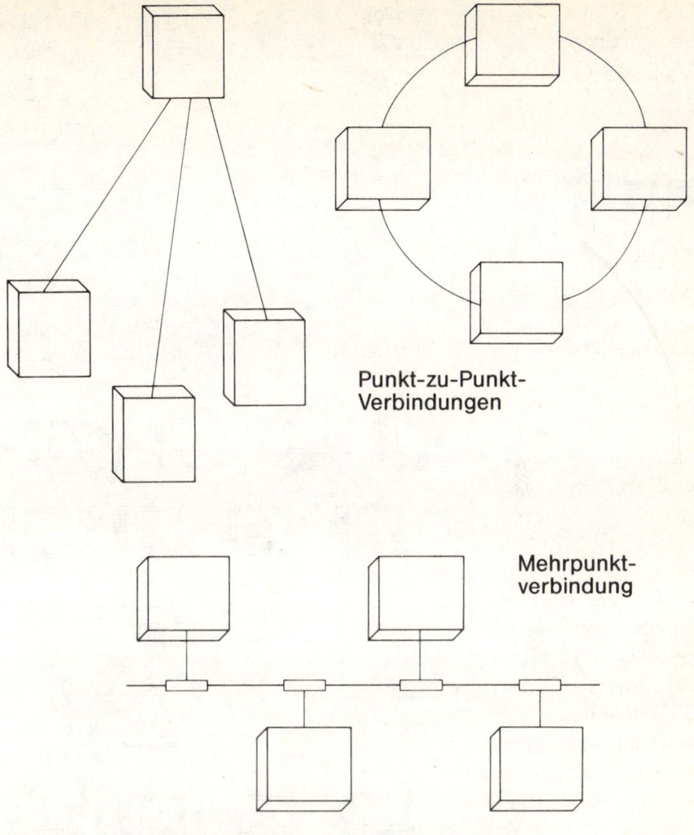

Abb. 3.3.1.2/4: Punkt-zu-Punkt- und Mehrpunktverbindungen

schinenraum des Rechenzentrums und den studentischen Computerarbeitsräumen auf nur fünf reduziert werden.

Die Kommunikation von mehreren, beieinander installierten Datenstationen im Rahmen einer Mehrpunktverbindung mit (einer oder mehreren) anderen, räumlich entfernten Datenstationen kann durch die Verknüpfung der Einzelverbindungen über *Bündelungs-* oder – aus der anderen Richtung – *Verzweigungseinrichtungen* ermöglicht werden. Hierfür kommen *Schnittstellenvervielfacher, Multiplexer* und *Konzentratoren* in Betracht.

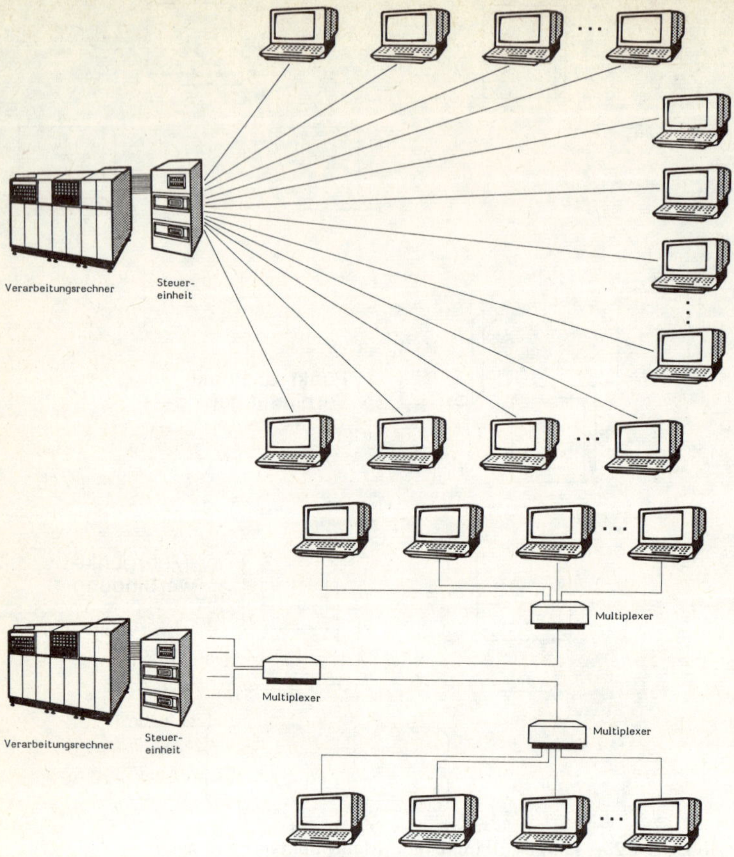

Abb. 3.3.1.2/5: Reduzierung des Verkabelungsaufwands durch Mehrpunktverbindungen unter Einsatz von Multiplexern

> Der **Schnittstellenvervielfacher** ist ein einfacheres Gerät, das mehrere Verbindungen gleicher Geschwindigkeit verknüpft. Die von einer Datenstation gesendeten Daten werden an alle angeschlossenen Datenstationen übermittelt, aber nur von den durch Adressierung bestimmten aufgenommen. Mehrere Datenstationen können nicht gleichzeitig senden, was durch Steuerinstruktionen der Leitstation erreicht wird. Die *Leitstation* ist die Datenstation, welche im Rahmen einer Verbindung den Betriebsablauf steuert und überwacht.

Der **Multiplexer** (engl.: multiplexer) ermöglicht es, daß Datenstationen unabhängig voneinander mit räumlich entfernten Stationen über getrennte Verbindungen kommunizieren können, indem er mehrere Verbindungen mit geringer bis mittlerer Übertragungsgeschwindigkeit in einem gemeinsamen Weg mit hoher Übertragungsgeschwindigkeit zusammenfaßt bzw. am anderen Ende des Weges wieder entfächert.

Ein *Frequenzmultiplexer* verwendet für die Einzelverbindungen verschiedene Frequenzbänder des gemeinsamen Übertragungsweges, ein *Zeitmultiplexer* benutzt hierfür verschiedene aufeinanderfolgende Zeitintervalle. Wegen ihrer höheren Kanalausnutzung haben sich heute fast überall die Zeitmultiplexer durchgesetzt. Die Übertragungskapazität des gemeinsamen Weges muß dabei im allgemeinen mindestens so hoch sein wie die Summe der Übertragungsgeschwindigkeiten der verknüpften Einzelanschlüsse.

Bei dem Einsatz eines **Konzentrators** (engl.: concentrator) entfällt diese Voraussetzung. Durch eine Funktionseinheit zur Zwischenspeicherung der zu übertragenden Daten ist es hierbei möglich, daß die Übertragungsgeschwindigkeit des gemeinsamen Übertragungsweges geringer ist als die Summe der möglichen Einzelverbindungen.

Zum *Beispiel* wurde 1976 bei der *DATEV eG* mit der Errichtung eines *Datenfernübertragungsnetzes* für die gesamte Bundesrepublik begonnen (vgl. Abb. 3.3.1.2/6). Ziel dieses Netzwerks ist es, die Datenübertragung für die Mitglieder insgesamt sicherer und kostengünstiger zu machen. Heute ist es für jeden angeschlossenen Steuerberater möglich, zum Telefonnahtarif Datenfernverarbeitung zu betreiben. Er braucht nur noch über das öffentliche Telefonnetz einen in seiner Nähe installierten Konzentrator (= Kopfstelle) anzurufen, um direkt mit dem Rechner des DATEV-Rechenzentrums in Nürnberg verbunden zu sein. Die wenigen Mitglieder, die keine der 27 Kopfstellen zum Nahtarif erreichen können, erhalten von der DATEV die Gebührendifferenz zum Nahtarif erstattet.

Im Telefonnetz werden normalerweise für alle Verbindungen über mehr als 100 km Entfernung die einheitlich teuren 12-Sekunden-Takt-Gebühren erhoben. Für die knapp 7 Mio. Anschaltungen im Jahr 1985 hätten die Mitglieder folglich 17 Mio. DM Telefongebühren bezahlt. Tatsächlich waren es jedoch infolge des günstigeren Zeittaktes bei der Datenübertragung zu den Kopfstellen und den dann «konzentrierten» Verbindungen nur 5,1 Mio. DM – Gebührenerstattungen an Mitglieder sind in diesem Betrag nicht berücksichtigt.

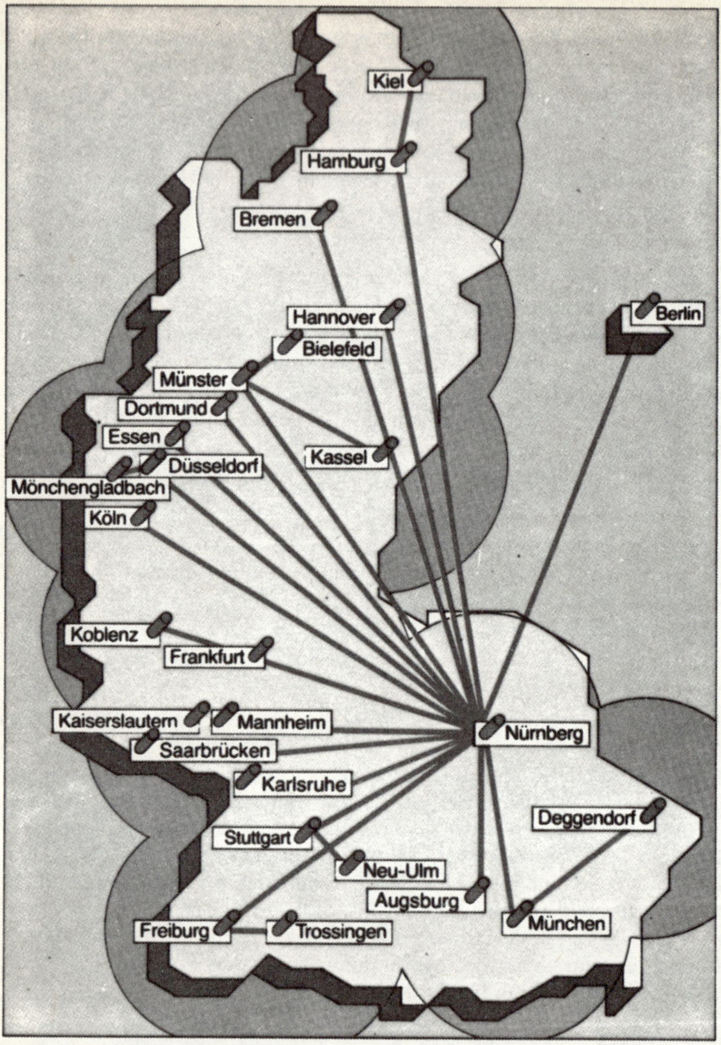

Abb. 3.3.1.2/6: DATEV-Datenfernübertragungsnetz

Konzentratoren werden mit einer EDVA in der gleichen Weise gekoppelt wie eine Datenstation. Sie müssen dementsprechend mit der notwendigen Logik ausgestattet sein, um Sende- und Empfangsaufrufe zu erkennen und die notwendigen Übertragungssteuerungsfunktionen ausführen zu können.

In dem vorstehenden DATEV-Beispiel werden für die Kommunikation zwischen den Datenstationen in den Steuerberaterkanzleien und den Konzentrator-Kopfstellen des Netzwerks *Wählverbindungen* (hier: Telefonwählverbindungen) verwendet. Die Kopfstellen sind hingegen über *Standverbindungen* (hier: digitale Wege mit hoher Übertragungsgeschwindigkeit) an das Nürnberger Rechenzentrum angeschlossen.

Standverbindungen (engl.: dedicated connection; leased line) bieten den Vorteil der ständigen Dienstbereitschaft. Standverbindungen sind fest durchgeschaltete Übertragungswege zwischen zwei Datenendeinrichtungen oder verzweigen sich an einem Ende zu mehreren Datenendeinrichtungen. **Wählverbindungen** (engl.: switched connection; switched line) werden bei Bedarf für einen bestimmten Zeitabschnitt wahlweise über Vermittlungseinrichtungen hergestellt.

Die Durchschaltung einer Verbindung aufgrund eines manuellen oder automatischen Wählvorgangs dauert eine gewisse Zeit, während *Standverbindungen verzögerungsfrei benutzbar* sind. Außerdem können *bei Wählverbindungen Besetztfälle* auftreten. Sie bieten sich meist bei einem geringen Übertragungsvolumen aus Kostengründen an. *Standverbindungen sind i.d.R. dann sinnvoll, wenn*

- ständig große Datenmengen zu übertragen sind oder
- die Übertragung strengen Zeitanforderungen genügen muß (z.B. bei Echtzeitbetrieb).

Ein größerer Rechner kann gleichzeitig viele Terminals auf unterschiedlichen Übertragungswegen bedienen. Dabei sind sowohl Punkt-zu-Punkt- als auch Mehrpunktverbindungen in der Form von Wähl- oder Standverbindungen nebeneinander möglich. In lokalen Netzen, bei denen Datenstationen in einem Betrieb mit hoher Geschwindigkeit kommunizieren, sind Mehrpunktverbindungen die Regel. Wie in solchen Fällen die Mehrpunktverbindungen durch die Datenstationen selbst aufgebaut und gesteuert werden, erfahren Sie im Abschnitt 3.3.3.2.

Ein **Datenfernverarbeitungssystem** (engl.: remote data processing system; teleprocessing system) besteht aus Datenstationen, die – um Daten an räumlich entfernten Orten verarbeiten zu können – über Fernmeldewege miteinander kommunizieren. Die Verarbeitung der übertragenen Daten wird durch EDVA durchgeführt.

Es gibt zwei Formen der Datenfernverarbeitung, den *Off-line-Betrieb*, bei dem der Rechner nicht direkt an den Übertragungsweg angeschlossen ist, und den *On-line-Betrieb*, bei dem die Datenübertragung von dem zur Datenverarbeitung eingesetzten Rechner gesteuert wird.

> Die **Off-line-Datenfernverarbeitung** (engl.: off-line teleprocessing) wird auch indirekte oder unabhängige Datenfernverarbeitung genannt. Hierbei ist der Verarbeitungsrechner nicht mit den zur Übertragung von Daten benutzten Fernmeldewegen verbunden. Die Daten werden auf *Datenträgern* zwischengespeichert.

> Die **On-line-Datenfernverarbeitung** (engl.: on-line teleprocessing) wird auch direkte oder abhängige Datenfernverarbeitung genannt. Hierbei ist der Verarbeitungsrechner mit den zur Übertragung von Daten benutzten Fernmeldewegen direkt verbunden; er ist selbst Datenstation.

→ Übungsaufgabe Nr. I-194 im Arbeitsbuch

Fernmeldewege sind Datenübertragungswege der Post. Sie haben bereits früher bei der Behandlung der Betriebsarten eines Rechners (Abschnitt 2.4.2.1) erfahren, daß *bei grundstücksüberschreitenden Verbindungen die Verwendung von Fernmeldewegen zwingend vorgeschrieben* ist. Aufgrund ihres *Fernmeldemonopols* bestimmt allein die Deutsche Bundespost (abgekürzt: DBP) für die Bundesrepublik Deutschland einschließlich Berlin (West), welche Übertragungswege, -einrichtungen und -dienste sowie welche Übertragungsverfahren und -geschwindigkeiten zu welchen Gebühren für die Datenfernverarbeitung genutzt werden können. In Österreich und in vielen anderen europäischen Ländern ist das ebenso. Der Anwender kann nur aus dem genau definierten, differenzierten, für jedermann gleichen Leistungsangebot der *Dateldienste*[8] wählen.

Zum *Beispiel* muß der EDV-Anwender bei der Benutzung des öffentlichen Telefonnetzes für die Datenübertragung posteigene Modems verwen-

8 Das Kunstwort «Datel» ist aus dem Englischen abgeleitet (Data Telecommunications; Data Telephone; Data Telegraph); es ist international üblich und bezeichnet die Verwendung von Fernmeldewegen für die Datenübertragung. Über die Besonderheiten der einzelnen Fernmeldewege und die Übertragungsgebühren informieren Merkblätter, die vom Fernmeldetechnischen Zentralamt in Darmstadt herausgegeben werden und die im allgemeinen bei den Fernmeldeämtern erhältlich sind.

den, obwohl es vielleicht wesentlich preisgünstigere Geräte im Handel gibt. Akustikkoppler sind ihm nur im transportablen Einsatz erlaubt. Er darf auch dann nicht seine beiden, nur einige Straßenecken voneinander entfernten Niederlassungen durch eigene Leitungen miteinander verbinden, wenn ihn die Post monatelang auf beantragte Anschlüsse warten läßt oder wenn die durch die Post realisierbaren Übertragungsgeschwindigkeiten in keiner Weise den vorgesehenen Anwendungen gerecht werden.

Sehen Sie sich bitte hierzu nochmals die Abb. 3.3.1.2/1 auf Seite 536 an. Die zwischen Datenübertragungseinrichtung und Datenendeinrichtung markierten *Schnittstellen* kennzeichnen den *Zuständigkeitsbereich der DBP und des Anschlußteilnehmers. Datenendeinrichtungen sind immer privat* (Eigentum des Benutzers oder von ihm gemietet). *Datenübertragungseinrichtungen sind entweder posteigen oder privat; die DBP besitzt hierfür grundsätzlich die Zuständigkeit* und gestattet nur übergangsweise für höhere Übertragungsgeschwindigkeiten die Verwendung privater Datenübertragungseinrichtungen. Alle privaten Datenendeinrichtungen und Datenübertragungseinrichtungen müssen durch die DBP technisch geprüft und zugelassen sein, bevor sie mit Einrichtungen der DBP verbunden werden dürfen. Die Anschaltung darf nur von Bediensteten der DBP vorgenommen werden, soweit im Einzelfall nichts anderes festgelegt ist.

Übungsaufgabe Nr. I-195 im Arbeitsbuch ←

3.3.1.3 Betriebsarten und Vermittlungsprinzipien bei der Datenübertragung

In einer Datenstation sind an der *Schnittstelle zwischen Datenendeinrichtung und Datenübertragungseinrichtung* als *Betriebsarten* der Sendebetrieb, der Empfangsbetrieb, der Wechselbetrieb und der Gegenbetrieb zu unterscheiden.

Der *Sendebetrieb* (engl.: transmit mode) ist dadurch gekennzeichnet, daß Daten nur von der Datenendeinrichtung der Datenübertragungseinrichtung zugeführt werden. *Empfangsbetrieb* (engl.: receive mode) liegt vor, wenn Daten nur von der Datenübertragungseinrichtung der Datenendeinrichtung zugeführt werden.

> Wenn die Datenübertragung zwischen zwei Endeinrichtungen in nur einer Richtung auf dem Übertragungsweg erfolgen kann (Sendebetrieb in der einen, Empfangsbetrieb in der anderen Datenstation), so liegt das **Simplexverfahren** (engl.: simplex transmission) vor.

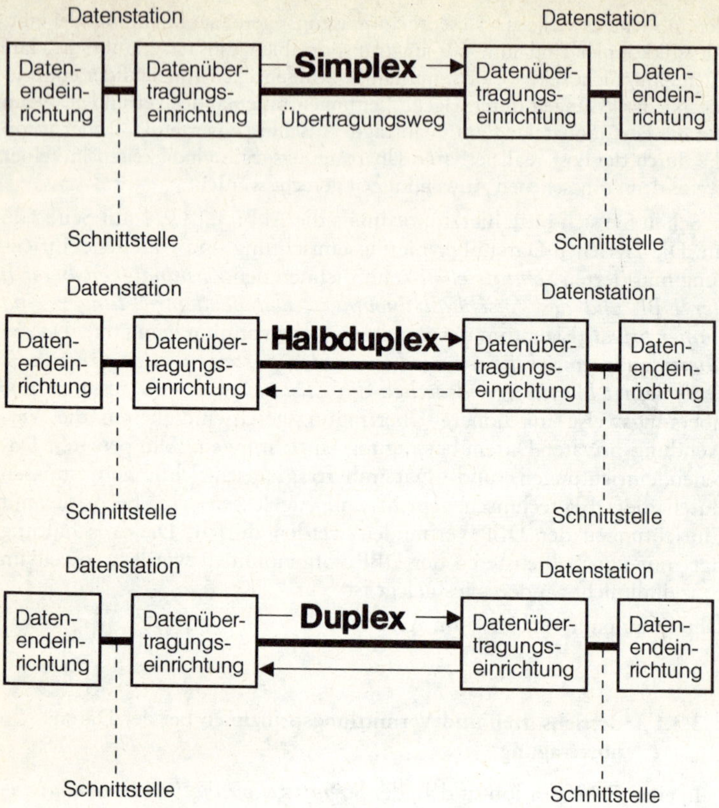

Abb. 3.3.1.3/1: Simplex-, Halbduplex-und Duplexverfahren

Ein *Beispiel* für das äußerst seltene *Simplexverfahren* ist die Übertragung der im mobilen Einsatz erfaßten Daten über das Telefonnetz mit Hilfe eines Akustikmuffs (vgl. Abschnitt 3.1.3.7).

Wechselbetrieb ist dann gegeben, wenn in einer Datenstation wechselzeitig Sendebetrieb und Empfangsbetrieb stattfindet. Bei dieser häufiger als **Halbduplexverfahren** (engl.: half-duplex transmission) bezeichneten Betriebsart erfolgt die Datenübertragung zwischen zwei Endeinrichtungen also in beiden Richtungen, jedoch nicht gleichzeitig (abwechselnd Senden oder Empfangen in jeweils einer Richtung).

Ein *Beispiel* für den *Halbduplexbetrieb* ist der Fernschreibverkehr im Telexnetz, bei dem alternativ nur der eine oder der andere Teilnehmer senden kann.

> Beim *Gegenbetrieb* oder **Duplexverfahren** (auch Vollduplexverfahren; engl.: duplex transmission) findet in einer Datenstation gleichzeitig Sendebetrieb und Empfangsbetrieb statt. Zwei Endeinrichtungen können simultan über den Übertragungsweg in beiden Richtungen Daten austauschen.

Zum *Beispiel* sind alle von der DBP speziell für die Datenübertragung eingerichteten digitalen Übertragungswege vollduplexfähig. In den höheren Geschwindigkeitsklassen von Wählnetzen ist dies die einzig vorgesehene Betriebsart.

Die zu übertragenden Bits können entweder einzeln nacheinander *(bitseriell)* oder in Gruppen gleichzeitig über verschiedene Unterkanäle des Übertragungswegs *(bitparallel)* übertragen werden. Dementsprechend unterscheidet man *serielle und parallele Übertragungsverfahren.*

> Bei der **seriellen Übertragung** (engl.: serial transmission) werden die Bits, welche die zu übertragenden Daten repräsentieren, nacheinander über einen Kanal übertragen. Bei der **parallelen Übertragung** (engl.: parallel transmission) werden Bitgruppen, die i.a. ein Zeichen darstellen, über Teilkanäle gleichzeitig übertragen.

Wir sind auf diese Übertragungsverfahren bereits kurz im Zusammenhang mit *Druckerschnittstellen* eingegangen (siehe hierzu insbesondere die Fußnote 28 auf Seite 285).

Wenn größere Entfernungen zu überbrücken sind, geschieht dies *überwiegend* durch die *serielle Übertragung*, wobei als Arbeitsweisen das *Asynchron-* und das *Synchronverfahren* in Frage kommen.

> Das **Asynchronverfahren** (engl.: asynchronous transmission) ist ein Übertragungsverfahren, bei dem der Gleichlauf zwischen Sender und Empfänger für eine Folge von Bits (i.a. ein Zeichen) durch die Datenendeinrichtungen hergestellt wird.

Bei diesem Verfahren wird die Übertragung jedes Zeichens durch ein Startsignal (Startbit) angekündigt und durch ein Stoppsignal beendet (deshalb auch die engere Bezeichnung «**Start-/Stopp-Verfahren**»; engl.: start-stop transmission). Es läßt sich technisch relativ einfach realisieren, bietet aber keine automatische Fehlerkorrektur und erlaubt bei Fernverbindungen nur eine maximale Übertragungsgeschwindigkeit von 1 200 bit/s (Näheres hierzu im Folgeabschnitt).

Das **Synchronverfahren** (engl.: synchronous transmission) ist ein Übertragungsverfahren, bei dem zwischen Sender und Empfänger ein ständiger Gleichlauf besteht; die Taktinformation wird im allgemeinen von der Datenübertragungseinrichtung geliefert (Taktgeber).

Bei dem *Synchronverfahren* werden die einzelnen Zeichen zu *Übertragungsblöcken* zusammengefaßt. Dadurch, daß keine Pausen zwischen den zu übertragenden Zeichen gemacht werden und die Start- und Stoppbits entfallen, ist im Vergleich zum Asynchronverfahren eine bessere Ausnutzung des Übertragungswegs und damit eine *höhere Übertragungsgeschwindigkeit* möglich.

→ Übungsaufgabe Nr. I-196 im Arbeitsbuch

Die Verbindung miteinander kommunizierender Datenstationen kann durch *Leitungsvermittlung* oder durch *Paketvermittlung* erfolgen.

Bei **Leitungsvermittlung** (Synonym: **Durchschaltevermittlung**; engl.: circuit switching; line switching) wird zwischen den Datenstationen für die Dauer ihrer Verbindung ein unmittelbarer Übertragungsweg zur Verfügung gestellt. Vermittlungseinheiten im Übertragungsnetz haben eine reine Weiterschaltefunktion. Die durchgehende physikalische Verbindung steht ausschließlich den beteiligten Endgeräten zur Verfügung, unabhängig davon, ob Daten übertragen werden oder nicht.

Bei **Paketvermittlung** (engl.: packet switching) sind in den Übertragungsweg Vermittlungseinheiten eingeschaltet, welche die Daten empfangen, bis zur Verfügbarkeit einer Weiterverbindung speichern und dann weiterleiten. Falls erforderlich, können die Vermittlungseinheiten Code- und Geschwindigkeitsumsetzungen der übertragenen Daten vornehmen. Zwischen den kommunizierenden Endgeräten bestehen virtuelle Verbindungen mittels Adreß- und Steuerangaben in den gesendeten Datenpaketen.

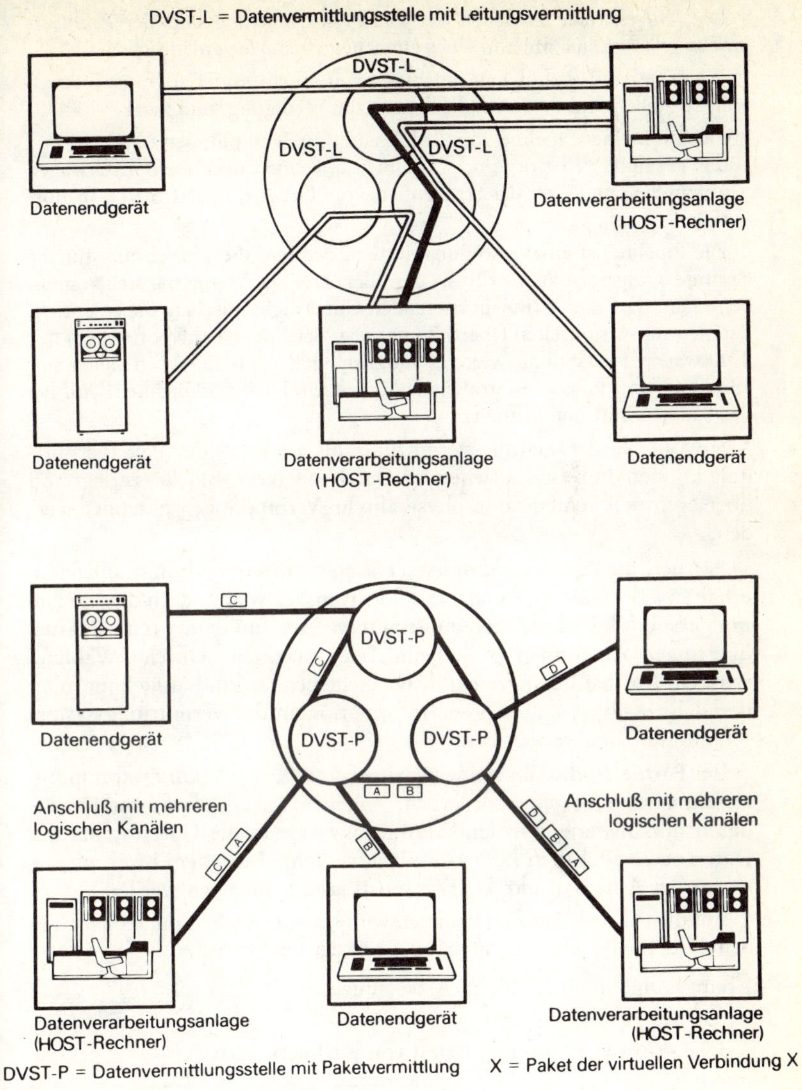

Abb. 3.3.1.3/2: Leitungsvermittlung (oben) und Paketvermittlung (unten)

Die *Unterschiede* zwischen der *Leitungsvermittlung* und der *Paketvermittlung* lassen sich anhand eines einfachen *Beispiels* verdeutlichen:

Wenn jemand Rohöl von einem Ort zu einem anderen transportieren will, so stehen ihm zwei Möglichkeiten zur Verfügung, und zwar

- das Öl in einer Pipeline vom Ort A zum Ort B zu pumpen oder
- das gesamte zu befördernde Volumen auf einen oder viele Tankwagen aufzuteilen und über das Straßennetz vom Ort A zum Ort B zu transportieren.

Die Pipeline ist ein Versorgungssystem, bei dem die Einrichtung für die gesamte Transportdauer exklusiv dem Benutzer zur Verfügung stehen muß, denn man darf die zu transportierenden Güter nicht mischen. Sie entspricht dem leitungsvermittelten Übertragungsweg. Bei einem Transportsystem mit Tankwagen ist es ohne weiteres möglich, daß auch Lastkraftwagen mit anderen Gütern dasselbe Straßennetz benutzen. Diese Möglichkeit wird bei der Paketvermittlung genutzt.

Sowohl bei der Leitungsvermittlung als auch bei der Paketvermittlung können die auszutauschenden Daten in Pakete (Blöcke) zerlegt und über eventuell gemeinsame physikalische Verbindungen gesendet werden.

Partner, die über eine *durchgeschaltete Verbindung* kommunizieren, erhalten jedoch einen Kanal zur exklusiven Verwendung. In diesem Fall muß erst der logische Kanal aufgebaut werden, um dann «reine» Daten übertragen zu können (z.B. beim Telefonverkehr: Durch «Wählen» wird ein für den Benutzer exklusiv erscheinender Pfad aufgebaut, über den dann – ohne weitere Steuerinformation an das Vermittlungssystem – kommuniziert werden kann.).

Bei Partnern, die über eine *paketvermittelte Verbindung* kommunizieren, ist es hingegen erforderlich, bei jedem Paket Adreß- und Steuerdaten mitzuliefern, um dem Vermittlungssystem die Übertragung der Daten zu ermöglichen (z.B. beim Briefverkehr: Bei jedem Brief müssen eigens der Adressat und die Transportklasse angegeben werden.).

Auf die Paketvermittlung kommen wir nochmals im Zusammenhang mit dem DATEX-P-Netz (Abschnitt 3.3.2.2.4) der DBP zurück.

→ Übungsaufgabe Nr. I-197 im Arbeitsbuch

3.3.1.4 Entwicklung und Arten von Rechnernetzen

Unter einem **Rechnernetz** (engl.: computer network) verstehen wir ein räumlich verteiltes System von Rechner(n), Steuereinheit(en) und peripheren Geräten, die durch Datenübertragungseinrichtungen und -wege miteinander verbunden sind.

Früher war es die Regel, daß ein *Rechnernetz* aus einem zentralen Großrechner bestand, an den eine mehr oder minder große Zahl von unintelligenten Peripheriegeräten *sternförmig* angeschlossen war (so, wie in der Abb. 3.3.1.2/5 auf Seite 542 dargestellt). *Die Steuerung und Überwachung der Verbindungen, der Terminals sowie die Verarbeitung im engeren Sinne (Datenspeicherung und -transformation) wurden durch den Zentralrechner durchgeführt.* Dies ist bei vielen installierten EDVA auch heute noch der Fall.

Mit der starken Verbreitung von Dialoganwendungen stieg nicht nur die Belastung der Zentraleinheiten durch die Steuerung der wachsenden Peripherie, sondern auch die Abhängigkeit vieler Benutzer von solchen EDVA, die oft 24 Stunden an 365 Tagen im Jahr laufen müssen.

Diese Entwicklung führte dazu, daß

1. *mehrere Rechner miteinander verbunden* wurden, um bei Ausfall eines Rechners dessen Arbeit von einem anderen Rechner mit übernehmen zu lassen,
2. *Rechnernetzkonzepte* entwickelt wurden, welche u.a. den Zentralrechner entlasten, indem vorgelagerte gesonderte Funktionseinheiten die Übertragungssteuerung übernehmen und
3. eine *Spezialisierung von Rechnern* für bestimmte Verwendungszwecke einsetzte, zum Beispiel auf die Ihnen bereits bekannte Verwaltung von Datenbanken durch Datenbankrechner oder auch auf die Datenübertragung durch speziell ausgelegte Kommunikationsrechner.

Moderne *Übertragungssteuereinheiten* sind durch Prozessor, Arbeitsspeicher, Leitungspuffer und besondere Programme als spezielle **Vorrechner** (engl.: front end processor; abgekürzt: FEP) ausgebildet. Zusätzlich zu der Übertragungssteuerung übernehmen solche Vorrechner die Abwicklung der Datenübertragungsprozeduren, die Zwischenspeicherung der Daten und Steuerangaben, sowie weitere Aufgaben der Nachrichtenbehandlung wie Formatumsetzungen, Plausibilitätskontrollen usw. Betriebssicherheitsfunktionen ermöglichen die Fehlerbehandlung, Fehlerwarnung, Fehlerstatistik und Überwachung bestimmter Funktionseinheiten. Damit wird die Betriebssicherheit und die Verfügbarkeit des Gesamtsystems erhöht.

In größeren Netzen werden diese Aufgaben oft von einer *Hierarchie von Kommunikationsrechnern* wahrgenommen (vgl. Abb. 3.3.1.4/1). Je nach Einsatzart unterscheidet man Datenübertragungsvorrechner, Netzknotenrechner und Datenstationsrechner.

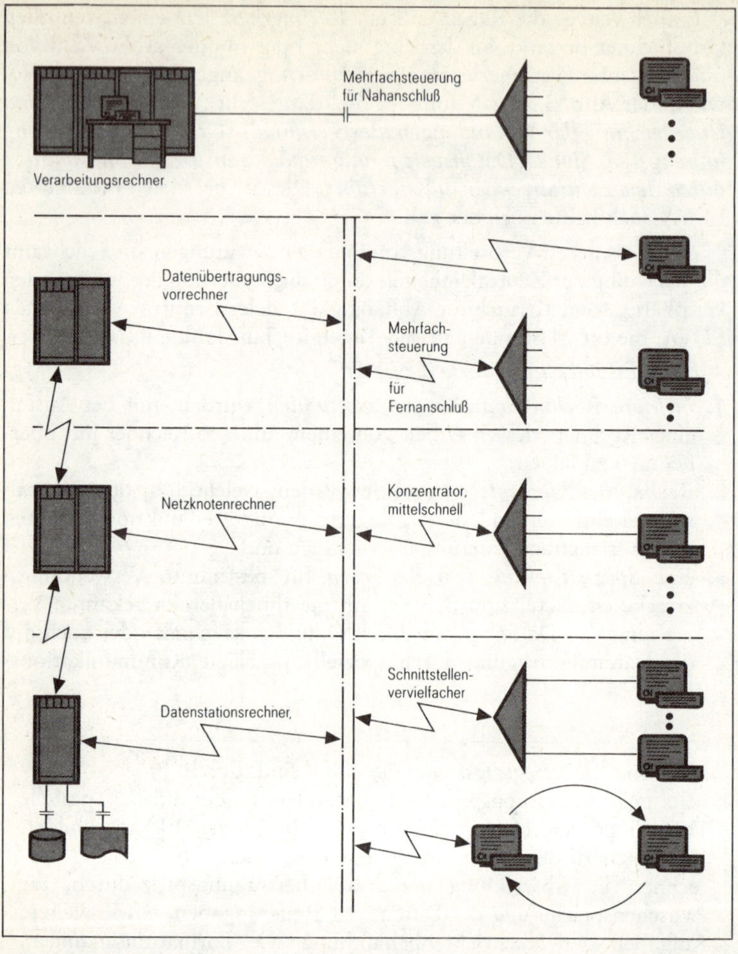

Abb. 3.3.1.4/1: Rechnernetz mit einem Zentralrechner und einer Hierarchie von Kommunikationsrechnern (Quelle: Siemens)

Der **Datenübertragungsvorrechner** wird über einen Kanal an einen zentralen Verarbeitungsrechner (Synonyme: Wirtsrechner, **Host**; von engl.: host) gekoppelt, das heißt, er arbeitet als FEP. Er erfüllt die bereits angeschnittenen Kommunikationsaufgaben und führt die Nachrichtenbehandlung für direkt an ihn angeschlossene Datenstationen aus.

Der **Netzknotenrechner** ist entfernt vom Verarbeitungsrechner eingesetzt und verrichtet hauptsächlich Aufgaben, die zur Steuerung des Netzes notwendig sind, wie Betriebsmittelverwaltung, Belegung und Freigabe von Geräten, Programmen und Leitungen, das Anlegen und Fortschreiben von Betriebszustandstabellen, das An-, Ab- und Umschalten von Geräten und Leitungen sowie das Führen von Statistiken.

Der *Netzknotenrechner* ist über einen Datenübertragungsweg mit mindestens einem Datenübertragungsvorrechner verbunden und bildet somit das *Bindeglied*, über das auch mehrere Zentralrechner mit ihren Datenübertragungsvorrechnern zu einem Rechnerverbundsystem zusammengeschlossen werden können. Neben den *Steueraufgaben* können diese Rechner auch *Verarbeitungsaufgaben* selbständig übernehmen. Dadurch kann der Datenfluß zwischen dezentralen und zentralen Rechnern wesentlich verringert werden.

Der **Datenstationsrechner** steuert hauptsächlich die angeschlossenen Terminals. Zusammen mit einer lokalen Peripherie ist auch er zu einem Verarbeitungssubsystem ausbaubar.

Ergänzt wird dieses Rechnernetz durch die im Abschnitt 3.3.1.2 erwähnten Schnittstellenvervielfacher, Multiplexer und Konzentratoren, die zusammen einen Anschluß von bis zu mehreren hundert Datenstationen an ein System ermöglichen, und die Einrichtungen, die zur Signalanpassung an die verschiedenen Übertragungswege dienen, wie Modems, Fernschaltgeräte usw.

Die Koordinationsprobleme aber auch die Nutzungsmöglichkeiten eines Rechnernetzes erweitern sich beträchtlich, wenn ein System mit einem zentralen Verarbeitungsrechner, seinen Kommunikationsrechnern und der Peripherie mit anderen autonomen EDVA zu einem *Rechnerverbundsystem* zusammengeschlossen wird.

Ein **Rechnerverbundsystem** (engl.: multicomputer network) ist ein Zusammenschluß von mindestens zwei autonomen EDVA über Datenübertragungswege zu einem Rechnernetz, in dem die zusammengeschlossenen Rechner ohne manuelle Eingriffe miteinander kommunizieren können.

Ein *Rechnerverbundsystem* bietet eine Reihe von *Vorteilen:*

1. *Kommunikationsverbund,*
   das heißt, ein Benutzer kann mit allen anderen Benutzern der verbundenen Rechner Mitteilungen austauschen («elektronische Post»).
2. *Datenverbund,*
   das heißt, jeder Datenbestand kann unabhängig vom Ort seiner Speicherung im Netz einem Benutzer zugänglich gemacht werden; logische Datenbanken können auch physisch getrennt gespeichert werden.
3. *Funktionsverbund,*
   das heißt, ein Benutzer kann Programm- und Gerätefunktionen anderer EDVA des Verbundsystems verwenden (z.B. nicht auf dem eigenen Rechner vorhandene Sprachübersetzer, Anwendungsprogramme, Vektorrechner, Laserdrucker, COM-Recorder).
4. *Lastverbund,*
   das heißt, Aufträge werden je nach Auslastung und Ausstattung auf die verbundenen Rechner verteilt, um eine optimale Kapazitätsausnutzung des Gesamtsystems zu erreichen.
5. *Sicherheitsverbund,*
   das heißt, Terminals eines gestörten Rechners können auf einen anderen Rechner des Verbundsystems umgeschaltet werden, über den die Programme und Datenbestände des gestörten Rechners verfügbar sind (gegenseitige Sicherung räumlich entfernter EDVA).

→ Übungsaufgabe Nr. I-198 im Arbeitsbuch

In den 70er Jahren haben alle größeren Rechnerhersteller umfassende *Konzepte für die Architektur von Rechnernetzen* entwickelt. Diese beinhalten eine präzise Festlegung der Funktionen, die bei der Datenübertragung durch die Komponenten des Netzes erbracht werden sollen. Neben solchen *herstellerspezifischen*, d.h. auf die Produkte des jeweiligen Herstellers ausgelegten und damit *geschlossenen Systemen* gibt es starke Normungsbestrebungen in die Richtung *offener Systeme*, in denen Datenstationen unterschiedlicher Hersteller nach einheitlichen Regeln miteinander kommunizieren können. Welche Vorteile eine solche freizügige Kommunikation dem Benutzer bringt und wie diese organisiert wird, erfahren Sie im Abschnitt 3.3.1.5.

Derartige Konzepte wurden zunächst für die Architektur von Fernnetzen realisiert.

In **Fernnetzen** bzw. **Weitverkehrsnetzen** (= Synonyme; engl.: wide area network; abgekürzt: WAN) sind die Datenstationen über geographisch größere Räume verteilt (Entfernung der Knoten, d.h. der einzelnen Rechnersysteme i.d.R. > 10 km) und kommunizieren über Fernmeldewege der Post. Wir können Fernnetze aus betrieblicher Sicht auch als **externe Netze** bezeichnen.

Mit dem Aufkommen preisgünstiger Mikrorechner (Anfang der 80er Jahre) wurden auch für lokale Netze Architekturkonzepte zunehmend wichtiger.

Ein **lokales Netz** (engl.: local area network; abgekürzt: **LAN**) ermöglicht die Kommunikation zwischen mehreren unabhängigen Datenstationen mit hoher Übertragungsgeschwindigkeit (mehrere Mio. Bits pro Sekunde) und niedriger Fehlerrate in einem begrenzten geographischen Gebiet (in vielen Ländern wegen des Fernmeldemonopols der Post: begrenzt auf ein Grundstück; maximale Entfernung der Knotenrechner ca. 10 km).

Ein *lokales Netz* befindet sich üblicherweise *im Besitz eines einzelnen Betriebes* und dient der *internen Kommunikation*, d.h. es ist ein *internes Netz*. Ebenso sind etwa *Telefonnebenstellenanlagen* interne Netze. Solche, früher nur zur mündlichen Kommunikation vorgesehenen Anlagen sind zunehmend auch zur Kopplung von Datenstationen geeignet. Auf lokale Netze und digitale Nebenstellenanlagen gehen wir im Abschnitt 3.3.3 näher ein.

Auch ein *«traditionelles» Rechnernetz* mit zentralem Verarbeitungsrechner, Vorrechner(n) bzw. Kommunikationsrechnern und entfernt aufgestellten Terminals in Stern- oder Baumstruktur, dessen Ausdehnung sich auf ein Grundstück beschränkt, ist ein *internes Netz*. Die Kommunikation wird in solchen Netzen i.a. nach denselben Regeln bzw. Konzepten organisiert, wie in den Fernnetzen.

Im Zusammenhang mit internen Netzen ist häufig von *«Servern»* die Rede.

Server (engl.: server; von engl.: to serve = dienen, bedienen) sind in ein Rechnernetz eingebundene Spezialrechner für bestimmte Dienste (z.B. Datenverwaltung, Drucken, Bildschirmtext, Verbindung zu anderen Netzen usw.), die von den an das Netz angeschlossenen Arbeitsstationen genutzt werden können.

Interne Netze verfügen in vielen Fällen, Nebenstellenanlagen sogar stets, über Verbindungen zur *Kommunikation nach außen.* Sie können darüber auch in Fernnetze eingebunden sein. *Mehrere interne Netze*, die sich auf einzelne Gebäude oder Stockwerke eines Betriebsgeländes (z.B. Universitätscampus) beschränken, können ebenfalls *miteinander gekoppelt* werden.

Externe und interne Netze unterscheiden sich meist in ihrem Zweck, ihrer Struktur und ihren Kommunikationsprotokollen.

> Die Struktur eines Rechnernetzes, d.h. die Anordnung der Knoten im Netz, wird als **Netzwerktopologie** (engl.: network topology) bezeichnet. *Knoten* (engl.: node) sind die miteinander kommunizierenden Datenstationen und Einheiten, welche die Verbindungen im Netz vermitteln.

> **Kommunikationsprotokolle** (Synonym: **Protokoll**; engl.: protocol) sind Regeln, nach denen zwei Kommunikationspartner (Datenstationen) eine Verbindung zwischen sich aufbauen, Information austauschen und die Verbindung wieder abbauen. Die erwähnten Rechnernetzkonzepte beinhalten solche Festlegungen in Form einer *Hierarchie von Protokollen.*

Für externe und interne Netze kommen prinzipiell dieselben Übertragungsmedien in Frage. Dabei ergeben sich jedoch teilweise wesentliche Unterschiede hinsichtlich der Nutzungsmöglichkeit, insbesondere in bezug auf die verfügbaren Übertragungskapazitäten.

Im folgenden Abschnitt 3.3.1.5 befassen wir uns zunächst allgemein mit den Protokollen bzw. der Architektur des Kommunikationssystems eines Rechnernetzes. Auf die Besonderheiten von LAN-Protokollen kommen wir später im Abschnitt 3.3.3.2 nochmals zurück. Im Abschnitt 3.3.1.6 kennzeichnen wir die in Rechnernetzen verwendeten Übertragungsmedien. Die üblichen Topologien und die sonstigen typischen Merkmale werden für externe Netze im Abschnitt 3.3.2 und für interne Netze im Abschnitt 3.3.3 dargestellt.

3.3.1.5 Kommunikationsarchitektur

Kommunikation zwischen EDVA erfordert genauso wie die Kommunikation zwischen Menschen die Kenntnis und die Einhaltung bestimmter *Regeln* (gesellschaftliche Umgangsformen, Zuhören, Ausreden lassen usw.) und einer bestimmten *Sprache* (Wortschatz, Satzbau, Rechtschreibung).

Erst mit der *Beherrschung einer Sprache* wird es für einen *Menschen* möglich, sinnvoll in seiner Umgebung zu agieren und zu reagieren. Solange er sich in seiner näheren Umwelt aufhält, kann er davon ausgehen, daß die meisten Mitmenschen seine Sprache beherrschen und er sich dementsprechend problemlos mit ihnen unterhalten kann. Trifft diese Voraussetzung einmal nicht zu (z.B. auf einer Auslandsreise oder beim Zusammentreffen mit Touristen), so wird die Intensität und der Gehalt der möglichen Kommunikation sehr stark vermindert.

Ähnlich stellt sich die *Situation bei EDVA* dar. Beinahe jede heute auf dem Markt angebotene Datenstation besitzt sowohl die physikalischen als auch die programmtechnischen Voraussetzungen, um mit anderen Datenstationen zu kommunizieren. *Diese Kommunikationsmöglichkeit beschränkt sich im Regelfall leider auf Datenstationen der gleichen «Sprache», sprich einer ganz bestimmten Produktfamilie und eines bestimmten Herstellers.* Ist die Kommunikation zwischen Datenstationen aus unterschiedlichen «Sprachfamilien» erforderlich, so nimmt die Komplexität des Systems sehr rasch zu, d.h. mindestens ein, im Regelfall mehrere Systemelemente müssen mehrere «Sprachen» beherrschen und Übersetzungen vornehmen können. Wie solche Komplexität hervorrufenden Anforderungen zustande kommen, soll an dem folgenden, aus der Praxis gegriffenen *Beispiel* gezeigt werden.

Der Leiter der Patentabteilung eines großen Industrieunternehmens will von dem an seinem Arbeitsplatz installierten Bildschirmgerät auf eine in Großbritannien verfügbare Patentdatenbank zugreifen. Das *Bildschirmgerät* ist mit einer *Steuereinheit* verbunden, diese mit einem *Datenübertragungsvorrechner*, der wiederum an den eigentlichen *Verarbeitungsrechner* angeschlossen ist. Seine Zentraleinheit besitzt über eine X.25-Schnittstelle (vgl. dazu Abschnitt 3.3.2.2.4) Zugang zum paketvermittelten *DATEX-P-Netz* der Post (Näheres an gleicher Stelle). Dies ist über einen *Netzverbindungsrechner* (engl.: gateway) mit dem *britischen Paketvermittlungsnetz* verbunden, an welches der *Datenbankrechner* über einen eigenen *Vorrechner* angeschlossen ist. Bei der Benutzung dieses Informationsdienstes werden inklusive des Bildschirmgeräts *sechs Datenstationen und zwei Netze, die eine unbestimmte Zahl von weiteren Vermittlungsrechnern enthalten*, verwendet. Zwischen jedem aneinandergrenzenden Paar von Datenstationen können *unterschiedliche Regeln für den Informationsaustausch* gelten; in unserem Beispiel ist die Verwendung von sechs unterschiedlichen Regelsätzen allein für die Datenübertragung durchaus realistisch. Dabei wurden die ebenfalls erforderlichen Vereinbarungen für die Datendarstellung und die Kommunikation auf Anwendungsebene noch vollständig außer acht gelassen. Es ist leicht einzusehen, daß die individuelle Vereinbarung von Kommunikationsregeln zwischen jedem denkbaren Paar von Kommunika-

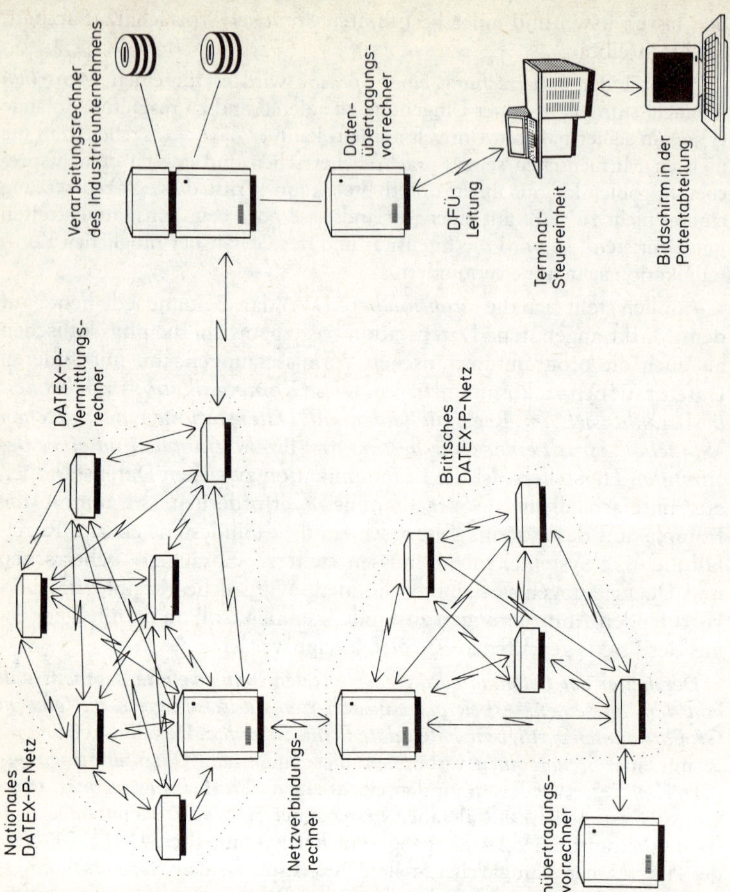

Abb. 3.3.1.5/1: Zugriffspfad eines Fachabteilungsmitarbeiters auf einen externen Informationsdienst (Patentdatenbank)

tionspartnern einen enormen Aufwand bedeutet, der weder von den Systementwicklern geleistet, noch von den verfügbaren Hardwareressourcen abgearbeitet werden könnte.

Um diesen Problemkreis in den Griff zu bekommen, wurden *Begriffe, Regeln und Konzepte* entwickelt, die heute unter den Schlagworten *«Kommunikationsarchitektur»*, *«offene Datenübertragungssysteme»*, *«Netzkonzepte»* u.ä. bekannt sind. Kernbegriffe sind *«Schichtenmodell»* bzw. *«Ebenenmodell»*, *«Protokoll»*, *«Schnittstelle»*, *«Dienstleistung»*, *«Endsystem» und «Anwendungsinstanz»*. Diese Begriffe sollen anhand eines anschaulichen (EDV-fernen) *Beispiels* näher erklärt werden.[9]

Zwei Philosophen, einer in Kenia, der zweite in Indonesien beheimatet, wollen sich miteinander unterhalten. Da sie nur die jeweiligen Landessprachen beherrschen, engagiert jeder einen Übersetzer. Die beiden Übersetzer wiederum engagieren je einen Fachmann für die Informationsübertragung über weite Strecken.

Diese Situation entspricht einer aus drei Schichten bestehenden *Kommunikationsarchitektur*. Die dritte (= oberste) Schicht wird durch die Philosophen, die zweite Schicht durch die Übersetzer und die erste (= unterste) Schicht wird durch die Fachleute für Informationsübertragung repräsentiert.

Philosoph 1 in Kenia (= Anwendungsinstanz im 1. Endsystem) möchte seinem Kollegen in Indonesien (= Anwendungsinstanz im 2. Endsystem) mitteilen, daß er Kaninchen liebt. Zu diesem Zweck übermittelt er über die Schnittstelle zwischen Schicht 2 und 3 eine entsprechende Nachricht in Suaheli an den von ihm engagierten Übersetzer (= 2. Schicht). Dieser transformiert entsprechend der mit dem Übersetzer in Indonesien vereinbarten Sprache diese Nachricht entweder in «I like rabbits», «J'aime les lapins» oder «Ik hou van konijnen». Nehmen wir an, daß Englisch vereinbart wurde, so übermittelt der Übersetzer über die Schnittstelle zwischen Schicht 2 und 1 die Zeichenfolge «I like rabbits» an seinen Informationsübertragungsfachmann. Dieser sendet sie entsprechend der vereinbarten Vorgangsweise der Ebene 1 (Telegramm, Telefon, Teletex, Telefax, Buschtrommel, Flaschenpost usw.) an den Informationsübertragungsfachmann in Indonesien, der gibt die Nachricht über die Schnittstelle zwischen Schicht 1 und 2 an den dort ansässigen Übersetzer weiter. Dieser übersetzt die Zeichenfolge «I like rabbits» in das indonesische Äquivalent und übermittelt dies an den indonesischen Philosophen (= Anwendungsinstanz im 2. Endsystem) weiter (= Dienstleistung der 2. für die 3. Schicht), der somit über die Bedeutung der Aussage seines afrikanischen Kollegens reflektieren kann.

An diesem Beispiel sollte Ihnen die *Bedeutung des Schichtenmodells für die Kommunikation* zwischen zwei Anwendungsinstanzen klar geworden sein.

9 Tanenbaum, A.S.: Computer networks, Englewood Cliffs, N.J., 1981, S. 11f.

Zwei Anwendungsinstanzen (ob Mensch oder auf einer EDVA ablaufendes Programm ist in diesem Zusammenhang ohne Bedeutung), die sich auf einen gemeinsamen Wortschatz und Verständigungsregeln geeinigt haben, können Information austauschen, indem sie auf Dienstleistungen von im Modell unterhalb angeordneten Systemkomponenten zugreifen. Wichtig ist dabei, daß die jeweils hierarchisch tieferstehenden Komponenten beliebig ersetzt werden können, solange die der höheren Schicht zu erbringende Dienstleistung erhalten bleibt.

Es ist für die Philosophen aus unserem Beispiel vollkommen belanglos, welche Sprache ihre Übersetzer für die Verständigung auswählen, es könnte genausogut irgendein Tiroler Dialekt sein. Ebenso ist es sowohl für die Übersetzer als auch für die Philosophen ohne Bedeutung, welches Übertragungsmedium der Informationsübertragungsfachmann der 1. Schicht auswählt. Wichtig ist das Ergebnis der Dienstleistung dieser Schicht.

Für das Funktionieren des Gesamtsystems ist *für jede Ebene die Erbringung von drei Voraussetzungen* erforderlich:

1. Erfüllung der Anforderungen der (wenn vorhanden) darüberliegenden Schicht (Schnittstellenspezifikation nach oben);
2. Vorhandensein der Dienstleistungen der (wenn vorhanden) darunterliegenden Schicht (Schnittstellenspezifikation nach unten);
3. Einhaltung der Kommunikationsvereinbarungen mit der Repräsentation der gleichen Schicht im anderen Endsystem (bzw. im benachbarten Teilsystem der Transportebene).

Die im vorigen Abschnitt 3.3.1.4 erwähnten Rechnernetzkonzepte bauen auf diesen Grundprinzipien auf.

Das *bedeutendste herstellerunabhängige Konzept* wurde von der ISO (= International Organization for Standardization) in Zusammenarbeit mit verschiedenen internationalen und nationalen Normungsgremien entwickelt. Auf dieses als *ISO-OSI-Architekturmodell* bekanntgewordene Modell wird in der Folge näher eingegangen.

→ Übungsaufgabe Nr. I-199 im Arbeitsbuch

ISO-OSI-Architekturmodell für offene Kommunikationssysteme

Das **DIN/ISO-Basis-Referenzmodell für die Kommunikation offener Systeme** (engl.: Open Systems Interconnection; abgekürzt: OSI) beschreibt ein *allgemeines* abstraktes Modell für die Kommunikation zwischen Datenstationen, d.h. es werden nur die wichtigsten Eigenschaften des Außenverhaltens funktional festgelegt.

Die eigentlichen Sender und Empfänger der Information sind die *Anwendungsinstanzen* (Programme, menschliche Benutzer) innerhalb des Modells. Diese Anwendungsinstanzen befinden sich in *Endsystemen*, d.h. den Datenendeinrichtungen. Jeder in einer bestimmten Schicht ablaufende Prozeß (jedes Programm) wird verallgemeinert *Instanz* genannt. Instanzen in der gleichen Schicht, aber in verschiedenen End- bzw. Transitsystemen heißen Partnerinstanzen. Die für zwei Partnerinstanzen gültigen Kommunikationsregeln und Datenformate werden in *Schichtenprotokollen* definiert. Der von einer Schicht realisierte Dienst wird der darüberliegenden Schicht an sog. *Dienstzugangspunkten* bereitgestellt. Die hier möglichen Interaktionen zwischen Dienstbenutzer und Diensterbringer werden in *Dienstnormen* festgelegt. Die Erbringung eines Kommunikationsdienstes durch zwei Partnerinstanzen mit Hilfe des darunterliegenden Dienstes wird durch *Protokollnormen* beschrieben. Dazu werden die Protokollinstanzen in ihren drei Interaktionskategorien gekennzeichnet, d.h. zum darüberliegenden Dienstbenutzer, zum darunterliegenden Diensterbringer und jeweils miteinander.

Transitsysteme dienen zur Vermittlung (= Aufbau, Aufrechterhaltung und Abbau von Verbindungen) und der reinen Datenübertragung.

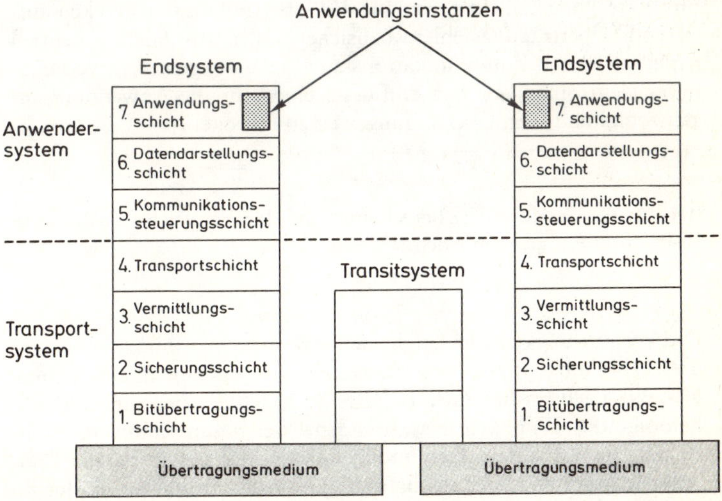

Abb. 3.3.1.5/2: Struktur des DIN/ISO-Basis-Referenzmodells

End- und Transitsysteme werden in bezug auf ihre Kommunikationseigenschaften in Schichten zerlegt, die den Anwendungsinstanzen verschiedenste Kommunikationsdienste anbieten, wobei ein in der Hierarchie höherer Dienst alle niedrigeren umfaßt.

Im ISO-OSI-Referenzmodell werden *sieben Funktionsschichten* unterschieden. Vier der sieben Funktionsschichten werden dem sog. *Transportsystem* zugeordnet, drei dem *Anwendersystem*.

→ Übungsaufgabe Nr. I-200 im Arbeitsbuch

Funktionsschichten des Transportsystems:

In der **Bitübertragungsschicht** (engl.: physical layer) werden alle physikalisch-technischen Eigenschaften der Übertragungsmedien zwischen den verschiedenen End- bzw. Transitsystemen festgelegt.

Dazu gehören z.B. die Darstellung der L- und 0-Zustände eines Bits durch bestimmte Spannungen oder die Zahl der pro Zeiteinheit zu übertragenden Bits.

Die **Sicherungsschicht** (engl.: data link layer) hat die Aufgabe, die Bitübertragungsschicht gegen auf den Übertragungsteilstrecken auftretende Übertragungsfehler abzusichern, d.h. aus einem potentiell fehlerbehafteten Kommunikationskanal (z.B. wegen nicht vermeidbarer elektromagnetischer Einflüsse) einen für die Anwendungsinstanzen fehlerfreien Übertragungsweg zu erzeugen.

Dies wird z.B. durch die Berechnung und den Vergleich von Prüfziffern aus der zu übertragenden Nachricht erreicht.

Die **Vermittlungsschicht** (engl.: network layer) verbindet gesicherte Teilverbindungen zu Netzverbindungen zwischen Endsystemen, d.h. diese Schicht hat einen sicheren (d.h. fehlerfreien) und die Reihenfolge der Teilpakete bewahrenden Übertragungskanal bereitzustellen. Hier werden Verbindungen zwischen benachbarten End- bzw. Transitsystemen aufgebaut, abgebaut und Fehlerbehandlungsroutinen durchgeführt.

Die **Transportschicht** (engl.: transport layer) stellt die mit Hilfe der unteren drei Schichten hergestellten Endsystemverbindungen den Anwendungsinstanzen zur Verfügung.

Hier erfolgt z.B. die Abbildung von seitens der Anwendungsinstanzen verwendeten logischen Namen auf die im Transportsystem verwendeten Adressen. Das heißt, ein Name, wie z.B. «Kreditorendatenbank-Zentrale», wird in die Netzadresse, z.B. eine DATEX-P-Teilnehmernummer, der EDVA, auf der die Kreditorendatenbank installiert ist, übersetzt. Es wird die vom Benutzer geforderte Transportqualität auf Grundlage der zur Verfügung stehenden Endsystemverbindungen bereitgestellt, ohne daß die spezifischen Eigenschaften eines bestimmten Transitsystems (z.B Datenpaketverbindung oder Leitungsdurchschaltung) für das Anwendungssystem irgendeine Auswirkung hat.

Die Einhaltung der in diesen vier Schichten angesiedelten Protokolle gewährleistet, daß die Nachrichten *fehlerfrei* und in der *richtigen Reihenfolge* an den Empfänger im Anwendersystem übergeben werden.

Übungsaufgabe Nr. I-201 im Arbeitsbuch ←

Funktionsschichten des Anwendersystems:

Die in den *drei Schichten des Anwendersystems* vereinbarten Protokolle sollen die eigentliche Anwendung in ihren kommunikationsbezogenen Teilen unterstützen.

In der **Kommunikationssteuerungsschicht** (engl.: session layer) sollen Sprachmittel zur Verfügung gestellt werden, mit deren Hilfe eine Kommunikationsbeziehung (Sitzung; engl.: session) gesteuert, d.h. aufgebaut, nach einer durch das Transportsystem verursachten Unterbrechung wieder aufgenommen und schließlich geordnet wieder abgebaut werden kann.

Die **Datendarstellungsschicht** (engl.: presentation layer) bietet Anwendungsinstanzen die Möglichkeit, Vereinbarungen bezüglich der Datenstrukturen für den Datentransfer auszuhandeln.

Hier sind z.B. Codetransformationsfunktionen, Verschlüsselungen und Formatabstimmungen anzusiedeln.

Die eigentlichen anwendungsspezifischen Funktionen einer Kommunikation werden in der obersten, sog. **Anwendungsschicht** (engl.: application layer) vereinbart, d.h. hier wird der inhaltsbezogene Aspekt berücksichtigt.

Zum *Beispiel*: Auf eine Kontostandsabfrage hat eine Saldomitteilung zu folgen. Solche Funktionen sind bereits sehr individuell auf die konkreten fachlichen Bedürfnisse zugeschnitten. Eine Erstellung internationaler Normen erscheint nur für einige wenige Anwendungen sinnvoll, wie etwa Textkommunikationsdienste.

Die *Kommunikation der Patentabteilung mit der Datenbank in Großbritannien* (aus unserem *Beispiel*) würde sich in einem entsprechend dem ISO-Basisreferenzmodell gestalteten Kommunikationssystem folgendermaßen darstellen:

Endsysteme sind der Verarbeitungsrechner des Unternehmens und der Datenbankrechner. Die Vermittlungsrechner in den DATEX-P-Netzen fungieren als *Transitsysteme*.

Anwendungsinstanz im ersten Endsystem ist der Leiter der Patentabteilung (in der Folge Benutzer genannt), der z.B. alle derzeit vorhandenen Patente über Radaufhängungen abrufen möchte. Der Dialogteil der Patentdatenbank, welche die relevante Information wie Patentnummer, Schutzbereich, Patentstatus, Anmelder, Kurzbezeichnung, Kurzbeschreibung usw. enthält, ist *Anwendungsinstanz im zweiten Endsystem*.

Der *Benutzer* schaltet sein Bildschirmgerät ein und meldet sich bei dem Verarbeitungsrechner seiner Firma an. Anschließend ruft er ein Programm für die Benutzung externer Informationsdienste auf. Hier kann über Bildschirmmasken eine Auswahl aus den für das Unternehmen verfügbaren externen Informationsdiensten getroffen werden. Nach der Überprüfung der Zugriffsberechtigung (Zugriffe auf Informationsdienste sind teuer und dürfen nur von entsprechend ausgebildeten Mitarbeitern durchgeführt werden) wird an den Kommunikationsserver (= *Instanz der Kommunikationssteuerungsschicht im ersten Endsystem)* der Auftrag gegeben, die Verbindung herzustellen. Die für die Terminalemulation[10] und für den Dateitransfer erforderlichen Parameter werden von der *Datendarstellungsschicht* beigestellt. Der die *Transportschicht* repräsentierende Programmteil belegt die nötigen Speicherbereiche für die Zwischenspeicherung von Nachrichten, übersetzt den logischen Namen (z.B.: «GB-Patentdatenbank») in die Adresse des Datenbank-Verarbeitungsrechners und gibt diese mit dem Auftrag, Verbindung aufzunehmen, an den Prozeß der *Vermittlungsschicht* (= X.25-

10 Näheres hierzu folgt im Abschnitt 3.3.2.4.

Schnittstelle) weiter. Dieser stellt zunächst die Verbindung zum nächstgelegenen Vermittlungsrechner des nationalen DATEX-P-Netzes *(= 1.Transitsystem)* her, welcher alle Nachrichten an den Netzverbindungsrechner weitergibt. Dieser ist über eine Satellitenverbindung mit dem Netzverbindungsrechner in Großbritannien verbunden, der alle Nachrichten an den der Datenbank nächstgelegenen Vermittlungsrechner weiterleitet. Der gibt den Verbindungswunsch unseres Benutzers an den Datenübertragungsvorrechner der Datenbank weiter, dieser wiederum an den *Transportschichtprozeß* des Datenbankrechners. Der belegt genauso wie sein Pendant im ersten Endsystem Speicherplatz zur Pufferspeicherung und übersetzt die Netzadresse in einen logischen Namen innerhalb der Datenbank. Diese logische Adresse wird mit dem Verbindungswunsch an die *Kommunikationssteuerungsschicht* des Datenbankrechners weitergegeben.

Der Prozeß der *Kommunikationssteuerungsschicht* überprüft, ob der Benutzer zu Abfragen berechtigt ist, initialisiert die Abrechnungsfunktion, übermittelt die gewünschten *Datendarstellungsparameter* an die Datendarstellungsschicht und eröffnet eine Sitzung innerhalb der Dialogkomponente der Datenbank.

Über den oben beschriebenen Datenpfad wird eine Bestätigung der Verbindungsaufnahme samt den vereinbarten Parametern zurück an das erste Endsystem geschickt. Dort wird die Kontrolle an die *Anwendungsschicht* übergeben, wo jetzt der Benutzer Gelegenheit hat, seine Abfragen zu stellen und die ermittelten Ergebnisse auf die diversen Medien auszugeben (Magnetplatte, Bildschirm, Drucker usw.). Während des Dialoges hat der Benutzer die Möglichkeit, bei Bedarf durch Inanspruchnahme der Dienstleistungen der *Datendarstellungsschicht* die Formate zu wechseln, z.B. um Graphiken (Konstruktionszeichnungen) zu übertragen.

Am *Ende seiner Abfragen* meldet sich der Benutzer vom Dialogteil der Datenbank ab, worauf *Kommunikationssteuerungs- und Transportschichten* hintereinander die *Verbindung* (erstere im Anwendersystem, die zweite innerhalb des Transportsystems) *abbauen*.

Auf genau die gleiche Art und Weise kann der Leiter der Technischen Entwicklung auf das Projektplanungs- und -kontrollsystem auf den Rechnern seiner technischen Entwicklungsabteilungen zugreifen, der Marketingleiter kann die aktuellen Absatzzahlen ermitteln, die Finanzdisposition kann den Zahlungsverkehr mit der Hausbank durchführen und diverse Abteilungssekretärinnen können sowohl die interne (über elektronische Post) als auch externe (dezentrales Fernschreiben, Teletex) Korrespondenz abwickeln. Es können dabei EDVA unterschiedlichster Bauart und unterschiedlichster Größe – von zentralen Großrechnern über Abteilungsrechner (Minirechner) bis zum Arbeitsplatzrechner (PC) – der verschiedensten Hersteller miteinander kommunizieren. Voraussetzung ist die Einhaltung der im Rahmen des DIN/ISO-Basisreferenzmodells festgelegten Dienst- und Protokollnormen.

Ein *allgemeines, normiertes Netzwerkmodell* bzw. daraus abgeleitete Übertragungsprozeduren der angebotenen Geräte *verringern die Abhängigkeit der EDV-Anwender von einzelnen Rechnerherstellern und erleichtern zwischenbetriebliche Integrationsbestrebungen.* Die Marktsituation der Vergangenheit und auch in hohem Maße der Gegenwart ist jedoch von der *Dominanz herstellerspezifischer Netzkonzepte* geprägt. Dies läßt sich z.T. durch die Absenz eines mit Hoheitsgewalt versehenen Normensetzers erklären. Außerdem waren früher die elektronischen Kommunikationsbedürfnisse inhaltlich eher begrenzt und meist nur als Insellösung innerhalb einer einzigen Organisation zu realisieren.

So hat die *Kommunikationsarchitektur der Großrechnerhersteller* in den ersten Versionen Mitte der 70er Jahre meist nur dazu gedient, an einem einzigen Zentralrechner über einen DFÜ-Vorrechner und mehrere Terminalsteuereinheiten Datenendgeräte (Bildschirme, Drucker, Lochkarten-, Lochstreifenstationen usw.) über Datenfernübertragungsleitungen zu betreiben. In solchen Konfigurationen war der Bedarf nach Verbindungen zu Fremdhardware nur in beschränktem Ausmaß gegeben. Eine Normung durch öffentlich-rechtliche Institutionen erschien nicht vordringlich und auch nicht durchsetzbar. Die jetzigen Versionen erlauben es, beliebig verbundene Konfigurationen von Zentralrechnern, Kommunikationsrechnern, Steuereinheiten und Peripheriegeräten zu bilden (solange sich diese an die Herstellerprotokolle halten).

Solche und andere neue informationstechnologische Entwicklungen bieten Chancen für eine Automatisierung der Geschäftsbeziehungen zu Lieferanten, Banken, Speditionsbetrieben und weiteren Marktpartnern bis hin zu den Privathaushalten. Denken Sie z.B. nur an die POS-Systeme in Handel und Kreditwirtschaft. Daraus ergibt sich für den EDV-Anwender ein bedeutend *höherer Bedarf nach Kommunikation mit der Hardware anderer Hersteller.* Die Normensetzung durch unabhängige Institutionen erlangte daher beinahe zwangsläufig immer mehr Aufmerksamkeit.

Trotz der offensichtlichen Vorteile der ISO-Normen werden aller Voraussicht nach die vielen existierenden und mit bedeutenden Investitionen realisierten privaten Netze, die noch auf herstellerspezifischen Architekturen und Protokollen beruhen, auch in der weiter entfernten Zukunft fortbestehen.

→ Übungsaufgabe Nr. I-202 im Arbeitsbuch

3.3.1.6 Übertragungsmedien

Die in Rechnernetzen verwendeten *Übertragungsmedien* sind *verdrillte Kupferkabel, Koaxialkabel, Glasfaserkabel und Richtfunkstrecken.*

Die *Distanz* gibt an, welche Entfernungen auf der Erde üblicherweise ohne die Verwendung von Zwischenverstärkern überbrückt werden können; die *Übertragungsgeschwindigkeit* ist ein üblicher Wert an der oberen Grenze der in der Praxis realisierten Datentransferrate.

MEDIUM		Distanz	Übertragungsgeschwindigkeit
verdrillte Kupferkabel		5 km	150 kbit/s
Richtfunk		10 km	4 Mbit/s erdgebunden
		10000 km	2 Gbit/s über Satelliten
Koaxialkabel		3 km	10 Mbit/s bei Basisbandübertragung
		3 km	300 Mbit/s bei Breitbandübertragung
Glasfaserkabel		30 km	600 Mbit/s

Abb. 3.3.1.6/1: Übertragungsmedien

Die **Übertragungsgeschwindigkeit** (engl.: data rate) wird nach der Anzahl der je Sekunde übertragenen Bits in *bit/s* (engl.: bps) gemessen.

Sie ist das Produkt aus der Schrittgeschwindigkeit und der Anzahl der Bits, die je Schritt übertragen werden können. Die *Schrittgeschwindigkeit* (Maßgröße: Baud) entspricht der Frequenz, mit der die informationstragenden Signale auf dem Übertragungskanal übermittelt werden. Sie wird durch die Zahl der Schwingungen des Trägermediums (Elektrizität, Licht) bestimmt, die in Hertz gemessen wird (1 Hz ist eine Schwingung pro Sekunde). Mit der *Bandbreite* wird angegeben, welcher Frequenzbereich für die Übertragung benötigt wird.

Wenn je Zeiteinheit nur einige hundert oder tausend Bits übertragen werden müssen, so genügt eine geringe Bandbreite des Übertragungsmediums. Je größer aber das Volumen der zu übertragenden Information je Zeiteinheit ist, um so höher müssen die Bandbreiten der Übertragungsmedien sein. Dementsprechend sind für die Übertragung von Sprache und Bewegtbildern in Rundfunkqualität wesentlich höhere Bandbreiten erforderlich als für die Übertragung von alphanumerischen Daten und Sprache in Telefonqualität (vgl. hierzu auch den Abschnitt 2.1.2.2). High fidelity-Musikübertragung erfordert eine Bandbreite von ca. 16 kHz. Das Fernsehbild, das 25mal in der Sekunde wechselt, wird mit einer Bandbreite von etwa 5 MHz übertragen. Hingegen werden für das Telefonieren nur ca. 3 kHz benutzt.

Aus der *Bandbreite* eines Übertragungsmediums kann man *nicht* unmittelbar auf die für den EDV-Anwender verfügbare *Übertragungsgeschwindigkeit bzw. -kapazität* schließen, da diese u.a. von der Nutzungsform (z.B. Aufteilung eines breitbandigen Kanals auf viele schmalbandige Unterkanäle im Multiplexbetrieb), der Netzwerktopologie, der Netzwerksoftware sowie der Leistungsfähigkeit der Vermittlungseinrichtungen abhängt.

Zum *Beispiel* verwendet die DBP im überregionalen Bereich fast durchweg breitbandige Medien mit sehr hohen Datentransferraten. Durch die Aufteilung auf eine große Zahl von Unterkanälen und die begrenzte Kapazität der Teilnehmeranschlußleitungen stehen dem einzelnen interessierten EDV-Anwender jedoch je nach Netz meist nur einige hundert bis einige tausend bit/s (abgesehen von der Satellitenkommunikation maximal 64 kbit/s) Kapazität auf einem Übertragungskanal zur Verfügung.

Für den Teilnehmer ist es nicht ersichtlich, welche Medien die Post auf den Teilstrecken ihrer öffentlichen Netze verwendet. Wir haben bereits erwähnt, daß sich hingegen ein EDV-Anwender im betriebsinternen Bereich sehr wohl Gedanken darüber machen kann und muß, welche Übertragungsmedien in welcher Konfiguration und Nutzungsform seinen Anforderungen optimal entsprechen.

Verdrillte Kupferkabel

Die in der Telefonie verwendeten **verdrillten Kupferkabel** (engl.: twisted pair cable) sind das weitaus verbreitetste Übertragungsmedium für die Individualkommunikation. Über zwei Kupferleiter (0,6 mm Durchmesser) erfolgt die Informationsübertragung mittels elektromagnetischer Wellen. Die Drähte sind miteinander verdrillt, um so weit wie möglich gegenseitige Störungen benachbarter Adern innerhalb eines Kabels (sog. Nebensprechen) auszuschließen.

Solche Kabel sind *billig* und einfach zu verlegen, die *Bandbreite ist jedoch gering* (schmal), die *Störanfälligkeit ist relativ hoch* (auch von außen durch elektromagnetische Wellen), und die *Abhörsicherheit ist gering*.

Im öffentlichen Fernsprechnetz und in betriebsinternen Telefonnebenstellenanlagen wird der Teilnehmeranschluß durch solche *Zweidrahtleitungen* (engl.: 2-wire circuit) realisiert. Im Ortsbereich werden i.a. 10 bis 20 isolierte Zweidrahtleitungen in Kabelbündeln mit gemeinsamer Außenisolierung zusammengefaßt. Je Doppelader wird eine Verbindung geschaltet. Im überregionalen Verkehr werden meist die nachfolgend behandelten Medien mit höherer Bandbreite verwendet.

Prinzipiell gilt bei der Datenübertragung die Forderung nach möglichst großer Leistungsfähigkeit. Trotzdem gibt es viele Fälle, in denen die vergleichsweise geringe Kapazität der Zweidrahtleitung (Grund und Signal) genügt. Der *Frequenzbereich* reicht bis etwa 100 kHz, in der Telefonie werden Frequenzen von 300 bis 3 400 Hz verwendet. *Diese Kapazität reicht aus, um Sprache in der Ihnen bekannten Qualität auf analoge Weise zu übertragen.* Dabei wird die Stimme über das im Telefonhörer eingebaute Mikrofon in elektrischen Strom gewandelt (Signal). Die Stärke des Signals wird im Verhältnis zum konstanten Pegel (Grund) gemessen. *Analoges Übertragen* heißt, daß die Schwingung selbst die Information darstellt. Zur Datenübertragung müssen alle Daten in binäre Signale (stark oder schwach) umgewandelt werden, werden dann analog übertragen und müssen in der Empfangsstation wieder als Folge von Nullen und Einsen interpretiert werden. Dieser Vorgang heißt *Modulation und Demodulation.* Hierfür wird – das wissen Sie schon längst – von jeder beteiligten Endeinrichtung ein

Modem benötigt. Über die derzeit vorhandenen Systeme der Analogtelefonie können *bis zu 9 600 bit/s* übertragen werden. Diese Geschwindigkeit ist im Vergleich zu den anderen nachstehend beschriebenen Medien nicht hoch. Ein sehr *großer Vorteil* ist jedoch die *weite Verbreitung* dieses Mediums.

Die *analoge Übertragungs- und Vermittlungstechnik* bedingt zwei wesentliche *Schwachpunkte*: Alle Signale müssen bei der Übertragung immer wieder verstärkt werden. Analoge Signale werden genauso verstärkt, wie sie im Verstärker eintreffen – also mit Störgeräuschen und Rauschen. Somit wird die Qualität eines Analogsignals durch die Übertragung über lange Strecken immer schlechter. Die zweite Schwäche des herkömmlichen Telefonsystems resultiert aus der Vermittlungstechnik. Die Schaltung über Relais ist im Vergleich zur Übertragung sehr langsam und auch störanfällig. Deshalb dauert der Verbindungsaufbau relativ lange, und es kommt gelegentlich zu Fehlverbindungen oder Unterbrechungen.

In der *digitalen Telefonie* werden die Signale abgetastet, und der Wert der Signale wird (digital) übertragen. Es wird also nicht das analoge elektrische «Bild» der Sprache übermittelt, sondern es wird mit Zahlenwerten beschrieben, wie der Verlauf der Kurve aussieht. Dadurch kann in jedem Zwischenverstärker das Originalsignal wiederhergestellt werden. Jeder Verstärker «säubert» das Signal vom Rauschen und sendet ein klares Signal auf die nächste Teilstrecke. So ist zum Beispiel oft zu beobachten, daß Interkontinentalgespräche, die über Satelliten übertragen werden, eine weit bessere Qualität aufweisen als viele Ortsgespräche. Die *digitale Vermittlung* schließlich funktioniert vollelektronisch, somit sehr schnell, sicher und ermöglicht einen einfachen, entsprechend raschen Verbindungsaufbau.

Für das Digitalisieren wird weltweit meist die *Pulse-Code-Modulation (PCM)* verwendet. Sie haben die PCM-Technik bereits im Abschnitt 2.1.2.2 kennengelernt: Dabei werden die analogen Sprachsignale in Abständen von 125 Mikrosekunden abgetastet (Abtastfrequenz 8 kHz) und die sich ergebenden Zahlenwerte durch jeweils acht Bits codiert. Hieraus ergibt sich für digitale Fernsprechverbindungen die *Standardübertragungsgeschwindigkeit von 64 kbit/s*.

Sowohl das öffentliche Telefonnetz als auch interne Nebenstellenanlagen arbeiten heute noch überwiegend auf der Basis der analogen Telefonie. In beiden Bereichen wird jedoch zunehmend auf die Digitaltechnik umgestellt, wobei die vorhandenen Leitungen verwendet werden können (d.h. nur Umstellung der Vermittlungs- und Übertragungseinrichtungen).

→ Übungsaufgabe Nr. I-203 im Arbeitsbuch

Koaxialkabel

In einem **Koaxialkabel** (engl.: coaxial cable) von meist fünf bis 10 mm Durchmesser sind zwei Kupferleiter ineinanderliegend (koaxial) angeordnet. In der Achse eines hohlen Außenleiters (Grund) befindet sich der isolierte Innenleiter (Signal). Die Informationsübertragung erfolgt mittels elektromagnetischer Wellen.

Durch die koaxiale Anordnung wird eine außerordentlich *hohe Sicherheit gegen Störungen* durch elektrische Felder erreicht, die von außen auf das Kabel einwirken. Daher können auch weit *höhere Frequenzen (bis etwa 400 MHz)* als bei der Zweidrahtleitung übertragen werden, man spricht von *Breitbandübertragung*.

Der Begriff «**Breitband**» kennzeichnet einen relativ großen Frequenzbereich. Die Post nennt traditionell alle Fernmeldewege mit einer Bandbreite, die größer als die Fernsprechbandbreite (300–3400 Hz) ist, *Breitbandwege*. Im heute überwiegenden Sprachgebrauch versteht man darunter nicht ganz präzise einen *Übertragungskanal mit einer für die Bewegtbildkommunikation ausreichenden Kapazität* (mindestens 5 Mbit/s). Ebenso dient dieser Begriff zur Beschreibung eines *Übertragungsverfahrens*, bei dem durch Frequenzmultiplexbetrieb ein Übertragungsmedium in mehrere unabhängige Kanäle (Frequenzbänder) aufgeteilt wird *(= Breitbandübertragung)*.

Die am weitesten verbreiteten, durch Koaxialkabel realisierten Breitbandnetze sind *CATV-Netze* (Community Antenna Television – Kabelfernsehanlagen). Damit steht auch für die Datenübertragung im betriebsinternen Bereich eine ausgereifte Hochleistungstechnologie zur Verfügung, die nicht sehr teuer ist.

Bei der Datenübertragung über Koaxialkabel wird zwischen *Basisband- und Breitbandverfahren* unterschieden.

Bei dem **Basisbandverfahren** (engl.: baseband transmission) stellen die Signale eins zu eins (nicht moduliert) die zu übertragende Information dar. Für die Übertragung wird nur ein einziger Weg (ein einziges, nicht unterteiltes Frequenzband) verwendet. Die Nachrichten mehrerer Teilnehmer müssen also echt zeitlich nacheinander übertragen werden.

Bei dem **Breitbandverfahren** (engl.: broadband transmission) wird das breite Frequenzspektrum des Mediums für mehrere parallele Kanäle verwendet. Es existiert eine Grundfrequenz, der Träger. In jedem Kanal wird die Information auf die Trägerfrequenz aufmoduliert, ohne andere Frequenzen zu stören. Das Breitband könnte also wie ein «Strang von Einzelleitungen» gesehen werden. Daher ist die gleichzeitige und unabhängige Übertragung mehrerer Nachrichten möglich.

Ein *Beispiel* für die *Breitbandübertragung* ist der *Hörfunk*: Über ein einziges Medium (die Luft) werden unterschiedliche Signale übertragen. Je nach der Einstellung am Empfangsgerät wird eine Frequenz herausgefiltert, und die anderen werden «verdeckt». Daher können Sie mit Ihrem Radioapparat gezielt ein Programm empfangen, ohne durch die gleichzeitige Übertragung anderer Sendungen gestört zu werden.

Basisbandkoaxialkabel ermöglichen üblicherweise Übertragungsgeschwindigkeiten von bis zu *10 Mbit/s*, *Breitbandkoaxialkabel* erreichen Gesamtdatenraten von bis zu etwa *300 Mbit/s*. Für den Einsatz in lokalen Netzen läßt sich die Faustregel aufstellen: *Basisbandtechnologie ist billiger und ausgereifter; Breitbandtechnologie ist teurer, aber dafür wesentlich leistungsfähiger*. Die *Verlegung* ist wegen der Steifigkeit der Koaxialkabel, insbesondere bei der Zusammenfassung vieler Einzelkabel in Kabelbündeln (vgl. Abb. 3.3.1.6/3), *gelegentlich problematisch*. Im Gegensatz zu den verdrillten Kupferkabeln, bei denen Verbindungen ohne physikalische Leitungseingriffe von außen «abgehört» werden können, ist bei Koaxialkabeln eine *gute Abschirmung* möglich. Ein gewisses Abhörrisiko besteht jedoch auch hier durch die Anzapfbarkeit der Kabel. Ebenso sind *Störungen durch elektromagnetische Wellen* möglich.

→ Übungsaufgabe Nr. I-204 im Arbeitsbuch

Glasfaserkabel

In **Glasfaserkabeln** (engl.: optical fiber cable) erfolgt die Informationsübertragung durch dünne Glasfasern mittels extrem kurzer Laserlichtimpulse (im Nanosekundenbereich) in hoher Impulsrate (Bandbreite bis zu mehreren GHz). Deshalb heißen sie auch *Lichtwellenleiter* oder *Lichtleiter*.

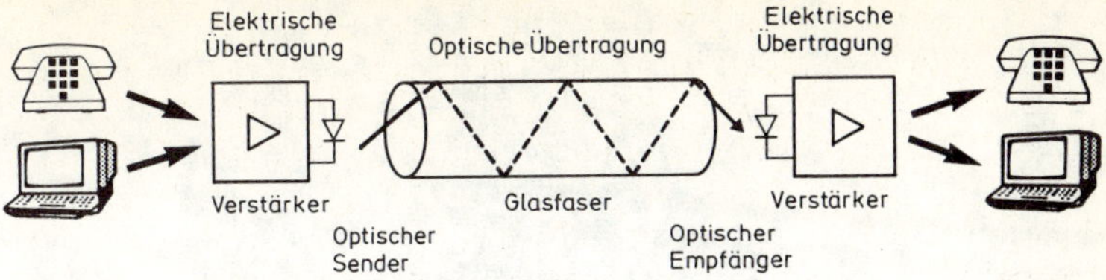

Abb. 3.3.1.6/2: Datenübertragung mit Licht über Glasfaserkabel

Das Licht wird in der Glasfaser durch Spiegelung und Brechung übertragen. Daher kann das Glasfaserkabel fast beliebig gekrümmt und auch verknotet werden. Die eigentliche Leitfaser (Durchmesser je nach Typ 5 bis 50 Mikrometer) ist von einem Glasmantel niedrigerer Brechzahl umschlossen. An der Übergangsfläche wird das Licht reflektiert, d.h. im Kern gefangen gehalten. Die unterschiedlichen Reflexionswege ergeben Unterschiede in der Laufzeit einzelner Lichtwellenzüge, durch die das Signal verflacht und Dämpfungsverluste entstehen. Dadurch muß man in entsprechenden Abständen *Verstärker* einschalten, die die Signale regenerieren.

Die Information wird dem Licht als Trägerwelle aufgeprägt, die *Codierung* erfolgt ähnlich wie auf herkömmlichen Kupferleitungen.

Die verschiedenen angebotenen Glasfaserarten kann man in zwei Gruppen einteilen: *Multimodefasern* können vielfache Lichtwellentypen, *Monomodefasern* dagegen nur einen Wellentyp übertragen. Letztere haben eine geringere Dämpfung und eine höhere Übertragungskapazität. Technische *Probleme* gibt es noch mit der Kopplertechnologie (Fasern, die weit dünner sind als ein Haar, müssen paßgenau zusammengefügt werden) und den Verstärkern (Licht soll direkt in Licht weiterverstärkt werden, ohne zwischendurch in elektrischen Strom umgewandelt zu werden).

In fast allen Industriestaaten der Erde werden schon seit einigen Jahren in Fernnetzen Versuchsstrecken mit Glasfaserkabeln erprobt. Vielfach wurde entschieden, Weitverkehrsnetze nur noch mit den zukunftsträchtigen Monomodefasern auszubauen (vgl. hierzu Abschnitt 3.3.4). Dabei werden heute *Übertragungsgeschwindigkeiten von bis zu 600 Mbit/s* realisiert, bis zu zehn Tbit/s (1 Terabit = 1 Billion Bits) werden langfristig für möglich gehalten. Der erste Wert entspricht etwa 150 000 schmalbandigen Telefonkanälen oder, je nach Qualitätsanspruch der Übertragung, etwa 60 bis 120 Fernsehkanälen. Der theoretische «Zukunftswert» erlaubt kaum noch vorstellbare Übertragungsvolumina: Über 100 Mio. parallele Datenverbindungen in der Geschwindigkeitsklasse von 64 kbit/s oder 2,5 Mrd. gleichzeitige

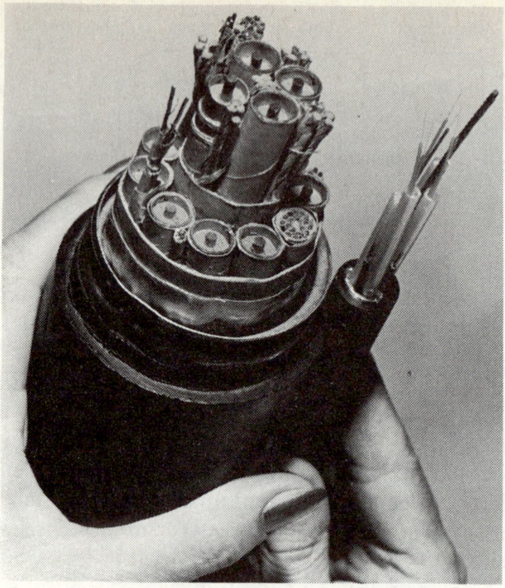

Abb. 3.3.1.6/3: Koaxial- und Glasfaserfernkabel

Telefonverbindungen. Auch in lokalen Netzen werden zunehmend Glasfaserkabel verwendet.

Glasfaserkabel sind zwar *noch teurer als Koaxialkabel*, sie weisen jedoch neben der *höheren Bandbreite* eine Reihe von weiteren *Vorzügen* auf:

- Geringe Dämpfung und damit *längere Übertragungsstrecken ohne Verstärker*;
- hohe Biegsamkeit und damit *gute Verlegbarkeit*;
- *hohe Sicherheit* gegen ein «Anzapfen»;
- *Unempfindlichkeit* gegen Korrosion, Feuchtigkeit und Temperaturschwankungen;
- *keine Bildung von Übertragungsfunken* (wichtig in explosionsgefährdeten Bereichen);
- geringes Gewicht und *geringer Platzbedarf*.

Den letztgenannten Vorteil veranschaulicht die Abb. 3.3.1.6/3, die für Fernstrecken verwendete Koaxial- und Glasfaserkabelbündel wiedergibt. Wie die Kupferadern sind auch die Glasfasern durch eine *Kunststoffbeschichtung* geschützt. Mehrere miteinander verdrillte Fasern werden mit *Dämm- und Schutzfolien* umwickelt und von einem

Kunststoffmantel umhüllt. In einem *Glasfaserkabelbündel* können bis zu 200 Fasern zusammengelegt werden.

Übungsaufgabe Nr. I-205 im Arbeitsbuch ←

Richtfunk

> Bei **Richtfunkverbindungen** (engl.: radio beam transmission) erfolgt die Informationsübertragung drahtlos mittels gebündelter elektromagnetischer Wellen, die von den Sendern den Empfängern zugestrahlt werden. Auf der Sende- und auf der Empfangsseite werden Richtantennen mit hoher Bündelung verwendet, wodurch auch mit Sendern kleiner Leistung eine störungsarme Übertragung erreicht und eine gewisse Sicherheit gegen Abhören gewährleistet wird.

Beim *erdgebundenen Richtfunk* werden Wellenbereiche von der Langwelle (Kilometerwellen, um 100 KHz) bis zu Dezimeterwellen (um 500 GHz) genutzt. Wegen der geradlinigen Ausbreitung dieser Wellen *setzt die Streckenführung eine freie optische Sicht voraus*; dies bedingt *aufwendige Sendernetze.*

Die von den Postverwaltungen für Fernmeldedienste eingerichteten Richtfunkstrecken haben *Kapazitäten*, welche die Schaltung von einigen hundert Telefonverbindungen erlauben. Auch für die betriebsinterne Kommunikation kommt gelegentlich die drahtlose Übertragung in Betracht. Die *Investitionen* sind dafür i.d.R. weit geringer als die Kosten der Verlegung eigener Kabel. *In diesem Zusammenhang ist darauf hinzuweisen, daß bei der Verkabelung die Arbeitskosten (Öffnen und Schließen von Decken, Ziehen und Anschließen der Kabel) die Materialkosten (d.h. die Kabelkosten) meist beträchtlich übersteigen.*

Für *Richtfunkverbindungen über Satelliten* werden Frequenzbänder von 6 GHz (Senden – Aufwärtsstrecke) und 4 GHz (Empfangen – Abwärtsstrecke) sowie seit Anfang bzw. Mitte der 80er Jahre auch von 14/11 GHz bzw. 14/12 GHz kommerziell genutzt. Damit können die neuesten Satellitenmodelle *gleichzeitig 30 000 Telefonkanäle und drei Fernsehkanäle* oder eine entsprechende Zahl von Verbindungen für die Datenübertragung (mit 64 kbit/s oder einem Vielfachen davon bis einige Mbit/s) zur Verfügung stellen.

Die Fernmeldesatelliten kreisen mit Erdumdrehungsgeschwindigkeit in ca. 36 000 km Höhe über dem Äquator, so daß sie aus Erdsicht immer am selben Ort stillzustehen scheinen.[11] Von ihrer Weltraumposi-

11 Bei einer anderen Umlaufbahn sind mehrere Satelliten nötig, die sich wie beim Staffellauf ergänzen, um stets dasselbe Gebiet versorgen zu können.

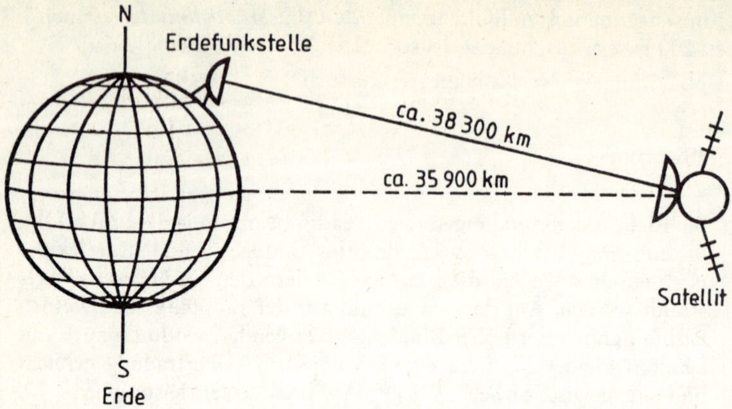

Abb. 3.3.1.6/4: Datenübertragung über geostationäre Satelliten (Quelle: P. Dondl – Elektronik 2/1985)

tion aus kann ein solcher *geostationärer Satellit* ungefähr ein Drittel der Erdoberfläche «sehen». Jede Erdefunkstelle im Ausleuchtegebiet kann über ihre auf den Satelliten gerichtete Parabolantenne mit anderen Erdefunkstellen in diesem Gebiet kommunizieren. Die Entfernung eines geostationären Satelliten zu einer Erdefunkstelle in der Bundesrepublik beträgt ca. 38 300 km. Die Gesamtlänge der Funkstrecke erreicht damit fast 80 000 km, was einer Laufzeit von etwa 255 ms entspricht. Bei einem über Satelliten geführten Ferngespräch merken Sie dies deutlich.

Anfänglich war *Satellitenfunk nur mit großen, teuren Erdefunkstellen (10 bis 30 Meter Antennenspiegel)* möglich. Diese wurden und werden auch heute noch primär für den *Interkontinentalverkehr* der klassischen schmalbandigen Fernmeldedienste (Telefonie, Telex) sowie Fernsehübertragung genutzt und sind den Transitämtern der jeweiligen nationalen Postverwaltungen zugeordnet.

Neben die interkontinentale Kommunikation trat *Anfang der 80er Jahre* mit der rasanten Entwicklung der Satellitentechnik, insbesondere der plötzlichen *Verfügbarkeit kleinerer Erdefunkstellen (3 bis 7 Meter Antennenspiegel)*, die *kontinentale und nationale Nutzung von Satelliten für Fernsehverteilung und schnelle Datenübertragung*. Die kleineren, relativ preisgünstigen Antennen können von den Postverwaltungen in größerer Zahl im nationalen Raum gestreut oder zumindest *in Ballungsgebieten installiert* und damit näher zum EDV-Anwender gebracht werden. Auch die EDV-Anwender selbst können – wenn die Post dies genehmigt – auf dem eigenen Areal solche Erdefunkstellen installieren und damit z.B. weit entfernte Niederlassungen über Breitbandwege miteinander verbinden.

Nähere Einzelheiten über die technischen Kenndaten von Fernmeldesatelliten sowie über die internationalen und nationalen Organisationen und Systeme für Satellitenkommunikation erfahren Sie im Abschnitt 3.3.4.

Übungsaufgabe Nr. I-206 im Arbeitsbuch ←

3.3.2 Topologien und Übertragungswege von externen Netzen (Fernnetzen)

In *Fernnetzen* sind die kommunizierenden Datenstationen über *größere Entfernungen* miteinander verbunden. Dabei kann es sich nur um ein paar Kilometer, aber auch um einige hundert oder viele tausend Kilometer handeln. Wie Sie wissen, sind in den europäischen Ländern

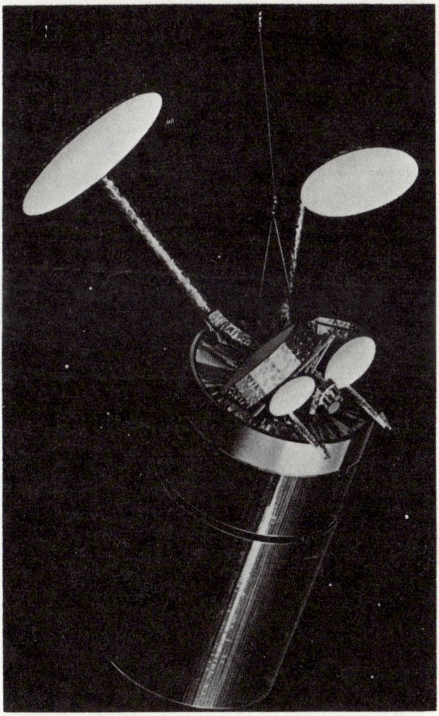

Abb. 3.3.1.6/5: Fernmeldesatellit (INTELSAT VI)

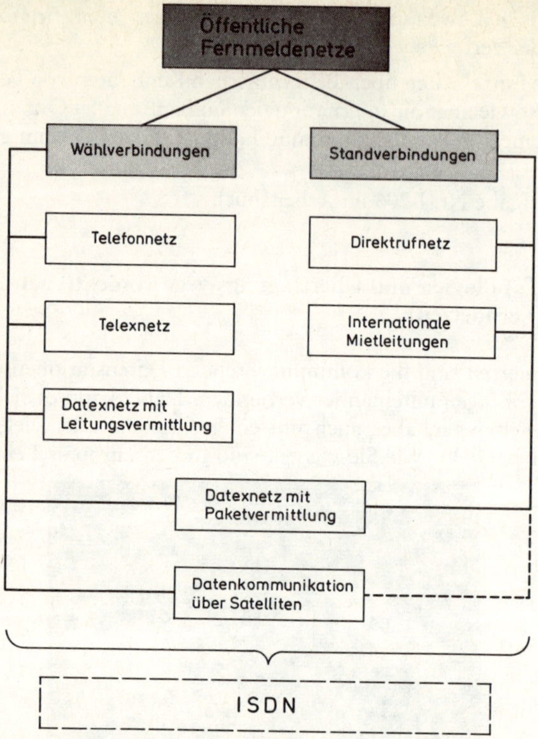

Abb. 3.3.2/1: Öffentliche Fernmeldenetze in der Bundesrepublik Deutschland

als Übertragungswege i.a. nur die Fernmeldewege der Post erlaubt. Meist werden die einzelnen Rechner des Netzes über *Standverbindungen* miteinander gekoppelt, es werden aber auch *Wählverbindungen* verwendet.

Die Abb. 3.3.2/1 gibt Ihnen einen Überblick über in Frage kommende *öffentliche Fernmeldenetze* in der Bundesrepublik Deutschland. In öffentlichen Netzen kann jeder, der bestimmte Voraussetzungen erbringt – eine davon ist die Geschäftsfähigkeit – Teilnehmer werden. *Aus diesem nach Entfernung, Nutzungszeit, Übertragungsgeschwindigkeit und sonstigen Leistungsmerkmalen preisdifferenzierten Angebot der Post wählt der EDV-Anwender die für sein Rechnernetz optimalen Verbindungen (= Anwenderdatennetz).*

Nach der Kennzeichnung der grundlegenden *Topologien* von Rechnernetzen behandeln wir die in Abb. 3.3.2/1 gezeigten *Fernmeldewege im einzelnen*. Diese werden in den kommenden Jahren schrittweise in einem Netz vereinigt, das auf digitaler Grundlage die Übermittlung von Sprache, Daten, Texten und Festbildern bzw. die Inanspruchnahme der entsprechenden Trägerdienste der Post über einen einzigen Hauptanschluß erlaubt. Auch auf dieses diensteintegrierende digitale Fernmeldenetz, das sog. *ISDN* (engl. Abkürzung für: Integrated Services Digital Network), gehen wir näher ein.

Endgeräte, die an öffentliche Fernmeldenetze angeschlossen werden sollen, müssen den Normen und Standards der Post entsprechen. Maßgeblich hierfür sind die *ISO-Normen*, insbesondere das *«Referenzmodell für die Kommunikation offener Systeme»* (vgl. Abschnitt 3.2.2), sowie die *CCITT-Schnittstellenempfehlungen* zur international einheitlichen Regelung des Datentransports auf Fernmeldewegen (CCITT ist die Abkürzung für französisch: Comité Consultatif International Télégraphique et Téléphonique; das ist der «Beratende Ausschuß für Telegrafie und Telefonie» der Internationalen Fernmeldeunion UIT in Genf). Die heute weithin bekannten und überwiegend verwendeten CCITT-Empfehlungen der *V-Serie* (z.B. V.24) sind für die Datenübertragung im Telefonnetz und auf analogen, festgeschalteten Leitungen vorgesehen. Für die Datenübertragung in digitalen Netzen hat der CCITT die Empfehlungen der *X-Serie* erarbeitet. Wir kommen auf diese, dem ISO-OSI-Referenzmodell entsprechenden Regelungen nochmals im Abschnitt 3.3.2.2.4 zurück. Dort werden Sie als *Beispiel* die *X.25-Schnittstelle* kennenlernen, welche die Grundlage für die weltweite Entwicklung von Paketvermittlungssystemen bildet.[12]

Übungsaufgabe Nr. I-207 im Arbeitsbuch ←

3.3.2.1 Netzwerktopologien

Die *Topologie* eines Netzes ergibt sich aus der Struktur der physikalischen (nicht virtuellen!) Verbindungen, die zwischen den Datenstationen und den Netzknoten bestehen. Für *Fernnetze* kommen folgende *Grundformen* in Betracht: *Stern*, *Schleife*, *Baum und Masche*.

> Bei einem **Sternnetz** (engl.: star network) gibt es einen zentralen Vermittlungsknoten, an den jeder andere Knoten direkt durch eine physikalische Verbindung angeschlossen ist.

---

12 Weitere, für den EDV-Anwender wichtige Normungsgremien und Standardisierungsorganisationen sind (neben ISO, DIN und CCITT): CEN (Europäisches Komitee für Normung), CENELEC (Europäisches Komitee für elektronische Normung), ECMA (European Computer Manufacturers Association) und IEEE (Institution of Electrical and Electronic Engineers).

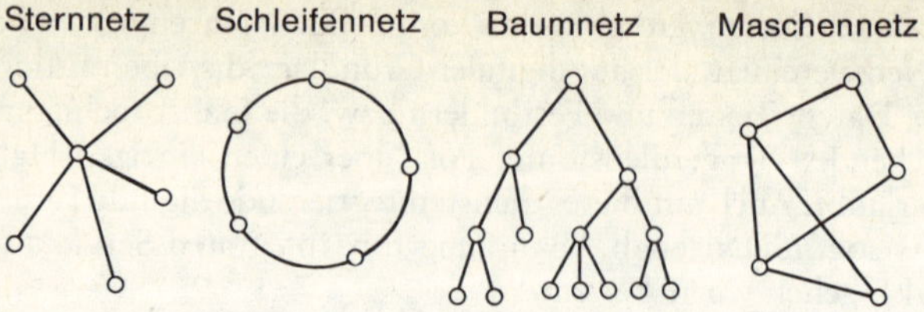

Abb. 3.3.2.1/1: Grundstrukturen von Fernnetzen

Andere physikalische Verbindungen gibt es nicht. Daraus folgt, daß *in jeden Übertragungsvorgang der Zentralknoten eingeschaltet* ist. Als *Netzzugangsverfahren* kann z.B. *Polling* (von engl.: polling; d.h. Abrufen) verwendet werden, wobei die Zentralstation (z.B. Großrechner) alle angeschlossenen Endgeräte (z.B. Datensichtstationen) reihum abfragt, ob sie senden wollen.

Die *Vorteile* einer sternförmigen Topologie sind die relativ *einfache und kostengünstige zentrale Netzsteuerung, -kontrolle und -wartung.* Der Ausfall eines Endgeräts oder einer Leitung betrifft die anderen Stationen nicht.

Nachteilig ist die *Abhängigkeit aller Endgeräte von der Funktionsfähigkeit und Belastung der Zentralstation*: Bei Ausfall sind keine Verbindungen mehr möglich, bei starker Belastung werden diese u.U. stark verzögert.

> Bei einem **Schleifennetz** (engl.: loop network) ist jeder Knoten mit genau zwei anderen Netzknoten direkt durch je eine separate physikalische Verbindung verknüpft. Jede Nachricht wird in ihrer Gesamtheit von einem Knoten des Netzes zum nächsten weitergeleitet, bis sie die Zielstation erreicht hat.

Die *Netzsteuerung* liegt i.a. *bei den einzelnen Netzknoten* und ist damit aufwendiger als eine zentrale Lösung (wie bei einem Stern). Die *Ausfallsicherheit ist relativ hoch*, da bei Ausfall einer Strecke oder eines Knotens immer noch jede Verbindung möglich ist.

> Bei einem **Baumnetz** (engl.: tree network) erfolgt die Kommunikation zwischen zwei Knoten immer über die in der Hierarchie höherliegenden Knoten bis zu dem beiden Unterbäumen gemeinsamen Knoten.

Sie können sich ein Baumnetz aus einzelnen Sternen zusammengesetzt vorstellen, die in eine hierarchische Ordnung gebracht worden sind. *Die Netzsteuerung ist auf die höherliegenden Knoten verteilt.* Bezüglich *Ausfallsicherheit und Verfügbarkeit* ergeben sich *ähnliche Nachteile wie bei einem Stern*: Der Ausfall oder die Überlastung eines höhergeordneten Knotens oder einer höhergeordneten Verbindung trifft alle nachgeordneten.

Ein *Beispiel* für eine solche *Baumstruktur* haben Sie bei der Beschreibung einer Kommunikationsrechnerhierarchie (Abb. 3.3.1.4/1) kennengelernt. Auch das DATEV-Netz (Abb. 3.3.1.2/6) ist baumstrukturiert.

Bei einem **Maschennetz** (engl.: mesh network) ist jeder Knoten mit mindestens zwei, in der Regel jedoch mit mehreren anderen Knoten direkt verbunden. Bei einem *vollständig vermaschten Netz* ist jeder Knoten mit jedem anderen unmittelbar verbunden.

Vorteile eines vollständig vermaschten Netzes sind, daß jeder Knoten mit einem beliebig anderen Knoten jederzeit parallel zu allen anderen Verbindungen kommunizieren kann und die sehr *hohe Ausfallsicherheit*. *Nachteilig* sind der *hohe Aufwand für die große Zahl von Verbindungen* und die *umfangreiche, von den einzelnen Knoten abzuwickelnde Übertragungssteuerung*.

In der Praxis werden für Fernnetze *vielfach kombinierte bzw. unregelmäßige Netzstrukturen* verwendet, um die unterschiedlichen Übertragungsvolumina zwischen den einzelnen Knoten möglichst kostengünstig zu bewältigen. Diese Topologien basieren sehr häufig auf einer Baumstruktur mit zusätzlichen Verbindungen zwischen einzelnen Knoten zur Erhöhung der Übertragungskapazität. Die dadurch geschaffene Möglichkeit zur *Wegewahl* (engl.: routing) erhöht auch die Ausfallsicherheit des Netzes.

Übungsaufgabe Nr. I-208 im Arbeitsbuch ←

3.3.2.2 Derzeitige Fernmeldenetze

3.3.2.2.1 Telefonnetz

Das **Telefonnetz** (Synonym: **Fernsprechnetz**; engl.: public switched telephone network) ist ein öffentliches Wählnetz zur Sprachübertragung, das mit Hilfe von durch die DBP zugelassenen Zusatzeinrichtungen auch für andere Zwecke, zum Beispiel zur Übertragung von Daten, benutzt werden kann. Es erlaubt Datenübertragungsgeschwindigkeiten bei Parallelübertragung bis maximal 40 Zeichen/s und bei serieller Übertragung (im asynchronen bzw. synchronen Betrieb) bis maximal 4 800 bit/s.

Anfänglich, etwa zu Beginn der sechziger Jahre, verwendete man zur Datenübertragung fast ausschließlich die vorhandenen Telefonleitungen. Auch heute entfallen noch rund ein Drittel aller an Fernmeldewege angeschlossenen Datenstationen auf das Telefonnetz. Der größte *Vorteil ist die Flächendeckung*: Fast überall sind potentielle Anschlußpunkte bzw. Kommunikationspartner für Datenstationen gegeben, oder es kann ein Anschluß rasch und kostengünstig hergestellt werden. *Nachteilig* ist in vielen Fällen die *geringe Übertragungsgeschwindigkeit* und die relativ *schlechte Übertragungsqualität.*

Werden zwei über das Telefonnetz miteinander *kommunizierende Datenstationen manuell bedient*, so gibt es *beim Verbindungsaufbau gegenüber Gesprächen keinen Unterschied.* Nachdem eine Verbindung hergestellt und gegebenenfalls betriebliche Einzelheiten telefonisch abgesprochen worden sind, wird in beiden Stationen auf *Datenbetrieb* umgeschaltet. Unter der Voraussetzung, daß die Datenendeinrichtung betriebsbereit ist und dies dem Modem anzeigt, genügt hierzu ein kurzer Druck auf die «Datentaste» am Telefonapparat, und die Datenübertragung kann beginnen. Wird die *gerufene Station automatisch betrieben*, hört der Anrufer einen Antwortton (hoher Pfeifton von 2 100 Hz bzw. bei einfachen Modems auch andere Frequenzen) als Zeichen dafür, daß auf Datenbetrieb umgeschaltet ist (und die Verbindung damit gebührenpflichtig wurde). Der Anrufer schaltet wie vorstehend beschrieben während des Antworttones auf Datenübertragung um. Der *automatische Betrieb bei der rufenden Station* ist mit Hilfe einer besonderen posteigenen Zusatzeinrichtung *(Automatische Wähleinrichtung für Datenverbindungen)* möglich. Sie wird zusätzlich zum Modem benötigt und übernimmt, gesteuert von der Datenendeinrichtung, das Anwählen, die Kontrolle des Verbindungsaufbaus und das Umschalten auf Datenbetrieb ohne manuelle Unterstützung. Die zu wählenden Nummern müssen in der Datenendeinrichtung gespeichert sein.

Für die verschiedenen Übertragungsgeschwindigkeiten sind oft *mehrere Ausführungen von Modems* verfügbar, die sich sowohl für den manuellen, als auch für den halbautomatischen und automatischen Betrieb eignen. Welche Übertragungsgeschwindigkeit und Modemvariante im Einzelfall gewählt wird, hängt von den betrieblichen (insbesondere zeit-/kostenbezogenen) und technischen Bedingungen ab.

Ein preiswertes, häufig eingesetztes Gerät ist zum *Beispiel* der posteigene *Modem D20P* für Parallelübertragung mit einer Übertragungsgeschwindigkeit von 20 Zeichen/s (unter bestimmten Voraussetzungen 40 Zeichen/s). Rund 25 000 derartige Modems sind etwa für die Bestellabwicklung in Apotheken und Buchhandlungen oder im Umweltschutzbereich (Sammeln von Meßdaten) im Einsatz. Dieser Modem wird vorwiegend dann verwendet, wenn Daten von vielen Außenstellen zur Zentrale übertragen werden sollen. Selbstverständlich kann eine Außenstelle bei Bedarf auch mit verschiedenen «Zentralen» zusammenarbeiten. Häufig wird im Zuge der Datenerfassung unbedienter Betrieb durchgeführt, das heißt die Zentrale ruft vollautomatisch, vom Rechner gesteuert, die Außenstellen an, die automatisch antworten, und holt die Daten ab (zu günstigen Nachttarifen); auch manueller und halbautomatischer Betrieb ist möglich. Wie erwähnt beträgt die Übertragungsgeschwindigkeit von der Außenstelle zur Zentralstation 20 oder 40 Zeichen/s; in der Gegenrichtung steht ein Rücksignal mit 5 oder 75 bit/s zur Verfügung, um zum Beispiel durch ein «Quittungssignal» die Sendung des nächsten Datenblocks zu veranlassen. Der kompakte Modem ist als kompakter Untersatz zum Telefonapparat (Maße: Breite 20 cm, Tiefe 25 cm, Höhe 5 cm) oder eingebaut in einen Telefonapparat erhältlich (vgl. hierzu Abb. 3.3.1.2/3).

3.3.2.2.2 Telexnetz

Das **Telexnetz** (engl.: public telex network) ist ein öffentliches digitales Wählnetz für die Übertragung mit 50 bit/s. Es läßt Fernschreibübertragung im internationalen Telegraphenalphabet und bei Einhaltung bestimmter Regeln die Übertragung anders codierter Daten zu (nur in 5-Bit-Codes).

Das schon seit mehr als 50 Jahren bestehende Telexnetz hat für die Textkommunikation, insbesondere im grenzüberschreitenden Verkehr, nach wie vor große Bedeutung. Wegen des beschränkten Zeichenvorrats (nur Klein- oder Großbuchstaben) und der äußerst geringen Übertragungsgeschwindigkeit ist es jedoch *für die üblichen Datenfernverarbeitungsanwendungen unbrauchbar*. Nur einige hundert Datenstationen sind in Deutschland angeschlossen. Deshalb wird hier auf eine Darstellung des Telexnetzes verzichtet. Im Prinzip bieten die leitungsvermittelten Netze ein ähnliches Angebot von Basisdienstleistungen, das nachfolgend etwas detaillierter am Beispiel des DATEX-L-Dienstes verdeutlicht wird. Im Zusammenhang mit den Textkommunikationsdiensten im Abschnitt 4.2 wird im übrigen auch auf den Telex-Dienst eingegangen.

Übungsaufgabe Nr. I-209 im Arbeitsbuch ←

3.3.2.2.3 Datexnetz mit Leitungsvermittlung

> Das **Datexnetz mit Leitungsvermittlung** (Synonym: **DATEX-L-Netz**; engl.: public switched datex network) ist ein öffentliches digitales Wählnetz speziell für die Datenübertragung. Es gestattet zwischen zwei DATEX-L-Hauptanschlüssen durchgeschaltete asynchrone Duplexverbindungen mit der Übertragungsgeschwindigkeit von 300 bit/s sowie synchrone Duplexverbindungen von 2 400, 4 800, 9 600 bit/s und 64 kbit/s. Zwei oder vier 64 kbit/s-Kanäle können parallel geschaltet werden, so daß sich (mit privaten Multiplexern) über einen Anschluß eine Transferrate von 128 kbit/s oder 256 kbit/s realisieren läßt.

Verbindungen zwischen Anschlüssen unterschiedlicher Geschwindigkeitsstufen sind nicht möglich. Durch eine hochentwickelte elektronische Vermittlungstechnik und die digitale Übertragung ergibt sich in diesem Wählnetz eine *Übertragungssicherheit*, die früher nur mit Standleitungen erreicht werden konnte. Verbindungen werden rein programmtechnisch ohne mechanische Schaltelemente durch Vermittlungsrechner realisiert. Dadurch kann eine *vollduplexfähige Verbindung in Bruchteilen einer Sekunde* nach Eingabe der Rufnummer hergestellt werden; bei der Nutzung der *besonderen Leistungen* Kurzwahl bzw. Direktruf wird auch die Eingabe der Rufnummer beschleunigt bzw. diese entfällt sogar ganz.

Die sog. «**besonderen Leistungen**» werden von der Post gesondert in Rechnung gestellt (monatliche feste Zuschläge). Die besondere Leistung *Kurzwahl* bietet die Möglichkeit, bis zu 64 Langrufnummern im Vermittlungsrechner speichern zu lassen. Der Teilnehmer braucht dann nur noch eine ein- oder zweistellige Nummer zu wählen, was eine erhöhte Sicherheit gegen Fehlverbindungen und einen beschleunigten Verbindungsaufbau erlaubt. Die besondere Leistung *Direktruf* erspart das Wählen ganz, wenn Verbindungen immer zu derselben Datenendeinrichtung hergestellt werden sollen. Abgehende Wählverbindungen zu einer einmal festgelegten, in der Vermittlungsstelle gespeicherten Rufnummer werden durch Drücken der Anruftaste am Fernschaltgerät oder ein Steuersignal der Datenendeinrichtung realisiert. Durch den schnellen Verbindungsaufbau hat der Benutzer das Gefühl, eine festgeschaltete Verbindung zu benutzen. Er bezahlt aber nur Gebühren für die Zeit, während der die Verbindung tatsächlich besteht.

Die besondere Leistung *Teilnehmerbetriebsklasse* erhöht die Sicherheit gegen unbefugten Zugriff zu den Benutzerdaten. Ein jeder Datexhauptanschluß kann in der Vermittlungsstelle so gekennzeichnet werden, daß nur Verbindungen von und zu bestimmten anderen Anschlüssen möglich sind. Eine derartige Gruppe von Datexhauptanschlüssen bildet dann eine Teilnehmerbetriebsklasse. Zusätzliche Anschlüsse werden nur dann in eine bestimmte Teilnehmerbetriebsklasse aufgenommen, wenn der Verfügungsberechtigte (das ist im allgemeinen der Betreiber eines Rechenzentrums bzw. Informationsdienstes) den Zugang gestattet. Damit entsteht ein quasi privates Wählnetz, in dem jedoch alle Möglichkeiten eines öffentlichen Netzes zur Verfügung stehen.

Besondere Leistungen sind ferner die *automatische Anschlußkennung* (der Vermittlungsrechner sendet die Rufnummer der Gegenstelle vor dem Durchschalten der Verbindung – diese Identifikationsmöglichkeit kann z.B. für Banken aus Datenschutzgründen wichtig sein) und die *Gebührenübernahme durch die gerufene Datenstation* (d.h. die Verbindung ist für den Rufenden gebührenfrei). Dadurch kann z.B. ein Betrieb seine EDV-Dienstleistungen bundesweit zu einheitlichen Konditionen anbieten und den Kunden die «Angst» vor hohen Zugangskosten nehmen.

Diese und andere besondere Leistungen sind in allen Netzen der DBP erhältlich, bei denen die Datenübertragung auf digitaler Grundlage erfolgt. Das sind neben dem leitungsvermittelten Datexnetz das Telexnetz, das Datexnetz mit Paketvermittlung und das Direktrufnetz. Die DBP verwendet hierfür den Sammelbegriff *IDN* als Abkürzung für *«Integriertes Text- und Datennetz»*. (Bitte verwechseln Sie das IDN nicht mit dem ISDN, dessen weiterentwickelte Leistungsmerkmale im Abschnitt 3.3.2.3 beschrieben werden!)

Vorteile des DATEX-L-Netzes gegenüber dem ebenfalls leitungsvermittelten Telefonnetz liegen in der wesentlich *besseren Betriebsgüte, der höheren Übertragungsgeschwindigkeit*, den beschriebenen *besonderen Leistungsmerkmalen* und insbesondere in der *kurzen Verbindungsaufbauzeit.* Dadurch wird eine wirtschaftliche Realisierung von vielen Kurzverbindungen möglich. Die *Verbindungsgebühren* liegen in der gleichen Größenordnung *wie beim Telefonnetz.* Je nach Entfernung und Übertragungsgeschwindigkeit sind die Telefon- oder die DATEX-L-Gebühren günstiger. *Im Vergleich zum Direktrufnetz* ist die *niedrigere Festkostenschwelle* (geringe Investitionen bei privaten Datenendeinrichtungen im DATEX-L-Netz) besonders für kleine EDV-Anwender bzw. -Anwendungen wichtig. Dadurch, daß der Teletex-Dienst (vgl. Abschnitt 4.2.4) ebenfalls im DATEX-L-Netz abgewickelt wird, ist es *möglich, daß ein Teletexanschluß einen DATEX-L-Anschluß (2 400 bit/s) erreichen kann.*

Der DATEX-L-Dienst eignet sich aufgrund seines Kosten-/Leistungsverhältnisses besonders für sehr *kurze Dialogverbindungen, für Stapelbetrieb mit begrenztem Umfang und vor allem bei weiten Entfernungen.* Typische Nutzungen sind zum *Beispiel* der Buchungsverkehr im Kreditwesen (mit Kurzverbindungen von weniger als fünf Sekunden), Auskunftssysteme von Bausparkassen und Reisebüros oder die Stapelübertragung zu günstigen Nachttarifen im Versandhandel. Es gibt Großanwender mit mehreren hundert Anschlüssen bundesweit und Anwender mit nur zwei Anschlüssen.

→ Übungsaufgabe Nr. I-210 und I-211 im Arbeitsbuch

3.3.2.2.4 Datexnetz mit Paketvermittlung

Das **Datexnetz mit Paketvermittlung** (Synonym: **DATEX-P-Netz;** engl.: public packet switched datex network) ist ein öffentliches digitales Wählnetz speziell für die Datenübertragung. Es gestattet im Basisdienst bei synchroner Übertragung über virtuelle Verbindungen für DATEX-P-Hauptanschlüsse Übertragungsgeschwindigkeiten von 2 400, 4 800, 9 600 bit/s und 48 kbit/s. Es sind Verbindungen zwischen Anschlüssen mit unterschiedlicher Übertragungsgeschwindigkeit möglich. Zusätzliche Dienste erlauben auch andere Übertragungsverfahren und -geschwindigkeiten.

Seit 1980 bietet die DBP mit DATEX-P erstmals einen paketvermittelten öffentlichen Übertragungsdienst an. Hierfür waren im wesentlichen folgende *Gründe* maßgebend:

1. Ergänzung der vorhandenen Palette von Datenübertragungsdienstleistungen um einen *kostengünstigen Dienst für geringe Übertragungsvolumina*, zum Beispiel dialogorientierte Anwendungen, die nur spontan innerhalb einer längeren Zeitspanne (Sitzung) den Übertragungsdienst in Anspruch nehmen.
2. Bereitstellung eines *Transportsystems für höherwertige Textkommunikationsdienste* (zum Beispiel Bildschirmtext) und DBP-interne Datenübertragungsaufgaben.
3. Schaffung der Voraussetzungen zur freizügigen *Kommunikation in offenen Systemen* (Datennetz für offene Systeme) und für Rechnerverbundsysteme.

Im DATEX-P-Netz sendet eine Datenendeinrichtung die zu übertragenden *Daten* eines Benutzers *in paketierter Form* an eine Vermittlungsstelle (= Netzknotenrechner mit gepufferten Leitungsein- und -ausgängen). Dort werden die Datenpakete zwischengespeichert und dann gegebenenfalls über andere Netzknoten und mit anderer Übertragungsgeschwindigkeit an den gewünschten Adressaten weitergeleitet. Sendende und empfangende Datenstationen sind nur mit Hilfe

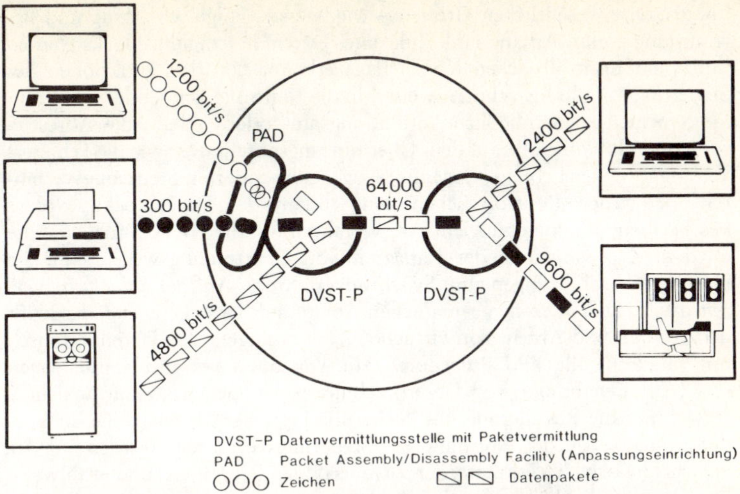

Abb. 3.3.2.2.4/1: Datenübertragung im DATEX-P-Netz (Quelle: DBP)

virtueller Verbindungen miteinander verknüpft (Verknüpfung über die Paketadressen). Dabei können die physikalischen Verbindungen durch *zeitliche Verschachtelung der Datenpakete verschiedener virtueller Verbindungen* mehrfach genutzt werden.

Das DATEX-P-Netz vermittelt und überträgt nur *genormte Datenpakete entsprechend der CCITT-Empfehlung X.25*. Der durch den Anwender nutzbare Teil der Datenpakete hat eine maximale Länge von 1 024 Bits (128 sog. Oktetts à 8 Bits). Die weltweit anerkannte X.25-Empfehlung beschreibt die drei untersten Ebenen des ISO-OSI-Architekturmodells und regelt damit den Datenaustausch zwischen den Datenendeinrichtungen und dem Übertragungsnetz. Das entsprechende DATEX-P-Protokoll wird *«P10»* genannt.

In der *CCITT-Empfehlung X.25* wird auf der untersten *Schicht 1 (Bitübertragung)* die physikalische Kopplung der Datenendeinrichtungen mit dem Netz über die Schnittstelle zwischen Datenübertragungseinrichtung und Datenendeinrichtung geregelt (Herstellung, Aufrechterhaltung und Wiederaufhebung der Verbindung sowie Art und Weise des Informationstransports). Auf der *Schicht 2 (Sicherung)* wird als Steuerungsverfahren für den Ablauf der Datenübertragung zwischen Datenübertragungseinrichtung und Datenendeinrichtung die *HDLC-Prozedur* verwendet (HDLC: High Level Data Link Control). HDLC ist ein durch die ISO festgelegtes bitorientiertes Übertragungsverfahren, bei dem jeder übertragene Block einen einheitlichen Aufbau hat und dieser Aufbau Auskunft über die für die Datenübertragung wesentlichen Größen – wie Menge, Folge, Ursprung und Bestimmung – gibt. Anfang und Ende eines Datenübertragungsblocks werden durch ein Kontrollzeichen (engl.: flag) erkannt. Zu den Funktionen des Steuerungsverfahrens gehören weiterhin die Kontrolle der Sende- und Empfangsvorgänge einschließlich Verbindungsauf- oder -abbau, die Adressierung und Flußkontrolle auf dem Übermittlungsabschnitt sowie die Fehlererkennung und -behebung. Gegenüber zeichenorientierten Steuerungsverfahren, bei denen Kontrollzeichen den Aufbau der Datenblöcke explizit beschreiben, erlauben bitorientierte Verfahren wie die HDLC-Prozedur eine effizientere Ausnutzung der Kapazität von Übertragungswegen (vgl. Sie hierzu die Ausführungen zum Synchronverfahren). Auf der *Schicht 3 (Vermittlung)* regelt X.25 den eigentlichen Ablauf auf der Paketebene, das heißt den Aufbau und Abbau von virtuellen Verbindungen, den Datenaustausch mit Flußkontrolle und Prozeduren zur Behebung von Fehlersituationen sowie die Behandlung von Unterbrechungen. Im Gegensatz zur Schicht 2 stehen hier die Regulierung und Sicherung logischer Datenströme im Vordergrund. Neben der Normung des Steuerungsverfahrens werden auf der Schicht 3 noch die Formate der zu übertragenden Pakete und wahlweise Nutzungsmöglichkeiten für den Anwender, wie zum Beispiel die Kostenübernahme durch den anderen Teilnehmer, festgelegt.

Durch die Einhaltung der CCITT-Empfehlung X.25 wurde die Möglichkeit geschaffen, daß nach diesem Protokoll arbeitende *Datenendgeräte unterschiedlicher Hersteller direkt am Datexnetz mit Paketvermittlung angeschlossen* werden können. Sie wissen aus dem Abschnitt 3.3.2.2, daß eine volle Kompatibilität zwischen den Endgeräten allerdings noch weitere Vereinbarungen oberhalb der dritten Ebene voraussetzt.

Neben dem Basisdienst DATEX-P10 gibt es *Zusatzdienste* (P20, P32, P42), die über sog. *PAD-Einrichtungen* den Anschluß von einigen verbreiteten, nicht paketorientiert arbeitenden Endgeräten sowie Zugänge

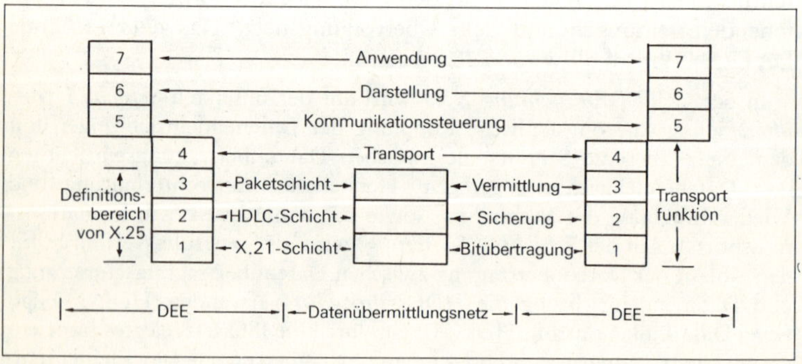

Abb. 3.3.2.2.4/2: Definitionsbereich von X.25 im ISO-OSI-Architekturmodell

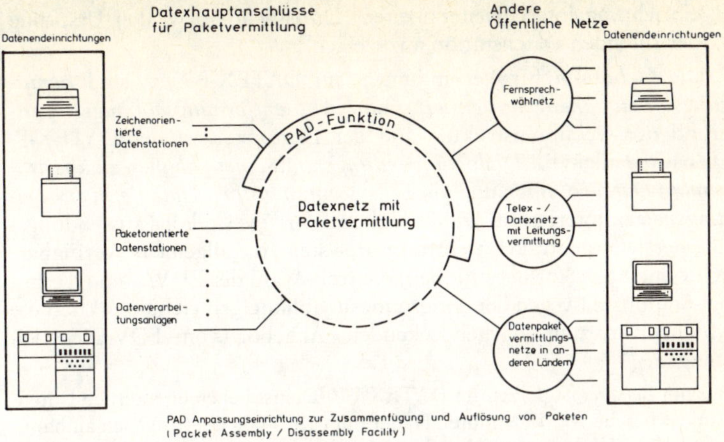

Abb. 3.3.2.2.4/3: Zugangsmöglichkeiten zu DATEX-P (Quelle: DBP)

aus anderen öffentlichen Wählnetzen erlauben. Eine PAD-Einrichtung (PAD ist die Abkürzung für engl.: packet assembly/dissassembly facility) paßt das jeweilige herstellerspezifische Protokoll an den X.25-Standard an.

Wesentliche *Möglichkeiten des DATEX-P-Dienstleistungskonzepts* sind:

1. *Mehrfachanschluß* (von einem Anschluß aus sind gleichzeitig bis zu 255 virtuelle Verbindungen möglich);
2. *Verbindungen zwischen Anschlüssen unterschiedlicher Übertragungsgeschwindigkeit* (durch die Zwischenspeicherung ermöglichte Geschwindigkeitsanpassung im Netz);
3. *Gebührenübernahme bei ankommenden Rufen*;
4. *geschlossene Teilnehmerbetriebsklasse* (Zusammenschluß einer beliebigen Anzahl von Anschlüssen, die untereinander kommunizieren wollen und die von berechtigten Anschlüssen erreicht werden sollen; ein Anschluß kann dabei mehreren Teilnehmerbetriebsklassen angehören, zusätzlich auch der allgemeinen Klasse im öffentlichen Netz zugeordnet werden und nur auf abgehenden oder ankommenden Verkehr beschränkt werden);
5. *feste virtuelle Verbindungen* (benötigen keine Verbindungsaufbau- und -abbauphase);
6. *Benutzerangaben im Verbindungsanforderungspaket* (z.B. Paßwort, um der Gegenstelle die Benutzungsberechtigung nachzuweisen);
7. *Subadresse* (die Rufnummer enthält eine maximal dreistellige Unteradresse, die dazu dient, die Verbindung bei der gerufenen Datenend-

einrichtung intern weiterzuleiten [Durchwahl] bzw. den Ursprung der rufenden Datenstation anzuzeigen).

Die *Gebühren* für Verbindungen im DATEX-P-Netz sind *benutzungs- bzw. mengenorientiert* und *nicht entfernungsabhängig*. Aufgrund der Gebührenstruktur und der Leistungen ist der DATEX-P-Dienst vor allem für *Dialoganwendungen mit einem kleinen zu übertragenden Datenvolumen* und als *Teilsystem in großen Datenfernverarbeitungsnetzen* interessant. Diesbezügliche *Vorzüge* sind das anwendungs- und herstellerneutrale Datentransportsystem, die allgemeine Verfügbarkeit ohne hohe Vorinvestitionen, die freie Wahl der EDVA- und Terminal-Standorte (wegen der entfernungsunabhängigen Gebühren) und die Möglichkeit zum flächendeckenden Angebot von EDV-Dienstleistungen.

Zum *Beispiel* ist derzeit im DATEX-P10-Dienst bei einer externen Datenbankrecherche von 15 Minuten Dauer mit ca. 10 000 übertragenen alphanumerischen Zeichen ungefähr eine Mark an die Post zu entrichten. Eine

DATEX-L	DATEX-P10
• Einfachanschluß mit exklusiver Bereitstellung der vollen Bandbreite	• Mehrfachanschluß über einen Hauptanschluß
• kompatible Endgeräte notwendig	• Anpassungsdienste (Code-, Prozedur-, Geschwindigkeitswandlung)
• Zeittransparenz (feste Übertragungszeiten)	• lastabhängige Übertragungszeiten
• geringe Leitungsausnutzung im Netz (vor allem bei Dialog)	• hohe Leitungsausnutzung im Netz
• Anrufe im Hochlastfall werden vom Netz abgelehnt (bestehende Verbindungen behalten Übertragungskapazität)	• im Hochlastfall sinkt in der Regel die Datenübertragungsrate aller Teilnehmer; Anrufe können trotzdem entgegengenommen werden
• nur Wählverbindungen	• feste oder gewählte Verbindungen
• Gebühr primär zeitabhängig	• Gebühr primär volumenabhängig

Abb. 3.3.2.2.4/4: Merkmale des leitungsvermittelten und des paketvermittelten Datexnetzes

Reisebuchung im Dialog einschließlich der Ausgabe der Reiseunterlagen von 2 Minuten Dauer mit etwa 2 500 übertragenen Zeichen kostet ca. 0,20 DM Postgebühr.

In Abb. 3.3.2.2.4/4 werden nochmals die wichtigsten Merkmale des DATEX-L- und des DATEX-P-Netzes zusammengefaßt.

Übungsaufgaben Nr. I-212 und I-213 im Arbeitsbuch

3.3.2.2.5 Direktrufnetz

Das **Direktrufnetz** (engl.: public data network for fixed connections) ist ein öffentliches Netz mit festen Verbindungen für die Übertragung digitaler Nachrichten. Zwei Hauptanschlüsse für Direktruf sind ständig miteinander verbunden. Eine Direktrufverbindung ist somit eine Standverbindung. Hauptanschlüsse für Direktruf sind grundsätzlich duplexfähig, sie können aber auch für Halbduplex-, Simplex-Empfang oder Simplex-Sende-Betrieb geschaltet werden. Auf den festgeschalteten Verbindungen sind Übertragungsgeschwindigkeiten von 50 bit/s bis 48 kbit/s möglich.

Direktrufverbindungen werden *grundsätzlich* unter Verwendung *digitaler Übertragungswege* realisiert. Die *Geschwindigkeitsstufen* 50 und 300 bit/s sind für die asynchrone, die Stufen 1 200 bit/s bis 48 kbit/s für die synchrone Übertragung eingerichtet, bei 1 200 bit/s ist unter bestimmten Voraussetzungen auch ein asynchroner Betrieb möglich.

Ein *Beispiel für ein großes Anwenderdatennetz im Direktrufnetz* ist das in der Abb. 3.3.2.2.5/1 gezeigte Datenübertragungsnetz der Finanzverwaltung Nordrhein-Westfalen. In diesem Netz sind alle 105 Finanzämter dieses Bundeslandes und das Rechenzentrum der Finanzverwaltung in Düsseldorf zusammengeschlossen. Insgesamt 140 Minirechner sind über Standleitungen mit 4 800 bit/s und 9 600 bit/s baumartig in zwei Hierarchieebenen gekoppelt. An den Endpunkten des Netzes, d.h. in den einzelnen Finanzämtern, sind jeweils bis zu 24 Datensichtstationen und Drucker für die Datenerfassung und das Auskunftssystem der Finanzkassen installiert.

Standverbindungen im öffentlichen Direktrufnetz haben vor allem den *Vorteil der ständigen Verfügbarkeit*. Sie bieten sich dann an, wenn

- Verbindungen laufend, und zwar täglich über längere Zeit, benutzt werden sollen,
- immer die gleichen Endgeräte erreicht werden sollen (keine Wählprozeduren),
- eine hohe Übertragungsgüte und der Schutz vor Fehlverbindungen gewährleistet sein muß,

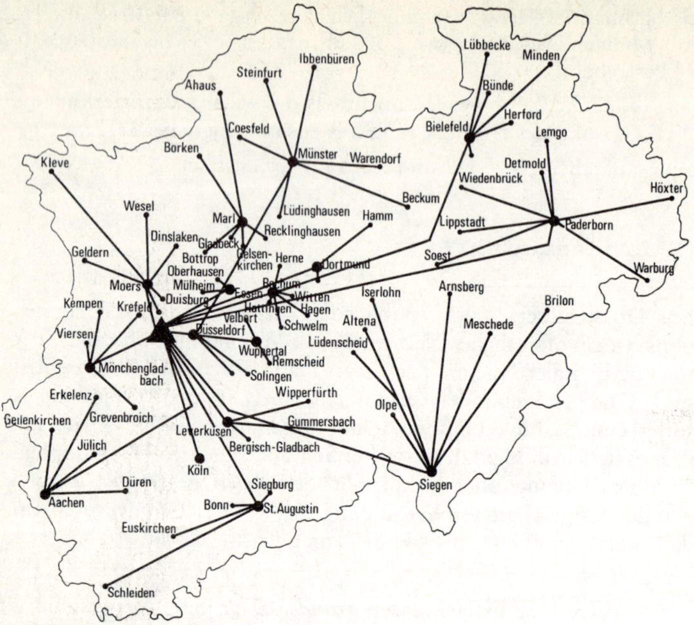

Abb. 3.3.2.2.5/1: Datennetz der Finanzverwaltung des Landes Nordrhein-Westfalen

- geschlossene Benutzergruppen vorliegen und
- bestimmte Übertragungsprozeduren von Rechnernetzkonzepten verwendet werden sollen, die in Wählnetzen nicht möglich sind.

Derzeit werden etwa *die Hälfte aller Datenstationen* in den Fernmeldenetzen der DBP *an Hauptanschlüssen für Direktruf* betrieben.

Es ist denkbar, daß die Bedeutung der Hauptanschlüsse für Direktruf als Endpunkte einer festgeschalteten Verbindung im Direktrufnetz künftig durch die Bereitstellung der (vorstehend beschriebenen) besonderen Leistung «Direktruf» in Wählnetzen abnimmt. Vorteile eines Datex-Wählhauptanschlusses mit Direktruf sind vor allem die *Ausfallsicherheit (zwischen zwei Orten steht eine Vielzahl von Leitungen zur Verfügung)*, die häufig zu erwartende *Ersparnis von Übertragungsgebühren* (die Verbindungsdauer wird auf die tatsächlich für Datenübertragung benötigte Zeit beschränkt) sowie die *kurze Verbindungsaufbauzeit*. Im Vergleich zum Hauptanschluß für Direktruf ist es allerdings von *Nachteil*, daß hier wie in jedem Wählnetz *Besetztfälle* auftreten können.

→ Übungsaufgabe Nr. I-214 im Arbeitsbuch

3.3.2.2.6 Mietleitungen

Bevor leistungsfähige, digitale Datenübertragungs- und Vermittlungssysteme zur Verfügung standen, waren «*Mietleitungen*» bei größeren Entfernungen oft der einzige und der von den Anwendern weitaus am häufigsten benutzte Weg, um Daten zu übertragen. Es handelte sich dabei um *feste Verbindungen* über sog. *posteigene überlassene Stromwege*.

> **Mietleitungen** (engl.: leased line) sind Fernmeldewege, die Benutzern gegen Gebühr von der Post zum ständigen Gebrauch überlassen werden. Es kann sich um Telegrafenwege, Fernsprechwege oder Breitbandwege handeln.

Weil das öffentliche Direktrufnetz in der Bundesrepublik Deutschland Standverbindungen bereitstellt, überläßt die DBP *seit dem Ende der siebziger Jahre* den EDV-Anwendern im nationalen Bereich *keine posteigenen Stromwege* mehr für die Datenübertragung. In anderen Ländern ist diese Möglichkeit jedoch nach wie vor gegeben. Zwischen einer Direktrufverbindung und einem überlassenen Stromweg besteht für den Benutzer praktisch kein Unterschied.

> Für den grenzüberschreitenden Verkehr sind nach wie vor Mietleitungen erhältlich. Solche **internationalen Mietleitungen** sind Fernmeldewege, die den Benutzern von der Post für die grenzüberschreitende Datenübertragung zum ständigen Gebrauch überlassen werden. Hiermit sind Übertragungsgeschwindigkeiten von bis zu 64 kbit/s möglich.

Übungsaufgabe Nr. I-215 im Arbeitsbuch ←

3.3.2.2.7 Datenkommunikation über Satelliten

> Die **Datenkommunikation über Satelliten** (engl.: public satellite communication) ist ein öffentlicher Fernmeldedienst für Wähl- und Festzeitverbindungen mit Übertragungsgeschwindigkeiten von 64 kbit/s und Vielfachen davon bis zu 2 Mbit/s. Es sind Punkt-zu-Punkt- und Punkt-zu-Mehrpunktverbindungen im Simplex- und Duplexverfahren möglich.

Die DBP hat *in diversen Satellitensystemen Übertragungskapazität gemietet* und bietet damit dem EDV-Anwender die Möglichkeit, auch Telekommunikationsanwendungen zu realisieren, die hohe Übertragungsgeschwindigkeiten erfordern. Zu dieser sog. *Geschäftskommunikation* gehören z.B.

- Rechner-Rechner-Verkehr,
- CAD/CAM,
- Ganzseiten-Zeitungsübertragung und
- Videokonferenzen.

Als *Basiseinheit* wird ein *digitaler 64 kbit/s-Kanal* verwendet; bis zu 1,92 Mbit/s Übertragungsgeschwindigkeit kann durch *Vervielfachung* dieses Kanals genutzt werden.

Die *Endgeräte der Teilnehmer* werden *terrestrisch* (Kabel oder Richtfunk) *an eine Erdefunkstelle der Post angebunden.* Die Übertragung erfolgt auf der Erde mit derselben Geschwindigkeit wie beim Satellitenfunk (im Rahmen einer Verbindung). Bei *Festzeitverbindungen* reserviert die Post für den Teilnehmer bestimmte Übertragungszeiten, z.B. täglich von 15 Uhr bis 16 Uhr («zeitlich limitierte Standverbindungen»). Der *Standort der Erdefunkstelle* wird von der DBP ausgewählt. Erde-

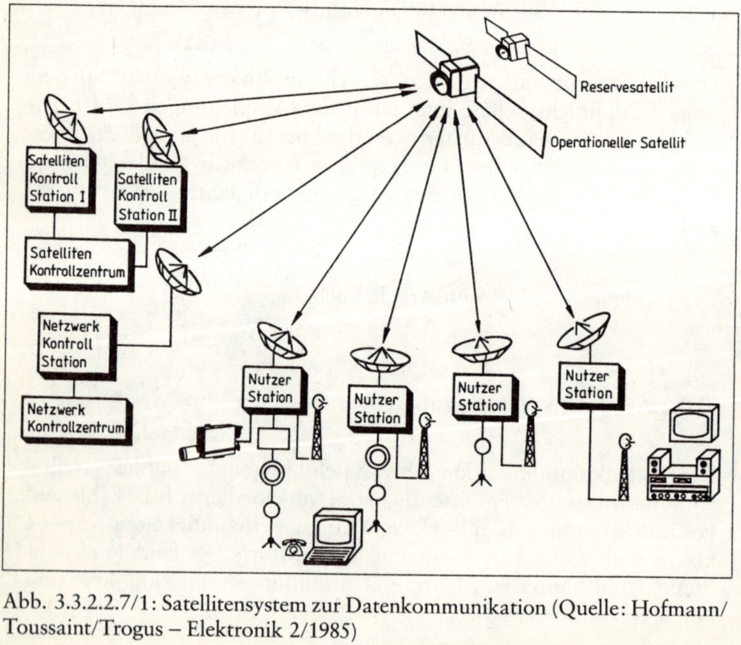

Abb. 3.3.2.2.7/1: Satellitensystem zur Datenkommunikation (Quelle: Hofmann/Toussaint/Trogus – Elektronik 2/1985)

Abb. 3.3.2.2.7/2: Erdefunkstelle

funkstellen können auch auf dem Gelände des EDV-Anwenders zu seiner alleinigen Nutzung installiert werden, die DBP läßt dies jedoch in der Anfangsphase des Satellitenkommunikationsdienstes noch nicht zu.

Übungsaufgabe Nr. I-216 im Arbeitsbuch ←

3.3.2.3 Künftiges diensteintegrierendes digitales Fernmeldenetz ISDN

Ab 1988 wird in der Bundesrepublik Deutschland – wie in anderen westlichen Industriestaaten auch – schrittweise das ISDN eingeführt; bis 1990 soll nach den Plänen der DBP eine «breite Bedarfsdeckung», bis 1993 eine weitgehende Flächendeckung erreicht sein.

> Das **ISDN** (Abkürzung für engl.: Integrated Services Digital Network) ist ein universelles digitales Fernmeldenetz, welches sich aus dem digitalisierten Telefonnetz entwickelt. Es bietet für einen Teilnehmeranschluß (eine Rufnummer) eine Vielfalt von Diensten der Sprach-, Daten-, Text- und Festbildkommunikation über zwei 64-kbit/s-Nutzkanäle und einen 16-kbit/s-Signalisierungskanal. Es sind Wähl- und Standverbindungen für die Mehrfach- und Mischkommunikation möglich.

Stellen Sie sich zum *Beispiel* ein *Hochschulinstitut* vor,
- das mit Partnern in Wirtschaft und Verwaltung, auch in den USA und Japan, jederzeit ohne Verzögerung korrespondieren möchte,
- das einen Rechner an das Bildschirmtextsystem der Post koppeln will, über den bundesweit Selbststudienkurse angeboten werden und Lehrveranstaltungsanmeldungen ermöglicht werden sollen,
- das diesen Rechner auch an das EARN-Rechnernetz anschließen will, das fast alle europäischen Universitäten verbindet und darüber hinaus Kommunikationsmöglichkeiten mit nordamerikanischen Forschungsstätten eröffnet,
- das häufig rasch Konstruktionszeichnungen mit drei Instituten in anderen Bundesländern austauschen muß, mit denen es an gemeinsamen Projekten arbeitet,
- dessen Mitarbeiter stets ansprechbar sein sollen und die auch selbst jederzeit Studenten, Hochschullehrerkollegen usw. anrufen können sollen.

Heute benötigt dieses Institut hierfür separate Hauptanschlüsse – jeweils mit einer anderen Teilnehmernummer – an folgenden Fernmeldenetzen:
- Telexnetz für Fernschreiben (Telex) oder DATEX-L-Netz für Bürofernschreiben (Teletex),
- DATEX-P-Netz für den Rechneranschluß an das öffentliche Bildschirmtextsystem,
- Direktrufnetz für EARN,
- Telefonnetz für Fernkopieren (Telefax),
- Telefonnetz für Fernsprechen.

Alle Ihnen noch nicht bekannten Dienste werden im 4. Kapitel behandelt. Sie sehen an der vorstehenden Aufzählung, daß *fast jeder*

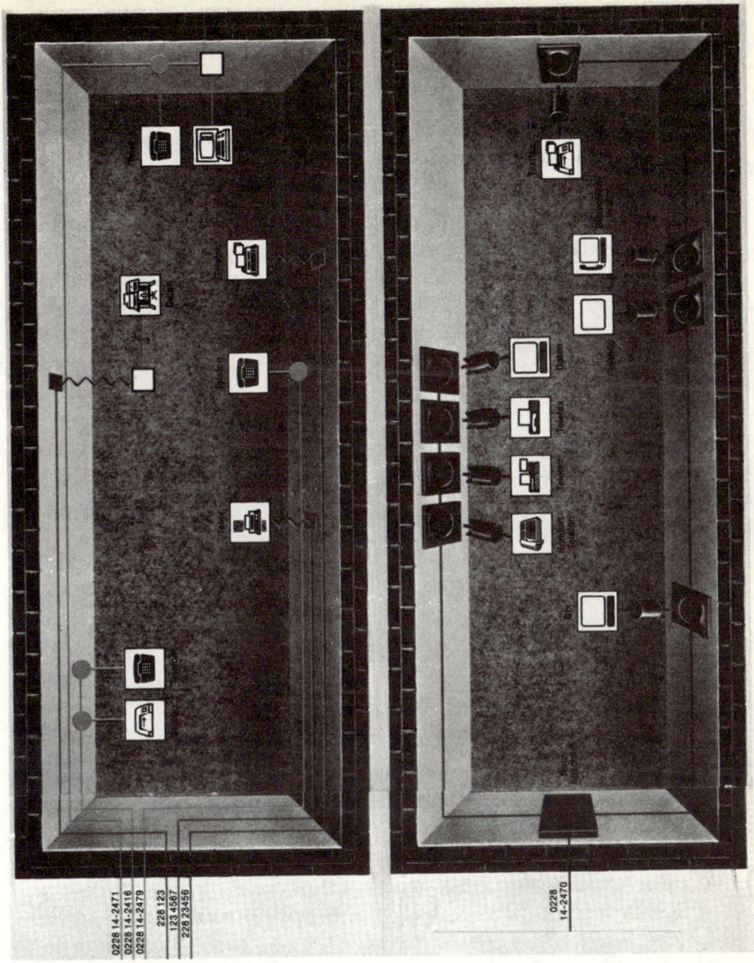

Abb. 3.3.2.3/1: Telekommunikation heute und morgen (Quelle: DBP)

Telekommunikationsdienst auf einem speziellen Netz basiert und meist auch spezifische Endgeräte erfordert. Das ist nicht nur *für den Benutzer umständlich* (Gerätesammelsurium im Büro, Vielzahl von Teilnehmernummern) *und teuer* (Geräteanschaffungskosten, Anschlußgebühr, Grundgebühr, Nutzungsgebühr). Ebenso ist *für die Post die Entwicklung und der Betrieb vieler spezieller Netze höchst aufwendig.* Die Zersplitterung wirkt sich schließlich auch auf die Produktionsstückzahlen in der *Fernmeldeindustrie* und damit auf die Preise von Datenstationen negativ aus.

Begründet sind die heutigen dienstspezifischen Netze in der historischen Entwicklung: Vorhandene Übertragungswege konnten den Anforderungen neuer Dienste nicht oder nur unzureichend gerecht werden, so daß eigene Netze geschaffen werden mußten. Wenn neue Dienste auf vorhandenen Netzen implementiert wurden (wie z.B. die Teilnehmeranbindung bei Bildschirmtext oder das Fernkopieren im Telefonnetz), so führte dies häufig zu großen Unzulänglichkeiten (z.B. ist kein Telefonieren während des Bildschirmtext- und Fernkopierverkehrs möglich, aufgrund der langsamen Übertragungsgeschwindigkeit ist die Brauchbarkeit dieser Dienste in vielen Fällen eingeschränkt).

Die durch informationstechnologische Fortschritte eröffnete Möglichkeit, das Telefonnetz mit einem ökonomisch zu rechtfertigenden Aufwand zu digitalisieren, erlaubt es, dieses außerordentlich dichte Netz auch für die meisten anderen Fernmeldedienste zu nutzen. *Das ISDN ist also nichts anderes als das digitale Fernsprechnetz, in welches Daten- und Textübertragungsdienste integriert und hinsichtlich Zugang und Kommunikationsabwicklung vereinheitlicht werden.* Die Verbindungen erfolgen weiterhin *leitungsvermittelt*, später ist zusätzlich eine paketvermittelte Datenübertragung vorgesehen. *Dabei wird das bestehende Übertragungsnetz verwendet.* Als Neuerung gegenüber dem digitalen Telefonnetz wird bei ISDN jedoch auch noch die *Teilnehmeranschlußleitung digitalisiert*, d.h. die Verbindungen verlaufen von Teilnehmer zu Teilnehmer durchgehend digital.

→ Übungsaufgabe Nr. I-217 im Arbeitsbuch

Mit dem Übertragungsverfahren der Echokompensation kann auf der gewöhnlichen Kupferdoppelader der Teilnehmeranschlußleitung Information mit einer *Nettobitrate von 144 kbit/s* übermittelt werden. Damit enthält der aus einem Stromkreis (Doppelader) bestehende *ISDN-Basisanschluß* drei eigenständige funktionale Informationskreise: $B_1 + B_2 + D_0$ (vgl. Abb. 3.3.2.3/2). Mit B_1 und B_2 werden *zwei wechselseitig betriebene Basiskreise (Nutzkanäle) mit einer Bitrate von je 64 kbit/s* bezeichnet. D_0 stellt einen wechselseitig betriebenen *Steuerkreis (= Signalisierungskanal) mit einer Bitrate von 16 kbit/s* dar. Er wird in erster Linie dazu verwendet, um allgemeine und dienstspezifische Information (z.B. zum Auf- und Abbau von Verbindungen oder zur Realisierung besonderer Leistungsmerkmale) für die über die Nutzkanäle in Anspruch genommenen Dienste auszutauschen. Somit können die Basiskreise vollständig für den jeweiligen Dienst genutzt werden. Im Gegensatz zur Anschlußleitung wird die *Teilnehmerschnittstelle vierdrähtig ausgeführt und als passiver Bus* installiert (vgl. hierzu auch Abschnitt 3.3.3.2).

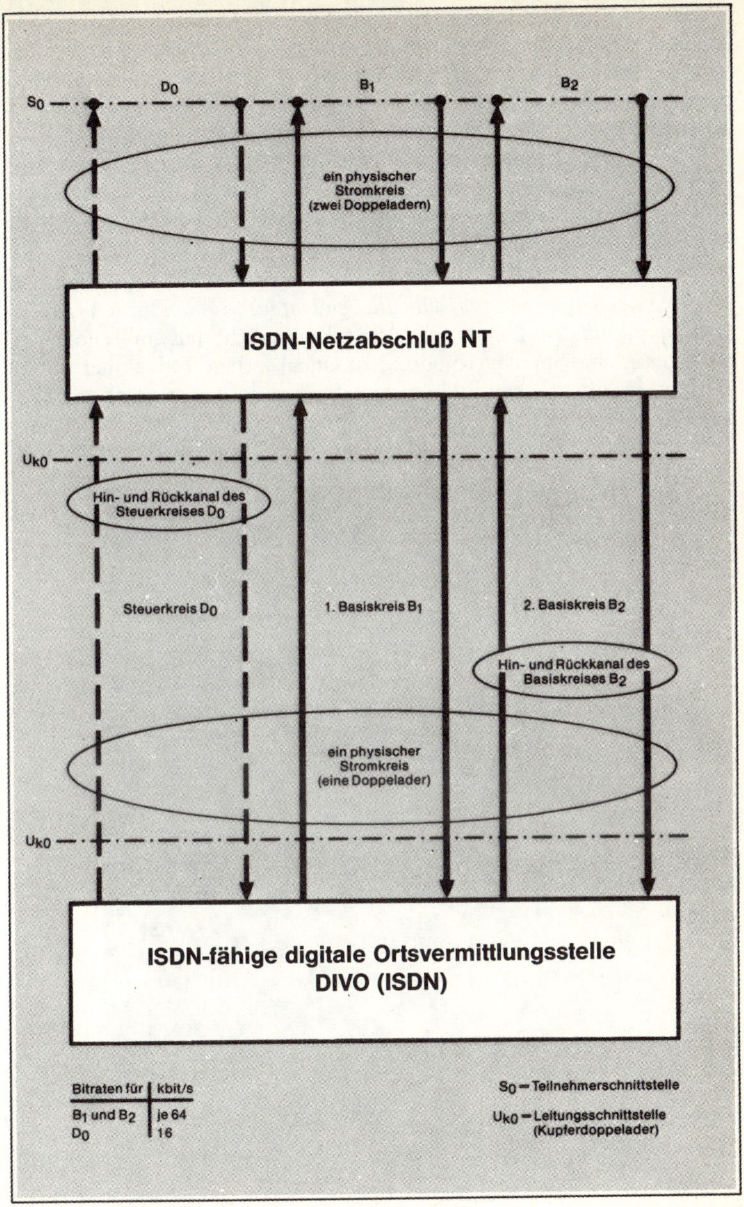

Abb. 3.3.2.3/2: ISDN-Basisanschluß (Quelle: DBP)

Kleinere (digitale) Nebenstellenanlagen (vgl. Abschnitt 3.3.3.3) können über mehrere Basisanschlüsse mit der ISDN-Vermittlungsstelle verbunden werden. *Für größere Nebenstellenanlagen* steht als spezieller Netzzugang ein sog. *Primärmultiplexanschluß* zur Verfügung. Dabei verknüpft bzw. verteilt ein posteigener Multiplexer *auf einer ISDN-Verbindung mit 2 Mbit/s bis zu 30 separate Verbindungen (Basiskreise) mit einer Bitrate von je 64 kbit/s*; für die erforderliche *Teilnehmersignalisierung* ist ein *Steuerkreis von ebenfalls 64 kbit/s* vorgesehen. Dieser Multiplexanschluß ist auch für EDVA verwendbar.

Über die beiden Nutzkanäle eines Teilnehmeranschlusses können *Verbindungen zu zwei unterschiedlichen Datenstationen* führen *(Mehrfachkommunikation)*. Dadurch ist es z.B. möglich, daß ein Teilnehmer gleichzeitig eine Sprechverbindung zu einem fernen Teilnehmer unterhält und im öffentlichen Bildschirmtextsystem Information abruft. Anstelle der BTX-Recherche kann er selbstverständlich auch seinem Gesprächspartner Kopien übersenden oder einen sonstigen Dienst verwen-

Abb. 3.3.2.3/3: Bildschirmtexttelefon

Abb. 3.3.2.3/4: ISDN-Mehrdienstendgerät für die Sprach-, Daten- und Textkommunikation

den. Die beiden *Nutzkanäle lassen sich auch zusammenschalten*, wodurch sich je Basisanschluß eine *Gesamtübertragungsrate von 128 kbit/s* ergibt (plus Signalisierung).

Jeder Teilnehmer (= Basisanschluß) erhält – unabhängig von der Anzahl und Art der beanspruchten Kommunikationsdienste – *nur eine Rufnummer, über die bis zu acht Endgeräte erreicht werden können.* Wie vorstehend erwähnt, können jedoch an einem Basisanschluß *immer nur zwei Geräte gleichzeitig* betrieben werden. Dabei ist ein jederzeitiger *Dienstwechsel* möglich *(Mischkommunikation)*.

Anstelle von mehreren, über den Bus der Teilnehmerschnittstelle zusammengefaßten «Einzeldienstgeräten» können auch *multifunktionale Endgeräte* zum Einsatz kommen, die den Zugang zu unterschiedlichen Fernmeldediensten bieten. Diese ermöglichen eine funktionale Integration der verschiedenen Kommunikationsarten in einem Gerät, tragen damit wesentlich zur Vereinheitlichung der Benutzeroberfläche bei und sind darüber hinaus raumsparend. In Abb 3.3.2.3/3 wird ein schon verbreitet eingesetztes Bildschirmtexttelefon wiedergegeben. Die

Abb. 3.3.2.3/4 zeigt Ihnen ein «Mehrdienstgerät» für die Sprach-, Daten- und Textkommunikation.

Die verschiedenen Endgeräte werden über *genormte einheitliche Steckdosen* (siehe Abb. 3.3.2.3/1) an die Leitungen zur Teilnehmerschnittstelle angeschlossen (*«universelle Telekommunikationssteckdose»*). Weil die Post *Dienst- und Netzübergänge* vorsieht, können sie auch mit kompatiblen Endgeräten in einigen bisherigen Fernmeldenetzen (analoges Telefonnetz, DATEX-L-Netz) kommunizieren.

Die meisten *bestehenden Dienste* der Sprach-, Daten- und Textkommunikation dürften zumindest für eine längere Übergangszeit in das ISDN übernommen werden. Daneben werden *neue «ISDN-Versionen» dieser Dienste* geschaffen, die i.d.R. einen schnelleren Verbindungsaufbau und eine wesentlich höhere Übertragungsgeschwindigkeit als bisher mit mehr Qualität und Komfort bieten. *Mehr Qualität* bedeutet z.B. höhere Sprachqualität und größere Übertragungssicherheit. *Mehr Komfort* heißt z.B.

- automatischer Rückruf im Besetzfall,
- «Anklopfen» mit Anzeige der Rufnummer des rufenden Teilnehmers (vgl. Abb. 3.3.2.3/5),
- Anrufweiterschaltung,
- Aufzeichnen von Daten ankommender Gespräche (Anrufliste),
- Anrufbeantwortung durch Sprachspeicherung (Näheres hierzu im Abschnitt 4.2.2),
- Gebührenübernahme,
- Konferenzverbindungen,
- geschlossene Benutzergruppe,
- Einschränken von Verbindungen («Ruhe vor dem Telefon»),
- Gebührenanzeige über Verbindungsgebühr,
- Ansage/Anzeige der geänderten Rufnummer,
- Wahlwiederholung.

Es ist noch offen, wann diese und andere mögliche Dienstmerkmale, die schon heute moderne Nebenstellenanlagen (siehe Abschnitt 3.3.3.3) bieten, *im ISDN realisiert werden.*

Ebenso ist es noch *ungewiß, welche weiteren Dienste* auf der Basis des ISDN eingeführt werden sollen. In Frage kommen etwa

- *Sicherheitsdienste*, z.B. Alarm- und Notrufdienste für Feuer, Überfall, Unfall usw.,
- *Fernwirkdienste* (Telemetrie, Temex) zum Fernmessen und -steuern haustechnischer Anlagen (Strom, Gas, Wasser, Heizung) sowie zur Prozeßsteuerung in Betrieben,
- *zusätzliche Bildübermittlungsdienste*, z.B. für Fernskizzieren, Fern-

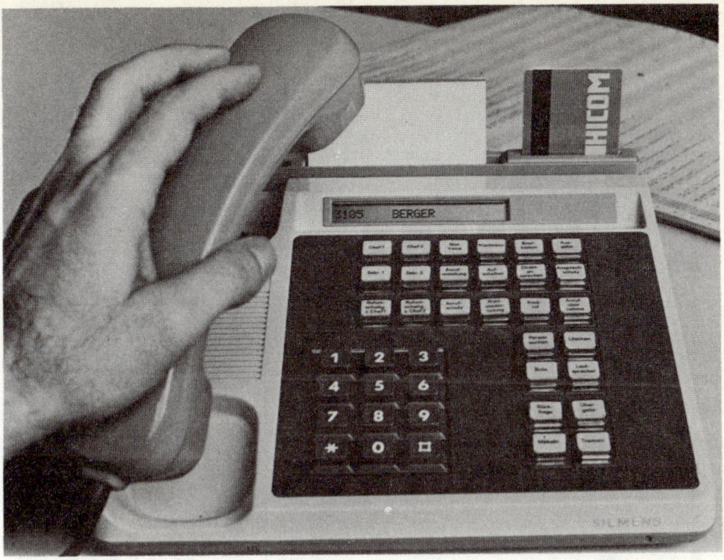

Abb. 3.3.2.3/5: Anzeige von Rufnummer und Name des Teilnehmers im internen Telefonverkehr

zeichnen und langsame Bewegtbilder (etwa alle 4 Sekunden ein neues Farbbild).

Voraussetzung für eine «echte» Bewegtbildkommunikation bzw. Dienste wie z.B. Bildfernsprechen, Videokonferenzen oder Verteilung von Fernseh- und Hörfunkprogrammen sind *breitbandige Teilnehmeranschlußleitungen* (Koaxial- oder Glasfaserkabel). Über die diesbezügliche Langfristplanung der Post können Sie sich im Abschnitt 3.4.3 informieren.

Übungsaufgabe Nr. I-218 im Arbeitsbuch ←

3.3.3 Topologien und Übertragungswege von internen Netzen

Interne Netze (engl.: inhouse network) dienen der innerbetrieblichen Kommunikation und bieten auch vielfach Verbindungen zur Außenwelt. Wir unterscheiden folgende Netzwerktypen: Lokale Netze, Nebenstellenanlagen und herstellerspezifische EDV-Netze.

	Lokale Netze	Digitale Nebenstellenanlagen	Herstellerspezifische EDV-Netze
Übertragungsmedien	Koaxialkabel, seltener Glasfaserkabel und verdrillte Kupferkabel	Verdrillte Kupferkabel (Zweidrahtleitungen)	Koaxialkabel, seltener Glasfaserkabel (als Kanalerweiterung) und verdrillte Kupferkabel (Vierdrahtleitungen für den Terminalanschluß)
Netzwerktopologie	Ring, Bus, Baum	Stern	Stern, Baum
Übertragungsgeschwindigkeit (zwischen Endgeräten)	1 Mbit/s - 50 Mbit/s	64 kbit/s	200 kbit/s - 2,5 Mbit/s
Steuerung	dezentral durch jede einzelne angeschlossene Datenstation	vorwiegend zentrale Durchschaltevermittlungseinrichtungen	zentral über Vorrechner (FEP)
Zugangsverfahren	Tokenverfahren und CSMA/CD	PCM-Technik im Zeitmultiplex	Polling
Kommunikationsmöglichkeiten	primär im internen Bereich: Daten- und Textkommunikation, selten Bewegtbild- und fast nie Sprachkommunikation (nur bei Breitbandnetzen)	gleichermaßen im Intern- und Externverkehr: überwiegend Sprachkommunikation, künftig auch Daten- und Textkommunikation; breites Spektrum an Leistungsmerkmalen (wie bei ISDN)	gleichermaßen im Intern- und Externverkehr: überwiegend Datenkommunikation, zunehmend auch Textkommunikation; keine Sprach- und Bewegtbildkommunikation

Dominierende Anwendungsfelder	Mikro- und Minirechnerverbund; Kopplung von intelligenten Arbeitsstationen und Servern im Büro	Verbund von analogen und digitalen Telefonapparaten, Text- und Datenendgeräten sowie Multifunktionsterminals (unintelligent und intelligent) mit EDVA, hauptsächlich im Büro	Großrechner-Endgeräte-Kopplung (primär Datenendgeräte) in allen Funktionsbereichen
Verkabelung	Neuverlegung von einem gemeinsamen Kabel und relativ kurzen Anschlußkabeln der einzelnen Stationen erforderlich; spätere Erweiterungen sind einfach, weil die Kabel überall Anschlußpunkte bieten	vorhandene Telefonverkabelung genügt; üblicherweise sind damit in jeden Raum Anschlußpunkte gegeben	Neuverlegung von vielen Einzelkabeln zu den Datenstationen erforderlich (evtl. Reduktion durch Multiplexer o.ä.); spätere Erweiterungen sind aufwendig, weil jeweils neue Kabel bis zum Rechner bzw. Multiplexer o.ä. gezogen werden müssen
Standards, Marktverfügbarkeit	"halboffene" Kommunikationssysteme: verschiedene Grundtypen sind standardisiert; Angebotsvielfalt, nur z.T. für die Kopplung von Stationen diverser Hersteller geeignet	offene Kommunikationssysteme: weltweite Standardisierung durch ISDN; künftig ist ein breites Angebot an kompatiblen Datenstationen diverser Hersteller zu erwarten; derzeit sind erst relativ wenige ISDN-Endgeräte verfügbar (von den Herstellern der NStAnl)	geschlossene Kommunikationssysteme: beschränkt auf Datenstationen, welche die jeweiligen herstellerspezifischen Protokolle abwickeln können; Angebote von allen Groß- und Minirechnerherstellern; Trend zur Anpassung in Richtung ISO-OSI-Referenzmodell
Kosten (im Vergleich)	mittlere Einstandskosten (Verkabelung und Anschlußeinrichtungen der Stationen), mittlere Erweiterungskosten; proportional zu der Anzahl der angeschlossenen Stationen	hohe Einstandskosten (Vermittlungszentrale), niedrige Erweiterungskosten	hohe Einstandskosten (Verkabelung und FEP), mittlere Erweiterungskosten

Abb. 3.3.3/1: Vergleich von internen Netzen

Die Abb. 3.3.3/1 zeigt die wichtigsten *Merkmale dieser Netzwerktypen*, die in der Folge näher erläutert werden. Die genannten Ausprägungsmerkmale sind *typisch*; fast immer gibt es in der Praxis hiervon abweichende Möglichkeiten.

3.3.3.1 Netzwerktopologien

Digitale Nebenstellenanlagen sind *stets als Stern* und *herstellerspezifische EDV-Netze meist als Stern oder Baum* konfiguriert. Diese Netzstrukturen haben Sie bereits im Abschnitt 3.3.1.4 kennengelernt.

Bei lokalen Netzen dominieren die Topologien Ring und Linie (= Bus).

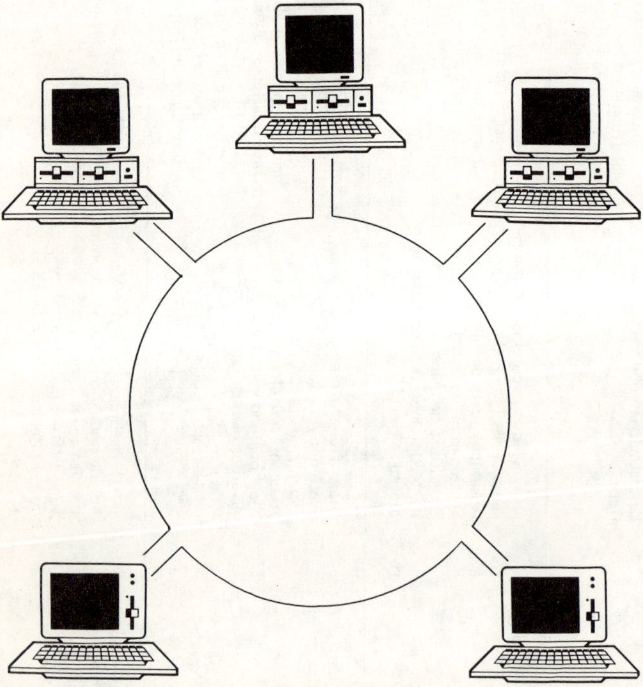

Abb. 3.3.3.1/1: Ringnetz

Bei einem **Ringnetz** (engl.: ring network) ist jede Station mit genau einem Vorgänger und einem Nachfolger direkt verbunden. Die Übertragung erfolgt in der vorgegebenen Senderichtung von einer Station zur nächsten, wobei die Stationen eine aktive Funktion haben: Sie entscheiden, ob eine Nachricht unverändert (d.h. nur verstärkt) oder verändert weiterzuleiten oder ob sie vom Ring zu nehmen ist.

Im *Unterschied zu Schleifennetzen* (bei Fernübertragung) befindet sich in einem lokalen Ringnetz i.a. *zu einem Zeitpunkt nur eine Nachricht auf dem Übertragungsmedium*. Die «Umlaufzeit» des gesamten Ringes ist minimal.

Der *Vorteil der Ringstruktur* besteht in dem Umstand, daß eigentlich nur Punkt-zu-Punkt-Verbindungen zwischen jeweils benachbarten Stationen geschaffen werden müssen. Daher können *Erweiterungen des Ringes sehr einfach* durchgeführt werden. Die neue Station wird einfach zwischen zwei bereits vorhandene Stationen eingefügt. Außerdem muß die *Sendeleistung der einzelnen Stationen nicht groß* sein, da keine großen Entfernungen zur nächsten Station bestehen. Aus diesen Gründen kann ein Ring *nahezu beliebig groß* gestaltet werden.

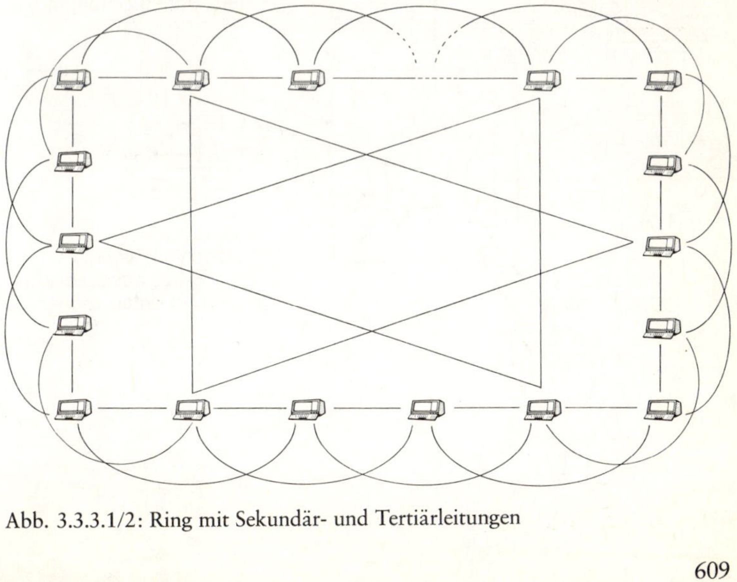

Abb. 3.3.3.1/2: Ring mit Sekundär- und Tertiärleitungen

Naturgemäß hat aber der Ring auch *Nachteile*: Da die Nachrichten unidirektional von Station zu Station weitergegeben werden, führt der *Ausfall* eines einzigen Knotens zum Zusammenbruch des gesamten Netzes. Folglich muß durch *Zusatzeinrichtungen* verhindert werden, daß solche Störungen den Ring lahmlegen. Hierfür gibt es *verschiedene Möglichkeiten.*

Eine Möglichkeit ist es, defekte Netzstationen durch eine *«Umleitung»* zu umgehen (vgl. Abb. 3.3.3.1/2). Zu diesem Zweck wird jede Netzstation nicht nur mit ihrem direkten Nachfolger sondern auch mit der übernächsten Station verbunden. Falls nun eine Störung auftritt, schaltet die letzte funktionierende Station um und umgeht somit ihren defekten Nachfolger. Dadurch bleibt der Ring funktionsfähig. Für den Fall, daß mehrere Netzknoten ausfallen, gibt es nicht nur die Primär- und die Sekundärleitungen, sondern auch Tertiärleitungen, die ganze Gruppen von Stationen umgehen. Dadurch beeinträchtigt nicht einmal der Ausfall größerer Netzteilstücke die Funktionsweise des Ringes.

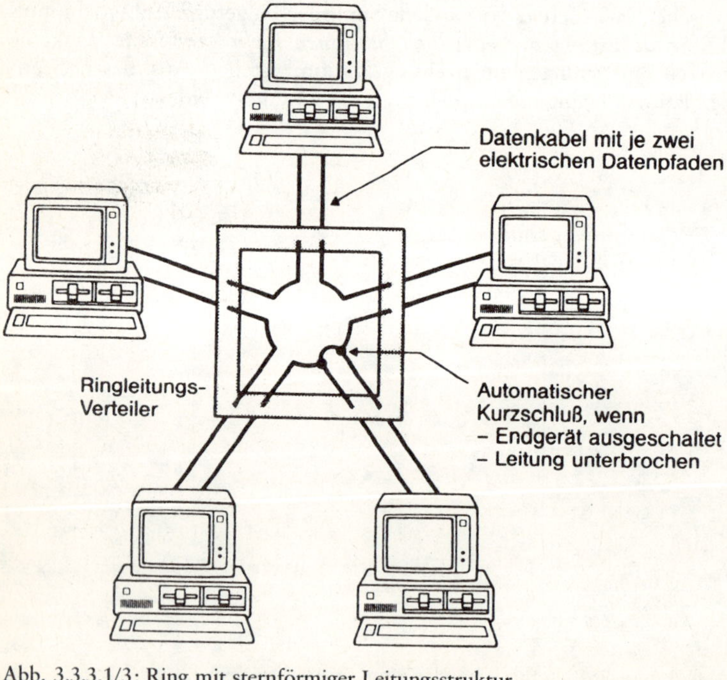

Abb. 3.3.3.1/3: Ring mit sternförmiger Leitungsstruktur

Eine weitere Möglichkeit ist, die Leitungen zwischen den angeschlossenen Stationen immer so zu führen, daß sie an einer zentralen Stelle zusammenkommen (vgl. Abb. 3.3.3.1/3). Die Verbindung besteht nach wie vor von jeder Netzstation zu ihrem Nachfolger, es gibt aber eine *zentrale Stelle, von der aus eine defekte Station aus dem Ring entfernt werden kann. Dazu werden einfach die Kabel «umgesteckt»*. Natürlich geschieht dies nicht manuell, sondern durch Mikroprozessorsteuerung. Jede Netzstation signalisiert ihren Betriebszustand durch ein «OK-Signal» an den Mikroprozessor. Sobald eine Station ausfällt, also nicht mehr «OK» sendet, wird sie aus dem Ring genommen. Somit ist nicht nur die Sicherheit gegeben, daß der Ring bei Störungen rasch wieder betriebsfähig gemacht werden kann, auch Erweiterungen sind sehr einfach durchzuführen.

Übungsaufgabe Nr. I-219 im Arbeitsbuch ←

Bus (Linie)

Bei einem **Busnetz** (engl.: bus network) sind alle Stationen an ein durchgehendes, gemeinsames Übertragungsmedium in Linienform (= Bus) angeschlossen, das eine passive Nachrichtenübertragung in beide Richtungen vornimmt. Dadurch kann jede Nachricht all ihre Adressaten erreichen ohne jegliche Aktionen der nicht betroffenen Netzstationen und ohne Verzögerungszeit pro angeschlossener Station.

Letzteres ist ein wesentlicher Unterschied zu dem Verhalten der (aktiven) Ringnetze. Weil sich die von einem Übertragungsvorgang nicht betroffenen Netzstationen bei einem *Bus passiv* verhalten, d.h. keine Sende- oder Empfangsfunktionen haben, beeinträchtigt ihr Ausfall die Kommunikation der übrigen Netzstationen nicht. Lediglich die gestörte Station selbst oder an diese angeschlossene Endgeräte sind nicht mehr erreichbar.

Während also die *Ausfallsicherheit des Bussystems* als *Vorteil* zu werten ist, begrenzt die dadurch errichtete Mehrpunktverbindung die Größe des Netzes. Da die Nachrichten im «Rundfunkverfahren» (engl.: broadcast transmission) an alle angeschlossenen Stationen gesendet werden, also die Gesamtlänge des Mediums durchlaufen müssen, muß mit weit höheren Leistungen als im Ring gesendet werden. Allerdings ist die Sendeleistung nur begrenzt zu steigern. Ferner bestimmen Laufzeit und Reflexion der Signale die Größe des Netzes. Schließlich wirkt sich ein starker Verkehr in vermindertem Durchsatz bzw. schlechterem Ant-

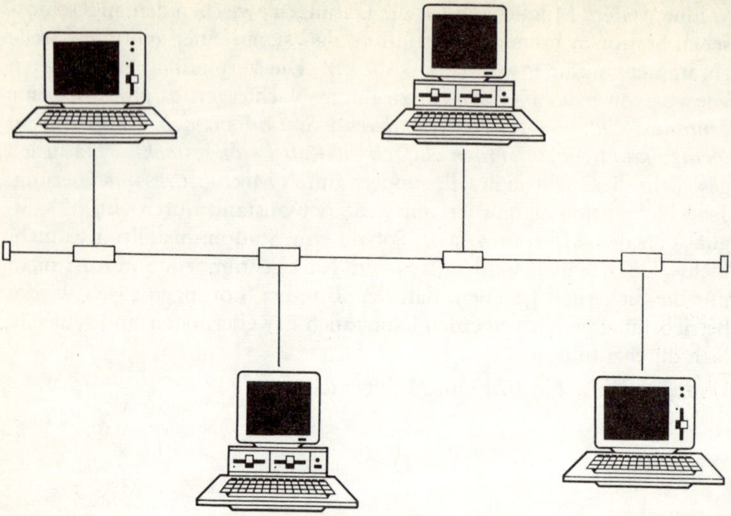

Abb. 3.3.3.1/4: Busnetz

wortzeitverhalten aus (bei jedem zusätzlichen Teilnehmer wird der Anteil der anderen an der Gesamtübertragungsrate des gemeinsamen Mediums geringer). Daher ist *ein Bus nach der Anzahl der Teilnehmer und der geographischen Ausdehnung begrenzt.*

→ Übungsaufgabe Nr. I-220 im Arbeitsbuch

3.3.3.2 Lokale Netze

Erinnern Sie sich noch an unsere *Definition eines lokalen Netzes*?

> Ein **lokales Netz** (engl.: local area network; abgekürzt: LAN) ermöglicht die Kommunikation zwischen mehreren unabhängigen Datenstationen mit hoher Übertragungsgeschwindigkeit (mehrere Mio. Bits pro Sekunde) und niedriger Fehlerrate in einem begrenzten geographischen Gebiet (in vielen Ländern wegen des Fernmeldemonopols der Post: begrenzt auf ein Grundstück; maximale Entfernung der Knotenrechner ca. 10 km).

Sie können sich ein lokales Netz wie ein großes *Förderband (Bus)* oder wie eine große *Drehscheibe (Ring)* zum *Transport von Paketen*

(Datenpaketen) vorstellen. Folgende *Probleme* sind dabei zu lösen: *Wer darf wann ein Paket auf das Transportmittel (Übertragungsmedium) legen und wer entfernt es wieder?* Das Entfernen der Pakete erfolgt bei einem Förderband von selbst – es fällt hinunter. Für ein lokales *Busnetz* heißt das, daß an jedem «Ende» des Busses ein *Dämpfer* eingebaut ist, der die Signale «schluckt» – dadurch wird kein Signal reflektiert, und es entstehen keine Störungen. Von der Drehscheibe muß das Paket wieder heruntergenommen werden – bei einem *Ringnetz* erfolgt dies durch den *Sender*, sobald das Paket wieder bei ihm angelangt ist. *«Lesen»* von Nachrichten im lokalen Netz heißt also nicht, daß die Nachricht entfernt wird, sondern daß eine *Kopie des Inhalts angefertigt* wird.

Wer darf nun wann ein Paket auf das Band bzw. die Drehscheibe legen?

Dazu gibt es prinzipiell *zwei Möglichkeiten*:

1. Eine *strenge Vorschrift* legt exakt fest, welche Station wann senden darf, oder
2. jede Station ist sendeberechtigt, bis durch die *Sendekonkurrenz* der kommunizierenden Stationen ein *Fehler* auftritt, der dann *korrigiert* wird.

Strenge Zugangsregelung – Tokenverfahren

Wenn durch für alle verbindliche Bestimmungen sichergestellt wird, daß zu einem Zeitpunkt jeweils nur eine Station auf das Übertragungsmedium zugreifen darf, kann es nie zu Überschneidungen kommen. Für die *strenge Zugangsregelung* hat sich das *Tokenkonzept* durchgesetzt:

In dem Netz kursiert ein eindeutiges Zeichen in Form eines speziellen

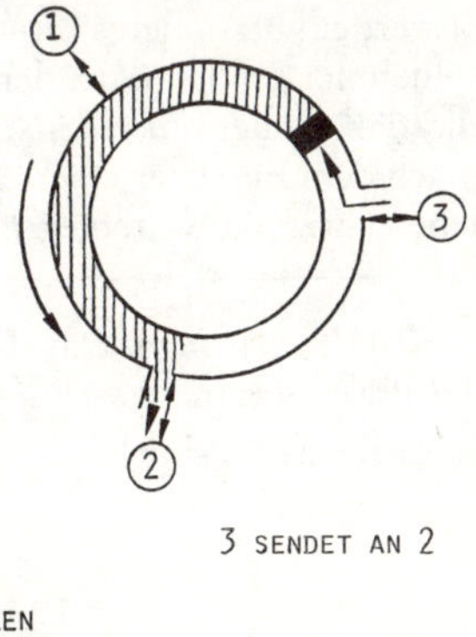

3 SENDET AN 2

▮ TOKEN

Abb. 3.3.3.2/1: Tokenverfahren

Bitmusters, *das «Token»* (ein «besonders gefärbtes Paket»). *Jede Station, die senden will, muß auf das Token warten. Wenn es bei ihr eintrifft, kann sie es vom Netz entfernen und darf das eigene Paket senden. Spätestens nach einer vorgegebenen Zeitspanne ist die Sendung zu beenden, und als Endemarke wird das Token an die Nachricht angefügt.* Dadurch wird auch gleichzeitig die Sendeberechtigung an den nächsten Teilnehmer weitergegeben.

Um eine zufällig wie das Token aussehende Bitfolge vom «echten» Token unterscheiden zu können, wird diese nach den feststehenden Regeln des *«bit stuffing»* (deutsch: Bitfüllung) verändert. Wenn etwa das Token aus sechs Einsen besteht, muß bei allen Daten, in denen ebenfalls sechs oder mehr Einsen auftreten, nach dem Senden von fünf Einsen eine Null eingefügt werden. Der Empfänger kennt natürlich auch diese Regeln und entfernt seinerseits jede Null, die nach einer Folge von fünf Einsen empfangen wird. Dadurch sind die empfangenen Zeichen wieder korrekt decodiert. Falls nun eine Bitfolge eintrifft, die genau das Aussehen eines Tokens hat (in diesem Beispiel sechs Einsen), so kann es sich wirklich nur um das Token handeln. Es kann also nicht dazu kommen, daß ein Teil des Datensatzes irrtümlich als Token interpretiert wird und daher zwei Teilnehmer gleichzeitig senden.

Der einzige Fehlerfall kann nur mehr dann auftreten, wenn das Token «verlorengeht». In diesem Fall erzeugt eine beliebige Station ein *«Ersatztoken»*. Dieses Zeichen wird von allen Stationen gelesen. Diese reagieren mit einer Meldung, ob sie das Token haben. Dadurch wird das Token entweder gefunden oder das Ersatztoken wird das neue «Originaltoken».

> In einem lokalen Netz, das mit dem **Tokenverfahren** (engl.: token passing) arbeitet, existiert ein besonderes Bitmuster, das sog. Token. Da nur derjenige Teilnehmer senden darf, der im Besitz des Tokens ist, wird sichergestellt, daß immer nur eine Nachricht über das Netz gesendet wird. Erst nach dem Ende der Übertragung wird das Token und damit die Sendeberechtigung weitergegeben.

Verbreitet sind vor allem Tokenringe. Das Tokenverfahren auf Busbasis wird bisher in der Praxis kaum verwendet.

→ Übungsaufgabe Nr. I-221 im Arbeitsbuch

Wettkampfverfahren – CSMA/CD

Natürlich wird auch das *Wettkampfverfahren* nach strengen Regeln abgewickelt. Hier wird nicht das Chaos propagiert – Wettkampf (engl.: contention) heißt lediglich, daß nicht von vornherein feststeht, wer als nächster senden darf.

Das *ursprüngliche Konzept* war *«pure ALOHA»*, eine Entwicklung der Universität von Hawaii. Die einzelnen Institute sind auf viele Inseln verteilt und daher kaum mit Kabeln zu verbinden. Durch diese spezielle Lage war man gezwungen, ein *«Rundfunk-Verfahren»* (engl.: broadcast) anzuwenden: Einer sendet – die anderen hören zu. Da allerdings jede Station zugleich Sender und Empfänger ist, kann es natürlich vorkommen, daß mehrere Stationen gleichzeitig senden und daher keiner etwas versteht.

Das Verfahren wurde durch folgende Vorschrift verbessert: Bevor eine Station sendet, muß sie sich überzeugen, daß kein anderer Teilnehmer sendet. Nur wenn der Kanal frei ist, darf mit der Übertragung begonnen werden. Dieses Verfahren arbeitet bereits viel besser; dennoch können Fehler auftreten. Wenn zwei Stationen exakt in der gleichen Sekunde zu senden beginnen, so können sie einander noch nicht hören. Damit überschneiden sich ihre Sendungen, und es kommt zu einem «Wellensalat».

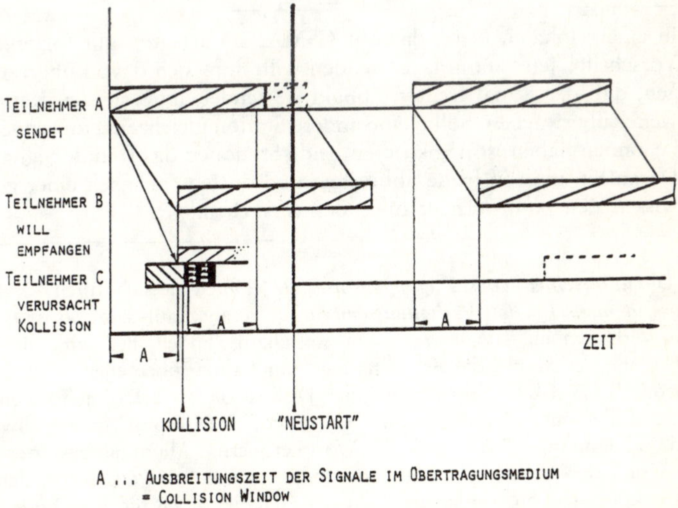

Abb. 3.3.3.2/2: CSMA/CD

Folglich heißt der dritte Verbesserungsschritt: Nicht nur vor, sondern auch während der Sendung ist der Übertragungskanal abzuhören. Dadurch kann jede Kollision von allen Sendern sofort erkannt werden, und sie brechen die Übertragung umgehend ab.

Das eben beschriebene Verfahren ist *bei Busnetzen gebräuchlich* und heißt *CSMA/CD* (Abkürzung für engl.: carrier sense multiple access with collision detection):

1. Viele beteiligte Sender: *multiple access*;
2. vor dem Senden in den Kanal hineinhorchen: *carrier sensing*;
3. auch während der Übertragung den Kanal überprüfen, um Kollisionen zu erkennen: *collision detection*.

Der Wettkampf findet nach dem Erkennen eines Fehlers statt: Wenn die gleichzeitig sendenden Stationen abgebrochen haben, müssen alle einen Moment warten, damit sich der Kanal wieder «beruhigt». Dann wählt jede sendewillige Station eine zufällige Zeitspanne, nach der sie ihren Sendevorgang wiederholt. Der Sender mit der kürzesten Verzögerung «gewinnt» und beginnt die Übertragung. Ab diesem Moment hören ihn die anderen und warten mit ihrem Sendeversuch. Sollten zwei Stationen zufällig genau gleich lange gewartet haben, so tritt erneut eine Kollision auf; es wird wieder abgebrochen und ein neuer Wettkampf beginnt.

→ Übungsaufgabe Nr. I-222 im Arbeitsbuch

In einem lokalen Netz, das mit **CSMA/CD** arbeitet, gilt folgende Vorschrift: Jene Station, die senden will, muß sich davon überzeugen, daß der Kanal frei ist. Sobald sie sendet, muß sie den Kanal weiter überwachen. Sollte eine andere Station gleichzeitig zu senden begonnen haben, so registrieren beide Stationen das fremde Signal. Daraufhin müssen beide abbrechen und dürfen erst nach einer gewissen Zeitspanne erneut zu senden versuchen.

Die *unterschiedlichen Zugangsprotokolle* können Sie sich durch *Vergleiche mit menschlichen Verhaltensweisen* gut veranschaulichen. So ist etwa das Verhalten im *Tokennetz* einem Staffellauf ähnlich, bei dem mit der Übergabe des Stabes die Berechtigung zum Laufen übergeben wird. Das Protokoll *CSMA/CD* entspricht einer Diskussion ohne Diskussionsleiter. Jeder Teilnehmer muß dem anderen zuhören, eine Gesprächspause abwarten und dann im «Wettkampf» das Wort «erobern». Allerdings gestattet die Semantik der menschlichen Sprache das Erkennen von Pausen, bei denen nicht unterbrochen werden darf, da der Gedanke noch nicht zu Ende gebracht wurde. Auf der anderen Seite kommt es in der «Diskussion der

Rechner» über lokale Netze nie dazu, daß derjenige die Sendeerlaubnis bekommt oder behält, der die größte Lautstärke entwickelt.

Der *Vergleich der Zugangsprotokolle* läßt keine schlüssige Bewertung zu, welches Verfahren am besten ist. Es hängt, so wie fast alle Fragen rund um lokale Netze, von der jeweiligen betrieblichen Bedingungslage ab, welches System zu bevorzugen ist. Generell läßt sich nur sagen, daß *Bussysteme in der Praxis robuster sind als Ringe* und daß das Tokenverfahren eine Zeitspanne garantiert, nach der die Sendeberechtigung wieder erlangt wird (Anzahl der Teilnehmer mal maximale Sendezeit). Daher ist die *Leistungsfähigkeit eines Tokennetzes im Hochlastbereich im allgemeinen besser als bei CSMA/CD*, da sich dort natürlich die Kollisionen häufen. Dafür hat CSMA/CD bei einer geringeren Zahl von Stationen und nicht so intensivem «Nachrichtenverkehr» den Vorteil, daß nicht der volle Zyklus abgewartet werden muß, den das Token benötigt. Wenn wenige Stationen senden wollen, treten wahrscheinlich kaum Kollisionen auf, und jeder Sender kommt rasch an die Reihe.

Sicherung der Verbindungen zwischen Endgeräten

Wie werden in einem lokalen Netz korrekte Verbindungen zwischen kommunizierenden Endgeräten sichergestellt? Grundsätzlich sind *Broadcast-* (an alle), *Multicast-* (an eine bestimmte Gruppe) und *Punkt-zu-Punkt-Verbindungen* möglich. Im Gegensatz zu Fernnetzen werden in einem lokalen Netz *reale Stationsadressen* angegeben, somit treten durch die direkte Verbindung der Knoten *keine Probleme der Wegewahl* auf. Um die korrekte Verbindung zwischen den Endgeräten belegen zu können, werden *in Busnetzen «Acknowledged»- oder «Notacknowledged»-Pakete* versandt (d.h. Empfang bestätigt oder nicht bestätigt). *Im Ring*, wo ja der Sender einer Nachricht das Paket wieder erhält, *wird das zurückkommende Paket zeichenweise mit einer Kopie des abgesendeten Pakets verglichen.* Schließlich wird über *Prüfbits* eine Kontrolle der erfolgreichen Übertragung gewährleistet.

Kopplung von lokalen Netzen

Es gibt immer mehr Betriebe, in denen *mehrere lokale Netze* verwendet werden. Dies hat folgende *Ursachen*: Entsprechend den jeweiligen Notwendigkeiten installieren Abteilungen häufig zu unterschiedlichen Zeiten verschiedene Produkte. Auch in einem Gebäude sind die Organisationseinheiten oft räumlich so verteilt, daß die Verkabelung mit nur einem lokalen Netz nicht günstig ist. Es gibt vielfach funktional begründete «Kommunikationsschwerpunktbereiche» mit vergleichsweise geringem Verkehrsaufkommen zum restlichen Betrieb. In solchen Fällen ist es nicht sinnvoll, ein betriebliches Gesamtnetz mit dieser bereichsinternen Kommunikation zu belasten. Für Durchsatz- und Antwortzeitverhalten sind hier mehrere verbundene lokale Netze besser, bei denen die Verbindungsknoten nur den nach außen gerichteten Verkehr «durchlassen». Schließlich müssen oft auch mehrere lokale Netze in räumlich entfernten Produktions- oder Verkaufsstätten über Fernnetze verbunden werden.

Der *Übergang von einem lokalen Netz zu einem anderen Netz* erfordert mehrere *Überlegungen*: Jedes Netz hat *spezielle Eigenschaften auf der physikalischen Ebene*, die Umsetzung erfolgt direkt über Hardwarekomponenten. Die *Umwandlung der Protokolle* bedingt weit mehr Intelligenz (Zugriffsmethode, Paketlänge usw.). Schließlich ist noch die *erweiterte Art der Adressierung* zu bedenken: In einem lokalen Netz werden reale Stationsadressen benutzt – bei einem Netz von Netzen müssen virtuelle Adressen verwendet werden, was aufwendige Wegewahlprogramme voraussetzt.

Zur Realisierung des Netzverbunds kann eine der angeschlossenen Stationen mit Sonderfunktionen als sog. *«Gateway»* (Zugang) bzw. *«Server für die Kommunikation mit anderen Netzen»* ausgestattet werden. Grundsätzlich bestehen nun zwei Möglichkeiten: *Erstens* kann man über diesen Gatewayknoten *direkt in ein anderes Netz* gehen. Wird ein Knoten in einem dritten Netz adressiert, so werden die Pakete durch das zweite Netz durchgeleitet, um wiederum von einem Gateway an das dritte Netz übergeben zu werden. *Zweitens* kann man vom ersten Netz aus ein sog. *«Backbone-Netz»* ansprechen. Dieses «Rückgrat-Netz» enthält nur die Gateways zu den diversen dort angeschlossenen Netzen. Im zweiten Fall wird das Paket direkt an das Gateway des Zielnetzes weitergeleitet, ohne vorher diverse Netze passieren zu müssen.

Lokale Netze können auch über eine *ISDN-Nebenstellenanlage* zusammengeschlossen werden, wie sie im folgenden Abschnitt beschrieben wird. Für den *Fernverbund* lokaler Netze ist das *ISDN künftig die einzig sinnvolle Möglichkeit* (wenn die nötigen ISDN-Anschlüsse erhältlich sind).

Sicher ist Ihnen klar, daß der menschliche Benutzer eines LAN-Endgeräts nicht das geringste mit den vorstehend beschriebenen Zugangs- und Vermittlungsverfahren im Netz bzw. zwischen Netzen zu tun hat. *Die Abwicklung der Protokolle übernimmt ein Teil seiner Arbeitsstation* (auf einer zusätzlichen Einschubkarte realisiert). Wegen der dezentralen Netzsteuerung muß diese Karte «intelligent» sein. Die Abwicklung der LAN-Protokolle ist ja nichts anderes als die Ausführung von Transportsteuerungsprogrammen, was natürlich Rechnereigenschaften voraussetzt.

→ Übungsaufgabe Nr. I-223 im Arbeitsbuch

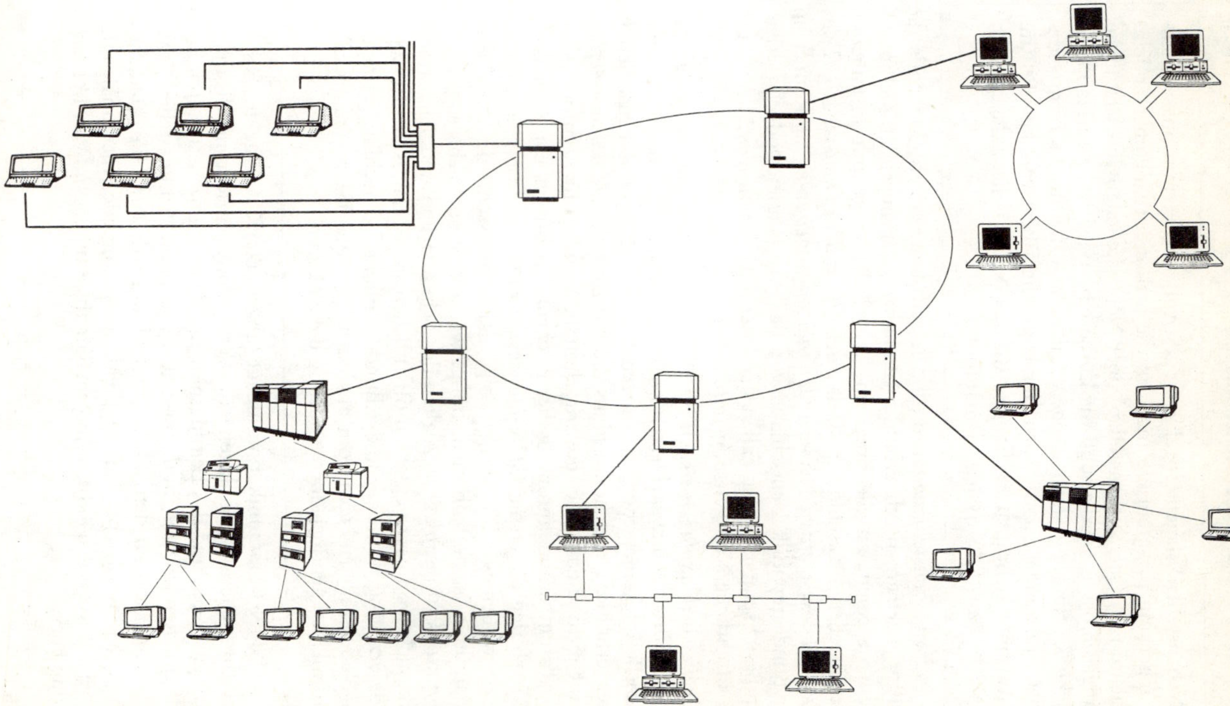

Abb. 3.3.3.2/3: «Backbone-Netz» zum LAN-Verbund

3.3.3.3 Digitale Nebenstellenanlagen

Nebenstellenanlagen (abgekürzt: NStAnl) sind Vermittlungseinrichtungen auf privatem Gelände, an die mehrere Teilnehmer-Endeinrichtungen (sog. Nebenstellen) über Nebenstellenanschlußleitungen angeschlossen werden und die durch eine oder mehrere Hauptanschlußleitungen (Amtsleitungen) mit dem öffentlichen Fernmeldenetz verbunden sind. Nach der englischen Bezeichnung «Private (Automatic) Branch Exchange» werden Nebenstellenanlagen auch *PABX-* bzw. *PBX-Systeme* genannt.

Telefonnebenstellenanlagen gibt es seit Jahrzehnten. Mehr als die Hälfte aller Fernsprechverbindungen haben Ursprung oder Ziel in solchen Systemen, an die über ein Drittel der insgesamt installierten Sprechstellen angeschlossen sind. *Auch für andere Dienste, z.B. Telex oder Teletex, werden Nebenstellenanlagen angeboten.* Sie können in der Bundesrepublik Deutschland von der Post gemietet oder in privatem Besitz sein; in beiden Fällen sind *interne Verbindungen*, die nicht in das öffentliche Netz gehen, *gebührenfrei.*

Nebenstellenanlagen stellen oft Dienst- bzw. Leistungsmerkmale bereit, die in öffentlichen Netzen nicht bzw. noch nicht verfügbar sind. Zum Beispiel sind schon seit einigen Jahren Fernsprechnebenstellenanlagen erhältlich, welche im Haus die Nutzung der *digitalen Telefonie* erlauben (und damit bessere Sprachqualität und mehr Komfort bieten, z.B. Rufumleitung, automatischer Rückruf, Rückfrage, Umlegen usw.). 1985 wurden die ersten *ISDN-Nebenstellenanlagen* installiert; nur mit diesen wollen wir uns in der Folge näher befassen. Eine detaillierte Behandlung ist deshalb nicht nötig, weil sich eine solche sog. *ISDN-Kommunikationsanlage* bezüglich der Schnittstellen und Dienstmerkmale nicht von dem geplanten öffentlichen ISDN unterscheidet. Zwar sind derzeit noch fast alle in der Bundesrepublik Deutschland installierten Nebenstellenanlagen vom analogen Typ, den ISDN-Kommunikationsanlagen gehört jedoch eindeutig die Zukunft.

Eine **ISDN-Kommunikationsanlage** (abgekürzt: **K-Anlage**) umfaßt – wie die Nebenstellenanlagen – die Vermittlungseinrichtung, die Endeinrichtungen und das Leitungsnetz im Haus. Sie ist Bestandteil des öffentlichen Netzes und entspricht in ihren Schnittstellen und Dienstmerkmalen den ISDN-Empfehlungen des CCITT. Dementsprechend werden pro Anschlußleitung zwei digitale Nutzkanäle mit einer Bitrate von 64 kbit/s und ein Signalisierungskanal von 16 kbit/s durchgeschaltet.

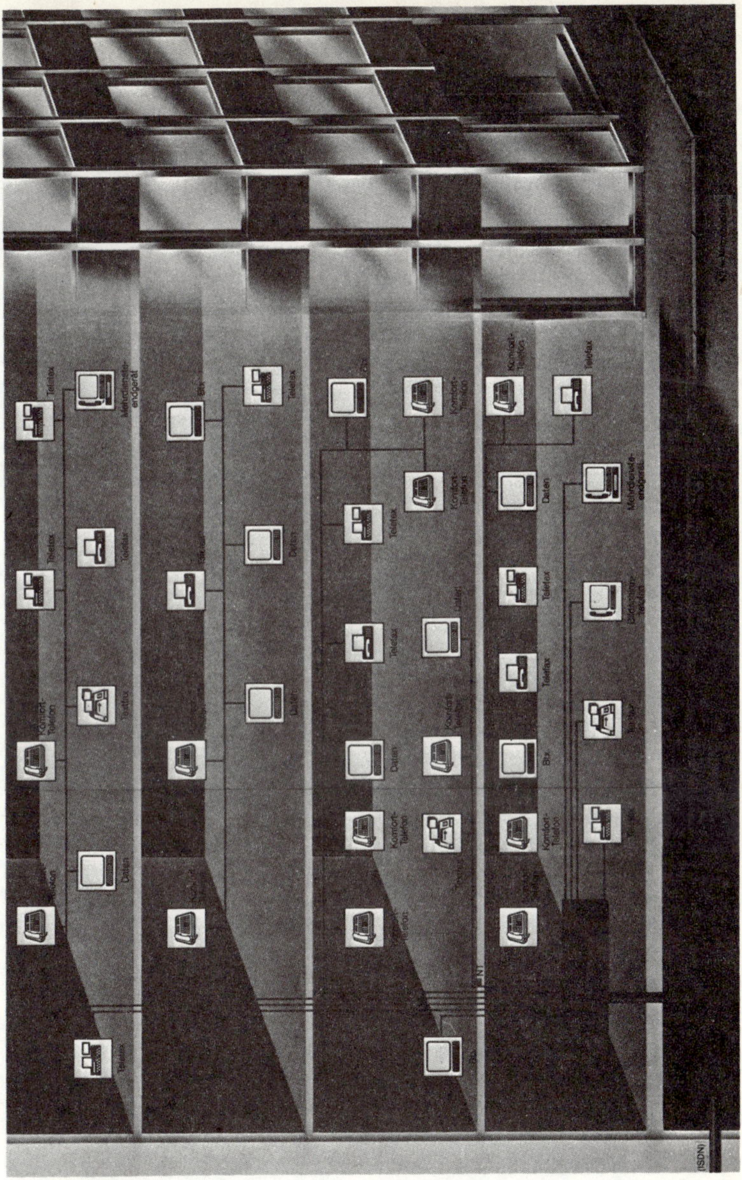

Abb. 3.3.3.3/1: ISDN-Kommunikationsanlage (Quelle: DBP)

Als wichtigster *Vorteil einer K-Anlage* gilt, daß auf der Basis des vorhandenen Telefonleitungsnetzes ein *einheitlicher Zugang zu den verschiedenen Kommunikationsarten* (Sprache, Daten, Text, Festbild) ermöglicht wird. Es ist also *keine Neuverkabelung nötig* (wie z.B. bei der Einrichtung von LAN oder herstellerspezifischen EDV-Netzen), und nebeneinander bestehende Netze können – soweit diese keine höheren Übertragungsgeschwindigkeiten benötigen – abgelöst werden. *Geräte der verschiedensten Hersteller mit ISDN-Schnittstellen* – schon allein wegen des riesigen ISDN-Weltmarktpotentials werden bald sehr viele Produzenten solche Stationen anbieten – *können an die K-Anlage angeschlossen werden:* Angesichts der derzeitigen inkompatiblen Gerätevielfalt in den Betrieben ein für den Praktiker noch beinahe unvorstellbarer Wunschtraum! Weil bis zum flächendeckenden Ausbau des öffentlichen ISDN-Fernmeldenetzes noch viele Jahre vergehen werden, müssen K-Anlagen bis dahin auch *Hauptanschlüsse zum öffentlichen Telefonnetz und zum IDN* bieten. Bisher wurde vom CCITT auch nur die ISDN-Schnittstelle genormt, mit Standards für die künftigen ISDN-Dienste (Art und Merkmale) ist erst 1988 zu rechnen. Schon heute angebotene K-Anlagen müssen deshalb bei Einführung des ISDN-Regeldienstes angepaßt werden. In welchem Umfang bzw. mit welchen Kosten dies zu geschehen hat, hängt von dem derzeitigen, teilweise *sehr unterschiedlichen Leistungsangebot der jeweiligen Systeme* ab (Näheres hierzu im Abschnitt 3.3.4).

Nebenstellenanlagen arbeiten nach dem *Leitungsvermittlungsprinzip*. Mit Koppeleinrichtungen werden Verbindungen zwischen ankommenden und abgehenden Leitungen durchgeschaltet. In K-Anlagen werden *digitale Zeitmultiplexkoppeleinrichtungen* verwendet. Diese arbeiten im synchronen Zeitmultiplexbetrieb, bei dem ein periodischer Zeitrahmen in Zeitschlitze unterteilt wird. Die periodische Folge eines Zeitschlitzes mit einer bestimmten Nummer entspricht einem Kanal. Das in Abb. 3.3.3.3/2 dargestellte *PCM32-Kanalsystem* überträgt bei einem Zeitrahmen von 125 Mikrosekunden Dauer (8 000 Abtastwerte/s) und bei 32 Zeitschlitzen je Leitung 32 Kanäle zu je 64 kbit/s. Die Gesamtübertragungsrate einer Leitung ist 2,048 Mbit/s.

Die Durchschaltung von Verbindungen muß zwischen beliebigen Anschlüssen möglich sein. Die Koppeleinrichtung muß dementsprechend von jedem Zeitschlitz einer jeden Eingangsleitung nach jedem Zeitschlitz einer jeden Ausgangsleitung durchschalten können. Eine vollständige Verbindung benötigt zwei Kanäle, je einen für jede Übertragungsrichtung.

Die Steuerung der Koppeleinrichtung erfolgt programmgesteuert durch einen Rechner, der auch die Signalisierung mit den Teilnehmereinrichtungen abwickelt. Häufig kommen hierfür *fehlertolerante Sy-*

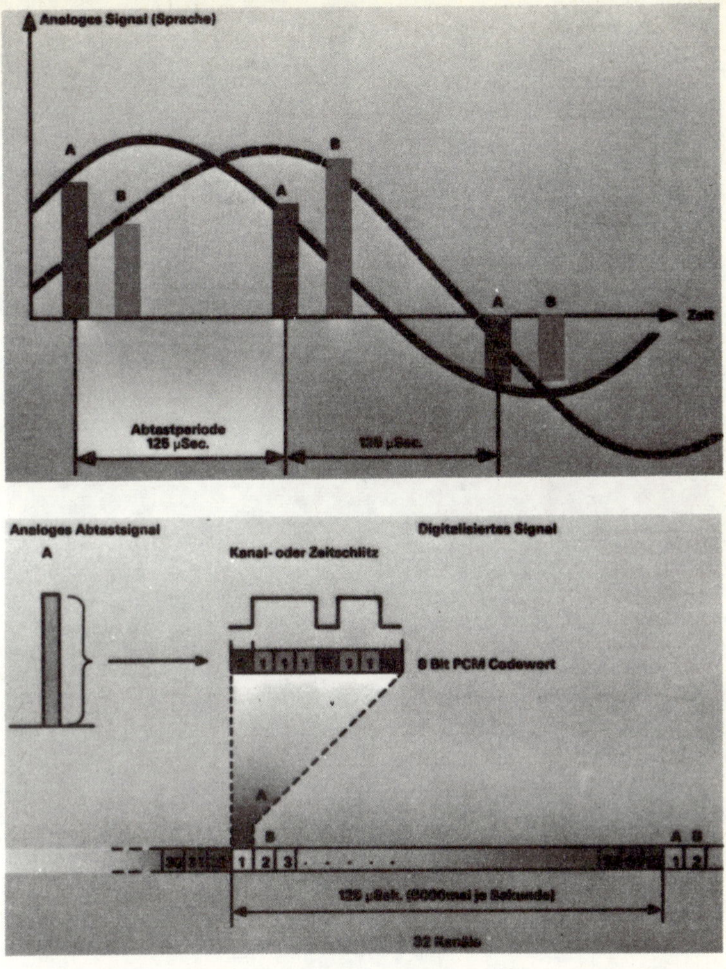

Abb. 3.3.3.3/2: Digitale Zeitmultiplex-Koppeleinrichtung (PCM32-Kanalsystem; Quelle: ITT)

steme bzw. Doppelrechnersysteme zum Einsatz, um eine hohe Verfügbarkeit sicherzustellen.

K-Anlagen sind von nur wenigen bis zu einer nahezu *beliebigen Anzahl von* (bis zu ca. 20 000) *Anschlüssen* ausbaufähig.

Angesichts der vielfältigen, vorstehend und im Abschnitt 3.3.3.3 skizzierten Vorteile des ISDN werden Sie sich fragen, ob *lokale Netze oder*

Abb. 3.3.3.3/3: Vermittlungszentrale einer K-Anlage

herstellerspezifische Netze überhaupt noch «konkurrenzfähig» sind. Hierzu müssen Sie sich zunächst vergegenwärtigen, daß bisher erst einige wenige ISDN-Endgeräte auf dem Markt angeboten werden. Auch Adapter mit ISDN-Schnittstellen für verbreitete «herkömmliche» Terminals sind noch rar. Doch dies wird sich, wie erwähnt, in den nächsten Jahren rasch ändern.

Aber auch dann ist nicht damit zu rechnen, daß K-Anlagen lokale Netze verdrängen: Zumindest nicht in den (künftigen) *«LAN-Domänen»* der schnellen Rechner-Rechner-Kommunikation, der Steuerung von Fertigungsanlagen bzw. -prozessen oder der Übertragung bewegter Bilder und hochauflösender Farbgrafiken (z.B. bei CAD). Für solche Zwecke ist das schmalbandige ISDN aufgrund seiner vergleichsweise geringen Übertragungsgeschwindigkeit ungeeignet.

Zu erwarten ist dementsprechend ein *Nebeneinander und Zusammenwachsen von lokalen Netzen und ISDN*. Die Möglichkeit, das ISDN zur Verbindung von mehreren lokalen Netzen zu verwenden, haben Sie bereits im Abschnitt 3.3.2.2 kennengelernt. Gateways für einzelne LAN-Systeme werden schon heute angeboten. Dadurch können aber nicht nur die Endgeräte von verschiedenen lokalen Netzen miteinander kommunizieren, sondern diesen sind auch alle ISDN-Dienste zugänglich. Ebenso können ISDN-Endgeräte auf diesem Wege mit LAN-Endgeräten Information austauschen. Schließlich gibt es noch die Möglichkeit, K-Anlagen als verteilte Systeme aufzubauen, deren Vermittlungsknoten über ein lokales Hochgeschwindigkeitsnetz verbunden sind.

Übungsaufgabe Nr. I-224 im Arbeitsbuch ←

3.3.3.4 Herstellerspezifische EDV-Netze

Ein **herstellerspezifisches EDV-Netz** ist ein Rechnernetz, dessen Kommunikationsarchitektur nicht dem ISO-OSI-Referenzmodell entspricht. Der Informationsaustausch zwischen den verbundenen Datenstationen erfolgt nach herstellereigenen Standards, die zu den Protokollen anderer Hersteller bzw. zu den ISO-Normen nicht oder nur schwach kompatibel sind.

Wir sind auf solche *geschlossenen Rechnernetze* und die daraus resultierenden *Beschränkungen und Abhängigkeiten für den EDV-Anwender* bereits in den Abschnitten 3.3.1.4 und 3.3.1.5 eingegangen. Die dort beschriebenen *hierarchischen Strukturen sind typisch für die Netze der Großrechnerhersteller*, ganz gleich, ob es sich dabei um ein Fernnetz oder ein internes Netz handelt. In Abb. 3.3.3.4/1 sehen Sie nochmals ein *Beispiel*; diese «theoretische» Darstellung unterscheidet sich von vielen Installationen in der Praxis durch das Vorhandensein von mehr als einem zentralen Verarbeitungsrechner (Host).

Im folgenden werden wir uns nur noch mit einem speziellen, sehr aktuellen Problem solcher Netze beschäftigen: *Der Frage, wie Mikrorechner als Endgeräte eingebunden werden können, damit diese Zugriff auf die Ressourcen eines Großrechners erhalten.* Die Vorteile eines sol-

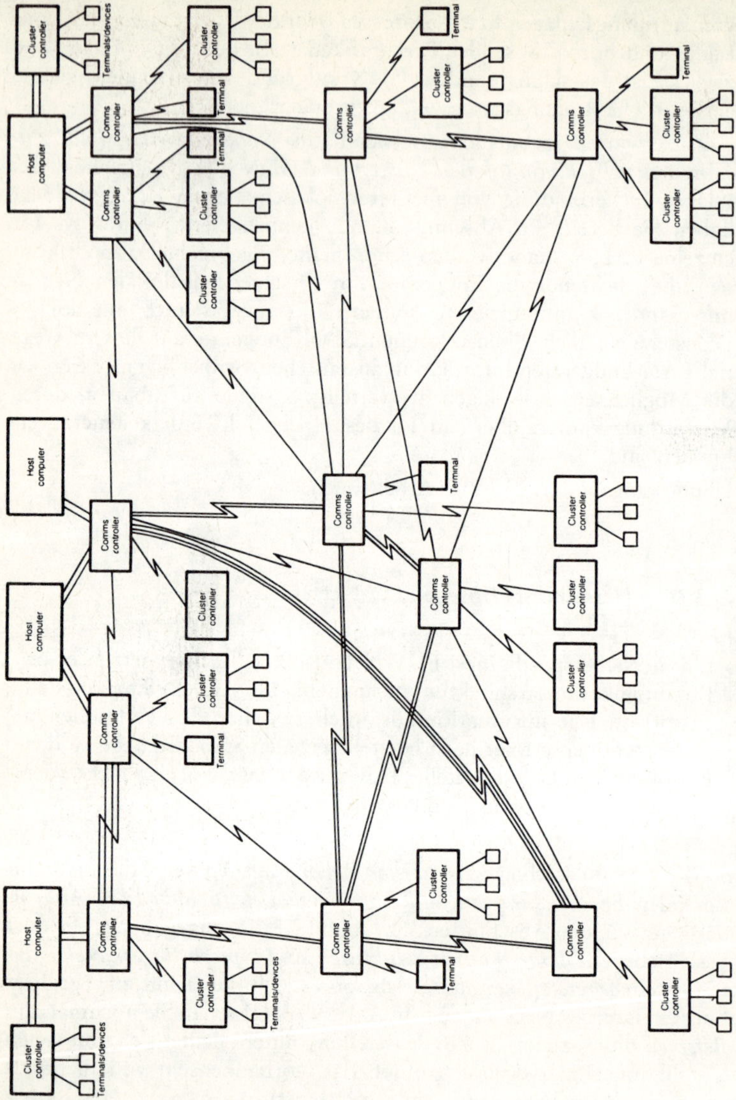

Abkürzung: Comms = Communications.

Abb. 3.3.3.4/1: Netzwerkarchitektur eines Großrechnerherstellers

chen **Mikrorechner-Zentralrechner-Verbunds** (engl.: micro-to-mainframe link) haben Sie ja bereits am Beispiel der DATEV kennengelernt (vgl. Abschnitt 3.3.1.1).

Der physikalische Anschluß eines Mikrorechners an das Rechnernetz wird meist über eine spezielle *Adapterkarte* realisiert, die in ein Erweiterungsfach des Mikrorechners gesteckt wird (siehe Abb. 1.2.2/1 und 3.3.3.4/2). Auch separate *Adapterboxen* sind erhältlich. Welche Karte (bzw. Box) benötigt wird, hängt davon ab, mit welchem Zentralrechner bzw. welcher Steuereinheit der Mikrorechner kommunizieren soll und welches Protokoll dabei verwendet wird.

Die Abwicklung des Protokolls erfolgt programmgesteuert. Die *dazu erforderliche Software für den Mikrorechner* wird beim Kauf der Adapterkarte mitgeliefert. *Zentralrechnerseitig* für den Datentransport benötigte Programme sind i.d.R. Teil des Betriebssystems.

Abb. 3.3.3.4/2: Adapterkarten für den Mikrorechneranschluß an Rechnernetze

Im einfachsten, preisgünstigsten Fall arbeitet der Mikrorechner als *Stapelstation*. Diese Möglichkeit bietet sich z.B. dann an, wenn im autonomen Betrieb Daten erfaßt werden, die zu einem geeigneten Zeitpunkt gesammelt zum Zentralrechner zu übertragen sind, oder wenn der Zentralrechner in einem Zug die Ausgangsdaten zur Weiterverarbeitung an den Mikrorechner liefert.

Soll der Mikrorechner auch die Hardware (hohe Prozessorleistung, Großplatten, Laserdrucker, COM-Recorder...), Programme und Datenbestände des Zentralrechners im Dialogbetrieb nutzen können, so ist eine *Terminalemulation* erforderlich. Dabei wird durch die mit der Karte mitgelieferte Software das Kommunikationsverhalten einer bestimmten «dummen» Datensichtstation nachgebildet. Emulationssoftware gibt es für die verbreitetsten Terminaltypen der großen Hersteller. Probleme ergeben sich oft dadurch, daß der Mikrorechner eine andere Tastatur besitzt als das emulierte Gerät. Der Benutzer muß dann eine Schablone verwenden, welche die Originaltastenbelegung zeigt.

Im *gemischten Betrieb* sind beide vorstehend erwähnten Betriebsarten möglich (nach Wahl, jedoch nicht parallel). Zusätzlich erlauben es einige Produkte, neben der Zentralrechneranwendung gleichzeitig noch ein Anwendungsprogramm auf dem Mikrorechner zum Ablauf zu bringen. Mittels Funktionstaste kann dann von einer zur anderen Anwendung gewechselt werden.

Spezielle Verbundsoftware auf dem Mikrorechner und dem Zentralrechner ermöglicht es, daß sich der Benutzer nicht nur ganze Dateien senden lassen kann, sondern daß er aus Datenbeständen Daten selektieren kann, die ihm im gewünschten Format für die Weiterverarbeitung mit der PC-Software zur Verfügung gestellt werden. Um die Codeumwandlung (von EBCDIC des Großrechners in den ASCII des Mikrorechners) oder die Datenformatkonvertierung braucht er sich nicht zu kümmern. Allerdings benötigen diese vom «Adapterrechner» übernommenen Funktionen Zeit. Deshalb bringen Programme, die auf den beiden kommunizierenden Rechnern in derselben Codierung und mit denselben Datenstrukturen arbeiten, eine wesentliche Entlastung. Ferner erlauben sie es, daß auf beiden Seiten dasselbe Ablagesystem verwendet wird. Auch gleichartige Softwarestrukturen und einheitliche Benutzeroberflächen der auf dem Zentralrechner und dem Mikrorechner verwendeten Programme erleichtern die Kommunikation wesentlich.

Wie kann der *gleichzeitige Betrieb einer lokalen und einer Host-Anwendung* bei einem 16-Bit-Mikrorechner funktionieren, dessen Betriebssystem üblicherweise keinen Mehrprozeßbetrieb (Multitasking) erlaubt? Die Emulationskarten enthalten eigene Mikroprozessoren

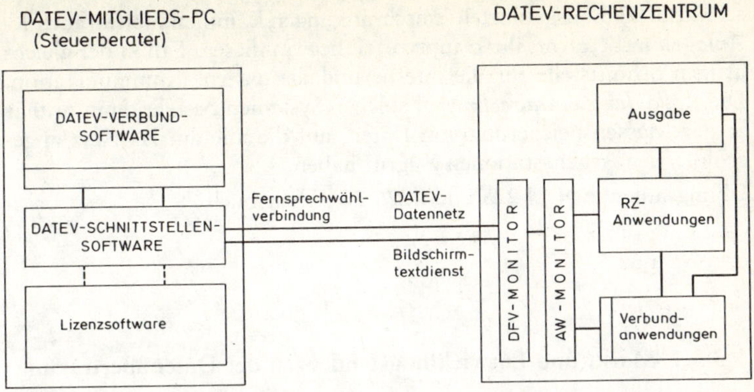

Abb. 3.3.3.4/3: Verbundsoftware (am Beispiel der DATEV)

samt Arbeits- und Bildschirmspeicher, so daß ein echter Parallelbetrieb ermöglicht wird.

Ein *Nachteil aller Karten* ist, daß sie immer nur Zusätze, aber keine vollintegrierten Komponenten im Mikrorechner-Zentralrechner-Verbund sein können. Hieraus resultieren gewisse Beschränkungen, auf die wir hier jedoch nicht näher eingehen können.

Ein *Höchstmaß an Integration und Multifunktionalität* läßt sich realisieren,

- wenn der *Mikrorechner mit dem Großrechnerbetriebssystem* arbeitet oder
- wenn ein durch besondere Hardwareerweiterungen und Multitasking-Betriebssystem *speziell für diese Kommunikationsform ausgelegter Mikrorechner* verwendet wird. Auf einem derartigen Gerät können jeweils mehrere Zentralrechner- und Mikrorechneranwendungen parallel laufen, zwischen denen sich mittels Fenstertechnik ohne jegliche Zusatzprogrammierung Daten austauschen lassen.

Solche Mikrorechner werden auf dem Markt angeboten, sie sind aber wesentlich teurer als im Durchsatz vergleichbare Rechner mit der «primitiven» Emulationskarte. Das Ideal verteilter Datenbanken, nämlich den gleichzeitigen Zugriff auf zentral und lokal gespeicherte Daten, bieten auch diese kostspieligen Systeme (noch) nicht.

Alles, was wir vorstehend über den Mikrorechner-Großrechner-Verbund ausgeführt haben, gilt gleichermaßen für interne und externe Netze. Im internen Bereich dürfte zunehmend die Möglichkeit genutzt werden, die Anbindung von vielen Mikrorechnern an Großrechner bzw. Minirechner über *lokale Netze* zu realisieren. Mit den im Abschnitt 3.3.3.3 ausgeführten Einschränkungen kommen hierfür auch *K-Anlagen* in Betracht; ihr Hauptvorteil liegt in diesem Fall in der gleichartigen Schnittstelle für die interne und die externe Kommunikation. Die *Rolle der Zentralrechner* in solchen Systemen besteht dann primär in der Massenspeicherung von Daten, auf die alle an das Netz angeschlossenen Arbeitsstationen Zugriff haben.

→ Übungsaufgabe Nr. I-225 und I-226 im Arbeitsbuch

3.3.4 Markt und Entwicklungstendenzen der Datenübertragung

Übertragungsmedien

Der *Wert* der seit Beginn dieses Jahrhunderts in Deutschland verlegten *verdrillten Kupferkabel und Koaxialkabel* dürfte über 100 Mrd. DM liegen. So ist es verständlich, daß sowohl in externen als auch in internen Netzen bis weit in das kommende Jahrtausend hinein der größte Teil des Kommunikationsvolumens über diese vorhandenen Kabelsysteme abgewickelt werden wird. Neue Medien, wie die *Glasfaserkabel und der Satellitenfunk*, dienen in erster Linie dem *Ausbau der bestehenden Netze* (d.h. Ergänzung, nicht Ersatz). Einerseits sind sie durch informationstechnologische Fortschritte in den letzten Jahren leistungsfähiger und kostengünstiger geworden, so daß sie bei breitbandiger Übertragung schon heute vielfach die *wirtschaftlichste Alternative* sind. Andererseits erlaubt ihre «additive» Verwendung die *Einführung neuer Dienste*.

Glasfaserkabel

1985 wurden *weltweit fast 1,4 Mio. Kilometer Glasfaserkabel* verlegt, das jährliche *Wachstum* wird in den nächsten Jahren auf etwa 40% geschätzt. Rund zwei Drittel der verkabelten Faser-Kilometer entfallen auf die USA. Jeweils etwa 40% der Gesamtlieferungen stammen von AT&T und der Siecor Corp., einer Gemeinschaftsgründung von Siemens und Corning Glass Works (USA).

In der *Bundesrepublik Deutschland* bieten außer der Siemens AG noch die AEG, kabelmetal, PKI und SEL Glasfaserkabel an.

Im *Ortsnetzbereich* läuft seit 1983 ein Pilotprojekt zur Erprobung breitbandiger Fernmeldedienste mit ca. 350 Teilnehmern in sieben deutschen Großstädten unter dem Namen *BIGFON* (Breitbandiges Integriertes Glasfaser-Ortsnetz). Zwischen 1984 und 1986 wurden alle BIGFON-Inselnetze schrittweise durch ein *bundesweites Glasfaser-Overlaynetz*[13] zu einem *Bildfernsprech-Versuchsnetz* verbunden. Parallel dazu installiert die DBP seit 1985 ein *Videokonferenz-Versuchsnetz* und richtet hierfür in rund einem Dutzend Großstädten Videokonferenz-Studios ein.

Die *Nutzung des Videokonferenz-Versuchsnetzes* kostet bei nationaler Verbindung 800,– DM, bei Verbindungen innerhalb Europas 1 200,– DM und bei außereuropäischen Verbindungen 2 500,– DM je Stunde. Für die *Benutzung öffentlicher Videokonferenz-Studios* wird ein zusätzlicher Betrag von 120,– DM je Stunde in Rechnung gestellt. Auch *private Studios*, deren Einrichtung etwa eine halbe Mio. DM kostet, können angeschlossen werden. Hierfür verlangt die DBP einmalig ca. 12 000,– DM, zuzüglich 150,– DM Monatsgebühr. Vor allem multinationale Unternehmen prüfen diese Möglichkeit.

1986 hat die DBP mit der Errichtung *örtlicher Overlaynetze in Glasfasertechnik* begonnen, zunächst in besonders geschäftsträchtigen Ballungsgebieten (1986: 14 Städte, 1987: 67 zusätzliche Städte). Ziel der DBP ist es, kurzfristig die aktuelle Nachfrage von Betrieben nach individueller Breitbandkommunikation zu decken, die Entwicklung der benötigten Endgeräte anzustoßen und die Akzeptanz zu testen.

Die Verbindung der lokalen Glasfaser-Overlaynetze unter Einbeziehung der Bildfernsprech- und Videokonferenz-Versuchsnetze erfolgt in einem *bundesweiten Glasfaser-Fernnetz*. 1986 wurde im Zuge der Verbindung der BIGFON-Orte die erste «gläserne» Fernstrecke von Hamburg nach München fertiggestellt. Die DBP wird *von 1987 an neue Fernstrecken grundsätzlich nur noch in Glasfasertechnik* bauen. Den bis 1990 geplanten Ausbau eines bundesweiten Glasfaser-Fernnetzes zeigt die Abb. 3.3.4/1.

Von 1986 bis 1990 sollen im Ortsnetzbereich 540 000 (1986: 15 000) und im Fernnetz 181 000 (1986: 70 000) Glasfaserkilometer verlegt werden. Die *Gesamtinvestitionen der DBP* betragen hierfür ca. 2,5 Mrd. DM (1 Mrd. DM für die Glasfaserkabelbeschaffung und -montage, 1,5 Mrd. DM für den Tiefbau sowie die Leerrohrverlegung). Unterstellt man *im Jahre 1990* eine durchschnittliche Länge der Glasfaseranschlußleitung im Ortsbereich von 5–15 km[14], so ergeben sich aus dem genannten Glasfaservolumen *theoretisch 40 000–100 000 Teilnehmeranschlußmöglichkeiten.* Erfahrungsgemäß ist bei Fernmeldenetzen mit einem zeitlichen Vorlauf der Ausbaumaßnahmen von drei bis vier Jahren gegenüber der Anschlußentwicklung zu

---

13 Die Länge der Teilnehmeranschlußleitung im Telefonnetz beträgt infolge der hohen Dichte an Vermittlungsstellen ca. 1,8 km. Die wesentlich geringere Anzahl der Breitbandvermittlungsstellen bis 1990 bedingt deutlich längere Glasfaseranschlußleitungen für Breitbanddienste.

14 Das Overlay-Konzept bedeutet: Überlagerung der vorhandenen Fernmeldenetze mit einem weiteren Netz mit eigenen Vermittlungs- und Übertragungseinrichtungen.

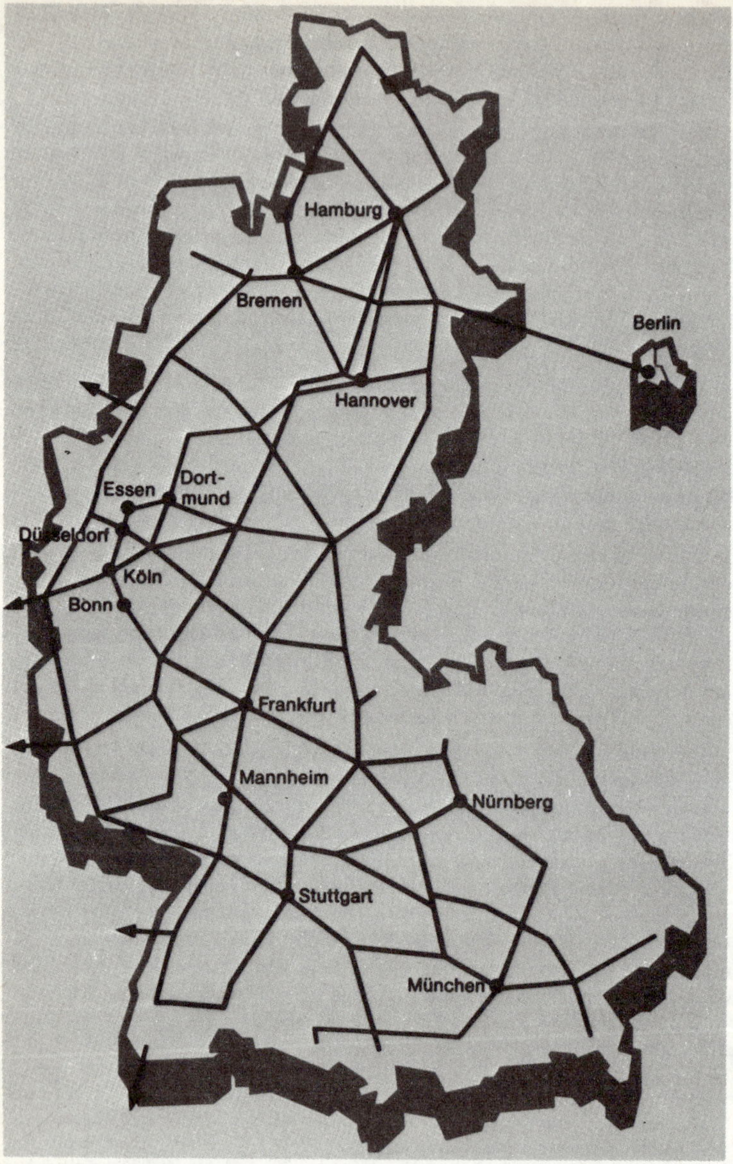

Abb. 3.3.4/1: Glasfaser-Fernnetz in der Bundesrepublik Deutschland – Ausbau bis Ende 1990 (Quelle: DBP)

rechnen. In der Praxis dürften deshalb bis Anfang der 90er Jahre erst einige tausend Breitbandteilnehmer angeschlossen sein.

Derzeit werden die Glasfaserleitungen mit *140 Mbit/s* beschaltet, wobei für Gradientenfasern (Multimodefaserntyp) Regeneratorabstände von 18 bis 22 km, für Monomodefasern von bis zu 36 km bestehen. Weil optoelektronische Koppler und Wandler sehr kostspielig sind (ca. 60 000,– DM pro Einheit), sprechen die größeren Verstärkerabstände für die Monomodefaser. Durch nochmals verringerte Dämpfungswerte wird die Faser gegen Ende der 80er Jahre Entfernungen bis 50 km und später bis 100 km ohne Verstärker überbrücken können. Auch läßt sie höhere Geschwindigkeiten zu. *Ab 1988* verwendet die DBP *nur noch Monomodefasern*, die dann eine Übertragungsgeschwindigkeit von *565 Mbit/s* erlauben werden.

Satellitenfunk

Von den mehr als tausend Satelliten, die heute die Erde umkreisen, werden nur relativ wenige, *durchweg geostationäre Fernmeldesatelliten* von der DBP mitbenutzt. Dazu gehören die Satelliten der internationalen Organisationen *INMARSAT* in London (nur Seefunksatelliten, über die Küsten- und Schiffserdefunkstellen kommunizieren), *INTELSAT* in Washington D.C. und *EUTELSAT* in Paris, bei denen die DBP Mitglied ist. Im seit 1984 im Orbit stehenden französischen Satelliten *«Telecom 1»* hat die DBP Übertragungskapazität von bis zu 24 Mbit/s angemietet. 1987 soll der erste Deutsche Fernmeldesatellit *«DFS-Kopernikus»* in eine geostationäre Umlaufbahn gebracht werden. Seine Aufgabenbereiche sind wie bei INTELSAT und EUTELSAT die Übertragung von Fernsehen, Fernsprechen und breitbandige Geschäftskommunikation (vgl. hierzu Abschnitt 3.3.2.2.7). Die für das letztgenannte Gebiet eingerichteten Dienste heißen *IBS* (= International Business Service) bei INTELSAT, *SMS* (= Satellite Multiservice) bei EUTELSAT und schlicht *«Neue Dienste»* bei DFS-Kopernikus.

Wenn ein deutsches Unternehmen heute seine Geschäftskommunikation mit der Wiener Niederlassung über Satelliten mit der Übertragungsgeschwindigkeit von 1,92 Mbit/s abwickeln möchte, so verlangt die DBP hierfür eine monatliche Grundgebühr von ca. 40 000,– DM. Die Verbindungsgebühren werden nach Zeit berechnet. Die Mindestverbindungsgebühr pro Monat und Anschluß beträgt 15 500,– DM, bei der Buchung von Festzeitverbindungen sogar rund 50 000,– DM (nachts) bzw. 65 000,– DM (8–18 Uhr).

Die *Fortschritte in der Satellitentechnik* zeigt Ihnen die Abb. 3.3.4/2 am *Beispiel von INTELSAT*. Bei dieser größten, 1965 gegründeten «Nonprofit»-Organisation für Entwicklung und Betrieb von Fernmeldesatelliten sind die Post- und Fernmeldeverwaltungen von mehr als 100 Staaten Mitglied. Ungefähr zwei Drittel aller interkontinentalen Telefonverbindungen und praktisch alle Fernsehsendungen aus Übersee werden über die derzeit 20 INTELSAT-Satelliten zu ungefähr 1 000 Erdefunkstellen übertragen.

INTELSAT	I	II	III	IV	IV-A	V	V-A/B	VI
Erster Start	1965	1967	1968	1971	1975	1980	1985	1986/87
Breite (m)	0,7	1,4	1,4	2,4	2,4	2,0	2,0	3,6
Höhe (m)	0,6	0,7	1,0	5,3	6,8	6,4	6,4	6,4
Geplante Nutzungsdauer (Jahre)	1,5	3	5	7	7	7	7	10
Bandbreite (MHz)	50	130	300	500	800	2 300	2 180	3 680
Kapazität:								
Telefonkanäle (Anzahl)	240	240	1 500	4 000	6 000	12 000	15 000	30 000
und/oder	oder	oder	oder	und	und	und	und	und
TV-Kanäle (Anzahl)	1	1	4	2	2	2	2	3

Abb. 3.3.4/2: Generationen von INTELSAT-Satelliten

Das *Ausleuchtegebiet* eines Satelliten ist i.a. dort begrenzt, wo der Strahl der Satellitenantenne nur noch halb so intensiv auf die Erde auftrifft wie im Strahlungszentrum. Ein *globaler Strahl* (engl.: global beam) versorgt den ganzen Bereich der Erdoberfläche, der vom Satelliten aus sichtbar ist. Ein *hemisphärer Strahl* (engl.: hemi-beam) leuchtet nur die Hälfte der sichtbaren Erdoberfläche aus. Ein *Zonenstrahl* (engl.: zonal beam) erreicht ein großes Gebiet wie z.B. Europa oder Nordamerika. Und ein *Bündelstrahl* (engl.: spot beam) beschränkt sich auf ein Land oder ein kleines Gebiet mit viel Fernmeldeverkehr.

Die Seefunksatelliten von INMARSAT haben globale Ausleuchtegebiete. Die INTELSAT-Satelliten versorgen ebenfalls global sowie zusätzlich hemisphärisch, zonal und in einigen Fällen auch kleinere Gebiete (Mitteleuropa, Japan, US-Ostküste). Das seit 1983 von EUTELSAT betriebene ECS-Satellitensystem (European Communications Satellite) bietet eine Europaausleuchtung. Der Telecom-1-Spot ist auf Mitteleuropa gerichtet, der DFS-Kopernikus-Spot konzentriert sich auf die Bundesrepublik Deutschland.

Auswahl von Fernmeldewegen

Für die *Auswahl der im Einzelfall günstigsten Fernmeldewege* sind im wesentlichen folgende *Bestimmungsfaktoren* maßgebend:

1. Umfang der zu übertragenden Datenmengen,
2. zeitlicher Anfall der zu übertragenden Daten,
3. Dringlichkeit der zu übertragenden Daten (d.h. zur Verfügung stehende Übertragungszeit),
4. zu überbrückende Entfernung,
5. notwendige Übertragungsgeschwindigkeit (abhängig von 3.),
6. gewünschte Übertragungssicherheit,
7. erforderliche und vorhandene Hardwareeinrichtungen, insbesondere Datenstationen und Leitungen,
8. vorgesehene Übertragungs- und Betriebsarten,
9. Übertragungskosten.

Diese *Kriterien* stehen zum größten Teil *miteinander in Beziehung*. Zum *Beispiel* wachsen die *Gesamtkosten der Datenübertragung* mit der Übertragungsgeschwindigkeit, weil dann teurere Übertragungswege, vor allem aber kostspieligere Datenendeinrichtungen und Datenübertragungseinrichtungen notwendig werden. Bezieht man die Gesamtkosten hingegen auf die zu übertragenden Zeichen, so sind die «Stückkosten» bei hohen Geschwindigkeiten wesentlich geringer als bei niedrigen. Dieser Vorteil kommt natürlich erst dann zur Geltung, wenn der Umfang und die Dringlichkeit der zu übertragenden Daten die Hardware für hohe Übertragungsgeschwindigkeiten rechtfertigen.

Nach den Plänen der DBP *verliert das Gebührenkriterium «Entfernung» gegenüber dem Gebührenkriterium «Zeit» zunehmend an Bedeutung*. Bei den Wählnetzen wurde dies bereits durch die Reduzierung der Fernzonen und die Einführung des Nahdienstes mit Zeitzählung im Ortsnetz berücksichtigt. Für festgeschaltete Verbindungen wird ebenfalls künftig nicht mehr nur die gebührenpflichtige Leitungslänge, sondern auch die Nutzungszeit maßgebend sein.

Eine *Maßgröße für die Qualität (Sicherheit) der Datenübertragung* ist die **Fehlerwahrscheinlichkeit bzw. -häufigkeit** (engl.: error probability; error rate). Man unterscheidet zwischen Bit-, Zeichen- und Blockfehlerwahrscheinlichkeit und mißt diese durch die Kennzahl «Anzahl der fehlerhaft übertragenen Einheiten zu der Gesamtzahl der betrachteten Einheiten». Zum Beispiel bedeutet die Schreibweise 5×10^{-6}: 5 fehlerhafte Einheiten auf eine Million (10^6) Einheiten.

Die möglichen Übertragungsgeschwindigkeiten, die Betriebsarten, die Gebühren und die garantierte Dienstgüte (Bitfehlerwahrscheinlichkeit) der einzelnen Fernmeldewege sind im Detail in den eingangs erwähnten Merkblättern Nr. 66 der «Dateldienste» beschrieben, die bei den Fernmeldeämtern erhältlich sind.

Die *in der Praxis getroffene Auswahl von Übertragungswegen* zeigt die

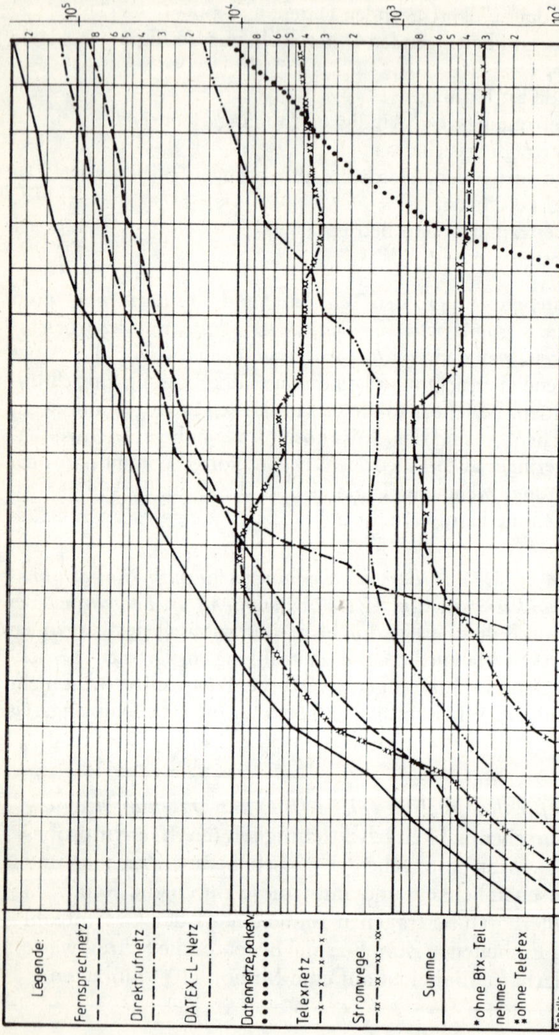

Tabelle jeweils 31 Dez. Jahr	1967	1968	1969	1970	1971	1972	1973	1974	1975	1976	1977	1978	1979	1980	1981	1982	1983	1984	1985
Fernsprechnetz*	170	403	599	1 407	2570	3 607	5 936	8 463	13 989	17 650	21 562	25 334	31 646	37 745	46 351	54 651	60 884	71 221	86 453
Direktrufnetz	—	—	—	—	—	—	1 028	4 382	14 168	20 321	26 826	34 105	47 551	60 562	72 875	82 460	94 488	108 631	128 975
DATEX-L-Netz**	60	117	234	404	644	1007	1 350	1 422	1 419	1 351	1 367	1 547	2 619	3 548	6 598	9061	11 544	14 534	16 810
Datennetze, paketv.	—	—	—	—	—	—	—	—	—	—	—	—	—	61	635	1720	3401	6952	11 476
Telexnetz	—	—	—	131	228	308	538	682	649	792	805	414	411	412	384	384	338	328	323
Stromwege	97	240	440	2 316	4245	6 430	8 701	9 486	7 121	5148	5 914	4 155	3 951	3761	3 203	3540	3795	4111	4267
Summe	327	760	1273	4258	7687	11352	17 553	24 435	37 346	45 262	56 474	65 555	86 178	106 089	130 046	151 816	174 450	205 777	248 304

Abb. 3.3.4/3: Datenstationen an Fernmeldewegen der Deutschen Bundespost (Bestandszahlen jeweils zum Jahresende; Quelle: DBP)

Abb. 3.3.4/3. Daraus ist die Inanspruchnahme von öffentlichen Netzen und posteigenen überlassenen Stromwegen durch *angeschlossene Datenstationen* im Zeitverlauf zu erkennen.

Digitalisierung des Telefonnetzes

Gegenwärtig sind *in Telefonnetzen weltweit rund 600 Mio. Sprechstellen* installiert, davon knapp *40 Mio. in der Bundesrepublik Deutschland* (ca. 30 Mio. Hauptanschlüsse). Jährlich werden im Bereich der DBP etwa 25 Mrd. Telefongespräche geführt (ein Drittel Ferngespräche). Das Telefongebührenaufkommen der DBP hat sich im letzten Jahrzehnt mit über 30 Mrd. DM pro Jahr mehr als verdoppelt. Der Anteil des privaten Sektors ist in diesem Zeitraum von ca. 20% auf mehr als 50% gestiegen, der Versorgungsgrad der Haushalte liegt schon bei nahezu 90%.

Die *Digitalisierung des deutschen Telefonnetzes* ist seit 1982 (Übertragungstechnik) bzw. 1985 (Vermittlungstechnik) im Gange. Bis 1990 sollen über 100 Fernvermittlungsstellen in Großstädten bzw. Verkehrsknotenpunkten auf Digitaltechnik umgestellt werden. Bis zur Jahrhundertwende sollen sämtliche heute vorhandenen 473 Fernvermittlungsstellen digitalisiert werden. Die *vollständige Digitalisierung* der ca. 6 200 Ortsvermittlungsstellen soll bis *spätestens zum Jahre 2020* erfolgen. Bis 1990 ist geplant, alle ca.

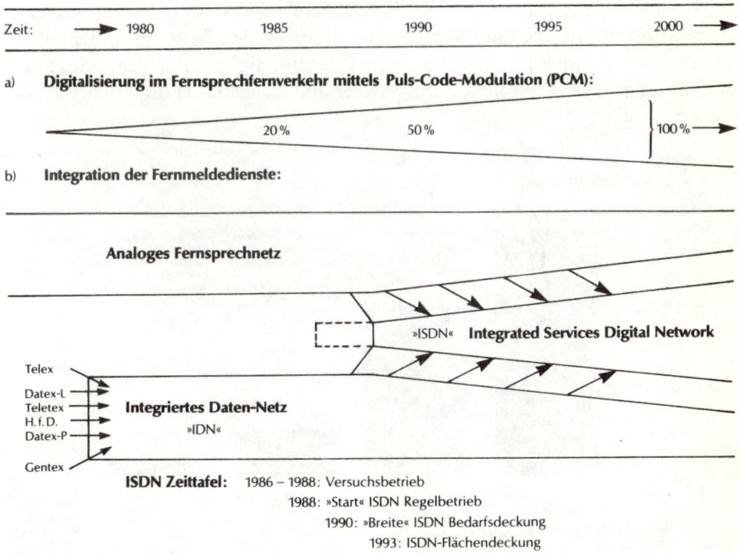

Abb. 3.3.4/4: Digitalisierung des öffentlichen Telefonnetzes in der Bundesrepublik Deutschland (Quelle: O.F. Schröter – Office Management 6/1985)

100 mit digitalen Fernvermittlungsstellen versorgten Ortsnetze mit mindestens einer digitalen Ortsvermittlungsstelle auszustatten. Infolge der Größenkonzentration umfassen diese Ortsnetze bereits mehr als 55 % der Telefonteilnehmer.

Die Ablösung der Analogtechnik sowie die Abdeckung von Verkehrszuwächsen erfordert allein für übertragungstechnische Einrichtungen der DBP *im Fernbereich im Zeitraum 1986 – 1990* ein *Investitionsvolumen von 10–12 Mrd. DM*. Im Bereich der *Ortsnetze* wird der längerfristige Investitionsbedarf für die digitale Übertragungstechnik auf *6–8 Mrd. DM* geschätzt. Hinzu kommen die Maßnahmen zur *Digitalisierung der Vermittlungstechnik*, die sich insgesamt (Fern- und Ortsbereich) von 1986 bis 1990 auf ca. 5 *Mrd. DM* belaufen dürften.

Ausbau des ISDN

Von 1986 bis 1987 erprobt die DBP die für das ISDN zusätzlich erforderlichen Netzkomponenten in Mannheim und Stuttgart mit jeweils 400 Teilnehmern. Mit diesem *Pilotprojekt* soll auch geklärt werden, inwieweit die heutige breite Differenzierung der Datendienste anwendungsbedingt unumgänglich ist, oder ob die vom digitalen Telefonnetz mit ISDN-Komponenten gebotenen Leistungsmerkmale universell annehmbar sind.

Der für *1988* geplante *Beginn des ISDN-Serieneinsatzes* trifft auf eine Netzinfrastruktur, die mit knapp 1 Mio. digitalen Beschaltungseinheiten der Ortstechnik (verteilt auf 26 Orte), etwa 0,5 Mio. digitalen Leitungsanschlüssen der Ferntechnik (verteilt auf 50 Orte) und ca. 260 000 digitalen Fernlei-

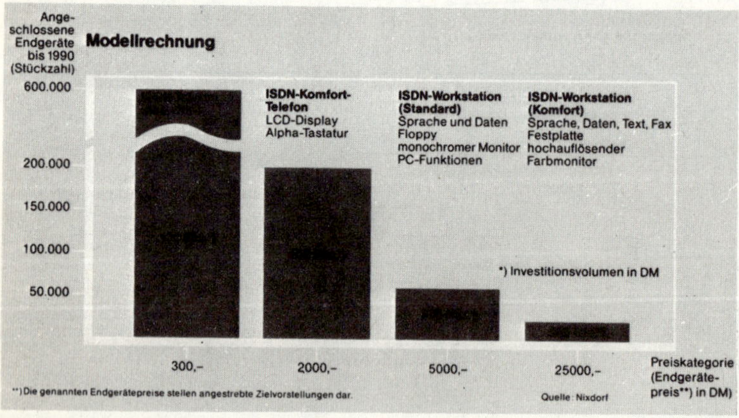

Abb. 3.3.4/5: ISDN-Netzausbau und Endgeräteinvestitionen bis 1990 in der Bundesrepublik Deutschland (Quelle: Nixdorf/DBP)

tungen erst in begrenztem Umfang digitalisiert ist. Mit dem Übergang auf den digitalen Betrieb der Teilnehmeranschlußleitungen sowie der Erweiterung der bestehenden digitalen Orts- und Fernvermittlungsstellen (im wesentlichen Signalisierungskanalprotokoll) wird das Netz ISDN-fähig.

Die DBP geht davon aus, daß *zunächst vor allem Unternehmen und Institutionen der öffentlichen Verwaltung ISDN-Teilnehmer* werden, weil
- diese meist heute schon mehr als einen Fernmeldedienst in Anspruch nehmen,
- diese Zielgruppe am ehesten die anfänglichen Kosten für geeignete Endgeräte aufbringen kann und
- sich diese Anwender in den Ballungsgebieten konzentrieren, in denen die Digitalisierung des Telefonnetzes beginnt.

Die ISDN-Ausbaustrategie sieht jedoch vor, durch *Fernanschließung* ISDN-Dienste auch dort zugänglich zu machen, wo die Digitalisierung des örtlichen Telefonnetzes noch nicht realisiert ist (sofern eine konkrete Nachfrage auftritt). Das flächendeckende Diensteangebot kann dadurch weit vor dem flächendeckenden Netzausbau des ISDN realisiert werden.

Die Abb. 3.3.4/5 zeigt Ihnen eine überschlägige *Berechnung des ISDN-Endgerätebedarfs* (ohne Nebenstellenanlagen) von 1988 bis 1990. Der unterstellte Nachfrageumfang sind 400 000 ISDN-Basisanschlüsse im Jahre 1990. Als durchschnittliche Endgeräteausstattung je ISDN-Basisanschluß wird angenommen:
- 1,5 ISDN-Telefone in Einfachausstattung,
- 0,5 ISDN-Komforttelefone,
- 0,15 ISDN-Arbeitsstationen für Sprache und Datenverarbeitung der unteren Leistungsklasse,
- 0,05 ISDN-Arbeitsstationen für Sprache, Daten, Text und Festbild der oberen Leistungsklasse.

Unter den genannten Bedingungen führt die Modellrechnung zu einem ISDN-Endgeräteinvestitionsvolumen bis 1990 von ca. 1,4 Mrd. DM.

Weiterentwicklung des ISDN zu einem integrierten Breitbandfernmeldenetz (IBFN)

Unsere Ausführungen am Beginn dieses Abschnitts haben Ihnen gezeigt, daß die DBP durch die Verlegung von Glasfaserkabeln und den Satellitenfunk *schon derzeit in begrenztem Umfang die Möglichkeit zur Breitbandkommunikation* schafft. Die erwähnten örtlichen *Glasfaser-Overlaynetze* sollen *1986/87* unter Einbeziehung des Videokonferenz- bzw. Bildfernsprech-Versuchsnetzes zu einem *Grundnetz mit 16 Breitbandvermittlungsstellen gekoppelt werden, das bundesweite Selbstwählverbindungen zwischen allen Glasfaseranschlüssen erlaubt.* Die gekoppelten Glasfaser-

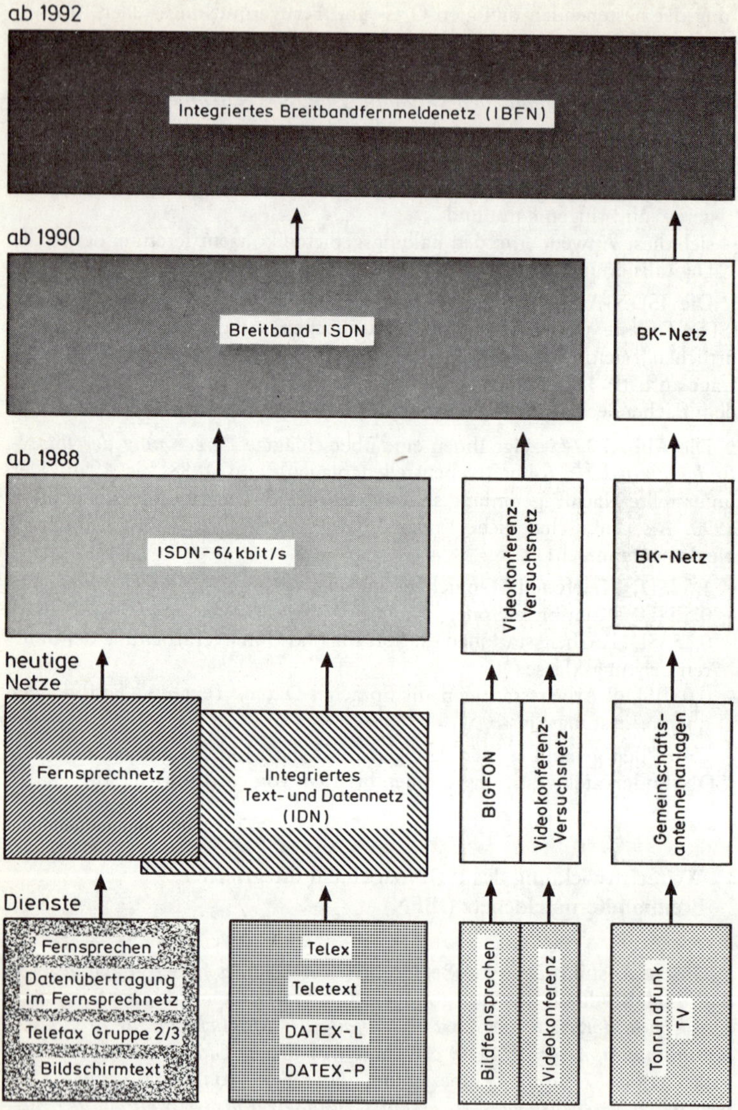

Abb. 3.3.4/6: Mittelfristige Planung der DBP für die Weiterentwicklung der Fernmeldenetze (Quelle: DBP)

Overlaynetze stellen eine Vorstufe zu einem **Breitband-ISDN** dar, das in der Bundesrepublik Deutschland ab 1990 schrittweise eingeführt werden soll. Es soll im Grundsatz die gleiche Struktur wie das ISDN-64 kbit/s aufweisen, aber *zusätzlich zu den schmalbandigen auch breitbandige Dienste der Individualkommunikation* integrieren. Voraussetzung hierfür ist, daß die heutigen Kupferkabel inklusive der *Teilnehmeranschlußleitungen durch Glasfaserkabel* abgelöst und die Vermittlungsstellen um entsprechende breitbandige Koppelfelder ergänzt werden. Der prognostizierte Bedarf nach breitbandigen Individualkommunikationsdiensten bis 1995 schwankt in der Summe zwischen 100 000 und 1,2 Mio. Glasfaseranschlüssen (vor allem abhängig von den Gebühren und damit der Frage, inwieweit auch Privathaushalte als Teilnehmer in Frage kommen).

In einem letzten Schritt plant die DBP, das Breitband-ISDN zu einem **universellen integrierten Breitbandfernmeldenetz** (**IBFN**) weiterzuentwikkeln, in dem *auch Fernseh- und Hörfunkprogramme verteilt* werden (ab 1992). Dabei ist der Übergang auf ein *hochauflösendes Großbild-Fernsehen* vorgesehen.

Herstellerspezifische EDV-Netze

Typische *Beispiele von herstellerspezifischen EDV-Netzen* sind:
- DCA (Distributed Communications Architecture) von Sperry,
- DNA (DEC Network Architecture) von Digital Equipment,
- DSE (Distributed Systems Environment) von Bull,
- NCN (Nixdorf Communication Network) von Nixdorf,
- SNA (Systems Network Architecture) von IBM,
- TRANSDATA von Siemens.

Solche Netze, die mit herstellerspezifischen Protokollen arbeiten, *dominieren heute im externen wie im internen Bereich*. Allein SNA von IBM ist weltweit rund 30 000mal installiert. Ein SNA-Netz ist in Abb. 3.3.4.4/1 wiedergegeben.

Oft kommuniziert nur ein einziger Zentralrechner über Vorrechner und Steuereinheiten mit einigen Dutzend Terminals. Vielfach sind aber auch weit mehr als hundert Arbeitsstationen angeschlossen. Die Minirechnerhersteller haben Anfang der 80er Jahre mit der Realisierung von *Konzepten* begonnen, *die lokal Datenstationsrechner, Server und intelligente Arbeitsstationen über LAN koppeln, welche dann – eventuell über mehrere hierarchische Ebenen hinweg – zu Stern- und/oder Schleifenfernnetzen verbunden werden*. Inzwischen verfolgen auch die Großrechnerhersteller zunehmend diesen Weg.

Zum *Beispiel* betreibt *DEC* heute für unternehmenseigene Zwecke ein weltweit einheitlich strukturiertes Netz, in dem mehr als 5 000 Rechner kommunizieren. Das gesamte Produktspektrum dieses Herstellers ist angebunden: Minirechner (VAX/VMS- und PDP-11-Systeme), Mikrorechner (MicroVAX) und Großrechner (Systeme 10/20) samt Peripherie. In Europa sind rund 900 Rechner in über 100 Orten in 15 Ländern über dieses Datennetz verknüpft. Die europäische DEC-Zentrale in London erhält täglich ein Datenvolumen von mehreren 100 MB.

Die *Netzwerkstruktur* entspricht der DNA-Architektur. Die kleinste selbständige Netzwerkeinheit bildet das Ethernet, ein lokaler Basisbandbus, der mit 10 Mbit/s und CSMA/CD betrieben wird (Näheres folgt) und die Stationen innerhalb eines Gebäudes koppelt. Die Verbindung nach außen bietet ein Kommunikationsserver (Gateway). Über die Standard-Fernmeldewege (z.B. Direktrufnetz, DATEX-P-Netz) werden mehrere lokale Netze sternförmig zu einem Netzwerkzentrum zusammengeschlossen (in Deutschland: München). Die kontinentale Verbindung der Netzwerkzentren (in Europa zur Zeit: 5) erfolgt schleifenförmig (engl.: loop backbone). Interkontinental sind die Schleifennetze über mehrere Satellitenverbindungen gekoppelt (zwischen Europa und USA: 3).

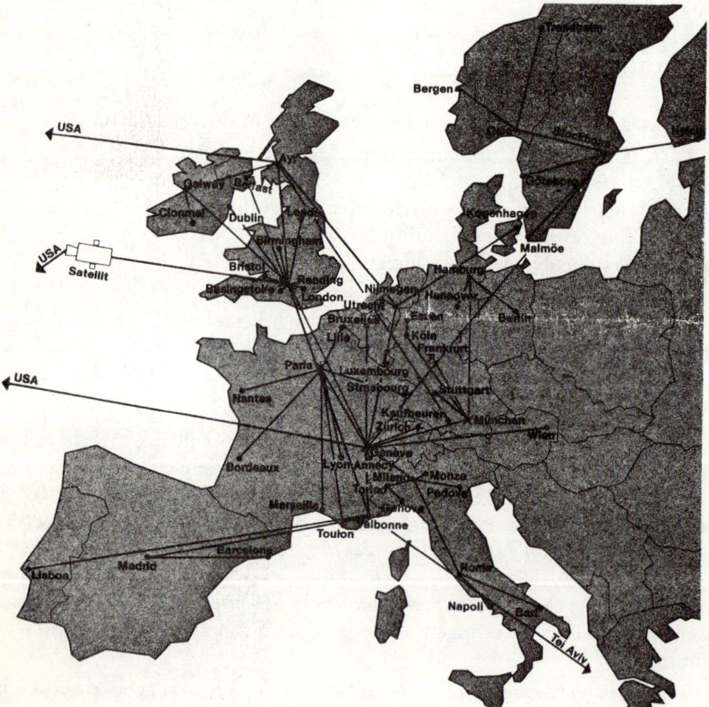

Abb. 3.3.4/7: Das europäische DEC-Datennetz

In den letzten zwölf Monaten ist das Netz um mehr als 50% bezüglich der Zahl angeschlossener Rechner und um ca. 100% bezüglich des übermittelten Datenvolumens gewachsen. Sie sehen daran, wie wichtig standardisierte Anschlußschnittstellen sind. Mehr als die Hälfte der Mitarbeiter der deutschen DEC-Tochtergesellschaft können von ihrem Arbeitsplatz aus die Netzdienste nutzen. Bis zu 40 000 Mitteilungen pro Monat werden allein in Deutschland vom elektronischen Postdienst dieses Netzes befördert.

Es gibt Anpassungstendenzen der herstellerspezifischen Netzwerkkonzepte an das ISO-OSI-Referenzmodell.

Zum *Beispiel* haben 1983 die zwölf größten europäischen Rechnerhersteller, darunter Nixdorf und Siemens, ein Abkommen über die Einführung allgemeiner Standards für die offene Datenkommunikation entsprechend den ISO-Normen und CCITT-Empfehlungen getroffen. Erklärte Absicht der Teilnehmer dieser sog. *«Spag»-Gruppe* (von engl.: «Standards Promotion and Application Group») ist es, auf der Grundlage des ISO-OSI-Referenzmodells gemeinsame Produkte zu entwickeln, die untereinander kompatibel sind. 1985 haben sich sechs bedeutende japanische EDV-Hersteller ebenfalls auf ein Projekt mit OSI-Zielrichtung geeinigt. 1986 ist schließlich die Gründung der sog. *«COS»-Gruppe* (von engl.: «Corporation for Open Standards») erfolgt, der über 20 US-Anbieter angehören (darunter alle «Großen», wie DEC, IBM usw). *Die Vorhaben dieser OSI-Gruppen zielen jedoch keineswegs auf eine Ablösung der eigenen Netzkonzepte der beteiligten Hersteller, sondern vielmehr nur auf deren Öffnung zur gemeinsamen Verständigung.*

Herstellerspezifische Netzwerkkonzepte gehen in einzelnen Bereichen (z.B. Netzmanagement und -steuerung) ganz erheblich über OSI hinaus, weil sich dieses offene Netzwerkkonzept nicht mit den jeweiligen speziellen Komponentenfunktionen, sondern nur mit deren Kommunikationsschnittstellen befassen kann. Damit besteht jedoch auch bei voller Einhaltung der OSI-Normen (die es für die Schichten 6 und 7 wohl erst gegen Ende der 80er Jahre gibt) immer noch ein *Regelungsbedarf des Rechnerherstellers*. Durch die OSI-Kompatibilität werden die Ressourcen von herstellerspezifischen Netzen allgemein verfügbar gemacht, an einen Ersatz wird jedoch aus den genannten Gründen nicht gedacht – natürlich auch deshalb nicht, weil der Hersteller damit weiterhin eine enge Kundenverbindung erzwingen kann.

Abschließend zu diesem Teil sollen Sie noch erfahren, was Sie ausgeben müssen, wenn Sie Ihren *Mikrorechner* an ein herstellerspezifisches Rechnernetz anschließen wollen: Je nach Leistungsfähigkeit kostet eine *Adapterkarte samt Software ab ca. 3 000,– DM.*

LAN-Übersicht und -Auswahl

Der *Anschluß desselben Mikrorechners* an ein vorhandenes *lokales Hochleistungsnetz* ist schon für ungefähr *2 000,– DM* realisierbar (nur *Adapterkarte und Netzwerksoftware* für den PC). In den nächsten fünf Jahren dürfte sich dieser Preis halbieren.

Bei der *Neuinstallation eines LAN* sind organisatorische, ökonomische, soziale und technische Aspekte zu berücksichtigen, die von der betrieblichen Bedingungslage abhängen. Wir können Ihnen nachfolgend nur die *wichtigsten technischen Kriterien und Kostenkategorien* nennen, die dabei eine Rolle spielen. Bedenken Sie, daß die Auswahlentscheidung bei LAN ausschließlich auf der Anwenderseite liegt und daß in der betrieblichen Anwendungspraxis kein Platz für Experimente bzw. Entwicklungsarbeit ist. Vielleicht erleichtert die nachfolgende *Prüfliste* Ihre Überlegungen und hilft Ihnen, mehr Transparenz in die vorhandene Produktvielfalt zu bringen.

Kriterien für die LAN-Auswahl

Netzwerkbeschreibung: Topologie, Übertragungsrate, Art der Kabel, Verlegbarkeit des Kabelsystems.

Hardware: Anzahl und Art der Server, Anzahl und Art der Arbeitsstationen, Speicherplatz pro Server und Arbeitsplatz, Peripherie wie Drucker, Plotter, Magnetplatten- und Magnetbandstationen, Übertragungs- und Vermittlungseinrichtungen.

Software: Betriebssystem (Art, Dateiverwaltung, Systemmanagement, Erweiterungen); systemnahe Programme und Anwendungsprogramme: Elektronische Post, diverse Unterstützungsprogramme, Dateizugriffe, Datenbankanwendungen, Netzüberwachungsprogramme und Sonstiges; Druckersteuerung: unterschiedliche Puffergrößen, umfangreiche Druckerbefehle, Warteschlange (ohne Durcheinanderbringen der Dokumente), Mischmöglichkeiten.

Datensicherung: «Streamer-Tape» o.a. generelles und spezielles Angebot des Herstellers.

Datenschutz: Benutzerkennworte, Schutz von Dateien, Abhörsicherheit.

Diagnoseeinrichtungen: Kabel, Server, Arbeitsstationen, netzweit, automatisches Umleiten im Fehlerfall.

Kosten: «Starter Kit», Arbeitsstation, Kabel, Anschluß, Verstärker, typische Konfiguration (z.B. sechs Arbeitsstationen).

Auf dem *Markt* wird eine *große Zahl von lokalen Netzen* (genauer: Produkten zum Aufbau von LAN) angeboten. *Unabhängige Firmen*, wie die sechs «Großen» *Ungermann-Bass, Sytek, 3Com, Corvus, Interlan und Bridge* (gereiht nach Umsatz), bieten das Verkabelungssystem und die Software zur Netzwerksteuerung an, jedoch i.a. keine Endgeräte. Meist sind für viele verbreitete Rechner- und Endgerätetypen Adapterkarten verfügbar.

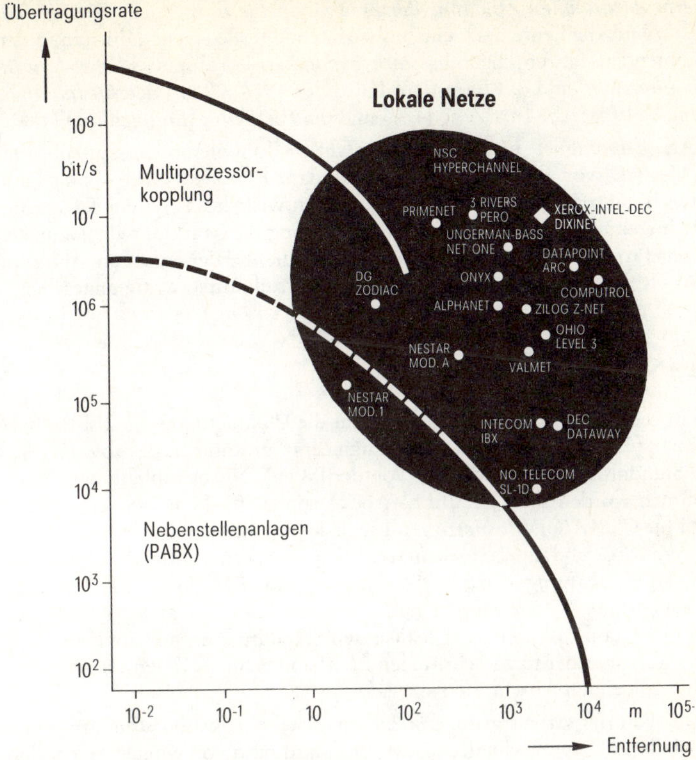

Abb. 3.3.4/8: Spektrum lokaler Netzwerke (ausgewählte Produkte)

Auch Schnittstellen zu anderen lokalen Netzwerktypen sind erhältlich. Die oben genannten Firmen sind Anbieter von *«Front-end-LAN»*, d.h. lokalen Netzen zur Kommunikation von Arbeitsstationen mit typischen Übertragungsgeschwindigkeiten von 1–10 Mbit/s. Die ebenfalls unabhängige *Network Systems Corp.* ist hingegen auf den *«Back-end»-Bereich*, d.h. die enge Kopplung von Groß- bzw. Minirechnern diverser Hersteller spezialisiert («Hyperchannel» mit 50 Mbit/s). Von den *Rechnerherstellern* selbst angebotene LAN sind eher geschlossen, d.h. für den Anschluß der vom jeweiligen Hersteller hierfür angebotenen Netzstationen ausgelegt. Oft sind jedoch *Gateways* zur Verbindung von Fremdsystemen vorgesehen.

Derzeit entfallen noch ungefähr *drei Viertel der Auslieferungen auf Basisbandnetze*, die meist mit *Koaxialkabeln* arbeiten. Nach einer IDC-Studie waren Ende 1984 in der Bundesrepublik Deutschland 2 760 Basisbandnetze installiert, 1990 sollen es fast 100 000 sein. Künftig ist jedoch mit einer *überproportionalen Zunahme der Breitbandnetze* zu rechnen. *Glasfaserkabelsysteme*, die heute noch eine unbedeutende Rolle spielen, dürften in den kommenden Jahren ebenfalls *stark expandieren*. Hauptsächliche *Anwendungsbereiche* sind das *Büro* (laut IDC Ende 1984: 72%), der *Ausbildungsbereich* (19%), die *Fertigung* (4%) und die *Forschung/Entwicklung* (4%).

Als *Topologien* und *Zugangsverfahren* dominieren *Bussysteme mit CSMA/CD*, vor allem der Basisbandstandard *Ethernet*, sowie – weit seltener – *Tokenringe*. Weil IBM 1985 als eigenentwickeltes LAN ein Tokenringnetz angekündigt hat, dürften sich mittelfristig die Marktanteile zugunsten dieser Produktkategorie verschieben. Für die Fertigungsautomatisierung wird oft das *Tokenbuskonzept* als besonders zukunftsträchtig angesehen.

LAN-Standards

Für die genannten LAN-Konzepte hat die US-amerikanische IEEE (Institution of Electrical and Electronic Engineers) im Rahmen des sog. *Projekts 802* Standards ausgearbeitet, die von der ISO als Normempfehlungen übernommen worden sind. Die IEEE-Arbeitsgruppe *802.3* hat 1983 einen Standard für *CSMA/CD-Busnetze* verabschiedet und hierbei die gemeinsam von Xerox, DEC und Intel erarbeiteten Ethernet-Spezifikationen zugrundegelegt. Der *Tokenring* wurde 1984 entsprechend IBM-Vorschlägen von der Arbeitsgruppe *802.5* verabschiedet. Diese heute in vielen angebotenen LAN (oft nicht ganz vollkommen) realisierten Standardkonzepte sowie ein typischer Vertreter der fortgeschrittenen Breitbandtechnik (Wangnet) werden in später folgenden Abschnitten skizziert.

Der von der Arbeitsgruppe *802.4* entwickelte *Tokenbusstandard* wurde ebenfalls 1984 verabschiedet. Dieser Standard wird von einigen Herstellern favorisiert, die derzeit unter Federführung des amerikanischen Automobilkonzerns General Motors (GM) die sog. *MAP-Protokolle* entwickeln. Dabei geht es um eine *Kommunikationsarchitektur für die industrielle Fertigung*, insbesondere um die Vernetzung von Robotern, numerischen und speicherprogrammierbaren Steuerungen usw. (MAP ist die Abkürzung für engl.: Manufacturing Automation Protocol). Im Gegensatz zum administrativen Bereich, wo herstellerspezifische Netzkonzepte und künftig die OSI-Protokolle den üblichen Kommunikationsbedürfnissen weitgehend entsprechen, gibt es für den Fertigungsbereich bisher keine auf die speziellen Anforderungen (z.B. Realzeitverarbeitung) ausgerichteten Architekturmodelle bzw. vereinheitlichten Protokolle. LAN-Standards definieren ja nur die beiden untersten Transportschichten (Bitübertragung und Sicherung). Angesichts der zunehmenden Verflechtung von oft Hunderten von Lieferanten und Herstellern, der großen Zahl von Teilen, Arbeitsplänen und Fertigungsmaschinen (GM z.B. zusammen ca. 200 000) sowie der Integrationstendenzen in der Fertigung (CIM) wundert es nicht, daß dem MAP-Vorhaben von vielen Seiten große Aufmerksamkeit entgegengebracht wird. Die GM-MAP-

Gruppe besteht aus 17 Firmen der Automobil- und EDV-Branche. Das MAP-Konzept orientiert sich am ISO-OSI-Referenzmodell und beinhaltet die Spezifikation der Schichten drei bis sieben. 1985 fanden auf einer Ausstellung in den USA die ersten Demonstrationen der offenen Kommunikation verschiedener Herstellersysteme statt (allerdings noch auf niedrigster Protokollebene). Mit vollständigen Implementierungen der ganzen MAP-Protokollhierarchie ist nicht vor 1988 zu rechnen.

Ethernet

Ethernet verwendet einen passiven Basisbandbus, der Übertragungen mit 10 Mbit/s ermöglicht. Das Zugangsprotokoll CSMA/CD wird vollständig in den Endgeräten abgewickelt. Daher konnte man sich auf das Übertragungsmedium konzentrieren und relativ kostengünstig eine hohe Betriebssicherheit erreichen. Das Netz kann pro Segment bis zu 2 500 m lang sein und maximal 1 024 Stationen verbinden.

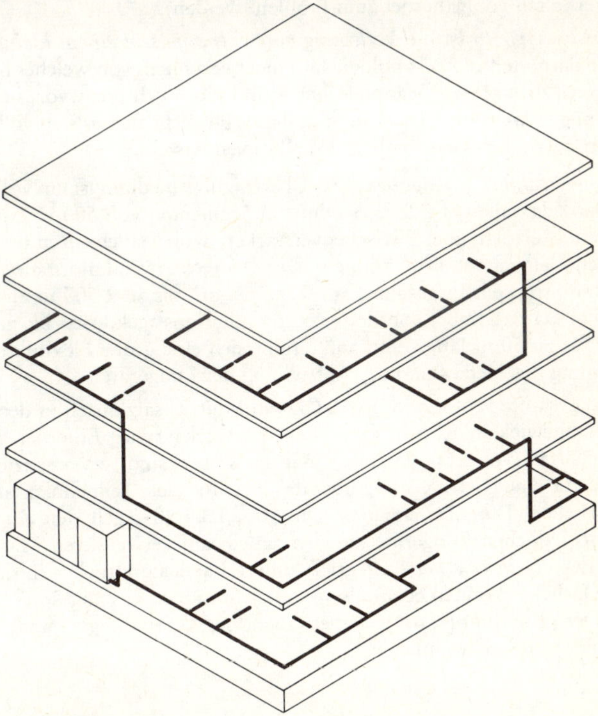

Abb. 3.3.4/9: Ethernet-Struktur in einem kleineren Gebäude

Die Überlegungen zur *Entwicklung von Ethernet* begannen bei der Firma *Xerox* im Jahr 1972, 1974 liefen die ersten Versuche, 1976 wurden die ersten technischen Berichte veröffentlicht. 1978 erfolgte die erste Ethernet-Installation außerhalb Xerox, und 1980 wurde die *«DIX»-Kooperation* beschlossen. «DIX» bedeutet DEC, Intel und Xerox. 1981 wurden die genauen Spezifikationen vorgelegt, seither entfernen sich die Produkte dieser Hersteller wieder geringfügig voneinander. Insgesamt gibt es etwa *300 Lizenzprodukte*, die alle mehr oder weniger exakt nach dem von der IEEE 1983 verabschiedeten *802.3-Standard* arbeiten. Ein Ihnen vielleicht bekanntes *Beispiel* ist das *EMS-Busnetz von Siemens*.

Eine wesentliche Rolle bei der Konzeption von Ethernet spielte die *Einfachheit*. Daher wird ein *passives Medium* verwendet: Das Netz sollte *keine zentrale Kontrolle* benötigen, *einfach zu verlegen* sein, relativ *wenig kosten und leicht erweitert* werden können. Die Zielrichtung der Entwicklung war es, den Anforderungen der täglichen Arbeit im *Büro* gerecht zu werden. An einen Einsatz in der Fertigungsautomation oder anderen «Real-time-Bereichen» wurde nicht gedacht (dort kann das nicht exakt vorherbestimmbare Zeitverhalten von Ethernet zum Problem werden).

In Abb. 3.3.4/9 ist die *Verlegung eines Ethernets in einem kleineren Gebäude* dargestellt. Die Topologie läßt nicht erkennen, von welcher Stelle aus das Netz zu wachsen begonnen hat – und gibt auch nicht vor, in welcher Richtung es weiter wachsen muß. In dieser Hinsicht fügt es sich völlig in die organisatorischen Gegebenheiten des Anwenders ein.

Einige *technische Angaben*: Das Übertragungsmedium ist ein völlig «normales» Koaxialkabel (78 ± 5 Ohm) in Segmenten von 500 m Länge. Die Kopplung erfolgt über Zwischenverstärker, wobei auch «Remote-Verbindungen» eingebaut sein können. Diese Strecken sind normale Telefon-Modem-Strecken. Insgesamt kann Ethernet auf bis zu 2 500 m ausgedehnt werden. Da das Kabel von der «Kommunikationssteckdose» bis zum Endgerät bis zu 50 m lang sein kann, ergibt sich eine große Flexibilität in der Verlegung des Netzes und der Aufstellung der Endgeräte.

Das gesamte Protokoll *CSMA/CD* wird mit Zusatzkarten in den Endgeräten abgewickelt. Richtig «zum Leben erweckt» wird Ethernet aber erst durch *Server* (vgl. Abb. 3.3.4/10). Wie Sie wissen, sind Server spezielle Endgeräte, die eine Dienstleistung über das Netz für viele Teilnehmer zur Verfügung stellen. Der *«Datei-Server»* in Abb. 3.3.4/10 regelt den Zugriff der unterschiedlichen Endgeräte auf die gemeinsam verwendeten Massenspeicher, der *«Druck-Server»* integriert unterschiedliche Drucker in das Netz. Diese Drucker können ebenfalls von allen Stationen aus angesprochen werden. Der *«Kommunikations-Server»* dient der Verbindung zu anderen Netzen oder Großrechenanlagen.

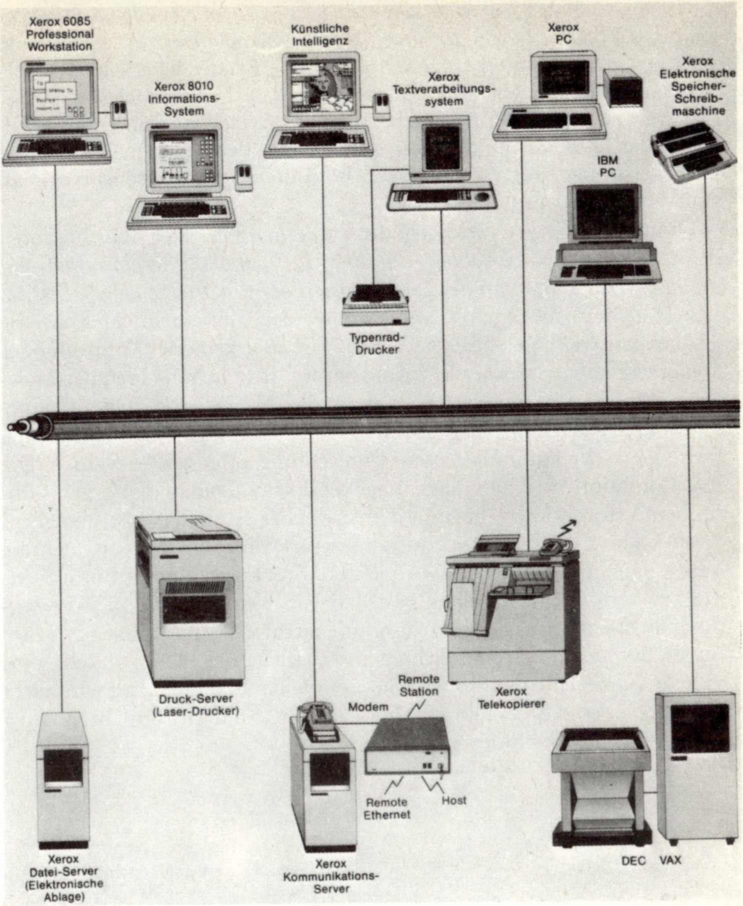

Abb. 3.3.4/10: Ethernet-Produkte von Xerox

Wangnet

Wangnet verwendet Breitbandverfahren und kann daher gleichzeitig Daten, Texte, Sprache und Bewegtbilder übertragen. Für diese Dienste stehen unterschiedliche Kanäle zur Verfügung, die bis zu 12 Mbit/s übertragen können. Wangnet kann eine Ausdehnung bis zu zehn Meilen erreichen und einige tausend Endgeräte verbinden.

Wangnet gilt als *klassischer Vertreter der Breitbandtechnologie*. Seit 1982 läuft dieses Netz, das von der Strategie her SNA unterstützt. Das Breitband wird im *Frequenzmultiplexbetrieb* in mehrere Bänder unterteilt. Das verwendete Medium ist ein *Doppel-Koaxialkabel*, die Verwendung von Glasfaserkabeln ist vorgesehen. Das Kabel ist in sich in einer Schleife zurückgefaltet, so daß jedes Gerät über einen Anschluß an den Sende- und den Empfangsteil des Doppelkabels verfügt. Die *Aufteilung der Frequenzen* ist in Abb. 3.3.4/11 skizziert.

Die *Struktur des Netzes* ist die eines *Baumes*. Der *Wurzelknoten* dient dazu, alle *Nachrichten, die über die Sendeleitung eintreffen, auf die höheren Frequenzen der Empfangsleitung umzusetzen*. Jede Station sendet also an die Wurzel, von dort werden alle Nachrichten an alle Teilnehmer weitergeleitet. Die Wurzel hat aber keinerlei Kontroll- oder Steuerungsaufgaben zu erfüllen; sie besorgt lediglich die Frequenzänderung. Durch den modularen Aufbau des Netzes sind nahezu unbeschränkte *Wachstumsmöglichkeiten* vorgesehen. An jeder beliebigen Stelle kann der Baum in weitere Unterbäume aufgespaltet werden. Die reale Situation wird allerdings umgekehrt sein. Gemäß den organisatorischen Anforderungen beginnt der Anwender normalerweise mit einem «*Fast-LAN*», dem «Grundbaustein» von Wangnet. Werden mehrere Verzweigungen benötigt (etwa mehrere Stockwerke eines Bürogebäudes), so werden die einzelnen Fast-LAN über eine «*backbone*»-*Verbindung* zu einem großen Baum zusammengefügt. Damit können alle Stationen untereinander Nachrichten austauschen, der Hauptverkehr wird sich aber innerhalb des Stockwerkes abspielen. In diesem Fall wird nicht der Weg über die «Hauptwurzel» gewählt, sondern die Übertragung erfolgt nur innerhalb des Teilbaumes.

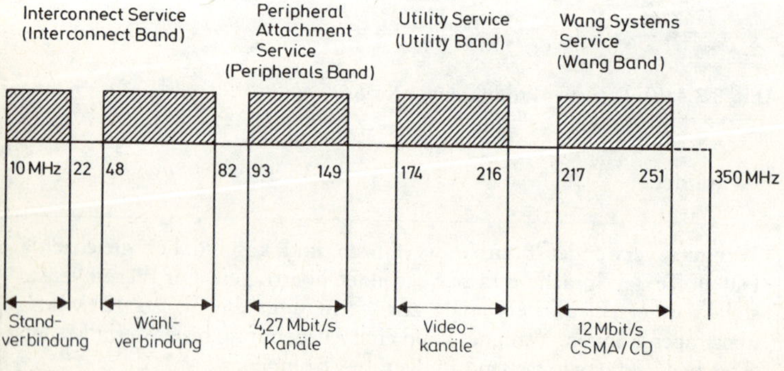

Abb. 3.3.4/11: Frequenzbänder im Wangnet

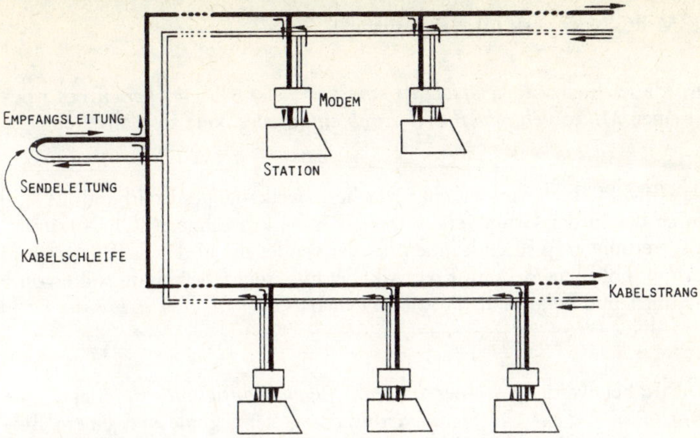

Abb. 3.3.4/12: Baumstruktur von Wangnet

Welche *Dienste* bietet nun Wangnet an?

- *Wang-Band*: Hochgeschwindigkeitsübertragung zwischen Wang-VS-Minirechnern und OIS-Mehrplatztextsystemen (für die Verbindung von Wang-Mikrorechnern ist Fast-LAN vorgesehen); Übertragungsrate 12 Mbit/s; Protokoll CSMA/CD mit HDLC-Fehlersicherung. Theoretisch sind über das Wang-Band mehr als 65 000 Geräte anschaltbar.
- *Peripherals-Band*: 19 Kanäle für den logischen Anschluß von 32 seriellen Wang-Geräten (Arbeitsstationen und/oder Drucker). Damit können periphere Geräte jederzeit vom Kabel getrennt und anderswo wieder angeschlossen werden, ohne eine logische Verbindung zu verändern (etwa bei Umzug innerhalb der Abteilung). Durch Multiplexbetrieb kann die Anzahl der Kanäle weiter erhöht werden.
- *Interconnect-Band*: Hier werden protokollunabhängige Kanäle für die Verbindung auch von Nicht-Wang-Geräten zur Verfügung gestellt. Folgende Hauptgruppen gibt es:
  - 256 wählbare Kanäle für synchrone oder asynchrone Übertragung mit 1 200, 2 400, 4 800 und 9 600 bit/s über Modems und RS232C/V.24 und RS366/V.25.
  - 16 Hochgeschwindigkeitskanäle für festgeschaltete Verbindungen bis zu 64 kbit/s über Modems und V.35.
  - 64 Kanäle mit bis zu 9 600 bit/s Standverbindungen halbduplex, duplex, Punkt-zu-Punkt oder Mehrpunkt über V.24.
- *Utility-Band*: Dieses Band verfügt über eine Breite von 42 MHz, die in sieben Kanäle geteilt ist. Daher eignet es sich für Bewegtbildübertragungen (Bildfernsprechen, Überwachung, elektronische Anzeigetafeln und jede sonstige Art anwenderspezifischer Videokommunikation).

IBM PC-Netzwerk und Tokenring

An dieser Stelle sei *beispielhaft eine der vielen Möglichkeiten* beschrieben, einen *Mikrorechnerverbund durch ein lokales Netz* zu realisieren.

> Das **IBM PC-Netzwerk** ist ein einfaches, zweikanaliges Breitband-LAN, durch das in der Grundversion bis zu 72 Mikrorechner (PC1, XT und AT) verbunden werden können. Es verwendet die in der Kabelfernsehtechnik üblichen 75-Ohm-Koaxialkabel mit einer Übertragungsrate von 2 Mbit/s und benutzt als Protokoll CSMA/CD.

Die Kabel werden in einer *baumförmigen Konfiguration* verlegt, eine *«Kopfstation» dient zur Frequenzumsetzung* der Signale von einem Eingangskanal (50,75 MHz) auf einen Ausgangskanal (219 MHz) (vgl. dazu die Beschreibung von Wangnet). Die *Bandbreite* der beiden Kanäle ist jeweils 6 MHz. Je nach Konfiguration werden über die *Grundausstattung* hinaus (Frequenzumsetzer, Adapterkarte für jeden PC und Kabel) noch *Erweiterungseinrichtungen* des Verkabelungssystems (sog. Basisverteiler und Verteilersätze für kurze, mittlere oder große Entfernungen) benötigt. Die *maximale Entfernung* einer Station vom Frequenzumsetzer beträgt 300 m, so daß zwei Stationen bis zu 600 m voneinander entfernt sein können.

Die *Adapterkarte* enthält u.a. einen Intel-80188-Mikroprozessor (Taktfrequenz 6 MHz), eine Intel-82586-LAN-Steuereinheit, ein Hochfrequenzmodem für zwei Frequenzen, 40 KB ROM und 16 KB RAM. Dadurch kann sie alle Netzwerkfunktionen einschließlich der Protokollverarbeitung ausführen, ohne den angeschlossenen PC mit diesen Aufgaben zu belasten.

Die hierfür *von IBM angebotene Software* (IBM PC Network Program) realisiert auf der Basis von PC-DOS 3.1 *Datei-, Druck- und Nachrichtenserverfunktionen*, d.h. sie gestattet die gemeinsame Benutzung von Platten, Druckern, Daten und Programmen innerhalb des Netzes. Jeder mit einer Festplatte ausgerüstete PC kann als Datei- oder Druckerserver genutzt werden. Die Serverprogramme können gleichzeitig mit einem Anwendungsprogramm ausgeführt werden.

Als Alternative kann der Anwender auch auf die *Netzwerkprogramme unabhängiger Softwarehäuser* zurückgreifen, die auf der genannten Hardware lauffähig sind. Diese sind zum Teil leistungsfähiger (z.B. in bezug auf den Dateischutz), dann aber auch meist teurer als das IBM PC Network Program. Ein *Beispiel* ist *«Tapestry»* von der Firma *Torus*.

Ebenso können als Stationen *auch Mikrorechner anderer Hersteller* verwendet werden, wenn sie die Adapterkarten und die physikalischen Eigenschaften des Netzes unterstützen. Mit veränderten Komponenten (z.B. von *Sytek*) kann das Netz auf bis zu 5 km und bis zu 1 000 Stationen erweitert

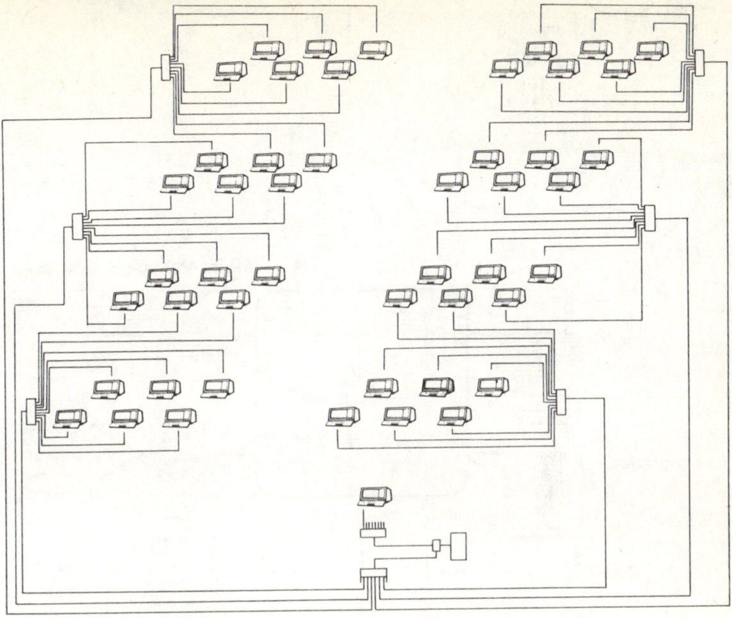

Abb. 3.3.4/13: IBM PC-Netzwerk

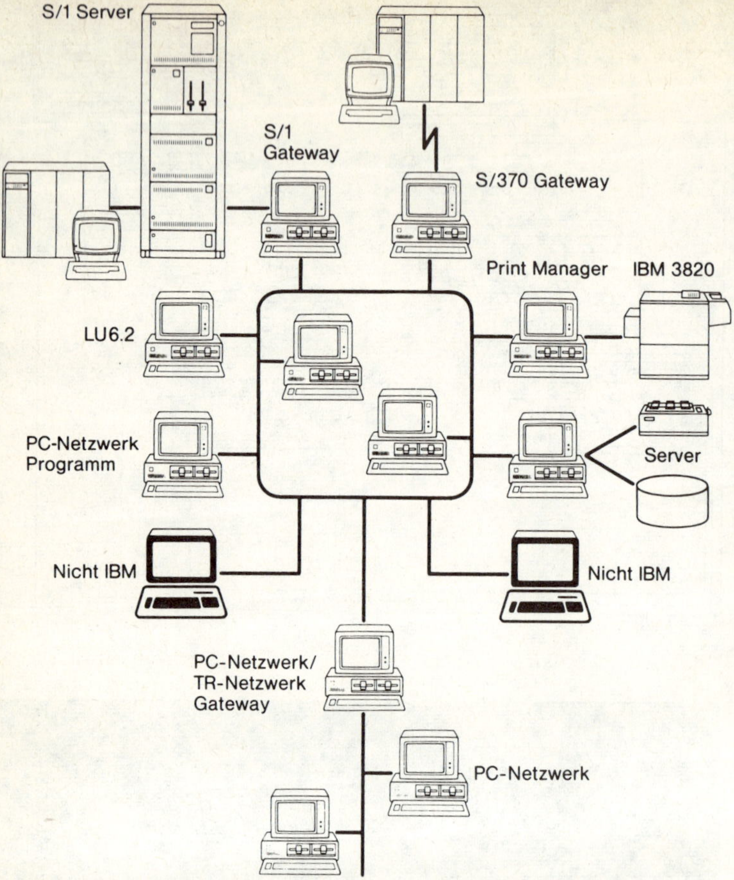

Abb. 3.3.4/14: IBM-Tokenring mit Gateways

werden. Ferner kann durch passende Fremdprodukte (Frequenzumsetzer) eine weitaus höhere Auslastung des Breitbandes erreicht werden (Integration von Sprache und Bewegtbild).

Die Zielrichtung des seit 1984 verfügbaren IBM PC-Netzwerks ist es, lokal in kleineren Einheiten Mikrorechner auf preisgünstige Weise zu verbinden. Auf der nächsthöheren Stufe können diese (wie viele andere IBM-Rechner; vgl. Abb. 3.3.4/14) in einen 1985 von IBM angekündigten übergreifenden lokalen *Tokenring* integriert werden, der sich wiederum über SNA in Fernnetze einfügt. Erinnert Sie dieses Konzept nicht an das früher beschriebene DEC-Konzept? Bitte sehen Sie sich hierzu auch nochmals die Abb. 3.3.3.1/3 an; dort ist die *Topologie* des IBM-Tokenrings wiedergegeben.

Digitale Nebenstellenanlagen

In der Bundesrepublik Deutschland sind derzeit ca. 1,3 Mio. Telefonnebenstellenanlagen mit rund 10 Mio. Sprechstellen installiert. Dabei handelt es sich zum größten Teil um *analoge Systeme*. Seit einigen Jahren werden auch digitale PBX angeboten, wobei *seit 1984/85 die ISDN-Fähigkeit* zum entscheidenden Werbeargument und Auswahlkriterium geworden ist.

Digitale Nebenstellenanlagen sind von DeTeWe, Ericsson, Nixdorf, PKI/TeKaDe, SEL, Siemens und Telenorma erhältlich. Diese Systeme *entsprechen in unterschiedlichem Maße den bisher vorliegenden ISDN-Standards*; als «am ISDNsten» gelten *«Sopho S»* von PKI/TeKaDe und *«HICOM»* von Siemens. Die *Auswahlkriterien* für eine K-Anlage sind – neben der selbstverständlichen Einhaltung der CCITT-Empfehlungen für das ISDN – in etwa dieselben wie für ein LAN. Relevante *Unterschiede der angebotenen digitalen Nebenstellenanlagen* ergeben sich vor allem bezüglich der verfügbaren bzw. angekündigten ISDN-Endgeräte (ein- und mehrfunktional), der ISDN-Server und integrierten Dienste, der Einbindung vorhandener Endgeräte sowie interner und externer Netze, der Baugröße (maximale Anzahl der Nebenstellen und Amtsleitungen) und nicht zuletzt natürlich der Preise.

Die Abb. 3.3.4/15 zeigt Ihnen als *Beispiel* die Konfiguration der K-Anlage *HICOM von Siemens*, die für bis zu 20 000 Nebenstellen und bis zu 2 000 Amtsleitungen ausgebaut werden kann. Alle in diesem Schaubild dargestellten ISDN-Endgeräte sind bereits verfügbar. Terminaladapter sind nicht nur für Siemens-eigene, sondern auch für gängige Fremdgeräte erhältlich bzw. in Entwicklung. Sowohl zu den öffentlichen Fernmeldenetzen als auch zu dem lokalen Siemens-Ethernet (Bürosystem 5800) gibt es Verbindungen. Neben Siemens-EDVA sind auch IBM-EDVA anschließbar. In die Zentrale sind Sprach-, Daten- und Bildschirmtextserver integriert, Text- und Fax(Kopier)server sind in Vorbereitung.

Der *Entwicklungsaufwand* für diese, Ende 1985 erstmals installierte K-Anlage betrug ca. 500 Mio. DM, davon flossen 80% in die *Software*: 1,2 Mio. Programmzeilen wurden in der höheren «CCITT-Standardsprache» CHILL geschrieben, das entspricht ungefähr dem halben Umfang eines Großrechnerbetriebssystems.

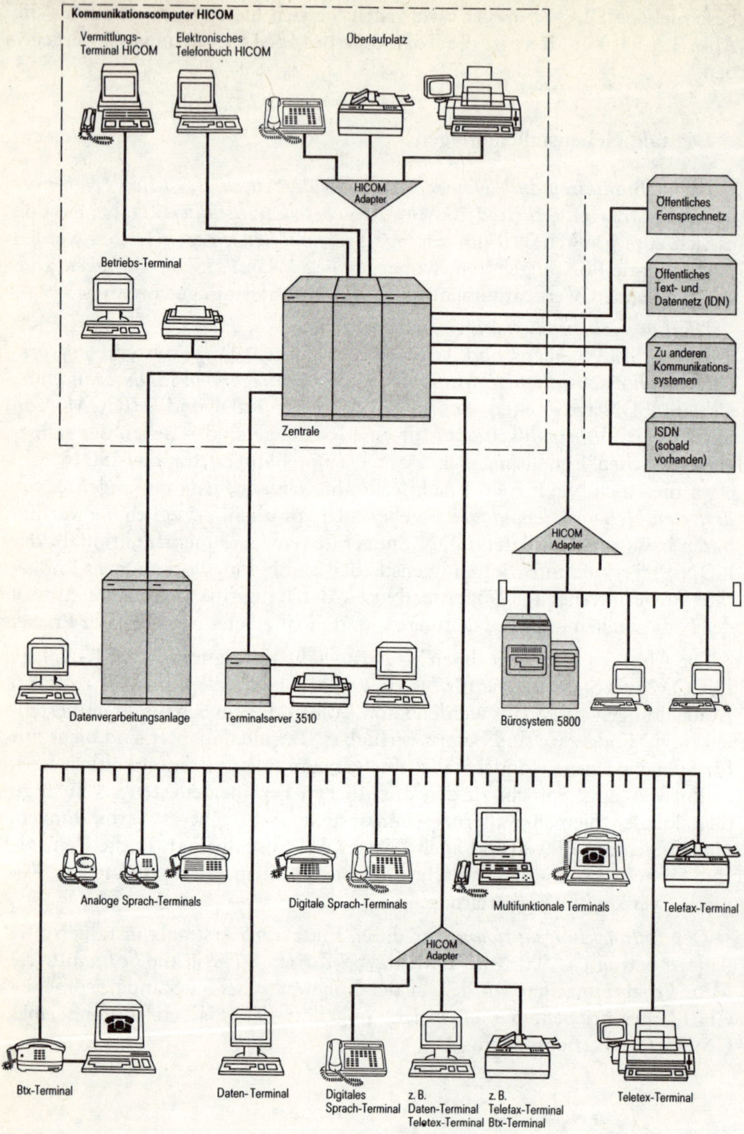

Abb. 3.3.4/15: Konfiguration der K-Anlage HICOM (Quelle: Siemens)

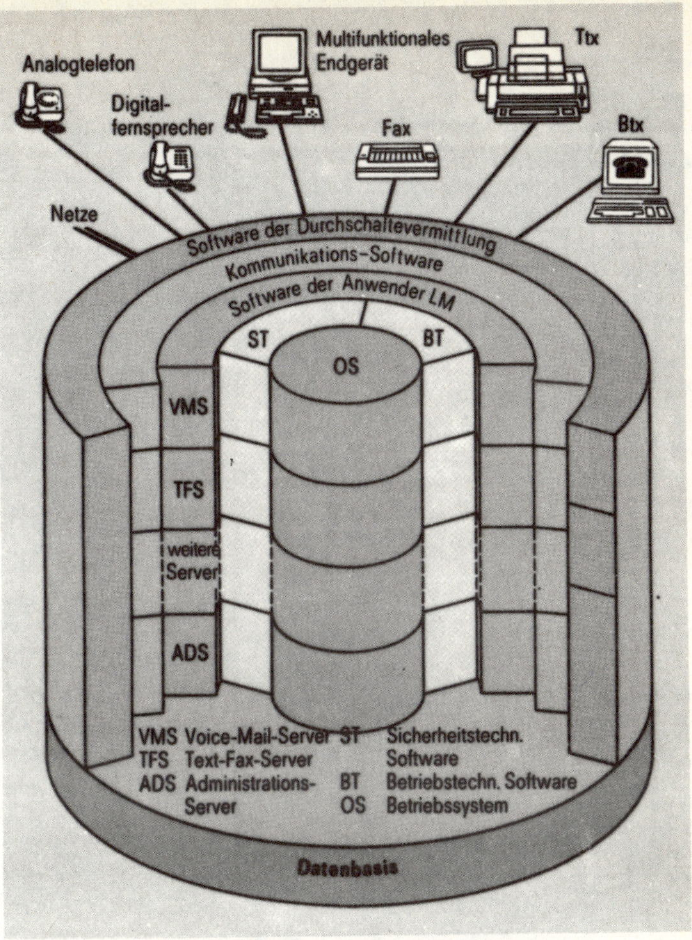

Abb. 3.3.4/16: HICOM-Softwarestruktur (Quelle: Siemens)

4. Büroinformationssysteme

Lehrziele

Nach der Durcharbeitung dieses Kapitels sollten Sie

- erläutern können, was man im einzelnen unter Textverarbeitung versteht,
- die wichtigsten Textverarbeitungsfunktionen aufzählen können,
- die Möglichkeiten und Grenzen einer Automatisierung der Textverarbeitung durch auf dem Markt angebotene Geräte und Programme beurteilen können,
- zu erwartende Innovationen bezüglich der Textverarbeitungssoftware überblicken können,
- die vielfältigen Kommunikationsmöglichkeiten mit elektronischen Postsystemen, privaten und Fernmeldediensten wie Telebox, Teletex, Telefax, kennen und ihre wirtschaftlichen Nutzungsmöglichkeiten einschätzen können,
- die technischen Komponenten und die Anwendung von Bildschirmtext für betriebliche Aufgabenstellungen darstellen können,
- das Angebot und die Struktur von Informationsdiensten (externen On-line-Datenbanken) an einem Beispiel beschreiben können,
- die absehbaren Zukunftsperspektiven für den Einsatz von Büroinformationssystemen und den damit verbundenen Strukturwandel im Büro kennzeichnen können.

4.1 Textverarbeitung

Mit der Erfindung der Schrift wurde die *Textverarbeitung* geboren. Der Mensch hatte das Bedürfnis, flüchtige Ideen, Gedanken und Gefühle für spätere Zeiten zu konservieren, zeichnete sie auf und schrieb diese nieder. Die Schrift wurde zum Kommunikationsmittel, mit der Erfindung des Buchdrucks zum Massenmedium.

Es wurden laufend Werkzeuge erfunden, um die Textverarbeitung zu vereinfachen und zu beschleunigen. Hammer und Meißel wurden von Bleistift und Radiergummi, von Schreibmaschinen und letztlich von den im folgenden beschriebenen Textautomaten abgelöst.

Unter **Textverarbeitung** (engl.: text processing) versteht man die geistige und technische Produktion von Texten. Diese Textproduktion kann man in die Schritte Textentwurf, Textfixierung, Textumformung und Textweiterverwendung gliedern.

Der *Textentwurf* (engl.: text design) beinhaltet die Konzeption («Was will ich schreiben?») und die Formulierung («Wie will ich das schreiben?») von Texten.

Die *Textfixierung* (engl.: text recording) beinhaltet alle jene Maßnahmen, die dazu dienen, den Text physisch auf einem Trägermedium festzuhalten. Beispiele sind das Niederschreiben auf ein Blatt Papier, das Besprechen eines Tonbandes, Fotografie im Zusammenhang mit Lichtsatzgeräten oder ähnliches.

Unter *Textumformung* (engl.: text transformation) versteht man einerseits die inhaltlich unveränderte Übertragung eines Dokumentes von einem Trägermedium zum anderen (z.B. Abschreiben eines Textes), andererseits inhaltliche Veränderungen, redigierende und korrigierende Tätigkeiten wie z.B. Einfügen, Ersetzen, Umstellen und Löschen von Textstellen.

Aktivitäten wie Reproduktion, Textkommunikation und Textarchivierung werden unter dem Begriff *Textweiterverwendung* (engl.: text utilization) («Was kann (will) ich mit dem Dokument machen, das ich erstellt habe?») subsumiert. Beispiele hierfür sind Kopieren und Drukken von Texten, das Zusammenfassen von gleichartigen Schriftstücken in Ordnern oder das Verschicken von Texten nach einer Verteilerliste.

Sie haben sicher erkannt, daß diese *Begriffe nicht präzise trennbar* sind und die skizzierten Arbeitsschritte oft nicht oder nur ungenau voneinander abgegrenzt werden können. Im folgenden wird die *auto-*

matisierte Textverarbeitung behandelt, bei der die Ersterfassung von Texten im Regelfall über Tastatur und Bildschirm erfolgt und die nur einen kleinen Teil der obigen Anforderungen abdeckt.

> Unter **automatisierter Textverarbeitung** (engl.: automatic text processing, word processing) versteht man Textverarbeitung, die von Rechnern unterstützt wird.

Noch zu Beginn der 80er Jahre wurden von den meisten Herstellern der EDV- und Büromaschinenbranche die «automatisierte Textverarbeitung» und die «Datenverarbeitung» als getrennte Bereiche betrachtet. Diese Unterscheidung wurde jedoch zunehmend aufgegeben: *Textverarbeitung ist eine Form von Datenverarbeitung*, die Abgrenzung zu «Datenverarbeitungsprogrammen» liegt nur in der anders gelagerten Anforderungsspezifikation. Ein Textverarbeitungsprogramm unterscheidet sich von einem Buchhaltungs- oder Bilanzierungsprogramm im gleichen Maß wie ein Lagerhaltungsprogramm von einem Statistikpaket.

Das *Anforderungsprofil von Textverarbeitungsprogrammen* zeigt sich

- in der *Aufgabenstruktur*, dem Erstellen und Korrigieren von Briefen und sonstigen Dokumenten aller Art, also auch zum Beispiel dieses Lehrtextes,
- in der *Benutzerstruktur*, meist informatikunkundiger Schreibkräfte, und
- in der *Datenstruktur*, einem unformatierten Bytestrom.

Dieses Anforderungsprofil führte vor allem aus ergonomischen Gründen zu *Hardwaremodifikationen der Peripherie* (z.B. hochauflösende, flimmerfreie Ganzseitenbildschirme, hochwertige Tastaturen usw.). Es werden ferner bei Textverarbeitungssystemen im allgemeinen Drucker verwendet, bei denen mehr Gewicht auf Schriftqualität als auf Schreibgeschwindigkeit gelegt wird (z.B. Zeichendrucker mit Korrespondenzqualität).

Übungsaufgabe Nr. I-227 im Arbeitsbuch ←

4.1.1 Textverarbeitungsfunktionen

Das *Ziel der automatisierten Textverarbeitung* ist es, daß der Benutzer ein Schriftstück (= Dokument; engl.: document) nach möglichst wenigen und kurzen Arbeitsschritten in der Form erstellen kann, die er sich vorstellt. Wie komfortabel dies zu bewerkstelligen ist, ist je nach Geräte- und Preisklasse verschieden.

> Bei der **interaktiven Textverarbeitung** wird im Dialog «auf Knopfdruck» die Textbreite der Dokumente, der Zeilenabstand, die Seitengröße u.v.a.m. verändert. Im günstigsten Fall entspricht der auf dem Bildschirm erstellte Text dem gedrucktem Text jederzeit in Form und Aussehen.[1]

Das bedeutet, daß die Schreibkraft bereits bei der Erfassung das Layout gestalten bzw. modifizieren kann. Man kann so z.B. verhindern, daß Kapitelüberschriften an das Ende einer Seite gestellt werden. Der Text kann so lange auf dem Bildschirm umformatiert werden, bis er den optischen Anforderungen entspricht.

> Auf Großrechnern ist die **stapelorientierte Textverarbeitung** vielfach verbreitet. Bei dieser wird der erfaßte Text mit Formatierungsbefehlen (meist in der Form von zwei- oder dreibuchstabigen Abkürzungen, oft in Verbindung mit Sonderzeichen) aufgefüllt und hat bezüglich seines Aussehens im unformatierten Zustand wenig mit dem fertigen Text gemein. Ist der Text vollständig erfaßt, wird ein Formatierungsprogramm aufgerufen, welches das Dokument entsprechend den im Text codierten Befehlen in seiner endgültigen Version erstellt.

Der folgende *Kriterienkatalog* erhebt keinen Anspruch auf Vollständigkeit. Er soll lediglich dazu dienen, Ihnen einen *Überblick über die auf Textverarbeitungsanlagen verfügbaren Funktionen* zu verschaffen. Beachten Sie aber, daß die Qualität eines Textverarbeitungssystems nicht nur von der Anzahl der Funktionen bestimmt wird, sondern auch ganz wesentlich davon abhängt, in welcher Weise bzw. mit welchem Aufwand für den Benutzer diese Funktionen eingesetzt werden können.

1. Funktionen zur Unterstützung der Texteingabe:

- Automatischer Zeilenumbruch,
- automatischer Seitenumbruch,
- Sofortkorrektur,
- Positionsanzeige (Zeile und Spalte),

---

1 Erinnern Sie sich noch an «WYSIWYG»? – Wenn nein, so lesen Sie doch nochmals im Abschnitt 2.4.4 nach!

- horizontales und vertikales Rollen,
- Formatspeicherung,
- Tabulatoren, Dezimaltabulatoren,
- Phrasenspeicher,
- Silbentrennung (internes Wörterbuch versus Algorithmus),
- Erkennen von orthographischen Fehlern.

Erklärung:

Automatischer Zeilen- bzw. Seitenumbruch bedeutet, daß das System beim Erfassen oder Korrigieren eines Textes die Zeilen (Seiten) umbricht, so daß die Schreibkraft nicht darauf achten muß, ob der Text in dieser Zeile (auf dieser Seite) Platz findet. *Sofortkorrektur* heißt, daß die Bedienungskraft beim Erfassen sofort etwaige Tippfehler korrigieren kann. Die *Positionsanzeige* gibt an, in welcher Zeile bzw. Spalte der jeweiligen Seite sich der Cursor (Anzeigemarke) im Augenblick befindet. Unter *Rollen* versteht man das Verschieben eines Textes am Bildschirm. Das Stichwort *Formatspeicherung* steht für den Problemkreis, wie Formate (Zeilenbreite, Seitenlänge, Zeilenabstand usw.) dem System bekannt gegeben werden und von diesem verwaltet werden. Ein *Phrasenspeicher* ist ein Speicherbereich, in dem oft benötigte Redewendungen gespeichert werden, die dann «auf Knopfdruck» in den Text eingefügt werden können.

2. Funktionen zur Verbesserung des Schriftbildes:

- Blocksatz, mehrspaltiger Blocksatz,
- rechts- und linksbündiges Tabellieren,
- Zentrieren, Spaltenzentrieren,
- Eins-zu-eins-Darstellung eines Textes am Bildschirm,
- Unterstreichen, Fettdruck, Schattenschrift,
- unterschiedlicher Zeilenabstand,
- unterschiedliche Schriftbreite (10, 12, 15 Pitch, Proportionalschrift),
- Sonderzeichen,
- unterschiedliche Schrifttypen (in einem Dokument),
- unterschiedliche Schriftgrößen (in einem Dokument),
- Umrandungen,
- Grafik.

Erklärung:

Bei der Option *Blocksatz* wird vom System der Text gleichzeitig an den linken und an den rechten Rand angeglichen. Das Gegenteil von Blocksatz ist *Flattersatz*. *Zentrieren* ist ein Synonym für Einmitten, d.h. Textstücke in die Mitte einer Zeile oder Seite stellen. *Pitch* ist ein gebräuchliches Maß für den Zeichenabstand und wird in Zeichen pro Zoll gemessen. *Proportionalschrift* bedeutet, daß die Zeichenbreite für die einzelnen Buchstaben verschieden ist; ein «M» ist breiter als ein «I».

Schreibauftrag

Nr. | vom | Modus 2 | Serienbrief (1) | Einzelbrief (2)

Absendende Abt. Verkauf II | Aussteller Kleber | Tel.

Druck auf Formular 01 | Erfassungsformular 11

Text aus Briefdatei B | Anschriften-Datei S

Texthandbuch S 1

Anschrift/-Nr.

Stephan Franke KG
Import - Export
Herrn Dr. Tausche
Altstadt 296
2800 Bremen 2

Ihr Schreiben vom 21.12.85
Ihre Zeichen Dr. Ta
Unsere Zeichen VK II / Kl
Datum 8.1.1986

Nr.	Einfügungen
01	r Herr Dr. Tausche
02	21.12.85
11	
14	Bremen
17	
18	Kleber
20	
21	Angebot

HANSEN GERÄTEBAU AG

Hansen Gerätebau AG, Postfach 43 21, 7578 Friedrichsburg

Stephan Franke KG
Import-Export
Herrn Dr. Tausche
Altstadt 296

2800 Bremen 2

Ihr Schreiben vom	Ihr Zeichen	Unser Zeichen	Friedrichsburg,
21.12.85	Dr. Ta	VK II/Kl	8.1.86

Angebot

Sehr geehrter Herr Dr. Tausche,

für Ihre Anfrage vom 21.12.85 und das damit bekundete Interesse an unseren Systemen bedanken wir uns.

Gerne übersenden wir Ihnen als Anlage ein ausführliches Angebot über unsere Systeme.

Unser technisches Servicenetz ist auf die gesamte Bundesrepublik ausgedehnt. Das für Sie zuständige Diagnosecenter befindet sich in Bremen. Das bedeutet für Sie, innerhalb kürzester Zeit ist unser Techniker an Ort und Stelle, auch nach der üblichen Arbeitszeit!

Selbstverständlich kann Ihnen erst die praktische Vorführung unserer Produkte einen Überblick über das gesamte Leistungsvermögen geben.

Herr Kleber wird Sie deshalb in den nächsten Tagen wegen eines Vorführtermins anrufen. Dürfen wir mit Ihrem Besuch rechnen?

Wir hoffen, daß unser marktgerechtes Angebot Ihre Zustimmung finden wird. Ihrer Antwort sehen wir mit Interesse entgegen.

Mit freundlichem Gruß

Hansen Gerätebau AG

Anlagen
Angebot

Abb. 4.1.1/1: Schreibauftrag für Bausteinkorrespondenz

3. **Textmengenorientierte Funktionen:**

- Selektieren von Zeichen, Worten, Zeilen, Absätzen, Seiten,
- Ersetzen, Umstellen, Duplizieren und Löschen von Textmengen,
- Suchen innerhalb eines Dokumentes,
- Suchen und automatisches Ersetzen (nach Rückfrage) einer Textmenge durch eine andere,
- Bausteinkorrespondenz,
- Erstellen von Serienbriefen, Mischen von Dokumenten (mit Umformatierung).

Erklärung:

Bei der Aufbereitung eines Dokumentes werden Textmengen manipuliert; d.h. die Schreibkraft ersetzt z.B. ein Wort durch ein anderes, stellt einen Absatz auf eine andere Seite usw. Das *Ansteuern der Textstellen* kann mittels Cursorsteuertasten, textmengenorientierten Funktionstasten, Sensorfeldern, Sensorbildschirmen oder mit Hilfe einer «Maus» erfolgen. Beim Suchen nach einer Textstelle in einem Dokument tritt möglicherweise das Problem auf, daß die zu suchende Stelle durch Silbentrennung oder Umbruch getrennt wurde. Viele Textverarbeitungssysteme sind heute nicht in der Lage, solche Stellen mit Hilfe der Suchfunktion selbständig zu finden. Es ist gebräuchlich, daß die Schreibkraft lange Worte (z.B. «Textverarbeitung»), die in einem Dokument oft verwendet werden, beim Erfassen durch Kürzel (z.B. «TV») ersetzt, die dann am Ende des Erfassens durch die *Funktion «Suchen und automatisches Ersetzen»* in ihren ursprünglichen Wortlaut übersetzt werden.

Bausteinkorrespondenz bedeutet, daß ein Dokument automatisch aus mehreren anderen Texten (= Textbausteine) zusammengefaßt wird. Verbreitete Anwendung findet diese Art der Dokumenterzeugung bei stark standardisierbaren Briefen (z.B. bei der Kundenkorrespondenz von Versicherungen). Bei *Serienbriefen* wird ein konstanter Text (z.B. Werbemitteilung) mit einem variablen Text (z.B. Adressen und Anreden) gemischt. Typische Aufgabenstellung: Einen Brief an mehrere Adressaten verschicken.

4. **Dokumentbezogene Funktionen:**

- Automatische Seitennumerierung,
- automatische Erstellung von Kopf- und Fußzeilen,
- automatische Erzeugung eines Inhaltsverzeichnisses,
- automatische Erzeugung eines Schlagwortverzeichnisses,
- automatische Erzeugung eines Abbildungsverzeichnisses,
- automatische Durchnumerierung von Überschriften, Fußnoten, Abbildungen und Listen,
- Fußnotenbehandlung,
- Behandlung von Vorwort und Anhang.

5. Speicherungs- und Wiedergabefunktionen:

- Archivieren,
- Löschen, Kopieren, Umbenennen von Dokumenten,
- Suchen über mehrere Dokumente,
- gleichzeitiges Drucken und Erfassen von Dokumenten von einer Arbeitsstation aus (Warteschlangen mit Prioritäten),
- Rechnerkommunikationsmöglichkeiten.

Erklärung:

Suchen über mehrere Dokumente kann dann sinnvoll sein, wenn der Benutzer nicht weiß, in welchem Dokument eine gesuchte Textmenge zu finden ist.

6. Programmierbarkeit:

- Verfügbarkeit einer textmengenorientierten Programmiersprache,
- vom Benutzer definierbare Kommandos oder Funktionstasten für häufig vorkommende Befehlsfolgen,
- Rechenoperationen innerhalb von Textverarbeitungsdokumenten,
- freie Programmierbarkeit.

Erklärung:

Eine *textmengenorientierte Programmiersprache* ist eine stark auf Textverarbeitungsaufgaben ausgerichtete Programmiersprache, bei der in allgemeinen, höheren Programmiersprachen gebräuchliche Funktionen (mathematische Funktionen, Dateibehandlungsbefehle, usw.) meist «verkümmert» sind. *Rechenoperationen* werden in Textverarbeitungsdokumenten oft bei Tabellen für Quer- oder Längssummen gebraucht. Unter *freier Programmierbarkeit* versteht man die Möglichkeit, Programme zur Bearbeitung von Textverarbeitungsdokumenten in einer höheren Programmiersprache (COBOL, PASCAL, BASIC usw.) zu erstellen und diese aus der Textverarbeitungsumgebung aufrufen zu können.

→ Übungsaufgaben Nr. I-228 und I-229 im Arbeitsbuch

4.1.2 Textverarbeitungssysteme

Auf dem Markt wird eine kaum überschaubare *Vielfalt von Textverarbeitungssystemen* angeboten. Sowohl bezüglich der verfügbaren Funktionen und der Benutzerfreundlichkeit als auch bezüglich der Preise gibt es große Unterschiede. In der Abb. 4.1.2/1 sehen Sie die von uns im folgenden behandelten *Produktklassen* in einem Schema geordnet. Daraus können Sie den typischen bzw. überwiegenden *Anwendungsschwerpunkt in der Praxis* hinsichtlich

- Text- und sonstiger Datenverarbeitung (formatierte Daten, Sprache, Bilder),

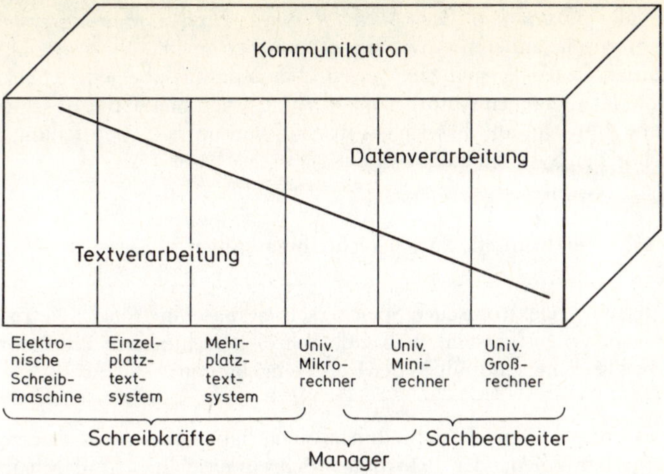

Abb. 4.1.2/1: Anwendungsschwerpunkte von Textverarbeitungssystemen

– Kommunikation (externe und interne Netze bzw. Dienste) und
– Benutzergruppen

erkennen.

Über den *Umfang der Textverarbeitungsfunktionen und -leistungen* der Systeme sagt dieses Schaubild nichts aus. Tendenziell sind Textverarbeitungssysteme umso teurer, je spezialisierter und mächtiger die Textverarbeitungsfunktionen sind. Desto länger dauert es auch im allgemeinen, bis ein Benutzer das System beherrscht und die weitreichenderen Möglichkeiten ausschöpfen kann. Dies gilt gleichermaßen innerhalb der einzelnen Produktkategorien.

Für den *gelegentlichen Benutzer* ist z.B. eine einfache elektronische Schreibmaschine oder der vergleichsweise «unterentwickelte» Textverarbeitungsteil eines integrierten Softwarepakets auf einem Mikrorechner meist völlig ausreichend. Viele Funktionen, die leistungsfähigere, spezielle Systeme bieten, sind i.d.R. gar nicht erforderlich – ihr Vorhandensein würde ihm nur den Gebrauch erschweren. Bei größeren Nutzungsabständen benötigt er jedes Mal eine gewisse Zeit, bis er wieder das System handhaben kann; zusätzliche Funktionen erhöhen die Komplexität, damit die Dauer der Lernphasen, und sie bergen zusätzliche Fehlermöglichkeiten. In einem *Schreibbüro* ist hingegen meist das teurere Spezialsystem, das zwar eine längere, hier aber einmalige Einschulungszeit bedingt, aufgrund der damit erzielbaren höheren Schreibleistungen, der besseren Qualität und des zusätzlichen Komforts die optimale Alternative. Die *Auswahl eines Textverarbeitungssystems* setzt – wie in anderen Anwendungsbereichen auch – eine sorgfältige Istaufnahme (Arbeitsplatzanalyse) und eine daraus abgeleitete Spezifikation der jeweiligen Anforderungen voraus (vgl. hierzu die Abschnitte 3.2 und 4.4). Nur auf dieser Basis ist eine «vernünftige» Beurteilung der angebotenen Systeme möglich.

4.1.2.1 Elektronische Speicherschreibmaschinen

> Unter einer **elektronischen Speicherschreibmaschine** (engl.: electronic typewriter) versteht man eine Schreibmaschine mit Prozessor, Arbeitsspeicher und mit in der Regel eingebautem Druckwerk.

Elektronische Speicherschreibmaschinen haben Form und Aussehen von mechanischen oder elektrischen Schreibmaschinen, unterscheiden sich jedoch von diesen durch einen *Arbeitsspeicher* (typisch ca. 2 KB – 32 KB) und *«Intelligenz»*. Intelligenz bedeutet in diesem Zusammenhang, daß die elektronischen Komponenten nicht nur zur mechanischen Steuerung des Druckwerks dienen, sondern daß durch diese eine Reihe von Funktionen zur Unterstützung der Texteingabe ermöglicht werden. Sie verfügen meist über einen *Zeilenbildschirm* (engl.: line display) von maximal zwei Zeilen, sind eventuell mit einem externen *Diskettenspei-*

Abb. 4.1.2.1/1: Elektronische Speicherschreibmaschine

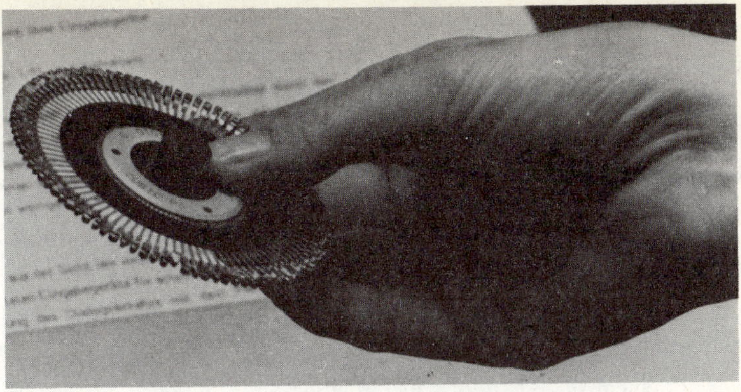

Abb. 4.1.2.1/2: Typenrad

cher ausgestattet und drucken im Regelfall mittels *Typenrad* oder *Thermotransfertechnik*.

Bildschirme in «Standardgröße» (24 Zeilen à 80 Zeichen), die separat neben oder über der Schreibmaschineneinheit aufgestellt werden können, sind ebenfalls erhältlich. Ursprünglich waren diese nur für die nachträgliche Aufrüstung bereits installierter Schreibmaschinen vorgesehen. Inzwischen werden zunehmend auch sog. *«Bildschirmschreibmaschinen»* ausgeliefert, bei denen der größere Bildschirm zur Serienausstattung gehört.

Die *gebräuchlichsten Funktionen* von elektronischen Speicherschreibmaschinen sind Unterstreichen, Fettdruck, Randausgleich, Zentrieren, rechtsbündiges Schreiben und Phrasenspeicherung. Auf dem Bildschirm sichtbare Worte lassen sich vor der Niederschrift im Arbeitsspeicher korrigieren; für geschriebene Textstellen gibt es meist eine Korrekturtaste.

Vorteile: Kostengünstig, keine oder nur sehr kurze Einschulung der Schreibkräfte, Arbeitsweise einer «normalen» Schreibmaschine, keine Akzeptanzprobleme.

Übungsaufgabe Nr. I-230 im Arbeitsbuch ←

4.1.2.2 Einzelplatztextsysteme

Unter einem **Einzelplatztextsystem** (engl.: single user text system; single user word processor) versteht man einen speziell zur Textverarbeitung ausgelegten Rechner (Textautomat) für *einen* Benutzer mit Bildschirm, meist abgesetzter Schreibmaschinentastatur mit Funktionstasten, externem Magnetspeicher und Drucker mit Korrespondenzqualität. Die Software bietet umfassende Textverarbeitungsfunktionen und eine speziell für Schreibkräfte konzipierte Benutzeroberfläche.

Textverarbeitungseinzelplatzsysteme sind *8- oder 16-Bit-Mikrorechner* mit einem *speziell auf Textverarbeitungsanwendungen ausgelegten Betriebssystem*. Die übliche Arbeitsspeichergröße liegt bei 64 KB. Auf dem Bildschirm kann eine halbe oder ganze DIN-A4-Seite im Hochformat dargestellt werden *(Halb- oder Ganzseitenbildschirm)*. Im Unterschied zu den elektronischen Speicherschreibmaschinen dient der Bildschirm nicht nur zur Anzeige von Text, sondern auch von weitreichenden *Bedienungshilfen* (Benutzerführung und Kontrolle). Meist gibt es auch neben den Cursortasten eine zusätzliche *Zeigeeinrichtung* zur schnellen Positionierung der Schreibmarke. Als externes Speicherme-

Abb. 4.1.2.2/1: Einzelplatztextsystem mit Bildschirm und Diskettenspeicher

dium ist die *Diskette* am weitesten verbreitet, zunehmend kommen auch *Festplatten* zum Einsatz. Für die Ausgabe der Schriftstücke werden vorwiegend *Typenrad- und Thermotransferdrucker* verwendet.

Aus der Vielzahl von *Funktionen*, die als elektronische Schreibhilfen bei dem in Abb. 4.1.2.2/1 dargestellten *Einzelplatztextsystem* zur Verfügung stehen, sind vor allem hervorzuheben:

- Automatische Funktionen für Zeilen- und Seitenumbruch;
- Positionsanzeige durch Zeilen- bzw. Zeichenzähler;
- eine Formatskala (Zeilenlineal) kann an jeder beliebigen Stelle des Textes eingeblendet werden und erleichtert das Setzen und Ändern von Rändern und Tabulatoren;
- auszudruckende Dokumente können in eine Warteschlange gereiht werden, dringende Schriftstücke lassen sich jederzeit einschieben;
- bei breiten Schriftstücken rollt der Bildschirm horizontal in wählbaren Sprüngen zwischen 10 und 80 Zeichen;
- Ansteuern von Korrekturstellen durch Textmengentasten und sensorfeldgesteuerten Cursor;
- Neueinteilung von Zeilen- bzw. Seitenumbruch, Seitennumerierung, Kopf- und Fußzeilen usw. entweder voll- oder halbautomatisch (halbautomatisch bedeutet, daß die Bedienungskraft die am Bildschirm angebotenen Zeilen- oder Seitentrennvorschläge beantworten kann);
- automatisches Mischen und Drucken im Hintergrund (das System steht zur gleichen Zeit für Textneueingaben oder Überarbeitungen zur Verfügung);
- mittels einer textmengenorientierten Programmiersprache kann der Anwender oft wiederkehrende Tastenkombinationen oder Aufgabenstellungen programmieren;
- über Funktionstasten können Dokumente mittels Datenfernverarbeitung mit einem anderen System ausgetauscht werden.

Übungsaufgabe Nr. I-231 im Arbeitsbuch ←

4.1.2.3 Mehrplatztextsysteme

> Unter einem **Mehrplatztextsystem** (engl.: multi-user text system; multi-user word processor) versteht man einen Textautomaten für den Mehrbenutzerbetrieb, bei dem mehrere Arbeitsstationen mit einem zentralen Textverarbeitungsrechner verbunden sind und Ressourcen gemeinsam benutzen.

Mehrplatztextsysteme sind im Regelfall mit *Festplatten* ausgerüstet; der Trend bei den Druckern geht in Richtung *Laserdrucker*. Teure

Abb. 4.1.2.3/1: Mehrplatztextsystem

Hardwarekomponenten werden kostenmäßig tragbar, wenn sie von mehreren Arbeitsplätzen gemeinsam verwendet werden.

Ein *Beispiel* für ein großes, vielseitiges *Mehrplatztextsystem* zeigt die Abb. 4.1.2.3/1. In der größten Ausbaustufe kann die Festplatteneinheit dieses Systems etwa 334 000 Seiten Text speichern, insgesamt können 32 Peripheriegeräte (davon maximal 24 Bildschirmarbeitsplätze) angeschlossen werden. Zur Grundausstattung gehören eine Zentraleinheit (Minirechner) mit einem Diskettenlaufwerk zur Off-line-Speicherung von Texten, eine Platte mit 275 MB und eine Platte mit 10 MB Speicherkapazität. Je nach Bedarf des Anwenders kann entweder die 10-MB- oder die 275-MB-Platte als Systemplatte eingesetzt werden. Um die Speicherkapazität noch weiter zu erhöhen, können zusätzlich ein oder zwei Plattenspeicher mit jeweils 275 MB angeschlossen werden. Die Software-Optionen umfassen die Programmiersprache OFFICE BASIC (eine auf die Anforderungen im Bürobereich zugeschnittene Variante der Programmiersprache BASIC) und die Datei- und Formularverarbeitung. Zu den Betriebssystemfunktionen gehören: Plattensteuerung, elektronische Post, Dienstprogramme für die Dateiverwaltung und Textverarbeitung. Anschließbar sind OCR-Leser, Magnetkartenleser, Fotosatzgeräte, Archivbildschirmstationen, Datenübertragungseinrichtungen und eine Kopplungseinrichtung für den Verbund von mehreren derartigen Mehrplatztextsystemen. Ferner lassen sich verschiedene Drucker unterschiedlicher Geschwindigkeit anschließen.

Die im Abschnitt 4.1.1 angeführten Textverarbeitungsfunktionen stellen eine Teilmenge der Funktionen dar, die auf Mehrplatztextsystemen angeboten werden.

Zusätzliche Funktionen sind etwa bei dem als *Beispiel* dargestellten System:

- Schutz vor unbefugtem Zugriff auf Dokumente;
- Grafikfähigkeit;
- Wortindizierung: Auf ein Dokument kann über alle in ihm auftretenden Worte zugegriffen werden. Der Benutzer kann die Namen aller Dokumente auflisten, die einen oder mehrere Suchbegriffe beinhalten;
- internes Wörterbuch: Der Benutzer kann nach dem Erfassen des Dokumentes ein Programm starten, das eine Liste jener Worte mit Referenzangaben erstellt, die nicht im internen Wörterbuch gespeichert sind (Umfang des Wörterbuches: ca. 80 000 Worte);
- statistische Auswertungen
  * von welchen Autoren bzw. welchen Fachabteilungen das System in welchem Ausmaß benutzt wurde (Anzahl der Seiten, Dauer, usw.),
  * Schreibfertigkeit und Schreibfrequenz der Erfassungskräfte,
  * Systemauslastung;
- für englischsprachige Texte: Beurteilung der Lesbarkeit eines Dokumentes mit Hilfe eines Lesbarkeitsindexes; Grundlage für diesen Index (= Zahl) sind die Anzahl der Worte, Sätze, Silben, Sonderzeichen, Anzahl der mehrsilbigen Worte, durchschnittliche Anzahl der Silben pro Wort bzw. der Worte pro Satz.

Übungsaufgabe Nr. I-232 im Arbeitsbuch ←

4.1.2.4 Textverarbeitung auf Mikrorechnern

Auf dem Markt wird eine *Fülle von Textverarbeitungsprogrammen für universelle Mikrorechner* angeboten.[2] Die leistungsfähigsten Pakete entsprechen weitgehend der Software dedizierter Textsysteme. Verschiedentlich wurde auch die Software von Textautomaten für universelle Mikrorechner adaptiert, so daß hinsichtlich des Funktionsspektrums und der Benutzeroberfläche überhaupt kein Unterschied mehr gegeben ist. Im Abschnitt 4.4 ist eine *Übersicht* enthalten, aus der Sie die einzelnen *Funktionen* von vier besonders leistungsfähigen, weit ver-

---

2 Wir behandeln in diesem Abschnitt nur die Textverarbeitung auf autonomen («Stand-alone-»)Mikrorechnern. Hinweise zu Verbundsystemen von Mikrorechnern bzw. Mini- und Mikrorechnern finden Sie im Abschnitt 4.1.3.5.

breiteten Textverarbeitungsprogrammen für Mikrorechner ersehen können.

Nachteile gegenüber dedizierten Textsystemen gibt es jedoch noch oft auf der Hardwareseite. Textautomaten haben Schreibmaschinentastaturen mit speziellen Funktionstasten und die erwähnten Halb- oder Ganzseitenbildschirme mit hoher Bildwiederholfrequenz und i.d.R. weißer Hintergrundfarbe (Schriftzeichen schwarz). An sich könnte auch ein «normaler» Mikrorechner so ausgestattet werden, wegen des breiten Anwendungsspektrums ist dies jedoch vielfach nicht angebracht. Denken Sie z.B. nur an die Verwendung von farbiger Geschäftsgrafik, die natürlich einen Farbbildschirm voraussetzt. Wird ein universeller Mikrorechner überwiegend oder ausschließlich für Schreibarbeiten genutzt, so kann jedoch durchaus eine *Spezialausstattung* sinnvoll sein. Es gibt solche Geräte auf dem Markt, und es sind auch spezielle Textverarbeitungstastaturen und hochauflösende Schwarz-Weiß-Bildschirme als Zusatzeinrichtungen erhältlich; allerdings werden bisher keine Ganzseitenbildschirme angeboten.

Vorteile gegenüber dedizierten Textsystemen sind der weitaus günstigere Preis, die variable Ausbaufähigkeit, die Netzwerkfähigkeiten (mehr Schnittstellen, einfacher, kostengünstiger), das breite Anwendungsspektrum und die *Integrationsmöglichkeiten* von Text- und sonstiger Datenverarbeitung. In vielen Fällen wäre es wünschenswert, aus einem Anwendungsprogramm heraus auf die mächtigen Textverarbeitungsfunktionen eines Spezialpakets zugreifen zu können (z.B. bei der Anfrage- und Bestellschreibung in einem Einkaufssystem). Leider sehen Standardprogramme (auch für größere Rechner) solche Schnittstellen bisher nur selten vor. Ebenso kann es notwendig sein, in ein Schriftstück z.B. Grafiken oder die Ergebnisse von Berechnungen mit Tabellenkalkulationsprogrammen einzufügen.

Sie wissen bereits, daß *integrierte Softwarepakete* für Mikrorechner die letztgenannte Möglichkeit regelmäßig bieten. Eingangs haben wir aber auch erwähnt, daß der *Textverarbeitungsteil* solcher Endbenutzerwerkzeuge *vergleichsweise unterentwickelt* ist. Für «Vielschreiber» ist fast immer das Spezialpaket geeigneter.

Ideal, aber noch sehr teuer sind *leistungsstarke Mikrorechner*, die sowohl *bezüglich der Textverarbeitung* als auch *bezüglich der grafischen Datenverarbeitung* und deren *Integration* höchsten Ansprüchen genügen und die darüber hinaus auch die *Möglichkeit zur «normalen» Datenverarbeitung* bieten. Ein solches System haben Sie im Abschnitt 2.4.4 kennengelernt.

→ Übungsaufgabe Nr. I-233 im Arbeitsbuch

4.1.2.5 Textverarbeitung auf Minirechnern

Alles, was Sie im vorigen Abschnitt über die Textverarbeitung auf Mikrorechnern gelesen haben, gilt analog für universelle Minirechner. Es gibt jedoch einige wesentliche *Unterschiede*.

Während bei Mikrorechnern ebenso wie bei Textsystemen der autonome («Stand-alone»-)Betrieb weitaus überwiegt und die Textverarbeitung meist isoliert, entweder allein oder neben anderen Anwendungen betrieben wird, dominieren bei Minirechnern *integrierte «Bürosysteme»* mit einer größeren Anzahl von Arbeitsplätzen. Die *Textverarbeitungsfunktionen und -leistungen* solcher Systeme entsprechen dem Standard von Textautomaten. Darüber hinaus sind weitere spezielle *«Bürofunktionen»* verfügbar, wie z.B.

- persönlicher Terminkalender,
- Notizbuch,
- Telefonverzeichnis und Adreßliste,
- Wiedervorlage,
- Tischrechner und
- Ablage.

Ferner gibt es leistungsfähige Programmteile für *Tabellenkalkulation* und *Geschäftsgrafik*. Ein derartiges Bürosystem ist also mit einer *Sammlung von Spezialpaketen* für Mikrorechner vergleichbar, die

- *integriert* sind, d.h. Daten austauschen können,
- eine *einheitliche Benutzeroberfläche* besitzen.

Weitere wesentliche Bestandteile sind Funktionen für die *elektronische Post* (über externe und interne Netze; Näheres hierzu im Abschnitt 4.2.2) sowie *Softwarewerkzeuge zur Erstellung anwenderspezifischer Programme im Bürobereich* und zur Integration von vorhandenen Anwendungsprogrammen.

Die *Architekturen von integrierten Bürosystemen*, insbesondere die Verteilung der skizzierten Funktionen auf Arbeitsstationen (unintelligente Terminals und Mikrorechner) und Minirechner mit Serverfunktion sowie die Art des Verbunds (Netzwerks), unterscheiden sich von Hersteller zu Hersteller. Auch *bezüglich des Funktionsspektrums* sind *krasse Unterschiede* gegeben. Nur relativ wenige Firmen bieten so umfassende Bürosysteme an, wie sie oben beschrieben worden sind. Ein *Nachteil* für den Anwender ist es, daß es nur *selten leistungsfähige Alternativen von unabhängigen System- oder Softwarehäusern* gibt.

Sicher ist Ihnen klar, daß integrierte Büroinformationssysteme ebenso auf der Basis eines reinen *Mikrorechnerverbunds* realisierbar sind. Das für Büroanwendungen nötige Leistungsniveau wird schon meist von «echten» 16-Bit-Mikrorechnern erreicht, 32-Bit-Mikrorechner genügen auch den höchsten Ansprüchen administrativer Anwendungen.

→ Übungsaufgabe Nr. I-234 im Arbeitsbuch

4.1.2.6 Textverarbeitung auf Großrechnern

Solche *integrierten Lösungen* gibt es vereinzelt *auch für Großrechner*, in der Praxis überwiegt bei Büroanwendungen jedoch bei weitem die dezentrale Verarbeitung «vor Ort» mit dedizierten Endgeräten und Mikro-Minirechnerverbundsystemen.

Textverarbeitung auf Großrechnern ist dann sinnvoll, *wenn folgende Kapazitäten bzw. Leistungen notwendig* sind:

- Externe Großspeicher für umfangreiche, von vielen Benutzern gemeinsam verwendete Datenbanken;
- Zeilen- oder Seitendrucker mit hoher Druckgeschwindigkeit;
- hohe Rechenleistung, z.B. für Datenbankrecherchen, Rechenoperationen in Texten (etwa im Rahmen von Angeboten oder Rechnungen), Ablageverwaltung;
- zentral koordinierte Aufgabenerfüllung und Anwendungsintegration;
- intensive Kommunikation der angeschlossenen Benutzer.

Vor allem bei einem *hohen Anteil von Standardtexten (Serienbriefe, Bausteinkorrespondenz)* kommt die Textverarbeitung auf Großrechnern in Betracht (wie z.B. in Versicherungen). Auch dann, wenn die *Textverarbeitung nur eine unbedeutende Rolle* spielt, kann diese Form aus Kostengründen zweckmäßig sein (Datensichtstationen, die billiger als Textautomaten sind, können mitbenutzt werden).

Nachteile gegenüber den weiter vorne skizzierten Möglichkeiten sind

- die mangelnde Eignung üblicherweise vorhandener Tastaturen und Bildschirme für die Textverarbeitung;
- die Durchsatz- bzw. Antwortzeitprobleme bei starker Systembelastung und das Ausfallrisiko des Zentralrechners;
- die geringere Leistungsfähigkeit der Textverarbeitungssoftware für Großrechner, insbesondere die Trennung von Editier- und Formatierungsfunktionen.

> Beim **Editieren** (engl.: to edit) wird ein Text (bzw. sonstige Information) aufgezeichnet und inhaltlich überarbeitet. Beim **Formatieren** (engl.: to format) wird ein vorhandener Text in eine bestimmte Gestalt (Form, Layout) gebracht.

Die *Textverarbeitungssoftware für Textautomaten, Mikrorechner und Minirechner* unterstützt das *Editieren und das Formatieren in einem Zug.* Es gibt Funktionen zur Unterstützung der Texteingabe, der erfaßte Texte wird auf dem Bildschirm angezeigt und kann mit Hilfe von textmengenorientierten Funktionen sowie Speicherungs- und Wiedergabefunktionen inhaltlich aufbereitet werden (= Editieren). Ebenso können aber auch über die Tastatur oder Zeigeeinrichtungen Funktionen zur Verbesserung des Schriftbilds sowie zur Strukturierung der Dokumente aufgerufen werden (= Formatieren).

Editier- und Formatierungsanweisungen, wie z.B.

- «Lösche die Zeile...!»,
- «Mache einen Absatz!»,
- «Zentriere und unterstreiche die Textpassage...!»
- «Ersetze in dem gesamten Dokument das Wort »selbstständig« durch »selbständig«!»
- «Stelle die Seite auf Blocksatz um!»,

führt das System sofort aus. Das Ergebnis erscheint unmittelbar im Anschluß an die Eingabe auf dem Bildschirm.

Bei der *Textverarbeitungssoftware von Großrechnern* erfolgt hingegen *zunächst die Editierarbeit* (unterstützt von einem Texteditor; vgl. hierzu Abschnitt 2.4.2.2) und *erst in einem zweiten, separaten Schritt die Formatierung.* Der erfaßte Fließtext wird wie bei Textautomaten, Mikrorechnern und Minirechnern auf dem Bildschirm angezeigt und kann auch «on-line» geändert werden. Die *Formatierungsanweisungen* werden ebenfalls über die Tastatur oder Zeigeeinrichtungen eingegeben, aber nicht sofort ausgeführt. Vielmehr werden sie mit Hilfe des Editors in den eigentlichen Text eingefügt. Nach Abschluß der Editiertätigkeit (bzw. irgendwann zu einem späteren Zeitpunkt) wird der Text in einem eigenen Programmlauf, quasi in *Stapelverarbeitung*, durch einen sog. *Formatierer* aufgrund der eingefügten Gestaltungsanweisungen in die gewünschte Form gebracht. Der *formatierte Text* kann auf dem Bildschirm angezeigt, ausgedruckt oder in einer Datei abgelegt werden. Natürlich sind darin die Gestaltungsanweisungen nicht mehr enthalten. Die *Quelldatei mit dem Ursprungstext* samt Gestaltungshinweisen existiert jedoch nach wie vor, was für spätere Korrekturen und die Ausgabe auf unterschiedlichen Geräten wichtig ist.

Ein **Formatierer** (engl.: formatter) ist ein Programm, das einen abgespeicherten Text nach bestimmten (i.a. im Text selbst enthaltenen) Anweisungen formatiert ausgibt (auf Bildschirm, Papier, Film). Zu den Formatierungsfunktionen gehören die Gestaltung des Seiten-Layouts, der Textumbruch und die Auswahl verschiedener Zeichensätze.

Ein *Beispiel für das Editieren und Formatieren eines Texts auf einem Großrechner* ist im Abschnitt 4.4 enthalten.

→ Übungsaufgabe Nr. I-235 im Arbeitsbuch

4.2 Textkommunikation

4.2.1 Übersicht

Zu übertragende Texte können durch *materielle* oder durch *immaterielle Übermittlung* an die gewünschten Empfänger gelangen.

Für die *materielle Übermittlung*, d.h. den körperlichen Transport der Schriftstücke, kommen *im Haus Boten, Rohrpostanlagen oder ähnliche Beförderungsmittel* in Frage («konventionelle Hauspost»). In Großbetrieben erreicht die hausinterne Korrespondenz häufig dasselbe Volumen wie der externe Schriftverkehr. Für den letzteren können *Kurierdienste* oder der *öffentliche Briefdienst* der Post in Anspruch genommen werden.

Der *Briefdienst der Post* ist der meistbenutzte Dienst für die Textübermittlung. Das Briefaufkommen in der Bundesrepublik Deutschland beläuft sich auf etwa 15 Mrd. Briefsendungen pro Jahr. Die Übermittlungszeit von Briefen beträgt im nationalen Bereich normalerweise einen Tag (bei 95 % aller Sendungen), international mehrere Tage bis zu einigen Wochen. Dazu kommt noch die Zeit für den Transport der Briefe zum Postamt bzw. Briefkasten (vielfach ein weiterer Tag).

Die *immaterielle Übermittlung von Texten auf elektronischem Wege* erfolgt hingegen in Sekunden oder Minuten und ist zudem bedeutend komfortabler, da die Wege zur innerbetrieblichen Postsammelstelle und zum Postamt oder Briefkasten entfallen. Die von der deutschen Bundesregierung eingesetzte *Kommission für den Ausbau des technischen Kommunikationssystems (KtK)* hat in dem 1976 veröffentlichten *«Telekommunikationsbericht»* festgestellt, daß sich mehr als die Hälfte der Briefsendungen für eine Übertragung über Fernmeldewege eignet (vgl. Abb. 4.2.1/1).[3] Die *elektronisch übertragbare Geschäftspost* innerhalb von Wirtschaft und Behörden – insgesamt handelt es sich um etwa 13 Mio. Sendungen pro Arbeitstag – besteht zu zwei Dritteln aus Textbriefen, die nur die Zeichen der Schreibmaschine enthalten, und zu einem Drittel aus Vorlagen mit Bildern, Zeichnungen und Grafiken.

Für kurze elektronische Textmitteilungen steht schon seit mehr als 50 Jahren der **Telexdienst** (engl.: telex service) zur Verfügung, der auf einem eigenen Netz, dem Telexnetz, basiert. *Vorteile* dieses in der Folge nicht mehr näher behandelten Dienstes sind:

---

3 Bundesministerium für das Post- und Fermeldewesen (Hrsg.): Telekommunikationsbericht, Bonn 1976: Nicht elektronisch übertragbar sind Sendungen zum Teil wegen ihrer Form (Postkarten, Prospekte, Drucksachen), zum Teil wegen ihres Inhaltes (rechtlich, persönlich).

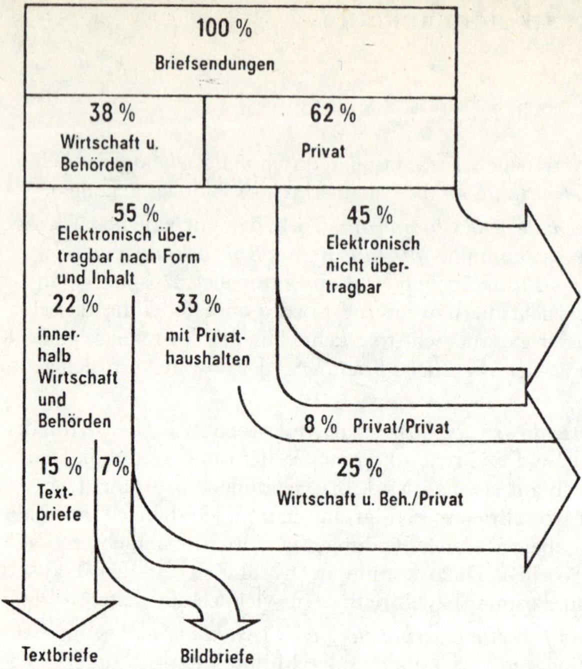

Abb. 4.2.1/1: Elektronisch übertragbares Briefvolumen in der Bundesrepublik Deutschland (Quelle: KtK – Telekommunikationsbericht)

1. Eine hohe Teilnehmerzahl ist auf der ganzen Welt rund um die Uhr jederzeit erreichbar (der Fernschreiber ist auch ohne Bedienung empfangsbereit).
2. Die Dialogfähigkeit erlaubt es, auf Anfragen unmittelbar zu antworten. Geschäfte können damit verhandelt und rechtsverbindlich bestätigt werden (beweiskräftige Sende- und Empfangsprotokollierung).
3. Der Dienst ist kostengünstig; die Postgebühren für die Übertragung kleinerer Textmengen (bis zu ca. 2 000 Zeichen) sind niedriger als bei allen anderen Postdiensten (ausgenommen Brief- und Telefondienst); Fernschreiber sind relativ billig, zunehmend können auch Rechner aller Größenklassen an Telex angeschlossen werden.

Nachteile des Telexdienstes sind:

1. Die langsame Übertragungsgeschwindigkeit von 50 bit/s (z.B. dauert die Übertragung einer DIN-A4-Seite mit 2 000 Zeichen fünf Minuten) ist für größere Textmengen meist untragbar.

2. Der eingeschränkte Zeichenvorrat (keine Unterscheidung von Groß- und Kleinbuchstaben, keine Umlaute, keine Sonderzeichen) und das Endlospapier von Fernschreiben entsprechen in vielen Fällen nicht den Layout-Anforderungen.

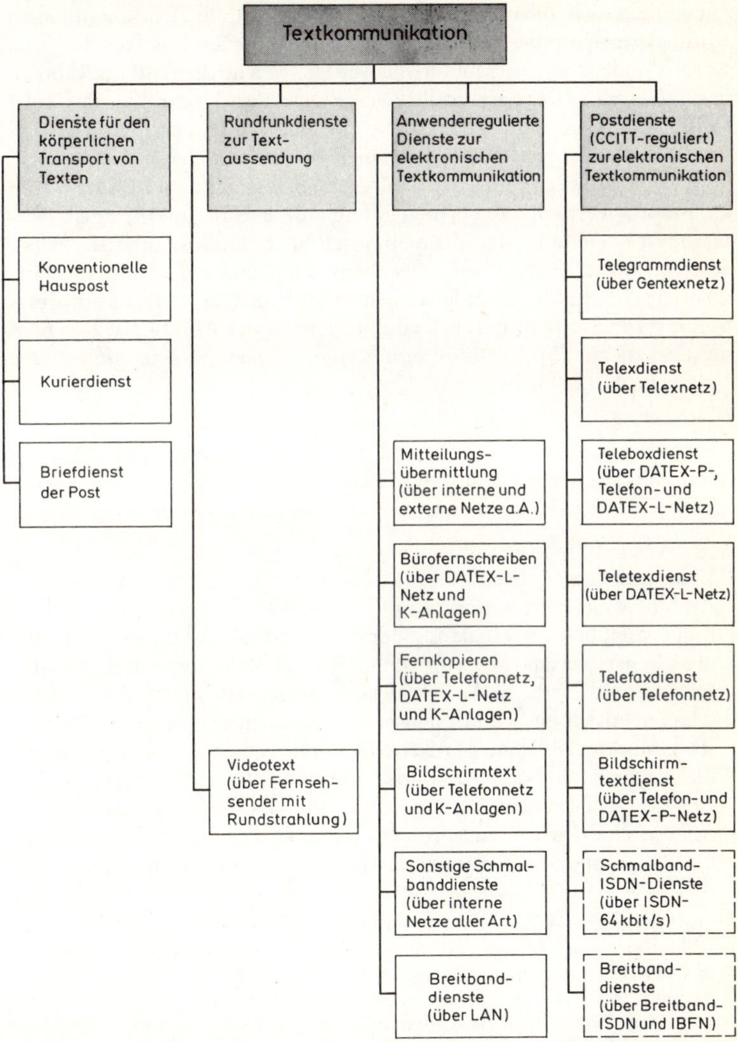

Abb. 4.2.1/2: Übersicht über die Dienste zur Textkommunikation

Diese Schwachpunkte wurden bei dem 1982 von der DBP eingeführten *Teletexdienst* behoben, der in der Bundesrepublik Deutschland auf dem DATEX-L-Netz basiert. Mit diesem Dienst können mit Textverarbeitungssystemen erstellte Schriftstücke in Sekundenschnelle an Textautomaten anderer Teilnehmer in vielen Industriestaaten der Erde übermittelt werden. Seit 1985 können in der Bundesrepublik Deutschland auch Mitteilungen in personenbezogenen «elektronischen Postfächern» von Korrespondenzpartnern hinterlegt werden, welche die DBP im Rahmen des *Teleboxdienstes* bereitstellt. Dieser Dienst ist derzeit über das Telefon-, DATEX-L- und DATEX-P-Netz zugänglich und ist mit gleichartigen Mitteilungsübermittlungssystemen in vielen anderen Ländern gekoppelt. Die Übertragung vorhandener Schriftstücke und Bildvorlagen kann durch Fernkopieren erfolgen. Die DBP hat hierfür 1979 den *Telefaxdienst* eingeführt, der auf dem Telefonnetz implementiert ist. Über *Bildschirmtext* können seit 1984 nicht nur Geschäftspartner in Wirtschaft und Behörden, sondern auch Privathaushalte mit Textinformation erreicht werden und in Dialog treten. In der Abb. 4.2.1/2 werden die *Dienste für die Textkommunikation in einer zusammenfassenden Übersicht* dargestellt.

→ Übungsaufgabe Nr. I-236 im Arbeitsbuch

Der in dieser Abbildung angeführte *Videotextdienst*[4] ist ein Massenkommunikationsmittel, das sich nicht für die gezielte zwischen- und innerbetriebliche Übertragung von kommerziellen Texten eignet.

Videotext (engl.: broadcast videotex) ist eine bundesweit ausgestrahlte «Bildschirmzeitung» mit unbeweglichen Texten, die in der Bundesrepublik Deutschland über die Sender des ARD und ZDF im «Huckepackverfahren» mit dem Fernsehbild übermittelt wird. Hierzu wird die sog. Austastlücke benutzt; das sind für den Zuschauer unsichtbare Bildzeilen am Fernsehschirm, die bei der Ausstrahlung des üblichen Fernsehbildes frei bleiben müssen, weil der Elektronenstrahl, der den Bildschirm zeilenweise abtastet, jeweils eine Leerzeile braucht, um vom Ende einer abgetasteten Seite an den Anfang einer neuen zu springen. Zum «Fernlesen» wird für den Empfangsapparat als Zusatzeinrichtung ein Decoder benötigt.

4 Die Bezeichnung «Videotext» erscheint wegen der Verwechslungsgefahr mit «Bildschirmtext» wenig glücklich. Noch problematischer ist allerdings die Namenswahl in Österreich, wo dieser Rundfunkdienst «Teletext» heißt (und der Postdienst für das Bürofernschreiben wie in der Bundesrepublik Deutschland «Teletex»). In der englischen Terminologie bezeichnet man diesen Dienst wesentlich treffender «Broadcast Videotex», wobei der Endbuchstabe «x» – wie auch bei Teletex, Telefax, Datex usw. – für «exchange» steht.

Die Textseiten, die dementsprechend nur dann empfangen werden können, wenn auch ein normales Fernsehprogramm läuft, bestehen aus 24 Zeilen mit jeweils 40 Zeichen. Sie werden fortlaufend ausgesendet, zyklisch wiederholt und bleiben so lange auf dem Bildschirm stehen, bis eine andere Seite gewählt bzw. auf ein Fernsehprogramm umgeschaltet oder der Apparat ausgeschaltet wird. Die Seitenwahl wird vom Zuschauer unter Zuhilfenahme des ebenfalls ausgestrahlten Inhaltsverzeichnisses mittels einer numerischen Tastatur (Fernbedienung des Fersehempfängers) vorgenommen.

Schwachpunkte von Videotext sind die relativ geringe technische «Bildqualität», die Zugriffszeit auf eine Textseite von mehreren Sekunden (maximal 24 s) und das – gegenüber Bildschirmtext – sehr beschränkte Informationsangebot. *Informationsanbieter* sind bei Videotext die Rundfunkanstalten und einige *große Tageszeitungen*, denen von insgesamt 250 bis 280 gesendeten Videotextseiten 20 bis 25 für die aktuelle Information zur Verfügung stehen. Letztere geben einen Überblick über die wichtigsten Nachrichten, aktualisieren dieses Angebot ständig und verknüpfen diese schnelle, kurze Vorabinformation mit den ausführlichen Berichten, die am nächsten Tag in den Zeitungen stehen. Die *Rundfunkanstalten* widmen hingegen – entsprechend einer Absprache mit den Zeitungsverlegern – den größten Teil ihres Angebots den Programmhinweisen; aktuelle Nachrichten werden nur auf drei Seiten verbreitet.

Bei einem künftigen Angebot von Rundfunkdiensten über Breitbandwege (vgl. hierzu Abschnitt 3.3.4) könnten die skizzierten Schwachpunkte behoben werden. Ein in der Funktionsweise Videotext entsprechender Dienst *Kabeltext* könnte dann beispielsweise ein nahezu unbegrenztes Textvolumen offerieren, das wesentlich schneller abrufbar wäre (etwa 800 Bildschirmseiten pro Sekunde).

Auf solche potentiellen *Breitbanddienste*, die schon früher verfügbaren neuen schmalbandigen *ISDN-Dienste* und auf die herkömmlichen Dienste für den körperlichen Transport von Texten wird im Abschnitt 4.2 nicht eingegangen. Im Abschnitt 4.4 bieten wir Ihnen jedoch noch eine knappe Übersicht. *Hier konzentrieren wir uns auf die derzeit mögliche individuelle elektronische Textkommunikation mit regulären Diensten der Post (keine Versuchsdienste) und behandeln die wichtigsten, vielfach weitreichenderen Möglichkeiten im privaten Bereich.*

Sehen Sie sich hierzu noch einmal die Abb. 4.2.1/2 an, die eine Übersicht über die vorhandenen Alternativen bietet. Dort wird zwischen
– *anwenderregulierten Diensten* und
– *Postdiensten (CCITT-reguliert)*
zur elektronischen Textkommunikation unterschieden. Was heißt das?

Legt man bei der Betrachtung die *Kommunikationsarchitektur des ISO-OSI-Referenzmodells* zugrunde (vgl. Abschnitt 3.3.1.5), so sind *Teletex, Telebox, Telefax, Bildschirmtext und die zukünftigen ISDN-Dienste* der DBP ebenso wie *private elektronische Post-, Konferenz- und Auskunftssysteme* Dienste, die auf der *Anwendungsschicht* angeboten werden. Grundsätzlich können auf dieser obersten Schicht Vereinbarungen zwischen den Prozessen, die miteinander kommunizieren, frei getroffen werden.

Die *Postdienste* unterscheiden sich von anderen Anwendungsdiensten durch ihre *Standardisierung*, d.h. die DBP bzw. auf internationaler Ebene das CCITT regulieren diese Dienste durch die Festlegung der im gesamten nationalen bzw. internationalen Bereich gültigen technischen Einzelheiten. Es dürfen nur solche Endgeräte angeschlossen werden, welche die technischen und protokollmäßigen Normen erfüllen (d.h. die von der Post nach Überprüfung zugelassen worden sind).

Der Anwender kann von diesen standardisierten Telekommunikationsdiensten Gebrauch machen – er muß es aber nicht. Das heißt, daß *Anwender grundsätzlich auch ihre eigenen, individuellen Systeme* entwerfen bzw. von den Angeboten der EDV-Hersteller oder kommerziellen Informationsdienste Gebrauch machen können.

In vielen Fällen ist es für die Anwender günstig, wenn sie ihre *privaten Dienste entsprechend den Postnormen* gestalten, weil sie damit
- die erforderlichen Geräte und Programme fertig und kostengünstig einkaufen können,
- die Kommunikation mit Dritten keiner besonderen Absprachen bedarf und
- das private System problemlos mit dem entsprechenden öffentlichen Postsystem verbunden werden kann.

Manchmal sind die Leistungsmerkmale eines Postdienstes, insbesondere die Übertragungsgeschwindigkeit, jedoch so unzureichend, daß die *Anwender* notgedrungen zu *eigenen, leistungsfähigeren Dienstvarianten* greifen müssen. Oft gibt es für private Dienste auch gar keine «Postvorbilder» bzw. CCITT-Empfehlungen.

Zum *Beispiel* werden viele *Bildschirmtext-Inhousesysteme* mit einer höheren Übertragungsgeschwindigkeit betrieben als das öffentliche Bildschirmtextsystem der Post. Informationsrecherchen können beim privaten Bildschirmtext durch Datenbankverwaltungsfunktionen erleichtert werden, was das Postsystem ebenfalls nicht bietet. Ebenso kann im Haus mit einer höheren Auflösung der Bildschirmtextgrafiken gearbeitet werden.

Infolge ihrer **Fernmeldehoheit** hat in der Bundesrepublik Deutschland ausschließlich die DBP das Recht, elektronische Textkommunikationsdienste öffentlich für jedermann anzubieten. Private Dienste sind auf die Mitglieder der eigenen Organisation (Betrieb, Verein) beschränkt.

Übungsaufgabe Nr. I-237 im Arbeitsbuch ←

4.2.2 Mitteilungsübermittlung (Teleboxdienst)

Ein **Mitteilungsübermittlungssystem** (engl.: message handling system; mailbox system) ist ein Softwaresystem für die elektronische Post auf der Basis der Teilstreckenvermittlung (engl.: store-and-forward technique). Es ermöglicht von einem Terminal aus den Versand von Mitteilungen bzw. Dateien über interne und/oder externe Netze in «elektronische Postfächer» (= persönliche Speicherbereiche) der vorgesehenen Empfänger, die mittels Terminal die eingegangene Post abrufen können.

Die Texterstellung erfolgt auf die bei der automatisierten Textverarbeitung übliche Weise. *Ein fertiger Text wird auf Anweisung des Absenders an einen bestimmten Adressatenkreis versandt.* Dies kann sofort oder zu vorher festgelegten Zeiten geschehen, zu denen das System die Post bei den Terminals einsammelt (d.h. automatisch abruft) und verteilt. Die angeschlossenen Terminals können sich im Haus, aber auch an jedem sonstigen Ort befinden. Wie im Abschnitt 4.2.1 erwähnt, sind als Teilnehmer eines privaten Mitteilungsübermittlungssystems in der Bundesrepublik Deutschland jedoch nur die registrierten Mitarbeiter eines Betriebes bzw. die Mitglieder eines Vereins zugelassen (geschlossenes System).

Das heißt, daß zum *Beispiel* auch die *Korrespondenz* zwischen Niederlassungen und der Zentrale elektronisch über ein derartiges System abgewickelt werden kann oder daß ein Außendienstmitarbeiter mittels eines mobilen Terminals von jeder öffentlichen Telefonzelle aus Mitteilungen versenden oder sein Postfach abfragen kann.

Die *Speicherung der Post in den Postfächern* kann entweder dezentral in einem Datenstationsrechner (bzw. einer DFÜ-Steuereinheit) für eine beschränkte Zahl angeschlossener Terminals oder in einem Zentralrechner für alle Teilnehmer erfolgen. In der Praxis ist die zentrale Speicherung vorherrschend; vielfach wird hierfür ein spezieller Minirechner

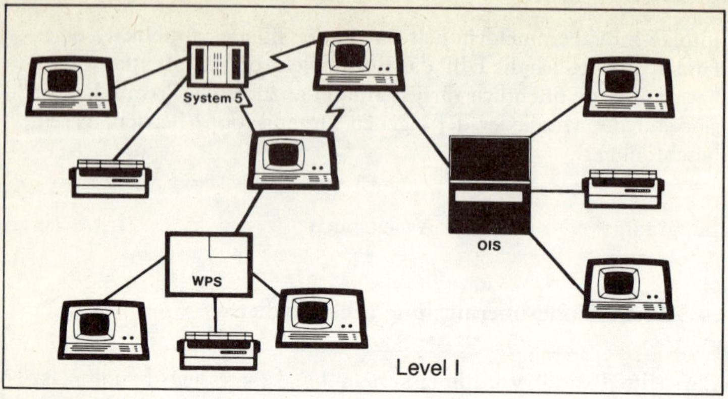
System 5
WPS
OIS
Level I

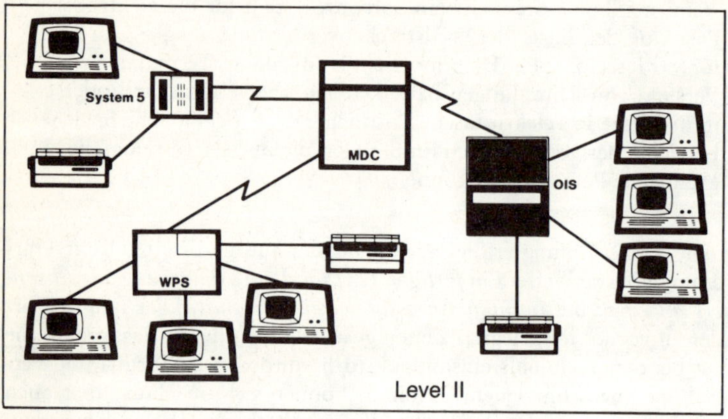
System 5
MDC
OIS
WPS
Level II

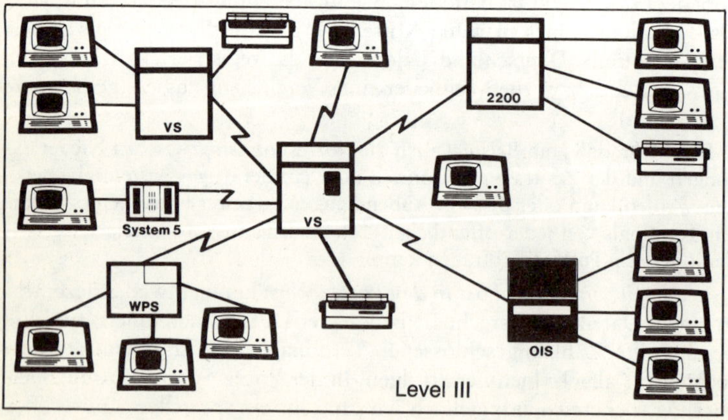
VS
2200
VS
System 5
WPS
OIS
Level III

eingesetzt, auf dem auch die Software des elektronischen Postsystems implementiert ist. In jedem Fall ist jedoch eine *gezielte Abfrage der Postfächer* durch die autorisierten Inhaber erforderlich.

Zu den *Verwaltungsfunktionen der Software* gehören die Berechtigungsprüfung bei sendenden und empfangenden Teilnehmern (mittels geheimer Kennworte und -codes), der Verbindungsaufbau und -abbau, automatischer Abruf, der Datentransport, der Empfang, die Speicherung, die Empfangsmeldung an die Adressaten und die Empfangsbestätigung an die Absender, sowie die Erstellung bzw. Fortschreibung von Verzeichnissen der Teilnehmer, Kennworte, Verbindungstabellen und des Logbuchs zur Protokollierung der übermittelten Nachrichten.

Durch systemgesteuerte Dialoge wird der *Absender* bei der Erstellung, Speicherung und Änderung von Adreß- und Versandlisten und der Prioritätenreihung der Ausgangspost unterstützt. Der Absender kann seine im Postfach deponierten Nachrichten wieder herausnehmen oder korrigieren, solange der Versand noch nicht durchgeführt wurde. Sein Postfach kann ihm dementsprechend auch als «Zettelkasten» für eigene Notizen dienen, die er bei Bedarf abrufen kann. Bei Sendungen erhält er vom System eine Empfangsbestätigung, wenn seine Nachricht im Postfach des Adressaten eingetroffen ist, und eine Meldung, wenn dieser sie gelesen hat.

Bei der Einsichtnahme in sein Postfach wird dem *Empfänger* am Terminal ein geordnetes Inhaltsverzeichnis der für ihn bestimmten Nachrichten präsentiert. Dadurch kann er die Reihenfolge des Lesens selbst wählen und danach entscheiden, ob eine Mitteilung gedruckt, weiterhin im Postfach gespeichert, archiviert, weitergeleitet oder gelöscht werden soll.

Bei einigen Versionen von Mitteilungsübermittlungssystemen können nicht nur menschliche Teilnehmer, sondern *auch Anwendungsprogramme miteinander kommunizieren.*

Zum *Beispiel* wird das in Abb. 4.2.2/1 gezeigte *herstellerspezifische elektronische Postsystem* in drei Ausbaustufen angeboten.

Die *erste Aufbaustufe (Level I)* ist für die Benutzer der verschiedenen Textverarbeitungssysteme des Herstellers (Typenbezeichnungen im Bild: OIS, System 5, WPS) mit einem geringen Korrespondenzvolumen gedacht. Die Übertragung der Mitteilungen erfolgt benutzerinitiiert durch Punkt-zu-Punkt-Verbindungen zwischen den Leitzentralen der Mehrplatztextsysteme bzw. den angeschlossenen Einzelplatztextsystemen über festgeschaltete oder

Abb. 4.2.2/1: Ausbaustufen eines herstellerspezifischen Mitteilungsübermittlungssystems (Quelle: Wang)

gewählte Telefonverbindungen (mit maximal 4 800 bit/s). Der Anwender benötigt nur die üblichen DFÜ-Steuereinheiten und die Level I-Software.

Die *zweite Ausbaustufe (Level II)* automatisiert das Abholen und Verteilen der Mitteilungen aus den Postfächern der Teilnehmer, wobei eine spezielle zentrale Steuereinheit (MDC; Abkürzung für engl.: mail distribution controller) den gesamten Postverkehr verwaltet und kontrolliert. Die Post wird normalerweise zu festgelegten Zeiten gesammelt, auf Magnetplatte gespeichert und versandt. Um Verbindungskosten zu sparen, fertigt die zentrale Steuereinheit von jedem zu versendenden Schriftstück eine elektronische Kopie an, die entsprechend der jeweiligen Verteilerliste an die Leitzentrale(n) versandt wird. Dort wird diese Kopie für die adressierten angeschlossenen Textsysteme vervielfältigt und zugestellt. Wenn alle Empfänger die Nachricht erhalten haben, wird dies der zentralen Steuereinheit bestätigt. Die Häufigkeit der Postzustellung wird vom Anwender festgelegt und kann nach Prioritäten der Teilnehmer differenziert werden. Auch eine Eilzustellung außerhalb des festgelegten Versandrhythmuses kann für besonders zeitkritische Nachrichten vorgesehen werden. Die Übertragungsgeschwindigkeit auf Telefonleitungen kann bis zu 9 600 bit/s betragen.

Die *dritte Ausbaustufe (Level III)* bietet über die skizzierten Funktionen hinaus die Einbeziehung der von dem Hersteller gelieferten Mini- und Mikrorechner. Auf diesen Rechnern laufende Anwendungsprogramme können über Telefonverbindungen mit 9 600 bit/s bzw. das von dem Hersteller angebotene lokale Netz mit 12 Mbit/s Nachrichten versenden und empfangen.

Zum *Beispiel* lassen sich dadurch die von einem Programm erstellten Absatzstatistiken automatisch adressieren, vervielfältigen und an die Verkaufsstätten versenden. Die Verkäufer erhalten tagesaktuelle Information – und nicht wie auf dem herkömmlichen Postweg einige Tage später eigentlich schon überholte Verkaufsdaten.

Die letztgenannte Funktion bietet interessante *Ansatzpunkte für die Beschleunigung von innerbetrieblichen Abläufen*, an denen verschiedene genehmigungspflichtige Stellen beteiligt sind. Diese erhalten über das elektronische Postsystem die Geschäftsvorfälle in ihr Postfach übermittelt und müssen innerhalb einer bestimmten Frist «widersprechen», ansonsten wird der Vorgang als genehmigt betrachtet und automatisch vom System an die nächste Stelle (bzw. deren Postfach) weitergeleitet.

→ Übungsaufgabe Nr. I-238 im Arbeitsbuch

Weitere *Anwendungsmöglichkeiten von Mitteilungsübermittlungssystemen*, die über den reinen Versand von Kurzmitteilungen oder Dokumenten hinausgehen, sind

– textliche Telekonferenzen im sequentiellen Modus, d.h. der Informationsaustausch findet nicht im Dialog, sondern im «Stapelbetrieb» statt,

- Auskunftsdienste für den Außendienst bzw. Kunden oder Interessenten und der bereits genannte
- Ablagekasten für eigene Notizen, der u.U. durch ein Kalendermanagementprogramm organisiert werden kann (d.h. Ordnung der Notizen nach Terminen).

Übungsaufgabe Nr. I-239 im Arbeitsbuch ←

Als wichtigster *Vorteil von Mitteilungsübermittlungssystemen* gegenüber dem Telefon gilt, daß die Nachrichten «per Einschreiben» auch dann übermittelt werden können, wenn der Empfänger nicht anwesend ist bzw. wenn sein Anschluß besetzt ist. Gegenüber den Postdiensten Teletex, Telefax und Bildschirmtext bieten solche Systeme den Vorteil, daß der Teilnehmer sein Postfach nahezu von jedem Telefonanschluß der Welt füllen und leeren kann. Hierfür werden tragbare, besonders preiswerte Schreibterminals angeboten. Auch fast jeder portable Mikrorechner ist als Endgerät geeignet.

Nach den *CCITT-Empfehlungen für «Message Handling Systems»* bietet auch die DBP einen Mitteilungsübermittlungsdienst an.

> Der **Teleboxdienst** (engl.: telebox service) ist ein öffentlicher Fernmeldedienst für die personenbezogene Mitteilungsübermittlung. Jeder Teilnehmer erhält eine sog. Box (= «elektronisches Postfach») oder mehrere gemietete Boxen, die über das Telefon-, DATEX-L- und DATEX-P-Netz zugänglich sind. Er kann über seine Box Texte eingeben, lesen, editieren, formatieren, speichern, an andere Teilnehmer versenden und Texte von diesen empfangen.

Wesentliche *Leistungsmerkmale des Teleboxdienstes* sind:

- Jede Box hat eine von der Post auf Antrag zugeteilte *Adresse*, die sich aus drei Buchstaben und drei Ziffern zusammensetzt (z.B.: HAN007); sie ist durch ein *persönliches Paßwort* geschützt.
- Die *Kapazität der Box* ist flexibel; d.h. vom System wird der jeweils vom Benutzer benötigte Speicherplatz automatisch zur Verfügung gestellt.
- *Zu übermittelnde Mitteilungen* werden vom Benutzer in seine Box eingegeben, mit der Adresse versehen und «abgesendet», d.h. vom System in die Box des Empfängers übertragen. Die *Zeilenlänge* ist auf 132 Zeichen begrenzt. Die *maximale Länge einer Mitteilung* beträgt über 130 000 Zeichen.
- Mitteilungen können vom System *sofort oder zu einem vorbestimmbaren späteren Zeitpunkt an einen Empfänger oder eine ausgewählte Zahl von Empfängern* (Mehrfachadressen) abgesendet werden.

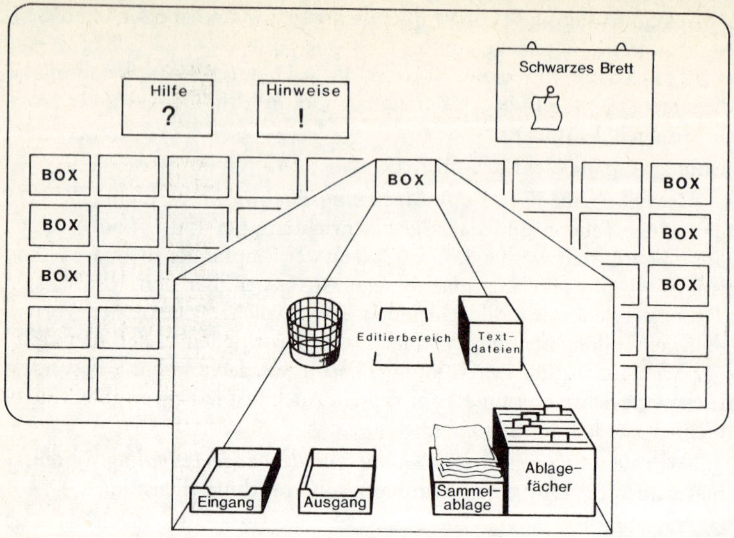

Abb. 4.2.2/2: Übersicht über die Merkmale des Teleboxdienstes (Quelle: DBP)

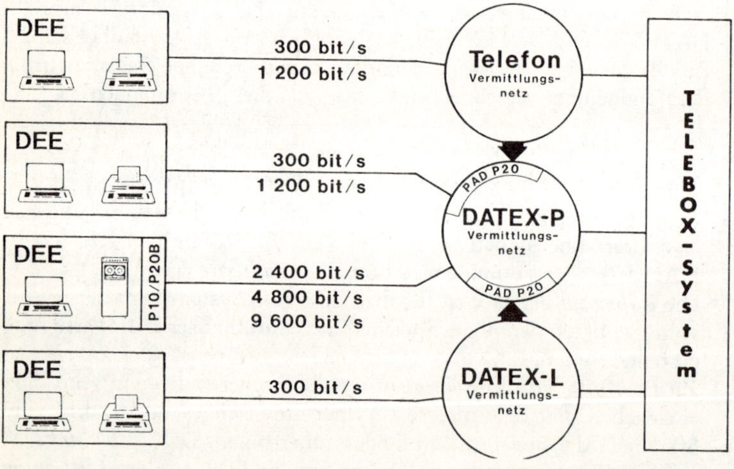

Abb. 4.2.2/3: Zugangsmöglichkeiten zum Teleboxsystem (Quelle: DBP)

- *Express*-Mitteilungen werden beim Empfänger an die erste Stelle der «Posteingangsliste» gesetzt. Bei Mitteilungen mit *Empfangsbestätigung* meldet das System dem Absender das Auslesen der Sendung durch den Empfänger.
- Über das *«Schwarze Brett»* können Mitteilungen für alle Teilnehmer oder für besondere Benutzergruppen bereitgestellt werden.
- *Empfangene Mitteilungen* können jederzeit *abgefragt, aber auch berichtigt, ergänzt und weitergeleitet* werden.
- Das System bietet *Unterstützung bei der Bedienung* («Hilfe»-Datei, Teilnehmerverzeichnis), der *Texteditierung und -formatierung* sowie der *Ablageorganisation* der Box (z.B. Suchworte).

Die Abb. 4.2.2/3 zeigt Ihnen die *Zugangsmöglichkeiten zum Teleboxsystem.* Im Telefonnetz kann der Zugriff sowohl über festangeschaltete Modems als auch mittels Akustikkoppler vorgenommen werden. Die Verbindung zum Teleboxrechner wird wie üblich in Selbstwahl hergestellt (z.B. im Telefonnetz mit 1 200 bit/s: (0621) 412071).

Exkurs: Sprachspeicher- und -übermittlungssysteme

Von einigen Herstellern werden *Sprachspeicher- und -übermittlungssysteme* (engl.: voice message handling system; voice mailbox system) angeboten, die genauso wie die Text-Mailbox-Systeme funktionieren. Der Benutzer kann von jedem beliebigen Telefonapparat aus gesprochene Nachrichten in den Postfächern anderer Teilnehmer (bzw. in seinem eigenen Postfach) deponieren. Die Mitteilungen werden in digitaler Form auf dem Magnetplattenspeicher eines zentralen Minirechners abgespeichert und beim Abruf durch den berechtigten Benutzer wieder in die gewohnte analoge Form gebracht. Eine Nachricht wird so empfangen und verstanden, als ob sie unmittelbar vom Gesprächspartner käme: Es handelt sich also um eine zeitverschobene Zweiwegkommunikation via Telefon *(«Off-line-Telefonieren»).*

Die Eingabe der Benutzerkenndaten (Name, Paßwort) und der Steuerbefehle für das Aufnehmen, Anhören, Absenden und Abrufen der gesprochenen Nachrichten erfolgt über ein der Telefontastatur zugeordnetes, international genormtes Buchstabenschema (MFV, d.h. Mehrfrequenzwahl nach CCITT). Der Teilnehmer wird dabei durch Sprachmitteilungen in der Benutzung des Systems geführt. Die Abb. 4.2.2/4 zeigt

Telefon:

Grundfunktionen:

*2 Persönliche Daten bestimmen
*3 Abmelden
*4 Nachricht abrufen
*5 Nachricht anhören
*7 Nachricht aufnehmen
*8 Nachricht absenden
6 Name des Empfängers eingeben
oder
3 Name des Verteilers eingeben
00 Versand abschließen
Hinweise und Hilfen
* Vorgang unterbrechen/warten
*4 Nachricht abrufen
52 Anfang einer Nachrichtenart
54 eine Nachricht zurück
55 nächste Nachrichtenart
56 eine Nachricht vorwärts
58 letzte Nachricht
*5 Nachricht anhören
1...langsamer 2 normal 3...schneller
87...leiser 88 normal 89...lauter
52 an den Anfang zurück
54... 3 Sekunden zurück
55 Stop/Start
56... 3 Sekunden vorwärts
58 an das Ende der Nachricht
03 Nachricht löschen
*7 Nachricht aufnehmen
7... die letzten Sekunden anhören
8 ab hier löschen (Neuaufnahme)
*8 Nachricht absenden
1 Benachrichtigungsart auswählen
2 Nachricht steuern
3 Name des Verteilers eingeben
6 Name des Empfängers eingeben
7 Antwort anfordern
8 Benachrichtigung anfordern
01 Absendebedingungen ändern
00 Versand abschließen
07 auf empfangene Nachricht antworten (während *5, *7, *8)
9 Informationen über Nachricht (während *4, *5, *8)
08 letzte Aufnahme löschen (während *5, *7)

die verfügbaren Grundfunktionen eines derartigen Sprachspeicher- und -übermittlungssystems. Steht für die Eingabe kein Tastenwahlapparat mit MFV-Wahl zur Verfügung (z.B. in der Telefonzelle, bei Kunden, zu Hause), so kann mit Hilfe eines batteriebetriebenen, zigarettenschachtelgroßen Zusatzgeräts, das Mehrfrequenztöne erzeugt, das System angesteuert werden. Dieses Gerät verfügt über die nötige zwölfteilige Tastatur (0 bis 9, zwei Funktionstasten) und wird mittels einer Muffe einfach an das Mikrofon des Hörers eines Telefonapparats angekoppelt.

Übungsaufgabe Nr. I-240 im Arbeitsbuch ←

4.2.3 Bürofernschreiben (Teletexdienst)

Bürofernschreiben ist eine im bestehenden Fernmeldenetz mögliche zeichenweise Übertragung von Textnachrichten über größere Entfernungen hinweg. Es wird durch Endgeräte charakterisiert, die sowohl der Erstellung als auch der Übermittlung von Texten mit dem vollen Zeichenvorrat einer Büroschreibmaschine dienen.

In der Bundesrepublik Deutschland bietet die DBP für das Bürofernschreiben seit 1982 den öffentlichen Fernmeldedienst *Teletex* an. Auch in vielen anderen europäischen Ländern, Nordamerika, Japan und Südafrika ist der Teletexdienst verfügbar. Alle Teilnehmer dieser Länder können miteinander korrespondieren.

Der **Teletexdienst** (engl.: teletex service) ist ein internationaler, öffentlicher Bürofernschreibdienst der Post. Er ermöglicht es den Teilnehmern, Textbriefe im Format DIN A4 hoch oder quer von kommunikationsfähigen Textverarbeitungssystemen unter Benutzung der jeweiligen nationalen Tastaturen (und damit der nationalen Zeichensätze) in allen am Teletexdienst teilnehmenden Ländern und auch zwischen diesen auszutauschen. Die Textübertragung erfolgt mit einer Geschwindigkeit von 2 400 bit/s, in der Bundesrepublik Deutschland über das Datexnetz mit Leitungsvermittlung, was eine Übertragungsdauer für eine vollgeschriebene DIN-A4-Textseite von weniger als zehn Sekunden ermöglicht.

Abb. 4.2.2/4: Grundfunktionen eines Sprachspeicher- und -übermittlungssystems

Abb. 4.2.3/1: Teletex-Speicherschreibmaschine

Die Grundidee für das Bürofernschreiben geht auf die automatisierte Textverarbeitung zurück, bei der geschriebene, redigierte und korrigierte Texte im Speicher der Textverarbeitungsgeräte abgelegt werden. Anstatt einen geschriebenen Brief nun körperlich zu versenden, liegt es nahe, den *Transport* – wie bei den Mitteilungsübermittlungssystemen – *elektronisch* abzuwickeln. Aufgrund einer vorangestellten codierten Empfängeranschrift kann er *aus dem Speicher des Textverarbeitungsgeräts über ein öffentliches Wählnetz in den Empfangsspeicher eines angeschlossenen gleichartigen Geräts* übertragen werden, das beim Empfänger installiert ist. Dort kann der Brief, wenn das empfangende Gerät nicht gerade mit anderen Schreibarbeiten beschäftigt ist, sofort ausgegeben werden. Es liegt dabei im Ermessen des Empfängers, ob eine empfangene Textnachricht gedruckt oder anderweitig ausgegeben (z.B. am Bildschirm angezeigt) wird. Wird eine Nachricht ausgedruckt, so erhält der Empfänger ein *Dokument, das hinsichtlich des Inhalts, des Layouts und des Formats mit dem des Senders identisch ist.* Durch eingehende Nachrichten wird eine gerade laufende Texterstellung nicht beeinträchtigt. Auf der Lokalseite wird das kommunikationsfähige Endgerät also wie üblich mit allen Funktionen für die Textverarbeitung genutzt. Damit läßt sich das Bürofernschreiben im Teletexdienst stärker in die Büroarbeit integrieren, als dies beim herkömmlichen Fernschreiben je möglich war. Während sich für den Fernschreibverkehr meist betriebliche Telexzentralen entwickelt haben, ist das Teletexterminal am Arbeitsplatz in den Fachabteilungen, Vorzimmern und Sekretariaten zu finden.

@ 232-3222190=WUWWIT /2627-403159=TTS /86-02-07-17:34/001-001
Teletex Translation Service GmbH Werbebrief
An der Alster 26 - D 2000 Hamburg 1

Betreff: Ü B E R S E T Z U N G S - E I L D I E N S T

(Englisch + Französisch + Spanisch + Italienisch)

Sehr geehrte Damen und Herren,

wie Sie aus der obigen Firma entnehmen können, haben wir Ihre Problematik verstanden. Bislang waren Übersetzungsdienste mit der Briefzustellung eine langatmige Angelegenheit. Sehr häufig aber braucht man eine Übersetzung sofort bzw. am selben Tag. Diese neue Aufgabe läßt sich gerade mit Teletex hervorragend bewältigen. Nicht jede kleine Firma hat die Möglichkeit, auf Fachkräfte zurückzugreifen; selbst größere Firmen haben Engpässe bzw. Ausfälle. Gerade dann kann der erfolgreiche Abschluß eines Auftrages von einer schnellen Übersetzung abhängen.

Zudem erlaubt Teletex, die Arbeit mit sämtlichen Zeichen und Verarbeitungsdaten zu übertragen, sodaß Sie nur noch Ihren Briefbogen einzuspannen brauchen. Sind schnelle Änderungen einzufügen, läßt sich dies im Dialogverfahren rasch erledigen. Somit bedeutet Teletex für Sie, daß ein leistungsfähiges Fachübersetzer-Team so verfügbar ist, als stünde es ständig in Ihrem Büro ... wie das eigene Personal.

Wir können auch andere, umfangreichere Aufträge erledigen, und zwar in druckreifer Form, mit Änderungsmöglichkeiten, da wir mit modernen Textverarbeitungssystemen arbeiten. Handelt es sich um ein Original, so können Sie uns über Telefax (Gruppe 3) sekundenschnell die gewünschte Vorlage zusenden und die Übersetzung kommt natürlich unterschriftsreif blitzschnell mit Teletex zurück.

Sie können uns auf folgende Weise erreichen:

Tel.: BRD 40/24 07 81 - Fax: BRD 40/24 62 47 - Teletex: 2627/ 40 31 59

In der Hoffnung bald von Ihnen zu hören, verbleiben wir mit
freundlichen Grüssen

Georges Lacroix
vereidigter Übersetzer

Abb. 4.2.3/2: Teletex-Werbebrief

Im *Unterschied zu* den im vorigen Abschnitt gekennzeichneten *Mitteilungsübermittlungssystemen* wird die elektronische Post dem Empfänger direkt zugestellt (d.h. es ist keine gezielte Abfrage eines i.a. zentral verwalteten Postfachs nötig). Teilnehmer kann jeder sein, der über ein entsprechendes Endgerät verfügt und von der Post zugelassen wurde.

Die *Ausrüstung eines Teletexendgerätes mit einem zusätzlichen Empfangsspeicher* ist notwendig, damit ein ungestörter Textverarbeitungsbetrieb ermöglicht und die unterschiedliche Geschwindigkeit bei der Übertragung und Ausgabe übermittelter Texte ausgeglichen werden kann. Von einem flüchtigen Empfangsspeicher sind eintreffende Nachrichten sofort in einen nichtflüchtigen Speicher zu übertragen, damit diese bis zur Wiedergabe gegen Stromausfall oder zufälliges Löschen gesichert sind. Die minimale Empfangsspeichergröße wird im wesentlichen durch die im Teletexdienst geforderte einstündige ungestörte Lokalbetriebszeit sowie durch den Umfang der in dieser Stunde wahrscheinlich eintreffenden Nachrichten bestimmt. Teilnehmer mit einem Übertragungsvolumen von zehn Stunden pro Tag (die eine Hälfte gesendet, die andere Hälfte empfangend) kommen beispielsweise mit einer Empfangsspeichergröße von 12 KB aus, während Teilnehmer mit einem zehnmal so hohen Verkehrsaufkommen Geräte mit einer Empfangsspeicherkapazität von 74 KB benötigen.

Als *Teletexstationen* kommen *Textverarbeitungssysteme aller Art* in Betracht – elektronische Speicherschreibmaschinen, Einzel- und Mehrplatztextsysteme sowie universelle Rechner aller Größenklassen. Die *Teletexschnittstelle*, d.h. der Kommunikationsteil für den Netzanschluß und die Protokollabwicklung, ist bei manchen Textautomaten *serienmäßig* eingebaut; ebenso gibt es aber auch Adapter und Software für die *Nachrüstung*.

Ausschlaggebend für eine weitere *Verbreitung des Bürofernschreibens* dürften die im Teletexdienst durch Normenvereinbarungen und Zulassungsvoraussetzungen gewährleistete Verträglichkeit der Endgeräte, das Vorhandensein von Teilnehmerverzeichnissen, angemessene Gebührensätze, die Qualität des Services, die Güte der Nachrichtenübertragung und vor allem die hohe Übertragungsgeschwindigkeit sein. Die *effektive Übertragungszeit* beträgt im Teletexdienst nur etwa ein Vierzigstel der im Telex- und Telefaxdienst benötigten Zeiten! Sowohl beim Senden als auch beim Empfangen ist *unbedienter Betrieb* möglich. Das Senden erfolgt durch einen Druck auf die Starttaste im sendenden Gerät oder selbsttätig nach Erreichen einer vorher eingestellten Sendebeginnzeit.

Zwischen Teletex- und Telexendgeräten ist eine Kommunikation möglich, wobei das Teletexendgerät allerdings nur den im Fernschreibverkehr zulässigen beschränkten Zeichenvorrat verwenden und auf einer Zeile maximal 69 Zeichen (= Telexformat) drucken kann. Alle Umsetzungen (Code-, Geschwindigkeits- und Prozedurumwandlung) erfolgen durch eine Übergangseinrichtung zwischen dem Teletex- und Telexnetz. Dadurch kann der Teletexteilnehmer mit den etwa 1,7 Mio. Telexteilnehmern auf der ganzen Welt kommunizieren.

Aufgrund des gemeinsamen Übertragungsnetzes können Teletexteilnehmer *auch mit DATEX-L-Teilnehmern* der gleichen Geschwindigkeitsklasse 2 400 bit/s Daten austauschen bzw. Datenfernverarbeitung betreiben (nach einem von den Teilnehmern beliebig wählbaren Protokoll).

Übungsaufgabe Nr. I-241 im Arbeitsbuch ←

4.2.4 Fernkopieren (Telefaxdienst)

Fernkopieren (Synonym: **Faksimileübertragung**; engl.: telecopying; facsimile transmission) ermöglicht die originalgetreue Übertragung von Schrift- und Grafikvorlagen über größere Entfernungen hinweg. Die Vorlagen werden im sendenden Fernkopierer in Form eines Rasters optisch abgetastet, die einzelne Punkte repräsentierenden Abtastsignale werden in analoger oder digitaler Form über Fernmeldewege übertragen und vom empfangenden Fernkopierer (häufig auf Spezialpapier) aufgezeichnet.

1966 genehmigte die DBP erstmals den Anschluß von Fernkopierern an das öffentliche Telefonnetz. In den Folgejahren hat sich das Fernkopieren nur zögernd entwickelt, sicherlich nicht zuletzt wegen der Inkompatibilität zwischen Geräten verschiedener Hersteller, die lange Zeit bestand und teilweise auch derzeit noch gegeben ist. Das CCITT hat Empfehlungen herausgegeben, nach denen die *Fernkopierer* entsprechend der typischen Übertragungsdauer für eine Seite DIN A4 in *drei normierte Gruppen* unterschieden werden:

- Gruppe 1: Analogsystem, frequenzmoduliert
Übertragungsdauer: 4 und 6 Min./DIN-A4-Blatt
- Gruppe 2: Analogsystem, amplitudenmoduliert
Übertragungsdauer: 2 und 3 Min./DIN-A4-Blatt
- Gruppe 3: Digitalsystem
Übertragungsdauer: 1 Min. und weniger/DIN-A4-Blatt

1979 hat die DBP als erste Fernmeldeverwaltung der Welt *für das Fernkopieren einen öffentlichen Fernmeldedienst* eingeführt.

Der **Telefaxdienst** (engl.: telefax service) ist ein Fernmeldedienst der DBP, der den Teilnehmern die Möglichkeit bietet, nach einheitlichen Übertragungsnormen Vorlagen (Dokumente) mit Fernkopierern im öffentlichen Telefonnetz zu übertragen. Sämtliche für diesen Dienst zugelassenen Typen von Fernkopierern können miteinander korrespondieren.

Zunächst wurden von der DBP *nur Geräte der CCITT-Gruppe 2* zu diesem Teilnehmerdienst zugelassen, die eine einheitliche Übertragungsdauer von drei Minuten je DIN-A4-Blatt benötigen. *Seit 1982* wird auch der *Anschluß von CCITT-Gruppe 3-Geräten gestattet*, die jedoch abwärtskompatibel sein müssen (d.h. kommunikationsfähig mit Gruppe 2-Geräten).

Gegenüber den schon vorher bestehenden Möglichkeiten, Nachrichten über Fernkopierer auszutauschen, bietet der Telefaxdienst als *Vorteile*

- die gesicherte Verträglichkeit und Qualität der Endgeräte durch strenge Zulassungsbedingungen (z.B. bezüglich der Abtast- und Aufzeichnungsfeinheit),
- die garantierte Dienstgüte (Leitungsqualität) für den Fernkopierbetrieb im öffentlichen Telefonnetz,
- die Beseitigung von Störungen an Telefaxanschlüssen durch den Entstörungsdienst der DBP,
- das kostenlose «Amtliche Telefaxverzeichnis», in das alle Teilnehmer eingetragen sind, und
- einen Auskunftsdienst über Telefaxteilnehmer und -anschlüsse (über die Telefonauskunft).

Übertragbar sind alle im internen und externen Schriftverkehr von Betrieben vorkommenden *Dokumente*, wobei allerdings für manche technische Unterlagen, Zeichnungen, Computerausdrucke und sonstige großformatige Vorlagen die *Einschränkung auf maximal DIN A4 ein Nachteil* ist. Dagegen lassen sich alle handschriftlichen Notizen und Skizzen in der Regel gut fernkopieren. Bei der Übertragung von maschinengeschriebenen Textbriefen ist es *vorteilhaft*, daß die Vorlage nicht nur – wie etwa beim Bürofernschreiben – den Text, sondern *auch grafische Elemente*, wie z.B. den Briefkopf und die Unterschrift, enthalten kann.

1980 hat die DBP den **Telebriefdienst** eingeführt. Rund 600 Postämter (heute sind es 640) wurden mit Fernkopierern ausgerüstet. Dort kann jedermann Briefe als Fernkopie verschicken lassen, entweder direkt an einen Telefaxteilnehmer oder an ein anderes, mit einem Fernkopierer ausgestattetes Postamt, das die Telekopie als Eilbrief zum Empfänger befördert. Umgekehrt kann auch jeder Telefaxteilnehmer eilige Briefe an eines dieser «Fernkopier-Postämter» übermitteln, wo sie dann der Eilzusteller zur Weiterbeförderung übernimmt.

In der Bundesrepublik Deutschland waren *Anfang 1986 etwa 40 Fernkopierermodelle der Gruppe 2 und 50 Geräte der Gruppe 3 zugelassen.*[5] Auch die DBP selbst tritt als Geräteanbieter auf. Wir haben bereits erwähnt, daß zu Beginn des Telefaxdienstes alle Fernkopierer 3 bzw. 2 Minuten für eine DIN-A4-Kopie benötigten; damit waren sie jedoch für viele Anwendungen zu langsam. Neu installierte Modelle brauchen fast durchweg nur noch eine Minute. Typisches Kennzeichen dieser Fernkopierer ist die Übertragung mit 4 800 bit/s, bei der die Abtastimpulse vor der Übertragung codiert werden. Für den Anwender bedeutet dies, daß i. a. nur die Farben Schwarz und Weiß wiedergegeben werden können, nicht aber Halbtöne (wie es bei den Geräten der Gruppe 2 noch möglich ist).

Weitere *Merkmale von modernen Fernkopierern* sind der automatische Empfang sowie bis zu vier unterschiedliche Übertragungsgeschwindigkeiten, die teilweise automatisch an die Verbindungsqualität angepaßt werden. Einzelne Modelle lassen die Übertragung von Vorlagen bis zum Format DIN A3 zu und besitzen Zusätze wie Vorlagenwechsler und automatische Wähleinrichtungen, die mehrere hundert Telefonnummern speichern können. Letztere ermöglichen es, bedienungslos günstige Übertragungszeiten auszunutzen, indem durch Programmierung zu einer bestimmten Zeit die automatische Aussendung der vorgestapelten Vorlagen durchgeführt wird. Das Aussenden kann bei ankommenden Kopien unterbrochen werden, besetzte Telefaxanschlüsse werden wiederholt angewählt, nicht zustande gekommene Übertragungen werden gespeichert und können später von der Bedienungskraft abgefragt werden.

Übungsaufgabe Nr. I-242 im Arbeitsbuch ←

5 Gruppe 1-Geräte mit 6 Minuten Übertragungsdauer spielten vor Einführung des Telefaxdienstes eine Vorläuferrolle. Solche Geräte werden heute nicht mehr angeboten.

4.2.5 Bildschirmtext (Bildschirmtextdienst)

Der **Bildschirmtextdienst** (engl.: interactive videotex service) ist ein öffentlicher Fernmeldedienst der DBP, bei dem die Teilnehmer elektronisch gespeicherte, textorientierte Information abrufen, Datenverarbeitungsleistungen und andere Dienste bestimmter Anbieter in Anspruch nehmen sowie Mitteilungen an von ihnen bestimmte Teilnehmer elektronisch übermitteln können. Hierbei werden öffentliche Fernmeldenetze (Telefonnetz und DATEX-P-Netz) zur Übertragung und typischerweise Farbfernsehbildschirme unter Verwendung bestimmter Zusatzeinrichtungen (Decoder, Modem) zur Wiedergabe verwendet.

Bildschirmtext (Abkürzungen: BTX; Btx) *und Videotext haben gemeinsam*, daß der Benutzer Textinformation mit Hilfe seines um einen Decoder erweiterten Fernsehgeräts abrufen kann. Bei beiden Verfahren wird die Information in 24 Zeilen mit jeweils 40 Zeichen pro Bildschirmseite farbig dargestellt und bleibt als Festbild so lange auf dem Bildschirm stehen, wie dies der Benutzer wünscht. *Videotext* ist jedoch ausschließlich ein *Einweg-(Rundfunk-)Dienst*, der *in Breite und Tiefe des Informationsangebots beschränkt* ist und deshalb *nur für programmbegleitende Information* (Untertitel, Programmhinweise) sowie für allgemein interessierende Nachrichten, Wetterberichte, Sportergebnisse u.ä.m. verwendet wird.

Bildschirmtext unterscheidet sich von Videotext durch ein *universelles Informationsangebot*, durch wesentlich *umfangreichere Nutzungsmöglichkeiten (Mitteilungs- und Dialogfunktionen)* sowie durch die Art der Nachrichtenübertragung.

Die *technischen Komponenten des Bildschirmtextsystems* sind in der Abb. 4.2.5/1 dargestellt.

Die von der DBP errichteten und betriebenen *Bildschirmtextzentralen* verrichten Verwaltungs-, Vermittlungs- und Speicherungsfunktionen für Teilnehmer und Informationsanbieter. Letztere haben die Möglichkeit, ihre eigenen EDVA, die sog. *«externen Rechner»*, samt Datenbanken und Anwendungsprogrammen zum Angebot von Information und von Diensten an das Bildschirmtextsystem anzukoppeln. Wie erwähnt, wird als *Wiedergabeeinrichtung* das mit einem Decoder versehene Fernsehempfangsgerät (oder ein vergleichbares Sichtgerät) verwendet, das durch weitere Zusatzeinrichtungen wie alphanumerische Tastaturen, Speicher und Drucker zu einem *leistungsfähigen Dialogterminal* ausgebaut werden kann. Es wird mit Hilfe eines *Modems* (im DBP-Jargon: *Anschlußbox*) an das öffentliche *Telefonnetz* angeschlossen, über wel-

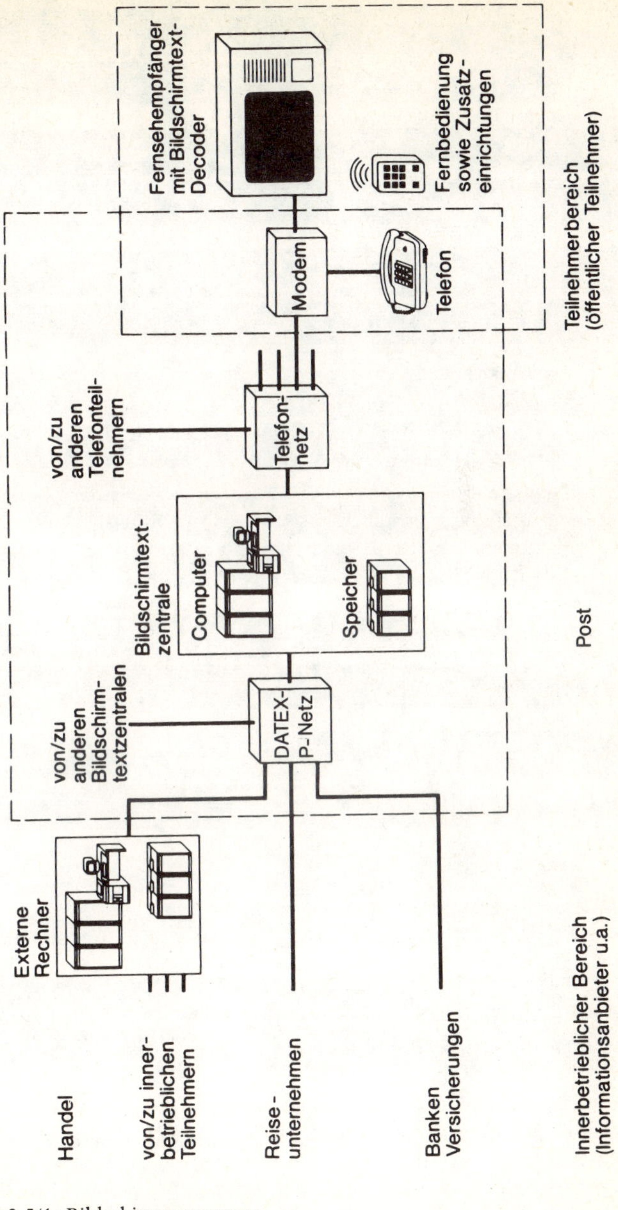

Abb. 4.2.5/1: Bildschirmtextsystem

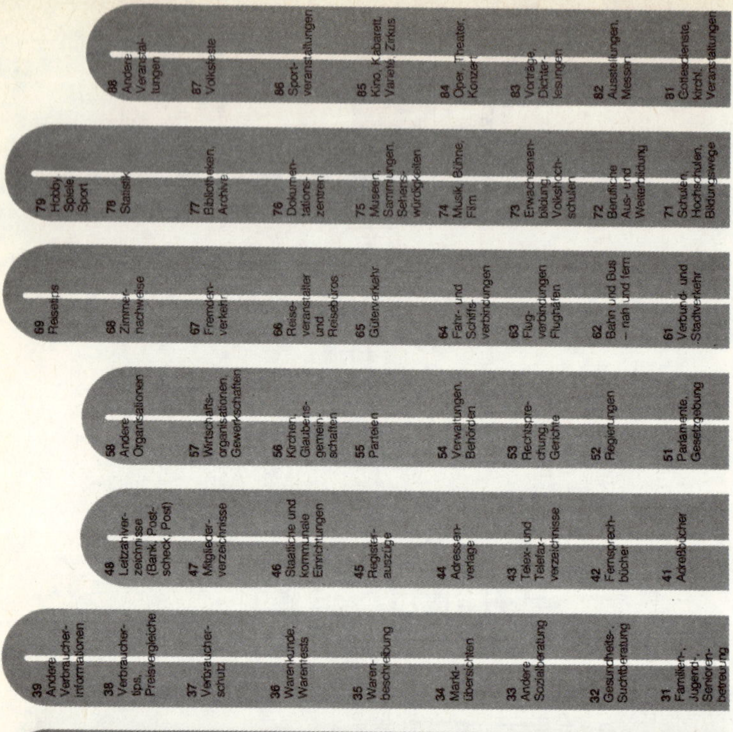

Abb. 4.2.5/2: Suchbaum für Bildschirmtext (Quelle: Bildschirmtext-Magazin, 1/1980)

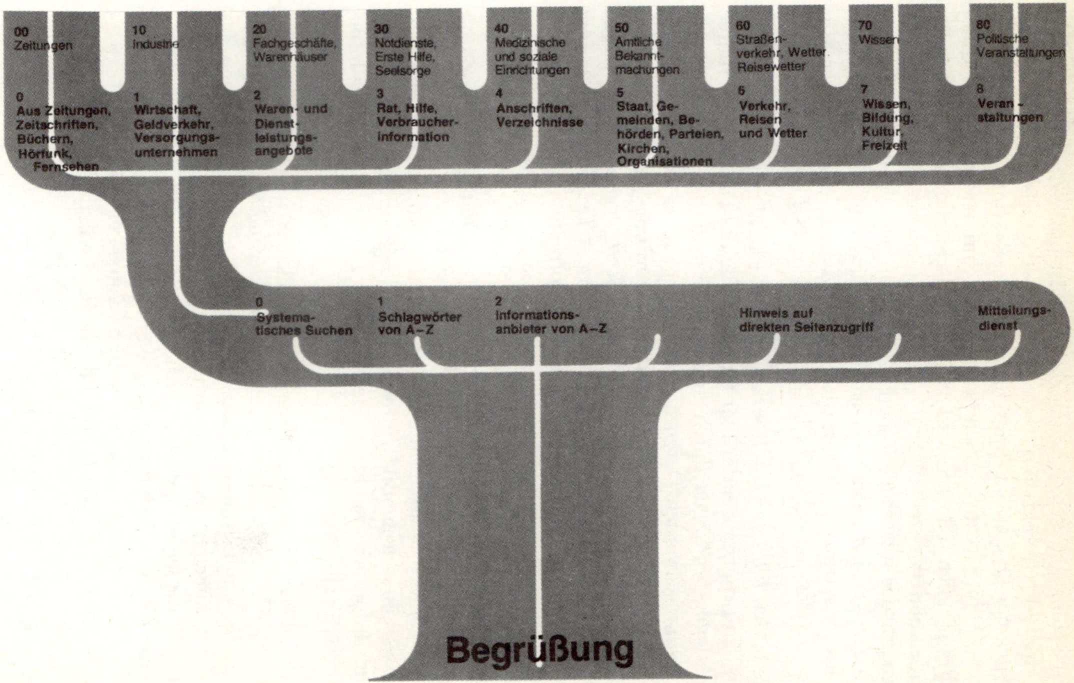
00
Zeitungen
10
Industrie
20
Fachgeschäfte, Warenhäuser
30
Notdienste, Erste Hilfe, Seelsorge
40
Medizinische und soziale Einrichtungen
50
Amtliche Bekanntmachungen
60
Straßenverkehr, Wetter, Reisewetter
70
Wissen
80
Politische Veranstaltungen
0
Aus Zeitungen, Zeitschriften, Büchern, Hörfunk, Fernsehen
1
Wirtschaft, Geldverkehr, Versorgungsunternehmen
2
Waren- und Dienstleistungsangebote
3
Rat, Hilfe, Verbraucherinformation
4
Anschriften, Verzeichnisse
5
Staat, Gemeinden, Behörden, Parteien, Kirchen, Organisationen
6
Verkehr, Reisen und Wetter
7
Wissen, Bildung, Kultur, Freizeit
8
Veranstaltungen
0
Systematisches Suchen
1
Schlagwörter von A–Z
2
Informationsanbieter von A–Z
Hinweis auf direkten Seitenzugriff
Mitteilungsdienst
Begrüßung

ches die Kommunikation zwischen den Bildschirmtextteilnehmern und den zuständigen Bildschirmtextzentralen erfolgt. Die *Übertragungsgeschwindigkeit* von der Bildschirmtextzentrale zum Teilnehmer beträgt 1 200 bit/s, vom Teilnehmer zur Bildschirmtextzentrale sind nur 75 bit/s möglich. Für den Verkehr der Bildschirmtextzentralen untereinander und mit den externen Rechnern dient das *paketvermittelte Datexnetz*, das wesentlich höhere Übertragungsgeschwindigkeiten und bis zu 255 Verbindungen über einen Hauptanschluß ermöglicht. Über das leitungsvermittelte Datexnetz sind Zugangsmöglichkeiten für Telex-, Teletex- und DATEX-L-Teilnehmer vorgesehen.

Die in den *Bildschirmtextzentralen* installierten Postrechner identifizieren den Benutzer bei der Inanspruchnahme des Dienstes, sie führen *Berechtigungsprüfungen* durch und speichern die für die *Gebührenabrechnung* relevanten Daten der Teilnehmer ihres Anschlußgebietes. Der *Benutzer bezahlt* außer der *Modemmiete* für die *Anschlußzeiten* an die Bildschirmtextzentrale die üblichen *Telefongebühren für Nahgespräche. Der größte Teil der angebotenen Textinformation und Dienste ist gratis.* Auf kostenpflichtige Information bzw. Leistungen wird stets besonders hingewiesen. Ferner steuern die Bildschirmtextzentralen den *Dialogbetrieb*, und sie *übermitteln Anfragen bzw. Aufträge der Teilnehmer an externe Rechner oder andere Bildschirmtextzentralen*, wenn die gewünschte Information oder eine Dienstleistung nicht in der betreffenden Bildschirmtextzentrale verfügbar ist. Die Entscheidung, was in welcher Bildschirmtextzentrale gespeichert werden soll, fällt der Informationsanbieter, der auch die Einspeicherung der Information selbst durchführt.

Der *Teilnehmer sucht* aus den dort gespeicherten, in der Kapazität praktisch nicht beschränkten Datenbanken *die gewünschte Information «seitenweise»* mit Hilfe der Eingabetastatur (z.B. Fernbedienung des Fernsehempfängers) aus. Wenn er über Drittquellen (z.B. aus der Werbung) oder aus seiner eigenen Erfahrung weiß, unter welcher *Leitseitennummer* die gewünschte Information verfügbar ist, kann er diese *direkt anwählen.* Unter einer Leitseitennummer können viele hundert Textseiten eines Informationsanbieters, z.B. ein Versandhaus- oder ein Reisekatalog, abgespeichert sein. Kennt der Teilnehmer die Seitennummer nicht, so kann die *Informationsauswahl logisch fortschreitend mit Hilfe eines Suchbaums* (vgl. Abb. 4.2.5/2) im Dialog erfolgen. Dabei bekommt der Benutzer auf dem Bildschirm ein immer detaillierteres «Inhaltsverzeichnis» angeboten und wird durch leichtverständliche Hinweise unterstützt *(Menütechnik)*. Das interessierende Thema wird dabei ähnlich wie eine Adresse in einem Branchenverzeichnis «eingekreist».

Der Teilnehmer kann bei seiner Informationssuche ferner auf ein alphabetisch sortiertes *Verzeichnis von Schlagworten* zurückgreifen, die von den Informationsanbietern zusammengetragen wurden. Zu den einzelnen Schlagworten gelangt er über alphabetische Sortierschritte. Je Schlagwort existieren eine oder mehrere Seiten, auf denen die Informationsanbieter alphabetisch sortiert aufgeführt und mit Nummern versehen sind. Nach dem Eintasten einer derartigen Nummer wird ein Sprung zu der Textseite durchgeführt, die der Informationsanbieter mit einem Schlagwort verbunden haben möchte.

Der Abruf einzelner Textseiten oder von Informationsbereichen kann technisch auf bestimmte, vom Informationsanbieter vorgegebene Teilnehmer beschränkt werden *(«geschlossene Benutzergruppen»)*. Die Abb. 4.2.5/3 zeigt typische *Anwendungsbeispiele* von *Abrufinformation* für alle Teilnehmer und für bestimmte Teilnehmergruppen. Aus dieser Abbildung sind als weitere Anwendungsmöglichkeiten von Bildschirmtext ersichtlich:

- *Mitteilungen* eines Teilnehmers an einen anderen Teilnehmer oder eine Teilnehmergruppe;
- *Benutzung von allgemeinen Datenverarbeitungsprogrammen.*

Übungsaufgabe Nr. I-243 im Arbeitsbuch ←

ANWENDUNGS-KATEGORIEN	ANWENDUNGSBEISPIELE
1. Abrufinformation	
1.1 Abrufinformation für alle Teilnehmer	Aktuelle Übersichtsinformation – Nachrichten, Sport, Wirtschaft, Lokales, Notdienste, Lotto/Totto
	Information von Behörden – Besuchszeiten, Sitzungstermine von kommunalen Parlamenten, lokale Verordnungen, Verzeichnisse (Adressen, Tarife und Gebühren)
	Information über Reisen und Verkehr – Zimmernachweis, Urlaubsvorschläge, Fahrplanauskünfte
	Information über kulturelle und sonstige Veranstaltungen – Theater- und Konzertprogramme, Filmprogramme, lokaler Veranstaltungskalender, Bestseller und Neuveröffentlichungen

ANWENDUNGS-KATEGORIEN		ANWENDUNGSBEISPIELE
		Information für die Wirtschaft – Branchenverzeichnisse, Konditionen, Kurse (Devisen, Wertpapiere, Rohstoffe)
		Information für Haushalte – Hobby, Rezepte, Kleinanzeigen, Verkaufsangebote, Immobilien, Stellenangebote
1.2	Abrufinformation für Teilnehmergruppen (i.a. geschlossene Benutzergruppen)	Information für gewerbliche Verbraucher – Hersteller-, Bezugsquellenverzeichnis, interne Telefonauskunft
		Information für Freiberufe – Ärzte (Medikamentenverzeichnis, Kurmöglichkeiten), Apotheken, Rechtsanwälte (Rechtsauskünfte), Steuerberatung
		Information für Mitglieder in Vereinen, Clubs – Veranstaltungshinweise, Wahlergebnisse, Satzungsänderungen
1.3	Abrufinformation persönlicher Art	Kontostand, persönlicher Terminkalender
2.	**Mitteilungen (BTX-Mitteilungsdienst)**	
2.1	Mitteilungen an mehrere Teilnehmer	Hinweise – Geschäftseröffnungen, Mitgliederversammlungen, Zahlungstermine, Mahnungen, Mitteilungen an Klienten und Patienten
2.2	Mitteilungen von mehreren Teilnehmern	Warenbestellungen, Reservierungen, Buchungen, Schadensmeldungen, Beschwerden, Verbesserungsvorschläge
2.3	Individuelle Mitteilungen	Geschäftskorrespondenz, Privatkorrespondenz, Glückwunsch- und Grußkarten, Verabredungen mit Partnern
3.	**Rechnerdialog (Dialogprogramme)**	
3.1	Rechendienstleistungen	Datenbankrecherchen, programmgeführte Berechnungen (Kalkulationen, Renten, Finanzierungen,

ANWENDUNGS-KATEGORIEN	ANWENDUNGSBEISPIELE
	Steuererklärungen), Lehrveranstaltungsanmeldungen, Warenbestellungen («Teleselling»), Banküberweisungen («Homebanking»)
3.2 Aus- und Weiterbildung, Tests	Heimkurse, Schulaufgaben, Erwachsenenbildung, IQ-Tests, Eignungstests
3.3 Computerspiele	Unternehmensplanspiele, Labyrinth, Roulette, Mastermind, Schach, Black Jack

Abb. 4.2.5/3: Typische Anwendungen von Bildschirmtext

Bildschirmtextteilnehmer können über die Tastatur *Mitteilungen* für einen anderen unter Angabe einer Teilnehmernummer an die Bildschirmtextzentrale übermitteln. Eine derartige Mitteilung steht dann nur dem Adressaten zur Verfügung, der – wenn er sich an den Bildschirmtextdienst anschaltet – durch eine Bildschirmmeldung davon unterrichtet wird, daß auf dem für ihn reservierten Speicherplatz eine Nachricht vorliegt. Er kann die Mitteilung dann durch Tastendruck abrufen, nach dem Lesen löschen oder weiterhin gespeichert lassen. Die Mitteilungen können *frei formulierte oder vorformulierte Texte* sein,

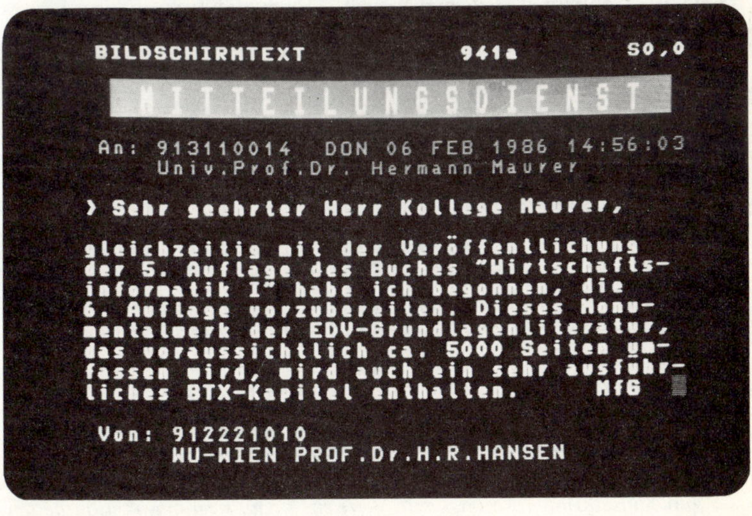

Abb. 4.2.5/4: Bildschirmtext-Mitteilung

die individuell «ausgefüllt» werden (z.B. im Rahmen des Glückwunschdienstes der Post).

Von größter kommerzieller Bedeutung und voraussichtlich auch maßgeblich für die Akzeptanz von Bildschirmtext sowohl auf Anbieter- als auch auf Nachfragerseite ist vor allem die Möglichkeit zur *Übermittlung von Nachrichten an Informationsanbieter, die eigene EDVA an das Bildschirmtextsystem angeschlossen haben (externe Rechner).* Die Mitteilungen haben hier den Charakter von *Eingabedaten, die in den privaten Rechnern weiterverarbeitet werden* (z.B. Bestandsabfragen, Bestellungen, Reservierungen, Buchungsvorgänge). Wirtschaftsbereiche, die hiervon eine Belebung ihrer Geschäftstätigkeit erwarten, sind vor allem

– Geld- und Versicherungswirtschaft (Banken, Bausparkassen, Versicherungen),
– Touristik und Verkehrswirtschaft (Reiseveranstalter und -vermittler, Hotelketten, Transportbetriebe, Automobilclubs) und
– Handel (hier vor allem der Versandhandel, aber ebenso Kaufhausketten und Einzelhandelsfilialunternehmen).

Bildschirmtext wird von beteiligten Betrieben dieser Wirtschaftsbereiche als eine Möglichkeit gesehen, *Datenfernverarbeitungsanwendungen bis zum Kunden, Mitglied oder Interessenten hin* auszudehnen. Damit werden Rechnerressourcen für Handwerksbetriebe, Ärzte, Rechtsanwälte, Handelsvertreter usw., aber auch für interessierte Privathaushalte zugänglich, die bisher vornehmlich aus Kostengründen auf eine EDV-Nutzung verzichtet haben. Durch die Verwendung bereits vorhandener Kommunikationseinrichtungen (relativ preisgünstiger Farbfernsehempfänger und Telefonanschluß) und Leitungen werden die *Kosten* für die Ein-/Ausgabe und Übertragung von Daten gegenüber den bisher praktizierten Nutzungsmöglichkeiten der EDV erheblich reduziert. Eine derartige Verwendung von *Bildschirmtext als «Datenstraße»* scheint einer der Hauptaspekte in der Weiterentwicklung dieses Mediums zu sein.

Es wird erwartet, daß Bildschirmtext vor allem *auch zwischen- und innerbetrieblich* für den Austausch von Textinformation, für Auskunftssysteme (etwa für Bestandsabrufe in der Materialwirtschaft, im Finanz- und Rechnungswesen) und insbesondere für die Datenübertragung in Datenverarbeitungsprozessen verwendet wird. *Einsatzmöglichkeiten* werden hier *in räumlich dezentralisierten Organisationen* gesehen, die Bildschirmtext – wie oben erwähnt – darüber hinaus als Mittel zur Auftragserlangung und -erledigung (rechtsverbindliche Kaufabwicklung) ansehen.

Von Bildschirmtext unterstützte Vertriebs- bzw. Kommunikationsketten mit abnehmendem Organisationsgrad können zum *Beispiel* sein:

1. Bankzentrale – Filialen – Konteninhaber – potentielle Kunden;
2. Versicherungsgesellschaft – regionale Außenstellen – freiberufliche Versicherungsvertreter – Versicherte – potentielle Kunden;
3. Versandhauszentrale – Bezirksstellen – Sammelbesteller – Stammkunden – Interessenten;
4. Buchclubzentrale – regionale Buchclubs – Abonnentenwerber – Clubmitglieder;
5. Gewerkschaft – Landes- bzw. Bezirksleitungen – Betriebsräte – Mitglieder – Arbeitnehmer;
6. Kirchenverwaltung – Diözesen, Dekanate – Kirchengemeinden – Kirchenmitglieder – Informationsinteressierte.

Über den Informationsabruf und den Mitteilungsdienst hinaus bietet Bildschirmtext den Teilnehmern noch die Möglichkeit zur *Benutzung von allgemeinen Standardprogrammen*, die von den Betreibern der externen Rechner bereitgestellt werden. Solche Programme können z.B. für Wirtschaftlichkeitsanalysen, die zeichnerische Darstellung mathematischer Funktionen, Netzpläne, Steuerberechnungen und die Aus- und Weiterbildung (Computerunterstützter Unterricht; abgekürzt: CUU) verwendet werden oder sie können der Freizeitgestaltung dienen (Computerspiele).

Übungsaufgabe Nr. I-244 im Arbeitsbuch ←

Die *DBP tritt nicht als Anbieter von Information* oder von allgemeinen Datenverarbeitungsprogrammen auf. Sie hält sich – wie auch bei den sonstigen Telekommunikationsdiensten – weitgehend an das von der KtK formulierte *Prinzip der Trennung von Netz und Nutzung*.[6] Für Datenverarbeitungsanwendungen übernimmt das Bildschirmtextsystem ausschließlich Übertragungs- und Konzentratorfunktionen zwischen dem Bildschirmtextterminal des Benutzers und den am paketvermittelten Datexnetz angeschlossenen externen Rechnern.

Informationsanbieter kann bei Bildschirmtext *jedermann* sein, der am Dienst teilnahmeberechtigt ist. Die Anbieter müssen für in die Bildschirmtextzentralen eingegebene Information Gebühren an die DBP entrichten. Nur Informationsdienste, deren eigentliches Geschäft der Verkauf von Information ist, lassen sich den Informationsabruf bezahlen. Die meisten Teilnehmer liefern jedoch ihre Angebote frei Haus, in der Hoffnung, damit ihren Absatz zu fördern.

Übungsaufgabe Nr. I-245 im Arbeitsbuch ←

6 Kritiker sehen die Einhaltung dieses Prinzips jedoch zunehmend dadurch gefährdet, daß die DBP für Telekommunikationsdienste auch Endgeräte anbietet, zum Beispiel posteigene Fernkopierer im Telefaxdienst.

Abb. 4.2.5/5: Beispiele für Bildschirmtextgrafikseiten

Als *Endgeräte* werden neben den primär für private Benutzer in Frage kommenden handelsüblichen *Fernsehgeräten* (samt Decoder) zunehmend qualitativ *hochwertige kommerzielle Bildschirmtextterminals* und spezielle Eingabegeräte für Informationsanbieter (tastaturorientierte Editierstationen, Digitalisierbretter, Grafiktableaus und Scanner für Bilder) angeboten. Immer häufiger werden auch *Mikrorechner* als Bildschirmtextterminals eingesetzt.

Diese bieten die Möglichkeit zur Verwendung von sog. *Teleprogrammen*: Anstatt «normaler» Information speichert der Anbieter auf Bildschirmtextseiten Computerprogramme in der Bildschirmtextzentrale oder im externen Rechner. Beim Abruf einer derartigen «BTX-Seite» wird dann nicht die übliche «Nutzinformation» auf dem Bildschirm dargestellt, sondern es wird das gespeicherte Programm vom Bildschirmtextrechner in das intelligente Endgerät «heruntergeladen». Für die Programmausführung kann vom Benutzer die Telefonverbindung unterbrochen werden. Dies ist dann sinnvoll, wenn mit dem Programm länger gearbeitet wird und die Telefonkosten gering gehalten werden sollen (z.B. Computerspiele, Programme für finanzmathematische Berechnungen, BTX-unterstützter Unterricht). Nach der Programmausführung kann die unterbrochene Verbindung zum Postrechner wieder hergestellt und im BTX-Suchbaum weitergesucht werden. Auf diese Art und Weise kann Bildschirmtext als riesige Programmbibliothek genutzt werden.

Übungsaufgabe Nr. I-246 im Arbeitsbuch ←

4.3 Informationsdienste (externe Datenbanken)

Seit dem Anfang der siebziger Jahre bemüht man sich in vielen Ländern, aber auch auf internationaler Ebene darum, über Fernmeldewege *zugängliche Informationsdienste* aufzubauen und zu koordinieren. Die *Initiative* ging hierzu einerseits von *privaten Unternehmen* aus, die durch das Angebot von Information erwerbswirtschaftliche Ziele verfolgen. Andererseits wollen damit *Verbände, staatliche bzw. öffentliche und internationale Einrichtungen* die Informationsinfrastruktur in bestimmten Branchen, im nationalen und internationalen Bereich verbessern. Gerade für mittlere und kleinere Betriebe kann die erschwingliche Benutzung von – sonst häufig kaum zugänglichen – Informationsquellen wesentlich zur Erhaltung der Wettbewerbsfähigkeit beitragen.

> Ein **rechnergestützter Informationsdienst** (engl.: computer based information service) bietet Teilnehmern gegen Entgelt die Benutzung von On-line-Datenbanken über Fernmeldewege an. Dabei kann es sich um bibliographische Datenbanken, Volltextdatenbanken und Faktendatenbanken handeln.

Datenbankarten

Die meisten derzeit existierenden Datenbanken haben bibliographischen Charakter, das heißt, das Informationsangebot besteht aus Referenzangaben über wissenschaftliche Literatur, Patente, Gesetze, Rechtsprechung und ähnliches mehr, eventuell zusammenfassenden Darstellungen (engl.: abstract) und Listen von Schlüsselworten (Deskriptoren), unter denen die gespeicherte Information indiziert wurde. Die *Erfassung* dieser Daten wird durch Auswertung der Originaltitel bzw. Primärquellen *von dem jeweiligen Datenbankbetreiber* durchgeführt. Dies kann der *Informationsdienst selbst* sein. Ebenso kann der Informationsdienst jedoch die *Datenbanken von Dritten auf den eigenen Rechner* übernehmen oder sogar nur als *Vermittlungsstelle* zu anderswo gespeicherten Datenbanken dienen. Üblicherweise bietet ein Informationsdienst an, *bei Bedarf den Volltext* von Publikationen zu liefern, die in einer Referenzdatenbank genannt sind.

Der *Hauptvorteil von bibliographischen Datenbanken* ist, daß sie dem an bestimmten Fragestellungen Interessierten Orientierungshilfen bei der ersten, oberflächlichen Durchsicht der relevanten Literatur bieten. Bei der unübersehbaren Fülle von Publikationen – jährlich erscheinen weltweit ca. fünf Mio. wissenschaftliche Beiträge – ist das in vielen Fällen eine enorme Hilfe. *Schwachpunkte* solcher Datenbanken sind die Subjektivität, mit der die Fachleute des Datenbankbetreibers über die Aufnahme und die Beschreibung von Titeln entscheiden, sowie die oft relativ lange Zeitspanne zwischen dem Erscheinungsdatum und der Abspeicherung einer Veröffentlichung.

Zunehmend werden auch *Volltextdatenbanken* angeboten, bei denen die Abspeicherung ungekürzt erfolgt. *Vorteile* sind,

- daß die Dokumente aktueller sein können, weil keine zeitaufwendige Verdichtung durch den Datenbankbetreiber nötig ist,
- daß die in voller Länge interessierenden Dokumente sofort zur Verfügung stehen (und nicht erst, wie bei den Referenz-Datenbanken, zeitaufwendig beschafft werden müssen),
- daß die Subjektivität bei der inhaltlichen Auswertung durch Dritte entfällt.

Nachteile sind, daß das Volumen solcher Datenbanken rasch «explodieren» kann und daß umfassende Recherchen sehr aufwendig sind, weil sie nicht anhand von Schlagworten, sondern durch das Lesen des Gesamttextes durchgeführt werden müssen.

Eine dritte wichtige Kategorie sind die sog. *Faktendatenbanken*, die vielfach auch als *numerische Datenbanken* bezeichnet werden. In diesen sind formatierte Daten gespeichert, wie Zeitreihen, Meßergebnisse, Wertpapiernotierungen, betriebliche Kennzahlen, Produktmerkmale usw.

Künftig dürften auch zunehmend *Softwaredatenbanken* an Bedeutung gewinnen, aus denen Benutzer Telesoftware auf ihren Mikrorechner herunterladen können (so wie bei Bildschirmtext beschrieben). Softwarekataloge auf Datenbankbasis werden schon seit längerer Zeit angeboten; diese gehören zur Kategorie der bibliographischen Datenbanken.

Übungsaufgabe Nr. I-247 im Arbeitsbuch ←

Branchendienste und allgemeine Informationsdienste

> Nach der inhaltlichen Orientierung bzw. Spezialisierung der angebotenen Datenbanken unterscheiden wir **Branchendienste** und **allgemeine Informationsdienste.**

Die größten Umsätze tätigen die *Branchendienste im Finanz- und Bankensektor*. Ihr Informationsangebot umfaßt

– aktuelle Börseninformation aller Art, z. B. Wertpapierkurse der Börsen auf der ganzen Welt, Devisen- und Valutenkurse, stattgefundene Emissionen usw.;
– firmenspezifische Hintergrunddaten für Tausende von Unternehmen, z. B. über die Führungskräfte, Marktanteile, Beschäftigten- und Umsatzzahlen, Bilanzpositionen;
– Zeitreihen aus allen Bereichen der Wirtschaft.

Die Finanz- und Bankendienste ermöglichen ihren Teilnehmern nicht nur die reine Abfragemöglichkeit von On-line-Datenbanken mit diesen Daten, sondern manche vertreiben auch die Endgeräte (vielfach muß der Teilnehmer das Terminal beim Informationsanbieter mieten bzw. kaufen) und bieten teilweise die Möglichkeit, Börsengeschäfte vom Terminal aus abzuwickeln. Beispielsweise gibt es bei dem größten Bankendienst als Zusatzleistung ein Dialogprogramm für Devisenhändler, mit dem diese Devisentransaktionen durchführen können.

Andere Branchendienste sind auf Luft- und Raumfahrt, Bauwesen, Gesundheitswesen, Land- und Forstwirtschaft, Chemie und viele andere Bereiche spezialisiert.

Allgemeine Informationsdienste bieten hingegen den Zugang zu *Datenbanken aller Art.*

Als «the world's largest and most comprehensive computer storehouse of information» bezeichnet sich die *DIALOG Information Services, Inc.* im kalifornischen Palo Alto. Dieses Tochterunternehmen von Lockheed betreibt ca. 200 Datenbanken mit heute schon mehr als 100 Mio. Referenzhinweisen, Zusammenfassungen von Dokumenten und Statistiken. Der Zugang ist über eines der drei großen paketvermittelten Datennetze Tymnet, Telenet und Uninet möglich, außerhalb Nordamerikas auch über das Telexnetz.

Die Benutzungszeit übersteigt hunderttausend Terminalanschlußstunden pro Jahr, wobei 20 bis 25% aus Europa stammen. Die gespeicherten Daten betreffen infolge der verfolgten «Warenhaus»-Politik alle möglichen Fachgebiete und sollen zu einer allumfassenden Informationsquelle ausgebaut werden. Wirtschaftsorientierte Datenbanken sind z. B. die PTS INTERNATIONAL STATISTICAL ABSTRACTS und die PTS INTERNATIONAL TIME SERIES, die historische Daten ab 1957 über die Marktentwicklung verschiedener Branchen und Prognosewerte bis in die 90er Jahre enthalten oder die PREDICASTS MARKET ABSTRACTS, die Angaben über die Kapazitäten, den Absatz, den Einsatz akquisitorischer Potentiale, neue Produkte usw. aus den verschiedenen Branchen wiedergeben. Die ECONOMICS ABSTRACTS INTERNATIONAL beinhalten gesamtwirtschaftliche Indikatoren für alle Länder, Außenhandelsdaten u. ä. m., und die ABI/INFORM und MANAGEMENTS CONTENTS eignen sich zur Informationsunterstützung betrieblicher Führungs- und Verwaltungsaufgaben. Für viele Wirtschaftszweige gibt es spezielle Datenbanken, etwa für die Papierindustrie (PIRA), die Gummi- und Kunststoffindustrie (RAPRA), die Textilbranche (WORLD TEXTILES), die Nahrungsmittelbranche (FOODS ADLIBRA und FOOD SCIENCE AND TECHNOLOGY ABSTRACTS), die Landwirtschaft (AGRICOLA, CAB, BIOSIS und USDA/CRIS) usw. Auch für Studierende und für Wissenschaftler interessant sind die Datenbanken COMPREHENSIVE DISSERTATION ABSTRACTS, die 99% aller jemals geschriebenen US-amerikanischen Dissertationen enthält, CONFERENCE PAPER INDEX, die Beiträge zu wissenschaftlichen Tagungen aller möglichen Wissensgebiete aus der ganzen Welt kennzeichnet, und SSIE CURRENT RESEARCH, die über laufende Forschungsprojekte in naturwissenschaftlichen, technischen und sozialwissenschaftlichen Fachgebieten Auskunft gibt.

Übungsaufgaben Nr. I-248 und I-249 im Arbeitsbuch ←

Zugangsmöglichkeiten

Zu diesen und anderen internationalen Informationsdiensten ist *von der Bundesrepublik Deutschland aus* der *Zugang über das öffentliche Telefonnetz und das paketvermittelte Datexnetz* möglich. Auch beim DATEX-L-Netz sind Übergänge in die wichtigsten internationalen Datennetze und damit Zugangsmöglichkeiten zu den darauf basierenden Informationsdiensten vorhanden.

Die *Informationsdienste mit Sitz in der Bundesrepublik* sind *auf unterschiedlichen Wegen* erreichbar. Erst in Einzelfällen können wahlweise alle von der Post angebotenen Übertragungsdienste genutzt werden. Vor allem *Bildschirmtext* wird in diesem Zusammenhang als wichtige Möglichkeit gesehen, den Datenbankzugriff zu vereinfachen.

In den meisten Fällen setzt heute die Verwendung der angebotenen On-line-Datenbanken noch die Kenntnis einer *Abfragesprache* voraus, die sich von Rechner zu Rechner unterscheiden kann.

Von der EG wurde die Entwicklung und Verbreitung einer *standardisierten Abfragesprache (CCL – Common Command Language)* gefördert, die folgende wichtigste *Befehle* bietet:

BASE	identifiziert die Datenbank, die man abfragen will
STOP	beendet eine Recherche oder Teile davon
FIND	um einen Suchauftrag zu formulieren
DISPLAY	um eine Liste von Suchausdrücken zu zeigen
SAVE	um einen Suchauftrag zur späteren Benutzung aufzubewahren
SHOW	um Suchergebnisse on-line zu erhalten
PRINT	um Suchergebnisse gedruckt zu erhalten

DEFINE	um Basisparameter zu ändern
DELETE	um Suchaufträge oder andere Forderungen zu annullieren
MORE	um mehr Suchergebnisse zu erhalten
BACK	um vorhergehende Suchergebnisse zu erhalten
HELP	um On-line-Hilfe zu bekommen
NEWS	um Neuigkeiten über das System zu erhalten
INFO	um allgemeine Information über die Dienstleistungen zu erhalten (mit speziellen Subkommandos)
OWN	um die Benutzung von Kommandos der speziellen Abfragesprache zu erlauben

Die Abb. 4.3/1 zeigt den *Ablauf eines Suchvorgangs* unter Benutzung dieser Sprache.

Schritt	**Befehl**	**Antwort**
1. Aufnahme des Kontakts zum Datenbankrechner	LOGON	SERVICE
2. Wahl der Datenbank	BASE N	
3. Eingabe der Suchbegriffe – Anzeige in alphabetischer oder sachbezogener Reihenfolge (Antwort gibt Anzahl gespeicherter Auskünfte, in denen die Begriffe vorkommen.)	DISPLAY A	A1 123 A2 45 A3 67 A4 890 ...
4. Auswahl und Verbindung entsprechender Worte	FIND 1 OR 2 AND 3	25
5. Aufzeigen der ersten drei Auskünfte – auf Sachdienlichkeit prüfen	SHOW 1 TO 3	XYZABC DEFUVW GHIRST
6. Befehl, alle verfügbaren Auskünfte auszudrucken	PRINT 1 TO 25	
7. Ende des Suchvorgangs	STOP	

Abb. 4.3/1: Recherche mit der CCL-Abfragesprache

Informationsvermittlungsstellen

Eine einfache Abfragesprache wie CCL oder die Menütechnik von Bildschirmtext erleichtert zwar den Datenbankzugriff, *trotzdem braucht der gelegentliche Benutzer in vielen Fällen eine zusätzliche Hil-*

festellung. Er weiß nämlich oft nicht, in welchen der vielen angebotenen Datenbanken zu recherchieren ist, um die gewünschte Information zu erhalten. Fast nie genügt es, nur eine Datenbank zu durchsuchen, insbesondere dann nicht, wenn ein umfassender Überblick über ein Thema nötig ist. Auch ist der gelegentliche Benutzer mit den jeweils bestgeeigneten Suchstrategien selten so vertraut, daß seine Recherchen optimale, d.h. möglichst vollständige und kostengünstige Ergebnisse bringen.

Zur Betreuung von Benutzern mit einem nur sporadischen Informationsbedarf sind in vielen Großbetrieben sog. *Informationsvermittlungsstellen* (oft im «Information Center»; vgl. Abschnitt 2.4.1.4) eingerichtet worden. Die dort tätigen Experten können auch die Informationswünsche solcher Benutzer erfüllen, die an ihrem Arbeitsplatz nicht über die nötigen technischen Voraussetzungen zur Nutzung externer Datenbanken verfügen (Netzanschluß, Abfragestation – hierfür kommen fast alle Datensichtstationen, druckende Terminals und Mikrorechner in Frage).

Für kleine und mittlere Betriebe gibt es ebenfalls *Informationsvermittlungsstellen bei privaten Maklern und öffentlich-rechtlichen Einrichtungen* wie Innovationsberatungs- und Technologietransferstellen bei Industrie- und Handelskammern, regionalen Wirtschaftsförderungsinstitutionen und Bibliotheken (Näheres im Abschnitt 4.4).

Übungsaufgabe Nr. I-250 im Arbeitsbuch ←

4.4 Markt und Entwicklungstendenzen von Büroinformationssystemen

Übersicht über den Textverarbeitungsmarkt

Nach einer 1985 von IDC vorgelegten Marktstudie sind *in der Bundesrepublik Deutschland mehr als eine Million Arbeitsstationen für die Textverarbeitung* installiert. Im Jahr 1984 wurden über 350 000 Tastatureinheiten im Gesamtwert von 1,16 Mrd. DM ausgeliefert. Davon entfielen *stückzahlmäßig ca. 90% und wertmäßig knapp 60% auf elektronische Schreibmaschinen* (inklusive Kompaktschreibmaschinen). Rund 20% des Auslieferungswerts wurden mit Mehrplatztextsystemen, 14% mit Einzelplatzsystemen realisiert. Nur ungefähr 4% bzw. 2% des Gesamtumsatzes wurden mit textdedizierten Mikrorechnern bzw. textdedizierten Terminals getätigt.

Da allerdings nur solche Mikrorechner und Terminals in die Untersuchung einbezogen wurden, die ausschließlich zur Textverarbeitung dienen, können die letztgenannten Zahlen leicht fehlinterpretiert werden. Wir schätzen, daß ungefähr *auf der Hälfte der ausgelieferten, kommerziell einsatzfähigen Mikrorechner in irgendeiner Form Textverarbeitung* betrieben wird. Ebenso dürften mindestens 20% der ausgelieferten universellen Datensichtstationen u. a. auch für Textverarbeitungsanwendungen zum Einsatz kommen.

Das *Wachstum* des Auslieferungswerts wird von IDC bis 1990 auf jährlich 5% geschätzt. Die Schreibmaschinenauslieferungen stagnieren. Größere Zuwächse werden von IDC vor allem bei Mehrplatztextsystemen und ausschließlich für Textverarbeitung verwendeten Mikrorechnern und Terminals erwartet.

Elektronische Speicherschreibmaschinen

Bei elektronischen Speicherschreibmaschinen ist *Olivetti mit Abstand Marktführer* vor Olympia, Triumph-Adler und Canon. Es ist zu erwarten, daß IBM auf diesem Teilmarkt mit den 1984 angekündigten Thermotransferschreibmaschinen verlorenes Terrain wiedergewinnen kann. Die *Anschaffungskosten* für Speicherschreibmaschinen beginnen bei 1 000,– DM, mit externem Diskettenspeicher sind je nach Ausstattung und Leistungsfähigkeit zwischen 3 000,– und 7 000,– DM zu bezahlen. Bildschirmschreibmaschinen haben Preise zwischen etwa 7 000,– und 10 000,– DM. *Trends* sind

– größere interne Speicherkapazitäten,
– Nachrüstmöglichkeit mit externen Speichern und Bildschirmen,
– verstärkter Absatz serienmäßiger Bildschirmschreibmaschinen,
– größere Kompaktheit,

- Zusatzfunktionen zur leichteren Handhabung, Korrekturhilfe und Verbesserung des Schriftbilds,
- Teletexfähigkeit (kostet i.a. zusätzlich mindestens 5 000,– DM; Näheres im Abschnitt 4.2.4) und Adapter für LAN,
- neue ergonomische Tastaturen (im Experimentstadium),
- höhere Druckgeschwindigkeit (60 Zeichen/s) und geringere Geräuschentwicklung (50 dBA) durch Thermotransfertechnik,
- Anschlußmöglichkeit an Mikrorechner.

Einzel- und Mehrplatztextsysteme

Ungefähr *ein Viertel des Absatzes an Einzelplatztextsystemen entfällt auf IBM*, die nächstgrößeren Anbieter sind hier Olivetti, Philips und CPT. Besondere Innovationen sind bei Einzelplatztextsystemen in den letzten Jahren ausgeblieben. *Komfortable Hochleistungsstationen* werden nur sehr allmählich billiger und damit für den Einsatz auf breiter Ebene akzeptabel. Typisch für diese sind hochauflösende Raster-Scan-Bildschirme, auf denen Texte und Grafiken in hochqualitativer Darstellung nahezu wie auf Papier wiedergegeben werden können. Zunehmend enthalten solche Arbeitsstationen einen «universellen» Zusatzprozessor und sind auch in der Lage, nach dem «Marktstandard» formatierte Disketten zu lesen. Dadurch können die verbreitetsten Mikrorechnerstandardprogramme ausgeführt werden. Die unterschiedliche Tastaturbelegung ist dabei gelegentlich unangenehm.

Mehr als *die Hälfte der installierten Mehrplatztextsysteme stammen von Wang*. Nennenswerte Marktanteile haben noch IBM, AES, CPT und Nixdorf.

Die *Anschaffungskosten* von Einzel- und Mehrplatztextsystemen betragen je nach Ausstattung, Funktionsumfang und Leistung zwischen 15 000,– DM und 30 000,– DM je Arbeitsplatz. Tendenziell ist bei Mehrplatzsystemen der einzelne Arbeitsplatz billiger und liegt an der unteren angegebenen Grenze.

Sowohl bei Einzel- als auch bei Mehrplatztextsystemen ist ein starker *Trend zur Einbindung in interne Netze und zum Anschluß an Kommunikationsdienste der Post* (vor allem Teletex) festzustellen. Von der nächsten Generation von Textsystemen ist zu erwarten, daß sie den Benutzer durch *KI-Funktionen* unterstützen. In den Entwicklungslabors der Hersteller werden schon seit Jahren *Expertensysteme* erprobt, die Rechtschreibung, Grammatik und Stil von Dokumenten analysieren, den Benutzer auf Fehler bzw. Schwachpunkte aufmerksam machen, diese erklären und Verbesserungsvorschläge unterbreiten können.

Checkliste für Textsoftware

	Wordstar 2000	Word-Perfect	Tex-Ass Window	Text 2
1. FUNKTIONEN ZUR UNTERSTÜTZUNG DER TEXTEINGABE:				
Cursorsteuerung				
- zeichenweise	ja	ja	ja	ja
- wortweise	ja	ja	nein	nein
- Zeilenanfang/-ende	ja	ja	ja	ja
- zeilenweise	ja	ja	ja	ja
- absatzweise	ja	nein	nein	nein
- Bildschirmseite	ja	ja	ja	ja
- Textanfang/-ende	ja	ja	ja	ja
- seitenweise	nein	ja	nein	ja
Einfügen				
- Zeichen	ja	ja	ja	ja
- Text	ja	ja	ja	ja
- Zeile	ja	ja	bedingt	bedingt
- individuelle Variable	nein	nein	ja	ja
- Kolonne	nein	nein	nein	ja
- Überschreiben	ja	ja	ja	ja
- mit Formatsteuerung/ automatischer Justierung	ja	ja	ja	nein
- manueller Formatsteuerung	nein	ja	ja	ja
Löschen				
- Zeichen	ja	ja	ja	ja
- Wort	ja	ja	nein	nein
- Satz	nein	nein	nein	nein
- Absatz	ja	ja	nein	nein
- Zeile	ja	ja	nein	nein
- von ... bis ...	ja	ja	ja	ja
- Rest	nein	ja	ja	nein
- Seite	nein	ja	nein	nein
- Spalte	ja	ja	nein	ja
- Text	ja	ja	ja	ja
Kopieren				
- von ... bis ...	ja	ja	ja	ja
Verschieben				
- Text	ja	ja	ja	ja
- Kolonne	nein	ja	nein	ja
Rechtschreibung				
- Rechtschreibprogramm	nein	ja	nein	ja
Aufnahme von firmenspezifischen Ausdrücken möglich	nein	ja	nein	ja
Trennen				
- manuell	bedingt	ja	ja	ja
- halbautomatisch	ja	ja	ja	ja
- Silbentrennprogramm	ja	ja	ja	ja
Aufnahme von firmenspezifischen Ausdrücken möglich	nein	nein	nein	ja
Formatieren				
- manuell	nein	ja	ja	ja
- automatisch	ja	ja	ja	ja
Tabulieren				
- Tabulatorraster	ja	ja	ja	ja
- manuell	ja	ja	ja	ja
- Dezimaltabulator	ja	ja	ja	ja
Einrücken				
- einmalig	ja	ja	ja	ja
- absatzweise	ja	ja	ja	ja
- nachträglich	ja	ja	ja	ja

Checkliste für Textsoftware	Wordstar 2000	Word-Perfect	Tex-Ass Window	Text 2
Zeilenlineal	ja	bedingt	ja	ja
aktuelle Cursorposition	ja	ja	ja	ja
freie Speicherkapazität	nein	ja	ja	ja
Anzeige der Arbeitsschritte				
- einfügen, löschen, formatieren	bedingt	ja	bedingt	ja
Fenstertechnik	ja	ja	ja	nein
2. FUNKTIONEN ZUR VERBESSERUNG DES SCHRIFTBILDES				
Blocksatz	ja	ja	ja	ja
verschiedene Zeichen- und Zeilenabstände pro Seite	ja	ja	ja	ja
Format wird abgespeichert	ja	ja	ja	ja
Textfunktionen				
- Zentrieren	ja	ja	ja	ja
- Schattenschrift/Fett	ja	ja	ja	ja
- Unterstreichautomatik	ja	ja	ja	ja
- Hoch- und Tiefstellung	ja	ja	ja	ja
- gesperrte Schreibweise	nein	nein	ja	nein
Proportionalschrift	ja	ja	nein	ja
3. TEXTMENGENORIENTIERTE FUNKTIONEN				
Serienbrieferstellung	ja	ja	ja	ja
Stammdatensatzerstellung	ja	ja	ja	ja
- Sortierprogramm	bedingt	ja	ja	nein
- Selektierprogramm	nein	ja	ja	nein
Textbausteine				
- mit individuellen Einfügungen	nein	ja	ja	ja
- mit vorprogrammierten Einfügungen	ja	ja	ja	ja
- mit Bausteineinfügungen	ja	ja	ja	ja
- mit Rechenbausteinen	ja	ja	ja	ja
Formularsteuerung	ja	ja	ja	ja
Suchen/Ersetzen				
- Suchen Begriff	ja	ja	ja	ja
- Suchen fortsetzen	ja	ja	ja	ja
- Austauschen Begriff/fortsetzen				
- manuell	ja	ja	ja	ja
- automatisch	ja	ja	ja	ja
Anhängen mehrerer Dateien mit Textumbruch				
- halbautomatisch	ja	ja	ja	ja
- automatisch	ja	ja	ja	ja
- mit Absatzschutz	ja	ja	ja	ja
4. DOKUMENTBEZOGENE FUNKTIONEN:				
Seitennumerierung				
- automatisch	ja	ja	ja	ja
- mit manuellem Eingriff	ja	ja	ja	ja
Kopf-/Fußzeile	ja	ja	ja	ja
Automatische Erstellung eines Inhaltsverzeichnisses	nein	ja	nein	nein

Checkliste für Textsoftware	Wordstar 2000	Word-Perfect	Tex-Ass Window	Text 2
Automatische Erstellung eines Schlagwortverzeichnisses	nein	ja	nein	nein
Fußnotenverwaltung	ja	ja	nein	nein
5. SPEICHERUNGS- UND WIEDERGABEFUNKTIONEN:				
Druckoptionen				
Einzelblattsteuerung	ja	ja	ja	ja
Endlospapiersteuerung	ja	ja	ja	ja
mehrere Druckaufträge gleichzeitig	nein	ja	ja	ja
Integration von anderen Programmen				
Datenbanksysteme	bedingt	ja	ja	nein
Grafik	nein	bedingt	bedingt	nein
Tabellenkalkulation	bedingt	ja	ja	nein
Fakturierung	nein	nein	ja	nein
Kalendermanagement	nein	nein	ja	nein
Tischrechner	nein	nein	ja	nein
Druckwiederholung	ja	ja	ja	ja
Druck anhalten/fortsetzen	ja	ja	ja	ja
Hintergrunddrucken	ja	ja	ja	ja
Schreibmaschinenmodus	ja	ja	nein	nein
Name der bearbeiteten Datei	ja	ja	ja	ja
6. PROGRAMMIERBARKEIT:				
Belegung der Funktionstasten				
- vorgegeben	ja	ja	ja	ja
- frei programmierbar	ja	nein	ja	nein
Rechnen				
- Addition	ja	ja	ja	ja
- Subtraktion	ja	ja	ja	ja
- Multiplikation	ja	ja	ja	ja
- Division	ja	ja	ja	ja
- Prozentrechnung	bedingt	ja	bedingt	bedingt
- Registerbelegung	ja	ja	ja	ja
Ablegen von mehreren				
- Zwischenspeichern	ja	ja	ja	nein
- Befehlsfolgen	ja	ja	nein	nein
Bedienermenü				
- anpassungsfähig an Benutzerkenntnisse	ja	nein	nein	nein
Druckeranpassungen	ja	ja	ja	bedingt
SONSTIGES:				
Handbücher in Deutsch	ja	ja	ja	ja
Schulung	ja	bedingt	ja	ja
Hardwarevoraussetzungen				
Arbeitsspeicherkapazität in KB	320	256	128	256
Diskettenstation	nein	ja	bedingt	bedingt
Festplatte empfehlenswert	ja	ja	ja	ja

Abb. 4.4/1: Prüfliste für Textverarbeitungssoftware

Textverarbeitungssoftware auf Mikro- und Minirechnern

Den dedizierten Textsystemen erwächst zunehmend durch die preisgünstigeren universellen *Mikrorechner* Konkurrenz. Die *Anschaffungskosten der Hardware* betragen je nach Ausstattung und Leistungsumfang zwischen 5 000,– DM und 20 000,– DM. Der *Preis eines Textverarbeitungspakets für die Mikrorechner* beginnt bei 100,– DM, liegt bei leistungsfähigen, weit verbreiteten Programmen meist zwischen 1 000,– DM und 1 500,– DM und kann bis zu 4 000,– DM reichen (bei integrierten Rechenfunktionen).

In der in Abb. 4.4/1 wiedergegebenen *Prüfliste* sind die wichtigsten *Beurteilungskriterien für Textverarbeitungssoftware* aufgezählt. Ferner ist angegeben, inwieweit *vier der derzeit am häufigsten verwendeten modernen Textverarbeitungsprogramme* den skizzierten Anforderungen entsprechen. Es handelt sich dabei um:

- Wordstar 2000 (Micropro),
- WordPerfect (SSI),
- Tex-Ass Window (Bongartz & Schmidt),
- Text 2 (IBM; seit 1986: Text 3).

Für Autoren interessant sind *«ideenverarbeitende» Textverarbeitungsprogramme*, wie z.B. *Idea Processor, ThinkTank, Promptdoc, Zyindex, Dayflo* oder *Notebook*. Solche Programme unterstützen den Textentwurf auf unterschiedliche Weise nach dem «Zettelkastenprinzip».

Zum *Beispiel* können mit dem *Idea Processor* Textteile bei der Erfassung mit beliebig vielen Schlüsselworten versehen werden, unter denen sie leicht wieder aufzufinden sind. Diese «Zettel» können jederzeit ergänzt oder geändert werden. So kann der Autor im Lauf der Zeit Ideen sammeln und weiterentwickeln. Will er nun einen Beitrag verfassen, so bietet ihm das System entsprechend seiner Gliederung (bzw. der Folge eingegebener Schlüsselworte) die gesammelten Materialien in geordneter Form an. Dabei kann er durch Änderungen der Schlüsselworte sowie durch den Aufruf von Kombinationen von Schlüsselworten beliebig mit seinen «Zetteln» bzw. dem Text jonglieren.

Umfassendere *Bürosysteme* mit vernetzten Arbeitsstationen und Servern (Mikro- und Minirechnern) stehen von relativ wenigen Firmen zur Verfügung. *Dieser Teilmarkt ist undurchsichtig*. Unter dem Etikett «Bürosystem» werden gleichermaßen LAN, digitale Nebenstellenanlagen und herstellerspezifische Netze mit und ohne bürospezifische Endgeräte, mit «Minimalsoftware», aber auch mit sehr weitreichenden Softwarefunktionen angeboten. Bei *integrierten Bürosystemen mit «dezentraler Intelligenz» auf LAN-Basis* sind *bedeutende Anbieter* (Bürosystemname in Klammern):

- Data General (CEO);
- Digital Equipment (Alles-in-1);
- Hewlett-Packard (HP PPC/HPMAIL);

- Prime (OAS);
- Rank Xerox (Xerox 8000);
- Siemens (EMS 5800 Office; entspricht Xerox 8000);
- Wang (Wang Office).

Fortschrittliche *Bürosysteme auf K-Anlagenbasis* werden von PKI (Sophomation) und Siemens (HICOM) angeboten.

Beispiel für die Textverarbeitung auf Großrechnern:

Als Beispiel für einen Textformatierer wird nachfolgend *DCF – Document Composition Facility* von IBM erläutert. DCF besteht aus den Komponenten *SCRIPT/VS* und *GML – GENERALIZED MARKUP LANGUAGE.* Von DCF wird lediglich die Textformatierung ausgeführt. Das heißt, daß die Textaufbereitung in Dateiform durch ein Dateiaufbereitungsprogramm zu erfolgen hat (bei IBM z.B. durch den Seiten-Editor *XEDIT*).

```
 HANSEN   SCRIPT   D1  V 132  TRUNC=132 SIZE=25 LINE=0 COL=1 ALT=16
===>
* * * TOP OF FILE * * *
:p.Als Beispiel für einen Textformatierer wird nachfolgend
:hp2.DCF - Document Composition Facility:ehp2. von IBM erläutert.
DCF besteht aus den Komponenten :hp2.SCRIPT/VS:ehp2. und
:hp2.GML - GENERALIZED MARKUP LANGUAGE:ehp2..
Von DCF wird lediglich die Textformatierung ausgeführt.
Das heißt, daß die Textaufbereitung in Dateiform durch ein
Dateiaufbereitungsprogramm zu erfolgen hat
(bei IBM z.B. durch den Seiten-Editor :hp2.XEDIT:ehp2.).
.sk 14
:p.:hp2.Abb. 4.3/2:ehp2.: Beispiel eines mit XEDIT erstellten,
mit Formatierungsanweisungen versehenen Textes
.sk 2
:dl tsize=19
:dt.HANSEN SCRIPT D1:
:dd.Name der Textdatei, die auf Magnetplatte (Mini-disk D1)
gespeichert ist.
:dt.V 132
:dd.Die Datei hat eine variable Satzlänge von 132 Bytes.
:dt.TRUNC=132
:dd.Der Datensatz wird nach 132 Bytes abgeschnitten.
* * * END OF FILE * * *
```

Abb. 4.4/2: Beispiel eines mit XEDIT erstellten, mit Formatieranweisungen versehenen Textes

HANSEN SCRIPT

D1:	Name der Textdatei, die auf Magnetplatte (Minidisk D1) gespeichert ist.
V 132:	Die Datei hat eine variable Satzlänge von 132 Bytes.
TRUNC=132:	Der Datensatz wird nach 132 Bytes abgeschnitten.
SIZE=211:	Die Datei besteht aus 211 Datensätzen.
LINE=44:	Die 44. Zeile des Dokuments entspricht der ersten Zeile des Editors.
COL=1:	Das Dokument beginnt in der ersten Spalte.
:h3.:	Befehl für eine Überschrift.
:p.:	Ein neuer Absatz wird begonnen.
:sk 14:	Vorschub von 14 Zeilen.
ALT:	Anzahl der Änderungen in dieser Datei seit dem letzten Abspeichern.
:hp2. und :ehp2.:	Alles, was zwischen :hp2. und :ehp2. steht, wird fettgedruckt.

Mit Hilfe des XEDIT ist es sehr einfach, Texte zu erstellen. Eingegebene XEDIT-Befehle in der Befehlszeile (das ist die Zeile, die durch → gekennzeichnet ist) des Bildschirms bewirken:

– Groß- oder Kleinschrift (CASE U oder CASE M),
– Abspeichern (SAVE oder FILE),
– Einfügen von einer oder mehreren Leerzeilen an jeder beliebigen Textstelle (ADD),
– Löschen von Zeilen oder Zeilenblöcken (DELETE),
– Kopieren von Texten aus einer anderen Datei oder in eine andere Datei (PUT oder GET),
– Kopieren von einer Zeile oder mehreren Zeilen des vorhandenen Textes an andere Stellen des Textes (COPY),
– Vor- und Zurückblättern um eine ganze Seite oder nur um eine bestimmte Zeilenanzahl (FORWARD oder BACKWARD, DOWN oder UP),
– Suchen nach bestimmten Begriffen (Eingabe von / und dem gewünschten Suchbegriff),
– Ändern von bestimmten Wörtern, Teilen von Wörtern oder Zeichen (CHANGE),
– Verschieben des Textes nach rechts oder nach links (RIGHT oder LEFT),
– Setzen von Tabulatoren (TABS) usw.

Die Formatierung der eingegebenen Daten wird mit Hilfe von DCF-Befehlen gesteuert. Diese Befehle müssen wie erwähnt mit dem Text in die Quelldatei (siehe Abb. 4.4/2) aufgenommen werden.

DCF-Befehle können unterschieden werden in

– Befehle, die die Gliederung eines Dokuments steuern (dokumentbezogene Funktionen) und
– Befehle zur Verbesserung des Schriftbildes.

Dokumentbezogene Funktionen:

```
HANSEN   SCRIPT   D1  V 132  TRUNC=132 SIZE=25 LINE=0 COL=1 ALT=16
===>
* * * TOP OF FILE * * *
:GDOC (general document)
    :FRONTM (front matter)
         :TITLEP (title page)
         :ABSTRACT
         :PREFACE
         :TOC (table of contents)
         :FIGLIST (list of illustrations)
    :BODY
         Überschriften :HO. bis :H6.
    :APPENDIX (appendix section)
         Überschriften :H1. bis :H6.
    :BACKM (back matter)
         Überschriften :H1. bis :h6.
         :INDEX
* * * END OF FILE * * *
```

Abb. 4.4/3: Beispiel der Gliederung eines Dokumentes mit DCF

Ein Dokument (:GDOC) kann gegliedert werden in

1. den Vorderteil (:FRONTM) mit:
   Titelseite (:TITLEP),
   Inhaltsangabe (:ABSTRACT),
   Vorwort (:PREFACE),
   Inhaltsverzeichnis (:TOC) und
   Abbildungsverzeichnis (:FIGLIST);
2. das eigentliche Schriftstück, wobei dieser Kern des Dokuments durch beliebig viele Überschriften (:HO. bis :H6.) nochmals unterteilbar ist;
3. den Anhang (:APPENDIX) und
4. das Schlagwortverzeichnis (:INDEX).

DCF ermöglicht darüber hinaus

- die automatische Seitennumerierung (kann auf Wunsch auch unterdrückt werden),
- die Erzeugung von Kopf- und Fußzeilen,
- die automatische Erstellung von Inhaltsverzeichnis, Abbildungsverzeichnis und Schlagwortverzeichnis,
- die Generierung von Fußnoten und
- auf Wunsch die automatische Numerierung von Überschriften, Fußnoten und Abbildungen.

Zur *Verbesserung des Schriftbildes* bietet es folgende *Funktionen*:

- Geblocktes und ungeblocktes Format (.fo on oder .fo off),
- automatische Silbentrennung (wird beim Formatieren durch den Einsatz eines Trennungsalgorithmuses ermöglicht),
- Unterstreichen und/oder Fettdrucken (:hp1. bis :hp3.),
- unterschiedlicher Zeilenabstand
  .ss = einzeiliger Abstand,
  .ds = eineinhalbzeiliger Abstand,
- mehrspaltige Formatierung des Textes
  STYLE ONE: Einspaltige Formatierung,
  STYLE TWO: Zweispaltige Formatierung.

Weitere bekannte Formatiersysteme sind zum *Beispiel*:

- DOCULITY von Siemens;
- SCRIBE von Unilogic Ltd. (entwickelt von B. Reid an der US-amerikanischen Carnegie-Mellon University);
- TEX von der American Mathematical Society (entwickelt von D. Knuth an der US-amerikanischen Stanford University).

Die beiden letztgenannten Systeme sind vor allem im Wissenschaftsbereich stark verbreitet. Auch für Großrechner sind Programmsysteme in Entwicklung bzw. zum Teil erhältlich, die Editier- und Formatierfunktionen integrieren und darüber hinaus weitere Funktionen zur Unterstützung des kreativen Prozesses des Textentwurfs bieten.

Mitteilungsübermittlung (Teleboxdienst)

Mitteilungsübermittlungsdienste kommen sowohl *für regelmäßig miteinander kommunizierende Partner in festen Geschäftsbeziehungen* als auch *für «Zufallsbekanntschaften»* in Betracht, die sich aus einem gemeinsamen Interesse – u. U. sehr kurzfristig – ergeben.

Im *erstgenannten Fall* korrespondieren z.B. Abteilungen im eigenen Haus, Betriebs- und Verkaufsstätten im In- und Ausland, Mitarbeiter im Außendienst, Kunden und Lieferanten über elektronische Postfächer. Im Falle der *«Zufallsbekanntschaften»* richten einzelne Mitglieder oder Gruppen des «Mailbox-Vereins» *Postfächer zu bestimmten Themenstellungen* in der Hoffnung ein, daß sich hierüber eine rege Kommunikation entfalten möge.

Solche Postfächer können zum *Beispiel* zur *Vorbereitung von wissenschaftlichen Tagungen* dienen: Beiträge müssen in schriftlicher Form in dem «Tagungsbriefkasten» hinterlegt werden; sie können dort von diversen Gutachtern (eventuell aus vielen verschiedenen Ländern) abgerufen, mit Anmerkungen versehen und zurückgesandt werden; akzeptierte Beiträge werden von den Autoren entsprechend den Auflagen der Gutachter redigiert und anschließend von den Tagungsleitern zu einem Tagungsband aufbereitet – bis hin zum druckfertigen Manuskript bzw. Magnetband für die Lichtsatzanlage. Die gesamte wissenschaftliche und organisatorische Vorbereitung der Veranstaltung kann durchgeführt werden, ohne daß ein einziges Treffen der Verantwortlichen stattfinden muß.

Einige *andere Beispiele*: Sie planen die Anschaffung eines bestimmten Laserdruckers für Ihren XY-Rechner und wollen von erfahrenen Anwendern wissen, wie zuverlässig das Gerät ist. Oder Sie interessieren sich für irgendeine selten verwendete UNIX-Version. Vielleicht sind Sie auch an Expertensystemen für Studenten, kostenloser Software für die Finanzbuchhaltung oder an einem PROLOG-Erfahrungsaustausch interessiert.

Würden Sie *in Nordamerika* leben, so könnten Sie sicher sein, daß für solche «gewöhnlichen» Fragestellungen schon längst für Interessenten zugängliche Postfächer existieren. Ein Teilnehmer muß im allgemeinen nur beantragen, in die Verteilerliste eines solchen Postfachs eingetragen zu werden, damit er künftig alle eingehende Information automatisch zugesandt erhält. Er wird auch in der Regel darüber in Kenntnis gesetzt, wie er auf ältere Beiträge zugreifen kann. In den USA gibt es schon unzählige Benutzer elektronischer Postfächer, für alles und jedes (bis hin zum «Telesex») gibt es Interessentengruppen. Richten Sie dort ein eigenes Postfach über eine spezielle Problemstellung ein, so wird es meist nicht allzu lange dauern, bis Ihnen bis dahin Unbekannnte Hilfestellung bieten.

Im Gegensatz zu Nordamerika, wo es schon seit langem viele öffentlich zugängliche Mitteilungsübermittlungssysteme mit Zehntausenden von Teilnehmern gibt, ist das *«Mailboxing» in Europa noch stark unterentwickelt*. Erst die Mitte der 80er Jahre in vielen Ländern eingeführten *Teleboxdienste der Postverwaltungen* haben die Möglichkeit eröffnet, auch unternehmensextern mit einem großen Kreis potentieller Geschäftspartner kostengünstig elektronische Post auszutauschen. Weil *keine besonderen Endgeräte nötig* sind (fast alle unintelligenten Computerterminals, Textverarbeitungsgeräte oder Mikrorechner sind geeignet), Akustikkoppler relativ wenig kosten und auch die Postgebühren vergleichsweise günstig sind, wird allgemein mit einem raschen *Wachstum der Teilnehmerzahlen von Telebox* gerechnet.

In der Bundesrepublik Deutschland berechnet die DBP für die *Einrichtung einer Box* einmalig 65,– DM. Die *monatliche Grundgebühr* beträgt je Box 40,– DM. Dazu kommen die *Verbindungsgebühren* aus den Zugangsnetzen sowie folgende *Nutzungsgebühren*:

– Belegungsgebühr (Anschaltgebühr) je Minute	0,30 DM
– Speichergebühr je Einheit (= 2 KB) und Tag	0,03 DM
– Adressiergebühr je Adresse	0,10 DM

Die monatliche Mindestnutzungsgebühr beträgt je Box 40,– DM. Bei der *Übermittlung in andere Länder* ist neben der Adressiergebühr noch eine *Übermittlungsgebühr je Mitteilung* zu bezahlen. Diese beträgt in Europa für die ersten 2 KB 0,70 DM und für jedes weitere angebotene KB 0,10 DM (USA bzw. Kanada: 1,20 bzw. 1,25 / 0,25 DM; übrige Welt: 1,45 / 0,35 DM).

Telebox wurde von Beginn an darauf ausgelegt, *mit gleichartigen Systemen in anderen Ländern auf der Basis der 1984 verabschiedeten CCITT-Standards X.400ff. gekoppelt* zu werden. Bei *Post-Mailbox-Systemen* ist dies wegen der CCITT-konformen Gestaltung eher möglich als bei den *privaten Diensten*, auf die derzeit jedoch international noch das Gros der Teilnehmer entfällt. Die ersten *Übergänge* wurden 1985 zu DATABOKS in Dänemark, MINERVA in Australien, DIALCOM in Hongkong, TELEBOX in Singapur und DIALCOM in den USA geschaffen. In der Folge wurden und werden die internationalen Verkehrsverbindungen laufend ausgebaut. *Mehrsprachige Bedienungshinweise* unterstützen den internationalen Benutzer des deutschen Systems.

Zum *Mitteilungsdienst von Bildschirmtext* ist ebenfalls ein *Übergang geplant*. Im Gespräch sind ferner *Übergänge von und nach Telex und Teletex*. Damit könnte das Teleboxsystem in nicht allzu ferner Zeit die *Drehscheibe* zwischen den verschiedenen nationalen und internationalen, privaten und öffentlichen Netzen und Diensten bilden.

Herstellerspezifische Mitteilungsübermittlungssysteme

Derzeit ist die interne elektronische Textkommunikation in Betrieben durch *herstellerspezifische Systeme* geprägt. Der Austausch von Dokumenten beschränkt sich i.a. auf die Stationen eines Herstellers und setzt auch dann noch meist voraus, daß diese dieselbe Software verwenden. Oft bieten die EDV-Hersteller *alternative elektronische Postsysteme* für die verschiedenen Rechnergrößenklassen an, teils als Bestandteil der weiter vorne skizzierten integrierten Bürosysteme, teils als separate Pakete.

Zum *Beispiel* hat der *IBM-Anwender* die Wahl zwischen den von IBM selbst entwickelten Textkommunikationssystemen DISOSS und PROFS, dem von ADR erhältlichen e-MAIL und dem MEMO-Paket von Ericsson. *Siemens* bietet neben den früher erwähnten Bürosystemen noch das KOMEX-Telekonferenzsystem an.[7] Für die «*DEC-Welt*» sind noch mehr Alternativen verfügbar. Von *Wang* gibt es neben OFFICE das in Abb. 4.2.2/1 beschriebene MAILWAY. Auch die *anderen Minirechnerhersteller* bieten meist mindestens zwei Pakete an (ein «integriertes» und ein Spezialpaket für die elektronische Post). Der *Preis* für eines der genannten Großrechnerpakete beträgt einmalig ca. 70 000,– DM (MEMO, e-MAIL) oder ca.

7 Telekonferenzsysteme sind weiterentwickelte elektronische Postsysteme, bei denen die gesendeten Nachrichten nach Themenstellungen (Konferenzen und ihre Tagesordnungen) geordnet den Empfängern (= Konferenzteilnehmern) präsentiert werden.

40 000,– DM Einmalgebühr zuzüglich eine monatliche Lizenzgebühr von über 4 000,– DM (DISOSS). Minirechnerpakete, wie CEO (Data General) oder Alles-in-1 (DEC), sind ab 30 000,– DM Einmalgebühr zu haben.

Darüber hinaus gibt es mindestens noch *ein Dutzend Anbieter von Sprachspeicher- und -übermittlungssystemen*. Dazu gehören einige unabhängige Firmen sowie die Rechnerhersteller

- IBM (Audio-Distribution-System),
- Siemens (EMS 2000 Info),
- Sperry (Voice Information Processing Station) und
- Wang (DVX).

In den USA, wo schon seit langem auch *öffentliche Sprachpostdienste* existieren, wird von Servicegesellschaften seit neuestem die *Umwandlung der in den Postfächern gespeicherten Mitteilungen von Sprache in Text sowie von Text in Sprache* angeboten. Erstere geschieht mit Unterstützung eines automatischen Spracherkennungssystems, dessen Ergebnisse von einem menschlichen Korrektor überprüft und ergänzt werden (zu einer Gebühr von 4,– US-$ für 400 Schriftzeichen). Die Spracherzeugung erfolgt vollautomatisch mit einem Phonemgenerator (2,– US-$ für 400 Zeichen). Damit können einerseits gesprochene Nachrichten als Texte verwaltet, ausgedruckt oder auf einem Bildschirm angezeigt werden. Andererseits können Außenverkäufer oder auf Reisen befindliche Mitarbeiter von jeder Telefonsprechstelle der Welt auch schriftlich eingegangene Mitteilungen abhören, ohne sich mit einem tragbaren Terminal belasten zu müssen.

Dokumentenarchitektur

Die in den letzten Jahren stark angewachsene elektronische Textkommunikation unter Integration von formatierten Daten, Festbildern und Sprache hat zunehmend das *Bedürfnis nach Verträglichkeit der Dokumente* geweckt, die zwischen unterschiedlichen Hardware- und Softwaresystemen ausgetauscht werden.

Ziel einer **Dokumentenarchitektur** (engl.: document architecture) ist eine allgemeingültige, von speziellen Geräten, Editoren und Formatierern unabhängige Beschreibung des Aufbaus und der Austauschformate von Dokumenten, damit diese in Rechnernetzen übertragen, vom Empfänger in gleicher Weise wie vom Absender interpretiert und damit möglichst einfach und komfortabel weiterverarbeitet werden können.

Vorhandene, aber erst am Anfang ihrer Entwicklung stehende Dokumentenarchitekturen basieren teils auf *herstellerspezifischen Konzepten*, wie z.B. bei IBM DCA für die Beschreibung des Aufbaus und DIA für die Beschreibung des Austauschformats von Dokumenten in SNA-Netzen, teils orientieren sie sich an den *Vorschlägen der internationalen Normungs- und Standardisierungsgremien*, wie z.B. die «Siemens Netzarchitektur für Büro-Automatisierung» (SBA). Von der ECMA wurde 1985 der *ODA/ODIF-Standard* verabschiedet, der in den kommenden Jahren von dieser Organisation, der ISO, und dem CCITT weiterentwickelt werden soll.

Das **Dokumentenarchitekturmodell ODA** (Office Document Architecture) beschreibt die logische und die Layout-Struktur von Dokumenten in hierarchischer Form.

Die *logische Struktur* kennzeichnet die Beziehungen zwischen sog. logischen Objekten und ihren Attributen, die vom Benutzer frei wählbar sind (z.B. bei einem Text: Kapitel, Überschriften, Fußnoten usw.). Die *Layout-Struktur* kann nur aus den Objekten Dokument, Seitengruppe, Seite, Rahmen und Block bestehen, in die die logische Struktur durch einen Formatierer abgebildet wird. Durch die *Definition von Dokumentenklassen*, die gemeinsame logische und Layout-Strukturen aufweisen, wird die Erstellung der Dokumente der jeweiligen Klasse allgemeingültig festgelegt. *Die Klassenzugehörigkeit eines Dokuments unterstützt seine Bearbeitung beim Empfänger*, z.B. kann der Editierprozeß bei der Weiterbearbeitung darauf abgestimmt werden, die Formatierung kann automatisch hersteller- und geräteunabhängig erfolgen, und die Ablage kann vereinfacht werden.

Das **Dokumentenaustauschformat ODIF** (Office Document Interchange Format) legt die Reihenfolge und die Codierung fest, mit der die ODA-Beschreibung von Dokumenten übermittelt wird.

Telefax, Teletex und Bildschirmtext

Die neuen *Teilnehmerdienste Telefax, Teletex und Bildschirmtext* haben sich bezüglich der *Teilnehmerzahlen* längst nicht so gut entwickelt, wie dies allgemein prognostiziert worden ist.

Besonders drastisch zeigt sich dies bei *BTX*, wo die DBP noch Anfang 1985 für 1986 eine Mio. Teilnehmer vorhergesagt hat; tatsächlich waren Mitte 1986 jedoch erst etwa 50 000 Anschlüsse realisiert. Auch alle anderen *Prognosen* (z.B. von Diebold, Heinrich-Hertz-Institut, Loewe, Universität Trier) haben die Verbreitung dieses Dienstes viel *zu optimistisch* eingeschätzt. Als *Gründe* sind zu nennen:

	Wer hat Zugang (Teilnehmer in der BRD)	Empfänger	Transportmittel	Formate, Zeichenvorrat	Übertragungszeit	Gebühren	Zusammenarbeit mit anderen Diensten	Besonderheiten
Briefdienst	Jeder, Aufgabe bei allen Postämtern und Briefkästen	Jeder mit fester Adresse	Körperlicher Transport der Nachricht, Zustellung durch Boten	Im Prinzip keine Einschränkung	Ein Tag (95% aller Sendungen), international mehrere Tage bis Wochen	0,80 DM/Brief 3,50 DM Eilzustellung 2,00 DM Einschreiben 1,50 DM zusätzlich für Rückschein	---	Meistgenutzter Dienst für die Textübermittlung
Telegrammdienst	Jeder, Aufgabe bei jedem Postamt, vom Telefon, durch Telex und Teletex sowie über Funk von Schiffen auf See	Jeder mit fester Adresse, auch Telex- und Teletexteilnehmer, Fernsprechteilnehmer, über Funk auch Schiffe auf See	Übermittlung über Fernmeldenetz, Zustellung durch Boten, Telefon, Telex, Teletex	nur Text, eingeschränkter Zeichenvorrat	garantierte Höchstzeit (6 Stunden in Europa), korrekte Übermittlung, Benachrichtigung an Absender bei Nichtzustellung	0,60 DM/Wort, Mindestgebühr: 4,20 DM, Dringend: × 2	Zugang von und zu Telex, Teletex und Telefon	Nutzung für kurze, dringende Nachrichten (z.B. Auftrags- und Preisbestätigung)
Telebriefdienst	Jeder, Aufgabe bei 640 Postämtern, Zugang vom Telefaxdienst	Jeder mit fester Adresse, auch an jeden Telefaxteilnehmer im Bereich der DBP, international in zahlreiche Länder in Europa und Übersee	Übermittlung von Fernkopien über das Telefonnetz, auf Wunsch Eilzustellung durch Boten	geeignete Vorlagen bis zum Format DIN A4 (graf. Darst., Texte usw.)	Bei Aufgabe Mo–Fr bis 15.30 Uhr und Sa bis 11.00 Uhr Zustellung am gleichen Tag	Im nationalen Bereich 6,50 DM für die 1. Seite und 4,– DM für weitere Seiten, 3,50 DM für die Eilzustellung; an Telefaxteilnehmer: 6,– bzw. 3,– DM	Zugang vom und zum Telefaxdienst	Übermittlung geeigneter Vorlagen, Ergänzungen zum Telefaxdienst (Briefzustellung)
Telefaxdienst	Telefaxteilnehmer (1986 ca. 25000)	Telefaxteilnehmer, jeder über Telebriefstellen der Postämter	Telefonnetz	geeignete Vorlagen bis zum Format DIN A4 (graf. Darst., Texte usw.)	Gruppe 3: etwa 1 Minute pro Seite DIN A4, Gruppe 2: 2 und 3 Minuten pro Seite DIN A4	5,40 DM monatlich zusätzlich zur Telefongrundgebühr, Verkehrsgebühr = Telefongebühr	Zugang vom und zum Telebriefdienst, künftige Zusammenarbeit mit anderen Diensten denkbar	Wenn Handgeschriebenes, Gezeichnetes, Gedrucktes sofort beim Empfänger vorliegen soll (Fernkopie)
Telexdienst	Telexteilnehmer (1986 ca. 170000) Teletexteilnehmer (1986 ca. 15000) Telex über Funk im Seefunkdienst Inmarsat-Funktelexteilnehmer auf Schiffen	Telex- und Teletexteilnehmer (1986 weltweit ca. 1,7 Mio.)	Telexnetz, auch Teletexnetz	nur Text, eingeschränkter Zeichenvorrat, endlose Schreibpapierrolle	Gruppe 2: 300 Buchstaben in 45 s, Brief mit 1500 Zeichen 3 Min. 45 s	65,– DM Grundgebühr; Verkehrsgebühr: 0,10 DM für tags 15 s Nahbereich 10 s Fernbereich nachts 45 s	Zugang von und zu Teletex	Erster Textkommunikationsdienst zwischen Teilnehmern mit weltweiter Kompatibilität, Dialog möglich

Teletex-dienst	Teletexteilnehmer (1986 ca. 15000) Telexteilnehmer (1986 ca. 170000)	Teletexteilnehmer international 1982: Österreich 1983: Kanada, Vereinigte Staaten, Schweden, Finnland 1984: Dänemark, Norwegen, Südafrika, Italien 1985: übrige westeuropäische Länder	Teletexnetz, auch Telexnetz	Text, voller Zeichenvorrat von Schreibmaschinen, DIN A4 in Europa; internationale Basis ist die gemeinsame Fläche DIN A4/nordamerikanisches Format	DIN A4-Seite (normal beschrieben) in ca. 10 s (2400 bit/s)	220,– DM Grundgebühr + 3 Pf/Verbindung bzw. 180,– DM Grundgebühr + 40 Pf/Verbindung Verbindungsgebühr je Sekunde: tags 0,76 Pf (nah); 1,40 Pf (fern); nachts 0,36 bzw. 0,72 Pf; Mindestverbindungsgebühr 40,– DM/Monat	Zugang von und zu Telex (nur Selbstwahlverbindungen), Zusammenarbeit mit Bildschirmtext und digitalem Faksimile geplant	Endgerät wird für die Texterstellung und für die Kommunikation genutzt, Schreibmaschinenqualität; Mitbenutzung von Telefon- und Telexnebenstellenanlage sowie von Text- und Datenverarbeitungsanlagen
Bildschirm-textdienst	Bildschirmtext-teilnehmer (1986 ca. 50000)	Bildschirmtext-teilnehmer	Telefonnetz, Zugang zu externen Rechnern über DATEX-P	Text und Grafik, Format dem Fernsehbildschirm angepaßt (24 Zeilen zu je 40 Zeichen)	1200/75 bit/s Inhalt eines Bildschirms in ca. 6 s	8,– DM Grundgebühr zusätzlich zum Telefonanschluß, Verkehrsgebühr = Telefongebühr im Nahbereich, ggf. zusätzliche Gebühr an Informationsanbieter	Zugang von und zu Teletex geplant, mit anderen Diensten in Diskussion	Information im privaten und kommerziellen Bereich, Dialogbetrieb, Mitteilungsdienst zwischen Teilnehmern (Mailbox), Rechnernutzung
Telebox-dienst	Inhaber einer Telebox oder einer Box in anderen, verbundenen Systemen (auch im Ausland), später auch Bildschirmtextteilnehmer (1986 ca. 500 Teleboxteilnehmer)		Telefonnetz (mit Modem), DATEX-L und DATEX-P	Format abhängig vom Endgerät, üblich sind 80 Zeichen/Zeile mit beliebiger Zeilenzahl; Code nach DIN 66003, internationale (ähnlich ASCII) oder deutsche Version	Im Teleboxsystem in Millisekunden, sonst abhängig vom Fernmeldenetz und von der Länge der Mitteilung	40,– DM Grundgebühr je Telebox, 0,30 DM je Minute Anschaltezeit und 0,10 DM je Adresse sowie Speichergebühr	Zusammenarbeit mit Bildschirmtext und anderen Textdiensten geplant	Mitteilungsdienst von Person zu Person mit Zwischenspeicherung

Abb. 4.4/4: Dienste der DBP für die Textkommunikation (Stand: Mitte 1986; Quelle: DBP)

- Die Einführung des Regeldienstes wurde von der Post um fast ein Jahr verzögert.
- Der Decoderpreis ist zu hoch und hemmt die rasche Ausbreitung der BTX-Anschlüsse bei privaten Haushalten.
- Die Informationsabfrage dauert wegen der geringen Übertragungsgeschwindigkeit und des mühsamen Suchverfahrens über hierarchische Menüs viel zu lange.

In der letzten Zeit setzt sich immer mehr die Ansicht durch, daß *BTX nur dann erfolgreich* sein kann, *wenn es sich stark zur Standard-EDV hinbewegt, wenn BTX als preiswertes und landesweites Rechnernetz gesehen wird, das BTX-taugliche Mikrorechner bedient.* In Österreich ist es heute schon so, daß mehr als 90% der Teilnehmer als Endgerät einen von der Post preisgünstig (30,– DM pro Monat inkl. Modem) vermieteten 8-Bit-Mikrorechner verwenden, der speziell auf BTX ausgelegt ist.

Dieser sog. MUPID II (Mehrzweck-universell programmierbarer intelligenter Decoder) bietet folgende Vorteile:

- Der Einbau eines Decoders in den Farbfernseher entfällt.
- Aus dem Bildschirmtextsystem in den MUPID-Arbeitsspeicher geladene Anwendungsprogramme und Datenbestände können off-line weiterverarbeitet werden. Durch die Trennung der Telefonverbindung werden u.U. in erheblichem Umfang Übertragungskosten eingespart.
- Dadurch lassen sich nicht nur Anwendungsprobleme (z.B. Buchhaltung, Fakturierung, Textverarbeitung) lösen und Lern- und Spielprogramme absolvieren, sondern es kann auch im Off-line-Betrieb editiert und programmiert werden. Zum Beispiel werden derzeit von der österreichischen Post ein Grafik-Editor und ein BASIC-Übersetzer angeboten. Die Programmiersysteme PASCAL und ASSEMBLER sollen in Kürze zur Verfügung stehen.
- Durch die Verwendung einer Einschubkarte (MUPID-Platine) können auch zahlreiche andere Mikrorechner zu Bildschirmtext-Terminals «aufgerüstet» werden.

Derzeit werden *höchstens ein Drittel der BTX-Anschlüsse privat genutzt,* und auch in den kommenden Jahren wird dieser Dienst *überwiegend für kommerzielle Anwendungen* zum Einsatz kommen. Ungefähr ein Zehntel der Teilnehmer sind *Informationsanbieter*, die *Zahl der angebotenen BTX-Seiten* hat Mitte 1986 eine Mio. überschritten. Zu diesem Zeitpunkt waren rund 200 *externe Rechner* angeschlossen.

Bildschirmtext wird auch *von den meisten anderen westeuropäischen Staaten* als Fernmeldedienst angeboten (unter den unterschiedlichsten Bezeichnungen und mit z.T. abweichenden Standards). *Internationale Dienstübergänge* sind geplant.

Die Abb. 4.4/4 zeigt Ihnen *alle Dienste der DBP für die Textkommunikation* in einer *vergleichenden Gegenüberstellung.*

ISDN-64-kbit/s-Dienste und Breitbanddienste

Durch das geplante *ISDN-64-kbit/s* können die *Übermittlungszeiten von Dokumenten wesentlich verringert* werden. Während heute im Teletexdienst die Übertragung einer Seite mit 2 000 Zeichen ca. 10 s dauert, werden beim *ISDN-Teletex* nur noch 0,5 s benötigt. Das Fernkopieren einer DIN-A 4-Seite wird dann nicht mehr eine Minute, sondern im *ISDN-Telefaxdienst* nur noch ca. 10 s benötigen. Eine *BTX-Seite*, deren Abruf derzeit mindestens 6 s braucht, wird in 0,2 s auf dem Bildschirm angezeigt. Darüber hinaus wird die *Übertragungsqualität* wesentlich verbessert. Welche *zusätzlichen Dienste* im Schmalband- und später im Breitband-ISDN angeboten werden und wie die Leistungsmerkmale aussehen werden, darüber kann heute nur spekuliert werden. Potentielle *Möglichkeiten der Breitbandkommunikation* zeigt Ihnen die Abb. 4.4/5.

DIALOGDIENSTE

- *Bewegtbildkommunikation*
  Videokonferenzen
  Bildfernsprechen
  * Geschäftliche Anwendung: Bildferngespräche zwischen Teilnehmern im Geschäftsbereich (z.B. örtlich getrennte Abteilungen eines Unternehmens)
  * Private Anwendung: Bildferngespräche zwischen privaten Haushalten
- *Schnelle Datenkommunikation*
  Rechnerdialog
  * verteilte Datenbanken
  * verteilte Datenfernverarbeitung
  * Dateitransfer
  * Update von Dateien
  * Ersatzrechenzentren
  * Programmtransfer
  * Dialoge mit kurzen Antwortzeiten
- *Schnelle Text-/Grafik-Kommunikation*
  Faksimile-Dialogübertragung
  Textfax-Dialogübertragung
  Computergrafik (Geschäfts-, Werbe-,...)
  Rechnerunterstützung in Konstruktion, Planung, Fertigung und Inspektion (CAE, CAM)
- *Echtzeit (Real-Time-)Verarbeitung*
  Fernwirken
  Dialoge mit kurzen Antwortzeiten

– *Integrierte Sprach- und Datenkommunikation*
Sprachspeicher- und -übermittlungssysteme (inkl. Spracherkennung/Sprachausgabe/Sprachübersetzung)

ABRUFDIENSTE

– *Bewegtbilddienste*
Bewegtbildabruf (z.B. Medizin, Meteorologie, Telemodenschau)
Videoüberwachung (z.B. Industrieanlagen,...)

– *Schneller Text- und Datenabruf*
Datenbankabruf (z.B. Dokumentenabruf)
Programmabruf (für diverse Anwendungen)

– *Text-, Grafik-, Bildabruf*
Faksimile (Stapelbetrieb)
Computergrafik, Computerbild (z.B. digital gespeichertes Gemäldearchiv)
Elektronische Zeitung/Telezeitung

– *Echtzeit-(Real-Time-)Abruf*
Fernmessen

– *Sprach-/Tonausgabe*

VERBINDUNG ZWISCHEN PRIVATEN NETZEN UND ENDGERÄTEN

Kopplung von lokalen Netzen
Verbindung von K-Anlagen
Verbindung von LAN/K-Anlagen und Multifunktionsendgeräten
Schneller Fernausdruck
Elektronischer Zeitungssatz
Faksimileübertragung Presse/Verlage

Abb. 4.4/5: Überblick über Breitbanddienste der Individualkommunikation, die aus heutiger Sicht zu erwarten sind (Quelle: PKI/DBP)

Informationsdienste (externe On-line-Datenbanken)

Weltweit werden heute rund *3 000 on-line abfragbare Datenbanken* angeboten. Rund *drei Viertel* dieser Datenbanken werden *in Nordamerika* unterhalten. Von den 21%, die auf europäische Datenbanken entfallen, stammen *3% aus der Bundesrepublik Deutschland*.

Abb. 4.4/6: Bildfernsprecher, der als Einheit von Bildschirm und Kamera auch das gegenseitige Präsentieren von Schriftstücken und Gegenständen erlaubt.

Ungefähr *die Hälfte* der international angebotenen Datenbanken enthalten Wirtschaftsinformation, 15% technische Daten und 10% Information aus dem medizinischen und naturwissenschaftlichen Bereich. Während in den USA über 500 000 Kunden regelmäßig die Informationsdienste in Anspruch nehmen, sind es *in der Bundesrepublik* kaum mehr als *10 000 kommerzielle Anwender*.

Der *führende Anbieter für Finanz- und Wirtschaftsdaten* ist in der Bundesrepublik Deutschland der *Monitor-Service von Reuters*. Große, in

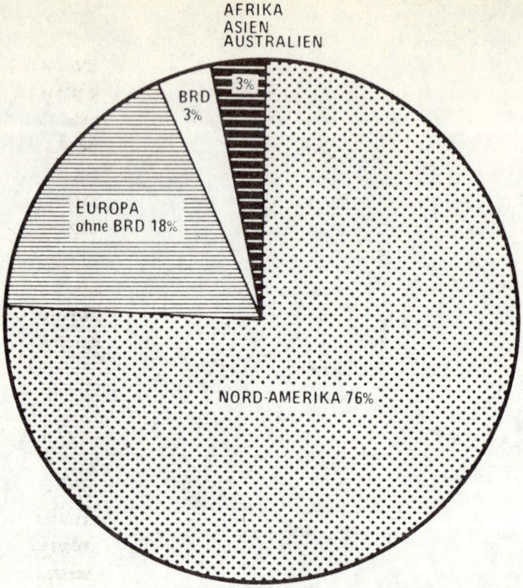

Abb. 4.4/7: Weltweit angebotene On-line-Datenbanken (Quelle: BMFT)

Deutschland tätige Anbieter von Wirtschaftsdatenbanken sind ferner Bertelsmann, Dun & Bradstreet, GENIOS (Handelsblatt) und Hoppenstedt. Auch fast alle Großbanken und eine Reihe weiterer Unternehmen treten als Datenbankanbieter auf. Zum Beispiel bietet die IBM Deutschland ihren Kunden Zugriff auf einen Teil der eigenen Datenbanken mit Produktbeschreibungen, Fachliteratur und EDV-Ausbildungsprogrammen.

Der von der Verlagsgruppe Handelsblatt 1985 gegründete *GENIOS-Wirtschaftsdatenbankenpool* ist der erste deutsche Informationsdienst, der *über alle zur Zeit verfügbaren Datenübertragungswege erreichbar* ist (Telefondirektwahl, DATEX-P, DATEX-L und Bildschirmtext). Kern sind die Wirtschaftspublikationen *Handelsblatt* und *Wirtschaftswoche*, die beide im *Volltext* gespeichert und tages- bzw. wochenaktuell fortgeschrieben werden. Weiterhin sind im GENIOS-Pool vertreten: Die *Creditreform-Datenbank* mit Firmenprofilen von über 200 000 deutschen Kapital- und Personenhandelsgesellschaften. Die *Datenbank BUSINESS* ist darauf ausgerichtet, Geschäftsverbindungen weltweit zu vermitteln. Sie erfaßt branchen- und länderübergreifende Angebote und Gesuche, Informationen und Kontakte. Das *Betriebswirtschaftliche Literatursuchsystem BLISS* liefert Artikelzusammenfassungen aus deutscher und internationaler Fachliteratur über betriebswirtschaftliche Themen. Auch *ohne eigenes Datenendgerät* können *Recher-*

chen in Auftrag gegeben werden. Die Ergebnisse werden postalisch, über Nacht oder per Fernkopie (Telefax) und in besonders dringenden Fällen sogar per Telefon übermittelt. *Informationsabonnements*, die den Kunden über sein gewünschtes Wissensgebiet permanent auf dem laufenden halten, sind on-line wie off-line möglich.

Die *Kosten für die Nutzung der von Informationsdiensten* angebotenen Datenbanken liegen bei etwa 250,– bis 300,– DM pro Stunde. In einer Stunde kann man normalerweise drei bis vier Anfragen am Terminal bearbeiten.

Zum *Beispiel* kostet bei GENIOS eine Anschaltminute 4,– DM. Hinzu kommen Dokumentengebühren von ca. 0,80 DM je Dokument, das auf Wunsch des Benutzers auf dem Bildschirm angezeigt oder als Papierkopie ausgedruckt wird, sowie die Übertragungsgebühren.

Die *deutsche Bundesregierung* hat seit Mitte der 70er Jahre die Einrichtung *öffentlicher Informationsdienste* in dem sog. *IuD-Programm* (IuD ist die Abkürzung für: Information und Dokumentation) mit rund 400 Mio. DM *gefördert*. Von den geplanten 20 *Fachinformationszentren* (FIZ) wurden nur fünf bereits existierende Institutionen unter diesem Namen tatsächlich aktiv, andere Institutionen behielten ihren angestammten Namen (z.B. DIMDI). *Die meisten Benutzer* (ca. 2 000) hat das *auf dem Gebiet der naturwissenschaftlichen und technischen Fachinformation führende Fachinformationszentrum Technik* in Frankfurt. Alle öffentlichen Fachinformationseinrichtungen in der Bundesrepublik Deutschland arbeiten mit Verlust.

Eine Liste aller *deutschen Informationsvermittlungsstellen* ist bei der Gesellschaft für Information und Dokumentation erhältlich (Lyoner Straße 44, D-6000 Frankfurt 71). Die *österreichischen Informationsvermittlungsstellen und Datenbanken mit Wirtschaftsinformation* sind in einem vom Bundesministerium für Wissenschaft und Forschung herausgegebenen *Fachinformationsführer Wirtschaftswissenschaften* enthalten (Böhlau Verlag, Wien–Köln 1985).

Literatur

Für die Durcharbeitung dieses Kurses müssen Sie sich *keine zusätzliche Literatur* beschaffen. Dementsprechend ist die Lektüre der nachfolgend angegebenen Titel nicht obligatorisch, sie *empfiehlt sich* jedoch dann, *wenn Sie bei diesem Lehrtext Verständnisschwierigkeiten haben* bzw. wenn Sie Ihr *Wissen vertiefen* wollen.

Aus der großen Fülle der Literatur werden hier *nur einige wenige besonders empfehlenswerte Titel für jeden Abschnitt* der vorstehenden Ausführungen genannt und in Stichworten charakterisiert.

zu 1.1 und 1.2:

DIN Deutsches Institut für Normung e.V. (Hrsg.):

Informationsverarbeitung 1: Normen über Grundbegriffe, Datenübertragung, Schnittstellen, Beuth Verlag, 6. Aufl., Berlin – Köln 1985.

Informationsverarbeitung 2: Normen über Datenträger, Beuth Verlag, 3. Aufl., Berlin – Köln 1986.

Informationsverarbeitung 3: Normen über Bildschirmarbeitsplätze, Tastaturen, Papiere und Farbbänder für die Datenverarbeitung, Maschinelle Zeichenerkennung, Beuth Verlag, Berlin – Köln 1981.

Software-Entwurf, Programmierung, Dokumentation, Schaltzeichen: Normen (Informationsverarbeitung 4), Beuth Verlag, 2. Aufl., Berlin – Köln 1985.

Bildschirmarbeitsplätze: Normen und Sicherheitsregeln (Informationsverarbeitung 5), Beuth Verlag, Berlin – Köln 1984.

Informationsverarbeitung 7: Datenübertragung, Rechensysteme: Normen, Verwaltungsvorschriften, Beuth Verlag, Berlin – Köln 1985.

Diese DIN-Taschenbücher enthalten Normen für die Datenverarbeitung durch Menschen und Maschinen, insbesondere Computer. Die wichtigsten Begriffsbestimmungen dieses Lehrbuchs sind derartige DIN-Normen; darüber hinaus sind in den o.g. Veröffentlichungen vor allem technische Spezifikationen von EDV-Geräten und -Werkstoffen genormt, um einen reibungslosen und rationellen Informationsaustausch zwischen Rechnern zu sichern.

Schneider, H.-J. (Hrsg.): Lexikon der Informatik und Datenverarbeitung, R. Oldenbourg Verlag, München – Wien 1983.

Bestes Nachschlagewerk auf dem Gebiet der Informatik; über 6000 deutsche Begriffe werden in alphabetischer Reihenfolge erläutert; meist ist auch die englische Übersetzung der definierten Begriffe angegeben; ebenso sind eventuelle Synonyme, Siehe-auch-Verweise und Abkürzungen vermerkt.

Mertens, P. (Hrsg.): Lexikon der Wirtschaftsinformatik, Springer-Verlag, Berlin – Heidelberg – New York – Tokyo 1986/87 (im Druck).

Die wichtigsten Begriffe der Wirtschaftsinformatik werden in alphabetischer Reihenfolge gekennzeichnet; dabei werden auch die neuesten informationstechnologischen Entwicklungen berücksichtigt; anwendungsbezogene, praxisnahe Darstellung durch Experten aus Wirtschaft und Wissenschaft.

IBM Deutschland GmbH (Hrsg.): Fachausdrücke der Text- und Datenverarbeitung. Wörterbuch und Glossar. Englisch – Deutsch, Deutsch – Englisch. IBM-Selbstverlag, Stuttgart 1985 (IBM Form GQ12-1044-1).

Dieses Fachwörterbuch bietet neben Übersetzungshilfen auch prägnante Begriffsbestimmungen der im EDV-Bereich gängigen Fachausdrücke, oft ergänzt durch Erläuterungen über die Eingliederung der behandelten Begriffe in den jeweiligen Kontext. Das Vokabular ist vorwiegend am IBM-Sprachgebrauch orientiert.

zu 1.3:

Zentes, J. (Hrsg.): Moderne Warenwirtschaftssysteme im Handel, Springer-Verlag, Berlin – Heidelberg – New York – Tokyo 1985.

Dieses Sammelwerk enthält die Beiträge zu einer internationalen Fachtagung über rechnergestützte Warenwirtschaftssysteme. Nach einer einführenden Übersicht über die Entwicklungstendenzen von Warenwirtschaftssystemen werden 16 Fallbeispiele aus unterschiedlichen Branchen und Ländern vorgestellt. Das Buch ist sehr gut geeignet, unsere exemplarische Darstellung in den Abschnitten 1.1.3 und 1.3.2 zu ergänzen, zu vertiefen und Sie mit den Chancen und Problemen von Informationssystemen in einem ausgewählten Anwendungsbereich vertraut zu machen.

Scheer, A.-W.: EDV-orientierte Betriebswirtschaftslehre, Springer-Verlag, 2. Aufl., Berlin – Heidelberg – New York – Tokyo 1985.

Der Autor beschreibt die Veränderungen betrieblicher Problemlösungen in verschiedenen Funktionsbereichen durch den Einsatz von Datenbanksystemen, durch Dialogverarbeitung und durch Vernetzung von Techniksystemen; er weist auf das innovatorische Potential von Standardanwendungssoftware hin und kennzeichnet die aus der künftigen informationstechnologischen Entwicklung erwachsenden Herausforderungen an Betriebe und damit auch an die Betriebswirtschaftslehre: ein längst überfälliges Plädoyer für eine «Öffnung» bzw. Neuorientierung der traditionellen «Hochschul-Betriebswirtschaftslehre» gegenüber der EDV (samt Arbeitsprogramm).

Haefner, K.: Mensch und Computer im Jahre 2000 – Politik und Ökonomie für eine human computerisierte Gesellschaft, Birkhäuser Verlag, Stuttgart – Basel 1984.

Haefner formuliert als Quintessenz seiner interessanten Ausführungen: «Wenn wir die Zukunft im Sinne einer positiven Entwicklung bewältigen wollen, so bedarf es zunächst einer gewissen Zuversicht, daß auf breiter Basis akzeptable Lösungen überhaupt möglich sind. Hierzu sind geeignete Rahmenvorstellungen und angemessene Konzepte zu entfalten. Diese müssen soweit schlüssig und in sich konsistent sein, daß sie für die nächsten 20 Jahre einen akzeptablen Planungsraum darstellen. Sie müssen die Bandbreiten möglicher informationstechnologischer Entwicklungen berücksichtigen. Potentiell negative Folgen der Informatisierung und Computerisierung sind dabei deutlich anzusprechen und zu bewältigen. – Es wird in den nächsten 20 Jahren nicht darauf ankommen, an Details herumzukurieren. Vielmehr muß das Schwergewicht einer angemessenen Antizipation und Problemlösung darin liegen, Antworten auf die zentralen Fragen – Produktivitätsverteilung, Friedenssicherung und menschliches Selbstverständnis – zu geben.»

zu 2.1:

Kent, W.: Data and Reality, North-Holland, 3rd reprint, Amsterdam 1983.

In dem leicht lesbaren Buch wird der Abbildungsprozeß der realen Welt in ein konzeptionelles Modell und der Weg bis zur Darstellung auf Anwendungsprogrammebene beschrieben.

zu 2.2:

DIN-Taschenbuch Informationsverarbeitung 2: Normen über Datenträger, Beuth Verlag, 3. Aufl., Berlin – Köln 1986.

Siehe hierzu den vorstehenden Kommentar zu 1.1 und 1.2.

Krauß, M., Kutschbach, E., Woschni, E.-G.: Handbuch Datenerfassung, VEB Verlag Technik, Berlin 1984.

Im Abschnitt 4.1 sowie im Anhang dieses Buches werden detailliert die technischen Kenndaten, die Vorteile und die Nachteile der verbreitetsten Datenträger beschrieben; anschauliche Grafiken unterstützen den Text; optische Speicherplatten und -karten sowie elektronische Datenträger werden nicht behandelt.

zu 2.3:

Zaks, R.: Chip und System. Einführung in die Mikroprozessoren-Technik, Sybex-Verlag, Düsseldorf 1984.

Ein Meister der Vermittlung komplexer Lehrinhalte auf dem Gebiet der technischen Informatik bietet einen umfassenden Überblick über den Aufbau und die Funktionsweise von Mikroprozessoren. Zahlreiche Fotos und Grafiken dienen zur Veranschaulichung der grundlegenden Konzepte, der internen Arbeitsweise und der Familien von Mikroprozessoren. Vergleichende Betrachtungen der verschiedenen Prozessorarchitekturen und Ausführungen über die Programmierung, die Anwendung sowie die zukünftige Entwicklung von Mikroprozessoren runden dieses umfangreiche Werk ab. Obgleich die Durcharbeitung Konzentration und Gründlichkeit verlangt, ist dieses Buch eine reiche Fundgrube für alle, die «hinter die Kulissen» der Prozessorhardware blicken wollen.

Tafel, H.J., Kohl, A.: Ein- und Ausgabegeräte der Datentechnik, Carl Hanser Verlag, München – Wien 1982.

Im ersten Teil werden Eingabegeräte von der Tastatur, Kurvenverfolger, Lichtgriffel über Schrift- und Zeichenlesegeräte, Bildeingabeverfahren bis zur Spracheingabe behandelt. Der zweite Teil befaßt sich mit Anzeigeeinrichtungen einschließlich Datensichtgeräten und ihrer Steuerung, Schreib- und Druckverfahren, Bildempfängern sowie der Sprachausgabe. Mit peripheren Speichern wie Magnetband-, Platten- und Folienspeicher befaßt sich der dritte Teil, der auch neuere Entwicklungen wie optische Plattenspeicher, CCD-, Magnetblasen- und Oberflächenwellen-Speicher berücksichtigt. Im vierten Teil wird der Mikroprozessor zum Anschluß und Betrieb von Ein- und Ausgabegeräten, als Schnittstelle und zum Anschluß an Bus-Leitungen vorgestellt. Es werden jeweils die physikalischen und methodischen Grundlagen und Prinzipien behandelt sowie Beispiele für aktuelle Geräte einschließlich ihrer Leistungsmerkmale dargestellt.

zu 2.4:

Ludewig, J.: Sprachen für die Programmierung. Eine Übersicht, Bibliographisches Institut, Mannheim – Wien – Zürich 1985.

Dieses Buch vermittelt einen Überblick über die bekanntesten konventionellen und einige nichtkonventionelle Programmiersprachen, die jeweils anhand ihrer wesentlichen Merkmale und durch kleine Beispiele vorgestellt werden. Dabei werden die Wechselwirkungen zwischen Sprachen und Programmiertechniken hervorgehoben und Themen wie Softwarefehler oder graphische Darstellung von Programmen einbezogen. Auch Klassifikation und Definition formaler Sprachen werden behandelt.

Wettstein, H.: Architektur von Betriebssystemen, Carl Hanser Verlag, 2. Aufl., München – Wien 1984.

Dieses umfassende, theoretisch fundierte Werk ist auf dem Betriebsmittelbegriff aufgebaut. Es werden die Betriebssystemkomponenten zur Verwaltung von Prozessoren, Zentralspeicher, Ein-/Ausgabegeräten, Daten und Programmen beschrieben. Dabei wird auf kein bestimmtes Betriebssystem Bezug genommen, sondern es werden die einzelnen Komponenten in ihren verschiedenen Erscheinungsformen betrachtet. PASCAL-Algorithmen unterstützen die Erläuterung der Verfahren und der ihnen zugrundeliegenden Problemstellungen.

Hansen, H.R., Amsüss, W.L., Frömmer, N.S.: Standardsoftware: Beschaffungspolitik, organisatorische Einsatzbedingungen und Marketing, Springer-Verlag, Berlin – Heidelberg – New York – Tokyo 1983.

Es werden die Ergebnisse empirischer Untersuchungen des Einsatzes von mehrfach verwendbarer Anwendungssoftware in Klein- und Mittelbetrieben beschrieben, Schwachpunkte gekennzeichnet und Verbesserungsvorschläge bzw. «Rezepte» für Nachfrager und Anbieter von Standardprogrammen erarbeitet.

Nomina Information Services (Hrsg.): ISIS Reports, München.

Nomina veröffentlicht halbjährlich drei Softwarekataloge, die einen umfassenden Überblick über die auf dem deutschsprachigen Markt (BRD, Österreich, Schweiz) angebotene Standardsoftware erlauben. Der ISIS Software Report beschreibt kommerzielle Programme, Branchenprogramme und Systemprogramme für Mini- und Großrechner (ca. 3500). Der ISIS Engineering Report enthält Angaben über technisch-wissenschaftliche Programme (CAE/CAD/CAM) für alle Rechnergrößenklassen (ca. 500). Der ISIS Personal Computer Report bietet Programmbeschreibungen für kommerziell einsatzfähige Mikrorechner (ca. 2500). Die einzelnen Pakete werden auf maximal einer halben DIN-A4-Druckseite in bezug auf Funktionen, Betriebsart, Vertriebsgebiet, erforderliche Anlagenkonfiguration, Programmiersprache, Installationsdaten, Anbieter, Preise, Programmdokumentation und Serviceleistungen charakterisiert. Außerdem bietet jeder Report ein Verzeichnis der Softwareanbieter sowie ein Register der eingetragenen Softwareprodukte, geordnet nach Anbieter- bzw. Programmnamen. Der ergänzende ISIS Firmen Report enthält eine ausführlichere Darstellung aller Anbieter auf dem Softwaremarkt (jeweils eine bis drei DIN-A4-Druckseiten über die einzelnen Rechnerhersteller, System- und Softwarehäuser). Die Angaben der erwähnten ISIS Reports werden auch in einer On-line-Datenbank vom FIZ Technik in Frankfurt/M. angeboten.

zu 2.5:

Brauer, W., Haacke, W., Münch, S.: Studien- und Forschungsführer Informatik, Springer-Verlag, Berlin – Heidelberg – New York – Tokyo 1984.

Umfassender Überblick über Studium und Forschungsschwerpunkte der Informatik in der BRD; das Taschenbuch enthält auch Wissenswertes über das Hochschulwesen und das Ausländerstudium an deutschen Universitäten und Fachhochschulen. Für die einschlägigen Hochschulen sind die Adressen, Professoren und Lehrpläne, für die außeruniversitären Forschungsstätten die Adressen, Informatikprojekte und Forschungsleiter angegeben.

Griese, J., Pape, U., Schmitz, P., Seibt, D., Thome, R. (Hrsg.): Studienführer Betriebs- und Wirtschaftsinformatik, 2. Aufl., Vieweg Verlag, Braunschweig – Wiesbaden 1984.

Der Studienführer enthält die Anschriften der Institute, die Namen der Professoren sowie Angaben über den Studienaufbau, Lehrveranstaltungen und Forschungsaktivitäten der Wirtschaftsinformatik an Universitäten und wissenschaftlichen Hochschulen in der BRD, in Österreich und in der Schweiz.

Bundesanstalt für Arbeit (Hrsg.): Datenverarbeitungsberufe, Blätter zur Berufskunde-Band 2, W. Bertelsmann Verlag, Bielefeld 1985.

In dieser über die Arbeitsämter kostenlos erhältlichen Broschüre werden die Tätigkeitsfelder von Datenverarbeitungsfachkräften, die Ausbildungsgänge in Betrieben, Berufsfachschulen, Fachschulen, Hochschulen sowie die Ausbildungsmöglichkeiten bei EDV-Herstellern, EDV-Anwendern und sonstigen Institutionen in kompakter Form dargestellt. Für nichtakademische Ausbildungsstätten sind die Adressen angegeben (nach Postleitzahlen geordnet). Ferner werden die Berufsaussichten und Einkommensverhältnisse von Datenverarbeitungsfachkräften skizziert.

Twiehaus, H.J., Dostal, W.: Computerberufe – Berufe und Bildung in der Datenverarbeitung, Droemersche Verlagsanstalt Th. Knaur Nachf., München 1985.

Es handelt sich um eine inhaltlich mit dem vorstehend genannten Titel im Kern identische, jedoch didaktisch hervorragend aufbereitete Beschreibung von Berufsbildern, Ausbildungswegen, Fortbildungs- bzw. Umschulungsmöglichkeiten und Arbeitsmarktperspektiven.

Mambrey, P., Oppermann, R. (Hrsg.): Beteiligung von Betroffenen bei der Entwicklung von Informationssystemen, Campus Verlag, Frankfurt – New York 1983.

In diesem Sammelband werden Grundlagen und Perspektiven der Benutzerbeteiligung aus der Sicht unterschiedlicher Disziplinen diskutiert. Es werden Begründungen für die Benutzerbeteiligung gegeben sowie praktische und theoretische Probleme des Beteiligungsansatzes diskutiert. Ferner werden verschiedene Konzeptionen der Benutzerbeteiligung vorgestellt. Weitere Beiträge setzen sich mit Werkzeugen der Benutzerbeteiligung auseinander. Der Band wird abgerundet durch Aufsätze, die den Interessenbezug der Benutzer erläutern.

Mertens, P.: Aufbauorganisation der Datenverarbeitung. Zentralisierung – Dezentralisierung – Informationszentrum, Betriebswirtschaftlicher Verlag Dr. Th. Gabler, Wiesbaden 1985.

In diesem schmalen Band werden die Vor- und Nachteile verschiedener Formen der EDV-Aufbauorganisation gekennzeichnet und mit Fakten und Beispielen untermauert. Folgende Problemkreise werden behandelt: Eingliederung und Untergliederung der EDV-Abteilung; Zentralisation versus Dezentralisation; Informationszentrum (Benutzerservicezentrum); Teamorganisation; Berufsbilder.

zu 3.1:

Krauß, M., Kutschbach, E., Woschni, E.-G.: Handbuch Datenerfassung, VEB Verlag Technik, Berlin 1984.

In diesem modernen, inhaltlich und didaktisch hervorragenden Werk werden theoretische Grundlagen, Organisation und Geräte der Datenerfassung umfassend behandelt. Weitere Kapitel befassen sich mit Datenträgern, Ein- und Ausgabeeinheiten, Steuereinheiten, Leistungsbestimmung, Zuverlässigkeit und Fehlersicherheit sowie Anwendung und Praxis der Datenerfassung. Zahlreiche Grafiken erleichtern das Verständnis.

zu 3.2:

Schlageter, G., Stucky, W.: Datenbanksysteme: Konzepte und Modelle, B.G. Teubner Verlag, 2. Aufl., Stuttgart 1983.

Dieses häufig verwendete Lehrbuch bietet eine Einführung in das Gebiet der Datenbanksysteme mit besonderer Betonung der grundlegenden Überlegungen und der im vorliegenden Lehrtext nur oberflächlich skizzierten Datenmodelle. Die beiden abschließenden Kapitel sind Integritäts- und Datenschutzproblemen gewidmet. Das Buch ist zur Vertiefung der Ausführungen im Abschnitt 3.2.2 bestens geeignet.

Wedekind, H.: Datenbanksysteme I. Eine konstruktive Einführung in die Datenverarbeitung in Wirtschaft und Verwaltung, Bibliographisches Institut, 2. Aufl., Mannheim – Wien – Zürich 1981.

«Wenn man Datenmodelle nicht als bloßen Datenverarbeitungsformalismus mißverstehen will, so ist es geboten, einen schrittweisen und zirkelfreien Aufbau, und zwar aus den Fachabteilungen der Anwender heraus zu betreiben, und diesen Aufbau den Datenmodellen mit ihren tiefgreifenden Konsequenzen für die Systemsoftware methodisch voranzustellen.» So beschreibt Wedekind im Vorwort das Anliegen seines Buches, für das keine über den vorliegenden Lehrtext hinausgehenden Vorkenntnisse notwendig sind.

Zehnder, C.A.: Informationssysteme und Datenbanken, B.G. Teubner Verlag, 3. Aufl., Stuttgart 1985.

Alle im vorliegenden Textbuch diskutierten Problematiken im Zusammenhang mit Datenbanksystemen werden grundlegend analysiert und bearbeitet. Das sind z.B.: Normalisierung, Datenmodelle, Datenmanipulationssprachen, Architekturen eines Datenbankverwaltungssystems u.a.m. Der Leser erhält eine gute und solide Übersicht. Nicht Detailkenntnisse für den Einzelfall, sondern Systematik und Zusammenhänge im Gebiet der Datenbanken stehen im Zentrum der Betrachtung.

zu 3.3:

Franck, R.: Rechnernetze und Datenkommunikation, Springer-Verlag, Berlin – Heidelberg – New York – Tokyo 1986.

Ausgehend von einer Klassifikation von Rechnernetzen werden in den zentralen Kapiteln dieses Einführungsbandes die Dienstleistungen beschrieben, die am Rande eines Rechnernetzes für die Teilnehmer geboten werden können, und die internen Verwaltungs- und Betriebsprobleme aus der Sicht eines Netzbetreibers behandelt. Im Vordergrund der Darstellung stehen die bei der Datenkommunikation typischen Problemstellungen sowie die entsprechenden Lösungskonzepte; fernmelde- und nachrichtentechnische Grundlagen spielen eine geringere Rolle, als in vergleichbaren Büchern üblich.

Görgen, K., Koch, H., Schulze, G., Struif, B., Truöl, K.: Grundlagen der Kommunikationstechnologie, Springer-Verlag, Berlin – Heidelberg – New York – Tokyo 1985.

Das Werk vermittelt aktuelles Grundwissen zu dem Gebiet der Informationstechnologie. Es führt in die Technik der Datenübertragung ein und behandelt auf der systematischen Grundlage des DIN/ISO-Referenzmodells Dienste und Protokolle der einzelnen Funktionsschichten für Kommunikationssysteme sowie ausgewählte Anwendungen.

Giese, E., Görgen, K., Hinsch, E., Schulze, G., Truöl, K.: Dienste und Protokolle in Kommunikationssystemen, Springer-Verlag, Berlin – Heidelberg – New York – Tokyo 1985.

Es werden die wichtigsten Empfehlungen und Standards für Dienste und Protokolle in offenen Kommunikationssystemen detailliert behandelt. Allgemeine Grundkenntnisse der Kommunikationstechnologie werden dabei vorausgesetzt. Zunächst wird kurz in die Strukturierungsprinzipien des DIN/ISO-Referenzmodells eingeführt. In den folgenden, weitgehend in sich abgeschlossenen Kapiteln werden «von unten nach oben» die Schichten 2 bis 7 beschrieben. Als Beispiel für konkrete Anwendungen dienen u.a. Dokumentenstrukturen für Büroinformationssysteme, Teletex und Mitteilungsübermittlungssysteme.

Deutsche Bundespost (Hrsg.): DATEL-Handbuch. Handbuch für den Entwickler, Planer und Anwender von Datenfernverarbeitungssystemen, Bestellung beim Postamt 1, D-3550 Marburg, Postgirokonto Nr. 5904-609.

Dieses Nachschlagewerk in einem Ringordner mit bereits jetzt ca. 900 Seiten Inhalt wird laufend automatisch aktualisiert und zu einem Preis von 30,– DM abgegeben (Schutzgebühr inkl. Berichtigungs- und Ergänzungsdienst). Das Handbuch enthält die Merkblätter der Dateldienste, Planungs- und Entscheidungshilfen für die Auswahl von Übertragungswegen, technische Vorschriften der Dateldienste, Hinweise für die Zulassung und das Anschließen von Datenendeinrichtungen, Merkmale der Dienstgüte sowie Angaben über das Einrichten und Entstören von Datenanschlüssen.

Kahl, P. (Hrsg.): ISDN – Das künftige Fernmeldenetz der Deutschen Bundespost, R.v. Decker's Verlag, Heidelberg 1985.

Dieses aktuelle Buch befaßt sich mit der Konzeption des ISDN und seiner technischen Gestaltung. Schwerpunktmäßig werden die ISDN-Teilnehmerschnittstellen beschrieben sowie die Formen der Teilnehmerinstallation. Die auf den symmetrischen Kupferadern des Teilnehmeranschlußnetzes verwendete Übertragungstechnik wird ausführlich dargestellt und begründet. Neben der rein technischen Beschreibung wird in weiteren Abschnitten der Bereich der möglichen ISDN-Dienste, der netzgestützten Dienstmerkmale sowie der ISDN-Endgeräte aufgegriffen. Für den Bereich der Endgeräte wird eine verständliche Darstellung der Benutzerprozeduren zur Inanspruchnahme der Dienstmerkmale geboten. Die Darstellung der erforderlichen Techniken zur Adaption vorhandener Einrichtungen an das ISDN und der Möglichkeiten von Netzübergängen zwischen dem ISDN und bestehenden Netzen schließen das Werk ab.

Höring, K., Bahr, K., Struif, B., Tiedemann, C.: Interne Netzwerke für die Bürokommunikation, R.v. Decker's Verlag, 2. Aufl., Heidelberg 1985.

LAN und digitale Nebenstellenanlagen werden sowohl im Hinblick auf die technischen Realisierungen als auch hinsichtlich der Anwendungsmöglichkeiten im Bürobereich dargestellt. Nach einer allgemeinen Beschreibung der Struktur, Übertragungsmedien, Topologien, Zugangsverfahren u.a. werden das gegenwärtige Angebot und Einsatzbeispiele von internen Netzen erläutert. Vergleichende Übersichten, Hinweise auf Standards und Entwicklungstendenzen sowie Überlegungen zur Einsatzplanung runden dieses aus Anwendersicht geschriebene Werk ab.

zu 4.1:

Grochla, E., Breithardt, J., Lippold, H., Reindl, E., Weber, H.: Handbuch der Textverarbeitung. Eine praxiserprobte Vorgehensweise bei der Einführung von Textverarbeitungssystemen, Verlag Moderne Industrie, 2. Aufl., Landsberg 1985.

Dieses umfassende, allerdings sehr teure Arbeitsbuch (650 Seiten, 250,– DM) beschreibt ausführlich den Einführungsprozeß von Textverarbeitungssystemen. Es werden systematisch die begrifflichen Grundlagen gelegt und sämtliche Einzelschritte bei der Analyse und Gestaltung von Textverarbeitungssystemen dargestellt. Hierbei werden die Auswahl- und Einsatzkriterien für Textautomaten gekennzeichnet sowie organisatorische Maßnahmen in bezug auf die Einführung der Textverarbeitung erläutert.

Knuth, D.E.: The TEXbook, Addison-Wesley Publishing Company, 2nd printing, Reading – Menlo Park – London – Amsterdam – Don Mills – Sydney 1984.

Didaktisch mustergültig aufbereitetes Handbuch über das im wissenschaftlichen Bereich weitverbreitete Formatiersystem TEX; zahlreiche Beispiele, Übungen samt Musterlösungen und ergänzende Hinweise (z.B. «dirty tricks») erleichtern dem Anfänger und dem «Hacker» die Erstellung von Manuskripten in typografischer Qualität.

zu 4.2 und 4.3:

Hansen, H.R. (Hrsg.): Büroinformations- und -kommunikationssysteme, Springer-Verlag, Berlin – Heidelberg – New York 1982.

Dieser Sammelband enthält die schriftlichen Fassungen der Referate einer 1982 veranstalteten Wiener Tagung. Ziele dieses Anwendergesprächs waren die Klärung der mit der Gestaltung von Büroinformations- und -kommunikationssystemen zusammenhängenden grundlegenden Probleme, der Austausch von Erfahrungen bei Planung und konkreten Anwendungen sowie eine Diskussion der Entwicklungstendenzen. Die insgesamt 45 Beiträge sind den folgenden Themenschwerpunkten zugeordnet:

- Instrumente und Technologie von Büroinformations- und -kommunikationssystemen,
- Planung und Entwicklung von Büroinformations- und -kommunikationssystemen,
- Vorstellungen und Erfahrungsberichte der Anwender sowie
- Konzepte und Produkte der Hersteller (Datapoint, Digital Equipment, Dornier, Honeywell Bull, IBM, Kontron, Nixdorf, Olympia, Philips, Rank Xerox, Siemens, Sperry, Wang).

Picot, A., Reichwald, R.: Bürokommunikation: Leitsätze für Anwender, Verlag CW Publikationen, 2. Aufl., München 1985.

Es werden in rezeptartiger Form Erkenntnisse und Empfehlungen zum Einsatz von Textkommunikationsdiensten wiedergegeben, die aus einem großangelegten empirischen Forschungsprojekt (am Beispiel Teletex) abgeleitet wurden. Behandelt werden u.a.: Die Rolle der Kommunikation im Büro, Aufgabentypen der Büroarbeit, Wirtschaftlichkeitsbeurteilung, Aufgabenintegration, Dezentralisierung und Akzeptanz neuer Kommunikationstechniken.

Eder, Th.: Bildschirmtext als betriebliches Informations- und Kommunikationssystem, R.v. Decker's Verlag, 2. Aufl., Heidelberg 1984.

Es werden die innerbetrieblichen Anwendungsmöglichkeiten von BTX beschrieben und Wirtschaftlichkeitsbetrachtungen angestellt. Der Verfasser entwickelt ein Analyse- und Beurteilungsmodell als Grundlage für eine anschließende Kostenvergleichsrechnung. Dabei werden technische und organisatorische Aspekte ebenso berücksichtigt wie die Auswirkungen auf den einzelnen Mitarbeiter.

zu den Abschnitten über «Markt und Entwicklungstendenzen»:

Infolge des raschen technologischen Wandels auf dem Datenverarbeitungsmarkt empfehlen wir Ihnen zur Ergänzung, Vertiefung und laufenden Aktualisierung der Abschnitte 2.2.5, 2.3.3, 2.4.5, 2.5.3, 3.1.4, 3.2.3, 3.3.4 und 4.4 die Lektüre von *EDV-Fachzeitungen und -Fachzeitschriften.* Darin finden sie laufend Artikel über die Weiterentwicklung von Datenträgern, Geräte- und Programmneuheiten sowie über Einsatzerfahrungen. Auch über berufliche Aspekte und gesellschaftspolitische Fragen im Zusammenhang mit der EDV wird dort berichtet. Aus der Fülle der einschlägigen Periodika sind besonders zu empfehlen:

COMPUTERWOCHE
(CW-Publikationen Verlags-GmbH, Friedrichstr. 31, D-8000 München 40).

Diese aktuelle Wochenzeitung berichtet laufend über neu angekündigte Produkte und bietet in Schwerpunktthemen Produktvergleiche, Vorberichte auf Messen, Hinweise auf Methoden und Werkzeuge in bestimmten EDV-Anwendungsbereichen usw. Die Berichterstattung ist herstellerneutral, am deutschen Markt orientiert und verfolgt überwiegend Anwenderinteressen.

DATAMATION
(Technical Publishing Company, 875 Third Ave., New York, NY 10022).

Dieses farbig bebilderte EDV-Monatsmagazin bietet einen guten Überblick über in den USA neu angekündigte EDV-Produkte, die häufig erst mehrere Monate später auf dem deutschen Markt angeboten werden. Ausgezeichnete Marktanalysen und -prognosen erleichtern dem EDV-Anwender die Übersicht über die teilweise kaum noch überschaubare Produktpalette. Die Beiträge gehen oft wesentlich mehr in die Tiefe, als dies bei Artikeln in einer EDV-Wochenzeitung möglich ist. Vorwiegend werden die Probleme von größeren EDV-Anwendern behandelt.

INFORMATIK-SPEKTRUM
(Springer-Verlag, Kurfürstendamm 237, D-1000 Berlin 15).

Diese eher wissenschaftlich orientierte, zweimonatlich erscheinende Zeitschrift hat sich die Weiterbildung von Informatikern durch Veröffentlichung aktueller, praktisch verwertbarer Information über technische und wissenschaftliche Fortschritte aus allen Bereichen der Informatik zum Ziel gesetzt. Dies wird erreicht durch die Veröffentlichung von Übersichtsartikeln und einführenden Darstellungen, sowie Berichten über Projekte und Fallstudien, die zukünftige Trends aufzeigen. Die Beiträge sind theoretisch fundiert, aber nichtsdestoweniger gut verständlich und durchweg lesenswert.

Über *EDV-Anwendungen in Wirtschaft und Verwaltung* ist in den letzten Jahren eine Vielzahl von Spezialveröffentlichungen erschienen. Als Einstiegslektüre eignen sich besonders die beiden folgenden, breit angelegten Bände:

Mertens, P.: Industrielle Datenverarbeitung, Band 1: Administrations- und Dispositionssysteme, 6. Aufl., Betriebswirtschaftlicher Verlag Dr. Th. Gabler, Wiesbaden 1986.

Mertens, P., Griese, J.: Industrielle Datenverarbeitung, Band 2: Informations- und Planungssysteme, 4. Aufl., Betriebswirtschaftlicher Verlag Dr. Th. Gabler, Wiesbaden 1984.

Sachregister

Bestellkarte

Ich bestelle aus dem GUSTAV FISCHER VERLAG, Stuttgart, über die Buchhandlung:

40128	....	Expl.	Beutel, SPSS 9, 4. A., DM 26,–
40129	....	Expl.	–, SPSS 9 kompakt, DM 12,–
40121	....	Expl.	Flury, Statistik, DM 39,–
	....	**Expl.**	**Hansen, Wirtschaftsinfo. I – Arbeitsb., 3. A., etwa DM 14,80 (UTB 1283)**
40144	....	**Expl.**	**Göpfrich, Wirtschaftsinfo. II – Arbeitsb., 2. A., DM 14,80 (UTB 1233)**
40125	....	**Expl.**	**Hansen, Wirtschaftsinfo. II, 2. A., DM 19,80 (UTB 803)**
40175	....	Expl.	Heitfeld, SIR/DBMS, DM 38,–
40136	....	Expl.	Küffner, Datenanalyse, DM 36,–
40170	....	Expl.	Lehmacher, Statistik-Software, DM 58,–
40102	....	Expl.	Schmidt, Wettbewerbstheorie, DM 32,–
40178	....	Expl.	Schubö, SPSS^x Version 2.2 etwa DM 46,–
40180	....	Expl.	–, SPSS^x kompakt, etwa DM 14,–
40127	....	Expl.	Uehlinger, SAS, DM 36,–
40150	....	Expl.	Wishart, CLUSTAN, DM 48,–

Preisänderungen vorbehalten

Datum: ....

Unterschrift: ....

Absender:

....

....

....

☐ Teilverzeichnis Wirtschaftswissenschaften (kostenlos)

Hansen, Wirtschaftsinfo. I, 5. A. (UTB 802)
VI. 86. 22,0. nn. Printed in Germany

Bitte ausreichend frankieren

Werbeantwort/Postkarte

Gustav Fischer Verlag

Postfach 72 01 43

D-7000 Stuttgart 70

Bestellkarte

Ich bestelle aus dem GUSTAV FISCHER VERLAG, Stuttgart, über die Buchhandlung:

40128	....	Expl.	Beutel, SPSS 9, 4. A., DM 26,–
40129	....	Expl.	–, SPSS 9 kompakt, DM 12,–
40121	....	Expl.	Flury, Statistik, DM 39,–
	....	**Expl.**	**Hansen, Wirtschaftsinfo. I – Arbeitsb., 3. A., etwa DM 14,80 (UTB 1283)**
40144	....	**Expl.**	**Göpfrich, Wirtschaftsinfo. II – Arbeitsb., 2. A., DM 14,80 (UTB 1233)**
40125	....	**Expl.**	**Hansen, Wirtschaftsinfo. II, 2. A., DM 19,80 (UTB 803)**
40175	....	Expl.	Heitfeld, SIR/DBMS, DM 38,–
40136	....	Expl.	Küffner, Datenanalyse, DM 36,–
40170	....	Expl.	Lehmacher, Statistik-Software, DM 58,–
40102	....	Expl.	Schmidt, Wettbewerbstheorie, DM 32,–
40178	....	Expl.	Schubö, SPSS^x Version 2.2 etwa DM 46,–
40180	....	Expl.	–, SPSS^x kompakt, etwa DM 14,–
40127	....	Expl.	Uehlinger, SAS, DM 36,–
40150	....	Expl.	Wishart, CLUSTAN, DM 48,–

Preisänderungen vorbehalten

Datum: ....

Unterschrift: ....

Absender:

....

....

....

☐ Teilverzeichnis Wirtschaftswissenschaften
(kostenlos)

Hansen, Wirtschaftsinfo. I, 5. A. (UTB 802)
VI. 86. 22,0. nn. Printed in Germany

Bitte
ausreichend
frankieren

Werbeantwort/Postkarte

Gustav Fischer Verlag

Postfach 720143

D-7000 Stuttgart 70